INTERNATIONAL MONETARY FUND

Balance of Payments Statistics

Part 2: World and Regional Tables
Part 3: Methodologies, Compilation Practices, and Data Sources

Yearbook 2009

BALANCE OF PAYMENTS STATISTICS YEARBOOK

Volume 60, Part 2: World and Regional Tables 2009
Part 3: Methodologies, Compilation Practices, and Data Sources 2009
Prepared by the IMF Statistics Department
Adelheid Bürgi-Schmelz, Director, Statistics Department

For information related to this publication, please:
fax the Statistics Department at (202) 623-6460,
or write   Statistics Department
    International Monetary Fund
    Washington, D.C. 20431
or e-mail your query to **StatisticsQuery@imf.org**.
For copyright inquiries, please fax the Editorial Division at (202) 623-6579.
For purchases only, please contact Publication Services (see information below).

Copyright © 2009, International Monetary Fund

Balance of Payments Statistics Yearbook (BOPSY): Issued in three parts, this annual publication contains balance of payments and international investment position data. Part I provides detailed tables on balance of payments statistics for approximately 174 countries and international investment position data for 118 countries. Part 2 presents tables of regional and world totals of major balance of payments components, net International Investment Position (IIP), plus Total Assets and Total Liabilities for the IIP. Part 3 contains description of methodologies, compilation practices, and data sources used by reporting countries.

Cutoff date: August 24, 2009

Address orders to:
International Monetary Fund
Attention: Publication Services
Washington, D.C. 20431
U.S.A.
Telephone: (202) 623-7430
Telefax: (202) 623-7201
E-mail: publications@imf.org
Internet: http://www.imf.org

ISSN 0252-3035
ISBN 978-1-58906-872-8

Table of Contents

Part 2: World and Regional Tables — 1

Contents — 3
Introduction – English — 5
        French — 6
        Spanish — 8
World and Regional Tables — 13

Part 3: Methodologies, Compilation Practices, and Data Sources — 159

Contents — 161
Introduction – English — 163
        French — 163
        Spanish — 164
Methodologies, Compilation Practices, and Data Sources — 167

SELECTION OF STATISTICAL PUBLICATIONS

International Financial Statistics (IFS)
Acknowledged as a standard source of statistics on all aspects of international and domestic finance, *IFS* publishes, for most countries of the world, current data on exchange rates, international liquidity, international banking, money and banking, interest rates, prices, production, international transactions (including balance of payments and international investment position), government finance, and national accounts. Information is presented in tables for specific countries and in tables for area and world aggregates. *IFS* is published monthly and annually. *Price:* Subscription price is US$747 a year (US$478 to university faculty and students) for twelve monthly issues and the yearbook. Single copy price is US$89 for a monthly issue and US$152 for a yearbook issue.

Balance of Payments Statistics Yearbook (BOPSY)
Issued in three parts, this annual publication contains balance of payments and international investment position data. Part 1 provides detailed tables on balance of payments statistics for approximately 174 countries and international investment position data for 118 countries. Part 2 presents tables of regional and world totals of major balance of payments components, net International Investment Position (IIP), plus Total Assets and Total Liabilities for the IIP. Part 3 contains descriptions of methodologies, compilation practices, and data sources used by reporting countries. *Price:* US$135.

Direction of Trade Statistics (DOTS)
Quarterly issues of this publication provide, for 159 countries, tables with current data (or estimates) on the value of imports from and exports to their most important trading partners. In addition, similar summary tables for the world, industrial countries, and developing countries are included. The yearbook provides, for the most recent seven years, detailed trade data by country for approximately 184 countries, the world, and major areas. *Price:* Subscription price is US$209 a year (US$179 to university faculty and students) for the quarterly issues and the yearbook. Price for a quarterly issue only is US$34 and the yearbook only is US$97.

CD-ROM Subscriptions
International Financial Statistics (IFS), Balance of Payments Statistics (BOPS), Direction of Trade Statistics (DOTS), and *Government Finance Statistics (GFS)* are available on CD-ROM by annual subscription. The CD-ROMs incorporate a Windows-based browser facility, as well as a flat file of the database in scientific notation. *Price of each subscription:* US$610 a year for single-user PC license (US$366 for university faculty and students). Network and redistribution licenses are negotiated on a case-by-case basis. Please visit www.imfbookstore.org/onlineServicePricing.asp for information.

Subscription Packages

Combined Subscription Package
The combined subscription package includes all issues of *IFS, DOTS,* and *BOPSY. Combined subscription price:* US$1,065 a year (US$800 for university faculty and students). Expedited delivery available at additional cost; please inquire.

Combined Statistical Yearbook Subscription
This subscription comprises *BOPSY, IFSY,* and *DOTSY* at a combined rate of US$415. Because of different publication dates of the three yearbooks, it may take up to one year to service an order. Expedited delivery available at additional cost; please inquire.

IFS, BOPS, DOTS, GFS on the Internet
The Statistics Department of the Fund is pleased to make available to subscribers the *International Financial Statistics (IFS), Balance of Payments Statistics (BOPS), Direction of Trade Statistics (DOTS), and Government Finance Statistics (GFS)* databases through an easy-to-use online service. The browser software provides a familiar and easy-to-use Windows interface for browsing the database, selecting series of interest, displaying the selected series in a spreadsheet format, and saving the selected series for transfer to other software systems, such as Microsoft Excel®. Single user license price for each of the *IFS, BOPS, DOTS, GFS Online Service* is $610, and $366 for academic users. Dependent on certain criteria, a range of scaled discounts is available. For full details of qualification for these discounts and online payment, please visit http://www.imfbookstore.org/statistical.asp or email us directly at publications@imf.org.

Address orders to
Publication Services, International Monetary Fund, PO Box 92780, Washington, DC 20090, USA
Telephone: (202) 623-7430 Fax: (202) 623-7201 E-mail: publications@imf.org
Internet: http://www.imfbookstore.org

Note: Prices include the cost of delivery by surface mail. Expedited delivery is available for an additional charge.

Part 2

WORLD *and* REGIONAL TABLES

Part 2 Contents

World and Regional Tables

Introduction
- English Version 5
- French Version 6
- Spanish Version 8

Tables

A-1	Summary of International Transactions 13	
A-2	Current Account Balances 14	
A-3	Capital Account Balances 17	
A-4	Financial Account Balances 20	
A-5	Net Errors and Omissions 23	

B-1 Current Account 26
B-2   Goods 29
B-3   Services 32
B-4   Transportation 35
B-5   Passenger Services 38
B-6   Freight 41
B-7   Other Transportation 44
B-8   Travel 47
B-9   Government Services, n.i.e. 50
B-10   Other Services 53
B-11 Income 56
B-12   Compensation of Employees 59
B-13   Investment Income 62
B-14   Direct Invest. Income:Reinvested Earnings .. 65
B-15   Other Direct Investment Income 68
B-16   Portfolio and Other Investment Income 71
B-17 Current Transfers 74
B-18   Current Transfers—General Government 77
B-19   Workers' Remittances 80
B-20   Other Current Transfers of Other Sectors 83

B-21 Capital Account 86
B-22 Financial Account 89
B-23   Financial Account Excluding Reserves 92
B-24   Direct Investment 95
B-25   Direct Investment: Reinvested Earnings 98
B-26   Other Direct Investment 101
B-27   Portfolio Investment 104
B-28   Equity Securities 107
B-29   Bonds and Notes 110
B-30   Money Market Instruments 113
B-39   Financial Derivatives 116
B-31   Other Investment 119
B-32   Loans 122
B-33   Other Financial Assets and Liabilities 125
B-34   Reserve Assets 128
B-35   Monetary Gold 131
B-36   Special Drawing Rights 134
B-37   Reserve Position in the Fund 137
B-38   Foreign Exchange &Other Reserve Claims . 140

C-1 Global Discrepancies in Balance of Payments Statistics 143

D-1 Exports of Goods and Services as a Percentage of GDP 144
D-2 Imports of Goods and Services as a Percentage of GDP ... 147
D-3 Current Account as a Percentage of GDP 150

E-1 Net IIP (Reported and Estimated IIP Data for Total and Regional Subtotals)…... 153
E-2 Total IIP (Reported and Estimated IIP Data for Total and Regional Subtotlas)…... 156

INTRODUCTION[1]

This publication consists of Parts 2 and 3 of Volume 60 of the *Balance of Payments Statistics Yearbook*. (The introduction to Part 3 is shown on page 163 of Part 3.) Part 2 aggregates country data by major balance of payments components and for the first time, *BOPSY 2009* introduces world and regional pilot tables for International Investment Position (IIP) data, including; (i) the Net IIP, and (ii) Total Assets and Total Liabilities. Data for countries, country groups, and the world are provided. New groupings for regional aggregates were introduced in the *2008 BOPSY* based on the Fund's *World Economic Outlook* (*WEO*) regional groupings. However, *BOPSY* has a wider coverage of economies than *WEO* because some economies not included in the *WEO* dataset report external sector data to STA. In addition to data reported by countries as shown in Part 1 of the yearbook, balance of payments data are provided for international organizations in Part 2 of the yearbook. The tables in Part 2 include, in addition to reported data, data derived in a few instances indirectly from published sources.

Missing data have been estimated for countries by Fund staff to the extent possible. For the balance of payments, the estimation procedure is based largely on the use of the *WEO* database. Data published in *BOPSY* may differ from balance of payments data published in the *WEO* mainly due to timing and coverage differences (for example: *BOPSY Part 2* includes data on international organizations).

For the IIP, the estimates for nonreporting economies are derived from the Research Department's External Wealth of Nations (EWN) database, which includes data for some 180 economies. Data from this database are used extensively by IMF staff for multilateral surveillance and for research, and these data are also in the public domain. They are updated and validated by the Research Department on a continuing basis.

External assets and liabilities in EWN are estimated from a variety of sources. Typically official IIP data are used for countries that report such estimates. For countries and years for which IIP data are not reported, the data are estimated using alternative sources. These include, for example: (i) BIS reported data and partner-country BIS data (for foreign assets), (ii) *IFS* data on banks' and nonbank financial institutions' foreign assets, (iii) *IFS* data for official reserves, (iv) Joint External Debt Hub, the World Bank's Global Development Finance, and the WEO databases for external debt liabilities, (v) cumulative financial flows (adjusted for valuation changes)—financial flows are taken from STA published data as well as *WEO* (when STA data are not available), (vi) UNCTAD data on foreign direct investment (FDI), (vii) Coordinated Portfolio Investment Survey data for portfolio investment, and (viii) partner-country data from national sources for both FDI and portfolio equity assets and liabilities.

The following outlines the methodology used to gapfill balance of payments data. With regard to goods and services transactions, where data gaps exist after the latest year of reporting to the Fund, estimates are made by applying the growth rates derived from the *WEO* for the missing year(s) to the latest reported annual data (debits and credits). When the data gaps are in respect of years prior to the latest reported data to STA, the *WEO* data are inserted to complete the series.

Net *WEO* data series are used to estimate income, current transfers, and the capital account. The estimation procedure for income and current transfers carries forward the latest reported values for the balance of payments series, compares *WEO* and balance of payments net figures, and then adjusts balance of payments credit and debit figures so that both balance of payments and *WEO* net figures are the same. Where there are gaps in the data prior to the latest reported data, the net credit or the net debit figures from *WEO* are inserted directly. To estimate the capital account, the net *WEO* series is inserted directly, to credits if *WEO* shows a net credit and to debits if *WEO* shows a net debit. With regard to most financial account transactions, derived growth rates based on *WEO* data are used when there are gaps after the latest year of reported data to the Fund. When the data gaps are in years prior to the latest reported data to STA, and for missing reserves data, the *WEO* data are inserted to complete the series. There are no estimations for financial derivatives. Data on Fund transactions—for example, transactions in SDRs and of the Fund's General Resources Account—are obtained from Fund sources.

For the IIP, in some cases, neither reported data nor EWN data were available for one or more years in the time series (almost all data gaps were for 2008). In these cases, estimates were derived using a relevant growth rate (example: a regional growth rate). A small number of economies that have no data available from STA or RES for the entire period are not included in the published tables.

---

[1]French and Spanish translations of this introduction appear after this English version; data on world and regional tables follow immediately thereafter.

Estimates for missing data, which are included in regional and world totals, are not shown for the individual countries concerned.

"Country" as used in this publication does not always refer to a territorial entity that is a state as understood by international law and practice; the term also covers the Euro Area, the Eastern Caribbean Currency Union, the Central African Economic and Monetary Community (CEMAC), the West African Economic and Monetary Union (WAEMU), and some nonsovereign territorial entities for which statistical data are provided internationally on a separate basis.

All tables of aggregates appearing in Part 2 are shown in the table of contents of this publication. Table A-1 provides a summary of international transactions, showing world totals of the major components of the balance of payments. Tables A-2 through A-5 present balances by country for the current, capital, and financial accounts, as well as for errors and omissions. Tables B-1 through B-39 present major components of the balance of payments accounts. Each of these tables includes a breakdown for international organizations, by country group, and by country.

Table C-1 presents "global discrepancies" in balance of payments statistics by major components. Global discrepancies shown in the table refer to the discrepancies between the sum of the debit and credit entries of corresponding components reported by countries and estimated by the Fund staff. For example, the global discrepancy shown for the trade balance represents the difference between the global aggregate of trade surpluses for goods and that of trade deficits reported on goods. In principle, under the balance of payments convention, global aggregates for exports should equal global aggregates for imports, and global trade surpluses should mirror global trade deficits, with the global trade balance equal to zero. The same principle applies to other balance of payments components shown in Table C-1.

For a variety of reasons, however, countries generally do not correctly record some transactions, or they classify corresponding transactions differently. Under these circumstances, errors and omissions in the national data and asymmetries (discrepancies) in the global statistics arise. Also, some coverage gaps exist at the global level, such as financial flows for some small offshore centers that do not report balance of payments data to the Fund. Figures presented in C-1 reflect such net global asymmetries for the different balances. The net errors and omissions shown in the table represent the difference between the global discrepancy figure for the current account and that for the combined capital and financial accounts.

Within the current account, a negative global imbalance indicates a net excess of recorded debits, which may reflect an under-recording of credits, an overstatement of debits, or both. A positive imbalance in the financial account suggests a net understatement of capital outflows (increase in assets or decrease in liabilities), and/or a net overstatement of recorded inflows (decrease in assets or increase in liabilities).

The memorandum items of Table C-1 show the global discrepancies of certain major components of the balance of payments as a proportion of the sum of credits and debits of the category.

Tables D-1, D-2, and D-3 present exports and imports of goods and services and the current account balance, as a percentage of gross domestic product (GDP), information that is of general interest to data users.

Table E-1 presents the Net IIP while E-2 shows Total Assets and Total Liabilities.

The introduction to Part 1 contains additional information on the presentation of data, conventions used, a description of the conceptual framework of the balance of payments, and an explanation of the coverage of each of the major components of the balance of payments.

INTRODUCTION

La présente publication constitue les deuxième et troisième parties du volume 60 du *Balance of Payments Statistics Yearbook* (Annuaire de statistiques de balance des paiements - l'annuaire). (L'introduction à la troisième partie figure à la page 163 de la troisième partie.) La deuxième partie présente, pour les divers pays, des données globales sur chaque grande composante de la balance des paiements; pour la première fois, l'édition de 2009 de l'annuaire introduit des tableaux pilotes au niveau mondial et régional pour les données de la position extérieure globale, y compris (i) la position extérieure nette et (ii) le total des actifs et le total des passifs. Il fournit, pour chaque composante, des données relatives à chacun des pays, aux groupes de pays et à l'ensemble des pays. De nouveaux regroupements régionaux ont été introduits dans l'édition de 2008 de l'annuaire, qui correspondent à ceux utilisés dans les Perspectives de l'économie mondiale (base de données PEM) du FMI. Toutefois, les données figurant dans l'annuaire ont une couverture plus large que la base de données PEM, car certaines économies, qui ne figurent pas dans cette dernière, fournissent des données sur leurs comptes extérieurs au Département des statistiques. S'ajoutant aux données déclarées par les pays figurant dans la partie 1 de l'annuaire, les données de balance des paiements des organisations internationales figurent à la partie 2. Les tableaux de la partie 2 comprennent dans certains cas, outre les données directement transmises, des données provenant indirectement de sources publiées.

Les données nationales manquantes ont été estimées par les services du FMI dans la mesure du possible. Pour la balance des paiements, la méthode d'estimation fait largement appel à la base de données PEM. Les données publiées dans l'annuaire peuvent être différentes de celles qui sont publiées dans les PEM, principalement à cause de différences dans les dates d'enregistrement et dans la couverture (par exemple, la partie 2 de de l'annuaire inclut les données sur les organisations internationales.)

Les estimations de la position extérieure globale des pays qui ne communiquent pas de données reposent sur la base de données de la richesse extérieure des nations du Département des études, qui inclut les données de quelque 180 économies. Les services du FMI font largement appel à cette base de données aux fins de la surveillance multilatérale et des études; ces données sont aussi dans le domaine public. Elles sont actualisées et validées en permanence par le Département des études.

Les estimations des actifs et des passifs extérieurs qui figurant dans la base de données de la richesse extérieure des nations sont établies à partir de différentes sources. En général, les données officielles de la position extérieure globale sont utilisées pour les pays qui communiquent ces estimations. Les données de la position globale extérieure des pays et des années qui ne sont pas communiquées sont estimées à partir d'autres sources. Celles-ci incluent, par exemple; (i) les statistiques de la Banque des Règlements Internationaux (BRI) couvrant les données déclarées et celles des pays partenaires, (ii) les données de *International Financial Statistics* (IFS) sur les avoirs extérieurs des banques et des institutions financières non-bancaires, (iii) les données d'IFS pour les réserves officielles, (iv) les bases de données de la plateforme conjointe de la dette extérieure (Joint External Debt Hub), de Global Development Finance de la Banque mondiale et des PEM sur les passifs au titre de la dette extérieure, (v) les flux financiers cumulés (ajustés pour tenir compte des variations de valorisation)-les flux financiers sont tirés des données publiées par le Département des statistiques ainsi que des PEM (lorsque les données du Département des statistiques ne sont pas disponibles), (vi) les données de la CNUCED sur les investissements directs étrangers (IDE), (vii) les données du l'Enquête coordonnée sur les investissements de portefeuille ainsi que (viii) les données des pays partenaires et les passifs des investissements sous forme de participation tant pour les IDE que pour les investissements de portefeuille.

La méthodologie utilisée pour compléter les données de la balance des paiements est la suivante. S'agissant des transactions sur biens et services, lorsque l'on ne dispose pas de données pour les périodes postérieures à l'année la plus récente pour laquelle des données ont été communiquées au FMI, les estimations sont calculées par application des taux de croissance tirés de la base de données PEM pour l'année ou les années manquante(s) aux données annuelles disponibles les plus récentes (crédits et débits). Lorsque les chiffres manquants se rapportent à des années antérieures à celle des données les plus récentes qui aient été communiquées au Département des statistiques, les séries sont complétées à l'aide des chiffres figurant dans la base de données PEM.

Les séries nettes de la base de données PEM sont utilisées pour l'estimation des revenus, des transferts courants, et du compte de capital. Pour calculer les estimations des revenus et des transferts courants, il convient de reporter les chiffres disponibles de la série de la balance des paiements pour l'année la plus récente, de comparer les chiffres nets de la balance des paiements et des PEM puis d'ajuster les chiffres (créditeurs ou débiteurs) pour que les chiffres nets de la balance des paiements et des PEM soient les mêmes. Lorsque les chiffres manquent pour des périodes antérieures à celle des données les plus récentes, on introduit directement les chiffres nets (créditeurs ou débiteurs) figurant dans la base de données PEM. Pour l'estimation du compte de capital, on utilise directement les chiffres nets (créditeurs ou débiteurs) figurant dans la base de données PEM. En ce qui concerne la plupart des rubriques du compte d'opérations financières, lorsque l'on ne dispose pas de données pour les périodes postérieures à l'année la plus récente pour laquelle des données ont été communiquées au FMI, on utilise des taux de croissance calculés à partir de la base de données PEM. Lorsque les chiffres manquants se rapportent à des années antérieures à celles des données les plus récentes qui ont été communiquées au Département des statistiques, et quand les données sur les avoirs de réserve font défaut, les séries sont complétées à l'aide des chiffres figurant dans la base de données PEM. Aucune estimation n'est effectuée pour les dérivés financiers. Les données sur les transactions avec le FMI — transactions sur DTS et au compte des ressources générales, par exemple — sont celles dont dispose le FMI.

S'agissant de la position extérieure globale, dans certains cas, les données n'étaient ni communiquées ni incluses dans la richesse extérieure des nations pour une ou plusieurs années dans la série temporelle (la plupart des données manquantes concernaient l'année 2008). Dans ces cas, les estimations ont été calculées à l'aide d'un taux de croissance pertinent (par exemple, un taux de croissance régional).

Un petit nombre d'économies pour lesquelles le Département des statistiques et le Département des études ne disposent pas de données pour l'ensemble de la période ne sont pas incluses dans les tableaux publiés.

Les estimations des données manquantes, qui sont incluses des les totaux régionaux et mondiaux, n'apparaissent pas pour les pays individuels concernés.

Dans la présente publication, le terme «pays» ne désigne pas toujours une entité territoriale constituant un État tel qu'il est défini selon l'usage et le droit internationaux; ce terme recouvre également la zone euro, l'Union monétaire des Caraïbes orientales, Communauté économique et monétaire de l'Afrique centrale (CEMAC), Union économique et monétaire ouest-africaine (UEMOA), et certaines entités territoriales qui ne sont des États souverains mais sur lesquelles des données statistiques sont fournies séparément au niveau international.

Tous les tableaux de données agrégées publiés dans la deuxième partie sont indiqués dans la table des matières du présent ouvrage. Le tableau A-1 présente un état récapitulatif des transactions internationales, qui fait apparaître les totaux mondiaux pour les principales composantes de la balance des paiements. Les tableaux A-2 à A-5, inclusivement, indiquent, pour chaque pays, le solde du compte des transactions courantes, du compte de capital et du compte d'opérations financières ainsi que du poste des erreurs et omissions. Les tableaux B-1 à B-39 font apparaître les totaux mondiaux et régionaux, ventilés par pays, des principales composantes des comptes de la balance des paiements. Chacun de ces tableaux inclut une ventilation des organisations internationales, par groupe de pays et par pays.

Le tableau C-1 présente, pour chaque grande composante, les écarts entre les totaux mondiaux dans les statistiques de balance des paiements. Il s'agit, dans ce tableau, des écarts entre la somme des montants inscrits au débit et celle des montants passés au crédit du poste de contrepartie, qu'ils aient été communiqués par les pays ou estimés par les services du FMI. Par exemple, l'écart indiqué pour la balance commerciale au niveau mondial est égal à la différence entre le total mondial des excédents au titre des échanges de biens et celui des montants communiqués pour les déficits au titre de ces échanges. En principe, d'après la convention adoptée pour la balance des paiements, le total mondial des exportations doit être égal à celui des importations, et le total mondial des excédents commerciaux doit être égal à celui des déficits commerciaux, le solde étant égal à zéro. Le même principe s'applique aux autres composantes de la balance des paiements retenues au tableau C-1.

Pour diverses raisons, toutefois, les pays n'enregistrent généralement pas toutes les transactions de façon correcte, ou passent à des postes différents les écritures de contrepartie. Dans ces circonstances, on observe des erreurs et omissions dans les données nationales et des asymétries (écarts) dans les statistiques mondiales. Il manque aussi des données au niveau mondial, telles que les données sur les flux financiers pour les petits centres offshore qui ne communiquent pas de données de balance des paiements au FMI. Les chiffres présentés dans le tableau C-1 reflètent ces écarts nets entre les totaux mondiaux pour les différents soldes. Le montant des erreurs et omissions nettes présenté dans le tableau est égal à la différence entre le total mondial de l'écart constaté pour le compte des transactions courantes et celui de l'écart observé pour l'ensemble des comptes de capital et d'opérations financières.

Dans le compte des transactions courantes, un écart négatif au niveau mondial indique qu'il y a un excédent net des montants figurant au débit, lequel peut être dû à l'inscription de montants trop faibles au crédit ou trop élevés au débit, ou aux deux à la fois. Dans le compte d'opérations financières, un écart positif tient au fait que le montant enregistré pour les sorties nettes de capitaux est trop faible (augmentation des avoirs ou diminution des engagements), ou que celui des entrées nettes de capitaux est trop élevé (diminution des avoirs ou augmentation des engagements), ou aux deux à la fois.

Les postes pour mémoire du tableau C-1 indiquent le montant total de l'écart pour certaines grandes composantes de la balance des paiements, exprimé en pourcentage de la somme des montants passés au crédit et au débit du poste.

Les tableaux D-1, D-2 et D-3 présentent les exportations de biens et de services et le solde du compte courant, exprimées, les unes et les autres, en pourcentage du produit intérieur brut (PIB), informations d'utilité générale pour les utilisateurs de statistiques.

Le Tableau E-1 présente la position extérieure globale nette, alors que le Tableau E-2 présente le total des actifs et le total des passifs.

L'introduction à la première partie fournit de plus amples renseignements sur la présentation des données et les conventions adoptées, ainsi qu'une description du cadre conceptuel de la balance des paiements et une explication du champ couvert par chacune des principales composantes de la balance des paiements.

INTRODUCCIÓN

Esta publicación comprende las partes 2 y 3 del volumen 60 de Balance of Payments Statistics Yearbook (anuario). (La introducción de la parte 3 figura en la página 163 de la parte 3.) La parte 2 agrega los datos de los países en los principales componentes de la balanza de pagos y por primera vez, el anuario de 2009 incluye cuadros piloto mundiales y regionales con datos sobre la posición de inversión internacional (PII) que contienen i) la PII neta y ii) los activos totales y los pasivos totales. Se presentan datos por países, grupos de países y mundiales. En el anuario de 2008 se introdujeron nuevas agrupaciones para los agregados regionales basados en los grupos regionales de las Perspectivas de la Economía Mundial del FMI. Sin embargo, el anuario tiene una cobertura más amplia que las Perspectivas de la Economía Mundial, debido a que algunas economías que no se incluyen en la base de datos de las Perspectivas de la Economía Mundial declaran datos del sector externo al Departamento de Estadística. Además de los datos declarados por los países, que figuran en la Parte 1 del anuario, en la Parte 2 del Anuario se proporcionan los datos de balanza de pagos correspondientes a los organismos internacionales. Los cuadros de la Parte 2 incluyen, además de los datos declarados, datos calculados en unos pocos casos de manera indirecta a partir de fuentes publicadas.

En los casos en que faltan datos, el personal del FMI efectúa estimaciones, en la medida de lo posible. En lo que respecta a la balanza de pagos, el procedimiento de estimación se basa en gran medida en el uso de la base de datos de Perspectivas de la economía mundial del FMI. Los datos publicados en el anuario pueden ser diferentes de los datos de balanza de pagos publicados en Perspectivas de la economía mundial debido principalmente a diferencias en el momento de registro y en la cobertura (por ejemplo: la parte 2 del anuario incluye datos sobre los organismos internacionales).

En lo que se refiere a la PII, las estimaciones correspondientes a las economías que no declaran datos se derivan de la base de datos External Wealth of Nations (EWN) del Departamento de Estudios, que contiene datos sobre unas 180 economías. Los datos provenientes de esta base de datos son utilizados ampliamente por el personal técnico del FMI para fines de la supervisión multilateral y para la realización de estudios, y estos datos también son de dominio público. Son constantemente actualizados y validados por el Departamento de Estudios.

En EWN, los activos y pasivos externos son estimados a partir de una variedad de fuentes. El caso típico es utilizar datos oficiales de la PII en el caso de los países que declaran esas estimaciones. En los casos de los países y los años sobre los cuales no se han declarado datos de la PII, los datos se estiman utilizando fuentes alternativas. Estas incluyen, por ejemplo; (i) datos reportados por el BPI y datos del BPI por país de contrapartida (para los activos externos), (ii) datos de las Estadísticas Financieras Internacionales (EFI) sobre los activos exteriores de los bancos y de las instituciones financieras no bancarias, (iii) datos de las EFI para las reservas oficiales, (iv) datos del Centro Conjunto de Información sobre la Deuda Externa (JEDH), la base de datos de Flujos mundiales de financiamiento para el desarrollo (Global Development Finance) del Banco Mundial y la base de datos de Perspectivas de la economía mundial, para los pasivos de deuda externa, (v) los flujos financieros acumulados (ajustados por las variaciones de valoración)-los flujos financieros se obtienen de los datos publicados por el Departamento de Estadística (STA) así como de Perspectivas de la economía mundial (cuando los datos de STA no están disponibles), (vi) los datos de la UNCTAD sobre inversión extranjera directa (IED), (vii) los datos de la Encuesta Coordinada sobre la Inversión de Cartera para la inversión de cartera, y (viii) los datos de los países de contrapartida tanto para la IED como para los activos y pasivos de la inversión accionaria de cartera.

A continuación se esboza la metodología aplicada para llenar los vacíos de información correspondientes a la balanza de pagos. Con respecto a las transacciones de bienes y servicios, si faltan datos a partir del último año en que se declararon datos al FMI, se elaboran estimaciones aplicando las tasas de crecimiento derivadas de dicha base de datos con respecto al(a los) año(s) que falta(n) a los últimos datos anuales declarados (débitos y créditos). Si faltan datos con respecto a los años anteriores a los últimos datos declarados al Departamento de Estadística, se incluyen los datos de Perspectivas de la economía mundial a fin de completar las series.

Para las series de datos sobre el ingreso, las transferencias corrientes y la cuenta de capital, se elaboran estimaciones aplicando las cifras netas de la base de datos de Perspectivas de la economía mundial. En el caso del ingreso y las transferencias corrientes, el procedimiento de estimación consiste en arrastrar hacia ejercicios posteriores los últimos valores declarados para las series de la balanza de pagos, compararlos con los datos netos de Perspectivas de la economía mundial y la balanza de pagos, y luego ajustar los saldos acreedores o deudores de la balanza de pagos a fin de que coincidan con las cifras netas de Perspectivas de la economía mundial. Si faltan datos con anterioridad a los últimos datos declarados, se utilizan directamente las cifras sobre el crédito neto o el débito neto derivadas de Perspectivas de la economía mundial. Para estimar la cuenta de capital, se utilizan directamente las series de datos netos de Perspectivas de la economía mundial, que se incluyen en los créditos si las Perspectivas de la economía mundial muestran un crédito neto y en los débitos si las Perspectivas de la economía mundial muestran un débito neto. Con respecto a la mayoría de las transacciones de la cuenta financiera, si faltan datos a partir del último año en que se declararon datos al FMI, las tasas de crecimiento de los datos omitidos se derivan de la base de datos de Perspectivas de la economía mundial. Si faltan datos con respecto a los años anteriores a los últimos datos declarados al Departamento de Estadística, y no se cuenta con información de reservas, se incluyen los datos de Perspectivas de la economía mundial a fin de completar las series. No se llevan a cabo estimaciones de derivados financieros. Los datos sobre las transacciones con el Fondo, por ejemplo, las transacciones de DEG y de la Cuenta de Recursos Generales del Fondo, se obtienen de fuentes del Fondo.

En cuanto a la PII, en algunos casos, no se contaba con datos declarados ni con datos de la EWN sobre uno o más años de la serie temporal (casi todos los vacíos de datos correspondieron a 2008). En estos casos, se derivaron estimaciones utilizando la tasa de crecimiento pertinente (por ejemplo, una tasa de crecimiento regional). En los cuadros publicados no se incluyen los datos correspondientes a una pequeña cantidad de economías sobre las que no se dispone de datos sobre el periodo total en el Departamento de Estadística o el Departamento de Estudios.

Las estimaciones de los datos que faltan se incluyen en los totales regionales y mundiales, pero no se presentan para los países individuales indicados. Obsérvese que el término "país", según se emplea en esta publicación, no siempre se refiere a una entidad territorial que constituya un Estado, conforme al derecho y a la práctica internacionales; el término también abarca la zona del euro, la unión monetaria del Caribe Oriental, Comunidad Económica y Monetaria de África Central (CEMAC), Unión Económica y Monetaria del África Occidental (UEMAO), y ciertas entidades territoriales que no son Estados soberanos, sobre las cuales también se elaboran datos estadísticos y se facilitan a nivel internacional en forma separada.

Todos los cuadros de cifras agregadas que aparecen en la parte 2 figuran en el índice de esta publicación. El cuadro A-1 es un resumen de las transacciones internacionales y presenta totales mundiales de los componentes principales de la balanza de pagos. Los cuadros A-2 a A-5 presentan los saldos, por países, de la cuenta corriente, la cuenta de capital y la cuenta financiera, así como los errores y omisiones. Los cuadros B-1 a B-39 presentan los totales mundiales y regionales, por países, de los principales componentes de las cuentas de la balanza de pagos. Cada uno de estos cuadros contiene un desglose para los organismos internacionales, por grupos de países y por países individuales.

El cuadro C-1 presenta las "discrepancias mundiales" en las estadísticas de balanza de pagos en los principales componentes, discrepancias que se refieren a las diferencias entre las sumas de los asientos de débito y crédito de los componentes correspondientes declarados por los países y estimados por el personal del FMI. Por ejemplo, la discrepancia mundial con respecto a la balanza comercial representa la diferencia entre el agregado mundial de los superávit registrados en el comercio de bienes y el de los déficit declarados en ese rubro. En principio, conforme a las convenciones adoptadas en la balanza de pagos, los agregados mundiales de exportaciones deberían ser iguales a los de importaciones, y los superávit comerciales a nivel mundial deberían ser del mismo monto que los déficit comerciales mundiales, con lo que el saldo de la balanza comercial sería igual a cero. Se aplica el mismo principio a los demás componentes de la balanza de pagos que se presentan en el cuadro C-1.

Sin embargo, por diferentes razones, los países no siempre registran correctamente algunas transacciones, o bien las clasifican de diferente manera, y es así como surgen errores y omisiones en los datos nacionales y asimetrías (discre-pancias) en las estadísticas mundiales. Además, existen algunas brechas de cobertura a nivel mundial, por ejemplo en el caso de los flujos financieros correspondientes a pequeños centros offshore que no declaran datos de la balanza de pagos al FMI. Las cifras del cuadro C-1 reflejan esas asimetrías para los diferentes saldos. Los errores y omisiones netos que figuran en el cuadro representan la diferencia entre la cifra de la discrepancia mundial para la cuenta corriente y la de la combinación de las cuentas de capital y financiera.

Dentro de la cuenta corriente, un desequilibrio mundial negativo indica un exceso neto de débitos registrados, lo que puede deberse a que se registró un monto de créditos inferior al real, un monto de débitos superior al real, o a ambas razones. Un desequilibrio positivo en la cuenta financiera indica que se registraron valores netos de salidas de capital inferiores a los reales (aumento de activos o reducción de pasivos) y/o valores netos de entradas de capital superiores a los reales (reducción de activos o incremento de pasivos).

Las partidas informativas del cuadro C-1 muestran las discrepancias mundiales de ciertos componentes principales de la balanza de pagos como proporción de la suma de créditos y débitos de cada categoría.

Los cuadros D-1, D-2 y D-3 presentan las exportaciones e importaciones de bienes y servicios, y el saldo de la balanza en cuenta corriente, como porcentaje del producto interno bruto (PIB), información que es de interés general para los usuarios de los datos.

El cuadro E-1 presenta la PII neta y el cuadro E-2 presenta los Activos totales y Pasivos totales.

En la introducción de la parte 1 se incluyen información adicional sobre la presentación de los datos, las convenciones utilizadas, una descripción del marco conceptual de la balanza de pagos y una explicación de la cobertura de cada uno de sus principales componentes.

Table A-1.

Summary of International Transactions

(Billions of U.S. dollars)

	2002	2003	2004	2005	2006	2007	2008
Current account (net)	−97.8	−20.0	55.0	103.4	253.6	403.3	298.1
Goods	12.4	45.1	22.9	44.6	108.4	174.5	157.1
Credits	6,393.6	7,466.9	9,069.3	10,375.0	11,993.6	13,866.8	16,014.7
Debits	6,381.2	7,421.8	9,046.4	10,330.4	11,885.2	13,692.3	15,857.5
Services	2.2	20.9	66.5	92.7	152.8	229.9	209.2
Credits	1,639.9	1,889.4	2,285.4	2,549.8	2,888.4	3,454.5	3,858.6
Debits	1,637.6	1,868.4	2,218.9	2,457.0	2,735.6	3,224.6	3,649.4
Income	−94.7	−76.6	−16.2	−12.4	−23.8	−19.5	−99.3
Credits	1,278.7	1,498.9	1,890.6	2,431.8	3,128.3	4,024.1	4,047.7
Debits	1,373.4	1,575.6	1,906.8	2,444.2	3,152.0	4,043.6	4,147.0
Current transfers	−17.7	−9.4	−18.3	−21.5	16.1	18.4	31.1
Credits	435.8	511.6	605.5	692.7	760.6	872.2	975.0
Debits	453.5	521.0	623.8	714.2	744.5	853.8	943.9
Capital account (net)	−20.4	−22.5	−2.5	28.3	16.4	−20.1	5.8
Financial account (net)	195.6	73.7	−181.2	−66.0	−201.1	−325.9	−339.0
Direct investment	83.5	−18.7	−240.7	87.9	27.4	−86.1	−256.5
Abroad	−661.8	−668.1	−1,008.4	−1,066.2	−1,501.2	−2,437.1	−2,107.4
In reporting economy	745.3	649.5	767.7	1,154.2	1,528.6	2,351.1	1,850.8
Portfolio investment	336.4	383.5	625.2	637.8	636.9	1,113.0	1,244.2
Assets	−742.9	−1,434.5	−1,906.3	−2,554.8	−2,846.2	−2,501.1	−98.1
Liabilities	1,079.3	1,818.0	2,531.5	3,192.6	3,483.1	3,614.1	1,342.2
Financial derivatives	−11.1	−9.3	−18.1	−13.0	55.2	−104.2	−67.7
Assets	203.9	263.4	292.0	450.4	362.0	434.2	771.8
Liabilities	−215.0	−272.7	−310.1	−463.4	−306.9	−538.4	−839.6
Other investment	65.6	219.5	85.6	−181.9	−103.3	41.2	−497.2
Assets	−637.5	−1,044.0	−2,224.7	−2,954.7	−3,454.4	−5,780.9	691.9
Liabilities	703.1	1,263.6	2,310.3	2,772.9	3,351.1	5,822.0	−1,189.1
Reserves	−278.7	−501.3	−633.2	−596.9	−817.3	−1,289.7	−761.8
Net errors and omissions	−77.4	−31.2	128.8	−65.7	−68.9	−57.4	35.1

2009, International Monetary Fund: *Balance of Payments Statistics Yearbook*

Table A-2.

Current Account Balances

(Millions of U.S. dollars)

	2002	2003	2004	2005	2006	2007	2008
Total	−97,793	−20,044	54,959	103,407	253,585	403,278	298,123
International Organizations	25,595	34,864	36,372	30,655	40,797	57,740	70,305
Advanced Economies	−210,735	−208,462	−206,798	−393,675	−436,635	−328,367	−495,389
Euro Area							
Austria	5,464	4,186	6,074	6,245	7,807	13,189	13,154
Belgium	11,611	12,906	12,537	9,945	8,035	9,512	−12,101
Cyprus	−379	−292	−827	−971	−1,279	−1,831	−4,349
Finland	12,078	8,534	12,542	6,993	9,497	10,481	7,955
France	19,703	14,757	12,361	−9,019	−11,550	−26,620	−64,229
Germany	41,105	46,952	128,049	142,810	190,221	263,056	243,549
Greece	−9,582	−12,804	−13,476	−18,233	−29,565	−44,587	−51,313
Ireland	−1,101	89	−1,081	−7,150	−9,679	−13,850	−14,222
Italy	−9,369	−19,407	−16,456	−29,713	−48,045	−51,032	−78,029
Luxembourg	2,306	2,409	4,088	4,151	4,397	4,988	3,176
Malta	106	−156	−337	−524	−585	−530	−444
Netherlands	11,017	29,867	46,100	46,618	63,042	59,586	65,391
Portugal	−10,264	−9,593	−13,616	−17,619	−19,523	−21,179	−29,599
Slovak Republic	−1,955	−282	−3,296	−4,005	−3,937	−4,103	−6,185
Slovenia	244	−216	−893	−681	−1,088	−2,298	−3,329
Spain	−22,239	−30,885	−54,865	−83,388	−110,874	−144,657	−154,129
Australia	−15,809	−28,684	−38,854	−41,032	−41,504	−58,032	−47,786
Canada	12,604	10,696	22,946	33,243	31,318	29,936	27,281
China, P.R.: Hong Kong	12,412	16,470	15,731	20,181	22,928	25,532	30,532
Denmark	3,460	6,963	5,941	11,104	7,963	2,379	8,697
Iceland	145	−534	−1,317	−2,645	−4,285	−4,045	−6,319
Israel	−1,241	627	2,138	4,188	7,350	4,604	2,120
Japan	112,447	136,216	172,059	165,783	170,517	210,490	156,634
Korea	5,394	11,950	28,174	14,981	5,385	5,876	−6,406
New Zealand	−2,376	−3,479	−6,264	−9,281	−9,265	−10,635	−11,337
Norway	24,269	27,698	33,000	49,003	58,323	60,459	88,341
Singapore	11,587	22,067	19,913	27,418	35,407	39,110	27,181
Sweden	12,784	22,844	24,127	25,526	33,296	39,130	40,317
Switzerland	26,224	44,910	56,452	52,912	57,186	45,027	6,902
Taiwan Province of China *	25,628	29,253	18,800	17,578	26,300	32,975	24,894
United Kingdom	−27,858	−30,002	−45,415	−59,406	−80,881	−74,729	−45,670
United States	−459,151	−521,521	−631,134	−748,688	−803,548	−726,571	−706,066

* from published sources

	2002	2003	2004	2005	2006	2007	2008
Emerging and Developing Economies	87,348	153,554	225,385	466,427	649,424	673,905	723,206
Africa	−235	3,849	13,599	43,344	50,807	32,341	27,349
CEMAC							
Cameroon	−445	−597	−415	−493	193	286	−510
Central African Republic	….	….	….	….	….	….	….
Chad	….	….	….	….	….	….	….
Congo, Republic of	−34	520	674	696	124	−2,181	….
Equatorial Guinea	….	….	….	….	….	….	….
Gabon	338	766	924	1,983	….	….	….
WAEMU							
Benin	−156	−331	−288	−226	−217	−535	….
Burkina Faso	….	….	….	….	….	….	….
Côte d'Ivoire	768	294	241	40	479	−139	488
Guinea-Bissau	−1	….	14	….	….	….	….
Mali	−149	−271	−409	−438	−231	−581	….
Niger	−165	−219	−231	−312	−314	−351	….
Senegal	−317	−437	−510	−676	−861	−1,311	….
Togo	−140	−162	−206	−205	−177	−216	….
Algeria	….	….	….	….	….	….	….
Angola	−150	−720	686	5,138	10,690	10,194	6,408
Botswana	197	462	353	1,591	1,940	1,351	502
Burundi	−3	−24	−32	−6	−134	−110	−212
Cape Verde	−72	−91	−130	−41	−83	−198	−205
Comoros	….	….	….	….	….	….	….
Congo, Democratic Republic of	….	….	….	….	….	….	….
Djibouti	27	38	3	20	−17	−171	−225
Eritrea	….	….	….	….	….	….	….
Ethiopia	−137	−136	−668	−1,568	−1,786	−828	−1,806
Gambia, The	….	3	−31	−42	−65	−29	−43
Ghana	−32	278	−567	−1,105	−1,043	−2,151	−3,543
Guinea	−200	−185	−162	….	….	−382	−434
Kenya	−118	132	−132	−252	−510	−1,034	−1,978
Lesotho	−143	−135	−68	−102	66	220	244
Liberia	….	….	−160	−184	−173	−216	−1,187
Madagascar	−477	−328	−399	−554	….	….	….
Malawi	−201	….	….	….	….	….	….
Mauritania	….	….	….	….	….	….	….
Mauritius	249	93	−112	−324	−604	−434	−974

Table A-2. Current Account Balances
(Millions of U.S. dollars)

	2002	2003	2004	2005	2006	2007	2008
Africa (continued)							
Morocco	1,477	1,582	970	1,041	1,411	−122	−4,528
Mozambique	−869	−816	−607	−761	−773	−785	−975
Namibia	91	266	446	333	1,082	747	358
Nigeria	1,083	3,391	16,840	37,264	38,228	30,927	39,357
Rwanda	−136	−97	−35	−52	−180	−147	−252
São Tomé & Príncipe	−27	−28	−38	−36	−58	−67	....
Seychelles	−101	−9	−60	−174	−134	−264	....
Sierra Leone	−73	−83	−99	−105	−95	−160	−227
South Africa	884	−1,902	−7,003	−9,723	−16,121	−20,780	−20,981
Sudan	−974	−939	−818	−2,768	−4,811	−3,268	−1,314
Swaziland	33	89	71	−103	−197	−66	....
Tanzania	−37	−118	−367	−864	−1,143	−1,580	−2,307
Tunisia	−746	−730	−551	−299	−619	−917	−1,711
Uganda	−362	−198	−125	−70	−438	−538	−845
Zambia	−546	−642	−419	−600	126	−698	−1,046
Zimbabwe	....	....	....	....	....	....	....
Developing Asia	**69,466**	**87,128**	**94,516**	**167,568**	**290,220**	**420,031**	**419,704**
Afghanistan, I.R. of	....	....	....	....	....	....	....
Bangladesh	739	132	−279	−176	1,196	857	1,032
Bhutan	....	....	....	....	....	....	....
Brunei Darussalam	1,531	2,279	2,896	4,038	5,232	4,805	7,183
Cambodia	−107	−233	−183	−307	−261	−543	−1,053
China, P.R.: Mainland	35,422	45,875	68,659	160,818	253,268	371,833	426,107
China, P.R.: Macao	2,719	3,160	4,240	3,367	2,927	5,863	....
Fiji	16	−52	−250	−292	−590	−477	−631
French Overseas Territories: French Polynesia	6	−119	186	9	160	296	−64
French Overseas Territories: New Caledonia	−107	−37	257	−112	−414	−260	−1,304
India	7,059	8,773	780	−10,284	−9,299	−11,284	−36,088
Indonesia	7,824	8,107	1,563	278	10,859	10,493	285
Kiribati	....	....	....	....	....	....	....
Lao People's Democratic Republic	3	−62	−189	−193	50	107	....
Malaysia	7,190	13,381	15,079	19,980	26,200	29,243	38,914
Maldives	−36	−31	−122	−273	−302	−438	−651
Myanmar	97	−19	112	588	802	....	....
Nepal	215	180	100	153	150	6	733
Pakistan	3,854	3,573	−817	−3,606	−6,750	−8,286	−15,402
Papua New Guinea	−129	140	122	640	....	....	....
Philippines	−279	288	1,633	1,984	5,347	7,119	3,897
Samoa	....	....	−26	−25	−48	−36	....
Solomon Islands	−68	−40	−19	−90	−97	....	....
Sri Lanka	−236	−71	−648	−650	−1,498	−1,401	−3,775
Thailand	4,654	4,772	2,759	−7,647	2,316	14,040	−113
Timor-Leste	....	....	....	....	....	....	....
Tonga	−3	−10	−15	−14	−15	−24	....
Vanuatu	−17	−22	−22	−34	−30	−34	....
Vietnam	−604	−1,931	−957	−560	−164	−6,953	−10,706
Europe	**6,374**	**−3,445**	**4,253**	**27,421**	**5,150**	**−64,762**	**−54,669**
Central and Eastern Europe	**−24,119**	**−39,068**	**−59,278**	**−60,273**	**−91,322**	**−136,136**	**−162,623**
Albania	−408	−407	−358	−571	−671	−1,151	−1,924
Bosnia and Herzegovina	−1,191	−1,631	−1,639	−1,844	−981	−1,594	−2,764
Bulgaria	−319	−1,022	−1,671	−3,347	−5,863	−10,040	−12,577
Croatia	−1,926	−2,162	−1,875	−2,555	−3,311	−4,446	−6,397
Czech Republic	−4,265	−5,785	−5,749	−1,577	−3,559	−5,754	−6,631
Estonia	−779	−1,115	−1,369	−1,386	−2,816	−3,805	−2,245
Faroe Islands	126	−7	....	....	....	....	....
Hungary	−4,693	−6,721	−8,771	−8,261	−8,610	−8,922	−13,448
Latvia	−625	−921	−1,762	−1,992	−4,522	−6,425	−4,492
Lithuania	−721	−1,278	−1,725	−1,831	−3,218	−5,692	−5,703
Macedonia, FYR	−377	−184	−453	−158	−56	−247	−1,210
Montenegro, Republic of	....	....	....	....	....	−880	−1,473
Poland	−5,544	−5,473	−10,067	−3,716	−9,394	−20,100	−28,921
Romania	−1,525	−3,311	−6,382	−8,504	−12,785	−23,032	−24,685
Serbia, Republic of	....	....	....	....	....	−6,346	−8,855
Turkey	−626	−7,515	−14,431	−22,137	−31,893	−37,697	−41,289
CIS and Mongolia	**30,493**	**35,624**	**63,531**	**87,694**	**96,472**	**71,374**	**107,953**
Armenia	−148	−189	−20	−52	−117	−590	−1,383
Azerbaijan	−768	−2,021	−2,589	167	3,708	9,019	16,454
Belarus	−334	−426	−1,193	436	−1,447	−3,036	−5,209
Georgia	−216	−383	−354	−710	−1,175	−2,009	−2,915
Kazakhstan	−1,024	−273	335	−1,056	−1,999	−8,226	6,596
Kyrgyz Republic	−30	−42	29	−35	−282	−228	−631
Moldova	−20	−130	−46	−226	−389	−674	−987
Mongolia	−105	−99	63	84	222	....	....
Russia	29,280	35,410	59,512	84,602	94,686	77,012	102,400
Tajikistan	−15	−5	−57	−19	−21	−495	48

2009, International Monetary Fund: *Balance of Payments Statistics Yearbook*

Table A-2. Current Account Balances

(Millions of U.S. dollars)

	2002	2003	2004	2005	2006	2007	2008
CIS and Mongolia (continued)							
Turkmenistan	....	....	....	....	....	....	....
Ukraine	3,174	2,891	6,909	2,531	−1,617	−5,272	−12,763
Uzbekistan	....	....	....	....	....	....	....
Middle East	**28,711**	**57,168**	**91,031**	**191,816**	**252,097**	**270,556**	**358,452**
Bahrain, Kingdom of	−50	200	472	1,474	2,188	2,907	2,257
Egypt	622	3,743	3,922	2,103	2,635	412	−1,415
Iran, I.R. of	....	....	....	....	....	....	....
Iraq	....	....	....	−3,335	2,681	15,519	....
Jordan	544	1,245	89	−2,200	−1,598	−2,934	−2,393
Kuwait	4,265	9,424	15,595	30,156	45,425	46,827	64,742
Lebanon	−4,541	−5,139	−4,406	−2,748	−1,151	−1,339	−3,056
Libya	694	3,402	4,616	14,945	22,170	28,510	35,702
Oman	1,941	1,454	877	5,178	5,659	2,585	5,469
Qatar	....	....	....	....	....	....	....
Saudi Arabia	11,873	28,048	51,926	90,058	99,066	93,390	134,046
Syrian Arab Republic	1,440	752	592	299	920	459	....
United Arab Emirates	....	....	....	....	....	....	....
West Bank and Gaza	−883	−1,408	−1,679	−836	−960	−408	....
Yemen, Republic of	538	149	225	624	206	−1,508	−1,251
Western Hemisphere	**−16,968**	**8,853**	**21,986**	**36,277**	**51,150**	**15,739**	**−27,629**
Eastern Caribbean Currency Union							
Anguilla	−36	−40	−47	−52	−145	−184	−209
Antigua and Barbuda	−82	−98	−118	−188	−310	−379	−384
Dominica	−47	−53	−60	−76	−50	−85	−112
Grenada	−126	−146	−61	−195	−198	−261	−289
Montserrat	−10	−8	−9	−16	−8	−11	−18
St. Kitts and Nevis	−125	−116	−68	−65	−85	−110	−131
St. Lucia	−106	−147	−87	−137	−293	−327	−272
St. Vincent and the Grenadines	−42	−79	−102	−99	−118	−190	−217
Argentina	8,767	8,140	3,212	5,275	7,770	7,412	7,034
Aruba	−343	−169	−6	−201	−40	190	−156
Bahamas, The	−423	−474	−307	−701	−1,406	−1,316	−1,118
Barbados	−168	−169	−337	−385	....	....	....
Belize	−165	−184	−155	−151	−25	−52	−154
Bermuda	....	....	....	....	1,252	1,267	1,239
Bolivia	−352	76	337	622	1,317	1,591	2,015
Brazil	−7,637	4,177	11,738	13,985	13,621	1,551	−28,192
Chile	−580	−779	2,074	1,449	7,154	7,189	−3,440
Colombia	−1,289	−973	−906	−1,882	−2,982	−5,819	−6,713
Costa Rica	−857	−880	−796	−981	−1,023	−1,646	−2,729
Dominican Republic	−798	1,036	1,041	−473	−1,288	−2,096	−4,437
Ecuador	−1,272	−422	−542	347	1,618	1,650	1,120
El Salvador	−405	−702	−628	−569	−671	−1,183	−1,596
Guatemala	−1,235	−1,039	−1,164	−1,241	−1,524	−1,786	−1,863
Guyana	−62	−45	−20	−96	−181	−112	−192
Haiti	−89	−45	−63	7	−85	14	−156
Honduras	−282	−553	−683	−304	−381	−1,275	−1,977
Jamaica	−1,074	−773	−509	−1,072	−1,183	−2,043	−3,038
Mexico	−14,140	−7,202	−5,176	−4,386	−4,377	−8,335	−15,805
Netherlands Antilles	−59	5	−113	−148	−260	−590	....
Nicaragua	−744	−663	−649	−734	−710	−1,001	−1,513
Panama	−96	−537	−1,003	−1,022	−448	−1,407	−2,677
Paraguay	93	129	143	16	128	165	−345
Peru	−1,110	−949	19	1,148	2,755	1,505	−4,180
Suriname	−131	−159	−138	−144	110	185	353
Trinidad and Tobago	76	985	1,647	3,594	7,271	5,364	....
Uruguay	382	−87	3	42	−392	−212	−1,225
Venezuela, República Bolivariana de	7,599	11,796	15,519	25,110	26,462	18,098	37,392

Table A-3. Capital Account Balances

(Millions of U.S. dollars)

	2002	2003	2004	2005	2006	2007	2008
Total	−20,436	−22,544	−2,496	28,346	16,374	−20,059	5,832
International Organizations	−19,282	−32,299	−33,116	−32,352	−66,823	−57,663	−47,116
Advanced Economies	4,559	58	18,285	24,799	−560	15,891	24,262
Euro Area							
Austria	−379	8	−342	−237	−1,009	274	−70
Belgium	−585	−1,021	−497	−894	−405	−1,882	−2,732
Cyprus	20	38	134	87	33	8	14
Finland	125	149	188	336	212	210	246
France	−215	−8,260	1,810	662	−272	2,470	1,018
Germany	−225	353	521	−1,816	−336	114	−2
Greece	1,530	1,411	2,990	2,563	3,822	5,957	5,995
Ireland	512	126	368	323	281	51	105
Italy	−80	2,667	2,172	1,240	2,390	3,679	3,347
Luxembourg	−89	−140	−772	1,183	−366	−203	−351
Malta	7	17	83	193	194	72	40
Netherlands	−545	−3,069	−1,614	−1,764	−2,617	−3,450	−2,320
Portugal	1,906	2,977	2,773	2,115	1,546	2,889	4,016
Slovak Republic	110	102	135	−18	−42	465	1,154
Slovenia	−159	−191	−123	−138	−169	−72	−59
Spain	7,236	9,274	10,450	10,107	7,855	6,376	8,229
Australia	583	889	1,076	1,252	1,737	1,632	1,994
Canada	3,145	3,020	3,416	4,858	3,778	3,962	4,279
China, P.R.: Hong Kong	−2,011	−1,065	−329	−634	−373	1,324	2,171
Denmark	152	−7	13	518	5	55	77
Iceland	−1	−5	−3	−27	−26	−30	−13
Israel	207	534	667	727	786	822	1,109
Japan	−3,321	−3,998	−4,787	−4,878	−4,757	−4,029	−5,468
Korea	−1,087	−1,398	−1,753	−2,340	−3,126	−2,386	−39
New Zealand	813	502	156	−197	−216	−559	−584
Norway	−191	678	−154	−290	−146	−163	−210
Singapore	−160	−168	−184	−202	−231	−259	−308
Sweden	−79	−46	34	308	−2,556	−446	−746
Switzerland	−2,469	−2,178	−3,166	−2,290	−4,334	−4,171	−3,584
Taiwan Province of China *	−139	−87	−77	−117	−118	−96	−334
United Kingdom	1,420	2,425	3,779	2,825	1,806	5,173	6,335
United States	−1,470	−3,481	1,323	11,344	−3,906	−1,895	954

* from published sources

	2002	2003	2004	2005	2006	2007	2008
Emerging and Developing Economies	−5,713	9,697	12,335	35,899	83,757	21,714	28,686
Africa	4,382	3,867	5,690	13,949	44,251	6,159	5,587
CEMAC							
Cameroon	61	112	42	204	1,586	197	147
Central African Republic	....	....	....	....	....	....	....
Chad	....	....	....	....	....	....	....
Congo, Republic of	14	17	201	11	10	32	....
Equatorial Guinea	....	....	....	....	....	....	....
Gabon	3	43	....	....	....	....	....
WAEMU							
Benin	63	64	80	122	1,155	176	....
Burkina Faso	....	....	....	....	....	....	....
Côte d'Ivoire	8	14	146	185	33	93	86
Guinea-Bissau	39	43	27	....	....	....	....
Mali	144	166	206	206	2,259	324	....
Niger	92	92	249	49	1,739	269	....
Senegal	127	150	750	199	2,291	333	....
Togo	14	21	40	51	64	73	....
Algeria	....	....	....	....	....	....	....
Angola	....	....	440	172	23	109	13
Botswana	16	22	32	67	24	89	103
Burundi	....	−1	18	32	62	128	111
Cape Verde	9	25	24	21	17	27	27
Comoros	....	....	....	....	....	....	....
Congo, Democratic Republic of	....	....	....	....	....	....	....
Djibouti	10	−7	20	27	9	35	54
Eritrea	....	....	....	....	....	....	....
Ethiopia	....	14	....	....	....	....	....
Gambia, The	....	5	5	1	....	....	1
Ghana	....	....	251	331	230	188	463
Guinea	92	58	−30	....	....	107	35
Kenya	81	163	145	103	168	157	94
Lesotho	24	27	33	21	11	32	14
Liberia	....	....	....	....	....	....	....
Madagascar	102	143	182	192	....	....	....
Malawi	....	....	....	....	....	....	....
Mauritania	....	....	....	....	....	....	....
Mauritius	−2	−1	−2	−2	−3	−2	−1

2009, International Monetary Fund: *Balance of Payments Statistics Yearbook*

Table A-3.

Capital Account Balances

(Millions of U.S. dollars)

	2002	2003	2004	2005	2006	2007	2008
Africa (continued)							
Morocco	−6	−10	−8	−5	−3	−3	−2
Mozambique	1,169	284	578	194	2,278	542	421
Namibia	41	68	77	80	83	83	77
Nigeria	54	20	36	7,336	10,556	....	....
Rwanda	66	41	61	93	1,323	161	210
São Tomé & Príncipe	15	19	18	66	24	225	....
Seychelles	5	7	1	30	13	5	....
Sierra Leone	51	71	81	68	259	634	61
South Africa	−15	44	52	30	30	28	25
Sudan	....	....	....	....	....	....	....
Swaziland	....	....	−1	−3	25	−30	....
Tanzania	786	693	460	393	5,184	924	637
Tunisia	76	59	107	127	145	166	79
Uganda	64	61	64	64	3,613	69	47
Zambia	673	629	503	2,560	2,633	223	230
Zimbabwe	....	....	....	....	....	....	....
Developing Asia	954	2,146	1,787	6,433	6,429	5,689	5,503
Afghanistan, I.R. of	....	....	....	....	....	....	....
Bangladesh	364	387	142	262	153	715	371
Bhutan	....	....	....	....	....	....	....
Brunei Darussalam	−1	−1	−11	−11	−7	−9	−11
Cambodia	8	66	68	83	295	300	264
China, P.R.: Mainland	−50	−48	−69	4,102	4,020	3,099	3,051
China, P.R.: Macao	139	88	274	515	438	319	....
Fiji	−1	5	3	8	....	13	16
French Overseas Territories: French Polynesia	−1	−1	−1	−1	....	....	....
French Overseas Territories: New Caledonia	−2	1	6	9	4	4	1
India	....	....	....	....	....	....	....
Indonesia	....	....	....	334	350	546	294
Kiribati	....	....	....	....	....	....	....
Lao People's Democratic Republic	....	....	....	....	....	....	....
Malaysia	....	....	....	....	−72	−28	187
Maldives	....	....	....	....	....	....	....
Myanmar	....	....	....	....	....	....	....
Nepal	102	25	16	40	46	75	114
Pakistan	40	1,138	591	202	345	176	124
Papua New Guinea	....	....	....	....	....	....	....
Philippines	27	54	17	40	138	24	53
Samoa	....	....	39	39	52	29	....
Solomon Islands	8	12	1	28	29	....	....
Sri Lanka	65	74	64	250	291	269	291
Thailand	....	....	....	....	....	....	....
Timor-Leste	....	....	....	....	....	....	....
Tonga	13	10	11	13	7	18	....
Vanuatu	8	7	13	22	34	30	....
Vietnam	....	....	....	....	....	....	....
Europe	−15,173	55	1,114	−8,372	5,906	−708	13,639
Central and Eastern Europe	1,393	1,064	2,738	4,209	5,393	9,207	12,855
Albania	121	157	132	123	180	124	115
Bosnia and Herzegovina	412	466	301	281	294	304	291
Bulgaria	....	....	204	290	228	−878	420
Croatia	463	119	39	64	−157	47	48
Czech Republic	−4	−3	−602	196	380	1,022	1,817
Estonia	38	50	86	103	363	230	232
Faroe Islands	....	....	....	....	....	....	....
Hungary	191	−27	328	885	604	1,586	1,681
Latvia	21	76	144	212	239	578	513
Lithuania	56	68	287	331	351	690	867
Macedonia, FYR	8	−7	−5	−2	−1	2	−18
Montenegro, Republic of	....	....	....	....	....	−2	−1
Poland	−7	−46	1,180	995	2,105	4,771	5,979
Romania	93	213	643	731	−34	1,142	891
Serbia, Republic of	....	....	....	....	....	−408	21
Turkey	....	....	....	....	....	....	....
CIS and Mongolia	−16,566	−1,009	−1,624	−12,581	513	−9,915	784
Armenia	68	90	41	73	86	143	149
Azerbaijan	−29	−23	−4	41	−4	−3	11
Belarus	53	69	49	41	74	92	137
Georgia	18	20	41	59	171	128	105
Kazakhstan	−120	−28	−21	14	32	−38	−13
Kyrgyz Republic	−8	−1	−20	−21	−44	−75	−45
Moldova	−19	−19	−13	−4	−23	−8	−15
Mongolia	....	....	....	....	....	....	....
Russia	−16,564	−993	−1,624	−12,764	191	−10,224	496
Tajikistan	45	14	26	....	100	33	39

Table A-3. Capital Account Balances

(Millions of U.S. dollars)

	2002	2003	2004	2005	2006	2007	2008
CIS and Mongolia (continued)							
Turkmenistan	....	....	....	....	....	....	....
Ukraine	17	−17	7	−65	3	3	5
Uzbekistan	....	....	....	....	....	....	....
Middle East	**1,808**	**1,626**	**771**	**21,114**	**20,070**	**3,127**	**1,455**
Bahrain, Kingdom of	102	50	50	50	75	50	50
Egypt	....	....	....	−40	−36	2	−1
Iran, I.R. of	....	....	....	....	....	....	....
Iraq	....	....	....	20,489	17,984	675	....
Jordan	69	94	2	8	63	13	283
Kuwait	1,672	1,431	348	710	744	1,488	1,729
Lebanon	13	29	50	27	1,940	590	410
Libya	....	....	....	....	....	....	....
Oman	5	10	21	−16	−96	827	−52
Qatar	....	....	....	....	....	....	....
Saudi Arabia	....	....	....	....	....	....	....
Syrian Arab Republic	20	20	18	18	18	118	....
United Arab Emirates	....	....	....	....	....	....	....
West Bank and Gaza	301	305	669	418	275	402	....
Yemen, Republic of	....	5	163	202	94	94	19
Western Hemisphere	**2,315**	**2,003**	**2,973**	**2,775**	**7,101**	**7,447**	**2,503**
Eastern Caribbean Currency Union							
Anguilla	8	8	8	13	18	14	14
Antigua and Barbuda	14	10	21	214	32	11	10
Dominica	20	19	24	18	28	31	51
Grenada	32	43	40	47	62	39	47
Montserrat	13	14	12	3	2	5	6
St. Kitts and Nevis	15	5	5	15	13	14	22
St. Lucia	20	17	3	5	11	9	9
St. Vincent and the Grenadines	11	14	19	14	8	76	41
Argentina	406	70	196	89	97	116	181
Aruba	21	100	17	19	21	19	160
Bahamas, The	−25	−37	−48	−60	−64	−76	−76
Barbados	....	....	....	....	....	....	....
Belize	16	7	10	3	9	4	9
Bermuda	....	....	....	....	....	....	....
Bolivia	....	7	8	9	1,813	1,180	10
Brazil	433	498	339	663	869	756	1,055
Chile	83	....	5	41	13	16	3
Colombia	....	....	....	....	....	....	....
Costa Rica	13	25	13	16	1	21	7
Dominican Republic	7	6	4	....	290	206	152
Ecuador	27	61	14	70	26	65	49
El Salvador	209	113	100	94	97	150	80
Guatemala	124	134	....	....	142	....	....
Guyana	31	44	46	52	350	465	39
Haiti	....	....	....	....	....	21	19
Honduras	142	56	142	860	1,639	1,267	106
Jamaica	−17	....	2	−18	−28	−36	18
Mexico	....	....	....	....	....	....	....
Netherlands Antilles	28	26	79	96	100	122	....
Nicaragua	772	772	1,922	482	1,579	2,936	434
Panama	....	10	9	16	15	44	57
Paraguay	4	15	16	20	30	28	33
Peru	−98	−48	−59	−22	−100	−67	−64
Suriname	6	9	19	15	19	8	32
Trinidad and Tobago	....	....	....	....	....	....	....
Uruguay	....	4	5	4	7	4	....
Venezuela, República Bolivariana de	....	....	....	....	....	....	....

Table A-4.

Financial Account Balances

(Millions of U.S. dollars)

	2002	2003	2004	2005	2006	2007	2008
Total...	195,604	73,747	−181,222	−66,040	−201,092	−325,869	−339,049
International Organizations......................	−2,496	−3,474	−4,180	−463	26,718	2,540	−28,871
Advanced Economies.................................	279,587	248,916	85,303	314,219	423,774	252,546	288,673
Euro Area							
Austria...	−2,298	−491	−974	−168	−6,002	−16,033	−17,257
Belgium...	−6,448	−10,793	−9,937	−6,753	−9,271	−8,411	16,636
Cyprus...	437	234	541	719	1,258	2,585	4,467
Finland..	−7,197	−8,709	−10,289	−3,431	−7,915	412	7,745
France..	−16,324	12,240	−10,381	−431	3,846	49,075	107,119
Germany..	−38,775	−70,927	−151,174	−161,821	−219,149	−326,574	−301,532
Greece..	9,715	11,140	10,113	15,737	25,382	37,571	44,205
Ireland...	760	−1,591	4,735	−724	10,844	16,797	24,695
Italy...	8,054	19,323	11,269	26,313	31,499	35,722	73,317
Luxembourg..	−2,491	−2,192	−3,536	−5,498	−4,006	−4,742	−2,808
Malta...	−57	115	175	394	384	199	436
Netherlands..	−4,395	−23,526	−45,270	−37,625	−61,177	−27,403	−34,351
Portugal..	7,778	5,625	11,591	16,370	17,686	18,137	26,635
Slovak Republic....................................	1,547	153	3,106	3,698	3,812	3,335	7,344
Slovenia..	170	256	998	637	1,527	2,763	3,593
Spain...	14,092	19,842	43,376	75,804	107,348	138,425	141,793
Australia...	16,127	27,817	38,208	40,361	40,179	55,396	45,422
Canada...	−14,175	−14,815	−28,675	−24,285	−23,671	−21,571	−13,110
China, P.R.: Hong Kong............................	−17,373	−21,946	−23,380	−22,825	−26,637	−34,559	−29,899
Denmark...	−1,726	−9,803	−17,598	−9,072	−2,621	−4,606	−5,689
Iceland..	−125	138	1,723	2,283	6,226	−1,291	11,760
Israel...	−1,205	−3,274	−4,421	−10,374	−7,281	−3,620	−6,067
Japan..	−109,514	−115,229	−138,354	−145,007	−134,324	−223,764	−203,501
Korea..	−4,431	−10,483	−29,316	−12,760	−992	−5,594	5,552
New Zealand..	1,070	2,093	7,459	8,587	8,511	11,409	6,494
Norway...	−17,264	−22,073	−27,527	−43,205	−44,166	−31,715	−96,257
Singapore...	−12,145	−25,076	−22,922	−29,978	−38,887	−41,886	−24,251
Sweden...	−11,369	−22,240	−24,910	−28,732	−31,769	−14,671	6,378
Switzerland..	−25,338	−27,715	−65,650	−67,848	−71,184	−45,052	−18,053
Taiwan Province of China *.....................	−24,914	−29,463	−19,426	−17,754	−25,681	−34,958	−28,023
United Kingdom.......................................	36,898	37,401	53,416	50,886	70,839	63,614	30,811
United States..	500,505	532,885	532,330	700,722	809,167	663,554	505,069

* from published sources

	2002	2003	2004	2005	2006	2007	2008
Emerging and Developing Economies................	**−81,487**	**−171,695**	**−262,345**	**−379,796**	**−651,584**	**−580,955**	**−598,851**
Africa..	−3,496	−14,184	−30,817	−41,735	−76,415	−18,382	−17,714
CEMAC							
Cameroon..	554	400	319	319	−1,949	−663	−22
Central African Republic......................	....	....	....	....	....	....	....
Chad...	....	....	....	....	....	....	....
Congo, Republic of...............................	240	−421	−783	−737	−276	2,350	....
Equatorial Guinea.................................	....	....	....	....	....	....	....
Gabon...	−215	−549	−567	−1,568	....	....	....
WAEMU							
Benin..	91	86	218	95	−966	286	....
Burkina Faso..	....	....	....	....	....	....	....
Côte d'Ivoire..	−750	580	−413	−167	−502	6	−518
Guinea-Bissau..	−35	−49	−37	....	....	....	....
Mali..	11	60	230	261	−1,993	227	....
Niger..	82	141	−134	141	−1,408	99	....
Senegal..	159	275	−253	479	−1,458	966	....
Togo...	121	152	151	142	93	126	....
Algeria...	....	....	....	....	....	....	....
Angola...	....	1,108	−1,403	−4,932	−11,003	−9,049	−6,055
Botswana..	−292	−550	−219	−1,310	−1,822	−1,796	−1,071
Burundi...	2	39	34	58	68	23	35
Cape Verde..	71	78	97	18	75	171	286
Comoros..	....	....	....	....	....	....	....
Congo, Democratic Republic of...............	....	....	....	....	....	....	....
Djibouti...	−46	−32	−7	−1	59	217	174
Eritrea..	....	....	....	....	....	....	....
Ethiopia...	1,052	513	1,022	1,081	625	985	355
Gambia, The...	....	−10	35	70	72	62	6
Ghana..	−7	−163	201	709	801	1,990	3,285
Guinea...	−35	285	124	....	....	260	357
Kenya..	−158	−19	53	394	92	1,125	1,560
Lesotho...	217	163	60	83	−187	−185	−109
Liberia...	....	....	207	218	193	221	1,208
Madagascar..	346	118	252	271	....	....	....
Malawi..	44	....	....	....	....	....	....
Mauritania..	....	....	....	....	....	....	....
Mauritius..	−257	−133	36	307	313	59	760

Table A-4. Financial Account Balances
(Millions of U.S. dollars)

	2002	2003	2004	2005	2006	2007	2008
Africa (continued)							
Morocco	−1,289	−1,275	−680	−629	−909	20	4,945
Mozambique	−240	324	−187	286	−1,649	179	594
Namibia	−148	−245	−639	−541	−1,287	−1,321	−1,193
Nigeria	−1,920	−9,025	−21,552	−26,357	−23,583	−6,296	−10,007
Rwanda	68	33	−17	−67	−1,230	−18	47
São Tomé & Príncipe	10	6	23	−31	30	−160	....
Seychelles	106	7	59	145	118	257	....
Sierra Leone	39	62	71	96	−105	−331	137
South Africa	−385	−1,607	1,071	6,849	11,625	14,973	10,307
Sudan	495	952	606	2,041	4,942	3,242	1,439
Swaziland	−96	3	−239	147	410	797	....
Tanzania	−46	−225	75	889	−4,416	526	1,775
Tunisia	705	719	462	200	513	789	1,519
Uganda	289	240	291	407	−3,201	579	1,103
Zambia	291	412	6	−1,885	−2,412	537	769
Zimbabwe	....	....	....	....	....	....	....
Developing Asia	**−72,841**	**−103,164**	**−117,693**	**−142,564**	**−273,896**	**−422,862**	**−381,660**
Afghanistan, I.R. of	....	....	....	....	....	....	....
Bangladesh	−754	−600	162	558	−745	−693	−1,493
Bhutan	....	....	....	....	....	....	....
Brunei Darussalam	572	−650	−1,180	−76	545	779	854
Cambodia	97	207	161	236	6	281	839
China, P.R.: Mainland	−42,876	−63,812	−95,424	−148,480	−244,213	−391,281	−403,079
China, P.R.: Macao	−1,285	−2,170	−2,582	−1,390	−2,872	1,386	....
Fiji	132	106	202	235	511	377	384
French Overseas Territories: French Polynesia	66	104	−125	−32	4	−294	−151
French Overseas Territories: New Caledonia	175	124	−196	19	480	266	1,441
India	−6,870	−9,801	−1,420	10,730	8,605	10,279	35,471
Indonesia	−6,061	−4,597	1,531	−475	−12,283	−9,661	270
Kiribati	....	....	....	....	....	....	....
Lao People's Democratic Republic	10	97	75	137	130	199	....
Malaysia	−6,799	−13,377	−16,959	−13,425	−18,676	−24,167	−30,523
Maldives	34	25	109	287	246	365	565
Myanmar	−77	98	31	23	−170	....	....
Nepal	−251	−515	−532	−332	−305	−100	−739
Pakistan	−4,868	−4,659	−459	3,604	6,049	8,139	15,679
Papua New Guinea	37	−179	−148	−687	....	....	....
Philippines	219	560	−1,368	−221	−3,891	−5,054	−2,040
Samoa	....	....	−10	−7	1	−5	....
Solomon Islands	5	−8	24	9	−6	....	....
Sri Lanka	35	111	773	473	1,304	1,292	2,712
Thailand	−6,077	−4,903	−2,049	5,666	−5,943	−19,511	−11,818
Timor-Leste	....	....	....	....	....	....	....
Tonga	−10	2	9	6	13	6	....
Vanuatu	31	37	34	29	....	9	....
Vietnam	1,642	1,133	1,872	957	−1,236	7,518	11,868
Europe	**20,401**	**12,928**	**−1,077**	**−1,271**	**−7,837**	**100,084**	**89,534**
Central and Eastern Europe	**25,826**	**36,660**	**54,698**	**64,443**	**95,361**	**145,400**	**178,259**
Albania	178	103	110	245	254	838	1,801
Bosnia and Herzegovina	680	842	930	1,336	474	1,146	2,651
Bulgaria	1,035	1,911	1,096	4,277	6,620	13,920	15,273
Croatia	1,906	2,971	3,058	3,808	4,701	5,574	8,169
Czech Republic	4,003	5,178	6,773	2,500	4,113	5,518	6,542
Estonia	682	1,105	1,446	1,135	2,367	3,345	2,131
Faroe Islands	....	....	....	....	....	....	....
Hungary	4,357	6,522	9,923	9,397	10,992	9,925	14,720
Latvia	675	857	1,610	2,076	4,162	6,059	4,556
Lithuania	586	1,030	1,246	1,549	3,156	5,056	5,127
Macedonia, FYR	380	225	439	167	50	275	1,228
Montenegro, Republic of	....	....	....	....	....	1,022	1,538
Poland	6,532	7,480	7,237	7,082	10,612	26,787	43,941
Romania	2,288	3,387	4,646	7,160	12,297	22,988	25,688
Serbia, Republic of	....	....	....	....	....	6,431	8,745
Turkey	1,404	3,105	13,470	20,326	32,070	36,515	36,150
CIS and Mongolia	**−5,424**	**−23,732**	**−55,775**	**−65,713**	**−103,197**	**−45,316**	**−88,725**
Armenia	84	101	−16	−24	47	449	1,220
Azerbaijan	884	2,156	2,643	−83	−3,448	−8,655	−15,618
Belarus	570	370	874	−585	1,675	2,463	5,151
Georgia	184	370	302	624	1,068	1,916	2,853
Kazakhstan	824	1,232	702	2,842	5,094	11,432	822
Kyrgyz Republic	60	−37	10	−8	144	27	−46
Moldova	63	102	−42	51	331	567	926
Mongolia	91	105	−65	−9	−214	....	....
Russia	−5,122	−25,238	−52,018	−63,943	−104,395	−53,897	−90,311
Tajikistan	25	21	64	95	186	825	−113

2009, International Monetary Fund: *Balance of Payments Statistics Yearbook*

Table A-4.

Financial Account Balances

(Millions of U.S. dollars)

	2002	2003	2004	2005	2006	2007	2008
CIS and Mongolia (continued)							
Turkmenistan	....	....	....	....	....	....	....
Ukraine	−2,302	−2,040	−7,044	−2,599	1,520	5,721	12,216
Uzbekistan	....	....	....	....	....	....	....
Middle East	**−52,111**	**−62,154**	**−94,762**	**−163,268**	**−233,777**	**−225,893**	**−314,550**
Bahrain, Kingdom of	−1,269	449	−549	−1,674	−2,274	−2,967	−2,277
Egypt	−2,529	−5,318	−3,876	364	−3,234	−664	4,343
Iran, I.R. of	....	....	....	....	....	....	....
Iraq	....	....	....	−17,604	−21,245	−12,532	....
Jordan	−557	−1,487	−283	1,377	1,552	1,625	747
Kuwait	−4,068	−10,281	−17,391	−33,382	−53,148	−41,497	−59,461
Lebanon	−317	1,307	5,089	3,329	1,990	6,541	4,538
Libya	−1,056	−5,292	−6,349	−13,448	−24,178	−29,587	−33,987
Oman	−1,105	−899	−501	−4,345	−5,543	−3,321	−4,754
Qatar	....	....	....	....	....	....	....
Saudi Arabia	−11,873	−28,048	−51,926	−57,196	−79,403	−77,879	−118,631
Syrian Arab Republic	−1,300	−1,155	−353	−180	−350	168	....
United Arab Emirates	....	....	....	....	....	....	....
West Bank and Gaza	148	907	789	595	666	−175	....
Yemen, Republic of	−582	−311	−441	−1,040	−480	949	1,176
Western Hemisphere	**26,560**	**−5,121**	**−17,996**	**−30,958**	**−59,659**	**−13,901**	**25,539**
Eastern Caribbean Currency Union							
Anguilla	16	39	41	42	131	169	199
Antigua and Barbuda	94	74	93	−32	265	371	376
Dominica	11	24	19	49	16	38	66
Grenada	69	117	31	176	132	202	231
Montserrat	−4	−9	....	6	2	4	3
St. Kitts and Nevis	108	106	71	36	76	97	106
St. Lucia	88	117	81	139	296	322	269
St. Vincent and the Grenadines	22	49	58	66	101	111	145
Argentina	−7,283	−6,782	−3,956	−5,747	−9,475	−7,511	−9,880
Aruba	311	46	−17	176	19	−222	6
Bahamas, The	345	425	175	910	1,360	1,077	908
Barbados	142	135	291	367	....	....	....
Belize	157	213	149	156	25	87	151
Bermuda	....	....	....	....	1,596	748	−1,010
Bolivia	992	91	280	−257	−3,027	−2,660	−1,922
Brazil	7,358	−3,743	−9,932	−14,423	−15,458	845	25,327
Chile	1,449	1,503	−1,809	−161	−6,213	−5,784	5,546
Colombia	1,145	812	551	1,469	2,869	5,617	6,856
Costa Rica	895	820	719	821	872	1,454	2,719
Dominican Republic	930	526	−65	929	1,144	1,533	4,140
Ecuador	1,511	265	−111	−758	−1,857	−1,596	−1,279
El Salvador	811	733	175	835	997	250	1,300
Guatemala	1,175	966	329	431	950	1,399	1,264
Guyana	32	21	17	112	−116	−271	210
Haiti	48	−57	....	−49	52	−80	36
Honduras	118	492	495	−367	−931	114	1,649
Jamaica	1,152	745	521	1,067	1,082	1,733	3,125
Mexico	15,905	9,439	8,910	7,474	−1,714	9,640	16,563
Netherlands Antilles	37	−63	−8	−28	124	386	....
Nicaragua	291	11	−858	310	−749	−1,956	782
Panama	50	437	884	1,364	292	1,839	2,324
Paraguay	166	−104	−255	175	−235	144	123
Peru	959	195	−196	−1,488	−2,152	−1,116	4,202
Suriname	−19	−44	−100	−40	−275	−354	−143
Trinidad and Tobago	281	−767	−1,178	−2,941	−6,462	−4,771	....
Uruguay	2,013	−951	−386	127	568	492	1,051
Venezuela, República Bolivariana de	−4,818	−11,001	−13,016	−21,905	−24,251	−16,416	−34,178

Table A-5. Net Errors and Omissions
(Millions of U.S. dollars)

	2002	2003	2004	2005	2006	2007	2008
Total	−77,375	−31,158	128,759	−65,713	−68,867	−57,351	35,094
International Organizations	−3,817	909	924	2,160	−691	−2,617	5,682
Advanced Economies	−73,411	−40,511	103,210	54,657	13,420	59,930	182,454
Euro Area							
Austria	−2,786	−3,703	−4,758	−5,841	−797	2,569	4,172
Belgium	−4,579	−1,093	−2,103	−2,298	1,641	781	−1,803
Cyprus	−77	21	152	165	−12	−762	−132
Finland	−5,005	26	−2,441	−3,898	−1,794	−11,103	−15,946
France	−3,164	−18,737	−3,790	8,788	7,975	−24,924	−43,908
Germany	−2,105	23,622	22,604	20,828	29,264	63,403	57,985
Greece	−1,663	253	373	−67	361	1,060	1,113
Ireland	−171	1,375	−4,023	7,552	−1,446	−2,998	−10,578
Italy	1,395	−2,583	3,014	2,160	14,156	11,631	1,365
Luxembourg	275	−76	220	164	−24	−43	−18
Malta	−56	24	78	−64	7	259	−32
Netherlands	−6,077	−3,272	785	−7,229	752	−28,733	−28,720
Portugal	580	991	−749	−866	291	152	−1,052
Slovak Republic	298	27	56	324	167	302	−2,312
Slovenia	−255	150	17	181	−270	−393	−205
Spain	912	1,769	1,039	−2,524	−4,328	−143	4,106
Australia	−900	−22	−429	−581	−412	1,004	370
Canada	−1,574	1,098	2,313	−13,816	−11,426	−12,327	−18,450
China, P.R.: Hong Kong	6,973	6,542	7,977	3,279	4,082	7,703	−2,805
Denmark	−1,887	2,846	11,644	−2,550	−5,347	2,172	−3,084
Iceland	−19	401	−404	389	−1,915	5,365	−5,428
Israel	2,239	2,112	1,616	5,459	−855	−1,807	2,838
Japan	388	−16,990	−28,918	−15,898	−31,437	17,303	52,336
Korea	124	−68	2,895	119	−1,267	2,104	893
New Zealand	….	884	−1,352	891	969	−216	5,428
Norway	−6,814	−6,303	−5,319	−5,508	−14,012	−28,581	8,126
Singapore	718	3,177	3,192	2,761	3,711	3,035	−2,621
Sweden	−1,336	−558	750	2,899	1,029	−24,013	−45,949
Switzerland	1,583	−15,016	12,364	17,226	18,332	4,195	14,735
Taiwan Province of China *	−575	297	703	293	−501	2,079	3,463
United Kingdom	−10,460	−9,824	−11,780	5,694	8,237	5,942	8,525
United States	−39,883	−7,884	97,482	36,623	−1,713	64,912	200,043

* from published sources

	2002	2003	2004	2005	2006	2007	2008
Emerging and Developing Economies	−147	8,444	24,625	−122,530	−81,596	−114,664	−153,042
Africa	−651	6,468	11,528	−15,558	−18,643	−20,118	−15,222
CEMAC							
Cameroon	−170	85	54	−29	170	180	385
Central African Republic	….	….	….	….	….	….	….
Chad	….	….	….	….	….	….	….
Congo, Republic of	−220	−116	−93	30	143	−201	….
Equatorial Guinea	….	….	….	….	….	….	….
Gabon	−125	−260	−357	−415	….	….	….
WAEMU							
Benin	2	182	−10	9	28	73	….
Burkina Faso	….	….	….	….	….	….	….
Côte d'Ivoire	−26	−888	27	−57	−10	40	−56
Guinea-Bissau	−3	6	−4	….	….	….	….
Mali	−6	45	−26	−29	−35	30	….
Niger	−9	−15	116	121	−18	−16	….
Senegal	31	11	13	−3	28	12	….
Togo	5	−10	14	12	20	16	….
Algeria	….	….	….	….	….	….	….
Angola	150	−388	277	−378	290	−1,254	−365
Botswana	79	66	−166	−348	−142	356	465
Burundi	2	−14	−19	−84	4	−41	66
Cape Verde	−8	−12	10	2	−10	….	−108
Comoros	….	….	….	….	….	….	….
Congo, Democratic Republic of	….	….	….	….	….	….	….
Djibouti	9	1	−16	−45	−52	−81	−3
Eritrea	….	….	….	….	….	….	….
Ethiopia	−915	−390	−354	486	1,161	−157	1,451
Gambia, The	….	3	−9	−29	−6	−32	37
Ghana	39	−115	115	65	12	−26	−205
Guinea	143	−157	69	….	….	16	42
Kenya	194	−277	−67	−245	250	−247	324
Lesotho	−98	−56	−25	−3	110	−67	−150
Liberia	….	….	−47	−35	−21	−5	−20
Madagascar	29	67	−35	91	….	….	….
Malawi	157	….	….	….	….	….	….
Mauritania	….	….	….	….	….	….	….
Mauritius	9	40	78	19	294	377	216

2009, International Monetary Fund: *Balance of Payments Statistics Yearbook*

Table A-5. Net Errors and Omissions
(Millions of U.S. dollars)

	2002	2003	2004	2005	2006	2007	2008
Africa (continued)							
Morocco	−182	−297	−282	−407	−499	105	−414
Mozambique	−60	208	216	281	144	65	−40
Namibia	16	−89	115	128	122	490	758
Nigeria	782	5,614	4,676	−18,242	−25,200	−24,632	−29,350
Rwanda	2	23	−9	26	87	4	−5
São Tomé & Príncipe	2	3	−4	2	4	2	....
Seychelles	−10	−5	1	−1	2	2	....
Sierra Leone	−16	−50	−54	−58	−59	−143	28
South Africa	−485	3,466	5,880	2,844	4,466	5,779	10,649
Sudan	479	−14	212	727	−131	27	−125
Swaziland	62	−92	168	−41	−238	−701	....
Tanzania	−702	−350	−168	−418	375	131	−105
Tunisia	−35	−47	−18	−28	−38	−37	114
Uganda	9	−102	−230	−402	26	−110	−304
Zambia	−418	−399	−90	−75	−347	−62	47
Zimbabwe	....	....	....	....	....	....	....
Developing Asia	**2,421**	**13,890**	**21,390**	**−31,437**	**−22,753**	**−2,858**	**−43,546**
Afghanistan, I.R. of	....	....	....	....	....	....	....
Bangladesh	−349	81	−25	−644	−604	−880	89
Bhutan	....	....	....	....	....	....	....
Brunei Darussalam	−2,102	−1,628	−1,705	−3,950	−5,770	−5,576	−8,027
Cambodia	2	−40	−46	−12	−39	−38	−50
China, P.R.: Mainland	7,504	17,985	26,834	−16,441	−13,075	16,349	−26,080
China, P.R.: Macao	−1,572	−1,077	−1,932	−2,492	−494	−7,568	....
Fiji	−146	−59	46	49	79	86	231
French Overseas Territories: French Polynesia	−72	16	−60	25	−164	−2	215
French Overseas Territories: New Caledonia	−66	−89	−67	85	−70	−11	−138
India	−190	1,028	640	−446	694	1,005	618
Indonesia	−1,763	−3,510	−3,094	−136	1,074	−1,378	−850
Kiribati	....	....	....	....	....	....	....
Lao People's Democratic Republic	−13	−35	115	56	−180	−307	....
Malaysia	−391	−4	1,880	−6,555	−7,451	−5,047	−8,578
Maldives	2	7	13	−14	56	73	87
Myanmar	−19	−79	−143	−610	−632	....	....
Nepal	−67	310	416	139	109	19	−107
Pakistan	974	−52	685	−200	356	−29	−402
Papua New Guinea	91	40	26	47			
Philippines	33	−902	−282	−1,803	−1,594	−2,089	−1,910
Samoa	....	....	−3	−7	−5	12	....
Solomon Islands	55	35	−6	54	74	....	....
Sri Lanka	136	−114	−189	−73	−96	−159	772
Thailand	1,423	132	−710	1,981	3,627	5,471	11,931
Timor-Leste	....	....	....	....	....	....	....
Tonga	....	−2	−6	−6	−4	....	....
Vanuatu	−21	−22	−25	−17	−4	−4	....
Vietnam	−1,038	798	−915	−397	1,400	−565	−1,162
Europe	**−11,603**	**−9,539**	**−4,290**	**−17,778**	**−3,220**	**−34,613**	**−48,503**
Central and Eastern Europe	**−3,100**	**1,344**	**1,842**	**−8,378**	**−9,432**	**−18,471**	**−28,491**
Albania	108	147	115	204	237	189	8
Bosnia and Herzegovina	98	323	409	227	213	144	−178
Bulgaria	−716	−889	371	−1,219	−986	−3,002	−3,116
Croatia	−444	−927	−1,223	−1,317	−1,233	−1,176	−1,820
Czech Republic	266	611	−422	−1,118	−934	−786	−1,728
Estonia	59	−39	−163	149	86	230	−117
Faroe Islands	....	....	....	....	....	....	....
Hungary	145	226	−1,480	−2,021	−2,986	−2,589	−2,952
Latvia	−71	−13	8	−296	120	−212	−577
Lithuania	79	181	192	−49	−289	−54	−291
Macedonia, FYR	−11	−34	19	−7	8	−30	....
Montenegro, Republic of	....	....	....	....	....	−141	−64
Poland	−981	−1,961	1,650	−4,361	−3,323	−11,458	−20,999
Romania	−856	−289	1,093	612	521	−1,098	−1,894
Serbia, Republic of	....	....	....	....	....	323	90
Turkey	−778	4,410	961	1,811	−177	1,182	5,139
CIS and Mongolia	**−8,503**	**−10,882**	**−6,132**	**−9,400**	**6,212**	**−16,142**	**−20,013**
Armenia	−4	−2	−6	2	−16	−2	14
Azerbaijan	−87	−112	−50	−126	−256	−361	−846
Belarus	−289	−13	270	109	−302	481	−78
Georgia	13	−6	11	26	−65	−34	−43
Kazakhstan	320	−932	−1,016	−1,800	−3,128	−3,169	−7,405
Kyrgyz Republic	−21	81	−19	64	182	276	722
Moldova	−24	47	101	178	81	115	76
Mongolia	14	−6	1	−75	−8	....	....
Russia	−7,594	−9,179	−5,870	−7,895	9,518	−12,891	−12,585
Tajikistan	−56	−30	−32	−76	−265	−363	26

Table A-5. Net Errors and Omissions

(Millions of U.S. dollars)

	2002	2003	2004	2005	2006	2007	2008
CIS and Mongolia (continued)							
Turkmenistan	....	....	....	....	....	....	....
Ukraine	−889	−834	128	133	94	−452	542
Uzbekistan	....	....	....	....	....	....	....
Middle East	21,592	3,360	2,959	−49,662	−38,389	−47,789	−45,356
Bahrain, Kingdom of	1,217	−700	27	150	11	10	−30
Egypt	1,906	1,575	−45	−2,427	634	251	−2,928
Iran, I.R. of	....	....	....	....	....	....	....
Iraq	....	....	....	451	579	−3,662	....
Jordan	−56	149	192	814	−17	1,297	1,363
Kuwait	−1,869	−574	1,447	2,516	6,979	−6,817	−7,009
Lebanon	4,845	3,802	−733	−608	−2,780	−5,792	−1,891
Libya	362	1,890	1,733	−1,497	2,008	1,076	−1,715
Oman	−842	−565	−396	−817	−20	−91	−663
Qatar	....	....	....	....	....	....	....
Saudi Arabia	....	....	....	−32,861	−19,663	−15,511	−15,415
Syrian Arab Republic	−160	383	−256	−137	−588	−745	....
United Arab Emirates	....	....	....	....	....	....	....
West Bank and Gaza	434	196	222	−177	19	182	....
Yemen, Republic of	43	156	53	213	180	465	56
Western Hemisphere	−11,906	−5,735	−6,963	−8,095	1,408	−9,285	−413
Eastern Caribbean Currency Union							
Anguilla	12	−7	−1	−3	−4	1	−3
Antigua and Barbuda	−25	14	4	6	14	−3	−2
Dominica	16	10	18	9	6	16	−5
Grenada	24	−14	−10	−28	5	20	11
Montserrat	1	3	−2	7	4	2	8
St. Kitts and Nevis	2	4	−8	14	−5	−1	2
St. Lucia	−2	13	3	−7	−14	−4	−6
St. Vincent and the Grenadines	9	16	25	19	9	3	31
Argentina	−1,890	−1,428	548	383	1,608	−17	2,664
Aruba	11	23	6	7	....	14	−10
Bahamas, The	103	85	180	−149	109	315	287
Barbados	25	34	45	18	....	....	....
Belize	−9	−35	−4	−8	−9	−39	−6
Bermuda	....	....	....	....	−2,849	−2,015	−229
Bolivia	−640	−174	−625	−374	−103	−112	−103
Brazil	−154	−933	−2,145	−225	967	−3,152	1,810
Chile	−952	−724	−270	−1,329	−954	−1,421	−2,109
Colombia	144	160	354	412	114	202	−143
Costa Rica	−51	35	64	144	150	171	3
Dominican Republic	−139	−1,568	−981	−456	−147	357	145
Ecuador	−266	97	639	341	213	−119	110
El Salvador	−615	−143	352	−360	−423	783	216
Guatemala	−65	−61	835	809	431	387	599
Guyana	−1	−20	−43	−68	−53	−82	−57
Haiti	41	102	63	42	33	45	102
Honduras	22	5	47	−188	−328	−106	222
Jamaica	−61	28	−14	22	129	346	−105
Mexico	−1,765	−2,237	−3,733	−3,089	6,092	−1,305	−758
Netherlands Antilles	−6	32	42	80	36	82	....
Nicaragua	−319	−119	−415	−57	−120	20	297
Panama	45	90	110	−358	141	−476	296
Paraguay	−263	−41	96	−211	78	−337	189
Peru	249	801	236	362	−503	−322	42
Suriname	144	194	218	169	145	161	−242
Trinidad and Tobago	−357	−218	−469	−653	−808	−593	....
Uruguay	−2,394	1,034	378	−173	−183	−283	173
Venezuela, República Bolivariana de	−2,781	−795	−2,503	−3,205	−2,211	−1,682	−3,214

Table B-1. Current Account

Millions of U.S. dollars, unless otherwise indicated

	Credit							Debit						
	2002	2003	2004	2005	2006	2007	2008	2002	2003	2004	2005	2006	2007	2008
Total *(Billions)*	9,748	11,367	13,851	16,049	18,771	22,218	24,896	9,846	11,387	13,796	15,946	18,517	21,814	24,598
International Organizations	126,486	146,541	174,425	185,449	196,811	232,001	254,484	100,891	111,677	138,053	154,794	156,014	174,260	184,179
Advanced Economies *(Billions)*	7,320	8,441	10,116	11,375	13,101	15,365	16,657	7,531	8,650	10,323	11,769	13,537	15,694	17,153
Euro Area														
Austria	116,053	140,027	171,463	191,680	212,274	265,117	291,816	110,589	135,842	165,389	185,435	204,467	251,928	278,661
Belgium	248,635	296,398	354,973	387,583	423,740	509,608	586,300	237,023	283,492	342,437	377,638	415,705	500,096	598,402
Cyprus	6,409	7,589	9,154	10,313	11,514	15,272	19,155	6,788	7,881	9,980	11,284	12,793	17,103	23,504
Finland	65,532	75,469	91,476	98,820	115,369	139,614	154,656	53,454	66,935	78,933	91,827	105,872	129,133	146,700
France *(Billions)*	480	574	681	743	841	978	1,060	460	559	669	752	853	1,004	1,124
Germany *(Billions)*	828	1,007	1,243	1,368	1,605	1,926	2,134	787	960	1,115	1,225	1,414	1,663	1,891
Greece	37,075	46,974	60,220	64,232	69,216	82,469	98,252	46,656	59,777	73,696	82,465	98,781	127,056	149,564
Ireland	148,854	171,773	202,917	223,571	255,242	331,768	353,113	149,954	171,684	203,997	230,721	264,921	345,619	367,335
Italy	377,232	439,314	511,646	546,492	611,414	729,918	796,728	386,601	458,721	528,102	576,205	659,459	780,950	874,757
Luxembourg	93,950	109,621	128,363	159,232	201,679	257,668	303,608	91,644	107,213	124,274	155,081	197,282	252,680	300,432
Malta	4,681	5,152	5,618	6,145	7,972	10,129	11,260	4,575	5,309	5,955	6,668	8,557	10,659	11,704
Netherlands	310,918	395,643	477,636	534,773	619,253	732,602	823,464	299,900	365,776	431,537	488,154	556,210	673,016	758,073
Portugal	46,776	57,575	67,024	70,303	83,653	100,976	110,237	57,040	67,168	80,639	87,921	103,176	122,154	139,836
Slovak Republic	18,094	26,685	33,290	39,244	50,753	69,279	84,680	20,049	26,967	36,586	43,248	54,690	73,381	90,866
Slovenia	13,728	16,835	20,885	23,780	27,864	35,747	40,010	13,484	17,050	21,778	24,460	28,953	38,045	43,339
Spain	223,521	276,614	325,601	350,881	408,915	495,809	544,175	245,761	307,500	380,466	434,269	519,789	640,466	698,303
Australia	95,502	107,500	133,077	157,835	183,447	219,974	276,048	111,311	136,184	171,930	198,867	224,951	278,005	323,835
Canada	328,220	355,292	415,188	475,554	527,545	577,939	606,756	315,616	344,596	392,242	442,310	496,226	548,003	579,475
China, P.R.: Hong Kong	287,189	314,921	368,051	419,037	475,160	546,343	579,002	274,778	298,452	352,320	398,856	452,233	520,811	548,470
Denmark	94,870	112,004	129,258	154,348	173,793	200,851	233,898	91,410	105,041	123,317	143,244	165,829	198,472	225,202
Iceland	3,699	4,152	4,999	6,615	7,845	10,733	6,942	3,554	4,686	6,316	9,260	12,130	14,778	13,261
Israel	50,075	53,971	62,736	69,840	79,478	90,789	98,905	51,316	53,344	60,598	65,651	72,128	86,185	96,785
Japan *(Billions)*	563	628	757	829	905	1,013	1,116	450	492	585	663	735	803	960
Korea	206,015	245,281	318,152	354,536	405,868	473,334	545,780	200,621	233,331	289,979	339,555	400,482	467,458	552,186
New Zealand	21,675	25,949	31,102	33,404	33,530	40,763	43,942	24,051	29,428	37,365	42,686	42,795	51,398	55,279
Norway	91,271	106,455	128,097	161,954	190,409	220,716	271,012	67,002	78,757	95,097	112,951	132,087	160,257	182,671
Singapore	184,634	215,597	267,929	315,872	378,138	438,680	484,857	173,047	193,530	248,016	288,454	342,730	399,569	457,676
Sweden	129,545	159,245	197,609	218,086	254,332	305,839	337,606	116,761	136,400	183,482	192,560	221,036	266,709	297,289
Switzerland	187,237	231,065	271,448	318,555	348,588	415,316	430,958	161,014	186,155	214,996	265,643	291,402	370,289	424,056
Taiwan Province of China *	168,681	189,446	226,806	245,140	276,236	305,866	318,164	143,053	160,193	208,006	227,562	249,936	272,891	293,270
United Kingdom *(Billions)*	618	689	827	962	1,157	1,340	1,282	646	719	872	1,022	1,238	1,414	1,328
United States *(Billions)*	1,271	1,356	1,593	1,836	2,160	2,485	2,613	1,730	1,877	2,224	2,584	2,963	3,212	3,319

* from published sources

	Credit							Debit						
	2002	2003	2004	2005	2006	2007	2008	2002	2003	2004	2005	2006	2007	2008
Emerg. & Develop. Economies *(Billions)*	2,302	2,779	3,560	4,489	5,473	6,620	7,984	2,214	2,626	3,335	4,022	4,824	5,946	7,261
Africa *(Billions)*	180	224	284	373	431	512	615	180	220	271	330	380	480	587
CEMAC														
Cameroon	3,073	3,442	4,147	4,612	5,438	7,013	8,259	3,517	4,038	4,563	5,105	5,245	6,727	8,769
Central African Republic	....	....	....	....	....	....	....	....	....	....	....	....	....	....
Chad	....	....	....	....	....	....	....	....	....	....	....	....	....	....
Congo, Republic of	2,473	2,868	3,678	5,071	6,390	6,194	....	2,507	2,347	3,003	4,375	6,266	8,375	....
Equatorial Guinea	....	....	....	....	....	....	....	....	....	....	....	....	....	....
Gabon	2,664	3,407	4,251	5,664	....	....	....	2,326	2,641	3,327	3,681	....	....	....
WAEMU														
Benin	797	810	908	994	1,292	1,762	....	953	1,141	1,197	1,221	1,509	2,297	....
Burkina Faso	....	....	....	....	....	....	....	....	....	....	....	....	....	....
Côte d'Ivoire	6,133	6,819	8,059	8,919	9,736	10,296	11,920	5,365	6,524	7,818	8,879	9,257	10,436	11,432
Guinea-Bissau	100	119	159	....	....	....	....	101	119	145	....	....	....	....
Mali	1,263	1,439	1,493	1,693	2,278	2,468	....	1,412	1,710	1,902	2,131	2,508	3,049	....
Niger	408	515	685	819	840	1,015	....	573	734	916	1,131	1,154	1,366	....
Senegal	2,002	2,508	2,995	3,310	3,496	4,571	....	2,319	2,945	3,506	3,986	4,357	5,882	....
Togo	653	881	997	1,086	1,166	1,303	....	793	1,043	1,203	1,290	1,343	1,518	....
Algeria	....	....	....	....	....	....	....	....	....	....	....	....	....	....
Angola	8,695	9,908	13,955	24,485	33,551	45,375	64,820	8,845	10,627	13,269	19,347	22,861	35,181	58,412
Botswana	3,510	4,588	5,477	6,643	6,894	7,430	7,422	3,313	4,126	5,124	5,053	4,955	6,079	6,920
Burundi	160	173	223	342	329	340	335	163	197	255	347	463	450	546
Cape Verde	383	507	592	689	831	1,005	1,167	454	598	722	730	914	1,203	1,372
Comoros	....	....	....	....	....	....	....	....	....	....	....	....	....	....
Congo, Democratic Republic of	....	....	....	....	....	....	....	....	....	....	....	....	....	....
Djibouti	297	359	358	398	427	428	497	270	321	355	378	444	599	722
Eritrea	....	....	....	....	....	....	....	....	....	....	....	....	....	....
Ethiopia	1,956	2,544	3,136	3,399	3,552	6,144	7,895	2,093	2,680	3,804	4,967	5,338	6,972	9,701
Gambia, The	....	261	276	279	319	395	390	....	257	307	321	385	425	433
Ghana	3,497	4,622	5,031	5,746	7,445	8,131	9,368	3,529	4,344	5,598	6,851	8,487	10,283	12,911
Guinea	876	952	888	....	....	1,356	1,564	1,076	1,138	1,051	....	....	1,738	1,997
Kenya	3,940	4,554	5,372	6,735	7,878	9,372	10,886	4,058	4,422	5,504	6,987	8,388	10,407	12,864
Lesotho	722	1,001	1,409	1,376	1,557	2,035	2,006	865	1,136	1,477	1,478	1,491	1,815	1,762
Liberia	....	....	1,067	1,134	1,710	1,701	1,832	....	....	1,226	1,318	1,882	1,917	3,020
Madagascar	1,508	1,679	1,817	1,636	....	....	....	1,985	2,007	2,216	2,190	....	....	....

Table B-1. **Current Account**

Millions of U.S. dollars, unless otherwise indicated

	Credit							Debit						
	2002	2003	2004	2005	2006	2007	2008	2002	2003	2004	2005	2006	2007	2008
Africa (continued)														
Malawi	648	....	....	....	....	....	....	849	....	....	....	....	....	....
Mauritania	....	....	....	....	....	....	....	....	....	....	....	....	....	....
Mauritius	3,225	3,388	3,669	4,062	4,553	5,510	6,175	2,976	3,295	3,780	4,386	5,158	5,943	7,149
Morocco	16,021	18,863	22,159	25,010	28,971	36,160	43,785	14,544	17,281	21,190	23,969	27,559	36,282	48,314
Mozambique	2,028	1,697	2,204	2,665	3,502	3,732	4,353	2,897	2,513	2,812	3,426	4,275	4,517	5,328
Namibia	1,759	2,349	3,224	3,426	4,420	4,846	5,162	1,668	2,083	2,777	3,092	3,338	4,099	4,804
Nigeria	19,743	28,594	40,532	73,169	78,095	88,070	100,555	18,660	25,203	23,692	35,905	39,868	57,142	61,198
Rwanda	346	392	538	668	622	847	1,251	482	489	574	720	802	993	1,504
São Tomé & Príncipe	19	24	25	25	28	24	....	46	52	62	62	85	91	....
Seychelles	573	644	658	765	915	934	....	674	654	718	939	1,049	1,198	....
Sierra Leone	287	343	342	406	399	484	469	360	426	441	511	494	644	696
South Africa	39,075	50,107	61,434	71,321	82,516	96,629	104,972	38,191	52,009	68,438	81,044	98,637	117,408	125,953
Sudan	3,231	3,824	5,477	6,908	8,280	11,947	16,230	4,204	4,762	6,295	9,676	13,091	15,216	17,544
Swaziland	1,515	2,270	2,554	2,530	2,554	2,884	....	1,482	2,180	2,483	2,633	2,751	2,949	....
Tanzania	2,325	2,830	3,351	3,593	4,181	4,934	6,024	2,362	2,948	3,718	4,457	5,324	6,514	8,332
Tunisia	10,766	12,388	14,986	16,309	17,820	22,270	27,667	11,512	13,118	15,537	16,608	18,439	23,187	29,378
Uganda	1,753	1,773	2,301	2,750	3,044	3,946	5,121	2,115	1,971	2,425	2,820	3,482	4,484	5,966
Zambia	1,242	1,385	2,201	2,717	4,630	5,445	5,959	1,789	2,027	2,620	3,316	4,504	6,143	7,005
Zimbabwe	....	....	....	....	....	....	....	....	....	....	....	....	....	....
Developing Asia (Billions)	**883**	**1,079**	**1,379**	**1,708**	**2,101**	**2,591**	**3,034**	**814**	**992**	**1,285**	**1,540**	**1,810**	**2,171**	**2,615**
Afghanistan, I.R. of	....	....	....	....	....	....	....	....	....	....	....	....	....	....
Bangladesh	10,253	11,705	13,297	15,453	19,006	21,633	27,383	9,514	11,573	13,575	15,629	17,810	20,776	26,351
Bhutan	....	....	....	....	....	....	....	....	....	....	....	....	....	....
Brunei Darussalam	4,363	5,072	5,846	7,127	8,619	8,749	11,696	2,832	2,794	2,950	3,089	3,387	3,943	4,513
Cambodia	2,872	3,104	3,886	4,637	5,734	6,346	7,086	2,980	3,337	4,069	4,944	5,996	6,889	8,139
China, P.R.: Mainland (Billions)	388	520	701	904	1,148	1,468	1,726	352	474	632	743	895	1,096	1,300
China, P.R.: Macao	7,635	8,667	11,345	11,980	14,631	19,001	....	4,916	5,508	7,105	8,613	11,704	13,138	....
Fiji	1,207	1,575	1,742	1,884	1,850	1,902	2,191	1,192	1,627	1,993	2,176	2,439	2,378	2,822
French Overseas Territories: French Polynesia	1,940	2,308	2,619	2,632	2,683	3,205	3,369	1,934	2,428	2,433	2,623	2,523	2,909	3,433
French Overseas Territories: New Caledonia	1,585	2,232	2,634	2,692	3,046	4,159	3,708	1,692	2,269	2,377	2,805	3,460	4,419	5,012
India	90,596	110,687	141,524	184,860	231,713	287,813	357,966	83,537	101,915	140,744	195,144	241,012	299,097	394,054
Indonesia	69,356	72,509	87,240	108,252	123,714	140,771	165,817	61,533	64,403	85,677	107,974	112,854	130,278	165,532
Kiribati	....	....	....	....	....	....	....	....	....	....	....	....	....	....
Lao People's Democratic Republic	529	487	625	830	1,248	1,342	....	526	550	814	1,022	1,199	1,235	....
Malaysia	111,061	122,533	148,679	167,055	191,405	217,638	242,554	103,872	109,152	133,959	147,075	165,205	188,395	203,640
Maldives	512	603	706	707	884	990	1,128	547	634	828	980	1,186	1,428	1,780
Myanmar	3,071	3,106	3,382	4,300	5,093	....	....	2,975	3,125	3,271	3,712	4,291	....	....
Nepal	1,982	2,207	2,534	3,016	3,249	3,790	5,240	1,767	2,027	2,434	2,863	3,099	3,784	4,507
Pakistan	18,982	21,317	23,933	28,937	32,449	34,528	37,912	15,128	17,744	24,750	32,543	39,199	42,814	53,314
Papua New Guinea	1,915	2,769	3,112	3,991	....	....	....	2,043	2,629	2,990	3,351	....	....	....
Philippines	49,085	50,684	55,982	60,436	70,869	79,202	80,202	49,364	50,396	54,349	58,452	65,522	72,083	76,305
Samoa	....	....	207	246	258	280	....	....	....	233	272	306	316	....
Solomon Islands	81	142	177	196	269	....	....	148	182	196	286	367	....	....
Sri Lanka	7,361	8,163	9,034	10,024	11,081	12,462	13,384	7,597	8,234	9,682	10,674	12,579	13,863	17,159
Thailand	85,842	98,358	119,742	136,523	161,180	191,810	221,269	81,188	93,586	116,983	144,169	158,864	177,770	221,382
Timor-Leste	....	....	....	....	....	....	....	....	....	....	....	....	....	....
Tonga	122	122	143	151	145	172	....	125	132	158	165	160	196	....
Vanuatu	156	179	212	231	246	282	....	173	201	234	265	276	316	....
Vietnam	21,742	25,785	33,633	40,367	49,643	62,187	78,449	22,346	27,716	34,590	40,927	49,807	69,140	89,155
Europe (Billions)	**483**	**607**	**807**	**985**	**1,212**	**1,521**	**1,907**	**476**	**610**	**802**	**958**	**1,207**	**1,586**	**1,962**
Central and Eastern Europe (Billions)	**287**	**363**	**478**	**562**	**673**	**850**	**1,012**	**311**	**402**	**537**	**622**	**764**	**986**	**1,175**
Albania	1,747	2,286	3,011	3,567	4,055	5,081	5,942	2,155	2,693	3,369	4,138	4,726	6,231	7,866
Bosnia and Herzegovina	3,763	4,633	5,829	6,398	7,652	9,654	11,032	4,954	6,264	7,468	8,243	8,633	11,248	13,797
Bulgaria	9,135	12,206	16,621	18,912	23,038	28,436	35,095	9,454	13,228	18,292	22,259	28,901	38,476	47,672
Croatia	12,401	17,130	20,440	21,797	24,634	29,032	33,920	14,326	19,292	22,315	24,352	27,945	33,478	40,316
Czech Republic	49,079	60,838	82,349	97,325	116,981	150,367	180,352	53,343	66,624	88,098	98,903	120,540	156,121	186,983
Estonia	5,544	7,336	9,630	12,313	14,888	17,836	20,156	6,324	8,452	10,999	13,699	17,704	21,640	22,402
Faroe Islands	810	906	....	....	....	....	....	684	912	....	....	....	....	....
Hungary	44,515	54,808	71,071	80,675	97,972	128,240	141,118	49,208	61,528	79,842	88,936	106,582	137,162	154,566
Latvia	4,610	5,969	7,788	9,668	11,650	15,442	18,149	5,235	6,890	9,550	11,660	16,172	21,866	22,641
Lithuania	7,915	10,073	12,718	16,278	19,789	24,052	31,695	8,636	11,351	14,442	18,110	23,007	29,744	37,398
Macedonia, FYR	1,951	2,577	3,036	3,748	4,411	5,860	6,777	2,328	2,761	3,489	3,906	4,468	6,107	7,986
Montenegro, Republic of	....	....	....	....	....	1,927	2,213	....	....	....	....	....	2,806	3,687
Poland	62,604	79,234	107,516	129,417	159,055	199,407	240,418	68,148	84,707	117,583	133,133	168,449	219,507	269,339
Romania	18,444	23,218	31,720	39,402	48,539	63,215	78,770	19,969	26,529	38,102	47,905	61,324	86,247	103,455
Serbia, Republic of	....	....	....	....	....	16,940	20,358	....	....	....	....	....	23,286	29,214
Turkey	59,728	73,734	95,301	110,096	125,550	153,371	185,542	60,354	81,249	109,732	132,233	157,443	191,068	226,831
CIS and Mongolia (Billions)	**196**	**244**	**328**	**423**	**539**	**672**	**895**	**165**	**208**	**265**	**336**	**443**	**600**	**787**
Armenia	1,034	1,314	1,983	2,477	2,926	3,612	3,991	1,182	1,504	2,003	2,529	3,043	4,202	5,374
Azerbaijan	2,932	3,334	4,563	9,160	14,983	24,158	34,228	3,701	5,355	7,152	8,993	11,275	15,139	17,775
Belarus	9,611	11,994	16,237	18,617	22,794	28,247	37,881	9,945	12,420	17,431	18,181	24,242	31,283	43,091
Georgia	1,418	1,682	2,364	2,864	3,480	4,432	5,320	1,634	2,066	2,718	3,574	4,654	6,442	8,235

2009, International Monetary Fund: *Balance of Payments Statistics Yearbook*

Table B-1. Current Account

Millions of U.S. dollars, unless otherwise indicated

	Credit							Debit						
	2002	2003	2004	2005	2006	2007	2008	2002	2003	2004	2005	2006	2007	2008
CIS and Mongolia (continued)														
Kazakhstan	12,227	15,479	23,388	32,019	43,916	56,273	80,796	13,251	15,751	23,052	33,075	45,914	64,500	74,200
Kyrgyz Republic	756	915	1,283	1,501	2,106	3,163	4,342	786	957	1,254	1,536	2,388	3,392	4,973
Moldova	1,367	1,730	2,224	2,662	2,997	3,993	5,122	1,387	1,860	2,270	2,887	3,385	4,667	6,110
Mongolia	902	1,066	1,546	1,760	2,341	....	....	1,007	1,164	1,483	1,676	2,119	....	....
Russia	132,476	165,752	219,267	290,734	370,812	449,636	592,897	103,197	130,342	159,755	206,132	276,126	372,625	490,496
Tajikistan	971	1,281	1,570	1,864	2,804	3,522	4,481	986	1,286	1,627	1,883	2,826	4,017	4,434
Turkmenistan	....	....	....	....	....	....	....	....	....	....	....	....	....	....
Ukraine	25,483	31,477	44,351	48,247	55,104	71,804	95,196	22,309	28,586	37,442	45,716	56,721	77,076	107,959
Uzbekistan	....	....	....	....	....	....	....	....	....	....	....	....	....	....
Middle East *(Billions)*	**290**	**358**	**466**	**672**	**826**	**976**	**1,271**	**261**	**301**	**375**	**480**	**574**	**706**	**913**
Bahrain, Kingdom of	8,650	9,247	12,881	18,413	23,296	27,688	28,319	8,699	9,047	12,409	16,938	21,108	24,781	26,062
Egypt	21,138	24,346	31,703	37,972	45,174	56,269	67,898	20,515	20,603	27,781	35,869	42,538	55,857	69,313
Iran, I.R. of	....	....	....	....	....	....	....	....	....	....	....	....	....	....
Iraq	....	....	....	29,462	33,782	43,930	....	....	....	....	32,797	31,101	28,410	....
Jordan	7,560	8,881	10,167	10,456	12,523	14,040	17,852	7,016	7,637	10,079	12,656	14,121	16,974	20,244
Kuwait	20,781	28,737	38,748	58,186	77,510	89,148	113,557	16,516	19,313	23,153	28,029	32,085	42,321	48,816
Lebanon	8,835	16,938	18,486	19,642	22,372	25,403	32,817	13,376	22,076	22,892	22,390	23,523	26,742	35,874
Libya	12,038	15,264	19,455	31,638	41,788	52,194	66,674	11,344	11,862	14,839	16,693	19,618	23,683	30,972
Oman	12,018	12,642	14,879	20,396	24,634	28,512	40,748	10,077	11,189	14,002	15,218	18,975	25,927	35,280
Qatar	....	....	....	....	....	....	....	....	....	....	....	....	....	....
Saudi Arabia	81,356	101,934	136,127	197,179	235,989	264,456	344,569	69,483	73,886	84,201	107,121	136,922	171,066	210,523
Syrian Arab Republic	8,976	8,142	10,914	12,674	14,397	17,252	....	7,536	7,390	10,322	12,375	13,477	16,792	....
United Arab Emirates	....	....	....	....	....	....	....	....	....	....	....	....	....	....
West Bank and Gaza	2,101	1,977	1,992	2,642	2,974	4,164	....	2,984	3,385	3,671	3,478	3,934	4,572	....
Yemen, Republic of	5,379	5,793	6,642	8,422	9,583	9,633	12,727	4,841	5,644	6,418	7,798	9,377	11,141	13,978
Western Hemisphere *(Billions)*	**466**	**512**	**625**	**751**	**903**	**1,020**	**1,156**	**483**	**503**	**603**	**714**	**852**	**1,005**	**1,184**
Eastern Caribbean Currency Union														
Anguilla	81	89	106	136	165	166	161	117	129	153	188	310	351	371
Antigua and Barbuda	459	501	571	589	619	663	668	541	598	689	778	929	1,042	1,052
Dominica	146	141	157	164	176	185	190	194	194	218	240	226	271	302
Grenada	209	232	329	248	224	240	229	334	377	390	443	423	501	518
Montserrat	37	42	49	47	44	45	48	48	50	58	63	52	56	66
St. Kitts and Nevis	187	201	233	274	294	293	314	312	317	301	339	379	403	444
St. Lucia	351	424	500	550	482	505	598	457	571	587	687	775	832	870
St. Vincent and the Grenadines	205	201	215	235	258	262	246	247	280	317	335	376	452	462
Argentina	33,003	38,484	44,694	52,559	61,666	74,589	89,404	24,237	30,344	41,483	47,284	53,897	67,177	82,370
Aruba	2,561	3,170	4,051	4,877	5,105	4,339	5,529	2,905	3,339	4,058	5,078	5,144	4,150	5,685
Bahamas, The	2,647	2,620	3,066	3,260	3,325	3,593	3,688	3,070	3,094	3,373	3,961	4,731	4,909	4,807
Barbados	1,487	1,632	1,719	2,083	....	....	....	1,655	1,801	2,055	2,468	....	....	....
Belize	549	592	609	702	892	967	1,000	714	777	764	853	918	1,019	1,154
Bermuda	....	....	....	....	3,665	4,209	4,175	....	....	....	....	2,413	2,942	2,936
Bolivia	2,066	2,544	3,181	4,050	5,482	6,672	8,685	2,418	2,468	2,844	3,427	4,164	5,081	6,670
Brazil	75,835	90,002	115,840	141,601	168,555	201,068	246,220	83,472	85,825	104,103	127,616	154,934	199,517	274,412
Chile	24,633	29,187	41,948	53,052	73,888	86,804	87,270	25,213	29,966	39,874	51,604	66,734	79,615	90,710
Colombia	17,978	19,852	24,147	29,814	35,119	41,714	50,162	19,268	20,825	25,053	31,695	38,102	47,533	56,875
Costa Rica	7,593	8,699	9,127	10,998	12,795	14,294	15,047	8,450	9,579	9,923	11,979	13,817	15,940	17,776
Dominican Republic	10,988	11,793	12,463	13,406	15,243	16,421	16,269	11,786	10,756	11,421	13,879	16,530	18,516	20,706
Ecuador	7,881	9,145	11,068	14,348	17,611	19,724	23,797	9,153	9,568	11,610	14,000	15,993	18,073	22,677
El Salvador	6,073	6,442	7,188	7,855	8,968	9,639	10,243	6,478	7,144	7,815	8,424	9,639	10,822	11,839
Guatemala	6,203	6,857	9,582	10,684	12,341	14,135	15,202	7,438	7,896	10,746	11,924	13,865	15,921	17,064
Guyana	799	797	943	959	1,041	1,313	1,505	861	842	963	1,055	1,222	1,425	1,697
Haiti	1,197	1,418	1,550	1,955	2,144	2,418	2,854	1,286	1,463	1,613	1,948	2,229	2,404	3,011
Honduras	5,355	5,505	6,640	7,935	8,830	9,501	10,288	5,637	6,058	7,323	8,239	9,211	10,775	12,264
Jamaica	4,780	5,264	6,060	6,257	7,249	7,976	8,271	5,854	6,038	6,570	7,329	8,432	10,019	11,309
Mexico	188,140	196,781	226,505	257,923	298,761	323,883	342,726	202,280	203,983	231,681	262,309	303,138	332,218	358,532
Netherlands Antilles	2,655	2,839	2,982	3,323	3,152	3,248	....	2,714	2,835	3,095	3,471	3,412	3,838	....
Nicaragua	1,679	1,946	2,419	2,843	3,423	3,832	4,028	2,424	2,609	3,068	3,577	4,133	4,832	5,541
Panama	8,845	8,716	9,962	12,000	14,267	16,572	18,490	8,940	9,252	10,965	13,021	14,715	17,979	21,168
Paraguay	2,740	3,076	3,850	4,439	5,927	7,148	9,560	2,647	2,947	3,707	4,423	5,799	6,983	9,905
Peru	10,567	12,344	16,573	22,063	29,675	35,370	39,790	11,677	13,292	16,554	20,916	26,920	33,864	43,969
Suriname	429	583	1,015	1,492	1,510	1,785	2,173	560	742	1,153	1,636	1,399	1,600	1,820
Trinidad and Tobago	4,717	6,069	7,419	10,755	15,398	14,704	....	4,641	5,084	5,771	7,161	8,127	9,339	....
Uruguay	3,230	3,389	4,756	5,810	6,679	7,986	10,275	2,848	3,477	4,753	5,767	7,071	8,199	11,500
Venezuela, República Bolivariana de	29,556	30,094	43,059	61,383	75,657	81,319	105,708	21,957	18,298	27,540	36,273	49,195	63,221	68,316

Table B-2.   **Goods**

Millions of U.S. dollars, unless otherwise indicated

	Credit							Debit						
	2002	2003	2004	2005	2006	2007	2008	2002	2003	2004	2005	2006	2007	2008
Total *(Billions)*	6,394	7,467	9,069	10,375	11,994	13,867	16,015	6,381	7,422	9,046	10,330	11,885	13,692	15,858
International Organizations	....	....	....	....	....	....	....	....	....	....	....	....	....	....
Advanced Economies *(Billions)*	4,633	5,328	6,308	6,883	7,750	8,807	9,804	4,810	5,530	6,606	7,387	8,386	9,404	10,558
Euro Area														
Austria	73,667	88,105	109,875	119,228	133,844	162,899	179,197	72,375	89,799	110,905	120,977	133,419	161,089	179,773
Belgium	169,166	204,962	245,426	263,056	281,135	324,913	373,391	159,648	194,003	235,718	257,137	277,778	321,816	388,434
Cyprus	852	925	1,173	1,545	1,393	1,483	2,130	3,735	4,108	5,222	5,792	6,335	7,957	11,063
Finland	44,863	52,740	61,139	65,451	77,552	90,196	96,970	32,022	39,790	48,368	55,887	66,046	78,216	88,264
France	307,201	361,930	421,106	439,452	484,768	547,418	605,219	299,576	358,499	425,953	467,293	522,892	603,348	692,102
Germany *(Billions)*	612	747	908	983	1,136	1,350	1,498	486	603	722	790	938	1,079	1,232
Greece	9,865	12,578	15,739	17,631	20,300	23,991	29,163	31,321	38,184	47,360	51,900	64,585	81,041	94,209
Ireland	84,216	88,590	100,116	102,825	104,667	115,248	119,747	50,769	51,709	61,102	67,730	72,779	88,122	85,035
Italy	252,618	298,118	352,171	372,378	418,074	502,384	546,857	239,206	286,641	341,278	371,814	430,585	498,142	546,908
Luxembourg	9,467	10,942	13,526	14,601	16,497	18,204	21,431	11,612	13,937	17,078	18,792	20,805	23,083	27,724
Malta	2,342	2,592	2,720	2,587	2,938	3,305	3,060	2,681	3,232	3,583	3,709	4,147	4,656	4,792
Netherlands	209,516	264,966	313,429	344,734	390,785	462,226	534,129	190,950	228,447	272,590	297,088	342,317	407,317	476,897
Portugal	25,975	32,055	36,986	38,577	43,592	51,807	56,418	39,286	46,337	55,386	58,916	64,632	75,980	87,825
Slovak Republic	14,460	21,944	27,663	31,851	41,735	57,806	70,271	16,626	22,593	29,220	34,214	44,283	58,715	71,170
Slovenia	10,471	12,916	16,005	18,146	21,397	27,151	29,583	10,719	13,538	17,322	19,404	22,856	29,466	33,467
Spain	127,162	158,049	185,209	196,580	220,696	263,954	285,896	161,794	203,205	251,939	281,784	325,318	389,381	415,539
Australia	65,014	70,522	87,166	107,011	124,913	142,421	189,057	70,527	85,861	105,230	120,383	134,509	160,205	193,972
Canada	263,908	285,186	330,011	371,945	400,249	432,088	462,682	227,410	244,904	279,508	308,679	343,220	372,565	398,982
China, P.R.: Hong Kong	200,300	224,656	260,263	289,579	317,600	345,979	365,236	205,353	230,435	269,575	297,206	331,634	365,679	388,353
Denmark	55,473	64,537	75,050	82,486	90,570	100,449	114,277	47,810	54,840	65,524	75,153	87,671	100,836	114,342
Iceland	2,240	2,386	2,896	3,107	3,477	4,793	5,399	2,090	2,596	3,415	4,590	5,716	6,179	5,699
Israel	27,266	29,940	36,357	39,767	43,359	50,286	57,161	31,992	33,316	39,507	43,887	47,154	55,969	64,399
Japan	395,581	449,119	538,999	567,572	615,813	678,090	746,473	301,751	342,723	406,866	473,614	534,509	573,337	708,342
Korea	163,414	197,289	257,710	288,971	331,842	379,045	433,427	148,637	175,337	220,141	256,288	303,937	350,877	427,433
New Zealand	14,495	16,804	20,466	22,006	22,576	27,291	31,188	14,351	17,315	21,888	24,583	24,573	29,052	32,760
Norway	59,555	68,666	83,164	104,011	122,789	137,297	173,575	35,263	40,504	49,035	55,094	62,933	77,026	85,948
Singapore	140,776	161,702	199,393	232,513	274,900	303,964	344,399	121,972	132,360	168,696	196,177	232,111	256,913	313,487
Sweden	84,172	102,080	123,187	131,976	148,826	170,551	185,878	67,541	83,147	100,217	112,274	128,242	153,283	167,759
Switzerland	104,281	118,837	141,874	151,309	167,221	200,491	241,163	97,584	111,831	126,089	145,442	162,213	187,257	227,681
Taiwan Province of China *	134,091	150,616	182,362	198,456	223,789	246,500	254,907	109,900	125,730	165,927	179,000	199,592	216,055	236,657
United Kingdom	279,866	307,799	349,652	384,318	447,589	442,279	466,344	351,636	387,254	461,140	509,044	588,247	622,018	639,322
United States *(Billions)*	689	719	810	896	1,020	1,142	1,281	1,168	1,265	1,478	1,683	1,863	1,969	2,117

* from published sources

	Credit							Debit						
	2002	2003	2004	2005	2006	2007	2008	2002	2003	2004	2005	2006	2007	2008
Emerg. & Develop. Economies *(Billions)*	1,761	2,139	2,761	3,492	4,243	5,060	6,211	1,571	1,892	2,441	2,943	3,499	4,289	5,299
Africa *(Billions)*	130	161	210	276	318	380	471	116	144	178	217	244	304	377
CEMAC														
Cameroon	1,964	2,483	2,708	3,265	3,849	4,956	5,942	1,812	2,214	2,474	2,890	3,179	4,221	5,400
Central African Republic	....	....	....	....	....	....	....	....	....	....	....	....	....	....
Chad	....	....	....	....	....	....	....	....	....	....	....	....	....	....
Congo, Republic of	2,289	2,637	3,433	4,745	6,066	5,808	....	691	831	969	1,305	2,003	2,858	....
Equatorial Guinea	....	....	....	....	....	....	....	....	....	....	....	....	....	....
Gabon	2,556	3,178	4,072	5,464	....	....	....	935	1,043	1,216	1,359	....	....	....
WAEMU														
Benin	448	541	569	578	735	1,047	....	679	819	842	866	1,046	1,602	....
Burkina Faso	....	....	....	....	....	....	....	....	....	....	....	....	....	....
Côte d'Ivoire	5,275	5,788	6,919	7,697	8,477	8,669	10,091	2,456	3,231	4,291	5,251	5,368	6,104	6,760
Guinea-Bissau	54	65	76	....	....	....	....	59	65	83	....	....	....	....
Mali	875	928	976	1,101	1,550	1,556	....	712	988	1,093	1,245	1,475	1,846	....
Niger	279	352	437	478	508	663	....	371	488	590	769	748	915	....
Senegal	1,067	1,257	1,509	1,578	1,594	1,674	....	1,604	2,066	2,496	2,889	3,194	4,164	....
Togo	424	598	601	634	630	677	....	576	755	853	917	949	1,072	....
Algeria	....	....	....	....	....	....	....	....	....	....	....	....	....	....
Angola	8,328	9,508	13,475	24,109	31,862	44,396	63,914	3,760	5,480	5,832	8,353	8,778	13,661	20,982
Botswana	2,346	3,024	3,696	4,444	4,521	5,052	4,707	1,638	2,127	2,864	2,684	2,617	3,445	4,488
Burundi	31	38	48	61	58	59	70	105	130	145	189	245	258	338
Cape Verde	42	53	57	89	96	82	116	278	361	435	438	560	746	831
Comoros	....	....	....	....	....	....	....	....	....	....	....	....	....	....
Congo, Democratic Republic of	....	....	....	....	....	....	....	....	....	....	....	....	....	....
Djibouti	36	37	38	40	55	58	69	197	238	261	277	336	473	574
Eritrea	....	....	....	....	....	....	....	....	....	....	....	....	....	....
Ethiopia	480	496	678	917	1,025	1,285	1,555	1,455	1,895	2,768	3,701	4,106	5,156	7,206
Gambia, The	....	78	109	101	109	129	147	....	156	207	215	222	274	283
Ghana	2,015	2,562	2,704	2,802	3,727	4,172	5,270	2,707	3,233	4,297	5,347	6,754	8,066	10,268
Guinea	709	609	726	....	....	1,203	1,342	669	644	688	....	....	1,218	1,366
Kenya	2,162	2,412	2,726	3,462	3,516	4,132	5,040	3,159	3,569	4,351	5,602	6,769	8,388	10,689
Lesotho	357	475	707	650	694	805	882	763	994	1,302	1,306	1,361	1,604	1,618
Liberia	....	....	105	132	155	196	255	....	....	279	306	441	498	955
Madagascar	859	854	990	834	....	....	....	1,066	1,111	1,427	1,427	....	....	....

2009, International Monetary Fund: *Balance of Payments Statistics Yearbook*

Table B-2. Goods

Millions of U.S. dollars, unless otherwise indicated

	Credit							Debit						
	2002	2003	2004	2005	2006	2007	2008	2002	2003	2004	2005	2006	2007	2008
Africa (continued)														
Malawi	422	....	....	....	....	....	....	573	....	....	....	....	....	....
Mauritania	....	....	....	....	....	....	....	....	....	....	....	....	....	....
Mauritius	1,801	1,898	1,993	2,138	2,329	2,238	2,399	2,013	2,201	2,573	2,935	3,409	3,656	4,399
Morocco	7,839	8,771	9,922	10,690	11,926	15,146	20,330	10,900	13,117	16,408	18,894	21,683	29,316	39,827
Mozambique	810	1,044	1,504	1,745	2,381	2,412	2,653	1,476	1,648	1,850	2,242	2,649	2,811	3,458
Namibia	1,072	1,262	1,827	2,070	2,647	2,922	3,116	1,282	1,726	2,110	2,326	2,544	3,102	3,833
Nigeria	15,613	23,976	34,766	55,202	56,934	66,051	78,336	10,876	16,152	15,009	26,003	22,429	30,186	34,350
Rwanda	67	63	98	128	145	184	257	233	229	276	355	488	637	880
São Tomé & Príncipe	6	7	5	7	8	7	....	28	34	38	42	59	65	....
Seychelles	237	286	301	351	420	392	....	380	376	456	650	710	804	....
Sierra Leone	60	111	154	184	262	289	274	255	311	274	362	351	395	471
South Africa	31,772	38,700	48,237	55,284	64,163	75,920	86,118	27,016	35,270	48,518	56,279	70,031	81,661	90,566
Sudan	1,949	2,542	3,778	4,824	5,657	8,879	11,671	2,294	2,536	3,586	5,946	7,105	7,722	8,229
Swaziland	1,078	1,667	1,806	1,637	1,663	1,745	....	1,027	1,540	1,715	1,895	1,915	2,016	....
Tanzania	980	1,221	1,482	1,679	1,918	2,227	3,037	1,511	1,933	2,483	2,998	3,864	4,861	6,440
Tunisia	6,857	8,027	9,679	10,631	11,689	15,148	19,184	8,981	10,297	12,110	12,594	14,202	18,024	23,194
Uganda	478	574	759	1,017	1,188	1,999	2,703	1,052	1,217	1,427	1,746	2,216	2,958	3,982
Zambia	989	1,087	1,845	2,247	3,929	4,510	4,957	1,204	1,393	1,727	2,161	2,636	3,611	4,555
Zimbabwe	....	....	....	....	....	....	....	....	....	....	....	....	....	....
Developing Asia *(Billions)*	**683**	**845**	**1,078**	**1,331**	**1,637**	**1,983**	**2,330**	**610**	**769**	**1,009**	**1,217**	**1,429**	**1,697**	**2,067**
Afghanistan, I.R. of	....	....	....	....	....	....	....	....	....	....	....	....	....	....
Bangladesh	6,102	7,050	8,151	9,302	11,554	12,474	15,442	7,780	9,492	11,157	12,502	14,443	16,669	21,507
Bhutan	....	....	....	....	....	....	....	....	....	....	....	....	....	....
Brunei Darussalam	3,702	4,422	5,066	6,247	7,627	7,668	10,544	1,475	1,258	1,338	1,413	1,586	1,991	2,440
Cambodia	1,770	2,087	2,589	2,910	3,693	4,088	4,708	2,361	2,668	3,269	3,918	4,771	5,471	6,534
China, P.R.: Mainland *(Billions)*	326	438	593	762	970	1,220	1,435	281	394	534	628	752	905	1,074
China, P.R.: Macao	2,358	2,585	2,816	2,478	2,559	2,545	....	3,277	3,678	4,658	5,270	6,495	7,639	....
Fiji	476	674	713	683	667	728	872	802	1,066	1,286	1,455	1,635	1,644	2,056
French Overseas Territories: French Polynesia	165	149	179	212	197	193	201	1,128	1,530	1,440	1,593	1,612	1,829	2,154
French Overseas Territories: New Caledonia	461	783	1,009	1,090	1,345	2,140	1,357	1,070	1,408	1,473	1,641	1,933	2,590	3,019
India	51,141	60,893	77,939	102,175	123,768	149,314	187,912	60,708	75,535	105,975	149,430	184,944	230,977	315,062
Indonesia	59,165	64,109	70,767	86,995	103,528	118,014	139,606	35,652	39,546	50,615	69,462	73,868	85,260	116,690
Kiribati	....	....	....	....	....	....	....	....	....	....	....	....	....	....
Lao People's Democratic Republic	301	335	363	553	882	923	....	447	462	713	882	1,060	1,065	....
Malaysia	93,383	104,999	126,817	141,808	160,916	176,433	199,733	75,248	79,289	99,244	108,653	123,474	139,243	148,472
Maldives	132	152	181	162	225	228	330	345	414	565	655	815	965	1,221
Myanmar	2,421	2,710	2,927	3,788	4,555	....	....	2,022	1,912	1,999	1,759	2,343	....	....
Nepal	632	703	773	903	849	925	987	1,425	1,666	1,908	2,276	2,441	2,933	3,519
Pakistan	9,832	11,869	13,297	15,432	17,049	18,188	21,328	10,428	11,978	16,693	21,773	26,696	28,775	38,097
Papua New Guinea	1,640	2,201	2,555	3,278	....	....	....	1,077	1,187	1,459	1,525	....	....	....
Philippines	34,403	35,339	38,794	40,263	46,526	49,512	48,253	39,933	41,190	44,478	48,036	53,258	57,903	61,138
Samoa	....	....	12	12	10	14	....	....	....	155	187	219	227	....
Solomon Islands	33	67	86	105	122	....	....	69	94	121	185	217	....	....
Sri Lanka	4,699	5,133	5,757	6,347	6,883	7,640	8,137	5,495	6,005	7,200	7,977	9,228	10,167	12,607
Thailand	66,052	78,083	94,979	109,369	127,929	150,026	175,279	57,008	66,909	84,193	105,981	114,085	124,479	157,330
Timor-Leste	....	....	....	....	....	....	....	....	....	....	....	....	....	....
Tonga	18	21	19	18	10	9	....	73	75	86	100	86	127	....
Vanuatu	20	27	38	38	38	34	....	78	92	113	131	148	176	....
Vietnam	16,706	20,149	26,485	32,447	39,826	48,561	62,685	17,760	22,730	28,772	34,886	42,602	58,999	75,467
Europe *(Billions)*	**361**	**456**	**612**	**746**	**917**	**1,129**	**1,435**	**353**	**450**	**591**	**698**	**870**	**1,127**	**1,394**
Central and Eastern Europe *(Billions)*	**202**	**259**	**344**	**399**	**482**	**604**	**726**	**243**	**315**	**416**	**481**	**590**	**747**	**894**
Albania	330	447	603	656	793	1,079	1,356	1,485	1,783	2,195	2,478	2,916	3,978	4,908
Bosnia and Herzegovina	1,110	1,477	2,087	2,555	3,381	4,243	5,194	4,449	5,637	6,656	7,454	7,680	9,947	12,286
Bulgaria	5,354	7,081	9,931	11,754	15,101	18,575	22,586	7,013	9,657	13,619	17,204	22,130	28,567	35,450
Croatia	5,006	6,311	8,214	8,960	10,644	12,623	14,359	10,652	14,216	16,560	18,301	21,131	25,556	30,419
Czech Republic	38,480	48,705	67,220	77,951	95,151	122,791	145,697	40,720	51,224	67,748	75,430	92,308	116,878	139,328
Estonia	3,508	4,597	5,929	7,877	9,755	11,092	12,566	4,626	6,164	7,877	9,797	12,766	14,909	15,329
Faroe Islands	537	594	....	....	....	....	....	472	684	....	....	....	....	....
Hungary	34,792	42,943	55,345	61,688	73,457	93,855	106,644	36,911	46,221	58,867	64,416	76,029	93,403	106,469
Latvia	2,545	3,171	4,221	5,361	6,140	8,227	9,634	4,024	5,173	7,002	8,379	11,271	15,125	15,648
Lithuania	6,028	7,658	9,306	11,774	14,151	17,162	23,741	7,343	9,362	11,689	14,690	18,360	23,036	29,477
Macedonia, FYR	1,112	1,363	1,675	2,041	2,396	3,349	3,971	1,918	2,214	2,814	3,104	3,681	4,976	6,523
Montenegro, Republic of	....	....	....	....	....	744	760	....	....	....	....	....	2,330	2,942
Poland	46,742	61,007	81,862	96,395	117,468	145,337	177,278	53,991	66,732	87,484	99,161	124,474	162,394	201,655
Romania	13,876	17,618	23,485	27,730	32,336	40,555	49,626	16,487	22,155	30,150	37,348	47,172	65,121	76,721
Serbia, Republic of	....	....	....	....	....	8,776	10,973	....	....	....	....	....	17,916	22,353
Turkey	40,719	52,394	68,535	78,365	93,611	115,356	140,999	47,109	65,883	91,271	111,353	134,552	162,025	193,843
CIS and Mongolia *(Billions)*	**159**	**197**	**269**	**347**	**434**	**525**	**709**	**110**	**135**	**175**	**217**	**280**	**381**	**500**
Armenia	514	696	738	1,005	1,025	1,197	1,112	883	1,130	1,196	1,593	1,921	2,797	3,776
Azerbaijan	2,305	2,625	3,743	7,649	13,015	21,269	30,586	1,823	2,723	3,582	4,350	5,269	6,045	7,575
Belarus	7,965	10,076	13,942	16,109	19,835	24,362	32,805	8,945	11,397	16,214	16,746	22,104	28,403	39,041
Georgia	603	831	1,092	1,472	1,667	2,088	2,428	1,092	1,469	2,008	2,687	3,686	4,984	6,261

Table B-2. Goods

Millions of U.S. dollars, unless otherwise indicated

	Credit							Debit						
	2002	2003	2004	2005	2006	2007	2008	2002	2003	2004	2005	2006	2007	2008
CIS and Mongolia (continued)														
Kazakhstan	10,027	13,233	20,603	28,301	38,762	48,351	71,971	8,040	9,554	13,818	17,979	24,120	33,260	38,452
Kyrgyz Republic	498	590	733	687	906	1,337	1,847	571	723	904	1,106	1,792	2,635	3,754
Moldova	660	805	994	1,105	1,061	1,373	1,646	1,038	1,428	1,748	2,296	2,644	3,676	4,866
Mongolia	524	627	872	1,069	1,545	....	....	680	827	901	1,097	1,357	....	....
Russia	111,204	135,929	183,207	243,798	303,550	354,401	471,603	64,323	76,070	97,382	125,434	164,281	223,486	291,861
Tajikistan	699	906	1,097	1,108	1,512	1,557	1,575	823	1,026	1,232	1,431	1,955	3,115	3,699
Turkmenistan	....	....	....	....	....	....	....	....	....	....	....	....	....	....
Ukraine	18,669	23,739	33,432	35,024	38,949	49,840	67,717	17,959	23,221	29,691	36,159	44,143	60,412	83,808
Uzbekistan	....	....	....	....	....	....	....	....	....	....	....	....	....	....
Middle East *(Billions)*	229	285	377	554	673	786	1,067	152	178	233	303	352	442	593
Bahrain, Kingdom of	5,888	6,721	7,660	10,349	12,340	13,790	17,491	4,678	5,298	6,923	8,871	9,954	10,925	14,246
Egypt	7,118	8,987	12,320	16,073	20,546	24,455	29,849	12,879	13,189	18,895	23,818	28,984	39,354	49,608
Iran, I.R. of	....	....	....	....	....	....	....	....	....	....	....	....	....	....
Iraq	....	....	....	23,697	30,529	39,587	....	....	....	....	20,002	18,707	16,622	....
Jordan	2,770	3,082	3,883	4,301	5,204	5,731	7,937	4,501	5,078	7,261	9,317	10,260	12,183	15,102
Kuwait	15,367	21,794	29,001	45,303	56,453	62,526	86,944	8,117	9,880	12,402	15,053	16,240	19,117	22,939
Lebanon	1,420	1,998	2,397	2,652	3,195	4,067	5,096	6,245	7,001	9,175	9,239	9,345	11,926	16,307
Libya	9,851	12,878	17,425	28,849	37,473	46,970	61,950	7,408	7,200	8,768	11,174	13,219	17,701	21,658
Oman	11,170	11,670	13,381	18,692	21,586	24,692	37,719	5,633	6,086	7,873	8,029	9,880	14,343	20,707
Qatar	....	....	....	....	....	....	....	....	....	....	....	....	....	....
Saudi Arabia	72,464	93,244	125,998	180,711	211,306	233,329	313,446	29,624	33,868	41,050	54,597	63,915	82,599	101,454
Syrian Arab Republic	6,668	5,762	7,220	8,602	10,245	11,756	....	4,458	4,430	6,957	8,742	9,359	12,277	....
United Arab Emirates	....	....	....	....	....	....	....	....	....	....	....	....	....	....
West Bank and Gaza	325	350	404	464	450	630	....	2,221	2,552	2,874	2,812	3,245	3,749	....
Yemen, Republic of	3,621	3,934	4,676	6,413	7,316	7,050	8,977	2,932	3,557	3,859	4,713	5,926	7,490	9,334
Western Hemisphere *(Billions)*	358	392	485	585	699	782	908	340	352	430	508	604	718	868
Eastern Caribbean Currency Union														
Anguilla	4	4	6	15	12	9	12	62	68	90	114	197	218	239
Antigua and Barbuda	34	45	57	83	74	76	76	303	352	402	455	560	649	662
Dominica	44	41	43	43	44	39	36	102	113	128	146	147	172	197
Grenada	41	46	38	33	32	41	31	181	228	222	301	267	328	343
Montserrat	2	2	5	2	2	3	4	22	25	25	26	27	26	34
St. Kitts and Nevis	63	57	59	64	58	58	57	178	176	161	185	220	242	270
St. Lucia	69	72	96	89	97	101	186	272	355	348	418	521	542	578
St. Vincent and the Grenadines	41	40	39	43	41	51	53	158	177	199	212	238	288	302
Argentina	25,651	29,939	34,576	40,387	46,546	55,980	70,021	8,473	13,134	21,311	27,300	32,588	42,524	54,557
Aruba	1,488	2,052	2,723	3,483	3,667	2,691	3,701	2,024	2,400	3,004	3,461	3,786	2,850	4,198
Bahamas, The	422	427	477	549	704	802	956	1,749	1,759	1,907	2,377	2,768	2,958	3,199
Barbados	253	264	293	379	....	....	....	955	1,066	1,264	1,464	....	....	....
Belize	310	316	308	325	427	426	465	497	522	481	556	612	642	788
Bermuda	....	....	....	....	26	25	25	....	....	....	....	1,094	1,167	1,160
Bolivia	1,299	1,598	2,146	2,791	3,875	4,458	6,448	1,639	1,497	1,725	2,183	2,632	3,243	4,641
Brazil	60,362	73,084	96,475	118,308	137,807	160,649	197,942	47,240	48,290	62,809	73,606	91,350	120,617	173,107
Chile	18,180	21,664	32,520	41,267	58,680	67,666	66,455	15,794	17,941	22,935	30,492	35,900	44,031	57,610
Colombia	12,384	13,813	17,224	21,730	25,181	30,577	38,531	12,077	13,258	15,878	20,134	24,859	31,173	37,556
Costa Rica	5,270	6,163	6,370	7,099	8,102	9,299	9,566	6,548	7,252	7,791	9,258	10,829	12,285	14,551
Dominican Republic	5,165	5,471	5,936	6,145	6,610	7,160	6,949	8,838	7,627	7,888	9,869	12,174	13,597	16,095
Ecuador	5,258	6,446	7,968	10,468	13,176	14,870	19,147	6,160	6,366	7,684	9,709	11,408	13,047	17,776
El Salvador	3,020	3,153	3,339	3,447	3,759	4,039	4,611	4,885	5,439	6,000	6,385	7,291	8,144	9,004
Guatemala	2,819	3,060	5,105	5,460	6,082	6,983	7,848	5,791	6,176	8,737	9,650	10,934	12,470	13,422
Guyana	490	508	584	546	580	689	789	514	525	592	717	810	978	1,183
Haiti	274	334	377	460	495	522	490	980	1,116	1,210	1,309	1,548	1,618	2,108
Honduras	3,745	3,754	4,534	5,048	5,277	5,642	6,046	4,382	4,774	5,827	6,545	7,303	8,820	10,389
Jamaica	1,309	1,386	1,602	1,664	2,134	2,363	2,500	3,180	3,328	3,546	4,246	5,077	6,204	7,547
Mexico	161,046	164,766	187,999	214,233	249,925	271,875	291,343	168,679	170,546	196,810	221,820	256,059	281,949	308,603
Netherlands Antilles	577	654	776	971	695	676	....	1,598	1,672	1,956	2,285	2,209	2,543	....
Nicaragua	914	1,056	1,369	1,654	2,034	2,336	2,538	1,853	2,027	2,457	2,956	3,485	4,094	4,749
Panama	5,315	5,072	6,080	7,375	8,475	9,334	10,323	6,350	6,274	7,617	8,933	10,190	12,524	14,869
Paraguay	1,858	2,170	2,861	3,352	4,401	5,471	7,769	2,138	2,446	3,105	3,814	5,022	6,027	8,809
Peru	7,714	9,091	12,809	17,368	23,800	27,956	31,529	7,393	8,205	9,805	12,082	14,866	19,599	28,439
Suriname	369	488	782	1,212	1,174	1,359	1,708	322	458	740	1,189	1,013	1,185	1,350
Trinidad and Tobago	3,920	5,205	6,403	9,672	14,217	13,391	....	3,682	3,912	4,894	5,725	6,517	7,670	....
Uruguay	1,922	2,281	3,145	3,774	4,400	5,100	7,112	1,874	2,098	2,992	3,753	4,898	5,648	8,667
Venezuela, República Bolivariana de	26,781	27,230	39,668	55,647	65,578	69,010	95,138	13,360	10,483	17,021	24,195	33,583	46,031	49,482

Table B-3.   Services

Millions of U.S. dollars, unless otherwise indicated

	Credit							Debit						
	2002	2003	2004	2005	2006	2007	2008	2002	2003	2004	2005	2006	2007	2008
Total *(Billions)*	1,640	1,889	2,285	2,550	2,888	3,454	3,859	1,638	1,868	2,219	2,457	2,736	3,225	3,649
International Organizations	1,823	2,184	2,289	2,155	2,429	2,561	2,819	13,918	13,644	16,575	17,883	19,385	22,263	27,543
Advanced Economies *(Billions)*	1,326	1,524	1,824	2,004	2,243	2,658	2,928	1,248	1,427	1,677	1,816	1,981	2,293	2,524
Euro Area														
Austria	25,861	32,455	37,945	42,589	46,112	54,308	62,110	18,727	23,738	27,986	30,730	33,514	39,131	42,866
Belgium	37,822	44,708	52,708	56,144	59,516	74,621	86,499	35,863	42,862	49,023	51,172	53,250	68,942	82,268
Cyprus	4,531	5,372	6,235	6,502	7,160	8,803	12,031	1,742	2,237	2,644	2,706	2,939	3,764	4,979
Finland	10,441	11,470	15,168	17,010	17,520	23,450	31,934	9,870	12,149	14,563	17,732	18,641	22,408	29,257
France	86,160	98,814	114,629	122,209	128,943	150,045	164,885	68,960	82,898	98,371	105,692	111,957	129,542	143,147
Germany	103,144	123,659	146,292	163,711	190,929	223,337	246,706	145,154	172,830	195,529	208,667	222,692	257,869	284,694
Greece	20,142	24,283	33,085	33,914	35,762	43,080	50,473	9,819	11,250	14,020	14,742	16,367	20,270	24,903
Ireland	29,900	42,061	52,718	59,920	69,191	93,289	101,636	42,829	54,596	65,384	71,437	78,528	94,912	109,328
Italy	60,439	71,767	84,524	89,216	98,984	111,999	123,528	63,166	74,332	83,246	90,081	100,511	121,450	134,426
Luxembourg	20,504	25,499	33,957	40,834	50,698	65,619	71,319	12,412	15,531	20,940	24,589	29,861	37,970	41,320
Malta	1,246	1,452	1,695	2,007	2,666	3,410	3,746	798	894	1,055	1,204	1,767	2,279	2,271
Netherlands	56,138	63,227	73,772	80,085	84,809	96,727	104,456	57,204	63,897	69,444	73,307	75,481	84,536	91,582
Portugal	10,357	12,354	14,701	15,193	18,430	23,334	26,389	7,146	8,293	9,746	10,456	12,158	14,401	16,735
Slovak Republic	2,812	3,297	3,735	4,405	5,436	7,063	8,493	2,351	3,056	3,466	4,078	4,675	6,531	9,178
Slovenia	2,316	2,791	3,455	3,976	4,344	5,691	7,425	1,732	2,183	2,603	2,915	3,254	4,264	5,038
Spain	60,247	74,308	86,078	94,663	106,665	128,048	143,593	38,712	47,951	59,188	67,129	78,588	96,355	104,660
Australia	19,594	23,747	28,485	31,047	33,088	40,496	45,240	18,388	21,940	27,943	30,505	32,219	39,908	48,338
Canada	40,481	44,242	50,286	55,829	60,603	65,201	66,478	45,069	52,454	58,776	65,749	72,837	82,824	87,747
China, P.R.: Hong Kong	44,600	46,555	55,160	63,709	72,735	84,706	92,318	25,964	26,126	31,138	33,979	37,060	42,591	45,849
Denmark	26,667	31,672	36,304	43,371	51,961	61,608	72,390	24,305	28,254	33,401	37,002	45,123	53,889	62,517
Iceland	1,118	1,378	1,623	2,041	1,871	2,277	2,190	1,123	1,503	1,838	2,560	2,562	2,968	2,527
Israel	12,186	13,661	16,021	17,433	19,183	21,104	24,084	10,902	11,201	12,822	13,715	14,654	17,576	19,909
Japan	65,712	77,621	97,611	110,210	117,298	129,117	148,755	107,940	111,528	135,514	134,256	135,556	150,367	169,544
Korea	28,388	32,956	41,882	45,129	49,891	63,349	75,990	36,585	40,381	49,928	58,788	68,851	83,116	92,723
New Zealand	5,405	6,860	8,140	8,602	8,108	9,282	8,968	4,788	5,760	7,225	8,253	7,887	9,114	9,612
Norway	19,488	21,663	25,263	29,928	33,328	40,592	45,842	17,972	20,569	24,304	29,182	31,957	39,758	44,720
Singapore	29,556	36,347	46,860	53,234	64,139	80,712	83,196	33,506	40,016	49,752	55,061	64,835	74,979	79,203
Sweden	24,009	30,654	39,023	42,887	49,797	63,857	72,197	23,958	28,771	33,138	35,273	39,571	48,011	54,484
Switzerland	30,991	36,269	43,940	49,764	54,805	65,798	78,091	14,840	17,021	22,003	25,753	26,750	31,747	36,468
Taiwan Province of China *	21,635	23,166	25,789	25,827	29,272	31,307	34,770	24,719	25,635	30,731	32,480	32,815	35,102	35,125
United Kingdom	135,308	158,615	197,730	207,674	237,399	284,804	286,857	110,023	127,250	149,901	162,830	175,211	201,612	203,613
United States	288,789	301,053	349,576	385,295	432,126	500,696	545,589	231,049	250,328	291,191	313,511	348,942	375,200	405,254

* from published sources

Emerg. & Develop. Economies *(Billions)*	312	363	459	543	643	794	928	376	427	526	624	735	909	1,098
Africa	26,755	33,792	40,101	44,342	51,045	58,059	64,324	37,432	44,170	54,967	64,923	75,133	98,121	121,735
CEMAC														
Cameroon	939	645	1,109	970	1,017	1,370	1,513	1,212	1,222	1,491	1,455	1,475	1,764	2,948
Central African Republic	....	....	....	....	....	....	....	....	....	....	....	....	....	....
Chad	....	....	....	....	....	....	....	....	....	....	....	....	....	....
Congo, Republic of	165	194	197	220	266	319	....	927	875	1,016	1,417	2,426	3,528	....
Equatorial Guinea	....	....	....	....	....	....	....	....	....	....	....	....	....	....
Gabon	86	172	156	146	....	....	....	759	840	939	1,042	....	....	....
WAEMU														
Benin	152	172	216	194	217	302	....	209	254	287	279	352	500	....
Burkina Faso	....	....	....	....	....	....	....	....	....	....	....	....	....	....
Côte d'Ivoire	585	664	763	832	845	933	1,013	1,545	1,780	2,033	2,124	2,233	2,484	2,617
Guinea-Bissau	6	6	8	....	....	....	....	27	36	44	....	....	....	....
Mali	169	224	241	274	313	377	....	387	482	532	588	675	777	....
Niger	51	63	93	88	91	85	....	152	193	262	279	329	369	....
Senegal	456	569	676	777	807	1,202	....	474	591	701	806	842	1,238	....
Togo	90	95	150	177	201	236	....	148	204	239	251	264	305	....
Algeria	....	....	....	....	....	....	....	....	....	....	....	....	....	....
Angola	207	201	323	177	1,484	311	329	3,322	3,321	4,803	6,791	7,511	13,030	22,139
Botswana	490	643	780	856	771	571	878	518	652	793	857	835	1,194	1,349
Burundi	8	7	16	35	34	31	66	43	45	87	134	202	177	191
Cape Verde	153	202	239	269	382	491	601	142	189	207	209	250	294	359
Comoros	....	....	....	....	....	....	....	....	....	....	....	....	....	....
Congo, Democratic Republic of	....	....	....	....	....	....	....	....	....	....	....	....	....	....
Djibouti	192	216	213	248	251	248	295	62	67	77	84	89	108	128
Eritrea	....	....	....	....	....	....	....	....	....	....	....	....	....	....
Ethiopia	585	762	1,005	1,012	1,174	1,368	1,959	580	709	958	1,194	1,171	1,752	2,410
Gambia, The	....	84	73	80	92	119	123	....	36	46	45	94	79	88
Ghana	555	630	702	1,106	1,396	1,832	1,801	621	900	1,058	1,273	1,533	1,994	2,298
Guinea	90	134	85	....	49	107		331	307	275	....		296	444
Kenya	1,054	1,198	1,557	1,880	2,430	2,931	3,251	708	691	939	1,137	1,402	1,671	1,870
Lesotho	35	50	72	52	59	76	67	55	85	96	103	95	110	110
Liberia	....	....	212	213	336	346	379	....	....	780	855	1,275	1,249	1,389
Madagascar	397	322	425	498	....	....	....	704	619	637	615	....	....	....

Table B-3. Services
Millions of U.S. dollars, unless otherwise indicated

	Credit							Debit						
	2002	2003	2004	2005	2006	2007	2008	2002	2003	2004	2005	2006	2007	2008
Africa (continued)														
Malawi	49	....	....	....	....	....	....	222	....	....	....	....	....	....
Mauritania	....	....	....	....	....	....	....	....	....	....	....	....	....	....
Mauritius	1,149	1,280	1,456	1,618	1,671	2,205	2,544	793	906	1,023	1,198	1,317	1,569	1,921
Morocco	4,360	5,478	6,710	8,098	9,789	12,165	13,416	2,413	2,861	3,451	3,845	4,473	5,416	6,694
Mozambique	339	304	256	342	386	459	555	577	574	531	649	758	856	949
Namibia	272	414	475	413	526	599	555	234	276	420	369	430	514	566
Nigeria	2,524	3,473	3,336	1,793	2,179	1,443	1,824	4,922	5,715	5,973	6,623	8,797	12,494	13,242
Rwanda	55	76	103	129	131	179	408	202	204	240	304	243	272	521
São Tomé & Príncipe	9	9	10	9	8	4	....	12	14	16	11	18	19	....
Seychelles	313	330	327	369	430	472	....	217	220	216	235	274	303	....
Sierra Leone	38	66	61	78	43	45	60	81	94	92	91	86	98	125
South Africa	4,985	8,298	9,682	11,157	12,014	13,562	12,571	5,504	8,045	10,328	12,155	14,290	16,563	16,965
Sudan	132	36	44	114	247	384	493	818	830	1,065	1,844	2,800	2,939	2,620
Swaziland	93	205	250	283	283	455	....	210	349	378	403	373	507	....
Tanzania	920	948	1,134	1,269	1,528	1,876	2,169	633	726	975	1,207	1,249	1,415	1,598
Tunisia	2,681	2,937	3,629	4,021	4,295	4,909	6,014	1,450	1,612	1,986	2,191	2,454	2,803	3,370
Uganda	225	259	362	502	484	539	723	558	447	528	630	770	977	1,242
Zambia	115	165	232	273	228	273	297	375	403	447	471	588	915	911
Zimbabwe	....	....	....	....	....	....	....	....	....	....	....	....	....	....
Developing Asia *(Billions)*	116	128	176	209	255	327	378	132	149	188	218	254	310	367
Afghanistan, I.R. of	....	....	....	....	....	....	....	....	....	....	....	....	....	....
Bangladesh	849	1,012	1,083	1,249	1,334	1,617	1,930	1,406	1,711	1,931	2,207	2,340	2,885	3,837
Bhutan	....	....	....	....	....	....	....	....	....	....	....	....	....	....
Brunei Darussalam	427	437	544	617	744	813	862	876	1,032	1,075	1,110	1,213	1,316	1,401
Cambodia	604	548	805	1,118	1,296	1,548	1,648	376	434	514	642	804	933	1,061
China, P.R.: Mainland	39,745	46,734	62,434	74,404	91,999	122,206	147,112	46,528	55,306	72,133	83,795	100,833	130,111	158,924
China, P.R.: Macao	4,758	5,605	8,063	8,612	10,538	14,411	....	1,071	1,175	1,364	1,576	1,883	2,732	....
Fiji	506	619	692	856	821	860	991	276	386	466	506	521	520	597
French Overseas Territories: French Polynesia	765	954	1,028	1,081	1,033	1,203	1,266	531	599	666	737	546	623	791
French Overseas Territories: New Caledonia	349	429	487	380	453	544	605	418	538	599	841	1,130	1,323	1,394
India	19,478	23,902	38,281	52,527	69,730	86,965	102,949	15,034	17,424	25,205	32,549	40,324	47,592	56,554
Indonesia	6,663	5,293	12,045	12,926	11,520	12,487	15,246	17,045	17,400	20,856	22,049	21,394	24,328	27,991
Kiribati	....	....	....	....	....	....	....	....	....	....	....	....	....	....
Lao People's Democratic Republic	176	127	179	204	224	278	....	32	37	41	56	62	76	....
Malaysia	14,878	13,577	17,111	19,576	21,681	29,472	30,321	16,448	17,532	19,269	21,956	23,651	28,782	30,270
Maldives	363	432	508	323	552	649	704	111	120	157	213	231	269	348
Myanmar	426	249	255	259	280	....	....	309	420	460	502	563	....	....
Nepal	305	372	461	380	386	511	724	237	266	385	435	493	723	852
Pakistan	2,429	2,968	2,749	3,678	3,506	3,767	4,126	2,241	3,294	5,333	7,508	8,418	8,811	9,489
Papua New Guinea	162	233	203	302	....	....	....	678	868	998	1,167	....	....	....
Philippines	3,428	3,389	4,043	4,525	6,444	9,766	10,195	5,430	5,352	5,815	5,865	6,307	7,517	8,779
Samoa	....	....	95	113	133	139	....	....	....	42	56	57	55	....
Solomon Islands	16	25	31	41	60	....	....	49	62	41	58	95	....	....
Sri Lanka	1,268	1,411	1,527	1,540	1,625	1,775	2,003	1,584	1,679	1,908	2,089	2,394	2,602	3,002
Thailand	15,391	15,798	19,040	20,163	24,822	30,357	33,720	16,720	18,169	23,077	27,027	33,015	38,425	46,544
Timor-Leste	....	....	....	....	....	....	....	....	....	....	....	....	....	....
Tonga	23	26	27	37	31	33	....	32	44	52	50	58	52	....
Vanuatu	94	111	122	139	146	186	....	52	61	66	74	71	76	....
Vietnam	2,948	3,272	3,867	4,176	5,100	6,030	7,096	3,698	4,050	4,739	4,472	5,108	6,785	7,931
Europe *(Billions)*	79	97	121	143	165	208	259	76	91	115	133	155	199	247
Central and Eastern Europe *(Billions)*	55	70	85	100	112	141	174	40	50	62	71	82	104	127
Albania	585	720	1,003	1,165	1,504	1,946	2,478	590	803	1,055	1,383	1,585	1,926	2,379
Bosnia and Herzegovina	524	721	864	989	1,139	1,458	1,662	305	384	432	436	473	607	649
Bulgaria	2,203	2,961	4,029	4,404	5,289	6,500	8,003	1,755	2,447	3,238	3,404	4,106	5,481	6,708
Croatia	5,582	8,569	9,373	9,921	10,802	12,485	15,166	2,414	2,982	3,565	3,400	3,548	3,925	4,587
Czech Republic	7,083	7,789	9,643	11,765	13,941	16,930	22,230	6,439	7,320	9,008	10,217	11,942	14,490	17,379
Estonia	1,706	2,224	2,848	3,239	3,513	4,395	5,184	1,106	1,393	1,745	2,198	2,516	3,079	3,428
Faroe Islands	71	78	....	....	....	....	....	132	147	....	....	....	....	....
Hungary	7,417	9,211	10,769	12,857	13,390	17,099	20,101	6,849	9,150	10,178	11,448	11,798	15,662	18,725
Latvia	1,238	1,506	1,779	2,163	2,642	3,705	4,538	701	929	1,178	1,557	1,980	2,703	3,190
Lithuania	1,464	1,878	2,444	3,104	3,623	4,025	4,769	915	1,264	1,632	2,055	2,540	3,393	4,233
Macedonia, FYR	253	380	452	515	601	818	1,012	275	387	507	549	573	783	1,009
Montenegro, Republic of	....	....	....	....	....	923	1,105	....	....	....	....	....	320	514
Poland	10,037	11,174	13,471	16,258	20,592	28,790	35,417	9,262	10,931	13,392	15,520	19,856	24,072	30,273
Romania	2,347	3,028	3,614	5,083	7,032	9,502	12,862	2,338	2,958	3,879	5,518	7,027	8,879	11,659
Serbia, Republic of	....	....	....	....	....	3,168	4,012	....	....	....	....	....	3,516	4,277
Turkey	14,046	18,013	22,960	26,648	25,312	28,853	34,979	6,161	7,502	10,163	11,376	11,481	14,974	17,466
CIS and Mongolia *(Billions)*	24	27	36	43	53	67	86	36	41	53	62	73	95	120
Armenia	184	207	333	411	485	580	645	225	276	432	531	615	793	973
Azerbaijan	362	432	492	683	940	1,248	1,547	1,298	2,047	2,730	2,653	2,863	3,379	3,889
Belarus	1,341	1,500	1,747	2,073	2,396	3,260	4,258	842	841	970	1,093	1,658	2,034	2,635
Georgia	408	458	555	715	885	1,094	1,260	363	397	485	632	727	933	1,238

Table B-3. Services
Millions of U.S. dollars, unless otherwise indicated

	Credit							Debit						
	2002	2003	2004	2005	2006	2007	2008	2002	2003	2004	2005	2006	2007	2008
CIS and Mongolia (continued)														
Kazakhstan	1,540	1,712	2,009	2,228	2,819	3,555	4,383	3,538	3,753	5,108	7,496	8,760	11,627	10,999
Kyrgyz Republic	142	158	210	259	379	684	896	148	160	223	291	461	582	994
Moldova	217	250	332	399	466	625	837	257	294	353	420	488	631	825
Mongolia	184	208	338	414	486	....	....	266	257	504	476	523	....	....
Russia	13,987	16,229	20,595	24,970	31,102	39,416	51,306	23,937	27,122	33,287	38,745	44,716	59,061	76,356
Tajikistan	69	89	123	146	134	149	181	105	122	213	252	394	592	456
Turkmenistan	....	....	....	....	....	....	....	....	....	....	....	....	....	....
Ukraine	4,682	5,214	7,859	9,354	11,290	14,161	17,895	3,535	4,444	6,622	7,548	9,164	11,741	16,154
Uzbekistan	....	....	....	....	....	....	....	....	....	....	....	....	....	....
Middle East *(Billions)*	**33**	**44**	**52**	**65**	**79**	**94**	**106**	**63**	**72**	**88**	**112**	**144**	**174**	**214**
Bahrain, Kingdom of	1,068	1,260	2,676	3,048	3,322	3,524	3,740	945	907	1,248	1,416	1,605	1,701	2,030
Egypt	9,320	11,073	14,197	14,643	16,135	19,943	24,912	6,629	6,474	8,020	10,508	11,569	14,342	17,615
Iran, I.R. of	....	....	....	....	....	....	....	....	....	....	....	....	....	....
Iraq	....	....	....	355	357	868	....	....	....	....	6,094	5,490	4,866	....
Jordan	1,774	1,748	2,073	2,334	2,907	3,431	4,416	1,883	1,889	2,146	2,542	2,971	3,499	4,127
Kuwait	1,648	3,144	3,771	4,775	8,444	10,169	11,391	5,838	6,615	7,496	8,715	10,638	13,344	15,008
Lebanon	4,429	9,462	9,704	10,858	11,580	13,005	18,944	3,354	6,488	8,230	7,895	8,734	9,988	13,411
Libya	401	442	437	534	489	109	208	1,544	1,597	1,914	2,349	2,564	2,665	4,344
Oman	606	655	736	939	1,306	1,631	1,974	1,880	2,573	3,152	3,145	3,898	4,876	6,122
Qatar	....	....	....	....	....	....	....	....	....	....	....	....	....	....
Saudi Arabia	5,177	5,713	5,852	11,410	14,201	15,989	9,624	19,980	20,857	25,696	33,120	49,581	62,682	74,586
Syrian Arab Republic	1,559	1,331	2,613	2,910	2,924	3,862	....	1,883	1,806	2,235	2,359	2,520	3,013	....
United Arab Emirates	....	....	....	....	....	....	....	....	....	....	....	....	....	....
West Bank and Gaza	197	259	240	282	260	297	....	655	580	605	508	550	680	....
Yemen, Republic of	166	318	370	372	549	724	1,205	935	1,004	1,059	1,241	1,855	1,867	2,348
Western Hemisphere *(Billions)*	**57**	**61**	**70**	**82**	**93**	**108**	**120**	**68**	**71**	**80**	**95**	**108**	**128**	**148**
Eastern Caribbean Currency Union														
Anguilla	66	73	78	99	124	134	122	39	44	47	56	92	103	104
Antigua and Barbuda	394	418	477	463	477	517	520	171	182	190	227	259	283	290
Dominica	80	77	88	86	100	109	116	54	45	46	50	52	66	71
Grenada	131	134	160	116	130	147	146	91	83	92	96	101	111	111
Montserrat	14	12	15	15	15	15	15	16	19	23	26	17	19	21
St. Kitts and Nevis	90	108	135	163	177	174	173	79	80	81	95	101	102	112
St. Lucia	250	318	367	423	344	356	368	129	145	148	172	169	188	189
St. Vincent and the Grenadines	137	133	145	158	171	162	143	57	65	73	79	88	114	110
Argentina	3,495	4,500	5,288	6,634	8,023	10,376	12,090	4,956	5,693	6,619	7,626	8,523	10,828	12,979
Aruba	1,000	1,045	1,248	1,300	1,321	1,502	1,687	605	726	793	913	1,002	950	1,127
Bahamas, The	2,062	2,055	2,244	2,511	2,436	2,599	2,543	1,016	1,092	1,231	1,286	1,611	1,580	1,360
Barbados	1,041	1,165	1,224	1,457	....	....	....	491	519	556	680	....	....	....
Belize	176	212	235	302	363	398	389	130	141	147	159	152	168	169
Bermuda	....	....	....	....	1,592	1,651	1,580	....	....	....	....	862	1,105	1,042
Bolivia	257	364	416	489	477	499	500	433	551	607	683	827	900	1,039
Brazil	9,551	10,447	12,584	16,047	19,462	23,954	30,451	14,509	15,378	17,260	24,356	29,116	37,173	47,140
Chile	4,386	5,070	6,034	7,134	7,830	8,952	10,754	5,087	5,688	6,780	7,756	8,462	9,927	11,401
Colombia	1,867	1,921	2,258	2,668	3,377	3,636	4,047	3,302	3,360	3,938	4,770	5,496	6,243	7,187
Costa Rica	1,868	2,021	2,242	2,622	2,972	3,552	4,085	1,183	1,245	1,384	1,506	1,621	1,818	1,883
Dominican Republic	3,071	3,469	3,504	3,935	4,567	4,794	4,939	1,314	1,219	1,213	1,478	1,582	1,773	1,846
Ecuador	884	881	1,014	1,012	1,037	1,200	1,313	1,600	1,624	1,968	2,142	2,341	2,572	2,954
El Salvador	783	949	1,090	1,128	1,426	1,494	1,510	1,023	1,056	1,154	1,214	1,505	1,746	2,008
Guatemala	1,145	1,059	1,100	1,308	1,519	1,731	1,789	1,066	1,126	1,344	1,450	1,778	2,041	2,159
Guyana	172	157	161	148	148	173	212	196	172	208	201	245	273	323
Haiti	147	136	142	145	194	257	343	270	301	352	544	593	674	763
Honduras	542	591	645	700	745	788	910	732	753	849	929	1,036	1,137	1,215
Jamaica	1,912	2,138	2,297	2,330	2,649	2,707	2,795	1,597	1,586	1,725	1,722	2,021	2,287	2,367
Mexico	12,740	12,617	14,047	16,137	16,392	17,609	18,480	17,660	18,141	19,779	21,440	22,833	24,064	25,235
Netherlands Antilles	1,626	1,701	1,799	1,847	1,991	2,100	....	793	812	801	813	758	803	....
Nicaragua	226	258	286	309	344	373	399	355	377	409	448	478	555	608
Panama	2,278	2,540	2,794	3,231	4,000	4,958	5,826	1,310	1,300	1,457	1,811	1,728	2,122	2,621
Paraguay	568	574	628	656	798	966	1,062	355	329	301	343	384	460	584
Peru	1,455	1,716	1,993	2,289	2,647	3,343	3,637	2,449	2,616	2,725	3,123	3,428	4,270	5,566
Suriname	39	59	141	204	234	245	285	166	195	271	352	269	317	398
Trinidad and Tobago	637	685	851	897	814	924	....	373	371	371	541	363	377	....
Uruguay	771	771	1,112	1,311	1,387	1,837	2,222	618	636	786	939	979	1,123	1,416
Venezuela, República Bolivariana de	1,013	878	1,114	1,341	1,544	1,767	2,162	3,922	3,512	4,497	5,349	5,954	8,719	10,516

Table B-4. **Transportation**

Millions of U.S. dollars, unless otherwise indicated

	Credit							Debit						
	2002	2003	2004	2005	2006	2007	2008	2002	2003	2004	2005	2006	2007	2008
Total *(Billions)*	356	404	504	570	636	762	881	412	475	593	668	742	873	1,012
International Organizations	....	....	....	....	....	....	....	....	....	....	....	....	....	....
Advanced Economies *(Billions)*	288	324	403	445	487	577	657	304	349	430	467	508	585	654
Euro Area														
Austria	5,259	6,544	8,169	8,969	10,291	12,082	13,484	4,451	5,639	7,588	8,661	10,201	12,139	13,677
Belgium	8,637	9,949	13,048	13,872	15,664	23,370	27,693	7,713	9,036	11,065	12,265	13,041	19,212	23,303
Cyprus	904	1,240	1,436	1,543	1,657	2,119	3,508	829	1,077	1,116	1,080	1,075	1,208	1,780
Finland	1,649	2,000	2,400	2,440	2,757	3,263	....	2,320	2,897	3,606	4,248	4,822	5,703	....
France	18,719	21,601	26,412	28,196	31,896	37,846	41,044	17,848	21,279	30,116	32,457	34,238	38,183	42,357
Germany	23,769	27,071	33,622	38,250	42,234	51,307	58,926	29,072	34,575	40,549	42,351	48,290	57,128	64,999
Greece	8,044	10,840	16,538	17,284	17,989	23,300	28,316	4,746	5,578	7,122	7,751	8,781	10,681	13,736
Ireland	1,622	1,932	2,346	2,646	2,938	....	....	1,794	1,950	2,224	2,467	2,542	....	....
Italy	9,309	10,579	14,891	14,763	16,204	17,837	17,578	13,266	16,196	21,034	21,329	22,695	27,478	30,651
Luxembourg	1,462	1,765	2,179	2,661	2,903	3,474	4,182	746	784	1,062	1,265	1,356	1,760	2,023
Malta	338	329	350	312	392	434	525	351	354	272	232	292	312	312
Netherlands	17,672	16,271	19,402	21,441	24,892	27,504	30,533	12,860	12,188	13,715	14,952	18,787	20,821	21,954
Portugal	1,837	2,395	2,883	3,210	4,575	5,935	7,019	2,119	2,491	2,963	3,186	3,700	4,471	5,121
Slovak Republic	1,164	1,413	1,493	1,596	1,913	2,254	2,914	604	898	998	1,204	1,192	1,840	2,466
Slovenia	602	771	1,006	1,145	1,330	1,730	2,117	366	476	603	650	757	1,008	1,248
Spain	9,671	11,897	14,321	16,178	18,122	21,002	24,222	10,793	13,138	16,102	18,523	20,572	22,401	25,777
Australia	4,131	4,722	5,792	6,170	6,358	7,258	7,923	5,990	7,231	9,681	10,759	11,334	13,072	14,820
Canada	7,055	7,125	8,486	9,728	10,470	11,111	11,890	9,206	10,390	12,248	14,484	16,330	18,577	20,340
China, P.R.: Hong Kong	13,303	13,832	17,358	20,318	22,423	25,581	....	6,221	6,719	8,687	10,462	11,616	13,925	....
Denmark	10,988	14,023	17,089	....	....	....	....	9,720	12,027	14,484	....	....	....	....
Iceland	534	656	902	1,087	838	1,008	937	425	518	698	885	766	883	805
Israel	2,120	2,597	3,199	3,685	3,657	4,443	5,167	3,457	3,730	4,347	4,711	4,785	5,776	6,623
Japan	24,021	26,502	32,148	35,752	37,648	42,020	46,835	31,523	34,195	42,722	40,376	42,835	49,037	53,954
Korea	13,216	17,180	22,529	23,877	25,807	33,556	43,548	11,301	13,613	17,655	20,144	23,133	29,075	37,154
New Zealand	1,163	1,353	1,488	....	....	1,986	1,967	1,650	....	2,531	2,801	....	....	....
Norway	11,212	12,232	13,917	16,248	16,072	19,079	21,630	6,503	7,156	8,458	9,682	9,900	13,159	14,487
Singapore	11,869	13,377	16,986	19,033	22,506	28,375	28,875	10,657	13,058	17,847	20,370	23,830	29,140	29,814
Sweden	5,158	6,488	8,191	8,668	9,238	11,163	12,651	3,489	4,611	5,047	5,728	6,506	7,670	9,087
Switzerland	3,330	3,665	4,015	4,206	4,527	5,579	6,493	4,441	4,673	5,263	5,560	6,098	7,089	8,328
Taiwan Province of China *	3,750	4,387	5,294	5,924	6,259	6,830	7,132	5,967	6,714	8,132	8,439	9,030	10,263	11,417
United Kingdom	18,841	22,276	29,286	31,495	31,075	35,495	38,665	25,418	28,468	33,600	36,152	34,758	37,682	37,861
United States	46,241	47,307	55,807	62,250	68,260	77,185	90,567	58,376	65,694	78,879	88,086	92,819	95,537	104,740

* from published sources

	Credit							Debit						
	2002	2003	2004	2005	2006	2007	2008	2002	2003	2004	2005	2006	2007	2008
Emerg. & Develop. Economies *(Billions)*	69	80	101	125	149	184	225	108	126	162	200	233	288	358
Africa	5,629	6,747	8,160	10,323	11,889	12,582	16,449	13,199	16,652	22,002	26,357	29,956	36,242	44,722
CEMAC														
Cameroon	128	235	335	425	503	619	642	274	353	383	467	453	657	874
Central African Republic	....	....	....	....	....	....	....	....	....	....	....	....	....	....
Chad	....	....	....	....	....	....	....	....	....	....	....	....	....	....
Congo, Republic of	37	31	32	10	13	12	....	120	164	221	235	361	529	....
Equatorial Guinea	....	....	....	....	....	....	....	....	....	....	....	....	....	....
Gabon	17	85	81	26	....	....	....	217	265	309	320	....	....	....
WAEMU														
Benin	13	14	34	33	29	13	....	141	171	173	174	217	296	....
Burkina Faso	....	....	....	....	....	....	....	....	....	....	....	....	....	....
Côte d'Ivoire	103	114	138	189	202	211	238	547	703	915	1,092	1,141	1,304	1,451
Guinea-Bissau	....	1	1	....	....	....	....	15	21	23	....	....	....	....
Mali	21	43	31	35	39	26	....	230	312	343	361	405	455	....
Niger	2	5	7	9	9	12	....	103	135	164	213	227	274	....
Senegal	37	77	96	127	113	135	....	254	322	380	436	471	600	....
Togo	20	21	46	80	81	106	....	103	149	173	186	198	216	....
Algeria	....	....	....	....	....	....	....	....	....	....	....	....	....	....
Angola	17	16	18	18	20	17	14	477	759	877	1,320	1,627	2,505	3,721
Botswana	55	69	83	85	81	83	84	222	248	291	340	322	399	464
Burundi	1	1	1	2	1	1	1	18	21	38	44	55	54	67
Cape Verde	63	83	99	106	124	127	180	65	90	91	98	127	131	161
Comoros	....	....	....	....	....	....	....	....	....	....	....	....	....	....
Congo, Democratic Republic of	....	....	....	....	....	....	....	....	....	....	....	....	....	....
Djibouti	60	68	68	75	74	72	107	35	39	48	53	57	75	89
Eritrea	....	....	....	....	....	....	....	....	....	....	....	....	....	....
Ethiopia	251	298	370	466	584	732	1,048	319	411	580	765	634	1,123	1,612
Gambia, The	....	22	18	15	16	16	21	....	28	36	34	34	43	41
Ghana	115	124	137	146	203	313	240	269	323	402	581	740	855	1,105
Guinea	9	7	7	....	....	6	12	47	54	92	....	....	96	267
Kenya	459	488	598	736	990	1,130	1,285	273	250	346	426	670	777	860
Lesotho	....	1	1	1	1	1	1	31	44	56	59	55	69	68
Liberia	....	....	7	11	15	20	19	....	....	73	80	115	127	210
Madagascar	75	58	100	118	....	....	....	255	230	237	224	....	....	....

2009, International Monetary Fund: *Balance of Payments Statistics Yearbook*

Table B-4.　Transportation

Millions of U.S. dollars, unless otherwise indicated

	Credit							Debit						
	2002	2003	2004	2005	2006	2007	2008	2002	2003	2004	2005	2006	2007	2008
Africa (continued)														
Malawi	16	....	....	....	....	....	....	111	....	....	....	....	....	....
Mauritania	....	....	....	....	....	....	....	....	....	....	....	....	....	....
Mauritius	275	335	373	384	363	431	446	307	400	469	522	534	601	647
Morocco	780	910	1,025	1,300	1,489	1,818	2,500	857	1,127	1,375	1,580	1,754	2,211	2,647
Mozambique	102	90	80	89	105	129	158	180	190	191	230	273	295	361
Namibia	36	54	26	22	102	120	115	73	61	136	131	150	241	238
Nigeria	304	361	673	1,338	1,827	830	1,146	930	1,284	....	2,801	3,298	3,000	3,646
Rwanda	2	18	21	30	30	36	56	89	78	92	135	111	86	284
São Tomé & Príncipe	....	....	....	....	....	....	....	7	8	9	9	14	14	....
Seychelles	115	125	118	133	161	146	....	83	84	94	108	128	147	....
Sierra Leone	....	3	1	12	14	16	20	29	36	31	43	44	49	55
South Africa	1,022	1,261	1,417	1,534	1,488	1,801	1,558	2,293	3,174	4,401	5,328	6,628	7,540	7,595
Sudan	17	9	10	3	19	10	17	686	682	841	1,080	1,244	1,311	1,289
Swaziland	8	9	11	10	10	9	....	41	58	55	49	45	58	....
Tanzania	117	139	183	223	344	332	365	177	215	267	320	418	485	658
Tunisia	612	727	915	1,136	1,243	1,436	1,895	653	766	989	1,107	1,235	1,459	1,866
Uganda	31	9	10	11	12	18	52	191	263	306	375	468	620	873
Zambia	40	43	48	86	86	91	105	229	235	231	273	315	412	507
Zimbabwe	....	....	....	....	....	....	....	....	....	....	....	....	....	....
Developing Asia	**20,053**	**23,076**	**32,018**	**39,058**	**47,382**	**64,155**	**75,883**	**43,810**	**50,462**	**64,720**	**79,370**	**91,618**	**109,551**	**133,433**
Afghanistan, I.R. of	....	....	....	....	....	....	....	....	....	....	....	....	....	....
Bangladesh	92	72	77	113	89	80	111	1,006	1,203	1,418	1,545	1,608	2,151	3,221
Bhutan	....	....	....	....	....	....	....	....	....	....	....	....	....	....
Brunei Darussalam	256	247	285	313	381	406	425	188	229	297	322	369	398	421
Cambodia	89	84	105	127	167	210	238	217	241	298	360	440	514	610
China, P.R.: Mainland	5,720	7,906	12,067	15,427	21,015	31,324	38,418	13,612	18,233	24,544	28,448	34,369	43,271	50,329
China, P.R.: Macao	285	241	346	399	457	472	....	122	125	163	231	268	307	....
Fiji	151	184	194	291	249	291	369	159	233	279	287	298	316	381
French Overseas Territories: French Polynesia	115	186	226	246	245	292	254	163	180	198	203	205	318	342
French Overseas Territories: New Caledonia	38	66	65	66	78	140	140	118	151	167	212	251	322	392
India	2,473	3,022	4,373	5,754	7,561	9,035	11,318	3,118	2,604	3,841	7,413	8,321	10,119	13,667
Indonesia	1,058	856	2,279	2,842	2,102	2,206	2,800	5,150	4,824	5,474	7,451	8,181	9,501	13,798
Kiribati	....	....	....	....	....	....	....	....	....	....	....	....	....	....
Lao People's Democratic Republic	....	....	....	....	....	....	....	....	....	....	....	....	....	....
Malaysia	2,855	2,767	3,196	4,056	4,153	7,155	6,766	5,892	6,260	7,814	8,396	9,533	10,994	11,391
Maldives	17	20	23	22	26	29	40	52	59	80	95	115	137	191
Myanmar	73	72	85	120	130	....	....	222	216	227	197	254	....	....
Nepal	36	36	32	33	35	37	27	111	115	141	161	186	287	332
Pakistan	792	836	940	1,076	1,112	1,068	1,186	1,388	1,585	2,076	2,614	3,027	3,270	4,020
Papua New Guinea	5	17	21	31	....	....	....	170	227	271	279	....	....	....
Philippines	877	951	1,001	962	1,151	1,323	1,368	2,303	2,419	3,095	3,125	3,452	3,844	4,275
Samoa	....	....	4	5	5	7	....	....	....	20	24	30	29	....
Solomon Islands	1	2	1	8	14	....	....	21	26	19	31	43	....	....
Sri Lanka	514	562	624	673	751	838	999	881	962	1,135	1,267	1,462	1,613	1,960
Thailand	3,265	3,503	4,350	4,626	5,377	6,369	7,282	7,121	8,484	10,830	14,439	16,309	18,177	22,965
Timor-Leste	....	....	....	....	....	....	....	....	....	....	....	....	....	....
Tonga	6	2	3	3	2	4	....	18	29	29	30	34	29	....
Vanuatu	23	26	24	26	24	32	....	27	32	35	43	44	46	....
Vietnam	....	....	....	....	....	....	....	....	....	....	....	....	....	....
Europe	**24,655**	**28,034**	**34,742**	**42,259**	**49,823**	**62,020**	**76,940**	**14,343**	**18,776**	**25,447**	**30,974**	**37,598**	**50,099**	**64,799**
Central and Eastern Europe	**13,342**	**15,696**	**19,684**	**24,672**	**29,217**	**37,346**	**45,988**	**9,160**	**12,209**	**16,921**	**20,060**	**22,725**	**30,309**	**36,423**
Albania	19	69	98	126	163	158	212	128	156	204	227	250	246	350
Bosnia and Herzegovina	32	44	51	108	128	276	329	134	169	195	200	165	248	274
Bulgaria	618	778	1,021	1,194	1,590	1,912	2,308	528	749	1,082	1,095	1,313	1,684	2,181
Croatia	591	788	982	1,093	1,268	1,538	1,788	427	503	611	626	709	871	1,032
Czech Republic	1,732	2,154	2,724	3,197	3,800	5,040	6,238	895	1,200	1,862	2,342	2,754	3,624	4,437
Estonia	796	972	1,216	1,278	1,431	1,794	2,017	491	516	724	950	1,059	1,275	1,317
Faroe Islands	26	34	....	....	....	....	....	37	39	....	....	....	....	....
Hungary	697	1,020	1,330	2,129	2,546	3,273	3,971	1,057	1,397	1,567	2,216	2,429	3,107	3,642
Latvia	769	892	991	1,218	1,414	1,874	2,303	233	301	413	501	639	786	823
Lithuania	654	933	1,353	1,587	1,945	2,348	2,802	297	510	663	897	1,111	1,565	1,991
Macedonia, FYR	80	126	143	160	186	253	327	98	163	209	219	229	312	406
Montenegro, Republic of	....	....	....	....	....	99	135	....	....	....	....	....	77	123
Poland	3,270	3,995	4,200	5,457	6,995	9,249	10,858	1,819	2,296	2,948	3,328	4,255	5,667	7,071
Romania	964	1,205	1,559	1,474	1,883	2,593	3,932	835	1,133	1,500	1,966	2,404	3,294	3,930
Serbia, Republic of	....	....	....	....	....	724	958	....	....	....	....	....	994	1,269
Turkey	2,795	2,184	3,267	4,797	4,695	6,181	7,776	1,934	2,707	4,331	4,732	4,309	6,520	7,537
CIS and Mongolia	**11,313**	**12,338**	**15,058**	**17,587**	**20,606**	**24,674**	**30,952**	**5,182**	**6,567**	**8,526**	**10,913**	**14,873**	**19,789**	**28,376**
Armenia	64	73	74	92	102	133	138	130	151	179	212	232	361	469
Azerbaijan	212	198	206	239	408	605	794	173	190	289	379	509	548	683
Belarus	710	856	1,026	1,338	1,710	2,349	2,992	136	191	249	309	678	904	1,301
Georgia	201	213	266	332	411	511	614	109	137	205	288	388	507	642

Table B-4.
Transportation
Millions of U.S. dollars, unless otherwise indicated

	Credit							Debit						
	2002	2003	2004	2005	2006	2007	2008	2002	2003	2004	2005	2006	2007	2008
CIS and Mongolia (continued)														
Kazakhstan	616	713	837	1,021	1,458	1,736	2,241	495	583	871	1,168	1,513	2,120	2,369
Kyrgyz Republic	37	42	51	61	57	139	146	56	64	89	125	178	337	489
Moldova	109	127	143	170	197	264	357	76	100	116	147	172	245	325
Mongolia	39	41	108	199	214	....	....	100	44	199	216	255	....	....
Russia	5,597	6,119	7,792	9,113	10,081	11,829	15,024	2,950	3,103	3,886	5,137	6,722	9,348	12,960
Tajikistan	46	49	52	56	62	63	47	81	95	159	179	241	142	179
Turkmenistan	....	....	....	....	....	....	....	....	....	....	....	....	....	....
Ukraine	3,384	3,514	4,041	4,481	5,351	6,114	7,626	487	1,358	1,627	2,051	3,208	3,902	6,640
Uzbekistan	....	....	....	....	....	....	....	....	....	....	....	....	....	....
Middle East	7,970	10,181	12,046	16,634	20,541	23,820	28,817	17,718	20,986	26,061	34,927	41,458	52,115	66,977
Bahrain, Kingdom of	245	486	640	683	738	749	761	471	443	557	630	689	698	905
Egypt	2,797	3,299	4,016	4,746	5,489	6,949	8,160	1,782	2,013	2,986	3,731	4,525	6,017	7,321
Iran, I.R. of	....	....	....	....	....	....	....	....	....	....	....	....	....	....
Iraq	....	....	....	170	204	258	....	....	....	....	2,811	2,581	2,280	....
Jordan	292	303	426	470	528	637	836	771	826	1,107	1,342	1,536	1,812	2,240
Kuwait	1,129	1,516	1,713	2,260	3,179	3,458	3,852	1,747	2,026	2,206	2,646	2,957	3,556	4,289
Lebanon	....	408	520	437	476	580	498	471	902	1,229	1,332	1,500	1,719	1,905
Libya	41	58	63	116	128	25	118	522	661	766	1,016	1,182	1,263	1,485
Oman	190	239	289	299	317	390	468	772	820	1,072	1,051	1,238	1,723	2,541
Qatar	....	....	....	....	....	....	....	....	....	....	....	....	....	....
Saudi Arabia	....	....	....	1,820	2,300	1,836	2,467	2,400	2,743	3,325	4,792	5,617	9,179	15,580
Syrian Arab Republic	250	198	198	218	217	226	....	790	813	1,120	1,401	1,255	1,689	....
United Arab Emirates	....	....	....	....	....	....	....	....	....	....	....	....	....	....
West Bank and Gaza	55	8	9	7	11	6	....	39	48	57	72	64	78	....
Yemen, Republic of	20	52	46	46	31	45	45	391	462	496	593	737	914	1,108
Western Hemisphere	10,456	11,935	14,463	17,052	18,866	21,558	26,450	19,117	19,456	23,860	28,664	32,682	40,492	48,416
Eastern Caribbean Currency Union														
Anguilla	2	2	2	2	2	3	3	10	11	13	16	27	32	35
Antigua and Barbuda	76	75	80	85	80	96	97	56	61	66	78	88	102	105
Dominica	5	5	6	4	4	4	4	18	20	22	27	25	34	37
Grenada	10	9	9	11	12	14	14	29	39	40	49	46	53	56
Montserrat	1	1	1	1	1	1	1	4	5	5	5	5	6	7
St. Kitts and Nevis	10	10	10	11	12	13	14	32	33	33	38	44	43	48
St. Lucia	12	12	15	22	22	18	18	50	63	64	73	81	81	87
St. Vincent and the Grenadines	9	9	11	11	12	12	12	26	30	32	34	38	46	46
Argentina	755	932	1,140	1,264	1,408	1,712	1,867	929	1,126	1,600	1,958	2,278	3,021	3,878
Aruba	33	36	49	53	49	52	53	218	266	332	371	403	305	442
Bahamas, The	58	57	55	56	57	58	53	236	244	305	366	359	373	361
Barbados	21	23	36	25	....	....	....	155	170	197	218	....	....	....
Belize	18	22	27	30	29	30	25	38	40	45	50	55	57	69
Bermuda	....	....	....	....	37	45	43	....	....	....	....	308	376	348
Bolivia	62	101	117	143	111	65	63	169	188	196	234	274	303	424
Brazil	1,536	1,822	2,467	3,139	3,439	4,119	5,411	3,494	3,412	4,452	5,089	6,565	8,503	10,405
Chile	2,205	2,771	3,457	4,301	4,695	5,203	6,380	2,300	2,585	3,354	4,135	4,571	5,267	6,711
Colombia	539	623	679	780	899	1,104	1,239	1,202	1,260	1,613	2,107	2,253	2,623	3,008
Costa Rica	244	240	246	282	259	317	371	447	508	582	632	630	642	683
Dominican Republic	92	98	100	128	298	352	381	764	689	650	866	939	1,109	1,172
Ecuador	243	269	340	335	352	348	366	675	668	911	1,043	1,171	1,327	1,634
El Salvador	311	331	343	345	352	367	351	448	478	505	520	589	730	949
Guatemala	91	84	150	152	167	188	187	523	560	684	788	912	1,073	1,154
Guyana	9	7	7	8	8	9	9	55	51	60	72	81	85	117
Haiti	....	....	....	....	....	....	....	246	244	225	217	300	396	478
Honduras	62	45	37	39	39	50	52	438	374	439	500	532	619	722
Jamaica	369	474	497	451	459	447	469	614	618	648	718	885	988	1,114
Mexico	1,143	1,113	1,362	1,753	1,912	1,930	2,312	1,990	1,930	2,127	2,716	2,684	2,989	3,464
Netherlands Antilles	169	142	137	127	132	145	....	101	78	94	98	83	92	....
Nicaragua	31	33	28	34	41	43	45	172	186	196	234	250	284	309
Panama	1,210	1,357	1,524	1,791	2,217	2,620	3,097	617	612	747	959	953	1,211	1,543
Paraguay	69	85	87	87	97	128	203	179	180	164	181	209	261	371
Peru	266	309	373	449	525	634	819	884	931	1,087	1,312	1,461	1,889	2,521
Suriname	23	26	49	70	25	20	19	72	110	129	135	63	66	90
Trinidad and Tobago	203	247	295	215	202	229	....	117	161	162	191	161	172	....
Uruguay	265	259	379	465	481	565	650	260	265	353	419	450	543	692
Venezuela, República Bolivariana de	304	307	346	383	403	586	738	1,545	1,261	1,730	2,214	2,679	4,522	4,849

Table B-5. Passenger Services

Millions of U.S. dollars, unless otherwise indicated

	Credit							Debit						
	2002	2003	2004	2005	2006	2007	2008	2002	2003	2004	2005	2006	2007	2008
Total *(Billions)*	85	88	104	121	132	153	166	85	93	112	124	137	154	175
International Organizations	....	....	....	....	....	....	....	....	....	....	....	....	....	....
Advanced Economies *(Billions)*	65	66	78	88	95	106	115	68	74	89	95	102	112	122
Euro Area														
Austria	1,531	1,821	2,101	2,228	2,376	2,529	2,713	842	1,138	1,575	1,761	2,093	2,264	2,556
Belgium	663	655	881	1,036	1,314	1,354	1,253	1,085	1,192	1,500	1,823	2,317	1,709	1,566
Cyprus	219	228	311	326	310	422	452	70	89	96	69	64	75	303
Finland	658	807	908	890	1,129	1,450	....	432	521	562	565	670	829	1,033
France	....	....	....	....	....	....	....	....	....	....	....	....	....	....
Germany	7,412	6,979	7,956	9,099	10,033	10,802	11,206	6,490	7,543	8,251	8,039	8,943	10,611	11,694
Greece	96	76	94	119	93	137	170	17	8	8	6	7	7	16
Ireland	1,131	1,344	1,700	1,998	2,295	....	....	80	96	114	112	116	....	....
Italy	1,319	1,344	2,492	3,055	3,387	3,484	2,561	2,712	3,142	3,604	4,404	4,285	5,425	6,889
Luxembourg	....	....	....	....	....	....	....	....	....	....	....	....	....	....
Malta	143	147	182	169	199	229	256	26	23	36	43	42	43	51
Netherlands	4,035	....	....	6,078	6,147	6,583	7,157	1,225	....	....	481	366	367	391
Portugal	797	1,012	1,186	1,332	2,022	2,742	3,067	506	573	606	694	802	927	955
Slovak Republic	6	11	26	72	134	326	415	64	89	155	278	170	292	431
Slovenia	66	85	101	99	114	182	258	39	52	69	69	84	116	253
Spain	3,588	4,229	4,929	5,277	6,246	7,286	8,256	2,071	2,259	2,711	3,395	3,651	4,642	6,466
Australia	3,653	4,209	5,239	5,698	5,875	4,218	3,408	2,422	2,865	3,982	4,340	4,703	5,758	6,174
Canada	2,057	1,634	2,106	2,238	2,289	2,374	2,504	2,535	2,972	3,743	4,717	5,455	6,483	6,701
China, P.R.: Hong Kong	....	....	....	....	....	....	....	....	....	....	....	....	....	....
Denmark	....	....	....	....	....	....	....	....	....	....	....	....	....	....
Iceland	159	167	188	222	224	247	257	2	1	2	11	8	10	4
Israel	281	341	432	561	540	653	751	779	791	867	885	886	991	1,006
Japan	2,572	2,627	3,078	3,125	3,020	3,077	2,961	8,321	7,547	9,923	10,537	10,783	10,750	11,074
Korea	1,685	1,647	2,157	2,484	2,720	3,150	3,705	975	960	1,157	1,518	2,138	2,474	2,387
New Zealand	....	....	....	....	....	....	....	....	....	....	....	....	....	....
Norway	402	489	551	698	638	815	926	421	373	405	480	486	....	....
Singapore	....	....	....	....	....	....	....	....	....	....	....	....	....	....
Sweden	961	1,244	1,488	1,195	1,344	1,694	1,768	920	1,079	923	1,073	1,308	1,774	1,878
Switzerland	1,857	1,879	1,809	1,896	2,044	2,543	3,109	1,673	1,731	1,820	1,797	1,947	2,184	2,434
Taiwan Province of China *	494	601	616	763	820	1,061	1,219	1,273	922	1,206	1,365	1,660	1,659	1,594
United Kingdom	7,270	8,068	8,964	8,838	9,007	9,494	8,921	9,381	10,774	12,632	13,461	14,355	15,915	14,426
United States	17,046	15,891	18,850	20,969	22,035	25,635	31,622	19,969	20,989	24,718	26,149	27,501	28,437	32,597

* from published sources

	Credit							Debit						
	2002	2003	2004	2005	2006	2007	2008	2002	2003	2004	2005	2006	2007	2008
Emerg. & Develop. Economies *(Billions)*	19	22	26	32	37	46	50	17	18	23	29	35	42	53
Africa	2,842	3,351	3,758	4,465	4,920	6,083	6,880	1,722	2,680	3,327	3,840	4,620	6,317	7,666
CEMAC														
Cameroon	62	84	54	54	50	28	11	34	101	71	125	109	98	162
Central African Republic	....	....	....	....	....	....	....	....	....	....	....	....	....	....
Chad	....	....	....	....	....	....	....	....	....	....	....	....	....	....
Congo, Republic of	1	1	1	....	....	....	....	15	40	73	....	....	....	....
Equatorial Guinea	....	....	....	....	....	....	....	....	....	....	....	....	....	....
Gabon	2	69	64	4	....	....	....	40	45	61	72	....	....	....
WAEMU														
Benin	2	2	3	5	6	....	....	29	32	30	31	37	35	....
Burkina Faso	....	....	....	....	....	....	....	....	....	....	....	....	....	....
Côte d'Ivoire	5	7	9	10	11	12	....	132	164	190	195	210	234	....
Guinea-Bissau	....	1	1	....	....	....	....	5	8	9	....	....	....	....
Mali	1	8	2	1	....	6	....	26	46	59	56	76	64	....
Niger	....	....	1	1	3	3	....	12	17	20	12	14	19	....
Senegal	20	60	75	92	79	91	....	69	74	81	79	85	99	....
Togo	3	11	6	7	2	4	....	21	30	30	34	37	42	....
Algeria	....	....	....	....	....	....	....	....	....	....	....	....	....	....
Angola	14	14	16	15	16	11	8	33	37	47	61	245	261	193
Botswana	5	2	1	1	2	3	2	13	5	4	19	8	3	2
Burundi	1	....	1	....	....	1	....	....	....	6	2	1	2	7
Cape Verde	35	48	54	55	71	71	80	7	16	15	15	24	16	10
Comoros	....	....	....	....	....	....	....	....	....	....	....	....	....	....
Congo, Democratic Republic of	....	....	....	....	....	....	....	....	....	....	....	....	....	....
Djibouti	....	....	....	....	....	....	....	5	7	11	11	11	12	12
Eritrea	....	....	....	....	....	....	....	....	....	....	....	....	....	....
Ethiopia	189	222	284	365	477	614	807	10	13	1	....	....	....	....
Gambia, The	....	2	4	1	3	2	....	....	4	2	2	2	2	....
Ghana	25	27	29	31	49	82	51	65	78	84	169	230	258	328
Guinea	....	1	....	....	....	1	1	7	10	4	....	....	67	21
Kenya	237	272	313	390	494	597	646	....	....	....	....	....	....	....
Lesotho	....	....	....	....	....	....	....	2	4	7	9	3	8	5
Liberia	....	....	....	....	....	....	....	....	....	15	17	24	27	28
Madagascar	45	43	82	107	....	....	....	32	3	15	6	....	....	....

Table B-5. Passenger Services
Millions of U.S. dollars, unless otherwise indicated

	Credit							Debit						
	2002	2003	2004	2005	2006	2007	2008	2002	2003	2004	2005	2006	2007	2008
Africa (continued)														
Malawi	12	....	....	....	....	....	....	8	....	....	....	....	....	....
Mauritania	....	....	....	....	....	....	....	....	....	....	....	....	....	....
Mauritius	217	263	300	318	297	359	369	19	20	22	20	20	27	37
Morocco	511	581	618	816	916	1,126	1,664	225	297	338	387	420	538	820
Mozambique	2	8	1	8	5	19	23	2	1	6	11	26	29	33
Namibia	33	50	21	14	92	108	....	....	....	....	....	....	....	....
Nigeria	117	28	28	85	25	124	365	29	281	....	261	257	1,075	1,153
Rwanda	....	....	....	....	....	1	....	....	....	....	....	....	....	34
São Tomé & Príncipe	....	....	....	....	....	....	....	1	1	1	....	1	1	....
Seychelles	83	87	84	77	95	88	....	20	18	19	20	20	30	....
Sierra Leone	....	....	....	....	....	....	....	....	1	....	2	3	3	....
South Africa	772	962	1,058	1,114	1,091	1,447	1,223	440	765	1,080	1,438	1,845	2,176	2,501
Sudan	....	....	....	....	....	....	....	....	....	....	....	....	....	....
Swaziland	2	....	....	....	....	....	....	....	1	6	11	5	12	....
Tanzania	4	7	16	11	36	16	4	24	22	25	23	37	21	25
Tunisia	308	352	462	657	724	798	956	43	55	87	78	88	93	97
Uganda	23	1	1	2	1	4	33	2	44	50	61	73	88	158
Zambia	....	....	....	....	....	....	....	62	66	31	30	29	42	43
Zimbabwe	....	....	....	....	....	....	....	....	....	....	....	....	....	....
Developing Asia	7,266	7,220	8,869	10,003	11,797	15,830	15,672	7,145	6,295	7,468	9,910	11,895	13,096	16,839
Afghanistan, I.R. of	....	....	....	....	....	....	....	....	....	....	....	....	....	....
Bangladesh	2	2	9	9	....	....	....	196	224	281	239	304	374	734
Bhutan	....	....	....	....	....	....	....	....	....	....	....	....	....	....
Brunei Darussalam														
Cambodia	55	52	70	89	117	149	179	26	24	32	41	54	71	83
China, P.R.: Mainland	1,357	1,301	2,016	2,546	3,183	3,893	3,287	1,361	1,529	2,211	2,956	3,920	3,478	4,830
China, P.R.: Macao	212	164	225	257	306	327	....	26	21	25	70	74	74	....
Fiji	124	151	165	237	204	226	294	24	18	24	26	22	38	43
French Overseas Territories: French Polynesia	99	171	214	229	228	268	223	84	99	114	118	134	249	253
French Overseas Territories: New Caledonia	....	....	....	....	....	....	....	....	....	....	....	....	....	....
India	198	97	137	166	281	504	629	1,362	800	967	2,090	1,893	2,471	2,479
Indonesia	512	424	428	572	442	485	773	1,753	1,345	1,062	1,156	1,428	1,674	3,150
Kiribati	....	....	....	....	....	....	....	....	....	....	....	....	....	....
Lao People's Democratic Republic	....	....	....	....	....	....	....	....	....	....	....	....	....	....
Malaysia	966	898	980	1,543	1,853	3,898	3,260	712	555	644	628	828	999	1,015
Maldives	....	....	....	....	....	....	....	14	14	19	24	28	34	39
Myanmar	16	14	13	17	13	....	....	5	4	3	3	3	....	....
Nepal	31	33	30	29	29	34	18	39	38	51	58	76	128	164
Pakistan	465	498	586	646	664	636	671	236	238	344	473	484	490	525
Papua New Guinea	....	....	....	....	....	....	....	....	....	....	1	1	....	....
Philippines	257	277	373	490	518	587	602	248	236	251	268	326	392	565
Samoa	....	....	1	1	1	....	....	....	....	7	8	10	9	....
Solomon Islands	....	....	....	5	6	....	....	3	2	3	6	7	....	....
Sri Lanka	231	268	295	300	323	365	461	175	183	203	238	293	316	349
Thailand	2,487	2,600	3,011	2,525	3,221	3,955	4,334	585	617	829	1,117	1,575	1,744	1,748
Timor-Leste	....	....	....	....	....	....	....	....	....	....	....	....	....	....
Tonga	....	....	....	....	....	1	....	....	....	....	....	....	....	....
Vanuatu	18	19	18	19	17	23	....	2	2	2	2	2	2	....
Vietnam	....	....	....	....	....	....	....	....	....	....	....	....	....	....
Europe	3,685	4,359	5,438	8,624	9,513	12,213	15,589	1,963	2,425	3,281	4,255	5,123	6,757	9,114
Central and Eastern Europe	1,978	2,407	2,970	5,838	6,296	7,672	9,600	1,090	1,384	1,855	2,437	2,689	3,251	4,021
Albania	5	15	21	26	45	73	135	21	18	27	22	24	24	89
Bosnia and Herzegovina	19	27	26	38	51	81	94	27	39	45	36	43	62	63
Bulgaria	296	430	594	651	705	845	1,027	301	434	572	549	621	767	1,000
Croatia	141	203	218	255	306	368	401	71	37	33	32	33	40	43
Czech Republic	412	503	744	959	818	859	1,009	200	243	402	198	109	124	144
Estonia	182	212	224	258	337	380	450	74	85	87	91	120	134	130
Faroe Islands	....	....	....	....	....	....	....	....	....	....	....	....	....	....
Hungary	46	58	95	641	732	913	1,079	78	106	61	444	439	538	600
Latvia	40	49	76	105	142	209	331	37	37	51	71	84	94	108
Lithuania	51	62	58	54	39	39	68	7	5	7	13	22	24	36
Macedonia, FYR	16	29	31	27	27	33	34	16	23	30	35	39	45	54
Montenegro, Republic of	....	....	....	....	....	....	....	....	....	....	....	....	....	....
Poland	657	664	666	854	883	1,087	1,071	162	201	316	346	430	588	786
Romania	65	74	104	273	368	459	635	52	93	133	148	149	182	233
Serbia, Republic of	....	....	....	....	....	145	172	....	....	....	....	....	152	184
Turkey	....	....	....	1,568	1,667	2,162	3,068	....	....	....	338	412	460	525
CIS and Mongolia	1,707	1,952	2,468	2,787	3,217	4,542	5,990	873	1,041	1,426	1,817	2,434	3,507	5,094
1Armenia	18	17	17	20	36	38	46	31	30	37	48	35	51	59
Azerbaijan	12	12	14	22	84	139	191	5	9	14	24	55	117	113
Belarus	61	72	92	93	115	155	222	34	37	50	68	89	118	144
Georgia	18	25	32	46	48	56	58	40	40	49	68	90	101	134

Table B-5. Passenger Services
Millions of U.S. dollars, unless otherwise indicated

	Credit							Debit						
	2002	2003	2004	2005	2006	2007	2008	2002	2003	2004	2005	2006	2007	2008
CIS and Mongolia (continued)														
Kazakhstan	58	74	85	100	135	200	243	106	114	153	187	239	314	283
Kyrgyz Republic	12	14	16	21	22	46	55	16	18	23	36	50	103	147
Moldova	22	25	21	35	33	58	77	14	19	22	29	34	57	71
Mongolia	13	11	20	26	36	....	....	6	6	14	16	24	....	....
Russia	1,238	1,377	1,732	1,936	2,092	2,980	3,979	444	547	797	991	1,366	2,031	3,232
Tajikistan	3	5	8	8	9	13	20	....	....	....	....	....	....	....
Turkmenistan	....	....	....	....	....	....	....	....	....	....	....	....	....	....
Ukraine	213	269	371	417	533	723	954	137	164	197	273	368	453	562
Uzbekistan	....	....	....	....	....	....	....	....	....	....	....	....	....	....
Middle East	**2,612**	**3,490**	**4,141**	**4,913**	**5,676**	**6,723**	**5,771**	**1,690**	**2,357**	**3,039**	**4,475**	**5,386**	**6,469**	**9,558**
Bahrain, Kingdom of	245	486	640	683	738	749	761	170	120	141	160	184	192	201
Egypt	369	120	203	355	542	1,024	1,119	43	144	286	303	372	440	475
Iran, I.R. of	....	....	....	....	....	....	....	....	....	....	....	....	....	....
Iraq	....	....	....	18	26	39	....	....	....	....	188	131	66	....
Jordan	206	204	291	318	366	443	596	51	51	61	68	119	141	136
Kuwait	203	210	220	248	303	307	353	391	402	446	465	501	631	771
Lebanon	....	408	520	437	476	580	498	....	376	549	657	777	800	733
Libya	21	38	43	51	54	25	25	68	132	186	240	247	121	62
Oman	146	161	190	198	205	260	307	172	174	179	195	182	200	341
Qatar	....	....	....	....	....	....	....	....	....	....	....	....	....	....
Saudi Arabia	....	....	....	....	....	....	....	....	....	....	....	....	....	....
Syrian Arab Republic	....	104	83	91	88	88	....	....	34	38	34	45	65	....
United Arab Emirates	....	....	....	....	....	....	....	....	....	....	....	....	....	....
West Bank and Gaza	....	....	....	....	....	....	....	7	9	8	9	3	11	....
Yemen, Republic of	....	....	....	....	....	....	....	57	57	57	57	63	63	63
Western Hemisphere	**3,023**	**3,430**	**3,852**	**4,385**	**4,948**	**5,596**	**6,297**	**4,599**	**4,680**	**5,474**	**6,567**	**7,524**	**8,972**	**9,769**
Eastern Caribbean Currency Union														
Anguilla	....	....	....	....	....	....	....	....	....	....	....	....	....	....
Antigua and Barbuda	....	....	....	....	....	....	....	....	....	....	....	....	....	....
Dominica	....	....	....	....	....	....	....	....	....	....	....	....	....	....
Grenada	....	....	....	....	....	....	....	....	....	....	....	....	....	....
Montserrat	....	....	....	....	....	....	....	....	....	....	....	....	....	....
St. Kitts and Nevis	....	....	....	....	....	....	....	....	....	....	....	....	....	....
St. Lucia	....	....	....	....	....	....	....	....	....	....	....	....	....	....
St. Vincent and the Grenadines	....	....	....	....	....	....	....	....	....	....	....	....	....	....
Argentina	181	300	425	480	555	670	650	416	486	604	764	939	1,142	1,407
Aruba	1	....	....	....	....	....	1	13	25	30	24	23	19	22
Bahamas, The	13	13	13	10	10	11	11	94	99	153	184	156	161	155
Barbados	8	9	9	8	....	....	....	47	49	55	57	....	....	....
Belize	....	....	....	....	....	....	....	4	4	4	3	2	3	3
Bermuda	....	....	....	....	....	....	....	....	....	....	....	126	165	152
Bolivia	43	77	91	106	86	34	27	34	59	68	71	87	81	100
Brazil	144	194	167	307	261	331	324	533	613	881	1,185	1,737	2,223	2,307
Chile	323	426	476	573	678	753	875	259	259	274	304	334	375	422
Colombia	270	298	308	352	455	593	655	280	287	358	435	467	556	598
Costa Rica	131	131	127	139	158	195	250	85	81	75	86	92	117	125
Dominican Republic	....	....	....	....	....	....	....	134	136	138	159	162	205	208
Ecuador	2	2	2	2	2	3	3	143	146	186	215	240	229	248
El Salvador	276	282	295	295	304	311	286	75	82	81	83	83	85	85
Guatemala	27	25	....	....	....	....	....	53	61	103	111	126	140	144
Guyana	4	2	....	....	....	....	....	6	4	....	....	....	....	....
Haiti	....	....	....	....	....	....	....	154	160	134	119	183	275	319
Honduras	4	8	6	2	1	1	1	72	57	56	59	70	97	77
Jamaica	273	266	295	238	224	232	246	16	17	32	41	42	42	44
Mexico	688	696	813	998	1,152	1,136	1,358	1,027	999	1,075	1,351	1,279	1,456	1,659
Netherlands Antilles	75	64	34	9	5	6	....	44	23	31	35	22	20	....
Nicaragua	....	....	....	....	....	....	....	56	64	65	71	74	74	76
Panama	197	219	252	328	465	621	800	73	59	55	117	132	150	194
Paraguay	14	17	17	18	20	19	19	52	48	50	51	52	75	86
Peru	49	60	90	130	205	284	405	200	206	209	218	245	267	286
Suriname	14	14	35	51	14	6	6	44	62	71	77	15	6	5
Trinidad and Tobago	160	188	227	140	135	158	....	22	36	45	54	53	61	....
Uruguay	58	74	97	105	113	122	126	65	67	73	79	92	115	129
Venezuela, República Bolivariana de	50	47	52	72	75	77	67	565	452	527	567	578	707	782

Table B-6.   Freight

Millions of U.S. dollars, unless otherwise indicated

	Credit							Debit						
	2002	2003	2004	2005	2006	2007	2008	2002	2003	2004	2005	2006	2007	2008
Total *(Billions)*	168	198	252	284	318	389	460	222	264	338	378	427	507	589
International Organizations	....	....	....	....	....	....	....	....	....	....	....	....	....	....
Advanced Economies *(Billions)*	136	160	203	223	242	293	337	146	173	219	233	259	297	332
Euro Area														
Austria	3,226	4,051	5,279	5,846	6,849	8,304	9,357	3,148	3,979	5,391	6,230	7,214	8,999	10,092
Belgium	6,220	6,836	9,235	9,551	10,327	14,067	17,846	5,765	6,631	8,165	8,702	8,932	11,505	15,447
Cyprus	141	265	309	318	443	644	1,306	408	449	574	511	556	702	938
Finland	646	830	1,073	1,112	1,185	1,349	....	1,587	1,982	2,571	3,125	3,768	4,475	....
France	....	....	....	....	....	....	....	....	....	....	....	....	....	....
Germany	11,981	14,703	19,849	22,485	25,112	32,936	39,515	12,985	15,839	19,244	19,605	21,383	24,741	28,348
Greece	49	63	104	62	81	114	114	174	177	234	242	228	284	328
Ireland	132	158	174	174	166	....	....	1,385	1,461	1,678	1,921	1,990	....	....
Italy	2,901	3,492	4,515	4,993	5,568	6,345	6,701	5,302	6,707	9,150	10,107	11,011	13,646	15,022
Luxembourg	....	....	....	....	....	....	....	....	....	....	....	....	....	....
Malta	23	24	15	12	16	15	18	179	210	156	145	163	210	223
Netherlands	10,654	....	....	12,760	14,198	15,608	17,276	9,819	....	....	8,312	14,519	16,533	17,678
Portugal	573	803	1,000	1,133	1,458	1,789	2,179	1,310	1,482	1,830	1,998	2,097	2,487	2,831
Slovak Republic	346	637	1,326	1,415	1,663	1,811	2,269	380	659	563	588	685	902	966
Slovenia	381	500	672	796	926	1,182	1,501	207	274	326	342	396	501	825
Spain	3,461	4,390	5,362	6,216	6,773	7,253	7,970	6,789	8,529	10,673	12,204	13,676	13,495	14,602
Australia	478	513	553	472	483	524	568	3,051	3,845	5,082	5,781	6,023	6,858	8,165
Canada	2,906	3,098	3,462	3,810	4,090	4,336	4,618	6,273	7,012	8,019	9,140	10,287	11,218	12,503
China, P.R.: Hong Kong	....	....	....	....	....	....	....	....	....	....	....	....	....	....
Denmark	....	....	....	....	....	....	....	....	....	....	....	....	....	....
Iceland	124	153	219	182	139	165	132	16	14	21	28	25	32	34
Israel	1,520	1,898	2,374	2,680	2,685	3,335	3,764	1,043	1,038	1,204	1,293	1,401	1,639	2,085
Japan	15,791	18,376	22,520	25,616	28,098	32,504	37,670	17,000	20,054	24,867	20,714	22,480	27,940	31,805
Korea	9,810	13,502	17,422	18,360	20,099	27,742	36,693	3,698	4,566	6,930	7,997	9,623	13,178	19,472
New Zealand	....	....	....	....	....	....	....	....	....	....	....	....	....	....
Norway	7,770	8,000	9,162	10,398	10,889	13,140	15,290	614	773	1,062	1,753	2,601	4,516	6,173
Singapore	7,016	8,731	11,272	13,041	15,824	20,468	20,454	5,902	8,100	11,865	13,728	16,549	20,709	20,612
Sweden	3,512	4,143	5,341	5,840	6,127	7,155	8,375	1,448	1,934	2,226	2,507	2,842	3,343	3,820
Switzerland	482	679	701	809	826	983	1,124	1,801	2,063	2,327	2,684	2,993	3,455	4,201
Taiwan Province of China *	2,924	3,371	4,205	4,663	4,913	5,240	5,391	2,471	3,023	4,050	3,997	4,251	5,047	5,958
United Kingdom	6,686	8,814	14,153	16,321	14,512	17,125	20,255	8,928	10,336	12,279	12,744	12,406	13,289	13,395
United States	12,289	13,941	15,479	16,470	17,408	19,830	22,430	25,973	31,772	39,225	43,920	45,742	45,576	45,248

* from published sources

	Credit							Debit						
	2002	2003	2004	2005	2006	2007	2008	2002	2003	2004	2005	2006	2007	2008
Emerg. & Develop. Economies *(Billions)*	32	38	50	61	75	96	122	76	91	119	145	169	210	257
Africa	1,596	1,974	2,460	3,172	3,837	4,273	6,678	10,224	12,509	16,555	20,320	22,987	27,246	32,314
CEMAC														
Cameroon	33	124	223	304	372	490	472	198	236	297	314	310	531	679
Central African Republic	....	....	....	....	....	....	....	....	....	....	....	....	....	....
Chad	....	....	....	....	....	....	....	....	....	....	....	....	....	....
Congo, Republic of	4	7	6	10	13	12	....	104	123	147	235	361	529	....
Equatorial Guinea	....	....	....	....	....	....	....	....	....	....	....	....	....	....
Gabon	14	15	17	20	....	....	....	175	187	222	247	....	....	....
WAEMU														
Benin	6	6	8	8	....	....	....	110	135	136	137	169	258	....
Burkina Faso	....	....	....	....	....	....	....	....	....	....	....	....	....	....
Côte d'Ivoire	28	31	41	51	42	46	52	365	477	647	845	878	1,010	1,111
Guinea-Bissau	....	....	....	....	....	....	....	10	13	13	....	....	....	....
Mali	19	31	25	25	32	15	....	202	263	277	297	327	388	....
Niger	2	4	4	6	4	6	....	91	117	143	201	212	254	....
Senegal	5	7	14	25	23	30	....	180	233	281	327	362	473	....
Togo	2	3	24	25	36	39	....	81	112	141	148	157	170	....
Algeria	....	....	....	....	....	....	....	....	....	....	....	....	....	....
Angola	....	....	....	1	1	....	....	422	696	795	1,218	1,332	2,187	3,487
Botswana	17	24	32	33	27	48	21	200	244	287	321	314	396	462
Burundi	....	....	....	....	....	....	....	18	21	32	41	54	51	60
Cape Verde	....	....	....	1	1	....	....	28	31	33	39	51	63	79
Comoros	....	....	....	....	....	....	....	....	....	....	....	....	....	....
Congo, Democratic Republic of	....	....	....	....	....	....	....	....	....	....	....	....	....	....
Djibouti	....	....	....	....	....	....	....	30	32	37	42	45	64	78
Eritrea	....	....	....	....	....	....	....	....	....	....	....	....	....	....
Ethiopia	33	44	55	63	82	88	142	145	189	276	369	97	515	719
Gambia, The	....	17	13	13	11	11	11	....	23	30	31	32	40	41
Ghana	50	55	62	65	77	102	108	181	218	289	352	429	507	661
Guinea	6	5	6	....	....	2	6	38	38	84	....	....	27	107
Kenya	161	154	211	265	360	351	459	224	223	287	347	573	694	806
Lesotho	....	....	....	....	....	....	....	29	40	49	50	52	62	62
Liberia	....	....	....	....	....	....	....	....	....	57	63	91	100	182
Madagascar	6	7	10	9	....	....	....	188	167	214	214	....	....	....

Table B-6. Freight

Millions of U.S. dollars, unless otherwise indicated

	Credit							Debit						
	2002	2003	2004	2005	2006	2007	2008	2002	2003	2004	2005	2006	2007	2008
Africa (continued)														
Malawi	1	....	....	....	....	....	....	101	....	....	....	....	....	....
Mauritania	....	....	....	....	....	....	....	....	....	....	....	....	....	....
Mauritius	18	24	28	29	27	24	28	144	165	213	247	257	284	343
Morocco	270	329	407	485	572	692	836	632	830	1,037	1,193	1,333	1,673	1,827
Mozambique	36	32	28	44	69	46	40	146	164	169	205	242	253	312
Namibia	....	....	....	....	....	....	....	73	61	136	131	150	241	....
Nigeria	67	83	69	72	372	375	390	859	1,002	....	2,507	3,016	1,842	2,407
Rwanda	2	4	7	7	4	3	5	60	54	65	84	58	74	217
São Tomé & Príncipe	....	....	....	....	....	....	....	6	7	8	8	13	13	....
Seychelles	5	6	7	25	30	27	....	52	52	62	74	95	98	....
Sierra Leone	....	....	....	....	....	....	....	29	35	31	41	41	45	55
South Africa	67	99	101	109	76	40	47	1,795	2,356	3,238	3,761	4,696	5,299	5,041
Sudan	....	....	10	....	19	10	17	686	682	841	1,080	1,244	1,311	1,289
Swaziland	6	9	11	10	10	9	....	21	30	33	28	30	38	....
Tanzania	95	93	118	160	219	282	312	145	185	235	288	371	459	631
Tunisia	163	195	266	363	363	429	660	471	546	634	665	750	944	1,215
Uganda	....	....	....	....	....	....	....	189	219	256	314	395	531	715
Zambia	40	43	48	86	86	91	105	110	127	157	196	240	328	414
Zimbabwe	....	....	....	....	....	....	....	....	....	....	....	....	....	....
Developing Asia	**8,804**	**11,509**	**17,834**	**22,230**	**27,641**	**38,985**	**48,929**	**32,054**	**39,300**	**51,896**	**61,441**	**70,528**	**85,480**	**103,030**
Afghanistan, I.R. of	....	....	....	....	....	....	....	....	....	....	....	....	....	....
Bangladesh	13	8	10	24	19	16	18	782	949	1,128	1,305	1,304	1,776	2,483
Bhutan	....	....	....	....	....	....	....	....	....	....	....	....	....	....
Brunei Darussalam	....	....	....	....	....	....	....	....	....	....	....	....	....	....
Cambodia	5	4	6	5	7	10	7	183	208	254	306	372	427	509
China, P.R.: Mainland	3,093	4,952	8,118	10,680	15,098	24,085	30,924	11,472	15,938	21,270	24,436	29,382	38,202	43,571
China, P.R.: Macao	38	46	83	107	116	113	....	70	79	104	119	147	184	....
Fiji	12	12	12	26	22	21	25	90	122	143	156	185	185	233
French Overseas Territories: French Polynesia	17	16	12	17	17	24	31	79	81	84	86	71	69	89
French Overseas Territories: New Caledonia	38	66	65	66	78	140	140	118	151	167	212	251	322	392
India	1,716	2,284	3,317	4,245	5,251	6,216	7,809	500	784	1,335	1,656	2,037	3,020	4,650
Indonesia	....	....	1,288	1,733	1,331	1,365	1,565	2,657	2,697	4,213	6,063	6,478	7,483	10,260
Kiribati	....	....	....	....	....	....	....	....	....	....	....	....	....	....
Lao People's Democratic Republic	....	....	....	....	....	....	....	....	....	....	....	....	....	....
Malaysia	1,436	1,406	1,756	2,011	1,732	2,455	2,523	4,783	5,029	6,301	6,938	7,890	8,867	9,492
Maldives	4	4	4	5	6	7	10	36	43	59	68	85	101	150
Myanmar	18	14	13	45	48	....	....	216	211	220	190	249	....	....
Nepal	....	....	....	....	....	....	....	58	59	69	78	79	85	118
Pakistan	99	122	100	118	135	127	136	855	1,015	1,438	1,837	2,192	2,415	3,149
Papua New Guinea	5	17	21	31	....	....	....	170	187	233	236	....	....	....
Philippines	488	543	499	353	474	503	483	1,766	1,940	2,677	2,691	2,966	3,215	3,427
Samoa	....	....	....	1	1	1	....	....	....	13	15	20	20	....
Solomon Islands	....	....	....	1	1	....	....	17	23	15	23	32	....	....
Sri Lanka	43	45	50	54	63	71	104	612	672	805	889	1,028	1,132	1,407
Thailand	679	805	1,092	1,200	1,383	1,603	2,174	6,206	7,497	9,536	12,332	13,429	14,774	19,240
Timor-Leste	....	....	....	....	....	....	....	....	....	....	....	....	....	....
Tonga	....	....	....	....	....	....	....	....	....	....	....	....	20	....
Vanuatu	1	1	1	1	2	2	....	14	16	17	22	26	31	....
Vietnam	....	....	....	....	....	....	....	....	....	....	....	....	....	....
Europe	**15,398**	**17,475**	**21,107**	**24,040**	**29,281**	**36,067**	**43,837**	**8,660**	**11,828**	**16,376**	**20,262**	**25,196**	**33,818**	**43,370**
Central and Eastern Europe	**8,718**	**10,326**	**12,599**	**14,220**	**17,533**	**22,578**	**27,141**	**5,852**	**8,075**	**11,397**	**13,626**	**15,567**	**21,243**	**25,173**
Albania	10	52	65	73	86	63	76	105	124	155	174	205	201	249
Bosnia and Herzegovina	13	18	25	70	77	150	181	107	129	150	163	121	137	157
Bulgaria	322	348	426	543	774	925	1,068	227	315	510	546	630	836	1,119
Croatia	325	430	564	582	655	799	960	222	290	376	381	441	560	671
Czech Republic	1,176	1,463	1,785	1,974	2,603	3,446	4,270	493	660	1,225	1,634	2,130	2,774	3,505
Estonia	365	507	695	664	759	939	959	336	316	463	632	707	835	876
Faroe Islands	....	....	....	....	....	....	....	....	....	....	....	....	....	....
Hungary	474	615	849	706	863	1,129	1,400	599	795	992	974	1,007	1,332	1,556
Latvia	453	560	592	714	845	1,068	1,292	100	134	201	245	323	440	461
Lithuania	436	626	961	1,182	1,476	1,802	2,034	234	371	505	660	801	1,212	1,551
Macedonia, FYR	41	68	78	94	116	167	236	62	95	133	138	141	190	247
Montenegro, Republic of	....	....	....	....	....	....	....	....	....	....	....	....	....	....
Poland	2,334	3,101	3,194	4,142	5,505	7,410	8,544	1,132	1,569	2,076	2,313	3,063	4,002	4,790
Romania	683	842	1,076	831	1,129	1,748	2,504	707	954	1,277	1,683	2,088	2,937	3,458
Serbia, Republic of	....	....	....	....	....	416	563	....	....	....	....	....	491	599
Turkey	1,859	1,322	1,765	2,048	1,823	2,424	2,938	1,328	2,034	2,907	3,548	3,141	5,214	5,819
CIS and Mongolia	**6,680**	**7,149**	**8,509**	**9,820**	**11,748**	**13,489**	**16,695**	**2,809**	**3,753**	**4,979**	**6,635**	**9,629**	**12,575**	**18,197**
Armenia	37	46	43	58	59	83	77	87	117	118	147	184	268	369
Azerbaijan	173	145	112	144	209	321	375	132	141	206	270	361	340	447
Belarus	597	728	855	1,148	1,460	2,016	2,536	66	95	135	184	490	668	981
Georgia	139	140	150	174	227	308	430	57	84	140	192	272	381	481

Table B-6. Freight

Millions of U.S. dollars, unless otherwise indicated

	Credit							Debit						
	2002	2003	2004	2005	2006	2007	2008	2002	2003	2004	2005	2006	2007	2008
CIS and Mongolia (continued)														
Kazakhstan	478	546	616	757	1,114	1,311	1,751	357	433	673	899	1,208	1,671	1,886
Kyrgyz Republic	15	16	21	21	18	44	45	20	25	34	44	63	92	140
Moldova	85	97	116	128	157	193	259	53	68	78	100	119	163	222
Mongolia	....	....	37	78	98	....	....	73	....	107	129	152	....	....
Russia	2,470	2,660	3,598	4,256	4,669	5,156	6,688	1,489	1,359	1,784	2,683	3,693	5,205	6,915
Tajikistan	42	44	44	48	53	49	28	69	86	143	166	227	112	156
Turkmenistan	....	....	....	....	....	....	....	....	....	....	....	....	....	....
Ukraine	2,413	2,426	2,556	2,635	3,261	3,376	3,824	102	916	1,049	1,276	2,257	2,667	4,977
Uzbekistan	....	....	....	....	....	....	....	....	....	....	....	....	....	....
Middle East	2,915	3,372	3,864	6,777	9,221	10,231	14,494	14,944	17,340	21,454	27,653	32,480	40,838	49,588
Bahrain, Kingdom of	....	....	....	....	....	....	....	301	323	416	470	505	506	704
Egypt	301	350	398	522	674	610	915	1,697	1,783	2,632	3,222	3,865	5,129	6,449
Iran, I.R. of	....	....	....	....	....	....	....	....	....	....	....	....	....	....
Iraq	....	....	....	153	172	205	....	....	....	....	2,612	2,444	2,215	....
Jordan	18	32	38	46	40	46	42	455	513	734	942	1,038	1,232	1,527
Kuwait	905	1,200	1,386	1,903	2,768	3,071	3,427	1,306	1,573	1,703	2,125	2,402	2,855	3,453
Lebanon	....	....	....	....	....	....	....	471	525	680	675	723	919	1,172
Libya	20	20	20	65	74	....	93	454	529	580	776	935	1,142	1,397
Oman	44	78	99	101	112	130	161	601	646	892	856	1,056	1,523	2,200
Qatar	....	....	....	....	....	....	....	....	....	....	....	....	....	....
Saudi Arabia	....	....	....	....	....	....	....	2,400	2,743	3,325	....	....	....	....
Syrian Arab Republic	250	66	24	29	35	38	....	790	739	1,031	1,264	1,099	1,502	....
United Arab Emirates	....	....	....	....	....	....	....	....	....	....	....	....	....	....
West Bank and Gaza	....	....	....	....	....	....	....	32	39	50	63	60	66	....
Yemen, Republic of	....	....	....	....	....	....	....	334	405	439	536	674	852	1,045
Western Hemisphere	2,895	3,321	4,351	5,129	5,409	6,495	8,531	9,896	10,047	12,648	15,352	17,351	22,658	28,494
Eastern Caribbean Currency Union														
Anguilla	....	....	....	....	....	....	....	....	....	....	....	....	....	....
Antigua and Barbuda	....	....	....	....	....	....	....	....	....	....	....	....	....	....
Dominica	....	....	....	....	....	....	....	....	....	....	....	....	....	....
Grenada	....	....	....	....	....	....	....	....	....	....	....	....	....	....
Montserrat	....	....	....	....	....	....	....	....	....	....	....	....	....	....
St. Kitts and Nevis	....	....	....	....	....	....	....	....	....	....	....	....	....	....
St. Lucia	....	....	....	....	....	....	....	....	....	....	....	....	....	....
St. Vincent and the Grenadines	....	....	....	....	....	....	....	....	....	....	....	....	....	....
Argentina	216	224	256	237	241	293	332	381	529	869	1,078	1,196	1,713	2,272
Aruba	....	....	....	....	....	....	....	203	240	301	347	380	286	420
Bahamas, The	....	....	....	....	....	....	....	131	132	138	167	185	193	183
Barbados	4	5	5	6	....	....	....	107	120	141	160	....	....	....
Belize	....	....	....	....	....	....	....	34	36	41	47	52	54	66
Bermuda	....	....	....	....	....	....	....	....	....	....	....	137	164	154
Bolivia	7	8	8	13	9	12	12	101	84	95	121	137	169	252
Brazil	586	659	936	1,032	1,160	1,516	1,744	1,278	1,247	1,613	1,897	2,296	3,068	4,343
Chile	1,229	1,537	1,964	2,498	2,589	2,872	3,557	960	960	1,347	1,571	1,779	2,301	3,251
Colombia	112	152	177	200	215	269	316	736	789	1,002	1,366	1,399	1,686	2,094
Costa Rica	13	15	18	18	23	35	39	329	396	474	517	509	489	528
Dominican Republic	59	63	63	90	99	114	135	628	550	510	707	777	904	964
Ecuador	210	236	302	292	300	293	298	462	460	654	722	830	981	1,246
El Salvador	6	7	8	7	7	7	7	321	341	357	360	427	554	781
Guatemala	10	4	54	58	63	80	79	465	495	579	674	783	931	1,005
Guyana	5	5	7	8	8	9	9	49	46	60	72	81	85	117
Haiti	....	....	....	....	....	....	....	74	84	91	99	117	122	159
Honduras	16	....	....	....	....	....	....	359	311	379	437	461	522	644
Jamaica	7	4	8	15	18	15	15	474	467	506	572	666	775	894
Mexico	....	....	....	....	....	....	....	279	284	298	356	327	372	389
Netherlands Antilles	3	2	2	1	1	2	....	40	42	50	59	57	65	....
Nicaragua	13	14	8	11	13	15	17	116	122	131	163	176	210	233
Panama	10	8	10	12	13	22	26	525	497	632	768	725	935	1,204
Paraguay	45	58	62	61	68	97	165	121	127	107	122	147	174	271
Peru	19	26	43	60	64	80	86	585	615	784	978	1,077	1,447	2,111
Suriname	4	....	3	6	7	10	10	22	37	37	46	40	47	70
Trinidad and Tobago	1	7	9	11	10	13	....	61	93	87	90	82	82	....
Uruguay	133	112	215	287	287	325	376	92	101	135	169	180	236	342
Venezuela, República Bolivariana de	99	89	101	104	106	297	435	804	659	1,038	1,463	1,909	3,618	3,866

Table B-7. Other Transportation

Millions of U.S. dollars, unless otherwise indicated

	Credit							Debit						
	2002	2003	2004	2005	2006	2007	2008	2002	2003	2004	2005	2006	2007	2008
Total *(Billions)*	104	119	148	166	186	220	256	105	119	143	165	177	212	248
International Organizations	....	....	....	....	....	....	....	....	....	....	....	....	....	....
Advanced Economies *(Billions)*	86	98	122	134	150	179	204	90	102	122	139	147	175	200
Euro Area														
Austria	501	672	789	895	1,066	1,249	1,414	461	522	622	669	895	876	1,029
Belgium	1,754	2,458	2,931	3,285	4,022	7,948	8,595	863	1,213	1,400	1,740	1,792	5,998	6,290
Cyprus	544	747	816	900	904	1,052	1,750	350	539	446	499	455	431	539
Finland	345	363	419	438	444	464	....	302	394	472	559	383	399	681
France														
Germany	4,376	5,389	5,817	6,666	7,090	7,568	8,204	9,597	11,193	13,054	14,707	17,964	21,776	24,957
Greece	7,899	10,701	16,340	17,103	17,815	23,049	28,033	4,555	5,394	6,880	7,503	8,547	10,390	13,391
Ireland	359	429	472	473	477	....	....	328	393	432	433	437	....	....
Italy	5,089	5,742	7,884	6,715	7,248	8,008	8,316	5,252	6,348	8,279	6,817	7,400	8,407	8,740
Luxembourg														
Malta	172	158	153	131	177	190	251	147	121	80	44	86	59	37
Netherlands	2,983	....	....	2,603	4,547	5,313	6,100	1,816	....	....	6,159	3,902	3,921	3,885
Portugal	467	580	698	745	1,095	1,404	1,773	303	437	527	494	801	1,057	1,335
Slovak Republic	812	764	141	109	117	117	229	160	150	280	337	337	646	1,069
Slovenia	156	186	234	250	290	366	358	120	150	208	239	277	390	170
Spain	2,622	3,278	4,030	4,685	5,104	6,463	7,996	1,933	2,349	2,719	2,924	3,245	4,264	4,709
Australia	....	....	....	....	....	2,516	3,947	517	520	617	637	608	456	480
Canada	2,093	2,393	2,917	3,680	4,091	4,401	4,769	397	406	486	627	588	876	1,135
China, P.R.: Hong Kong	....	....	....	....	....	....	....	....	....	....	....	....	....	....
Denmark	10,988	14,023	17,089	....	....	....	....	9,720	12,027	14,484	....	....	....	....
Iceland	251	336	495	683	475	597	548	407	503	675	846	733	841	767
Israel	319	358	393	444	433	455	653	1,635	1,901	2,276	2,533	2,497	3,146	3,532
Japan	5,659	5,499	6,550	7,012	6,530	6,440	6,204	6,202	6,595	7,932	9,125	9,571	10,347	11,075
Korea	1,721	2,031	2,951	3,033	2,989	2,664	3,150	6,628	8,087	9,568	10,629	11,372	13,424	15,294
New Zealand														
Norway	3,040	3,744	4,203	5,152	4,545	5,124	5,413	5,468	6,009	6,991	7,448	6,812	8,642	8,314
Singapore	4,853	4,645	5,714	5,991	6,682	7,906	8,421	4,754	4,958	5,983	6,642	7,281	8,431	9,201
Sweden	686	1,101	1,362	1,633	1,767	2,314	2,508	1,122	1,599	1,898	2,148	2,356	2,553	3,390
Switzerland	991	1,107	1,506	1,501	1,657	2,053	2,260	967	879	1,117	1,079	1,159	1,450	1,693
Taiwan Province of China *	332	415	473	498	526	529	522	2,223	2,769	2,876	3,077	3,119	3,557	3,865
United Kingdom	4,885	5,394	6,169	6,336	7,556	8,876	9,489	7,109	7,357	8,690	9,948	7,997	8,478	10,040
United States	16,906	17,475	21,478	24,811	28,817	31,720	36,515	12,434	12,933	14,936	18,017	19,576	21,524	26,895

* from published sources

	Credit							Debit						
	2002	2003	2004	2005	2006	2007	2008	2002	2003	2004	2005	2006	2007	2008
Emerg. & Develop. Economies *(Billions)*	18	20	26	32	36	42	52	15	17	21	26	30	37	49
Africa	1,191	1,423	1,942	2,685	3,132	2,226	2,890	1,253	1,462	2,120	2,197	2,349	2,679	4,742
CEMAC														
Cameroon	33	27	59	67	80	101	160	43	16	15	28	34	28	32
Central African Republic														
Chad														
Congo, Republic of	32	23	24	....	....	....	....	1	1	1	....	....	....	....
Equatorial Guinea														
Gabon	1	....	....	3	....	....	....	2	33	26	1	....	....	....
WAEMU														
Benin	5	6	23	20	23	12	....	2	4	7	7	11	3	....
Burkina Faso														
Côte d'Ivoire	69	75	89	128	150	153	187	50	61	77	52	54	60	340
Guinea-Bissau														
Mali	1	4	3	9	6	5	....	2	3	7	7	2	4	....
Niger	....	1	2	2	2	2	....	....	1	1	1	1	2	....
Senegal	12	9	8	9	11	14	....	5	16	18	30	24	29	....
Togo	15	8	16	48	43	63	....	1	7	2	4	3	4	....
Algeria														
Angola	3	2	2	2	4	5	6	21	26	35	42	50	56	42
Botswana	34	43	51	51	51	33	60	9	....	....	....	....	....	....
Burundi	....	....	1	1	1	....	1	....	....	....	....	....	1	....
Cape Verde	28	35	45	50	52	56	100	30	43	43	43	52	52	72
Comoros														
Congo, Democratic Republic of														
Djibouti	60	68	68	75	74	72	107	....	....	....	....	....	....	....
Eritrea														
Ethiopia	28	33	31	37	25	30	99	163	208	303	395	537	608	893
Gambia, The	....	3	2	2	2	2	9	....	2	5	1	....	1	....
Ghana	40	42	45	49	77	129	80	23	27	29	59	81	91	115
Guinea	3	1	1	....	....	3	5	2	7	4	....	....	3	139
Kenya	61	62	75	81	136	182	180	48	27	59	79	97	83	54
Lesotho	....	1	1	1	1	1	1	....	....	....	....	....	....	....
Liberia	....	....	7	11	15	20	19	....	....	....	....	....	....	....
Madagascar	23	8	8	3	....	....	....	34	61	8	4	....	....	....

Table B-7. **Other Transportation**

Millions of U.S. dollars, unless otherwise indicated

	Credit							Debit						
	2002	2003	2004	2005	2006	2007	2008	2002	2003	2004	2005	2006	2007	2008
Africa (continued)														
Malawi	3	....	....	....	....	....	....	2	....	....	....	....	....	....
Mauritania	....	....	....	....	....	....	....	....	....	....	....	....	....	....
Mauritius	40	48	45	38	38	47	49	143	216	234	255	257	290	267
Morocco	....	....	....	....	....	....	....	....	....	....	....	....	....	....
Mozambique	63	50	52	37	31	63	95	31	26	16	14	5	12	15
Namibia	3	4	5	8	9	11	....	....	....	....	....	....	....	....
Nigeria	120	250	575	1,181	1,429	330	392	42	....	....	34	25	83	87
Rwanda	....	14	15	23	26	32	51	29	24	27	51	53	12	33
São Tomé & Príncipe	....	....	....	....	....	....	....	....	....	....	....	....	....	....
Seychelles	27	31	27	31	35	31	....	10	14	13	14	12	18	....
Sierra Leone	....	3	1	12	14	16	20	....	....	....	....	....	....	....
South Africa	183	200	258	311	321	314	288	57	53	82	129	87	64	53
Sudan	17	9	....	3	....	....	....	....	....	....	....	....	....	....
Swaziland	....	....	....	....	....	....	....	19	28	16	10	10	8	....
Tanzania	19	39	49	52	90	35	49	8	7	7	9	10	5	2
Tunisia	141	181	187	116	157	209	279	139	165	268	364	397	422	554
Uganda	8	8	8	9	10	15	19	....	....	....	....	....	....	....
Zambia	....	....	....	....	....	....	....	58	42	43	47	47	42	50
Zimbabwe	....	....	....	....	....	....	....	....	....	....	....	....	....	....
Developing Asia	3,982	4,347	5,316	6,825	7,943	9,341	11,282	4,610	4,866	5,356	8,019	9,195	10,974	13,564
Afghanistan, I.R. of	....	....	....	....	....	....	....	....	....	....	....	....	....	....
Bangladesh	77	62	58	80	70	64	93	28	30	9	....	....	....	4
Bhutan	....	....	....	....	....	....	....	....	....	....	....	....	....	....
Brunei Darussalam	....	....	....	....	....	....	....	....	....	....	....	....	....	....
Cambodia	29	28	29	33	44	50	52	9	9	12	13	14	16	19
China, P.R.: Mainland	1,271	1,653	1,933	2,200	2,734	3,346	4,207	779	765	1,063	1,056	1,066	1,591	1,927
China, P.R.: Macao	34	31	37	34	35	32	....	27	25	34	42	47	48	....
Fiji	15	21	17	28	24	44	50	44	93	112	106	90	93	105
French Overseas Territories: French Polynesia	....	....	....	....	....	....	....	....	....	....	....	....	....	....
French Overseas Territories: New Caledonia	....	....	....	....	....	....	....	....	....	....	....	....	....	....
India	559	640	918	1,343	2,029	2,316	2,880	1,256	1,020	1,538	3,667	4,392	4,627	6,538
Indonesia	546	431	563	538	329	356	462	740	781	199	231	275	343	388
Kiribati	....	....	....	....	....	....	....	....	....	....	....	....	....	....
Lao People's Democratic Republic	....	....	....	....	....	....	....	....	....	....	....	....	....	....
Malaysia	452	463	461	501	568	802	983	397	675	868	830	815	1,127	885
Maldives	14	17	20	17	20	21	30	2	2	2	2	2	2	2
Myanmar	39	44	59	58	69	....	....	1	1	5	5	2	....	....
Nepal	5	3	2	3	6	3	9	14	18	21	25	31	74	50
Pakistan	228	216	254	312	313	305	379	297	332	294	304	351	365	346
Papua New Guinea	....	....	....	....	....	....	....	....	40	37	42	....	....	....
Philippines	132	131	129	119	159	233	283	289	243	167	166	160	237	283
Samoa	....	....	3	3	2	5	....	....	....	....	1	1	....	....
Solomon Islands	1	1	1	2	6	....	....	1	....	1	1	4	....	....
Sri Lanka	240	249	279	319	365	402	434	93	107	127	141	142	166	204
Thailand	99	98	247	901	774	810	774	330	369	465	989	1,305	1,659	1,977
Timor-Leste	....	....	....	....	....	....	....	....	....	....	....	....	....	....
Tonga	....	....	....	....	....	3	....	....	....	....	....	....	9	....
Vanuatu	4	6	5	5	5	6	....	11	13	15	19	16	13	....
Vietnam	....	....	....	....	....	....	....	....	....	....	....	....	....	....
Europe	5,572	6,200	8,196	9,596	11,029	13,739	17,514	3,719	4,522	5,790	6,457	7,278	9,523	12,314
Central and Eastern Europe	2,646	2,962	4,115	4,614	5,388	7,096	9,247	2,219	2,750	3,669	3,996	4,468	5,815	7,229
Albania	4	2	12	27	33	22	1	1	14	23	31	21	21	11
Bosnia and Herzegovina	....	....	....	....	....	46	54	....	....	....	....	....	49	54
Bulgaria	....	....	....	....	111	142	213	....	....	....	....	62	82	62
Croatia	124	155	201	256	307	371	426	134	176	202	213	234	271	318
Czech Republic	144	187	195	263	378	735	960	202	297	235	510	515	727	788
Estonia	249	253	296	356	334	476	608	81	114	175	228	232	306	311
Faroe Islands	....	....	....	....	....	....	....	....	....	....	....	....	....	....
Hungary	177	346	386	783	951	1,232	1,492	381	496	514	797	983	1,237	1,486
Latvia	277	284	323	400	426	598	681	95	130	161	185	232	252	254
Lithuania	166	245	335	351	431	507	700	56	133	152	224	288	329	403
Macedonia, FYR	23	29	35	39	43	53	57	20	44	47	46	49	77	104
Montenegro, Republic of	....	....	....	....	....	....	....	....	....	....	....	....	....	....
Poland	279	230	340	461	607	752	1,243	525	526	556	669	762	1,077	1,495
Romania	216	289	379	370	386	386	793	76	86	90	134	167	175	239
Serbia, Republic of	....	....	....	....	....	163	223	....	....	....	....	....	350	485
Turkey	936	862	1,502	1,181	1,205	1,595	1,770	606	673	1,424	846	756	846	1,193
CIS and Mongolia	2,927	3,238	4,081	4,981	5,641	6,643	8,267	1,500	1,772	2,121	2,461	2,810	3,707	5,085
Armenia	9	10	13	15	8	11	15	12	5	23	16	13	42	40
Azerbaijan	26	42	80	74	115	144	227	36	41	69	85	93	91	123
Belarus	52	56	78	98	134	178	233	36	60	63	57	99	119	177
Georgia	44	49	84	112	136	148	126	11	13	17	28	25	25	27

2009, International Monetary Fund: *Balance of Payments Statistics Yearbook*

Table B-7.

Other Transportation

Millions of U.S. dollars, unless otherwise indicated

	Credit							Debit						
	2002	2003	2004	2005	2006	2007	2008	2002	2003	2004	2005	2006	2007	2008
CIS and Mongolia (continued)														
Kazakhstan	80	93	136	164	210	224	248	33	36	45	82	67	136	200
Kyrgyz Republic	10	12	15	19	17	50	47	20	21	32	46	65	141	202
Moldova	3	5	6	7	8	13	21	9	13	16	18	19	25	32
Mongolia	26	30	51	95	81	....	....	21	38	79	71	79	....	....
Russia	1,889	2,082	2,462	2,921	3,320	3,693	4,357	1,018	1,197	1,305	1,462	1,663	2,111	2,814
Tajikistan	....	1	....	....	....	....	....	12	9	16	13	14	30	23
Turkmenistan	....	....	....	....	....	....	....	....	....	....	....	....	....	....
Ukraine	758	819	1,114	1,429	1,557	2,015	2,848	248	278	381	502	583	782	1,101
Uzbekistan	....	....	....	....	....	....	....	....	....	....	....	....	....	....
Middle East	2,443	3,319	4,041	4,944	5,645	6,865	8,553	1,084	1,289	1,568	2,799	3,592	4,807	7,831
Bahrain, Kingdom of	....	....	....	....	....	....	....	....	....	....	....	....	....	....
Egypt	2,127	2,829	3,415	3,869	4,273	5,315	6,126	42	86	69	207	288	448	398
Iran, I.R. of	....	....	....	....	....	....	....	....	....	....	....	....	....	....
Iraq	....	....	....	....	6	13	....	....	....	....	11	6	....	....
Jordan	68	68	97	106	122	148	198	265	261	311	331	379	438	576
Kuwait	21	106	107	108	109	80	71	50	51	57	55	54	70	65
Lebanon	....	....	....	....	....	....	....	....	....	....	....	....	....	....
Libya	....	....	....	....	....	....	....	....	....	....	....	....	....	26
Oman	....	....	....	....	....	....	....	....	....	....	....	....	....	....
Qatar	....	....	....	....	....	....	....	....	....	....	....	....	....	....
Saudi Arabia	....	....	....	....	....	....	....	....	....	....	....	....	....	....
Syrian Arab Republic	....	28	91	98	94	100	....	....	....	40	51	103	111	122
United Arab Emirates	....	....	....	....	....	....	....	....	....	....	....	....	....	....
West Bank and Gaza	....	....	....	....	....	....	....	....	....	....	....	....	....	....
Yemen, Republic of	20	52	46	46	31	45	45	....	....	....	....	....	....	....
Western Hemisphere	4,539	5,185	6,259	7,538	8,509	9,467	11,623	4,622	4,728	5,738	6,745	7,806	8,862	10,153
Eastern Caribbean Currency Union														
Anguilla	....	....	....	....	....	....	....	....	....	....	....	....	....	....
Antigua and Barbuda	....	....	....	....	....	....	....	....	....	....	....	....	....	....
Dominica	....	....	....	....	....	....	....	....	....	....	....	....	....	....
Grenada	....	....	....	....	....	....	....	....	....	....	....	....	....	....
Montserrat	....	....	....	....	....	....	....	....	....	....	....	....	....	....
St. Kitts and Nevis	....	....	....	....	....	....	....	....	....	....	....	....	....	....
St. Lucia	....	....	....	....	....	....	....	....	....	....	....	....	....	....
St. Vincent and the Grenadines	....	....	....	....	....	....	....	....	....	....	....	....	....	....
Argentina	358	408	459	547	612	749	885	132	111	127	116	143	166	199
Aruba	32	36	49	53	49	52	52	3	1	....	....	....	....	....
Bahamas, The	45	44	42	46	48	47	42	11	13	13	16	17	19	23
Barbados	9	10	22	12	....	....	....	1	1	1	1	....	....	....
Belize	18	22	27	30	29	30	25	....	....	....	....	....	....	....
Bermuda	....	....	....	....	37	45	43	....	....	....	....	45	47	42
Bolivia	12	16	17	24	17	19	24	35	44	32	42	50	53	72
Brazil	807	969	1,364	1,799	2,017	2,272	3,342	1,683	1,552	1,957	2,007	2,531	3,213	3,755
Chile	653	807	1,017	1,230	1,428	1,579	1,948	1,081	1,366	1,733	2,260	2,458	2,591	3,038
Colombia	157	172	195	227	229	242	268	185	184	253	306	387	381	316
Costa Rica	99	94	102	126	79	86	81	33	32	34	30	29	37	31
Dominican Republic	33	35	37	39	199	238	246	3	3	3	....	....	....	....
Ecuador	31	30	36	41	50	51	64	70	62	71	105	101	118	141
El Salvador	30	42	39	43	41	49	58	52	55	67	78	80	91	83
Guatemala	54	56	97	95	103	108	109	5	4	2	3	3	3	5
Guyana	....	....	....	....	....	....	....	....	....	....	....	....	....	....
Haiti	....	....	....	....	....	....	....	18	....	....	....	....	....	....
Honduras	41	37	31	36	38	49	51	7	6	4	4	....	....	....
Jamaica	89	205	195	199	217	200	208	125	133	110	105	177	171	176
Mexico	454	417	549	755	760	793	955	683	647	755	1,009	1,077	1,160	1,416
Netherlands Antilles	92	76	102	116	126	137	....	17	13	13	5	4	7	....
Nicaragua	18	19	20	23	29	28	28	....	....	....	....	....	....	....
Panama	1,003	1,130	1,262	1,452	1,740	1,977	2,271	19	56	60	74	95	126	145
Paraguay	10	10	8	8	9	13	20	5	5	6	8	10	12	15
Peru	198	224	240	259	256	269	329	99	110	94	116	138	176	123
Suriname	6	12	12	13	4	4	3	7	11	20	11	9	12	16
Trinidad and Tobago	41	52	59	64	58	58	....	35	33	30	47	26	29	....
Uruguay	75	73	67	73	81	119	149	103	97	145	171	178	192	222
Venezuela, República Bolivariana de	155	171	193	207	222	212	236	176	150	165	184	192	197	201

Table B-8. Travel

Millions of U.S. dollars, unless otherwise indicated

	Credit							Debit						
	2002	2003	2004	2005	2006	2007	2008	2002	2003	2004	2005	2006	2007	2008
Total *(Billions)*	480	535	638	691	751	867	946	451	504	590	645	683	791	866
International Organizations	....	....	....	....	....	....	....	....	....	....	....	....	....	....
Advanced Economies *(Billions)*	339	378	442	469	500	567	619	355	399	464	495	512	578	621
Euro Area														
Austria	10,803	13,307	15,150	16,243	16,510	18,559	21,630	6,901	8,623	9,237	9,316	9,626	10,561	11,432
Belgium	6,935	8,193	9,208	9,845	10,311	10,996	11,810	10,185	12,210	13,956	14,948	15,574	17,579	19,317
Cyprus	1,959	2,097	2,241	2,318	2,381	2,686	2,770	512	611	811	932	967	1,479	1,571
Finland	1,577	1,869	2,067	2,180	2,380	2,837	....	2,006	2,433	2,821	3,057	3,424	3,983	....
France	32,437	36,619	44,895	43,942	46,512	54,209	56,274	19,518	23,392	28,703	30,458	31,239	36,743	43,346
Germany	19,278	23,124	27,613	29,121	32,888	36,101	40,019	53,006	65,234	71,187	74,189	74,123	83,155	91,692
Greece	9,909	10,766	12,715	13,333	14,402	15,549	17,416	2,436	2,431	2,872	3,039	2,997	3,423	3,930
Ireland	3,097	3,862	4,375	4,782	5,369	....	....	3,755	4,736	5,177	6,074	6,862	....	....
Italy	26,873	31,247	35,378	35,319	38,257	42,660	46,232	16,924	20,589	20,460	22,370	23,152	27,329	30,839
Luxembourg	2,406	2,994	3,650	3,612	3,636	4,030	4,488	1,942	2,423	2,911	2,977	3,138	3,480	3,842
Malta	614	722	767	755	767	913	959	154	215	255	268	320	376	431
Netherlands	7,710	9,163	10,308	10,450	11,382	13,339	13,302	12,976	15,265	16,348	16,140	17,087	19,109	21,825
Portugal	5,798	6,622	7,672	7,676	8,416	10,175	10,980	2,125	2,409	2,763	3,050	3,340	3,937	4,328
Slovak Republic	736	865	905	1,210	1,521	2,026	2,589	442	573	744	844	1,060	1,533	2,165
Slovenia	1,086	1,342	1,624	1,795	1,797	2,283	2,857	608	753	868	950	974	1,144	1,314
Spain	31,880	39,634	45,067	47,789	51,297	57,734	61,978	7,295	9,071	12,153	15,046	16,697	19,724	20,363
Australia	9,971	12,438	15,214	16,868	17,854	22,415	25,062	6,072	7,270	10,241	11,253	11,690	14,853	18,729
Canada	10,687	10,601	13,029	13,768	14,689	15,459	15,267	11,722	13,337	15,524	18,017	20,620	24,716	27,306
China, P.R.: Hong Kong	7,454	7,141	8,999	10,296	11,637	13,758	....	12,418	11,448	13,269	13,305	14,043	15,042	....
Denmark	4,791	5,271	5,652	....	....	....	....	5,838	6,659	7,279	....	....	....	....
Iceland	256	319	370	408	478	601	624	371	523	697	980	1,076	1,326	1,103
Israel	2,145	2,132	2,415	2,782	2,754	3,095	4,056	2,543	2,550	2,796	2,895	2,983	3,260	3,439
Japan	3,497	8,848	11,265	12,430	8,470	9,345	10,820	26,656	28,958	38,252	37,565	26,876	26,511	27,901
Korea	5,936	5,358	6,069	5,806	5,788	6,138	9,078	10,464	10,103	12,350	15,406	18,851	21,975	17,125
New Zealand	3,158	4,201	5,035	....	....	5,379	5,030	1,386	....	2,229	2,666	....	....	....
Norway	2,179	2,500	2,980	3,332	3,613	4,222	4,633	5,189	6,716	8,489	10,111	11,586	14,043	15,932
Singapore	4,458	3,842	5,327	6,205	7,545	9,179	10,583	8,212	8,382	9,291	10,070	11,116	12,477	14,189
Sweden	4,710	5,304	6,198	7,394	9,141	12,003	12,631	7,301	8,296	10,165	10,771	11,529	13,975	15,432
Switzerland	7,260	8,614	9,595	10,041	10,808	12,183	14,464	5,537	6,883	8,104	8,782	9,252	10,116	10,973
Taiwan Province of China *	4,583	2,977	4,054	4,977	5,136	5,213	5,937	6,956	6,480	8,170	8,682	8,746	9,070	9,116
United Kingdom	20,549	22,668	28,202	30,573	34,796	38,698	36,424	41,744	47,853	56,444	59,532	63,319	71,519	69,792
United States	84,752	83,316	94,107	102,070	106,906	119,781	134,908	61,738	60,935	69,626	73,320	76,949	81,517	85,372

* from published sources

	Credit							Debit						
	2002	2003	2004	2005	2006	2007	2008	2002	2003	2004	2005	2006	2007	2008
Emerg. & Develop. Economies *(Billions)*	140	157	196	222	251	300	327	96	105	126	150	172	214	245
Africa	11,786	15,798	18,766	21,761	24,526	28,561	28,437	7,166	9,733	10,578	11,252	13,362	17,501	21,681
CEMAC														
Cameroon	62	182	158	175	181	226	154	171	171	323	355	412	368	340
Central African Republic	....	....	....	....	....	....	....	....	....	....	....	....	....	....
Chad	....	....	....	....	....	....	....	....	....	....	....	....	....	....
Congo, Republic of	25	29	22	40	45	54	....	70	78	103	112	132	168	....
Equatorial Guinea	....	....	....	....	....	....	....	....	....	....	....	....	....	....
Gabon	18	15	10	9	....	....	....	194	194	214	274	....	....	....
WAEMU														
Benin	93	106	118	103	116	206	....	20	21	29	27	34	72	....
Burkina Faso	....	....	....	....	....	....	....	....	....	....	....	....	....	....
Côte d'Ivoire	51	69	82	83	93	103	114	358	387	381	354	373	372	380
Guinea-Bissau	2	2	1	....	....	....	....	5	13	13	....	....	....	....
Mali	104	128	140	148	175	221	....	36	48	66	77	120	137	....
Niger	20	27	31	43	36	41	....	17	22	22	30	28	29	....
Senegal	190	209	211	242	250	531	....	43	55	57	65	54	253	....
Togo	13	15	19	20	21	34	....	5	7	8	8	5	17	....
Algeria	....	....	....	....	....	....	....	....	....	....	....	....	....	....
Angola	37	49	66	88	75	225	285	19	12	39	74	148	212	254
Botswana	319	457	581	562	537	263	513	184	230	276	282	277	446	488
Burundi	1	1	1	1	1	1	1	14	15	23	60	125	104	91
Cape Verde	65	87	99	122	209	304	352	56	73	78	67	82	107	133
Comoros	....	....	....	....	....	....	....	....	....	....	....	....	....	....
Congo, Democratic Republic of	....	....	....	....	....	....	....	....	....	....	....	....	....	....
Djibouti	9	7	7	7	10	7	8	3	3	3	3	3	3	4
Eritrea	....	....	....	....	....	....	....	....	....	....	....	....	....	....
Ethiopia	72	114	174	168	162	176	377	45	50	58	77	97	107	156
Gambia, The	....	56	47	56	66	87	83	....	4	4	5	6	7	8
Ghana	358	414	466	836	861	908	919	119	138	186	303	345	558	542
Guinea	....	....	....	....	....	....	2	31	26	25	....	....	29	9
Kenya	276	347	486	579	687	917	752	126	127	108	124	178	265	266
Lesotho	20	28	42	26	27	43	34	14	26	30	27	19	16	14
Liberia	....	....	59	67	124	131	158	....	....	14	16	17	21	30
Madagascar	64	76	157	183	....	....	....	160	64	93	74	....	....	....

2009, International Monetary Fund: *Balance of Payments Statistics Yearbook*

Table B-8. Travel

Millions of U.S. dollars, unless otherwise indicated

	Credit							Debit						
	2002	2003	2004	2005	2006	2007	2008	2002	2003	2004	2005	2006	2007	2008
Africa (continued)														
Malawi	33	....	....	....	....	....	....	78	....	....	....	....	....	....
Mauritania	....	....	....	....	....	....	....	....	....	....	....	....	....	....
Mauritius	612	697	856	871	1,005	1,304	1,454	204	216	255	275	327	357	452
Morocco	2,646	3,221	3,922	4,610	5,984	7,181	7,221	444	548	574	612	693	880	1,090
Mozambique	63	98	95	130	140	163	190	113	140	134	176	179	180	208
Namibia	218	333	405	349	381	434	382	65	101	123	108	118	132	92
Nigeria	139	30	21	54	65	213	221	881	1,795	....	240	959	2,401	3,621
Rwanda	31	30	44	49	31	65	202	24	26	31	37	35	69	70
São Tomé & Príncipe	7	7	8	7	7	3	....	1	1	1	....	....	....	....
Seychelles	164	171	172	192	228	278	....	33	36	34	39	36	40	....
Sierra Leone	38	60	58	64	23	22	34	39	37	30	32	12	14	24
South Africa	2,923	5,571	6,322	7,335	7,876	8,443	7,638	1,811	2,889	3,157	3,373	3,384	3,927	4,291
Sudan	108	17	21	89	167	262	331	91	119	176	667	1,413	1,477	1,188
Swaziland	43	70	75	77	75	32	....	26	22	48	49	49	51	....
Tanzania	635	647	746	824	950	1,199	1,354	337	353	445	554	534	595	721
Tunisia	1,523	1,583	1,970	2,143	2,275	2,575	2,953	260	300	340	374	410	437	458
Uganda	171	184	267	380	346	398	498	....	....	108	124	123	132	156
Zambia	64	88	92	98	110	138	146	47	49	55	58	68	56	64
Zimbabwe	....	....	....	....	....	....	....	....	....	....	....	....	....	....
Developing Asia *(Billions)*	**53**	**50**	**69**	**74**	**89**	**108**	**117**	**32**	**33**	**41**	**45**	**50**	**61**	**72**
Afghanistan, I.R. of	....	....	....	....	....	....	....	....	....	....	....	....	....	....
Bangladesh	57	57	67	70	80	76	91	113	165	161	136	140	156	184
Bhutan	....	....	....	....	....	....	....	....	....	....	....	....	....	....
Brunei Darussalam	114	124	181	191	224	233	241	398	468	382	374	408	430	458
Cambodia	454	389	603	840	963	1,135	1,221	38	36	48	97	122	123	108
China, P.R.: Mainland	20,385	17,406	25,739	29,296	33,949	37,233	40,843	15,398	15,187	19,149	21,759	24,322	29,786	36,157
China, P.R.: Macao	4,306	5,155	7,479	7,979	9,829	13,612	....	318	291	332	358	378	456	....
Fiji	260	345	423	485	480	499	546	55	70	94	106	101	92	96
French Overseas Territories: French Polynesia	372	480	523	530	463	539	522	180	236	311	312	122	159	159
French Overseas Territories: New Caledonia	156	196	241	149	122	142	152	104	128	167	122	129	149	168
India	3,102	4,463	6,170	7,493	8,634	10,729	11,832	2,988	3,585	4,816	6,187	6,845	8,219	9,602
Indonesia	5,285	4,037	4,798	4,522	4,448	5,346	7,377	3,289	3,082	3,507	3,584	4,030	4,904	5,397
Kiribati	....	....	....	....	....	....	....	....	....	....	....	....	....	....
Lao People's Democratic Republic	....	....	....	....	....	....	....	....	....	....	....	....	....	....
Malaysia	7,118	5,901	8,203	8,846	10,427	14,052	15,293	2,618	2,846	3,178	3,711	4,257	5,586	6,709
Maldives	337	402	471	287	512	602	636	46	46	56	70	78	93	109
Myanmar	120	56	84	68	46	....	....	29	32	29	31	37	....	....
Nepal	103	199	230	131	128	200	335	69	81	154	163	185	274	381
Pakistan	97	122	179	182	255	276	244	255	925	1,268	1,280	1,545	1,593	1,510
Papua New Guinea	3	4	6	4	....	....	....	60	52	71	56	....	....	....
Philippines	1,761	1,544	2,017	2,265	3,501	4,933	4,388	1,626	1,413	1,275	1,279	1,232	1,663	2,213
Samoa	....	....	69	79	90	107	....	....	....	5	9	6	5	....
Solomon Islands	1	2	4	2	2	....	....	6	4	9	5	8	....	....
Sri Lanka	363	441	513	429	410	385	342	263	279	296	314	373	393	428
Thailand	7,901	7,856	10,043	9,577	13,393	16,667	17,646	3,303	2,921	4,514	3,800	4,598	5,143	5,215
Timor-Leste	....	....	....	....	....	....	....	....	....	....	....	....	....	....
Tonga	6	10	13	15	16	15	....	3	3	6	4	8	10	....
Vanuatu	54	64	75	85	92	119	....	9	12	13	11	9	11	....
Vietnam	....	....	....	....	....	....	....	....	....	....	....	....	....	....
Europe	**33,200**	**43,005**	**52,891**	**59,236**	**64,367**	**78,335**	**93,655**	**25,822**	**29,548**	**37,568**	**42,017**	**46,319**	**56,617**	**67,314**
Central and Eastern Europe	**26,936**	**36,049**	**42,860**	**48,191**	**50,687**	**60,861**	**72,384**	**12,229**	**13,914**	**17,320**	**19,350**	**22,374**	**27,415**	**34,094**
Albania	487	522	735	854	1,012	1,378	1,714	365	489	642	786	965	1,268	1,555
Bosnia and Herzegovina	288	377	481	519	607	729	826	85	106	117	122	170	203	211
Bulgaria	1,096	1,621	2,202	2,412	2,612	3,130	3,804	717	1,033	1,363	1,309	1,478	1,826	2,380
Croatia	3,811	6,310	6,727	7,370	7,990	9,233	11,267	781	672	848	754	737	985	1,109
Czech Republic	2,964	3,566	4,187	4,676	5,541	6,388	7,719	1,597	1,934	2,280	2,405	2,765	3,648	4,587
Estonia	555	671	887	971	1,024	1,036	1,212	231	319	399	439	586	670	808
Faroe Islands	24	31	....	....	....	....	....	41	57	....	....	....	....	....
Hungary	3,728	4,061	3,914	4,120	4,254	4,739	6,033	2,133	2,594	2,421	2,382	2,126	2,949	4,037
Latvia	161	222	267	341	480	672	803	230	328	377	584	704	927	1,142
Lithuania	505	638	776	921	1,038	1,153	1,338	326	471	636	744	909	1,144	1,497
Macedonia, FYR	39	57	72	89	129	186	228	44	48	55	62	71	102	136
Montenegro, Republic of	....	....	....	....	....	629	755	....	....	....	....	....	37	43
Poland	4,314	4,069	5,833	6,274	7,239	10,599	11,771	3,278	3,085	4,776	5,548	7,224	7,753	9,596
Romania	335	449	503	1,052	1,308	1,606	1,992	396	479	539	925	1,310	1,543	2,178
Serbia, Republic of	....	....	....	....	....	866	941	....	....	....	....	....	1,042	1,251
Turkey	8,479	13,203	15,888	18,152	16,853	18,487	21,951	1,880	2,113	2,524	2,872	2,743	3,260	3,506
CIS and Mongolia	**6,263**	**6,956**	**10,032**	**11,045**	**13,680**	**17,474**	**21,271**	**13,594**	**15,634**	**20,248**	**22,668**	**23,945**	**29,202**	**33,220**
Armenia	63	73	171	220	271	305	331	54	67	179	236	286	294	324
Azerbaijan	51	58	65	78	117	178	190	105	111	126	164	201	264	341
Belarus	234	267	270	253	286	324	363	493	399	450	448	586	606	668
Georgia	126	147	177	241	313	384	447	149	130	147	169	167	176	203

Table B-8. Travel

Millions of U.S. dollars, unless otherwise indicated

	Credit							Debit						
	2002	2003	2004	2005	2006	2007	2008	2002	2003	2004	2005	2006	2007	2008
CIS and Mongolia (continued)														
Kazakhstan	622	564	718	701	838	1,013	1,012	757	669	844	753	821	1,041	1,022
Kyrgyz Republic	36	48	76	73	167	346	514	10	17	50	58	92	90	304
Moldova	50	54	91	103	115	167	212	95	99	113	141	190	214	274
Mongolia	130	143	185	177	225	....	....	119	138	193	157	188	....	....
Russia	4,040	4,502	5,530	5,870	7,628	9,607	11,944	10,918	12,880	15,285	17,314	18,112	22,133	24,890
Tajikistan	2	2	1	2	2	3	4	2	2	3	4	6	7	11
Turkmenistan	....	....	....	....	....	....	....	....	....	....	....	....	....	....
Ukraine	788	935	2,560	3,125	3,485	4,597	5,768	657	789	2,463	2,805	2,834	3,569	4,023
Uzbekistan	....	....	....	....	....	....	....	....	....	....	....	....	....	....
Middle East	13,451	16,822	19,206	25,900	27,905	34,146	36,232	13,054	14,252	15,769	27,272	34,637	46,031	48,131
Bahrain, Kingdom of	740	720	864	920	1,048	1,105	1,166	380	372	387	414	455	479	503
Egypt	3,764	4,584	6,125	6,851	7,591	9,303	10,985	1,266	1,321	1,257	1,629	1,784	2,446	2,915
Iran, I.R. of	....	....	....	....	....	....	....	....	....	....	....	....	....	....
Iraq	....	....	....	168	144	516	....	....	....	....	439	395	639	....
Jordan	1,048	1,061	1,330	1,441	2,060	2,311	2,943	453	452	524	585	837	883	1,004
Kuwait	117	118	178	165	205	223	257	3,021	3,348	3,701	4,532	5,573	6,636	7,570
Lebanon	4,284	6,374	5,411	5,532	4,981	5,466	7,192	2,683	2,943	3,170	2,908	3,006	3,114	3,564
Libya	181	205	218	250	190	74	74	586	557	603	680	668	889	1,277
Oman	393	385	411	429	544	648	804	530	630	644	668	712	752	858
Qatar	....	....	....	....	....	....	....	....	....	....	....	....	....	....
Saudi Arabia	....	....	....	4,626	4,768	5,972	5,910	....	....	....	9,087	12,979	20,171	15,129
Syrian Arab Republic	970	773	1,800	1,944	2,025	2,884	....	760	700	650	550	540	645	....
United Arab Emirates	....	....	....	....	....	....	....	....	....	....	....	....	....	....
West Bank and Gaza	38	152	115	119	89	212	....	388	378	401	255	290	365	....
Yemen, Republic of	38	139	139	181	181	425	886	78	77	126	167	162	184	183
Western Hemisphere	28,733	31,505	36,025	40,570	44,973	50,200	51,503	17,738	18,309	20,622	24,129	27,152	32,462	36,103
Eastern Caribbean Currency Union														
Anguilla	57	64	69	86	107	115	101	8	9	9	10	13	15	17
Antigua and Barbuda	274	300	337	309	327	338	334	33	35	37	40	45	52	55
Dominica	46	52	61	57	72	74	81	9	9	9	10	10	11	11
Grenada	91	104	86	71	94	108	105	8	8	9	10	16	16	13
Montserrat	9	7	9	9	8	7	7	2	2	2	3	3	3	3
St. Kitts and Nevis	57	75	103	121	132	126	122	8	8	10	11	14	12	13
St. Lucia	210	282	326	369	294	302	311	34	36	37	39	39	42	38
St. Vincent and the Grenadines	91	91	96	104	113	111	90	10	13	14	15	16	20	20
Argentina	1,535	2,006	2,235	2,729	3,344	4,314	4,658	2,328	2,511	2,604	2,790	3,099	3,921	4,564
Aruba	834	858	1,056	1,094	1,080	1,255	1,416	159	188	218	216	232	281	322
Bahamas, The	1,760	1,757	1,884	2,071	2,056	2,187	2,153	244	305	316	344	385	377	305
Barbados	658	758	776	897	....	....	....	99	104	108	96	....	....	....
Belize	121	150	168	214	260	289	281	44	46	43	42	41	43	41
Bermuda	....	....	....	....	495	569	431	....	....	....	....	269	288	307
Bolivia	100	166	192	239	244	292	275	80	138	164	186	273	304	281
Brazil	1,998	2,479	3,222	3,861	4,316	4,953	5,785	2,396	2,261	2,871	4,720	5,764	8,211	10,962
Chile	898	883	1,095	1,109	1,213	1,478	1,757	673	850	977	1,051	1,239	1,660	1,366
Colombia	967	893	1,061	1,222	1,554	1,669	1,844	1,075	1,062	1,111	1,130	1,332	1,537	1,739
Costa Rica	1,161	1,293	1,459	1,671	1,707	2,026	2,276	345	353	406	470	485	634	593
Dominican Republic	2,730	3,128	3,152	3,518	3,917	4,064	4,176	295	272	310	352	333	326	314
Ecuador	447	406	462	486	490	623	742	364	354	391	429	466	504	542
El Salvador	245	383	453	542	793	847	894	191	229	292	347	523	605	624
Guatemala	620	621	630	791	919	1,055	1,068	276	312	385	421	529	597	606
Guyana	49	26	27	35	37	50	59	38	26	30	40	49	58	52
Haiti	108	96	93	84	130	193	279	....	....	72	55	56	56	64
Honduras	301	364	414	463	515	546	620	149	217	244	262	355	370	344
Jamaica	1,209	1,355	1,438	1,545	1,870	1,910	1,976	258	252	286	249	273	298	268
Mexico	8,858	9,362	10,796	11,803	12,177	12,852	13,289	6,060	6,253	6,959	7,600	8,108	8,375	8,526
Netherlands Antilles	771	845	919	956	1,019	1,098	....	279	323	285	276	282	312	....
Nicaragua	135	160	192	206	231	255	276	69	75	89	91	97	121	142
Panama	513	585	651	780	960	1,185	1,408	179	208	239	271	271	307	366
Paraguay	62	64	70	78	92	102	109	65	67	71	79	92	109	124
Peru	787	963	1,142	1,308	1,577	1,938	1,991	606	641	643	752	789	1,007	1,067
Suriname	3	4	17	45	95	67	77	10	6	14	17	18	22	30
Trinidad and Tobago	242	249	342	453	382	463	....	186	107	96	180	93	94	....
Uruguay	351	345	494	594	598	809	1,054	178	169	194	252	213	239	358
Venezuela, República Bolivariana de	434	331	502	650	768	817	917	981	859	1,077	1,276	1,229	1,520	1,784

Table B-9. Government Services, n.i.e.

Millions of U.S. dollars, unless otherwise indicated

	Credit							Debit						
	2002	2003	2004	2005	2006	2007	2008	2002	2003	2004	2005	2006	2007	2008
Total *(Billions)*	48	57	64	70	78	84	88	77	85	100	106	120	131	158
International Organizations	1,088	1,358	1,523	1,482	1,776	1,876	2,059	9,934	8,541	10,527	11,618	12,653	14,912	16,635
Advanced Economies *(Billions)*	36	42	49	50	57	60	57	36	44	50	52	55	59	64
Euro Area														
Austria	295	365	373	388	437	600	663	82	93	88	106	107	124	127
Belgium	1,537	1,356	2,087	2,052	2,307	2,241	2,434	575	699	764	764	863	195	291
Cyprus	294	363	358	325	388	498	254	107	148	92	92	89	129	116
Finland	90	86	103	112	106	122	....	107	128	141	141	23	25	....
France	834	794	857	858	892	1,056	1,311	783	1,089	1,133	981	1,046	1,244	1,443
Germany	6,359	7,443	8,036	6,369	6,355	6,379	5,116	1,385	1,694	1,404	1,773	1,662	1,849	1,666
Greece	98	81	100	108	91	95	95	372	520	460	450	467	486	511
Ireland	235	276	505	518	531	....	....	64	77	56	51	68	....	....
Italy	877	1,165	1,222	1,122	1,429	1,531	1,638	2,056	1,225	1,573	1,717	2,404	3,189	2,678
Luxembourg	212	262	319	327	326	389	385	24	20	27	30	29	34	46
Malta	26	31	26	29	31	33	32	29	34	21	18	17	26	19
Netherlands	1,438	1,910	1,990	1,904	2,110	2,515	2,843	712	943	879	894	805	767	749
Portugal	138	166	194	164	196	237	254	155	175	173	165	279	282	238
Slovak Republic	25	28	22	25	33	41	58	29	45	51	63	70	82	94
Slovenia	5	5	6	6	7	7	7	17	20	24	26	31	44	94
Spain	648	629	775	810	796	963	981	267	344	366	390	414	469	398
Australia	433	521	644	668	650	710	727	365	465	566	596	619	711	725
Canada	915	1,111	1,228	1,411	1,588	1,553	1,683	615	683	753	843	918	1,065	1,102
China, P.R.: Hong Kong	55	55	56	58	61	63	....	131	132	154	141	155	141	....
Denmark	....	....	....	....	....	....	....	....	....	....	....	....	....	....
Iceland	84	97	96	86	59	13	6	18	22	21	22	20	25	24
Israel	27	39	31	42	38	31	23	201	224	211	218	230	255	281
Japan	803	1,687	2,678	2,334	2,158	2,057	2,315	1,328	1,266	1,501	1,655	1,656	1,682	2,101
Korea	1,043	1,203	1,377	1,418	1,509	1,620	1,883	454	453	554	733	828	1,009	956
New Zealand	67	72	94	....	....	121	132	73	....	95	103	....	....	....
Norway	260	306	298	308	214	235	246	138	154	433	472	730	817	792
Singapore	96	92	103	108	113	118	146	122	132	178	185	187	201	236
Sweden	252	316	398	413	455	533	605	102	124	147	132	138	141	204
Switzerland	1,244	1,740	1,332	1,253	1,345	1,540	1,742	126	140	150	160	158	174	192
Taiwan Province of China *	134	138	244	253	412	292	280	867	832	872	1,060	1,063	837	833
United Kingdom	2,371	3,160	3,704	3,612	3,784	4,239	3,896	2,846	4,302	4,729	4,505	4,938	6,210	7,446
United States	15,579	16,875	19,392	23,162	27,999	29,907	27,270	21,655	27,982	32,517	33,420	34,447	36,441	40,326

* from published sources

	Credit							Debit						
	2002	2003	2004	2005	2006	2007	2008	2002	2003	2004	2005	2006	2007	2008
Emerg. & Develop. Economies *(Billions)*	11	13	14	18	20	22	28	31	33	40	42	53	57	77
Africa	1,994	2,390	2,890	3,841	4,145	4,672	5,834	3,412	3,629	6,135	5,763	6,130	9,027	13,415
CEMAC														
Cameroon	18	52	53	113	117	131	129	14	45	43	27	59	45	90
Central African Republic	....	....	....	....	....	....	....	....	....	....	....	....	....	....
Chad	....	....	....	....	....	....	....	....	....	....	....	....	....	....
Congo, Republic of	7	9	13	14	15	17	....	10	9	4	4	4	5	....
Equatorial Guinea	....	....	....	....	....	....	....	....	....	....	....	....	....	....
Gabon	12	6	20	26	....	....	....	17	18	18	21	....	....	....
WAEMU														
Benin	12	10	12	15	21	21	....	6	10	14	12	10	9	....
Burkina Faso	....	....	....	....	....	....	....	....	....	....	....	....	....	....
Côte d'Ivoire	72	104	122	135	138	158	168	98	123	137	142	146	221	172
Guinea-Bissau	....	1	2	....	....	....	....	1	....	2	....	....	....	....
Mali	20	17	14	21	22	17	....	7	4	4	5	3	2	....
Niger	2	7	6	3	7	5	....	13	17	12	3	2	....	....
Senegal	67	81	72	87	91	105	....	18	24	17	29	34	33	....
Togo	18	23	28	32	41	39	....	1	....	2	2	3	2	....
Algeria	....	....	....	....	....	....	....	....	....	....	....	....	....	....
Angola	....	....	....	....	....	....	....	556	547	518	600	651	646	2,119
Botswana	50	18	5	12	....	13	....	2	1	9	17	1	1	1
Burundi	4	5	12	28	29	24	63	8	7	12	9	9	9	18
Cape Verde	9	13	18	16	21	23	27	4	6	12	8	8	9	10
Comoros	....	....	....	....	....	....	....	....	....	....	....	....	....	....
Congo, Democratic Republic of	....	....	....	....	....	....	....	....	....	....	....	....	....	....
Djibouti	113	128	126	154	155	156	166	6	7	7	8	9	9	9
Eritrea	....	....	....	....	....	....	....	....	....	....	....	....	....	....
Ethiopia	135	173	205	223	284	185	184	25	20	26	16	16	15	31
Gambia, The	....	....	....	....	....	....	....	....	....	....	....	....	....	....
Ghana	16	18	19	24	140	217	242	73	169	178	133	91	186	261
Guinea	47	78	55	....	....	5	8	175	119	80	....	....	48	46
Kenya	281	321	329	357	450	522	731	121	115	136	183	167	192	207
Lesotho	5	7	8	8	9	9	8	11	16	10	15	20	22	25
Liberia	....	....	144	132	193	191	198	....	....	690	756	1,058	1,030	1,067
Madagascar	118	69	66	78	....	....	....	143	139	164	153	....	....	....

Table B-9. Government Services, n.i.e.

Millions of U.S. dollars, unless otherwise indicated

	Credit							Debit						
	2002	2003	2004	2005	2006	2007	2008	2002	2003	2004	2005	2006	2007	2008
Africa (continued)														
Malawi	....	....	....	....	....	....	....	....	....	....	....	....	....	....
Mauritania	....	....	....	....	....	....	....	....	....	....	....	....	....	....
Mauritius	3	6	6	14	8	11	14	18	31	18	5	5	7	10
Morocco	262	353	406	529	520	675	577	511	512	646	742	911	889	1,066
Mozambique	3	4	9	26	32	54	67	18	20	20	21	30	36	47
Namibia	7	16	20	22	20	19	17	9	7	9	9	9	8	7
Nigeria	....	....	....	360	242	345	403	233	....	....	240	161	2,111	922
Rwanda	18	28	38	46	57	54	82	78	99	116	128	29	13	18
São Tomé & Príncipe	....	....	....	....	....	....	....	3	3	3	1	2	3	....
Seychelles	16	20	18	22	22	26	....	7	8	5	3	9	4	....
Sierra Leone	....	....	....	....	....	....	....	5	5	5	5	8	8	9
South Africa	122	179	238	259	302	320	411	129	198	265	292	342	354	460
Sudan	2	5	9	13	27	43	36	34	25	41	43	72	66	68
Swaziland	3	5	15	10	9	7	....	8	7	15	6	9	12	....
Tanzania	60	48	59	54	61	39	33	22	41	52	76	37	50	22
Tunisia	78	95	109	121	133	152	183	98	102	116	116	117	140	144
Uganda	9	10	12	13	15	21	27	8	15	17	15	15	19	23
Zambia	1	23	71	66	....	....	....	14	16	30	25	27	28	30
Zimbabwe	....	....	....	....	....	....	....	....	....	....	....	....	....	....
Developing Asia	3,613	4,242	4,243	5,277	5,290	6,064	7,212	2,697	2,873	3,397	3,632	3,863	4,706	5,741
Afghanistan, I.R. of	....	....	....	....	....	....	....	....	....	....	....	....	....	....
Bangladesh	543	614	663	775	731	931	1,040	88	117	96	195	229	211	153
Bhutan	....	....	....	....	....	....	....	....	....	....	....	....	....	....
Brunei Darussalam	....	....	....	....	....	....	....	114	147	154	170	179	202	221
Cambodia	8	7	17	55	53	37	33	7	9	12	11	44	44	101
China, P.R.: Mainland	363	359	378	495	579	552	666	448	454	531	623	506	857	920
China, P.R.: Macao	....	....	....	....	....	....	....	25	28	30	39	47	58	....
Fiji	25	29	20	19	34	25	18	3	3	3	3	7	5	4
French Overseas Territories: French Polynesia	109	146	139	124	152	167	183	1	1	1	1	1	1	1
French Overseas Territories: New Caledonia...	87	95	100	117	149	163	171	....	....	1	1	1	1	5
India	353	269	350	328	274	317	387	263	199	348	467	474	418	501
Indonesia	144	150	291	355	427	414	515	275	230	236	212	219	254	251
Kiribati	....	....	....	....	....	....	....	....	....	....	....	....	....	....
Lao People's Democratic Republic	....	....	....	....	....	....	....	....	....	....	....	....	....	....
Malaysia	125	119	112	113	110	87	38	200	209	302	205	230	202	210
Maldives	3	3	3	6	3	11	17	1	1	2	3	5	4	5
Myanmar	23	21	23	22	23	....	....	13	17	16	16	16	....	....
Nepal	113	70	105	109	134	172	229	6	8	9	11	5	6	12
Pakistan	933	1,492	1,030	1,635	1,261	1,543	1,733	146	192	232	302	324	385	410
Papua New Guinea	....	14	22	17	....	....	....	....	5	29	16	....	....	....
Philippines	....	....	....	....	....	....	....	44	30	51	68	96	126	209
Samoa	....	....	1	....	1	1	....	....	....	....	1	1	1	....
Solomon Islands	....	2	4	5	9	....	....	....	....	−1	1	12	....	....
Sri Lanka	21	21	20	21	21	20	21	31	33	35	37	35	34	35
Thailand	87	104	108	152	186	233	327	149	170	169	146	174	253	230
Timor-Leste	....	....	....	....	....	....	....	....	....	....	....	....	....	....
Tonga	4	4	6	7	9	7	....	4	5	7	6	8	9	....
Vanuatu	3	3	5	4	6	9	....	4	5	5	5	5	5	....
Vietnam	....	....	....	....	....	....	....	....	....	....	....	....	....	....
Europe	1,251	1,499	1,991	2,432	2,691	2,779	3,577	2,543	3,070	3,931	4,497	4,884	5,055	6,481
Central and Eastern Europe	559	658	932	1,124	1,277	1,114	1,117	1,223	1,606	1,964	2,417	2,646	2,047	2,713
Albania	33	25	6	10	23	22	58	29	69	63	65	33	33	18
Bosnia and Herzegovina	2	2	2	2	2	3	4	7	9	10	11	15	17	17
Bulgaria	41	40	45	15	2	3	3	15	23	26	22	9	9	12
Croatia	2	....	1	1	1	1	2	37	32	43	51	57	66	75
Czech Republic	59	35	36	35	35	36	51	67	80	75	108	75	88	123
Estonia	34	35	42	48	46	58	55	25	23	31	24	33	50	54
Faroe Islands	....	....	....	....	....	....	....	1	1	....	....	....	....	....
Hungary	81	80	65	125	106	118	143	100	128	134	173	192	230	256
Latvia	17	18	28	29	30	38	43	10	12	14	16	18	24	27
Lithuania	13	14	14	30	40	45	59	37	48	54	65	78	110	119
Macedonia, FYR	33	21	24	26	20	19	20	8	17	22	22	28	38	39
Montenegro, Republic of	....	....	....	....	....	....	....	....	....	....	....	....	8	13
Poland	7	4	34	46	62	96	148	97	121	179	210	418	376	526
Romania	21	28	24	27	27	47	43	34	45	50	93	126	122	139
Serbia, Republic of	....	....	....	....	....	29	28	....	....	....	....	....	61	55
Turkey	67	104	254	320	314	600	460	633	812	975	1,194	1,034	814	1,238
CIS and Mongolia	692	841	1,059	1,308	1,414	1,665	2,461	1,319	1,464	1,967	2,080	2,238	3,008	3,768
Armenia	8	8	8	8	10	9	9	8	12	13	14	15	21	22
Azerbaijan	41	40	39	58	98	76	93	15	19	28	28	79	54	63
Belarus	24	23	21	17	16	20	36	16	21	28	37	20	22	21
Georgia	38	39	47	67	84	118	104	40	42	45	48	40	61	83

2009, International Monetary Fund: *Balance of Payments Statistics Yearbook*

Table B-9. **Government Services, n.i.e.**

Millions of U.S. dollars, unless otherwise indicated

	Credit							Debit						
	2002	2003	2004	2005	2006	2007	2008	2002	2003	2004	2005	2006	2007	2008
CIS and Mongolia (continued)														
Kazakhstan	178	185	192	229	235	313	447	32	41	50	120	139	256	205
Kyrgyz Republic	22	21	17	26	27	31	12	3	3	5	4	5	5	5
Moldova	10	19	12	15	18	19	20	14	26	22	29	30	37	46
Mongolia	5	5	9	5	3	...	...	6	9	7	8	9	...	...
Russia	160	140	126	230	237	297	612	656	635	1,071	950	1,036	1,377	1,784
Tajikistan	9	23	42	44	24	32	48	2	2	8	1	2	2	3
Turkmenistan	...	...	...	...	...	...	...	...	...	...	...	...	...	...
Ukraine	99	201	399	441	468	510	593	392	465	460	586	582	686	377
Uzbekistan	...	...	...	...	...	...	...	...	...	...	...	...	...	...
Middle East	**1,649**	**2,885**	**2,934**	**3,624**	**4,345**	**5,288**	**7,712**	**19,376**	**20,016**	**23,160**	**24,188**	**33,638**	**32,840**	**45,655**
Bahrain, Kingdom of	...	...	...	...	...	...	...	...	...	...	...	...	...	...
Egypt	193	236	150	194	301	284	244	616	436	550	1,001	1,281	1,255	1,280
Iran, I.R. of	...	...	...	...	...	...	...	...	...	...	...	...	...	...
Iraq	...	...	...	8	4	29	...	...	...	...	668	460	125	...
Jordan	31	32	21	94	57	112	125	256	200	173	77	117	161	200
Kuwait	275	1,380	1,255	934	949	1,064	1,090	958	1,081	1,294	1,271	1,833	2,850	2,860
Lebanon	17	16	22	19	16	11	16	14	14	16	16	15	16	19
Libya	126	113	86	115	104	...	...	201	69	161	221	240	169	772
Oman	...	...	...	...	...	...	...	...	...	...	...	...	...	...
Qatar	...	...	...	...	...	...	...	...	...	...	...	...	...	...
Saudi Arabia	...	...	...	231	228	244	241	12,828	12,921	14,638	13,437	20,093	16,765	25,660
Syrian Arab Republic	212	150	270	350	275	300	...	208	109	164	85	83	96	...
United Arab Emirates	...	...	...	...	...	...	...	...	...	...	...	...	...	...
West Bank and Gaza	37	22	23	28	29	36	...	111	54	28	34	47	42	...
Yemen, Republic of	37	73	78	87	81	146	156	52	56	55	59	55	56	59
Western Hemisphere	**2,182**	**2,163**	**2,222**	**2,540**	**3,058**	**2,897**	**3,704**	**2,856**	**3,061**	**3,137**	**3,945**	**4,143**	**5,154**	**5,562**
Eastern Caribbean Currency Union														
Anguilla	1	1	1	1	2	2	2	3	2	2	...	1	...	...
Antigua and Barbuda	5	5	6	8	12	12	13	8	8	8	9	9	13	14
Dominica	2	1	1	1	2	1	1	4	4	2	2	2	1	1
Grenada	3	2	2	1	1	1	1	4	6	13	8	4	4	4
Montserrat	...	...	...	...	...	...	...	6	6	6	9	3	3	3
St. Kitts and Nevis	4	4	4	5	6	5	5	5	6	5	5	5	3	4
St. Lucia	1	1	1	2	2	2	2	5	4	5	3	3	7	7
St. Vincent and the Grenadines	2	2	2	2	2	2	2	3	3	4	6	8	11	11
Argentina	67	81	86	115	124	130	151	180	231	246	262	281	307	367
Aruba	18	14	16	17	19	19	17	31	36	32	28	34	34	35
Bahamas, The	26	26	33	51	33	33	41	87	84	63	78	101	78	97
Barbados	38	42	43	47	...	...	...	26	27	36	44	...	...	...
Belize	15	16	12	18	24	29	31	8	14	8	12	9	9	9
Bermuda	...	...	...	...	102	31	53	...	...	...	...	25	24	21
Bolivia	15	15	16	16	15	16	18	16	17	17	19	18	17	21
Brazil	761	877	969	1,192	1,517	1,340	1,628	1,013	1,028	1,149	1,947	1,967	2,473	2,744
Chile	70	79	84	94	104	111	109	134	132	127	184	212	216	257
Colombia	68	69	70	74	76	77	80	68	62	65	66	68	73	79
Costa Rica	28	31	35	37	39	32	30	13	13	14	4	4	4	4
Dominican Republic	89	68	69	70	71	72	73	43	41	46	47	72	81	89
Ecuador	63	69	74	72	78	88	90	41	50	79	63	77	91	69
El Salvador	33	42	51	30	39	38	26	16	16	24	22	26	28	36
Guatemala	93	105	86	86	109	112	141	48	41	20	21	22	24	33
Guyana	...	...	...	...	...	...	...	...	...	...	...	...	...	...
Haiti	22	22	32	52	54	54	54	19	54	16	16	19	19	10
Honduras	17	18	9	16	18	10	7	6	7	9	6	9	11	10
Jamaica	31	35	35	34	35	37	32	46	48	48	46	52	63	63
Mexico	266	140	74	39	20	11	6	629	570	529	525	504	837	534
Netherlands Antilles	51	52	46	56	55	51	...	5	10	14	8	9	9	...
Nicaragua	35	36	36	37	39	40	42	19	24	24	25	27	31	36
Panama	37	37	35	38	43	71	70	54	47	45	53	55	56	71
Paraguay	37	23	30	46	73	79	63	34	11	14	15	19	21	21
Peru	113	116	121	125	128	133	135	123	122	122	128	131	138	141
Suriname	3	7	12	22	23	35	52	14	7	20	13	18	25	31
Trinidad and Tobago	39	13	13	14	13	14	...	33	36	57	70	52	57	...
Uruguay	27	26	26	26	27	30	30	26	35	38	39	41	51	51
Venezuela, República Bolivariana de	100	87	90	94	103	121	159	85	261	232	166	208	281	443

Table B-10. **Other Services**

Millions of U.S. dollars, unless otherwise indicated

	Credit							Debit						
	2002	2003	2004	2005	2006	2007	2008	2002	2003	2004	2005	2006	2007	2008
Total *(Billions)*	756	893	1,079	1,219	1,424	1,742	1,944	698	804	936	1,039	1,191	1,430	1,614
International Organizations	734	827	767	673	653	685	760	3,984	5,103	6,047	6,265	6,731	7,351	10,908
Advanced Economies *(Billions)*	662	779	931	1,040	1,199	1,453	1,595	553	636	732	801	906	1,072	1,186
Euro Area														
Austria	9,504	12,239	14,253	16,989	18,874	23,066	26,333	7,293	9,382	11,073	12,648	13,580	16,307	17,630
Belgium	20,713	25,210	28,365	30,375	31,234	38,015	44,562	17,389	20,916	23,239	23,195	23,772	31,956	39,358
Cyprus	1,373	1,672	2,200	2,316	2,734	3,500	5,498	294	401	625	602	808	947	1,512
Finland	7,124	7,514	10,597	12,277	12,277	17,227	....	5,436	6,691	7,995	10,285	10,372	12,697	....
France	34,170	39,801	42,464	49,213	49,643	56,934	66,255	30,810	37,138	38,419	41,796	45,434	53,372	56,001
Germany	53,737	66,021	77,021	89,971	109,451	129,551	142,645	61,691	71,327	82,389	90,353	98,617	115,736	126,338
Greece	2,091	2,597	3,733	3,189	3,281	4,135	4,645	2,265	2,720	3,566	3,502	4,121	5,679	6,725
Ireland	24,946	35,992	45,492	51,974	60,353	....	....	37,216	47,833	57,927	62,845	69,056	....	....
Italy	23,380	28,776	33,033	38,013	43,094	49,972	58,080	30,920	36,322	40,180	44,666	52,260	63,454	70,257
Luxembourg	16,424	20,477	27,809	34,235	43,833	57,727	62,264	9,700	12,304	16,939	20,318	25,338	32,696	35,409
Malta	269	370	552	910	1,476	2,030	2,231	264	292	506	686	1,139	1,565	1,510
Netherlands	29,319	35,883	42,072	46,290	46,425	53,369	57,778	30,656	35,501	38,503	41,322	38,801	43,839	47,055
Portugal	2,584	3,171	3,952	4,142	5,244	6,987	8,136	2,748	3,218	3,846	4,055	4,839	5,711	7,048
Slovak Republic	887	992	1,314	1,575	1,968	2,742	2,933	1,275	1,540	1,672	1,968	2,353	3,076	4,453
Slovenia	624	673	819	1,029	1,211	1,671	2,443	742	933	1,108	1,290	1,491	2,068	2,381
Spain	18,048	22,148	25,915	29,887	36,450	48,350	56,412	20,358	25,398	30,567	33,171	40,906	53,761	58,123
Australia	5,059	6,066	6,835	7,340	8,226	10,113	11,528	5,961	6,975	7,455	7,898	8,576	11,272	14,065
Canada	21,824	25,405	27,543	30,923	33,855	37,078	37,638	23,527	28,044	30,251	32,405	34,969	38,465	38,999
China, P.R.: Hong Kong	23,788	25,527	28,746	33,037	38,615	45,304	....	7,194	7,828	9,027	10,071	11,247	13,483	....
Denmark	10,887	12,378	13,563	....	....	....	....	8,748	9,568	11,638	....	....	....	....
Iceland	244	306	255	460	496	655	624	310	440	423	673	700	733	594
Israel	7,894	8,893	10,376	10,924	12,733	13,536	14,837	4,700	4,697	5,468	5,892	6,656	8,286	9,567
Japan	37,391	40,583	51,521	59,693	69,022	75,694	88,785	48,433	47,108	53,039	54,660	64,189	73,137	85,588
Korea	8,194	9,215	11,906	14,029	16,787	22,034	21,481	14,366	16,212	19,368	22,505	26,040	31,057	37,489
New Zealand	1,018	1,233	1,522	....	....	1,796	1,837	1,678	....	2,370	2,682	....	....	....
Norway	5,837	6,625	8,068	10,040	13,428	17,056	19,332	6,142	6,544	6,924	8,917	9,742	11,739	13,510
Singapore	13,132	19,036	24,443	27,888	33,974	43,041	43,592	14,515	18,444	22,436	24,435	29,703	33,161	34,964
Sweden	13,888	18,546	24,236	26,412	30,964	40,159	46,310	13,065	15,740	17,779	18,641	21,398	26,225	29,761
Switzerland	19,156	22,251	28,997	34,265	38,125	46,497	55,392	4,736	5,325	8,485	11,251	11,243	14,369	16,976
Taiwan Province of China *	13,168	15,664	16,197	14,673	17,465	18,972	21,421	10,929	11,609	13,557	14,299	13,976	14,932	13,759
United Kingdom	93,547	110,511	136,539	141,994	167,744	206,372	207,873	40,015	46,627	55,128	62,641	72,196	86,201	88,514
United States	142,217	153,554	180,270	197,813	228,961	273,823	292,844	89,280	95,716	110,169	118,685	144,728	161,705	174,816

* from published sources

	Credit							Debit						
	2002	2003	2004	2005	2006	2007	2008	2002	2003	2004	2005	2006	2007	2008
Emerg. & Develop. Economies *(Billions)*	92	113	147	178	224	289	348	141	164	198	232	278	350	417
Africa	7,345	8,857	10,286	8,417	10,484	12,244	13,603	13,655	14,157	16,252	21,550	25,685	35,351	41,916
CEMAC														
Cameroon	731	175	563	257	216	394	588	753	653	741	606	551	694	1,645
Central African Republic	....	....	....	....	....	....	....	....	....	....	....	....	....	....
Chad	....	....	....	....	....	....	....	....	....	....	....	....	....	....
Congo, Republic of	95	124	129	156	193	236	....	727	624	688	1,066	1,929	2,826	....
Equatorial Guinea	....	....	....	....	....	....	....	....	....	....	....	....	....	....
Gabon	39	68	45	85	....	....	....	330	363	398	426	....	....	....
WAEMU														
Benin	35	42	52	43	51	62	....	42	52	71	66	91	124	....
Burkina Faso	....	....	....	....	....	....	....	....	....	....	....	....	....	....
Côte d'Ivoire	359	377	421	425	411	462	493	543	567	600	535	573	588	613
Guinea-Bissau	4	2	4	....	....	....	....	6	1	7	....	....	....	....
Mali	25	37	56	70	77	112	....	113	118	119	145	146	182	....
Niger	26	24	49	33	39	26	....	20	19	64	33	72	66	....
Senegal	162	203	296	321	352	431	....	159	190	247	276	283	352	....
Togo	39	36	56	45	58	58	....	39	48	56	55	58	71	....
Algeria	....	....	....	....	....	....	....	....	....	....	....	....	....	....
Angola	153	136	239	71	1,389	69	30	2,270	2,004	3,368	4,797	5,086	9,668	16,045
Botswana	65	100	110	197	153	212	282	111	174	216	217	235	348	396
Burundi	2	1	1	3	3	4	1	2	3	13	20	13	10	16
Cape Verde	16	20	22	25	29	38	43	16	20	25	36	32	47	55
Comoros	....	....	....	....	....	....	....	....	....	....	....	....	....	....
Congo, Democratic Republic of	....	....	....	....	....	....	....	....	....	....	....	....	....	....
Djibouti	10	12	12	13	13	14	15	18	18	20	20	20	21	25
Eritrea	....	....	....	....	....	....	....	....	....	....	....	....	....	....
Ethiopia	128	176	257	155	144	274	350	191	229	293	337	423	507	611
Gambia, The	....	5	7	8	10	16	19	....	4	5	6	54	29	39
Ghana	66	74	81	101	192	393	401	160	269	292	256	358	394	391
Guinea	35	49	24	....	....	38	86	78	108	78	....	....	123	122
Kenya	38	41	143	207	302	362	483	189	199	349	404	387	438	538
Lesotho	10	15	21	17	23	24	25	....	....	....	2	1	3	4
Liberia	....	....	2	3	4	4	5	....	....	3	4	85	71	82
Madagascar	140	119	101	118	....	....	....	146	185	143	165	....	....	....

2009, International Monetary Fund: *Balance of Payments Statistics Yearbook*

Table B-10.

Other Services

Millions of U.S. dollars, unless otherwise indicated

	Credit							Debit						
	2002	2003	2004	2005	2006	2007	2008	2002	2003	2004	2005	2006	2007	2008
Africa (continued)														
Malawi	....	....	....	....	....	....	....	33	....	....	....	....	....	....
Mauritania	....	....	....	....	....	....	....	....	....	....	....	....	....	....
Mauritius	259	242	220	349	295	459	630	264	259	281	396	451	604	812
Morocco	672	995	1,357	1,659	1,796	2,491	3,119	601	674	856	911	1,115	1,436	1,891
Mozambique	172	112	71	97	110	112	140	266	223	187	221	276	345	333
Namibia	11	12	25	19	23	25	40	87	107	153	121	153	132	230
Nigeria	2,081	3,082	2,642	41	46	55	54	2,877	2,637	....	3,343	4,378	4,982	5,053
Rwanda	4	....	....	4	13	25	68	11	....	....	4	68	104	150
São Tomé & Príncipe	1	1	1	1	1	1	....	2	2	2	1	2	2	....
Seychelles	17	15	18	22	20	22	....	94	93	84	85	102	112	....
Sierra Leone	....	3	2	3	6	7	6	8	15	26	11	21	27	37
South Africa	918	1,288	1,705	2,030	2,349	2,998	2,964	1,271	1,784	2,505	3,162	3,936	4,742	4,619
Sudan	6	5	4	8	34	69	109	7	3	7	54	71	85	75
Swaziland	39	121	149	185	189	407	....	135	262	260	298	271	385	....
Tanzania	108	114	145	169	173	306	417	96	117	210	258	260	285	197
Tunisia	468	532	635	622	643	746	982	440	443	540	594	693	766	902
Uganda	13	56	74	98	111	101	146	359	169	97	116	165	206	191
Zambia	11	11	21	23	32	45	46	84	104	132	115	179	419	310
Zimbabwe	....	....	....	....	....	....	....	....	....	....	....	....	....	....
Developing Asia *(Billions)*	**40**	**50**	**71**	**91**	**113**	**148**	**178**	**53**	**63**	**79**	**91**	**108**	**135**	**156**
Afghanistan, I.R. of	....	....	....	....	....	....	....	....	....	....	....	....	....	....
Bangladesh	157	269	276	291	434	529	688	199	227	256	330	364	367	279
Bhutan	....	....	....	....	....	....	....	....	....	....	....	....	....	....
Brunei Darussalam	57	66	77	112	140	174	195	177	188	243	245	257	287	301
Cambodia	54	68	79	97	114	166	155	113	148	156	175	198	252	242
China, P.R.: Mainland	13,276	21,062	24,249	29,187	36,456	53,097	67,185	17,070	21,432	27,909	32,966	41,636	56,198	71,518
China, P.R.: Macao	168	210	238	235	252	327	....	606	731	839	948	1,190	1,912	....
Fiji	71	61	54	61	58	45	58	59	81	90	109	115	107	116
French Overseas Territories: French Polynesia	169	142	140	180	173	205	307	187	182	157	221	219	145	289
French Overseas Territories: New Caledonia	69	71	80	49	105	100	143	196	259	265	506	748	851	829
India	13,550	16,148	27,388	38,952	53,261	66,884	79,412	8,664	11,037	16,200	18,482	24,684	28,836	32,783
Indonesia	176	250	4,678	5,208	4,543	4,521	4,554	8,331	9,265	11,640	10,801	8,964	9,670	8,545
Kiribati	....	....	....	....	....	....	....	....	....	....	....	....	....	....
Lao People's Democratic Republic	....	....	....	....	....	....	....	....	....	....	....	....	....	....
Malaysia	4,781	4,791	5,600	6,561	6,992	8,177	8,225	7,739	8,217	7,976	9,643	9,632	12,000	11,960
Maldives	5	7	10	8	11	7	11	12	14	20	46	33	35	43
Myanmar	210	99	63	50	80	....	....	46	156	188	258	256	....	....
Nepal	53	67	93	107	89	103	132	51	61	81	100	117	155	128
Pakistan	607	518	600	785	878	880	963	452	592	1,757	3,312	3,522	3,563	3,549
Papua New Guinea	154	198	154	250	....	....	....	448	583	626	817	....	....	....
Philippines	790	894	1,025	1,298	1,792	3,510	4,439	1,457	1,490	1,394	1,393	1,527	1,884	2,082
Samoa	....	....	20	29	38	24	....	....	....	15	22	20	21	....
Solomon Islands	14	20	22	27	35	....	....	22	32	15	21	32	....	....
Sri Lanka	370	386	369	416	443	532	641	410	406	442	469	523	562	578
Thailand	4,138	4,335	4,539	5,808	5,866	7,088	8,464	6,148	6,594	7,565	8,642	11,933	14,853	18,134
Timor-Leste	....	....	....	....	....	....	....	....	....	....	....	....	....	....
Tonga	6	9	6	12	5	8	....	7	8	10	10	7	4	....
Vanuatu	14	18	19	24	24	26	....	11	12	13	15	14	14	....
Vietnam	....	....	....	....	....	....	....	....	....	....	....	....	....	....
Europe	**20,011**	**24,348**	**31,156**	**39,104**	**48,111**	**64,480**	**85,064**	**32,877**	**39,560**	**47,569**	**55,823**	**66,178**	**87,398**	**108,348**
Central and Eastern Europe	**14,469**	**17,104**	**21,637**	**26,250**	**31,124**	**41,354**	**54,107**	**17,250**	**21,793**	**25,343**	**29,189**	**34,476**	**44,185**	**53,396**
Albania	46	104	164	174	306	387	494	68	89	146	305	338	380	456
Bosnia and Herzegovina	202	298	329	360	401	449	503	79	100	110	103	124	139	147
Bulgaria	448	522	761	783	1,085	1,456	1,888	495	642	767	978	1,306	1,962	2,134
Croatia	1,179	1,470	1,663	1,457	1,543	1,713	2,110	1,170	1,774	2,064	1,970	2,045	2,002	2,371
Czech Republic	2,328	2,034	2,696	3,858	4,566	5,467	8,222	3,880	4,105	4,790	5,363	6,347	7,129	8,232
Estonia	322	546	703	942	1,013	1,507	1,900	359	535	592	785	838	1,084	1,249
Faroe Islands	22	12	....	....	....	....	....	54	49	....	....	....	....	....
Hungary	2,910	4,050	5,461	6,483	6,483	8,969	9,954	3,558	5,030	6,055	6,678	7,051	9,376	10,789
Latvia	291	373	493	574	719	1,121	1,389	230	288	374	457	619	966	1,198
Lithuania	292	293	301	566	600	480	570	255	235	278	349	442	573	626
Macedonia, FYR	101	177	213	239	266	360	436	125	159	221	246	245	332	428
Montenegro, Republic of	....	....	....	....	....	195	215	....	....	....	....	....	199	335
Poland	2,446	3,106	3,404	4,481	6,296	8,846	12,640	4,068	5,429	5,489	6,434	7,959	10,276	13,080
Romania	1,027	1,346	1,528	2,531	3,814	5,256	6,895	1,073	1,301	1,790	2,535	3,187	3,920	5,412
Serbia, Republic of	....	....	....	....	....	1,550	2,085	....	....	....	....	....	1,420	1,703
Turkey	2,705	2,522	3,551	3,379	3,450	3,585	4,792	1,714	1,870	2,333	2,578	3,395	4,380	5,185
CIS and Mongolia	**5,542**	**7,244**	**9,519**	**12,855**	**16,987**	**23,126**	**30,958**	**15,628**	**17,767**	**22,226**	**26,634**	**31,702**	**43,213**	**54,952**
Armenia	49	54	79	91	102	133	167	33	45	61	69	82	116	159
Azerbaijan	58	136	183	308	317	390	470	1,004	1,726	2,287	2,082	2,073	2,513	2,802
Belarus	373	354	431	465	384	567	867	198	230	244	300	374	501	646
Georgia	44	58	66	74	78	81	96	66	88	87	127	133	189	309

Table B-10. Other Services

Millions of U.S. dollars, unless otherwise indicated

	Credit							Debit						
	2002	2003	2004	2005	2006	2007	2008	2002	2003	2004	2005	2006	2007	2008
CIS and Mongolia (continued)														
Kazakhstan	125	251	262	277	288	493	683	2,254	2,460	3,343	5,455	6,287	8,209	7,403
Kyrgyz Republic	47	47	66	100	128	169	224	79	77	80	103	186	150	195
Moldova	47	49	86	111	135	175	248	71	69	102	102	96	135	180
Mongolia	10	19	37	33	43	....	....	41	67	104	96	72	....	....
Russia	4,190	5,467	7,147	9,758	13,156	17,683	23,726	9,412	10,504	13,046	15,344	18,845	26,204	36,722
Tajikistan	13	15	27	45	46	50	82	20	23	43	68	145	441	263
Turkmenistan	....	....	....	....	....	....	....	....	....	....	....	....	....	....
Ukraine	411	564	859	1,307	1,986	2,940	3,908	1,999	1,832	2,072	2,106	2,540	3,584	5,114
Uzbekistan	....	....	....	....	....	....	....	....	....	....	....	....	....	....
Middle East	9,932	13,651	17,813	18,643	25,886	30,744	32,967	12,953	16,871	22,731	25,147	33,813	42,807	53,321
Bahrain, Kingdom of	83	54	1,172	1,445	1,537	1,670	1,813	95	92	304	372	461	524	622
Egypt	2,566	2,955	3,905	2,852	2,754	3,407	5,523	2,965	2,704	3,226	4,147	3,979	4,624	6,098
Iran, I.R. of	....	....	....	....	....	....	....	....	....	....	....	....	....	....
Iraq	....	....	....	9	5	66	....	....	....	....	2,176	2,054	1,822	....
Jordan	402	352	296	329	262	371	513	403	412	342	538	481	643	683
Kuwait	126	129	625	1,415	4,112	5,423	6,192	113	160	295	266	275	302	289
Lebanon	128	2,664	3,750	4,870	6,107	6,948	11,238	186	2,630	3,814	3,639	4,213	5,139	7,923
Libya	53	66	70	53	67	9	16	235	310	384	432	474	344	809
Oman	23	31	36	211	445	593	702	577	1,124	1,437	1,426	1,949	2,401	2,723
Qatar	....	....	....	....	....	....	....	....	....	....	....	....	....	....
Saudi Arabia	5,177	5,713	5,852	4,733	6,904	7,937	1,006	4,752	5,193	7,732	5,805	10,892	16,567	18,218
Syrian Arab Republic	127	210	345	398	407	452	....	125	184	301	323	642	582	....
United Arab Emirates	....	....	....	....	....	....	....	....	....	....	....	....	....	....
West Bank and Gaza	66	76	94	129	131	43	....	118	101	119	146	149	196	....
Yemen, Republic of	71	54	107	59	256	108	118	415	408	383	423	902	713	998
Western Hemisphere	15,504	15,646	17,244	21,452	26,538	33,154	38,657	28,434	30,356	32,606	38,637	43,581	49,703	58,049
Eastern Caribbean Currency Union														
Anguilla	6	5	6	9	12	14	15	17	21	23	30	51	55	51
Antigua and Barbuda	39	38	53	60	59	71	76	74	78	78	100	116	116	115
Dominica	27	19	20	24	23	29	30	22	12	14	11	16	20	21
Grenada	27	20	63	32	23	24	25	49	30	31	30	35	38	39
Montserrat	4	3	4	4	5	6	6	5	6	10	9	6	7	8
St. Kitts and Nevis	19	19	19	26	28	30	31	34	34	34	41	39	43	47
St. Lucia	27	23	25	31	26	35	37	40	42	42	57	46	58	58
St. Vincent and the Grenadines	35	31	37	42	44	37	38	17	19	23	23	27	38	33
Argentina	1,138	1,481	1,827	2,526	3,147	4,219	5,414	1,519	1,825	2,169	2,617	2,865	3,579	4,170
Aruba	116	137	127	137	173	176	202	197	236	211	298	334	330	327
Bahamas, The	218	214	271	334	289	322	297	449	460	549	498	766	751	598
Barbados	324	343	370	488	....	....	....	211	218	215	322	....	....	....
Belize	21	24	28	41	50	50	52	40	42	52	55	48	59	50
Bermuda	....	....	....	....	958	1,006	1,054	....	....	....	....	260	416	367
Bolivia	79	81	92	91	106	126	144	168	208	230	244	262	276	313
Brazil	5,256	5,270	5,926	7,855	10,191	13,543	17,626	7,605	8,678	8,788	12,600	14,821	17,985	23,029
Chile	1,212	1,336	1,397	1,630	1,818	2,160	2,508	1,980	2,120	2,322	2,386	2,440	2,783	3,066
Colombia	293	336	448	593	849	786	885	957	977	1,149	1,467	1,843	2,009	2,361
Costa Rica	436	456	503	631	966	1,177	1,407	377	370	383	400	501	538	602
Dominican Republic	160	175	183	218	282	307	309	211	218	207	213	239	257	271
Ecuador	130	137	137	119	117	141	115	520	552	587	608	627	650	709
El Salvador	193	193	243	210	242	243	239	368	333	334	325	367	383	400
Guatemala	342	249	235	278	325	377	393	220	213	255	221	316	347	365
Guyana	114	124	127	105	102	114	143	102	95	118	90	116	130	154
Haiti	17	18	17	9	10	9	9	5	4	39	255	219	202	212
Honduras	162	164	185	182	173	182	230	138	155	156	161	140	136	139
Jamaica	304	274	327	299	284	312	318	679	667	743	709	811	938	922
Mexico	2,473	2,002	1,816	2,541	2,283	2,817	2,873	8,982	9,388	10,164	10,599	11,537	11,864	12,711
Netherlands Antilles	634	661	697	708	785	805	....	408	401	408	431	384	391	....
Nicaragua	26	29	30	31	33	34	36	95	92	99	99	104	119	122
Panama	519	561	583	622	780	1,083	1,251	460	434	426	528	449	547	641
Paraguay	400	402	441	446	537	657	686	77	70	52	69	64	69	67
Peru	289	327	358	407	418	638	692	835	921	873	933	1,048	1,236	1,837
Suriname	9	22	63	68	91	123	136	70	73	107	187	169	205	246
Trinidad and Tobago	154	177	201	215	216	217	....	37	67	56	99	57	55	....
Uruguay	129	142	213	226	282	433	488	155	168	201	230	274	289	315
Venezuela, República Bolivariana de	175	153	176	214	270	243	348	1,311	1,131	1,458	1,693	1,838	2,396	3,440

Table B-11. Income

Millions of U.S. dollars, unless otherwise indicated

	Credit							Debit						
	2002	2003	2004	2005	2006	2007	2008	2002	2003	2004	2005	2006	2007	2008
Total *(Billions)*	1,279	1,499	1,891	2,432	3,128	4,024	4,048	1,373	1,576	1,907	2,444	3,152	4,044	4,147
International Organizations	32,587	31,045	31,805	35,350	42,114	46,206	46,906	26,553	26,918	29,071	32,050	33,417	35,622	35,356
Advanced Economies *(Billions)*	1,166	1,372	1,737	2,220	2,820	3,593	3,592	1,131	1,299	1,578	2,040	2,628	3,382	3,396
Euro Area														
Austria	14,168	16,514	20,193	25,914	28,027	42,909	45,165	15,630	17,611	21,403	27,957	31,701	45,107	48,032
Belgium	36,372	40,213	48,891	59,028	74,277	100,189	115,688	31,897	33,732	43,269	53,604	69,324	93,076	108,722
Cyprus	757	905	1,160	1,635	2,139	4,163	4,051	1,158	1,295	1,697	2,247	2,904	4,546	6,410
Finland	8,607	9,349	13,129	14,406	18,356	23,743	23,450	9,210	11,980	12,884	14,754	17,547	24,388	24,542
France	66,875	89,357	119,722	156,117	200,209	251,427	261,056	57,507	74,489	97,080	126,729	162,853	211,126	224,999
Germany	97,983	118,531	170,228	200,022	253,420	327,527	360,952	115,005	135,518	144,627	169,180	195,398	257,627	296,439
Greece	1,532	2,911	3,495	4,072	4,566	6,345	8,427	3,488	7,413	8,920	11,102	13,524	18,814	24,442
Ireland	27,200	34,095	43,457	53,862	74,737	116,528	123,467	49,515	58,879	71,388	84,876	106,422	154,622	162,896
Italy	43,303	48,780	53,118	61,324	72,350	88,075	98,490	57,854	69,003	71,457	78,434	89,426	114,993	143,512
Luxembourg	60,400	69,291	76,855	99,081	128,706	167,852	203,564	63,759	73,247	81,166	105,814	139,689	183,403	221,430
Malta	857	905	974	1,208	1,841	2,683	3,229	833	934	1,026	1,455	2,103	2,911	3,484
Netherlands	40,304	59,006	80,671	98,776	131,137	159,667	166,137	40,245	57,773	69,305	94,839	112,858	154,853	158,096
Portugal	4,900	6,622	8,040	9,307	13,576	17,130	18,007	7,891	9,260	11,747	14,151	21,501	26,647	29,503
Slovak Republic	342	907	1,002	1,585	1,959	2,340	3,392	791	1,026	3,184	3,570	4,051	5,628	6,737
Slovenia	468	589	667	781	1,135	1,609	1,856	617	821	1,060	1,143	1,642	2,693	3,388
Spain	21,536	27,209	33,948	39,445	60,022	78,059	89,630	33,194	38,910	48,986	60,701	86,266	119,520	139,216
Australia	8,522	10,487	14,311	16,445	21,748	32,655	37,320	19,974	25,456	35,327	44,166	54,131	73,202	76,719
Canada	19,444	21,050	29,374	41,143	58,285	71,762	67,958	38,745	42,295	47,926	60,018	70,514	81,972	82,023
China, P.R.: Hong Kong	41,511	43,181	52,003	64,806	83,865	114,720	120,817	40,787	39,525	48,997	64,604	80,346	109,027	110,360
Denmark	9,265	11,180	12,784	24,929	27,726	34,660	42,846	12,805	13,796	15,114	23,331	24,899	34,484	38,152
Iceland	305	376	470	1,456	2,489	3,646	−667	318	559	1,035	2,072	3,808	5,555	4,976
Israel	2,458	2,814	3,004	5,600	8,418	10,871	8,235	7,042	7,682	7,188	7,011	9,204	11,368	11,534
Japan	91,478	95,211	113,331	141,062	165,802	199,460	212,100	25,709	23,971	27,628	37,618	47,647	60,959	59,764
Korea	6,900	7,176	9,410	10,432	14,547	19,782	22,726	6,467	6,850	8,327	11,994	14,014	18,780	17,620
New Zealand	1,133	1,430	1,596	1,554	1,554	2,765	2,090	4,343	5,651	7,438	8,844	9,456	12,224	11,856
Norway	10,351	14,077	17,117	24,557	30,988	39,273	48,038	9,654	12,712	16,570	22,586	31,610	37,272	45,123
Singapore	14,175	17,417	21,540	29,986	38,954	53,852	57,105	16,076	19,672	28,005	35,635	43,963	65,374	62,074
Sweden	18,018	22,934	31,332	38,196	50,603	66,631	74,172	19,044	22,637	31,310	35,412	43,172	55,543	63,358
Switzerland	41,331	62,760	71,334	101,978	108,874	126,322	84,489	32,024	38,488	46,093	67,956	75,400	119,111	119,992
Taiwan Province of China *	10,334	12,991	15,485	17,394	19,338	23,500	23,277	3,321	3,436	4,353	8,355	9,757	13,368	13,299
United Kingdom	184,547	203,108	254,373	338,703	437,947	584,307	500,608	152,662	169,020	217,306	296,593	418,527	535,385	430,867
United States	280,942	320,457	413,739	535,262	682,220	818,929	764,640	253,545	275,150	346,519	462,906	634,135	728,086	646,407

* from published sources

	Credit							Debit						
	2002	2003	2004	2005	2006	2007	2008	2002	2003	2004	2005	2006	2007	2008
Emerg. & Develop. Economies *(Billions)*	80	96	122	176	266	385	409	216	250	299	372	491	626	716
Africa	4,742	5,633	6,442	9,331	12,508	15,997	14,612	23,001	27,391	32,418	41,156	53,516	67,279	76,259
CEMAC														
Cameroon	43	108	105	45	46	67	132	420	518	549	665	377	566	337
Central African Republic	....	....	....	....	....	....	....	....	....	....	....	....	....	....
Chad	....	....	....	....	....	....	....	....	....	....	....	....	....	....
Congo, Republic of	6	10	13	18	20	23	....	866	596	962	1,596	1,773	1,908	....
Equatorial Guinea	....	....	....	....	....	....	....	....	....	....	....	....	....	....
Gabon	18	48	13	36	....	....	....	496	570	978	994	....	....	....
WAEMU														
Benin	21	23	23	25	24	36	....	47	61	60	43	54	86	....
Burkina Faso	....	....	....	....	....	....	....	....	....	....	....	....	....	....
Côte d'Ivoire	141	171	190	194	196	218	235	771	830	841	847	906	1,027	1,128
Guinea-Bissau	1	2	1	....	....	....	....	10	11	11	....	....	....	....
Mali	36	21	24	32	33	52	....	276	181	219	239	303	344	....
Niger	13	17	26	37	42	59	....	37	43	39	47	41	60	....
Senegal	65	86	95	95	121	138	....	195	223	226	185	185	212	....
Togo	26	27	39	46	47	61	....	47	50	73	81	86	91	....
Algeria	....	....	....	....	....	....	....	....	....	....	....	....	....	....
Angola	18	12	33	26	145	623	422	1,652	1,739	2,517	4,057	6,323	8,222	14,926
Botswana	268	383	259	458	529	438	457	967	1,098	1,251	1,298	1,301	1,176	713
Burundi	1	1	1	3	5	9	11	13	19	20	21	13	15	15
Cape Verde	6	16	18	19	19	27	28	18	29	36	53	59	59	76
Comoros	....	....	....	....	....	....	....	....	....	....	....	....	....	....
Congo, Democratic Republic of	....	....	....	....	....	....	....	....	....	....	....	....	....	....
Djibouti	24	31	33	32	35	35	46	9	10	11	11	12	11	13
Eritrea	....	....	....	....	....	....	....	....	....	....	....	....	....	....
Ethiopia	14	19	32	43	56	76	38	37	43	60	48	38	37	36
Gambia, The	....	5	2	3	5	9	13	....	32	30	34	42	44	40
Ghana	15	21	45	43	73	84	86	189	202	242	230	201	223	344
Guinea	6	13	10	....	....	61	10	52	124	37	....	....	96	101
Kenya	35	60	45	73	99	161	176	179	148	172	182	170	305	221
Lesotho	207	304	379	370	413	525	537	45	54	76	65	32	97	30
Liberia	....	....	5	9	18	20	22	....	....	168	156	167	170	676
Madagascar	46	16	15	24	....	....	....	178	94	89	104	....	....	....

Table B-11.

Income

Millions of U.S. dollars, unless otherwise indicated

	Credit							Debit						
	2002	2003	2004	2005	2006	2007	2008	2002	2003	2004	2005	2006	2007	2008
Africa (continued)														
Malawi	6	....	....	....	....	....	....	45	....	....	....	....	....	....
Mauritania	....	....	....	....	....	....	....	....	....	....	....	....	....	....
Mauritius	80	47	52	143	374	816	820	67	77	66	151	324	593	642
Morocco	377	370	505	689	750	961	1,059	1,115	1,162	1,176	1,072	1,227	1,365	1,581
Mozambique	52	56	75	99	160	194	167	655	221	374	459	794	785	798
Namibia	110	185	217	225	256	273	302	122	54	212	353	319	432	342
Nigeria	184	82	157	891	1,861	2,559	2,247	2,854	3,325	2,689	3,147	8,465	14,312	13,427
Rwanda	8	6	6	27	27	48	28	27	37	39	44	48	63	62
São Tomé & Príncipe	1	1	1	2	6	7	....	4	4	4	5	3	2	....
Seychelles	7	12	9	10	10	10	....	75	55	43	50	54	81	....
Sierra Leone	18	2	4	5	12	43	17	21	17	71	56	52	148	92
South Africa	2,179	2,857	3,259	4,640	6,078	6,882	5,944	4,975	7,447	7,576	9,569	11,237	15,967	15,072
Sudan	29	10	22	44	89	184	43	638	879	1,135	1,406	2,103	2,437	3,056
Swaziland	127	61	128	271	242	281	....	124	105	125	93	228	217	....
Tanzania	68	87	82	81	80	107	122	157	226	195	185	144	165	214
Tunisia	177	224	277	316	367	563	522	1,061	1,180	1,418	1,794	1,756	2,329	2,789
Uganda	24	28	36	50	72	97	130	148	171	329	299	311	346	419
Zambia	42	32	32	13	18	35	30	190	177	382	608	1,187	1,521	1,428
Zimbabwe	....	....	....	....	....	....	....	....	....	....	....	....	....	....
Developing Asia *(Billions)*	**24**	**33**	**41**	**64**	**89**	**133**	**147**	**65**	**68**	**77**	**93**	**115**	**147**	**159**
Afghanistan, I.R. of	....	....	....	....	....	....	....	....	....	....	....	....	....	....
Bangladesh	57	57	103	117	177	244	220	322	361	474	910	1,018	1,212	991
Bhutan	....	....	....	....	....	....	....	....	....	....	....	....	....	....
Brunei Darussalam	235	214	236	263	248	268	291	172	214	228	190	183	206	227
Cambodia	51	44	49	68	90	112	108	234	223	270	362	396	460	517
China, P.R.: Mainland	8,344	16,095	20,544	38,959	54,642	83,030	91,615	23,289	23,933	24,067	28,324	39,485	57,342	60,177
China, P.R.: Macao	450	395	387	806	1,426	1,945	....	468	547	959	1,582	2,983	2,099	....
Fiji	73	93	147	82	66	69	71	68	104	157	128	187	154	98
French Overseas Territories: French Polynesia	523	567	658	588	668	731	810	119	102	98	67	75	108	118
French Overseas Territories: New Caledonia	360	478	529	596	600	692	785	90	140	116	114	178	198	237
India	3,188	3,491	4,690	5,646	8,199	12,649	15,590	7,097	8,386	8,742	12,296	14,445	18,787	19,129
Indonesia	1,318	1,054	1,995	2,338	2,587	3,469	3,592	8,365	7,272	12,912	15,264	16,377	18,994	18,863
Kiribati	....	....	....	....	....	....	....	....	....	....	....	....	....	....
Lao People's Democratic Republic	5	4	4	5	16	44	....	47	51	60	84	76	94	....
Malaysia	2,139	3,448	4,329	5,373	8,494	11,314	12,081	8,734	9,376	10,751	11,691	13,206	15,369	19,218
Maldives	6	6	10	11	16	22	18	41	45	45	42	56	89	82
Myanmar	37	29	40	56	98	....	....	620	771	786	1,427	1,346	....	....
Nepal	57	49	63	140	158	224	236	71	69	78	92	96	88	85
Pakistan	128	180	221	658	864	1,357	1,312	2,414	2,404	2,584	3,172	3,995	5,097	5,606
Papua New Guinea	27	16	20	26	....	....	....	229	493	456	565	....	....	....
Philippines	3,306	3,330	3,725	3,937	4,388	5,351	5,973	3,733	3,614	3,796	4,231	5,643	6,243	5,833
Samoa	....	....	4	6	6	7	....	....	....	22	20	18	24	....
Solomon Islands	3	4	11	9	19	....	....	10	7	8	7	13	....	....
Sri Lanka	75	170	157	76	312	449	225	328	341	360	375	700	807	1,197
Thailand	3,421	3,150	3,244	3,640	4,665	7,033	6,947	7,084	8,123	9,364	10,813	11,368	14,409	16,950
Timor-Leste	....	....	....	....	....	....	....	....	....	....	....	....	....	....
Tonga	7	8	5	8	11	11	....	4	4	7	2	3	4	....
Vanuatu	22	24	27	28	32	36	....	34	39	46	54	52	61	....
Vietnam	167	125	188	364	668	1,166	1,357	888	936	1,079	1,569	2,097	3,356	5,757
Europe *(Billions)*	**19**	**26**	**34**	**46**	**71**	**108**	**126**	**42**	**61**	**81**	**104**	**154**	**217**	**275**
Central and Eastern Europe *(Billions)*	**12**	**14**	**20**	**26**	**36**	**51**	**54**	**25**	**32**	**50**	**55**	**75**	**110**	**127**
Albania	148	195	204	227	332	382	465	21	24	28	53	69	85	316
Bosnia and Herzegovina	605	654	675	682	733	1,037	1,206	97	121	170	213	316	495	604
Bulgaria	924	1,298	1,539	1,516	1,582	2,107	2,618	581	954	1,236	1,426	2,445	3,639	4,417
Croatia	437	508	879	889	1,127	1,760	1,972	975	1,760	1,701	2,099	2,596	3,263	4,386
Czech Republic	2,052	2,681	3,405	4,390	5,674	7,492	7,994	5,632	6,966	9,497	10,364	13,160	20,239	25,270
Estonia	205	249	436	731	1,092	1,676	1,647	530	785	1,074	1,300	1,957	3,127	3,159
Faroe Islands	92	106	....	....	....	....	....	73	76	....	....	....	....	....
Hungary	1,236	1,371	3,267	3,521	7,957	13,183	12,752	4,870	5,541	8,633	9,767	15,043	23,327	25,833
Latvia	289	368	500	772	1,078	1,487	1,785	235	393	775	948	1,610	2,396	2,381
Lithuania	192	235	355	448	590	793	1,034	375	717	967	1,075	1,407	2,407	2,608
Macedonia, FYR	51	60	85	98	135	213	273	95	123	124	211	172	248	381
Montenegro, Republic of	....	....	....	....	....	122	188	....	....	....	....	....	99	177
Poland	2,776	3,284	5,305	6,998	9,040	10,039	11,349	3,837	5,745	13,549	13,695	18,768	26,293	28,981
Romania	413	372	433	1,533	2,176	3,287	3,329	872	1,077	3,582	4,432	6,255	8,987	11,048
Serbia, Republic of	....	....	....	....	....	710	830	....	....	....	....	....	1,539	2,178
Turkey	2,486	2,246	2,651	3,608	4,383	6,384	6,880	7,040	7,803	8,260	9,483	11,074	13,527	14,844
CIS and Mongolia *(Billions)*	**7**	**13**	**14**	**21**	**35**	**57**	**71**	**16**	**29**	**31**	**48**	**78**	**108**	**148**
Armenia	137	166	397	458	624	811	994	48	71	290	325	409	532	523
Azerbaijan	37	53	65	202	280	328	595	422	495	766	1,847	2,961	5,407	5,861
Belarus	45	126	158	168	247	276	396	97	112	159	239	367	687	1,184
Georgia	161	177	252	263	341	482	489	149	164	173	201	178	445	654

Table B-11.

Income

Millions of U.S. dollars, unless otherwise indicated

	Credit							Debit						
	2002	2003	2004	2005	2006	2007	2008	2002	2003	2004	2005	2006	2007	2008
CIS and Mongolia *(continued)*														
Kazakhstan	234	255	423	680	1,431	3,464	3,338	1,361	2,002	3,286	6,377	10,922	16,550	22,661
Kyrgyz Republic	6	5	8	17	42	43	42	64	67	109	102	85	95	145
Moldova	229	341	490	539	606	710	905	73	110	133	128	203	294	307
Mongolia	14	14	17	11	17	...	...	19	25	28	61	162	...	...
Russia	5,795	11,057	11,998	17,475	29,757	47,397	58,984	12,773	24,228	24,769	36,424	59,189	78,149	108,180
Tajikistan	1	1	2	10	12	22	20	42	71	59	50	76	73	72
Turkmenistan	...	...	...	...	...	...	...	...	...	...	...	...	...	...
Ukraine	165	254	389	758	1,332	3,656	5,419	769	835	1,034	1,743	3,054	4,315	6,959
Uzbekistan	...	...	...	...	...	...	...	...	...	...	...	...	...	...
Middle East	**14,839**	**13,747**	**19,159**	**30,636**	**52,178**	**71,033**	**67,797**	**15,404**	**17,754**	**19,387**	**27,456**	**34,187**	**42,358**	**45,807**
Bahrain, Kingdom of	1,679	1,267	2,544	5,016	7,634	10,374	7,088	2,204	1,760	3,119	5,428	8,019	10,672	8,012
Egypt	698	578	572	1,425	2,560	3,309	3,065	965	832	818	1,460	1,822	1,921	1,776
Iran, I.R. of	...	...	...	...	...	...	...	...	...	...	...	...	...	...
Iraq	...	...	...	680	1,206	1,923	...	...	...	...	5,207	4,751	4,990	...
Jordan	492	550	649	791	1,032	1,367	1,336	372	374	326	383	451	560	384
Kuwait	3,716	3,733	5,888	8,023	12,499	16,325	15,064	369	372	700	841	1,533	3,932	4,944
Lebanon	395	1,399	1,060	1,733	2,440	3,113	2,708	1,263	4,836	1,878	1,919	2,256	2,373	2,785
Libya	1,773	1,689	1,339	1,837	2,180	4,517	4,471	1,508	1,149	1,394	2,118	2,775	2,500	3,885
Oman	242	317	762	765	1,742	2,190	1,055	962	857	1,152	1,787	2,408	3,038	3,269
Qatar														
Saudi Arabia	3,714	2,977	4,278	5,058	10,481	15,138	21,499	3,925	4,277	3,800	4,626	6,646	8,742	11,471
Syrian Arab Republic	250	282	385	395	428	594	...	1,175	1,139	1,114	1,258	1,363	1,283	...
United Arab Emirates	...	...	...	...	...	...	...	...	...	...	...	...	...	...
West Bank and Gaza	392	452	457	602	655	742	...	11	2	32	35	9	8	...
Yemen, Republic of	135	99	104	178	316	385	321	901	1,008	1,450	1,791	1,551	1,735	2,237
Western Hemisphere *(Billions)*	**17**	**17**	**21**	**26**	**42**	**56**	**53**	**71**	**76**	**89**	**107**	**135**	**152**	**159**
Eastern Caribbean Currency Union														
Anguilla	2	2	8	12	15	13	13	8	8	7	8	7	11	8
Antigua and Barbuda	8	9	12	18	27	26	29	50	47	80	77	92	90	80
Dominica	3	2	4	6	6	9	9	31	29	37	35	21	25	26
Grenada	4	4	6	11	13	14	13	52	54	71	40	42	48	49
Montserrat	1	1	1	2	3	2	2	4	2	5	5	5	6	6
St. Kitts and Nevis	6	6	8	11	13	15	38	44	49	46	46	46	47	48
St. Lucia	4	5	6	8	10	12	9	40	56	75	81	66	80	81
St. Vincent and the Grenadines	3	4	5	8	14	13	14	21	28	33	35	38	34	35
Argentina	3,039	3,104	3,721	4,313	5,688	6,640	5,556	10,530	11,080	13,004	11,617	11,835	12,567	13,207
Aruba	32	33	36	43	63	90	75	168	86	112	527	179	191	180
Bahamas, The	108	79	80	97	119	121	113	292	232	221	279	337	353	228
Barbados	72	75	75	85	...	...	...	174	182	197	257	...	...	...
Belize	4	5	4	7	10	7	6	72	95	121	121	135	166	167
Bermuda	...	...	...	...	1,921	2,339	2,402	...	...	...	...	323	515	575
Bolivia	103	71	76	121	235	370	346	308	374	461	498	633	859	883
Brazil	3,295	3,339	3,199	3,194	6,438	11,493	12,511	21,486	21,891	23,719	29,162	33,927	40,784	53,073
Chile	1,114	1,552	1,983	2,452	3,374	6,336	6,186	3,960	6,041	9,820	12,939	21,775	24,930	20,749
Colombia	717	553	671	1,074	1,525	1,860	1,686	3,584	3,951	4,967	6,531	7,454	9,707	11,748
Costa Rica	158	146	144	807	1,135	708	689	598	922	589	1,015	1,131	1,572	1,078
Dominican Republic	300	341	322	418	700	812	682	1,452	1,734	2,146	2,320	2,553	2,892	2,497
Ecuador	30	27	37	86	165	259	187	1,335	1,555	1,940	2,029	2,114	2,306	1,785
El Salvador	159	140	144	175	234	287	223	483	563	602	754	765	863	759
Guatemala	161	179	220	302	435	556	535	479	497	630	786	1,115	1,399	1,464
Guyana	8	5	4	3	3	27	34	63	60	43	42	72	38	49
Haiti	...	...	...	...	19	25	28	14	14	12	35	12	16	22
Honduras	85	68	87	145	198	264	172	386	430	539	619	735	664	522
Jamaica	221	218	270	328	378	521	488	826	789	852	1,004	994	1,182	1,056
Mexico	4,051	3,858	5,617	5,359	6,406	7,876	7,315	15,906	15,258	15,012	18,993	24,159	26,097	24,565
Netherlands Antilles	91	90	95	103	137	176	...	90	97	105	108	138	166	...
Nicaragua	9	7	9	23	41	48	23	215	205	202	173	170	183	184
Panama	953	805	791	1,055	1,403	1,864	1,892	1,226	1,614	1,811	2,180	2,661	3,171	3,466
Paraguay	196	166	165	206	298	337	359	153	171	299	264	389	495	510
Peru	370	322	332	625	1,033	1,567	1,814	1,827	2,466	4,017	5,701	8,616	9,985	9,958
Suriname	8	12	16	24	28	44	42	51	60	79	64	80	35	22
Trinidad and Tobago	64	78	66	84	262	267	...	544	759	464	844	1,198	1,231	...
Uruguay	453	242	372	563	742	885	754	344	730	960	1,057	1,170	1,401	1,381
Venezuela, República Bolivariana de	1,474	1,729	2,050	4,146	8,226	10,196	8,063	4,230	4,066	5,723	6,411	9,271	7,694	7,365

Table B-12. Compensation of Employees

Millions of U.S. dollars, unless otherwise indicated

	Credit							Debit						
	2002	2003	2004	2005	2006	2007	2008	2002	2003	2004	2005	2006	2007	2008
Total..................................	49,475	60,084	71,664	78,592	86,354	105,418	120,267	57,312	67,926	77,679	86,646	96,181	114,164	136,454
International Organizations..........	....	....	....	....	....	....	....	8,082	9,567	10,308	10,797	11,013	12,868	14,070
Advanced Economies..................	34,714	40,969	45,281	46,872	49,270	57,862	64,024	43,156	50,210	55,441	60,167	64,909	74,642	84,520
Euro Area														
Austria................................	1,332	1,608	1,865	1,917	1,880	2,172	2,320	687	856	1,121	1,316	1,406	1,594	1,844
Belgium...............................	4,490	5,754	6,536	6,868	7,239	8,984	10,286	1,363	1,763	1,997	2,012	2,134	2,728	3,655
Cyprus................................	15	25	33	54	35	44	88	81	137	159	185	184	223	408
Finland...............................	477	526	666	693	698	762	818	113	149	225	249	309	367	428
France................................	9,596	10,860	11,817	11,434	11,888	13,293	14,719	1,280	1,537	1,169	1,072	1,128	1,245	1,236
Germany..............................	4,649	5,744	6,510	6,867	7,499	9,716	10,866	6,009	7,098	7,715	8,414	8,397	9,133	9,912
Greece................................	478	381	348	357	400	504	509	226	193	235	273	353	457	596
Ireland................................	274	304	389	488	513	573	636	419	548	734	1,063	1,277	1,619	1,626
Italy...................................	1,881	1,726	1,807	2,027	2,245	2,718	2,803	2,757	2,984	2,069	2,716	2,645	2,863	3,309
Luxembourg.........................	785	994	1,115	1,259	1,345	1,525	1,701	3,886	4,930	5,928	6,542	7,302	8,963	10,698
Malta.................................	21	25	33	33	35	43	50	8	10	16	22	39	46	52
Netherlands.........................	484	1,120	1,251	1,203	1,186	1,319	1,387	1,027	1,812	2,290	2,670	2,972	3,002	3,497
Portugal.............................	201	237	230	235	265	340	343	257	259	378	436	445	346	388
Slovak Republic....................	24	425	529	946	1,088	1,483	1,973	11	16	22	39	48	73	144
Slovenia.............................	196	217	249	254	274	315	343	45	65	78	90	127	247	353
Spain.................................	826	1,013	1,157	1,318	1,513	2,012	2,218	841	925	1,341	1,545	1,867	2,388	2,306
Australia...............................	479	695	868	982	1,018	1,213	1,475	734	1,192	1,530	1,686	2,190	2,225	2,170
Canada.................................	....	....	....	....	....	....	....	....	....	....	....	....	....	....
China, P.R.: Hong Kong...............	121	120	240	297	294	317	355	299	317	321	348	377	388	394
Denmark...............................	785	941	1,075	867	983	1,028	890	860	1,029	1,226	1,488	1,763	3,015	3,223
Iceland.................................	60	81	80	74	72	25	19	8	6	12	24	39	54	27
Israel....................................	167	171	298	377	463	546	513	2,780	2,502	2,218	2,206	2,334	2,798	3,550
Japan...................................	180	155	173	172	151	123	177	265	274	286	299	180	184	201
Korea...................................	590	732	713	745	685	692	1,092	64	97	126	119	141	186	556
New Zealand..........................	....	....	....	....	....	....	....	....	....	....	....	....	....	....
Norway................................	333	392	465	505	524	613	685	923	1,430	1,749	2,174	2,620	3,642	4,776
Singapore.............................	....	....	....	....	....	....	....	....	....	....	....	....	....	....
Sweden................................	319	336	377	346	372	533	565	537	554	621	534	579	861	883
Switzerland...........................	1,225	1,533	1,695	1,626	1,695	1,687	1,871	7,178	8,711	9,782	9,983	10,658	12,133	14,329
Taiwan Province of China *..........	222	216	232	266	295	350	364	536	576	521	497	406	363	383
United Kingdom.....................	1,695	1,825	1,706	1,772	1,730	1,965	1,914	1,582	1,728	2,610	2,876	3,501	3,434	3,212
United States.........................	2,811	2,813	2,822	2,890	2,883	2,970	3,045	8,380	8,512	8,963	9,290	9,490	10,066	10,364

* from published sources

	Credit							Debit						
	2002	2003	2004	2005	2006	2007	2008	2002	2003	2004	2005	2006	2007	2008
Emerg. & Develop. Economies............	14,761	19,115	26,383	31,720	37,084	47,555	56,242	6,075	8,149	11,930	15,682	20,259	26,653	37,864
Africa..................................	963	1,290	1,520	1,900	2,098	2,427	2,048	996	1,238	1,547	1,686	1,882	2,184	2,015
CEMAC														
Cameroon...........................	15	15	5	10	12	15	15	28	28	20	36	44	48	33
Central African Republic...........	....	....	....	....	....	....	....	....	....	....	....	....	....	....
Chad.................................	....	....	....	....	....	....	....	....	....	....	....	....	....	....
Congo, Republic of..................	....	8	9	11	13	15	....	31	34	43	59	73	93	....
Equatorial Guinea...................	....	....	....	....	....	....	....	....	....	....	....	....	....	....
Gabon................................	2	2	5	10	....	....	....	17	6	19	22	....	....	....
WAEMU														
Benin.................................	6	6	9	10	9	6	....	1	1	3	3	9	5	....
Burkina Faso........................	....	....	....	....	....	....	....	....	....	....	....	....	....	....
Côte d'Ivoire........................	120	142	158	161	165	182	195	12	15	16	17	17	19	21
Guinea-Bissau......................	....	2	1	....	....	....	....	....	....	....	....	....	....	....
Mali..................................	11	15	17	24	19	21	....	6	10	12	19	10	13	....
Niger.................................	10	14	17	21	29	37	....	2	2	3	2	2	6	....
Senegal.............................	48	63	70	72	75	85	....	5	9	10	11	10	13	....
Togo.................................	17	20	26	28	29	32	....	....	1	1	1	1	1	....
Algeria.................................	....	....	....	....	....	....	....	....	....	....	....	....	....	....
Angola.................................	....	....	....	....	....	....	11	123	142	179	98	241	374	447
Botswana..............................	19	27	29	31	26	12	20	58	82	89	91	87	89	82
Burundi................................	....	....	....	....	....	....	....	3	3	....	....	....	....	....
Cape Verde............................	....	....	....	....	1	....	1	....	1	1	1	1	1	2
Comoros...............................	....	....	....	....	....	....	....	....	....	....	....	....	....	....
Congo, Democratic Republic of......	....	....	....	....	....	....	....	....	....	....	....	....	....	....
Djibouti................................	14	22	22	23	25	25	26	....	....	....	....	....	....	....
Eritrea.................................	....	....	....	....	....	....	....	....	....	....	....	....	....	....
Ethiopia................................	....	....	....	3	2	....	....	....	1	....	....	....	....	....
Gambia, The..........................	....	1	1	1	1	2	9	....	1	1	1	1	1	1
Ghana.................................	....	....	....	....	....	....	....	....	....	....	....	....	....	....
Guinea................................	....	....	....	....	....	....	2	3	4	2	....	....	5	20
Kenya.................................	....	....	....	....	....	....	....	....	....	....	....	....	....	....
Lesotho...............................	184	276	341	320	357	438	432	21	27	29	17	11	21	13
Liberia................................	....	....	5	9	18	20	22	....	....	....	....	....	....	....
Madagascar.........................	29	8	7	10	....	....	....	5	5	6	13	....	....	....

2009, International Monetary Fund: *Balance of Payments Statistics Yearbook*

Table B-12. Compensation of Employees

Millions of U.S. dollars, unless otherwise indicated

	Credit							Debit						
	2002	2003	2004	2005	2006	2007	2008	2002	2003	2004	2005	2006	2007	2008
Africa (continued)														
Malawi	....	....	....	....	....	....	....	....	....	....	....	....	....	....
Mauritania	....	....	....	....	....	....	....	....	....	....	....	....	....	....
Mauritius	1	1	1	1	1	1	1	8	9	9	9	10	10	13
Morocco	....	....	....	....	....	....	....	....	....	....	....	....	....	....
Mozambique	24	40	55	51	64	68	82	34	9	9	10	14	19	19
Namibia	4	7	9	11	10	9	8	6	11	13	14	16	12	39
Nigeria	....	....	....	155	192	218	171	....	....	....	54	66	28	33
Rwanda	....	....	....	12	4	23	4	14	14	16	21	30	48	38
São Tomé & Príncipe	....	....	....	....	....	....	....	....	1	1	....	1	1	....
Seychelles	....	....	....	....	....	....	....	3	5	5	6	8	11	....
Sierra Leone	14	....	....	....	4	2	2	2	2	2	2	2	3	1
South Africa	268	391	468	614	692	792	784	506	706	935	1,041	1,055	1,172	1,119
Sudan	8	5	2	2	2	2	....	4	1	2	2	2	2	....
Swaziland	44	65	82	94	94	94	....	....	2	4	5	15	7	....
Tanzania	7	7	8	10	6	6	9	21	22	28	25	23	46	54
Tunisia	105	143	163	198	206	269	252	6	7	6	8	10	8	10
Uganda	....	....	....	....	....	....	....	46	47	54	52	21	33	40
Zambia	....	....	....	....	....	....	....	18	17	12	17	23	28	29
Zimbabwe	....	....	....	....	....	....	....	....	....	....	....	....	....	....
Developing Asia	**6,045**	**7,244**	**9,118**	**10,211**	**11,619**	**15,827**	**19,023**	**2,404**	**2,904**	**3,991**	**4,690**	**5,349**	**6,169**	**6,546**
Afghanistan, I.R. of	....	....	....	....	....	....	....	....	....	....	....	....	....	....
Bangladesh	10	12	12	12	10	9	14	3	3	3	3	1	1	8
Bhutan	....	....	....	....	....	....	....	....	....	....	....	....	....	....
Brunei Darussalam	....	....	....	....	....	....	....	3	12	14	....	....	....	....
Cambodia	3	3	3	4	4	4	5	61	46	44	113	100	78	81
China, P.R.: Mainland	674	1,283	2,014	3,337	4,319	6,833	9,137	950	1,120	1,382	1,817	2,330	2,493	2,736
China, P.R.: Macao	....	....	....	....	....	....	....	10	11	26	54	151	168	....
Fiji	52	70	117	49	39	45	48	2	2	2	3	5	5	8
French Overseas Territories: French Polynesia	398	496	583	546	607	675	740	38	25	14	14	15	16	28
French Overseas Territories: New Caledonia...	331	444	485	507	533	582	618	13	15	15	17	32	37	48
India	107	115	353	266	309	447	797	549	778	1,200	987	858	1,055	1,336
Indonesia	....	....	166	123	162	171	176	....	....	138	344	299	483	560
Kiribati	....	....	....	....	....	....	....	....	....	....	....	....	....	....
Lao People's Democratic Republic	....	....	....	....	....	....	....	....	....	....	....	....	....	....
Malaysia	435	571	802	1,117	1,365	1,563	1,329	745	821	1,064	1,244	1,449	1,738	1,547
Maldives	2	2	3	2	3	3	3	....	....	....	....	....	....	....
Myanmar	30	26	36	44	51	....	....	....	....	....	....	....	....	....
Nepal	23	27	30	85	80	87	146	1	1	1	5	10	4	5
Pakistan	....	1	2	3	8	6	14	....	....	1	1	2	....	....
Papua New Guinea	....	3	2	1	....	....	....	12	50	56	54	....	....	....
Philippines	2,568	2,558	2,851	2,893	2,758	3,030	4,092	....	....	....	....	....	....	....
Samoa	....	....	1	1	1	1	....	....	....	11	11	2	13	....
Solomon Islands	2	3	7	4	9	....	....	1	1	2	2	2	....	....
Sri Lanka	9	10	10	7	6	6	7	13	15	16	16	17	17	20
Thailand	1,380	1,607	1,622	1,187	1,333	1,635	1,898	....	....	....	....	....	....	....
Timor-Leste	....	....	....	....	....	....	....	....	....	....	....	....	....	....
Tonga	4	3	3	4	3	3	....	1	1	....	....	....	....	....
Vanuatu	4	4	5	5	5	4	....	2	3	3	3	3	2	....
Vietnam	....	....	....	....	....	....	....	....	....	....	....	....	....	....
Europe	**4,846**	**6,459**	**11,818**	**15,166**	**17,777**	**23,336**	**27,780**	**2,051**	**2,970**	**4,937**	**7,129**	**10,512**	**15,916**	**26,735**
Central and Eastern Europe	**3,554**	**4,752**	**9,146**	**11,540**	**13,554**	**16,458**	**17,878**	**1,343**	**1,619**	**2,736**	**3,075**	**3,081**	**4,295**	**6,789**
Albania	90	111	132	129	184	163	270	....	4	5	7	27	10	16
Bosnia and Herzegovina	540	595	579	570	560	739	828	7	11	13	12	14	15	17
Bulgaria	677	1,037	1,286	1,151	1,297	1,735	2,137	14	13	11	14	29	53	41
Croatia	177	247	333	359	510	724	880	19	38	43	36	39	46	52
Czech Republic	333	494	805	917	1,054	1,174	1,234	893	1,100	1,426	1,384	1,016	1,437	3,272
Estonia	14	42	155	255	392	396	338	2	16	25	49	74	94	103
Faroe Islands	40	44	....	....	....	....	....	10	5	....	....	....	....	....
Hungary	232	249	1,655	1,852	2,019	2,464	2,872	90	91	728	814	874	1,087	1,261
Latvia	136	172	228	379	481	550	600	5	5	10	16	25	40	54
Lithuania	74	82	163	224	248	256	197	30	36	26	45	51	85	79
Macedonia, FYR	14	28	52	57	69	106	140	1	1	1	2	2	3	5
Montenegro, Republic of	....	....	....	....	....	109	149	....	....	....	....	....	7	8
Poland	1,092	1,543	3,600	4,649	5,531	6,226	6,257	267	292	438	571	776	1,238	1,652
Romania	136	110	113	954	1,165	1,623	1,704	6	7	5	24	42	53	90
Serbia, Republic of	....	....	....	....	....	148	191	....	....	....	....	....	17	23
Turkey	....	....	....	....	....	....	36	....	....	....	....	96	107	111
CIS and Mongolia	**1,292**	**1,706**	**2,672**	**3,626**	**4,222**	**6,878**	**9,903**	**708**	**1,351**	**2,200**	**4,054**	**7,431**	**11,620**	**19,946**
Armenia	121	153	382	429	576	743	929	15	19	122	133	130	166	169
Azerbaijan	....	2	12	133	128	76	102	39	54	108	112	125	131	168
Belarus	21	89	126	120	175	157	177	1	1	1	....	3	5	11
Georgia	152	168	236	247	315	406	419	15	16	15	18	20	26	44

Table B-12. **Compensation of Employees**

Millions of U.S. dollars, unless otherwise indicated

	Credit							Debit						
	2002	2003	2004	2005	2006	2007	2008	2002	2003	2004	2005	2006	2007	2008
CIS and Mongolia (continued)														
Kazakhstan	4	4	4	6	11	11	5	79	230	414	735	959	1,214	1,457
Kyrgyz Republic	....	....	....	....	....	....	....	12	13	14	17	19	21	22
Moldova	221	332	480	520	573	649	842	35	43	41	43	50	56	79
Mongolia	....	....	7	3	2	....	....	....	....	....	....	....	....	....
Russia	700	814	1,206	1,807	1,899	2,613	3,792	490	958	1,464	2,940	6,067	9,931	17,971
Tajikistan	....	....	....	1	4	5	7	....	....	....	1	2	4	5
Turkmenistan	....	....	....	....	....	....	....	....	....	....	....	....	....	....
Ukraine	74	145	218	359	540	2,210	3,629	4	4	6	10	9	11	18
Uzbekistan	....	....	....	....	....	....	....	....	....	....	....	....	....	....
Middle East	701	1,586	1,290	1,926	1,789	1,947	2,862	80	487	841	1,624	1,747	1,715	1,885
Bahrain, Kingdom of	....	....	....	....	....	....	....	....	....	....	....	....	....	....
Egypt	....	....	....	....	....	....	....	....	....	....	....	....	....	....
Iran, I.R. of	....	....	....	....	....	....	....	....	....	....	....	....	....	....
Iraq	....	....	....	258	128	1	....	....	....	....	83	153	2	....
Jordan	222	220	272	321	369	440	635	23	27	32	41	47	57	56
Kuwait	....	....	....	....	....	....	....	....	....	....	....	....	....	....
Lebanon	....	779	409	667	579	747	1,405	11	387	660	731	661	597	790
Libya	4	5	5	8	10	....	....	10	32	35	60	65	....	....
Oman	39	39	39	39	39	39	39	....	....	....	....	....	....	....
Qatar	....	....	....	....	....	....	....	....	....	....	....	....	....	....
Saudi Arabia	....	....	....	94	106	124	217	....	....	....	599	665	701	751
Syrian Arab Republic	135	146	165	60	25	30	....	35	40	41	38	75	80	....
United Arab Emirates	....	....	....	....	....	....	....	....	....	....	....	....	....	....
West Bank and Gaza	301	397	400	479	534	567	....	1	1	1	1	1	1	....
Yemen, Republic of	....	....	....	....	....	....	....	....	....	72	72	80	278	289
Western Hemisphere	2,207	2,537	2,638	2,517	3,800	4,019	4,529	543	550	615	554	770	671	683
Eastern Caribbean Currency Union														
Anguilla	....	....	4	3	4	4	4	....	....	....	....	....	4	....
Antigua and Barbuda	3	5	6	7	7	8	8	....	....	....	....	....	....	....
Dominica	1	1	2	1	1	1	1	....	....	....	....	....	....	....
Grenada	....	....	....	....	1	....	....	....	....	....	....	....	....	....
Montserrat	....	....	....	....	....	....	....	....	....	....	1	1	1	1
St. Kitts and Nevis	....	....	....	....	....	....	....	3	4	3	3	1	1	1
St. Lucia	....	....	....	....	....	....	....	....	....	....	....	....	....	....
St. Vincent and the Grenadines	1	1	1	1	4	6	7	....	....	....	1	1	1	1
Argentina	36	38	42	51	56	66	86	60	63	81	102	115	137	138
Aruba	1	....	1	1	1	5	5	1	1	1	3	9	10	5
Bahamas, The	....	....	....	....	....	....	....	50	56	63	73	93	85	59
Barbados	16	17	9	9	....	....	....	3	3	3	3	....	....	....
Belize	2	2	2	4	6	2	2	4	5	6	6	6	5	6
Bermuda	....	....	....	....	1,182	1,452	1,594	....	....	....	....	67	70	68
Bolivia	30	32	32	34	33	35	37	7	7	7	7	7	7	7
Brazil	293	269	354	325	397	497	730	191	160	173	111	220	49	185
Chile	12	12	12	13	3	3	3	16	15	15	16	6	6	6
Colombia	26	16	20	32	38	30	42	14	12	19	19	19	29	29
Costa Rica	16	15	17	21	23	22	21	35	36	37	13	13	14	14
Dominican Republic	235	265	271	289	316	351	384	23	23	24	25	27	28	29
Ecuador	6	6	6	7	6	6	6	7	7	7	6	5	5	6
El Salvador	17	16	15	11	12	14	13	22	24	32	24	28	28	19
Guatemala	21	40	12	22	20	29	32	6	6	1	9	11	10	10
Guyana	....	....	....	....	4	5	....	6	6	6	6	6	8	8
Haiti	....	....	....	....	....	....	....	....	....	....	....	....	....	....
Honduras	35	23	31	29	30	33	29	10	12	17	....	2	2	5
Jamaica	111	110	135	140	154	158	135	29	39	51	52	58	93	51
Mexico	1,215	1,515	1,530	1,374	1,310	1,068	1,167	....	....	....	....	....	....	....
Netherlands Antilles	5	6	4	7	17	29	....	33	34	35	42	38	44	....
Nicaragua	....	....	....	....	....	....	....	....	....	....	....	....	....	....
Panama	....	13	4	5	8	7	9	....	....	....	....	....	....	....
Paraguay	103	113	106	108	127	143	186	....	....	....	....	....	....	....
Peru	....	....	....	....	....	....	....	....	....	....	....	....	....	....
Suriname	2	2	2	2	2	2	2	1	5	5	4	3	4	7
Trinidad and Tobago	....	....	....	....	....	....	....	....	....	....	....	....	....	....
Uruguay	....	....	....	....	....	....	....	....	....	....	....	....	....	....
Venezuela, República Bolivariana de	19	21	20	20	20	20	20	23	30	28	28	32	27	28

Table B-13. Investment Income

Millions of U.S. dollars, unless otherwise indicated

	Credit							Debit						
	2002	2003	2004	2005	2006	2007	2008	2002	2003	2004	2005	2006	2007	2008
Total *(Billions)*	1,229	1,439	1,819	2,353	3,042	3,919	3,927	1,316	1,508	1,829	2,358	3,056	3,929	4,011
International Organizations	32,587	31,045	31,805	35,350	42,114	46,206	46,906	18,471	17,351	18,762	21,253	22,403	22,754	21,286
Advanced Economies *(Billions)*	1,132	1,331	1,691	2,173	2,771	3,536	3,528	1,088	1,249	1,523	1,979	2,563	3,307	3,311
Euro Area														
Austria	12,836	14,906	18,328	23,997	26,147	40,737	42,845	14,943	16,755	20,282	26,641	30,295	43,513	46,188
Belgium	31,881	34,459	42,355	52,160	67,038	91,205	105,402	30,534	31,969	41,272	51,593	67,191	90,348	105,066
Cyprus	741	880	1,127	1,581	2,105	4,120	3,963	1,077	1,157	1,538	2,061	2,719	4,323	6,002
Finland	8,130	8,823	12,462	13,714	17,657	22,981	22,632	9,096	11,831	12,659	14,505	17,239	24,021	24,115
France	57,279	78,497	107,905	144,683	188,321	238,134	246,337	56,227	72,952	95,911	125,657	161,724	209,882	223,763
Germany	93,335	112,788	163,718	193,155	245,921	317,811	350,086	108,995	128,420	136,913	160,766	187,000	248,494	286,527
Greece	1,054	2,530	3,148	3,715	4,166	5,841	7,918	3,262	7,221	8,685	10,829	13,171	18,357	23,846
Ireland	26,926	33,791	43,068	53,374	74,224	115,955	122,831	49,096	58,331	70,655	83,813	105,145	153,003	161,270
Italy	41,423	47,054	51,311	59,296	70,105	85,357	95,687	55,096	66,019	69,388	75,718	86,781	112,130	140,203
Luxembourg	59,615	68,297	75,740	97,822	127,361	166,327	201,863	59,874	68,317	75,238	99,272	132,387	174,440	210,732
Malta	836	880	941	1,174	1,805	2,640	3,179	825	924	1,010	1,433	2,064	2,865	3,431
Netherlands	39,820	57,886	79,420	97,573	129,951	158,348	164,750	39,218	55,960	67,016	92,170	109,886	151,851	154,599
Portugal	4,699	6,385	7,810	9,073	13,310	16,790	17,664	7,634	9,002	11,369	13,715	21,056	26,301	29,115
Slovak Republic	317	482	473	639	871	857	1,419	779	1,011	3,162	3,531	4,004	5,555	6,593
Slovenia	272	372	419	526	861	1,294	1,513	572	756	982	1,054	1,515	2,446	3,036
Spain	20,711	26,197	32,791	38,127	58,509	76,048	87,412	32,353	37,985	47,645	59,156	84,400	117,132	136,910
Australia	8,043	9,792	13,444	15,463	20,730	31,442	35,845	19,241	24,264	33,796	42,480	51,941	70,977	74,549
Canada	19,444	21,050	29,374	41,143	58,285	71,762	67,958	38,745	42,295	47,926	60,018	70,514	81,972	82,023
China, P.R.: Hong Kong	41,391	43,061	51,763	64,509	83,571	114,403	120,461	40,488	39,208	48,677	64,256	79,969	108,640	109,966
Denmark	8,480	10,239	11,709	24,062	26,744	33,632	41,956	11,945	12,767	13,888	21,844	23,136	31,469	34,928
Iceland	245	295	390	1,382	2,417	3,621	−686	310	553	1,023	2,048	3,770	5,501	4,949
Israel	2,291	2,643	2,706	5,223	7,955	10,325	7,722	4,261	5,180	4,970	4,806	6,869	8,570	7,984
Japan	91,298	95,056	113,158	140,890	165,651	199,337	211,924	25,444	23,697	27,343	37,319	47,467	60,775	59,563
Korea	6,309	6,444	8,697	9,687	13,862	19,091	21,634	6,404	6,752	8,202	11,875	13,872	18,594	17,064
New Zealand	1,133	....	1,596	....	1,554	2,764	2,090	4,343	5,651	....	....	....	12,225	....
Norway	10,018	13,686	16,652	24,052	30,463	38,660	47,353	8,731	11,282	14,821	20,412	28,990	33,630	40,348
Singapore	....	....	....	....	....	....	....	....	....	....	....	....	....	....
Sweden	17,699	22,598	30,955	37,850	50,230	66,098	73,607	18,507	22,084	30,689	34,878	42,593	54,682	62,475
Switzerland	40,106	61,227	69,639	100,352	107,179	124,635	82,618	24,846	29,778	36,311	57,973	64,742	106,978	105,663
Taiwan Province of China *	10,112	12,775	15,253	17,128	19,043	23,150	22,913	2,785	2,860	3,832	7,858	9,351	13,005	12,916
United Kingdom	182,852	201,283	252,667	336,931	436,217	582,342	498,694	151,080	167,292	214,696	293,717	415,026	531,951	427,655
United States	278,131	317,644	410,916	532,372	679,337	815,959	761,595	245,165	266,638	337,556	453,617	624,645	718,020	636,043

* from published sources

Emerg. & Develop. Economies *(Billions)*	65	77	96	145	229	337	352	210	242	287	357	471	600	678
Africa	3,779	4,344	4,922	7,431	10,409	13,570	12,564	22,005	26,153	30,871	39,471	51,634	65,095	74,244
CEMAC														
Cameroon	27	94	100	35	34	52	116	391	490	529	629	334	518	304
Central African Republic	....	....	....	....	....	....	....	....	....	....	....	....	....	....
Chad	....	....	....	....	....	....	....	....	....	....	....	....	....	....
Congo, Republic of	6	3	4	6	7	9	....	836	563	919	1,537	1,700	1,815	....
Equatorial Guinea	....	....	....	....	....	....	....	....	....	....	....	....	....	....
Gabon	16	46	8	27	....	....	....	479	564	959	972	....	....	....
WAEMU														
Benin	15	17	14	16	15	30	....	45	60	57	40	45	81	....
Burkina Faso	....	....	....	....	....	....	....	....	....	....	....	....	....	....
Côte d'Ivoire	21	29	31	33	32	36	39	759	815	825	830	889	1,008	1,108
Guinea-Bissau	1	....	1	....	....	....	....	10	11	11	....	....	....	....
Mali	25	6	7	8	14	32	....	270	172	207	220	293	330	....
Niger	3	3	10	16	13	23	....	36	41	36	44	39	53	....
Senegal	17	24	26	24	47	53	....	190	214	216	174	175	199	....
Togo	9	6	13	17	18	29	....	47	49	71	80	85	91	....
Algeria	....	....	....	....	....	....	....	....	....	....	....	....	....	....
Angola	18	12	33	26	145	623	411	1,529	1,597	2,338	3,959	6,082	7,847	14,479
Botswana	249	355	229	426	504	426	436	909	1,016	1,162	1,206	1,214	1,088	631
Burundi	1	1	1	3	5	9	11	10	15	20	21	13	15	15
Cape Verde	6	16	17	19	18	26	27	18	29	36	51	59	57	73
Comoros	....	....	....	....	....	....	....	....	....	....	....	....	....	....
Congo, Democratic Republic of	....	....	....	....	....	....	....	....	....	....	....	....	....	....
Djibouti	10	9	11	9	10	10	20	9	10	11	11	12	11	13
Eritrea	....	....	....	....	....	....	....	....	....	....	....	....	....	....
Ethiopia	14	19	32	43	53	75	37	37	42	60	48	38	37	36
Gambia, The	....	4	1	2	4	7	4	....	31	29	34	41	43	39
Ghana	15	21	45	43	73	84	86	189	202	242	230	201	223	344
Guinea	6	13	10	....	....	61	8	49	120	35	....	....	92	81
Kenya	35	60	45	73	99	161	176	179	148	172	182	170	305	221
Lesotho	22	28	39	50	56	87	105	24	27	47	48	21	76	16
Liberia	....	....	....	....	....	....	....	....	....	167	156	166	170	675
Madagascar	17	8	8	14	....	....	....	173	89	83	90	....	....	....

Table B-13. Investment Income

Millions of U.S. dollars, unless otherwise indicated

	Credit							Debit						
	2002	2003	2004	2005	2006	2007	2008	2002	2003	2004	2005	2006	2007	2008
Africa (continued)														
Malawi	6	....	....	....	....	....	....	45	....	....	....	....	....	....
Mauritania	....	....	....	....	....	....	....	....	....	....	....	....	....	....
Mauritius	79	46	51	142	373	816	819	59	68	56	142	314	583	629
Morocco	377	370	505	689	750	961	1,059	1,115	1,162	1,176	1,072	1,227	1,365	1,581
Mozambique	29	16	20	48	96	125	85	622	212	365	448	781	766	779
Namibia	106	178	208	215	246	264	294	116	42	199	338	303	420	303
Nigeria	184	82	157	735	1,669	2,341	2,076	2,854	3,325	2,689	3,093	8,398	14,284	13,394
Rwanda	8	6	5	15	23	25	24	14	22	23	23	17	15	24
São Tomé & Príncipe	1	1	1	2	6	7	....	4	3	4	4	2	2	....
Seychelles	7	12	9	10	10	9	....	72	50	38	44	46	70	....
Sierra Leone	4	2	4	5	9	41	15	19	15	69	54	50	144	91
South Africa	1,911	2,466	2,790	4,027	5,387	6,089	5,160	4,470	6,741	6,642	8,528	10,182	14,794	13,953
Sudan	22	5	20	42	87	181	43	634	879	1,132	1,404	2,101	2,435	3,056
Swaziland	83	−4	46	177	147	187	....	124	103	121	88	212	210	....
Tanzania	61	80	74	71	74	101	112	136	203	167	160	121	119	159
Tunisia	72	81	114	118	160	293	270	1,056	1,173	1,412	1,786	1,746	2,321	2,778
Uganda	24	28	36	50	72	97	130	102	123	274	247	290	313	378
Zambia	42	32	32	13	18	35	30	172	160	370	591	1,164	1,493	1,399
Zimbabwe	....	....	....	....	....	....	....	....	....	....	....	....	....	....
Developing Asia *(Billions)*	18	26	32	54	78	117	128	62	65	73	89	109	141	153
Afghanistan, I.R. of	....	....	....	....	....	....	....	....	....	....	....	....	....	....
Bangladesh	46	45	91	104	168	235	206	319	358	471	907	1,017	1,211	983
Bhutan	....	....	....	....	....	....	....	....	....	....	....	....	....	....
Brunei Darussalam	235	214	236	263	248	268	291	169	201	214	190	183	206	227
Cambodia	48	40	45	64	86	108	104	174	177	225	250	296	382	436
China, P.R.: Mainland	7,670	14,812	18,530	35,622	50,322	76,197	82,478	22,339	22,813	22,685	26,507	37,155	54,849	57,441
China, P.R.: Macao	450	395	387	806	1,426	1,945	....	458	536	933	1,529	2,832	1,930	....
Fiji	21	23	29	33	27	25	24	66	103	155	124	181	149	90
French Overseas Territories: French Polynesia	125	71	74	42	60	56	70	81	78	84	52	60	92	90
French Overseas Territories: New Caledonia	29	34	44	89	67	109	167	78	125	102	96	146	161	189
India	3,081	3,376	4,337	5,380	7,891	12,202	14,793	6,549	7,608	7,542	11,309	13,587	17,732	17,793
Indonesia	1,318	1,054	1,829	2,214	2,425	3,299	3,415	8,365	7,272	12,774	14,920	16,078	18,511	18,303
Kiribati	....	....	....	....	....	....	....	....	....	....	....	....	....	....
Lao People's Democratic Republic	....	....	....	....	....	....	....	....	....	....	....	....	....	....
Malaysia	1,704	2,877	3,527	4,256	7,129	9,752	10,752	7,989	8,555	9,687	10,446	11,757	13,631	17,671
Maldives	4	4	7	9	13	19	15	41	44	45	41	56	89	81
Myanmar	6	3	4	12	47	....	....	620	771	786	1,427	1,346	....	....
Nepal	33	22	33	54	78	138	90	70	68	77	86	86	84	79
Pakistan	128	179	219	655	856	1,351	1,298	2,414	2,404	2,583	3,171	3,993	5,097	5,606
Papua New Guinea	27	13	18	25	....	....	....	217	443	400	511	....	....	....
Philippines	738	772	874	1,044	1,630	2,321	1,881	3,733	3,614	3,796	4,231	5,643	6,243	5,833
Samoa	....	....	3	5	5	6	....	....	....	11	9	15	11	....
Solomon Islands	....	1	4	4	10	....	....	9	5	7	5	11	....	....
Sri Lanka	66	160	147	69	306	443	218	314	326	344	359	683	790	1,177
Thailand	2,041	1,543	1,622	2,453	3,332	5,398	5,049	7,084	8,123	9,364	10,813	11,368	14,409	16,950
Timor-Leste	....	....	....	....	....	....	....	....	....	....	....	....	....	....
Tonga	2	4	2	5	8	8	....	3	3	7	2	3	4	....
Vanuatu	18	20	22	23	27	32	....	32	36	43	51	49	59	....
Vietnam	....	....	....	....	....	....	....	....	....	....	....	....	....	....
Europe	14,042	19,875	22,483	31,112	53,129	84,892	98,106	39,496	57,819	76,157	96,676	143,321	201,551	247,944
Central and Eastern Europe	8,352	8,975	10,800	14,000	22,505	34,323	36,552	23,963	30,603	47,152	52,391	72,282	105,451	119,867
Albania	58	84	71	98	148	219	196	21	20	23	46	43	75	300
Bosnia and Herzegovina	65	59	95	112	172	298	379	90	110	157	201	302	480	586
Bulgaria	247	260	253	365	285	372	481	566	941	1,225	1,412	2,416	3,586	4,376
Croatia	260	261	545	530	617	1,035	1,091	956	1,722	1,658	2,062	2,557	3,217	4,334
Czech Republic	1,719	2,188	2,599	3,474	4,620	6,319	6,760	4,739	5,866	8,070	8,979	12,144	18,802	21,997
Estonia	191	207	281	476	699	1,280	1,309	529	769	1,049	1,251	1,883	3,033	3,055
Faroe Islands	52	62	....	....	....	....	....	64	71	....	....	....	....	....
Hungary	1,005	1,122	1,612	1,669	5,938	10,719	9,881	4,780	5,450	7,905	8,953	14,169	22,240	24,571
Latvia	153	197	272	392	597	937	1,186	230	388	766	932	1,585	2,356	2,328
Lithuania	118	154	192	224	342	538	837	345	681	941	1,030	1,356	2,322	2,529
Macedonia, FYR	37	32	33	40	66	107	132	94	122	122	209	169	245	376
Montenegro, Republic of	....	....	....	....	....	13	39	....	....	....	....	....	92	169
Poland	1,684	1,741	1,705	2,349	3,509	3,813	5,092	3,570	5,453	13,111	13,124	17,992	25,055	27,329
Romania	277	262	320	579	1,012	1,664	1,625	866	1,070	3,577	4,409	6,213	8,934	10,958
Serbia, Republic of	....	....	....	....	....	562	639	....	....	....	....	....	1,522	2,155
Turkey	2,486	2,246	2,651	3,608	4,383	6,384	6,844	7,040	7,803	8,260	9,387	10,967	13,421	14,733
CIS and Mongolia	5,690	10,900	11,682	17,112	30,623	50,569	61,553	15,533	27,217	29,005	44,286	71,039	96,100	128,077
Armenia	16	13	16	29	48	68	65	33	52	168	192	279	366	354
Azerbaijan	37	51	53	69	152	252	493	383	441	658	1,735	2,836	5,276	5,693
Belarus	25	37	31	48	71	119	220	96	111	158	239	365	682	1,173
Georgia	9	9	15	16	26	76	69	134	148	158	183	158	418	610

Table B-13. Investment Income

Millions of U.S. dollars, unless otherwise indicated

	Credit							Debit						
	2002	2003	2004	2005	2006	2007	2008	2002	2003	2004	2005	2006	2007	2008
CIS and Mongolia *(continued)*														
Kazakhstan	230	251	419	674	1,420	3,452	3,333	1,282	1,772	2,872	5,643	9,963	15,335	21,204
Kyrgyz Republic	6	5	8	17	42	43	42	52	54	96	84	66	74	123
Moldova	8	9	10	19	33	61	63	37	67	92	85	153	238	228
Mongolia	14	14	9	8	16	....	....	19	25	28	61	162	....	....
Russia	5,096	10,243	10,792	15,668	27,858	44,784	55,192	12,283	23,270	23,305	33,484	53,122	68,218	90,209
Tajikistan	1	1	2	8	9	17	13	42	71	59	49	74	69	67
Turkmenistan	....	....	....	....	....	....	....	....	....	....	....	....	....	....
Ukraine	91	109	171	399	792	1,446	1,790	765	831	1,028	1,733	3,045	4,304	6,941
Uzbekistan	....	....	....	....	....	....	....	....	....	....	....	....	....	....
Middle East	14,138	12,160	17,870	28,710	50,388	69,086	64,934	15,324	17,267	18,545	25,832	32,441	40,643	43,922
Bahrain, Kingdom of	1,679	1,267	2,544	5,016	7,634	10,374	7,088	2,204	1,760	3,119	5,428	8,019	10,672	8,012
Egypt	698	578	572	1,425	2,560	3,309	3,065	965	832	818	1,460	1,822	1,921	1,776
Iran, I.R. of	....	....	....	....	....	....	....	....	....	....	....	....	....	....
Iraq	....	....	....	423	1,078	1,923	....	....	....	....	5,125	4,598	4,989	....
Jordan	270	330	378	470	663	927	701	349	348	293	341	404	503	329
Kuwait	3,716	3,733	5,888	8,023	12,499	16,325	15,064	369	372	700	841	1,533	3,932	4,944
Lebanon	395	619	651	1,066	1,860	2,366	1,302	1,252	4,449	1,218	1,188	1,595	1,776	1,995
Libya	1,769	1,684	1,334	1,829	2,170	4,517	4,471	1,498	1,117	1,359	2,058	2,710	2,500	3,885
Oman	203	278	723	726	1,703	2,151	1,016	962	857	1,152	1,787	2,408	3,038	3,269
Qatar	....	....	....	....	....	....	....	....	....	....	....	....	....	....
Saudi Arabia	3,714	2,977	4,278	4,964	10,376	15,015	21,282	3,925	4,277	3,800	4,027	5,981	8,041	10,721
Syrian Arab Republic	115	136	220	335	403	564	....	1,140	1,099	1,073	1,220	1,288	1,203	....
United Arab Emirates	....	....	....	....	....	....	....	....	....	....	....	....	....	....
West Bank and Gaza	91	55	57	123	121	175	....	10	1	31	34	8	7	....
Yemen, Republic of	135	99	104	178	316	385	321	901	1,008	1,378	1,718	1,471	1,457	1,948
Western Hemisphere *(Billions)*	15	15	18	23	38	52	49	71	76	88	106	134	151	159
Eastern Caribbean Currency Union														
Anguilla	1	1	4	9	11	9	9	8	8	7	8	7	7	8
Antigua and Barbuda	5	3	5	11	19	17	20	50	47	80	77	92	90	80
Dominica	2	2	2	5	5	8	8	31	29	37	35	21	25	26
Grenada	4	4	6	11	12	13	12	52	54	71	40	42	48	49
Montserrat	1	1	1	2	3	2	2	4	2	4	5	5	6	5
St. Kitts and Nevis	5	5	7	10	13	14	38	40	46	43	43	45	46	48
St. Lucia	4	5	6	8	10	12	8	40	56	75	81	66	80	81
St. Vincent and the Grenadines	3	3	4	7	10	7	7	21	28	33	35	37	34	34
Argentina	3,004	3,066	3,679	4,262	5,632	6,574	5,470	10,469	11,017	12,923	11,515	11,720	12,430	13,069
Aruba	32	32	35	42	62	85	70	167	85	111	523	170	182	175
Bahamas, The	108	79	80	97	119	121	113	242	175	158	206	245	268	169
Barbados	56	59	66	76	....	....	....	172	179	195	254	....	....	....
Belize	2	3	2	3	4	5	4	68	90	115	115	130	161	161
Bermuda	....	....	....	....	738	887	808	....	....	....	....	256	444	507
Bolivia	73	40	44	88	202	335	309	301	366	453	490	625	852	875
Brazil	3,002	3,070	2,845	2,869	6,041	10,996	11,781	21,295	21,731	23,546	29,050	33,707	40,735	52,888
Chile	1,101	1,541	1,972	2,439	3,372	6,333	6,184	3,944	6,026	9,805	12,923	21,770	24,924	20,744
Colombia	691	537	651	1,042	1,486	1,830	1,644	3,570	3,938	4,948	6,512	7,435	9,677	11,719
Costa Rica	142	132	127	786	1,112	685	668	563	886	552	1,002	1,117	1,558	1,064
Dominican Republic	66	76	51	129	384	460	298	1,430	1,711	2,123	2,296	2,526	2,864	2,468
Ecuador	24	21	31	80	159	253	181	1,328	1,548	1,934	2,023	2,109	2,300	1,780
El Salvador	142	124	128	163	222	273	210	461	539	569	730	737	836	740
Guatemala	140	139	209	280	414	527	503	473	491	629	778	1,104	1,389	1,454
Guyana	8	5	4	3	3	23	30	57	54	38	36	66	31	41
Haiti	....	....	....	....	19	25	28	14	14	12	35	12	16	22
Honduras	50	45	56	116	168	232	143	376	418	522	618	733	662	518
Jamaica	110	108	134	188	224	363	353	797	750	801	952	936	1,089	1,005
Mexico	2,835	2,343	4,087	3,986	5,097	6,808	6,148	15,906	15,258	15,012	18,993	24,159	26,097	24,565
Netherlands Antilles	86	84	91	96	120	147	....	58	63	70	66	100	122	....
Nicaragua	9	7	9	23	41	48	23	215	205	202	173	170	183	184
Panama	953	793	787	1,050	1,395	1,857	1,882	1,226	1,614	1,811	2,180	2,661	3,171	3,466
Paraguay	93	54	59	98	171	194	173	153	171	299	264	389	495	510
Peru	370	322	332	625	1,033	1,567	1,814	1,827	2,466	4,017	5,701	8,616	9,985	9,958
Suriname	6	9	14	22	26	41	40	50	55	73	60	77	31	15
Trinidad and Tobago	64	78	66	84	262	267	....	544	759	464	844	1,198	1,231	....
Uruguay	453	242	372	563	742	885	754	344	730	960	1,057	1,170	1,401	1,381
Venezuela, República Bolivariana de	1,455	1,708	2,030	4,126	8,206	10,176	8,043	4,207	4,036	5,695	6,383	9,239	7,667	7,337

Table B-14.   **Direct Investment Income: Reinvested Earnings**

Millions of U.S. dollars, unless otherwise indicated

	Credit							Debit						
	2002	2003	2004	2005	2006	2007	2008	2002	2003	2004	2005	2006	2007	2008
Total *(Billions)*	140	227	359	267	544	680	626	79	133	222	233	361	449	430
International Organizations	....	....	....	....	....	....	....	....	....	....	....	....	....	....
Advanced Economies *(Billions)*	138	219	348	253	519	645	585	53	94	169	173	267	327	315
Euro Area														
Austria	1,488	1,537	2,736	3,811	3,368	8,525	4,727	1,781	902	1,618	4,147	2,642	5,638	4,163
Belgium	793	1,610	3,814	4,659	8,576	9,657	10,210	1,593	−569	3,711	5,078	11,247	13,185	13,238
Cyprus	81	247	290	239	317	423	281	299	262	482	538	824	973	2,065
Finland	742	515	3,189	1,906	−1,080	1,658	2,755	463	1,822	1,257	1,234	3,127	−70	1,605
France	−9,022	1,989	13,072	27,000	31,535	30,590	18,530	−4,530	−2,170	6,014	17,684	11,851	16,227	10,295
Germany	−12,658	−4,593	23,410	25,774	41,255	50,408	40,527	−6,674	−3,840	−5,079	4,126	3	−345	6,182
Greece	....	366	422	498	502	548	588	....	615	750	871	878	959	1,029
Ireland	....	3,023	....	4,544	4,742	....	....	13,831	17,886	11,590	5,680	12,478	24,840	26,753
Italy	2,543	3,614	2,828	2,702	4,286	6,234	6,683	6,489	4,790	4,912	5,187	6,179	6,519	7,213
Luxembourg	−36	−534	1,912	2,014	676	4,533	5,943	2,305	2,002	2,491	1,435	110	2,664	3,961
Malta	−18	1	4	3	−1	−5	3	−18	93	82	95	139	265	371
Netherlands	2,243	7,923	17,548	−4,507	752	17,887	20,955	−1,120	4,501	8,698	−499	12,358	9,590	17,412
Portugal	−327	−84	348	606	1,174	424	1,084	−511	454	643	896	2,797	1,185	1,890
Slovak Republic	....	....	78	3	40	49	56	....	2	1,614	875	831	992	846
Slovenia	−13	7	14	47	162	172	2	126	221	343	293	244	115	−92
Spain	461	1,740	2,376	2,608	14,405	17,200	17,228	1,797	1,523	1,874	68	8,587	9,539	10,167
Australia	3,179	4,466	6,662	7,084	8,394	13,852	16,149	4,151	6,119	9,649	13,465	12,747	18,785	20,686
Canada	4,528	6,179	11,089	13,414	16,614	22,042	16,516	5,953	7,491	9,987	11,684	11,304	15,394	17,067
China, P.R.: Hong Kong	5,873	8,931	9,084	19,975	26,246	36,884	54,002	17,968	16,027	22,443	25,508	35,736	51,865	57,364
Denmark	−3,264	−296	931	5,037	2,523	5,348	11,601	−2,204	−1,516	1,174	1,759	−142	2,067	5,970
Iceland	143	182	137	870	1,157	845	−3,891	−38	76	458	1,007	1,257	583	−1,488
Israel	−226	314	476	1,311	1,513	2,174	1,940	578	1,275	1,249	−394	1,584	2,597	2,484
Japan	8,154	4,578	5,967	13,227	16,387	19,608	24,148	1,505	1,415	1,946	1,698	2,251	3,842	3,755
Korea	−104	−164	−8	−7	−2	−1	−1	....	....	....	....	....	....	....
New Zealand	....	....	....	....	....	....	....	1,086	1,241	2,356	2,391	1,743	1,463	282
Norway	493	2,442	2,100	6,496	5,551	6,085	6,389	−404	1,021	1,592	4,456	2,239	2,703	2,838
Singapore	....	....	....	....	....	....	....	....	....	....	....	....	....	....
Sweden	4,454	7,923	2,724	11,271	3,704	22,248	22,964	−60	2,567	4,874	4,852	2,918	7,753	14,699
Switzerland	−5,238	11,976	17,037	32,989	21,051	9,260	−23,643	1,508	2,828	6,835	−2,581	11,436	29,442	−1,511
Taiwan Province of China *	....	....	2	2	....	1,250	2,602	242	259	60	451	93	565	645
United Kingdom	48,013	34,887	56,943	79,605	87,947	117,858	75,344	5,259	11,982	15,623	19,200	40,773	48,518	30,962
United States	85,268	120,689	162,907	−10,317	217,342	238,987	251,506	1,584	14,287	49,529	41,734	69,116	49,376	54,599

* from published sources

	Credit							Debit						
	2002	2003	2004	2005	2006	2007	2008	2002	2003	2004	2005	2006	2007	2008
Emerg. & Develop. Economies *(Billions)*	2	8	10	15	25	35	41	26	40	53	60	94	122	115
Africa	14	66	30	46	8	7	4	1,662	3,570	4,281	4,990	11,455	9,138	5,767
CEMAC														
Cameroon	4	19	7	....	−3	3	1	27	61	64	120	−83	173	−73
Central African Republic	....	....	....	....	....	....	....	....	....	....	....	....	....	....
Chad	....	....	....	....	....	....	....	....	....	....	....	....	....	....
Congo, Republic of	....	....	....	....	....	....	....	328	361	305	801	864	1,181	....
Equatorial Guinea	....	....	....	....	....	....	....	....	....	....	....	....	....	....
Gabon	8	37	....	11	....	....	....	33	112	346	330	....	....	....
WAEMU														
Benin	....	....	....	−1	−1	....	....	6	13	7	−1	3	39	....
Burkina Faso	....	....	....	....	....	....	....	....	....	....	....	....	....	....
Côte d'Ivoire	....	....	....	....	....	....	....	84	99	105	107	138	154	....
Guinea-Bissau	....	....	....	....	....	....	....	1	....	....	....	....	....	....
Mali	....	....	....	....	....	....	....	72	−10	94	39	35	53	....
Niger	....	....	6	14	....	6	....	2	8	13	17	5	13	....
Senegal	....	3	5	....	....	−15	....	42	−9	−10	−55	−18	−22	....
Togo	....	....	....	....	....	....	....	10	3	14	26	17	7	....
Algeria	....	....	....	....	....	....	....	....	....	....	....	....	....	....
Angola	....	....	....	18	....	....	....	583	680	1,053	1,140	2,916	3,243	5,266
Botswana	....	5	....	....	....	....	....	328	353	357	214	264	153	40
Burundi	....	....	....	....	....	....	....	....	....	....	....	....	....	....
Cape Verde	....	1	....	....	....	....	....	1	1	....	....	6	10	3
Comoros	....	....	....	....	....	....	....	....	....	....	....	....	....	....
Congo, Democratic Republic of	....	....	....	....	....	....	....	....	....	....	....	....	....	....
Djibouti	....	....	....	....	....	....	....	3	4	4	4	4	4	4
Eritrea	....	....	....	....	....	....	....	....	....	....	....	....	....	....
Ethiopia	....	....	....	....	....	....	....	....	....	....	....	....	....	....
Gambia, The	....	....	....	....	....	....	....	....	5	7	9	11	16	12
Ghana	....	....	....	....	....	....	....	....	....	....	....	....	....	....
Guinea	....	....	....	....	....	....	....	....	79	....	....	....	54	11
Kenya	....	....	....	....	....	....	....	....	....	....	....	....	....	....
Lesotho	....	....	....	....	....	....	....	....	....	....	....	....	....	....
Liberia	....	....	....	....	....	....	....	....	....	....	3	4	7	11
Madagascar	....	....	....	....	....	....	....	....	....	....	....	....	....	....

2009, International Monetary Fund: *Balance of Payments Statistics Yearbook*

Table B-14.   **Direct Investment Income: Reinvested Earnings**

Millions of U.S. dollars, unless otherwise indicated

	Credit							Debit						
	2002	2003	2004	2005	2006	2007	2008	2002	2003	2004	2005	2006	2007	2008
Africa (continued)														
Malawi...........................	...	...	...	...	...	...	...	...	...	...	...	...	...	...
Mauritania......................	...	...	...	...	...	...	...	...	...	...	...	...	...	...
Mauritius........................	...	...	...	...	...	...	...	...	...	...	...	...	...	...
Morocco.........................	...	...	10	...	...	...	...	...	8	...	69	56	115	60
Mozambique....................	...	...	...	...	...	...	...	...	...	...	...	77	24	124
Namibia..........................	−1	−2	−2	2	−1	−1	2	11	−70	70	206	156	186	...
Nigeria............................	...	...	...	...	...	...	...	...	1,807	1,616	1,759	5,804	2,092	−466
Rwanda..........................	...	...	...	...	...	...	...	...	...	...	...	...	...	...
São Tomé & Príncipe.........	...	...	...	...	...	...	...	...	...	...	...	...	...	...
Seychelles.......................	2	3	2	3	3	2	...	10	9	6	11	17	20	...
Sierra Leone....................	...	...	...	...	...	...	...	2	3	9	25	1	86	58
South Africa....................	...	...	...	...	...	...	...	...	...	...	...	...	...	...
Sudan.............................	...	...	...	...	...	...	...	...	...	...	...	...	...	...
Swaziland.......................	1	1	...	...	...	...	...	74	−26	37	−23	72	65	...
Tanzania.........................	...	...	...	...	...	...	...	...	...	...	...	...	...	...
Tunisia............................	...	...	...	...	...	...	...	...	...	...	...	...	...	...
Uganda...........................	...	...	...	...	...	...	...	42	52	139	128	157	169	185
Zambia...........................	...	...	...	...	...	...	...	...	24	40	60	384	776	532
Zimbabwe.......................	...	...	...	...	...	...	...	...	...	...	...	...	...	...
Developing Asia..........	**1,065**	**817**	**439**	**4,091**	**7,942**	**7,647**	**10,899**	**14,173**	**12,811**	**10,015**	**10,312**	**16,667**	**19,108**	**20,827**
Afghanistan, I.R. of..........	...	...	...	...	...	...	...	...	...	...	...	...	...	...
Bangladesh......................	...	1	2	...	...	...	...	...	83	168	243	304	206	264
Bhutan............................	...	...	...	...	...	...	...	...	...	...	...	...	...	...
Brunei Darussalam............	...	...	...	...	...	...	...	...	...	...	...	...	...	...
Cambodia........................	...	...	...	...	...	...	...	4	−12	7	20	31	74	88
China, P.R.: Mainland.......	...	...	...	2,924	6,650	6,072	9,331	9,405	7,195	3,000	1,609	4,191	3,300	5,850
China, P.R.: Macao..........	−5	−13	−15	31	40	61	...	174	263	285	695	1,664	807	...
Fiji..................................	2	4	3	6	1	...	...	24	42	90	78	128	80	37
French Overseas Territories: French Polynesia.	...	...	...	...	...	...	...	...	...	...	...	...	...	...
French Overseas Territories: New Caledonia...	...	...	...	...	...	...	...	...	...	...	...	...	...	...
India...............................	1,003	690	324	881	1,080	1,082	1,083	1,785	1,553	1,793	2,546	5,061	6,833	6,497
Indonesia.........................	...	...	...	...	...	...	...	...	...	...	...	...	...	...
Kiribati............................	...	...	...	...	...	...	...	...	...	...	...	...	...	...
Lao People's Democratic Republic.................	...	...	...	...	...	...	...	...	...	...	...	...	...	...
Malaysia..........................	...	...	...	...	...	...	...	...	...	...	...	...	...	...
Maldives..........................	...	...	...	...	...	...	...	12	14	15	9	14	15	15
Myanmar.........................	...	...	...	...	...	...	...	...	...	...	...	...	...	...
Nepal..............................	...	...	...	...	...	...	...	...	...	...	...	...	...	...
Pakistan..........................	...	...	...	...	...	...	...	116	154	248	424	694	971	1,031
Papua New Guinea...........	...	...	...	...	...	...	...	15	17	19	19	...	...	...
Philippines.......................	...	...	...	...	...	...	...	235	168	141	140	485	620	−94
Samoa.............................	...	...	...	...	...	...	...	...	...	4	...	8	5	...
Solomon Islands...............	...	...	...	...	3	...	...	1	...	2	...	4	...	...
Sri Lanka.........................	...	...	...	...	...	...	...	...	...	...	...	...	223	411
Thailand..........................	65	135	125	249	169	423	423	2,388	3,316	4,223	4,501	4,031	5,921	5,921
Timor-Leste.....................	...	...	...	...	...	...	...	...	...	...	...	...	...	...
Tonga.............................	...	...	...	...	...	...	...	...	...	...	...	...	...	...
Vanuatu...........................	...	...	...	...	...	...	...	12	18	22	28	25	29	...
Vietnam...........................	...	...	...	...	...	...	...	...	...	...	...	...	...	...
Europe........................	**−21**	**5,895**	**6,238**	**7,132**	**13,673**	**22,549**	**25,693**	**4,371**	**13,976**	**22,404**	**23,041**	**37,259**	**57,895**	**58,878**
Central and Eastern Europe..................	**−42**	**300**	**1,150**	**261**	**2,900**	**5,839**	**3,972**	**3,151**	**6,001**	**16,291**	**13,175**	**21,214**	**31,745**	**25,600**
Albania...........................	...	...	...	...	...	...	25	...	...	...	...	...	...	180
Bosnia and Herzegovina....	...	...	...	...	1	...	...	...	...	32	33	101	182	167
Bulgaria...........................	...	...	−1	7	2	−17	−9	84	250	548	509	1,204	1,414	738
Croatia............................	9	35	203	78	82	168	193	146	674	351	720	895	653	802
Czech Republic................	−78	123	337	−155	511	1,015	1,625	1,974	2,161	2,952	3,265	3,863	6,947	7,363
Estonia............................	41	53	75	212	391	447	116	205	466	643	705	1,259	1,889	1,476
Faroe Islands...................	...	...	...	...	...	...	...	...	...	...	...	...	...	...
Hungary..........................	27	88	497	114	1,324	4,267	1,851	1,858	2,057	2,829	2,308	3,243	7,445	5,605
Latvia.............................	...	4	4	21	20	49	31	28	95	304	335	735	662	11
Lithuania.........................	...	−1	5	4	3	−20	13	66	222	409	299	678	1,058	86
Macedonia, FYR...............	...	...	...	...	...	...	...	14	29	2	54	22	−100	18
Montenegro, Republic of....	...	...	...	...	...	...	...	...	...	...	...	...	...	...
Poland............................	−72	−12	23	56	582	−179	99	−1,224	−84	6,211	3,416	5,752	9,140	6,547
Romania..........................	...	...	...	−78	−33	12	...	...	...	1,805	1,447	3,354	1,816	2,163
Serbia, Republic of...........	...	...	...	...	...	23	10	...	...	...	...	...	339	240
Turkey............................	31	10	7	1	18	75	19	...	132	204	84	108	300	204
CIS and Mongolia.......	**21**	**5,594**	**5,088**	**6,871**	**10,773**	**16,710**	**21,720**	**1,219**	**7,975**	**6,113**	**9,866**	**16,045**	**26,150**	**33,279**
Armenia...........................	...	...	...	...	1	1	1	7	27	108	155	194	250	208
Azerbaijan.......................	...	...	...	...	...	...	...	...	...	...	...	131	74	44
Belarus............................	...	...	...	...	...	...	...	3	12	24	33	58	185	261
Georgia...........................	4	4	10	4	...	...	...	43	52	46	48	64	49	76

Table B-14.   **Direct Investment Income: Reinvested Earnings**

Millions of U.S. dollars, unless otherwise indicated

	Credit							Debit						
	2002	2003	2004	2005	2006	2007	2008	2002	2003	2004	2005	2006	2007	2008
CIS and Mongolia (continued)														
Kazakhstan	....	....	8	−8	1	31	....	498	770	516	206	783	2,039	881
Kyrgyz Republic	....	....	....	....	....	....	....	9	22	48	31	21	34	54
Moldova	....	....	....	....	....	....	....	−27	15	38	27	42	113	99
Mongolia	....	....	....	....	....	....	....	....	....	....	....	....	....	....
Russia	17	5,591	5,071	6,875	10,772	16,677	21,717	683	7,065	5,330	9,361	14,716	23,389	31,482
Tajikistan	....	....	....	....	....	....	....	....	....	....	....	....	....	....
Turkmenistan	....	....	....	....	....	....	....	....	....	....	....	....	....	....
Ukraine	....	....	....	....	....	....	1	2	12	5	4	35	17	172
Uzbekistan	....	....	....	....	....	....	....	....	....	....	....	....	....	....
Middle East	**141**	**155**	**208**	**282**	**364**	**435**	**555**	**702**	**708**	**826**	**868**	**1,127**	**2,949**	**3,458**
Bahrain, Kingdom of	141	155	208	282	364	435	555	557	565	613	705	805	1,089	1,260
Egypt	....	....	....	....	....	....	....	....	....	....	....	72	101	390
Iran, I.R. of	....	....	....	....	....	....	....	....	....	....	....	....	....	....
Iraq	....	....	....	....	....	....	....	....	....	....	....	....	....	....
Jordan	....	....	....	....	....	....	....	....	....	....	....	....	....	....
Kuwait	....	....	....	....	....	....	....	....	....	....	....	....	....	....
Lebanon	....	....	....	....	....	....	....	....	....	....	....	....	....	....
Libya	....	....	....	....	....	....	....	145	143	213	163	250	1,760	1,808
Oman	....	....	....	....	....	....	....	....	....	....	....	....	....	....
Qatar	....	....	....	....	....	....	....	....	....	....	....	....	....	....
Saudi Arabia	....	....	....	....	....	....	....	....	....	....	....	....	....	....
Syrian Arab Republic	....	....	....	....	....	....	....	....	....	....	....	....	....	....
United Arab Emirates	....	....	....	....	....	....	....	....	....	....	....	....	....	....
West Bank and Gaza	....	....	....	....	....	....	....	....	....	....	....	....	....	....
Yemen, Republic of	....	....	....	....	....	....	....	....	....	....	....	....	....	....
Western Hemisphere	**855**	**1,058**	**3,550**	**3,013**	**2,854**	**4,631**	**4,080**	**4,946**	**8,610**	**15,745**	**20,364**	**27,602**	**33,043**	**25,906**
Eastern Caribbean Currency Union														
Anguilla	....	....	....	....	....	....	....	4	5	3	2	4	3	3
Antigua and Barbuda	....	....	....	....	....	....	....	8	9	11	13	9	12	12
Dominica	....	....	....	....	....	....	....	13	13	17	16	5	7	7
Grenada	....	....	....	....	....	....	....	17	9	13	11	12	15	15
Montserrat	....	....	....	....	....	....	....	....	....	1	1	1	1	1
St. Kitts and Nevis	....	....	....	....	....	....	....	5	4	4	3	2	2	3
St. Lucia	....	....	....	....	....	....	....	9	16	22	25	11	15	15
St. Vincent and the Grenadines	....	....	....	....	....	....	....	11	15	16	12	13	11	11
Argentina	370	302	643	744	1,325	1,130	978	−924	−808	71	1,156	3,108	2,050	396
Aruba	....	....	....	....	....	....	....	....	....	....	....	....	....	....
Bahamas, The	....	....	....	....	....	....	....	....	....	....	....	....	....	....
Barbados	1	1	2	4	....	....	....	10	11	13	22	....	....	....
Belize	....	....	....	....	....	....	....	9	12	21	19	25	30	21
Bermuda	....	....	....	....	56	75	99	....	....	....	....	23	1	....
Bolivia	3	3	3	3	3	3	3	43	97	39	30	266	272	407
Brazil	....	....	....	....	....	....	....	....	....	....	....	....	....	....
Chile	231	547	824	946	998	2,394	2,226	1,367	3,335	5,952	6,539	7,143	10,213	7,444
Colombia	....	....	....	....	....	....	....	112	322	595	996	1,495	1,832	1,894
Costa Rica	−4	−6	1	9	4	20	−3	342	390	357	92	410	521	409
Dominican Republic	....	....	....	....	....	....	....	268	−119	506	484	714	446	439
Ecuador	....	....	....	....	....	....	....	38	141	422	400	395	411	298
El Salvador	....	....	....	....	....	....	....	7	3	9	56	3	2	6
Guatemala	....	....	41	38	9	17	16	56	58	235	372	526	515	708
Guyana	....	....	....	....	....	....	....	4	2	3	7	9	−7	....
Haiti	....	....	....	....	....	....	....	....	....	....	....	....	....	....
Honduras	....	....	....	....	....	....	....	187	225	280	368	419	505	371
Jamaica	....	....	....	....	....	....	....	164	158	178	202	132	177	118
Mexico	....	....	1,876	975	....	497	303	2,476	2,094	2,497	3,896	7,694	8,036	7,603
Netherlands Antilles	....	....	....	....	....	....	....	1	....	....	1	....	−3	....
Nicaragua	....	....	....	....	....	....	....	....	....	....	....	....	....	....
Panama	....	....	....	....	....	....	....	−167	428	564	423	187	879	1,348
Paraguay	6	6	6	6	7	7	8	−132	−33	86	−15	46	45	116
Peru	....	....	....	....	....	....	....	−8	638	1,864	2,724	2,353	4,696	2,884
Suriname	....	....	....	....	....	....	....	....	....	....	....	....	....	....
Trinidad and Tobago	....	....	....	....	....	....	....	165	366	153	292	406	297	....
Uruguay	....	....	....	....	....	....	....	63	173	142	133	219	323	776
Venezuela, República Bolivariana de	248	206	155	288	445	479	450	797	1,045	1,673	2,086	1,949	1,714	601

Table B-15. **Other Direct Investment Income**

Millions of U.S. dollars, unless otherwise indicated

	Credit							Debit						
	2002	2003	2004	2005	2006	2007	2008	2002	2003	2004	2005	2006	2007	2008
Total *(Billions)*	246	298	374	684	579	653	671	269	342	400	596	655	788	794
International Organizations	....	....	....	....	....	....	....	....	....	....	....	....	....	....
Advanced Economies *(Billions)*	241	292	367	672	556	619	633	208	270	302	456	464	536	495
Euro Area														
Austria	1,142	1,957	2,479	4,959	5,172	7,418	8,910	1,749	2,829	3,388	5,086	6,635	8,264	8,045
Belgium	7,539	7,579	10,047	12,628	16,745	23,379	24,832	11,060	12,659	13,549	17,444	19,557	23,442	30,795
Cyprus	67	60	100	280	290	426	493	319	465	479	685	822	1,433	1,571
Finland	3,745	4,065	3,282	5,124	10,378	9,979	8,204	2,299	2,492	3,661	3,595	3,183	2,964	5,913
France	13,671	14,341	19,451	26,290	32,573	36,429	38,206	4,262	6,968	7,096	9,481	18,152	19,147	22,204
Germany	21,098	22,072	28,155	35,681	40,655	45,130	53,362	26,098	29,586	31,718	35,193	41,661	56,301	52,301
Greece	67	115	156	159	180	293	552	368	604	557	826	691	1,014	1,603
Ireland	3,578	1,980	7,489	3,473	5,234	14,376	14,999	15,268	16,716	28,091	35,209	26,984	25,750	21,212
Italy	2,662	1,897	2,177	2,274	3,366	4,479	5,928	−1,533	595	590	631	622	586	496
Luxembourg	12,708	20,510	18,606	31,964	37,213	44,176	60,404	16,190	24,298	23,655	37,642	43,169	55,128	73,042
Malta	854	879	29	26	16	58	11	843	830	238	461	497	504	490
Netherlands	11,864	18,050	23,239	54,866	68,050	59,754	57,367	6,436	13,598	14,303	32,165	20,764	38,805	26,270
Portugal	571	1,394	1,578	2,164	2,182	3,155	2,464	1,573	1,672	2,261	3,446	3,408	5,137	3,879
Slovak Republic	10	21	10	28	68	76	118	154	176	896	1,840	2,344	3,631	3,851
Slovenia	9	17	18	35	95	190	306	64	79	131	165	466	943	1,126
Spain	5,479	8,271	10,623	13,330	16,164	21,006	27,859	6,852	7,574	11,235	15,436	15,739	20,678	19,516
Australia	1,680	1,588	1,612	1,974	3,406	3,383	3,274	4,232	6,182	7,306	8,428	11,438	14,221	13,726
Canada	4,250	3,771	5,243	9,391	15,698	17,228	19,239	7,770	9,440	11,200	18,090	20,853	21,655	20,923
China, P.R.: Hong Kong	17,080	16,212	20,459	15,071	18,347	26,515	23,721	14,695	16,673	17,826	25,292	24,907	31,353	28,998
Denmark	5,737	4,830	3,231	8,555	10,039	9,310	8,472	6,182	5,929	3,540	9,159	8,805	10,616	7,732
Iceland	25	27	76	96	68	345	484	21	83	40	36	89	380	266
Israel	552	844	642	1,024	1,799	2,218	1,662	423	585	543	1,006	778	899	1,091
Japan	8,538	8,533	12,991	17,146	18,734	25,482	24,246	3,816	3,627	4,397	7,787	6,760	11,045	8,015
Korea	579	986	1,566	1,755	2,008	2,794	2,991	1,836	2,240	2,533	4,351	4,176	5,253	5,043
New Zealand	268	524	438	269	335	734	134	1,266	2,114	1,997	2,557	3,092	4,848	5,628
Norway	1,202	1,686	2,792	7,418	6,621	8,325	12,154	2,607	3,030	4,611	7,834	11,192	11,097	13,751
Singapore	....	....	....	....	....	....	....	....	....	....	....	....	....	....
Sweden	7,346	6,773	18,275	14,341	29,283	20,562	21,354	6,583	5,981	10,327	11,463	16,281	17,765	14,221
Switzerland	18,140	20,463	22,316	28,252	34,078	40,777	30,191	4,602	7,915	8,888	31,341	11,087	14,947	42,474
Taiwan Province of China *	1,143	1,796	2,932	3,786	3,355	3,747	2,997	1,489	1,687	2,147	3,605	3,719	3,545	3,690
United Kingdom	29,465	55,121	59,056	64,402	66,429	62,826	58,946	18,748	23,872	34,989	46,199	54,714	40,778	−9,311
United States	60,322	65,729	87,699	304,855	107,473	124,260	119,242	41,660	59,462	50,225	79,599	81,654	77,156	66,262

* from published sources

	Credit							Debit						
	2002	2003	2004	2005	2006	2007	2008	2002	2003	2004	2005	2006	2007	2008
Emerg. & Develop. Economies *(Billions)*	5	6	8	13	23	34	38	62	72	98	140	191	252	300
Africa	703	1,185	1,375	2,503	3,486	4,445	3,662	8,294	9,507	10,754	14,215	17,677	32,817	37,300
CEMAC														
Cameroon	2	55	71	10	20	26	11	62	63	122	169	92	212	246
Central African Republic	....	....	....	....	....	....	....	....	....	....	....	....	....	....
Chad	....	....	....	....	....	....	....	....	....	....	....	....	....	....
Congo, Republic of	....	1	1	....	....	....	....	245	27	342	495	538	470	....
Equatorial Guinea	....	....	....	....	....	....	....	....	....	....	....	....	....	....
Gabon	4	5	1	3	....	....	....	267	246	377	435	....	....	....
WAEMU														
Benin	....	1	1	1	2	3	....	7	9	7	10	12	14	....
Burkina Faso	....	....	....	....	....	....	....	....	....	....	....	....	....	....
Côte d'Ivoire	2	3	3	5	5	5	....	199	235	258	263	340	377	....
Guinea-Bissau	....	....	....	....	....	....	....	....	....	....	....	....	....	....
Mali	....	1	....	....	....	....	....	155	130	58	116	192	191	....
Niger	....	....	....	....	....	....	....	....	2	3	4	7	15	....
Senegal	1	1	....	....	19	35	....	49	97	78	117	87	100	....
Togo	....	1	5	7	6	5	....	9	15	23	21	38	37	....
Algeria	....	....	....	....	....	....	....	....	....	....	....	....	....	....
Angola	....	....	....	....	....	....	....	517	584	897	2,266	2,363	4,025	7,919
Botswana	27	113	41	194	150	39	29	567	651	735	852	778	836	558
Burundi	....	....	....	....	....	....	....	....	5	6	2	3	5	5
Cape Verde	4	....	....	....	....	....	....	3	2	3	11	19	18	36
Comoros	....	....	....	....	....	....	....	....	....	....	....	....	....	....
Congo, Democratic Republic of	....	....	....	....	....	....	....	....	....	....	....	....	....	....
Djibouti	....	....	....	....	....	....	....	1	2	2	2	2	1	1
Eritrea	....	....	....	....	....	....	....	....	....	....	....	....	....	....
Ethiopia	....	....	1	....	....	....	....	11	17	28	21	24	18	17
Gambia, The	....	....	....	....	....	....	....	....	19	15	17	22	18	24
Ghana	....	....	....	....	....	....	....	66	85	97	94	92	135	172
Guinea	....	....	....	....	....	....	....	1	....	....	....	....	....	4
Kenya	....	....	....	....	....	....	....	75	32	31	35	39	124	52
Lesotho	....	....	....	....	....	....	....	12	14	21	11	12	13	8
Liberia	....	....	....	....	....	....	....	....	....	3	4	7	7	11
Madagascar	....	....	....	....	....	....	....	65	32	21	38	....	....	....

Table B-15. Other Direct Investment Income

Millions of U.S. dollars, unless otherwise indicated

	Credit							Debit						
	2002	2003	2004	2005	2006	2007	2008	2002	2003	2004	2005	2006	2007	2008
Africa (continued)														
Malawi	....	....	....	....	....	....	....	22	....	....	....	....	....	....
Mauritania	....	....	....	....	....	....	....	....	....	....	....	....	....	....
Mauritius	5	3	4	4	2	4	6	10	24	14	34	88	90	163
Morocco	9	13	49	59	72	78	44	482	586	670	525	618	615	775
Mozambique	....	....	....	....	....	4	3	28	42	168	284	394	529	421
Namibia	....	1	4	6	2	1	3	84	67	74	79	101	184	257
Nigeria	....	82	157	735	1,669	2,341	2,076	1,937	1,518	1,074	845	1,952	10,964	12,652
Rwanda	....	....	....	2	1	....	2	....	6	3	5	4	9	15
São Tomé & Príncipe	....	....	....	....	....	....	....	....	....	....	....	....	....	....
Seychelles	....	....	....	....	....	....	....	39	17	11	9	8	9	....
Sierra Leone	....	....	....	....	1	31	6	....	6	23	16	26	36	18
South Africa	637	889	1,020	1,459	1,522	1,853	1,474	2,025	3,220	3,256	4,320	4,843	8,009	8,028
Sudan	....	....	....	....	....	....	....	633	879	1,122	1,399	2,093	2,404	2,971
Swaziland	2	6	1	2	2	6	....	50	101	50	67	95	95	....
Tanzania	....	....	....	....	....	....	....	59	60	58	66	66	68	68
Tunisia	6	9	12	13	7	6	7	473	537	678	962	988	1,523	1,958
Uganda	....	....	....	....	....	....	....	20	31	80	74	92	99	109
Zambia	....	....	....	....	....	....	....	....	....	198	401	723	697	813
Zimbabwe	....	....	....	....	....	....	....	....	....	....	....	....	....	....
Developing Asia	372	682	1,576	1,995	5,115	8,841	10,769	21,215	24,002	36,889	46,176	53,658	71,955	76,733
Afghanistan, I.R. of	....	....	....	....	....	....	....	....	....	....	....	....	....	....
Bangladesh	1	2	1	2	11	12	....	129	95	78	419	461	698	378
Bhutan	....	....	....	....	....	....	....	....	....	....	....	....	....	....
Brunei Darussalam	....	....	....	....	....	....	....	....	....	....	....	....	....	....
Cambodia	6	7	8	8	8	8	9	155	172	199	207	239	279	315
China, P.R.: Mainland	126	100	218	462	1,181	3,591	5,116	8,418	10,158	14,415	19,431	25,045	40,411	43,016
China, P.R.: Macao	15	8	13	4	17	9	....	226	231	615	713	805	570	....
Fiji	....	....	1	....	2	1	1	30	43	51	37	35	37	20
French Overseas Territories: French Polynesia	1	....	....	1	....	2	1	2	2	2	2	5	8	6
French Overseas Territories: New Caledonia	2	....	1	3	6	31	65	20	7	3	42	85	66	92
India	12	14	54	176	411	512	393	539	860	1,686	2,698	2,677	3,693	3,644
Indonesia	....	....	103	209	116	298	369	3,215	2,754	8,323	9,525	9,637	10,813	10,790
Kiribati	....	....	....	....	....	....	....	....	....	....	....	....	....	....
Lao People's Democratic Republic	....	....	....	....	....	....	....	....	....	....	....	....	....	....
Malaysia	177	517	1,126	1,087	3,254	4,296	4,723	6,121	6,735	7,757	8,330	8,858	9,839	13,838
Maldives	....	....	....	....	....	....	....	23	25	22	21	27	30	27
Myanmar	....	....	....	....	....	....	....	583	752	762	1,402	1,317	....	....
Nepal	....	....	....	....	....	....	....	45	42	45	57	56	54	44
Pakistan	2	3	18	18	48	20	44	460	739	1,238	1,447	1,886	2,003	2,172
Papua New Guinea	7	7	2	1	....	....	....	158	383	343	456	....	....	....
Philippines	19	20	27	19	53	48	32	976	899	1,232	1,251	1,530	1,513	1,762
Samoa	....	....	....	....	....	....	....	....	....	6	8	5	4	....
Solomon Islands	....	....	....	2	....	....	....	6	5	5	5	7	....	....
Sri Lanka	2	2	3	3	3	3	6	98	92	95	115	362	126	59
Thailand	....	....	....	....	....	....	....	....	....	....	....	....	....	....
Timor-Leste	....	....	....	....	....	....	....	....	....	....	....	....	....	....
Tonga	....	1	1	2	3	....	....	1	1	5	1	1	....	....
Vanuatu	....	....	....	....	....	....	....	6	3	5	7	9	17	....
Vietnam	....	....	....	....	....	....	....	....	....	....	....	....	....	....
Europe	1,090	1,075	1,887	2,696	5,124	9,008	12,301	9,330	14,428	19,927	33,903	54,914	73,820	100,332
Central and Eastern Europe	383	344	657	1,627	3,723	5,599	7,637	5,858	7,698	12,173	17,191	24,056	37,753	47,806
Albania	....	....	....	....	13	19	3	1	1	....	2	5	9	22
Bosnia and Herzegovina	....	....	....	....	....	....	....	5	10	27	64	79	122	152
Bulgaria	1	1	−1	−8	2	12	34	145	301	207	403	653	1,374	2,500
Croatia	16	4	12	60	21	72	93	204	345	402	352	451	827	1,275
Czech Republic	8	6	50	644	173	344	224	1,233	2,061	3,137	3,376	5,356	8,400	10,241
Estonia	11	39	78	103	66	358	638	191	163	218	302	292	441	567
Faroe Islands	1	2	....	....	....	....	....	9	6	....	....	....	....	....
Hungary	45	62	200	535	3,179	4,388	5,615	1,320	1,540	2,666	3,592	7,393	9,603	11,898
Latvia	1	1	2	14	15	19	24	76	116	225	282	248	577	601
Lithuania	7	9	11	6	40	30	54	57	179	240	412	200	365	970
Macedonia, FYR	....	1	....	1	1	2	3	25	34	67	86	39	218	229
Montenegro, Republic of	....	....	....	....	....	2	1	....	....	....	....	....	17	43
Poland	19	15	57	70	88	216	516	1,994	2,177	3,351	5,867	7,465	9,463	11,390
Romania	11	11	9	2	12	48	63	197	254	789	1,479	810	4,174	4,777
Serbia, Republic of	....	....	....	....	....	54	59	....	....	....	....	....	265	658
Turkey	262	193	237	200	111	33	308	401	511	839	967	1,060	1,893	2,477
CIS and Mongolia	707	732	1,230	1,069	1,401	3,410	4,663	3,473	6,730	7,754	16,712	30,859	36,067	52,525
Armenia	....	....	....	....	1	....	....	6	8	39	15	50	82	71
Azerbaijan	....	....	....	....	....	....	10	356	422	581	1,582	2,493	4,921	5,357
Belarus	2	1	1	1	1	2	7	24	25	52	102	178	250	421
Georgia	....	....	....	....	....	....	....	33	37	55	68	30	249	285

Table B-15. Other Direct Investment Income
Millions of U.S. dollars, unless otherwise indicated

	Credit							Debit						
	2002	2003	2004	2005	2006	2007	2008	2002	2003	2004	2005	2006	2007	2008
CIS and Mongolia (continued)														
Kazakhstan	−8	−17	−37	−155	−194	28	−57	509	662	1,831	4,427	6,911	9,266	15,856
Kyrgyz Republic	....	....	....	....	....	....	....	11	5	10	5	19	6	20
Moldova	....	....	....	....	....	....	....	14	9	11	18	66	69	53
Mongolia	....	....	....	....	....	....	....	5	5	10	41	145	....	....
Russia	713	747	1,265	1,217	1,585	3,361	4,683	2,386	5,456	4,964	10,121	19,885	19,807	28,124
Tajikistan	....	....	....	....	....	....	....	....	1	1	2	46	26	4
Turkmenistan	....	....	....	....	....	....	....	....	....	....	....	....	....	....
Ukraine	....	....	2	5	8	19	20	103	78	175	264	961	1,161	2,334
Uzbekistan	....	....	....	....	....	....	....	....	....	....	....	....	....	....
Middle East	**1,063**	**543**	**652**	**2,293**	**3,892**	**4,495**	**4,085**	**7,347**	**7,372**	**8,791**	**11,522**	**14,799**	**15,839**	**16,329**
Bahrain, Kingdom of	94	103	139	188	243	290	370	377	379	393	453	640	826	938
Egypt	56	76	16	92	110	46	61	89	47	56	647	843	914	290
Iran, I.R. of	....	....	....	....	....	....	....	....	....	....	....	....	....	....
Iraq	....	....	....	6	27	1	....	....	....	....	36	67	346	....
Jordan	....	....	....	....	....	....	....	1	2	1	1	2	3	2
Kuwait	....	....	....	....	....	....	....	....	....	....	....	....	....	....
Lebanon	....	87	63	122	79	68	121	....	69	91	95	96	64	121
Libya	873	232	156	224	320	175	248	1,313	935	1,146	1,895	2,460	740	1,808
Oman	....	39	39	51	118	156	177	796	717	925	1,529	2,018	2,429	2,603
Qatar	....	....	....	....	....	....	....	....	....	....	....	....	....	....
Saudi Arabia	....	....	....	1,241	2,594	3,754	3,101	3,925	4,277	3,800	4,027	5,981	8,041	8,690
Syrian Arab Republic	....	....	220	330	398	....	....	....	....	1,073	1,220	1,288	1,085	....
United Arab Emirates	....	....	....	....	....	....	....	....	....	....	....	....	....	....
West Bank and Gaza	41	6	19	40	4	7	....	6	....	17	15	....	....	....
Yemen, Republic of	....	....	....	....	....	....	....	840	945	1,289	1,603	1,403	1,390	1,875
Western Hemisphere	**1,304**	**2,016**	**2,227**	**3,032**	**5,712**	**7,082**	**6,994**	**15,360**	**17,126**	**21,659**	**33,707**	**49,876**	**57,675**	**68,877**
Eastern Caribbean Currency Union														
Anguilla	....	....	....	....	....	....	....	3	1	2	3	1	1	1
Antigua and Barbuda	....	....	....	....	....	....	....	16	15	13	18	33	30	32
Dominica	....	....	....	....	....	....	....	6	3	5	6	2	3	3
Grenada	....	....	....	....	....	....	....	15	17	12	12	10	12	11
Montserrat	....	....	....	....	....	....	....	3	1	2	2	2	2	2
St. Kitts and Nevis	....	....	....	....	....	....	....	17	19	16	17	18	21	22
St. Lucia	....	....	....	....	....	....	....	13	16	27	26	23	30	29
St. Vincent and the Grenadines	....	....	....	....	....	....	....	4	6	9	11	10	9	8
Argentina	−21	148	217	277	310	355	359	1,778	2,434	3,641	4,300	4,004	5,233	7,501
Aruba	1	1	3	4	16	15	19	112	34	49	457	110	116	107
Bahamas, The	....	....	....	....	....	....	....	....	....	....	....	....	....	....
Barbados	5	5	19	23	....	....	....	9	10	63	59	....	....	....
Belize	....	....	....	....	1	1	1	24	19	22	16	26	57	82
Bermuda	....	....	....	....	136	140	213	....	....	....	....	23	193	282
Bolivia	....	....	....	....	....	....	....	140	137	253	240	125	372	274
Brazil	967	886	1,061	733	1,073	2,202	1,997	5,950	5,984	6,860	11,035	13,884	19,692	28,773
Chile	58	105	127	117	142	367	553	1,080	1,276	2,279	4,877	12,771	12,620	11,100
Colombia	88	120	152	166	359	401	486	945	1,193	1,838	2,568	3,096	4,616	6,516
Costa Rica	24	24	4	585	736	114	275	7	254	−27	651	443	610	304
Dominican Republic	....	....	....	....	....	....	....	886	1,509	1,146	1,281	1,217	1,660	1,283
Ecuador	....	....	....	....	....	....	....	367	454	541	604	582	749	489
El Salvador	2	8	5	14	20	34	29	83	82	71	125	88	170	67
Guatemala	89	100	....	....	34	51	36	230	261	36	−2	82	305	178
Guyana	....	....	....	....	....	....	....	....	....	....	....	....	....	....
Haiti	....	....	....	....	....	....	....	....	....	....	....	....	....	....
Honduras	....	....	....	....	1	....	....	47	66	110	112	201	30	40
Jamaica	17	8	25	24	....	10	14	270	168	184	252	243	355	259
Mexico	....	....	....	....	....	....	....	1,464	1,495	1,293	2,837	2,388	3,196	2,431
Netherlands Antilles	2	3	14	1	31	18	....	10	9	10	5	49	63	....
Nicaragua	....	....	....	....	....	....	....	71	77	80	82	85	93	113
Panama	....	....	....	....	....	....	....	361	311	404	625	1,010	641	399
Paraguay	26	19	23	19	20	18	17	171	93	107	173	225	323	280
Peru	....	....	....	....	....	....	....	486	474	704	1,306	4,387	3,169	4,803
Suriname	....	....	....	....	....	....	....	....	....	....	45	45	....	....
Trinidad and Tobago	....	....	....	....	....	....	....	....	....	....	....	....	....	....
Uruguay	8	3	8	5	18	17	21	−327	−46	87	95	42	208	−63
Venezuela, República Bolivariana de	38	585	570	1,061	2,764	3,284	2,975	1,118	757	1,825	1,867	4,591	3,038	3,551

Table B-16. Portfolio and Other Investment Income

Millions of U.S. dollars, unless otherwise indicated

	Credit							Debit						
	2002	2003	2004	2005	2006	2007	2008	2002	2003	2004	2005	2006	2007	2008
Total *(Billions)*	844	914	1,086	1,402	1,919	2,586	2,630	968	1,032	1,207	1,529	2,039	2,692	2,786
International Organizations	32,587	31,045	31,805	35,350	42,114	46,206	46,906	18,471	17,351	18,762	21,253	22,403	22,754	21,286
Advanced Economies *(Billions)*	753	819	977	1,249	1,695	2,272	2,310	827	885	1,052	1,351	1,831	2,444	2,501
Euro Area														
Austria	10,206	11,412	13,113	15,227	17,607	24,794	29,208	11,413	13,024	15,275	17,408	21,017	29,611	33,979
Belgium	23,550	25,270	28,493	34,873	41,717	58,169	70,360	17,881	19,879	24,012	29,070	36,387	53,721	61,033
Cyprus	594	573	737	1,062	1,497	3,271	3,188	459	430	576	838	1,073	1,916	2,367
Finland	3,643	4,242	5,991	6,684	8,360	11,344	11,673	6,335	7,517	7,741	9,676	10,928	14,126	16,596
France	52,630	62,168	75,382	91,393	124,212	171,115	189,600	56,494	68,154	82,801	98,492	131,722	174,508	191,264
Germany	84,894	95,309	112,152	131,700	164,011	222,273	256,198	89,572	102,674	110,274	121,447	145,337	192,538	228,043
Greece	987	2,049	2,569	3,058	3,485	5,000	6,779	2,894	6,002	7,378	9,132	11,602	16,385	21,215
Ireland	23,347	28,788	35,579	45,357	64,248	101,579	107,832	19,996	23,729	30,974	42,924	65,683	102,413	113,305
Italy	36,218	41,542	46,306	54,321	62,453	74,644	83,076	50,139	60,634	63,886	69,900	79,980	105,025	132,494
Luxembourg	46,943	48,322	55,222	63,845	89,472	117,619	135,516	41,379	42,017	49,093	60,195	89,108	116,649	133,729
Malta	....	....	908	1,146	1,790	2,588	3,165	1	2	689	877	1,429	2,096	2,571
Netherlands	25,713	31,913	38,633	47,214	61,149	80,707	86,428	33,901	37,861	44,014	60,504	76,764	103,457	110,918
Portugal	4,455	5,075	5,885	6,303	9,955	13,212	14,115	6,572	6,875	8,466	9,373	14,852	19,979	23,345
Slovak Republic	307	461	384	608	763	732	1,244	625	833	651	816	828	932	1,896
Slovenia	276	349	386	444	604	932	1,205	382	456	509	596	805	1,389	2,001
Spain	14,771	16,185	19,792	22,188	27,941	37,842	42,325	23,704	28,888	34,536	43,652	60,073	86,915	107,228
Australia	3,185	3,738	5,170	6,405	8,930	14,207	16,423	10,858	11,963	16,840	20,587	27,756	37,971	40,137
Canada	10,666	11,099	13,042	18,338	25,973	32,492	32,204	25,022	25,364	26,738	30,243	38,357	44,922	44,033
China, P.R.: Hong Kong	18,438	17,918	22,220	29,463	38,978	51,004	42,739	7,826	6,508	8,408	13,456	19,326	25,422	23,604
Denmark	6,007	5,705	7,546	10,470	14,181	18,974	21,882	7,966	8,353	9,173	10,926	14,473	18,786	21,226
Iceland	78	86	177	416	1,192	2,431	2,720	327	393	525	1,004	2,424	4,538	6,171
Israel	1,964	1,486	1,587	2,888	4,643	5,933	4,119	3,261	3,320	3,177	4,193	4,507	5,074	4,408
Japan	74,606	81,946	94,201	110,517	130,530	154,248	163,530	20,124	18,655	20,999	27,834	38,456	45,889	47,793
Korea	5,834	5,622	7,138	7,938	11,857	16,298	18,644	4,567	4,512	5,669	7,524	9,696	13,341	12,021
New Zealand	865	....	1,158	....	1,219	2,030	1,956	1,991	2,296	....	....	....	5,914	....
Norway	8,324	9,557	11,760	10,138	18,292	24,251	28,809	6,528	7,232	8,619	8,122	15,559	19,830	23,758
Singapore	....	....	....	....	....	....	....	....	....	....	....	....	....	....
Sweden	5,899	7,902	9,957	12,237	17,242	23,288	29,289	11,984	13,537	15,488	18,562	23,394	29,163	33,555
Switzerland	27,204	28,789	30,286	39,111	52,050	74,598	76,071	18,736	19,035	20,588	29,213	42,219	62,590	64,700
Taiwan Province of China *	8,969	10,979	12,319	13,340	15,688	18,153	17,314	1,054	914	1,625	3,802	5,539	8,895	8,581
United Kingdom	105,374	111,275	136,668	192,924	281,841	401,658	364,404	127,073	131,439	164,085	228,318	319,539	442,655	406,004
United States	132,541	131,226	160,310	237,834	354,522	452,712	390,847	201,921	192,889	237,802	332,283	473,874	591,488	515,182

* from published sources

	Credit							Debit						
	2002	2003	2004	2005	2006	2007	2008	2002	2003	2004	2005	2006	2007	2008
Emerg. & Develop. Economies *(Billions)*	58	63	77	118	181	268	273	122	130	136	158	186	225	263
Africa	3,062	3,093	3,517	4,882	6,915	9,118	8,899	12,048	13,076	15,836	20,266	22,502	23,140	31,177
CEMAC														
Cameroon	22	19	22	25	16	22	105	302	367	343	341	324	133	132
Central African Republic	....	....	....	....	....	....	....	....	....	....	....	....	....	....
Chad	....	....	....	....	....	....	....	....	....	....	....	....	....	....
Congo, Republic of	6	1	3	6	7	9	....	264	175	272	240	297	164	....
Equatorial Guinea	....	....	....	....	....	....	....	....	....	....	....	....	....	....
Gabon	4	5	6	13	....	....	....	179	206	237	207	....	....	....
WAEMU														
Benin	15	16	13	16	13	28	....	33	37	44	31	31	28	....
Burkina Faso	....	....	....	....	....	....	....	....	....	....	....	....	....	....
Côte d'Ivoire	19	26	28	28	27	30	39	475	481	461	460	411	477	1,108
Guinea-Bissau	1	....	1	....	....	....	....	9	11	11	....	....	....	....
Mali	25	6	6	8	14	32	....	43	52	55	66	66	87	....
Niger	3	3	4	2	13	17	....	33	32	20	23	26	25	....
Senegal	17	20	20	23	28	33	....	100	125	148	113	105	121	....
Togo	9	6	8	11	12	24	....	29	31	35	33	30	47	....
Algeria	....	....	....	....	....	....	....	....	....	....	....	....	....	....
Angola	18	12	33	8	145	623	411	429	333	388	553	804	579	1,295
Botswana	223	238	187	232	354	387	406	14	12	70	141	172	99	32
Burundi	1	1	1	3	5	9	11	10	11	14	19	10	10	10
Cape Verde	2	15	17	19	18	26	27	14	26	32	41	35	29	35
Comoros	....	....	....	....	....	....	....	....	....	....	....	....	....	....
Congo, Democratic Republic of	....	....	....	....	....	....	....	....	....	....	....	....	....	....
Djibouti	10	9	11	9	10	10	20	5	4	5	5	6	7	8
Eritrea	....	....	....	....	....	....	....	....	....	....	....	....	....	....
Ethiopia	14	19	31	43	53	74	37	26	25	32	27	14	19	19
Gambia, The	....	4	1	2	4	7	4	....	7	7	8	9	9	3
Ghana	15	21	45	43	73	84	86	123	117	146	136	109	87	172
Guinea	6	13	10	....	....	61	8	48	41	35	....	....	38	67
Kenya	35	60	45	73	99	161	176	103	116	141	147	131	181	169
Lesotho	22	28	39	50	56	87	105	12	13	26	38	10	63	8
Liberia	....	....	....	....	....	....	....	....	....	162	149	152	155	653
Madagascar	17	8	8	14	....	....	....	108	57	63	52	....	....	....

2009, International Monetary Fund: *Balance of Payments Statistics Yearbook*

Table B-16. **Portfolio and Other Investment Income**

Millions of U.S. dollars, unless otherwise indicated

	Credit							Debit						
	2002	2003	2004	2005	2006	2007	2008	2002	2003	2004	2005	2006	2007	2008
Africa (continued)														
Malawi	6	....	....	....	....	....	....	22	....	....	....	....	....	....
Mauritania	....	....	....	....	....	....	....	....	....	....	....	....	....	....
Mauritius	74	44	47	138	371	812	813	49	44	43	108	226	493	466
Morocco	368	357	446	630	678	883	1,015	633	569	506	478	553	636	746
Mozambique	29	16	19	48	96	121	83	594	170	197	164	309	212	235
Namibia	107	178	207	207	245	263	289	21	45	56	53	46	50	46
Nigeria	184	....	....	....	....	....	....	916	....	....	490	642	1,227	1,208
Rwanda	8	6	5	13	22	25	22	13	17	21	18	14	5	9
São Tomé & Príncipe	1	1	1	2	6	7	....	4	3	4	4	2	2	....
Seychelles	5	9	7	7	7	7	....	23	24	21	24	21	41	....
Sierra Leone	4	2	4	5	7	10	8	17	5	37	13	23	23	15
South Africa	1,273	1,577	1,771	2,568	3,865	4,236	3,686	2,445	3,521	3,386	4,208	5,340	6,785	5,925
Sudan	22	5	20	42	87	181	43	2	....	10	5	8	31	86
Swaziland	79	–11	45	176	146	181	....	1	27	34	44	45	50	....
Tanzania	61	80	74	71	74	101	112	77	144	109	94	55	51	91
Tunisia	65	71	102	106	154	287	262	583	636	734	824	758	798	821
Uganda	24	28	36	50	72	97	130	39	41	56	45	41	46	84
Zambia	42	32	32	13	18	35	30	172	136	131	130	57	20	54
Zimbabwe	....	....	....	....	....	....	....	....	....	....	....	....	....	....
Developing Asia	16,567	24,317	30,342	47,883	64,559	100,694	106,483	26,955	28,015	26,580	32,205	39,094	49,912	55,381
Afghanistan, I.R. of	....	....	....	....	....	....	....	....	....	....	....	....	....	....
Bangladesh	45	42	88	102	157	223	206	190	181	224	246	252	308	341
Bhutan	....	....	....	....	....	....	....	....	....	....	....	....	....	....
Brunei Darussalam	235	214	236	263	248	268	291	169	201	214	190	183	206	227
Cambodia	42	33	38	56	78	100	95	15	17	20	23	26	29	33
China, P.R.: Mainland	7,544	14,712	18,312	32,237	42,491	66,534	68,031	4,516	5,460	5,270	5,467	7,919	11,138	8,575
China, P.R.: Macao	440	400	389	772	1,369	1,874	....	58	42	34	121	364	553	....
Fiji	19	19	26	27	25	23	22	12	17	14	10	19	32	33
French Overseas Territories: French Polynesia	124	71	74	42	60	54	69	79	76	82	50	55	85	84
French Overseas Territories: New Caledonia	28	34	43	86	60	78	102	58	118	98	55	61	95	97
India	2,066	2,672	3,959	4,323	6,400	10,608	13,317	4,225	5,195	4,063	6,064	5,849	7,206	7,652
Indonesia	1,318	1,054	1,726	2,006	2,309	3,000	3,047	5,150	4,518	4,451	5,395	6,440	7,698	7,513
Kiribati	....	....	....	....	....	....	....	....	....	....	....	....	....	....
Lao People's Democratic Republic	....	....	....	....	....	....	....	....	....	....	....	....	....	....
Malaysia	1,527	2,360	2,402	3,169	3,875	5,455	6,029	1,868	1,820	1,930	2,117	2,899	3,792	3,833
Maldives	4	4	7	9	13	19	15	5	5	8	10	15	44	39
Myanmar	6	3	4	12	47	....	....	37	19	24	25	29	....	....
Nepal	33	22	33	54	78	138	90	25	26	32	30	30	30	35
Pakistan	126	176	201	637	808	1,331	1,254	1,838	1,511	1,097	1,300	1,413	2,123	2,403
Papua New Guinea	20	6	16	24	....	....	....	44	43	39	36	....	....	....
Philippines	719	752	847	1,025	1,577	2,273	1,849	2,522	2,547	2,423	2,840	3,628	4,110	4,165
Samoa	....	....	3	5	5	6	....	....	....	2	1	2	2	....
Solomon Islands	....	1	4	4	4	....	....	2	....	....	....	....	....	....
Sri Lanka	64	158	144	66	303	441	212	216	235	249	244	321	441	707
Thailand	1,976	1,408	1,497	2,204	3,163	4,974	4,626	4,696	4,807	5,142	6,312	7,337	8,488	11,029
Timor-Leste	....	....	....	....	....	....	....	....	....	....	....	....	....	....
Tonga	2	4	1	3	5	8	....	2	2	1	1	2	4	....
Vanuatu	18	20	21	22	26	31	....	14	15	16	16	15	13	....
Vietnam	....	....	....	....	....	....	....	....	....	....	....	....	....	....
Europe	12,973	12,905	14,358	21,283	34,332	53,334	60,112	25,796	29,416	33,825	39,732	51,148	69,836	88,734
Central and Eastern Europe	8,012	8,331	8,994	12,111	15,883	22,885	24,942	14,954	16,904	18,688	22,025	27,012	35,953	46,461
Albania	58	84	71	97	135	200	168	20	19	23	44	38	67	98
Bosnia and Herzegovina	65	59	95	112	173	297	379	85	100	98	104	122	175	267
Bulgaria	246	259	255	366	281	378	456	338	391	469	500	559	798	1,138
Croatia	235	222	330	392	514	795	805	606	703	905	990	1,211	1,737	2,257
Czech Republic	1,789	2,058	2,212	2,984	3,935	4,960	4,911	1,532	1,644	1,981	2,339	2,926	3,456	4,394
Estonia	139	115	129	161	243	474	555	132	140	188	244	332	704	1,012
Faroe Islands	51	60	....	....	....	....	....	55	65	....	....	....	....	....
Hungary	932	972	915	1,020	1,434	2,065	2,414	1,602	1,853	2,410	3,053	3,533	5,193	7,068
Latvia	152	192	266	358	563	869	1,131	126	177	237	314	602	1,116	1,716
Lithuania	111	146	176	213	299	528	770	221	280	292	319	478	899	1,473
Macedonia, FYR	37	32	32	40	65	105	129	56	59	54	69	108	127	129
Montenegro, Republic of	....	....	....	....	....	11	38	....	....	....	....	....	75	126
Poland	1,737	1,738	1,625	2,223	2,839	3,776	4,477	2,800	3,360	3,549	3,841	4,775	6,452	9,392
Romania	266	251	311	655	1,033	1,604	1,562	669	816	983	1,483	2,049	2,944	4,018
Serbia, Republic of	....	....	....	....	....	485	569	....	....	....	....	....	918	1,257
Turkey	2,193	2,043	2,407	3,407	4,254	6,276	6,517	6,639	7,160	7,217	8,336	9,799	11,228	12,052
CIS and Mongolia	4,962	4,574	5,364	9,172	18,449	30,449	35,170	10,842	12,512	15,137	17,707	24,135	33,883	42,273
Armenia	16	13	16	28	47	67	64	20	18	21	22	35	34	75
Azerbaijan	37	51	53	68	152	252	482	27	19	77	154	211	255	291
Belarus	23	36	30	47	70	117	212	69	74	82	104	129	247	491
Georgia	5	6	6	13	26	76	69	58	60	58	67	64	121	249

Table B-16. Portfolio and Other Investment Income

Millions of U.S. dollars, unless otherwise indicated

	Credit							Debit						
	2002	2003	2004	2005	2006	2007	2008	2002	2003	2004	2005	2006	2007	2008
CIS and Mongolia (continued)														
Kazakhstan	237	268	448	836	1,614	3,393	3,390	275	341	525	1,010	2,269	4,031	4,466
Kyrgyz Republic	6	5	8	17	42	43	42	32	27	38	48	26	35	49
Moldova	8	9	10	19	33	61	63	51	42	42	40	45	55	75
Mongolia	14	14	9	8	16	....	....	13	20	18	20	16	....	....
Russia	4,365	3,906	4,456	7,576	15,501	24,746	28,792	9,213	10,749	13,011	14,002	18,521	25,022	30,604
Tajikistan	1	1	2	8	9	17	13	42	70	58	47	28	43	63
Turkmenistan	....	....	....	....	....	....	....	....	....	....	....	....	....	....
Ukraine	91	109	169	394	784	1,427	1,769	660	741	848	1,465	2,049	3,126	4,435
Uzbekistan	....	....	....	....	....	....	....	....	....	....	....	....	....	....
Middle East	12,934	11,463	17,010	26,135	46,133	64,156	60,294	7,275	9,188	8,929	13,442	16,514	21,855	24,135
Bahrain, Kingdom of	1,444	1,009	2,198	4,545	7,027	9,649	6,163	1,270	816	2,113	4,270	6,573	8,757	5,813
Egypt	642	503	557	1,334	2,451	3,264	3,004	876	784	762	813	907	906	1,097
Iran, I.R. of	....	....	....	....	....	....	....	....	....	....	....	....	....	....
Iraq	....	....	....	417	1,051	1,922	....	....	....	....	5,089	4,531	4,643	....
Jordan	270	330	378	470	663	927	701	349	345	292	340	402	500	327
Kuwait	3,716	3,733	5,888	8,023	12,499	16,325	15,064	369	372	700	841	1,533	3,932	4,944
Lebanon	395	532	588	944	1,782	2,298	1,181	1,252	4,380	1,128	1,093	1,499	1,712	1,874
Libya	896	1,452	1,178	1,605	1,850	4,342	4,224	40	39	....	....	....	....	269
Oman	203	239	684	675	1,585	1,995	839	166	140	227	257	390	609	666
Qatar	....	....	....	....	....	....	....	....	....	....	....	....	....	....
Saudi Arabia	3,714	2,977	4,278	3,723	7,782	11,261	18,181	....	....	....	....	....	....	2,030
Syrian Arab Republic	115	136	....	5	5	564	....	1,140	1,099	....	....	....	118	....
United Arab Emirates	....	....	....	....	....	....	....	....	....	....	....	....	....	....
West Bank and Gaza	50	49	38	83	118	168	....	4	1	15	19	8	7	....
Yemen, Republic of	135	99	104	178	316	385	321	61	64	88	116	68	67	73
Western Hemisphere	12,941	11,665	12,219	17,352	29,138	40,551	37,431	50,195	49,908	50,983	52,030	56,267	60,671	64,014
Eastern Caribbean Currency Union														
Anguilla	1	1	4	9	11	9	9	1	1	2	3	3	3	4
Antigua and Barbuda	5	3	5	11	19	17	20	25	23	55	46	50	48	35
Dominica	2	2	2	5	5	8	8	12	13	15	12	14	15	16
Grenada	4	4	6	11	12	13	12	20	28	46	17	20	21	23
Montserrat	1	1	1	2	3	2	2	1	1	2	2	2	3	2
St. Kitts and Nevis	5	5	7	10	13	14	38	18	23	24	23	24	22	23
St. Lucia	4	5	6	8	10	12	8	17	24	26	30	32	35	37
St. Vincent and the Grenadines	3	3	4	7	10	7	7	6	7	9	12	14	14	15
Argentina	2,654	2,616	2,820	3,242	3,997	5,089	4,134	9,616	9,390	9,210	6,059	4,608	5,147	5,172
Aruba	31	31	32	37	46	70	51	54	51	62	66	60	65	68
Bahamas, The	108	79	80	97	119	121	113	242	175	158	206	245	268	169
Barbados	51	53	46	49	....	....	....	153	158	119	172	....	....	....
Belize	2	3	1	3	4	4	3	34	59	73	80	78	74	58
Bermuda	....	....	....	....	546	672	496	....	....	....	....	210	250	224
Bolivia	70	36	41	85	199	332	306	118	133	161	220	234	208	195
Brazil	2,036	2,184	1,784	2,136	4,968	8,794	9,783	15,345	15,747	16,687	18,015	19,823	21,044	24,115
Chile	812	889	1,020	1,376	2,231	3,572	3,405	1,498	1,414	1,574	1,507	1,856	2,092	2,200
Colombia	603	417	499	876	1,127	1,429	1,158	2,512	2,423	2,515	2,948	2,844	3,229	3,309
Costa Rica	122	113	122	192	372	552	397	215	243	223	259	265	427	350
Dominican Republic	66	76	51	129	384	460	298	276	320	471	531	594	758	746
Ecuador	24	21	31	80	159	253	181	922	954	970	1,019	1,132	1,140	993
El Salvador	140	117	123	149	203	239	181	372	454	489	548	646	663	667
Guatemala	52	38	167	241	371	459	451	187	172	359	408	497	569	568
Guyana	8	5	4	3	3	23	30	53	52	35	30	57	38	41
Haiti	....	....	....	....	19	25	28	14	14	12	35	12	16	22
Honduras	50	45	56	116	168	232	143	141	126	132	139	112	127	107
Jamaica	93	99	109	163	224	353	339	363	423	440	499	560	557	629
Mexico	2,835	2,343	2,211	3,011	5,097	6,312	5,845	11,966	11,670	11,222	12,260	14,076	14,865	14,531
Netherlands Antilles	84	82	77	95	88	129	....	47	54	60	60	51	62	....
Nicaragua	9	7	9	23	41	48	23	144	128	122	90	85	90	71
Panama	953	793	787	1,050	1,395	1,857	1,882	1,031	875	844	1,133	1,465	1,650	1,718
Paraguay	62	30	30	72	144	168	148	114	111	107	105	118	127	115
Peru	370	322	332	625	1,033	1,567	1,814	1,348	1,354	1,450	1,671	1,875	2,120	2,271
Suriname	6	9	14	22	26	41	40	50	55	73	15	32	31	15
Trinidad and Tobago	....	....	....	....	....	....	....	379	393	311	552	791	934	....
Uruguay	445	239	364	558	723	868	733	609	603	731	830	909	870	668
Venezuela, República Bolivariana de	1,169	917	1,305	2,777	4,997	6,413	4,618	2,292	2,234	2,197	2,430	2,699	2,915	3,185

2009, International Monetary Fund: *Balance of Payments Statistics Yearbook*

Table B-17.

Current Transfers

Millions of U.S. dollars, unless otherwise indicated

	Credit							Debit						
	2002	2003	2004	2005	2006	2007	2008	2002	2003	2004	2005	2006	2007	2008
Total *(Billions)*	436	512	606	693	761	872	975	454	521	624	714	744	854	944
International Organizations	92,077	113,311	140,331	147,943	152,268	183,234	204,759	60,421	71,115	92,407	104,861	103,213	116,375	121,279
Advanced Economies *(Billions)*	195	217	247	268	288	308	333	342	394	462	527	543	615	675
Euro Area														
Austria	2,356	2,954	3,449	3,949	4,290	5,001	5,344	3,857	4,693	5,096	5,770	5,833	6,601	7,990
Belgium	5,275	6,515	7,949	9,355	8,812	9,885	10,723	9,616	12,894	14,427	15,724	15,353	16,262	18,978
Cyprus	270	386	585	631	822	822	944	153	242	417	539	616	836	1,052
Finland	1,621	1,911	2,040	1,953	1,942	2,225	2,302	2,353	3,016	3,118	3,453	3,638	4,121	4,636
France	19,767	24,049	25,443	25,406	27,107	28,815	29,096	34,256	43,508	47,135	52,490	54,876	60,309	64,237
Germany	15,090	17,504	19,036	20,766	24,511	25,613	28,414	40,708	49,139	53,418	57,013	58,329	68,670	77,151
Greece	5,536	7,202	7,901	8,615	8,587	9,053	10,189	2,029	2,930	3,396	4,722	4,305	6,931	6,010
Ireland	7,538	7,027	6,626	6,963	6,648	6,704	8,263	6,842	6,500	6,123	6,679	7,192	7,964	10,075
Italy	20,871	20,650	21,833	23,574	22,006	27,459	27,853	26,375	28,745	32,120	35,876	38,937	46,364	49,911
Luxembourg	3,579	3,889	4,025	4,716	5,778	5,993	7,294	3,860	4,497	5,090	5,886	6,928	8,224	9,957
Malta	236	203	230	343	528	731	1,225	263	248	291	300	540	814	1,158
Netherlands	4,961	8,444	9,764	11,177	12,521	13,983	18,743	11,501	15,659	20,197	22,921	25,555	26,309	31,497
Portugal	5,544	6,544	7,297	7,226	8,054	8,705	9,423	2,717	3,278	3,761	4,398	4,884	5,126	5,774
Slovak Republic	480	537	890	1,403	1,623	2,070	2,523	282	292	717	1,386	1,681	2,508	3,781
Slovenia	473	538	698	878	988	1,295	1,147	416	508	792	998	1,202	1,622	1,446
Spain	14,575	17,048	20,366	20,194	21,531	25,747	25,056	12,059	17,434	20,353	24,656	29,616	35,211	38,888
Australia	2,373	2,743	3,114	3,333	3,698	4,402	4,431	2,422	2,926	3,431	3,813	4,092	4,690	4,805
Canada	4,387	4,814	5,518	6,637	8,408	8,888	9,638	4,391	4,943	6,033	7,864	9,655	10,643	10,724
China, P.R.: Hong Kong	777	529	626	943	960	938	631	2,673	2,366	2,611	3,067	3,194	3,513	3,908
Denmark	3,466	4,615	5,120	3,562	3,535	4,133	4,385	6,489	8,151	9,279	7,758	8,136	9,263	10,192
Iceland	36	12	10	11	8	16	20	22	28	27	38	43	76	60
Israel	8,165	7,556	7,355	7,040	8,559	8,528	9,424	1,380	1,145	1,081	1,038	1,117	1,271	943
Japan	10,038	6,508	6,907	9,738	6,184	6,771	9,104	14,960	14,020	14,782	17,311	16,868	18,285	22,147
Korea	7,314	7,859	9,150	10,004	9,588	11,158	13,636	8,932	10,764	11,582	12,485	13,680	14,685	14,410
New Zealand	642	855	900	1,242	1,292	1,425	1,696	568	703	814	1,006	880	1,008	1,051
Norway	1,877	2,049	2,553	3,458	3,304	3,554	3,557	4,112	4,972	5,188	6,090	5,587	6,201	6,880
Singapore	127	131	136	138	145	151	157	1,493	1,483	1,562	1,581	1,821	2,304	2,913
Sweden	3,345	3,577	4,067	5,027	5,107	4,800	5,358	6,218	1,845	8,817	9,601	10,051	9,872	11,688
Switzerland	10,634	13,198	14,299	15,504	17,689	22,706	27,215	16,566	18,815	20,811	26,493	27,039	32,173	39,915
Taiwan Province of China *	2,621	2,673	3,170	3,463	3,837	4,559	5,210	5,113	5,392	6,995	7,727	7,772	8,366	8,189
United Kingdom	18,410	19,700	25,217	31,660	34,005	28,133	28,398	31,669	35,701	44,040	53,294	55,837	55,235	54,076
United States	12,295	14,991	20,281	18,965	25,975	23,351	21,758	77,244	86,786	108,643	124,737	117,248	139,347	150,121

* from published sources

	Credit							Debit						
	2002	2003	2004	2005	2006	2007	2008	2002	2003	2004	2005	2006	2007	2008
Emerg. & Develop. Economies *(Billions)*	149	181	219	277	320	381	437	52	56	69	83	99	123	148
Africa	18,700	22,894	28,140	43,614	49,472	57,363	64,899	3,984	4,845	5,528	6,899	7,981	9,741	12,062
CEMAC														
Cameroon	127	205	225	332	527	620	673	75	83	49	95	214	175	83
Central African Republic	....	....	....	....	....	....	....	....	....	....	....	....	....	....
Chad	....	....	....	....	....	....	....	....	....	....	....	....	....	....
Congo, Republic of	13	26	34	87	38	43	....	23	44	56	57	63	81	....
Equatorial Guinea	....	....	....	....	....	....	....	....	....	....	....	....	....	....
Gabon	5	7	10	18	....	....	....	136	188	194	287	....	....	....
WAEMU														
Benin	176	74	101	197	316	377	....	19	8	8	33	57	108	....
Burkina Faso	....	....	....	....	....	....	....	....	....	....	....	....	....	....
Côte d'Ivoire	132	196	187	195	218	477	582	594	683	653	657	749	820	927
Guinea-Bissau	38	46	74	....	....	....	....	5	7	7	....	....	....	....
Mali	182	266	251	286	381	483	....	36	58	58	58	56	83	....
Niger	65	83	129	217	199	208	....	12	10	25	35	36	23	....
Senegal	414	596	715	859	974	1,557	....	46	65	83	105	137	268	....
Togo	113	161	207	229	288	329	....	22	34	37	42	44	50	....
Algeria	....	....	....	....	....	....	....	....	....	....	....	....	....	....
Angola	142	186	124	173	60	46	154	110	87	118	146	250	268	365
Botswana	406	538	743	886	1,073	1,368	1,381	190	248	217	214	202	263	370
Burundi	121	127	157	243	232	242	188	3	3	3	3	3	....	2
Cape Verde	182	235	278	312	334	406	422	16	18	43	31	45	104	107
Comoros	....	....	....	....	....	....	....	....	....	....	....	....	....	....
Congo, Democratic Republic of	....	....	....	....	....	....	....	....	....	....	....	....	....	....
Djibouti	44	75	74	78	86	86	87	2	6	6	6	7	7	7
Eritrea	....	....	....	....	....	....	....	....	....	....	....	....	....	....
Ethiopia	876	1,267	1,421	1,426	1,297	3,415	4,344	21	33	17	24	23	28	49
Gambia, The	....	94	92	95	114	139	106	....	33	24	25	27	28	22
Ghana	912	1,408	1,580	1,794	2,248	2,043	2,212	12	9	....	....	....	....	....
Guinea	71	197	68	....	....	43	104	25	62	50	....	....	128	86
Kenya	689	884	1,045	1,319	1,833	2,149	2,419	12	14	43	67	48	43	84
Lesotho	123	172	251	304	392	629	519	2	2	3	3	3	4	4
Liberia	....	....	744	779	1,200	1,139	1,175	....	....	....	....	....	....	....
Madagascar	206	487	387	281	....	....	....	36	183	62	45	....	....	....

Table B-17. Current Transfers

Millions of U.S. dollars, unless otherwise indicated

	Credit							Debit						
	2002	2003	2004	2005	2006	2007	2008	2002	2003	2004	2005	2006	2007	2008
Africa (continued)														
Malawi	170	....	....	....	....	....	....	9	....	....	....	....	....	....
Mauritania	....	....	....	....	....	....	....	....	....	....	....	....	....	....
Mauritius	195	163	168	162	179	250	411	104	111	119	101	108	125	187
Morocco	3,446	4,243	5,022	5,533	6,506	7,888	8,980	115	141	154	158	177	185	211
Mozambique	827	293	371	479	574	668	978	189	70	57	76	74	65	123
Namibia	304	487	704	718	991	1,053	1,189	30	27	35	45	45	52	62
Nigeria	1,422	1,063	2,273	15,284	17,120	18,016	18,148	9	12	21	131	177	150	179
Rwanda	215	246	332	384	319	435	558	20	20	18	18	23	22	40
São Tomé & Príncipe	4	7	8	7	5	6	....	1	1	4	4	5	5	....
Seychelles	15	16	21	36	54	61	....	2	3	3	4	10	11	....
Sierra Leone	171	165	122	139	82	106	118	4	5	3	2	5	3	7
South Africa	139	252	257	240	261	265	340	695	1,248	2,015	3,041	3,078	3,218	3,350
Sudan	1,120	1,235	1,633	1,926	2,287	2,500	4,024	454	517	510	480	1,084	2,118	3,639
Swaziland	216	337	371	340	366	403	....	120	186	265	242	235	209	....
Tanzania	357	574	654	564	655	724	697	61	63	65	68	66	72	80
Tunisia	1,050	1,200	1,401	1,340	1,470	1,650	1,948	19	29	24	28	27	32	26
Uganda	1,026	913	1,144	1,181	1,301	1,311	1,564	357	137	142	145	185	203	324
Zambia	96	101	93	184	455	626	675	20	55	64	77	93	96	110
Zimbabwe	....	....	....	....	....	....	....	....	....	....	....	....	....	....
Developing Asia *(Billions)*	60	73	84	103	119	148	179	7	7	10	12	13	16	22
Afghanistan, I.R. of	....	....	....	....	....	....	....	....	....	....	....	....	....	....
Bangladesh	3,245	3,586	3,960	4,785	5,941	7,297	9,790	6	8	13	11	8	10	16
Bhutan	....	....	....	....	....	....	....	....	....	....	....	....	....	....
Brunei Darussalam	....	....	....	....	....	....	....	310	290	309	376	405	430	446
Cambodia	448	425	444	541	655	598	622	9	12	15	21	25	26	28
China, P.R.: Mainland	13,795	18,482	24,326	27,735	31,578	42,646	52,565	811	848	1,428	2,349	2,378	3,978	6,766
China, P.R.: Macao	69	83	79	83	108	101	....	99	108	124	184	343	668	....
Fiji	152	189	191	264	296	245	257	45	71	83	88	96	60	72
French Overseas Territories: French Polynesia	487	638	754	751	786	1,079	1,092	157	197	229	227	290	349	370
French Overseas Territories: New Caledonia	414	543	609	626	648	784	961	114	183	189	209	220	308	362
India	16,788	22,401	20,615	24,512	30,015	38,885	51,515	698	570	822	869	1,299	1,741	3,309
Indonesia	2,210	2,053	2,433	5,993	6,079	6,801	7,373	470	184	1,294	1,200	1,216	1,697	1,989
Kiribati	....	....	....	....	....	....	....	....	....	....	....	....	....	....
Lao People's Democratic Republic	48	21	79	67	127	98	....	....	....	....	....	....	....	....
Malaysia	661	508	422	299	314	419	419	3,442	2,955	4,335	4,776	4,874	5,001	5,681
Maldives	11	13	8	211	91	91	76	50	55	61	70	83	105	128
Myanmar	188	118	161	198	161	....	....	23	23	27	24	39	....	....
Nepal	988	1,083	1,237	1,593	1,856	2,129	3,294	33	25	63	61	69	42	51
Pakistan	6,593	6,300	7,666	9,169	11,030	11,216	11,146	45	68	140	90	89	131	122
Papua New Guinea	86	319	334	385	....	....	....	59	81	77	94	....	....	....
Philippines	7,948	8,626	9,420	11,711	13,511	14,573	15,781	268	240	260	320	314	420	555
Samoa	....	....	96	115	109	121	....	....	....	14	8	13	10	....
Solomon Islands	29	46	50	41	69	....	....	20	19	25	36	42	....	....
Sri Lanka	1,318	1,450	1,594	2,061	2,262	2,598	3,019	190	209	214	233	258	288	353
Thailand	979	1,326	2,479	3,351	3,764	4,395	5,324	375	385	348	348	396	457	558
Timor-Leste	....	....	....	....	....	....	....	....	....	....	....	....	....	....
Tonga	75	67	92	87	93	119	....	16	8	13	12	13	13	....
Vanuatu	19	17	24	26	30	26	....	9	10	10	6	5	3	....
Vietnam	1,921	2,239	3,093	3,380	4,049	6,430	7,311	....	....	....	....	....	....	....
Europe	23,346	27,670	39,295	49,512	59,714	76,611	87,410	6,402	8,607	15,645	21,992	28,662	42,121	46,445
Central and Eastern Europe	17,568	20,302	29,480	36,701	42,544	53,951	58,440	3,443	4,694	9,786	14,242	17,136	25,353	27,748
Albania	684	924	1,200	1,519	1,426	1,674	1,643	59	82	91	225	157	242	264
Bosnia and Herzegovina	1,524	1,781	2,204	2,172	2,399	2,916	2,970	102	123	210	140	165	200	258
Bulgaria	654	865	1,121	1,238	1,066	1,253	1,888	106	170	199	225	222	789	1,097
Croatia	1,375	1,741	1,974	2,027	2,061	2,164	2,424	285	334	488	552	670	734	924
Czech Republic	1,465	1,663	2,081	3,219	2,215	3,153	4,431	553	1,114	1,845	2,892	3,130	4,514	5,006
Estonia	126	266	417	466	529	673	759	61	110	303	404	466	526	486
Faroe Islands	109	128	....	....	....	....	....	7	6	....	....	....	....	....
Hungary	1,070	1,283	1,689	2,608	3,169	4,102	1,620	579	616	2,164	3,305	3,712	4,770	3,539
Latvia	538	924	1,289	1,373	1,789	2,023	2,191	275	394	595	776	1,310	1,644	1,422
Lithuania	232	302	612	951	1,425	2,071	2,150	3	8	154	289	700	908	1,080
Macedonia, FYR	535	774	825	1,095	1,279	1,480	1,521	41	38	45	43	42	100	73
Montenegro, Republic of	....	....	....	....	138	160	....	....	....	....	....	....	57	53
Poland	3,049	3,769	6,878	9,766	11,955	15,241	16,374	1,058	1,299	3,158	4,757	5,351	6,748	8,430
Romania	1,808	2,200	4,188	5,056	6,995	9,871	12,953	272	339	491	607	870	3,260	4,027
Serbia, Republic of	....	....	....	....	4,285	4,543	....	....	....	....	....	315	405	....
Turkey	2,477	1,081	1,155	1,475	2,244	2,778	2,684	44	61	38	21	336	542	678
CIS and Mongolia	5,778	7,368	9,815	12,810	17,170	22,660	28,970	2,958	3,913	5,859	7,750	11,526	16,768	18,697
Armenia	200	245	515	604	792	1,025	1,239	26	27	85	80	98	80	102
Azerbaijan	228	225	263	626	748	1,313	1,500	158	91	74	142	182	308	450
Belarus	260	292	391	267	317	350	423	62	70	88	102	113	160	230
Georgia	246	216	465	413	587	768	1,143	29	36	51	54	63	80	82

2009, International Monetary Fund: *Balance of Payments Statistics Yearbook*

Table B-17. Current Transfers
Millions of U.S. dollars, unless otherwise indicated

	Credit							Debit						
	2002	2003	2004	2005	2006	2007	2008	2002	2003	2004	2005	2006	2007	2008
CIS and Mongolia (continued)														
Kazakhstan	426	279	353	810	904	904	1,104	312	443	841	1,223	2,111	3,063	2,089
Kyrgyz Republic	110	161	332	538	779	1,100	1,557	3	7	18	38	50	79	80
Moldova	261	334	408	619	864	1,284	1,734	19	28	36	43	50	65	111
Mongolia	180	217	319	266	292	...	...	42	55	50	41	77	...	...
Russia	1,490	2,537	3,467	4,490	6,403	8,423	11,003	2,164	2,922	4,317	5,528	7,940	11,929	14,099
Tajikistan	202	285	348	600	1,146	1,794	2,705	16	67	123	150	400	237	207
Turkmenistan	...	...	...	...	...	...	...	...	...	...	...	...	...	...
Ukraine	1,967	2,270	2,671	3,111	3,533	4,147	4,165	46	86	95	266	360	608	1,038
Uzbekistan	...	...	...	...	...	...	...	...	...	...	...	...	...	...
Middle East	13,307	15,738	17,804	22,829	22,325	25,120	30,628	30,532	32,890	34,158	37,633	44,203	47,857	59,791
Bahrain, Kingdom of	15	...	...	...	...	...	...	872	1,082	1,120	1,223	1,531	1,483	1,774
Egypt	4,002	3,708	4,615	5,830	5,933	8,562	10,072	42	109	48	82	163	240	314
Iran, I.R. of	...	...	...	...	...	...	...	...	...	...	...	...	...	...
Iraq	...	...	...	4,729	1,690	1,551	...	...	...	...	1,493	2,153	1,932	...
Jordan	2,524	3,501	3,562	3,030	3,379	3,511	4,163	260	295	346	414	439	732	632
Kuwait	50	66	88	86	113	127	159	2,192	2,446	2,554	3,421	3,674	5,928	5,924
Lebanon	2,591	4,079	5,325	4,399	5,157	5,219	6,069	2,513	3,751	3,609	3,337	3,188	2,455	3,371
Libya	13	255	254	418	1,646	598	45	884	1,916	2,763	1,052	1,060	817	1,085
Oman	...	...	...	...	...	...	...	1,602	1,672	1,826	2,257	2,788	3,670	5,181
Qatar	...	...	...	...	...	...	...	...	...	...	...	...	...	...
Saudi Arabia	...	...	...	...	...	...	...	15,954	14,883	13,655	14,778	16,781	17,043	23,012
Syrian Arab Republic	499	767	695	767	800	1,040	...	20	15	16	16	235	220	...
United Arab Emirates	...	...	...	...	...	...	...	...	...	...	...	...	...	...
West Bank and Gaza	1,187	917	890	1,294	1,609	2,495	...	97	251	160	123	131	134	...
Yemen, Republic of	1,457	1,442	1,493	1,458	1,402	1,474	2,223	73	75	49	53	46	49	60
Western Hemisphere	33,271	41,395	49,193	57,957	69,460	73,943	75,197	3,392	3,357	3,801	4,487	5,363	6,993	8,032
Eastern Caribbean Currency Union														
Anguilla	9	10	14	11	14	11	15	8	10	10	10	14	18	20
Antigua and Barbuda	23	29	25	26	41	44	44	17	16	17	18	19	20	21
Dominica	20	21	23	28	26	29	29	7	8	6	9	6	8	8
Grenada	32	48	126	88	49	39	40	10	12	5	5	13	14	15
Montserrat	21	27	28	28	25	25	27	5	5	5	6	4	5	5
St. Kitts and Nevis	28	30	31	37	45	46	47	12	11	13	13	13	13	14
St. Lucia	28	29	30	30	31	35	36	16	16	16	17	19	22	22
St. Vincent and the Grenadines	24	24	25	26	32	35	36	12	11	11	8	12	15	15
Argentina	818	942	1,110	1,225	1,409	1,594	1,738	278	438	549	741	950	1,258	1,627
Aruba	41	41	45	51	53	56	66	108	127	149	177	177	159	180
Bahamas, The	55	60	265	103	66	71	76	13	11	14	18	14	19	20
Barbados	121	127	126	162	...	...	...	34	34	38	67	...	...	...
Belize	59	59	61	68	92	137	141	16	18	15	17	18	43	30
Bermuda	...	...	...	...	127	194	168	...	...	...	...	134	155	158
Bolivia	408	511	543	649	895	1,345	1,391	38	46	52	65	73	79	107
Brazil	2,627	3,132	3,582	4,051	4,847	4,972	5,317	237	265	314	493	541	943	1,093
Chile	954	901	1,411	2,199	4,003	3,851	3,874	372	296	339	416	596	728	950
Colombia	3,010	3,565	3,994	4,342	5,037	5,642	5,898	304	256	270	260	293	410	384
Costa Rica	297	369	371	471	586	735	707	121	160	159	200	237	265	264
Dominican Republic	2,452	2,512	2,701	2,908	3,366	3,655	3,699	183	176	174	211	222	254	268
Ecuador	1,709	1,791	2,049	2,781	3,234	3,395	3,150	58	22	18	120	130	149	162
El Salvador	2,111	2,200	2,615	3,106	3,549	3,819	3,900	88	86	60	71	77	69	69
Guatemala	2,078	2,559	3,157	3,615	4,306	4,865	5,030	101	97	35	38	38	11	19
Guyana	129	127	194	262	311	424	470	89	84	120	95	95	137	141
Haiti	776	948	1,032	1,350	1,436	1,614	1,993	22	31	39	60	76	96	117
Honduras	983	1,092	1,374	2,042	2,610	2,806	3,160	137	101	109	147	137	154	139
Jamaica	1,338	1,524	1,892	1,935	2,088	2,386	2,489	251	334	446	357	340	346	339
Mexico	10,304	15,540	18,842	22,195	26,037	26,523	25,589	35	37	80	57	88	108	128
Netherlands Antilles	361	395	311	401	329	296	...	233	254	233	265	306	327	...
Nicaragua	530	625	755	857	1,003	1,075	1,068	...	...	...	...	...	...	...
Panama	299	299	298	338	388	416	450	55	64	81	97	136	163	212
Paraguay	118	166	196	225	430	375	370	2	2	2	2	4	2	1
Peru	1,028	1,215	1,439	1,781	2,194	2,504	2,810	8	6	6	10	10	10	7
Suriname	13	25	76	52	74	138	138	21	30	63	30	38	62	51
Trinidad and Tobago	96	101	99	102	105	121	...	42	42	42	52	49	61	...
Uruguay	84	95	127	161	150	165	188	12	12	14	17	24	27	37
Venezuela, República Bolivariana de	288	257	227	249	309	346	345	445	237	299	318	387	777	953

Table B-18.   **Current Transfers—General Government**

Millions of U.S. dollars, unless otherwise indicated

	Credit							Debit						
	2002	2003	2004	2005	2006	2007	2008	2002	2003	2004	2005	2006	2007	2008
Total *(Billions)*	183	213	256	281	300	344	379	210	259	317	362	359	407	434
International Organizations	92,077	113,311	140,331	147,943	152,268	183,234	204,759	60,421	71,115	92,407	104,861	103,213	116,375	121,279
Advanced Economies *(Billions)*	71	77	88	95	105	112	120	146	182	214	240	238	267	289
Euro Area														
Austria	531	687	776	880	883	892	972	1,892	2,444	2,896	3,291	3,273	3,504	3,961
Belgium	1,586	1,905	2,513	3,297	3,010	2,159	2,429	5,101	6,505	7,278	8,017	8,325	8,411	9,465
Cyprus	27	49	174	235	308	241	156	2	3	132	211	204	273	303
Finland	255	315	339	357	373	405	382	1,785	2,401	2,629	2,960	2,590	2,825	3,245
France	11,556	14,690	16,485	16,961	17,949	18,535	18,358	20,974	27,539	30,124	35,261	35,371	37,776	40,442
Germany	11,618	13,284	15,522	16,229	20,610	20,722	23,436	26,128	33,600	36,065	38,602	38,549	42,788	48,202
Greece	3,493	4,628	5,077	5,811	5,591	5,966	6,944	1,563	2,453	2,761	3,660	3,087	5,296	3,940
Ireland	135	167	303	271	236	220	118	1,000	1,356	1,663	1,975	2,206	2,779	2,828
Italy	13,107	11,732	12,198	12,358	12,155	16,554	16,775	14,163	18,107	20,633	22,674	22,207	26,135	28,573
Luxembourg	1,133	1,626	1,804	2,051	2,417	2,732	3,436	1,204	1,397	1,637	1,886	1,947	2,360	2,669
Malta	113	55	85	154	350	552	1,016	106	31	72	129	351	601	905
Netherlands	3,112	3,090	4,271	5,191	6,102	6,402	6,556	8,186	9,488	12,374	13,630	15,165	15,517	16,608
Portugal	1,930	2,654	2,826	2,813	2,991	2,762	2,848	1,537	1,900	2,015	2,291	2,646	2,709	3,057
Slovak Republic	1	2	355	706	834	761	694	8	15	291	496	558	737	930
Slovenia	86	103	262	393	517	564	572	139	153	372	534	647	830	840
Spain	2,656	2,913	4,153	4,405	4,232	4,981	3,698	7,149	10,093	11,216	13,699	15,413	16,897	19,936
Australia	688	721	817	938	1,316	1,725	1,653	481	558	629	643	658	759	769
Canada	2,789	2,969	3,585	4,527	6,155	6,465	7,272	1,629	2,059	2,351	3,201	3,111	3,413	3,887
China, P.R.: Hong Kong	....	....	....	....	....	....	....	172	171	171	181	196	224	290
Denmark	451	600	666	....	....	....	....	3,894	4,890	5,567	....	....	....	....
Iceland	6	11	....	1	....	....	....	15	19	19	26	29	56	46
Israel	4,506	4,200	3,587	3,340	4,519	3,978	4,523	86	85	71	104	107	111	111
Japan	2,929	191	177	1,209	139	232	303	2,861	3,881	5,609	5,208	4,822	5,128	5,460
Korea	125	76	98	188	313	271	291	764	989	1,005	1,252	1,402	1,459	1,114
New Zealand	398	548	558	872	939	1,021	1,249	200	237	282	336	308	367	392
Norway	55	22	25	279	206	377	571	1,616	1,892	2,030	2,481	2,749	3,278	3,536
Singapore	9	10	10	11	11	10	7	111	140	121	122	129	147	170
Sweden	523	459	793	996	1,358	853	1,089	3,743	−111	5,974	6,361	6,084	6,656	7,811
Switzerland	1,845	2,309	2,528	2,828	3,149	3,587	4,232	3,951	4,710	5,459	5,741	5,882	6,384	7,317
Taiwan Province of China *	75	46	90	55	29	139	87	45	73	96	58	69	88	106
United Kingdom	5,517	6,503	7,665	7,831	8,029	8,623	10,068	13,688	17,385	22,399	24,914	25,483	28,193	27,214
United States	....	....	....	....	....	....	....	22,222	27,514	30,087	39,950	34,241	41,760	44,393

* from published sources

	Credit							Debit						
	2002	2003	2004	2005	2006	2007	2008	2002	2003	2004	2005	2006	2007	2008
Emerg. & Develop. Economies *(Billions)*	20	23	28	38	43	49	55	3	6	11	17	18	23	24
Africa	5,756	6,670	8,283	9,151	10,627	12,090	12,083	1,169	1,748	2,625	3,676	3,825	4,081	4,126
CEMAC														
Cameroon	28	92	70	50	124	146	160	1	8	10	7	9	13	2
Central African Republic	....	....	....	....	....	....	....	....	....	....	....	....	....	....
Chad	....	....	....	....	....	....	....	....	....	....	....	....	....	....
Congo, Republic of	8	10	11	64	13	16	....	3	1	....	....	....	1	....
Equatorial Guinea	....	....	....	....	....	....	....	....	....	....	....	....	....	....
Gabon	1	1	2	3	....	....	....	32	46	65	56	....	....	....
WAEMU														
Benin	83	17	28	44	110	118	....	5	2	3	....	3	3	....
Burkina Faso	....	....	....	....	....	....	....	....	....	....	....	....	....	....
Côte d'Ivoire	34	55	4	....	....	219	323	16	19	21	22	36	56	66
Guinea-Bissau	19	19	44	....	....	....	....	....	....	....	....	....	....	....
Mali	47	120	102	120	169	126	....	3	4	4	4	4	7	....
Niger	47	58	75	114	92	103	....	7	2	1	3	8	9	....
Senegal	99	124	130	117	96	115	....	6	8	8	9	43	7	....
Togo	11	12	19	24	31	35	....	1	1	1	3	4	....	....
Algeria	....	....	....	....	....	....	....	....	....	....	....	....	....	....
Angola	142	186	124	173	60	46	83	7	....	....	28	36	38	142
Botswana	387	511	662	799	956	1,272	1,283	118	145	207	197	192	253	329
Burundi	113	119	144	223	200	160	94	1	2	1	2	....	....	....
Cape Verde	35	50	55	50	52	74	106	....	1	1	2	4	6	3
Comoros	....	....	....	....	....	....	....	....	....	....	....	....	....	....
Congo, Democratic Republic of	....	....	....	....	....	....	....	....	....	....	....	....	....	....
Djibouti	....	31	29	29	29	29	29	1	1	1	1	2	2	2
Eritrea	....	....	....	....	....	....	....	....	....	....	....	....	....	....
Ethiopia	465	660	665	563	381	1,338	1,633	3	5	6	6	9	12	21
Gambia, The	....	6	13	7	7	32	8	....	1	2	1	1	2	2
Ghana	232	391	293	244	604	209	241	12	9	....	....	....	....	....
Guinea	56	86	26	....	....	8	2	9	8	3	....	....	....	....
Kenya	33	69	106	100	124	220	220	6	8	9	10	22	26	19
Lesotho	110	152	218	274	370	615	511	2	2	2	3	3	4	4
Liberia	....	....	689	755	1,137	1,094	1,137	....	....	....	....	....	....	....
Madagascar	51	149	162	72	....	....	....	36	5	....	14	....	....	....

2009, International Monetary Fund: *Balance of Payments Statistics Yearbook*

Table B-18. Current Transfers—General Government

Millions of U.S. dollars, unless otherwise indicated

	Credit							Debit						
	2002	2003	2004	2005	2006	2007	2008	2002	2003	2004	2005	2006	2007	2008
Africa (continued)														
Malawi	142	....	....	....	....	....	....	2	....	....	....	....	....	....
Mauritania	....	....	....	....	....	....	....	....	....	....	....	....	....	....
Mauritius	21	15	22	16	18	23	92	7	1	4	6	6	5	5
Morocco	151	142	193	273	328	349	1,235	44	59	54	37	63	61	78
Mozambique	628	232	325	374	455	518	778	....	....	2	....	2	4	10
Namibia	290	462	677	692	964	1,030	1,168	26	23	30	40	41	48	55
Nigeria	213	....	....	120	168	179	168	8	....	....	61	48	83	111
Rwanda	172	197	281	322	210	313	450	2	2	2	2	3	2	4
São Tomé & Príncipe	3	5	7	6	4	4	....	....	....	3	3	3	3	....
Seychelles	13	11	14	24	23	17	....	....	....	....	....	....	....	....
Sierra Leone	71	62	80	87	46	59	78	2	3	1	1	....	1	1
South Africa	103	189	166	146	163	161	241	667	1,195	1,942	2,961	2,996	3,131	3,265
Sudan	150	17	53	245	387	179	676	2	7	24	11	23	5	5
Swaziland	211	302	348	296	318	339	....	97	145	194	165	169	171	....
Tanzania	307	508	582	478	560	627	594	3	5	5	4	2	4	1
Tunisia	41	41	57	68	82	99	113	....	....	....	....	....	....	....
Uganda	426	474	681	598	558	323	333	2	2	2	....	1	....	....
Zambia	96	65	44	131	208	303	326	....	....	....	....	....	....	....
Zimbabwe	....	....	....	....	....	....	....	....	....	....	....	....	....	....
Developing Asia	**4,632**	**4,330**	**4,054**	**4,595**	**4,949**	**5,339**	**5,697**	**422**	**428**	**873**	**1,162**	**1,340**	**1,432**	**1,497**
Afghanistan, I.R. of	....	....	....	....	....	....	....	....	....	....	....	....	....	....
Bangladesh	135	70	24	38	12	168	57	1	1	1	1	1	2	3
Bhutan	....	....	....	....	....	....	....	....	....	....	....	....	....	....
Brunei Darussalam	....	....	....	....	....	....	....	....	....	....	....	....	....	....
Cambodia	247	217	210	292	376	288	296	....	....	....	....	....	....	....
China, P.R.: Mainland	86	114	98	49	65	35	49	160	106	187	225	211	201	231
China, P.R.: Macao	....	....	....	....	....	....	....	1	2	2	11	3	3	....
Fiji	....	1	2	3	4	2	8	....	....	....	....	....	....	....
French Overseas Territories: French Polynesia	449	586	670	669	712	879	894	38	40	50	64	136	158	170
French Overseas Territories: New Caledonia	363	483	570	585	596	726	885	84	130	152	155	150	232	257
India	507	517	603	603	768	666	731	....	....	266	394	442	508	418
Indonesia	573	139	296	44	22	180	210	....	....	....	....	....	....	....
Kiribati	....	....	....	....	....	....	....	....	....	....	....	....	....	....
Lao People's Democratic Republic	....	....	....	....	....	....	....	....	....	....	....	....	....	....
Malaysia	137	92	120	134	134	140	90	50	46	63	152	228	91	142
Maldives	11	13	8	211	91	91	76	....	....	....	....	....	....	....
Myanmar	52	27	26	49	32	....	....	....	....	....	....	....	....	....
Nepal	184	93	191	167	161	182	385	....	....	....	....	....	....	....
Pakistan	1,037	813	163	455	677	424	530	10	14	35	22	26	55	47
Papua New Guinea	....	175	204	218	....	....	....	....	....	....	....	....	....	....
Philippines	563	620	460	530	424	625	451	66	65	73	93	111	119	159
Samoa	....	....	9	6	1	2	....	....	....	....	4	2	....	....
Solomon Islands	16	32	26	13	26	....	....	3	5	2	4	6	....	....
Sri Lanka	31	36	30	93	101	97	101	....	....	....	....	....	....	....
Thailand	55	128	121	159	201	237	428	8	19	35	37	25	51	66
Timor-Leste	....	....	....	....	....	....	....	....	....	....	....	....	....	....
Tonga	3	3	10	8	9	8	....	1	....	1	....	....	....	....
Vanuatu	16	15	21	21	23	23	....	....	....	1	1	....	1	....
Vietnam	154	139	174	230	249	250	507	....	....	....	....	....	....	....
Europe	**4,738**	**6,085**	**9,131**	**13,028**	**15,513**	**20,661**	**26,688**	**949**	**1,641**	**4,698**	**8,690**	**9,279**	**13,097**	**15,539**
Central and Eastern Europe	**3,165**	**3,849**	**6,701**	**9,540**	**10,430**	**14,126**	**17,428**	**631**	**1,249**	**4,230**	**7,884**	**8,097**	**12,052**	**14,362**
Albania	40	61	76	80	62	83	46	2	1	....	5	9	1	....
Bosnia and Herzegovina	329	338	323	312	298	263	249	....	....	....	....	....	....	....
Bulgaria	140	170	105	109	175	356	829	16	32	32	38	24	484	652
Croatia	136	240	223	276	323	359	500	105	162	220	260	332	380	577
Czech Republic	454	851	1,524	1,681	1,507	2,013	3,449	136	582	958	1,846	1,776	2,135	2,981
Estonia	54	147	187	226	251	277	268	9	18	153	259	259	299	297
Faroe Islands	94	112	....	....	....	....	....	2	1	....	....	....	....	....
Hungary	223	290	603	967	1,098	1,375	690	157	162	696	1,700	1,613	1,982	1,610
Latvia	47	98	218	251	254	363	416	10	15	101	183	224	295	343
Lithuania	84	99	229	406	464	789	686	2	2	152	285	323	394	514
Macedonia, FYR	103	108	76	75	83	84	91	6	4	6	10	9	53	19
Montenegro, Republic of	....	....	....	....	....	11	20	....	....	....	....	....	8	6
Poland	622	718	2,460	4,231	4,784	5,545	5,618	125	169	1,818	3,170	3,347	4,169	5,263
Romania	298	264	213	190	367	1,286	3,275	17	41	56	107	102	1,686	1,910
Serbia, Republic of	....	....	....	....	365	414	....	....	....	....	....	....	127	150
Turkey	541	352	351	624	653	848	766	44	61	38	21	77	39	38
CIS and Mongolia	**1,573**	**2,236**	**2,430**	**3,488**	**5,083**	**6,535**	**9,259**	**317**	**393**	**468**	**806**	**1,181**	**1,045**	**1,176**
Armenia	57	62	63	68	82	97	78	2	2	2	2	2	3	3
Azerbaijan	60	63	63	122	69	103	68	5	6	6	7	7	9	16
Belarus	73	61	58	59	101	113	125	11	26	17	15	7	10	15
Georgia	70	50	232	141	191	207	429	24	27	40	41	52	69	64

Table B-18. Current Transfers—General Government

Millions of U.S. dollars, unless otherwise indicated

	Credit							Debit						
	2002	2003	2004	2005	2006	2007	2008	2002	2003	2004	2005	2006	2007	2008
CIS and Mongolia (continued)														
Kazakhstan	287	212	276	726	810	740	951	5	8	15	16	24	19	30
Kyrgyz Republic	31	18	26	25	17	34	49	1	1	2	2	5	3	4
Moldova	65	67	64	81	76	131	188	4	5	5	5	7	5	6
Mongolia	73	49	88	89	113	....	....	....	1	1	1	1	....	....
Russia	477	1,178	1,097	1,609	3,075	4,354	7,066	255	279	351	689	1,042	860	1,005
Tajikistan	....	....	....	....	....	....	....	....	....	....	....	....	....	....
Turkmenistan	....	....	....	....	....	....	....	....	....	....	....	....	....	....
Ukraine	371	464	452	555	537	622	304	10	38	29	27	36	66	33
Uzbekistan	....	....	....	....	....	....	....	....	....	....	....	....	....	....
Middle East	2,273	3,031	3,391	6,938	5,588	4,648	4,380	442	1,540	2,034	2,850	3,350	3,625	2,310
Bahrain, Kingdom of	....	....	....	....	....	....	....	....	....	....	....	....	....	....
Egypt	1,056	696	1,218	766	541	824	1,324	27	29	32	25	28	60	63
Iran, I.R. of	....	....	....	....	....	....	....	....	....	....	....	....	....	....
Iraq	....	....	....	4,178	1,429	1,463	....	....	....	....	1,153	1,520	1,889	....
Jordan	511	1,406	1,334	752	845	379	934	1	2	9	7	34	5	2
Kuwait	50	66	88	86	113	127	159	173	189	104	715	405	574	267
Lebanon	47	8	11	8	113	13	55	4	4	5	8	3	10	25
Libya	10	12	15	18	1,300	598	45	108	1,186	1,756	130	110	55	121
Oman	....	....	....	....	....	....	....	....	....	....	....	....	....	....
Qatar	....	....	....	....	....	....	....	....	....	....	....	....	....	....
Saudi Arabia	....	....	....	....	....	....	....	100	100	100	782	1,170	976	1,820
Syrian Arab Republic	24	24	5	4	30	40	....	20	15	15	14	75	50	....
United Arab Emirates	....	....	....	....	....	....	....	....	....	....	....	....	....	....
West Bank and Gaza	418	666	535	957	1,100	1,052	....	....	....	....	....	....	....	....
Yemen, Republic of	157	152	185	169	118	152	812	9	15	14	16	5	8	12
Western Hemisphere	2,473	2,674	3,299	4,414	6,243	5,866	5,874	282	337	406	559	513	528	446
Eastern Caribbean Currency Union														
Anguilla	3	4	8	4	7	3	7	1	1	1	....	1	1	1
Antigua and Barbuda	3	5	4	5	7	9	9	4	4	4	4	5	4	4
Dominica	4	3	1	5	3	3	3	3	3	3	4	2	3	3
Grenada	6	21	43	35	16	8	9	4	3	4	4	4	3	3
Montserrat	20	26	27	27	25	25	26	2	2	2	3	1	1	1
St. Kitts and Nevis	3	3	2	6	12	10	10	3	3	3	3	3	1	1
St. Lucia	4	4	3	2	3	6	6	5	4	4	4	4	3	4
St. Vincent and the Grenadines	3	3	3	3	9	12	12	4	4	4	4	4	4	4
Argentina	232	255	315	357	430	541	640	27	71	86	84	107	118	114
Aruba	14	14	15	18	15	14	18	10	8	5	11	8	9	11
Bahamas, The	54	59	65	66	65	70	75	5	5	6	7	7	9	12
Barbados	3	3	1	6	....	....	....	9	8	11	9	....	....	....
Belize	10	1	10	6	11	41	28	3	3	2	2	2	25	6
Bermuda	....	....	....	....	87	107	123	....	....	....	....	2	3	6
Bolivia	262	352	328	309	297	231	199	4	5	5	2	3	2	4
Brazil	57	48	54	81	86	139	146	58	68	86	140	122	129	109
Chile	454	519	878	1,352	2,924	2,550	2,381	42	52	37	35	21	34	35
Colombia	406	340	397	501	531	267	192	4	7	6	34	27	19	17
Costa Rica	12	8	10	8	22	19	41	9	4	4	4	4	7	10
Dominican Republic	148	126	141	177	233	280	235	3	2	3	3	3	3	3
Ecuador	186	130	135	194	221	244	265	3	21	18	32	22	13	10
El Salvador	25	14	14	19	15	31	9	....	....	....	....	....	....	....
Guatemala	....	....	85	76	61	57	71	....	....	3	5	3	4	3
Guyana	....	....	....	....	....	....	....	....	....	....	....	....	....	....
Haiti	100	137	100	363	373	392	583	....	....	....	....	....	....	....
Honduras	73	201	186	181	195	144	259	1	7	5	23	4	2	....
Jamaica	115	110	164	142	152	141	107	8	5	4	5	7	8	6
Mexico	55	54	54	53	53	53	53	....	....	....	....	....	....	....
Netherlands Antilles	70	87	71	177	85	48	....	9	11	9	19	12	15	....
Nicaragua	....	....	....	....	....	....	80	....	....	....	....	....	....	....
Panama	96	86	82	102	120	115	134	5	3	3	4	10	7	9
Paraguay	12	8	11	8	16	8	8	2	2	2	2	4	2	1
Peru	2	1	2	7	8	12	11	8	6	6	10	10	10	7
Suriname	....	....	....	....	....	....	....	....	....	....	....	....	....	....
Trinidad and Tobago	15	12	10	7	10	10	....	5	4	5	5	6	7	....
Uruguay	18	18	20	41	19	21	29	11	8	9	11	13	13	22
Venezuela, República Bolivariana de	8	25	61	74	123	170	185	32	14	70	86	82	59	39

Table B-19. Workers' Remittances

Millions of U.S. dollars, unless otherwise indicated

	Credit							Debit						
	2002	2003	2004	2005	2006	2007	2008	2002	2003	2004	2005	2006	2007	2008
Total	93,288	113,961	127,521	166,316	199,124	240,468	267,774	77,821	81,389	91,725	99,458	118,026	138,720	154,869
International Organizations	....	....	....	....	....	....	....	....	....	....	....	....	....	....
Advanced Economies	10,618	10,926	11,224	11,617	13,912	17,148	18,624	44,646	47,521	54,297	59,100	69,976	80,818	86,489
Euro Area														
Austria	276	340	383	398	418	467	519	570	694	789	804	839	1,058	1,220
Belgium	40	20	19	20	27	114	139	264	333	343	416	429	476	585
Cyprus	5	6	44	51	70	99	170	26	47	54	55	55	81	115
Finland	....	....	....	....	....	10	10	....	....	....	17	22	24	30
France	768	451	460	512	1,143	1,220	1,190	2,534	2,851	3,093	3,110	4,383	4,712	5,011
Germany	....	....	....	....	....	....	....	3,277	3,766	3,951	3,646	3,676	4,117	4,594
Greece	1,181	1,183	894	863	1,143	1,980	2,178	186	187	262	630	629	1,003	1,316
Ireland	42	33	25	25	19	16	10	97	154	169	378	575	902	1,096
Italy	296	288	284	289	312	346	281	752	1,328	3,370	4,827	5,703	8,322	9,362
Luxembourg	1	1	4	4	4	5	3	44	53	65	68	81	92	101
Malta	....	1	....	....	....	....	....	1	1	2	7	4	4	5
Netherlands	....	....	....	....	....	....	....	613	656	644	849	1,004	908	1,214
Portugal	2,664	2,752	3,032	2,826	3,045	3,551	3,647	412	529	604	695	766	783	847
Slovak Republic	....	....	....	....	....	....	....	....	....	....	....	....	....	....
Slovenia	17	13	12	7	6	5	....	....	....	1	1	1	1	....
Spain	3,959	4,718	5,196	5,343	6,071	7,286	7,872	2,697	3,939	5,211	6,123	8,888	11,605	11,550
Australia	....	....	....	....	....	....	....	....	....	....	....	....	....	....
Canada	....	....	....	....	....	....	....	....	....	....	....	....	....	....
China, P.R.: Hong Kong	....	....	....	....	....	....	....	....	....	....	....	....	....	....
Denmark	....	....	....	....	....	....	....	....	....	....	....	....	....	....
Iceland	....	....	....	....	....	....	....	....	....	....	....	....	....	....
Israel	....	....	....	....	....	....	....	....	....	....	....	....	....	....
Japan	947	657	600	733	1,026	1,261	1,556	2,414	1,231	926	851	3,152	3,456	4,347
Korea	34	42	30	64	138	174	373	297	359	559	839	982	1,255	1,417
New Zealand	....	....	....	....	....	....	....	....	....	....	....	....	....	....
Norway	....	....	....	....	....	....	....	....	....	....	....	....	....	....
Singapore	....	....	....	....	....	....	....	....	....	....	....	....	....	....
Sweden	190	203	....	222	222	242	257	35	24	....	255	−26	−28	−29
Switzerland	147	173	194	202	209	292	330	2,045	2,741	3,139	3,341	3,718	4,160	4,693
Taiwan Province of China *	51	45	46	57	60	80	90	637	596	730	845	964	960	1,193
United Kingdom	....	....	....	....	....	....	....	....	....	....	....	....	....	....
United States	....	....	....	....	....	....	....	27,746	28,033	30,384	31,345	34,130	36,929	37,823

* from published sources

	Credit							Debit						
	2002	2003	2004	2005	2006	2007	2008	2002	2003	2004	2005	2006	2007	2008
Emerg. & Develop. Economies	82,670	103,034	116,297	154,699	185,212	223,319	249,150	33,175	33,868	37,428	40,357	48,050	57,902	68,379
Africa	7,426	8,850	11,681	24,342	28,365	32,163	32,307	1,739	1,749	1,582	1,759	1,942	2,168	999
CEMAC														
Cameroon	14	61	98	67	118	152	129	27	29	23	20	48	42	9
Central African Republic	....	....	....	....	....	....	....	....	....	....	....	....	....	....
Chad	....	....	....	....	....	....	....	....	....	....	....	....	....	....
Congo, Republic of	1	5	6	....	....	....	....	4	6	7	7	8	9	....
Equatorial Guinea	....	....	....	....	....	....	....	....	....	....	....	....	....	....
Gabon	1	4	1	1	....	....	....	79	109	91	163	....	....	....
WAEMU														
Benin	70	49	54	137	186	234	....	5	4	3	30	52	102	....
Burkina Faso	....	....	....	....	....	....	....	....	....	....	....	....	....	....
Côte d'Ivoire	....	....	1	2	2	2	....	562	613	575	580	643	679	....
Guinea-Bissau	17	21	27	....	....	....	....	5	6	5	....	....	....	....
Mali	126	139	138	153	193	323	....	24	48	52	51	47	69	....
Niger	9	12	43	46	49	43	....	5	7	22	27	27	12	....
Senegal	297	448	563	717	851	1,107	....	34	48	67	87	87	130	....
Togo	87	128	153	164	203	252	....	17	27	33	35	38	46	....
Algeria	....	....	....	....	....	....	....	....	....	....	....	....	....	....
Angola	....	....	....	....	....	....	71	100	88	117	117	172	228	222
Botswana	....	....	51	82	79	80	81	72	103	10	17	10	10	41
Burundi	....	....	....	....	....	....	4	....	....	....	....	....	....	....
Cape Verde	85	108	113	137	136	138	154	1	7	11	4	5	5	8
Comoros	....	....	....	....	....	....	....	....	....	....	....	....	....	....
Congo, Democratic Republic of	....	....	....	....	....	....	....	....	....	....	....	....	....	....
Djibouti	1	3	3	3	4	4	4	2	5	5	5	5	5	5
Eritrea	....	....	....	....	....	....	....	....	....	....	....	....	....	....
Ethiopia	33	46	134	174	169	356	387	17	17	9	16	14	15	21
Gambia, The	....	64	61	57	63	61	57	....	....	....	....	....	....	2
Ghana	44	65	82	99	105	117	126	....	....	....	....	....	....	....
Guinea	15	111	42	....	....	15	60	15	42	46	....	....	34	36
Kenya	57	66	376	425	570	645	667	6	7	34	56	25	16	64
Lesotho	10	11	14	7	4	13	7	....	....	....	....	....	....	....
Liberia	....	....	53	23	60	42	36	....	....	....	....	....	....	....
Madagascar	....	8	4	1	....	....	....	....	13	3	8	....	....	....

Table B-19. **Workers' Remittances**

Millions of U.S. dollars, unless otherwise indicated

	Credit							Debit						
	2002	2003	2004	2005	2006	2007	2008	2002	2003	2004	2005	2006	2007	2008
Africa (continued)														
Malawi	1	....	....	....	....	....	....	....	....	....	....	....	....	....
Mauritania	....	....	....	....	....	....	....	....	....	....	....	....	....	....
Mauritius	....	....	....	....	....	....	....	....	....	....	....	....	....	....
Morocco	2,877	3,614	4,221	4,589	5,451	6,730	6,894	30	34	34	35	38	49	54
Mozambique	29	30	3	6	16	31	34	16	20	11	11	12	26	38
Namibia	3	5	6	7	7	6	5	2	4	4	4	4	4	3
Nigeria	1,209	1,063	2,273	14,485	16,740	17,796	17,880	1	12	21	14	35	26	22
Rwanda	7	9	10	9	17	28	63	18	15	15	14	17	20	32
São Tomé & Príncipe	1	2	1	2	2	2	....	....	....	....	....	....	....	....
Seychelles	2	5	7	12	13	11	....	1	2	3	4	10	10	....
Sierra Leone	7	26	25	2	12	40	20	....	1	....	....	2	1	2
South Africa	....	....	....	....	....	....	....	....	....	....	....	....	....	....
Sudan	970	1,218	1,401	1,014	1,177	1,767	3,100	....	....	....	....	....	....	....
Swaziland	....	....	1	1	1	1	....	21	37	....	3	1	1	....
Tanzania	5	2	6	9	9	8	9	6	5	6	8	6	....	....
Tunisia	965	1,107	1,268	1,195	1,304	1,446	1,725	7	11	7	7	7	7	6
Uganda	423	299	311	322	411	452	724	355	134	140	145	185	203	324
Zambia	....	36	48	53	58	59	68	20	55	64	77	93	96	110
Zimbabwe	....	....	....	....	....	....	....	....	....	....	....	....	....	....
Developing Asia	34,536	43,159	43,654	55,524	67,521	83,994	105,698	4,742	4,399	6,772	7,432	7,949	10,388	13,807
Afghanistan, I.R. of	....	....	....	....	....	....	....	....	....	....	....	....	....	....
Bangladesh	2,848	3,180	3,572	4,302	5,418	6,553	8,981	3	4	5	3	2	2	7
Bhutan	....	....	....	....	....	....	....	....	....	....	....	....	....	....
Brunei Darussalam	....	....	....	....	....	....	....	310	290	309	376	405	430	446
Cambodia	120	125	144	160	180	184	187	9	10	12	16	20	24	24
China, P.R.: Mainland	1,679	3,343	4,627	5,495	6,830	10,679	13,557	223	477	616	732	695	1,879	3,000
China, P.R.: Macao	47	48	53	53	55	60	....	84	83	106	156	326	655	....
Fiji	47	54	55	134	144	115	73	2	2	14	5	5	4	5
French Overseas Territories: French Polynesia	10	12	15	11	14	14	11	24	27	32	33	36	40	42
French Overseas Territories: New Caledonia	2	5	8	5	4	3	6	7	6	7	10	18	18	18
India	15,629	20,884	18,397	21,859	28,025	36,770	49,144	638	487	453	361	704	1,004	2,479
Indonesia	1,259	1,489	1,700	5,296	5,560	6,004	6,618	....	....	775	834	1,060	1,171	1,412
Kiribati	....	....	....	....	....	....	....	....	....	....	....	....	....	....
Lao People's Democratic Republic	....	....	....	....	....	....	....	....	....	....	....	....	....	....
Malaysia	....	....	....	....	....	....	....	3,081	2,643	4,001	4,435	4,147	4,644	5,238
Maldives	....	....	....	....	....	....	....	50	55	61	70	83	105	128
Myanmar	76	59	81	87	66	....	....	23	23	25	19	32	....	....
Nepal	655	744	793	1,126	1,373	1,647	2,581	33	25	63	60	69	....	....
Pakistan	3,554	3,963	3,943	4,277	5,113	5,992	7,025	2	5	9	2	1	2	....
Papua New Guinea	6	4	8	6	....	....	....	45	41	61	75	....	....	....
Philippines	7,167	7,681	8,617	10,668	12,481	13,255	14,537	....	....	....	....	....	....	....
Samoa	....	....	....	....	....	....	....	....	....	....	....	....	....	....
Solomon Islands	1	1	2	3	10	....	....	....	....	....	....	1	....	....
Sri Lanka	1,287	1,414	1,564	1,968	2,161	2,501	2,918	190	209	214	233	258	288	353
Thailand	....	....	....	....	....	....	....	....	....	....	....	....	....	....
Timor-Leste	....	....	....	....	....	....	....	....	....	....	....	....	....	....
Tonga	62	52	64	62	69	96	....	15	8	10	12	12	12	....
Vanuatu	....	....	....	....	....	1	....	....	....	....	....	....	....	....
Vietnam	....	....	....	....	....	....	....	....	....	....	....	....	....	....
Europe	6,499	6,361	8,435	13,920	18,874	29,463	32,170	1,527	2,048	3,950	5,080	8,354	12,371	11,874
Central and Eastern Europe	5,486	5,113	6,118	11,014	14,585	21,242	22,456	163	107	206	497	1,074	1,800	1,898
Albania	643	778	1,028	1,161	1,176	1,305	1,226	....	....	....	....	....	....	....
Bosnia and Herzegovina	956	1,143	1,474	1,467	1,589	1,947	1,899	7	10	49	28	41	50	53
Bulgaria	500	681	436	462	420	397	497	....	....	18	22	21	32	33
Croatia	677	797	851	845	689	611	664	26	17	17	21	27	31	42
Czech Republic	....	....	....	100	128	150	168	....	....	....	291	462	630	551
Estonia	5	9	12	10	10	30	60	3	2	1	1	2	2	2
Faroe Islands	....	....	....	....	....	....	....	....	....	....	....	....	....	....
Hungary	39	39	46	61	54	64	74	15	20	83	98	107	127	145
Latvia	2	2	2	2	2	2	2	3	3	4	4	4	5	4
Lithuania	35	33	162	310	746	1,177	1,263	1	6	2	2	375	481	536
Macedonia, FYR	92	146	161	169	198	239	266	23	15	15	14	16	22	28
Montenegro, Republic of	....	....	....	....	....	87	90	....	....	....	....	....	20	19
Poland	593	741	1,124	1,822	2,955	4,242	4,431	86	33	16	13	13	16	32
Romania	7	14	18	3,754	5,509	6,835	7,580	....	1	1	4	6	289	337
Serbia, Republic of	....	....	....	....	....	2,948	2,913	....	....	....	....	....	95	114
Turkey	1,936	729	804	851	1,111	1,209	1,324	....	....	....	....	....	....	....
CIS and Mongolia	1,012	1,248	2,317	2,906	4,289	8,221	9,714	1,364	1,941	3,744	4,583	7,280	10,570	9,977
Armenia	10	9	43	58	74	94	124	7	6	10	16	19	5	11
Azerbaijan	163	154	191	490	662	1,192	1,416	149	78	65	127	149	273	399
Belarus	....	....	....	....	....	....	....	....	....	....	....	....	....	....
Georgia	75	64	64	94	153	245	305	2	6	7	8	4	2	2

2009, International Monetary Fund: *Balance of Payments Statistics Yearbook*

Table B-19. Workers' Remittances

Millions of U.S. dollars, unless otherwise indicated

	Credit							Debit						
	2002	2003	2004	2005	2006	2007	2008	2002	2003	2004	2005	2006	2007	2008
CIS and Mongolia (continued)														
Kazakhstan	107	38	53	56	73	132	120	286	421	806	1,158	2,000	2,998	2,004
Kyrgyz Republic	30	70	179	313	473	705	1,224	2	5	15	33	44	70	77
Moldova	102	152	221	395	603	842	1,046	1	1	1	3	6	16	13
Mongolia	56	129	195	178	180	....	....	14	54	49	40	77	....	....
Russia	257	300	925	621	766	852	802	890	1,306	2,672	3,051	4,587	6,942	7,264
Tajikistan	78	146	252	465	1,015	1,685	2,537	13	64	119	144	393	180	194
Turkmenistan	....	....	....	....	....	....	....	....	....	....	....	....	....	....
Ukraine	133	185	193	236	289	2,292	2,140	....	....	....	2	2	7	13
Uzbekistan	....	....	....	....	....	....	....	....	....	....	....	....	....	....
Middle East	**8,681**	**10,960**	**12,594**	**14,003**	**14,833**	**18,048**	**19,090**	**23,796**	**24,371**	**23,720**	**24,398**	**27,798**	**30,115**	**38,385**
Bahrain, Kingdom of	....	....	....	....	....	....	....	872	1,082	1,120	1,223	1,531	1,483	1,774
Egypt	2,893	2,961	3,341	5,017	5,330	7,656	8,694	14	79	13	57	135	180	241
Iran, I.R. of	....	....	....	....	....	....	....	....	....	....	....	....	....	....
Iraq	....	....	....	454	261	3	....	....	....	....	....	629	16	....
Jordan	1,921	1,981	2,059	2,179	2,514	2,994	3,159	171	200	240	308	354	423	416
Kuwait	....	....	....	....	....	....	....	1,926	2,144	2,404	2,648	3,183	5,238	5,559
Lebanon	2,544	3,964	5,183	4,257	4,623	5,022	5,774	2,510	3,694	3,573	3,281	2,783	2,370	3,238
Libya	3	3	5	7	6	....	....	776	644	940	854	880	762	964
Oman	....	....	....	....	....	....	....	1,602	1,672	1,826	2,257	2,788	3,670	5,181
Qatar	....	....	....	....	....	....	....	....	....	....	....	....	....	....
Saudi Arabia	....	....	....	....	....	....	....	15,854	14,783	13,555	13,716	15,299	15,746	20,946
Syrian Arab Republic	....	743	690	763	770	1,000	....	....	....	1	2	160	170	....
United Arab Emirates	....	....	....	....	....	....	....	....	....	....	....	....	....	....
West Bank and Gaza	25	39	35	44	46	52	....	8	12	12	14	15	17	....
Yemen, Republic of	1,294	1,270	1,283	1,283	1,283	1,322	1,410	64	60	36	37	41	41	48
Western Hemisphere	**25,529**	**33,704**	**39,933**	**46,909**	**55,621**	**59,651**	**59,885**	**1,370**	**1,301**	**1,404**	**1,689**	**2,007**	**2,861**	**3,313**
Eastern Caribbean Currency Union														
Anguilla	....	....	....	....	....	....	....	....	....	....	....	....	....	....
Antigua and Barbuda	....	....	....	....	....	....	....	....	....	....	....	....	....	....
Dominica	....	....	....	....	....	....	....	....	....	....	....	....	....	....
Grenada	....	....	....	....	....	....	....	....	....	....	....	....	....	....
Montserrat	....	....	....	....	....	....	....	....	....	....	....	....	....	....
St. Kitts and Nevis	....	....	....	....	....	....	....	....	....	....	....	....	....	....
St. Lucia	....	....	....	....	....	....	....	....	....	....	....	....	....	....
St. Vincent and the Grenadines	....	....	....	....	....	....	....	....	....	....	....	....	....	....
Argentina	171	236	270	381	486	541	606	59	117	154	212	240	318	449
Aruba	1	....	1	....	....	....	2	45	47	48	59	63	63	70
Bahamas, The	....	....	....	....	....	....	....	8	6	8	11	7	10	8
Barbados	93	97	100	131	....	....	....	15	16	16	37	....	....	....
Belize	25	30	31	41	58	71	74	12	14	12	13	15	16	22
Bermuda	....	....	....	....	....	....	....	....	....	....	....	105	109	114
Bolivia	83	127	178	304	569	1,020	1,097	31	39	43	59	66	72	98
Brazil	1,711	2,018	2,459	2,480	2,890	2,809	2,913	138	136	167	263	309	514	628
Chile	....	....	....	....	....	....	....	....	....	....	....	....	....	....
Colombia	2,454	3,060	3,170	3,314	3,890	4,493	4,842	144	52	31	37	47	66	59
Costa Rica	234	306	302	400	490	596	584	112	156	155	196	233	258	254
Dominican Republic	1,960	2,060	2,230	2,430	2,738	3,046	3,111	....	....	....	....	....	....	....
Ecuador	1,432	1,627	1,832	2,453	2,928	3,088	2,822	....	....	....	48	57	78	60
El Salvador	1,935	2,105	2,548	3,017	3,471	3,695	3,788	....	....	....	....	....	....	....
Guatemala	1,579	2,107	2,616	3,045	3,680	4,207	4,419	76	80	32	33	35	7	16
Guyana	51	99	153	201	218	278	274	48	45	75	49	42	54	69
Haiti	676	811	932	986	1,063	1,222	1,410	22	31	39	60	76	96	117
Honduras	766	842	1,138	1,776	2,329	2,561	2,801	1	....	....	....	....	....	....
Jamaica	1,131	1,270	1,466	1,621	1,769	1,964	2,021	213	283	340	317	300	303	313
Mexico	9,814	15,041	18,331	21,689	25,567	26,069	25,137	....	....	....	....	....	....	....
Netherlands Antilles	20	1	1	1	....	1	....	20	18	17	17	21	24	....
Nicaragua	377	439	519	616	698	740	818	....	....	....	....	....	....	....
Panama	85	94	105	124	149	173	187	45	57	72	88	121	151	198
Paraguay	99	110	132	161	336	341	317	....	....	....	....	....	....	....
Peru	705	869	1,133	1,440	1,837	2,131	2,437	....	....	....	....	....	....	....
Suriname	13	21	7	2	....	138	....	21	23	9	5	2	60	2
Trinidad and Tobago	79	87	87	92	91	109	....	....	....	....	....	....	....	....
Uruguay	36	62	70	77	89	96	108	....	1	2	2	3	4	5
Venezuela, República Bolivariana de	....	187	123	128	145	131	117	360	179	186	183	225	622	832

Table B-20.   **Other Current Transfers of Other Sectors**

Millions of U.S. dollars, unless otherwise indicated

	Credit							Debit						
	2002	2003	2004	2005	2006	2007	2008	2002	2003	2004	2005	2006	2007	2008
Total *(Billions)*	159	185	222	245	262	288	328	166	181	215	253	267	309	355
International Organizations	....	....	....	....	....	....	....	....	....	....	....	....	....	....
Advanced Economies *(Billions)*	113	130	148	161	169	179	195	150	164	194	228	235	267	300
Euro Area														
Austria	1,548	1,926	2,291	2,672	2,990	3,642	3,853	1,395	1,555	1,411	1,675	1,721	2,040	2,810
Belgium	3,649	4,590	5,418	6,038	5,775	7,611	8,155	4,251	6,056	6,805	7,292	6,598	7,375	8,928
Cyprus	238	331	367	346	444	482	618	125	192	230	273	357	481	634
Finland	1,367	1,596	1,701	1,595	1,569	1,811	1,909	567	615	489	477	1,026	1,272	1,362
France	7,443	8,909	8,499	7,934	8,015	9,060	9,548	10,749	13,118	13,918	14,118	15,122	17,821	18,784
Germany	3,472	4,220	3,514	4,537	3,901	4,891	4,978	11,303	11,773	13,401	14,764	16,104	21,765	24,355
Greece	861	1,391	1,929	1,941	1,853	1,107	1,067	280	291	374	433	589	633	754
Ireland	7,361	6,826	6,298	6,668	6,393	6,467	8,134	5,745	4,991	4,291	4,327	4,411	4,283	6,151
Italy	7,468	8,629	9,351	10,927	9,539	10,559	10,797	11,460	9,310	8,118	8,375	11,027	11,908	11,977
Luxembourg	2,445	2,262	2,216	2,660	3,356	3,256	3,855	2,612	3,047	3,388	3,932	4,899	5,772	7,187
Malta	123	148	144	189	178	179	209	155	216	217	164	184	209	248
Netherlands	1,848	5,354	5,493	5,986	6,420	7,581	12,187	2,702	5,515	7,179	8,441	9,386	9,884	13,675
Portugal	950	1,137	1,440	1,587	2,019	2,391	2,929	768	849	1,142	1,412	1,471	1,634	1,869
Slovak Republic	479	535	....	....	....	....	....	274	277	....	....	....	....	....
Slovenia	370	421	425	478	465	725	575	277	355	419	463	554	791	606
Spain	7,960	9,417	11,017	10,445	11,228	13,479	13,487	2,214	3,402	3,926	4,835	5,315	6,708	7,401
Australia	1,684	2,022	2,297	2,395	2,382	2,677	2,778	1,941	2,368	2,802	3,170	3,434	3,931	4,036
Canada	1,597	1,846	1,933	2,109	2,253	2,423	2,366	2,762	2,883	3,682	4,663	6,544	7,230	6,837
China, P.R.: Hong Kong	....	....	....	....	....	....	....	....	....	....	....	....	....	....
Denmark	....	....	....	....	....	....	....	....	....	....	....	....	....	....
Iceland	30	2	10	10	8	16	20	7	9	8	12	14	20	13
Israel	3,659	3,356	3,768	3,699	4,040	4,550	4,901	1,293	1,060	1,009	934	1,010	1,161	832
Japan	6,162	5,660	6,130	7,795	5,019	5,279	7,246	9,686	8,908	8,247	11,253	8,894	9,701	12,340
Korea	7,156	7,741	9,022	9,752	9,137	10,713	12,972	7,871	9,415	10,019	10,395	11,296	11,971	11,878
New Zealand	....	....	....	....	....	....	....	....	....	....	....	....	....	....
Norway	1,822	2,027	2,528	3,179	3,099	3,177	2,986	2,495	3,081	3,158	3,608	2,838	2,923	3,344
Singapore	....	....	....	....	....	....	....	....	....	....	....	....	....	....
Sweden	2,632	2,916	....	3,809	3,526	3,705	4,013	2,439	1,933	....	2,986	3,993	3,244	3,906
Switzerland	8,642	10,716	11,577	12,474	14,331	18,827	22,654	10,570	11,365	12,213	17,411	17,439	21,630	27,905
Taiwan Province of China *	2,495	2,582	3,034	3,351	3,748	4,340	5,033	4,431	4,723	6,169	6,824	6,739	7,318	6,890
United Kingdom	....	....	....	....	....	....	....	....	....	....	....	....	....	....
United States	....	....	....	....	....	....	....	27,276	31,240	48,172	53,442	48,877	60,658	67,905

* from published sources

	Credit							Debit						
	2002	2003	2004	2005	2006	2007	2008	2002	2003	2004	2005	2006	2007	2008
Emerg. & Develop. Economies *(Billions)*	47	55	74	84	92	109	133	15	17	21	25	32	42	56
Africa	5,518	7,375	8,176	10,121	10,480	13,110	20,509	1,076	1,348	1,321	1,464	2,214	3,492	6,936
CEMAC														
Cameroon	85	53	57	214	285	322	383	46	46	17	68	156	120	72
Central African Republic	....	....	....	....	....	....	....	....	....	....	....	....	....	....
Chad	....	....	....	....	....	....	....	....	....	....	....	....	....	....
Congo, Republic of	3	12	18	24	25	27	....	15	37	49	49	56	71	....
Equatorial Guinea	....	....	....	....	....	....	....	....	....	....	....	....	....	....
Gabon	3	3	6	13	....	....	....	24	32	38	67	....	....	....
WAEMU														
Benin	23	7	19	16	19	25	....	9	1	2	2	2	3	....
Burkina Faso	....	....	....	....	....	....	....	....	....	....	....	....	....	....
Côte d'Ivoire	98	141	182	193	216	255	259	16	51	56	55	70	85	861
Guinea-Bissau	1	6	4	....	....	....	....	....	1	2	....	....	....	....
Mali	8	7	12	13	19	34	....	9	6	2	4	4	6	....
Niger	9	13	11	58	58	63	....	1	1	2	6	1	2	....
Senegal	19	23	22	26	27	335	....	6	9	8	9	8	131	....
Togo	16	22	35	41	53	41	....	4	5	3	3	2	3	....
Algeria	....	....	....	....	....	....	....	....	....	....	....	....	....	....
Angola	....	....	....	....	....	....	....	3	−1	....	....	42	2	....
Botswana	19	28	30	5	39	16	16	....	....	....	....	....	....	....
Burundi	8	8	13	19	32	81	91	2	1	1	2	2	....	2
Cape Verde	62	77	110	125	146	193	162	14	11	31	25	36	94	97
Comoros	....	....	....	....	....	....	....	....	....	....	....	....	....	....
Congo, Democratic Republic of	....	....	....	....	....	....	....	....	....	....	....	....	....	....
Djibouti	43	41	42	46	53	53	54	....	....	....	....	....	....	....
Eritrea	....	....	....	....	....	....	....	....	....	....	....	....	....	....
Ethiopia	379	560	622	690	747	1,721	2,324	1	12	1	2	1	1	6
Gambia, The	....	25	17	31	45	45	41	....	32	23	24	26	26	19
Ghana	636	952	1,205	1,451	1,539	1,716	1,844	....	....	....	....	....	....	....
Guinea	....	....	....	....	....	20	43	1	11	1	....	....	93	50
Kenya	599	749	563	794	1,138	1,283	1,532	....	....	....	....	....	....	....
Lesotho	4	8	19	23	18	1	2	....	....	....	....	....	....	....
Liberia	....	....	2	2	3	3	3	....	....	....	....	....	....	....
Madagascar	156	330	220	207	....	....	....	....	165	59	23	....	....	....

2009, International Monetary Fund: *Balance of Payments Statistics Yearbook*

Table B-20. Other Current Transfers of Other Sectors

Millions of U.S. dollars, unless otherwise indicated

	Credit							Debit						
	2002	2003	2004	2005	2006	2007	2008	2002	2003	2004	2005	2006	2007	2008
Africa (continued)														
Malawi	27	....	....	....	....	....	....	7	....	....	....	....	....	....
Mauritania	....	....	....	....	....	....	....	....	....	....	....	....	....	....
Mauritius	175	148	146	146	162	227	320	97	110	115	95	102	120	182
Morocco	417	488	608	671	726	809	851	41	48	67	85	76	75	79
Mozambique	170	31	43	99	104	118	165	172	50	44	65	60	36	75
Namibia	11	21	21	19	21	17	15	1	1	1	1	1	1	3
Nigeria	....	....	....	679	212	41	100	....	....	....	56	94	41	46
Rwanda	36	40	41	53	92	94	45	....	3	1	1	4	....	4
São Tomé & Príncipe	....	....	....	....	....	....	....	1	1	1	1	2	2	....
Seychelles	....	....	....	....	18	32	....	....	....	....	....	....	....	....
Sierra Leone	92	77	18	50	24	7	20	1	1	1	1	2	2	5
South Africa	36	63	92	93	98	104	99	28	53	73	80	82	87	85
Sudan	....	....	179	666	723	555	247	452	510	485	469	1,061	2,113	3,634
Swaziland	5	35	22	42	47	63	....	2	5	71	74	64	38	....
Tanzania	45	65	66	76	86	89	94	52	54	55	56	57	69	79
Tunisia	44	51	75	77	84	106	110	12	19	18	20	20	24	20
Uganda	177	140	152	261	332	537	508	....	....	....	....	....	....	....
Zambia	....	....	....	....	188	265	281	....	....	....	....	....	....	....
Zimbabwe	....	....	....	....	....	....	....	....	....	....	....	....	....	....
Developing Asia	**21,251**	**25,886**	**36,493**	**42,854**	**46,869**	**58,988**	**67,549**	**2,090**	**1,727**	**2,451**	**3,018**	**3,280**	**4,117**	**6,419**
Afghanistan, I.R. of	....	....	....	....	....	....	....	....	....	....	....	....	....	....
Bangladesh	263	337	365	445	512	576	752	3	3	7	7	6	6	6
Bhutan	....	....	....	....	....	....	....	....	....	....	....	....	....	....
Brunei Darussalam	....	....	....	....	....	....	....	....	....	....	....	....	....	....
Cambodia	81	83	90	89	99	127	139	....	2	3	4	4	2	4
China, P.R.: Mainland	12,030	15,026	19,602	22,191	24,682	31,931	38,959	428	266	626	1,392	1,472	1,898	3,535
China, P.R.: Macao	22	35	26	30	53	40	....	14	22	16	17	14	10	....
Fiji	105	134	134	127	148	127	177	44	69	70	83	92	56	67
French Overseas Territories: French Polynesia	28	40	69	71	59	186	187	95	130	147	130	118	152	158
French Overseas Territories: New Caledonia	50	55	31	36	48	54	70	24	48	30	44	51	57	86
India	653	1,000	1,615	2,050	1,223	1,450	1,640	60	82	103	114	153	229	412
Indonesia	379	425	436	653	497	617	545	470	184	519	365	156	525	577
Kiribati	....	....	....	....	....	....	....	....	....	....	....	....	....	....
Lao People's Democratic Republic	....	....	....	....	....	....	....	....	....	....	....	....	....	....
Malaysia	524	416	302	164	180	278	329	311	267	271	189	499	266	301
Maldives	....	....	....	....	....	....	....	....	....	....	....	....	....	....
Myanmar	59	31	53	62	64	....	....	....	....	....	2	5	7	....
Nepal	149	246	253	300	322	300	329	....	....	....	....	....	....	....
Pakistan	2,002	1,524	3,560	4,437	5,240	4,800	3,591	33	49	96	66	62	74	75
Papua New Guinea	80	140	123	161	....	....	....	13	40	16	19	....	....	....
Philippines	218	325	343	513	606	693	793	202	175	187	227	203	301	396
Samoa	....	....	....	....	....	....	....	....	....	....	....	....	....	....
Solomon Islands	11	13	22	25	34	....	....	17	14	23	32	35	....	....
Sri Lanka	....	....	....	....	....	....	....	....	....	....	....	....	....	....
Thailand	....	....	....	....	....	....	....	....	....	....	....	....	....	....
Timor-Leste	....	....	....	....	....	....	....	....	....	....	....	....	....	....
Tonga	9	11	18	17	15	16	....	....	....	....	2	....	1	....
Vanuatu	3	2	3	5	8	2	....	9	10	9	5	4	2	....
Vietnam	....	....	....	....	....	....	....	....	....	....	....	....	....	....
Europe	**12,110**	**15,225**	**21,728**	**22,564**	**25,327**	**26,486**	**28,553**	**3,926**	**4,918**	**6,998**	**8,222**	**11,029**	**16,653**	**19,033**
Central and Eastern Europe	**8,917**	**11,341**	**16,661**	**16,148**	**17,530**	**18,583**	**18,556**	**2,649**	**3,338**	**5,350**	**5,861**	**7,965**	**11,500**	**11,489**
Albania	....	85	96	278	188	286	372	57	81	91	220	147	241	264
Bosnia and Herzegovina	240	299	407	393	512	705	822	95	114	161	113	124	149	205
Bulgaria	14	14	580	667	471	500	562	90	138	148	165	176	273	412
Croatia	562	704	899	907	1,048	1,195	1,260	154	156	251	271	311	323	306
Czech Republic	1,010	812	557	1,437	581	991	814	417	532	888	755	892	1,749	1,474
Estonia	67	110	218	230	268	366	432	49	90	148	144	206	225	188
Faroe Islands	....	....	....	....	....	....	....	....	....	....	....	....	....	....
Hungary	808	954	1,040	1,580	2,016	2,664	855	406	434	1,385	1,508	1,992	2,661	1,784
Latvia	489	825	1,069	1,120	1,534	1,659	1,774	262	376	491	590	1,081	1,343	1,075
Lithuania	112	169	221	236	215	105	201	....	....	1	1	2	33	29
Macedonia, FYR	340	520	587	851	998	1,157	1,164	12	18	24	19	17	24	26
Montenegro, Republic of	....	....	....	....	....	41	50	....	....	....	....	....	29	28
Poland	1,834	2,310	3,294	3,713	4,216	5,454	6,325	847	1,097	1,324	1,574	1,991	2,563	3,135
Romania	1,503	1,922	3,957	1,112	1,119	1,750	2,098	255	297	434	496	761	1,285	1,780
Serbia, Republic of	....	....	....	....	....	973	1,217	....	....	....	....	....	93	141
Turkey	....	....	....	....	480	721	594	....	....	....	....	259	503	640
CIS and Mongolia	**3,193**	**3,884**	**5,067**	**6,416**	**7,798**	**7,904**	**9,997**	**1,277**	**1,579**	**1,648**	**2,361**	**3,064**	**5,153**	**7,544**
Armenia	133	174	409	477	635	833	1,038	18	19	73	61	77	72	88
Azerbaijan	4	8	8	14	17	18	16	4	7	4	8	25	26	34
Belarus	187	231	332	208	216	237	297	50	44	71	87	105	149	216
Georgia	101	102	170	178	243	316	408	3	4	4	6	8	10	15

Table B-20. Other Current Transfers of Other Sectors

Millions of U.S. dollars, unless otherwise indicated

	Credit							Debit						
	2002	2003	2004	2005	2006	2007	2008	2002	2003	2004	2005	2006	2007	2008
CIS and Mongolia (continued)														
Kazakhstan	31	29	24	28	21	32	33	21	14	21	49	88	47	54
Kyrgyz Republic	49	72	128	200	289	360	284	....	1	....	3	1	6	....
Moldova	95	115	122	142	186	311	500	15	22	30	35	37	44	92
Mongolia	50	39	36	....	....	....	....	29	....	....	....	....	....	....
Russia	755	1,059	1,445	2,260	2,562	3,217	3,135	1,018	1,337	1,294	1,788	2,311	4,126	5,830
Tajikistan	123	139	96	135	131	109	168	3	3	4	6	8	57	13
Turkmenistan	....	....	....	....	....	....	....	....	....	....	....	....	....	....
Ukraine	1,463	1,621	2,026	2,320	2,707	1,233	1,721	36	48	66	237	322	535	992
Uzbekistan	....	....	....	....	....	....	....	....	....	....	....	....	....	....
Middle East	2,353	1,747	1,819	1,888	1,904	2,424	7,157	6,295	6,979	8,404	10,385	13,054	14,117	19,096
Bahrain, Kingdom of	15	....	....	....	....	....	....	....	....	....	....	....	....	....
Egypt	53	51	56	47	63	82	55	1	1	3	....	....	....	9
Iran, I.R. of	....	....	....	....	....	....	....	....	....	....	....	....	....	....
Iraq	....	....	....	98	....	86	....	....	....	....	340	4	28	....
Jordan	92	114	170	99	20	139	70	88	93	97	99	50	305	214
Kuwait	....	....	....	....	....	....	....	93	113	46	58	86	116	98
Lebanon	....	108	132	134	422	183	240	....	53	31	48	401	75	108
Libya	....	240	234	393	340	....	....	....	86	67	68	70	....	....
Oman	....	....	....	....	....	....	....	....	....	....	....	....	....	....
Qatar	....	....	....	....	....	....	....	....	....	....	....	....	....	....
Saudi Arabia	....	....	....	....	....	....	....	....	....	....	280	312	321	246
Syrian Arab Republic	475	....	....	....	....	....	....	....	....	....	....	....	....	....
United Arab Emirates	....	....	....	....	....	....	....	....	....	....	....	....	....	....
West Bank and Gaza	744	212	320	293	463	1,391	....	89	239	148	109	116	117	....
Yemen, Republic of	6	21	26	6	1	1	....	....	....	....	....	....	....	....
Western Hemisphere	5,269	5,018	5,960	6,634	7,596	8,427	9,438	1,739	1,719	1,991	2,240	2,843	3,603	4,273
Eastern Caribbean Currency Union														
Anguilla	....	....	....	....	....	....	....	....	....	....	....	....	....	....
Antigua and Barbuda	....	....	....	....	....	....	....	....	....	....	....	....	....	....
Dominica	....	....	....	....	....	....	....	....	....	....	....	....	....	....
Grenada	....	....	....	....	....	....	....	....	....	....	....	....	....	....
Montserrat	....	....	....	....	....	....	....	....	....	....	....	....	....	....
St. Kitts and Nevis	....	....	....	....	....	....	....	....	....	....	....	....	....	....
St. Lucia	....	....	....	....	....	....	....	....	....	....	....	....	....	....
St. Vincent and the Grenadines	....	....	....	....	....	....	....	....	....	....	....	....	....	....
Argentina	415	451	525	486	494	511	492	191	249	309	446	602	822	1,064
Aruba	26	27	29	33	38	42	46	53	73	96	107	106	86	100
Bahamas, The	1	1	199	37	1	1	1	....	....	....	....	....	....	....
Barbados	24	27	26	25	....	....	....	11	11	12	21	....	....	....
Belize	24	29	19	22	23	25	39	....	1	1	1	1	2	2
Bermuda	....	....	....	....	40	87	44	....	....	....	....	27	43	39
Bolivia	63	33	36	36	28	93	95	3	2	3	3	4	5	4
Brazil	859	1,066	1,070	1,490	1,871	2,024	2,258	41	61	61	91	110	299	355
Chile	500	382	533	847	1,078	1,301	1,493	330	244	302	381	575	694	915
Colombia	151	165	427	527	616	882	864	156	196	232	189	219	325	308
Costa Rica	51	55	59	63	74	120	82	....	....	....	....	....	....	....
Dominican Republic	344	326	331	301	395	329	354	180	174	171	208	219	251	265
Ecuador	91	34	82	133	85	63	64	55	1	1	40	51	58	92
El Salvador	151	81	54	70	63	93	104	88	86	60	71	77	69	69
Guatemala	498	452	456	494	565	601	540	26	17	....	....	....	....	....
Guyana	78	28	41	61	93	145	196	41	39	45	46	52	83	73
Haiti	....	....	....	....	....	....	....	....	....	....	....	....	....	....
Honduras	144	49	50	85	86	100	100	136	94	104	124	132	152	139
Jamaica	92	144	263	172	167	280	360	30	47	102	35	34	34	19
Mexico	435	445	457	453	417	401	400	35	37	80	57	88	108	128
Netherlands Antilles	272	307	240	223	243	248	....	204	225	208	230	272	288	....
Nicaragua	154	187	236	242	306	255	250	....	....	....	....	....	....	....
Panama	119	119	111	112	119	129	129	5	5	5	5	5	5	5
Paraguay	7	49	53	56	78	26	45	....	....	....	....	....	....	....
Peru	321	346	304	334	349	362	362	....	....	....	....	....	....	....
Suriname	....	4	69	51	73	....	138	1	6	54	25	36	2	49
Trinidad and Tobago	2	2	2	3	3	2	....	37	38	38	47	43	54	....
Uruguay	30	15	37	44	42	48	51	1	3	4	4	8	10	10
Venezuela, República Bolivariana de	280	45	43	47	41	45	43	53	44	43	49	80	96	82

Table B-21. Capital Account

Millions of U.S. dollars, unless otherwise indicated

	Credit							Debit						
	2002	2003	2004	2005	2006	2007	2008	2002	2003	2004	2005	2006	2007	2008
Total	47,984	58,288	73,789	123,880	143,519	107,219	112,319	68,420	80,833	76,285	95,534	127,145	127,278	106,487
International Organizations	....	....	....	....	....	....	....	19,282	32,299	33,116	32,352	66,823	57,663	47,116
Advanced Economies	33,210	45,190	55,507	71,864	53,806	65,859	75,791	28,651	45,132	37,222	47,065	54,366	49,968	51,529
Euro Area														
Austria	1,012	897	764	739	586	1,027	726	1,391	888	1,105	976	1,595	752	796
Belgium	219	267	399	399	984	284	603	803	1,288	896	1,293	1,389	2,166	3,335
Cyprus	46	59	192	131	98	88	81	26	21	58	44	65	80	67
Finland	126	154	189	337	225	237	274	2	5	1	1	13	27	28
France	901	1,936	3,349	2,567	1,902	3,421	2,114	1,116	10,196	1,539	1,905	2,174	951	1,096
Germany	2,091	3,226	3,299	4,313	3,971	4,746	4,900	2,317	2,873	2,778	6,129	4,307	4,631	4,903
Greece	1,707	1,585	3,278	2,905	4,173	6,426	6,813	177	173	288	342	351	469	818
Ireland	656	617	797	534	390	167	242	144	491	428	211	109	116	137
Italy	2,060	4,950	4,113	4,731	5,512	5,702	5,798	2,140	2,283	1,941	3,490	3,122	2,023	2,451
Luxembourg	92	63	51	1,509	36	51	139	181	204	823	326	402	254	490
Malta	9	19	87	206	200	78	47	2	1	4	12	6	6	7
Netherlands	857	1,682	1,734	2,127	3,152	3,807	3,556	1,402	4,750	3,349	3,891	5,769	7,258	5,876
Portugal	2,111	3,246	3,130	2,485	2,064	3,367	4,480	205	269	358	371	518	479	464
Slovak Republic	130	195	148	16	37	686	1,235	20	93	14	33	79	221	81
Slovenia	72	93	191	212	262	443	387	230	284	314	350	432	515	447
Spain	8,118	10,984	11,646	11,225	9,674	8,880	10,328	882	1,710	1,197	1,118	1,819	2,504	2,099
Australia	1,298	1,664	1,979	2,009	2,467	2,639	3,244	715	775	904	757	731	1,008	1,250
Canada	3,589	3,431	3,949	5,444	4,320	4,649	5,097	444	410	533	586	542	687	818
China, P.R.: Hong Kong	31	132	1,152	1,001	1,415	3,479	4,516	2,042	1,197	1,480	1,636	1,788	2,155	2,345
Denmark	411	344	511	1,032	457	446	500	258	351	498	514	453	391	423
Iceland	14	15	32	14	15	16	16	15	20	35	41	41	46	29
Israel	207	534	666	726	786	822	1,109	....	....	....	....	....	....	....
Japan	915	393	444	831	754	695	629	4,236	4,390	5,231	5,709	5,511	4,724	6,097
Korea	47	59	72	147	290	526	1,688	1,133	1,457	1,824	2,487	3,416	2,912	1,727
New Zealand	1,171	1,065	963	740	650	652	630	357	563	807	937	866	1,210	1,214
Norway	44	964	105	....	....	....	....	235	286	260	290	146	163	210
Singapore	....	....	....	....	....	....	....	....	....	....	....	....	....	....
Sweden	529	552	526	562	495	940	484	609	599	493	254	3,052	1,386	1,230
Switzerland	274	492	406	470	267	567	773	2,742	2,670	3,572	2,760	4,601	4,738	4,357
Taiwan Province of China *	1	1	6	1	4	3	3	140	88	83	118	122	99	337
United Kingdom	3,507	4,591	6,596	7,853	7,404	9,224	10,407	2,087	2,167	2,817	5,028	5,598	4,051	4,071
United States	967	980	4,731	16,597	1,214	1,789	4,973	2,437	4,461	3,408	5,253	5,120	3,684	4,019

* from published sources

	Credit							Debit						
	2002	2003	2004	2005	2006	2007	2008	2002	2003	2004	2005	2006	2007	2008
Emerg. & Develop. Economies	14,774	13,098	18,282	52,016	89,713	41,360	36,528	20,487	3,401	5,947	16,117	5,957	19,646	7,842
Africa	4,453	3,932	5,904	14,150	44,377	7,623	6,231	71	65	214	201	126	1,464	643
CEMAC														
Cameroon	62	123	43	204	1,586	198	148	1	11	....	....	1	1	1
Central African Republic	....	....	....	....	....	....	....	....	....	....	....	....	....	....
Chad	....	....	....	....	....	....	....	....	....	....	....	....	....	....
Congo, Republic of	14	18	203	11	10	32	....	....	....	1	2	....	....	....
Equatorial Guinea	....	....	....	....	....	....	....	....	....	....	....	....	....	....
Gabon	3	43	....	....	....	....	....	....	....	....	....	....	....	....
WAEMU														
Benin	63	64	81	128	1,161	183	....	....	....	1	6	6	7	....
Burkina Faso	....	....	....	....	....	....	....	....	....	....	....	....	....	....
Côte d'Ivoire	9	14	146	186	34	93	87	1	....	....	1	1	1	1
Guinea-Bissau	40	43	27	....	....	....	....	2	....	....	....	....	....	....
Mali	144	166	206	206	2,259	325	....	....	....	....	....	1	1	....
Niger	92	92	385	188	1,739	269	....	....	....	....	135	139	....	....
Senegal	127	151	750	200	2,295	384	....	....	1	....	1	4	52	....
Togo	14	21	40	51	64	73	....	....	....	....	....	....	....	....
Algeria	....	....	....	....	....	....	....	....	....	....	....	....	....	....
Angola	....	....	440	172	23	109	13	....	....	....	....	....	....	....
Botswana	30	42	53	89	45	110	125	14	20	21	22	21	21	23
Burundi	....	....	19	33	63	129	117	....	1	1	1	1	1	6
Cape Verde	9	25	24	21	17	27	27	....	....	....	....	....	....	....
Comoros	....	....	....	....	....	....	....	....	....	....	....	....	....	....
Congo, Democratic Republic of	....	....	....	....	....	....	....	....	....	....	....	....	....	....
Djibouti	10	5	20	27	9	35	54	....	....	12	....	....	....	....
Eritrea	....	....	....	....	....	....	....	....	....	....	....	....	....	....
Ethiopia	....	14	....	....	....	....	....	....	....	....	....	....	....	....
Gambia, The	....	5	5	1	....	....	1	....	....	....	....	....	....	....
Ghana	....	....	251	331	230	188	463	....	....	....	....	....	....	....
Guinea	92	58	....	....	....	187	41	....	....	30	....	....	81	6
Kenya	82	163	145	103	168	157	94	1	....	....	....	....	....	....
Lesotho	24	27	33	21	11	32	14	....	....	....	....	....	....	....
Liberia	....	....	....	....	....	....	....	....	....	....	....	....	....	....
Madagascar	102	143	182	192	....	....	....	....	....	....	....	....	....	....

Table B-21. Capital Account
Millions of U.S. dollars, unless otherwise indicated

	Credit							Debit						
	2002	2003	2004	2005	2006	2007	2008	2002	2003	2004	2005	2006	2007	2008
Africa (continued)														
Malawi....................	....	....	....	....	....	....	....	....	....	....	....	....	....	....
Mauritania................	....	....	....	....	....	....	....	....	1	....	....	....	....	....
Mauritius..................	....	....	....	....	....	....	....	2	1	2	2	3	2	1
Morocco...................	....	....	....	....	....	....	1	6	10	8	5	3	3	3
Mozambique.............	1,170	285	581	198	2,280	543	429	....	1	3	4	2	1	8
Namibia....................	41	69	78	80	84	84	77	....	....	....	1	1	....	....
Nigeria.....................	....	....	....	7,336	10,556	....	....	....	....	....	....	....	....	....
Rwanda....................	67	41	61	93	1,323	161	210	....	....	....	....	....	....	....
São Tomé & Príncipe....	15	19	18	66	24	225	....	....	....	....	....	....	....	....
Seychelles.................	5	7	1	30	13	5	....	....	....	....	....	....	....	....
Sierra Leone..............	51	71	81	68	259	634	61	....	....	....	....	....	....	....
South Africa..............	20	44	55	44	43	41	39	35	....	2	14	12	13	14
Sudan.......................	....	....	....	....	....	....	....	....	....	....	....	....	....	....
Swaziland..................	1	....	....	1	29	11	....	....	....	1	4	4	41	....
Tanzania...................	786	693	460	393	5,184	924	637	....	....	....	....	....	....	....
Tunisia.....................	83	66	113	129	149	168	82	7	7	6	2	4	2	3
Uganda.....................	64	61	64	64	3,613	69	47	....	....	....	....	....	....	....
Zambia.....................	673	629	503	2,560	2,633	223	230	....	....	....	....	....	....	....
Zimbabwe.................	....	....	....	....	....	....	....	....	....	....	....	....	....	....
Developing Asia..........	1,160	2,346	2,050	6,642	6,762	6,178	6,070	205	201	262	209	333	489	567
Afghanistan, I.R. of.....	....	....	....	....	....	....	....	....	....	....	....	....	....	....
Bangladesh................	364	387	142	262	153	715	371	....	....	....	....	....	....	....
Bhutan.....................	....	....	....	....	....	....	....	....	....	....	....	....	....	....
Brunei Darussalam......	....	....	....	....	....	....	....	1	1	11	11	7	9	11
Cambodia..................	71	119	141	138	348	367	324	63	53	73	56	53	67	60
China, P.R.: Mainland..	....	....	....	4,155	4,102	3,315	3,320	50	48	69	53	82	216	268
China, P.R.: Macao.....	161	113	302	534	456	339	....	23	25	28	20	18	20	....
Fiji...........................	14	28	29	34	22	35	48	16	22	26	26	22	22	31
French Overseas Territories: French Polynesia.	....	....	....	....	....	....	....	1	1	1	1	....	....	....
French Overseas Territories: New Caledonia...	4	7	9	11	11	14	20	7	5	3	2	7	10	18
India........................	....	....	....	....	....	....	....	....	....	....	....	....	....	....
Indonesia..................	....	....	....	334	350	546	294	....	....	....	....	....	....	....
Kiribati.....................	....	....	....	....	....	....	....	....	....	....	....	....	....	....
Lao People's Democratic Republic........	....	....	....	....	....	....	....	....	....	....	....	....	....	....
Malaysia...................	....	....	....	....	9	15	268	....	....	....	....	82	43	81
Maldives...................	....	....	....	....	....	....	....	....	....	....	....	....	....	....
Myanmar..................	....	....	....	....	....	....	....	....	....	....	....	....	....	....
Nepal.......................	102	25	16	40	46	75	115	....	....	....	....	....	....	1
Pakistan...................	40	1,140	596	214	351	182	127	....	2	5	12	6	6	3
Papua New Guinea.....	5	6	6	6	....	....	....	5	6	6	6	....	....	....
Philippines................	50	82	46	58	181	108	114	23	28	29	18	43	84	61
Samoa......................	....	....	42	42	55	31	....	....	....	3	3	2	2	....
Sri Lanka..................	71	81	71	257	299	278	303	6	6	7	8	8	10	12
Thailand...................	....	....	....	....	....	....	....	....	....	....	....	....	....	....
Timor-Leste...............	....	....	....	....	....	....	....	....	....	....	....	....	....	....
Tonga.......................	14	12	12	14	8	19	....	1	1	....	1	1	....	....
Vanuatu....................	8	7	13	22	34	30	....	....	....	....	....	....	....	....
Vietnam...................	....	....	....	....	....	....	....	....	....	....	....	....	....	....
Europe........................	4,389	2,575	5,289	5,947	9,657	15,088	17,891	19,562	2,520	4,176	14,319	3,750	15,796	4,253
Central and Eastern Europe.............	1,528	1,491	3,949	4,676	7,873	12,840	15,435	134	427	1,210	467	2,480	3,633	2,580
Albania.....................	121	157	132	123	180	124	195	....	....	....	....	....	....	80
Bosnia and Herzegovina.........	412	466	301	281	294	304	291	....	....	....	....	....	....	....
Bulgaria....................	....	....	204	294	229	514	420	....	....	....	4	....	1,392	....
Croatia.....................	470	133	49	70	52	63	65	7	14	9	6	209	16	17
Czech Republic...........	7	7	218	230	636	1,109	2,626	11	10	820	35	257	87	809
Estonia.....................	39	58	93	109	383	286	253	1	8	7	6	20	56	21
Faroe Islands.............	....	....	....	....	....	....	....	....	....	....	....	....	....	....
Hungary...................	238	240	518	1,003	1,142	2,030	1,729	48	267	190	118	538	444	48
Latvia.......................	27	80	151	220	249	588	535	6	4	7	8	10	10	23
Lithuania..................	57	68	288	331	352	690	867	....	1	1	....	....	....	....
Macedonia, FYR........	10	....	....	....	....	....	....	2	7	5	2	1	−2	18
Montenegro, Republic of.............	....	....	....	....	....	1	....	....	....	....	....	....	3	1
Poland......................	46	60	1,326	1,185	2,573	5,410	6,963	53	106	146	190	468	639	984
Romania...................	100	223	669	829	925	1,702	1,466	7	10	26	98	959	560	575
Serbia, Republic of......	....	....	....	....	....	20	25	....	....	....	....	....	428	4
Turkey.....................	....	....	....	....	....	....	....	....	....	....	....	....	....	....
CIS and Mongolia........	2,861	1,084	1,341	1,271	1,784	2,248	2,457	19,427	2,093	2,965	13,852	1,271	12,163	1,673
Armenia....................	70	92	47	76	92	160	166	2	2	6	3	6	17	17
Azerbaijan.................	18	15	24	70	25	28	36	47	38	28	29	29	31	25
Belarus.....................	120	133	130	135	165	200	272	67	64	81	94	91	108	136
Georgia....................	27	28	44	62	172	128	105	9	8	3	3	1	....	....
Kazakhstan...............	110	123	113	121	107	85	85	230	151	134	107	75	123	98

2009, International Monetary Fund: *Balance of Payments Statistics Yearbook*

Table B-21. Capital Account

Millions of U.S. dollars, unless otherwise indicated

	Credit							Debit						
	2002	2003	2004	2005	2006	2007	2008	2002	2003	2004	2005	2006	2007	2008
CIS and Mongolia (continued)														
Kyrgyz Republic	35	36	34	52	38	54	53	43	37	54	72	82	129	98
Moldova	1	5	13	18	6	7	9	20	24	26	22	29	15	24
Mongolia	....	....	....	....	....	....	....	....	....	....	....	....	....	....
Russia	2,395	616	862	678	1,023	1,393	1,647	18,959	1,609	2,486	13,442	832	11,617	1,152
Tajikistan	45	14	26	....	100	33	39	....	....	....	....	....	....	....
Turkmenistan	....	....	....	....	....	....	....	....	....	....	....	....	....	....
Ukraine	28	11	21	14	22	27	28	11	28	14	79	19	24	23
Uzbekistan	....	....	....	....	....	....	....	....	....	....	....	....	....	....
Middle East	**2,216**	**1,977**	**1,410**	**21,996**	**21,311**	**4,365**	**3,070**	**407**	**351**	**638**	**882**	**1,241**	**1,238**	**1,616**
Bahrain, Kingdom of	102	50	50	50	75	50	50	....	....	....	....	....	....	....
Egypt	....	....	....	....	5	5	1	....	....	....	40	41	3	1
Iran, I.R. of	....	....	....	....	....	....	....	....	....	....	....	....	....	....
Iraq	....	....	....	20,489	17,984	675	....	....	....	....	....	....	....	....
Jordan	69	94	2	8	63	13	283	....	....	....	....	....	....	....
Kuwait	1,707	1,463	431	781	851	1,554	1,855	35	32	82	71	107	66	127
Lebanon	13	30	54	27	1,944	591	410	....	1	3	....	4	1	....
Libya	....	....	....	....	....	....	....	....	....	....	....	....	....	....
Oman	5	10	21	....	....	861	....	....	....	....	16	96	34	52
Qatar	....	....	....	....	....	....	....	....	....	....	....	....	....	....
Saudi Arabia	....	....	....	....	....	....	....	....	....	....	....	....	....	....
Syrian Arab Republic	20	20	20	20	20	120	....	....	....	2	2	2	2	....
United Arab Emirates	....	....	....	....	....	....	....	....	....	....	....	....	....	....
West Bank and Gaza	301	305	669	418	275	402	....	....	....	....	....	....	....	....
Yemen, Republic of	....	5	163	202	94	94	19	....	....	....	....	....	....	....
Western Hemisphere	**2,556**	**2,267**	**3,629**	**3,281**	**7,607**	**8,105**	**3,266**	**241**	**265**	**656**	**506**	**506**	**658**	**763**
Eastern Caribbean Currency Union														
Anguilla	9	9	9	14	19	15	15	1	1	1	1	1	1	2
Antigua and Barbuda	14	10	21	214	32	11	10	....	....	....	....	....	....	....
Dominica	21	19	24	18	28	32	51	....	....	....	....	....	....	....
Grenada	34	45	42	49	64	41	49	2	2	2	2	2	2	2
Montserrat	15	17	14	6	4	7	9	2	2	2	2	3	3	3
St. Kitts and Nevis	15	6	6	15	14	14	22	....	....	....	....	....	....	....
St. Lucia	21	18	5	6	12	10	10	1	1	1	1	1	1	1
St. Vincent and the Grenadines	12	16	20	16	10	77	43	1	1	1	1	2	2	2
Argentina	410	77	201	93	107	136	202	4	7	4	4	9	20	20
Aruba	28	123	29	27	29	28	167	7	23	12	8	8	9	6
Bahamas, The	....	....	....	....	....	....	....	25	37	48	60	64	76	76
Barbados	....	....	....	....	....	....	....	....	....	....	....	....	....	....
Belize	18	8	11	4	10	5	10	1	1	1	1	1	1	1
Bermuda	....	....	....	....	....	....	....	....	....	....	....	....	....	....
Bolivia	....	7	8	9	1,813	1,180	10	....	....	....	....	....	....	....
Brazil	464	535	764	906	1,084	1,089	1,506	31	37	425	243	215	333	451
Chile	83	....	5	41	13	16	3	....	....	....	....	....	....	....
Colombia	....	....	....	....	....	....	....	....	....	....	....	....	....	....
Costa Rica	14	25	13	16	1	21	7	1	....	....	....	....	....	....
Dominican Republic	7	6	4	....	290	206	152	....	....	....	....	....	....	....
Ecuador	35	70	24	80	37	75	59	8	9	10	10	10	10	10
El Salvador	209	113	101	94	97	151	81	1	1	1	....	1	1	1
Guatemala	124	134	....	....	142	....	....	....	....	....	....	....	....	....
Guyana	31	44	46	52	350	465	39	....	....	....	....	....	....	....
Haiti	....	....	....	....	....	21	19	....	....	....	....	....	....	....
Honduras	142	56	142	860	1,639	1,267	106	....	....	....	....	....	....	....
Jamaica	19	19	36	23	27	22	73	36	19	34	41	54	58	54
Mexico	....	....	....	....	....	....	....	....	....	....	....	....	....	....
Netherlands Antilles	29	33	80	96	103	126	....	2	7	1	....	2	5	....
Nicaragua	772	772	1,922	482	1,579	2,936	434	....	....	....	....	....	....	....
Panama	....	10	9	16	15	44	57	....	....	....	....	....	....	....
Paraguay	4	15	16	20	30	28	33	....	....	....	....	....	....	....
Peru	20	68	54	106	33	70	68	118	116	113	129	133	137	133
Suriname	6	9	19	15	19	8	32	....	....	....	....	....	....	....
Trinidad and Tobago	....	....	....	....	....	....	....	....	....	....	....	....	....	....
Uruguay	....	4	5	4	7	4	....	....	....	....	....	....	....	....
Venezuela, República Bolivariana de	....	....	....	....	....	....	....	....	....	....	....	....	....	....

Table B-22. Financial Account

Millions of U.S. dollars, unless otherwise indicated

	Credit							Debit						
	2002	2003	2004	2005	2006	2007	2008	2002	2003	2004	2005	2006	2007	2008
Total *(Billions)*	−2,117	−3,385	−5,481	−6,722	−8,257	−11,575	−1,503	2,313	3,458	5,299	6,656	8,056	11,249	1,164
International Organizations *(Billions)*	−32	−58	−33	−62	−4	−79	−117	29	55	29	62	30	81	88
Advanced Economies *(Billions)*	−1,823	−2,913	−4,752	−5,661	−6,730	−9,189	13	2,102	3,162	4,837	5,975	7,154	9,441	276
Euro Area														
Austria	−15,111	−40,422	−61,039	−155,195	−105,661	−141,831	−77,482	....	....	....	....	....	....	....
Belgium	−62,009	−126,184	−142,849	−168,795	−169,753	−348,482	−41,321	55,561	115,391	132,913	162,042	160,482	....	....
Cyprus	−731	−3,264	−6,053	−10,041	−8,778	−14,249	−33,749	1,168	3,497	6,594	10,760	10,036	16,834	38,216
Finland	−20,898	−19,668	−36,023	−23,928	−49,475	−34,662	−19,031	13,701	10,959	25,733	20,498	41,560	35,074	26,776
France	−175,432	−262,212	−409,674	−625,270	−626,742	−717,796	−254,668	159,108	274,452	399,293	624,839	630,588	766,871	361,787
Germany	−240,360	−227,882	−326,223	−493,576	−582,216	−830,418	−347,960	201,584	156,955	175,049	331,755	363,068	503,844	46,429
Greece	−11,575	−9,760	−19,479	−33,293	−20,295	−50,095	−44,011	21,290	20,900	29,593	49,030	45,677	87,665	88,216
Ireland	−147,819	−233,821	−244,922	−302,498	−405,634	−468,784	−162,105	148,579	232,230	249,658	301,774	416,478	485,582	186,800
Italy	−35,589	−98,378	−90,629	−248,124	−246,065	−175,015	12,969	43,643	117,700	101,899	274,437	277,564	210,737	60,348
Luxembourg	−163,473	−212,912	−290,027	−580,985	−558,878	−682,206	−31,975	....	....	....	....	....	....	....
Malta	−1,236	−2,364	−3,184	−5,625	−6,659	−10,471	−7,187	1,179	2,479	3,359	6,019	7,042	10,670	7,624
Netherlands	−53,791	−47,165	−34,484	−126,322	−172,768	−183,811	115,716	49,396	23,639	−10,785	88,697	111,591	156,408	−150,067
Portugal	−10,405	−25,745	−14,200	−16,552	−23,042	−19,464	28,140	18,183	31,371	25,791	32,921	40,728	37,602	−1,506
Slovak Republic	−2,685	−2,337	−2,821	−3,953	641	−6,444	−850	4,231	2,490	5,927	7,651	3,171	9,780	8,194
Slovenia	−2,567	−1,802	−2,664	−4,847	−4,370	−12,510	−2,574	2,737	2,059	3,662	5,485	5,898	15,273	6,167
Spain	−90,286	−117,659	−147,401	−201,557	−212,138	−196,954	−79,226	104,378	137,501	190,778	277,361	319,486	335,379	221,019
Australia	−26,428	−28,954	−23,247	18,723	−80,880	−72,556	−92,089	42,554	56,771	61,455	21,638	121,059	127,952	137,511
Canada	−53,203	−48,405	−65,792	−91,029	−145,343	−160,792	−101,781	39,028	33,590	37,117	66,744	121,672	139,223	88,671
China, P.R.: Hong Kong	13,864	−40,538	−104,219	−67,254	−131,772	−286,988	17,869	−31,238	18,591	80,839	44,429	105,135	252,428	−47,768
Denmark	−19,000	−36,787	−19,227	−65,549	−49,706	−93,756	−62,734	17,274	26,984	1,629	56,477	47,085	89,150	57,045
Iceland	−1,064	−3,365	−7,925	−22,813	−21,035	−34,956	4,748	939	3,503	9,649	25,096	27,261	33,665	7,012
Israel	−4,309	−8,303	−14,198	−18,133	−33,902	−17,444	−13,882	3,104	5,029	9,777	7,759	26,621	13,825	7,814
Japan	−50,426	−177,364	−357,149	−140,168	−95,947	−305,740	60,070	−59,088	62,135	218,795	−4,839	−38,378	81,977	−263,571
Korea	−16,538	−37,939	−58,859	−37,488	−60,515	−91,819	108,178	12,107	27,456	29,543	24,728	59,523	86,225	−102,626
New Zealand	−2,894	−3,083	−1,480	2,591	−7,122	−9,474	6,919	3,964	5,175	8,939	5,996	15,633	20,883	−426
Norway	−51,762	−50,841	−65,662	−102,526	−169,239	−130,024	−130,571	34,498	28,768	38,135	59,321	125,074	98,309	34,314
Singapore	−25,821	−46,258	−61,085	−62,186	−110,112	−145,279	−96,386	13,676	21,182	38,163	32,208	71,225	103,393	72,135
Sweden	21,347	−1,422	−37,101	−23,733	−79,862	−95,000	6,917	−32,715	−20,818	12,191	−4,999	48,090	80,329	−539
Switzerland	−78,582	−56,369	−99,138	−156,391	−163,766	−382,509	258,979	53,244	28,654	33,489	88,543	92,582	337,457	−277,032
Taiwan Province of China *	−42,271	−73,654	−54,267	−65,331	−53,575	−55,236	−15,195	17,357	44,191	34,841	47,577	27,894	20,278	−12,828
United Kingdom *(Billions)*	−157.0	−542.4	−949.7	−1,282.1	−1,049.6	−1,941.9	1,007.4	193.9	579.8	1,003.1	1,333.0	1,120.4	2,005.5	−976.5
United States *(Billions)*	−294.7	−325.4	−1,000.9	−546.6	−1,285.7	−1,472.1	−.1	795.2	858.3	1,533.2	1,247.3	....	....	....

* from published sources

	2002	2003	2004	2005	2006	2007	2008	2002	2003	2004	2005	2006	2007	2008
Emerg. & Develop. Economies *(Billions)*	−263	−414	−696	−999	−1,524	−2,307	−1,400	181	242	433	619	872	1,726	801
Africa	−15,592	−26,133	−47,626	−59,040	−85,930	−92,396	−70,917	12,096	11,950	16,809	17,305	9,515	74,014	53,203
CEMAC														
Cameroon	−445	175	−26	−163	−899	−919	−710	998	225	345	482	−1,050	256	687
Central African Republic	....	....	....	....	....	....	....	....	....	....	....	....	....	....
Chad	....	....	....	....	....	....	....	....	....	....	....	....	....	....
Congo, Republic of	55	−179	−521	−907	−1,205	177	....	185	−242	−262	170	929	2,174	....
Equatorial Guinea	....	....	....	....	....	....	....	....	....	....	....	....	....	....
Gabon	−242	−358	−707	−1,446	....	....	....	27	−192	140	−121	....	....	....
WAEMU														
Benin	2	12	111	−90	−215	−326	....	89	74	107	186	−751	612	....
Burkina Faso	....	....	....	....	....	....	....	....	....	....	....	....	....	....
Côte d'Ivoire	−1,050	457	−696	−405	−846	−901	−422	300	123	282	237	345	907	−96
Guinea-Bissau	−25	−57	−32	....	....	....	....	−10	8	−5	....	....	....	....
Mali	−409	−241	25	−249	−232	−111	....	421	302	205	510	−1,761	338	....
Niger	11	−18	−45	−65	−116	−219	....	71	159	−89	206	−1,291	318	....
Senegal	−141	−17	−209	33	−107	−91	....	301	293	−44	446	−1,351	1,057	....
Togo	−27	−4	−133	20	−184	−3	....	149	156	284	122	276	129	....
Algeria	....	....	....	....	....	....	....	....	....	....	....	....	....	....
Angola	−993	−165	−2,770	−5,154	−8,665	−10,801	−15,366	993	1,273	1,366	221	−2,338	1,752	9,311
Botswana	−745	−1,185	−496	−1,864	−2,577	−2,456	−1,136	453	635	277	555	755	660	65
Burundi	−51	−30	−24	−42	−48	−97	−141	53	68	58	100	116	119	176
Cape Verde	−2	−7	−45	−132	−44	−97	15	72	85	142	151	119	268	271
Comoros	....	....	....	....	....	....	....	....	....	....	....	....	....	....
Congo, Democratic Republic of	....	....	....	....	....	....	....	....	....	....	....	....	....	....
Djibouti	−64	−79	−78	−58	−92	−44	−118	18	47	71	56	151	260	293
Eritrea	....	....	....	....	....	....	....	....	....	....	....	....	....	....
Ethiopia	467	146	282	633	−116	429	−269	584	367	739	449	741	556	624
Gambia, The	....	−31	−47	−23	−34	−25	6	....	20	81	93	106	86	....
Ghana	−156	−658	−192	−336	−374	−315	942	148	494	392	1,044	1,175	2,305	2,343
Guinea	10	123	76	....	....	50	−181	−45	162	48	....	....	210	538
Kenya	−152	−521	−420	−537	−923	−1,346	−236	−6	502	473	932	1,015	2,472	1,796
Lesotho	124	54	−63	−44	−278	−329	−344	93	109	122	127	91	144	235
Liberia	....	....	−9	−5	−54	−52	−106	....	....	215	223	247	273	1,313
Madagascar	88	−54	−89	1	....	....	....	258	172	341	270	....	....	....

2009, International Monetary Fund: *Balance of Payments Statistics Yearbook*

Table B-22. Financial Account

Millions of U.S. dollars, unless otherwise indicated

	Credit							Debit						
	2002	2003	2004	2005	2006	2007	2008	2002	2003	2004	2005	2006	2007	2008
Africa (continued)														
Malawi	−105	....	....	....	....	....	....	150	....	....	....	....	....	....
Mauritania	....	....	....	....	....	....	....	....	....	....	....	....	....	....
Mauritius	−475	−266	−106	−155	−351	−3,564	309	218	134	142	462	664	3,623	451
Morocco	−673	−2,531	−2,387	−3,321	−3,921	−4,299	319	−616	1,256	1,707	2,693	3,012	4,319	4,626
Mozambique	−273	−254	−283	−37	−168	−716	−289	33	578	96	323	−1,481	895	883
Namibia	−414	−470	−744	−998	−1,637	−1,920	−1,907	266	225	105	458	351	599	715
Nigeria	−3,012	−5,448	−16,654	−14,046	−19,565	−15,789	−10,483	1,092	−3,576	−4,898	−12,311	−4,018	9,493	476
Rwanda	−6	5	−91	−106	−46	−109	−166	73	28	75	39	−1,184	91	214
São Tomé & Príncipe	....	−6	7	−51	−3	−14	....	10	12	17	20	34	−145	....
Seychelles	−45	−26	13	−39	−79	−23	....	152	33	46	184	197	280	....
Sierra Leone	−24	25	−35	−51	−19	−40	−10	63	37	106	146	−85	−291	148
South Africa	−438	−5,548	−9,011	−11,205	−18,506	−11,641	1,932	53	3,941	10,083	18,054	30,131	26,614	8,375
Sudan	−433	−6	−111	358	417	−191	−1,010	928	958	717	1,684	4,525	3,433	2,449
Swaziland	−144	83	−265	111	244	704	....	48	−81	26	36	166	92	....
Tanzania	−368	−567	−268	185	−314	−391	73	322	342	343	704	−4,102	916	1,702
Tunisia	−991	−770	−1,232	−929	−2,093	−944	−1,730	1,696	1,489	1,694	1,130	2,606	1,732	3,249
Uganda	43	−267	−127	−40	−448	−722	45	246	507	418	447	−2,753	1,302	1,058
Zambia	−190	25	−264	−312	−748	−1,478	−568	481	386	270	−1,573	−1,664	2,015	1,337
Zimbabwe	....	....	....	....	....	....	....	....	....	....	....	....	....	....
Developing Asia *(Billions)*	−135	−189	−277	−369	−548	−869	−609	63	86	159	226	274	446	227
Afghanistan, I.R. of	....	....	....	....	....	....	....	....	....	....	....	....	....	....
Bangladesh	−976	−1,583	−1,149	−549	−2,367	−2,390	−3,501	222	983	1,311	1,107	1,622	1,697	2,008
Bhutan	....	....	....	....	....	....	....	....	....	....	....	....	....	....
Brunei Darussalam	276	−566	−1,673	−468	196	277	325	296	−83	493	392	349	502	529
Cambodia	−331	−192	−171	−419	−694	−1,211	−225	429	399	331	655	700	1,492	1,064
China, P.R.: Mainland	−92,907	−131,372	−199,492	−293,752	−410,287	−632,496	−545,788	50,031	67,560	104,068	145,272	166,074	241,215	142,709
China, P.R.: Macao	−1,934	−2,609	−3,887	−6,754	−9,742	−8,825	....	648	439	1,305	5,364	6,870	10,211	....
Fiji	73	−77	−9	51	178	−193	40	59	184	211	184	333	570	344
French Overseas Territories: French Polynesia	−23	−17	−256	−317	103	535	458	89	121	131	284	−99	−829	−609
French Overseas Territories: New Caledonia	−22	2	−424	−168	−266	−364	−35	197	122	229	187	746	630	1,476
India	−15,723	−24,082	−22,946	−21,971	−46,266	−90,520	−14,887	8,853	14,281	21,526	32,701	54,871	100,798	50,358
Indonesia	−4,510	−4,241	−1,384	−12,134	−13,046	−26,282	−15,253	−1,551	−356	2,915	11,658	763	16,621	15,523
Kiribati	....	....	....	....	....	....	....	....	....	....	....	....	....	....
Lao People's Democratic Republic	−71	−66	−65	−15	−208	−330	....	81	163	139	152	338	529	....
Malaysia	−10,895	−16,272	−36,674	−12,244	−23,562	−45,402	−11,971	4,096	2,895	19,715	−1,182	4,885	21,235	−18,553
Maldives	−13	....	66	179	68	107	410	47	24	43	108	178	259	154
Myanmar	−45	−39	−94	−144	−423	....	....	−32	137	125	166	253	....	....
Nepal	−405	−655	−526	−413	−580	−162	−1,218	154	140	−6	81	275	62	478
Pakistan	−4,617	−3,566	343	−75	−1,735	−2,175	5,961	−251	−1,093	−802	3,679	7,785	10,314	9,718
Papua New Guinea	52	−365	−172	−702	....	....	....	−15	185	24	14	....	....	....
Philippines	−612	32	−653	−6,649	−7,958	−15,922	3,699	830	528	−715	6,428	4,068	10,868	−5,739
Samoa	....	....	−18	−2	2	−16	....	....	....	8	−5	−2	11	....
Solomon Islands	−2	18	41	4	−3	....	....	6	−26	−18	5	−3	....	....
Sri Lanka	−273	−603	−115	−525	549	−685	926	309	714	887	998	754	1,976	1,786
Thailand	−2,456	−1,730	−6,243	−8,784	−25,375	−33,664	−18,289	−3,621	−3,173	4,193	14,450	19,432	14,153	6,471
Timor-Leste	....	....	....	....	....	....	....	....	....	....	....	....	....	....
Tonga	−7	5	13	....	7	−15	....	−3	−2	−3	6	5	21	....
Vanuatu	−2	49	−30	16	−61	43	....	32	−12	64	13	61	−34	....
Vietnam	189	−727	−773	−2,776	−5,912	−7,747	−57	1,453	1,860	2,645	3,732	4,675	15,265	11,926
Europe *(Billions)*	−42	−88	−167	−225	−339	−501	−323	63	101	166	224	331	601	413
Central and Eastern Europe *(Billions)*	−17	−23	−51	−75	−109	−169	−72	43	60	105	139	205	315	250
Albania	−68	−194	−420	−154	−452	−279	−166	246	296	530	399	706	1,118	1,967
Bosnia and Herzegovina	−45	−96	−141	−154	−773	−2,111	−31	726	938	1,071	1,491	1,247	3,256	2,682
Bulgaria	−113	−784	−3,490	−790	−5,601	−3,882	−2,211	1,148	2,696	4,587	5,067	12,221	17,802	17,484
Croatia	−1,497	−3,981	−1,958	−642	−3,558	−4,090	−2,175	3,403	6,952	5,016	4,451	8,259	9,665	10,344
Czech Republic	−5,664	−1,048	−5,839	−12,177	−6,559	−15,338	−8,748	9,667	6,226	12,612	14,677	10,672	20,856	15,290
Estonia	−331	−884	−1,872	−2,861	−2,898	−4,613	−1,273	1,014	1,989	3,318	3,996	5,266	7,958	3,404
Faroe Islands	....	....	....	....	....	....	....	....	....	....	....	....	....	....
Hungary	1,665	−2,489	−1,347	−7,010	−19,857	−71,604	−49,156	2,693	9,011	11,270	16,408	30,849	81,528	63,876
Latvia	−704	−1,096	−2,339	−1,261	−4,221	−7,690	264	1,378	1,953	3,949	3,337	8,383	13,749	4,292
Lithuania	−390	−611	−982	−2,566	−3,368	−4,218	115	976	1,641	2,228	4,116	6,524	9,275	5,012
Macedonia, FYR	368	−32	−13	−464	−526	−226	363	12	258	452	631	576	501	865
Montenegro, Republic of	....	....	....	....	....	−1,098	−523	....	....	....	....	....	2,121	2,061
Poland	−148	−3,300	−15,086	−16,797	−20,206	−25,433	6,241	6,680	10,780	22,323	23,879	30,818	52,220	37,700
Romania	−1,126	−1,092	−6,859	−7,928	−8,961	−7,434	−869	3,414	4,478	11,505	15,089	21,258	30,422	26,557
Serbia, Republic of	....	....	....	....	−4,266	....	−108	....	....	....	....	....	10,697	8,852
Turkey	−9,226	−6,901	−9,910	−19,892	−24,492	−17,086	−13,649	10,629	10,006	23,380	40,218	56,562	53,601	49,799
CIS and Mongolia *(Billions)*	−26	−64	−117	−151	−230	−332	−251	20	41	61	85	126	286	163
Armenia	−167	−111	−345	−342	−545	−801	−355	252	212	329	318	592	1,250	1,575
Azerbaijan	−624	−1,185	−1,841	−2,766	−3,462	−4,829	−16,512	1,508	3,340	4,484	2,683	14	−3,826	893
Belarus	−318	32	−405	−1,035	−169	−4,766	521	888	339	1,279	450	1,844	7,229	4,630
Georgia	−109	....	−228	−24	−477	−666	−429	293	370	530	649	1,545	2,582	3,282

Table B-22.
Financial Account
Millions of U.S. dollars, unless otherwise indicated

	Credit							Debit						
	2002	2003	2004	2005	2006	2007	2008	2002	2003	2004	2005	2006	2007	2008
CIS and Mongolia (continued)														
Kazakhstan	−3,142	−4,463	−8,323	−7,498	−27,991	−16,597	−16,963	3,966	5,695	9,025	10,339	33,085	28,029	17,784
Kyrgyz Republic	−22	−160	−276	−126	−197	−306	−522	82	122	286	118	341	333	477
Moldova	−69	−7	−185	−210	−189	−511	−414	132	109	143	261	520	1,079	1,340
Mongolia	−90	156	−169	−173	−613	....	....	181	−52	104	164	399	....	....
Russia	−16,499	−53,140	−88,724	−117,365	−172,549	−261,836	−182,712	11,376	27,903	36,706	53,422	68,154	207,939	92,401
Tajikistan	−23	−56	−75	−97	−309	−375	−302	49	77	139	192	495	1,200	190
Turkmenistan	....	....	....	....	....	....	....	....	....	....	....	....	....	....
Ukraine	−3,880	−4,917	−14,731	−18,613	−17,449	−32,519	−24,839	1,579	2,877	7,686	16,015	18,969	38,240	37,055
Uzbekistan	....	....	....	....	....	....	....	....	....	....	....	....	....	....
Middle East *(Billions)*	**−23**	**−97**	**−146**	**−233**	**−385**	**−559**	**−254**	**−29**	**35**	**51**	**69**	**152**	**333**	**−60**
Bahrain, Kingdom of	28,061	−24,667	−14,866	−20,028	−42,564	−51,479	1,696	−29,329	25,117	14,317	18,354	40,291	48,512	−3,973
Egypt	−3,034	−5,092	−6,407	−9,717	−14,203	−12,484	335	505	−227	2,531	10,081	10,969	11,820	4,008
Iran, I.R. of	....	....	....	....	....	....	....	....	....	....	....	....	....	....
Iraq	....	....	....	−6,677	−9,491	−18,060	....	....	....	....	−10,928	−11,754	5,528	....
Jordan	−1,101	−1,043	−980	−819	−2,544	−1,307	−192	545	−445	697	2,197	4,096	2,932	938
Kuwait	−6,093	−10,314	−17,934	−37,760	−63,700	−66,184	−65,395	2,025	33	544	4,378	10,552	24,687	5,933
Lebanon	−2,308	−3,619	2,464	1,353	−3,081	−1,196	−343	1,991	4,925	2,625	1,976	5,071	7,738	4,881
Libya	−875	−5,959	−8,280	−14,777	−26,313	−34,364	−38,079	−181	667	1,931	1,329	2,135	4,777	4,092
Oman	−583	−1,105	−2,054	−6,706	−10,134	−11,361	−9,937	−522	206	1,553	2,361	4,591	8,039	5,183
Qatar	....	....	....	....	....	....	....	....	....	....	....	....	....	....
Saudi Arabia	−6,828	−26,679	−53,107	−69,282	−97,792	−102,190	−146,297	−5,045	−1,369	1,181	12,085	18,389	24,311	27,666
Syrian Arab Republic	130	491	−493	−542	−31	−1,290	....	−1,430	−1,646	140	362	−319	1,458	....
United Arab Emirates	....	....	....	....	....	....	....	....	....	....	....	....	....	....
West Bank and Gaza	169	953	661	422	649	−184	....	−20	−47	127	172	17	9	....
Yemen, Republic of	−687	−278	−564	−809	−1,822	−165	−452	106	−33	123	−231	1,342	1,114	1,628
Western Hemisphere *(Billions)*	**−46**	**−13**	**−58**	**−114**	**−165**	**−286**	**−142**	**73**	**8**	**40**	**83**	**106**	**272**	**167**
Eastern Caribbean Currency Union														
Anguilla	3	24	17	−3	1	75	137	13	15	24	44	130	94	62
Antigua and Barbuda	69	59	73	53	59	122	196	24	15	20	−85	206	249	181
Dominica	9	30	33	35	26	35	39	2	−5	−15	14	−10	4	27
Grenada	−8	53	53	337	69	47	92	77	64	−22	−161	63	156	139
Montserrat	−1	−1	3	9	3	3	6	−3	−9	−3	−3	−1	1	−3
St. Kitts and Nevis	25	37	60	17	13	13	99	82	69	11	18	63	84	7
St. Lucia	35	48	32	99	95	127	217	53	69	49	41	201	195	52
St. Vincent and the Grenadines	14	32	24	96	34	95	54	8	17	34	−31	67	16	91
Argentina	−3,266	−8,766	−8,382	−7,075	−10,806	−26,291	−20,694	−4,016	1,984	4,426	1,329	1,332	18,780	10,814
Aruba	−87	−74	−130	64	−552	−214	−151	398	120	113	111	571	−9	157
Bahamas, The	−32,901	46,467	19,110	−10,976	−8,956	−15,763	−4,949	33,246	−46,041	−18,935	11,886	10,316	16,840	5,857
Barbados	−182	−174	124	−346	....	....	....	324	309	167	714	....	....	....
Belize	14	21	27	−29	−64	−19	−71	143	192	122	184	89	106	222
Bermuda	....	....	....	....	917	282	−253	....	....	....	....	679	467	−757
Bolivia	88	−686	−101	−496	−1,527	−1,870	−2,726	904	777	381	239	−1,501	−790	804
Brazil	−5,395	−17,350	−14,192	−13,139	−66,683	−112,728	−26,497	12,753	13,607	4,260	−1,284	51,225	113,573	51,824
Chile	−915	−4,679	−8,552	−9,260	−17,201	−22,582	−13,539	2,364	6,182	6,742	9,099	10,988	16,798	19,084
Colombia	1,316	−861	−3,745	−8,258	−5,185	−8,847	−4,837	−171	1,673	4,296	9,727	8,054	14,464	11,693
Costa Rica	65	−295	−396	−877	−984	−1,736	191	830	1,115	1,116	1,697	1,856	3,190	2,528
Dominican Republic	−890	−821	−977	−1,130	−2,396	−1,194	829	1,820	1,347	912	2,059	3,540	2,727	3,311
Ecuador	−500	−652	−1,359	−1,671	−2,472	−3,096	−1,856	2,011	916	1,248	913	615	1,500	577
El Salvador	−364	−579	−229	−293	−43	−687	−46	1,175	1,312	405	1,128	1,041	937	1,346
Guatemala	137	−359	−974	−788	−876	−868	−218	1,038	1,325	1,303	1,219	1,827	2,268	1,482
Guyana	−30	−32	−26	−59	−31	−131	−61	62	52	44	171	−85	−140	271
Haiti	27	−67	−44	−74	−163	−206	−402	21	10	44	25	216	126	438
Honduras	−211	15	−575	−358	−219	22	287	329	477	1,070	−9	−712	91	1,362
Jamaica	−326	−1,081	−2,006	−2,026	−1,091	−1,682	−1,027	1,478	1,826	2,527	3,093	2,173	3,415	4,152
Mexico	−3,532	−6,369	−15,885	−21,172	−16,626	−40,297	−16,354	19,437	15,808	24,794	28,647	14,912	49,992	32,917
Netherlands Antilles	−20	−121	−155	−127	155	204	....	58	58	147	99	−31	182	....
Nicaragua	80	−161	115	−188	−181	−359	−160	211	171	−974	498	−568	−1,597	942
Panama	3,123	824	−1,797	−1,960	−4,708	−6,810	−4,045	−3,072	−387	2,680	3,324	5,000	8,649	6,369
Paraguay	64	−125	−227	268	−304	−99	−529	102	21	−28	−93	68	243	652
Peru	−1,167	−1,735	−2,853	−3,372	−5,193	−10,939	−891	2,127	1,929	2,657	1,885	3,041	9,823	5,094
Suriname	43	40	−78	−52	−86	−93	118	−62	−83	−21	11	−189	−261	−261
Trinidad and Tobago	−583	−1,339	−1,546	−2,379	−2,675	−1,776	....	864	572	368	−562	−3,788	−2,995	....
Uruguay	4,379	−3,163	−1,427	−1,192	1,335	−2,927	−2,105	−2,366	2,212	1,041	1,319	−766	3,419	3,157
Venezuela, República Bolivariana de	−5,121	−11,625	−11,820	−27,314	−18,734	−25,723	−37,335	303	624	−1,196	5,409	−5,517	9,307	3,157

Table B-23. Financial Account Excluding Reserves

Millions of U.S. dollars, unless otherwise indicated

	Credit							Debit						
	2002	2003	2004	2005	2006	2007	2008	2002	2003	2004	2005	2006	2007	2008
Total *(Billions)*	−1,838	−2,883	−4,847	−6,125	−7,440	−10,285	−742	2,313	3,458	5,299	6,656	8,056	11,249	1,164
International Organizations *(Billions)*	−31	−62	−31	−60	3	−76	−109	29	55	29	62	30	81	88
Advanced Economies *(Billions)*	−1,706	−2,672	−4,523	−5,618	−6,634	−9,121	93	2,102	3,162	4,837	5,975	7,154	9,441	276
Euro Area														
Austria	−16,834	−42,445	−62,889	−155,945	−106,521	−139,306	−78,322	....	....	....	....	....	....	....
Belgium	−62,044	−127,909	−143,573	−170,971	−169,598	−347,256	−42,637	55,561	115,391	132,913	162,042	160,482	....	....
Cyprus	−342	−3,451	−5,681	−9,338	−7,766	−14,499	−34,136	1,168	3,497	6,594	10,760	10,036	16,834	38,216
Finland	−21,013	−20,176	−35,208	−24,108	−53,795	−34,342	−18,790	13,701	10,959	25,733	20,498	41,560	35,074	26,776
France	−179,402	−260,921	−405,566	−634,317	−614,959	−718,123	−266,694	159,108	274,452	399,293	624,839	630,588	766,871	361,787
Germany	−242,338	−228,566	−328,030	−496,177	−585,868	−829,184	−345,217	201,584	156,955	175,049	331,755	363,068	503,844	46,429
Greece	−9,712	−14,483	−22,756	−33,397	−20,017	−49,638	−43,972	21,290	20,900	29,593	49,030	45,677	87,665	88,216
Ireland	−148,111	−235,711	−246,357	−304,275	−405,747	−468,768	−161,949	148,579	232,230	249,658	301,774	416,478	485,582	186,800
Italy	−32,420	−97,263	−93,473	−249,154	−246,631	−173,122	21,172	43,643	117,700	101,899	274,437	277,564	210,737	60,348
Luxembourg	−163,438	−212,804	−290,019	−581,033	−558,906	−682,295	−31,805	....	....	....	....	....	....	....
Malta	−948	−2,220	−3,391	−5,408	−6,547	−9,976	−7,379	1,179	2,479	3,359	6,019	7,042	10,670	7,624
Netherlands	−53,923	−47,602	−35,396	−128,112	−171,988	−185,220	116,563	49,396	23,639	−10,785	88,697	111,591	156,408	−150,067
Portugal	−9,387	−32,200	−16,063	−18,292	−25,399	−20,427	28,256	18,183	31,371	25,791	32,921	40,728	37,602	−1,506
Slovak Republic	999	−829	−1,089	−1,432	−2,016	−2,757	−999	4,231	2,490	5,927	7,651	3,171	9,780	8,194
Slovenia	−750	−1,492	−2,960	−4,641	−6,027	−12,709	−2,607	2,737	2,059	3,662	5,485	5,898	15,273	6,167
Spain	−86,596	−133,149	−153,813	−203,477	−211,560	−196,739	−78,538	104,378	137,501	190,778	277,361	319,486	335,379	221,019
Australia	−26,306	−22,077	−22,081	25,979	−71,158	−107,704	−88,397	42,554	56,771	61,455	21,638	121,059	127,952	137,511
Canada	−53,388	−51,660	−68,628	−89,693	−144,577	−156,887	−100,012	39,028	33,590	37,117	66,744	121,672	139,223	88,671
China, P.R.: Hong Kong	11,487	−39,544	−100,933	−65,876	−125,756	−272,283	51,817	−31,238	18,591	80,839	44,429	105,135	252,428	−47,768
Denmark	−13,455	−32,113	−20,652	−67,055	−55,694	−93,967	−55,311	17,274	26,984	1,629	56,477	47,085	89,150	57,045
Iceland	−1,003	−3,059	−7,723	−22,742	−19,784	−34,848	5,934	939	3,503	9,649	25,096	27,261	33,665	7,012
Israel	−5,113	−7,280	−13,918	−16,163	−33,477	−19,130	281	3,104	5,029	9,777	7,759	26,621	13,825	7,814
Japan	−4,293	9,789	−196,295	−117,842	−63,965	−269,216	90,949	−59,088	62,135	218,795	−4,839	−38,378	81,977	−263,571
Korea	−4,769	−12,148	−20,184	−17,624	−38,425	−76,710	51,732	12,107	27,456	29,543	24,728	59,523	86,225	−102,626
New Zealand	−1,807	−2,300	−849	5,008	−2,869	−6,386	2,016	3,964	5,175	8,939	5,996	15,633	20,883	−426
Norway	−45,032	−50,513	−60,434	−98,015	−163,764	−128,979	−125,959	34,498	28,768	38,135	59,321	125,074	98,309	34,314
Singapore	−24,565	−39,555	−48,892	−49,871	−93,105	−125,639	−83,319	13,676	21,182	38,163	32,208	71,225	103,393	72,135
Sweden	22,012	654	−38,201	−23,483	−78,574	−95,447	8,177	−32,715	−20,818	12,191	−4,999	48,094	80,329	−539
Switzerland	−76,033	−52,964	−97,520	−174,605	−163,396	−379,048	262,132	53,244	28,654	33,489	88,543	92,582	337,457	−277,032
Taiwan Province of China *	−8,607	−36,562	−27,672	−45,275	−47,489	−59,256	11,079	17,357	44,191	34,841	47,577	27,894	20,278	−12,828
United Kingdom *(Billions)*	−157.6	−545.0	−949.3	−1,280.4	−1,050.9	−1,939.3	1,004.3	193.9	579.8	1,003.1	1,333.0	1,120.4	2,005.5	−976.5
United States *(Billions)*	−291.0	−326.9	−1,003.7	−560.7	−1,288.1	−1,472.0	4.7	795.2	858.3	1,533.2	1,247.3	....	....	....

* from published sources

	Credit							Debit						
	2002	2003	2004	2005	2006	2007	2008	2002	2003	2004	2005	2006	2007	2008
Emerg. & Develop. Economies *(Billions)*	−101	−148	−294	−447	−808	−1,088	−725	181	242	433	619	872	1,726	801
Africa	−12,763	−16,060	−16,319	−15,636	−32,413	−33,749	−17,340	12,096	11,950	16,809	17,305	9,515	74,014	53,203
CEMAC														
Cameroon	−234	69	101	80	−272	....	−355	998	225	345	482	−1,050	256	687
Central African Republic	....	....	....	....	....	....	....	....	....	....	....	....	....	....
Chad	....	....	....	....	....	....	....	....	....	....	....	....	....	....
Congo, Republic of	−36	−182	−445	−248	−230	265	....	185	−242	−262	170	929	2,174	....
Equatorial Guinea	....	....	....	....	....	....	....	....	....	....	....	....	....	....
Gabon	−127	−332	−496	−1,147	....	....	....	27	−192	140	−121	....	....	....
WAEMU														
Benin	−87	18	−16	21	−44	−149	....	89	74	107	186	−751	612	....
Burkina Faso	....	....	....	....	....	....	....	....	....	....	....	....	....	....
Côte d'Ivoire	−466	−383	−446	−553	−532	−427	−558	300	123	282	237	345	907	−96
Guinea-Bissau	−7	−19	1	....	....	....	....	−10	8	−5	....	....	....	....
Mali	−250	−25	−135	−126	−217	−107	....	421	302	205	510	−1,761	338	....
Niger	16	−47	−86	−29	−29	−52	....	71	159	−89	206	−1,291	318	....
Senegal	−49	1	−54	38	−98	66	....	301	293	−44	446	−1,351	1,057	....
Togo	−7	−27	−8	−36	−32	15	....	149	156	284	122	276	129	....
Algeria	....	....	....	....	....	....	....	....	....	....	....	....	....	....
Angola	−1,350	97	−1,989	−3,336	−3,263	−7,782	−8,693	993	1,273	1,366	221	−2,338	1,752	9,311
Botswana	−684	−1,014	−553	−501	−821	−721	−58	453	635	277	555	755	660	65
Burundi	−4	−20	−22	−8	−30	−34	−31	53	68	58	100	116	119	176
Cape Verde	−2	−8	−8	−76	14	−10	43	72	85	142	151	119	268	271
Comoros	....	....	....	....	....	....	....	....	....	....	....	....	....	....
Congo, Democratic Republic of	....	....	....	....	....	....	....	....	....	....	....	....	....	....
Djibouti	−58	−54	−84	−65	−62	−31	−75	18	47	71	56	151	260	293
Eritrea	....	....	....	....	....	....	....	....	....	....	....	....	....	....
Ethiopia	−4	69	−262	302	73	−108	113	584	367	739	449	741	556	624
Gambia, The	....	−20	−15	−14	−14	−14	−4	....	20	81	93	106	93	....
Ghana	....	....	....	....	....	98	....	148	494	392	1,044	1,175	2,305	2,343
Guinea	−66	−9	64	....	....	42	−170	−45	162	48	....	....	210	538
Kenya	−150	−108	−383	−256	−307	−408	−712	−6	502	473	932	1,015	2,472	1,796
Lesotho	1	−9	−49	....	−88	−62	−75	93	109	122	127	91	144	235
Liberia	....	....	−3	−3	−16	−13	−33	....	....	215	223	247	273	1,313
Madagascar	74	−29	295	11	....	....	....	258	172	341	270	....	....	....

Table B-23. Financial Account Excluding Reserves

Millions of U.S. dollars, unless otherwise indicated

	Credit							Debit						
	2002	2003	2004	2005	2006	2007	2008	2002	2003	2004	2005	2006	2007	2008
Africa (continued)														
Malawi	....	....	....	....	....	....	....	150	....	....	....	....	....	....
Mauritania	....	....	....	....	....	....	....	....	....	....	....	....	....	....
Mauritius	−134	−44	−134	−319	−491	−3,128	486	218	134	142	462	664	3,623	451
Morocco	−28	−882	−485	−969	−1,210	−2,265	−987	−616	1,256	1,707	2,693	3,012	4,319	4,626
Mozambique	−175	−72	−114	−167	−138	−431	−110	33	578	96	323	−1,481	895	883
Namibia	−405	−578	−758	−997	−1,474	−1,349	−1,141	266	225	105	458	351	599	715
Nigeria	−5,756	−5,662	−7,123	−2,710	−5,670	−6,829	−8,930	1,092	−3,576	−4,898	−12,311	−4,018	9,493	476
Rwanda	8	−6	8	−14	−16	....	−107	73	28	75	39	−1,184	91	214
São Tomé & Príncipe	1	....	3	−2	−1	2	....	10	12	17	20	34	−145	....
Seychelles	−19	−23	−20	−17	−17	−68	....	152	33	46	184	197	280	....
Sierra Leone	8	1	10	6	−8	−6	−1	63	37	106	146	−85	−291	148
South Africa	−760	−5,903	−2,687	−5,439	−14,795	−5,904	4,157	53	3,941	10,083	18,054	30,131	26,614	8,375
Sudan	−133	417	619	1,185	208	−473	−989	928	958	717	1,684	4,525	3,433	2,449
Swaziland	−214	−9	−231	110	92	339	....	48	−81	26	36	166	92	....
Tanzania	3	−59	−11	−61	−188	34	182	322	342	343	704	−4,102	916	1,702
Tunisia	−851	−387	−254	7	−11	−255	−63	1,696	1,489	1,694	1,130	2,606	1,732	3,249
Uganda	−58	−190	35	53	−45	26	43	246	507	418	447	−2,753	1,302	1,058
Zambia	−27	46	−200	−226	−487	−1,130	−538	481	386	270	−1,573	−1,664	2,015	1,337
Zimbabwe	....	....	....	....	....	....	....	....	....	....	....	....	....	....
Developing Asia (Billions)	−23	−24	−20	−132	−232	−247	−164	63	86	159	226	274	446	227
Afghanistan, I.R. of	....	....	....	....	....	....	....	....	....	....	....	....	....	....
Bangladesh	−564	−696	−499	−867	−1,355	−1,017	−2,221	222	983	1,311	1,107	1,622	1,697	2,008
Bhutan	....	....	....	....	....	....	....	....	....	....	....	....	....	....
Brunei Darussalam	316	−544	−1,645	−477	226	289	370	296	−83	493	392	349	502	529
Cambodia	−242	−144	−110	−341	−555	−784	134	429	399	331	655	700	1,492	1,064
China, P.R.: Mainland	−17,690	−14,786	6,661	−86,410	−163,432	−170,805	−126,795	50,031	67,560	104,068	145,272	166,074	241,215	142,709
China, P.R.: Macao	−1,732	−2,118	−2,863	−5,628	−7,684	−5,318	....	648	439	1,305	5,364	6,870	10,211	....
Fiji	30	−60	65	−59	10	−5	−123	59	184	211	184	333	570	344
French Overseas Territories: French Polynesia	−23	−17	−256	−317	103	535	458	89	121	131	284	−99	−829	−609
French Overseas Territories: New Caledonia	−22	2	−424	−168	−266	−364	−35	197	122	229	187	746	630	1,476
India	3,131	2,140	703	−7,417	−17,096	−3,032	−9,894	8,853	14,281	21,526	32,701	54,871	100,798	50,358
Indonesia	−500	−5	−2,070	−12,791	−6,143	−13,576	−17,171	−1,551	−356	2,915	11,658	763	16,621	15,523
Kiribati	....	....	....	....	....	....	....	....	....	....	....	....	....	....
Lao People's Democratic Republic	−10	−47	−53	−3	−111	−135	....	81	163	139	152	338	529	....
Malaysia	−7,238	−6,091	−14,624	−8,624	−16,698	−32,258	−15,421	4,096	2,895	19,715	−1,182	4,885	21,235	−18,553
Maldives	27	27	110	162	113	183	342	47	24	43	108	178	259	154
Myanmar	....	....	....	....	....	....	....	−32	137	125	166	253	....	....
Nepal	−470	−437	−348	−242	−251	−161	−387	154	140	−6	81	275	62	478
Pakistan	−92	−563	−1,386	101	−355	191	−552	−251	−1,093	−802	3,679	7,785	10,314	9,718
Papua New Guinea	108	−265	−70	−619	....	....	....	−15	185	24	14	....	....	....
Philippines	−864	−324	−2,290	−5,027	−5,023	−7,372	5,296	830	528	−715	6,428	4,068	10,868	−5,739
Samoa	....	....	−10	−3	−1	−6	....	....	....	8	−5	−2	11	....
Solomon Islands	−6	....	....	−13	−17	....	....	6	−26	−18	5	−3	....	....
Sri Lanka	171	24	−248	15	622	−10	−26	309	714	887	998	754	1,976	1,786
Thailand	1,740	−1,608	−529	−3,367	−12,706	−16,588	6,151	−3,621	−3,173	4,193	14,450	19,432	14,153	6,471
Timor-Leste	....	....	....	....	....	....	....	....	....	....	....	....	....	....
Tonga	....	11	31	−4	6	....	....	−3	−2	−3	6	5	21	....
Vanuatu	−7	50	−15	25	−28	52	....	32	−12	64	13	61	−34	....
Vietnam	624	1,372	35	−699	−1,620	2,439	377	1,453	1,860	2,645	3,732	4,675	15,265	11,926
Europe (Billions)	−18	−46	−100	−104	−179	−295	−349	63	101	166	224	331	601	413
Central and Eastern Europe (Billions)	−2	−12	−37	−27	−77	−131	−64	43	60	105	139	205	315	250
Albania	−40	−94	−131	−3	−187	−77	98	246	296	530	399	706	1,118	1,967
Bosnia and Herzegovina	−155	101	292	307	17	−1,234	−293	726	938	1,071	1,491	1,247	3,256	2,682
Bulgaria	473	146	−1,644	−375	−3,677	135	−742	1,148	2,696	4,587	5,067	12,221	17,802	17,484
Croatia	−811	−2,580	−1,889	380	−1,831	−3,108	−2,566	3,403	6,952	5,016	4,451	8,259	9,665	10,344
Czech Republic	954	−606	−5,576	−8,298	−6,467	−14,466	−6,328	9,667	6,226	12,612	14,677	10,672	20,856	15,290
Estonia	−276	−715	−1,601	−2,476	−2,278	−4,503	−553	1,014	1,989	3,318	3,996	5,266	7,958	3,404
Faroe Islands	....	....	....	....	....	....	....	....	....	....	....	....	....	....
Hungary	−128	−2,153	634	−2,106	−18,755	−71,450	−38,733	2,693	9,011	11,270	16,408	30,849	81,528	63,876
Latvia	−702	−1,027	−1,941	−737	−2,242	−6,708	−222	1,378	1,953	3,949	3,337	8,383	13,749	4,292
Lithuania	32	−80	−1,106	−1,880	−1,862	−3,003	−1,047	976	1,641	2,228	4,116	6,524	9,275	5,012
Macedonia, FYR	228	18	6	−49	−150	−83	316	12	258	452	631	576	501	865
Montenegro, Republic of	....	....	....	....	....	−882	−751	....	....	....	....	....	2,121	2,061
Poland	500	−2,094	−14,285	−8,651	−17,717	−12,389	4,284	6,680	10,780	22,323	23,879	30,818	52,220	37,700
Romania	676	42	−841	−1,152	−2,525	−1,260	−714	3,414	4,478	11,505	15,089	21,258	30,422	26,557
Serbia, Republic of	....	....	....	....	−3,249	−2,464	....	....	....	....	....	....	10,697	8,852
Turkey	−3,049	−2,871	−9,123	−2,038	−18,390	−9,021	−14,722	10,629	10,006	23,380	40,218	56,562	53,601	49,799
CIS and Mongolia (Billions)	−16	−34	−63	−77	−102	−164	−285	20	41	61	85	126	286	163
Armenia	−85	−64	−319	−180	−179	−255	−588	252	212	329	318	592	1,250	1,575
Azerbaijan	−629	−1,103	−1,583	−2,634	−2,157	−3,084	−14,074	1,508	3,340	4,484	2,683	14	−3,826	893
Belarus	−217	18	−150	−496	−170	−1,988	−481	888	339	1,279	450	1,844	7,229	4,630
Georgia	−77	−19	−50	86	−38	−289	−298	293	370	530	649	1,545	2,582	3,282

2009, International Monetary Fund: *Balance of Payments Statistics Yearbook*

Table B-23. Financial Account Excluding Reserves
Millions of U.S. dollars, unless otherwise indicated

	Credit							Debit						
	2002	2003	2004	2005	2006	2007	2008	2002	2003	2004	2005	2006	2007	2008
CIS and Mongolia (continued)														
Kazakhstan	−2,607	−2,929	−4,324	−9,441	−16,916	−19,625	−14,774	3,966	5,695	9,025	10,339	33,085	28,029	17,784
Kyrgyz Republic	21	−96	−110	−45	−27	1	−401	82	122	286	118	341	333	477
Moldova	−42	7	−37	−81	−49	17	38	132	109	143	261	520	1,079	1,340
Mongolia	−32	60	−135	−125	−223	....	....	181	−52	104	164	399	....	....
Russia	−9,658	−26,776	−43,488	−55,904	−65,083	−112,908	−228,046	11,376	27,903	36,706	53,422	68,154	207,939	92,401
Tajikistan	−23	−16	−28	−71	−302	−387	−472	49	77	139	192	495	1,200	190
Turkmenistan	....	....	....	....	....	....	....	....	....	....	....	....	....	....
Ukraine	−2,833	−2,872	−12,505	−8,188	−15,450	−23,540	−23,758	1,579	2,877	7,686	16,015	18,969	38,240	37,055
Uzbekistan	....	....	....	....	....	....	....	....	....	....	....	....	....	....
Middle East *(Billions)*	2	−79	−122	−118	−248	−353	−95	−29	35	51	69	152	333	−60
Bahrain, Kingdom of	28,095	−24,624	−14,708	−19,734	−41,742	−50,064	1,402	−29,329	25,117	14,317	18,354	40,291	48,512	−3,973
Egypt	−2,977	−4,697	−5,723	−3,398	−10,595	−7,009	2,090	505	−227	2,531	10,081	10,969	11,820	4,008
Iran, I.R. of	....	....	....	....	....	....	....	....	....	....	....	....	....	....
Iraq	....	....	....	−2,339	−2,128	−6,720	....	....	....	....	−10,928	−11,754	5,528	....
Jordan	−195	134	−898	−636	−1,190	−494	946	545	−445	697	2,197	4,096	2,932	938
Kuwait	−7,063	−12,138	−17,308	−37,140	−60,117	−62,966	−64,747	2,025	33	544	4,378	10,552	24,687	5,933
Lebanon	−1,643	1,419	1,684	1,811	−2,831	−1,784	7,031	1,991	4,925	2,625	1,976	5,071	7,738	4,881
Libya	270	−833	−2,240	−937	−6,866	−14,320	−25,131	−181	667	1,931	1,329	2,135	4,777	4,092
Oman	−276	−467	−1,193	−3,897	−7,928	−5,110	−8,110	−522	206	1,553	2,361	4,591	8,039	5,183
Qatar	....	....	....	....	....	....	....	....	....	....	....	....	....	....
Saudi Arabia	−4,092	−25,071	−48,610	−2,029	−18,429	−14,367	−2,815	−5,045	−1,369	1,181	12,085	18,389	24,311	27,666
Syrian Arab Republic	1,180	1,210	−237	−524	−733	−746	....	−1,430	−1,646	140	362	−319	1,458	....
United Arab Emirates	....	....	....	....	....	....	....	....	....	....	....	....	....	....
West Bank and Gaza	183	1,054	689	397	671	−93	....	−20	−47	127	172	17	9	....
Yemen, Republic of	−130	49	−32	−96	−421	−96	113	106	−33	123	−231	1,342	1,114	1,628
Western Hemisphere *(Billions)*	−49	16	−35	−77	−117	−159	−100	73	8	40	83	106	272	167
Eastern Caribbean Currency Union														
Anguilla	5	31	18	3	3	78	133	13	15	24	44	130	94	62
Antigua and Barbuda	77	85	79	61	74	123	189	24	15	20	−85	206	249	181
Dominica	21	33	28	49	39	33	36	2	−5	−15	14	−10	4	27
Grenada	23	40	99	309	75	57	87	77	64	−22	−161	63	156	139
Montserrat	1	....	2	9	4	3	3	−3	−9	−3	−3	−1	1	−3
St. Kitts and Nevis	34	36	74	11	30	20	114	82	69	11	18	63	84	7
St. Lucia	41	67	57	82	109	146	206	53	69	49	41	201	195	52
St. Vincent and the Grenadines	8	32	50	93	46	93	50	8	17	34	−31	67	16	91
Argentina	−7,792	−5,268	−3,099	2,013	−7,339	−13,217	−20,670	−4,016	1,984	4,426	1,329	1,332	18,780	10,814
Aruba	−47	−111	−128	42	−497	−171	74	398	120	113	111	571	−9	157
Bahamas, The	−32,841	46,577	19,293	−11,064	−9,035	−15,809	−4,840	33,246	−46,041	−18,935	11,886	10,316	16,840	5,857
Barbados	−206	−106	−32	−322	....	....	....	324	309	167	714	....	....	....
Belize	8	−10	−4	−40	−14	3	−13	143	192	122	184	89	106	222
Bermuda	....	....	....	....	927	289	−264	....	....	....	....	679	467	−757
Bolivia	−215	−534	56	−33	−240	68	−352	904	777	381	239	−1,501	−790	804
Brazil	−5,082	−8,871	−11,954	−8,814	−36,112	−25,244	−23,528	12,753	13,607	4,260	−1,284	51,225	113,573	51,824
Chile	−730	−5,036	−8,743	−7,550	−15,203	−25,795	−7,078	2,364	6,182	6,742	9,099	10,988	16,798	19,084
Colombia	1,440	−1,058	−1,282	−6,534	−5,163	−4,143	−2,250	−171	1,673	4,296	9,727	8,054	14,464	11,693
Costa Rica	228	44	−316	−483	47	−589	−157	830	1,115	1,116	1,697	1,856	3,190	2,528
Dominican Republic	−1,416	−1,179	−436	−20	−2,081	−515	528	1,820	1,347	912	2,059	3,540	2,727	3,311
Ecuador	−567	−502	−1,084	−957	−2,597	−1,601	−902	2,011	916	1,248	913	615	1,500	577
El Salvador	−487	−263	−282	−352	28	−407	287	1,175	1,312	405	1,128	1,041	937	1,346
Guatemala	158	192	−370	−550	−626	−654	114	1,038	1,325	1,303	1,219	1,827	2,268	1,482
Guyana	−17	−27	−16	−34	−6	−95	−3	62	52	44	171	−85	−140	271
Haiti	−23	−88	6	−52	−55	2	−232	21	10	44	25	216	126	438
Honduras	−105	−82	−65	−12	63	−86	244	329	477	1,070	−9	−712	91	1,362
Jamaica	−586	−1,529	−1,320	−1,798	−861	−2,122	−1,132	1,478	1,826	2,527	3,093	2,173	3,415	4,152
Mexico	3,844	3,464	−11,765	−14,193	−17,915	−30,032	−8,609	19,437	15,808	24,794	28,647	14,912	49,937	32,917
Netherlands Antilles	48	−71	−118	−53	202	359	....	58	58	147	99	−31	182	....
Nicaragua	150	−106	275	−182	5	−186	−130	211	171	−974	498	−568	−1,597	942
Panama	3,259	556	−2,194	−1,437	−4,546	−6,200	−3,465	−3,072	−387	2,680	3,324	5,000	8,649	6,369
Paraguay	−22	178	−45	417	83	530	−149	102	21	−28	−93	68	243	652
Peru	−316	−1,219	−411	−1,901	−1,984	−549	2,622	2,127	1,929	2,657	1,885	3,041	9,823	5,094
Suriname	24	47	−2	−32	8	84	170	−62	−83	−21	11	−189	−261	−261
Trinidad and Tobago	−468	−1,017	−1,040	−991	−1,579	−256	....	864	572	368	−562	−3,788	−2,995	....
Uruguay	2,048	−1,783	−973	−571	1,319	−1,922	127	−2,366	2,212	1,041	1,319	−766	3,419	3,157
Venezuela, República Bolivariana de	−9,549	−6,171	−9,665	−21,889	−13,831	−31,080	−27,883	303	624	−1,196	5,409	−5,517	9,307	3,157

Table B-24. Direct Investment

Millions of U.S. dollars, unless otherwise indicated

	Credit							Debit						
	2002	2003	2004	2005	2006	2007	2008	2002	2003	2004	2005	2006	2007	2008
Total *(Billions)*	−662	−668	−1,008	−1,066	−1,501	−2,437	−2,107	745	649	768	1,154	1,529	2,351	1,851
International Organizations	….	….	….	….	….	….	….	….	….	….	….	….	….	….
Advanced Economies *(Billions)*	−644	−645	−954	−991	−1,326	−2,185	−1,816	571	480	523	813	1,083	1,664	1,123
Euro Area														
Austria	−5,744	−7,143	−8,425	−81,842	−5,527	−71,582	−30,511	318	7,098	3,892	81,648	2,477	63,972	14,440
Belgium	−8,902	−39,043	−34,682	−30,433	−49,657	−108,393	−118,828	18,081	34,544	44,415	34,040	56,744	120,626	99,732
Cyprus	−548	−590	−712	−548	−896	−1,263	−3,789	1,103	908	1,119	1,162	1,871	2,295	3,854
Finland	−7,522	2,272	1,146	−4,415	−4,885	−7,114	−3,028	8,276	3,472	2,871	4,806	7,723	12,611	−7,765
France	−50,613	−53,378	−56,929	−113,826	−111,407	−171,966	−204,797	49,569	43,062	32,829	84,996	71,831	105,909	100,372
Germany	−19,627	−5,154	−19,961	−76,955	−127,771	−181,282	−158,127	53,605	30,934	−9,803	46,473	58,129	56,498	25,001
Greece	−668	−375	−1,028	−1,476	−4,226	−5,262	−2,776	53	1,332	2,105	658	5,401	1,959	5,304
Ireland	−11,065	−5,594	−18,107	−14,491	−14,708	−20,567	−13,369	29,477	22,411	−10,994	−30,334	−882	24,581	−19,886
Italy	−17,247	−8,986	−19,143	−40,787	−42,480	−92,121	−45,209	14,699	16,538	16,772	19,639	39,008	40,040	11,807
Luxembourg	−128,789	−100,458	−85,310	−122,060	−115,562	−258,889	−145,816	118,512	89,784	80,098	114,066	129,879	192,865	115,778
Malta	29	−575	−8	24	−30	−33	−279	−430	1,007	395	679	1,873	944	863
Netherlands	−31,758	−44,641	−28,849	−129,925	−64,230	−26,764	−54,847	25,457	20,441	4,379	47,328	6,666	123,609	856
Portugal	210	−6,575	−7,377	−2,252	−7,175	−5,465	−2,193	1,755	7,255	1,661	4,059	10,969	2,970	3,575
Slovak Republic	−3	−24	13	−145	−368	−403	−251	4,104	559	3,037	2,411	4,167	3,363	3,231
Slovenia	−151	−476	−550	−629	−905	−1,800	−1,405	1,660	302	831	540	649	1,531	1,917
Spain	−33,653	−28,759	−61,504	−41,922	−103,483	−141,180	−79,878	39,993	25,607	24,792	24,573	31,172	71,498	71,207
Australia	−7,793	−17,216	−11,055	33,940	−23,933	−19,966	−38,110	16,992	8,024	36,827	−35,601	26,415	41,076	47,281
Canada	−26,818	−23,623	−42,639	−27,626	−44,538	−59,609	−79,028	22,053	7,206	−741	25,901	59,759	111,412	45,364
China, P.R.: Hong Kong	−17,463	−5,492	−45,715	−27,201	−44,978	−61,119	−59,922	9,682	13,624	34,032	33,618	45,054	54,365	63,005
Denmark	−2,650	−856	9,930	−16,206	−8,146	−20,002	−28,384	4,431	1,185	−8,804	12,834	2,420	11,858	11,398
Iceland	−342	−384	−2,587	−7,114	−5,320	−10,471	6,625	93	336	757	3,124	4,075	−1,392	699
Israel	−981	−2,086	−4,533	−2,946	−14,944	−6,981	−7,853	1,910	4,087	2,529	4,272	14,762	9,020	9,638
Japan	−32,017	−28,766	−30,958	−45,438	−50,171	−73,488	−130,818	9,087	6,238	7,805	3,214	−6,784	22,180	24,552
Korea	−2,616	−3,425	−4,650	−4,291	−8,127	−15,620	−12,795	2,392	3,525	9,246	6,308	3,586	1,784	2,200
New Zealand	−382	−1,493	440	1,504	−490	−3,198	130	1,666	2,486	2,497	1,489	7,762	2,469	2,698
Norway	−5,385	−6,052	−5,250	−21,823	−21,170	−12,500	−26,816	657	3,550	2,544	5,209	6,617	3,788	−1,543
Singapore	−2,329	−2,695	−10,802	−11,218	−13,298	−24,458	−8,928	6,381	11,800	20,054	14,374	27,680	31,550	22,724
Sweden	−10,673	−17,341	−21,318	−26,658	−23,239	−37,125	−40,389	11,709	3,268	10,957	10,018	26,865	21,814	41,908
Switzerland	−8,585	−15,674	−26,068	−50,844	−76,553	−61,470	−42,826	6,785	17,471	1,856	−525	31,950	47,116	−235
Taiwan Province of China *	−4,886	−5,682	−7,145	−6,028	−7,399	−11,107	−10,293	1,445	453	1,898	1,625	7,424	7,769	5,432
United Kingdom	−50,329	−65,637	−93,946	−80,790	−85,623	−275,502	−139,327	25,532	27,612	57,334	177,405	154,120	197,766	97,536
United States	−154,457	−149,564	−316,222	−36,236	−244,923	−398,597	−332,012	84,370	63,750	145,966	112,638	243,151	275,758	319,737

* from published sources

	Credit							Debit						
	2002	2003	2004	2005	2006	2007	2008	2002	2003	2004	2005	2006	2007	2008
Emerg. & Develop. Economies *(Billions)*	−18	−23	−54	−76	−175	−252	−292	174	170	245	342	446	687	728
Africa	227	−847	−1,317	−1,359	−6,033	−4,603	−184	13,361	17,515	14,239	23,921	30,961	35,815	41,174
CEMAC														
Cameroon	33	−8	−10	23	48	6	44	602	336	86	234	16	191	38
Central African Republic	….	….	….	….	….	….	….	….	….	….	….	….	….	….
Chad	….	….	….	….	….	….	….	….	….	….	….	….	….	….
Congo, Republic of	−4	−2	−5	….	….	….	….	331	323	−9	514	1,488	2,638	….
Equatorial Guinea	….	….	….	….	….	….	….	….	….	….	….	….	….	….
Gabon	23	21	25	−75	….	….	….	39	158	320	242	….	….	….
WAEMU														
Benin	−1	….	1	….	2	6	….	14	45	64	53	53	255	….
Burkina Faso	….	….	….	….	….	….	….	….	….	….	….	….	….	….
Côte d'Ivoire	….	….	….	….	….	….	….	213	165	283	312	319	427	402
Guinea-Bissau	−1	−1	8	….	….	….	….	4	4	2	….	….	….	….
Mali	−2	−1	−1	1	−1	−7	….	244	132	101	224	83	73	….
Niger	2	….	−13	−9	1	−8	….	2	15	26	44	51	129	….
Senegal	−34	−3	13	8	−10	−25	….	78	52	77	45	220	297	….
Togo	−2	6	13	16	15	1	….	53	34	57	77	77	49	….
Algeria	….	….	….	….	….	….	….	….	….	….	….	….	….	….
Angola	−29	−24	−35	−219	−191	−912	−2,570	1,672	3,505	1,449	−1,304	−38	−893	1,679
Botswana	−43	−206	−29	56	50	−51	−4	390	418	391	279	486	647	109
Burundi	….	….	….	….	….	….	−1	….	….	….	1	….	1	4
Cape Verde	….	−1	….	….	….	….	3	15	39	68	80	132	192	211
Comoros	….	….	….	….	….	….	….	….	….	….	….	….	….	….
Congo, Democratic Republic of	….	….	….	….	….	….	….	….	….	….	….	….	….	….
Djibouti	….	….	….	….	….	….	….	3	14	39	22	108	195	253
Eritrea	….	….	….	….	….	….	….	….	….	….	….	….	….	….
Ethiopia	….	….	….	….	….	….	….	….	….	….	265	545	222	109
Gambia, The	….	….	….	….	….	….	….	….	22	57	52	82	73	72
Ghana	….	….	….	….	….	….	….	59	137	139	145	636	970	2,112
Guinea	….	….	….	….	….	….	−126	30	79	….	….	….	386	382
Kenya	−7	−2	−4	−10	−24	−36	−44	28	82	46	21	51	729	96
Lesotho	….	….	….	….	….	….	….	84	116	123	93	113	130	218
Liberia	….	….	….	….	….	….	….	….	….	75	83	108	132	144
Madagascar	….	….	….	….	….	….	….	15	13	53	85	….	….	….

2009, International Monetary Fund: *Balance of Payments Statistics Yearbook*

Table B-24. **Direct Investment**

Millions of U.S. dollars, unless otherwise indicated

	Credit							Debit						
	2002	2003	2004	2005	2006	2007	2008	2002	2003	2004	2005	2006	2007	2008
Africa (continued)														
Malawi.................................	....	....	....	....	....	....	....	6	....	....	....	....	....	....
Mauritania...........................	....	....	....	....	....	....	....	....	....	....	....	....	....	....
Mauritius.............................	−9	6	−32	−47	−10	−60	−52	32	63	14	42	107	341	378
Morocco..............................	−28	−13	−31	−74	−451	−632	−316	480	2,313	893	1,671	2,461	2,826	2,466
Mozambique.......................	....	....	....	....	....	....	....	348	337	245	108	154	427	587
Namibia...............................	5	12	23	12	13	−3	−6	174	146	223	391	391	721	535
Nigeria.................................	....	....	....	−15	−16	−464	−326	1,874	2,005	1,874	4,983	8,824	6,032	3,636
Rwanda...............................	....	....	....	....	14	13	....	3	5	8	8	11	67	103
São Tomé & Príncipe...........	....	....	....	−15	−3	−3	....	4	3	4	16	38	35	....
Seychelles...........................	−9	−8	−8	−7	−8	−8	....	48	58	38	86	146	249	....
Sierra Leone.......................	....	....	....	8	....	....	....	10	9	61	83	59	97	−3
South Africa........................	402	−553	−1,305	−909	−5,929	−2,982	2,305	1,480	783	701	6,522	−184	5,737	9,632
Sudan..................................	....	....	....	....	....	....	−89	713	1,349	1,511	2,305	3,534	2,426	2,600
Swaziland...........................	1	−16	1	22	1	−23	....	92	−61	70	−46	121	37	....
Tanzania.............................	....	....	....	....	....	....	....	388	308	331	494	597	647	744
Tunisia................................	−32	−48	−50	−10	−30	−17	−38	823	588	642	723	3,270	1,532	2,638
Uganda...............................	....	....	....	....	....	....	....	185	202	295	380	644	733	788
Zambia...............................	....	....	....	....	....	....	....	303	347	363	357	616	1,324	939
Zimbabwe..........................	....	....	....	....	....	....	....	....	....	....	....	....	....	....
Developing Asia *(Billions)*	−6	−4	−10	−21	−46	−57	−97	67	63	79	117	135	214	241
Afghanistan, I.R. of.............	....	....	....	....	....	....	....	....	....	....	....	....	....	....
Bangladesh.........................	−3	−3	−4	−2	....	....	....	52	268	449	813	697	653	973
Bhutan................................	....	....	....	....	....	....	....	....	....	....	....	....	....	....
Brunei Darussalam..............	....	....	−41	....	−18	....	....	234	114	81	176	88	260	237
Cambodia...........................	−6	−10	−10	−6	−8	−1	−20	145	84	131	381	483	867	815
China, P.R.: Mainland..........	−2,518	152	−1,805	−11,306	−21,160	−16,995	−53,471	49,308	47,077	54,936	79,127	78,095	138,413	147,791
China, P.R.: Macao..............	−69	2	81	−60	−512	−861	....	415	517	768	1,767	2,643	4,372	....
Fiji......................................	−2	−4	−3	−10	−1	7	12	37	46	256	160	415	337	320
French Overseas Territories: French Polynesia.	−14	−6	−9	−16	−10	−14	−30	11	58	6	8	31	58	14
French Overseas Territories: New Caledonia...	−4	−14	−11	−31	−31	−7	−93	59	116	27	−7	749	659	1,564
India...................................	−1,678	−1,879	−2,179	−2,978	−14,344	−17,280	−18,362	5,626	4,323	5,771	7,606	20,336	25,127	41,169
Indonesia............................	....	....	−3,408	−3,065	−2,726	−4,675	−5,900	145	−597	1,896	8,336	4,914	6,928	8,698
Kiribati................................	....	....	....	....	....	....	....	....	....	....	....	....	....	....
Lao People's Democratic Republic.....	....	....	....	....	....	....	....	5	19	17	28	187	324	....
Malaysia.............................	−1,905	−1,369	−2,061	−2,972	−6,023	−11,141	−15,203	3,203	2,473	4,624	3,966	6,076	8,454	7,376
Maldives.............................	....	....	....	....	....	....	....	12	14	15	9	14	15	15
Myanmar............................	....	....	....	....	....	....	....	152	251	214	237	279	....	....
Nepal..................................	....	....	....	....	....	....	....	−6	15	....	2	−7	6	1
Pakistan.............................	−28	−19	−56	−44	−109	−98	−49	823	534	1,118	2,201	4,273	5,590	5,438
Papua New Guinea..............	1	3	....	−7	....	....	....	18	101	55	34	....	....	....
Philippines..........................	−65	−303	−579	−189	−103	−3,536	−259	1,542	491	688	1,854	2,921	2,916	1,403
Samoa................................	....	....	....	−2	....	....	....	....	....	2	−3	21	2	....
Solomon Islands..................	−1	....	....	−2	....	....	....	....	−2	6	19	19	....	....
Sri Lanka.............................	−11	−27	−6	−38	−29	−55	−62	197	229	233	272	480	603	752
Thailand.............................	−171	−623	−77	−501	−974	−1,854	−2,838	3,342	5,232	5,860	8,055	9,453	11,233	9,835
Timor-Leste........................	....	....	....	....	....	....	....	....	....	....	....	....	....	....
Tonga.................................	....	....	−2	−5	−2	....	....	....	3	7	12	12	27	....
Vanuatu..............................	−1	−1	−1	−1	−1	−1	....	14	18	20	13	43	34	....
Vietnam..............................	....	....	....	−65	−85	−184	−300	1,400	1,450	1,610	1,954	2,400	6,700	9,579
Europe *(Billions)*	−6	−14	−19	−22	−57	−132	−114	31	36	67	86	146	248	241
Central and Eastern Europe *(Billions)*	−1	−3	−5	−8	−34	−82	−56	22	20	40	60	101	170	133
Albania...............................	....	....	−14	−4	−11	−15	−93	135	178	341	262	325	662	937
Bosnia and Herzegovina......	....	....	−2	....	−4	−24	−14	268	382	710	608	722	2,111	1,056
Bulgaria..............................	−28	−27	217	−308	−175	−274	−732	905	2,097	2,662	4,312	7,758	11,706	9,205
Croatia...............................	−547	−122	−346	−237	−263	−246	−170	1,100	2,049	1,079	1,788	3,457	4,982	4,383
Czech Republic...................	−211	−208	−1,037	27	−1,479	−1,642	−1,897	8,497	2,021	4,978	11,602	5,522	10,606	10,864
Estonia...............................	−132	−156	−268	−688	−1,111	−1,737	−1,071	285	919	966	2,941	1,787	2,737	1,947
Faroe Islands......................	....	....	....	....	....	....	....	....	....	....	....	....	....	....
Hungary.............................	−282	−1,661	−1,116	−2,230	−18,839	−68,134	−44,548	3,013	2,177	4,521	7,626	19,957	72,866	48,572
Latvia.................................	−3	−50	−110	−128	−173	−371	−265	254	304	637	714	1,664	2,316	1,357
Lithuania............................	−18	−37	−263	−343	−290	−608	−397	712	179	773	1,032	1,840	2,017	1,927
Macedonia, FYR..................	....	....	−1	−3	....	1	14	106	118	323	97	424	320	598
Montenegro, Republic of....	....	....	....	....	....	−157	−108	....	....	....	....	....	876	939
Poland...............................	−230	−305	−955	−3,358	−9,149	−4,983	−3,740	4,131	4,589	12,716	10,309	19,876	22,959	16,974
Romania.............................	−16	−39	−70	30	−422	−279	272	1,144	1,844	6,517	6,482	11,393	9,924	13,328
Serbia, Republic of..............	....	....	....	....	....	−943	−277	....	....	....	....	....	3,448	2,992
Turkey................................	−176	−499	−780	−1,064	−924	−2,106	−2,549	1,133	1,751	2,785	10,031	19,989	22,195	17,963
CIS and Mongolia *(Billions)*	−5	−11	−14	−14	−23	−50	−58	9	16	27	26	45	79	108
Armenia..............................	....	....	−2	−7	−3	2	−10	111	121	248	239	453	699	935
Azerbaijan..........................	−326	−933	−1,205	−1,221	−705	−286	−556	1,392	3,285	3,556	1,680	−584	−4,749	15
Belarus...............................	206	−2	−1	−3	−3	−15	−9	247	172	164	305	354	1,785	2,158
Georgia..............................	−4	−4	−10	89	16	−75	−41	160	335	492	453	1,170	1,750	1,564

Table B-24. Direct Investment

Millions of U.S. dollars, unless otherwise indicated

	Credit							Debit						
	2002	2003	2004	2005	2006	2007	2008	2002	2003	2004	2005	2006	2007	2008
CIS and Mongolia (continued)														
Kazakhstan	–426	121	1,279	146	385	–3,151	–3,826	2,590	2,092	4,157	1,971	6,278	11,126	14,648
Kyrgyz Republic	....	....	–44	....	....	....	....	5	46	175	43	182	208	233
Moldova	....	....	–3	....	1	–17	–16	84	74	151	191	233	539	708
Mongolia	....	....	....	....	....	....	....	78	132	93	185	344	....	....
Russia	–3,966	–9,727	–13,782	–12,767	–23,151	–45,916	–52,629	3,377	7,958	15,444	12,886	29,701	55,073	73,053
Tajikistan	....	....	....	....	....	....	....	36	32	272	54	339	360	376
Turkmenistan	....	....	....	....	....	....	....	....	....	....	....	....	....	....
Ukraine	5	–13	–4	–275	133	–673	–1,010	693	1,424	1,715	7,808	5,604	9,891	10,913
Uzbekistan	....	....	....	....	....	....	....	....	....	....	....	....	....	....
Middle East	**–964**	**2,720**	**–7,307**	**–11,464**	**–22,705**	**–37,814**	**–46,256**	**6,265**	**8,456**	**16,991**	**39,938**	**59,504**	**77,370**	**77,772**
Bahrain, Kingdom of	–190	–741	–1,036	–1,135	–980	–1,669	–1,620	217	517	865	1,049	2,915	1,756	1,794
Egypt	–28	–21	–159	–92	–148	–665	–1,920	647	237	1,253	5,376	10,043	11,578	9,495
Iran, I.R. of	....	....	....	....	....	....	....	....	....	....	....	....	....	....
Iraq	....	....	....	–89	–305	–8	....	....	....	....	515	383	972	....
Jordan	–14	4	–18	–163	138	–48	–13	122	443	816	1,774	3,219	1,950	1,966
Kuwait	77	4,960	–2,581	–5,142	–8,211	–9,784	–8,745	4	–67	24	234	121	121	57
Lebanon	....	–611	–827	–715	–875	–848	–987	1,336	2,860	1,899	2,624	2,675	2,731	3,606
Libya	136	–63	–286	–128	–474	–3,933	–5,888	145	143	357	1,038	2,064	4,689	4,111
Oman	–3	–88	–42	–234	–275	–243	–329	109	25	111	1,538	1,688	3,125	2,928
Qatar	....	....	....	....	....	....	....	....	....	....	....	....	....	....
Saudi Arabia	....	....	....	350	39	135	–3,498	–614	–587	–334	12,107	18,317	24,335	22,486
Syrian Arab Republic	....	....	....	....	....	....	....	115	160	275	500	600	1,242	....
United Arab Emirates	....	....	....	....	....	....	....	....	....	....	....	....	....	....
West Bank and Gaza	–360	–49	46	–13	–125	8	....	9	18	49	47	19	28	....
Yemen, Republic of	....	....	....	....	....	....	....	114	–89	144	–302	1,121	917	1,555
Western Hemisphere *(Billions)*	**–5**	**–7**	**–17**	**–19**	**–43**	**–21**	**–34**	**57**	**45**	**67**	**74**	**75**	**112**	**127**
Eastern Caribbean Currency Union														
Anguilla	....	....	....	....	....	....	....	33	29	87	117	142	119	89
Antigua and Barbuda	....	....	....	....	....	....	....	66	166	80	221	359	356	253
Dominica	....	....	....	....	....	....	....	20	31	26	19	26	53	52
Grenada	....	....	....	....	....	....	....	54	89	65	70	90	174	161
Montserrat	....	....	....	....	....	....	....	1	2	2	1	2	6	2
St. Kitts and Nevis	....	....	....	....	....	....	....	80	76	56	93	110	158	88
St. Lucia	....	....	....	....	....	....	....	52	106	77	78	234	253	105
St. Vincent and the Grenadines	....	....	....	....	....	....	....	34	55	66	40	109	110	119
Argentina	627	–774	–676	–1,311	–2,439	–1,504	–1,351	2,149	1,652	4,125	5,265	5,537	6,473	8,853
Aruba	6	3	10	9	13	–30	–3	336	158	152	115	572	–91	187
Bahamas, The	....	....	....	....	....	....	....	153	190	274	563	706	713	700
Barbados	....	–1	–4	–9	....	....	....	17	58	–12	62	....	....	....
Belize	....	....	....	–1	–1	–1	–3	25	–11	111	127	109	140	179
Bermuda	....	....	....	....	–372	381	–467	....	....	....	....	172	176	52
Bolivia	–3	–3	–3	–3	–3	–3	–3	677	197	65	–239	281	366	512
Brazil	–2,482	–249	–9,471	–2,517	–28,202	–7,067	–20,457	16,590	10,144	18,166	15,066	18,782	34,585	45,058
Chile	–343	–1,606	–1,563	–2,183	–2,742	–3,009	–6,891	2,550	4,307	7,173	6,984	7,298	12,577	16,787
Colombia	–857	–938	–142	–4,662	–1,098	–913	–2,254	2,134	1,720	3,016	10,252	6,656	9,049	10,600
Costa Rica	–34	–27	–61	43	–98	–262	–6	659	575	794	861	1,469	1,896	2,021
Dominican Republic	....	....	....	....	....	....	....	917	613	909	1,123	1,528	1,579	2,885
Ecuador	....	....	....	....	....	....	....	783	872	837	493	271	194	993
El Salvador	26	–19	3	–113	26	–100	–65	470	141	363	511	241	1,508	784
Guatemala	....	....	–41	–38	–40	–25	–16	111	131	296	508	592	745	838
Guyana	....	....	....	....	....	....	....	44	26	30	77	102	152	168
Haiti	....	....	....	....	....	....	....	6	14	6	26	161	75	30
Honduras	–7	–12	6	–1	–1	–1	–2	275	403	547	600	669	929	877
Jamaica	–74	–116	–60	–101	–85	–115	–76	481	721	602	682	882	866	1,437
Mexico	–891	–1,253	–4,432	–6,474	–5,759	–8,256	–686	23,729	16,521	23,681	21,977	19,428	27,528	22,481
Netherlands Antilles	–1	1	–25	–72	–57	3	....	65	1	26	73	–22	232	....
Nicaragua	....	....	....	....	....	....	....	204	201	250	241	287	382	626
Panama	....	....	....	....	....	....	....	99	818	1,019	918	2,557	1,776	2,402
Paraguay	–6	–6	–6	–6	–7	–7	–8	10	27	38	54	173	185	320
Peru	....	–60	....	....	....	....	....	2,156	1,335	1,599	2,579	3,467	5,343	4,079
Suriname	....	....	....	....	....	....	....	–74	–76	–37	28	–163	–247	–234
Trinidad and Tobago	–106	–225	–25	–341	–370	....	....	791	808	998	940	883	830	....
Uruguay	–14	–15	–18	–36	1	–89	–1	194	416	332	847	1,493	1,321	2,205
Venezuela, República Bolivariana de	–1,026	–1,318	–619	–1,167	–1,524	–30	–1,273	782	2,040	1,483	2,602	–508	975	350

Table B-25. Direct Investment: Reinvested Earnings

Millions of U.S. dollars, unless otherwise indicated

	Credit							Debit						
	2002	2003	2004	2005	2006	2007	2008	2002	2003	2004	2005	2006	2007	2008
Total *(Billions)*	−140	−227	−359	−267	−544	−680	−626	79	133	222	233	362	449	430
International Organizations	....	....	....	....	....	....	....	....	....	....	....	....	....	....
Advanced Economies *(Billions)*	−138	−219	−348	−253	−519	−645	−585	53	94	169	173	268	327	315
Euro Area														
Austria	−1,488	−1,537	−2,736	−3,811	−3,368	−8,526	−4,727	1,781	902	1,618	4,147	2,642	5,640	4,163
Belgium	−793	−1,610	−3,814	−4,659	−8,576	−9,657	−10,210	1,593	−569	3,711	5,078	11,247	13,185	13,238
Cyprus	−81	−247	−290	−239	−317	−423	−281	299	262	482	538	824	973	2,065
Finland	−742	−515	−3,189	−1,906	1,080	−1,658	−2,755	463	1,822	1,257	1,234	3,127	−70	1,605
France	9,022	−1,989	−13,072	−27,000	−31,535	−30,590	−18,530	−4,530	−2,170	6,014	17,684	11,851	16,227	10,295
Germany	12,658	4,593	−23,410	−25,774	−41,255	−50,408	−40,527	−6,674	−3,840	−5,079	4,126	3	−345	6,182
Greece	....	−366	−422	−498	−502	−546	−588	....	615	750	872	878	959	1,029
Ireland	....	−3,023	....	−4,544	−4,742	....	....	13,831	17,886	11,590	5,680	12,478	24,840	26,753
Italy	−2,543	−3,614	−2,828	−2,702	−4,286	−6,234	−6,683	6,489	4,790	4,912	5,187	6,179	6,519	7,213
Luxembourg	36	534	−1,912	−2,014	−676	−4,533	−5,943	2,305	2,002	2,491	1,435	110	2,664	3,961
Malta	18	−1	−4	−3	1	5	−3	−18	93	82	95	139	265	371
Netherlands	−2,243	−7,923	−17,548	4,507	−752	−17,887	−20,952	−1,120	4,501	8,698	−499	12,358	9,590	17,408
Portugal	327	84	−348	−606	−1,174	−424	−1,084	−511	454	643	896	2,797	1,185	1,890
Slovak Republic	....	....	−78	−3	−40	−49	−56	....	2	1,614	875	831	992	846
Slovenia	13	−7	−14	−47	−162	−172	−2	126	221	343	293	244	115	−92
Spain	−461	−1,740	−2,376	−2,608	−14,405	−17,200	−17,228	1,797	1,523	1,874	68	8,587	9,539	10,167
Australia	−3,179	−4,466	−6,662	−7,084	−8,394	−13,852	−16,149	4,151	6,119	9,649	13,465	12,747	18,785	20,686
Canada	−4,528	−6,179	−11,089	−13,414	−16,614	−22,042	−16,516	5,953	7,491	9,987	11,684	11,304	15,394	17,067
China, P.R.: Hong Kong	−5,873	−8,931	−9,084	−19,975	−26,246	−36,884	−54,002	17,968	16,027	22,443	25,508	35,736	51,865	57,364
Denmark	3,264	296	−931	−5,037	−2,523	−5,348	−11,601	−2,204	−1,516	1,174	1,759	−142	2,067	5,970
Iceland	−143	−182	−137	−870	−1,157	−845	3,891	−38	76	458	1,007	1,257	583	−1,488
Israel	226	−314	−476	−1,311	−1,513	−2,174	−1,940	578	1,275	1,249	−394	1,584	2,597	2,484
Japan	−8,154	−4,578	−5,967	−13,227	−16,387	−19,608	−24,148	1,505	1,415	1,946	1,698	2,251	3,842	3,755
Korea	104	164	8	7	2	1	1	....	....	....	....	....	....	....
New Zealand	....	....	....	....	....	....	....	1,086	1,241	2,356	2,391	1,743	1,463	282
Norway	−493	−2,442	−2,100	−6,496	−5,551	−6,085	−6,389	−404	1,021	1,592	4,456	2,239	2,703	2,838
Singapore	....	....	....	....	....	....	....	....	....	....	....	....	....	....
Sweden	−4,454	−7,923	−2,724	−11,271	−3,704	−22,248	−22,964	−60	2,567	4,874	4,852	2,918	7,753	14,699
Switzerland	5,238	−11,976	−17,037	−32,989	−21,051	−9,260	23,643	1,508	2,828	6,835	−2,581	11,436	29,442	−1,511
Taiwan Province of China *	....	....	−2	−2	....	−1,250	−2,602	242	259	72	461	377	641	677
United Kingdom	−48,013	−34,887	−56,943	−79,605	−87,947	−117,858	−75,344	5,259	11,982	15,623	19,200	40,773	48,518	30,962
United States	−85,268	−120,689	−162,907	10,317	−217,342	−238,987	−251,506	1,584	14,287	49,529	41,734	69,116	49,376	54,599

* from published sources

	Credit							Debit						
	2002	2003	2004	2005	2006	2007	2008	2002	2003	2004	2005	2006	2007	2008
Emerg. & Develop. Economies *(Billions)*	−2	−8	−10	−15	−25	−35	−41	26	40	53	60	94	122	115
Africa	−14	−66	−30	−45	−8	−7	−4	1,662	3,570	4,281	4,989	11,454	9,137	5,764
CEMAC														
Cameroon	−4	−19	−7	....	3	−3	−1	27	61	64	120	−83	173	−73
Central African Republic	....	....	....	....	....	....	....	....	....	....	....	....	....	....
Chad	....	....	....	....	....	....	....	....	....	....	....	....	....	....
Congo, Republic of	....	....	....	....	....	....	....	328	361	305	801	864	1,181	....
Equatorial Guinea	....	....	....	....	....	....	....	....	....	....	....	....	....	....
Gabon	−8	−37	....	−11	....	....	....	33	112	346	330	....	....	....
WAEMU														
Benin	....	....	....	1	1	....	....	6	13	7	−1	3	39	....
Burkina Faso	....	....	....	....	....	....	....	....	....	....	....	....	....	....
Côte d'Ivoire	....	....	....	....	....	....	....	84	99	105	107	138	154	....
Guinea-Bissau	....	....	....	....	....	....	....	1	....	....	....	....	....	....
Mali	....	....	....	....	....	....	....	72	−10	94	39	35	53	....
Niger	....	....	−6	−14	....	−6	....	2	8	13	17	5	13	....
Senegal	....	−3	−5	....	....	15	....	42	−9	−10	−55	−18	−22	....
Togo	....	....	....	....	....	....	....	10	3	14	26	17	7	....
Algeria	....	....	....	....	....	....	....	....	....	....	....	....	....	....
Angola	....	....	....	−18	....	....	....	583	680	1,053	1,140	2,916	3,243	5,266
Botswana	....	−5	....	....	....	....	....	328	353	357	214	264	153	40
Burundi	....	....	....	....	....	....	....	....	....	....	....	....	....	....
Cape Verde	....	−1	....	....	....	....	....	1	1	....	....	6	10	3
Comoros	....	....	....	....	....	....	....	....	....	....	....	....	....	....
Congo, Democratic Republic of	....	....	....	....	....	....	....	....	....	....	....	....	....	....
Djibouti	....	....	....	....	....	....	....	3	4	4	4	4	4	4
Eritrea	....	....	....	....	....	....	....	....	....	....	....	....	....	....
Ethiopia	....	....	....	....	....	....	....	....	....	....	....	....	....	....
Gambia, The	....	....	....	....	....	....	....	....	....	5	7	9	11	16	12
Ghana	....	....	....	....	....	....	....	....	....	....	....	....	....	....
Guinea	....	....	....	....	....	....	....	....	....	79	....	....	54	11
Kenya	....	....	....	....	....	....	....	....	....	....	....	....	....	....
Lesotho	....	....	....	....	....	....	....	....	....	....	....	....	....	....
Liberia	....	....	....	....	....	....	....	....	....	....	3	4	7	7	11
Madagascar	....	....	....	....	....	....	....	....	....	....	....	....	....	....

Table B-25. Direct Investment: Reinvested Earnings

Millions of U.S. dollars, unless otherwise indicated

	Credit							Debit						
	2002	2003	2004	2005	2006	2007	2008	2002	2003	2004	2005	2006	2007	2008
Africa (continued)														
Malawi	...	...	...	...	...	...	...	...	...	...	...	...	...	...
Mauritania	...	...	...	...	...	...	...	...	...	...	...	...	...	...
Mauritius	...	...	...	...	...	...	...	...	...	...	...	...	...	...
Morocco	...	...	–10	...	...	...	...	...	8	...	69	56	115	60
Mozambique	...	...	...	...	...	...	...	...	...	...	...	77	24	124
Namibia	1	2	2	–2	1	1	–2	11	–70	70	206	156	186	...
Nigeria	...	...	...	...	...	...	...	...	1,807	1,616	1,758	5,803	2,090	–469
Rwanda	...	...	...	...	...	...	...	...	...	...	...	...	...	...
São Tomé & Príncipe	...	...	...	...	...	...	...	...	...	...	...	...	...	...
Seychelles	–2	–3	–2	–2	–3	–2	...	10	9	6	11	17	20	...
Sierra Leone	...	...	...	...	...	...	...	2	3	9	25	1	86	58
South Africa	...	...	...	...	...	...	...	...	...	...	...	...	...	...
Sudan	...	...	...	...	...	...	...	...	...	...	...	...	...	...
Swaziland	–1	–1	...	...	...	...	...	74	–26	37	–23	72	65	...
Tanzania	...	...	...	...	...	...	...	...	...	...	...	...	...	...
Tunisia	...	...	...	...	...	...	...	...	...	...	...	...	...	...
Uganda	...	...	...	...	...	...	...	42	52	139	128	157	169	185
Zambia	...	...	...	...	...	...	...	...	24	40	60	384	776	532
Zimbabwe	...	...	...	...	...	...	...	...	...	...	...	...	...	...
Developing Asia	–1,065	–817	–439	–4,091	–7,942	–7,647	–10,899	14,173	12,811	10,015	10,312	16,667	19,108	20,827
Afghanistan, I.R. of	...	...	...	...	...	...	...	...	...	...	...	...	...	...
Bangladesh	...	–1	–2	...	...	...	...	...	83	168	243	304	206	264
Bhutan	...	...	...	...	...	...	...	...	...	...	...	...	...	...
Brunei Darussalam	...	...	...	...	...	...	...	...	...	...	...	...	...	...
Cambodia	...	...	...	...	...	...	...	4	–12	7	20	31	74	88
China, P.R.: Mainland	...	...	...	–2,924	–6,650	–6,072	–9,331	9,405	7,195	3,000	1,609	4,191	3,300	5,850
China, P.R.: Macao	5	13	15	–31	–40	–61	...	174	263	285	695	1,664	807	...
Fiji	–2	–4	–3	–6	–1	...	...	24	42	90	78	128	80	37
French Overseas Territories: French Polynesia	...	...	...	...	...	...	...	...	...	...	...	...	...	...
French Overseas Territories: New Caledonia	...	...	...	...	...	...	...	...	...	...	...	...	...	...
India	–1,003	–690	–324	–881	–1,080	–1,082	–1,083	1,785	1,553	1,793	2,546	5,061	6,833	6,497
Indonesia	...	...	...	...	...	...	...	...	...	...	...	...	...	...
Kiribati	...	...	...	...	...	...	...	...	...	...	...	...	...	...
Lao People's Democratic Republic	...	...	...	...	...	...	...	...	...	...	...	...	...	...
Malaysia	...	...	...	...	...	...	...	...	...	...	...	...	...	...
Maldives	...	...	...	...	...	...	...	12	14	15	9	14	15	15
Myanmar	...	...	...	...	...	...	...	...	...	...	...	...	...	...
Nepal	...	...	...	...	...	...	...	...	...	...	...	...	...	...
Pakistan	...	...	...	...	...	...	...	116	154	248	424	694	971	1,031
Papua New Guinea	...	...	...	...	...	...	...	15	17	19	19	...	...	...
Philippines	...	...	...	...	...	...	...	235	168	141	140	485	620	–94
Samoa	...	...	...	...	...	...	...	...	...	4	...	8	5	...
Solomon Islands	...	...	...	...	–3	...	...	1	...	2	...	4	...	...
Sri Lanka	...	...	...	...	...	...	...	...	...	...	...	...	223	411
Thailand	–65	–135	–125	–249	–169	–423	–423	2,388	3,316	4,223	4,501	4,031	5,921	5,921
Timor-Leste	...	...	...	...	...	...	...	...	...	...	...	...	...	...
Tonga	...	...	...	...	...	...	...	...	...	...	...	...	...	...
Vanuatu	...	...	...	...	...	...	...	12	18	22	28	25	29	...
Vietnam	...	...	...	...	...	...	...	...	...	...	...	...	...	...
Europe	21	–5,895	–6,237	–7,131	–13,673	–22,549	–25,693	4,371	13,976	22,404	23,041	37,260	57,892	58,878
Central and Eastern Europe	42	–300	–1,149	–260	–2,900	–5,839	–3,972	3,152	6,001	16,290	13,175	21,215	31,742	25,600
Albania	...	...	...	...	...	...	–25	...	...	...	...	...	...	180
Bosnia and Herzegovina	...	...	...	...	–1	...	...	...	...	32	33	101	182	167
Bulgaria	...	...	1	–7	–2	17	9	84	250	548	509	1,204	1,414	738
Croatia	–9	–35	–203	–78	–82	–168	–193	146	674	351	770	895	653	802
Czech Republic	78	–123	–337	155	–511	–1,015	–1,625	1,974	2,161	2,952	3,265	3,863	6,947	7,363
Estonia	–41	–53	–75	–212	–391	–447	–116	205	466	643	705	1,259	1,889	1,476
Faroe Islands	...	...	...	...	...	...	...	...	...	...	...	...	...	...
Hungary	–27	–88	–497	–114	–1,324	–4,267	–1,851	1,858	2,057	2,829	2,308	3,243	7,445	5,605
Latvia	...	–4	–4	–21	–20	–49	–31	28	95	304	335	735	662	11
Lithuania	...	1	–5	–4	–3	20	–13	66	222	409	299	678	1,058	86
Macedonia, FYR	...	...	...	...	...	...	...	14	29	2	54	22	–100	18
Montenegro, Republic of	...	...	...	...	...	...	...	...	...	...	...	...	...	...
Poland	72	12	–22	–55	–582	179	–99	–1,224	–84	6,210	3,416	5,753	9,137	6,547
Romania	...	...	...	78	33	–12	...	...	...	1,805	1,447	3,354	1,816	2,163
Serbia, Republic of	...	...	...	...	...	–23	–10	...	...	...	...	...	339	240
Turkey	–31	–10	–7	–1	–18	–75	–19	...	132	204	84	108	300	204
CIS and Mongolia	–21	–5,595	–5,088	–6,871	–10,773	–16,710	–21,720	1,219	7,975	6,115	9,866	16,045	26,150	33,278
Armenia	...	...	...	–1	–1	–1	...	7	27	108	155	194	250	208
Azerbaijan	...	...	...	...	...	...	...	...	...	...	...	131	74	44
Belarus	...	...	...	...	...	...	...	3	12	24	33	58	185	261
Georgia	...	–4	–4	–10	–4	...	...	43	52	46	48	64	49	76

Table B-25. **Direct Investment: Reinvested Earnings**

Millions of U.S. dollars, unless otherwise indicated

	Credit							Debit						
	2002	2003	2004	2005	2006	2007	2008	2002	2003	2004	2005	2006	2007	2008
CIS and Mongolia (continued)														
Kazakhstan	....	....	−8	8	−1	−31	....	498	770	516	206	783	2,039	881
Kyrgyz Republic	....	....	....	....	....	....	....	9	22	48	31	21	34	54
Moldova	....	....	....	....	....	....	....	−27	15	38	27	42	113	99
Mongolia	....	....	....	....	....	....	....	....	....	....	....	....	....	....
Russia	−17	−5,591	−5,071	−6,875	−10,772	−16,677	−21,717	683	7,065	5,330	9,361	14,716	23,389	31,482
Tajikistan	....	....	....	....	....	....	....	....	....	....	....	....	....	....
Turkmenistan	....	....	....	....	....	....	....	....	....	....	....	....	....	....
Ukraine	....	....	....	....	....	....	−1	2	12	6	4	35	17	172
Uzbekistan	....	....	....	....	....	....	....	....	....	....	....	....	....	....
Middle East	**−141**	**−155**	**−208**	**−282**	**−364**	**−435**	**−555**	**702**	**708**	**826**	**868**	**1,127**	**2,949**	**3,458**
Bahrain, Kingdom of	−141	−155	−208	−282	−364	−435	−555	557	565	613	705	805	1,089	1,260
Egypt	....	....	....	....	....	....	....	....	....	....	....	72	101	390
Iran, I.R. of	....	....	....	....	....	....	....	....	....	....	....	....	....	....
Iraq	....	....	....	....	....	....	....	....	....	....	....	....	....	....
Jordan	....	....	....	....	....	....	....	....	....	....	....	....	....	....
Kuwait	....	....	....	....	....	....	....	....	....	....	....	....	....	....
Lebanon	....	....	....	....	....	....	....	....	....	....	....	....	....	....
Libya	....	....	....	....	....	....	....	145	143	213	163	250	1,760	1,808
Oman	....	....	....	....	....	....	....	....	....	....	....	....	....	....
Qatar	....	....	....	....	....	....	....	....	....	....	....	....	....	....
Saudi Arabia	....	....	....	....	....	....	....	....	....	....	....	....	....	....
Syrian Arab Republic	....	....	....	....	....	....	....	....	....	....	....	....	....	....
United Arab Emirates	....	....	....	....	....	....	....	....	....	....	....	....	....	....
West Bank and Gaza	....	....	....	....	....	....	....	....	....	....	....	....	....	....
Yemen, Republic of	....	....	....	....	....	....	....	....	....	....	....	....	....	....
Western Hemisphere	**−854**	**−1,058**	**−3,550**	**−3,013**	**−2,854**	**−4,631**	**−4,080**	**4,946**	**8,610**	**15,745**	**20,364**	**27,602**	**33,043**	**25,906**
Eastern Caribbean Currency Union														
Anguilla	....	....	....	....	....	....	....	4	5	3	2	4	3	3
Antigua and Barbuda	....	....	....	....	....	....	....	8	9	11	13	9	12	12
Dominica	....	....	....	....	....	....	....	13	13	17	16	5	7	7
Grenada	....	....	....	....	....	....	....	17	9	13	11	12	15	15
Montserrat	....	....	....	....	....	....	....	....	....	1	1	1	1	1
St. Kitts and Nevis	....	....	....	....	....	....	....	5	4	4	3	2	2	3
St. Lucia	....	....	....	....	....	....	....	9	16	22	25	11	15	15
St. Vincent and the Grenadines	....	....	....	....	....	....	....	11	15	16	12	13	11	11
Argentina	−370	−302	−643	−744	−1,325	−1,130	−978	−924	−808	71	1,156	3,108	2,050	396
Aruba	....	....	....	....	....	....	....	....	....	....	....	....	....	....
Bahamas, The	....	....	....	....	....	....	....	....	....	....	....	....	....	....
Barbados	−1	−1	−2	−4	....	....	....	10	11	13	22	....	....	....
Belize	....	....	....	....	....	....	....	9	12	21	19	25	30	21
Bermuda	....	....	....	....	−56	−75	−99	....	....	....	....	23	1	....
Bolivia	−3	−3	−3	−3	−3	−3	−3	43	97	39	30	266	272	407
Brazil	....	....	....	....	....	....	....	....	....	....	....	....	....	....
Chile	−231	−547	−824	−946	−998	−2,394	−2,226	1,367	3,335	5,952	6,539	7,143	10,213	7,444
Colombia	....	....	....	....	....	....	....	112	322	595	996	1,495	1,832	1,894
Costa Rica	4	6	−1	−9	−4	−20	3	342	390	357	92	410	521	409
Dominican Republic	....	....	....	....	....	....	....	268	−119	506	484	714	446	439
Ecuador	....	....	....	....	....	....	....	38	141	422	400	395	411	298
El Salvador	....	....	....	....	....	....	....	7	3	9	56	3	2	6
Guatemala	....	....	−41	−38	−9	−17	−16	56	58	235	372	526	515	708
Guyana	....	....	....	....	....	....	....	4	2	3	7	9	−7	....
Haiti	....	....	....	....	....	....	....	....	....	....	....	....	....	....
Honduras	....	....	....	....	....	....	....	187	225	280	368	419	505	371
Jamaica	....	....	....	....	....	....	....	164	158	178	202	132	177	118
Mexico	....	....	−1,876	−975	....	−497	−303	2,476	2,094	2,497	3,896	7,694	8,036	7,603
Netherlands Antilles	....	....	....	....	....	....	....	1	....	....	1	....	−3	....
Nicaragua	....	....	....	....	....	....	....	....	....	....	....	....	....	....
Panama	....	....	....	....	....	....	....	−167	428	564	423	187	879	1,348
Paraguay	−6	−6	−6	−6	−7	−7	−8	−132	−33	86	−15	46	45	116
Peru	....	....	....	....	....	....	....	−8	638	1,864	2,724	2,353	4,696	2,884
Suriname	....	....	....	....	....	....	....	....	....	....	....	....	....	....
Trinidad and Tobago	....	....	....	....	....	....	....	165	366	153	292	406	297	....
Uruguay	....	....	....	....	....	....	....	63	173	142	133	219	323	776
Venezuela, República Bolivariana de	−248	−206	−155	−288	−445	−479	−450	797	1,045	1,673	2,086	1,949	1,714	601

Table B-26. Other Direct Investment

Millions of U.S. dollars, unless otherwise indicated

	Credit							Debit						
	2002	2003	2004	2005	2006	2007	2008	2002	2003	2004	2005	2006	2007	2008
Total *(Billions)*	−522	−441	−650	−799	−957	−1,757	−1,481	667	516	546	922	1,167	1,902	1,421
International Organizations	....	....	....	....	....	....	....	....	....	....	....	....	....	....
Advanced Economies *(Billions)*	−506	−426	−606	−738	−807	−1,541	−1,231	518	386	354	640	815	1,336	807
Euro Area														
Austria	−4,256	−5,606	−5,689	−78,031	−2,159	−63,056	−25,784	−1,462	6,196	2,274	77,501	−165	58,332	10,276
Belgium	−8,109	−37,433	−30,868	−25,774	−41,081	−98,735	−108,618	16,488	35,113	40,705	28,962	45,496	107,441	86,494
Cyprus	−467	−343	−421	−309	−579	−840	−3,507	805	646	636	624	1,047	1,323	1,789
Finland	−6,781	2,787	4,335	−2,509	−5,964	−5,456	−273	7,813	1,651	1,614	3,572	4,596	12,681	−9,371
France	−59,635	−51,389	−43,857	−86,826	−79,872	−141,376	−186,266	54,098	45,232	26,815	67,312	59,980	89,682	90,077
Germany	−32,285	−9,747	3,449	−51,182	−86,516	−130,875	−117,601	60,279	34,774	−4,724	42,347	58,126	56,843	18,819
Greece	−668	−9	−606	−978	−3,724	−4,715	−2,189	53	717	1,355	−214	4,522	1,000	4,275
Ireland	....	−2,570	....	−9,947	−9,966	....	....	15,646	4,525	−22,584	−36,013	−13,360	−259	−46,639
Italy	−14,704	−5,372	−16,315	−38,085	−38,194	−85,887	−38,526	8,210	11,748	11,859	14,452	32,829	33,521	4,594
Luxembourg	−128,825	−100,992	−83,398	−120,046	−114,886	−254,356	−139,873	116,207	87,782	77,607	112,631	129,769	190,202	111,817
Malta	11	−574	−4	27	−31	−38	−276	−411	914	312	583	1,734	678	492
Netherlands	−29,515	−36,718	−11,301	−134,432	−63,478	−8,877	−33,895	26,577	15,939	−4,320	47,828	−5,692	114,019	−16,551
Portugal	−117	−6,659	−7,029	−1,647	−6,001	−5,041	−1,109	2,265	6,801	1,018	3,163	8,172	1,785	1,685
Slovak Republic	−3	−24	91	−142	−328	−355	−195	4,104	558	1,423	1,536	3,336	2,371	2,385
Slovenia	−164	−469	−536	−582	−743	−1,628	−1,403	1,533	81	488	247	405	1,417	2,009
Spain	−33,193	−27,018	−59,128	−39,314	−89,078	−123,980	−62,650	38,196	24,083	22,918	24,505	22,585	61,958	61,040
Australia	−4,614	−12,751	−4,394	41,025	−15,539	−6,114	−21,962	12,841	1,905	27,177	−49,066	13,668	22,291	26,594
Canada	−22,290	−17,444	−31,550	−14,211	−27,924	−37,567	−62,512	16,100	−285	−10,729	14,217	48,455	96,018	28,297
China, P.R.: Hong Kong	−11,590	3,439	−36,631	−7,226	−18,732	−24,235	−5,920	−8,286	−2,403	11,589	8,110	9,317	2,500	5,641
Denmark	−5,914	−1,153	10,861	−11,169	−5,623	−14,654	−16,782	6,634	2,700	−9,979	11,076	2,562	9,791	5,428
Iceland	−199	−202	−2,451	−6,244	−4,163	−9,626	2,734	130	260	299	2,117	2,818	−1,974	2,187
Israel	−1,207	−1,772	−4,057	−1,635	−13,431	−4,807	−5,913	1,332	2,812	1,280	4,666	13,178	6,423	7,154
Japan	−23,863	−24,189	−24,991	−32,211	−33,784	−53,880	−106,670	7,583	4,823	5,859	1,516	−9,034	18,339	20,797
Korea	−2,720	−3,589	−4,658	−4,298	−8,129	−15,622	−12,796	2,392	3,525	9,246	6,308	3,586	1,784	2,200
New Zealand	....	....	....	....	....	....	....	581	1,246	142	....	6,019	1,006	....
Norway	−4,892	−3,611	−3,151	−15,327	−15,619	−6,415	−20,426	1,061	2,529	952	753	4,379	1,085	−4,382
Singapore	−2,329	−2,695	−10,802	−11,218	−13,298	−24,458	−8,928	6,381	11,800	20,054	14,374	27,680	31,550	22,724
Sweden	−6,219	−9,418	−18,595	−15,386	−19,535	−14,877	−17,425	11,769	701	6,082	5,166	23,947	14,062	27,209
Switzerland	−13,823	−3,698	−9,031	−17,855	−55,502	−52,211	−66,470	5,278	14,643	−4,979	2,056	20,514	17,674	1,276
Taiwan Province of China *	−4,886	−5,682	−7,143	−6,026	−7,399	−9,857	−7,691	1,203	194	1,826	1,164	7,047	7,128	4,755
United Kingdom	−2,316	−30,750	−37,004	−1,185	2,324	−157,644	−63,982	20,273	15,631	41,711	158,206	113,347	149,248	66,573
United States	−69,189	−28,875	−153,315	−46,553	−27,581	−159,610	−80,506	82,786	49,463	96,437	70,904	174,035	226,382	265,138

* from published sources

Emerg. & Develop. Economies *(Billions)*	−16	−15	−44	−61	−150	−217	−250	148	130	191	282	352	565	613
Africa	241	−782	−1,287	−1,314	−6,025	−4,596	−181	11,699	13,945	9,958	18,931	19,507	26,678	35,410
CEMAC														
Cameroon	37	10	−2	23	45	9	44	574	275	22	114	99	18	111
Central African Republic	....	....	....	....	....	....	....	....	....	....	....	....	....	....
Chad	....	....	....	....	....	....	....	....	....	....	....	....	....	....
Congo, Republic of	−4	−2	−5	....	....	....	....	4	−38	−314	−287	623	1,457	....
Equatorial Guinea	....	....	....	....	....	....	....	....	....	....	....	....	....	....
Gabon	31	58	25	−65	....	....	....	5	46	−26	−87	....	....	....
WAEMU														
Benin	−1	....	1	−1	1	6	....	7	31	57	54	50	216	....
Burkina Faso	....	....	....	....	....	....	....	....	....	....	....	....	....	....
Côte d'Ivoire	....	....	....	....	....	....	....	128	66	178	205	180	273	402
Guinea-Bissau	−1	−1	8	....	....	....	....	3	4	2	....	....	....	....
Mali	−2	−1	−1	1	−1	−7	....	172	142	7	185	48	20	....
Niger	2	....	−7	4	1	−2	....	....	7	13	27	45	116	....
Senegal	−34	....	−8	8	−10	−39	....	36	61	87	100	238	319	....
Togo	−2	6	13	16	15	1	....	44	30	43	51	60	43	....
Algeria	....	....	....	....	....	....	....	....	....	....	....	....	....	....
Angola	−29	−24	−35	−201	−191	−912	−2,570	1,089	2,825	396	−2,444	−2,953	−4,136	−3,587
Botswana	−43	−201	−29	56	50	−51	−3	61	65	34	65	222	495	69
Burundi	....	....	....	....	....	....	−1	....	....	....	1	....	1	4
Cape Verde	....	....	....	....	....	....	3	14	38	67	80	126	181	209
Comoros	....	....	....	....	....	....	....	....	....	....	....	....	....	....
Congo, Democratic Republic of	....	....	....	....	....	....	....	....	....	....	....	....	....	....
Djibouti	....	....	....	....	....	....	....	....	11	35	19	105	192	249
Eritrea	....	....	....	....	....	....	....	....	....	....	....	....	....	....
Ethiopia	....	....	....	....	....	....	....	....	....	....	265	545	222	109
Gambia, The	....	....	....	....	....	....	....	....	17	50	43	71	57	60
Ghana	....	....	....	....	....	....	....	59	137	139	145	636	970	2,112
Guinea	....	....	....	....	....	....	−126	30	....	....	....	....	332	371
Kenya	−7	−2	−4	−10	−24	−36	−44	28	82	46	21	51	729	96
Lesotho	....	....	....	....	....	....	....	84	116	123	93	113	130	218
Liberia	....	....	....	....	....	....	....	....	....	73	79	101	124	133
Madagascar	....	....	....	....	....	....	....	15	13	53	85	....	....	....

2009, International Monetary Fund: *Balance of Payments Statistics Yearbook*

Table B-26. Other Direct Investment
Millions of U.S. dollars, unless otherwise indicated

	Credit							Debit						
	2002	2003	2004	2005	2006	2007	2008	2002	2003	2004	2005	2006	2007	2008
Africa (continued)														
Malawi	....	....	....	....	....	....	....	6	....	....	....	....	....	....
Mauritania	....	....	....	....	....	....	....	32	63	14	42	107	341	378
Mauritius	–9	6	–32	–47	–10	–60	–52	32	63	14	42	107	341	378
Morocco	–28	–13	–20	–74	–451	–632	–316	480	2,305	893	1,601	2,405	2,711	2,406
Mozambique	....	....	....	....	....	....	....	348	337	245	108	77	403	463
Namibia	4	10	20	14	11	–3	–4	163	216	153	185	235	535	....
Nigeria	....	....	....	–15	–16	–464	–326	1,874	198	259	3,225	3,021	3,942	4,104
Rwanda	....	....	....	....	14	13	....	3	5	8	8	11	67	103
São Tomé & Príncipe	....	....	....	–15	–3	–3	....	4	3	4	16	38	35	....
Seychelles	–7	–5	–5	–5	–5	–6	....	38	49	32	75	129	229	....
Sierra Leone	....	....	....	8	....	....	....	9	5	52	58	58	11	–62
South Africa	402	–553	–1,305	–909	–5,929	–2,982	2,305	1,480	783	701	6,522	–184	5,737	9,632
Sudan	....	....	....	....	....	....	–89	713	1,349	1,511	2,305	3,534	2,426	2,600
Swaziland	1	–16	1	22	1	–23	....	19	–35	33	–23	49	–28	....
Tanzania	....	....	....	....	....	....	....	388	308	331	494	597	647	744
Tunisia	–32	–48	–50	–10	–30	–17	–38	823	588	642	723	3,270	1,532	2,638
Uganda	....	....	....	....	....	....	....	143	150	156	252	487	564	602
Zambia	....	....	....	....	....	....	....	303	323	323	297	231	548	407
Zimbabwe	....	....	....	....	....	....	....	....	....	....	....	....	....	....
Developing Asia (Billions)	**–5**	**–3**	**–10**	**–17**	**–38**	**–49**	**–87**	**53**	**50**	**69**	**107**	**118**	**195**	**220**
Afghanistan, I.R. of	....	....	....	....	....	....	....	....	....	....	....	....	....	....
Bangladesh	–3	–2	–2	–2	....	....	....	52	186	281	571	393	447	710
Bhutan	....	....	....	....	....	....	....	....	....	....	....	....	....	....
Brunei Darussalam	....	....	–41	....	–18	....	....	234	114	81	176	88	260	237
Cambodia	–6	–10	–10	–6	–8	–1	–20	141	96	125	361	452	793	727
China, P.R.: Mainland	–2,518	152	–1,805	–8,382	–14,510	–10,922	–44,139	39,903	39,882	51,936	77,518	73,904	135,113	141,941
China, P.R.: Macao	–74	–11	66	–30	–472	–800	....	241	254	483	1,072	979	3,565	....
Fiji	....	....	....	–5	....	7	12	13	3	166	82	288	257	283
French Overseas Territories: French Polynesia	–14	–6	–9	–16	–10	–14	–30	11	58	6	8	31	58	14
French Overseas Territories: New Caledonia	–4	–14	–11	–31	–31	–7	–93	59	116	27	–7	749	659	1,564
India	–676	–1,189	–1,855	–2,097	–13,264	–16,199	–17,278	3,841	2,770	3,978	5,060	15,275	18,294	34,672
Indonesia	....	....	–3,408	–3,065	–2,726	–4,675	–5,900	145	–597	1,896	8,336	4,914	6,928	8,698
Kiribati	....	....	....	....	....	....	....	....	....	....	....	....	....	....
Lao People's Democratic Republic	....	....	....	....	....	....	....	5	19	17	28	187	324	....
Malaysia	–1,905	–1,369	–2,061	–2,972	–6,023	–11,141	–15,203	3,203	2,473	4,624	3,966	6,076	8,454	7,376
Maldives	....	....	....	....	....	....	....	....	....	....	....	....	....	....
Myanmar	....	....	....	....	....	....	....	152	251	214	237	279	....	....
Nepal	....	....	....	....	....	....	....	–6	15	....	2	–7	6	1
Pakistan	–28	–19	–56	–44	–109	–98	–49	707	380	870	1,777	3,579	4,619	4,407
Papua New Guinea	1	3	....	–7	....	....	....	3	84	37	14	....	....	....
Philippines	–65	–303	–579	–189	–103	–3,536	–259	1,307	323	547	1,714	2,436	2,296	1,497
Samoa	....	....	....	–2	....	....	....	....	....	–1	–3	12	–3	....
Solomon Islands	–1	....	....	–1	3	....	....	–2	–2	4	19	15	....	....
Sri Lanka	–11	–27	–6	–38	–29	–55	–62	197	229	233	272	480	380	341
Thailand	–106	–488	48	–252	–804	–1,431	–2,414	953	1,916	1,638	3,554	5,422	5,312	3,914
Timor-Leste	....	....	....	....	....	....	....	....	....	....	....	....	....	....
Tonga	....	....	....	....	....	....	....	....	....	....	....	....	27	....
Vanuatu	....	....	....	....	....	....	....	2	....	–2	–15	18	5	....
Vietnam	....	....	....	....	....	....	....	....	....	....	1,954	2,400	6,700	9,579
Europe (Billions)	**–6**	**–8**	**–12**	**–15**	**–44**	**–109**	**–88**	**26**	**22**	**45**	**63**	**109**	**191**	**182**
Central and Eastern Europe (Billions)	**–1**	**–3**	**–4**	**–8**	**–31**	**–76**	**–52**	**19**	**14**	**24**	**47**	**80**	**138**	**107**
Albania	....	....	–14	–4	–11	–15	–69	135	178	341	262	325	662	758
Bosnia and Herzegovina	....	....	–2	....	–4	–23	–14	268	382	677	575	622	1,929	888
Bulgaria	–28	–27	216	–301	–173	–291	–742	821	1,847	2,114	3,803	6,554	10,292	8,466
Croatia	–539	–86	–143	–159	–181	–78	22	954	1,375	727	1,068	2,562	4,329	3,580
Czech Republic	–289	–85	–700	–128	–968	–628	–272	6,522	–140	2,026	8,337	1,659	3,659	3,502
Estonia	–91	–103	–194	–475	–721	–1,290	–955	79	453	323	2,237	528	849	471
Faroe Islands	....	....	....	....	....	....	....	....	....	....	....	....	....	....
Hungary	–255	–1,573	–619	–2,116	–17,515	–63,867	–42,697	1,155	120	1,692	5,318	16,714	65,422	42,967
Latvia	–3	–46	–106	–107	–153	–322	–234	225	209	333	379	929	1,653	1,347
Lithuania	–18	–38	–258	–339	–287	–629	–384	646	–43	364	733	1,162	959	1,841
Macedonia, FYR	....	....	–1	–3	....	1	14	92	89	321	43	402	419	580
Montenegro, Republic of	....	....	....	....	....	....	....	....	....	....	....	....	....	....
Poland	–302	–317	–933	–3,303	–8,567	–5,162	–3,641	5,355	4,673	6,506	6,893	14,123	13,822	10,427
Romania	–16	–39	–70	–47	–455	–267	272	1,144	1,844	4,712	5,035	8,040	8,108	11,165
Serbia, Republic of	....	....	....	....	–920	....	–267	....	....	....	....	....	3,109	2,752
Turkey	–145	–489	–773	–1,063	–906	–2,031	–2,530	1,133	1,619	2,581	9,947	19,881	21,895	17,759
CIS and Mongolia (Billions)	**–4**	**–5**	**–9**	**–7**	**–13**	**–33**	**–37**	**8**	**8**	**21**	**17**	**29**	**53**	**74**
Armenia	....	....	–2	–6	–2	3	–9	103	94	140	84	259	449	727
Azerbaijan	–326	–933	–1,205	–1,221	–705	–286	–556	1,392	3,285	3,556	1,680	–715	–4,823	–29
Belarus	206	–2	–1	–3	–3	–15	–9	244	160	140	272	296	1,600	1,897
Georgia	....	....	....	93	16	–75	–41	117	283	447	404	1,106	1,701	1,488

Table B-26. Other Direct Investment

Millions of U.S. dollars, unless otherwise indicated

	Credit							Debit						
	2002	2003	2004	2005	2006	2007	2008	2002	2003	2004	2005	2006	2007	2008
CIS and Mongolia (continued)														
Kazakhstan	−426	121	1,287	138	385	−3,120	−3,826	2,092	1,323	3,642	1,765	5,495	9,088	13,766
Kyrgyz Republic	....	....	−44	....	....	....	....	−4	24	127	12	161	174	179
Moldova	....	....	−3	....	1	−17	−16	111	58	113	163	192	427	608
Mongolia	....	....	....	....	....	....	....	78	132	93	185	344	....	....
Russia	−3,949	−4,136	−8,711	−5,893	−12,379	−29,238	−30,911	2,694	893	10,114	3,525	14,985	31,684	41,572
Tajikistan	....	....	....	....	....	....	....	36	32	272	54	339	360	376
Turkmenistan	....	....	....	....	....	....	....	....	....	....	....	....	....	....
Ukraine	5	−13	−4	−275	133	−673	−1,009	691	1,412	1,709	7,804	5,569	9,874	10,741
Uzbekistan	....	....	....	....	....	....	....	....	....	....	....	....	....	....
Middle East	−823	2,874	−7,099	−11,181	−22,340	−37,379	−45,701	5,563	7,748	16,165	39,070	58,377	74,421	74,314
Bahrain, Kingdom of	−49	−587	−828	−853	−616	−1,234	−1,066	−340	−48	252	344	2,110	668	534
Egypt	−28	−21	−159	−92	−148	−665	−1,920	647	237	1,253	5,376	9,971	11,478	9,105
Iran, I.R. of	....	....	....	....	....	....	....	....	....	....	....	....	....	....
Iraq	....	....	....	−89	−305	−8	....	....	....	....	515	383	972	....
Jordan	....	....	....	....	....	....	....	....	....	....	....	....	....	....
Kuwait	77	4,960	−2,581	−5,142	−8,211	−9,784	−8,745	4	−67	24	234	121	121	57
Lebanon	....	−611	−827	−715	−875	−848	−987	1,336	2,860	1,899	2,624	2,675	2,731	3,606
Libya	136	−63	−286	−128	−474	−3,933	−5,888	....	....	144	875	1,814	2,929	2,303
Oman	−3	−88	−42	−234	−275	−243	−329	109	25	111	1,538	1,688	3,125	2,928
Qatar	....	....	....	....	....	....	....	....	....	....	....	....	....	....
Saudi Arabia	....	....	....	....	....	....	....	−614	−587	−334	....	....	....	....
Syrian Arab Republic	....	....	....	....	....	....	....	115	160	275	500	600	1,242	....
United Arab Emirates	....	....	....	....	....	....	....	....	....	....	....	....	....	....
West Bank and Gaza	−360	−49	46	−13	−125	8	....	9	18	49	47	19	28	....
Yemen, Republic of	....	....	....	....	....	....	....	114	−89	144	−302	1,121	917	1,555
Western Hemisphere	−4,330	−5,560	−13,576	−15,971	−39,912	−16,408	−29,643	51,725	35,950	51,556	53,611	47,280	78,653	101,388
Eastern Caribbean Currency Union														
Anguilla	....	....	....	....	....	....	....	30	24	84	116	138	116	86
Antigua and Barbuda	....	....	....	....	....	....	....	58	157	69	208	350	344	241
Dominica	....	....	....	....	....	....	....	8	19	10	3	21	46	45
Grenada	....	....	....	....	....	....	....	38	80	52	59	77	159	146
Montserrat	....	....	....	....	....	....	....	....	2	2	....	1	5	1
St. Kitts and Nevis	....	....	....	....	....	....	....	75	71	52	90	108	155	85
St. Lucia	....	....	....	....	....	....	....	43	90	54	53	223	238	90
St. Vincent and the Grenadines	....	....	....	....	....	....	....	23	41	50	29	96	99	109
Argentina	998	−471	−33	−567	−1,114	−374	−374	3,073	2,460	4,054	4,109	2,429	4,423	8,456
Aruba	6	3	10	9	13	−30	−3	336	158	152	115	572	−91	187
Bahamas, The	....	....	....	....	....	....	....	153	190	274	563	706	713	700
Barbados	....	....	−2	−6	....	....	....	7	47	−26	40	....	....	....
Belize	....	....	....	−1	−1	−1	−3	16	−23	91	108	84	110	158
Bermuda	....	....	....	....	−316	456	−368	....	....	....	....	149	176	52
Bolivia	....	....	....	....	....	....	....	633	101	27	−269	15	94	105
Brazil	−2,482	−249	−9,471	−2,517	−28,202	−7,067	−20,457	16,590	10,144	18,166	15,066	18,782	34,585	45,058
Chile	−112	−1,059	−739	−1,237	−1,744	−615	−4,665	1,183	972	1,221	445	156	2,365	9,343
Colombia	−857	−938	−142	−4,662	−1,098	−913	−2,254	2,021	1,398	2,420	9,256	5,161	7,216	8,706
Costa Rica	−38	−33	−59	52	−94	−243	−9	318	185	437	770	1,059	1,375	1,612
Dominican Republic	....	....	....	....	....	....	....	649	732	403	639	814	1,133	2,446
Ecuador	....	....	....	....	....	....	....	745	730	414	93	−125	−217	695
El Salvador	26	−19	3	−113	26	−100	−65	464	138	354	455	238	1,506	778
Guatemala	....	....	....	....	−31	−9	....	54	73	61	137	66	230	130
Guyana	....	....	....	....	....	....	....	40	24	27	70	93	160	168
Haiti	....	....	....	....	....	....	....	6	14	6	26	161	75	30
Honduras	−7	−12	6	−1	−1	−1	−2	88	178	266	232	250	425	506
Jamaica	−74	−116	−60	−101	−85	−115	−76	317	563	424	481	750	689	1,319
Mexico	−891	−1,253	−2,556	−5,499	−5,759	−7,760	−383	21,253	14,428	21,185	18,080	11,734	19,492	14,878
Netherlands Antilles	−1	1	−25	−72	−57	3	....	64	2	25	73	−22	234	....
Nicaragua	....	....	....	....	....	....	....	204	201	250	241	287	382	626
Panama	....	....	....	....	....	....	....	265	389	455	494	2,371	897	1,053
Paraguay	....	....	....	....	....	....	....	142	60	−48	69	128	141	204
Peru	....	−60	....	....	....	....	....	2,163	697	−265	−145	1,113	646	1,196
Suriname	....	....	....	....	....	....	....	−74	−76	−37	28	−163	−247	−234
Trinidad and Tobago	−106	−225	−25	−341	−370	....	....	626	442	845	648	476	533	....
Uruguay	−14	−15	−18	−36	1	−89	−1	131	244	190	715	1,275	998	1,429
Venezuela, República Bolivariana de	−778	−1,112	−464	−879	−1,079	449	−823	−15	995	−190	516	−2,457	−739	−251

Table B-27.   **Portfolio Investment**

Millions of U.S. dollars, unless otherwise indicated

	Credit							Debit						
	2002	2003	2004	2005	2006	2007	2008	2002	2003	2004	2005	2006	2007	2008
Total *(Billions)*	−743	−1,435	−1,906	−2,555	−2,846	−2,501	−98	1,079	1,818	2,531	3,193	3,483	3,614	1,342
International Organizations	−1,639	−36,041	−33,644	−12,388	−54,986	−54,842	−58,772	11,465	22,123	20,941	26,031	4,491	30,660	61,333
Advanced Economies *(Billions)*	−707	−1,327	−1,790	−2,423	−2,525	−2,283	36	1,057	1,751	2,427	3,042	3,308	3,358	1,361
Euro Area														
Austria	−22,992	−18,654	−33,024	−44,004	−32,900	−16,078	11,774	18,790	23,440	31,695	30,525	47,725	46,373	25,132
Belgium	−5,707	−6,046	−35,558	−43,491	−26,529	−80,503	−298	20,149	6,628	5,070	−1,215	17,348	37,481	48,102
Cyprus	−1,129	−521	−1,813	−1,620	−3,158	594	−17,030	553	802	2,979	1,567	3,010	−1,089	−761
Finland	−13,441	−9,803	−24,503	−17,917	−33,109	−16,097	−2,416	9,002	7,901	13,110	10,456	21,871	11,197	7,406
France	−84,641	−192,711	−232,478	−243,644	−350,346	−282,137	−126,765	76,766	198,841	166,338	225,246	191,266	114,460	242,606
Germany	−57,848	−52,507	−128,601	−257,326	−197,423	−195,222	27,047	121,365	113,104	147,848	221,663	182,750	410,565	31,012
Greece	−1,917	−9,805	−13,835	−23,194	−9,374	−21,636	144	12,340	23,456	31,301	32,308	18,738	45,545	24,891
Ireland	−105,469	−163,841	−168,940	−151,139	−269,093	−232,631	−47,999	69,368	119,397	186,471	215,056	251,426	222,285	−4,951
Italy	−15,265	−57,408	−26,393	−108,089	−61,727	1,583	112,706	32,924	60,150	58,553	164,400	115,290	24,055	67,459
Luxembourg	6,253	−78,422	−87,546	−267,098	−176,160	−174,516	164,735	64,161	99,486	139,610	315,152	250,713	307,577	−127,073
Malta	−385	−1,571	−2,093	−2,608	−2,454	534	−267	2	−20	5	36	−18	2	261
Netherlands	−64,293	−63,372	−105,084	−83,831	−45,311	−39,759	−3,838	49,777	85,229	74,104	160,315	70,200	−71,282	110,311
Portugal	−7,034	−21,471	−13,598	−19,659	−7,991	−10,731	−17,343	10,249	14,344	13,882	18,141	13,514	24,712	38,776
Slovak Republic	265	−742	−829	−691	−186	−1,083	634	289	168	1,680	−246	1,741	349	1,796
Slovenia	−94	−220	−809	−2,100	−2,677	−4,468	−365	27	−37	37	102	849	1,379	931
Spain	−29,089	−90,833	−139,651	−119,356	−11,462	−6,092	31,206	34,105	44,763	141,686	172,713	243,890	125,009	−21,110
Australia	−16,820	−8,168	−24,579	−21,271	−43,866	−77,304	3,035	17,126	49,389	40,018	58,979	97,180	60,227	30,397
Canada	−18,632	−13,829	−18,924	−44,222	−69,392	−42,775	10,039	11,869	14,127	41,807	10,884	27,641	−32,476	29,553
China, P.R.: Hong Kong	−37,702	−35,386	−43,214	−40,723	−41,751	−77,899	−19,340	−1,084	1,386	3,882	9,256	15,038	75,166	−18,333
Denmark	−4,356	−21,930	−24,768	−33,037	−26,086	−28,109	−8,527	4,843	6,010	10,055	21,082	9,240	20,282	16,594
Iceland	−324	−593	−1,675	−4,707	−3,092	−7,230	1,468	467	3,603	8,401	16,935	14,396	599	−1,588
Israel	−2,645	−3,247	−2,854	−7,974	−8,017	−3,937	−2,106	1,648	1,314	6,864	3,143	9,107	1,480	−156
Japan	−85,931	−176,291	−173,773	−196,397	−71,036	−123,453	−189,643	−20,044	81,181	196,721	183,129	198,556	196,582	−102,959
Korea	−5,032	−4,390	−9,918	−14,136	−28,005	−56,436	23,089	5,378	22,690	18,375	14,114	8,056	30,378	−38,456
New Zealand	−950	−864	−1,772	−587	−945	−1,188	−790	2,636	1,896	8,271	581	−313	12,081	−5,715
Norway	−22,985	−19,283	−38,031	−38,107	−113,451	−68,808	−133,244	4,675	13,123	9,353	32,321	39,463	44,283	20,898
Singapore	−13,325	−11,348	−10,151	−5,346	−17,260	−28,130	−18,599	27	3,723	1,482	6,255	12,037	18,602	−4,572
Sweden	−4,038	−13,701	−24,768	−12,942	−33,791	−49,022	−27,218	−6,691	4,134	1,586	13,608	13,532	64,674	−7,465
Switzerland	−29,159	−32,903	−42,412	−53,263	−41,700	−20,344	−64,887	7,483	−1,662	2,858	5,636	68	1,626	30,024
Taiwan Province of China *	−15,441	−35,147	−21,823	−33,902	−40,754	−44,993	3,289	6,616	29,566	17,154	31,045	21,814	4,904	−15,777
United Kingdom	1,220	−58,424	−259,449	−273,411	−256,994	−179,562	210,180	74,324	172,789	178,295	237,035	285,538	406,668	456,034
United States *(Billions)*	−49	−123	−177	−258	−499	−396	117	428	550	867	832	1,127	1,155	528

* from published sources

	Credit							Debit						
	2002	2003	2004	2005	2006	2007	2008	2002	2003	2004	2005	2006	2007	2008
Emerg. & Develop. Economies *(Billions)*	−34	−72	−82	−119	−266	−163	−75	11	45	84	124	170	225	−80
Africa	−1,700	−1,723	−2,778	−5,163	−7,068	−9,499	−12,694	566	1,104	7,941	7,031	24,916	18,246	−10,754
CEMAC														
Cameroon	5	−2	39	−10	−1	−3	−39	1	....	−8	−3	−4	−14	25
Central African Republic	....	....	....	....	....	....	....	....	....	....	....	....	....	....
Chad	....	....	....	....	....	....	....	....	....	....	....	....	....	....
Congo, Republic of	−7	....	....	−1	−1	−1	....	....	....	....	2	....	....	....
Equatorial Guinea	....	....	....	....	....	....	....	....	....	....	....	....	....	....
Gabon	1	3	−9	8	....	....	....	−2	4	−1	1	....	....	....
WAEMU														
Benin	−4	−7	3	15	6	−58	....	2	−1	−3	2	9	76	....
Burkina Faso	....	....	....	....	....	....	....	....	....	....	....	....	....	....
Côte d'Ivoire	−21	−34	−37	−50	−24	−43	−49	52	67	9	48	45	146	79
Guinea-Bissau	1	1	1	....	....	....	....	1	....	....	....	....	....	....
Mali	−1	−27	−3	−18	−7	−31	....	54	28	1	3	−4	−16	....
Niger	−1	−4	....	−1	....	....	....	1	7	5	43	−4	−8	....
Senegal	−25	−56	−48	−49	−53	6	....	−13	11	1	45	−14	16	....
Togo	−1	−5	−26	−26	2	13	....	13	19	26	29	61	6	....
Algeria	....	....	....	....	....	....	....	....	....	....	....	....	....	....
Angola	....	1	−3	−1,267	−1,439	−2,015	−1,758	....	....	....	....	....	....	....
Botswana	−420	−587	−438	−404	−593	−427	301	7	67	−29	16	36	14	−30
Burundi	....	....	....	....	....	....	....	....	....	....	....	....	....	....
Cape Verde	....	....	....	....	....	....	....	....	....	....	....	....	4	....
Comoros	....	....	....	....	....	....	....	....	....	....	....	....	....	....
Congo, Democratic Republic of	....	....	....	....	....	....	....	....	....	....	....	....	....	....
Djibouti	....	....	....	....	....	....	....	....	....	....	....	....	....	....
Eritrea	....	....	....	....	....	....	....	....	....	....	....	....	....	....
Ethiopia	....	....	....	....	....	....	....	....	....	....	....	....	....	....
Gambia, The	....	....	....	....	....	....	....	....	....	....	....	....	....	....
Ghana	....	....	....	....	....	98	....	....	....	....	....	66	701	−49
Guinea	5	−5	15	....	8	....	....	....	....	....	....	....	−138	....
Kenya	−10	−39	−72	−46	−24	−26	−36	5	1	5	15	3	1	10
Lesotho	....	....	....	....	....	....	....	....	....	....	....	....	....	....
Liberia	....	....	....	....	....	....	....	....	....	....	....	....	....	....
Madagascar	....	....	....	....	....	....	....	....	....	....	....	....	....	....

Table B-27. Portfolio Investment

Millions of U.S. dollars, unless otherwise indicated

	Credit							Debit						
	2002	2003	2004	2005	2006	2007	2008	2002	2003	2004	2005	2006	2007	2008
Africa (continued)														
Malawi	....	....	....	....	....	....	....	....	....	....	....	....	....	....
Mauritania	....	....	....	....	....	....	....	1	9	15	25	81	154	−77
Mauritius	−18	−27	−52	−42	−110	−95	−93							
Morocco	....	....	....	−4	3	−16	−257	−8	8	597	64	−298	−64	148
Mozambique	32	5	−25	−89	−124	−3	−8	....	....	....	....	....	....	1
Namibia	−419	−612	−825	−1,053	−1,133	−1,483	−1,023	−13	−23	−20	7	7	6	5
Nigeria	134	183	178	−1,372	−1,513	−1,844	−2,530	....	....	....	884	2,801	2,643	−3,679
Rwanda	....	....	....	....	....	....	−19	....	....	....	....	....	....	....
São Tomé & Príncipe	....	....	....	....	....	....	....	....	....	....	....	....	....	....
Seychelles	....	....	....	....	....	....	....	1	1	1	1	198	31	....
Sierra Leone	....	....	....	....	....	....	....	....	....	....	....	....	....	2
South Africa	−875	−138	−950	−911	−2,231	−3,439	−6,720	457	862	7,309	5,718	21,859	13,681	−7,243
Sudan	15	35	20	51	....	62	−33	....	....	....	....	−35	−17	....
Swaziland	4	....	−1	4	−9	4	....	−2	....	....	1	5	1	....
Tanzania	....	....	....	....	....	....	....	2	3	2	3	3	3	3
Tunisia	....	....	....	....	....	....	....	6	14	24	12	65	30	−39
Uganda	2	−4	....	....	....	....	−12	....	20	6	−13	22	45	−15
Zambia	....	....	....	....	....	....	....	....	2	....	122	50	42	−6
Zimbabwe	....	....	....	....	....	....	....	....	....	....	....	....	....	....
Developing Asia *(Billions)*	−15.0	−.1	4.8	−29.7	−118.5	−20.2	25.5	3.1	21.9	36.2	47.8	77.2	91.2	−32.0
Afghanistan, I.R. of	....	....	....	....	....	....	....	....	....	....	....	....	....	....
Bangladesh	−1	....	....	....	−3	−13	....	−1	2	4	20	31	154	10
Bhutan	....	....	....	....	....	....	....	....	....	....	....	....	....	....
Brunei Darussalam	8	60	−45	21	−90	76	87							
Cambodia	−8	−8	−8	−7	−12	−12	−13	....	....	....	....	....	....	....
China, P.R.: Mainland	−12,095	2,983	6,486	−26,157	−110,419	−2,324	32,750	1,752	8,444	13,203	21,224	42,861	20,996	9,910
China, P.R.: Macao	−903	−1,191	−2,181	−617	−1,435	−1,251	....	1						
Fiji	....	....	....	....	....	....	....	....	....	1	1	−146	130	−46
French Overseas Territories: French Polynesia	39	−75	−20	−66	17	20	−116	....	....	....	....	....	....	....
French Overseas Territories: New Caledonia	46	8	135	241	−34	−132	217	....	....	....	....	....	....	....
India	−41	....	−17	−7	37	153	−47	1,063	8,216	9,054	12,151	9,509	34,986	−15,030
Indonesia	....	....	353	−1,080	−1,830	−4,415	−1,294	1,222	2,251	4,056	5,270	6,107	9,981	3,015
Kiribati	....	....	....	....	....	....	....	....	....	....	....	....	....	....
Lao People's Democratic Republic	....	....	....	....	....	....	....	....	....	....	....	....	....	....
Malaysia	−563	−196	−287	−715	−2,121	−3,940	−2,878	−836	1,174	8,675	−2,985	5,557	9,320	−21,083
Maldives	....	....	....	....	....	....	....	....	....	....	....	....	....	....
Myanmar	....	....	....	....	....	....	....	....	....	....	....	....	....	....
Nepal	....	....	....	....	....	....	....	....	....	....	....	....	....	....
Pakistan	....	−2	9	19	−4	5	−26	−722	−274	237	751	1,973	2,081	−253
Papua New Guinea	−1	−47	−104	27	....	....	....	....	....	....	−2	....	....	....
Philippines	−628	−818	−862	−145	−1,567	834	619	1,374	1,381	−803	3,621	4,610	3,789	−4,418
Samoa	....	....	....	....	....	....	....	....	....	....	....	....	1	....
Solomon Islands	....	....	....	....	....	....	....	....	....	....	....	....	....	....
Sri Lanka	78	145	111	276	355	326	−174	−53	−143	−100	−216	−304	648	21
Thailand	−913	−939	1,232	−1,522	−1,439	−9,572	−2,417	−694	851	1,856	7,070	5,714	2,895	−3,352
Timor-Leste	....	....	....	....	....	....	....	....	....	....	....	....	....	....
Tonga	....	....	....	....	....	....	....	....	....	....	....	....	....	....
Vanuatu	....	2	....	−1	....	2	....	....	....	1	....	−1	....	....
Vietnam	....	....	....	....	....	....	....	....	....	....	865	1,313	6,243	−578
Europe	−8,766	−10,404	−13,120	−27,094	−20,958	−32,780	−18,813	14,106	13,079	41,921	37,422	43,854	30,163	−38,071
Central and Eastern Europe	−6,648	−6,199	−8,155	−11,226	−17,979	−18,469	−3,389	8,001	14,373	34,724	34,136	25,992	8,784	−8,479
Albania	−37	−22	−4	−6	34	26	−91	....	....	....	....	....	....	....
Bosnia and Herzegovina	....	....	−3	3	....	−1	−9	....	....	....	....	....	....	....
Bulgaria	218	−79	10	29	−365	−188	−284	−302	−133	−531	−1,333	728	−529	−423
Croatia	−627	144	−925	−701	−602	−530	−204	194	831	1,238	−796	−42	553	−513
Czech Republic	−2,373	−2,934	−2,806	−3,467	−3,004	−4,849	−498	814	1,753	4,795	79	1,877	2,161	458
Estonia	−192	−394	−381	−872	−1,211	−718	946	345	561	1,114	−1,382	−69	241	−251
Faroe Islands	....	....	....	....	....	....	....	....	....	....	....	....	....	....
Hungary	−43	15	−526	−1,283	−2,427	−2,869	−3,854	1,844	2,902	7,353	5,784	8,751	526	988
Latvia	−219	−286	−21	−270	−246	−607	222	20	70	255	131	294	−52	151
Lithuania	−125	30	−220	−779	−1,106	−838	240	149	222	431	542	852	609	−139
Macedonia, FYR	1	....	−1	1	....	−3	−1	....	5	12	238	93	153	−71
Montenegro, Republic of	....	....	....	....	....	−4	−17	....	....	....	....	....	11	−6
Poland	−1,157	−1,296	−1,331	−2,509	−4,649	−5,962	2,213	3,051	3,740	10,612	15,109	1,527	930	−4,416
Romania	....	9	−559	−140	−828	141	−736	382	569	28	1,089	589	481	−391
Serbia, Republic of	....	....	....	....	....	−5	−41	....	....	....	....	....	921	−96
Turkey	−2,096	−1,386	−1,388	−1,233	−4,029	−2,063	−1,276	1,503	3,851	9,411	14,670	11,402	2,780	−3,770
CIS and Mongolia	−2,118	−4,205	−4,965	−15,868	−2,979	−14,311	−15,424	6,106	−1,294	7,197	3,286	17,861	21,379	−29,592
Armenia	3	....	....	−3	....	1	3	−2	....	−2	1	9	−10	6
Azerbaijan	....	....	−18	−48	−34	−111	−321	....	....	....	78	22	85	−27
Belarus	−2	1	3	−3	−2	−41	5	−7	5	60	−39	−25	2	1
Georgia	....	....	−13	13	−2	−13	−2	....	....	....	2	143	34	626

Table B-27. Portfolio Investment

Millions of U.S. dollars, unless otherwise indicated

	Credit							Debit						
	2002	2003	2004	2005	2006	2007	2008	2002	2003	2004	2005	2006	2007	2008
CIS and Mongolia (continued)														
Kazakhstan	−1,064	−2,073	−1,092	−5,157	−9,177	−4,101	−7,223	−183	182	675	1,204	4,675	−482	−2,100
Kyrgyz Republic	−3	1	−9	2	−3	−19	−32	−10	5	....	....	....	1	6
Moldova	−1	....	−1	−1	....	....	....	−26	−24	−8	−6	−5	−4	6
Mongolia	....	50	−3	....	....	....	....	....	....	−50	....	....	....	....
Russia	−1,047	−2,180	−3,820	−10,666	6,248	−9,992	−7,860	5,996	−2,329	4,443	−713	9,455	15,976	−26,832
Tajikistan	....	....	....	....	....	....	....	2	....	5	....	....	....	....
Turkmenistan	....	....	....	....	....	....	....	....	....	....	....	....	....	....
Ukraine	2	1	−6	....	−3	−29	12	335	866	2,073	2,757	3,586	5,782	−1,292
Uzbekistan	....	....	....	....	....	....	....	....	....	....	....	....	....	....
Middle East *(Billions)*	**−6.1**	**−48.3**	**−61.3**	**−44.2**	**−96.2**	**−78.3**	**−63.6**	**2.3**	**1.9**	**.3**	**8.8**	**5.7**	**3.9**	**1.8**
Bahrain, Kingdom of	−5,140	−3,096	−3,893	−7,036	−10,527	−9,890	6,287	915	688	388	2,422	1,696	1,330	2,990
Egypt	−6	−25	324	−60	−703	−846	−623	−672	−18	−85	3,528	3	−2,728	−7,027
Iran, I.R. of	....	....	....	....	....	....	....	....	....	....	....	....	....	....
Iraq	....	....	....	−1,968	−3,670	−1,774	....	....	....	....	....	....	....	....
Jordan	−178	−123	−199	144	−180	494	61	−233	−349	−90	169	144	346	500
Kuwait	−3,388	−13,708	−14,168	−12,675	−29,171	−34,960	−32,014	162	334	288	−459	44	520	2,253
Lebanon	101	−773	−614	−112	−358	−1,462	−396	749	644	−93	648	2,024	1,730	1,216
Libya	72	−607	−187	−393	−5,198	−1,440	−10,964	....	....	....	....	....	....	....
Oman	23	−242	−174	−437	−1,020	79	−774	−101	12	162	531	801	2,062	−872
Qatar	....	....	....	....	....	....	....	....	....	....	....	....	....	....
Saudi Arabia	7,552	−18,738	−26,654	2,757	−5,902	932	1,924	....	....	....	....	....	....	2,217
Syrian Arab Republic	....	....	....	....	....	....	....	....	....	....	....	....	....	....
United Arab Emirates	....	....	....	....	....	....	....	....	....	....	....	....	....	....
West Bank and Gaza	−161	−38	49	−11	−8	−131	....	8	13	8	14	....	....	....
Yemen, Republic of	−6	....	−6	−14	−34	−8	−44	....	....	....	....	....	....	....
Western Hemisphere	**−2,258**	**−11,418**	**−10,045**	**−12,968**	**−23,508**	**−22,082**	**−5,711**	**−9,017**	**6,798**	**−2,631**	**23,237**	**18,532**	**81,502**	**−1,130**
Eastern Caribbean Currency Union														
Anguilla	....	....	....	....	....	....	....	....	....	1	1	4	....	....
Antigua and Barbuda	−3	....	−1	....	....	....	....	1	3	13	10	25	−1	12
Dominica	....	....	−2	....	−1	1	1	12	4	....	4	1	1	1
Grenada	−2	−3	−7	1	−5	−3	....	109	32	37	17	5	2	−4
Montserrat	....	....	....	....	....	....	....	....	....	....	....	....	....	....
St. Kitts and Nevis	....	....	....	−2	....	....	....	30	48	−9	−15	−19	−11	6
St. Lucia	−17	1	1	....	−8	−5	−13	33	62	15	24	5	5	3
St. Vincent and the Grenadines	−5	−1	−10	−2	−2	....	−1	6	22	43	−6	14	−8	−3
Argentina	477	−95	−77	1,368	−1	−2	−12	−5,117	−7,663	−9,339	−1,755	7,824	7,070	−7,857
Aruba	7	−31	−34	−18	−84	−328	−3	57	66	61	21	36	85	66
Bahamas, The	....	....	....	....	−19	−7	−9	....	....	....	....	....	....	....
Barbados	−25	−23	−58	−76	....	....	....	−9	84	−10	98	....	....	....
Belize	....	....	....	....	....	....	3	124	79	77	18	−21	79	−3
Bermuda	....	....	....	....	512	587	1,947	....	....	....	....	77	−5	890
Bolivia	−19	−68	−35	−153	25	−30	−208	....	....	....	....	....	....	....
Brazil	−321	179	−755	−1,771	523	286	1,900	−4,797	5,129	−3,996	6,655	9,051	48,104	−767
Chile	−3,316	−4,699	−4,430	−4,227	−10,085	−16,071	−12,630	999	2,054	1,122	1,394	846	−508	3,086
Colombia	2,030	−1,753	−1,565	−1,689	−3,333	−993	188	−933	130	1,306	−53	902	1,884	−1,279
Costa Rica	28	−92	53	−681	−509	−170	535	75	103	88	336	16	170	−136
Dominican Republic	−14	−20	−8	−82	−329	177	103	−12	564	−17	326	1,102	776	−560
Ecuador	....	−312	−191	−228	−641	−116	217	....	8	....	594	−743	−3	−4
El Salvador	−289	−264	−125	18	62	−93	194	555	453	182	86	715	−104	−56
Guatemala	−38	18	12	−40	−60	17	60	−108	−11	387	−37	−24	−202	−23
Guyana	−17	−27	−16	−34	−6	−95	−3	8	−1	11	17	1	....	9
Haiti	....	....	....	....	....	....	....	....	....	....	....	....	....	....
Honduras	−6	−7	−12	−23	−21	−25	−14	....	....	....	....	....	....	....
Jamaica	−351	−1,105	−1,133	−1,406	−506	−1,769	−814	156	820	1,229	1,280	378	1,128	781
Mexico	1,134	91	1,718	....	....	....	....	−1,128	3,400	5,052	7,794	135	13,529	4,841
Netherlands Antilles	−38	−1	−94	−26	67	−68	....	1	5	93	2	−9	−10	....
Nicaragua	....	....	....	....	....	....	....	1	....	−1	−8	−10	−12	....
Panama	−12	−75	−651	−1,103	−756	−1,082	−464	102	140	776	402	255	450	−62
Paraguay	....	....	....	....	....	....	....	....	....	....	....	....	....	....
Peru	−316	−1,287	−425	−817	−1,992	−520	957	1,724	1,211	1,244	2,579	155	3,955	−1
Suriname	....	....	....	....	....	....	....	....	....	....	−2	....	−1	−17
Trinidad and Tobago	−70	−509	−690	−258	−200	−272	....	....	....	....	....	....	....	....
Uruguay	280	−513	−696	578	−97	195	−52	49	202	273	228	1,784	955	−519
Venezuela, República Bolivariana de	−1,354	−823	−813	−2,297	−5,966	−1,621	2,747	−956	−143	−1,271	3,225	−3,983	4,111	431

Table B-28. Equity Securities

Millions of U.S. dollars, unless otherwise indicated

	Credit							Debit						
	2002	2003	2004	2005	2006	2007	2008	2002	2003	2004	2005	2006	2007	2008
Total *(Billions)*	−205	−397	−583	−887	−814	−835	198	185	457	523	948	929	902	−211
International Organizations	498	495	1,708	477	2,953	−1,310	3,487	....	....	....	....	....	....	....
Advanced Economies *(Billions)*	−197	−388	−571	−867	−784	−765	232	176	430	482	880	820	769	−152
Euro Area														
Austria	−3,062	−2,762	−4,067	−5,690	−8,420	−582	7,938	2,772	2,431	6,926	5,999	10,550	3,625	−6,945
Belgium	−3,551	−5,508	−8,037	−20,449	−19,980	−20,401	31,861	−467	3,182	4,092	5,712	4,588	3,360	8,818
Cyprus	−578	162	−74	−18	32	−94	−70	−4	....	−14	13	46	1	−70
Finland	−5,390	−5,532	−10,219	−9,412	−14,790	−13,530	3,633	2,527	−597	103	4,989	5,366	5,279	−1,782
France	−16,342	−48,088	−60,846	−53,977	−97,170	−41,220	−13,183	−4,369	20,708	31,772	64,149	94,047	−9,541	−16,145
Germany	−10,407	3,895	−4,829	−78,457	−20,799	−25,240	41,257	13,816	25,234	−7,882	22,064	35,475	58,872	−85,366
Greece	−316	−505	−830	−2,189	−2,923	−593	4,030	1,400	2,568	4,290	6,293	7,529	10,865	−5,260
Ireland	−27,200	−29,545	−46,087	−59,602	−73,832	−29,415	34,121	69,104	76,776	81,709	93,590	160,765	138,387	931
Italy	−5,198	−15,999	−16,177	−24,884	−23,037	17,021	124,480	−6,268	−2,010	17,184	2,629	13,558	−14,874	−29,022
Luxembourg	4,301	−35,857	−45,835	−123,620	−102,723	−52,572	85,754	36,031	70,443	121,546	275,574	220,277	279,229	−132,189
Malta	48	−12	−51	−98	−72	−118	−173	13	−13	8	36	−9	2	20
Netherlands	−7,917	−15,394	−34,534	−11,531	−4,084	−32,076	−32,959	−149	898	3,379	82,931	18,033	−98,086	−8,796
Portugal	−813	−622	−1,708	−1,845	−4,105	−2,192	−154	3,287	9,863	7,233	5,594	3,829	292	6,776
Slovak Republic	1	−347	−40	103	−309	−271	421	10	59	−94	137	36	232	103
Slovenia	−73	−101	−271	−1,022	−929	−1,227	143	11	16	−13	98	197	275	−291
Spain	123	−13,180	−15,063	−19,370	−26,256	10,017	40,659	2,810	−3,649	10,918	−9,573	−24,005	15,624	−446
Australia	−11,854	−3,419	−11,071	−8,383	−22,156	−49,543	3,941	283	12,209	−25,221	8,127	13,933	13,706	19,408
Canada	−13,500	−5,816	−6,197	−18,104	−24,776	−28,892	−8,595	−914	9,947	27,145	7,565	9,501	−42,041	3,109
China, P.R.: Hong Kong	−15,756	−9,951	−30,486	−27,954	−15,601	−69,337	−23,806	1,391	5,771	1,979	9,961	14,480	43,625	19,477
Denmark	199	−3,467	−7,299	−14,239	−22,032	−9,321	9,135	591	1,389	1,562	−3,005	−5,453	3,017	2,533
Iceland	−265	−531	−1,612	−3,279	−1,106	−2,565	287	55	−46	302	83	1,166	211	−1,915
Israel	−50	−1,054	−1,149	−3,373	−3,873	−2,151	−2,429	1,374	−108	3,716	3,042	4,268	3,538	994
Japan	−37,283	−4,471	−31,473	−22,969	−25,037	−26,091	−65,564	−16,690	87,775	98,280	131,315	71,437	45,455	−69,692
Korea	−1,460	−1,993	−3,622	−3,686	−15,262	−52,550	6,356	395	14,418	9,469	3,282	−8,391	−28,728	−41,247
New Zealand	....	−920	−1,556	−1,104	−647	−848	−227	752	719	99	−98	−382	284	165
Norway	−6,831	−8,498	−7,270	−18,286	−19,364	−52,918	−89,408	352	2,040	4,493	11,661	8,350	6,444	−11,888
Singapore	−6,062	−5,821	−7,371	−8,039	−7,579	−26,733	−18,423	−442	2,139	2,383	4,895	10,143	18,340	−2,209
Sweden	−124	−4,618	−6,210	261	−22,189	−7,393	−6,401	2,536	452	−83	2,054	242	4,445	−1,494
Switzerland	−7,454	−2,087	−11,303	−17,729	−13,762	−5,221	−6,436	5,679	−4,428	−2,789	3,951	537	689	24,352
Taiwan Province of China *	−10,949	−18,197	−8,167	−12,464	−18,466	−35,696	−4,573	3,636	25,197	14,092	34,826	22,662	5,599	−15,418
United Kingdom	7,407	−29,793	−102,961	−108,423	−35,434	−55,290	111,743	2,319	32,609	3,594	12,452	−18,343	25,241	81,419
United States	−16,954	−118,003	−84,756	−186,686	−137,332	−147,791	−1,334	54,067	33,981	61,788	89,258	145,482	275,635	110,447

* from published sources

	Credit							Debit						
	2002	2003	2004	2005	2006	2007	2008	2002	2003	2004	2005	2006	2007	2008
Emerg. & Develop. Economies *(Billions)*	−8	−10	−14	−21	−33	−69	−38	9	27	41	68	109	133	−60
Africa	−1,146	−970	−1,819	−4,697	−5,956	−7,030	−10,393	−358	769	7,313	8,203	16,577	10,118	−9,254
CEMAC														
Cameroon	5	−2	....	−10	−1	−3	5	1	....	−8	−4	−6	−14	−1
Central African Republic	....	....	....	....	....	....	....	....	....	....	....	....	....	....
Chad	....	....	....	....	....	....	....	....	....	....	....	....	....	....
Congo, Republic of	−4	....	....	−1	−1	−1	....	....	....	....	....	....	....	....
Equatorial Guinea	....	....	....	....	....	....	....	....	....	....	....	....	....	....
Gabon	....	....	−8	8	....	....	....	....	....	....	....	....	....	....
WAEMU														
Benin	6	....	....	1	....	−6	....	2	....	−3	2	....	5	....
Burkina Faso	....	....	....	....	....	....	....	....	....	....	....	....	....	....
Côte d'Ivoire	−2	−14	−7	27	−6	−8	−49	4	16	−5	14	2	2	79
Guinea-Bissau	1	....	1	....	....	....	....	1	....	....	....	....	....	....
Mali	−1	....	−5	....	....	....	....	−2	1	−1	9	3	−6	....
Niger	−1	−4	....	−1	....	....	....	....	....	....	4	1	....	....
Senegal	....	−8	23	4	2	10	....	3	4	−28	−6	....	8	....
Togo	−2	....	−4	−18	1	2	....	6	10	15	16	10	6	....
Algeria	....	....	....	....	....	....	....	....	....	....	....	....	....	....
Angola	....	....	−3	−1,264	−1,491	−1,966	−1,758	....	....	....	....	....	....	....
Botswana	−325	−452	−415	−289	−561	−326	319	7	10	1	62	36	9	−37
Burundi	....	....	....	....	....	....	....	....	....	....	....	....	....	....
Cape Verde	....	....	....	....	....	....	....	....	....	....	....	....	2	....
Comoros	....	....	....	....	....	....	....	....	....	....	....	....	....	....
Congo, Democratic Republic of	....	....	....	....	....	....	....	....	....	....	....	....	....	....
Djibouti	....	....	....	....	....	....	....	....	....	....	....	....	....	....
Eritrea	....	....	....	....	....	....	....	....	....	....	....	....	....	....
Ethiopia	....	....	....	....	....	....	....	....	....	....	....	....	....	....
Gambia, The	....	....	....	....	....	....	....	....	....	....	....	....	....	....
Ghana	....	....	....	....	....	....	....	....	....	....	....	....	....	....
Guinea	....	....	....	....	....	....	....	....	....	....	....	....	....	....
Kenya	−2	−12	−26	−28	−20	−25	−36	3	1	3	3	2	....	5
Lesotho	....	....	....	....	....	....	....	....	....	....	....	....	....	....
Liberia	....	....	....	....	....	....	....	....	....	....	....	....	....	....
Madagascar	....	....	....	....	....	....	....	....	....	....	....	....	....	....

2009, International Monetary Fund: *Balance of Payments Statistics Yearbook*

Table B-28. Equity Securities
Millions of U.S. dollars, unless otherwise indicated

	Credit							Debit						
	2002	2003	2004	2005	2006	2007	2008	2002	2003	2004	2005	2006	2007	2008
Africa (continued)														
Malawi	....	....	....	....	....	....	....	....	....	....	....	....	....	....
Mauritania	....	....	....	....	....	....	....	....	....	....	....	....	....	....
Mauritius	−18	−27	−52	−42	−110	−95	−93	−1	8	19	36	35	50	34
Morocco				−4	3	−16	−257	−8	8	597	64	−298	−64	148
Mozambique	32	5	−25	−89	....	−1		....	....	....	....	....	....	....
Namibia	−262	−401	−500	−754	−786	−1,211	−754	8	4	5	5	5	5	4
Nigeria	....	....	....	−1,240	−1,364	−1,706	−1,885	....	....	....	751	1,769	1,447	−4,684
Rwanda	....	....	....	....	....	....	−19	....	....	....	....	....	....	....
São Tomé & Príncipe	....	....	....	....	....	....		....	....	....	....	....	....	....
Seychelles	....	....	....	....	....	....		....	....	....	....	....	....	....
Sierra Leone	....	....	....	....	....	....		....	....	....	....	....	....	....
South Africa	−572	−49	−795	−996	−1,627	−1,747	−5,835	−388	685	6,661	7,230	14,959	8,670	−4,707
Sudan	....	....	....	....	....	62	−33	....	....	....	....	−35	−17	....
Swaziland	....	....	....	....	....	....		−2	....	....	1	5	1	....
Tanzania	....	....	....	....	....	....		2	3	2	3	3	3	3
Tunisia	....	....	....	....	....	....		6	14	24	12	65	30	−39
Uganda	2	−4	....	....	....	....	−12	....	....	24	....	19	−23	−32
Zambia	....	....	....	....	....	....		....	....	2	....	5	2	4	−6
Zimbabwe	....	....	....	....	....	....		....	....	....	....	....	....	....
Developing Asia	**−304**	**−434**	**−805**	**−88**	**−3,921**	**−21,877**	**−4,438**	**4,925**	**20,535**	**28,320**	**38,090**	**66,580**	**71,184**	**−23,917**
Afghanistan, I.R. of	....	....	....	....	....	....		....	....	....	....	....	....	....
Bangladesh	−1	....	....	....	−3	−13		−1	2	4	20	31	153	10
Bhutan	....	....	....	....	....	....		....	....	....	....	....	....	....
Brunei Darussalam	1	68	−56	12	−90	56	62	....	....	....	....	....	....	....
Cambodia	−8	−8	−8	−7	−12	−12	−13	....	....	....	....	....	....	....
China, P.R.: Mainland	....	....	....	....	−1,454	−15,189	−1,117	2,249	7,729	10,923	20,346	42,861	18,510	8,721
China, P.R.: Macao	−290	−358	−487	−356	−213	−1,476	....	1	....	....	....	....	....	....
Fiji	....	....	....	....	....	....		....	....	1	1	−2	6	−7
French Overseas Territories: French Polynesia	....	....	....	....	....	....		....	....	....	....	....	....	....
French Overseas Territories: New Caledonia	....	....	....	....	....	....		....	....	....	....	....	....	....
India	−41	....	−17	−7	37	153	−47	1,063	8,216	9,054	12,151	9,509	34,986	−15,030
Indonesia	....	....	−106	38	10	−217	−298	877	1,130	2,043	−165	1,898	3,559	322
Kiribati	....	....	....	....	....	....		....	....	....	....	....	....	....
Lao People's Democratic Republic	....	....	....	....	....	....		....	....	....	....	....	....	....
Malaysia	−43	−18	23	7	−1,887	−4,093	−2,291	−55	1,339	4,509	−1,200	2,355	−669	−10,716
Maldives	....	....	....	....	....	....		....	....	....	....	....	....	....
Myanmar	....	....	....	....	....	....		....	....	....	....	....	....	....
Nepal	....	....	....	....	....	....		....	....	....	....	....	....	....
Pakistan	....	−2	9	19	−4	5	−26	79	−26	49	451	1,152	1,276	−270
Papua New Guinea	16	−64	−16	−18	....	....		....	....	....	....	....	....	....
Philippines	−8	−48	−15	−4	1	−79	75	227	501	518	1,465	2,525	3,178	−1,289
Samoa	....	....	....	....	....	....		....	....	....	....	....	....	....
Solomon Islands	....	....	....	....	....	....		....	....	....	....	....	....	....
Sri Lanka	78	145	111	276	355	423	548	−53	−143	−100	−216	−304	−322	−488
Thailand	−9	−149	−244	−47	−643	−1,418	163	539	1,786	1,319	5,121	5,242	4,264	−4,594
Timor-Leste	....	....	....	....	....	....		....	....	....	....	....	....	....
Tonga	....	....	....	....	....	....		....	....	....	....	....	....	....
Vanuatu	....	....	....	....	....	....		....	....	....	....	....	....	....
Vietnam	....	....	....	....	....	....		....	....	....	115	1,313	6,243	−578
Europe	**−935**	**−211**	**−3,360**	**−4,991**	**−10,282**	**−18,846**	**−1,778**	**3,202**	**2,239**	**6,051**	**5,206**	**12,080**	**21,991**	**−16,387**
Central and Eastern Europe	**−682**	**158**	**−2,947**	**−3,841**	**−8,533**	**−13,830**	**−2,223**	**−848**	**1,660**	**5,854**	**5,069**	**2,346**	**1,730**	**−625**
Albania	....	....	....	....	....	....		....	....	....	....	....	....	....
Bosnia and Herzegovina	....	....	....	....	....	....		....	....	....	....	....	....	....
Bulgaria	−17	−16	−7	−6	−129	−199	....	−23	−23	22	449	148	101	−106
Croatia	−69	−66	−48	−239	−405	−1,115	225	35	16	178	113	418	437	−145
Czech Republic	−231	188	−1,448	−1,472	−1,938	−3,213	−794	−265	1,104	738	−1,540	268	−268	−1,124
Estonia	....	−76	−232	−388	−367	−663	377	53	111	176	−1,363	309	289	−308
Faroe Islands	....	....	....	....	....	....		....	....	....	....	....	....	....
Hungary	−50	−42	−524	−747	−1,907	−2,574	−3,296	−137	269	1,491	−16	912	−5,010	−197
Latvia	−2	7	−29	−73	−73	−170	433	23	39	32	12	22	−12	−50
Lithuania	−4	−2	−19	−185	−286	−357	51	6	4	8	130	72	−166	113
Macedonia, FYR	....	....	....	....	....	−2		....	3	13	54	86	165	−49
Montenegro, Republic of	....	....	....	....	....	....		....	....	....	....	....	....	....
Poland	−268	183	−57	−575	−2,996	−5,171	856	−545	−837	1,660	1,333	−2,128	−453	559
Romania	....	14	−559	−136	−390	−237	−2	21	69	111	229	301	746	23
Serbia, Republic of	....	....	....	....	....	−13	−41	....	....	....	....	....	764	−57
Turkey	−42	−33	−25	−20	−42	−116	−32	−16	905	1,427	5,669	1,939	5,138	716
CIS and Mongolia	**−253**	**−369**	**−413**	**−1,150**	**−1,749**	**−5,016**	**446**	**4,050**	**579**	**197**	**137**	**9,734**	**20,261**	**−15,762**
Armenia	−1	....	....	....	....	....		....	....	1	1	−1	....	−1
Azerbaijan	....	....	2	....	−3	−12	−21	....	....	....	....	1	2	....
Belarus	7	−1	1	....	−6	−6	1	1	3	1	1	−1	5	1
Georgia	....	....	−13	13	−2	−5	−3	....	....	....	3	143	34	118

Table B-28. **Equity Securities**

Millions of U.S. dollars, unless otherwise indicated

	Credit							Debit						
	2002	2003	2004	2005	2006	2007	2008	2002	2003	2004	2005	2006	2007	2008
CIS and Mongolia (continued)														
Kazakhstan	−374	−312	−363	−424	−1,847	−1,532	593	39	64	−13	150	2,789	828	−1,280
Kyrgyz Republic	....	....	....	....	....	....	....	−10	5	....	....	....	1	6
Moldova	....	....	....	....	....	....	....	2	1	−1	1	2	2	11
Mongolia	....	....	−3	....	....	....	....	....	....	....	....	....	....	....
Russia	120	−47	−25	−733	116	−3,435	−135	3,921	422	270	−100	6,480	18,675	−15,005
Tajikistan	....	....	....	....	....	....	....	2	....	....	....	....	....	....
Turkmenistan	....	....	....	....	....	....	....	....	....	....	....	....	....	....
Ukraine	....	−4	−6	....	−2	−21	10	95	84	−61	82	322	715	388
Uzbekistan	....	....	....	....	....	....	....	....	....	....	....	....	....	....
Middle East	−1,129	−1,174	−3,908	−4,892	−7,612	−9,240	−15,776	−124	490	144	4,688	2,131	163	−360
Bahrain, Kingdom of	−1,143	−489	−1,999	−2,220	−2,201	−3,368	−793	366	238	21	1,801	134	139	156
Egypt	−6	−25	324	−60	−703	−846	−623	−217	37	26	729	502	−3,199	−674
Iran, I.R. of	....	....	....	....	....	....	....	....	....	....	....	....	....	....
Iraq	....	....	....	....	....	....	....	....	....	....	....	....	....	....
Jordan	−178	−123	−199	144	−180	494	61	−233	−58	−90	169	144	346	500
Kuwait	....	....	−1,520	−2,115	−3,215	−3,632	−2,162	....	....	....	....	....	....	....
Lebanon	158	−254	−349	−152	−206	−410	−371	....	207	148	1,436	551	791	466
Libya	21	−18	27	−47	−60	−1,440	−10,964	....	....	....	....	....	....	....
Oman	23	−242	−174	−437	−1,020	79	−774	−49	51	32	539	801	2,086	−809
Qatar	....	....	....	....	....	....	....	....	....	....	....	....	....	....
Saudi Arabia	....	....	....	....	....	....	....	....	....	....	....	....	....	....
Syrian Arab Republic	....	....	....	....	....	....	....	....	....	....	....	....	....	....
United Arab Emirates	....	....	....	....	....	....	....	....	....	....	....	....	....	....
West Bank and Gaza	2	−23	−11	9	7	−107	....	8	13	8	14	....	....	....
Yemen, Republic of	−6	....	−6	−14	−34	−8	−44	....	....	....	....	....	....	....
Western Hemisphere	−4,216	−6,745	−3,910	−5,997	−5,562	−11,997	−5,396	1,434	3,376	−585	12,204	11,329	29,580	−9,637
Eastern Caribbean Currency Union														
Anguilla	....	....	....	....	....	....	....	....	....	....	....	....	....	....
Antigua and Barbuda	....	....	....	....	....	....	....	....	....	....	....	....	....	....
Dominica	....	....	....	....	....	....	....	....	....	....	....	....	....	....
Grenada	....	....	....	....	....	....	....	....	....	....	....	....	....	....
Montserrat	....	....	....	....	....	....	....	....	....	....	....	....	....	....
St. Kitts and Nevis	....	....	....	....	....	....	....	....	....	....	....	....	....	....
St. Lucia	....	....	....	....	....	....	....	....	....	....	....	....	....	....
St. Vincent and the Grenadines	....	....	....	....	....	....	....	....	....	....	....	....	....	....
Argentina	13	−34	−72	−4	6	13	1	−116	65	−86	−48	707	1,785	−531
Aruba	−5	−19	−26	−3	−75	−39	−10	....	....	....	....	....	....	....
Bahamas, The	....	....	....	....	....	−4	−9	....	....	....	....	....	....	....
Barbados	−21	−23	−45	−53	....	....	....	1	95	....	−5	....	....	....
Belize	....	....	....	....	....	....	3	....	....	....	....	4	....	2
Bermuda	....	....	1	....	−50	131	−27	....	....	....	....	64	−9	34
Bolivia	....	....	....	....	....	....	....	....	....	....	....	....	....	....
Brazil	−389	−258	−121	−831	−915	−1,413	257	1,981	2,973	2,081	6,451	7,716	26,217	−7,565
Chile	−3,272	−4,853	−3,205	−4,025	−2,264	−10,104	−6,731	−320	318	8	1,571	−124	388	1,823
Colombia	....	....	....	....	....	....	....	17	−52	130	86	−30	790	−86
Costa Rica	5	−2	−7	−6	4	−42	−12	....	....	....	....	....	....	....
Dominican Republic	−3	−7	−2	1	19	....	−10	....	....	....	....	....	....	....
Ecuador	....	1	−24	−22	−61	−40	5	1	9	1	2	....	....	1
El Salvador	....	....	....	....	....	−22	−5	−2	....	....	....	....	....	....
Guatemala	....	....	....	....	....	....	....	....	....	....	....	....	....	....
Guyana	....	....	....	....	....	....	....	....	....	....	....	....	....	....
Haiti	....	....	....	....	....	....	....	....	....	....	....	....	....	....
Honduras	−3	−6	−1	−12	2	1	−3	....	....	....	....	....	....	....
Jamaica	....	....	....	....	....	....	....	....	....	....	....	....	....	....
Mexico	....	....	....	....	....	....	....	−104	−123	−2,522	3,353	2,805	−482	−3,503
Netherlands Antilles	−8	−43	−16	−2	−13	−72	....	....	....	....	....	....	....	....
Nicaragua	....	....	....	....	....	....	....	....	....	....	....	....	....	....
Panama	3	9	7	−17	−143	130	4	....	....	....	....	....	....	....
Paraguay	....	....	....	....	....	....	....	....	....	....	....	....	....	....
Peru	−388	−1,287	−426	−818	−1,993	−520	956	−9	1	−47	769	182	814	180
Suriname	....	....	....	....	....	....	....	....	....	....	....	....	....	....
Trinidad and Tobago	....	....	....	....	....	....	....	....	....	....	....	....	....	....
Uruguay	15	9	1	....	....	....	....	−9	−6	20	−2	−27	2	2
Venezuela, República Bolivariana de	−164	−233	27	−204	−25	39	240	−5	97	−170	28	41	66	3

2009, International Monetary Fund: *Balance of Payments Statistics Yearbook*

Table B-29. Bonds and Notes

Millions of U.S. dollars, unless otherwise indicated

	Credit							Debit						
	2002	2003	2004	2005	2006	2007	2008	2002	2003	2004	2005	2006	2007	2008
Total *(Billions)*	−482	−979	−1,245	−1,599	−1,770	−1,495	−309	794	1,278	1,817	2,187	2,361	2,223	906
International Organizations	−2,860	−36,022	−34,615	−10,958	−58,613	−55,485	−63,215	13,284	21,113	21,377	20,666	4,154	29,695	50,136
Advanced Economies *(Billions)*	−461	−884	−1,148	−1,496	−1,490	−1,347	−214	778	1,240	1,760	2,115	2,307	2,128	864
Euro Area														
Austria	−16,136	−19,880	−27,639	−37,552	−26,706	−14,474	2,634	17,330	20,263	23,167	23,193	29,208	39,895	19,619
Belgium	1,112	−6,123	−28,319	−28,680	−14,411	−52,128	−29,934	11,339	9,592	−2,144	−1,450	13,847	27,657	12,759
Cyprus	−541	−645	−1,724	−1,783	−3,318	858	−12,971	443	619	1,409	1,215	513	1,579	−192
Finland	−6,230	−3,632	−13,627	−9,822	−16,290	−1,712	−8,295	4,426	8,354	5,356	6,367	12,168	3,335	2,320
France	−54,969	−115,137	−156,054	−176,212	−251,633	−251,866	−59,712	80,400	161,866	118,273	136,595	114,748	110,237	183,766
Germany	−44,130	−61,173	−109,421	−173,023	−167,360	−139,785	−35,648	81,794	73,877	173,841	202,193	151,614	280,548	45,245
Greece	−1,627	−9,233	−12,734	−18,669	−5,648	−13,532	−2,911	11,095	20,820	26,738	25,989	11,458	33,558	24,589
Ireland	−35,983	−93,015	−79,453	−92,303	−111,797	−116,326	−74,797	330	....	80,422	76,548	81,811	69,022	....
Italy	−9,479	−44,590	−11,050	−80,923	−33,053	−9,098	−12,104	52,139	53,114	58,336	129,854	102,847	33,040	39,752
Luxembourg	−22,253	−64,746	−50,817	−124,442	−53,197	−90,315	117,331	7,962	21,852	20,578	37,387	26,366	22,701	16,291
Malta	−1,101	−971	−2,115	−2,505	−2,389	644	−109	−2	1	−4	3	−7	....	126
Netherlands	−54,120	−50,239	−61,081	−73,197	−64,798	−16,235	6,640	39,866	81,011	75,715	83,421	70,803	21,406	34,537
Portugal	−5,840	−15,445	−14,501	−14,401	−7,204	−11,744	−18,084	5,474	2,624	593	7,320	15,041	22,762	21,775
Slovak Republic	266	−356	−910	−798	245	−767	179	286	115	1,599	−219	1,535	−16	2,369
Slovenia	−21	−96	−530	−1,070	−1,571	−1,245	−955	−23	−53	19	−63	536	1,104	1,222
Spain	−28,584	−65,199	−31,560	−96,227	10,957	−16,759	−15,896	29,678	46,160	130,245	183,073	255,683	101,103	−39,651
Australia	−4,234	−5,073	−11,884	−14,087	−19,676	−29,710	−170	14,627	36,913	61,678	38,449	57,043	61,678	25,005
Canada	−3,963	−5,603	−11,956	−24,393	−38,604	−24,946	14,141	11,634	5,285	14,938	2,815	14,862	10,652	17,136
China, P.R.: Hong Kong	−22,311	−23,791	−9,083	−11,045	−7,579	−2,353	18,792	−41	−3,825	1,774	−856	517	10,148	−16,808
Denmark	−4,207	−16,603	−17,542	−18,563	−2,461	−7,618	−21,068	1,746	2,951	3,864	20,417	15,355	18,039	−13,767
Iceland	−59	−66	−67	−1,430	−1,981	−4,662	1,181	431	2,885	7,789	16,733	13,978	−122	84
Israel	−2,595	−2,193	−1,704	−4,601	−4,144	−1,786	323	274	1,422	3,148	101	4,839	−2,058	−1,150
Japan	−54,317	−177,765	−148,540	−182,877	−55,554	−102,313	−118,539	−10,785	−18,299	53,470	61,012	78,334	66,625	−42,051
Korea	−4,819	−2,223	−6,080	−10,563	−12,669	−3,554	16,633	4,579	8,589	9,038	10,305	16,004	56,327	2,489
New Zealand	....	....	....	....	....	....	....	....	....	....	....	....	....	....
Norway	−15,362	−13,371	−29,665	−18,366	−94,187	−14,301	−45,517	5,572	10,875	3,927	17,559	30,621	26,134	26,460
Singapore	....	....	....	....	....	....	....	....	....	....	....	....	....	....
Sweden	4,336	−3,965	−9,559	−4,094	−11,440	−34,787	−11,315	504	12,846	10,911	16,309	8,633	47,767	13,586
Switzerland	−18,001	−24,428	−38,746	−38,864	−36,132	−27,570	−61,419	56	1,651	4,231	−1,131	−728	−489	5,035
Taiwan Province of China *	−4,044	−15,436	−12,385	−20,128	−21,948	−8,516	8,572	2,960	4,363	3,085	−3,774	−854	−758	−281
United Kingdom	−12,067	−9,029	−160,858	−154,139	−197,595	−129,791	67,526	27,808	142,901	156,162	238,107	224,517	340,401	388,162
United States	−31,614	−28,719	−85,793	−64,513	−227,797	−218,733	62,095	373,541	486,327	705,001	785,797	953,689	714,045	135,257

* from published sources

	2002	2003	2004	2005	2006	2007	2008	2002	2003	2004	2005	2006	2007	2008
Emerg. & Develop. Economies *(Billions)*	−18	−59	−62	−92	−221	−92	−32	2	17	35	51	50	65	−8
Africa	−400	−402	−594	121	−503	−2,110	−1,444	1,022	424	747	−1,417	7,299	6,613	−2,515
CEMAC														
Cameroon	....	−1	39	....	....	−1	−44	....	....	....	....	1	2	27
Central African Republic	....	....	....	....	....	....	....	....	....	....	....	....	....	....
Chad	....	....	....	....	....	....	....	....	....	....	....	....	....	....
Congo, Republic of	−3	....	....	....	....	....	....	....	....	....	2	....	....	....
Equatorial Guinea	....	....	....	....	....	....	....	....	....	....	....	....	....	....
Gabon	1	3	−2	−1	....	....	....	−2	....	....	....	1	....	....
WAEMU														
Benin	−5	−9	−1	7	2	−37	....	−1	−1	....	....	8	71	....
Burkina Faso	....	....	....	....	....	....	....	....	....	....	....	....	....	....
Côte d'Ivoire	−13	−11	−20	−29	−20	−34	....	48	51	12	29	42	59	....
Guinea-Bissau	....	1	....	....	....	....	....	....	....	....	....	....	....	....
Mali	2	−27	2	−18	−7	−31	....	56	27	1	−3	−7	−16	....
Niger	....	....	....	....	....	....	....	1	7	....	18	−4	−9	....
Senegal	−41	−53	−68	−53	20	−41	....	−16	7	28	51	−17	−12	....
Togo	1	−3	−17	−8	4	−14	....	7	9	11	13	50	....	....
Algeria	....	....	....	....	....	....	....	....	....	....	....	....	....	....
Angola	....	....	1	−3	52	−50	....	....	....	....	....	....	....	....
Botswana	....	....	....	....	....	....	....	....	57	−30	−45	....	4	7
Burundi	....	....	....	....	....	....	....	....	....	....	....	....	....	....
Cape Verde	....	....	....	....	....	....	....	....	....	....	....	....	2	....
Comoros	....	....	....	....	....	....	....	....	....	....	....	....	....	....
Congo, Democratic Republic of	....	....	....	....	....	....	....	....	....	....	....	....	....	....
Djibouti	....	....	....	....	....	....	....	....	....	....	....	....	....	....
Eritrea	....	....	....	....	....	....	....	....	....	....	....	....	....	....
Ethiopia	....	....	....	....	....	....	....	....	....	....	....	....	....	....
Gambia, The	....	....	....	....	....	....	....	....	....	....	....	....	....	....
Ghana	....	....	....	....	....	....	....	....	....	....	....	66	785	....
Guinea	5	−5	15	....	....	8	....	....	....	....	....	....	−138	....
Kenya	−8	−26	−46	−18	−3	−1	....	2	....	2	12	1	....	5
Lesotho	....	....	....	....	....	....	....	....	....	....	....	....	....	....
Liberia	....	....	....	....	....	....	....	....	....	....	....	....	....	....
Madagascar	....	....	....	....	....	....	....	....	....	....	....	....	....	....

Table B-29. Bonds and Notes

Millions of U.S. dollars, unless otherwise indicated

	Credit							Debit						
	2002	2003	2004	2005	2006	2007	2008	2002	2003	2004	2005	2006	2007	2008
Africa (continued)														
Malawi	....	....	....	....	....	....	....	....	....	....	....	....	....	....
Mauritania	....	....	....	....	....	....	....	....	....	....	....	....	....	....
Mauritius	....	....	....	....	....	....	....	....	....	....	1	46	....	....
Morocco	....	....	....	....	....	....	....	....	....	....	....	....	....	....
Mozambique	....	....	....	....	−124	−2	−8	....	....	....	....	....	....	....
Namibia	....	....	....	....	....	....	....	−21	−27	−24	2	2	2	1
Nigeria	....	....	....	....	....	....	....	....	....	....	....	....	....	....
Rwanda	....	....	....	....	....	....	....	....	....	....	....	....	....	....
São Tomé & Príncipe	....	....	....	....	....	....	....	....	....	....	....	....	....	....
Seychelles	....	....	....	....	....	....	....	1	1	1	1	198	31	....
Sierra Leone	....	....	....	....	....	....	....	....	....	....	....	....	....	2
South Africa	−303	−89	−156	85	−605	−1,689	−637	946	290	745	−1,537	6,929	4,891	−2,735
Sudan	15	35	20	51	....	....	....	....	....	....	....	....	....	....
Swaziland	4	....	−1	4	....	−5	....	....	....	....	....	....	....	....
Tanzania	....	....	....	....	....	....	....	....	....	....	....	....	....	....
Tunisia	....	....	....	....	....	....	....	....	....	....	....	....	....	....
Uganda	....	....	....	....	....	....	....	....	....	1	2	3	16	10
Zambia	....	....	....	....	....	....	....	....	....	....	29	16	23	38
Zimbabwe	....	....	....	....	....	....	....	....	....	....	....	....	....	....
Developing Asia *(Billions)*	−4.9	.4	7.4	−28.6	−113.0	6.0	27.6	−2.0	1.5	6.7	8.3	8.2	12.8	4.1
Afghanistan, I.R. of	....	....	....	....	....	....	....	....	....	....	....	....	....	....
Bangladesh	....	....	....	....	....	....	....	....	....	....	....	....	1	....
Bhutan	....	....	....	....	....	....	....	....	....	....	....	....	....	....
Brunei Darussalam	....	....	....	....	....	....	....	....	....	....	....	....	....	....
Cambodia	....	....	....	....	....	....	....	....	....	....	....	....	....	....
China, P.R.: Mainland	−3,273	2,983	6,486	−25,482	−106,737	10,591	37,563	−505	717	2,283	567	....	2,486	1,189
China, P.R.: Macao	−577	−777	−824	−199	−1,313	364	....	....	....	....	....	....	....	....
Fiji	....	....	....	....	....	....	....	....	....	....	....	−144	124	−40
French Overseas Territories: French Polynesia	39	−75	−20	−66	17	20	−116	....	....	....	....	....	....	....
French Overseas Territories: New Caledonia	46	8	135	241	−34	−132	217	....	....	....	....	....	....	....
India	....	....	....	....	....	....	....	....	....	....	....	....	....	....
Indonesia	....	....	459	−1,118	....	....	....	345	1,121	1,241	4,758	3,834	5,190	4,673
Kiribati	....	....	....	....	....	....	....	....	....	....	....	....	....	....
Lao People's Democratic Republic	....	....	....	....	....	....	....	....	....	....	....	....	....	....
Malaysia	−429	−191	−111	−398	−602	280	−754	−685	−113	3,666	−630	2,661	3,859	979
Maldives	....	....	....	....	....	....	....	....	....	....	....	....	....	....
Myanmar	....	....	....	....	....	....	....	....	....	....	....	....	....	....
Nepal	....	....	....	....	....	....	....	....	....	....	....	....	....	....
Pakistan	....	....	....	....	....	....	....	−801	−248	188	300	821	805	17
Papua New Guinea	3	−2	20	6	....	....	....	....	....	....	....	....	....	....
Philippines	238	−698	−163	−428	−1,272	87	−10	1,147	880	−1,321	2,145	2,055	629	−3,128
Samoa	....	....	....	....	....	....	....	....	....	....	....	....	....	....
Solomon Islands	....	....	....	....	....	....	....	....	....	....	....	....	....	....
Sri Lanka	....	....	....	....	....	....	....	....	....	....	....	....	500	....
Thailand	−947	−815	1,451	−1,129	−1,266	−1,000	−8,708	−1,492	−811	641	363	−1,064	−772	548
Timor-Leste	....	....	....	....	....	....	....	....	....	....	....	....	....	....
Tonga	....	....	....	....	....	....	....	....	....	....	....	....	....	....
Vanuatu	....	2	....	−1	....	2	....	....	....	1	....	−1	....	....
Vietnam	....	....	....	....	....	....	....	....	....	....	....	750	....	....
Europe	−8,277	−8,922	−8,949	−19,931	−10,757	−13,248	−10,102	10,329	10,956	35,237	32,634	30,761	9,309	−20,854
Central and Eastern Europe	−5,562	−5,948	−5,136	−7,102	−8,626	−4,557	−2,992	8,754	12,530	28,563	30,009	23,775	6,889	−7,952
Albania	−37	−22	−4	−6	34	26	−91	....	....	....	....	....	....	....
Bosnia and Herzegovina	....	....	−2	3	....	−2	−1	....	....	....	....	....	....	....
Bulgaria	224	−87	70	137	−316	−42	−180	−280	−110	−552	−1,782	353	−382	−318
Croatia	−570	195	−715	−485	122	438	−378	188	776	1,100	−909	−459	116	−368
Czech Republic	−2,209	−3,002	−1,717	−1,992	−960	−1,823	560	1,039	644	3,759	1,920	1,619	2,196	1,796
Estonia	−104	−84	−291	−217	−906	212	195	294	100	1,118	142	−349	−41	57
Faroe Islands	....	....	....	....	....	....	....	....	....	....	....	....	....	....
Hungary	123	73	16	−503	−532	−286	−540	1,940	2,712	5,633	6,107	7,601	5,442	1,073
Latvia	−267	−290	23	−207	−159	−402	−175	−2	31	221	120	271	−49	215
Lithuania	−56	3	−220	−439	−544	−220	21	153	191	456	349	882	773	−251
Macedonia, FYR	1	....	−1	1	−1	....	−1	....	3	−1	184	6	−12	−22
Montenegro, Republic of	....	....	....	....	....	....	....	....	....	....	....	....	....	....
Poland	−614	−1,376	−934	−2,175	−1,541	−773	−1,035	3,544	4,741	8,950	14,013	4,096	1,409	−5,170
Romania	....	−5	....	−6	−290	259	−106	358	497	−112	858	303	−371	−434
Serbia, Republic of	....	....	....	....	....	....	8	....	....	....	....	....	156	−39
Turkey	−2,054	−1,353	−1,363	−1,213	−3,987	−1,947	−1,244	1,519	2,946	7,984	9,001	9,463	−2,358	−4,486
CIS and Mongolia	−2,714	−2,974	−3,813	−12,829	−2,131	−8,692	−7,110	1,575	−1,574	6,674	2,625	6,987	2,420	−12,902
Armenia	....	....	....	−2	−1	1	2	....	....	−1	....	....	−10	7
Azerbaijan	....	....	−20	−48	−31	−99	−299	....	....	....	78	22	83	−27
Belarus	−9	....	....	....	....	....	....	−7	....	4	−4	−2	−1	....
Georgia	....	....	....	....	....	−5	−2	....	....	....	....	....	....	508

Table B-29. Bonds and Notes

Millions of U.S. dollars, unless otherwise indicated

	Credit							Debit						
	2002	2003	2004	2005	2006	2007	2008	2002	2003	2004	2005	2006	2007	2008
CIS and Mongolia (continued)														
Kazakhstan	−1,070	−1,258	−363	−3,495	−7,393	−2,032	−261	−223	118	687	955	1,116	796	−683
Kyrgyz Republic	−3	1	−9	2	−3	−19	−32	....	....	....	....	....	....	....
Moldova	−1	1	−1	−1	....	....	....	−28	−25	−8	−6	−6	−6	−6
Mongolia	....	50	....	....	....	....	....	....	....	−50	....	....	....	....
Russia	−1,633	−1,773	−3,419	−9,285	5,298	−6,529	−6,515	1,593	−2,453	3,905	−1,061	2,667	−3,579	−11,034
Tajikistan	....	....	....	....	....	....	....	....	....	....	....	....	....	....
Turkmenistan	....	....	....	....	....	....	....	....	....	....	....	....	....	....
Ukraine	2	5	....	....	−1	−8	2	240	785	2,134	2,663	3,190	5,143	−1,680
Uzbekistan	....	....	....	....	....	....	....	....	....	....	....	....	....	....
Middle East *(Billions)*	−4.9	−46.9	−57.1	−39.2	−88.6	−68.9	−47.9	2.6	1.6	.1	4.3	3.6	4.1	7.8
Bahrain, Kingdom of	−3,997	−2,607	−1,894	−4,816	−8,327	−6,522	7,080	549	450	367	621	1,562	1,191	2,834
Egypt	....	....	....	....	....	....	....	−455	−55	−111	2,799	−499	789	−761
Iran, I.R. of	....	....	....	....	....	....	....	....	....	....	....	....	....	....
Iraq	....	....	....	−1,968	−3,617	−1,774	....	....	....	....	....	....	....	....
Jordan	....	....	....	....	....	....	....	....	−291	....	....	....	....	....
Kuwait	−3,388	−13,708	−12,647	−10,561	−25,956	−31,329	−29,853	162	334	288	−459	44	520	2,253
Lebanon	−54	−514	−274	39	−139	−953	−83	891	563	−272	−642	1,448	925	750
Libya	126	−333	61	−333	−5,125	....	....	....	....	....	....	....	....	....
Oman	....	....	....	....	....	....	....	−52	−39	130	−8	....	−25	−63
Qatar	....	....	....	....	....	....	....	....	....	....	....	....	....	....
Saudi Arabia	7,552	−18,738	−26,654	....	....	....	....	....	....	....	....	....	....	....
Syrian Arab Republic	....	....	....	....	....	....	....	....	....	....	....	....	....	....
United Arab Emirates	....	....	....	....	....	....	....	....	....	....	....	....	....	....
West Bank and Gaza	−163	−15	61	−20	−15	−24	....	....	....	....	....	....	....	....
Yemen, Republic of	....	....	....	....	....	....	....	....	....	....	....	....	....	....
Western Hemisphere	778	−3,386	−3,051	−4,167	−8,590	−13,934	220	−9,457	2,212	−7,572	7,340	142	32,155	3,881
Eastern Caribbean Currency Union														
Anguilla	....	....	....	....	....	....	....	....	....	....	....	....	....	....
Antigua and Barbuda	....	....	....	....	....	....	....	....	....	....	....	....	....	....
Dominica	....	....	....	....	....	....	....	....	....	....	....	....	....	....
Grenada	....	....	....	....	....	....	....	....	....	....	....	....	....	....
Montserrat	....	....	....	....	....	....	....	....	....	....	....	....	....	....
St. Kitts and Nevis	....	....	....	....	....	....	....	....	....	....	....	....	....	....
St. Lucia	....	....	....	....	....	....	....	....	....	....	....	....	....	....
St. Vincent and the Grenadines	....	....	....	....	....	....	....	....	....	....	....	....	....	....
Argentina	464	−61	−5	1,373	−7	−14	−12	−5,001	−7,728	−9,253	−1,707	7,118	5,285	−7,326
Aruba	11	−1	−5	−8	....	20	5	57	65	60	23	36	85	66
Bahamas, The	....	....	....	....	−19	−3	....	....	....	....	....	....	....	....
Barbados	....	....	−19	−17	....	....	....	−10	−10	−10	103	....	....	....
Belize	....	....	....	....	....	....	....	118	93	145	22	−21	83	....
Bermuda	....	....	....	....	171	375	410	....	....	....	....	13	3	2
Bolivia	....	....	....	....	....	....	....	....	....	....	....	....	....	....
Brazil	67	437	−633	−519	858	1,789	1,523	−5,959	1,721	−6,513	−506	−2,827	11,302	9,262
Chile	−434	−9	−131	−139	−914	−10,882	−3,909	1,319	1,736	1,114	−176	932	−992	578
Colombia	431	−1,135	−391	98	−953	−384	515	−950	181	1,176	−138	932	1,094	−1,192
Costa Rica	24	−90	60	−675	−513	−128	547	75	103	88	336	16	170	−136
Dominican Republic	−12	−6	−6	−7	−7	−8	−8	−20	580	−20	30	736	287	−337
Ecuador	....	−313	−167	−206	−580	−76	212	−1	−1	−1	593	−743	−3	−5
El Salvador	....	....	....	−10	....	....	....	780	394	134	180	712	−97	−54
Guatemala	−38	18	12	−39	−60	17	61	−108	−11	387	−37	−24	−202	−23
Guyana	−17	−27	−16	−34	−6	−95	−3	....	....	....	....	....	....	....
Haiti	....	....	....	....	....	....	....	....	....	....	....	....	....	....
Honduras	−4	−2	−11	−11	−23	−26	−10	....	....	....	....	....	....	....
Jamaica	−351	−1,105	−1,133	−1,406	−506	−1,769	−814	156	820	1,229	1,280	378	1,128	781
Mexico	1,134	91	1,718	....	....	....	....	−1,049	2,779	2,567	1,667	−5,182	6,201	2,391
Netherlands Antilles	−14	35	−75	−32	75	−8	....	1	5	4	1	−1	30	....
Nicaragua	....	....	....	....	....	....	....	....	....	....	....	....	....	....
Panama	−15	−92	−658	−1,085	−539	−1,252	−488	102	140	776	402	255	450	−62
Paraguay	....	....	....	....	....	....	....	....	....	....	....	....	....	....
Peru	72	....	1	1	1	1	1	1,733	1,210	1,291	1,810	−27	2,290	....
Suriname	....	....	....	....	....	....	....	....	....	....	−2	....	−1	−17
Trinidad and Tobago	....	....	....	....	....	....	....	....	....	....	....	....	....	....
Uruguay	265	−522	−697	577	−97	196	−52	58	208	253	231	1,810	953	−521
Venezuela, República Bolivariana de	−778	−602	−875	−2,026	−5,437	−1,664	2,273	−951	−240	−1,101	3,197	−4,024	4,045	428

Table B-30. **Money Market Instruments**

Millions of U.S. dollars, unless otherwise indicated

	Credit							Debit						
	2002	2003	2004	2005	2006	2007	2008	2002	2003	2004	2005	2006	2007	2008
Total *(Billions)*	–57	–58	–78	–69	–262	–171	13	101	82	191	58	194	489	647
International Organizations	723	–515	–737	–1,907	675	1,953	956	–1,818	1,010	–436	5,365	337	965	11,198
Advanced Economies *(Billions)*	–49	–54	–71	–61	–251	–172	18	103	81	184	47	182	461	649
Euro Area														
Austria	–3,794	3,987	–1,318	–761	2,226	–1,023	1,201	–1,312	746	1,601	1,333	7,967	2,853	12,459
Belgium	–3,268	5,585	799	5,638	7,863	–7,974	–2,225	9,277	–6,146	3,122	–5,476	–1,087	6,464	26,526
Cyprus	–10	–39	–14	181	127	–171	–3,989	113	184	1,584	338	2,451	–2,669	–499
Finland	–1,821	–639	–657	1,317	–2,030	–855	2,246	2,049	144	7,652	–899	4,337	2,583	6,868
France	–13,329	–29,486	–15,579	–13,454	–1,543	10,949	–53,870	735	16,268	16,294	24,501	–17,530	13,763	74,985
Germany	–3,311	4,771	–14,351	–5,847	–9,264	–30,198	21,438	25,756	13,993	–18,111	–2,594	–4,339	71,144	71,133
Greece	27	–67	–272	–2,335	–804	–7,511	–976	–156	68	272	26	–250	1,122	5,562
Ireland	–42,287	–41,281	–43,400	766	–83,464	–86,891	–7,324	–65	....	24,340	44,917	8,850	14,876	25,922
Italy	–588	3,181	834	–2,282	–5,638	–6,341	330	–12,946	9,046	–16,968	31,916	–1,115	5,889	56,729
Luxembourg	24,205	22,182	9,105	–19,035	–20,240	–31,629	–38,350	20,168	7,191	–2,515	2,191	4,070	5,647	–11,175
Malta	667	–589	74	–5	7	8	16	–9	–8	1	–3	–2	....	115
Netherlands	–2,256	2,262	–9,470	897	23,571	8,552	22,480	10,060	3,320	–4,991	–6,037	–18,636	5,398	84,569
Portugal	–382	–5,404	2,612	–3,413	3,319	3,205	896	1,488	1,857	6,056	5,227	–5,355	1,658	10,224
Slovak Republic	–2	–39	121	4	–122	–45	34	–7	–5	175	–163	170	132	–675
Slovenia	....	–23	–9	–8	–177	–1,996	446	39	....	31	67	116	....	....
Spain	....	–628	–12,453	6,972	–3,759	3,837	649	6,443	1,616	2,253	524	–787	12,213	8,283	18,987
Australia	–732	323	–1,625	1,199	–2,034	1,949	–735	2,216	267	3,561	12,403	26,204	–15,158	–14,016
Canada	–1,169	–2,410	–771	–1,725	–6,013	11,064	4,493	1,150	–1,105	–277	505	3,278	–1,086	9,308
China, P.R.: Hong Kong	365	–1,644	–3,646	–1,723	–18,571	–6,209	–14,327	–2,434	–560	129	151	42	21,393	–21,002
Denmark	–348	–1,859	73	–235	–1,594	–11,170	3,406	2,506	1,671	4,629	3,671	–661	–774	27,829
Iceland	....	4	4	2	–5	–3	....	–18	765	310	118	–748	510	243
Israel	....	....	....	....	....	....	....	....	....	....	....	....	....	....
Japan	5,669	5,945	6,240	9,449	9,555	4,950	–5,539	7,431	11,705	44,971	–9,199	48,785	84,503	8,784
Korea	1,248	–174	–217	113	–75	–332	99	404	–317	–132	527	443	2,779	302
New Zealand	....	....	....	....	....	....	....	....	....	....	....	....	....	....
Norway	–792	2,585	–1,096	–1,455	100	–1,589	1,681	–1,250	208	932	3,100	491	11,705	6,327
Singapore	....	....	....	....	....	....	....	....	....	....	....	....	....	....
Sweden	–8,250	–5,118	–9,000	–9,109	–162	–6,842	–9,501	–9,731	–9,164	–9,242	–4,756	4,657	12,462	–19,557
Switzerland	–3,705	–6,388	7,637	3,330	8,194	12,447	2,968	1,748	1,114	1,415	2,817	259	1,426	637
Taiwan Province of China *	–448	–1,514	–1,271	–1,310	–340	–781	–710	20	6	–23	–7	6	63	–78
United Kingdom	5,880	–19,602	4,370	–10,849	–23,966	5,520	30,912	44,197	–2,722	18,539	–13,525	79,365	41,025	–13,547
United States	....	23,594	–6,812	–6,336	–133,771	–29,486	56,613	....	29,854	100,547	–43,018	27,565	165,034	281,990

* from published sources

	2002	2003	2004	2005	2006	2007	2008	2002	2003	2004	2005	2006	2007	2008
Emerg. & Develop. Economies	–8,390	–3,240	–6,364	–6,657	–11,517	–1,672	–5,937	–489	699	7,237	4,799	11,618	27,057	–12,909
Africa	–154	–351	–365	–588	–609	–359	–857	–98	–89	–119	245	1,039	1,516	1,014
CEMAC														
Cameroon	....	....	....	....	....	....	....	....	....	....	....	....	....	....
Central African Republic	....	....	....	....	....	....	....	....	....	....	....	....	....	....
Chad	....	....	....	....	....	....	....	....	....	....	....	....	....	....
Congo, Republic of	....	....	....	....	....	....	....	....	....	....	....	....	....	....
Equatorial Guinea	....	....	....	....	....	....	....	....	....	....	....	....	....	....
Gabon	....	....	....	....	....	....	....	....	4	–1	....	....	....	....
WAEMU														
Benin	–5	1	3	6	4	–15	....	1	....	....	....	....	....	....
Burkina Faso	....	....	....	....	....	....	....	....	....	....	....	....	....	....
Côte d'Ivoire	–6	–8	–11	–47	2	–1	....	....	....	2	5	1	85	....
Guinea-Bissau	....	....	....	....	....	....	....	....	....	....	....	....	....	....
Mali	–2	....	....	....	....	....	....	....	....	....	–3	....	7	....
Niger	....	....	....	....	....	....	....	....	....	....	24	....	1	....
Senegal	16	5	–2	....	–75	37	....	....	....	....	....	4	20	....
Togo	....	–2	–6	....	–3	25	....	....	....	....	....	....	....	....
Algeria	....	....	....	....	....	....	....	....	....	....	....	....	....	....
Angola	....	1	....	....	....	....	....	....	....	....	....	....	....	....
Botswana	....	–136	–23	–115	–32	–100	–18	....	....	....	....	....	....	....
Burundi	....	....	....	....	....	....	....	....	....	....	....	....	....	....
Cape Verde	....	....	....	....	....	....	....	....	....	....	....	....	....	....
Comoros	....	....	....	....	....	....	....	....	....	....	....	....	....	....
Congo, Democratic Republic of	....	....	....	....	....	....	....	....	....	....	....	....	....	....
Djibouti	....	....	....	....	....	....	....	....	....	....	....	....	....	....
Eritrea	....	....	....	....	....	....	....	....	....	....	....	....	....	....
Ethiopia	....	....	....	....	....	....	....	....	....	....	....	....	....	....
Gambia, The	....	....	....	....	....	....	....	....	....	....	....	....	....	....
Ghana	....	....	....	....	....	98	....	....	....	....	....	....	–84	–49
Guinea	....	....	....	....	....	....	....	....	....	....	....	....	....	....
Kenya	....	....	....	....	....	....	....	....	....	....	....	....	....	....
Lesotho	....	....	....	....	....	....	....	....	....	....	....	....	....	....
Liberia	....	....	....	....	....	....	....	....	....	....	....	....	....	....
Madagascar	....	....	....	....	....	....	....	....	....	....	....	....	....	....

Table B-30. Money Market Instruments
Millions of U.S. dollars, unless otherwise indicated

	Credit							Debit						
	2002	2003	2004	2005	2006	2007	2008	2002	2003	2004	2005	2006	2007	2008
Africa (continued)														
Malawi	....	....	....	....	....	....	....	....	....	....	....	....	....	....
Mauritania	....	....	....	....	....	....	....	....	....	....	....	....	....	....
Mauritius	....	....	....	....	....	....	....	2	1	–4	–11	–1	104	–111
Morocco	....	....	....	....	....	....	....	....	....	....	....	....	....	....
Mozambique	....	....	....	....	....	....	....	....	....	....	....	....	....	....
Namibia	–157	–211	–325	–299	–347	–272	....	....	....	....	....	....	....	....
Nigeria	....	....	....	–132	–148	–137	–645	....	....	....	133	1,031	1,196	1,006
Rwanda	....	....	....	....	....	....	....	....	....	....	....	....	....	....
São Tomé & Príncipe	....	....	....	....	....	....	....	....	....	....	....	....	....	....
Seychelles	....	....	....	....	....	....	....	....	....	....	....	....	....	....
Sierra Leone	....	....	....	....	....	....	....	....	....	....	....	....	....	....
South Africa	....	....	....	....	....	–2	–248	–101	–114	–97	25	–29	120	199
Sudan	....	....	....	....	....	....	....	....	....	....	....	....	....	....
Swaziland	....	....	....	....	–9	9	....	....	....	....	....	....	....	....
Tanzania	....	....	....	....	....	....	....	....	....	....	....	....	....	....
Tunisia	....	....	....	....	....	....	....	....	....	....	....	....	....	....
Uganda	....	....	....	....	....	....	....	....	20	–18	–15	–1	52	7
Zambia	....	....	....	....	....	....	....	....	....	....	89	33	15	–38
Zimbabwe	....	....	....	....	....	....	....	....	....	....	....	....	....	....
Developing Asia	–9,784	–70	–1,836	–1,081	–1,554	–4,379	2,330	171	–178	1,165	1,426	2,480	7,215	–12,126
Afghanistan, I.R. of	....	....	....	....	....	....	....	....	....	....	....	....	....	....
Bangladesh	....	....	....	....	....	....	....	....	....	....	....	....	....	....
Bhutan	....	....	....	....	....	....	....	....	....	....	....	....	....	....
Brunei Darussalam	....	....	....	....	....	....	....	....	....	....	....	....	....	....
Cambodia	....	....	....	....	....	....	....	....	....	....	....	....	....	....
China, P.R.: Mainland	–8,821	....	....	–675	–2,228	2,274	–3,696	8	–2	–3	311	....	....	....
China, P.R.: Macao	–36	–56	–870	–62	92	–140	....	....	....	....	....	....	....	....
Fiji	....	....	....	....	....	....	....	....	....	....	....	....	....	....
French Overseas Territories: French Polynesia	....	....	....	....	....	....	....	....	....	....	....	....	....	....
French Overseas Territories: New Caledonia	....	....	....	....	....	....	....	....	....	....	....	....	....	....
India	....	....	....	....	....	....	....	....	....	....	....	....	....	....
Indonesia	....	....	....	....	....	....	....	....	....	773	677	375	1,233	–1,980
Kiribati	....	....	....	....	....	....	....	....	....	....	....	....	....	....
Lao People's Democratic Republic	....	....	....	....	....	....	....	....	....	....	....	....	....	....
Malaysia	–91	13	–198	–325	368	–127	166	–96	–52	500	–1,156	541	6,130	–11,346
Maldives	....	....	....	....	....	....	....	....	....	....	....	....	....	....
Myanmar	....	....	....	....	....	....	....	....	....	....	....	....	....	....
Nepal	....	....	....	....	....	....	....	....	....	....	....	....	....	....
Pakistan	....	....	....	....	....	....	....	....	....	....	....	....	....	....
Papua New Guinea	–20	20	–108	39	....	....	....	....	....	....	....	–2	....	....
Philippines	–858	–72	–684	287	–296	826	554	....	....	....	11	30	–18	–1
Samoa	....	....	....	....	....	....	....	....	....	....	....	....	....	....
Solomon Islands	....	....	....	....	....	....	....	....	....	....	....	....	....	....
Sri Lanka	....	....	....	....	....	–97	–722	....	....	....	....	....	470	509
Thailand	42	25	24	–346	470	–7,154	6,128	258	–125	–104	1,585	1,536	–598	693
Timor-Leste	....	....	....	....	....	....	....	....	....	....	....	....	....	....
Tonga	....	....	....	....	....	....	....	....	....	....	....	....	....	....
Vanuatu	....	....	....	....	....	....	....	....	....	....	....	....	....	....
Vietnam	....	....	....	....	....	....	....	....	....	....	....	....	....	....
Europe	446	–1,271	–812	–2,172	81	–686	–6,934	575	–116	633	–418	1,012	–1,137	–830
Central and Eastern Europe	–405	–408	–72	–283	–820	–82	1,826	95	183	307	–943	–128	164	98
Albania	....	....	....	....	....	....	....	....	....	....	....	....	....	....
Bosnia and Herzegovina	....	....	–1	....	....	1	–8	....	....	....	....	....	....	....
Bulgaria	11	24	–54	–102	81	53	–104	....	....	....	....	228	–248	....
Croatia	13	15	–162	23	–318	147	–50	–29	39	–40	....	....	....	....
Czech Republic	67	–120	358	–2	–107	188	–264	40	5	298	–301	–10	234	–214
Estonia	–89	–234	142	–267	62	–268	374	–3	351	–180	–162	–28	–8	....
Faroe Islands	....	....	....	....	....	....	....	....	....	....	....	....	....	....
Hungary	–115	–16	–19	–34	12	–9	–19	42	–78	229	–306	238	94	112
Latvia	49	–3	–16	10	–14	–35	–37	–1	....	2	–1	1	10	–14
Lithuania	–64	29	19	–154	–275	–261	169	–10	27	–33	62	–102	2	–1
Macedonia, FYR	....	....	....	....	....	....	....	....	....	....	....	....	....	....
Montenegro, Republic of	....	....	....	....	....	....	....	....	....	....	....	....	....	....
Poland	–275	–103	–340	241	–112	–18	2,392	52	–164	2	–237	–441	–26	195
Romania	....	....	....	2	–148	119	–628	3	3	29	2	–15	106	20
Serbia, Republic of	....	....	....	....	....	....	....	....	....	....	....	....	....	....
Turkey	....	....	....	....	....	....	....	....	....	....	....	....	....	....
CIS and Mongolia	850	–862	–739	–1,890	901	–604	–8,760	481	–299	326	524	1,141	–1,302	–928
Armenia	4	....	....	....	....	....	....	–1	....	–3	....	10	....	....
Azerbaijan	....	....	....	....	....	....	....	....	....	....	....	....	....	....
Belarus	....	2	3	–3	4	–35	4	....	2	55	–35	–22	–1	....
Georgia	....	....	....	....	....	–2	2	....	....	....	....	....	....	....

Table B-30. Money Market Instruments

Millions of U.S. dollars, unless otherwise indicated

	Credit							Debit						
	2002	2003	2004	2005	2006	2007	2008	2002	2003	2004	2005	2006	2007	2008
CIS and Mongolia (continued)														
Kazakhstan	381	–504	–366	–1,238	63	–537	–7,555	1	....	1	99	771	–2,106	–137
Kyrgyz Republic	....	....	....	....	....	....	....	....	....	....	....	....	....	....
Moldova	....	....	....	....	....	....	....	....	....	....	....	....	....	1
Mongolia	....	....	....	....	....	....	....	....	....	....	....	....	....	....
Russia	465	–361	–375	–649	834	–28	–1,211	481	–298	268	448	308	881	–793
Tajikistan	....	....	....	....	....	....	....	....	....	5	....	....	....	....
Turkmenistan	....	....	....	....	....	....	....	....	....	....	....	....	....	....
Ukraine	....	....	....	....	....	....	....	....	–3	....	12	74	–76	....
Uzbekistan	....	....	....	....	....	....	....	....	....	....	....	....	....	....
Middle East	**–78**	**–261**	**–267**	**–11**	**–79**	**–98**	**58**	**–143**	**–127**	**32**	**–146**	**25**	**–303**	**–5,593**
Bahrain, Kingdom of	....	....	....	....	....	....	....	....	....	....	....	....	....	....
Egypt	....	....	....	....	....	....	....	....	....	....	....	....	–317	–5,593
Iran, I.R. of	....	....	....	....	....	....	....	....	....	....	....	....	....	....
Iraq	....	....	....	....	–53	....	....	....	....	....	....	....	....	....
Jordan	....	....	....	....	....	....	....	....	....	....	....	....	....	....
Kuwait	....	....	....	....	....	....	....	....	....	....	....	....	....	....
Lebanon	–3	–5	8	1	–13	–98	58	–143	–127	32	–146	25	15	....
Libya	–75	–256	–275	–13	–13	....	....	....	....	....	....	....	....	....
Oman	....	....	....	....	....	....	....	....	....	....	....	....	....	....
Qatar	....	....	....	....	....	....	....	....	....	....	....	....	....	....
Saudi Arabia	....	....	....	....	....	....	....	....	....	....	....	....	....	....
Syrian Arab Republic	....	....	....	....	....	....	....	....	....	....	....	....	....	....
United Arab Emirates	....	....	....	....	....	....	....	....	....	....	....	....	....	....
West Bank and Gaza	....	....	....	....	....	....	....	....	....	....	....	....	....	....
Yemen, Republic of	....	....	....	....	....	....	....	....	....	....	....	....	....	....
Western Hemisphere	**1,180**	**–1,287**	**–3,085**	**–2,804**	**–9,356**	**3,850**	**–535**	**–995**	**1,209**	**5,527**	**3,693**	**7,061**	**19,767**	**4,627**
Eastern Caribbean Currency Union														
Anguilla	....	....	....	....	....	....	....	....	....	....	....	....	....	....
Antigua and Barbuda	....	....	....	....	....	....	....	....	....	....	....	....	....	....
Dominica	....	....	....	....	....	....	....	....	....	....	....	....	....	....
Grenada	....	....	....	....	....	....	....	....	....	....	....	....	....	....
Montserrat	....	....	....	....	....	....	....	....	....	....	....	....	....	....
St. Kitts and Nevis	....	....	....	....	....	....	....	....	....	....	....	....	....	....
St. Lucia	....	....	....	....	....	....	....	....	....	....	....	....	....	....
St. Vincent and the Grenadines	....	....	....	....	....	....	....	....	....	....	....	....	....	....
Argentina	....	....	....	....	....	....	....	....	....	....	....	....	....	....
Aruba	1	–10	–3	–7	–9	–309	2	....	1	1	–2	....	....	....
Bahamas, The	....	....	....	....	....	....	....	....	....	....	....	....	....	....
Barbados	–4	....	6	–7	....	....	....	....	....	....	....	....	....	....
Belize	....	....	....	....	....	....	....	6	–14	–68	–4	–4	–4	–5
Bermuda	....	....	....	....	391	81	1,564	....	....	....	....	....	....	854
Bolivia	–19	–68	–37	–153	25	–30	–208	....	....	....	....	....	....	....
Brazil	....	....	....	–421	579	–90	120	–819	435	436	710	4,161	10,585	–2,464
Chile	390	163	–1,095	–63	–6,906	4,916	–1,990	....	....	....	....	39	96	685
Colombia	1,599	–618	–1,174	–1,787	–2,379	–610	–327	....	....	....	....	....	....	....
Costa Rica	....	....	....	....	....	....	....	....	....	....	....	....	....	....
Dominican Republic	....	–8	1	–77	–340	185	121	8	–16	3	297	366	489	–223
Ecuador	....	....	....	....	....	....	....	....	....	....	....	....	....	....
El Salvador	–289	–264	–125	28	63	–71	199	–223	59	48	–93	4	–7	–2
Guatemala	....	....	....	....	....	....	....	....	....	....	....	....	....	....
Guyana	....	....	....	....	....	....	....	8	–1	11	17	1	....	9
Haiti	....	....	....	....	....	....	....	....	....	....	....	....	....	....
Honduras	....	....	....	....	....	....	....	....	....	....	....	....	....	....
Jamaica	....	....	....	....	....	....	....	....	....	....	....	....	....	....
Mexico	....	....	....	....	....	....	....	25	744	5,007	2,774	2,512	7,810	5,953
Netherlands Antilles	–16	7	–3	9	5	11	....	....	....	89	1	–8	–39	....
Nicaragua	....	....	....	....	....	....	....	1	....	–1	–8	–10	–12	....
Panama	....	8	....	–1	–74	40	20	....	....	....	....	....	....	....
Paraguay	....	....	....	....	....	....	....	....	....	....	....	....	....	....
Peru	....	....	....	....	....	....	....	....	....	....	....	....	850	–181
Suriname	....	....	....	....	....	....	....	....	....	....	....	....	....	....
Trinidad and Tobago	–70	–509	–690	–258	–200	–272	....	....	....	....	....	....	....	....
Uruguay	....	....	....	....	....	....	....	....	....	....	....	....	....	....
Venezuela, República Bolivariana de	–412	12	35	–67	–504	4	234	....	....	....	....	....	....	....

Table B-39. Financial Derivatives

Millions of U.S. dollars, unless otherwise indicated

	Credit							Debit						
	2002	2003	2004	2005	2006	2007	2008	2002	2003	2004	2005	2006	2007	2008
Total *(Billions)*	204	263	292	450	362	434	772	–215	–273	–310	–463	–307	–538	–840
International Organizations	....	....	....	....	....	....	....	–2,275	–560	–2,873	–2,467	752	1,836	–3,873
Advanced Economies *(Billions)*	200	257	289	445	355	422	739	–207	–266	–303	–453	–300	–525	–798
Euro Area														
Austria	....	....	....	....	....	....	....	....	....	....	....	....	....	....
Belgium	–3,851	–7,195	–8,648	–9,647	–1,497	....	....	1,917	3,570	3,063	4,199	4,870	....	....
Cyprus	–50	17	–24	–16	–152	134	–42	....	....	–21	1	–9	2	–226
Finland	....	....	....	....	....	....	....	–325	1,715	522	2,168	146	–907	1,787
France	....	....	....	....	....	....	....	5,303	–7,051	6,212	6,356	4,185	63,085	–6,138
Germany	....	....	....	....	....	....	....	–1,142	–2,380	–9,370	–12,024	–7,579	–119,623	–41,152
Greece	–175	111	–429	13	920	–623	–661	....	....	....	....	....	....	....
Ireland	1,606	–406	–1,903	–5,347	4,239	–18,725	–1,881	–26	–120	2,945	–2,694	–2,190	2,393	–6,996
Italy	–6,137	–10,284	....	....	....	....	....	3,431	4,814	2,286	3,121	–592	743	9,962
Luxembourg	....	....	....	....	....	....	....	....	....	....	....	....	....	....
Malta	....	–5	–18	–19	51	–196	15	....	30	–1	–5	–21	363	–468
Netherlands	70,419	126,911	165,590	150,955	131,817	159,511	154,547	–77,263	–127,141	–167,108	–155,136	–138,581	–155,723	–163,682
Portugal	3,796	4,590	4,135	4,865	6,790	11,513	33,180	–3,802	–4,518	–4,226	–5,076	–7,053	–11,277	–32,965
Slovak Republic	....	–43	–149	–98	–442	265	–409	3	60	169	64	279	–213	255
Slovenia	....	....	7	–13	–16	–46	54	....	....	....	....	....	26	14
Spain	....	....	....	....	....	....	....	–4,720	–3,785	74	273	2,527	–6,015	–13,791
Australia	2,015	7,910	19,397	16,498	13,378	673	2,289	–2,331	–8,430	–19,147	–16,536	–10,925	–13,931	–2,167
Canada	....	....	....	....	....	....	....	....	....	....	....	....	....	....
China, P.R.: Hong Kong	20,035	30,005	20,605	20,797	19,437	29,818	71,994	–13,424	–19,958	–14,912	–16,877	–16,099	–24,244	–63,831
Denmark	390	–12	3,206	2,161	2,636	143	2,790	....	....	....	....	....	....	....
Iceland	....	....	....	....	....	....	–615	....	....	....	....	....	....	615
Israel	–10	14	50	35	–66	19	–156	....	....	....	....	....	....	....
Japan	77,249	64,955	56,443	230,590	143,481	188,503	271,948	–74,765	–59,380	–54,037	–237,119	–141,026	–185,707	–247,156
Korea	1,288	800	2,523	3,461	5,652	12,109	54,750	–926	–1,194	–2,360	–5,167	–8,449	–6,665	–69,083
New Zealand	....	....	....	....	....	....	....	....	....	....	....	....	....	....
Norway	–4,270	35	–636	....	....	....	....	–556	–161	780	....	....	....	....
Singapore	....	....	....	....	....	....	....	....	....	....	....	....	....	....
Sweden	37,720	40,045	27,730	29,417	29,077	39,239	77,694	–37,888	–38,964	–27,969	–30,347	–28,953	–40,412	–76,196
Switzerland	....	....	....	....	–2,168	–3,794	65,925	....	....	....	....	–707	–6,605	–59,493
Taiwan Province of China *	–270	–57	888	909	1,930	3,691	7,938	28	–158	–1,731	–1,912	–2,895	–3,980	–6,349
United Kingdom	....	....	....	....	....	....	....	1,351	–8,494	–14,272	16,525	14,480	–38,075	23,962
United States	....	....	....	....	....	....	....	....	....	....	....	....	....	....

* from published sources

	Credit							Debit						
	2002	2003	2004	2005	2006	2007	2008	2002	2003	2004	2005	2006	2007	2008
Emerg. & Develop. Economies	4,174	6,020	3,248	5,887	6,975	11,957	32,450	–5,808	–5,988	–4,449	–7,826	–7,568	–14,769	–37,187
Africa	–8	–7	–6	–6	–6	–23	....	2	3	11	1	....	29	7
CEMAC														
Cameroon	....	....	....	....	....	....	....	....	....	....	....	....	....	....
Central African Republic	....	....	....	....	....	....	....	....	....	....	....	....	....	....
Chad	....	....	....	....	....	....	....	....	....	....	....	....	....	....
Congo, Republic of	....	....	....	....	....	....	....	....	....	....	....	....	....	....
Equatorial Guinea	....	....	....	....	....	....	....	....	....	....	....	....	....	....
Gabon	....	....	....	....	....	....	....	....	....	....	....	....	....	....
WAEMU														
Benin	....	....	....	....	....	....	....	....	....	....	....	....	....	....
Burkina Faso	....	....	....	....	....	....	....	....	....	....	....	....	....	....
Côte d'Ivoire	–6	–8	–6	–5	–6	–7	....	2	3	10	1	....	....	....
Guinea-Bissau	....	....	....	....	....	....	....	....	....	....	....	....	....	....
Mali	....	....	....	....	....	....	....	....	....	....	....	....	....	....
Niger	....	....	....	....	....	....	....	....	....	1	....	....	2	....
Senegal	–2	2	1	....	....	....	....	....	1	–1	....	....	26	....
Togo	....	....	....	....	....	....	....	....	....	....	....	1	....	....
Algeria	....	....	....	....	....	....	....	....	....	....	....	....	....	....
Angola	....	....	....	....	....	....	....	....	....	....	....	....	....	....
Botswana	....	....	....	....	....	....	....	....	....	....	....	....	....	....
Burundi	....	....	....	....	....	....	....	....	....	....	....	....	....	....
Cape Verde	....	....	....	....	....	....	....	....	....	....	....	....	....	....
Comoros	....	....	....	....	....	....	....	....	....	....	....	....	....	....
Congo, Democratic Republic of	....	....	....	....	....	....	....	....	....	....	....	....	....	....
Djibouti	....	....	....	....	....	....	....	....	....	....	....	....	....	....
Eritrea	....	....	....	....	....	....	....	....	....	....	....	....	....	....
Ethiopia	....	....	....	....	....	....	....	....	....	....	....	....	....	....
Gambia, The	....	....	....	....	....	....	....	....	....	....	....	....	....	....
Ghana	....	....	....	....	....	....	....	....	....	....	....	....	....	....
Guinea	....	....	....	....	....	....	....	....	....	....	....	....	....	....
Kenya	....	....	....	....	....	....	....	....	....	....	....	....	....	....
Lesotho	....	....	....	....	....	....	....	....	....	....	....	....	....	....
Liberia	....	....	....	....	....	....	....	....	....	....	....	....	....	....
Madagascar	....	....	....	....	....	....	....	....	....	....	....	....	....	....

Table B-39.   **Financial Derivatives**

Millions of U.S. dollars, unless otherwise indicated

	Credit							Debit						
	2002	2003	2004	2005	2006	2007	2008	2002	2003	2004	2005	2006	2007	2008
Africa (continued)														
Malawi	....	....	....	....	....	....	....	....	....	....	....	....	....	....
Mauritania	....	....	....	....	....	....	....	....	....	....	....	....	....	....
Mauritius	....	....	....	....	....	....	....	....	....	....	....	....	....	....
Morocco	....	....	....	....	....	....	....	....	....	....	....	....	....	....
Mozambique	....	....	....	....	....	−16	....	....	....	....	....	....	....	....
Namibia	....	....	....	....	....	....	....	....	....	....	....	....	....	....
Nigeria	....	....	....	....	....	....	....	....	....	....	....	....	....	....
Rwanda	....	....	....	....	....	....	....	....	....	....	....	....	....	....
São Tomé & Príncipe	....	....	....	....	....	....	....	....	....	....	....	....	....	....
Seychelles	....	....	....	....	....	....	....	....	....	....	....	....	....	....
Sierra Leone	....	....	....	....	....	....	....	....	....	....	....	....	....	....
South Africa	....	....	....	....	....	....	....	....	....	....	....	....	....	....
Sudan	....	....	....	....	....	....	....	....	....	....	....	....	....	....
Swaziland	....	....	....	....	....	....	....	....	....	....	....	....	....	....
Tanzania	....	....	....	....	....	....	....	....	....	....	....	....	....	....
Tunisia	....	....	....	....	....	....	....	....	....	....	....	....	....	....
Uganda	....	....	....	....	....	....	....	....	....	....	....	....	1	7
Zambia	....	....	....	....	....	....	....	....	....	....	....	....	....	....
Zimbabwe	....	....	....	....	....	....	....	....	....	....	....	....	....	....
Developing Asia	36	−84	−2,035	−102	−315	1,245	−514	−229	118	1,613	−1,047	347	−1,890	−410
Afghanistan, I.R. of	....	....	....	....	....	....	....	....	....	....	....	....	....	....
Bangladesh	....	....	....	....	....	....	....	....	....	....	....	....	....	....
Bhutan	....	....	....	....	....	....	....	....	....	....	....	....	....	....
Brunei Darussalam	....	....	....	....	....	....	....	....	....	....	....	....	....	....
Cambodia	....	....	....	....	....	....	....	....	....	....	....	....	....	....
China, P.R.: Mainland	....	....	....	....	....	....	....	....	....	....	....	....	....	....
China, P.R.: Macao	118	−114	−584	−522	−212	48	....	....	....	....	....	....	....	....
Fiji	....	....	....	....	....	....	....	....	....	....	....	....	....	....
French Overseas Territories: French Polynesia	....	....	....	....	....	....	....	....	....	....	....	....	....	....
French Overseas Territories: New Caledonia	....	....	....	....	....	....	....	....	....	....	....	....	....	....
India	....	....	....	....	....	....	....	....	....	....	....	....	....	....
Indonesia	....	....	....	....	....	....	....	....	....	....	....	....	....	....
Kiribati	....	....	....	....	....	....	....	....	....	....	....	....	....	....
Lao People's Democratic Republic	....	....	....	....	....	....	....	....	....	....	....	....	....	....
Malaysia	−174	−24	−1,520	−59	8	198	−1,165	−139	142	1,814	1	21	−246	506
Maldives	....	....	....	....	....	....	....	....	....	....	....	....	....	....
Myanmar	....	....	....	....	....	....	....	....	....	....	....	....	....	....
Nepal	....	....	....	....	....	....	....	....	....	....	....	....	....	....
Pakistan	....	....	....	....	....	....	....	....	....	....	....	....	....	....
Papua New Guinea	....	....	....	....	....	....	....	....	....	....	....	....	....	....
Philippines	85	54	58	98	159	170	541	−106	−118	−85	−141	−297	−458	−654
Samoa	....	....	....	....	....	....	....	....	....	....	....	....	....	....
Solomon Islands	....	....	....	....	....	....	....	....	....	....	....	....	....	....
Sri Lanka	....	....	....	....	....	....	....	....	....	....	....	....	....	....
Thailand	7	−1	11	382	−270	828	110	17	94	−116	−908	623	−1,186	−262
Timor-Leste	....	....	....	....	....	....	....	....	....	....	....	....	....	....
Tonga	....	....	....	....	....	....	....	....	....	....	....	....	....	....
Vanuatu	....	....	....	....	....	....	....	....	....	....	....	....	....	....
Vietnam	....	....	....	....	....	....	....	....	....	....	....	....	....	....
Europe	1,423	3,588	4,183	4,239	5,220	8,072	24,923	−2,268	−3,452	−4,014	−4,865	−6,381	−9,312	−27,866
Central and Eastern Europe	1,330	2,591	3,491	3,500	4,070	5,924	16,165	−2,196	−3,092	−3,156	−3,779	−5,051	−7,129	−17,927
Albania	....	....	....	....	....	....	....	....	....	....	....	....	....	....
Bosnia and Herzegovina	....	....	....	....	....	....	....	....	....	....	....	....	....	....
Bulgaria	....	....	−86	−112	−168	−139	−133	7	−1	....	....	25	55	57
Croatia	....	....	....	....	....	....	....	....	....	....	....	....	....	....
Czech Republic	−476	257	−660	−130	−504	−871	2,121	347	−114	514	18	222	898	−2,924
Estonia	−3	−10	−3	1	−15	−77	63	−1	8	3	−9	21	6	9
Faroe Islands	....	....	....	....	....	....	....	....	....	....	....	....	....	....
Hungary	1,796	2,320	4,214	3,621	4,570	6,336	12,872	−1,647	−2,069	−3,802	−3,771	−4,383	−5,215	−12,595
Latvia	−7	−5	−35	58	130	334	325	20	11	−13	−134	−70	−105	−392
Lithuania	20	28	60	27	9	5	40	−23	−56	−57	−15	−20	−7	−26
Macedonia, FYR	....	....	....	....	....	....	....	....	....	....	....	....	....	....
Montenegro, Republic of	....	....	....	....	....	....	....	....	....	....	....	....	....	....
Poland	....	....	....	....	....	....	....	−898	−870	200	193	−689	−2,010	−787
Romania	....	....	....	36	48	337	877	....	....	....	−62	−156	−753	−1,271
Serbia, Republic of	....	....	....	....	....	....	....	....	....	....	....	....	2	2
Turkey	....	....	....	....	....	....	....	....	....	....	....	....	....	....
CIS and Mongolia	93	997	692	739	1,151	2,148	8,758	−72	−361	−858	−1,086	−1,331	−2,183	−9,940
Armenia	....	....	....	....	....	....	....	....	....	....	....	....	....	....
Azerbaijan	....	....	....	....	....	....	....	....	....	....	....	....	....	....
Belarus	....	....	....	2	....	....	....	....	....	....	−2	−13	....	....
Georgia	....	....	....	....	....	1	11	....	....	....	....	....	....	−3

2009, International Monetary Fund: *Balance of Payments Statistics Yearbook*

Table B-39. Financial Derivatives

Millions of U.S. dollars, unless otherwise indicated

	Credit							Debit						
	2002	2003	2004	2005	2006	2007	2008	2002	2003	2004	2005	2006	2007	2008
CIS and Mongolia (continued)														
Kazakhstan	....	....	−45	−120	−92	−614	−370	....	16	−2	7	24	247	551
Kyrgyz Republic	−5	−20	−20	....	....	....	....	....	....	....	....	....	....	....
Moldova	....	....	....	−2	....	−1	....	....	....	....	1	....	....	....
Mongolia	....	....	....	....	....	....	....	....	....	....	....	....	....	....
Russia	98	1,017	758	858	1,242	2,762	9,117	−72	−377	−857	−1,091	−1,342	−2,430	−10,487
Tajikistan	....	....	....	....	....	....	....	....	....	....	....	....	....	....
Turkmenistan	....	....	....	....	....	....	....	....	....	....	....	....	....	....
Ukraine	....	....	....	....	....	....	....	....	....	....	....	....	....	....
Uzbekistan	....	....	....	....	....	....	....	....	....	....	....	....	....	....
Middle East	....	....	....	....	....	....	....	....	....	....	....	....	....	....
Bahrain, Kingdom of	....	....	....	....	....	....	....	....	....	....	....	....	....	....
Egypt	....	....	....	....	....	....	....	....	....	....	....	....	....	....
Iran, I.R. of	....	....	....	....	....	....	....	....	....	....	....	....	....	....
Iraq	....	....	....	....	....	....	....	....	....	....	....	....	....	....
Jordan	....	....	....	....	....	....	....	....	....	....	....	....	....	....
Kuwait	....	....	....	....	....	....	....	....	....	....	....	....	....	....
Lebanon	....	....	....	....	....	....	....	....	....	....	....	....	....	....
Libya	....	....	....	....	....	....	....	....	....	....	....	....	....	....
Oman	....	....	....	....	....	....	....	....	....	....	....	....	....	....
Qatar	....	....	....	....	....	....	....	....	....	....	....	....	....	....
Saudi Arabia	....	....	....	....	....	....	....	....	....	....	....	....	....	....
Syrian Arab Republic	....	....	....	....	....	....	....	....	....	....	....	....	....	....
United Arab Emirates	....	....	....	....	....	....	....	....	....	....	....	....	....	....
West Bank and Gaza	....	....	....	....	....	....	....	....	....	....	....	....	....	....
Yemen, Republic of	....	....	....	....	....	....	....	....	....	....	....	....	....	....
Western Hemisphere	2,722	2,523	1,107	1,755	2,076	2,664	8,040	−3,313	−2,657	−2,059	−1,915	−1,534	−3,596	−8,918
Eastern Caribbean Currency Union														
Anguilla	....	....	....	....	....	....	....	....	....	....	....	....	....	....
Antigua and Barbuda	....	....	....	....	....	....	....	....	....	....	....	....	....	....
Dominica	....	....	....	....	....	....	....	....	....	....	....	....	....	....
Grenada	....	....	....	....	....	....	....	....	....	....	....	....	....	....
Montserrat	....	....	....	....	....	....	....	....	....	....	....	....	....	....
St. Kitts and Nevis	....	....	....	....	....	....	....	....	....	....	....	....	....	....
St. Lucia	....	....	....	....	....	....	....	....	....	....	....	....	....	....
St. Vincent and the Grenadines	....	....	....	....	....	....	....	....	....	....	....	....	....	....
Argentina	....	....	....	....	....	....	....	....	....	....	....	−127	−565	−935
Aruba	....	....	....	....	....	....	....	....	....	−1	2	−3	1	−10
Bahamas, The	....	....	....	....	....	....	....	....	....	....	....	....	....	....
Barbados	....	....	....	2	....	....	....	....	....	....	5	....	....	....
Belize	1	1	1	....	....	....	....	....	....	....	−6	....	....	....
Bermuda	....	....	....	....	44	−28	135	....	....	....	....	−45	−74	−80
Bolivia	....	....	....	....	....	....	....	....	....	....	....	....	....	....
Brazil	933	683	467	508	482	88	298	−1,289	−834	−1,145	−548	−99	−799	−610
Chile	1,788	1,840	639	1,244	1,552	2,608	7,607	−1,912	−1,722	−723	−1,307	−1,251	−2,154	−7,283
Colombia	....	....	....	....	....	....	....	−111	−101	−190	−62	−9	....	....
Costa Rica	....	....	....	....	....	....	....	....	....	....	....	....	....	....
Dominican Republic	....	....	....	....	....	....	....	....	....	....	....	....	....	....
Ecuador	....	....	....	....	....	....	....	....	....	....	....	....	....	....
El Salvador	....	....	....	....	....	....	....	....	....	....	....	....	....	....
Guatemala	....	....	....	....	....	....	....	....	....	....	....	....	....	....
Guyana	....	....	....	....	....	....	....	....	....	....	....	....	....	....
Haiti	....	....	....	....	....	....	....	....	....	....	....	....	....	....
Honduras	....	....	....	....	....	....	....	....	....	....	....	....	....	....
Jamaica	....	....	....	....	....	....	....	....	....	....	....	....	....	....
Mexico	....	....	....	....	....	....	....	....	....	....	....	....	....	....
Netherlands Antilles	....	....	....	1	−2	−4	....	....	....	....	....	1	....	....
Nicaragua	....	....	....	....	....	....	....	....	....	....	....	....	....	....
Panama	....	....	....	....	....	....	....	....	....	....	....	....	....	....
Paraguay	....	....	....	....	....	....	....	....	....	....	....	....	....	....
Peru	....	....	....	....	....	....	....	....	....	....	....	....	....	....
Suriname	....	....	....	....	....	....	....	....	....	....	....	....	....	....
Trinidad and Tobago	....	....	....	....	....	....	....	....	....	....	....	....	....	....
Uruguay	....	....	....	....	....	....	....	....	....	....	....	....	....	....
Venezuela, República Bolivariana de	....	....	....	....	....	....	....	....	....	....	....	−1	−5	....

Table B-31. **Other Investment**

Millions of U.S. dollars, unless otherwise indicated

	Credit							Debit						
	2002	2003	2004	2005	2006	2007	2008	2002	2003	2004	2005	2006	2007	2008
Total *(Billions)*	−637	−1,044	−2,225	−2,955	−3,454	−5,781	692	703	1,264	2,310	2,773	3,351	5,822	−1,189
International Organizations	−29,648	−26,324	3,020	−47,919	57,739	−20,723	−50,658	19,913	33,316	11,228	38,383	24,977	48,565	30,551
Advanced Economies *(Billions)*	−554	−958	−2,068	−2,649	−3,138	−5,075	1,134	681	1,197	2,190	2,573	3,063	4,945	−1,409
Euro Area														
Austria	11,902	−16,648	−21,440	−30,098	−68,095	−51,646	−59,585	−5,808	10,135	25,147	42,701	50,485	16,366	20,634
Belgium	−43,583	−75,625	−64,685	−87,399	−91,915	−158,361	76,489	15,413	70,649	80,365	125,017	81,520	180,544	−93,623
Cyprus	1,386	−2,357	−3,134	−7,154	−3,560	−13,964	−13,276	−488	1,787	2,517	8,030	5,164	15,625	35,349
Finland	−50	−12,644	−11,851	−1,776	−15,801	−11,131	−13,346	−3,253	−2,129	9,230	3,068	11,820	12,173	25,348
France	−44,149	−14,832	−116,159	−276,847	−153,206	−264,020	64,868	27,470	39,600	193,914	308,240	363,306	483,418	24,947
Germany	−164,863	−170,904	−179,468	−161,896	−260,674	−452,680	−214,137	27,756	15,297	46,374	75,643	129,768	156,405	31,568
Greece	−6,952	−4,413	−7,463	−8,740	−7,336	−22,118	−40,679	8,897	−3,888	−3,813	16,064	21,539	40,161	58,021
Ireland	−33,183	−65,870	−57,406	−133,298	−126,184	−196,846	−98,699	49,759	90,542	71,236	119,746	168,124	236,323	218,632
Italy	6,229	−20,584	−47,937	−100,278	−142,423	−82,583	−46,325	−7,412	36,199	24,288	87,277	123,857	145,898	−28,880
Luxembourg	−40,902	−33,924	−117,163	−191,876	−267,184	−248,890	−50,724	−20,345	15,292	69,781	149,391	164,429	162,466	60,720
Malta	−592	−69	−1,273	−2,805	−4,114	−10,281	−6,849	1,607	1,462	2,961	5,309	5,209	9,361	6,967
Netherlands	−28,292	−66,500	−67,053	−65,310	−194,263	−278,208	20,702	51,425	45,110	77,840	36,189	173,306	259,804	−97,551
Portugal	−6,360	−8,744	777	−1,246	−17,024	−15,744	14,612	9,981	14,290	14,474	15,797	23,298	21,197	−10,892
Slovak Republic	738	−20	−123	−498	−1,020	−1,535	−974	−165	1,703	1,040	5,422	−3,017	6,281	2,912
Slovenia	−505	−796	−1,608	−1,899	−2,428	−6,396	−892	1,051	1,794	2,793	4,842	4,399	12,337	3,305
Spain	−23,854	−13,557	−52,659	−42,198	−96,615	−49,467	−29,867	35,000	70,916	24,226	79,803	41,897	144,887	184,714
Australia	−3,708	−4,603	−5,844	−3,188	−16,736	−11,107	−55,611	10,767	7,788	3,757	14,796	8,389	40,580	62,000
Canada	−7,938	−14,209	−7,065	−17,846	−30,587	−54,503	−31,023	5,106	12,257	−3,948	29,959	34,272	60,287	13,754
China, P.R.: Hong Kong	46,617	−28,671	−32,609	−18,750	−58,465	−163,084	59,085	−26,412	23,539	57,838	18,432	61,143	147,141	−28,609
Denmark	−6,839	−9,314	−9,021	−19,973	−24,098	−45,998	−21,191	8,000	19,789	378	22,561	35,425	57,009	29,053
Iceland	−336	−2,081	−3,460	−10,922	−11,371	−17,146	−1,543	379	−437	491	5,038	8,790	34,458	7,286
Israel	−1,477	−1,961	−6,581	−5,277	−10,450	−8,232	10,398	−453	−371	384	344	2,751	3,325	−1,668
Japan	36,407	149,891	−48,008	−106,598	−86,239	−260,779	139,462	26,634	34,095	68,306	45,938	−89,124	48,921	61,992
Korea	1,591	−5,132	−8,138	−2,658	−7,945	−16,763	−13,312	5,263	2,434	4,282	9,473	56,329	60,727	2,712
New Zealand	−476	57	482	4,090	−1,434	−1,999	2,677	−338	794	−1,830	3,926	8,184	6,333	2,591
Norway	−12,392	−25,212	−16,517	−38,085	−29,143	−47,671	34,101	29,723	12,256	25,458	21,791	78,994	50,238	14,959
Singapore	−8,911	−25,512	−27,939	−33,307	−62,547	−73,051	−55,792	7,268	5,658	16,627	11,579	31,507	53,241	53,983
Sweden	−998	−8,349	−19,845	−13,301	−50,621	−48,539	−1,910	155	10,744	27,617	1,722	36,649	34,253	41,214
Switzerland	−38,289	−4,387	−29,041	−70,498	−42,975	−293,493	303,920	38,975	12,845	28,775	83,431	61,270	295,320	−247,328
Taiwan Province of China *	11,990	4,324	408	−6,254	−1,266	−6,847	10,145	9,268	14,330	17,520	16,819	1,551	11,585	3,866
United Kingdom *(Billions)*	−109	−421	−596	−926	−708	−1,484	933	93	388	782	902	666	1,439	−1,554
United States	−87,937	−54,255	−510,091	−266,956	−544,281	−677,396	219,381	283,181	244,391	519,898	302,674	695,281	698,988	−313,361

* from published sources

	Credit							Debit						
	2002	2003	2004	2005	2006	2007	2008	2002	2003	2004	2005	2006	2007	2008
Emerg. & Develop. Economies *(Billions)*	−54	−60	−160	−258	−374	−685	−391	2	33	109	161	263	829	190
Africa	−11,283	−13,483	−12,218	−9,108	−19,305	−19,624	−4,462	−1,833	−6,673	−5,382	−13,649	−46,361	19,924	22,776
CEMAC														
Cameroon	−272	80	72	67	−319	−2	−359	396	−111	267	251	−1,062	80	623
Central African Republic	....	....	....	....	....	....	....	....	....	....	....	....	....	....
Chad	....	....	....	....	....	....	....	....	....	....	....	....	....	....
Congo, Republic of	−25	−180	−441	−246	−229	266	....	−146	−565	−256	−344	−558	−465	....
Equatorial Guinea	....	....	....	....	....	....	....	....	....	....	....	....	....	....
Gabon	−151	−356	−512	−1,079	....	....	....	−10	−353	−178	−365	....	....	....
WAEMU														
Benin	−82	26	−19	7	−51	−98	....	73	30	47	131	−812	281	....
Burkina Faso	....	....	....	....	....	....	....	....	....	....	....	....	....	....
Côte d'Ivoire	−439	−342	−402	−498	−501	−377	−509	34	−112	−20	−124	−20	335	−577
Guinea-Bissau	−7	−19	−8	....	....	....	....	−14	4	−7	....	....	....	....
Mali	−248	4	−131	−109	−209	−68	....	123	142	103	283	−1,840	281	....
Niger	16	−42	−73	−19	−30	−44	....	67	137	−121	120	−1,338	195	....
Senegal	12	58	6	79	−34	84	....	236	229	−121	357	−1,557	718	....
Togo	−4	−29	6	−25	−49	1	....	82	104	200	16	138	74	....
Algeria	....	....	....	....	....	....	....	....	....	....	....	....	....	....
Angola	−1,321	120	−1,952	−1,850	−1,633	−4,855	−4,366	−679	−2,232	−83	1,525	−2,300	2,646	7,632
Botswana	−221	−221	−86	−152	−278	−243	−356	56	150	−84	260	232	−1	−14
Burundi	−4	−20	−22	−8	−30	−34	−31	53	68	58	99	116	119	172
Cape Verde	−2	−8	−8	−76	15	−9	41	58	46	74	70	−13	72	60
Comoros	....	....	....	....	....	....	....	....	....	....	....	....	....	....
Congo, Democratic Republic of	....	....	....	....	....	....	....	....	....	....	....	....	....	....
Djibouti	−58	−54	−84	−65	−62	−31	−75	15	33	32	34	43	65	40
Eritrea	....	....	....	....	....	....	....	....	....	....	....	....	....	....
Ethiopia	−4	69	−262	302	73	−108	113	584	367	739	184	196	334	515
Gambia, The	....	−20	−15	−14	−14	−14	−4	....	−2	25	41	24	14	−72
Ghana	....	....	....	....	....	....	....	90	358	253	899	473	633	281
Guinea	−71	−4	50	....	....	33	−44	−75	83	48	....	....	−38	156
Kenya	−133	−67	−307	−201	−260	−347	−633	−39	419	422	895	962	1,742	1,691
Lesotho	1	−9	−49	....	−88	−62	−75	8	−6	−1	35	−22	14	17
Liberia	....	....	−3	−3	−16	−13	−33	....	....	140	141	140	141	1,170
Madagascar	74	−29	295	11	....	....	....	244	159	288	184	....	....	....

2009, International Monetary Fund: *Balance of Payments Statistics Yearbook*

Table B-31. Other Investment

Millions of U.S. dollars, unless otherwise indicated

	Credit							Debit						
	2002	2003	2004	2005	2006	2007	2008	2002	2003	2004	2005	2006	2007	2008
Africa (continued)														
Malawi	....	....	....	....	....	....	....	144	....	....	....	....	....	....
Mauritania	....	....	....	....	....	....	....	....	....	....	....	....	....	....
Mauritius	−107	−23	−49	−231	−371	−2,973	632	185	62	112	394	477	3,128	150
Morocco	....	−869	−454	−891	−762	−1,617	−413	−1,089	−1,064	217	958	849	1,557	2,011
Mozambique	−208	−77	−89	−78	−14	−412	−102	−315	241	−149	215	−1,635	467	295
Namibia	9	23	45	43	−354	136	−111	105	102	−98	59	−48	−128	174
Nigeria	−5,890	−5,845	−7,301	−1,324	−4,141	−4,521	−6,074	−782	−5,582	−6,772	−18,177	−15,642	818	519
Rwanda	8	−6	8	−14	−30	−13	−88	71	24	67	31	−1,195	24	110
São Tomé & Príncipe	1	....	3	13	2	5	....	6	9	13	4	−4	−181	....
Seychelles	−11	−15	−12	−10	−9	−59	....	103	−27	6	97	−147	−1	....
Sierra Leone	8	1	10	−2	−8	−6	−1	53	29	45	63	−144	−387	150
South Africa	−288	−5,212	−432	−3,619	−6,635	517	8,573	−1,884	2,297	2,072	5,813	8,456	7,196	5,986
Sudan	−148	381	599	1,135	208	−535	−867	215	−391	−794	−621	1,026	1,024	−151
Swaziland	−218	8	−231	84	101	358	....	−42	−20	−44	81	40	54	....
Tanzania	3	−59	−11	−61	−188	34	182	−68	31	10	207	−4,701	266	955
Tunisia	−819	−339	−205	17	19	−239	−25	867	887	1,028	394	−729	170	649
Uganda	−59	−186	35	53	−45	26	55	61	284	117	81	−3,419	522	278
Zambia	−27	46	−200	−226	−487	−1,130	−538	178	37	−93	−2,052	−2,330	650	405
Zimbabwe	....	....	....	....	....	....	....	....	....	....	....	....	....	....
Developing Asia *(Billions)*	−2	−20	−12	−81	−67	−172	−91	−7	1	42	62	62	143	18
Afghanistan, I.R. of	....	....	....	....	....	....	....	....	....	....	....	....	....	....
Bangladesh	−560	−694	−495	−865	−1,353	−1,004	−2,221	171	713	857	274	894	890	1,026
Bhutan	....	....	....	....	....	....	....	....	....	....	....	....	....	....
Brunei Darussalam	308	−604	−1,559	−498	334	212	282	62	−198	413	217	261	242	292
Cambodia	−228	−127	−91	−327	−535	−771	167	284	315	200	274	216	625	248
China, P.R.: Mainland	−3,077	−17,922	1,980	−48,947	−31,853	−151,486	−106,074	−1,029	12,040	35,928	44,921	45,118	81,806	−14,992
China, P.R.: Macao	−878	−816	−179	−4,428	−5,525	−3,253	....	232	−78	538	3,598	4,227	5,839	....
Fiji	32	−56	68	−49	11	−12	−136	22	138	−45	22	64	104	70
French Overseas Territories: French Polynesia	−48	64	−227	−235	96	529	604	78	63	125	276	−129	−887	−623
French Overseas Territories: New Caledonia	−65	8	−549	−379	−201	−225	−159	138	6	201	194	−3	−29	−88
India	4,850	4,018	2,899	−4,432	−2,789	14,096	8,515	2,164	1,742	6,701	12,943	25,026	40,685	24,219
Indonesia	−500	−5	985	−8,646	−1,587	−4,486	−9,977	−2,918	−2,011	−3,037	−1,948	−10,258	−289	3,810
Kiribati	....	....	....	....	....	....	....	....	....	....	....	....	....	....
Lao People's Democratic Republic	−10	−47	−53	−3	−111	−135	....	77	144	122	124	150	206	....
Malaysia	−4,597	−4,502	−10,756	−4,877	−8,562	−17,376	3,826	1,868	−895	4,602	−2,164	−6,769	3,707	−5,352
Maldives	27	27	110	162	113	183	342	34	11	29	98	164	244	139
Myanmar	....	....	....	....	....	....	....	−184	−114	−88	−71	−26	....	....
Nepal	−470	−437	−348	−242	−251	−161	−387	160	125	−5	78	282	56	477
Pakistan	−64	−542	−1,339	126	−242	284	−477	−352	−1,353	−2,157	727	1,539	2,643	4,533
Papua New Guinea	109	−221	34	−640	....	....	....	−33	84	−31	−18	....	....	....
Philippines	−256	743	−907	−4,791	−3,512	−4,840	4,395	−1,980	−1,226	−515	1,094	−3,166	4,621	−2,070
Samoa	....	....	−9	−1	−1	−6	....	....	....	5	−2	−23	8	....
Solomon Islands	−5	....	....	−12	−18	....	....	7	−24	−23	−14	−22	....	....
Sri Lanka	104	−94	−354	−223	297	−281	210	165	628	755	941	578	726	1,012
Thailand	2,818	−45	−1,695	−1,726	−10,023	−5,990	11,296	−6,285	−9,351	−3,406	232	3,641	1,211	250
Timor-Leste	....	....	....	....	....	....	....	....	....	....	....	....	....	....
Tonga	....	11	34	2	8	....	....	−3	−6	−10	−6	−6	−6	....
Vanuatu	−6	48	−15	27	−27	51	....	18	−30	44	....	18	−69	....
Vietnam	624	1,372	35	−634	−1,535	2,623	677	53	410	1,035	913	962	2,322	2,925
Europe *(Billions)*	−5	−25	−73	−59	−106	−139	−242	20	55	61	105	148	332	238
Central and Eastern Europe *(Billions)*	5	−5	−28	−11	−29	−37	−22	15	29	34	49	83	143	144
Albania	−3	−72	−114	7	−211	−88	282	111	118	188	136	381	455	1,030
Bosnia and Herzegovina	−155	101	296	305	21	−1,210	−270	458	556	361	883	525	1,145	1,627
Bulgaria	283	251	−1,785	16	−2,969	736	407	539	733	2,455	2,087	3,710	6,570	8,646
Croatia	363	−2,603	−618	1,318	−966	−2,332	−2,192	2,109	4,072	2,699	3,459	4,844	4,130	6,474
Czech Republic	4,015	2,279	−1,072	−4,728	−1,480	−7,105	−6,053	9	2,565	2,325	2,978	3,052	7,191	6,892
Estonia	51	−154	−949	−918	61	−1,970	−491	385	501	1,235	2,445	3,526	4,974	1,699
Faroe Islands	....	....	....	....	....	....	....	....	....	....	....	....	....	....
Hungary	−1,599	−2,827	−1,938	−2,213	−2,059	−6,783	−3,203	−517	6,000	3,199	6,769	6,525	13,351	26,911
Latvia	−472	−687	−1,776	−398	−1,953	−6,063	−504	1,084	1,569	3,070	2,626	6,495	11,590	3,175
Lithuania	155	−101	−684	−786	−476	−1,561	−931	137	1,296	1,081	2,557	3,852	6,656	3,250
Macedonia, FYR	227	18	8	−47	−149	−81	303	−93	135	116	297	59	28	338
Montenegro, Republic of	....	....	....	....	....	−720	−626	....	....	....	....	....	1,234	1,127
Poland	1,887	−493	−11,999	−2,784	−3,919	−1,444	5,811	396	3,321	−1,205	−1,732	10,104	30,341	25,929
Romania	692	72	−212	−1,078	−1,323	−1,459	−1,127	1,888	2,065	4,960	7,579	9,431	20,770	14,891
Serbia, Republic of	....	....	....	....	....	−2,301	−2,147	....	....	....	....	....	6,327	5,954
Turkey	−777	−986	−6,955	259	−13,437	−4,852	−10,897	7,993	4,404	11,184	15,517	25,171	28,626	35,606
CIS and Mongolia *(Billions)*	−10	−20	−45	−48	−77	−101	−220	5	26	27	56	65	188	95
Armenia	−89	−64	−316	−171	−176	−258	−581	143	91	83	78	129	561	634
Azerbaijan	−303	−169	−360	−1,365	−1,417	−2,688	−13,198	115	55	928	925	576	838	905
Belarus	−421	18	−151	−492	−166	−1,932	−477	648	162	1,056	186	1,527	5,442	2,471
Georgia	−73	−15	−27	−16	−52	−202	−266	132	35	37	193	232	798	1,095

Table B-31. Other Investment

Millions of U.S. dollars, unless otherwise indicated

	Credit							Debit						
	2002	2003	2004	2005	2006	2007	2008	2002	2003	2004	2005	2006	2007	2008
CIS and Mongolia (continued)														
Kazakhstan	−1,117	−977	−4,466	−4,310	−8,033	−11,759	−3,355	1,559	3,405	4,194	7,157	22,108	17,137	4,686
Kyrgyz Republic	28	−77	−36	−47	−24	20	−369	87	72	110	76	159	124	238
Moldova	−40	7	−32	−78	−49	35	54	74	59	−1	76	291	544	626
Mongolia	−32	10	−132	−125	−223	....	....	103	−183	61	−20	55	....	....
Russia	−4,743	−15,886	−26,644	−33,328	−49,422	−59,762	−176,674	2,075	22,650	17,676	42,340	30,340	139,319	56,666
Tajikistan	−23	−16	−28	−71	−302	−387	−472	11	45	−138	138	157	840	−186
Turkmenistan	....	....	....	....	....	....	....	....	....	....	....	....	....	....
Ukraine	−2,840	−2,860	−12,495	−7,913	−15,580	−22,838	−22,760	551	587	3,898	5,450	9,779	22,567	27,434
Uzbekistan	....	....	....	....	....	....	....	....	....	....	....	....	....	....
Middle East *(Billions)*	9	−33	−53	−62	−129	−237	15	−37	24	34	20	86	251	−140
Bahrain, Kingdom of	33,425	−20,787	−9,780	−11,562	−30,235	−38,505	−3,265	−30,462	23,912	13,064	14,884	35,680	45,426	−8,757
Egypt	−2,943	−4,651	−5,888	−3,246	−9,743	−5,498	4,633	530	−446	1,363	1,178	923	2,970	1,541
Iran, I.R. of	....	....	....	....	....	....	....	....	....	....	....	....	....	....
Iraq	....	....	....	−283	1,847	−4,939	....	....	....	....	−11,443	−12,137	4,556	....
Jordan	−3	253	−681	−616	−1,148	−940	898	656	−539	−30	253	733	636	−1,528
Kuwait	−3,751	−3,391	−559	−19,323	−22,735	−18,221	−23,988	1,859	−234	232	4,603	10,386	24,046	3,623
Lebanon	−1,744	2,803	3,125	2,638	−1,598	526	8,413	−94	1,421	819	−1,296	373	3,276	59
Libya	62	−163	−1,767	−416	−1,194	−8,947	−8,280	−326	524	1,574	291	71	88	−19
Oman	−296	−136	−977	−3,226	−6,634	−4,945	−7,008	−531	169	1,280	292	2,102	2,853	3,127
Qatar	....	....	....	....	....	....	....	....	....	....	....	....	....	....
Saudi Arabia	−11,644	−6,333	−21,955	−5,135	−12,566	−15,434	−1,241	−4,431	−783	1,516	−21	71	−24	2,963
Syrian Arab Republic	1,180	1,210	−237	−524	−733	−746	....	−1,545	−1,806	−135	−138	−919	216	....
United Arab Emirates	....	....	....	....	....	....	....	....	....	....	....	....	....	....
West Bank and Gaza	704	1,140	594	420	804	29	....	−38	−78	71	112	−2	−19	....
Yemen, Republic of	−125	49	−25	−82	−387	−88	157	−9	56	−21	72	221	197	73
Western Hemisphere *(Billions)*	−44	32	−9	−47	−53	−119	−69	28	−40	−23	−13	14	83	50
Eastern Caribbean Currency Union														
Anguilla	5	31	18	3	3	78	133	−21	−14	−64	−74	−16	−25	−26
Antigua and Barbuda	80	85	81	60	74	123	189	−42	−154	−74	−316	−178	−106	−85
Dominica	21	33	30	50	40	32	35	−30	−41	−41	−10	−36	−50	−26
Grenada	25	43	107	309	80	60	87	−87	−57	−125	−248	−32	−20	−18
Montserrat	1	....	2	9	4	3	3	−3	−11	−6	−4	−3	−5	−5
St. Kitts and Nevis	34	36	74	11	32	20	114	−28	−54	−35	−60	−28	−63	−86
St. Lucia	57	66	56	82	116	150	219	−32	−99	−43	−61	−38	−64	−56
St. Vincent and the Grenadines	13	33	60	96	48	94	51	−33	−60	−75	−65	−57	−86	−25
Argentina	−8,896	−4,400	−2,347	1,956	−4,899	−11,711	−19,307	−1,048	7,995	9,640	−2,181	−11,904	5,801	10,753
Aruba	−60	−83	−104	51	−425	187	80	6	−104	−99	−26	−35	−4	−86
Bahamas, The	−32,841	46,577	19,293	−11,064	−9,017	−15,802	−4,831	33,093	−46,232	−19,208	11,323	9,609	16,126	5,157
Barbados	−181	−83	30	−239	....	....	....	316	166	189	548	....	....	....
Belize	7	−10	−4	−39	−14	5	−13	−6	123	−67	45	1	−113	46
Bermuda	....	....	....	....	743	−651	−1,879	....	....	....	....	476	370	−1,619
Bolivia	−193	−463	94	124	−262	101	−141	227	579	316	478	−1,782	−1,156	292
Brazil	−3,211	−9,483	−2,196	−5,035	−8,914	−18,552	−5,269	2,250	−831	−8,766	−22,458	23,491	31,683	8,143
Chile	1,141	−571	−3,389	−2,384	−3,927	−9,324	4,836	728	1,543	−829	2,028	4,094	6,883	6,494
Colombia	267	1,633	425	−183	−732	−2,237	−185	−1,261	−76	165	−410	505	3,532	2,371
Costa Rica	233	162	−309	154	655	−156	−687	96	437	234	500	370	1,124	643
Dominican Republic	−1,402	−1,159	−429	62	−1,752	−692	425	915	171	20	610	910	372	986
Ecuador	−567	−190	−893	−729	−1,957	−1,485	−1,119	1,227	37	411	−175	1,087	1,308	−413
El Salvador	−224	20	−160	−257	−60	−214	159	150	718	−140	531	85	−468	618
Guatemala	196	174	−340	−472	−526	−645	70	1,036	1,205	620	748	1,259	1,724	667
Guyana	....	....	....	....	....	....	....	11	27	3	77	−189	−293	94
Haiti	−23	−88	6	−52	−55	2	−232	16	−3	38	−1	55	52	408
Honduras	−93	−62	−59	12	84	−59	260	54	74	523	−609	−1,381	−838	485
Jamaica	−161	−308	−127	−291	−269	−238	−242	841	286	697	1,131	913	1,421	1,934
Mexico	3,601	4,627	−9,051	−7,719	−12,156	−21,776	−7,923	−3,164	−4,114	−3,939	−1,124	−4,652	8,880	5,595
Netherlands Antilles	87	−71	1	44	193	428	....	−8	51	28	24	....	−40	....
Nicaragua	150	−106	275	−182	5	−186	−130	5	−30	−1,223	265	−845	−1,967	316
Panama	3,270	631	−1,543	−334	−3,790	−5,118	−3,001	−3,273	−1,344	885	2,004	2,188	6,423	4,029
Paraguay	−16	184	−39	423	90	537	−140	92	−6	−66	−146	−105	58	332
Peru	....	127	14	−1,084	8	−30	1,665	−1,753	−616	−186	−3,273	−581	526	1,016
Suriname	24	47	−2	−32	8	84	170	12	−7	16	−15	−6	−13	−10
Trinidad and Tobago	−291	−283	−325	−392	−1,009	17	....	73	−236	−630	−1,502	−4,670	−3,824	....
Uruguay	1,781	−1,255	−260	−1,113	1,415	−2,028	180	−2,608	1,594	435	244	−4,043	1,143	1,471
Venezuela, República Bolivariana de	−7,169	−4,030	−8,233	−18,425	−6,341	−29,429	−29,357	477	−1,273	−1,408	−418	−1,025	4,226	2,376

Table B-32. Loans

Millions of U.S. dollars, unless otherwise indicated

	Credit							Debit						
	2002	2003	2004	2005	2006	2007	2008	2002	2003	2004	2005	2006	2007	2008
Total *(Billions)*	–348	–261	–1,022	–828	–1,240	–2,345	154	183	457	1,046	1,296	1,378	2,071	–957
International Organizations	–30,063	–16,183	–8,964	382	43,711	–18,187	–73,202	3,482	611	–4,622	–2,288	–3,706	1,577	15,811
Advanced Economies *(Billions)*	–309	–253	–998	–791	–1,223	–2,215	335	190	442	1,010	1,249	1,290	1,683	–1,254
Euro Area														
Austria	–3,051	–14,568	–8,104	–15,237	–17,303	–36,014	–33,513	5,189	940	2,545	7,431	18,695	–10,560	7,899
Belgium	–755	–2,435	–6,332	–32,894	–11,635	–318	–26,935	976	4,771	2,116	1,793	17,078	15,805	41,565
Cyprus	–344	–652	–2,417	–1,122	–783	–6,076	–1,973	340	637	905	1,099	1,009	3,330	4,143
Finland	855	1,465	–860	–1,987	–2,961	–1,617	–4,323	–920	513	–1,113	–23	–1,547	3,994	10,621
France	–47,882	–7,125	–109,759	167,931	94,016	–97,423	–11,894	29,306	42,918	184,758	306,405	346,684	408,543	–22,383
Germany	–130,906	–139,428	–152,986	–106,483	–250,430	–290,878	–119,902	31,553	–9,949	8,099	49,378	100,627	109,516	–968
Greece	–56	–20	8	35	–418	–607	–1,171	–5,268	–4,329	–2,742	–2,433	598	–3,598	–1,282
Ireland	–11,431	–34,071	–42,180	–62,594	–107,064	–118,812	13,077	29,029	64,412	19,841	67,627	117,629	86,816	–23,580
Italy	–8,638	16,314	–14,638	–47,079	–66,580	–62,328	–40,227	18,287	5,871	26,717	12,417	23,538	18,297	–1,777
Luxembourg	–5,387	–22,586	–105,652	–179,929	–236,297	–263,599	–72,833	–19,135	13,347	63,992	143,266	155,248	152,822	52,408
Malta	–554	–357	–1,305	–2,233	–3,606	–8,781	–5,024	1,103	1,692	1,086	3,652	3,981	3,688	1,052
Netherlands	–3,214	–18,306	–4,198	–18,133	–17,923	–81,195	–36,433	17,330	19,033	4,145	12,691	28,331	47,814	22,050
Portugal	–2,359	590	5,106	5,760	131	–5,635	–2,395	9,463	14,731	4,536	8,956	12,584	8,202	–10,821
Slovak Republic	267	–181	–197	–252	–39	–919	–520	–721	470	–786	–226	344	220	3,047
Slovenia	–163	–260	–347	–503	–924	–2,616	–784	815	1,275	2,077	3,246	2,594	5,337	2,980
Spain	–3,522	–3,805	–6,225	–10,322	–29,517	–19,953	–16,396	7,163	10,497	5,007	16,810	37,225	26,200	20,772
Australia	–1,811	–3,209	–4,591	–4,604	–16,721	6,068	–29,211	8,195	–1,806	7,027	9,046	7,803	20,422	30,439
Canada	–5,446	5,909	2,971	6,091	–10,488	–9,289	13	873	1,724	–1,744	4,573	15,692	12,243	2,992
China, P.R.: Hong Kong	6,255	3,957	–5,776	–128	–2,830	–42,960	1,121	–12,720	784	128	8,881	10,298	2,236	–21,362
Denmark	....	....	....	....	....	....	....	8,402	23,652	7,536	7,129	8,026	–1,646	16,118
Iceland	–431	–1,180	–2,460	–9,287	–9,322	–8,659	–2,891	303	–537	190	4,583	4,689	18,776	9,267
Israel	517	507	610	–686	–888	–106	–1,990	–916	103	553	–636	777	522	33
Japan	–58,658	86,801	–38,296	–79,102	–62,290	–144,127	92,960	50,065	22,655	81,811	9,825	–74,733	51,896	–59,518
Korea	4,753	–4,493	–2,386	246	–1,275	–9,191	–8,755	1,934	–5,032	–935	1,022	44,180	41,968	–19,582
New Zealand	–355	–175	743	5,101	90	–2,096	2,693	–1,492	–83	–2,441	2,544	2,949	6,016	4,274
Norway	–13,920	–13,861	–19,590	–27,665	–15,165	–29,102	91,342	20,480	8,963	23,976	6,315	58,697	14,635	–48,199
Singapore	–1,083	9,549	–5,640	–11,745	–32,581	–5,088	–26,110	2,184	–7,824	9,522	11,476	25,590	37,527	27,380
Sweden	–2,197	–6,521	–19,020	–12,456	–40,507	–33,538	–22,716	464	7,080	30,977	–3,992	30,142	4,975	87,775
Switzerland	–3,052	–9,068	–41,007	627	–11,473	–76,421	–29,697	29,275	–2,298	24,375	70,658	49,074	281,992	–333,094
Taiwan Province of China *	6,968	1,959	1,946	–4,554	–1,652	–5,489	–1,534	5,153	4,561	4,549	9,417	–2,136	–4,222	2,246
United Kingdom	–23,273	–113,152	–205,854	–247,715	–214,367	–449,202	190,412	–46,768	109,241	251,545	379,883	58,223	76,950	–593,590
United States	345	14,942	–209,912	–100,421	–152,058	–408,643	440,801	....	113,900	252,049	96,046	185,989	241,900	–464,722

* from published sources

	2002	2003	2004	2005	2006	2007	2008	2002	2003	2004	2005	2006	2007	2008
Emerg. & Develop. Economies *(Billions)*	–9	9	–15	–37	–61	–113	–108	–11	14	41	49	91	387	281
Africa	381	–162	113	–370	–2,520	–3,321	–792	–2,420	–4,498	–3,482	–15,198	–43,041	12,356	15,001
CEMAC														
Cameroon	46	–26	–5	–15	–31	–40	–76	–189	–369	–380	–414	–1,927	–131	45
Central African Republic	....	....	....	....	....	....	....	....	....	....	....	....	....	....
Chad	....	....	....	....	....	....	....	....	....	....	....	....	....	....
Congo, Republic of	....	....	....	....	....	....	....	–306	–615	–243	–493	–824	–356	....
Equatorial Guinea	....	....	....	....	....	....	....	....	....	....	....	....	....	....
Gabon	–13	1	–18	19	....	....	....	–330	–359	–393	–321	....	....	....
WAEMU														
Benin	–3	21	–23	9	–33	–80	....	22	12	65	76	–928	192	....
Burkina Faso	....	....	....	....	....	....	....	....	....	....	....	....	....	....
Côte d'Ivoire	–23	39	–74	....	–4	–25	....	504	–588	–715	–643	–593	–293	–422
Guinea-Bissau	–4	....	....	....	....	....	....	–25	10	–9	....	....	....	....
Mali	44	–23	–5	6	–19	–16	....	115	113	101	214	–1,833	148	....
Niger	5	–5	–3	–11	7	–15	....	70	115	–144	104	–1,355	165	....
Senegal	–21	–19	–39	42	–71	–16	....	127	46	–321	157	–1,873	423	....
Togo	4	1	–4	–22	–15	9	....	54	47	44	58	40	–11	....
Algeria	....	....	....	....	....	....	....	....	....	....	....	....	....	....
Angola	7	–13	....	9	–7	7	–7	–421	–2,290	–81	1,485	–2,747	2,553	5,030
Botswana	....	–6	–4	–21	–38	–102	–17	–23	–22	–25	–9	–31	–29	–35
Burundi	3	3	....	....	....	....	....	20	30	42	89	66	101	148
Cape Verde	....	1	1	–3	–4	–7	–11	17	14	71	52	–23	47	40
Comoros	....	....	....	....	....	....	....	....	....	....	....	....	....	....
Congo, Democratic Republic of	....	....	....	....	....	....	....	....	....	....	....	....	....	....
Djibouti	....	....	....	....	....	....	....	10	39	27	30	29	43	54
Eritrea	....	....	....	....	....	....	....	....	....	....	....	....	....	....
Ethiopia	....	....	....	....	....	....	....	523	242	704	200	186	283	424
Gambia, The	....	....	....	....	....	....	12	....	10	19	38	14	3	–9
Ghana	....	....	....	....	....	....	....	–64	140	47	126	–55	383	487
Guinea	....	....	....	....	....	....	....	–135	122	39	....	....	75	163
Kenya	....	....	....	....	....	....	....	–216	–135	–265	147	59	217	53
Lesotho	....	....	....	....	....	....	....	8	–8	11	–46	–17	5	....
Liberia	....	....	....	....	....	....	....	....	....	–20	–19	–6	–6	532
Madagascar	–22	–23	4	5	....	....	....	241	171	298	206	....	....	....

Table B-32. Loans

Millions of U.S. dollars, unless otherwise indicated

	Credit							Debit						
	2002	2003	2004	2005	2006	2007	2008	2002	2003	2004	2005	2006	2007	2008
Africa (continued)														
Malawi	....	....	....	....	....	....	....	144	....	....	....	....	....	....
Mauritania	....	....	....	....	....	....	....	....	–91	–83	50	–3	....	....
Mauritius	....	....	....	–93	5	–2,399	–1,425	–65	–91	–83	50	–3	1,040	92
Morocco	....	–529	....	–193	....	65	–9	–1,459	–1,388	–1,288	–279	–301	312	1,299
Mozambique	....	....	....	....	7	–34	91	–570	95	–206	126	–1,867	369	218
Namibia	–19	4	25	37	–6	–12	–71	105	102	–98	59	–48	–128	174
Nigeria	....	....	....	–111	–125	–116	–272	–1,364	–1,395	–1,693	–18,214	–15,746	–25	774
Rwanda	2	....	....	....	....	....	....	64	13	66	41	–1,154	15	110
São Tomé & Príncipe	....	....	....	....	....	....	....	1	5	10	–2	....	–183	....
Seychelles	....	....	....	....	....	....	....	104	–64	–45	55	–118	98	....
Sierra Leone	....	....	4	–1	–5	11	5	87	83	91	48	–144	....	116
South Africa	371	325	33	–247	–2,212	–583	753	–1,618	–240	–284	3,588	5,645	6,023	4,154
Sudan	....	85	213	222	....	....	....	235	–80	–306	–179	239	468	146
Swaziland	....	–5	3	....	–5	–3	....	–22	–3	6	63	31	66	....
Tanzania	....	....	....	....	....	....	....	–145	–119	–123	95	–4,674	282	870
Tunisia	....	....	....	....	....	....	....	793	841	974	192	–790	–226	–4
Uganda	....	....	....	–9	4	–1	5	49	272	101	61	–3,469	421	155
Zambia	....	....	....	....	....	....	....	145	–15	–100	–2,157	–2,429	524	338
Zimbabwe	....	....	....	....	....	....	....	....	....	....	....	....	....	....
Developing Asia	–6,628	13,876	–11,286	–17,763	871	–24,092	–17,719	–17,570	–14,851	13,457	5,771	15,233	52,762	29,890
Afghanistan, I.R. of	....	....	....	....	....	....	....	....	....	....	....	....	....	....
Bangladesh	–14	....	....	....	....	....	21	156	723	778	157	748	811	897
Bhutan	....	....	....	....	....	....	....	....	....	....	....	....	....	....
Brunei Darussalam	54	–162	–757	–461	936	25	30	–80	–122	–17	–62	–19	–44	–21
Cambodia	....	....	....	....	....	....	....	145	163	176	149	88	212	652
China, P.R.: Mainland	–5,391	13,927	–9,658	–12,993	4,928	–20,806	–18,501	–4,140	6,614	13,753	2,924	11,038	17,296	3,621
China, P.R.: Macao	–159	43	–167	–764	–971	–1,298	....	–54	27	149	37	1,399	1,774	....
Fiji	–1	37	62	–8	11	....	–50	–12	87	–27	17	30	97	–5
French Overseas Territories: French Polynesia	–48	64	–227	–235	96	529	604	78	63	125	276	–129	–887	–623
French Overseas Territories: New Caledonia	–65	8	–549	–379	–201	–225	–160	138	6	201	194	–3	–29	–88
India	–29	–76	–236	–315	–247	–301	1,153	–1,422	–5,059	6,136	6,342	13,562	29,596	15,367
Indonesia	....	....	6	187	–71	349	–257	–2,918	–2,011	–3,147	–2,267	–10,937	–1,161	2,822
Kiribati	....	....	....	....	....	....	....	....	....	....	....	....	....	....
Lao People's Democratic Republic	....	....	....	....	....	....	....	9	–3	–14	–13	–5	–5	....
Malaysia	–634	237	–685	–306	–310	–818	–2,180	1,098	–3,011	21	–1,116	–2,460	–2,164	797
Maldives	1	–4	5	–2	–12	6	10	35	6	24	90	164	245	146
Myanmar	....	....	....	....	....	....	....	–171	–98	–87	–91	–35	....	....
Nepal	....	....	....	....	....	....	....	16	–15	39	21	24	55	47
Pakistan	....	....	....	....	....	....	....	655	–1,488	–1,593	355	1,340	2,100	4,899
Papua New Guinea	....	....	....	....	....	....	....	–172	–175	–295	–160	....	....	....
Philippines	–344	233	156	–1,857	–3,129	–1,259	3,248	–874	–1,012	–1,838	792	–3,141	3,286	–1,907
Samoa	....	....	–8	....	....	....	....	....	....	3	3	–16	–2	....
Solomon Islands	....	....	....	....	....	....	....	7	–8	–1	–13	–5	....	....
Sri Lanka	....	....	....	....	....	....	....	326	576	336	617	177	197	248
Thailand	–22	–440	743	–642	–181	–313	–359	–10,340	–10,512	–2,276	–3,339	2,366	–974	277
Timor-Leste	....	....	....	....	....	....	....	....	....	....	....	....	....	....
Tonga	....	....	....	....	....	....	....	....	....	....	....	....	–4	....
Vanuatu	24	8	29	12	22	19	....	2	3	23	–11	14	–19	....
Vietnam	....	....	....	....	....	....	....	–57	410	1,035	867	992	2,243	954
Europe	–5,163	–5,693	–2,019	–9,827	–39,278	–54,794	–67,364	15,746	39,096	49,276	82,967	110,766	260,394	194,026
Central and Eastern Europe	–261	–5,430	–1,355	–3,252	–5,530	–13,065	–9,890	6,439	16,344	19,361	30,523	61,054	94,070	108,692
Albania	....	....	....	....	....	....	....	114	119	193	134	125	121	1,011
Bosnia and Herzegovina	....	....	....	....	–8	–9	–10	273	260	–38	338	164	487	660
Bulgaria	–17	–35	–57	–85	–168	–237	–329	31	430	1,723	1,269	2,644	3,293	5,124
Croatia	–57	–102	54	–141	–190	–1	–159	474	3,282	2,110	2,994	3,835	4,040	5,428
Czech Republic	661	–1,365	1,086	–1,335	–553	–2,419	–2,763	38	1,707	2,128	1,332	3,230	1,819	4,116
Estonia	–84	–237	–677	280	–199	–898	–157	105	234	367	1,949	1,529	3,323	115
Faroe Islands	....	....	....	....	....	....	....	....	....	....	....	....	....	....
Hungary	–575	–2,687	–930	–913	–1,627	–4,468	–4,492	–485	6,096	2,835	5,968	5,661	13,058	17,508
Latvia	–376	–122	–990	35	–632	–2,219	–317	180	579	1,676	2,810	5,732	7,841	5,307
Lithuania	196	–10	–430	–271	41	–991	76	–65	995	649	1,881	3,550	6,100	4,178
Macedonia, FYR	20	1	2	–7	7	....	–2	....	59	14	128	–7	–92	261
Montenegro, Republic of	....	....	....	....	....	....	....	....	....	....	....	....	....	....
Poland	–77	–438	–59	–308	–347	–985	–921	–902	69	–2,516	–4,805	7,238	13,841	19,765
Romania	28	–31	29	–684	–1,131	–977	–696	1,611	1,767	4,041	4,884	7,761	8,222	10,426
Serbia, Republic of	....	....	....	....	....	....	–63	....	....	....	....	....	4,652	4,561
Turkey	19	–404	617	177	–725	139	–57	5,065	747	6,178	11,641	19,593	27,367	30,233
CIS and Mongolia	–4,903	–264	–663	–6,575	–33,749	–41,729	–57,474	9,306	22,751	29,916	52,444	49,712	166,323	85,335
Armenia	–13	4	–20	1	–4	9	–33	60	57	44	94	180	539	485
Azerbaijan	....	....	....	–13	–42	–142	–731	139	210	1,038	1,180	701	598	760
Belarus	–35	13	6	7	–44	–174	141	317	60	192	299	1,171	3,715	1,944
Georgia	–6	6	4	–1	–24	–108	56	35	26	137	101	241	785	1,036

Table B-32. Loans

Millions of U.S. dollars, unless otherwise indicated

	Credit							Debit						
	2002	2003	2004	2005	2006	2007	2008	2002	2003	2004	2005	2006	2007	2008
CIS and Mongolia (continued)														
Kazakhstan	–93	–415	–1,395	–1,082	–5,148	–5,266	–2,157	1,126	2,919	3,666	6,406	19,781	14,804	5,157
Kyrgyz Republic	–4	....	–8	–3	....	–3	7	29	–20	47	12	53	9	53
Moldova	....	....	....	....	....	–6	2	–2	–24	–5	–8	200	326	411
Mongolia	–8	....	3	–1	–1	....	....	103	–180	44	–8	45	....	....
Russia	–4,515	4	1,189	–5,538	–27,982	–35,322	–54,318	6,731	18,555	21,842	39,588	18,321	127,312	57,232
Tajikistan	....	....	....	....	....	....	....	–33	–5	–134	65	18	570	45
Turkmenistan	....	....	....	....	....	....	....	....	....	....	....	....	....	....
Ukraine	13	–10	–182	–200	–221	–612	–439	728	1,073	2,959	4,588	8,911	17,515	18,086
Uzbekistan	....	....	....	....	....	....	....	....	....	....	....	....	....	....
Middle East	**–293**	**–454**	**1,316**	**–5,535**	**–10,989**	**–21,363**	**–13,476**	**–1,568**	**–240**	**56**	**5,381**	**8,864**	**14,895**	**2,806**
Bahrain, Kingdom of	–291	–2,854	–3,798	–8,410	–15,645	–24,544	–16,369	–726	117	57	98	81	110	129
Egypt	....	....	....	....	....	....	....	–497	–871	–471	–808	–1,026	–4	–1,169
Iran, I.R. of	....	....	....	....	....	....	....	....	....	....	....	....	....	....
Iraq	....	....	....	....	....	....	....	....	....	....	5,591	3,191	3,672	....
Jordan	14	–26	50	35	–118	5	–319	87	–265	–269	–40	–55	–155	–2,653
Kuwait	–87	952	90	–939	–356	–1,320	–1,697	–53	357	494	1,319	6,224	9,827	3,658
Lebanon	....	1,562	4,541	3,645	4,981	5,205	4,943	–16	488	–105	–368	–171	313	8
Libya	69	–78	446	156	156	–716	–43	....	....	–71	....	....	50	–19
Oman	....	....	....	....	....	....	....	–398	–135	583	–59	804	837	672
Qatar	....	....	....	....	....	....	....	....	....	....	....	....	....	....
Saudi Arabia	....	....	....	....	....	....	....	....	....	....	....	....	....	....
Syrian Arab Republic	....	....	....	....	....	....	....	....	2	–187	–473	–414	41	....
United Arab Emirates	....	....	....	....	....	....	....	....	....	....	....	....	....	....
West Bank and Gaza	2	–10	–13	–21	–8	9	....	43	27	55	51	11	9	....
Yemen, Republic of	....	....	....	....	....	....	....	–9	41	–30	69	219	194	65
Western Hemisphere	**2,272**	**1,070**	**–3,098**	**–3,948**	**–8,623**	**–9,112**	**–9,051**	**–5,000**	**–5,218**	**–18,529**	**–29,933**	**–359**	**46,260**	**39,720**
Eastern Caribbean Currency Union														
Anguilla	....	....	....	....	....	....	....	....	....	....	....	....	....	....
Antigua and Barbuda	....	....	....	....	....	....	....	....	....	....	....	....	....	....
Dominica	....	....	....	....	....	....	....	3	5	1	3	2	–2	3
Grenada	....	....	....	....	....	....	....	....	4	4	....	1	–2	6
Montserrat	....	....	....	....	....	....	....	....	....	....	....	....	....	....
St. Kitts and Nevis	....	....	....	....	....	....	....	....	....	....	....	....	....	....
St. Lucia	....	....	....	....	....	....	....	....	....	....	....	....	....	....
St. Vincent and the Grenadines	....	....	....	....	....	....	....	....	....	....	....	....	....	....
Argentina	1,203	838	–456	85	–346	–1,004	–2	–8,465	–5,182	–6,391	–7,457	–12,048	2,571	5,940
Aruba	12	–13	3	8	19	1	–9	–28	34	–31	–23	–48	–48	–31
Bahamas, The	....	....	....	....	....	....	....	69	448	149	211	450	411	290
Barbados	–2	–1	–2	–6	....	....	....	39	52	–80	4	....	....	....
Belize	....	....	....	....	....	....	....	–3	126	–72	48	62	–112	59
Bermuda	....	....	....	....	–45	342	–2,023	....	....	....	....	–16	59	–478
Bolivia	....	....	....	....	....	....	....	227	579	314	476	–1,783	–1,156	292
Brazil	–1,740	–541	–1,599	–1,840	–5,015	–1,773	–4,818	1,131	–1,425	–10,440	–26,725	9,753	13,694	5,172
Chile	427	44	....	–5	–242	–728	610	777	1,459	–1,576	1,617	2,330	5,386	7,239
Colombia	–295	227	66	–629	–313	–1,510	–56	–1,276	–390	21	–666	587	3,288	1,869
Costa Rica	8	2	4	11	–29	–15	57	–31	428	15	53	262	978	423
Dominican Republic	....	....	30	3	3	....	1	535	318	–305	682	727	118	860
Ecuador	....	....	....	....	....	....	....	1,202	–16	22	–415	647	677	–1,152
El Salvador	–119	62	–7	–118	9	–50	71	77	693	–170	357	240	–474	613
Guatemala	....	....	–63	–62	–229	–80	63	457	647	275	530	974	1,219	533
Guyana	....	....	....	....	....	....	....	11	27	50	113	–154	–252	139
Haiti	....	....	....	....	....	....	....	–3	–6	–7	46	49	89	341
Honduras	13	–3	–17	6	3	–25	26	–51	–60	414	–693	–1,344	–865	372
Jamaica	....	....	....	....	....	....	....	81	–77	738	628	1,004	524	981
Mexico	....	....	....	....	....	....	....	1,244	379	1,512	5,370	2,766	17,177	15,296
Netherlands Antilles	–2	–2	4	....	9	22	....	–28	–33	–83	–52	–89	–2	....
Nicaragua	....	....	....	–2	–1	–21	–10	–261	–173	–1,232	148	–984	–2,252	131
Panama	2,569	822	–887	–1,388	–1,788	–4,522	–1,036	–1,308	–701	603	854	852	1,631	–743
Paraguay	182	–152	–29	–4	–35	26	–165	42	–19	–7	–121	–54	–91	–16
Peru	....	....	....	....	....	....	....	–1,753	–616	–186	–3,258	–581	526	1,016
Suriname	....	....	....	....	....	....	....	6	–3	7	–15	–26	–18	–6
Trinidad and Tobago	–293	–245	–221	–74	–560	225	....	–26	–3	–186	–22	–65	177	....
Uruguay	276	–10	29	39	–6	–6	–60	1,545	54	–176	–358	–2,926	427	696
Venezuela, República Bolivariana de	33	43	47	28	–51	13	–529	789	–1,765	–1,713	–1,268	–947	2,581	–379

Table B-33. Other Financial Assets and Liabilities

Millions of U.S. dollars, unless otherwise indicated

	Credit							Debit						
	2002	2003	2004	2005	2006	2007	2008	2002	2003	2004	2005	2006	2007	2008
Total *(Billions)*	−289	−783	−1,202	−2,126	−2,215	−3,435	538	520	807	1,264	1,477	1,974	3,751	−233
International Organizations	415	−10,141	11,985	−48,301	14,029	−2,537	22,544	16,432	32,704	15,850	40,670	28,683	46,987	14,741
Advanced Economies *(Billions)*	−246	−704	−1,069	−1,858	−1,915	−2,860	798	491	755	1,179	1,324	1,773	3,262	−156
Euro Area														
Austria	14,953	−2,080	−13,336	−14,861	−50,792	−15,632	−26,071	−10,997	9,195	22,602	35,270	31,791	26,926	12,735
Belgium	−42,828	−73,190	−58,353	−54,504	−80,279	−158,043	103,424	14,437	65,878	78,249	123,224	64,443	164,739	−135,189
Cyprus	1,729	−1,705	−716	−6,032	−2,777	−7,888	−11,303	−828	1,150	1,612	6,931	4,155	12,295	31,206
Finland	−904	−14,109	−10,991	212	−12,841	−9,515	−9,023	−2,333	−2,642	10,343	3,091	13,367	8,179	….
France	3,733	−7,706	−6,400	−444,778	−247,222	−166,596	76,762	−1,836	−3,318	9,156	1,835	16,622	47,875	47,330
Germany	−33,958	−31,476	−26,482	−55,413	−10,244	−161,802	−94,235	−3,797	25,246	38,275	26,265	29,141	46,889	32,536
Greece	−6,896	−4,393	−7,472	−8,775	−6,918	−21,511	−39,508	14,165	441	−1,071	18,497	20,941	43,759	59,303
Ireland	−21,751	−31,799	−15,226	−70,705	−19,120	−78,034	−111,777	20,730	26,130	51,395	52,120	50,495	….	….
Italy	14,867	−36,899	−33,299	−53,199	−75,843	−20,255	−6,097	−25,699	30,328	−2,429	74,860	100,320	127,601	−27,103
Luxembourg	−35,515	−11,338	−11,511	−11,947	−30,888	14,709	22,109	−1,210	1,945	5,789	6,125	9,181	9,664	8,312
Malta	−38	289	31	−572	−509	−1,499	−1,825	503	−230	1,874	1,657	1,228	5,672	5,916
Netherlands	−25,077	−48,194	−62,854	−47,178	−176,340	−197,012	57,135	34,095	26,077	73,696	23,497	144,974	211,990	−119,601
Portugal	−4,001	−9,334	−4,329	−7,006	−17,154	−10,109	17,006	518	−441	9,938	6,841	10,715	12,996	−71
Slovak Republic	471	161	73	−246	−981	−617	−454	556	1,232	1,827	5,648	−3,361	6,061	−136
Slovenia	−342	−537	−1,260	−1,396	−1,504	−3,780	−108	236	519	716	1,596	1,805	7,000	325
Spain	−20,332	−9,751	−46,434	−31,877	−67,098	−29,514	−13,471	27,837	60,420	19,219	62,993	4,673	118,688	163,942
Australia	−1,897	−1,394	−1,253	1,416	−16	−17,175	−26,400	2,572	9,594	−3,269	5,750	586	20,158	31,561
Canada	−2,492	−20,116	−10,036	−23,937	−20,099	−45,214	−31,036	4,233	10,533	−2,204	25,386	18,580	48,044	10,762
China, P.R.: Hong Kong	40,361	−32,628	−26,832	−18,622	−55,635	−120,123	57,964	−13,693	22,755	57,710	9,551	50,845	144,905	−7,247
Denmark	−6,839	−9,314	−9,021	−19,973	−24,098	−45,998	−21,191	−402	−3,863	−7,158	15,432	27,399	58,656	12,935
Iceland	94	−901	−1,001	−1,635	−2,049	−8,487	1,347	76	100	300	455	4,101	15,682	−1,981
Israel	−1,994	−2,469	−7,190	−4,591	−9,562	−8,126	12,388	462	−474	−169	980	1,974	2,804	−1,700
Japan	95,065	63,090	−9,712	−27,495	−23,949	−116,652	46,502	−23,431	11,440	−13,504	36,112	−14,391	−2,975	121,510
Korea	−3,161	−640	−5,752	−2,904	−6,670	−7,572	−4,557	3,329	7,466	5,217	8,451	12,150	18,759	22,295
New Zealand	….	….	….	−1,010	….	97	….	1,154	….	611	….	….	316	….
Norway	1,528	−11,351	3,073	−10,420	−13,978	−18,569	−57,241	9,243	3,293	1,481	15,476	20,297	35,603	63,158
Singapore	−7,828	−35,061	−22,299	−21,562	−29,966	−67,963	−29,682	5,084	13,482	7,106	103	5,917	15,715	26,602
Sweden	1,199	−1,827	−824	−845	−10,114	−15,001	20,806	−309	3,664	−3,360	5,714	6,507	29,278	−46,561
Switzerland	−35,238	4,681	11,967	−71,124	−31,502	−217,018	333,617	9,700	15,143	4,400	12,773	12,196	13,328	85,766
Taiwan Province of China *	5,022	2,365	−1,538	−1,700	386	−1,358	11,679	4,115	9,769	12,971	7,402	3,687	15,807	1,620
United Kingdom *(Billions)*	−85	−308	−390	−678	−494	−1,035	743	139	279	530	522	608	1,362	−960
United States	−88,282	−69,197	−300,179	−166,535	−392,223	−268,753	−221,420	283,181	130,491	267,849	206,628	509,292	457,088	151,361

* from published sources

	Credit							Debit						
	2002	2003	2004	2005	2006	2007	2008	2002	2003	2004	2005	2006	2007	2008
Emerg. & Develop. Economies *(Billions)*	−44	−69	−145	−220	−313	−573	−283	13	19	69	112	172	442	−92
Africa	−11,664	−13,321	−12,331	−8,738	−16,785	−16,303	−3,670	587	−2,175	−1,900	1,549	−3,320	7,568	7,775
CEMAC														
Cameroon	−317	105	77	82	−289	37	−283	584	258	647	665	865	211	579
Central African Republic	….	….	….	….	….	….	….	….	….	….	….	….	….	….
Chad	….	….	….	….	….	….	….	….	….	….	….	….	….	….
Congo, Republic of	−25	−181	−441	−246	−229	266	….	159	50	−13	149	265	−108	….
Equatorial Guinea	….	….	….	….	….	….	….	….	….	….	….	….	….	….
Gabon	−137	−357	−494	−1,098	….	….	….	320	6	215	−44	….	….	….
WAEMU														
Benin	−78	5	4	−2	−19	−18	….	51	18	−19	54	116	89	….
Burkina Faso	….	….	….	….	….	….	….	….	….	….	….	….	….	….
Côte d'Ivoire	−416	−380	−328	−498	−497	−352	−509	−470	476	695	519	573	627	−155
Guinea-Bissau	−3	−19	−8	….	….	….	….	11	−6	2	….	….	….	….
Mali	−292	27	−126	−115	−190	−52	….	8	29	3	70	−7	134	….
Niger	11	−37	−69	−9	−37	−30	….	−4	22	23	16	17	31	….
Senegal	33	77	45	37	37	100	….	109	183	200	200	316	295	….
Togo	−8	−30	9	−4	−34	−8	….	28	57	156	−42	98	85	….
Algeria	….	….	….	….	….	….	….	….	….	….	….	….	….	….
Angola	−1,328	133	−1,951	−1,859	−1,626	−4,862	−4,359	−258	59	−2	40	447	92	2,602
Botswana	−221	−215	−82	−132	−240	−142	−338	79	172	−59	269	263	28	21
Burundi	−8	−23	−22	−8	−30	−34	−31	33	38	16	11	50	17	24
Cape Verde	−2	−8	−8	−73	18	−3	52	41	32	3	18	10	25	19
Comoros	….	….	….	….	….	….	….	….	….	….	….	….	….	….
Congo, Democratic Republic of	….	….	….	….	….	….	….	….	….	….	….	….	….	….
Djibouti	−58	−54	−84	−65	−62	−31	−75	4	−7	6	4	14	22	−14
Eritrea	….	….	….	….	….	….	….	….	….	….	….	….	….	….
Ethiopia	−4	69	−262	302	73	−108	113	61	125	35	−16	9	51	91
Gambia, The	….	−20	−15	−14	−14	−14	−16	….	−12	6	3	10	11	−63
Ghana	….	….	….	….	….	….	….	153	217	206	773	528	250	−206
Guinea	−71	−4	50	….	….	33	−44	60	−39	9	….	….	−113	−7
Kenya	−133	−67	−307	−201	−260	−347	−633	178	554	687	748	903	1,525	1,637
Lesotho	1	−9	−49	….	−88	−62	−75	1	1	−13	81	−5	9	17
Liberia	….	….	−3	−3	−16	−13	−33	….	….	160	159	146	147	638
Madagascar	96	−6	292	6	….	….	….	3	−11	−10	−21	….	….	….

2009, International Monetary Fund: *Balance of Payments Statistics Yearbook*

Table B-33. Other Financial Assets and Liabilities

Millions of U.S. dollars, unless otherwise indicated

	Credit							Debit						
	2002	2003	2004	2005	2006	2007	2008	2002	2003	2004	2005	2006	2007	2008
Africa (continued)														
Malawi	....	....	....	....	....	....	....	....	....	....	....	....	....	....
Mauritania	....	....	....	....	....	....	....	....	....	....	....	....	....	....
Mauritius	−107	−23	−49	−138	−376	−574	2,057	249	153	195	344	480	2,088	59
Morocco	....	−340	−454	−699	−762	−1,682	−404	370	323	1,505	1,237	1,150	1,245	713
Mozambique	−208	−77	−89	−78	−20	−377	−193	255	146	57	89	232	98	77
Namibia	28	19	20	6	−348	148	−40	....	....	....	....	....	....	....
Nigeria	−5,890	−5,845	−7,301	−1,213	−4,016	−4,405	−5,802	582	−4,186	−5,079	36	103	843	−255
Rwanda	6	−6	8	−14	−30	−13	−88	6	11	1	−10	−41	8	....
São Tomé & Príncipe	1	....	3	13	2	5	....	5	4	3	5	−4	2	....
Seychelles	−11	−15	−12	−10	−9	−59	....	−1	37	52	42	−29	−98	....
Sierra Leone	8	1	6	....	−3	−17	−6	−35	−54	−45	15	....	−387	34
South Africa	−659	−5,537	−465	−3,372	−4,423	1,100	7,820	−266	2,536	2,356	2,225	2,811	1,173	1,832
Sudan	−148	297	386	912	208	−535	−867	−20	−311	−488	−442	787	556	−297
Swaziland	−218	13	−235	85	106	361	....	−20	−17	−50	18	9	−12	....
Tanzania	3	−59	−11	−61	−188	34	182	77	150	133	112	−27	−15	84
Tunisia	−819	−339	−205	17	19	−239	−25	75	47	54	202	61	397	653
Uganda	−59	−186	35	62	−49	27	50	12	12	16	20	50	101	124
Zambia	−27	46	−200	−226	−487	−1,130	−538	33	52	7	105	99	125	66
Zimbabwe	....	....	....	....	....	....	....	....	....	....	....	....	....	....
Developing Asia *(Billions)*	5	−34	−1	−64	−68	−148	−74	10	16	29	56	47	90	−11
Afghanistan, I.R. of	....	....	....	....	....	....	....	....	....	....	....	....	....	....
Bangladesh	−546	−694	−495	−865	−1,353	−1,004	−2,242	16	−9	80	117	146	79	128
Bhutan	....	....	....	....	....	....	....	....	....	....	....	....	....	....
Brunei Darussalam	254	−441	−803	−38	−602	188	252	141	−75	429	279	280	285	313
Cambodia	−228	−127	−91	−327	−535	−771	167	139	152	24	125	128	412	−404
China, P.R.: Mainland	2,314	−31,849	11,638	−35,954	−36,781	−130,680	−87,573	3,110	5,425	22,175	41,997	34,080	64,510	−18,613
China, P.R.: Macao	−719	−859	−12	−3,665	−4,554	−1,955	....	287	−104	389	3,560	2,828	4,065	....
Fiji	33	−94	6	−40	....	−12	−86	34	51	−19	6	34	6	75
French Overseas Territories: French Polynesia	....	....	....	....	....	....	....	....	....	....	....	....	....	....
French Overseas Territories: New Caledonia	....	....	....	....	....	....	....	....	....	....	....	....	....	....
India	4,879	4,095	3,135	−4,117	−2,543	14,397	7,362	3,586	6,801	565	6,601	11,464	11,089	8,852
Indonesia	−500	−5	979	−8,833	−1,516	−4,834	−9,720	....	....	110	319	678	872	988
Kiribati	....	....	....	....	....	....	....	....	....	....	....	....	....	....
Lao People's Democratic Republic	−10	−47	−53	−3	−111	−135	....	68	146	137	138	156	211	....
Malaysia	−3,963	−4,739	−10,071	−4,571	−8,253	−16,558	6,005	769	2,116	4,580	−1,047	−4,308	5,871	−6,148
Maldives	26	31	105	164	125	177	333	....	5	5	8	....	−1	−7
Myanmar	....	....	....	....	....	....	....	−13	−16	−1	20	10	....	....
Nepal	−470	−437	−348	−242	−251	−161	−387	144	140	−44	58	258	1	430
Pakistan	−64	−542	−1,339	126	−242	284	−477	−1,007	135	−564	372	199	543	−366
Papua New Guinea	109	−221	34	−640	....	....	....	139	259	264	142	....	....	....
Philippines	88	510	−1,063	−2,934	−383	−3,581	1,147	−1,106	−214	1,323	302	−25	1,335	−163
Samoa	....	....	−1	−1	−1	−6	....	....	....	2	−5	−7	9	....
Solomon Islands	−5	....	....	−12	−18	....	....	....	−16	−22	−1	−17	....	....
Sri Lanka	104	−94	−354	−223	297	−281	210	−161	53	418	324	402	529	764
Thailand	2,840	395	−2,438	−1,085	−9,841	−5,676	11,655	4,055	1,162	−1,130	3,571	1,276	2,185	−27
Timor-Leste	....	....	....	....	....	....	....	....	....	....	....	....	....	....
Tonga	....	....	....	....	....	....	....	....	....	....	....	....	−2	....
Vanuatu	−30	40	−44	15	−49	32	....	17	−33	20	11	4	−50	....
Vietnam	624	1,372	35	−634	−1,535	2,623	677	110	....	....	46	−30	79	1,971
Europe *(Billions)*	−.1	−19.3	−70.9	−49.1	−66.5	−83.8	−174.2	4.3	16.0	11.9	22.1	36.9	71.5	44.2
Central and Eastern Europe *(Billions)*	4.9	.4	−26.3	−7.6	−23.6	−24.2	−11.7	8.7	12.3	14.3	18.1	21.8	49.3	34.9
Albania	−3	−72	−114	7	−211	−88	282	−3	−1	−5	2	257	335	19
Bosnia and Herzegovina	−155	101	296	305	29	−1,201	−260	185	296	399	545	360	658	967
Bulgaria	300	286	−1,727	101	−2,801	973	736	508	303	732	818	1,067	3,277	3,522
Croatia	419	−2,501	−672	1,459	−776	−2,331	−2,033	1,635	790	590	465	1,009	90	1,046
Czech Republic	3,354	3,645	−2,158	−3,393	−927	−4,686	−3,290	−29	859	198	1,647	−178	5,372	2,776
Estonia	134	82	−272	−1,198	259	−1,072	−334	281	267	868	496	1,997	1,652	1,585
Faroe Islands	....	....	....	....	....	....	....	....	....	....	....	....	....	....
Hungary	−1,024	−140	−1,008	−1,300	−432	−2,315	1,289	−32	−96	364	801	864	293	9,404
Latvia	−96	−565	−786	−433	−1,322	−3,845	−187	904	990	1,394	−184	763	3,749	−2,132
Lithuania	−42	−91	−254	−514	−517	−570	−1,007	203	301	432	676	303	556	−928
Macedonia, FYR	207	17	7	−40	−157	−81	305	−94	76	102	169	66	120	77
Montenegro, Republic of	....	....	....	....	....	....	....	....	....	....	....	....	1,234	1,127
Poland	1,964	−55	−11,940	−2,476	−3,572	−459	6,732	1,298	3,252	1,311	3,073	2,866	16,500	6,164
Romania	664	103	−241	−393	−192	−482	−431	277	298	919	2,695	1,670	12,548	4,465
Serbia, Republic of	....	....	....	....	....	−2,301	−2,084	....	....	....	....	....	1,676	1,393
Turkey	−796	−582	−7,572	82	−12,712	−4,991	−10,840	2,928	3,657	5,006	3,876	5,578	1,259	5,373
CIS and Mongolia *(Billions)*	−5.0	−19.7	−44.6	−41.5	−42.9	−59.6	−162.4	−4.4	3.7	−2.4	4.0	15.1	22.1	9.4
Armenia	−76	−68	−296	−172	−172	−267	−547	83	34	40	−16	−51	22	149
Azerbaijan	−303	−169	−360	−1,353	−1,375	−2,545	−12,466	−24	−155	−110	−254	−126	240	145
Belarus	−386	6	−157	−499	−122	−1,758	−618	331	102	864	−114	356	1,727	527
Georgia	−67	−21	−32	−15	−28	−95	−322	98	9	−99	92	−9	13	59

Table B-33. Other Financial Assets and Liabilities

Millions of U.S. dollars, unless otherwise indicated

	Credit							Debit						
	2002	2003	2004	2005	2006	2007	2008	2002	2003	2004	2005	2006	2007	2008
CIS and Mongolia (continued)														
Kazakhstan	−1,024	−563	−3,071	−3,228	−2,885	−6,493	−1,199	433	486	528	751	2,326	2,334	−471
Kyrgyz Republic	33	−77	−27	−45	−24	23	−376	58	92	63	63	106	115	185
Moldova	−40	7	−32	−78	−49	41	52	76	83	4	83	91	218	215
Mongolia	−24	10	−135	−123	−222	....	....	....	−3	18	−12	10	....	....
Russia	−228	−15,890	−27,834	−27,789	−21,440	−24,440	−122,357	−4,656	4,095	−4,165	2,752	12,018	12,007	−565
Tajikistan	−24	−16	−28	−71	−302	−387	−472	44	50	−4	72	139	270	−231
Turkmenistan	....	....	....	....	....	....	....	....	....	....	....	....	....	....
Ukraine	−2,853	−2,850	−12,313	−7,713	−15,359	−22,226	−22,321	−177	−486	939	862	868	5,052	9,348
Uzbekistan	....	....	....	....	....	....	....	....	....	....	....	....	....	....
Middle East *(Billions)*	**10**	**−33**	**−54**	**−56**	**−118**	**−216**	**28**	**−36**	**25**	**34**	**15**	**78**	**236**	**−143**
Bahrain, Kingdom of	33,716	−17,933	−5,982	−3,153	−14,590	−13,960	13,104	−29,736	23,794	13,007	14,786	35,599	45,316	−8,886
Egypt	−2,943	−4,651	−5,888	−3,246	−9,743	−5,498	4,633	1,027	425	1,834	1,986	1,950	2,973	2,709
Iran, I.R. of	....	....	....	....	....	....	....	....	....	....	....	....	....	....
Iraq	....	....	....	−283	1,847	−4,939	....	....	....	....	−17,034	−15,327	884	....
Jordan	−17	279	−731	−651	−1,030	−944	1,217	569	−273	239	293	788	790	1,125
Kuwait	−3,664	−4,343	−649	−18,384	−22,380	−16,901	−22,292	1,912	−591	−262	3,284	4,162	14,219	−35
Lebanon	−1,744	1,240	−1,415	−1,007	−6,579	−4,679	3,470	−77	934	924	−928	544	2,964	51
Libya	−7	−85	−2,213	−572	−1,350	−8,230	−8,237	−326	524	1,645	291	71	38	....
Oman	−296	−136	−977	−3,226	−6,634	−4,945	−7,008	−133	304	697	351	1,299	2,016	2,455
Qatar	....	....	....	....	....	....	....	....	....	....	....	....	....	....
Saudi Arabia	−11,644	−6,333	−21,955	....	....	....	....	−4,431	−783	1,516	....	....	....	....
Syrian Arab Republic	1,180	1,210	−237	−524	−733	−746	....	−1,545	−1,808	52	335	−505	175	....
United Arab Emirates	....	....	....	....	....	....	....	....	....	....	....	....	....	....
West Bank and Gaza	702	1,150	607	442	812	21	....	−81	−104	15	61	−13	−29	....
Yemen, Republic of	−125	49	−25	−82	−387	−88	157	....	15	10	2	2	2	8
Western Hemisphere *(Billions)*	**−47**	**31**	**−6**	**−43**	**−44**	**−110**	**−60**	**33**	**−35**	**−4**	**17**	**14**	**37**	**10**
Eastern Caribbean Currency Union														
Anguilla	....	....	....	....	....	....	....	....	....	....	....	....	....	....
Antigua and Barbuda	....	....	....	....	....	....	....	....	....	....	....	....	....	....
Dominica	....	....	....	....	....	....	....	....	....	....	....	....	....	....
Grenada	....	....	....	....	....	....	....	....	....	....	....	....	....	....
Montserrat	....	....	....	....	....	....	....	....	....	....	....	....	....	....
St. Kitts and Nevis	....	....	....	....	....	....	....	....	....	....	....	....	....	....
St. Lucia	....	....	....	....	....	....	....	....	....	....	....	....	....	....
St. Vincent and the Grenadines	....	....	....	....	....	....	....	....	....	....	....	....	....	....
Argentina	−10,099	−5,237	−1,891	1,871	−4,553	−10,707	−19,305	7,417	13,177	16,031	5,276	145	3,231	4,813
Aruba	−72	−70	−108	44	−445	186	90	33	−138	−68	−3	14	44	−55
Bahamas, The	−32,841	46,577	19,293	−11,064	−9,017	−15,802	−4,831	33,024	−46,679	−19,358	11,112	9,160	15,715	4,867
Barbados	−179	−82	32	−232	....	....	....	277	115	268	544	....	....	....
Belize	7	−10	−4	−39	−14	5	−13	−4	−3	6	−3	−61	−1	−13
Bermuda	....	....	....	....	788	−993	144	....	....	....	....	492	311	−1,141
Bolivia	−193	−463	94	124	−262	101	−141	1	....	2	2	2	....	....
Brazil	−1,472	−8,942	−596	−3,195	−3,899	−16,778	−451	1,119	594	1,674	4,267	13,738	17,989	2,971
Chile	714	−615	−3,389	−2,379	−3,685	−8,596	4,226	−49	84	747	411	1,765	1,498	−745
Colombia	562	1,406	359	446	−419	−727	−129	15	314	143	256	−82	244	503
Costa Rica	225	161	−313	144	683	−140	−743	127	9	218	447	108	147	220
Dominican Republic	−1,402	−1,159	−459	59	−1,756	−692	425	380	−147	324	−71	183	254	126
Ecuador	−567	−190	−893	−729	−1,957	−1,485	−1,119	25	53	389	240	440	631	739
El Salvador	−104	−42	−153	−139	−70	−164	88	73	25	29	174	−156	6	5
Guatemala	196	174	−278	−410	−297	−565	7	579	557	346	218	285	505	135
Guyana	....	....	....	....	....	....	....	....	....	−47	−36	−35	−41	−46
Haiti	−23	−88	6	−52	−55	2	−232	19	2	45	−47	6	−37	67
Honduras	−105	−60	−42	6	82	−34	234	106	135	109	84	−37	27	113
Jamaica	−161	−308	−127	−291	−269	−238	−242	760	363	−41	503	−91	897	953
Mexico	3,601	4,627	−9,051	−7,719	−12,156	−21,776	−7,923	−4,408	−4,493	−5,450	−6,494	−7,418	−8,297	−9,700
Netherlands Antilles	89	−69	−3	44	185	406	....	20	84	112	76	89	−39	....
Nicaragua	150	−106	276	−180	6	−165	−120	266	143	9	117	139	285	185
Panama	702	−191	−656	1,054	−2,002	−597	−1,965	−1,965	−643	283	1,151	1,336	4,791	4,772
Paraguay	−198	336	−11	427	125	512	25	50	13	−58	−25	−51	149	348
Peru	....	127	14	−1,084	8	−30	1,665	....	....	....	−15	....	....	....
Suriname	24	47	−2	−32	8	84	170	6	−5	9	....	1	6	−5
Trinidad and Tobago	2	−38	−104	−317	−449	−208	....	99	−233	−445	−1,480	−4,605	−4,001	....
Uruguay	1,506	−1,245	−289	−1,151	1,421	−2,022	240	−4,154	1,540	611	602	−1,118	716	774
Venezuela, República Bolivariana de	−7,202	−4,073	−8,280	−18,453	−6,290	−29,442	−28,828	−312	492	305	850	−78	1,645	2,755

Table B-34.

Reserve Assets
(Millions of U.S. dollars)

	2002	2003	2004	2005	2006	2007	2008
Total	-278,730	-501,290	-633,230	-596,888	-817,301	-1,289,746	-761,798
International Organizations	-313	4,013	-2,854	-2,103	-6,256	-2,955	-7,452
Advanced Economies	-116,982	-240,183	-228,377	-42,144	-95,603	-67,601	-80,106
Euro Area							
Austria	1,723	2,023	1,849	750	861	-2,525	840
Belgium	35	1,725	723	2,176	-156	-1,226	1,316
Cyprus	-389	188	-371	-703	-1,012	250	387
Finland	115	508	-814	180	4,321	-320	-241
France	3,970	-1,291	-4,108	9,047	-11,783	327	12,026
Germany	1,979	684	1,807	2,601	3,652	-1,234	-2,743
Greece	-1,863	4,722	3,277	104	-279	-457	-39
Ireland	292	1,890	1,435	1,776	112	-16	-157
Italy	-3,169	-1,115	2,844	1,030	566	-1,893	-8,204
Luxembourg	-35	-108	-8	48	28	89	-171
Malta	-288	-144	207	-217	-111	-495	192
Netherlands	132	437	911	1,790	-780	1,409	-847
Portugal	-1,017	6,455	1,863	1,741	2,357	962	-115
Slovak Republic	-3,684	-1,508	-1,732	-2,521	2,656	-3,688	149
Slovenia	-1,817	-310	296	-206	1,656	199	34
Spain	-3,690	15,489	6,412	1,920	-578	-215	-687
Australia	-122	-6,877	-1,166	-7,256	-9,722	35,148	-3,692
Canada	185	3,255	2,836	-1,335	-826	-3,906	-1,769
China, P.R.: Hong Kong	2,377	-994	-3,286	-1,378	-6,016	-14,704	-33,948
Denmark	-5,546	-4,674	1,426	1,506	5,988	211	-7,423
Iceland	-61	-307	-202	-71	-1,252	-108	-1,187
Israel	804	-1,023	-280	-1,970	-425	1,686	-14,163
Japan	-46,134	-187,153	-160,854	-22,325	-31,981	-36,524	-30,880
Korea	-11,769	-25,791	-38,675	-19,864	-22,090	-15,109	56,447
New Zealand	-1,086	-783	-630	-2,417	-4,253	-3,088	4,903
Norway	-6,730	-328	-5,227	-4,511	-5,475	-1,045	-4,612
Singapore	-1,256	-6,703	-12,193	-12,315	-17,008	-19,640	-13,067
Sweden	-665	-2,076	1,100	-250	-1,289	447	-1,261
Switzerland	-2,549	-3,405	-1,618	18,215	-370	-3,461	-3,153
Taiwan Province of China *	-33,664	-37,092	-26,595	-20,056	-6,086	4,020	-26,274
United Kingdom	635	2,592	-407	-1,732	1,301	-2,570	3,074
United States	-3,692	1,529	2,804	14,100	2,392	-125	-4,839

* from published sources

	2002	2003	2004	2005	2006	2007	2008
Emerging and Developing Economies	-161,436	-265,121	-402,000	-552,640	-715,442	-1,219,190	-674,240
Africa	-2,829	-10,073	-31,307	-43,404	-53,517	-58,647	-53,577
CEMAC							
Cameroon	-211	106	-127	-243	-627	-919	-355
Central African Republic	....	....	....	....	....	....	....
Chad	....	....	....	....	....	....	....
Congo, Republic of	91	3	-75	-659	-975	-88	....
Equatorial Guinea	....	....	....	....	....	....	....
Gabon	-115	-25	-211	-299	....	....	....
WAEMU							
Benin	89	-6	127	-112	-172	-176	....
Burkina Faso	....	....	....	....	....	....	....
Côte d'Ivoire	-584	840	-250	148	-315	-474	136
Guinea-Bissau	-18	-38	-33	....	....	....	....
Mali	-159	-217	160	-123	-15	-5	....
Niger	-5	29	41	-35	-87	-167	....
Senegal	-93	-18	-155	-5	-10	-157	....
Togo	-20	22	-125	55	-151	-18	....
Algeria	....	....	....	....	....	....	....
Angola	356	-263	-780	-1,817	-5,402	-3,019	-6,673
Botswana	-61	-171	57	-1,364	-1,756	-1,734	-1,078
Burundi	-47	-10	-2	-34	-18	-63	-110
Cape Verde	....	1	-37	-56	-58	-87	-28
Comoros	....	....	....	....	....	....	....
Congo, Democratic Republic of	....	....	....	....	....	....	....
Djibouti	-5	-25	6	7	-30	-12	-43
Eritrea	....	....	....	....	....	....	....
Ethiopia	471	77	544	330	-190	537	-382
Gambia, The	....	-11	-31	-9	-20	-10	10
Ghana	-156	-658	-192	-336	-374	-414	942
Guinea	76	132	12	....	....	9	-11
Kenya	-2	-413	-37	-281	-616	-938	476
Lesotho	123	62	-14	-44	-190	-267	-268
Liberia	....	....	-5	-2	-39	-39	-72
Madagascar	14	-25	-384	-10	....	....	....

Table B-34. Reserve Assets
(Millions of U.S. dollars)

	2002	2003	2004	2005	2006	2007	2008
Africa (continued)							
Malawi	−105	....	....	....	....	....	....
Mauritania	....	....	....	....	....	....	....
Mauritius	−341	−222	27	165	140	−436	−178
Morocco	−644	−1,649	−1,901	−2,352	−2,711	−2,034	1,306
Mozambique	−98	−181	−169	130	−29	−285	−179
Namibia	−9	107	14	−1	−163	−571	−766
Nigeria	2,744	214	−9,531	−11,336	−13,894	−8,960	−1,553
Rwanda	−14	12	−99	−92	−31	−109	−59
São Tomé & Príncipe	−2	−6	4	−49	−2	−17	....
Seychelles	−26	−3	33	−22	−62	45	....
Sierra Leone	−32	24	−45	−56	−11	−34	−10
South Africa	322	354	−6,324	−5,766	−3,711	−5,737	−2,225
Sudan	−300	−423	−730	−828	209	282	−21
Swaziland	70	92	−34	1	151	365	....
Tanzania	−371	−508	−257	247	−127	−425	−108
Tunisia	−140	−383	−977	−936	−2,082	−689	−1,667
Uganda	100	−77	−162	−92	−403	−749	2
Zambia	−164	−20	−64	−87	−261	−348	−30
Zimbabwe	....	....	....	....	....	....	....
Developing Asia	**−112,065**	**−165,136**	**−256,977**	**−236,260**	**−316,009**	**−621,699**	**−445,291**
Afghanistan, I.R. of	....	....	....	....	....	....	....
Bangladesh	−412	−886	−650	319	−1,012	−1,373	−1,280
Bhutan	....	....	....	....	....	....	....
Brunei Darussalam	−40	−23	−28	9	−30	−11	−44
Cambodia	−89	−47	−61	−78	−139	−426	−358
China, P.R.: Mainland	−75,217	−116,586	−206,153	−207,342	−246,855	−461,691	−418,993
China, P.R.: Macao	−202	−491	−1,024	−1,126	−2,058	−3,507	....
Fiji	43	−17	−75	110	168	−189	163
French Overseas Territories: French Polynesia	....	....	....	....	....	....	....
French Overseas Territories: New Caledonia	....	....	....	....	....	....	....
India	−18,854	−26,222	−23,649	−14,554	−29,170	−87,488	−4,993
Indonesia	−4,010	−4,236	686	657	−6,903	−12,706	1,918
Kiribati	....	....	....	....	....	....	....
Lao People's Democratic Republic	−61	−19	−12	−12	−97	−195	....
Malaysia	−3,657	−10,181	−22,050	−3,620	−6,864	−13,144	3,450
Maldives	−40	−26	−44	17	−45	−77	68
Myanmar	−45	−39	−94	−144	−423	....	....
Nepal	65	−218	−178	−171	−329	−1	−831
Pakistan	−4,525	−3,003	1,728	−176	−1,380	−2,366	6,513
Papua New Guinea	−56	−100	−102	−82	....	....	....
Philippines	252	356	1,637	−1,622	−2,935	−8,550	−1,597
Samoa	....	....	−8	1	4	−11	....
Solomon Islands	4	18	41	17	14	....	....
Sri Lanka	−444	−627	133	−540	−73	−675	952
Thailand	−4,197	−122	−5,713	−5,417	−12,669	−17,077	−24,440
Timor-Leste	....	....	....	....	....	....	....
Tonga	−7	−6	−19	4	1	−16	....
Vanuatu	5	−1	−15	−9	−33	−9	....
Vietnam	−435	−2,099	−808	−2,077	−4,292	−10,186	−434
Europe	**−24,038**	**−42,302**	**−66,741**	**−121,074**	**−159,905**	**−206,076**	**25,911**
Central and Eastern Europe	**−14,983**	**−11,521**	**−13,486**	**−47,507**	**−32,160**	**−38,071**	**−7,489**
Albania	−29	−100	−288	−151	−265	−202	−264
Bosnia and Herzegovina	110	−197	−433	−461	−790	−876	262
Bulgaria	−586	−930	−1,846	−415	−1,924	−4,017	−1,469
Croatia	−686	−1,401	−68	−1,022	−1,727	−982	391
Czech Republic	−6,618	−442	−263	−3,879	−92	−872	−2,420
Estonia	−55	−169	−271	−386	−621	−110	−720
Faroe Islands	....	....	....	....	....	....	....
Hungary	1,792	−336	−1,981	−4,904	−1,102	−154	−10,424
Latvia	−2	−68	−398	−524	−1,979	−982	487
Lithuania	−422	−531	124	−687	−1,507	−1,216	1,162
Macedonia, FYR	140	−51	−19	−415	−376	−143	47
Montenegro, Republic of	....	....	....	....	....	−217	227
Poland	−648	−1,206	−801	−8,146	−2,489	−13,044	1,957
Romania	−1,802	−1,134	−6,018	−6,777	−6,435	−6,174	−155
Serbia, Republic of	....	....	....	....	....	−1,018	2,357
Turkey	−6,177	−4,030	−787	−17,854	−6,102	−8,065	1,073
CIS and Mongolia	**−9,055**	**−30,781**	**−53,255**	**−73,567**	**−127,745**	**−168,004**	**33,400**
Armenia	−82	−47	−26	−162	−366	−546	233
Azerbaijan	5	−82	−257	−132	−1,306	−1,745	−2,438
Belarus	−101	14	−256	−539	1	−2,778	1,002
Georgia	−32	19	−178	−111	−439	−377	−131

2009, International Monetary Fund: *Balance of Payments Statistics Yearbook*

Table B-34. Reserve Assets
(Millions of U.S. dollars)

	2002	2003	2004	2005	2006	2007	2008
CIS and Mongolia (continued)							
Kazakhstan	−535	−1,534	−3,999	1,944	−11,075	3,029	−2,189
Kyrgyz Republic	−43	−64	−166	−80	−170	−307	−121
Moldova	−27	−14	−148	−129	−141	−529	−452
Mongolia	−58	97	−34	−48	−389	....	....
Russia	−6,841	−26,365	−45,236	−61,461	−107,466	−148,928	45,334
Tajikistan	....	−40	−46	−26	−7	12	170
Turkmenistan	....	....	....	....	....	....	....
Ukraine	−1,047	−2,045	−2,226	−10,425	−1,999	−8,979	−1,081
Uzbekistan	....	....	....	....	....	....	....
Middle East	**−25,548**	**−17,794**	**−24,482**	**−115,043**	**−137,600**	**−205,558**	**−159,453**
Bahrain, Kingdom of	−35	−44	−158	−294	−822	−1,415	294
Egypt	−57	−395	−684	−6,319	−3,608	−5,475	−1,755
Iran, I.R. of	....	....	....	....	....	....	....
Iraq	....	....	....	−4,338	−7,363	−11,340	....
Jordan	−907	−1,177	−82	−184	−1,353	−814	−1,138
Kuwait	970	1,824	−626	−619	−3,584	−3,219	−647
Lebanon	−664	−5,037	780	−458	−250	588	−7,374
Libya	−1,145	−5,126	−6,040	−13,840	−19,447	−20,044	−12,948
Oman	−307	−638	−861	−2,809	−2,206	−6,250	−1,827
Qatar	....	....	....	....	....	....	....
Saudi Arabia	−2,736	−1,608	−4,498	−67,253	−79,363	−87,823	−143,482
Syrian Arab Republic	−1,050	−719	−256	−18	702	−544	....
United Arab Emirates	....	....	....	....	....	....	....
West Bank and Gaza	−15	−100	−27	26	−22	−91	....
Yemen, Republic of	−557	−326	−532	−713	−1,401	−69	−565
Western Hemisphere	**3,045**	**−29,815**	**−22,493**	**−36,860**	**−48,411**	**−127,209**	**−41,829**
Eastern Caribbean Currency Union							
Anguilla	−2	−7	−1	−5	−2	−3	4
Antigua and Barbuda	−8	−26	−6	−7	−15	−1	7
Dominica	−13	−3	6	−14	−13	1	3
Grenada	−31	13	−46	27	−6	−11	5
Montserrat	−2	−1	1	....	−1	....	3
St. Kitts and Nevis	−9	1	−14	7	−17	−7	−15
St. Lucia	−6	−18	−25	17	−13	−19	11
St. Vincent and the Grenadines	7	1	−25	3	−12	2	3
Argentina	4,526	−3,497	−5,283	−9,088	−3,468	−13,075	−24
Aruba	−40	36	−2	22	−55	−43	−225
Bahamas, The	−60	−110	−183	88	80	46	−109
Barbados	24	−68	157	−24	....	....	....
Belize	6	31	31	11	−49	−22	−58
Bermuda	....	....	....	....	−10	−7	11
Bolivia	303	−152	−157	−463	−1,286	−1,938	−2,374
Brazil	−314	−8,479	−2,238	−4,324	−30,571	−87,484	−2,969
Chile	−185	357	191	−1,711	−1,998	3,214	−6,461
Colombia	−124	197	−2,463	−1,724	−23	−4,704	−2,586
Costa Rica	−163	−339	−80	−393	−1,031	−1,148	348
Dominican Republic	526	358	−540	−1,110	−315	−679	301
Ecuador	68	−150	−275	−714	125	−1,495	−954
El Salvador	123	−316	53	59	−72	−280	−334
Guatemala	−21	−550	−604	−238	−251	−215	−332
Guyana	−13	−5	−10	−25	−25	−36	−59
Haiti	49	21	−50	−22	−108	−208	−170
Honduras	−106	97	−510	−346	−282	109	42
Jamaica	261	448	−686	−228	−230	440	105
Mexico	−7,376	−9,833	−4,120	−6,980	1,288	−10,264	−7,745
Netherlands Antilles	−68	−50	−37	−74	−47	−155	....
Nicaragua	−69	−55	−160	−6	−186	−173	−30
Panama	−136	268	397	−523	−162	−610	−580
Paraguay	86	−303	−181	−149	−387	−630	−380
Peru	−851	−515	−2,442	−1,472	−3,209	−10,390	−3,513
Suriname	19	−7	−76	−20	−94	−177	−52
Trinidad and Tobago	−116	−321	−506	−1,388	−1,096	−1,521	....
Uruguay	2,331	−1,380	−454	−621	16	−1,005	−2,232
Venezuela, República Bolivariana de	4,428	−5,454	−2,155	−5,425	−4,903	5,357	−9,452

Table B-35.   Monetary Gold

(Millions of U.S. dollars)

	2002	2003	2004	2005	2006	2007	2008
Total	939	2,798	1,913	6,192	6,012	4,721	2,663
International Organizations	....	....	....	615	1,521	1,790	−24
Advanced Economies	1,038	1,952	2,034	4,459	3,860	2,692	3,230
Euro Area							
Austria	285	....	140	70	219	187	....
Belgium	1	1	2	417	....	3	....
Cyprus	....	....	....	....	....	....	....
Finland	....	....	....	....	....	....	....
France	....	....	556	2,345	2,091	2,316	3,109
Germany	....	....	....	....	....	....	....
Greece	−119	161	31	−484	−277	−454	−320
Ireland	....	−1	8	18	....	5	1
Italy	....	....	....	....	....	....	....
Luxembourg	....	2	....	....	....	....	1
Malta	....	....	....	....	−1	−8	50
Netherlands	337	930	....	1,190	1,000	481	227
Portugal	156	861	727	636	719	....	....
Slovak Republic	....	....	....	....	....	....	....
Slovenia	....	....	....	42	....	38	....
Spain	....	....	....	....	....	....	....
Australia	....	....	....	....	....	....	−2
Canada	....	....	....	....	....	....	....
China, P.R.: Hong Kong	....	....	....	....	....	....	....
Denmark	....	....	−1	....	....	....	....
Iceland	....	....	....	....	....	−11	−3
Israel	....	....	....	....	....	....	....
Japan	....	....	....	....	....	....	....
Korea	−1	−2	−1	−1	−1	....	−1
New Zealand	....	....	....	....	....	....	....
Norway	....	....	475	....	....	....	....
Singapore	....	....	....	....	....	....	....
Sweden	....	....	91	226	104	135	166
Switzerland	....	....	....	....	....	....	....
Taiwan Province of China *	....	....	1	....	....	....	....
United Kingdom	379	....	4	....	7	....	....
United States	....	....	....	....	....	....	....

* from published sources

	2002	2003	2004	2005	2006	2007	2008
Emerging and Developing Economies	−99	846	−121	1,118	631	240	−543
Africa	140	874	....	−84	−10	29	−145
CEMAC							
Cameroon	....	....	....	....	....	....	....
Central African Republic	....	....	....	....	....	....	....
Chad	....	....	....	....	....	....	....
Congo, Republic of	....	....	....	....	....	....	....
Equatorial Guinea	....	....	....	....	....	....	....
Gabon	....	....	....	....	....	....	....
WAEMU							
Benin	....	....	....	....	....	....	....
Burkina Faso	....	....	....	....	....	....	....
Côte d'Ivoire	....	....	....	....	....	....	....
Guinea-Bissau	....	....	....	....	....	....	....
Mali	....	....	....	....	....	....	....
Niger	....	....	....	....	....	....	....
Senegal	....	....	....	....	....	....	....
Togo	....	....	....	....	....	....	....
Algeria	....	....	....	....	....	....	....
Angola	....	....	....	....	....	....	....
Botswana	....	....	....	....	....	....	....
Burundi	....	....	....	....	....	....	....
Cape Verde	....	....	....	....	....	....	....
Comoros	....	....	....	....	....	....	....
Congo, Democratic Republic of	....	....	....	....	....	....	....
Djibouti	....	....	....	....	....	....	....
Eritrea	....	....	....	....	....	....	....
Ethiopia	....	....	....	−11	9	26	−43
Gambia, The	....	....	....	....	....	....	....
Ghana	−18	−21	−6	−22	−34	....	−67
Guinea	85	91	−1	....	....	−2	7
Kenya	....	....	....	....	....	....	....
Lesotho	....	....	....	....	....	....	....
Liberia	....	....	....	....	....	....	....
Madagascar	....	....	....	....	....	....	....

Table B-35.   Monetary Gold
(Millions of U.S. dollars)

	2002	2003	2004	2005	2006	2007	2008
Africa (continued)							
Malawi	....	....	....	....	....	....	....
Mauritania	....	....	....	....	....	....	....
Mauritius	....	....	....	....	....	....	....
Morocco	....	....	....	....	....	....	−52
Mozambique	−9	12	−19	−20	−12	−19	−3
Namibia	....	....	....	....	....	....	....
Nigeria	....	....	....	....	....	....	....
Rwanda	....	....	....	....	....	....	....
São Tomé & Príncipe	....	....	....	....	....	....	....
Seychelles	....	....	....	....	....	....	....
Sierra Leone	....	....	....	....	....	....	....
South Africa	78	764	25	−31	27	23	14
Sudan	....	....	....	....	....	....	....
Swaziland	....	....	....	....	....	....	....
Tanzania	4	28	....	....	....	....	....
Tunisia	....	....	....	....	....	....	....
Uganda	....	....	....	....	....	....	....
Zambia	....	....	....	....	....	....	....
Zimbabwe	....	....	....	....	....	....	....
Developing Asia	−288	223	765	1,555	1,260	901	385
Afghanistan, I.R. of	....	....	....	....	....	....	....
Bangladesh	−3	....	....	....	....	....	....
Bhutan	....	....	....	....	....	....	....
Brunei Darussalam	....	....	....	....	....	....	....
Cambodia	....	....	....	....	....	....	....
China, P.R.: Mainland	....	....	....	....	....	....	....
China, P.R.: Macao	....	....	....	....	....	....	....
Fiji	....	....	....	....	....	....	....
French Overseas Territories: French Polynesia	....	....	....	....	....	....	....
French Overseas Territories: New Caledonia	....	....	....	....	....	....	....
India	....	....	....	....	....	....	....
Indonesia	−303	−213	−147	143	307	....	....
Kiribati	....	....	....	....	....	....	....
Lao People's Democratic Republic	....	....	....	....	....	....	....
Malaysia	....	....	....	....	....	....	....
Maldives	....	....	....	....	....	....	....
Myanmar	....	....	....	....	....	....	....
Nepal	....	....	....	....	....	....	....
Pakistan	....	....	....	....	....	....	....
Papua New Guinea	15	1	....	−3	....	....	....
Philippines	9	460	955	1,415	944	912	385
Samoa	....	....	....	....	....	....	....
Solomon Islands	....	....	....	....	....	....	....
Sri Lanka	....	....	....	....	....	....	....
Thailand	−6	−24	−43	....	9	−11	....
Timor-Leste	....	....	....	....	....	....	....
Tonga	....	....	....	....	....	....	....
Vanuatu	....	....	....	....	....	....	....
Vietnam	....	....	....	....	....	....	....
Europe	10	132	−95	−110	−240	43	−17
Central and Eastern Europe	−1	40	−39	....	....	22	16
Albania	....	....	....	....	....	....	....
Bosnia and Herzegovina	....	....	....	....	....	....	....
Bulgaria	....	....	....	....	....	....	....
Croatia	....	....	....	....	....	....	....
Czech Republic	....	....	....	....	....	....	....
Estonia	....	....	....	....	....	....	....
Faroe Islands	....	....	....	....	....	....	....
Hungary	....	....	1	....	....	....	....
Latvia	1	....	....	....	....	....	....
Lithuania	....	....	....	....	....	....	....
Macedonia, FYR	....	40	−39	....	....	....	....
Montenegro, Republic of	....	....	....	....	....	....	....
Poland	....	....	....	....	....	....	−1
Romania	−2	....	....	....	....	....	....
Serbia, Republic of	....	....	....	....	....	22	17
Turkey	....	....	....	....	....	....	....
CIS and Mongolia	10	92	−57	−110	−240	21	−33
Armenia	....	16	....	....	....	....	....
Azerbaijan	....	....	....	....	....	....	....
Belarus	8	36	−36	−90	−80	35	−6
Georgia	....	....	....	....	....	....	....

Table B-35. Monetary Gold
(Millions of U.S. dollars)

	2002	2003	2004	2005	2006	2007	2008
CIS and Mongolia (continued)							
Kazakhstan	....	....	....	....	....	....	....
Kyrgyz Republic	....	....	....	−19	....	....	....
Moldova	....	....	....	....	....	....	....
Mongolia	....	43	−7	14	−135	....	....
Russia	....	....	....	....	....	....	....
Tajikistan	2	−6	−9	−5	−6	6	−12
Turkmenistan	....	....	....	....	....	....	....
Ukraine	1	3	−5	−10	−19	−20	−15
Uzbekistan	....	....	....	....	....	....	....
Middle East	**79**	**−1**	**....**	**19**	**−11**	**−44**	**41**
Bahrain, Kingdom of	....	....	....	....	....	....	....
Egypt	....	....	....	....	....	....	....
Iran, I.R. of	....	....	....	....	....	....	....
Iraq	....	....	....	....	....	....	....
Jordan	−1	....	....	....	1	−41	40
Kuwait	....	....	....	....	....	....	....
Lebanon	....	....	....	....	....	....	....
Libya	....	....	....	....	....	....	....
Oman	80	....	....	....	....	....	....
Qatar	....	....	....	....	....	....	....
Saudi Arabia	....	....	....	19	−12	−3	2
Syrian Arab Republic	....	....	....	....	....	....	....
United Arab Emirates	....	....	....	....	....	....	....
West Bank and Gaza	....	....	....	....	....	....	....
Yemen, Republic of	....	....	....	....	....	....	....
Western Hemisphere	**−40**	**−382**	**−790**	**−262**	**−368**	**−690**	**−807**
Eastern Caribbean Currency Union							
Anguilla	....	....	....	....	....	....	....
Antigua and Barbuda	....	....	....	....	....	....	....
Dominica	....	....	....	....	....	....	....
Grenada	....	....	....	....	....	....	....
Montserrat	....	....	....	....	....	....	....
St. Kitts and Nevis	....	....	....	....	....	....	....
St. Lucia	....	....	....	....	....	....	....
St. Vincent and the Grenadines	....	....	....	....	....	....	....
Argentina	....	−1	−765	−139	−207	−353	−57
Aruba	....	....	....	....	....	....	....
Bahamas, The	....	....	....	....	....	....	....
Barbados	....	....	....	....	....	....	....
Belize	....	....	....	....	....	....	....
Bermuda	....	....	....	....	....	....	....
Bolivia	1	....	....	....	....	....	....
Brazil	53	43	14	51	76	129	−535
Chile	17	....	....	....	....	....	....
Colombia	−6	−10	−8	−19	3	−20	−31
Costa Rica	....	....	....	....	....	....	....
Dominican Republic	....	....	....	....	....	....	....
Ecuador	−59	−55	−20	−65	−101	−170	−30
El Salvador	....	....	....	....	....	....	....
Guatemala	−15	−16	....	....	....	....	....
Guyana	....	....	....	....	....	....	....
Haiti	....	....	....	....	....	....	....
Honduras	....	....	....	....	....	−1	1
Jamaica	....	....	....	....	....	....	....
Mexico	−13	7	10	5	−3	−40	−73
Netherlands Antilles	....	....	....	....	....	....	....
Nicaragua	−1	−1	6	....	....	....	....
Panama	....	....	....	....	....	....	....
Paraguay	....	....	....	....	....	....	−20
Peru	−125	−76	−26	−87	−130	−222	−55
Suriname	−1	−1	−1	−7	−8	−12	−8
Trinidad and Tobago	....	....	....	....	....	....	....
Uruguay	−1	....	....	....	....	....	....
Venezuela, República Bolivariana de	112	−271	....	....	....	....	....

Table B-36. Special Drawing Rights
(Millions of U.S. dollars)

	2002	2003	2004	2005	2006	2007	2008
Total	600	264	−358	−2,685	1,766	990	−518
International Organizations	764	597	211	−3,049	−802	1,208	262
Advanced Economies	183	628	−57	4,213	−1,583	−390	−262
Euro Area							
Austria	62	20	28	1	−36	−32	−78
Belgium	−42	−37	314	10	−214	−36	24
Cyprus	−1	−1	−1	−1	....	1	1
Finland	49	24	39	−8	−23	−38	−2
France	−86	−76	−76	−76	−23	....	4
Germany	−41	205	−29	4	−17	−49	−95
Greece	−4	−5	−4	−4	1	3	3
Ireland	−7	−6	−6	−6	−2	−1	....
Italy	205	−36	16	−99	−30	−45	66
Luxembourg	−2	−2	−2	−2	−1	−1	−1
Malta	−3	−1	−1	−2	−3	−6	40
Netherlands	109	−13	34	....	−31	−153	−66
Portugal	−8	−7	−8	−8	−5	−4	−3
Slovak Republic	....	....	....	....	....	....	....
Slovenia	−1	−1	−1	−1	....	....	....
Spain	27	−25	100	−27	13	−17	144
Australia	−17	−20	−17	−14	4	17	14
Canada	−52	−49	−46	−48	−19	−4	−1
China, P.R.: Hong Kong	....	....	....	....	....	....	....
Denmark	183	31	38	−71	−225	23	5
Iceland	....	....	....	....	....	....	....
Israel	−3	−4	−5	−5	....	3	3
Japan	43	−9	48	30	−90	−78	−77
Korea	−8	−8	−10	−14	−8	−11	−20
New Zealand	−4	−4	−5	−3	3	6	5
Norway	64	10	−12	28	−130	104	−83
Singapore	−14	−13	−73	−16	−16	−17	−28
Sweden	32	−1	−4	19	−200	....	94
Switzerland	224	41	−34	9	−215	44	−1
Taiwan Province of China *	....	....	....	....	....	....	....
United Kingdom	−44	19	64	16	−92	54	−105
United States	−477	596	−401	4,503	−224	−154	−106

* from published sources

	2002	2003	2004	2005	2006	2007	2008
Emerging and Developing Economies	−347	−961	−513	−3,849	4,151	172	−517
Africa	−22	−12	33	99	41	7	−29
CEMAC							
Cameroon	−1	....	1	−1	−2	....	....
Central African Republic	....	....	....	....	....	....	....
Chad	....	....	....	....	....	....	....
Congo, Republic of	−3	3	−7	4	2	....	....
Equatorial Guinea	....	....	....	....	....	....	....
Gabon	....	....	−6	6	....	....	....
WAEMU							
Benin	....	....	....	....	....	....	....
Burkina Faso	....	....	....	....	....	....	....
Côte d'Ivoire	....	1	....	....	....	....	−1
Guinea-Bissau	....	−1	1	....	....	....	....
Mali	....	−1	....	....	....	....	....
Niger	....	−2	2	1	....	....	....
Senegal	−1	−1	3	6	1	....	....
Togo	....	....	....	....	....	....	....
Algeria	....	....	....	....	....	....	....
Angola	....	....	....	....	....	....	....
Botswana	−1	−1	−1	−2	−2	−2	−2
Burundi	....	....	....	....	....	....	....
Cape Verde	....	....	....	....	....	....	....
Comoros	....	....	....	....	....	....	....
Congo, Democratic Republic of	....	....	....	....	....	....	....
Djibouti	−1	1	−1	1	−1	1	....
Eritrea	....	....	....	....	....	....	....
Ethiopia	....	....	....	....	....	....	....
Gambia, The	....	....	−1	1	−1	....	1
Ghana	1	−42	27	19	....	1	....
Guinea	−1	1	....	....	....	−12	10
Kenya	....	−1	1	....	....	....	−3
Lesotho	....	....	....	....	....	−6	1
Liberia	....	....	....	....	....	....	−22
Madagascar	....	....	....	....	....	....	....

Table B-36. Special Drawing Rights
(Millions of U.S. dollars)

	2002	2003	2004	2005	2006	2007	2008
Africa (continued)							
Malawi	1	....	....	....	....	....	....
Mauritania	....	....	....	....	....	....	....
Mauritius	....	....	....	−1	−1	....	....
Morocco	10	20	−3	33	29	23	12
Mozambique	....	....	....	....	....	....	....
Namibia	....	....	....	....	....	....	....
Nigeria	1	....	....	....	....	....	....
Rwanda	3	−17	1	2	4	....	−8
São Tomé & Príncipe	....	....	....	....	....	....	....
Seychelles	....	....	....	....	....	....	....
Sierra Leone	−22	−8	−15	15	5	....	−1
South Africa	....	....	....	....	....	....	....
Sudan	....	....	....	....	....	....	....
Swaziland	....	....	....	....	....	....	....
Tanzania	....	....	....	−1	1	....	....
Tunisia	−1	1	−6	7	1	....	−4
Uganda	−1	−1	4	−1	1	....	....
Zambia	3	74	−23	7	3	4	−1
Zimbabwe	....	....	....	....	....	....	....
Developing Asia	**−71**	**−232**	**−87**	**−121**	**240**	**−64**	**−180**
Afghanistan, I.R. of	....	....	....	....	....	....	....
Bangladesh	−1	−1	2	....	....	1	−2
Bhutan	....	....	....	....	....	....	....
Brunei Darussalam	−1	−1	−1	−2	−2	−1	−1
Cambodia	....	1	....	....	....	....	....
China, P.R.: Mainland	−74	−11	−92	−107	245	−68	−38
China, P.R.: Macao	....	....	....	....	....	....	....
Fiji	....	....	....	....	−1	−1	−1
French Overseas Territories: French Polynesia	....	....	....	....	....	....	....
French Overseas Territories: New Caledonia	....	....	....	....	....	....	....
India	−1	4	−2	....	4	−2	....
Indonesia	−1	16	3	−7	−8	10	−26
Kiribati	....	....	....	....	....	....	....
Lao People's Democratic Republic	−2	−12	4	....	....	....	....
Malaysia	−15	−12	−12	−13	−7	−5	−3
Maldives	....	....	....	....	....	....	....
Myanmar	1	....	....	....	....	....	....
Nepal	....	−1	−8	....	....	....	1
Pakistan	2	−230	13	10	12	11	26
Papua New Guinea	3	3	3	1	....	....	....
Philippines	4	9	1	....	−1	2	−11
Samoa	....	....	....	....	....	....	....
Solomon Islands	....	....	....	....	....	....	....
Sri Lanka	−1	2	....	−1	−1	−4	5
Thailand	1	4	−1	....	....	1	−130
Timor-Leste	....	....	....	....	....	....	....
Tonga	....	....	....	....	....	....	....
Vanuatu	....	....	....	....	....	....	....
Vietnam	15	−2	2	−1	−1	−6	....
Europe	**275**	**−16**	**71**	**37**	**−12**	**−9**	**−162**
Central and Eastern Europe	**55**	**−13**	**55**	**24**	**19**	**−32**	**−113**
Albania	6	−1	−6	82	4	7	−6
Bosnia and Herzegovina	3	....	3	....	....	....	....
Bulgaria	3	−60	54	12	....	....	−6
Croatia	112	1	....	....	....	....	....
Czech Republic	−3	−4	4	−7	−4	−3	−2
Estonia	....	....	....	....	....	....	....
Faroe Islands	....	....	....	....	....	....	....
Hungary	−10	−10	−9	−10	−7	−6	25
Latvia	....	....	....	....	....	....	....
Lithuania	−30	54	....	....	....	....	....
Macedonia, FYR	−4	6	....	....	−2	2	....
Montenegro, Republic of	....	....	....	....	....	....	....
Poland	−11	−11	−12	−14	−7	−7	−11
Romania	5	2	....	....	....	....	−128
Serbia, Republic of	....	....	....	....	....	8	−1
Turkey	−24	9	21	−7	12	−33	16
CIS and Mongolia	**221**	**−3**	**16**	**13**	**−31**	**22**	**−48**
Armenia	−19	13	7	1	−3	5	6
Azerbaijan	2	−17	4	....	−1	5	9
Belarus	....	....	....	....	....	....	−1
Georgia	1	−2	−6	10	....	−14	2

2009, International Monetary Fund: Balance of Payments Statistics Yearbook

Table B-36. Special Drawing Rights
(Millions of U.S. dollars)

	2002	2003	2004	2005	2006	2007	2008
CIS and Mongolia (continued)							
Kazakhstan	−1	....	....	....	....	....	....
Kyrgyz Republic	1	−9	−9	13	−27	20	−43
Moldova	1	....	....	....	....	....	....
Mongolia	....	....	....	....	....	....	....
Russia	2	1	....	−5	−1	7	....
Tajikistan	3	1	....	−5	2	....	−14
Turkmenistan	....	....	....	....	....	....	....
Ukraine	231	8	20	....	....	−1	−7
Uzbekistan	....	....	....	....	....	....	....
Middle East	**−172**	**−149**	**−627**	**−45**	**−126**	**189**	**−82**
Bahrain, Kingdom of	....	....	....	−2	−3	−4	−4
Egypt	−53	−90	29	55	−14	−7	22
Iran, I.R. of	....	....	....	....	....	....	....
Iraq	....	....	....	4	3	320	....
Jordan	....	....	....	1	−1	−1	−1
Kuwait	−15	−14	−14	−17	−13	−13	−9
Lebanon	−1	−1	−1	−1	−2	1	1
Libya	−10	−18	−20	−29	−42	−54	−41
Oman	−2	−2	−2	−2	−1	−1	−2
Qatar	....	....	....	....	....	....	....
Saudi Arabia	−67	−64	−66	−75	−60	−48	−33
Syrian Arab Republic	....	....	−54	....	....	....	....
United Arab Emirates	....	....	....	....	....	....	....
West Bank and Gaza	....	....	....	....	....	....	....
Yemen, Republic of	−23	42	−45	30	12	7	−1
Western Hemisphere	**−358**	**−552**	**97**	**−3,820**	**4,007**	**49**	**−64**
Eastern Caribbean Currency Union							
Anguilla	....	....	....	....	....	....	....
Antigua and Barbuda	....	....	....	....	....	....	....
Dominica	....	....	....	....	....	....	....
Grenada	....	....	....	....	....	....	−1
Montserrat	....	....	....	....	....	....	....
St. Kitts and Nevis	....	....	....	....	....	....	....
St. Lucia	....	....	....	....	....	....	....
St. Vincent and the Grenadines	....	....	....	....	....	....	....
Argentina	−79	−824	168	−3,794	4,022	....	....
Aruba	....	....	....	....	....	....	....
Bahamas, The	....	....	....	....	....	....	....
Barbados	....	....	....	....	....	....	....
Belize	....	....	....	....	....	....	....
Bermuda	....	....	....	....	....	....	....
Bolivia	....	....	1	....	....	....	−1
Brazil	−256	278	3	−30	21	6	1
Chile	−5	−5	−5	−4	1	4	−5
Colombia	−7	−3	−2	−6	−11	−16	−15
Costa Rica	....	....	....	....	....	....	....
Dominican Republic	....	....	−1	1	−24	−70	60
Ecuador	1	1	−55	32	15	−16	−3
El Salvador	....	....	....	....	....	....	....
Guatemala	1	1	1	1	1	2	1
Guyana	−2	....	−2	6	−1	1	....
Haiti	....	....	....	1	−10	3	....
Honduras	....	....	....	....	....	....	....
Jamaica	1	1	....	....	....	....	....
Mexico	−6	−5	−11	−18	−13	39	−69
Netherlands Antilles	....	....	....	....	....	....	....
Nicaragua	....	....	....	....	....	....	....
Panama	....	....	....	....	....	....	....
Paraguay	−2	−2	−2	−3	−5	98	−2
Peru	1	....	....	....	....	−3	−6
Suriname	....	....	....	....	....	....	....
Trinidad and Tobago	....	−1	−1	−1	1	2	....
Uruguay	−3	3	3	−6	6	1	−4
Venezuela, República Bolivariana de	−1	2	2	3	5	−1	−21

Table B-37. Reserve Position in the Fund
(Millions of U.S. dollars)

	2002	2003	2004	2005	2006	2007	2008
Total	−12,129	−299	15,903	39,795	16,155	5,740	−17,074
International Organizations	....	....	....	....	....	....	....
Advanced Economies	−9,468	1,570	13,638	34,011	13,378	4,808	−13,123
Euro Area							
Austria	−55	−90	251	477	163	61	−168
Belgium	−168	−69	495	1,027	534	167	−514
Cyprus	−17	−25	29	37	11	7	−12
Finland	−50	−61	173	301	128	42	−117
France	−470	37	1,170	2,109	1,555	347	−1,149
Germany	−301	−281	1,081	2,912	1,653	633	−995
Greece	−51	−12	94	222	47	47	−76
Ireland	−100	−59	175	212	52	48	−77
Italy	−412	133	610	1,691	850	281	−783
Luxembourg	−33	−21	45	72	17	16	−26
Malta	....	....	....	....	....	....	....
Netherlands	−301	69	500	1,295	550	180	−549
Portugal	−37	−45	115	205	95	29	−75
Slovak Republic	....	....	....	....	....	−5	−43
Slovenia	−31	−12	30	60	17	13	−21
Spain	−150	−115	356	717	380	96	−330
Australia	−394	63	418	813	377	106	−310
Canada	−467	69	648	1,702	624	204	−591
China, P.R.: Hong Kong	....	....	....	....	....	....	....
Denmark	−203	49	214	474	98	60	−152
Iceland	....	....	....	....	....	....	....
Israel	−187	−69	84	229	86	32	−81
Japan	−1,629	183	1,242	3,441	1,061	610	−1,262
Korea	−228	−175	....	425	−114	146	−269
New Zealand	−38	−135	189	277	53	29	−81
Norway	−200	86	163	505	105	38	−122
Singapore	−71	−39	142	236	51	45	−85
Sweden	−293	83	218	690	235	73	−207
Switzerland	−200	41	342	852	392	114	−323
Taiwan Province of China *	....	....	....	....	....	....	....
United Kingdom	−739	459	1,025	2,817	1,009	368	−1,242
United States	−2,642	1,505	3,828	10,212	3,350	1,018	−3,464

* from published sources

	2002	2003	2004	2005	2006	2007	2008
Emerging and Developing Economies	−2,661	−1,869	2,265	5,784	2,777	932	−3,951
Africa	−3	−21	14	24	11	7	−16
CEMAC							
Cameroon	....	....	....	....	....	....	....
Central African Republic	....	....	....	....	....	....	....
Chad	....	....	....	....	....	....	....
Congo, Republic of	....	....	....	....	....	....	....
Equatorial Guinea	....	....	....	....	....	....	....
Gabon	....	....	....	....	....	....	....
WAEMU							
Benin	....	....	....	....	....	....	....
Burkina Faso	....	....	....	....	....	....	....
Côte d'Ivoire	....	....	....	....	....	....	....
Guinea-Bissau	....	....	....	....	....	....	....
Mali	....	....	....	....	....	....	....
Niger	....	....	....	....	....	....	....
Senegal	....	....	....	....	....	....	....
Togo	....	....	....	....	....	....	....
Algeria	....	....	....	....	....	....	....
Angola	....	....	....	....	....	....	....
Botswana	−2	−9	15	19	2	3	−6
Burundi	....	....	....	....	....	....	....
Cape Verde	....	....	....	....	....	....	....
Comoros	....	....	....	....	....	....	....
Congo, Democratic Republic of	....	....	....	....	....	....	....
Djibouti	....	....	....	....	....	....	....
Eritrea	....	....	....	....	....	....	....
Ethiopia	....	....	....	....	....	....	....
Gambia, The	....	....	....	....	....	....	....
Ghana	....	....	....	....	....	....	....
Guinea	....	....	....	....	....	....	....
Kenya	....	....	....	....	....	....	....
Lesotho	....	....	....	....	....	....	....
Liberia	....	....	....	....	....	....	....
Madagascar	....	....	....	....	....	....	....

Table B-37.

Reserve Position in the Fund
(Millions of U.S. dollars)

	2002	2003	2004	2005	2006	2007	2008
Africa (continued)							
Malawi	....	....	....	....	....	....	....
Mauritania	....	....	....	....	....	....	....
Mauritius	....	−11	....	6	10	5	−9
Morocco	....	....	....	....	....	....	....
Mozambique	....	....	....	....	....	....	....
Namibia	....	....	....	....	....	....	....
Nigeria	....	....	....	....	....	....	....
Rwanda	....	....	....	....	....	....	....
São Tomé & Príncipe	....	....	....	....	....	....	....
Seychelles	....	....	....	....	....	....	....
Sierra Leone	....	....	....	....	....	....	....
South Africa	....	....	....	....	....	....	....
Sudan	....	....	....	....	....	....	....
Swaziland	....	....	....	....	....	....	....
Tanzania	....	....	....	....	....	....	....
Tunisia	....	....	....	....	....	....	....
Uganda	....	....	....	....	....	....	....
Zambia	....	....	....	....	....	....	....
Zimbabwe	....	....	....	....	....	....	....
Developing Asia	**−888**	**−408**	**662**	**2,548**	**926**	**524**	**−1,818**
Afghanistan, I.R. of	....	....	....	....	....	....	....
Bangladesh	....	....	....	....	....	....	....
Bhutan	....	....	....	....	....	....	....
Brunei Darussalam	−22	−9	....	38	11	15	1
Cambodia	....	....	....	....	....	....	....
China, P.R.: Mainland	−901	269	619	1,705	371	282	−1,173
China, P.R.: Macao	....	....	....	....	....	....	....
Fiji	....	....	....	....	....	....	....
French Overseas Territories: French Polynesia	....	....	....	....	....	....	....
French Overseas Territories: New Caledonia	....	....	....	....	....	....	....
India	....	−563	−46	405	388	140	−383
Indonesia	....	....	....	....	....	....	....
Kiribati	....	....	....	....	....	....	....
Lao People's Democratic Republic	....	....	....	....	....	....	....
Malaysia	36	−5	128	437	103	48	−162
Maldives	....	....	....	....	....	....	....
Myanmar	....	....	....	....	....	....	....
Nepal	....	....	9	....	....	....	....
Pakistan	....	....	....	....	....	....	....
Papua New Guinea	....	....	....	....	....	....	....
Philippines	....	....	....	....	....	....	....
Samoa	....	....	....	....	....	....	....
Solomon Islands	....	....	....	....	....	....	....
Sri Lanka	....	....	....	....	....	....	....
Thailand	....	−107	−47	−37	53	38	−102
Timor-Leste	....	....	....	....	....	....	....
Tonga	....	....	....	....	....	....	....
Vanuatu	....	....	....	....	....	....	....
Vietnam	....	....	....	....	....	....	....
Europe	**−372**	**−303**	**365**	**667**	**197**	**14**	**−865**
Central and Eastern Europe	**−372**	**−302**	**366**	**862**	**274**	**87**	**−202**
Albania	....	....	....	....	....	....	....
Bosnia and Herzegovina	....	....	....	....	....	....	....
Bulgaria	....	....	....	....	....	....	....
Croatia	....	....	....	....	....	....	....
Czech Republic	−71	−200	75	201	76	31	−77
Estonia	....	....	....	....	....	....	....
Faroe Islands	....	....	....	....	....	....	....
Hungary	−154	−23	161	309	64	29	−4
Latvia	....	....	....	....	....	....	....
Lithuania	....	....	....	....	....	....	....
Macedonia, FYR	....	....	....	....	....	....	....
Montenegro, Republic of	....	....	....	....	....	−10	....
Poland	−148	−80	130	353	134	36	−120
Romania	....	....	....	....	....	....	....
Serbia, Republic of	....	....	....	....	....	....	....
Turkey	....	....	....	....	....	....	....
CIS and Mongolia	**....**	**....**	**−1**	**−195**	**−77**	**−73**	**−663**
Armenia	....	....	....	....	....	....	....
Azerbaijan	....	....	....	....	....	....	....
Belarus	....	....	....	....	....	....	....
Georgia	....	....	....	....	....	....	....

Table B-37. **Reserve Position in the Fund**
(Millions of U.S. dollars)

	2002	2003	2004	2005	2006	2007	2008
CIS and Mongolia (continued)							
Kazakhstan	....	....	....	....	....	....	....
Kyrgyz Republic	....	....	....	....	....	....	....
Moldova	....	....	....	....	....	....	....
Mongolia	....	....	....	....	....	....	....
Russia	....	....	−1	−195	−77	−73	−663
Tajikistan	....	....	....	....	....	....	....
Turkmenistan	....	....	....	....	....	....	....
Ukraine	....	....	....	....	....	....	....
Uzbekistan	....	....	....	....	....	....	....
Middle East	−930	−604	1,118	1,999	1,263	317	−865
Bahrain, Kingdom of	−2	−2	−2	−1	....	....	....
Egypt	....	....	....	....	....	....	....
Iran, I.R. of	....	....	....	....	....	....	....
Iraq	....	....	....	....	....	....	....
Jordan	....	....	....	....	....	....	....
Kuwait	−68	9	94	363	129	45	−124
Lebanon	....	....	....	....	....	....	....
Libya	....	....	....	....	....	....	....
Oman	−11	−5	20	57	9	8	−2
Qatar	....	....	....	....	....	....	....
Saudi Arabia	−750	−597	1,179	1,340	1,063	220	−652
Syrian Arab Republic	....	....	....	....	....	....	....
United Arab Emirates	....	....	....	....	....	....	....
West Bank and Gaza	....	....	....	....	....	....	....
Yemen, Republic of	....	....	....	....	....	....	....
Western Hemisphere	−468	−534	106	545	380	71	−387
Eastern Caribbean Currency Union							
Anguilla	....	....	....	....	....	....	....
Antigua and Barbuda	....	....	....	....	....	....	....
Dominica	....	....	....	....	....	....	....
Grenada	....	....	....	....	....	....	....
Montserrat	....	....	....	....	....	....	....
St. Kitts and Nevis	....	....	....	....	....	....	....
St. Lucia	....	....	....	....	....	....	....
St. Vincent and the Grenadines	....	....	....	....	....	....	....
Argentina	....	....	....	....	....	....	....
Aruba	....	....	....	....	....	....	....
Bahamas, The	....	....	....	....	....	....	....
Barbados	....	....	....	....	....	....	....
Belize	....	....	....	....	....	....	....
Bermuda	....	....	....	....	....	....	....
Bolivia	....	....	....	....	....	....	....
Brazil	....	....	....	....	....	....	....
Chile	−148	−40	156	228	82	29	−79
Colombia	....	....	....	....	....	....	....
Costa Rica	....	....	....	....	....	....	....
Dominican Republic	....	....	....	....	....	....	....
Ecuador	....	....	....	....	....	....	....
El Salvador	....	....	....	....	....	....	....
Guatemala	....	....	....	....	....	....	....
Guyana	....	....	....	....	....	....	....
Haiti	....	....	....	....	....	....	....
Honduras	....	....	....	....	....	....	....
Jamaica	....	....	....	....	....	....	....
Mexico	−301	−419	−77	229	275	24	−280
Netherlands Antilles	....	....	....	....	....	....	....
Nicaragua	....	....	....	....	....	....	....
Panama	....	....	....	....	....	....	....
Paraguay	....	....	....	....	....	....	....
Peru	....	....	....	....	....	....	....
Suriname	....	....	....	....	....	....	....
Trinidad and Tobago	−67	−74	27	89	22	18	....
Uruguay	47	....	....	....	....	....	....
Venezuela, República Bolivariana de	....	....	....	....	....	....	....

Table B-38. Foreign Exchange and Other Reserve Claims
(Millions of U.S. dollars)

	2002	2003	2004	2005	2006	2007	2008
Total	−268,140	−504,053	−650,688	−640,189	−841,233	−1,301,198	−746,869
International Organizations	−1,077	3,417	−3,065	330	−6,975	−5,953	−7,690
Advanced Economies	−108,735	−244,333	−243,992	−84,827	−111,258	−74,711	−69,950
Euro Area							
Austria	1,431	2,093	1,431	202	515	−2,741	1,085
Belgium	243	1,830	−89	721	−476	−1,360	1,806
Cyprus	−371	213	−400	−739	−1,024	242	398
Finland	116	545	−1,026	−113	4,216	−323	−121
France	4,525	−1,252	−5,758	4,668	−15,406	−2,337	10,061
Germany	2,322	759	755	−315	2,016	−1,817	−1,653
Greece	−1,688	4,578	3,156	370	−50	−53	354
Ireland	398	1,956	1,258	1,552	63	−69	−81
Italy	−2,962	−1,211	2,218	−562	−254	−2,129	−7,487
Luxembourg	....	−86	−52	−21	13	74	−145
Malta	−285	−143	209	−215	−107	−482	103
Netherlands	−13	−549	377	−695	−2,299	901	−460
Portugal	−1,128	5,647	1,028	908	1,548	937	−38
Slovak Republic	−3,683	−1,508	−1,732	−2,521	2,656	−3,683	192
Slovenia	−1,784	−297	268	−307	1,639	148	54
Spain	−3,567	15,629	5,956	1,229	−972	−294	−501
Australia	289	−6,920	−1,567	−8,055	−10,102	35,026	−3,395
Canada	704	3,235	2,233	−2,989	−1,431	−4,106	−1,177
China, P.R.: Hong Kong	2,377	−994	−3,286	−1,378	−6,016	−14,704	−33,948
Denmark	−5,525	−4,755	1,175	1,102	6,115	127	−7,276
Iceland	−61	−306	−202	−71	−1,251	−97	−1,183
Israel	994	−949	−359	−2,193	−512	1,650	−14,086
Japan	−44,548	−187,328	−162,143	−25,796	−32,952	−37,056	−29,541
Korea	−11,532	−25,607	−38,663	−20,274	−21,968	−15,243	56,737
New Zealand	−1,045	−644	....	−2,691	−4,309	−3,124	4,978
Norway	−6,594	−424	−5,852	−5,044	−5,451	−1,187	−4,407
Singapore	−1,172	−6,652	−12,262	−12,535	−17,043	−19,668	−12,955
Sweden	−404	−2,158	795	−1,184	−1,428	239	−1,314
Switzerland	−2,572	−3,486	−1,925	17,353	−547	−3,619	−2,830
Taiwan Province of China *	−33,664	−37,092	−26,596	−20,056	−6,086	4,020	−26,274
United Kingdom	1,038	2,113	−1,500	−4,565	377	−2,992	4,421
United States	−574	−572	−623	−615	−734	−989	−1,269

* from published sources

	2002	2003	2004	2005	2006	2007	2008
Emerging and Developing Economies	−158,328	−263,137	−403,631	−555,692	−723,000	−1,220,534	−669,229
Africa	−2,944	−10,915	−31,354	−43,443	−53,560	−58,690	−53,387
CEMAC							
Cameroon	−210	106	−128	−242	−625	−919	−355
Central African Republic	....	....	....	....	....	....	....
Chad	....	....	....	....	....	....	....
Congo, Republic of	94	....	−69	−664	−977	−88	....
Equatorial Guinea	....	....	....	....	....	....	....
Gabon	−115	−25	−205	−305	....	....	....
WAEMU							
Benin	89	−6	127	−112	−172	−176	....
Burkina Faso	....	....	....	....	....	....	....
Côte d'Ivoire	−584	839	−250	149	−314	−474	137
Guinea-Bissau	−18	−37	−33	....	....	....	....
Mali	−159	−216	160	−123	−15	−4	....
Niger	−5	31	39	−36	−88	−167	....
Senegal	−91	−17	−158	−10	−11	−157	....
Togo	−20	22	−125	55	−151	−18	....
Algeria	....	....	....	....	....	....	....
Angola	356	−263	−780	−1,817	−5,402	−3,019	−6,673
Botswana	−57	−161	44	−1,381	−1,755	−1,735	−1,070
Burundi	−47	−10	−2	−34	−18	−62	−110
Cape Verde	....	1	−37	−56	−58	−87	−28
Comoros	....	....	....	....	....	....	....
Congo, Democratic Republic of	....	....	....	....	....	....	....
Djibouti	−4	−26	7	6	−30	−13	−43
Eritrea	....	....	....	....	....	....	....
Ethiopia	471	77	545	341	−198	510	−338
Gambia, The	....	−11	−30	−10	−19	−11	9
Ghana	−140	−595	−213	−333	−341	−414	1,009
Guinea	−8	39	13	....	....	23	−27
Kenya	−2	−412	−38	−282	−615	−939	479
Lesotho	123	62	−14	−44	−190	−261	−269
Liberia	....	....	−5	−2	−39	−39	−50
Madagascar	14	−25	−384	−10	....	....	....

Table B-38. Foreign Exchange and Other Reserve Claims
(Millions of U.S. dollars)

	2002	2003	2004	2005	2006	2007	2008
Africa (continued)							
Malawi	−106	....	....	....	....	....	....
Mauritania	....	....	....	....	....	....	....
Mauritius	−341	−212	28	159	130	−441	−168
Morocco	−654	−1,669	−1,899	−2,385	−2,740	−2,056	1,346
Mozambique	−89	−194	−150	150	−18	−266	−176
Namibia	−9	107	14	−1	−163	−571	−766
Nigeria	2,743	214	−9,531	−11,336	−13,895	−8,960	−1,553
Rwanda	−17	29	−100	−94	−35	−109	−51
São Tomé & Príncipe	−2	−6	4	−49	−2	−17	....
Seychelles	−26	−3	33	−22	−62	45	....
Sierra Leone	−10	32	−31	−71	−17	−34	−9
South Africa	245	−410	−6,349	−5,734	−3,737	−5,760	−2,239
Sudan	−300	−423	−730	−827	209	282	−21
Swaziland	70	92	−34	....	151	365	....
Tanzania	−376	−535	−258	247	−127	−425	−108
Tunisia	−139	−383	−972	−943	−2,083	−688	−1,663
Uganda	101	−76	−166	−92	−404	−749	2
Zambia	−167	−94	−41	−93	−264	−352	−29
Zimbabwe	....	....	....	....	....	....	....
Developing Asia	**−110,820**	**−164,719**	**−258,317**	**−240,241**	**−318,435**	**−623,060**	**−443,679**
Afghanistan, I.R. of	....	....	....	....	....	....	....
Bangladesh	−408	−886	−652	318	−1,012	−1,373	−1,279
Bhutan	....	....	....	....	....	....	....
Brunei Darussalam	−17	−13	−27	−27	−40	−25	−45
Cambodia	−90	−48	−61	−78	−139	−426	−358
China, P.R.: Mainland	−74,242	−116,844	−206,681	−208,940	−247,472	−461,905	−417,781
China, P.R.: Macao	−202	−491	−1,024	−1,126	−2,058	−3,507	....
Fiji	44	−17	−74	110	168	−188	164
French Overseas Territories: French Polynesia	....	....	....	....	....	....	....
French Overseas Territories: New Caledonia	....	....	....	....	....	....	....
India	−18,853	−25,663	−23,601	−14,959	−29,562	−87,626	−4,611
Indonesia	−3,705	−4,038	830	522	−7,202	−12,715	1,945
Kiribati	....	....	....	....	....	....	....
Lao People's Democratic Republic	−59	−7	−16	−12	−97	−195	....
Malaysia	−3,677	−10,164	−22,166	−4,044	−6,959	−13,187	3,615
Maldives	−40	−26	−44	17	−45	−77	68
Myanmar	−46	−39	−94	−143	−423	....	....
Nepal	65	−217	−178	−171	−329	−2	−832
Pakistan	−4,527	−2,773	1,715	−186	−1,392	−2,377	6,487
Papua New Guinea	−74	−103	−105	−80	....	....	....
Philippines	239	−113	681	−3,037	−3,878	−9,464	−1,971
Samoa	....	....	−8	1	4	−10	....
Solomon Islands	4	18	41	17	14	....	....
Sri Lanka	−443	−629	133	−538	−72	−671	947
Thailand	−4,192	5	−5,623	−5,380	−12,731	−17,105	−24,209
Timor-Leste	....	....	....	....	....	....	....
Tonga	−7	−6	−19	4	1	−15	....
Vanuatu	5	−1	−15	−9	−32	−9	....
Vietnam	−450	−2,097	−810	−2,076	−4,291	−10,180	−434
Europe	**−23,951**	**−42,115**	**−67,081**	**−121,668**	**−159,850**	**−206,123**	**26,954**
Central and Eastern Europe	**−14,665**	**−11,245**	**−13,867**	**−48,393**	**−32,452**	**−38,148**	**−7,191**
Albania	−35	−98	−283	−233	−269	−210	−258
Bosnia and Herzegovina	106	−197	−436	−462	−790	−876	262
Bulgaria	−589	−870	−1,900	−426	−1,924	−4,017	−1,463
Croatia	−797	−1,402	−68	−1,022	−1,727	−982	391
Czech Republic	−6,544	−239	−342	−4,072	−164	−900	−2,341
Estonia	−55	−169	−271	−386	−621	−110	−720
Faroe Islands	....	....	....	....	....	....	....
Hungary	1,956	−303	−2,134	−5,202	−1,160	−178	−10,445
Latvia	−3	−68	−398	−524	−1,979	−982	487
Lithuania	−392	−585	124	−687	−1,507	−1,215	1,162
Macedonia, FYR	144	−97	20	−415	−374	−145	47
Montenegro, Republic of	....	....	....	....	....	−206	227
Poland	−489	−1,115	−918	−8,485	−2,616	−13,073	2,089
Romania	−1,805	−1,136	−6,018	−6,776	−6,436	−6,174	−27
Serbia, Republic of	....	....	....	....	....	−1,048	2,341
Turkey	−6,153	−4,039	−808	−17,847	−6,114	−8,032	1,057
CIS and Mongolia	**−9,286**	**−30,870**	**−53,214**	**−73,275**	**−127,398**	**−167,975**	**34,145**
Armenia	−63	−76	−34	−163	−363	−551	228
Azerbaijan	3	−65	−261	−132	−1,304	−1,750	−2,446
Belarus	−109	−22	−220	−449	82	−2,813	1,009
Georgia	−33	21	−172	−120	−439	−363	−133

Table B-38. Foreign Exchange and Other Reserve Claims
(Millions of U.S. dollars)

	2002	2003	2004	2005	2006	2007	2008
CIS and Mongolia (continued)							
Kazakhstan	−534	−1,534	−3,999	1,944	−11,075	3,029	−2,189
Kyrgyz Republic	−44	−55	−158	−75	−143	−327	−78
Moldova	−27	−14	−148	−129	−141	−529	−452
Mongolia	−58	54	−27	−63	−255	....	....
Russia	−6,843	−26,365	−45,235	−61,261	−107,388	−148,861	45,998
Tajikistan	−5	−36	−38	−16	−3	5	196
Turkmenistan	....	....	....	....	....	....	....
Ukraine	−1,279	−2,056	−2,241	−10,415	−1,980	−8,958	−1,059
Uzbekistan	....	....	....	....	....	....	....
Middle East	**−24,525**	**−17,041**	**−24,973**	**−117,016**	**−138,726**	**−206,020**	**−158,547**
Bahrain, Kingdom of	−33	−42	−156	−292	−819	−1,411	298
Egypt	−4	−304	−713	−6,374	−3,594	−5,469	−1,777
Iran, I.R. of	....	....	....	....	....	....	....
Iraq	....	....	....	−4,342	−7,366	−11,660	....
Jordan	−906	−1,176	−81	−184	−1,354	−772	−1,176
Kuwait	1,053	1,829	−706	−965	−3,699	−3,251	−514
Lebanon	−663	−5,037	781	−456	−248	587	−7,376
Libya	−1,135	−5,108	−6,020	−13,811	−19,405	−19,990	−12,906
Oman	−374	−632	−880	−2,864	−2,214	−6,258	−1,823
Qatar	....	....	....	....	....	....	....
Saudi Arabia	−1,919	−947	−5,611	−68,538	−80,354	−87,993	−142,799
Syrian Arab Republic	−1,050	−719	−202	−18	702	−544	....
United Arab Emirates	....	....	....	....	....	....	....
West Bank and Gaza	−15	−100	−27	26	−22	−91	....
Yemen, Republic of	−534	−368	−487	−743	−1,413	−76	−564
Western Hemisphere	**3,911**	**−28,347**	**−21,906**	**−33,323**	**−52,430**	**−126,640**	**−40,571**
Eastern Caribbean Currency Union							
Anguilla	−2	−7	−1	−5	−2	−3	4
Antigua and Barbuda	−8	−26	−6	−7	−15	−1	7
Dominica	−13	−3	6	−14	−13	1	3
Grenada	−31	13	−46	27	−6	−11	6
Montserrat	−2	−1	1	....	−1	....	3
St. Kitts and Nevis	−9	1	−14	7	−17	−7	−15
St. Lucia	−6	−18	−25	17	−13	−19	11
St. Vincent and the Grenadines	7	....	−25	3	−12	2	3
Argentina	4,606	−2,673	−4,685	−5,155	−7,283	−12,721	33
Aruba	−40	36	−2	22	−55	−43	−225
Bahamas, The	−60	−110	−183	88	80	46	−109
Barbados	24	−68	157	−24	....	....	....
Belize	6	31	32	12	−49	−22	−58
Bermuda	....	....	....	....	−10	−7	11
Bolivia	302	−152	−158	−463	−1,287	−1,937	−2,373
Brazil	−111	−8,800	−2,255	−4,345	−30,668	−87,620	−2,435
Chile	−49	403	40	−1,934	−2,081	3,181	−6,377
Colombia	−111	210	−2,453	−1,698	−14	−4,668	−2,541
Costa Rica	−163	−339	−80	−394	−1,031	−1,148	348
Dominican Republic	526	358	−539	−1,111	−291	−608	241
Ecuador	126	−97	−201	−680	211	−1,309	−921
El Salvador	124	−316	53	59	−72	−280	−334
Guatemala	−7	−534	−605	−239	−252	−216	−333
Guyana	−11	−5	−8	−31	−25	−37	−59
Haiti	50	20	−49	−22	−98	−211	−171
Honduras	−106	96	−510	−346	−282	109	42
Jamaica	260	447	−686	−228	−230	440	105
Mexico	−7,056	−9,416	−4,041	−7,196	1,029	−10,288	−7,324
Netherlands Antilles	−68	−50	−37	−74	−47	−155	....
Nicaragua	−69	−54	−166	−6	−186	−173	−30
Panama	−136	268	397	−523	−162	−610	−580
Paraguay	88	−301	−179	−146	−382	−727	−359
Peru	−727	−440	−2,417	−1,384	−3,079	−10,166	−3,453
Suriname	20	−6	−76	−13	−87	−166	−45
Trinidad and Tobago	−49	−247	−532	−1,476	−1,119	−1,541	....
Uruguay	2,288	−1,383	−457	−615	10	−1,006	−2,228
Venezuela, República Bolivariana de	4,317	−5,185	−2,157	−5,428	−4,908	5,358	−9,431

Table C-1.   Global Discrepancies in Balance of Payments Statistics

	2002	2003	2004	2005	2006	2007	2008
				(Billions of U.S. dollars)			
Current account balance	**−97.8**	**−20.0**	**55.0**	**103.4**	**253.6**	**403.3**	**298.1**
Goods balance	12.4	45.1	22.9	44.6	108.4	174.5	157.1
Services balance	2.2	20.9	66.5	92.7	152.8	229.9	209.2
Transportation	−56.1	−71.0	−88.1	−97.2	−106.1	−111.4	−130.9
Travel	29.0	31.6	48.3	46.6	68.0	75.9	80.2
Government services, n.i.e.	−28.4	−28.3	−36.0	−36.0	−42.0	−47.0	−70.0
Other services	57.7	88.6	142.3	179.4	233.0	312.5	330.0
Income balance	−94.7	−76.6	−16.2	−12.4	−23.8	−19.5	−99.3
Compensation of employees	−7.8	−7.8	−6.0	−8.1	−9.8	−8.7	−16.2
Reinvested earnings	60.8	94.2	136.5	34.9	182.5	230.6	196.1
Other direct investment income	−23.6	−44.8	−26.0	88.6	−75.8	−135.7	−123.5
Portfolio and other investment income	−124.1	−118.2	−120.8	−127.8	−120.7	−105.7	−155.8
Current transfers balance	−17.7	−9.4	−18.3	−21.5	16.1	18.4	31.1
Capital account balance	**−20.4**	**−22.5**	**−2.5**	**28.3**	**16.4**	**−20.1**	**5.8**
Financial account balance	**195.6**	**73.7**	**−181.2**	**−66.0**	**−201.1**	**−325.9**	**−339.0**
Direct investment	83.5	−18.7	−240.7	87.9	27.4	−86.1	−256.5
Portfolio investment[1]	163.6	153.1	239.8	229.9	115.5	189.4	364.3
Financial derivatives	−11.1	−9.3	−18.1	−13.0	55.2	−104.2	−67.7
Other investment[1]	2.1	−24.0	−113.6	−350.9	−305.3	−142.0	−307.7
Reserves plus liabilities constituting foreign authorities' reserves	−42.5	−27.4	−48.7	−19.9	−93.9	−182.9	−71.3
Net errors and omissions	**−77.4**	**−31.2**	**128.8**	**−65.7**	**−68.9**	**−57.4**	**35.1**
				(In percentage)			
Memorandum items							
Current account balance as a percentage of gross current transactions	.5	.1	.2	.3	.7	.9	.6
Goods balance as a percentage of gross goods transactions	.1	.3	.1	.2	.5	.6	.5
Services balance as a percentage of gross services transactions	.1	.6	1.5	1.9	2.7	3.4	2.8
Income balance as a percentage of gross income transactions	3.6	2.5	.4	.3	.4	.2	1.2
Current transfers balance as a percentage of gross current transfers	2.0	.9	1.5	1.5	1.1	1.1	1.6
Capital account balance as a percentage of gross capital account transactions	17.6	16.2	1.7	12.9	6.0	8.6	2.7

[1] Excluding liabilities constituting foreign authorities' reserves, as derived from an IMF survey of major reserve-holding countries.

Table D-1. Exports of Goods and Services as a Percentage of GDP

	2002	2003	2004	2005	2006	2007	2008
Advanced Economies							
Euro Area							
Austria	48.3	47.8	51.1	53.2	55.8	58.6	58.4
Belgium	82.2	80.5	82.9	85.0	85.3	87.2	91.3
Cyprus	51.1	47.3	46.9	47.4	46.5	48.0	....
Finland	40.9	39.0	40.4	42.2	45.4	46.2	47.3
France	27.0	25.6	26.0	26.2	27.1	26.9	27.0
Germany	35.4	35.7	38.4	41.1	45.5	47.3	47.9
Greece	20.4	18.9	21.2	21.2	21.2	21.6	22.7
Ireland	93.1	82.8	82.6	80.7	78.4	80.3	83.1
Italy	25.7	24.5	25.3	26.0	27.7	29.1	29.1
Luxembourg	132.7	125.0	139.0	147.4	157.9	168.2	172.7
Malta	84.8	81.0	78.6	77.1	87.3	90.0	....
Netherlands	60.7	61.0	63.5	66.5	70.2	72.0	73.3
Portugal	28.5	28.4	28.9	29.0	31.8	33.6	34.0
Slovak Republic	70.6	75.9	74.4	75.7	84.4	86.5	82.9
Slovenia	55.4	54.1	57.9	62.0	66.2	69.6	68.0
Spain	27.3	26.3	26.0	25.8	26.6	27.3	26.8
Australia	20.5	18.0	18.1	19.4	20.9	20.1	23.6
Canada	41.4	38.0	38.3	37.9	36.3	34.9	35.2
China, P.R.: Hong Kong	149.5	171.0	190.1	198.7	205.5	208.0	212.5
Denmark	47.2	45.2	45.5	48.8	52.0	52.3	54.9
Iceland	37.7	34.3	34.2	31.6	32.1	35.4	45.6
Israel	34.9	36.7	41.3	42.6	42.9	42.8	40.2
Japan	11.8	12.5	13.8	14.9	16.8	18.4	18.2
Korea	33.3	35.8	41.5	39.5	40.1	42.2	54.8
New Zealand	32.8	29.1	28.8	27.6	28.5	27.9	31.8
Norway	41.2	40.1	41.9	44.3	46.4	45.8	48.6
Singapore	192.8	212.5	224.5	236.2	243.6	230.4	235.0
Sweden	43.5	42.7	45.4	47.8	50.5	51.7	53.9
Switzerland	48.6	47.7	51.2	54.0	56.8	61.3	63.8
Taiwan Province of China *	....	....	....	....	....	....	....
United Kingdom	25.8	25.1	24.9	26.0	28.1	26.0	28.4
United States	9.3	9.3	9.9	10.1	10.8	11.7	12.6

* from published sources

	2002	2003	2004	2005	2006	2007	2008
Emerging and Developing Economies							
Africa							
CEMAC							
Cameroon	26.7	23.0	24.2	25.5	27.1	....	....
Central African Republic	....	....	....	....	....	....	....
Chad	....	....	....	....	....	....	....
Congo, Republic of	81.2	79.2	82.5	82.9	85.0	80.2	....
Equatorial Guinea	....	....	....	....	....	....	....
Gabon	54.4	56.4	59.6	65.6	....	....	....
WAEMU							
Benin	20.2	19.4	18.0	16.6	18.9	22.9	....
Burkina Faso	....	....	....	....	....	....	....
Côte d'Ivoire	51.2	45.8	47.0	49.0	50.8	45.7	....
Guinea-Bissau	30.6	27.1	26.9	....	....	....	....
Mali	29.7	25.4	22.2	22.7	29.1	26.0	....
Niger	15.0	15.8	16.0	16.0	15.9	17.0	....
Senegal	28.5	25.1	25.3	25.9	24.0	24.5	....
Togo	36.8	39.3	35.6	37.5	36.6	34.9	....
Algeria	....	....	....	....	....	....	....
Angola	87.1	70.2	68.1	84.0	....	....	....
Botswana	46.5	45.4	44.5	51.6	47.0	45.6	41.8
Burundi	6.1	7.5	9.5	12.0	9.7	9.6	12.3
Cape Verde	31.3	31.4	31.2	34.6	....	....	....
Comoros	....	....	....	....	....	....	....
Congo, Democratic Republic of	....	....	....	....	....	....	....
Djibouti	....	....	....	....	....	....	....
Eritrea	....	....	....	....	....	....	....
Ethiopia	14.4	15.8	17.3	17.4	....	....	....
Gambia, The	....	82.3	80.5	71.0	....	....	....
Ghana	....	....	....	....	....	....	....
Guinea	....	....	20.0	....	....	....	....
Kenya	24.5	24.1	26.4	27.9	26.1	26.0	27.3
Lesotho	58.6	52.8	60.4	51.0	49.6	52.7	....
Liberia	....	....	....	....	....	....	....
Madagascar	28.6	21.5	32.4	26.4	....	....	....
Malawi	24.4	....	....	....	....	....	....
Mauritania	....	....	....	....	....	....	....

Table D-1. Exports of Goods and Services as a Percentage of GDP

	2002	2003	2004	2005	2006	2007	2008
Africa (continued)							
Mauritius	62.0	56.3	54.0	59.8	61.5	59.0	53.0
Morocco	30.2	28.6	29.2	31.6	33.1	36.4	39.4
Mozambique	27.4	28.9	30.9	31.7	39.0	35.4	....
Namibia	43.1	37.5	40.3	....	....	....	....
Nigeria	30.7	40.6	43.4	50.8	40.6	41.1	39.9
Rwanda	7.4	7.9	10.2	10.8	9.7	10.6	....
São Tomé & Príncipe	....	....	....	....	....	....	....
Seychelles	78.7	87.8	89.2	103.1	....	....	....
Sierra Leone	10.5	17.9	20.1	22.5	....	....	....
South Africa	33.2	28.2	26.8	27.4	29.6	31.5	35.7
Sudan	13.8	14.7	17.8	18.7	17.0	....	....
Swaziland	98.7	102.8	86.5	73.4	69.9	....	....
Tanzania	19.5	21.1	23.0	23.4	....	....	....
Tunisia	45.3	43.9	47.1	51.1	51.8	56.9	....
Uganda	11.6	12.8	13.3	15.1	15.2	18.7	20.8
Zambia	29.8	28.8	38.2	35.1	38.8	41.3	35.5
Zimbabwe	....	....	....	....	....	....	....
Developing Asia							
Afghanistan, I.R. of	....	....	....	....	....	....	....
Bangladesh	14.7	15.6	16.5	18.3	21.4	20.5	21.8
Bhutan	....	....	....	....	....	....	....
Brunei Darussalam	96.6	102.5	102.3	107.2	....	....	....
Cambodia	55.4	56.5	63.6	64.0	68.6	65.3	....
China, P.R.: Mainland	25.1	29.6	34.0	37.4	39.9	39.7	36.6
China, P.R.: Macao	104.3	103.3	105.2	95.6	90.9	89.6	....
Fiji	53.3	56.0	51.5	51.3	....	....	....
French Overseas Territories: French Polynesia	....	....	....	....	....	....	....
French Overseas Territories: New Caledonia	....	....	....	....	....	....	....
India	14.0	14.3	16.7	19.0	21.2	20.7	23.8
Indonesia	33.6	29.6	32.2	35.0	31.6	30.2	30.3
Kiribati	....	....	....	....	....	....	....
Lao People's Democratic Republic	26.1	24.1	21.6	26.4	31.7	29.4	....
Malaysia	107.4	107.6	115.4	117.0	116.6	110.6	103.9
Maldives	77.3	84.3	88.7	64.6	84.9	83.2	82.2
Myanmar	.3	.2	.2	....	....	....	....
Nepal	16.5	17.8	18.9	18.5	17.6	18.3	....
Pakistan	16.4	17.6	16.6	17.5	16.3	15.3	17.1
Papua New Guinea	60.2	67.0	64.1	....	....	....	....
Philippines	49.3	48.6	49.3	45.3	45.1	41.1	34.6
Samoa	....	....	29.4	....	....	....	....
Solomon Islands	18.1	....	....	....	....	....	....
Sri Lanka	34.9	34.7	35.3	32.3	30.1	29.1	....
Thailand	64.2	65.7	70.5	73.3	74.1	73.5	76.5
Timor-Leste	....	....	....	....	....	....	....
Tonga	28.8	28.7	24.3	....	....	....	....
Vanuatu	48.4	49.8	50.6	53.3	....	....	....
Vietnam	56.1	59.2	66.8	69.2	73.8	76.9	77.0
Europe							
Central and Eastern Europe							
Albania	20.6	20.5	22.0	22.3	25.3	....	....
Bosnia and Herzegovina	26.5	26.3	29.4	32.9	36.9	38.9	....
Bulgaria	48.4	50.3	56.6	59.4	64.4	63.4	61.3
Croatia	40.0	43.9	43.2	42.5	43.7	42.9	42.6
Czech Republic	60.5	61.8	70.2	72.0	76.5	80.2	77.6
Estonia	71.4	69.5	73.2	80.6	80.7	74.1	76.5
Faroe Islands	....	....	....	....	....	....	....
Hungary	63.5	61.8	64.8	67.6	76.9	80.0	81.9
Latvia	40.6	41.8	43.6	46.9	44.1	41.5	42.0
Lithuania	52.9	51.2	52.1	57.3	59.1	54.5	60.3
Macedonia, FYR	36.0	37.6	39.6	43.9	47.0	52.6	....
Montenegro, Republic of	....	....	....	....	....	....	....
Poland	28.7	33.3	37.7	37.1	40.4	41.0	40.5
Romania	35.4	34.7	35.9	33.2	32.1	30.2	31.9
Serbia, Republic of	....	....	....	....	....	....	....
Turkey	23.6	23.2	23.3	21.7	22.4	22.3	24.1
CIS and Mongolia							
Armenia	29.4	32.2	29.9	28.9	23.7	19.3	14.7
Azerbaijan	42.8	42.0	48.8	62.9	66.5	76.6	....
Belarus	63.8	64.9	67.8	60.2	60.1	61.7	61.5
Georgia	29.8	32.3	32.1	34.1	32.9	31.3	28.8
Kazakhstan	50.2	50.1	52.4	53.0	51.1	50.2	....
Kyrgyz Republic	39.9	39.0	42.6	38.5	45.3	53.2	54.2
Moldova	52.7	53.3	51.0	50.3	44.8	45.4	41.1

2009, International Monetary Fund: *Balance of Payments Statistics Yearbook*

Table D-1. Exports of Goods and Services as a Percentage of GDP

	2002	2003	2004	2005	2006	2007	2008
CIS and Mongolia (continued)							
Mongolia	52.7	54.3	63.9	63.5	62.6	....	....
Russia	36.2	35.3	34.4	35.2	33.8	30.4	31.2
Tajikistan	63.1	64.0	58.8	54.3	58.6	45.9	34.2
Turkmenistan	....	....	....	....	....	....	....
Ukraine	55.1	57.8	63.6	51.5	46.6	44.8	47.5
Uzbekistan	....	....	....	....	....	....	....
Middle East							
Bahrain, Kingdom of	81.9	81.9	92.0	99.5	98.8	93.7	96.9
Egypt	19.5	28.1	33.9	33.0	34.0	34.2	....
Iran, I.R. of	....	....	....	....	....	....	....
Iraq	....	....	....	55.3	58.6	....	....
Jordan	47.4	47.4	52.2	52.5	54.7	55.4	....
Kuwait	44.6	52.1	55.1	62.0	63.9	63.4	66.4
Lebanon	....	....	....	....	....	....	....
Libya	50.3	54.3	56.2	68.6	....	....	....
Oman	58.7	57.2	57.2	63.5	62.2	63.2	....
Qatar	....	....	....	....	....	....	....
Saudi Arabia	41.2	46.1	52.7	60.9	63.2	64.9	68.9
Syrian Arab Republic	9.1	7.5	8.7	8.7	8.7	....	....
United Arab Emirates	....	....	....	....	....	....	....
West Bank and Gaza	....	....	....	....	....	....	....
Yemen, Republic of	33.9	34.6	35.2	38.0	37.6	32.8	35.5
Western Hemisphere							
Eastern Caribbean Currency Union							
Anguilla	61.8	65.4	56.3	66.9	62.4	52.7	45.8
Antigua and Barbuda	60.0	61.4	65.5	62.8	55.0	51.3	49.0
Dominica	48.3	45.1	45.7	43.2	45.5	43.4	42.6
Grenada	39.5	37.4	42.1	26.9	28.8	31.0	27.3
Montserrat	41.8	37.7	48.0	38.7	36.8	37.9	....
St. Kitts and Nevis	43.7	45.6	48.5	51.7	48.2	45.4	41.5
St. Lucia	45.5	52.5	58.1	60.2	48.2	47.9	54.3
St. Vincent and the Grenadines	48.2	44.7	43.9	45.1	42.6	38.4	32.7
Argentina	28.6	26.6	26.0	25.7	25.5	25.3	24.9
Aruba	128.2	153.2	178.5	205.9	206.0	163.6	197.8
Bahamas, The	40.9	40.1	44.0	45.0	43.1	45.4	46.3
Barbados	52.3	53.1	53.8	61.1	....	....	....
Belize	52.1	53.4	51.5	56.2	65.1	64.5	....
Bermuda	....	....	....	....	....	....	....
Bolivia	19.7	24.3	29.2	34.3	38.0	37.8	41.7
Brazil	13.8	15.1	16.4	15.2	14.4	13.8	14.5
Chile	33.5	36.1	40.3	40.9	45.3	46.8	45.6
Colombia	15.3	17.2	17.1	16.9	17.6	16.5	17.5
Costa Rica	42.4	46.7	46.3	48.7	49.2	48.9	46.0
Dominican Republic	33.1	44.6	43.7	30.1	31.3	29.1	....
Ecuador	24.7	25.6	27.5	30.9	34.0	35.1	37.4
El Salvador	26.6	27.3	28.0	26.8	27.8	....	....
Guatemala	19.1	18.8	25.9	24.9	25.2	....	....
Guyana	91.2	89.5	94.5	84.0	79.5	80.2	86.3
Haiti	13.1	16.6	14.2	14.6	13.9	....	....
Honduras	54.5	52.8	58.4	58.9	55.2	51.8	48.6
Jamaica	33.3	37.5	38.5	35.8	40.0	39.3	37.8
Mexico	26.8	25.3	26.6	27.2	28.1	28.3	28.5
Netherlands Antilles	....	....	....	....	....	....	....
Nicaragua	28.3	32.0	37.1	40.3	44.9	....	....
Panama	61.9	58.9	62.6	68.6	72.8	73.3	....
Paraguay	47.7	49.4	50.2	53.6	56.1	53.6	....
Peru	16.2	17.8	21.2	24.8	28.6	29.2	27.6
Suriname	42.8	53.6	83.4	....	....	....	....
Trinidad and Tobago	50.6	52.4	54.6	66.3	77.7	65.9	....
Uruguay	21.9	27.3	32.2	30.6	30.0	30.0	30.0
Venezuela, República Bolivariana de	29.9	33.6	36.2	39.1	36.3	31.0	30.4

Table D-2.	Imports of Goods and Services as a Percentage of GDP						
	2002	2003	2004	2005	2006	2007	2008
Advanced Economies							
Euro Area							
Austria...	44.2	45.0	48.1	49.9	51.7	54.0	53.8
Belgium...	77.6	76.4	79.2	82.1	82.9	85.2	93.4
Cyprus...	52.0	47.7	49.8	50.1	50.4	54.7	....
Finland..	31.0	31.6	33.3	37.7	40.4	40.9	43.1
France...	25.3	24.5	25.4	26.7	28.0	28.3	29.2
Germany..	31.3	31.8	33.4	35.8	39.8	40.2	41.6
Greece...	27.9	25.4	26.6	27.4	30.7	32.7	34.0
Ireland...	76.3	67.4	68.3	69.0	68.2	70.5	73.0
Italy...	24.8	24.0	24.6	26.0	28.5	29.3	29.6
Luxembourg..................................	106.4	101.1	111.3	115.4	119.1	122.5	128.6
Malta...	82.2	82.6	82.6	82.5	92.2	93.0	....
Netherlands...................................	56.7	54.3	56.1	58.0	61.7	63.4	65.3
Portugal...	36.4	34.9	36.4	37.4	39.4	40.5	42.9
Slovak Republic.............................	77.5	77.1	77.4	79.9	87.6	87.0	84.6
Slovenia..	54.0	54.1	59.1	62.5	67.1	71.5	70.8
Spain...	29.2	28.4	29.8	30.9	32.8	33.8	32.4
Australia..	21.6	20.5	20.8	21.2	22.1	22.0	24.4
Canada..	37.0	34.3	34.1	33.1	32.8	31.9	32.4
China, P.R.: Hong Kong..................	141.2	161.8	181.3	186.3	194.1	197.2	201.6
Denmark..	41.5	39.1	40.4	43.5	48.5	49.9	52.0
Iceland...	36.1	37.4	39.7	43.9	49.8	45.8	49.4
Israel..	38.0	37.4	41.3	42.9	42.4	44.0	41.7
Japan...	10.5	10.7	11.8	13.4	15.4	16.5	17.9
Korea...	32.2	33.5	37.4	37.3	39.2	41.4	56.0
New Zealand..................................	31.6	28.4	29.3	29.6	30.1	29.2	33.5
Norway..	27.7	27.1	28.4	27.9	28.2	30.1	28.9
Singapore......................................	176.0	184.9	199.2	207.7	213.4	198.8	215.8
Sweden..	36.8	36.0	37.3	40.3	42.7	44.4	46.4
Switzerland...................................	40.4	39.6	40.8	46.0	48.3	50.5	52.8
Taiwan Province of China *............	....	....	....	....	....	....	....
United Kingdom............................	28.6	27.6	27.7	29.5	31.3	29.4	31.8
United States.................................	13.4	13.8	15.1	15.8	16.5	16.7	17.5

* from published sources

	2002	2003	2004	2005	2006	2007	2008
Emerging and Developing Economies							
Africa							
CEMAC							
Cameroon......................................	27.8	25.2	25.1	26.2	26.0	....	....
Central African Republic................	....	....	....	....	....	....	....
Chad..	....	....	....	....	....	....	....
Congo, Republic of........................	53.6	47.7	45.1	45.4	59.5	83.6	....
Equatorial Guinea..........................	....	....	....	....	....	....	....
Gabon..	34.9	31.7	30.4	28.1	....	....	....
WAEMU							
Benin...	29.9	29.1	26.0	24.6	27.8	35.6	....
Burkina Faso..................................	....	....	....	....	....	....	....
Côte d'Ivoire..................................	34.9	35.6	38.7	42.4	41.4	40.9	....
Guinea-Bissau................................	43.2	38.7	41.0	....	....	....	....
Mali...	31.2	32.5	29.7	30.2	33.6	35.2	....
Niger..	23.8	25.9	25.6	29.8	28.6	29.3	....
Senegal..	38.9	36.5	37.0	40.6	40.4	46.0	....
Togo...	51.9	54.5	51.9	54.0	53.4	52.7	....
Algeria...	....	....	....	....	....	....	....
Angola...	72.3	63.7	52.5	52.4	....	....	....
Botswana.......................................	35.4	34.4	36.4	34.5	30.7	37.6	43.7
Burundi..	23.5	29.4	34.1	40.6	46.6	46.4	47.8
Cape Verde....................................	67.6	67.6	67.7	62.4	....	....	....
Comoros..	....	....	....	....	....	....	....
Congo, Democratic Republic of.....	....	....	....	....	....	....	....
Djibouti..	....	....	....	....	....	....	....
Eritrea..	....	....	....	....	....	....	....
Ethiopia...	27.5	32.8	38.3	44.2	....	....	....
Gambia, The..................................	....	98.2	111.8	102.5	....	....	....
Ghana..	....	....	....	....	....	....	....
Guinea...	....	....	23.8	....	....	....	....
Kenya...	29.4	28.4	32.6	35.2	35.9	37.1	41.4
Lesotho..	122.2	108.5	108.4	102.4	96.0	102.6	....
Liberia..	....	....	....	....	....	....	....
Madagascar...................................	40.3	31.6	47.3	40.5	....	....	....
Malawi...	41.1	....	....	....	....	....	....
Mauritania.....................................	....	....	....	....	....	....	....

2009, International Monetary Fund: *Balance of Payments Statistics Yearbook*

Table D-2. Imports of Goods and Services as a Percentage of GDP

	2002	2003	2004	2005	2006	2007	2008
Africa (continued)							
Mauritius	59.0	55.1	56.3	65.8	72.6	69.4	67.8
Morocco	32.9	32.1	34.9	38.2	39.8	46.2	54.4
Mozambique	48.9	47.6	41.8	43.9	48.0	45.2	....
Namibia	48.6	44.8	44.3	....	....	....	....
Nigeria	26.7	32.3	23.9	29.1	21.5	26.0	23.7
Rwanda	26.4	24.4	26.2	27.6	25.8	26.6	....
São Tomé & Príncipe	....	....	....	....	....	....	....
Seychelles	85.4	84.8	95.6	126.7	....	....	....
Sierra Leone	35.9	40.9	34.2	39.0	....	....	....
South Africa	29.3	26.0	27.2	28.2	32.7	34.6	38.9
Sudan	20.7	19.2	21.7	29.5	28.5	....	....
Swaziland	104.1	103.8	88.1	87.9	82.2	....	....
Tanzania	22.0	25.9	30.5	33.4	....	....	....
Tunisia	49.6	47.6	49.9	51.6	54.0	59.1	....
Uganda	26.7	25.6	23.2	23.7	27.1	29.0	31.7
Zambia	42.5	41.4	40.0	36.7	30.1	39.1	36.9
Zimbabwe	....	....	....	....	....	....	....
Developing Asia							
Afghanistan, I.R. of	....	....	....	....	....	....	....
Bangladesh	19.5	21.7	23.4	25.5	27.8	28.5	31.9
Bhutan	....	....	....	....	....	....	....
Brunei Darussalam	55.0	48.3	44.0	39.4	....	....	....
Cambodia	63.8	66.5	70.9	72.5	76.6	74.2	....
China, P.R.: Mainland	22.6	27.4	31.4	31.8	32.1	30.6	28.5
China, P.R.: Macao	63.7	61.2	58.2	59.0	58.2	54.8	....
Fiji	58.5	62.9	64.2	65.4	....	....	....
French Overseas Territories: French Polynesia	....	....	....	....	....	....	....
French Overseas Territories: New Caledonia	....	....	....	....	....	....	....
India	15.0	15.7	18.9	22.4	24.7	24.4	30.4
Indonesia	26.9	24.3	27.8	32.0	26.1	25.4	28.3
Kiribati	....	....	....	....	....	....	....
Lao People's Democratic Republic	26.2	26.0	30.0	32.7	32.2	27.9	....
Malaysia	90.9	87.9	95.0	94.7	93.9	90.3	80.7
Maldives	71.2	77.2	93.0	115.9	114.3	117.1	124.7
Myanmar	.3	.2	.2	....	....	....	....
Nepal	29.3	32.0	35.1	39.0	41.9	46.4	....
Pakistan	17.0	18.1	22.7	26.8	27.8	26.2	32.0
Papua New Guinea	58.7	56.6	57.1	....	....	....	....
Philippines	59.1	58.4	57.9	54.5	50.7	45.4	41.3
Samoa	....	....	54.3	....	....	....	....
Solomon Islands	43.0	....	....	....	....	....	....
Sri Lanka	41.4	40.7	44.1	41.2	41.1	39.5	....
Thailand	58.1	59.5	66.3	75.3	71.3	66.4	74.6
Timor-Leste	....	....	....	....	....	....	....
Tonga	74.3	73.5	73.2	....	....	....	....
Vanuatu	55.3	55.2	56.3	61.7	....	....	....
Vietnam	61.2	67.7	73.8	74.4	78.3	92.6	92.0
Europe							
Central and Eastern Europe							
Albania	46.7	45.4	44.5	47.3	49.6	....	....
Bosnia and Herzegovina	77.0	71.9	70.7	73.3	66.5	72.0	....
Bulgaria	56.2	60.6	68.4	75.8	82.9	86.1	84.5
Croatia	49.4	50.8	49.5	48.8	50.3	50.3	50.5
Czech Republic	62.6	64.1	70.1	68.8	73.1	75.4	72.4
Estonia	78.5	77.0	80.3	87.0	92.9	86.1	80.8
Faroe Islands	....	....	....	....	....	....	....
Hungary	65.8	65.7	67.6	68.8	77.7	78.6	80.9
Latvia	50.7	54.6	59.4	61.9	66.5	62.0	55.8
Lithuania	58.3	57.1	59.1	64.5	69.5	68.0	71.3
Macedonia, FYR	57.8	56.2	61.9	62.8	66.8	72.7	....
Montenegro, Republic of	....	....	....	....	....	....	....
Poland	31.9	35.8	39.9	37.7	42.3	43.9	44.1
Romania	41.1	42.2	45.1	43.3	44.2	44.6	45.1
Serbia, Republic of	....	....	....	....	....	....	....
Turkey	22.9	24.2	25.9	25.4	27.5	27.4	28.9
CIS and Mongolia							
Armenia	46.6	50.1	45.5	43.3	39.7	39.0	39.8
Azerbaijan	50.0	65.5	72.7	52.9	38.8	32.1	....
Belarus	67.1	68.7	74.3	59.1	64.3	68.0	69.1
Georgia	42.9	46.7	48.6	51.8	57.0	58.2	58.6
Kazakhstan	50.3	44.6	43.8	44.2	40.4	43.4	....
Kyrgyz Republic	44.8	46.0	51.0	56.8	79.5	84.6	93.8
Moldova	77.9	87.0	80.9	90.9	91.9	97.9	94.1

Table D-2. Imports of Goods and Services as a Percentage of GDP

	2002	2003	2004	2005	2006	2007	2008
CIS and Mongolia (continued)							
Mongolia	70.4	70.5	74.2	67.4	58.0	....	....
Russia	25.5	23.9	22.1	21.5	21.1	21.8	22.0
Tajikistan	76.2	73.8	69.6	72.8	83.6	99.9	80.9
Turkmenistan	....	....	....	....	....	....	....
Ukraine	50.7	55.2	56.0	50.7	49.5	50.6	55.4
Uzbekistan	....	....	....	....	....	....	....
Middle East							
Bahrain, Kingdom of	66.2	63.7	72.7	76.4	72.9	68.4	74.3
Egypt	23.2	27.6	34.4	36.8	37.6	41.4	....
Iran, I.R. of	....	....	....	....	....	....	....
Iraq	....	....	....	60.0	45.9	....	....
Jordan	66.6	68.3	82.4	93.9	89.2	94.9	....
Kuwait	36.6	34.5	33.5	29.4	26.5	28.3	25.6
Lebanon	....	....	....	....	....	....	....
Libya	43.9	35.8	33.6	31.6	....	....	....
Oman	37.5	40.2	44.7	36.2	37.4	46.2	....
Qatar	....	....	....	....	....	....	....
Saudi Arabia	26.3	25.5	26.7	27.8	31.8	37.8	37.6
Syrian Arab Republic	7.0	6.6	8.2	8.3	7.9	....	....
United Arab Emirates	....	....	....	....	....	....	....
West Bank and Gaza	....	....	....	....	....	....	....
Yemen, Republic of	34.6	37.1	34.3	33.3	37.2	39.4	40.7
Western Hemisphere							
Eastern Caribbean Currency Union							
Anguilla	88.7	94.4	91.8	100.5	132.4	118.4	117.8
Antigua and Barbuda	66.5	71.0	72.7	78.6	81.6	80.7	78.2
Dominica	61.3	59.9	61.0	65.5	62.7	69.8	74.9
Grenada	62.2	64.9	66.9	71.8	65.2	72.2	70.6
Montserrat	101.8	115.0	118.4	120.5	97.8	96.2	....
St. Kitts and Nevis	73.0	70.6	60.5	63.8	65.6	67.2	69.2
St. Lucia	57.2	67.2	62.1	69.4	75.6	76.4	75.3
St. Vincent and the Grenadines	58.1	62.4	64.7	65.4	65.4	72.5	68.9
Argentina	13.2	14.5	18.2	19.1	19.2	20.3	20.5
Aruba	135.5	154.7	170.6	188.3	197.8	148.2	195.5
Bahamas, The	45.5	46.1	50.7	53.9	60.2	60.5	60.3
Barbados	58.4	58.8	64.6	71.3	....	....	....
Belize	67.2	67.1	59.4	64.1	63.0	63.5	....
Bermuda	....	....	....	....	....	....	....
Bolivia	26.2	25.3	26.6	30.0	30.2	31.6	34.1
Brazil	12.2	11.5	12.1	11.1	11.1	11.8	14.0
Chile	31.0	31.9	31.1	32.3	30.2	32.9	40.7
Colombia	16.5	18.1	17.4	17.2	18.7	18.0	18.4
Costa Rica	45.9	48.5	49.3	53.9	55.3	53.7	55.4
Dominican Republic	40.7	44.1	42.2	33.8	38.6	37.5	....
Ecuador	31.2	27.9	29.6	31.9	32.9	34.1	37.9
El Salvador	41.3	43.2	45.3	44.5	47.2	....	....
Guatemala	33.0	33.3	42.1	40.8	42.1	....	....
Guyana	97.7	93.9	101.4	111.2	115.4	116.3	130.0
Haiti	38.9	50.1	42.7	44.6	43.2	....	....
Honduras	65.1	67.1	75.3	76.6	76.4	80.2	81.1
Jamaica	49.4	52.3	52.0	53.5	59.4	65.8	70.8
Mexico	28.7	26.9	28.6	28.7	29.4	29.9	30.7
Netherlands Antilles	....	....	....	....	....	....	....
Nicaragua	54.9	58.6	64.2	69.9	74.9	....	....
Panama	62.4	58.6	64.0	69.5	69.5	75.2	....
Paraguay	49.0	50.0	49.0	55.6	58.3	54.0	....
Peru	17.4	17.8	18.0	19.2	19.8	22.2	26.7
Suriname	51.3	64.0	91.3	....	....	....	....
Trinidad and Tobago	45.0	38.1	39.6	39.3	35.6	37.1	....
Uruguay	20.3	24.4	28.6	28.2	30.4	29.3	32.4
Venezuela, República Bolivariana de	18.6	16.7	19.1	20.3	21.4	24.0	18.7

Table D-3. Current Account as a Percentage of GDP

	2002	2003	2004	2005	2006	2007	2008
Advanced Economies							
Euro Area							
Austria	2.7	1.7	2.1	2.1	2.4	3.6	3.2
Belgium	4.6	4.2	3.5	2.6	2.0	2.1	−2.4
Cyprus	−3.6	−2.2	−5.2	−5.7	−6.9	−8.5	....
Finland	8.9	5.2	6.6	3.6	4.5	4.3	2.9
France	1.4	.8	.6	−.4	−.5	−1.0	−2.2
Germany	2.0	1.9	4.7	5.1	6.5	7.9	6.7
Greece	−6.5	−6.6	−5.8	−7.5	−11.2	−14.4	−14.6
Ireland	−.9	.1	−.6	−3.5	−4.4	−5.3	−5.3
Italy	−.8	−1.3	−1.0	−1.7	−2.6	−2.4	−3.4
Luxembourg	10.2	8.3	12.0	11.0	10.3	10.0	5.9
Malta	2.5	−3.1	−6.0	−8.8	−9.1	−7.1	....
Netherlands	2.5	5.5	7.6	7.3	9.3	7.7	7.5
Portugal	−8.1	−6.1	−7.6	−9.5	−10.0	−9.5	−12.2
Slovak Republic	−8.0	−.8	−7.8	−8.4	−7.0	−5.5	−6.5
Slovenia	1.1	−.7	−2.6	−1.9	−2.8	−4.9	−6.1
Spain	−3.2	−3.5	−5.3	−7.4	−9.0	−10.1	−9.6
Australia	−3.8	−5.5	−6.1	−5.8	−5.5	−6.4	−4.8
Canada	1.7	1.2	2.3	2.9	2.5	2.1	1.8
China, P.R.: Hong Kong	7.6	10.4	9.5	11.4	12.1	12.3	14.2
Denmark	2.0	3.3	2.4	4.3	2.9	.8	2.6
Iceland	1.6	−4.9	−10.0	−16.2	−25.8	−20.3	−37.9
Israel	−1.1	.5	1.7	3.1	5.0	2.8	1.0
Japan	2.9	3.2	3.7	3.6	3.9	4.8	3.2
Korea	.9	1.9	3.9	1.8	.6	.6	−.7
New Zealand	−3.9	−4.3	−6.3	−8.4	−8.6	−8.1	−9.0
Norway	12.6	12.3	12.8	16.2	17.3	15.6	19.6
Singapore	13.1	23.7	18.2	22.7	25.4	23.4	14.9
Sweden	5.1	7.3	6.8	7.0	8.5	8.6	8.4
Switzerland	9.4	13.8	15.6	14.2	14.6	10.4	1.4
Taiwan Province of China *	....	....	....	....	....	....	....
United Kingdom	−1.7	−1.6	−2.1	−2.6	−3.3	−2.7	−1.7
United States	−4.4	−4.8	−5.4	−5.9	−6.0	−5.2	−4.9

* from published sources

	2002	2003	2004	2005	2006	2007	2008
Emerging and Developing Economies							
Africa							
CEMAC							
Cameroon	−4.1	−4.4	−2.6	−3.0	1.1	....	....
Central African Republic	....	....	....	....	....	....	....
Chad	....	....	....	....	....	....	....
Congo, Republic of	−1.1	14.6	15.3	11.6	1.7	−28.5	....
Equatorial Guinea	....	....	....	....	....	....	....
Gabon	7.0	12.9	13.0	23.2	....	....	....
WAEMU							
Benin	−5.3	−9.0	−6.6	−4.8	−4.3	−9.1	....
Burkina Faso	....	....	....	....	....	....	....
Côte d'Ivoire	6.7	2.1	1.5	.2	2.6	−.7	....
Guinea-Bissau	−.6	−.1	4.5	....	....	....	....
Mali	−4.2	−6.0	−7.5	−7.2	−3.6	−7.8	....
Niger	−7.5	−8.3	−6.9	−8.8	−8.3	−8.0	....
Senegal	−5.9	−6.0	−5.9	−7.4	−8.6	−11.2	....
Togo	−10.0	−9.2	−9.8	−9.5	−7.8	−8.3	....
Algeria	....	....	....	....	....	....	....
Angola	−1.5	−5.2	3.4	17.8	....	....	....
Botswana	3.2	5.7	3.5	15.5	17.2	11.0	3.8
Burundi	−.5	−4.0	−4.8	−.7	−14.0	−11.7	−19.1
Cape Verde	−11.5	−11.1	−13.7	−3.9	....	....	....
Comoros	....	....	....	....	....	....	....
Congo, Democratic Republic of	....	....	....	....	....	....	....
Djibouti	....	....	....	....	....	....	....
Eritrea	....	....	....	....	....	....	....
Ethiopia	−1.8	−1.7	−6.9	−14.2	....	....	....
Gambia, The	....	1.6	−13.7	−16.5	....	....	....
Ghana	....	....	....	....	....	....	....
Guinea	....	....	....	−4.0	....	....	....
Kenya	−.9	.9	−.8	−1.3	−2.2	−3.8	−6.5
Lesotho	−21.3	−13.5	−5.3	−7.4	4.4	13.1	....
Liberia	....	....	....	....	....	....	....
Madagascar	−10.8	−6.0	−9.1	−11.0	....	....	....
Malawi	−10.4	....	....	....	....	....	....
Mauritania	....	....	....	....	....	....	....

Table D-3. Current Account as a Percentage of GDP

	2002	2003	2004	2005	2006	2007	2008
Africa (continued)							
Mauritius	5.2	1.7	−1.8	−5.2	−9.3	−5.8	−10.5
Morocco	3.7	3.2	1.7	1.7	2.1	−.2	−5.3
Mozambique	−20.7	−17.5	−10.7	−11.6	−10.9	−9.7	....
Namibia	2.9	5.9	7.8	....	....	....	....
Nigeria	1.8	5.0	19.2	33.2	26.3	18.8	19.6
Rwanda	−8.3	−5.5	−1.8	−2.2	−6.4	−4.3	....
São Tomé & Príncipe	....	....	....	....	....	....	....
Seychelles	−14.5	−1.3	−8.6	−24.9	....	....	....
Sierra Leone	−7.8	−8.4	−9.2	−9.0	....	....	....
South Africa	.8	−1.1	−3.2	−4.0	−6.3	−7.3	−7.6
Sudan	−6.5	−5.3	−3.8	−10.5	−13.8	....	....
Swaziland	2.8	4.9	3.0	−3.9	−7.1	....	....
Tanzania	−.4	−1.1	−3.2	−6.9	....	....	....
Tunisia	−3.5	−2.9	−1.9	−1.0	−2.0	−2.6	....
Uganda	−6.0	−3.1	−1.5	−.7	−4.0	−4.0	−5.1
Zambia	−14.7	−14.8	−7.7	−8.4	1.2	−6.0	−7.1
Zimbabwe	....	....	....	....	....	....	....
Developing Asia							
Afghanistan, I.R. of	....	....	....	....	....	....	....
Bangladesh	1.6	.3	−.5	−.3	2.0	1.2	1.3
Bhutan	....	....	....	....	....	....	....
Brunei Darussalam	35.8	48.1	52.8	63.1	....	....	....
Cambodia	−2.5	−5.0	−3.4	−4.9	−3.6	−6.3	....
China, P.R.: Mainland	2.4	2.8	3.6	7.2	9.5	11.0	9.8
China, P.R.: Macao	39.8	39.9	41.0	29.0	20.3	31.0	....
Fiji	.8	−2.3	−9.2	−9.7	....	....	....
French Overseas Territories: French Polynesia	....	....	....	....	....	....	....
French Overseas Territories: New Caledonia	....	....	....	....	....	....	....
India	1.4	1.5	.1	−1.3	−1.0	−1.0	−3.0
Indonesia	4.0	3.5	.6	.1	3.0	2.4	.1
Kiribati	....	....	....	....	....	....	....
Lao People's Democratic Republic	.2	−3.2	−7.5	−6.7	1.4	2.6	....
Malaysia	7.1	12.1	12.1	14.5	16.7	15.7	17.6
Maldives	−5.6	−4.5	−15.8	−36.4	−33.0	−41.5	−51.7
Myanmar	....	....	....	....	....	....	....
Nepal	3.8	3.0	1.5	2.2	2.1	.1	....
Pakistan	5.2	4.2	−.8	−3.3	−5.3	−5.8	−10.3
Papua New Guinea	−4.3	3.8	2.8	....	....	....	....
Philippines	−.4	.4	1.9	2.0	4.5	4.9	2.3
Samoa	....	....	−7.2	....	....	....	....
Solomon Islands	−24.7	....	....	....	....	....	....
Sri Lanka	−1.4	−.4	−3.1	−2.7	−5.3	−4.3	....
Thailand	3.7	3.3	1.7	−4.3	1.1	5.7	....
Timor-Leste	....	....	....	....	....	....	....
Tonga	−2.3	−6.5	−8.0	....	....	....	....
Vanuatu	−7.3	−8.0	−7.1	−10.3	....	....	....
Vietnam	−1.7	−4.9	−2.1	−1.1	−.3	−9.8	−11.8
Europe							
Central and Eastern Europe							
Albania	−9.2	−7.1	−4.9	−7.0	−7.4	....	....
Bosnia and Herzegovina	−19.3	−19.5	−16.4	−17.1	−8.0	−10.9	....
Bulgaria	−2.0	−5.1	−6.8	−12.3	−18.5	−25.4	−25.2
Croatia	−7.3	−6.4	−4.6	−5.7	−6.7	−7.6	−9.2
Czech Republic	−5.7	−6.3	−5.2	−1.3	−2.5	−3.3	−3.1
Estonia	−10.7	−11.4	−11.4	−10.1	−17.1	−18.2	−9.7
Faroe Islands	....	....	....	....	....	....	....
Hungary	−7.1	−8.0	−8.6	−7.5	−7.6	−6.4	−8.7
Latvia	−6.7	−8.2	−12.8	−12.4	−22.7	−22.3	−13.3
Lithuania	−5.1	−6.9	−7.6	−7.0	−10.7	−14.6	−12.1
Macedonia, FYR	−9.9	−4.0	−8.4	−2.7	−.9	−3.1	....
Montenegro, Republic of	....	....	....	....	....	....	....
Poland	−2.8	−2.5	−4.0	−1.2	−2.8	−4.7	−5.5
Romania	−3.3	−5.6	−8.5	−8.6	−10.4	−13.9	−12.6
Serbia, Republic of	....	....	....	....	....	....	....
Turkey	−.3	−2.5	−3.7	−4.6	−6.0	−5.8	−5.7
CIS and Mongolia							
Armenia	−6.2	−6.7	−.5	−1.1	−1.8	−6.4	−11.6
Azerbaijan	−12.3	−27.8	−29.8	1.3	17.7	30.7	....
Belarus	−2.3	−2.4	−5.2	1.4	−3.9	−6.8	−8.6
Georgia	−6.4	−9.6	−6.9	−11.1	−15.2	−19.7	−22.8
Kazakhstan	−4.4	−.9	.8	−1.8	−2.5	−8.0	....
Kyrgyz Republic	−1.9	−2.2	1.3	−1.4	−10.0	−6.0	−12.5
Moldova	−1.2	−6.6	−1.8	−7.6	−11.4	−15.3	−16.3

2009, International Monetary Fund: *Balance of Payments Statistics Yearbook*

Table D-3. Current Account as a Percentage of GDP

	2002	2003	2004	2005	2006	2007	2008
CIS and Mongolia (continued)							
Mongolia	−7.8	−6.4	3.4	3.6	6.8	....	....
Russia	8.5	8.2	10.1	11.1	9.6	5.9	6.1
Tajikistan	−1.2	−.3	−2.7	−.8	−.8	−13.3	.9
Turkmenistan	....	....	....	....	....	....	....
Ukraine	7.5	5.8	10.6	2.9	−1.5	−3.7	−7.1
Uzbekistan	....	....	....	....	....	....	....
Middle East							
Bahrain, Kingdom of	−.6	2.1	4.2	11.0	13.8	15.7	10.3
Egypt	.7	5.2	5.0	2.3	2.4	.3	....
Iran, I.R. of	....	....	....	....	....	....	....
Iraq	....	....	....	−7.7	5.1	....	....
Jordan	5.7	12.2	.8	−17.4	−10.8	−17.7	....
Kuwait	11.2	19.7	26.2	37.3	44.7	40.8	43.7
Lebanon	....	....	....	....	....	....	....
Libya	3.4	13.9	14.5	34.9	....	....	....
Oman	9.7	6.7	3.6	16.8	15.4	6.2	....
Qatar	....	....	....	....	....	....	....
Saudi Arabia	6.3	13.1	20.7	28.5	27.8	24.3	28.6
Syrian Arab Republic	1.6	.8	.5	.2	.6	....	....
United Arab Emirates	....	....	....	....	....	....	....
West Bank and Gaza	....	....	....	....	....	....	....
Yemen, Republic of	4.8	1.2	1.6	3.5	1.0	−6.4	−4.4
Western Hemisphere							
Eastern Caribbean Currency Union							
Anguilla	−31.7	−33.9	−31.8	−30.7	−66.3	−67.9	−71.9
Antigua and Barbuda	−11.5	−13.0	−14.5	−21.7	−30.9	−32.9	−31.5
Dominica	−18.6	−20.2	−21.1	−25.4	−15.7	−25.0	−31.4
Grenada	−28.7	−30.4	−12.9	−35.2	−35.1	−42.9	−44.9
Montserrat	−27.0	−22.2	−22.3	−37.5	−17.7	−22.9	....
St. Kitts and Nevis	−35.5	−32.0	−17.1	−14.7	−17.4	−21.5	−23.7
St. Lucia	−15.1	−19.8	−11.0	−16.1	−32.1	−34.2	−26.7
St. Vincent and the Grenadines	−11.3	−20.5	−24.3	−22.3	−23.7	−34.2	−36.2
Argentina	8.6	6.3	2.1	2.9	3.6	2.8	2.1
Aruba	−17.7	−8.4	−.3	−8.7	−1.6	7.4	−5.7
Bahamas, The	−7.0	−7.7	−5.0	−10.3	−19.3	−17.6	−14.8
Barbados	−6.8	−6.3	−11.9	−12.8	....	....	....
Belize	−17.7	−18.6	−14.7	−13.6	−2.1	−4.1	....
Bermuda	....	....	....	....	....	....	....
Bolivia	−4.5	.9	3.8	6.5	11.5	12.1	12.1
Brazil	−1.5	.8	1.8	1.6	1.3	.1	−1.8
Chile	−.9	−1.1	2.2	1.2	4.9	4.4	−2.0
Colombia	−1.4	−1.1	−.8	−1.3	−1.8	−2.8	−2.8
Costa Rica	−5.1	−5.0	−4.3	−4.9	−4.5	−6.3	−9.2
Dominican Republic	−3.2	5.2	4.8	−1.4	−3.6	−5.1	....
Ecuador	−5.1	−1.5	−1.7	.9	3.9	3.6	2.0
El Salvador	−2.8	−4.7	−4.0	−3.3	−3.6	....	....
Guatemala	−5.9	−4.7	−4.9	−4.6	−5.0	....	....
Guyana	−8.6	−6.0	−2.5	−11.7	−19.8	−10.4	−16.5
Haiti	−2.8	−1.6	−1.7	.2	−1.7	....	....
Honduras	−3.6	−6.7	−7.7	−3.1	−3.5	−10.3	−13.8
Jamaica	−11.1	−8.2	−5.0	−9.6	−9.9	−15.8	−21.7
Mexico	−2.2	−1.0	−.7	−.5	−.5	−.8	−1.5
Netherlands Antilles	....	....	....	....	....	....	....
Nicaragua	−18.5	−16.2	−14.5	−15.1	−13.4	....	....
Panama	−.8	−4.1	−7.1	−6.6	−2.6	−7.2	....
Paraguay	1.8	2.3	2.1	.2	1.4	1.4	....
Peru	−2.0	−1.6	....	1.4	3.0	1.4	−3.3
Suriname	−13.8	−15.6	−12.4	....	....	....	....
Trinidad and Tobago	.8	8.8	12.4	22.6	37.6	24.7	....
Uruguay	3.1	−.8	....	.3	−2.0	−.9	−3.9
Venezuela, República Bolivariana de	8.2	14.1	13.8	17.2	14.3	7.9	11.7

Table E-1. Net IIP (Reported and Estimated IIP Data for Total and Regional Subtotals)

(Millions of U.S. dollars)

	2002	2003	2004	2005	2006	2007	2008
Total	−1,884,420	−1,906,292	−2,016,127	−1,494,916	−1,303,309	−1,126,458	−192,418
International Organizations	....	....	....	....	....	....	....
Advanced Economies	−764,470	−697,077	−930,190	−591,549	−671,856	−595,387	−943,128
Euro Area *							
Austria	−43,659	−37,220	−61,450	−61,144	−69,867	−73,409	−59,857
Belgium	104,432	127,665	112,490	120,012	120,314	144,189	159,139
Cyprus	1,212	627	2,413	3,211	7,279	2,892	970
Finland	−55,196	−48,401	−20,738	−28,787	−29,081	−71,384	−11,356
France	43,499	10,282	−21,311	1,663	45,305	−8,224	−517,884
Germany	113,661	179,199	326,562	569,446	837,992	948,938	927,689
Greece	−86,920	−128,281	−169,074	−176,004	−234,649	−315,727	−249,376
Ireland	−24,571	−35,557	−36,654	−47,173	−3,485	−46,289	....
Italy	−71,950	−87,429	−100,658	−60,721	−88,343	−119,539	−273,044
Luxembourg	27,878	45,458	42,731	45,457	59,322	52,533	41,223
Malta	1,617	2,236	2,471	2,099	1,869	1,700	479
Netherlands	−118,553	−13,648	24,780	−15,882	6,734	14,097	116,309
Portugal	−79,931	−103,589	−125,593	−123,492	−165,723	−219,305	−224,802
Slovak Republic	−6,169	−12,410	−18,960	−22,575	−37,792	−40,042	−50,663
Slovenia	−154	−2,331	−3,636	−3,729	−6,987	−10,853	−16,807
Spain	−322,225	−453,463	−594,452	−596,329	−875,075	−1,217,793	−1,220,479
Australia	−225,567	−325,807	−376,087	−389,513	−478,279	−574,604	−499,136
Canada	−130,987	−159,541	−158,197	−141,624	−72,619	−127,233	5,501
China, P.R.: Hong Kong	343,340	394,156	424,748	439,359	518,325	483,701	619,382
Denmark	−31,812	−28,509	−29,136	8,101	−4,747	−21,983	−29,413
Iceland	−6,975	−7,419	−10,265	−13,625	−20,273	−28,245	−45,129
Israel	−26,695	−32,387	−29,594	−27,534	−7,581	−10,623	3,967
Japan	1,462,166	1,613,626	1,784,487	1,531,759	1,808,168	2,194,959	2,484,971
Korea	−70,355	−81,759	−88,474	−179,476	−200,948	−229,538	−110,405
New Zealand	−51,122	−67,950	−87,297	−89,421	−100,598	−117,133	−96,857
Norway	65,000	100,345	125,341	165,853	203,700	226,158	236,179
Singapore	79,518	98,268	108,204	148,196	201,462	167,719	191,409
Sweden	−63,581	−72,504	−95,427	−72,500	−51,978	−8,045	−27,919
Switzerland	385,398	430,422	472,783	431,978	446,577	634,645	607,683
Taiwan Province of China **	255,576	294,422	341,501	350,376	395,483	478,968	576,733
United Kingdom	−193,374	−209,064	−426,280	−434,383	−692,078	−566,001	135,420
United States	−2,037,971	−2,086,514	−2,245,417	−1,925,146	−2,184,281	−2,139,916	−3,469,246
* Euro Area vis-à-vis the rest of the world	−726,389	−965,502	−1,217,312	−938,565	−1,324,803	−1,681,530	−2,451,413
** from published sources							
Emerging and Developing Economies	−1,119,949	−1,209,215	−1,085,937	−903,366	−631,453	−531,072	750,710
Africa	−247,060	−264,796	−268,761	−237,967	−150,930	−147,704	−72,505
CEMAC							
Cameroon	....	....	....	....	....	....	....
Central African Republic	....	....	....	....	....	....	....
Chad	....	....	....	....	....	....	....
Congo, Republic of	....	....	....	....	....	....	....
Equatorial Guinea	....	....	....	....	....	....	....
Gabon	....	....	....	....	....	....	....
WAEMU							
Benin	−1,037	−1,030	−1,476	−1,366	−613	83	....
Burkina Faso	....	....	....	....	....	....	....
Côte d'Ivoire	−10,514	−12,483	−12,319	−10,786	−11,620	−12,950	−11,896
Guinea-Bissau	−1,143	−1,015	−1,424	....	....	....	....
Mali	−2,543	−3,101	−3,547	−3,093	−1,295	−1,475	....
Niger	−1,832	−1,737	−1,816	−1,711	−360	−470	....
Senegal	−3,928	−4,305	−3,800	−3,602	−1,789	−2,869	....
Togo	−1,845	−1,774	−1,924	−1,924	−2,244	−2,425	....
Algeria	....	....	....	....	....	....	....
Angola	....	−17,159	−16,702	−13,073	−2,057	3,897	12,863
Botswana	5,637	6,362	6,962	7,924	10,443	12,407	....
Burundi	−1,044	−1,197	−1,277	−1,185	−1,270	−1,255	−1,092
Cape Verde	....	....	−712	−643	−774	−1,066	−1,280
Comoros	....	....	....	....	....	....	....
Congo, Democratic Republic of	....	....	....	....	....	....	....
Djibouti	....	97	110	127	169	211	240
Eritrea	....	....	....	....	....	....	....
Ethiopia	....	....	....	....	....	....	....
Gambia, The	....	....	....	....	....	....	....
Ghana	....	....	....	....	....	....	....
Guinea	....	....	....	....	....	−210	−321
Kenya	....	....	....	....	....	....	....
Lesotho	−166	−173	−63	−4	198	514	483

2009, International Monetary Fund: *Balance of Payments Statistics Yearbook*

Table E-1. Net IIP (Reported and Estimated IIP Data for Total and Regional Subtotals)

(Millions of U.S. dollars)

	2002	2003	2004	2005	2006	2007	2008
Africa (continued)							
Liberia	....	....	....	....	....	....	....
Madagascar	....	....	....	....	....	....	....
Malawi	....	....	....	....	....	....	....
Mauritania	....	....	....	....	....	....	....
Mauritius	539	878	921	905	1,351	2,239	785
Morocco	−16,449	−17,705	−18,468	−17,297	−22,275	−28,718	−32,619
Mozambique	....	....	−9,380	−9,872	−8,306	−6,413	−7,017
Namibia	−1,129	−1,082	−2,427	496	1,208	3,293	2,994
Nigeria	....	....	....	−20,612	2,503	10,724	20,906
Rwanda	−1,180	−1,327	−1,374	−1,172	88	109	−172
São Tomé & Príncipe	....	....	....	....	....	....	....
Seychelles	....	....	....	....	....	....	....
Sierra Leone	−1,334	−1,591	−1,967	−1,845	−1,849	−699	−617
South Africa	−9,893	−12,094	−20,959	−33,955	−41,069	−68,379	....
Sudan	....	....	....	....	....	....	....
Swaziland	243	278	451	686	1,346	1,847	....
Tanzania	−8,014	−8,537	−9,494	−9,900	−6,228	−7,301	−8,667
Tunisia	−25,388	−29,467	−31,779	−29,161	−32,488	−37,291	−39,760
Uganda	−4,122	−4,266	−4,831	−4,844	−2,141	−2,316	−3,704
Zambia	....	....	....	....	....	....	....
Zimbabwe	....	....	....	....	....	....	....
Developing Asia	**−274,913**	**−240,732**	**−45,028**	**86,914**	**289,589**	**732,928**	**1,165,808**
Bangladesh	−17,631	−18,032	−18,451	−19,871	−20,691	−20,444	−22,601
Bhutan	....	....	....	....	....	....	....
Brunei Darussalam	....	....	....	....	....	....	....
Cambodia	−616	−775	−899	−1,072	−978	−1,146	−1,964
China, P.R.: Mainland	....	....	297,151	428,358	653,385	1,161,909	1,519,016
China, P.R.: Macao	....	....	....	....	....	....	....
Fiji	....	....	....	....	....	....	....
India	−59,869	−46,242	−43,246	−47,436	−59,682	−73,198	−80,868
Indonesia	−98,621	−105,962	−116,758	−124,855	−145,867	−181,804	−161,079
Kiribati	....	....	....	....	....	....	....
Lao People's Democratic Republic	....	....	....	....	....	....	....
Malaysia	−36,871	−37,459	−33,513	−19,853	−6,650	−5,642	38,650
Maldives	−92	−65	−48	−176	−288	−462	−676
Myanmar	−8,462	−9,436	−9,896	−9,190	−9,479	....	....
Nepal	....	....	....	....	....	....	....
Pakistan	....	−26,595	−27,802	−29,187	−35,463	−50,772	−70,189
Papua New Guinea	....	....	....	....	....	....	....
Philippines	−37,601	−40,318	−38,616	−36,777	−31,314	−28,534	−26,880
Samoa	....	....	....	....	....	....	....
Solomon Islands	....	....	....	....	....	....	....
Sri Lanka	....	....	....	....	....	....	....
Thailand	−45,741	−55,691	−53,481	−57,284	−59,368	−56,098	−13,909
Timor-Leste	....	....	....	....	....	....	....
Tonga	....	....	....	....	....	....	....
Vanuatu	−24	−76	−136	−52	−57	....	....
Vietnam	....	....	....	....	....	....	....
Europe	**−280,826**	**−410,977**	**−550,385**	**−635,119**	**−823,124**	**−1,268,005**	**−816,114**
Central and Eastern Europe	**−271,354**	**−364,061**	**−485,847**	**−546,623**	**−717,826**	**−1,042,549**	**−990,919**
Albania	....	....	....	....	....	....	....
Bosnia and Herzegovina	....	....	−1,503	−1,474	−878	−17	−1,755
Bulgaria	−4,478	−6,006	−6,971	−12,260	−20,316	−38,988	−51,750
Croatia	−7,582	−13,395	−20,920	−23,957	−39,465	−58,662	−50,562
Czech Republic	−13,179	−20,560	−36,886	−33,970	−51,781	−78,284	−82,878
Estonia	−4,410	−7,241	−11,260	−11,113	−13,002	−17,075	−17,045
Hungary	−49,553	−70,342	−95,807	−95,021	−118,952	−135,225	−151,887
Latvia	−3,970	−5,162	−7,520	−9,051	−14,519	−22,731	−25,674
Lithuania	−5,148	−6,859	−8,544	−10,588	−15,474	−23,488	−23,562
Macedonia, FYR	....	−1,999	−2,499	−2,334	−2,474	−3,528	....
Montenegro, Republic of	....	....	....	....	....	....	....
Poland	−73,434	−93,988	−128,661	−128,010	−166,307	−242,155	−243,827
Romania	−9,645	−16,413	−22,452	−27,363	−48,588	−79,436	−99,447
Serbia, Republic of	....	....	....	....	....	....	....
Turkey	−85,446	−105,874	−127,840	−174,843	−206,651	−314,783	−198,049
CIS and Mongolia	**−9,472**	**−46,916**	**−64,538**	**−88,496**	**−105,298**	**−225,456**	**174,805**
Armenia	−1,512	−1,577	−1,562	−1,472	−1,547	−2,090	−3,467
Azerbaijan	−5,278	−7,749	−9,458	−9,349	−7,066	632	12,588
Belarus	−3,607	−4,008	−4,457	−3,896	−5,617	−7,938	−13,418
Georgia	....	....	....	−3,923	−5,052	−7,452	−10,319
Kazakhstan	−13,735	−14,758	−15,702	−20,277	−28,965	−44,693	−39,060
Kyrgyz Republic	−1,797	−1,892	−1,954	−1,633	−1,791	−1,814	−1,777

Table E-1. **Net IIP (Reported and Estimated IIP Data for Total and Regional Subtotals)**

(Millions of U.S. dollars)

	2002	2003	2004	2005	2006	2007	2008
CIS and Mongolia (continued)							
Moldova	−1,546	−1,680	−1,576	−1,702	−2,090	−2,733	−3,748
Mongolia	....	....	....	....	....	....	....
Russia	37,179	3,924	−10,635	−31,448	−38,544	−145,316	254,065
Tajikistan	....	....	....	....	....	....	....
Turkmenistan	....	....	....	....	....	....	....
Ukraine	−12,119	−11,722	−12,119	−14,158	−19,919	−26,699	−40,459
Uzbekistan	....	....	....	....	....	....	....
Middle East	354,983	447,047	553,979	696,877	917,601	1,175,434	1,160,934
Bahrain, Kingdom of	5,709	5,200	5,995	7,835	10,195	13,168	15,352
Egypt	....	....	−20,549	−16,080	−10,810	−8,364	−27,028
Iran, I.R. of	....	....	....	....	....	....	....
Jordan	−6,851	−7,194	−10,754	−19,890	−15,455	−21,240	....
Kuwait	17,878	29,693	36,604	49,215	64,276	70,990	72,815
Lebanon	....	....	....	....	....	....	....
Libya	....	....	....	....	....	....	....
Oman	....	....	....	....	....	....	....
Qatar	....	....	....	....	....	....	....
Saudi Arabia	....	....	....	....	....	....	....
Syrian Arab Republic	....	....	....	....	....	....	....
United Arab Emirates	....	....	....	....	....	....	....
Yemen, Republic of	−687	−523	−80	1,110	1,475	....	....
Western Hemisphere	−672,134	−739,757	−775,742	−814,071	−864,589	−1,023,726	−687,413
Eastern Caribbean Currency Union							
Antigua and Barbuda	....	....	....	....	....	....	....
Dominica	....	....	....	....	....	....	....
Grenada	....	....	....	....	....	....	....
St. Kitts and Nevis	....	....	....	....	....	....	....
St. Lucia	....	....	....	....	....	....	....
St. Vincent and the Grenadines	....	....	....	....	....	....	....
Argentina	−2,325	−772	3,034	21,196	22,136	34,853	58,535
Aruba	−790	−854	−733	−857	−914	−758	−1,016
Belize	....	....	....	....	....	....	....
Bolivia	−9,044	−7,972	−7,795	−7,219	−3,624	−689	1,539
Brazil	−230,552	−272,555	−297,693	−331,085	−384,377	−569,195	−278,798
Chile	−31,067	−37,496	−30,194	−32,665	−15,157	697	−33,426
Colombia	−27,008	−29,311	−32,081	−35,611	−40,111	−47,874	−53,824
Costa Rica	−4,572	−5,122	−3,062	−3,394	−3,281	−4,430	−6,958
Dominican Republic	−8,798	−8,543	−8,430	−9,504	−8,652	−10,040	....
Ecuador	−19,330	−19,459	−19,408	−18,741	−16,883	−15,293	−13,961
El Salvador	−5,865	−6,719	−7,115	−7,931	−8,949	−9,242	−10,605
Guatemala	....	....	....	−3,217	−4,137	−5,503	−6,863
Guyana	....	....	....	....	....	....	....
Haiti	−1,094	−1,106	−1,133	−1,074	−929	−949	....
Honduras	....	....	−5,418	−4,678	−3,091	−3,064	−4,304
Jamaica	....	....	....	−10,824	−12,233	−13,445	−15,716
Mexico	−260,100	−281,099	−310,385	−343,545	−386,950	−399,633	−369,084
Nicaragua	−8,203	−8,924	−7,753	−8,038	−7,513	−6,827	−7,703
Panama	−9,041	−9,290	−10,167	−11,492	−11,797	−13,627	−15,952
Paraguay	−807	−1,735	−1,373	−677	−70	−375	−402
Peru	−27,705	−28,279	−27,278	−26,288	−24,816	−29,762	−30,083
Trinidad and Tobago	....	....	....	....	....	....	....
Uruguay	−1,857	−1,256	−1,528	−1,301	−712	−2,029	−2,875
Venezuela, República Bolivariana de	3,042	8,870	16,916	36,180	60,758	89,236	133,388

2009, International Monetary Fund: *Balance of Payments Statistics Yearbook*

Table E-2. Total IIP (Reported and Estimated IIP Data for Total and Regional Subtotals)

(Millions of U.S. dollars, unless otherwise indicated)

	Assets							Liabilities						
	2002	2003	2004	2005	2006	2007	2008	2002	2003	2004	2005	2006	2007	2008
Total *(Billions)*	37,082	46,307	55,945	62,313	77,581	97,619	93,046	38,966	48,214	57,961	63,808	78,885	98,745	93,238
International Organizations	....	....	....	....	....	....	....	....	....	....	....	....	....	....
Advanced Economies *(Billions)*	34,093	42,726	51,530	56,945	70,431	87,835	82,555	34,858	43,424	52,460	57,536	71,103	88,430	83,499
Euro Area*														
Austria *(Billions)*	335	444	549	651	854	1,089	1,067	379	481	610	712	923	1,162	1,127
Belgium *(Billions)*	920	1,244	1,500	1,558	1,892	2,480	2,195	815	1,116	1,388	1,438	1,772	2,336	2,036
Cyprus *(Billions)*	23	29	41	48	71	92	111	22	29	38	45	64	89	110
Finland *(Billions)*	201	287	369	361	457	560	567	256	335	390	390	486	632	578
France *(Billions)*	2,529	3,413	4,238	4,558	5,909	7,201	6,041	2,486	3,403	4,259	4,557	5,864	7,209	6,559
Germany *(Billions)*	3,204	4,062	4,768	4,827	5,993	7,367	6,912	3,091	3,882	4,442	4,258	5,155	6,418	5,984
Greece *(Billions)*	84	114	140	153	196	280	313	171	242	309	329	431	596	563
Ireland *(Billions)*	972	1,364	1,757	1,984	2,649	3,338	....	997	1,400	1,794	2,031	2,652	3,384	....
Italy *(Billions)*	1,201	1,566	1,832	1,922	2,401	2,827	2,555	1,273	1,653	1,933	1,983	2,489	2,947	2,828
Luxembourg *(Billions)*	2,003	2,757	3,357	3,714	4,829	6,102	5,455	1,975	2,711	3,314	3,669	4,770	6,050	5,414
Malta *(Billions)*	13	18	23	27	35	49	52	11	16	20	25	34	48	51
Netherlands *(Billions)*	1,490	2,000	2,394	2,468	3,043	3,795	3,473	1,608	2,014	2,369	2,483	3,036	3,781	3,356
Portugal *(Billions)*	196	265	307	301	367	437	401	276	369	433	424	532	656	626
Slovak Republic *(Billions)*	15	20	24	25	27	36	37	21	32	43	48	65	76	88
Slovenia *(Billions)*	15	19	24	26	33	51	48	15	22	27	30	40	62	64
Spain *(Billions)*	701	947	1,167	1,243	1,611	1,988	1,915	1,023	1,401	1,762	1,839	2,486	3,206	3,136
Australia *(Billions)*	288	415	514	502	660	884	703	513	741	890	891	1,139	1,458	1,202
Canada *(Billions)*	620	710	792	856	1,020	1,213	1,214	751	870	950	997	1,092	1,340	1,208
China, P.R.: Hong Kong *(Billions)*	1,030	1,185	1,376	1,495	1,929	2,717	2,267	687	791	952	1,055	1,411	2,233	1,647
Denmark *(Billions)*	308	393	474	478	573	707	675	340	422	504	470	577	729	705
Iceland *(Billions)*	5	10	19	39	62	104	71	12	17	29	53	83	132	117
Israel *(Billions)*	79	91	108	125	166	192	189	106	124	138	153	173	203	185
Japan *(Billions)*	3,052	3,600	4,167	4,291	4,692	5,355	5,721	1,590	1,986	2,383	2,759	2,884	3,160	3,236
Korea *(Billions)*	207	256	325	360	451	597	491	277	338	413	539	652	826	602
New Zealand *(Billions)*	41	55	63	59	73	92	72	92	123	151	148	174	209	169
Norway *(Billions)*	283	370	499	569	795	1,013	920	218	270	374	403	591	787	684
Singapore *(Billions)*	411	474	548	613	781	932	941	332	375	439	465	580	764	750
Sweden *(Billions)*	412	557	693	703	940	1,170	1,014	476	629	788	776	992	1,178	1,042
Switzerland *(Billions)*	1,517	1,771	1,997	2,109	2,514	3,231	2,913	1,132	1,340	1,524	1,677	2,068	2,596	2,305
Taiwan Province of China ** *(Billions)*	370	470	569	643	747	868	878	114	175	228	292	351	389	301
United Kingdom *(Billions)*	4,919	6,183	7,554	8,277	10,232	12,791	10,401	5,112	6,392	7,981	8,711	10,924	13,357	10,266
United States *(Billions)*	6,649	7,638	9,341	11,962	14,428	18,279	19,888	8,687	9,725	11,586	13,887	16,612	20,419	23,357
* Euro Area/ the rest of the world *(Billions)*	7,866	10,134	11,995	12,983	16,486	20,605	19,026	8,593	11,099	13,212	13,921	17,811	22,286	21,478
** from published sources														
Emerg. & Develop. Economies *(Billions)*	2,988	3,581	4,415	5,368	7,150	9,784	10,490	4,108	4,790	5,501	6,271	7,781	10,315	9,740
Africa	193,598	248,271	316,786	373,106	482,862	607,451	639,955	440,658	513,068	585,547	611,073	633,792	755,155	712,460
CEMAC														
Cameroon	....	....	....	....	....	....	....	....	....	....	....	....	....	....
Central African Republic	....	....	....	....	....	....	....	....	....	....	....	....	....	....
Chad	....	....	....	....	....	....	....	....	....	....	....	....	....	....
Congo, Republic of	....	....	....	....	....	....	....	....	....	....	....	....	....	....
Equatorial Guinea	....	....	....	....	....	....	....	....	....	....	....	....	....	....
Gabon	....	....	....	....	....	....	....	....	....	....	....	....	....	....
WAEMU														
Benin	1,089	1,224	1,147	1,094	1,499	1,992	....	2,126	2,254	2,623	2,460	2,112	1,909	....
Burkina Faso	....	....	....	....	....	....	....	....	....	....	....	....	....	....
Côte d'Ivoire	4,876	5,361	6,545	6,053	7,646	9,515	9,396	15,391	17,844	18,864	16,838	19,265	22,465	21,292
Guinea-Bissau	113	180	89	....	....	....	....	1,256	1,195	1,512	....	....	....	....
Mali	1,224	1,358	1,410	1,348	1,592	1,729	....	3,767	4,459	4,957	4,441	2,888	3,203	....
Niger	193	343	412	363	536	779	....	2,025	2,080	2,227	2,073	896	1,249	....
Senegal	1,360	1,668	2,804	2,015	2,609	3,127	....	5,288	5,973	6,604	5,617	4,398	5,995	....
Togo	404	503	738	561	818	917	....	2,249	2,277	2,662	2,485	3,062	3,343	....
Algeria	....	....	....	....	....	....	....	....	....	....	....	....	....	....
Angola	....	3,362	5,846	9,414	18,217	25,846	43,796	....	20,521	22,547	22,487	20,275	21,949	30,933
Botswana	7,625	8,828	9,150	10,154	12,726	14,891	....	1,987	2,466	2,188	2,230	2,284	2,483	....
Burundi	87	117	130	177	222	276	376	1,131	1,313	1,407	1,362	1,493	1,531	1,468
Cape Verde	....	....	355	428	525	693	638	....	....	1,067	1,071	1,299	1,759	1,919
Comoros	....	....	....	....	....	....	....	....	....	....	....	....	....	....
Congo, Democratic Republic of	....	....	....	....	....	....	....	....	....	....	....	....	....	....
Djibouti	....	561	635	662	755	896	1,035	....	463	525	536	586	685	795
Eritrea	....	....	....	....	....	....	....	....	....	....	....	....	....	....
Ethiopia	....	....	....	....	....	....	....	....	....	....	....	....	....	....
Gambia, The	....	....	....	....	....	....	....	....	....	....	....	....	....	....
Ghana	....	....	....	....	....	....	....	....	....	....	....	....	....	....
Guinea	....	....	....	....	....	75	338	....	....	....	....	....	285	659
Kenya	....	....	....	....	....	....	....	....	....	....	....	....	....	....
Lesotho	536	629	818	769	970	1,337	1,295	702	802	881	773	772	823	813

Table E-2. Total IIP (Reported and Estimated IIP Data for Total and Regional Subtotals)

(Millions of U.S. dollars, unless otherwise indicated)

	Assets							Liabilities						
	2002	2003	2004	2005	2006	2007	2008	2002	2003	2004	2005	2006	2007	2008
Africa (continued)														
Liberia	....	....	....	....	....	....	....	....	....	....	....	....	....	....
Madagascar	....	....	....	....	....	....	....	....	....	....	....	....	....	....
Malawi	....	....	....	....	....	....	....	....	....	....	....	....	....	....
Mauritania	....	....	....	....	....	....	....	....	....	....	....	....	....	....
Mauritius	1,737	2,159	2,184	2,139	2,485	3,562	10,333	1,198	1,281	1,263	1,234	1,134	1,323	9,549
Morocco	12,192	17,022	20,207	20,823	26,411	32,455	30,298	28,641	34,727	38,675	38,119	48,686	61,173	62,917
Mozambique	....	....	2,112	2,160	2,361	3,077	3,380	....	....	11,492	12,032	10,667	9,490	10,397
Namibia	1,427	2,937	2,804	4,620	5,849	8,419	7,553	2,557	4,019	5,232	4,124	4,641	5,127	4,559
Nigeria	....	....	....	43,384	61,962	79,761	90,456	....	....	....	63,997	59,459	69,037	69,550
Rwanda	335	319	428	502	568	677	879	1,515	1,646	1,802	1,674	479	568	1,051
São Tomé & Príncipe	....	....	....	....	....	....	....	....	....	....	....	....	....	....
Seychelles	....	....	....	....	....	....	....	....	....	....	....	....	....	....
Sierra Leone	86	65	131	189	256	376	372	1,420	1,656	2,098	2,033	2,105	1,075	989
South Africa	74,038	100,743	130,225	154,057	182,500	214,832	....	83,931	112,837	151,184	188,012	223,569	283,212	....
Sudan	....	....	....	....	....	....	....	....	....	....	....	....	....	....
Swaziland	1,266	1,487	1,894	1,981	2,693	3,227	....	1,023	1,209	1,442	1,295	1,347	1,380	....
Tanzania	2,112	2,640	2,896	2,731	3,002	3,587	3,515	10,126	11,177	12,390	12,630	9,230	10,888	12,182
Tunisia	4,227	5,411	6,662	6,762	9,255	10,828	11,741	29,615	34,878	38,442	35,922	41,743	48,119	51,501
Uganda	1,174	1,844	2,070	2,014	2,617	3,401	3,107	5,296	6,111	6,901	6,857	4,758	5,716	6,811
Zambia	....	....	....	....	....	....	....	....	....	....	....	....	....	....
Zimbabwe	....	....	....	....	....	....	....	....	....	....	....	....	....	....
Developing Asia *(Billions)*	939	1,145	1,480	1,830	2,455	3,430	3,976	1,214	1,386	1,525	1,744	2,166	2,698	2,810
Bangladesh	2,694	3,452	4,101	3,780	5,027	7,160	7,731	20,325	21,484	22,552	23,651	25,718	27,604	30,332
Bhutan	....	....	....	....	....	....	....	....	....	....	....	....	....	....
Brunei Darussalam	....	....	....	....	....	....	....	....	....	....	....	....	....	....
Cambodia	3,099	3,348	3,558	4,033	4,828	6,152	6,398	3,714	4,123	4,458	5,106	5,806	7,298	8,362
China, P.R.: Mainland *(Billions)*	....	....	934	1,228	1,688	2,374	2,920	....	....	637	800	1,035	1,213	1,401
China, P.R.: Macao	....	....	....	....	....	....	....	....	....	....	....	....	....	....
Fiji	....	....	....	....	....	....	....	....	....	....	....	....	....	....
India	94,556	129,520	167,482	181,093	231,642	338,927	339,443	154,425	175,761	210,728	228,529	291,324	412,125	420,311
Indonesia	49,408	56,383	56,514	60,614	74,432	97,539	78,982	148,029	162,345	173,272	185,469	220,299	279,343	240,062
Kiribati	....	....	....	....	....	....	....	....	....	....	....	....	....	....
Lao People's Democratic Republic	....	....	....	....	....	....	....	....	....	....	....	....	....	....
Malaysia	66,098	77,625	106,132	116,846	157,297	224,645	222,106	102,969	115,084	139,645	136,699	163,947	230,287	183,456
Maldives	168	225	285	234	300	391	301	260	290	333	410	588	854	978
Myanmar	560	666	793	891	1,390	....	....	9,023	10,101	10,688	10,081	10,869	....	....
Nepal	....	....	....	....	....	....	....	....	....	....	....	....	....	....
Pakistan	....	16,982	17,071	17,681	19,735	22,701	16,773	....	43,577	44,873	46,868	55,197	73,473	86,962
Papua New Guinea	....	....	....	....	....	....	....	....	....	....	....	....	....	....
Philippines	30,999	32,300	33,820	40,629	50,423	66,831	65,080	68,600	72,617	72,436	77,406	81,737	95,365	91,960
Samoa	....	....	....	....	....	....	....	....	....	....	....	....	....	....
Solomon Islands	....	....	....	....	....	....	....	....	....	....	....	....	....	....
Sri Lanka	....	....	....	....	....	....	....	....	....	....	....	....	....	....
Thailand	58,727	64,194	73,071	79,702	107,397	148,020	162,430	104,468	119,885	126,552	136,986	166,765	204,119	176,339
Timor-Leste	....	....	....	....	....	....	....	....	....	....	....	....	....	....
Tonga	....	....	....	....	....	....	....	....	....	....	....	....	....	....
Vanuatu	459	503	471	510	594	....	....	483	579	607	562	652	....	....
Vietnam	....	....	....	....	....	....	....	....	....	....	....	....	....	....
Europe *(Billions)*	575	686	856	1,050	1,509	2,184	2,178	856	1,097	1,407	1,685	2,333	3,452	2,994
Central and Eastern Europe *(Billions)*	249	301	379	433	623	857	881	521	665	865	980	1,341	1,900	1,872
Albania	....	....	....	....	....	....	....	....	....	....	....	....	....	....
Bosnia and Herzegovina	....	....	3,806	3,938	5,476	7,999	7,039	....	....	5,309	5,412	6,354	8,016	8,794
Bulgaria	10,029	12,017	16,472	15,658	22,861	28,544	28,664	14,507	18,022	23,444	27,918	43,176	67,532	80,414
Croatia	13,010	17,931	20,574	18,981	24,020	31,073	30,001	20,591	31,326	41,493	42,938	63,485	89,735	80,563
Czech Republic	52,419	59,926	69,276	76,273	90,451	117,195	118,287	65,598	80,485	106,163	110,243	142,232	195,478	201,166
Estonia	4,078	6,138	8,834	10,802	15,557	22,986	21,723	8,488	13,379	20,094	21,915	28,559	40,061	38,769
Hungary	24,301	32,540	42,936	48,091	110,737	200,386	240,949	73,854	102,881	138,744	143,112	229,690	335,611	392,836
Latvia	5,136	6,674	9,380	10,045	15,174	24,548	24,653	9,105	11,836	16,900	19,096	29,693	47,279	50,327
Lithuania	4,226	5,717	7,413	9,129	13,457	19,196	18,147	9,373	12,576	15,957	19,717	28,931	42,683	41,709
Macedonia, FYR	....	1,868	2,162	2,456	3,257	3,946	....	....	3,868	4,661	4,790	5,730	7,474	....
Montenegro, Republic of	....	....	....	....	....	....	....	....	....	....	....	....	....	....
Poland	51,694	58,539	79,765	92,098	117,880	154,490	134,095	125,128	152,527	208,426	220,108	284,187	396,645	377,922
Romania	13,447	15,755	24,142	30,422	42,228	54,485	55,812	23,093	32,168	46,594	57,785	90,816	133,920	155,259
Serbia, Republic of	....	....	....	....	....	....	....	....	....	....	....	....	....	....
Turkey	62,271	73,714	86,012	105,870	142,470	167,407	176,308	147,717	179,588	213,852	280,713	349,121	482,190	374,357
CIS and Mongolia *(Billions)*	326	386	477	616	887	1,327	1,297	336	432	542	705	992	1,552	1,122
Armenia	685	787	1,141	1,428	1,982	2,823	3,113	2,197	2,364	2,703	2,900	3,529	4,912	6,580
Azerbaijan	2,001	3,155	4,937	7,456	10,181	14,187	28,514	7,279	10,904	14,395	16,805	17,247	13,556	15,946
Belarus	1,771	1,811	2,241	3,289	3,583	8,588	7,745	5,378	5,819	6,698	7,185	9,201	16,526	21,163
Georgia	....	....	....	885	1,400	2,178	2,591	....	....	....	4,808	6,451	9,630	12,910
Kazakhstan	9,322	14,284	23,071	30,174	59,425	77,257	94,975	23,056	29,042	38,773	50,452	88,391	121,950	134,036
Kyrgyz Republic	551	711	991	1,165	1,270	1,696	2,094	2,348	2,603	2,946	2,798	3,061	3,510	3,871

2009, International Monetary Fund: *Balance of Payments Statistics Yearbook*

Table E-2. **Total IIP (Reported and Estimated IIP Data for Total and Regional Subtotals)**

(Millions of U.S. dollars, unless otherwise indicated)

	Assets							Liabilities						
	2002	2003	2004	2005	2006	2007	2008	2002	2003	2004	2005	2006	2007	2008
CIS and Mongolia (continued)														
Moldova	761	798	1,012	1,185	1,415	1,996	2,287	2,307	2,478	2,588	2,887	3,505	4,729	6,035
Mongolia	....	....	....	....	....	....	....	....	....	....	....	....	....	....
Russia *(Billions)*	288	337	407	516	732	1,099	1,010	251	333	417	548	770	1,245	756
Tajikistan	....	....	....	....	....	....	....	....	....	....	....	....	....	....
Turkmenistan	....	....	....	....	....	....	....	....	....	....	....	....	....	....
Ukraine	15,884	19,705	28,164	42,712	57,023	90,318	106,250	28,003	31,427	40,283	56,870	76,942	117,017	146,709
Uzbekistan	....	....	....	....	....	....	....	....	....	....	....	....	....	....
Middle East *(Billions)*	681	824	998	1,233	1,628	2,167	2,195	326	376	444	536	710	992	1,034
Bahrain, Kingdom of	65,134	89,800	104,666	124,681	167,263	218,713	217,015	59,426	84,600	98,671	116,845	157,068	205,545	201,663
Egypt	....	....	36,003	46,722	61,559	76,365	67,351	....	....	56,552	62,803	72,369	84,729	94,379
Iran, I.R. of	....	....	....	....	....	....	....	....	....	....	....	....	....	....
Jordan	11,604	12,684	13,849	14,453	17,138	18,530	....	18,455	19,879	24,603	34,343	32,593	39,769	....
Kuwait	31,040	46,186	53,641	70,787	96,657	130,983	137,943	13,162	16,493	17,036	21,571	32,381	59,993	65,128
Lebanon	....	....	....	....	....	....	....	....	....	....	....	....	....	....
Libya	....	....	....	....	....	....	....	....	....	....	....	....	....	....
Oman	....	....	....	....	....	....	....	....	....	....	....	....	....	....
Qatar	....	....	....	....	....	....	....	....	....	....	....	....	....	....
Saudi Arabia	....	....	....	....	....	....	....	....	....	....	....	....	....	....
Syrian Arab Republic	....	....	....	....	....	....	....	....	....	....	....	....	....	....
United Arab Emirates	....	....	....	....	....	....	....	....	....	....	....	....	....	....
Yemen, Republic of	5,406	6,021	6,745	7,290	9,121	....	....	6,093	6,544	6,825	6,180	7,646	....	....
Western Hemisphere *(Billions)*	600	678	763	882	1,074	1,394	1,502	1,272	1,417	1,539	1,696	1,939	2,418	2,189
Eastern Caribbean Currency Union														
Antigua and Barbuda	....	....	....	....	....	....	....	....	....	....	....	....	....	....
Dominica	....	....	....	....	....	....	....	....	....	....	....	....	....	....
Grenada	....	....	....	....	....	....	....	....	....	....	....	....	....	....
St. Kitts and Nevis	....	....	....	....	....	....	....	....	....	....	....	....	....	....
St. Lucia	....	....	....	....	....	....	....	....	....	....	....	....	....	....
St. Vincent and the Grenadines	....	....	....	....	....	....	....	....	....	....	....	....	....	....
Argentina	131,376	144,822	154,576	165,793	178,332	206,584	215,126	133,701	145,594	151,541	144,597	156,196	171,731	156,591
Aruba	1,349	1,471	1,684	1,628	2,243	2,432	2,475	2,139	2,325	2,418	2,485	3,157	3,190	3,491
Belize	....	....	....	....	....	....	....	....	....	....	....	....	....	....
Bolivia	2,761	2,985	3,110	3,990	6,197	8,460	11,410	11,805	10,957	10,906	11,209	9,821	9,149	9,871
Brazil	112,914	134,223	148,536	168,182	238,924	369,876	412,790	343,466	406,778	446,229	499,268	623,300	939,071	691,588
Chile	49,839	60,998	75,975	91,898	121,528	164,118	141,896	80,906	98,494	106,169	124,564	136,685	163,421	175,323
Colombia	28,748	29,786	33,444	41,294	46,997	56,662	61,941	55,756	59,097	65,525	76,905	87,108	104,536	115,765
Costa Rica	4,150	4,431	6,792	7,847	9,780	12,030	12,246	8,722	9,553	9,854	11,241	13,061	16,460	19,204
Dominican Republic	2,119	3,069	3,965	5,148	9,849	11,057	....	10,917	11,612	12,395	14,652	18,501	21,097	....
Ecuador	3,715	4,369	5,730	7,396	9,869	12,967	14,858	23,045	23,828	25,138	26,137	26,752	28,261	28,819
El Salvador	3,879	4,473	4,751	4,997	5,045	5,749	5,808	9,744	11,192	11,866	12,928	13,994	14,991	16,413
Guatemala	....	....	....	9,323	10,241	11,161	11,385	....	....	....	12,540	14,378	16,664	18,248
Guyana	....	....	....	....	....	....	....	....	....	....	....	....	....	....
Haiti	460	534	537	650	1,038	1,247	....	1,554	1,640	1,670	1,723	1,967	2,196	....
Honduras	....	....	3,257	3,649	4,680	4,852	4,833	....	....	8,675	8,327	7,772	7,916	9,138
Jamaica	....	....	....	3,616	4,464	5,105	5,043	....	....	....	14,441	16,696	18,551	20,759
Mexico	109,494	117,945	134,430	159,390	177,362	217,707	233,764	369,594	399,044	444,815	502,935	564,313	617,340	602,848
Nicaragua	952	777	991	1,117	1,375	1,614	1,745	9,155	9,702	8,744	9,155	8,889	8,441	9,448
Panama	21,341	20,516	22,345	24,303	29,012	35,823	39,867	30,382	29,806	32,512	35,795	40,809	49,451	55,819
Paraguay	3,133	2,484	2,855	3,435	4,515	4,701	5,252	3,940	4,219	4,228	4,112	4,585	5,076	5,654
Peru	15,706	18,029	21,204	24,962	31,977	46,626	46,056	43,411	46,308	48,483	51,250	56,794	76,388	76,138
Trinidad and Tobago	....	....	....	....	....	....	....	....	....	....	....	....	....	....
Uruguay	10,277	14,224	15,383	17,137	17,013	20,324	22,830	12,134	15,480	16,911	18,438	17,725	22,353	25,704
Venezuela, República Bolivariana de	75,513	88,329	99,146	122,309	145,566	176,092	212,488	72,471	79,459	82,230	86,129	84,808	86,856	79,100

Part 3

METHODOLOGIES, COMPILATION PRACTICES, *and* DATA SOURCES

PART 3 CONTENTS

Methodologies, Compilation Practices, and Data Sources

Introduction
- English version 163
- French version 163
- Spanish version 164

Albania	167
Angola	169
Anguilla	171
Antigua and Barbuda	171
Argentina	171
Armenia	175
Aruba	177
Australia	179
Austria	182
Azerbaijan	189
Bahamas, The	191
Bahrain, Kingdom of	193
Bangladesh	195
Barbados	198
Belarus	200
Belgium	203
Belize	209
Benin	211
Bermuda *(new)*	213
Bolivia	215
Bosnia and Herzegovina	216
Botswana	221
Brazil	223
Bulgaria	226
Burundi	228
Cambodia	230
Cameroon	234
Canada	235
Cape Verde	244
Chile	245
China, People's Republic: Mainland	248
China, People's Republic: Hong Kong SAR	250
China, People's Republic: Macao SAR	252
Colombia	254
Congo, Republic of	257
Costa Rica	259
Côte d'Ivoire	261
Croatia	263
Cyprus	266
Czech Republic	271
Denmark	274
Dominica	278
Dominican Republic	278
Eastern Caribbean Currency Union	281
Ecuador	283
Egypt	287
El Salvador	290
Estonia	291
Ethiopia	295
Euro Area	296
Faroe Islands	299
Fiji	300
Finland	302
France	303
Gabon	307
Gambia, The	309
Georgia	310
Germany	313
Ghana	316
Greece	318
Grenada	321
Guatemala	321
Guinea, Republic of	322
Guinea-Bissau	325
Guyana	326
Haiti	327
Honduras	329
Hungary	331
Iceland	339
India	340
Indonesia	342
Iraq	344
Ireland	346
Israel	351
Italy	355
Jamaica	359
Japan	360
Jordan	363
Kazakhstan	366
Kenya	368
Korea, Republic of	370
Kuwait	372
Kyrgyz Republic	374
Lao People's Democratic Republic	376
Latvia	377
Lebanon	383
Lesotho	386
Liberia	388
Libya	390
Lithuania	391
Luxembourg	397
Macedonia, Former Yugoslav Republic of	400
Malawi	402

"Country" in this publication does not always refer to a territorial entity that is a state as understood by international law and practice; the term also covers the euro area, the Eastern Caribbean Currency Union, and some nonsovereign territorial entities, for which statistical data are provided internationally on a separate basis.

Malaysia	404
Maldives	406
Mali	408
Malta	410
Mauritius	413
Mexico	415
Moldova	418
Mongolia	421
Montenegro, Republic of *(new)*	423
Montserrat	424
Morocco	424
Mozambique	428
Myanmar	430
Namibia	431
Nepal	433
Netherlands	435
Netherlands Antilles	437
New Zealand	439
Nicaragua	442
Nigeria	443
Norway	445
Oman	447
Pakistan	449
Panama	452
Papua New Guinea	454
Paraguay	455
Peru	456
Philippines	459
Poland	462
Portugal	466
Romania	472
Russian Federation	475
Rwanda	478
St. Kitts and Nevis	481
St. Lucia	481
St. Vincent and the Grenadines	481
Samoa	481
São Tomé and Príncipe	483
Saudi Arabia	484
Senegal	485
Serbia, Republic of	487
Seychelles	490
Sierra Leone	491
Singapore	494
Slovak Republic	496
Slovenia	497
Solomon Islands	503
South Africa	504
Spain	505
Sri Lanka	511
Sudan	513
Suriname	514
Swaziland	515
Sweden	517
Switzerland	520
Syrian Arab Republic	523
Tanzania	524
Thailand	526
Togo	529
Tonga	530
Trinidad and Tobago	531
Tunisia	533
Turkey	535
Uganda	537
Ukraine	541
United Kingdom	544
United States	548
Uruguay	553
Vanuatu	555
Venezuela, República Bolivariana de	556
West Bank and Gaza	560
Yemen, Republic of	562
Zambia	565

INTRODUCTION[1]

Part 3 of Volume 60 of the *Balance of Payments Statistics Yearbook* presents descriptions of methodologies, compilation practices, and data sources used by individual member countries in compiling their balance of payments and international investment position (IIP) statements. These technical reviews are designed to facilitate readers' use of the data presented in this yearbook and to enhance their understanding of the data coverage, as well as the data limitations. They are also intended to inform national balance of payments compilers of the data sources and compilation practices used by their counterparts in other countries; in this way, the reviews should help foster cooperation and the exchange of ideas among national compilers, as well as encourage them to improve their data.

The technical reviews published in the yearbook are based largely on information provided by the reporting countries. Consistent with the presentation of country data in Part 1 of the yearbook, the technical information provided by reporting countries is structured to follow, as closely as possible, the *Balance of Payments Manual (BPM5)* presentation. Countries are asked each year to update their country note or to confirm that the description of their methodology and compilation practices remains current. When such confirmation is received, it is noted in the specific entry for that country. The Fund is grateful to the reporting countries for their contributions to the preparation of the notes.

The reviews are organized in the following sections: a general section, a specific one on balance of payments components, and for countries that also compile IIP data (published in Part 1 of this yearbook), an additional section on IIP data.

The general section provides an overview of a country's major data sources and the key methods (surveys, exchange records, international transaction reporting systems, and others) it uses to collect balance of payments data and, where appropriate, IIP statistics. The section also discusses major government agencies and other institutions responsible for, and involved in, the compilation activities. In addition, it states whether the data are compiled under the methodology set forth in the *BPM5*, and in most cases, it provides information on the country's methods of disseminating the data.

The specific sections are organized under the standard components of the *BPM5* for balance of payments and international investment positions. For each of the standard components, the reviews generally describe data sources, how the data are compiled, the extent of the data coverage, and other data limitations. The descriptions of methodology, for the most part, contain only statements of deviations from the *BPM5* methodology primarily used by the country (as stated in the general section). Thus, the reader may assume, where no definitions or classification details are given, that the compilation of the item is consistent with the methodology described in the appropriate section of the *BPM5*.

This publication contains technical reviews for 164 countries, the euro area, and the Eastern Caribbean Currency Union for which the Fund staff received information. As countries implement the various recommendations of the *BPM5* and make other improvements in their compilation procedures, future volumes of this yearbook will update these technical reviews in collaboration with the authorities. Moreover, as additional countries provide information on their data sources and compilation practices, they will be published in future volumes of the yearbook.

INTRODUCTION

La troisième partie du volume 60 du *Balance of Payments Statistics Yearbook* (Annuaire de statistiques de balance des paiements) (l'annuaire) contient une description des méthodologies, méthodes de calcul et sources de données utilisées par les divers pays membres pour l'établissement de l'état de balance des paiements et du relevé de la position extérieure globale (PEG). Cette description d'ordre technique a pour objet de permettre aux lecteurs d'utiliser plus facilement les données contenues dans le présent volume et de mieux connaître le champ que recouvrent les données, ainsi que leurs limitations. Elle a également pour but de renseigner les statisticiens de balance des paiements sur les sources de données et méthodes de calcul utilisées par leurs homologues étrangers; de ce point de vue, les notes devraient favoriser la coopération et l'échange d'idées entre les statisticiens nationaux et encourager ceux-ci à améliorer leurs données.

---

[1] French and Spanish translations of this introduction appear after this English version; technical reviews on individual countries follow immediately thereafter.

Les descriptions techniques contenues dans l'annuaire se fondent en grande partie sur les renseignements fournis par les pays qui communiquent des données. À l'instar de la présentation des données des pays dans la première partie de l'annuaire, les notes techniques fournies par les pays sont ordonnées de manière à suivre, dans la mesure du possible, la présentation du *Manuel de la balance des paiements* (*MBP5*). Chaque année, il est demandé aux pays de mettre à jour leur note technique ou de confirmer que la description de leur méthodologie et de leurs modes de compilation des données est toujours d'actualité. Quand une confirmation est reçue, ceci est indiqué dans la rubrique du pays concerné. Le FMI remercie les divers pays de leur contribution à l'établissement des ces notes.

Les descriptions sont organisées selon les sections suivantes: une section générale, une autre réservée aux composantes de la balance des paiements et, pour les pays qui établissent également des données sur la PEG (publiées dans la première partie de l'annuaire), une section consacrée à la PEG.

La section générale donne un aperçu d'ensemble des principales sources de données d'un pays et des moyens essentiels (enquêtes, relevés des opérations de change, systèmes de communication des transactions internationales, etc.) qu'il utilise pour recueillir des données de balance des paiements et, le cas échéant, des statistiques sur la PEG. La section traite en outre des principaux organismes gouvernementaux et autres institutions chargés de l'établissement des statistiques ou participant à cette activité. En outre, elle indique si les données sont élaborées conformément à la méthodologie décrite dans le *MBP5*; enfin, dans la plupart des cas, elle fournit des renseignements sur les méthodes de diffusion des données utilisées par le pays.

Les sections spéciales sont organisées suivant les composantes types retenues dans la cinquième édition pour la balance des paiements et la position extérieure globale. Pour chacune des composantes types, elles décrivent généralement les sources de données et indiquent comment les données sont établies, l'étendue du champ qu'elles recouvrent et leurs autres limitations. La description de la méthodologie se borne, pour sa plus grande part, à indiquer si celle-ci s'écarte de la méthodologie du *BPM5*, qui est celle qu'utilisent principalement les pays (comme indiqué dans la section générale). En conséquence, lorsqu'aucune précision n'est donnée sur la définition ou la classification de tel ou tel poste, le lecteur peut supposer que la méthodologie employée est conforme à celle qui est décrite dans la section correspondante du *MBP5*.

La présente publication contient une description technique concernant 164 pays, la zone euro, et l'Union monétaire des Caraïbes orientales sur lesquels les services du FMI ont reçu des renseignements. À mesure que les pays mettront en pratique les diverses recommandations de la cinquième édition et apporteront d'autres améliorations à leurs méthodes de calcul, il sera procédé, en collaboration avec les autorités, à la mise à jour des descriptions techniques, dont le texte révisé sera publié dans les volumes ultérieurs de l'annuaire. En outre, au fur et à mesure que de nouveaux pays fourniront des informations sur leurs sources de données et leurs méthodes de calcul, celles-ci seront publiées dans les futurs volumes de l'annuaire.

INTRODUCCIÓN

En la parte 3 del volumen 60 de *Balance of Payments Statistics Yearbook* (anuario) se describen las metodologías, los procedimientos de compilación y las fuentes de datos utilizados por cada uno de los países miembros para compilar sus estados sobre la balanza de pagos y la posición de inversión internacional. Se incluyen estas descripciones técnicas para facilitar el uso de los datos presentados en este anuario por parte de los usuarios y una mejor comprensión de la cobertura y de sus limitaciones. Además, tienen por objeto informar a los compiladores nacionales de la balanza de pagos sobre las fuentes de datos y los procedimientos de compilación utilizados por los compiladores de otros países, fomentando de esa manera la cooperación y el intercambio de ideas entre los compiladores nacionales y alentando a éstos a mejorar sus datos.

Las descripciones técnicas publicadas en el *anuario* se basan en gran medida en la información suministrada por los países declarantes. De acuerdo a la presentación de las cifras del país, (en la parte 1 del anuario), la información técnica suministrada por los países declarantes se estructura en la mayor medida posible, con la presentación de la quinta edición del *Manual de Balanza de Pagos* (*Manual*). Se solicita cada año a los países que actualicen o confirmen que la descripción de su metodología y de sus prácticas de compilación continua siendo válida. Dicha confirmación es anotada en el registro específico de cada país. El FMI agradece a los países declarantes su cooperación en la preparación de estas descripciones.

Las descripciones constan de las siguientes secciones: una sección general, otra específica sobre los componentes de la balanza de pagos y, en el caso de los países que también compilan datos sobre la posición de inversión internacional (publicada en la parte 1 de este anuario), otra sección específica sobre los datos relativos a la posición de inversión internacional.

En la sección general se presentan las principales fuentes de datos de los países y los métodos básicos (encuestas, registros de las operaciones de cambio, sistemas de declaración de transacciones internacionales, etc.) que utilizan los países para recopilar datos de balanza de pagos y, en los casos en que corresponda, datos sobre la posición de inversión internacional. En esta sección también se mencionan las principales entidades gubernamentales y otras instituciones encargadas de las actividades de compilación o que participan en las mismas. Además, se indica si los datos se compilan conforme a la metodología establecida en la quinta edición del *Manual*; en la mayoría de los casos se presenta información sobre los métodos utilizados por cada país para la divulgación de datos.

Las secciones específicas se agrupan conforme a los componentes normalizados de la balanza de pagos y la posición de inversión internacional que establece la quinta edición del *Manual*. En general, en las descripciones se indican las fuentes de datos de cada uno de los componentes, la forma en que se compilan los datos, el alcance de la cobertura de los datos y otras limitaciones de los datos. En la mayoría de los casos, en las descripciones de la metodología sólo se señalan los aspectos en que la metodología utilizada principalmente por el país (tal como se indica en la sección general) se aparta de la establecida en la quinta edición del *Manual*. Por consiguiente, en los casos en que no se presenten definiciones o detalles sobre la clasificación, puede inferirse que la partida se ha compilado conforme a la metodología descrita en la sección pertinente del *Manual*.

En esta publicación se presentan descripciones técnicas con respecto a 164 países, la zona del euro, y la unión monetaria del Caribe Oriental sobre los cuales el personal del FMI ha recibido información. A medida que las autoridades pongan en práctica las distintas recomendaciones de la quinta edición del *Manual* e introduzcan otras mejoras en la metodología de compilación de datos, se actualizarán, en las ediciones futuras de este anuario, estas descripciones técnicas en colaboración con las autoridades. Además, a medida que otros países suministren información sobre sus fuentes de datos y procedimientos de compilación, se incluirán también en las nuevas ediciones.

Albania

The following text was confirmed as current in 2009.

I. General

The Bank of Albania (BOA) is responsible for compiling the balance of payments statistics.

The present system for compiling the balance of payments statistics is based on the reporting system from the banks, as well as direct reporting and surveys designed to cover most economic entities participating in international activities.

The BOA publishes quarterly and annual balance of payments statistics on its website at http://www.bankofalbania.org (under Time Series, Monthly, External Sector) and in its monthly *Statistical Report, Annual Report,* and *Balance of Payments Bulletin*. The BOA makes balance of payments data public through quarterly press releases issued about two and a half months after the reference quarter.

The BOA compiles balance of payments statistics in millions of Albanian leks (ALL). It converts transactions denominated in other currencies into ALL, using the average exchange rate for the reporting period.

In general, the balance of payments of Albania is compiled in conformity with the methodological principles set out in the *BPM5*. The classification used corresponds with the standard components of the *BPM5*.

II. Specific Items: Balance of Payments

Current Account

Goods

The BOA compiles data on the basis of import and export declaration forms provided by the General Directory of Customs. Merchandise trade excludes transit trade and goods on temporary admission. Data on imports are reported on a c.i.f. basis, and exports on an f.o.b. basis, valued in ALL.

BOA converts imports data to an f.o.b. basis by estimating as smuggling a part of imports and by reclassifying freight and insurance costs. The trade survey is used in order to estimate the percentages and costs based on the Standard International Trade Classification (SITC) on 21 product categories of the goods traded. The BOA makes an upward adjustment of 8 percent of the c.i.f. value for the estimated smuggling. Freight and insurance costs are estimated at 7 and 1.1 percent, respectively, of the c.i.f. and smuggling value of imports.

The foreign trade statistics include goods for processing and goods procured in domestic ports by carriers in accordance with *BPM5* recommendations, but these are not reported separately in the balance of payments statistics. Expenditures in foreign ports are, for the time being, classified as part of port services.

Exports data in the balance of payments statistics include exports of electricity.

Services

Transportation

Passenger. To obtain data for sea, air, and other kinds of transport, BOA uses bank reports.

Freight. BOA estimates the item as a percentage of imports and exports of goods. The foreign trade survey provides the coefficients. The survey on foreign trade was reconducted for year 2007, in order to estimate the freight and insurance cost coefficients as well as other trade components. The survey concluded that the freight charge of goods in imports accounts should be 7 percent of total transaction cost (down from 12 percent applied until 2005), while the insurance cost accounts should be about 1.1 percent.

Other transportation. BOA obtains the data through the banking system reports.

Travel

BOA compiles credits and debits for the travel category (business and personal) by combining results from the travel survey (conducted by BOA and the Institute of Statistics four times a year) with data on arrivals and departures of Albanians and foreign travelers from the Ministry of Interior. BOA uses the travel survey for estimating average duration of stay and average daily expenditures per traveler and by ports. Since the second quarter of 2006, the authorities from the Ministry of Interior have expanded the coverage of border crossing. In addition to the travel survey, BOA has conducted an ad hoc survey (two times a year) on minor border crossing.

Other services

Communications. BOA obtains data on communication services directly from the telecommunication companies and news agencies operating in Albania, as well as from the bank reporting system.

Insurance. Quarterly, insurance companies submit data on premiums received from nonresidents and claims paid to nonresidents and vice versa regarding freight insurance, life and non-life insurance, and reinsurance.

Government, n.i.e. This item covers government-to-government transactions, in the following breakdown: embassies and consulates, military units and agencies, other governmental units. Data on debits of government services are reported quarterly from the Ministry of Finance (MOF). Expenditures of nonresident government entities in Albania are provided monthly by the bank reporting system.

Other services. This item and its subcomponents are derived monthly from the bank reporting system.

Income

Compensation of employees

The BOA estimates the credit data for compensation of employees from the parallel foreign exchange market for remittances abroad. It estimates compensation of employees to be 10 percent of these remittances. The new bank report form supplies data on debits for compensation of employees.

Investment income

The commercial banks and BOA provide data on interest on reserve assets. Commercial banks provide data on interest income on portfolio investment. For other interest income, BOA derives data from interest payments both on credit lines and interest in arrears, provided by the BOA, the MOF, the private borrowers (financial [nonbanks] and nonfinancial sectors), and commercial banks. Also, information on investment income is directly available from direct investment enterprises in Albania.

Current transfers

General government

Government departments involved in foreign aid coordination report general government transfer payments directly. Regarding foreign grants received, the primary sources of information are the donor organizations rather than the recipients of the grants in Albania; the donor organizations are generally in a better position to evaluate these grants, particularly those related to technical assistance.

BOA derives data on transfers in the form of goods directly from the customs declaration forms. It obtains transfer payments data related to cash grants from its own records and the commercial banks' settlement records.

Other sectors

Workers' remittances. Bank of Albania has developed an estimating model to measure cash remittances. The model relies on two basic suppositions:

First: Albanian families use the remitted money to buy goods and services in Albania and need to convert them in Albanian lek (ALL).

Second: Albania has a floating exchange rate and the foreign exchange market is in equilibrium. Therefore, the amount of foreign exchange inflows is equal to the outflow on a daily basis.

Hence, the BOA calculates remittances as a residual by identifying the inflow and the outflow of the foreign exchange (FX) market. The explanation is as follows:

FOREIGN EXCHANGE INFLOWS = FOREIGN EXCHANGE OUTFLOWS

Cash remittances (unknown) (CR)	
Cash exports* (CE)	Cash imports** (CI)
Cash travel(credit)* (CTC)	Cash travel(debit)* (CTD)
Other cash exports in services * (OCE)	Other cash import in services * (OCI)
Other inflows of FX*** (OIFX)	Other outflows of FX*** (OOFX)

* not channeled through banking system

** total imports *minus* imports through banking system *minus* trade credit *minus* aid *minus* goods-for-processing imports

*** the net change in the position of FX holding by the banks and exchange bureaus

Apart from the amount resulting as the residual of the matrix, the remittances also include transfers via banks and money transfer operators (checks, payment orders, etc.) and the other goods from migrants. Part of them is used (converted in the foreign exchange market) and shown in the model. The other part is kept as savings. The proportions of consumption and savings need to be estimated based on the needs of the money receivers.

Hence, CR = CI + CTD + OCI − CE − CTC − OCE + NetFX (OOFX − OIFX).

Besides estimated residual of cash remittances, there are also remittances reported by the banking system and Western Union (RB). Eighty percent of remittances flows received through banks and financial institutions are estimated to be converted on the parallel market, and therefore are included in our estimated matrices. So, in our calculation of estimated remittances (ER), only 20 percent of these inflows are added up to our estimation on cash remittances (CR), which is applied to balance of payments as follows:

ER = RC + 20%RB.

In the balance of payments it is recorded as follows:

ER * 0.9 = workers' remittances

ER * 0.1 = compensation of employees

Other transfers. Other current transfers cover nongovernment current transfers. These include gifts, aid (including religious, scientific, and educational), lottery winnings, and the transfer portion of non-life insurance premiums and claims. Also included are scholarships and other support for professional training provided by foreign governments. (The latter may include loans and sundry taxes.)

BOA obtains the data from insurance companies, the Ministry of Public Order (customs taxes), the banking system, and the MOF (for information on statutory quotas of international organizations).

Financial Account

Direct investment

For balance of payments purposes, direct investment capital comprises investments involving nonresident investors' equity of 10 percent or more in an entity resident in Albania. Albania requires direct investment enterprises to register with the national authorities, but official data on foreign direct investment in Albania are limited.

BOA estimates data on foreign direct investment using data reported by different state agencies for the business fields they cover; only data on equity capital are reported. The data from these sources serve to compile the preliminary figure of foreign direct investment (FDI) in the balance of payments table. BOA develops (since 2003) an annual census survey on FDI using the updated business register of the General Directory of Taxation. The results from the survey are used to revise the FDI figure in the annual balance of payments table.

Portfolio investment

Commercial banks are the main source of data on portfolio investments, and they report on a security-by-security basis.

Other investment

This item includes trade credits; loans to the monetary authority, general government, and private sector; and other assets and liabilities. BOA derives information on these transactions from several sources.

BOA records trade credits on a net basis as an increase or decrease of the outstanding stock of trade credits. The results from the trade survey (as mentioned above) are used to calculate percentages of trade credit by categories of goods, as well as interest rates and maturities related to trade credit.

The MOF, commercial banks that serve as agents for the government and other sectors, some nonbank financial institutions, and the BOA provide data on foreign debt (drawdowns, repayments, and arrears) related to the monetary authority, general government, banking system, and other sectors. The BOA's own account supplies information on use of IMF credit and loans.

Commercial bank reports and balance sheets supply information on currency holdings, deposits (both nostro and vostro), and other foreign assets and liabilities of commercial banks. BOA adjusts data to exclude valuation changes. Since January 2008, commercial banks report separately deposits of emigrants in the domestic banking system and loans given to emigrants on a loan-by-loan basis.

Reserve assets

BOA obtains data on reserve assets, consisting of monetary gold, foreign exchange, SDR holdings, and the reserve position in the IMF, from its own account.

Angola

The following text was confirmed as current in 2009.

I. General

The National Bank of Angola (Banco National Angola or BNA) is designated to compile and publish the balance of payments and international investment position (IIP) statistics by the Organic Law of the National Bank 6/97 of July 11, 1997, the Law of the National Statistics System Base 15/96 of September 26, 1996, and the Foreign Exchange Law 5/97 of June 27, 1997. The Organic Law of the National Bank states that all resident entities of the Republic of Angola authorized to operate at the external market should submit to the BNA any requested statistical information, in accordance with the terms and conditions determined by the BNA.

The balance of payments and IIP are compiled from various data sources, including administrative records, the BNA balance sheet, data from surveys carried out by the Customs National Office (CNO), the Debt Management Financing Analyzing System, and information from other private institutions. Seasonal adjustments are not performed.

The balance of payments and IIP are compiled following the concepts outlined in the fifth edition of the IMF's *Balance of Payments Manual (BPM5)*.

The BNA prepares the balance of payments data on an annual basis with a monthly breakdown. The IIP data are compiled annually. The BNA publishes the data on its website (http://www.bna.ao) and in the *Annual Balance of Payments Bulletin*, the *BNA Annual Report*, and the *Statistical Bulletin,* all of which are distributed free of charge. Data are also disseminated through the Southern African Development Community (SADC) Central Bankers website.

The data are shown in U.S. dollars. The BNA converts data denominated in other currencies into U.S. dollars at the reference exchange rate for the relevant period.

II. Specific Items: Balance of Payments

Current Account

Goods

Exports are compiled primarily on the basis of information requested from oil, diamond, cement, wood, scrap iron, and other commodities exporters. A data reconciliation is done with the information from the respective institutions: the Ministry of Geology and Mines, the Ministry of Fisheries, and the Coffee Institute. Imports are compiled based on data from the CNO, the survey of oil and diamond enterprises, and government institutions.

Services

This category covers the following components: transportation, travel, building, insurance, royalties and license fees, other business services, and government services not included elsewhere. The information is obtained through (1) the surveys of oil and diamond companies and also from various companies rendering services, such as construction, insurance, carriers, Angola Multichoice, and Use of the Medium Kwanza office (GAMEK); and (2) BNA data on execution of the cash plan and treasury draft orders.

Income

Compilers collect information from (1) surveys of oil companies, for compensation of employees and direct investment income components; (2) the BNA, for interest rates and the interest on public and publicly guaranteed external debt; and (3) commercial banks. This item also includes estimates, based on Bank for International Settlements (BIS) statistics, of the interest on foreign deposits of the nonfinancial public sector.

Current transfers

The credit entries include grants received from foreign governments and private institutions. The BNA obtains the data from surveys of embassies, consulates, international organizations, and recipient institutions.

The debit entries include remittances of foreign workers residing in Angola to their family members abroad and are based on information provided in the surveys of oil companies and others sectors.

Capital Account

Capital transfers

This item records the forgiveness of external loans granted by creditors to the government of Angola; the BNA obtains the information from its external debt records. Since 2003, it has used the United Nations Conference on Trade and Development (UNCTAD) system to compile external debt data; UNCTAD's system for monitoring external debt is the Debt Management and Financial Analysis System (DMFAS).

Financial Account

For direct investment, the BNA obtains data from surveys of the oil and diamond direct investment enterprises in Angola. The data on direct investment abroad are also available. For other investment, the BNA obtains data from surveys of oil and diamond companies, monetary data of the banking system, data from the BIS, and DMFAS external debt records.

Reserve assets

The data on reserve assets are extracted from BNA's *Monetary Panorama*.

III. Specific Items: International Investment Position

Pursuant to Article 17 of Organic Law 6/97 mentioned above, the BNA has been compiling the IIP statistics since 2004. The IIP data are consistent with the corresponding items in the financial account of the balance of payments.

The BNA publishes the IIP in the *Balance of Payments Bulletin* (*Boletim da Balança de Pagamentos*) and at the BNA website (http://www.bna.ao).

The IIP components relating to international assets and the medium- and long-term public debt are disseminated separately in BNA publications: *Relatório Anual* (*Annual Report*), *Boletim da Balança de Pagamentos e da Posição do Investimento Internacional de Angola* (*Balance of Payments and International Investment Position Bulletin of Angola*), and the Internet (http://www.bna.ao).

The data for compiling the IIP are obtained essentially from surveys, DMFAS, the balance sheets of the commercial banking system, and the BIS.

Assets are subdivided into direct investment, portfolio investment, other investment (trade credits, loans, currency and deposits, and other assets), and reserve assets. Liabilities have the same composition as assets, with the exception of reserve assets.

The IIP includes end-of-period positions for all existing assets and liabilities between residents of Angola and nonresidents. However, there are problems in gathering data on direct Angolan investment abroad, portfolio investment, private sector transactions conducted directly with nonresident banks, undistributed profits, and other assets and liabilities with nonresidents. Positions are valued at market prices or, when this is not possible, at their nominal value. Data are recorded on an accrual basis, consistent with the *BPM5* guidelines.

The main data sources are as follows:

Direct investment

This is obtained primarily from business investment surveys (oil and diamond mining companies, construction companies, and service providers).

Portfolio investment

This information is obtained for the most part from surveys of the oil sector and the balance sheets of the commercial banking system.

Other investments

These data are derived from surveys, commercial bank balance sheets, DMFAS, and BIS.

Reserve assets

These are extracted from the BNA Monetary Survey (*Panorama Monetário*).

The BNA makes various adjustments for calculating assets and liabilities with nonresidents, including in particular (1) classification adjustments for information contained in the surveys or databases of other institutions, in order to keep the information consistent; and (2) adjustments needed to reconcile information from business balance sheets with data obtained from the surveys.

Anguilla

See Eastern Caribbean Currency Union.

Antigua and Barbuda

See Eastern Caribbean Currency Union.

Argentina

The following text was confirmed as current in 2009.

I. General

The National Directorate of International Accounts (Dirección Nacional de Cuentas Internacionales—DNCI) of the National Institute of Statistics and Census (Instituto Nacional de Estadística y Censos—INDEC) is responsible for compiling Argentina's balance of payments statistics. INDEC depends on the Ministry of Economy and Production (Ministerio de Economía y Producción).

DNCI issues these data quarterly in the *Quarterly Balance of Payments and Foreign Assets and Liabilities Estimates* (*Estimaciones trimestrales del balance de pagos y de activos y pasivos externos*) on the Internet at http://www.indec.gov.ar/ (sector externo – balancedepagos) Also, there are press releases, which are published on the Internet (Comunicado de Estimaciones trimestrales del balance de pagos) at the same site.

The methodology used to compile Argentina's balance of payments has been revised and updated to ensure its compliance with the guidelines established in the *BPM5* and to reflect the country's changing economic situation. The data revision process has required finding new sources of information and developing new estimation methodologies.

In April 1999, DNCI released revised data, together with the updated methodology (*Metodología de Estimación del Balance de Pagos*) as well as the main changes included in the new data set (*Presentación de la Actualización Metodológica del Balance de Pagos*). From 1992 onward, data based on the revised methodology are available. All these documents are available on the Internet (same site noted above).

Major data sources used for the balance of payments compilation depend on the sector that accounts for the transaction. General government and central bank transaction estimates are based mainly on information provided by the Treasury, central bank, and state governments (through surveys).

Financial sector data are estimated mainly from the balance sheet information reported to the central bank. Other private sector transaction estimates are based mainly on customs data (for goods transactions) and on enterprises' information collected through their balance sheets or through surveys (for example, the debt survey, the central bank survey, the survey of services).

Completing the main sources used for the estimates are additional sources like the survey of international tourism, migration authority's data, Securities Central Depository Inc., stock exchange data, and information available in other countries.

Major reclassifications on the portfolio and other investment account (assets) have occurred since 2002. The *Quarterly Balance of Payments and Foreign Assets and Liabilities Estimates* published on the Internet also includes estimates of external assets and liabilities of the resident sectors. Balance of payments data are compiled in U.S. dollars.

II. Specific Items: Balance of Payments

Current Account

Goods

INDEC compiles statistics on foreign trade on the basis of customs documents. Imports and exports are recorded in the balance of payments in f.o.b. terms. In case those operations of exports or imports do not produce customs documents but have to be included in the statistics of foreign trade, the compilers employ auxiliary sources of information.

Services

Transportation

INDEC compiles statistics on transportation. For passenger fares, on-board services, and excess baggage charges, it obtains data from surveys of the sea, air, and road passenger transport companies operating in Argentina. Data include both the international operations of resident carriers (credit) and the domestic operations of nonresident carriers (debit).

For passenger road transport, the estimates are based on the number of international trips provided by the companies and on the cost of the tickets. They are also based on surveys conducted monthly of departing and incoming buses to ascertain information on the average occupancy rate of the vehicles and the percentage of resident and nonresident passengers.

For freight services, the credit entries cover freight charges collected by resident transport companies for goods exported or transported between foreign ports. These data come from a survey of resident shipping companies and airlines.

The freight-service debit entries cover freight charges paid to nonresident companies for imported goods. Compilers calculate the charges as the difference between the total freight for imports, as indicated by foreign trade statistics, and freight charges on imports collected by resident companies, obtained from the survey. For sea transport, the credit entries for other transportation services are derived from a survey that covers the country's principal ports and various companies that provide services related to sea transport. The debit entries for sea transport are derived from the survey of resident shipping companies.

For air transport, the credit and debit data are derived from a survey of foreign airlines operating in Argentina and from a survey of resident airlines operating abroad.

Data on other transport come from a survey of resident and nonresident bus companies.

Travel

This item is calculated on the basis of the estimated number of passengers entering and departing Argentina, the number of days they stay, and the estimated average expenditure per person. The data are based on the number of people crossing borders provided by Dirección Nacional de Migraciones and a survey conducted at main border crossings.

Other services

Communications. The data for this item are based on a survey of telecommunications and postal service companies on their foreign operations. INDEC compiles the data.

Construction. This account covers work abroad by resident construction enterprises on construction and installation projects that are carried out in a year or less. INDEC bases the data on information from the builders' national register of public works (Registro Nacional de Constructores de Obras Públicas) and on the exchange market reporting system since 2002.

Insurance. The data on insurance of imports are based on information from the statistics of foreign trade and from the rate of cost of the insurance service. The data on reinsurance come from the insurance enterprises supervisory agency (Superintendencia de Seguros de la Nación).

Financial. The entries cover commissions paid by the government and commissions on securities issued by the private nonfinancial sector. Regarding commissions paid by the government, INDEC obtains the data from operations reported by the Treasury Secretariat (Secretaría de Hacienda—Ministerio de Economía y Producción) and the central bank. Regarding commissions paid by the private nonfinancial sector, INDEC derives the data from a survey of securities issued and from information provided by the resident entity Caja de Valores.

Computer and information services. These data are based on a survey of companies that trade in database and other computer-related services. INDEC compiles the data.

Royalties and license fees. The two main sources of information are a survey directed to associations of writers and music composers, and a survey to private enterprises. INDEC compiles the data.

Other business. Starting in 2002, merchanting and other trade-related services are based on data from the exchange market reporting system. The entries for operational leasing services and other business services data are obtained from a survey.

Personal, cultural, and recreational. This account includes the transactions related to producing or distributing broadcasting programs, movies and television shows, and musical and theatrical shows. INDEC collects data through a quarterly survey of the main channels of air television and cable television of the country, film distributors, and theater and musical associations.

Also, this account includes sports shows, museums, libraries, etc. Regarding sports activities, the compilers derive data from a quarterly survey of sports associations that perform international transactions.

Government, n.i.e. Compilers base estimates of foreign expenditures in Argentina (credits) on the number of nonresidents working in foreign embassies and consulates in

Argentina and their average expenditures. The latter are updated according to movements in the consumer price index in Argentina, measured in U.S. dollars. The credit entries also include data provided by the Foreign Office (Ministerio de Relaciones Exteriores y Culto) on consular fees collected abroad.

The debit entries for government n.i.e. cover government expenditures abroad and other public agencies represented in foreign countries (as shown in their budgets).

Income

Compensation of employees

The estimates include domestic and foreign employees' wages.

Credit information comes from surveys from the sea, air, and road transport companies and other private enterprises in Argentina. Also, the Foreign Office provides information every three years about domestic employees working in foreign diplomatic representations in the country. When this information is not available, INDEC updates expenditures using the Argentine consumer price index adjusted by the exchange rate.

For debits, the same surveys used in the credit side are considered, and INDEC derives entries from budgetary data about wages paid to nonresidents in public entities with representation abroad.

Investment income

Data are estimated on an accrual basis.

Direct investment. For the financial sector credits and debits, entries are derived from banks' profit and loss statements. For other sectors, the credit entries include an average accrued income on real estate investment abroad and income on direct investment abroad by resident companies. The information is collected from the resident enterprises' balance sheets.

The debit entries for the nonfinancial private sector are derived from balance sheet data provided on a quarterly basis by a sample of enterprises. The estimates are revised with the results of the annual survey of large enterprises compiled by INDEC. For insurance and pension fund companies, estimates are based on information compiled by their supervisory agencies.

Portfolio investment. Debt securities: For interest earned by the financial system, compilers estimate data from the financial system's consolidated balance sheet data on holdings of portfolio investments. For interest earned by the nonfinancial public sector from assets invested abroad, the Treasury Secretariat provides information.

The debit entry estimates for resident financial entities are based on balance sheet data. For the nonfinancial public sector, the data sources are the Treasury Secretariat and a survey of the foreign obligations of state governments.

To estimate the nonresidents' share of interest payments on securities, compilers use the ratios and methodology employed to determine the residence of securities holders (see note to portfolio investment in "Financial Account").

For the nonfinancial private sector, the debit entries include interest on bonds, negotiable notes, and commercial papers issued abroad and are based on the survey conducted to collect related data up to 2001. Since 2001, data are derived from a central bank survey of private sector external debt.

Portfolio investment. Equity securities: The debit entries for equity securities comprise income estimates based on distributed dividends data collected from the Stock Exchange. (For estimates of nonresident holdings of these securities, see "Financial Account.")

Other investment. For credit entries, the central bank reports interest earned from the investment of international reserves. For interest earned by the rest of the financial system, data are estimated from the financial system's consolidated balance sheet data on holdings of interest-bearing liquid assets and credits or other types of financing provided to nonresidents.

The Treasury Secretariat provides information on interest earned by the nonfinancial public sector from assets invested abroad. For the nonfinancial private sector, interest credits are estimated by applying different rates to the assets invested abroad (bank deposits, trade financing, and portfolio investment). (See "Financial Account" for these assets estimates.)

The debit entries for the central bank are obtained from central bank records. For other resident financial entities, estimates are based on balance sheet data and the average rates applicable to each type of liability: deposits of nonresidents, use of lines of credit from abroad, and correspondents' credits.

For the nonfinancial public sector, the debit data sources are the Treasury Secretariat and a survey of the foreign obligations of state governments. For the nonfinancial private sector, the debit entries are based on the average terms of the international organizations' loans and on data collected through the debt survey directed (twice a year) to this sector's enterprises up to 2001. Since 2001, data are derived from a central bank survey of private sector external debt.

Current transfers

General government

The credit entries cover fines collected by the government from nonresidents for infractions of national regulations and laws, and taxes on external payments.

The debit entries are derived from information contained in all government agency budgets and in central bank data on payments for foreign transfers on behalf of, and by order of, the government. It also includes retirement and survivorship pensions paid to nonresidents, as reported by the social security entity (Administración Nacional de Seguridad Social).

Other sectors

Credit data on workers' remittances are based on information of specialized firms. The debit entries are based on estimates of the number of certain foreigners (Peruvians, Paraguayans, and Bolivians) living in Argentina and of the average amount of remittances.

The credit entries for other private transfers cover retirement and survivorship pensions paid to Argentine residents, based on information provided by various countries and grants from members of the Organization for Economic Cooperation and Development. The debit entries for taxes on external receipts are derived from surveys.

Capital Account

This item includes patents, copyrights, and similar assets purchased and sold, and football players' transfer rights between residents and nonresidents. The data are based on surveys. It also includes capital transfers such as debt forgiveness, based on information provided by the beneficiaries (national government, financial entities, private companies, and the central bank).

Financial Account

Direct investment

Direct investment flows include equity participation of 10 percent or more by foreign investors. The data include reinvested earnings and the provision of loan capital between direct investors and subsidiaries, branches, and associated enterprises (intercompany debt).

For the resident financial sector, data on direct investment abroad and in Argentina are derived from the financial statements of these institutions.

For the nonfinancial public sector, direct investment in Argentina is related to the privatization of public companies. The information is obtained from the Treasury Secretariat and from state governments.

For the nonfinancial private sector enterprises, estimates of direct investment abroad are based on information collected from the firms' balance sheets and related statements. Foreign direct investment in Argentina includes reinvested earnings, equity participation, and changes in ownership.

Reinvested earnings are estimated on the basis of accounting data from a quarterly survey of a sample of enterprises with foreign direct investment. These data are provisional and are revised with information obtained from the annual survey conducted by INDEC.

Information on changes in equity holdings is derived from information on the acquisitions and sales of equity capital announced in the stock exchange or published in the newspapers. This information is verified on a quarterly basis with the enterprises and is revised when the annual survey data are available.

Intercompany debt was collected through the debt survey directed to private nonfinancial enterprises up to 2001. Since 2001, data are derived from a central bank survey of private sector external debt.

Portfolio investment

Equity securities

Equity securities issued abroad (ADRs) are supposed to be held by nonresidents. For equity securities issued in Argentina, data on the residence of the holders are available from the records of the Securities Central Depository Inc.

Debt securities

Data for both assets- and liabilities-related transactions by the financial sector are estimated from the financial system's consolidated balance sheet data on holdings of portfolio investments. The data are affected by valuation changes.

The Treasury Secretariat provides information on asset investment abroad for the nonfinancial public sector. Debt securities issued abroad by the nonfinancial public sector are supposed to be held by nonresidents, except for holdings of some resident entities such as banks, pension funds, insurance companies, and public sector organizations.

For securities issued in Argentina, data on the residence of the holders are available from the records of the Securities Central Depository Inc. (Caja de Valores). This methodology was used up to the first quarter of 2005. Starting with the second quarter 2005, data on the residence of the holders are available from the records of the Securities Central Depository Inc. (Caja de Valores). Also, this information is the basis for the estimation of the secondary market for these securities.

A complementary survey of state governments is conducted to collect information on their issues of securities abroad.

For the nonfinancial private sector, the estimates related to asset transactions are based on a study on the size and composition of the sector's investment portfolio abroad and on information available in other countries on the liability side. The estimates are also based on a survey conducted to collect data on securities issued abroad.

Other investment

Data on those foreign assets and liabilities of the financial sector that are not included under portfolio investment or direct investment are calculated as the difference in stocks outstanding at the end of the period, as shown in the balance sheets of the institutions. The data are, therefore, affected by valuation changes.

Data on assets of the nonfinancial public sector are obtained from the Treasury Secretariat. Data on debt of the nonfinancial public sector (excluding securities) are obtained from the Public Debt Administration and Management System, administered by the Treasury Secretariat. Additional data are obtained from a series of surveys on the foreign debt of state governments.

For the nonfinancial private sector, asset-related flows comprise bank deposits (derived from BIS and Central Bank of Uruguay data); trade credits data (based on estimations); and other assets, mainly estimates of foreign currency held by residents (derived from currency flows data and from money-demand estimates).

On the liability side, the international credit organizations (IFC and IIC) provide the data on loans with international organizations. Up to 2001, other private debt-related flows data with foreign creditors were collected from the debt survey directed to the enterprises of this sector twice a year. Since 2001, data are derived from a central bank survey of private sector external debt.

Reserve assets

Regarding reserve assets, compilers derive changes from stock data published by the central bank on its foreign liquid assets. These are, for example, gold, SDR holdings, Latin American Integration Association payment agreements, notes and deposits, investments convertible into foreign exchange, and reserve position with the IMF. The data are adjusted to exclude valuation changes, which are separately shown.

III. Specific Items: International Investment Position

The data sources on the international investment position are the same as those used in compiling the balance of payments.

Armenia

The following text was confirmed as current in 2009.

I. General

The Balance of Payments and Foreign Trade Division (BPD) of the National Statistical Service (NSS) of the Republic of Armenia is responsible for compiling the balance of payments, international investment position (IIP), and external debt statistics. The NSS published the first data on the IIP in 1998.

The main sources of balance of payments data are the following: foreign trade statistics from the State Customs Committee (SCC) under the government of the Republic of Armenia and data on exports and imports of electricity and imports of natural gas from the enterprises; the banking sector data from the Central Bank of the Republic of Armenia (CBA); a survey of public and private institutions for the transportation, insurance, and travel data components; data from embassies and international organizations for current and capital transfers; surveys of foreign direct investment enterprises; and data from government institutions (the Ministry of Finance (MF), the Ministry of Economy (ME), the Ministry of Foreign Affairs (MFA), etc.). For some balance of payments items, the data collected from primary sources are complemented by estimates.

The BPD collects and publishes the data on a quarterly and annual basis in the *Monthly Bulletin, Socioeconomic Position of the Republic of Armenia*, the *Statistical Yearbook of Armenia*, the statistical collection *Balance of Payments of the Republic of Armenia,* and

International Investment and External Debt Positions of the Republic of Armenia issued by the NSS.

The BPD compiles the balance of payments in U.S. dollars. Staff convert some transactions from the original currency to U.S. dollars using the exchange rates prevailing at the time of transactions; for converting other transactions, staff use the average quarterly exchange rates for the reporting period.

The balance of payments is compiled in accordance with the IMF's *Balance of Payments Manual*, fifth edition (*BPM5*).

II. Specific Items: Balance of Payments

Current Account

Goods

The customs data serve as the basis for foreign trade compilation. Starting in mid–1996, the SCC began processing the customs declarations and submitting them to the BPD of the NSS on a monthly basis.

Until May 1996, the BPD estimated the value of shuttle trade (mainly trade carried on by individual traders on a small scale by means of chartered foreign business trips). Since then, the SCC has instituted a scaled-down version of the Simplified Administrative Document to estimate the value of shuttle trade.

The BPD analyzes the data submitted by the SCC and brings to its attention any perceived errors, especially relating to the valuation of goods, for follow-up action. The BPD also obtains, through surveys, data on goods acquired in ports by transportation companies and incorporates them into the trade data. Data on imports include foreign assistance and gifts in the form of goods received by Armenian residents.

The BPD further adjusts the trade data in accordance with balance of payments methodology: (1) converting the c.i.f.-based import data to an f.o.b. basis, by deducting an average rate of between 8 and 13 percent (depending on the type of transport) from the c.i.f. value of the imports—rates that were derived from the statistical survey on services conducted in 2001 (since 2007 these indicators have been between 12 and 15 percent); and (2) making a major adjustment for the exports and imports of electricity and imports of natural gas not included in the customs data.

Services

Transportation

In addition to the estimates made for the transportation of imported goods referred to above, the BPD gathers additional data from other sources, such as surveys of transportation companies. These surveys collect information on both freight and passenger fares. The BPD derives the estimates from the statistical survey on services conducted in 1999.

Travel

For travel, the BPD collects data from surveys carried out by the NSS.

To estimate the total amount of receipts and payments related to travel, the BPD collects data on the number of foreign arrivals and resident departures, the countries of origin and destination, length of stays, and cost of transportation, hotel, meals, and incidental costs. These estimates include expenditures in Armenia by nonresidents and by Armenians in foreign countries on short-term work assignments (that is, for periods of less than one year). The BPD derives the estimates from the statistical survey on services conducted in 2006–2007. Government ministries and agencies also provide data on expenditures on business trips abroad.

Other services

The BPD obtains data on other services, such as insurance, consulting, construction, and financial services, from a survey of enterprises that provide such services. The BPD also obtains expenditures on consulting services from a database on technical assistance provided by foreign governments and international organizations.

For expenditures of foreign embassies and diplomatic representatives and international organizations in Armenia, the BPD obtains information through interviews. The MF and MFA provide data on expenditures abroad of Armenian diplomatic missions. The BPD derives estimates from the statistical survey on services conducted in 1999.

Communications. The BPD collects data mainly from the enterprises and organizations.

Income

Compensation of employees

Data on compensation of employees are primarily estimates based on migration patterns of Armenians, on data from NSS surveys on social statistics, and also on data from money transfer surveys conducted by the CBA.

Investment income

The MF and the CBA report interest payments on the state debt. For other income payments and receipts, the BPD obtains data through surveys of enterprises.

Current transfers

This item primarily consists of grants in the form of goods and services, including technical assistance provided by foreign governments and international organizations. The BPD obtains the data from the MF and foreign embassies, international organizations, and foundations that maintain offices in Armenia.

For humanitarian aid, the BPD derives data from the customs declarations. Data on technical assistance are estimated. Current transfers also include data from the MF on fees for membership in international organizations.

An important source of receipts of current transfers is the Armenian Diaspora. These may be in the form of cash or goods. Since the banking system is seldom used in the transfer of cash, and the value of goods transferred may not be recorded by the customs, the BPD estimates such transfers, based on occasional inquiries of households, on data obtained from surveys conducted by the NSS's Division of Household Surveys, and on data from money transfer surveys conducted by the CBA.

Capital Account

Capital transfers

Data on migrants' transfers are estimated. The BPD collects the basic data for the estimates from the State Committee of Real Assets Cadastre under the government of the Republic of Armenia. The other significant item in this account consists of capital transfers in the form of machinery and equipment, part of grants made by foreign governments.

Financial Account

Direct investment

Regarding foreign direct investment in Armenia in nonfinancial enterprises, the BPD obtains data through NSS surveys. For direct investment in financial corporations, the BPD obtains data from the CBA. These data include information on equity capital, reinvested earnings, and other capital. Data on Armenian direct investment abroad are not available.

Portfolio investment

For portfolio investment, the BPD obtains data from NSS surveys and from the CBA.

Other investment

For foreign loans disbursed to all sectors, the BPD obtains almost complete data from the records submitted by the MF, the CBA, and some enterprises with foreign loan liabilities.

The item also includes financial transactions of the banking sector for their own accounts, with the exception of direct and portfolio investments. The BPD obtains the data from the CBA.

Reserve assets

The data come from the CBA.

III. Specific Items: International Investment Position

Direct investment

For foreign direct investment in Armenia and direct investment abroad relating to nonfinancial enterprises, the BPD obtains data through NSS surveys. For direct investment in financial corporations, the BPD obtains data from the CBA. These data include information on equity capital, reinvested earnings, and other capital.

Portfolio investment

The BPD obtains portfolio investment data quarterly from NSS surveys, from the CBA (on the banking sector and the general government sector), and from foreign investment organizations. The BPD breaks down the data into securities providing for participation in capital and debt securities.

Financial derivatives

There are no financial derivatives at this time.

Other investment

For general government sector credits, the BPD obtains data from the MF. For banking sector data (loans, currency and deposits, other assets and liabilities), the CBA provides the data. For private sector data (trade credits, loans), the BPD uses surveys of corporations. For short-term trade credits, the BPD computes the data using results of ad hoc surveys of corporations engaged in external economic activity.

Reserve assets

The BPD obtains the data from the CBA. The following breakdown is available: gold, SDR holdings, reserve position in the IMF, and foreign exchange.

Aruba

The following text was confirmed as current in 2009.

I. General

The Statistics Department of the Central Bank van Aruba (CBA) is responsible for compiling the balance of payments statistics and international investment position (IIP). Several sources are used to compile the balance of payments statistics on a cash basis, i.e., the regular reports of the commercial banks and resident enterprises, including the oil sector, holding foreign accounts. Surveys are also conducted to collect additional data on portfolio investment, timeshare-related transactions, external debt, and direct investment. The CBA has authorized four commercial banks to undertake foreign exchange transactions. These banks are required to report on a monthly basis the balance of payments data, based on a closed international transactions reporting system (ITRS).

In addition, resident enterprises holding accounts, as well as financial assets and liabilities, with nonresidents are required by law (the State Ordinance—Foreign Exchange Transactions) to report their holdings to the CBA. They must submit quarterly reports covering transactions settled via Resident Foreign Account (RFA) and changes in cross-border financial assets and liabilities, as well as the opening and closing balances of the RFAs and the foreign assets and liabilities.

The CBA compiles the balance of payments statistics on a quarterly basis and publishes them in its *Quarterly Bulletin*, *Annual Report*, and *Annual Statistical Digest*. These publications are also available on the CBA's website: http://www.cbaruba.org.

Since July 1, 1996, the balance of payments of Aruba is compiled according to the methodology of the IMF's *Balance of Payments Manual*, fifth edition (*BPM5*). The balance of payments data for previous periods have been reclassified accordingly.

Data are compiled in Aruban florins (Afl.). Transactions denominated in foreign currency are converted into florins using monthly average exchange rates.

Offshore enterprises established in Aruba that have obtained an exemption according to article 19 of the State Ordinance on Foreign Exchange Transactions (SOFET) are by virtue of law nonresidents. The same applies to the Aruba Exempt Corporations (the so-called AVVs) that were incorporated before January 1, 2006. Consequently, the transactions of these offshore enterprises and AVVs with nonresidents are not included in the balance of payments. Transactions of these entities with residents settled through local banks are, on the other hand, included in the balance of payments of Aruba. However, due to an amendment in the tax regime for AVVs, all AVVs incorporated after January 1, 2006, are considered residents, unless they have obtained an exemption in accordance with article 19 of the SOFET.

II. Specific Items: Balance of Payments

Current Account

Goods

This category comprises imports and exports of the oil sector, the free zone, and the rest of the economy. Data for goods include general merchandise, goods for processing, repairs on goods, and goods procured in ports by carriers. Imports are valued on a c.i.f. basis. The CBA adjusts the data for cost, insurance, and freight, estimated at 10 percent of the c.i.f. value.

As of the first quarter of 2004, exports of oil products (excluding bunker fuel) are recorded under goods for processing instead of general merchandise. Data on these export components from 1999 onward are adjusted accordingly.

Services

Transportation

The item comprises harbor dues and fees, freight, and passenger fares.

Travel

This item includes receipts from transactions in foreign currency, traveler's checks, and credit cards, as well as goods carried out of Aruba by tourists and paid for in foreign currency, traveler's checks, or credit cards. However, because of the difficulty of obtaining a breakdown for the expenses of resident credit card holders, the item also includes their local expenses. Steps have been taken to adjust the data on travel for these expenses. The item also includes payments related to medical treatments abroad and expenditures of students abroad.

Other services

This component includes management and maintenance fees, royalties, postal and telecommunication charges, computer and information services, insurance services, construction services, and rents and leases.

Government, n.i.e. Data comprise, among other things, payments by the government to its representatives and tourism promotion offices abroad, as well as receipts from the Netherlands Royal Navy to finance their expenditures in Aruba.

Income

Compensation of employees

This item includes wages, salaries, and other benefits for work performed during the maximum period of one year.

Investment income

Data include dividends as well as interest on debt securities, on loans, and on bank deposits.

The CBA also obtains information on income from the records of the Ministry of Finance and from foreign exchange licenses granted by the CBA, which are required for settling foreign financial transactions (loans and other financial transactions above Afl. 300,000 for individuals and Afl. 750,000 for legal entities, on a yearly basis).

Current transfers

This category covers both the official and the private sector. Official transfers comprise, among others, tax receipts from offshore companies, pensions, contributions, and subsidies. Private transfers include workers' remittances, pensions, grants, and premiums and claims related to non-life insurance.

Capital Account

Government transactions include receipts related to development aid (capital grants). Other sector transactions include migrants' transfers.

Financial Account

Direct investment

Data include equity transactions, purchases and sales of real estate, and other flows among enterprises in direct investment relationships, such as intercompany loans and purchases and sales of time-share units with deeded ownership.

To improve the coverage and to enhance the quality of direct investment-related statistics, a direct investment survey is conducted (from 2005 onward) for collecting additional direct investment data from 2003 onward. In this respect, Aruba will participate in the upcoming Coordinated Direct Investment Survey conducted by the IMF.

Portfolio investment

This item covers security transactions, such as equity, long-term debt securities, and short-term debt securities (money market instruments).

Starting from 2001, Aruba participates in the Coordinated Portfolio Investment Survey, conducted by the IMF to collect information on the stock of cross-border holdings of equities and long- and short-term debt securities.

Other investment

Data include loans, deposits at nonresident banks, premiums and claims related to life insurance, and other financial transactions. The CBA uses money and banking statistics for deriving the main other financial transactions of the banking sector.

For additional information on other investment, the CBA obtains data from the External Debt Statistics Survey, as well as from the records of the Ministry of Finance and of the foreign exchange licenses granted by the CBA, required for settling the underlying financial transactions (above Afl. 300,000 for individuals and Afl. 750,000 for legal entities, on a yearly basis).

Reserve assets

This component reflects changes in official reserves held by the CBA, comprising monetary gold and official foreign exchange holdings.

III. Specific Items: International Investment Position

The data sources and methods used to compile the financial account data of the balance of payments generally apply to the IIP. However, there are differences between the balance of payments data and the IIP that should be addressed. Stock data are mostly reported directly by respondents, while additional flows data are imputed in the balance of payments.

Data are available from the ITRS and RFA, balance sheets of the monetary authorities and the banking sector, other financial corporations' reports on cross-border holdings of securities, and enterprise surveys for collecting, among other things, foreign debt data of Aruba.

Annual IIP estimates for 1998–99 are published in the CBA's *Quarterly Bulletin* 2001-I. IIP statistics from 1998 onward are compiled and reported to the IMF.

Australia

The following text was confirmed as current in 2009.

I. General

The Australian Bureau of Statistics (ABS) compiles and disseminates Australia's balance of payments and international investment position statistics. ABS uses a wide variety of data sources, ranging from government administrative by-product systems, such as for international trade statistics, to specially designed ABS surveys of businesses, other organizations, and households that have international transactions.

Australia's balance of payments statistics are published quarterly (with data series beginning in the September quarter of 1959), providing a comprehensive and systematic statement of Australia's economic transactions with the rest of the world. The statement is provided in original, current price terms. In addition, detailed goods, services, and income series are provided at current prices in original, seasonally adjusted, and trend-estimates terms. Exports and imports of goods and services are also published in detail in volume terms; implicit price deflators, chain Laspeyres price indices, and terms of trade are also shown.

The financial account covers all equity and debt instruments, classified as follows: by direction of investment into/out of Australia; type of capital (direct, portfolio, financial derivatives, other investment, and reserve assets); and sector of the domestic counterparty (general government, Reserve Bank of Australia, depository corporations, and other).

In addition, both debt assets and debt liabilities transactions and positions, and the associated income, are published quarterly by public/private sector, with separate details for debt domiciled in Australia and debt domiciled abroad. Drawings and repayments are published for other investment liabilities. Detailed international investment position statistics are also published quarterly. Asset and liability aggregate positions and transactions are published by industry, and debt asset and liability positions are also published by the currency and residual maturity of the debt. External debt liabilities are also published according to the *External Debt Statistics Guide for Compilers and Users*.

Additional details: For services, more detailed component series are published on both a fiscal year (end-June) basis and a calendar year (end-December) basis. Details by country for the international investment position are published on a calendar year (end-December) basis. For the financial account and the international investment position, summary series and some detailed components are also classified by country of counterparty. On a monthly basis, international trade in goods and services statistics (on a balance of payments basis), including current price series in original, seasonally adjusted, and trend terms, are published but with limited detail for services components.

Australia's published balance of payments and international investment position statistics are available, at no charge, on the ABS website (http://www.abs.gov.au).

The conceptual framework and classification structure of the Australian balance of payments and international investment position statistics published by the ABS corresponds to that underlying the *BPM5*, with modification and extension to take account of domestic user requirements for additional detail and alternate views of the data and to accommodate integration with national accounting practices under the *1993 SNA*.

Australia's balance of payments and international investment position statistics are compiled in Australian dollars. In principle, values originally denominated in foreign currencies are converted into Australian dollars at the market exchange rate applying at the time of the transaction (often approximated as the average for the day of the transaction) or at the reference date for stocks data. In practice, data providers use a range of conversion practices in reporting to the ABS.

The following provides a brief description of ABS concepts, sources, and methods. For further details, see the ABS publication *Balance of Payments and International Investment Position, Australia, Concepts, Sources and Methods* (ABS cat. no. 5331.0) and *Statistical Concepts Reference Library* (ABS cat. no.1361.0). Both of these products are available, at no charge, on the ABS website (http://www.abs.gov.au).

II. Specific Items: Balance of Payments

Current Account

Goods

The ABS derives general merchandise data mainly from international trade statistics, which are based on Australian Customs and Border Protection Service records. Adjustments are made to account for differences between the coverage, timing, and valuation of international trade statistics and the requirements of *BPM5*. Customs reports imports to the ABS on a c.i.f., f.o.b., and customs-value basis. The f.o.b. data are used directly in compiling the merchandise export items, the customs-value data are used for merchandise import items, and the c.i.f. data are used in compiling the data for freight payable to nonresidents (see "Freight" under "Services" below).

The value of goods crossing the customs frontier for processing, together with the value of processing performed on reexported goods, is estimated from international trade statistics. However, reexported goods may not be reported separately from general merchandise, and separate entries are not available for goods reimported after processing abroad, which are included indistinguishably in general merchandise. Data on repairs on goods are compiled directly from international trade statistics.

ABS derives data from international trade statistics on expenditure in Australia by nonresident transport operators on bunkers and aviation fuel and all other goods procured in ports. Expenditure abroad by resident transport operators on goods procured in ports is obtained from surveys of the resident shipping and airline operators. Confidentiality constraints prevent a dissection of the estimates by mode of transport.

As with merchandise, transactions in nonmonetary gold that crosses the customs frontier are recorded in customs documents. ABS specifically adjusts for gold that changes ownership but does not cross the customs frontier. No dissection is available between gold held as a store of value and other gold.

Services

Transportation

Passenger. Data cover passenger services provided by sea and air. The main source of data is the quarterly ABS Survey of International Trade in Services (SITS). From the September quarter 1993 onward, for confidentiality reasons, the credit series also includes the air transport component of other transportation services, which relates to agency fees and commission receipts. For confidentiality reasons, before the September quarter 1997, the debit series includes cruise fares. From the September quarter 1997 onward, these cruise fares are included in travel debits.

Freight. The main sources of data are the ABS SITS for credits and customs-based merchandise trade statistics for debits. Confidentiality constraints prevent a dissection of the estimates by mode of transport.

Other transportation. For confidentiality reasons, this item includes minor amounts for dry-charter receipts and payments that should be reclassified to operational leasing services. From the September quarter of 1993 onward, for confidentiality reasons, the credit series excludes the air transport component, which relates to agency fees and commission receipts. These have been included in passenger services. Confidentiality constraints prevent any dissection of the estimates by mode of transport.

Travel

ABS derives travel credits largely from data collected in the International Visitor Survey conducted by Tourism Research Australia. ABS uses these data in conjunction with results from its monthly overseas arrivals and departures statistics, which it compiles from information collected by the Department of Immigration and Citizenship from arriving and departing international travelers.

Travel credits also include the receipts by domestic airlines from international airlines for the on-carriage, in Australia, of foreign visitors who have purchased tickets abroad. The source is the ABS SITS. Also included is the estimated expenditure of foreign military personnel on rest and recreation in Australia.

ABS compiles information on students' expenditure in Australia from student numbers, provided by the Department of Immigration and Citizenship, and their associated fees and estimated average expenditure on other goods and services sourced from the Survey of International Student Spending, provided by the Department of Employment, Education, and Workplace Relations.

From the September quarter 1995, the ABS has derived travel debits largely from data collected in the National Visitor Survey conducted by Tourism Research Australia. ABS uses these data in conjunction with its monthly overseas arrivals and departures statistics, which are compiled from information collected by the Department of Immigration and Citizenship from arriving and departing international travelers. Prior to the September quarter 1995, benchmark estimates for travel debits were compiled from a periodic household survey of returning Australian travelers. The survey provided a dissection of the average expenditure per travelers by purpose of travel (business and personal), and by income earned abroad and cash taken abroad. Between these surveys, the bureau compiled estimates using data from the SITS, which covered businesses providing travel finance and outbound travel and collected data on prepaid tours, credit card usage, and traveler's checks issued.

Other services

Unless specifically mentioned, other service component data are compiled from the ABS SITS. For some *BPM5* standard components, estimates are not separately available for confidentiality reasons.

Communications. For confidentiality reasons, communications services include minor amounts relating to other business services.

Insurance. Prior to 1996–97, ABS ran an annual insurance survey to collect information on premiums, claims, commissions, etc., relating to insurance and reinsurance. This information was used to calculate insurance services. From the September quarter 1997, ABS has been extrapolating its estimates, with the view to using the comparable information collected by the Australia Prudential Regulation Authority. This series is currently under review by ABS.

Financial. ABS statisticians compile these data primarily from the SITS and other ABS surveys of economic activity covering the margin returns of foreign exchange dealers. The series also includes financial intermediation services indirectly measured (FISIM). Incorporating FISIM estimates is not recommended, on practical grounds, in *BPM5* but is a recommendation of the *1993 SNA* and was introduced in Australian balance of payments statistics to maintain consistency with Australia's national accounts.

Government, n.i.e. The Bureau statisticians derive earnings and expenditures of resident government entities from government accounts or from ABS surveys. Expenditures in Australia by foreign governments on acquiring goods and services from other than resident government entities are derived from benchmark information supplied periodically by foreign embassies and consulates in Australia. The Bureau interpolates and extrapolates these estimates using the numbers of officials and staff on diplomatic lists.

Income

Compensation of employees

The primary data sources for compensation of employees paid to nonresidents working in Australia and residents working overseas are the ABS Average Weekly Earnings series and ABS monthly overseas arrivals and departures statistics, which are compiled from information collected by the Department of Immigration and Citizenship from arriving and departing international travelers. The Average Weekly Earnings series represents an approximation of compensation of employees received by residents and nonresidents; better sources are being sought. Improved methodology was introduced from the June quarter 2008 and data backcast to the September quarter 2002. Information is calculated separately for nonresident students working in Australia. These estimates are benchmarked to the 2004 Survey of International Student Spending, provided by the Department of Employment, Education, and Workplace Relations. The estimates also incorporate information from the Australian Department of Foreign Affairs and Trade on locally engaged staff working in territorial enclaves of nonresidents (e.g., embassies, consulates in Australia) and nonresident locally engaged staff working in Australian territorial enclaves, and information from SITS.

Investment income

ABS compiles the data from its quarterly Survey of International Investment. It compiles and publishes income on a full accrual basis.

While FISIM is included in trade in financial services, it is not adjusted out of the relevant income flows. This will be corrected with the introduction of *BPM6* in 2009.

Current transfers

General government

The primary data source for estimates of current aid transfers is reports from AUSAID, Australia's official aid agency. From 2001 to 2002, withholding tax data are modeled from International Investment Survey data on interest and dividends and International Trade in Services data on royalties. The results are aligned with subsequent annual data received from the Australian Taxation Office, which provides data on withholding tax receipts by general government. Prior to 2001–02 information was obtained from the Department of Finance.

Other sectors

ABS compiles entries from its surveys and other administrative collections. The largest component relates to insurance transfers (see above for the sources used in measuring insurance services).

Capital Account

Capital transfers

General government

The primary source for estimates of capital aid transfers is reports from AUSAID.

Other sectors

Migrants' transfers. For business migrants, ABS compiles the data source from the Department of Immigration and Citizenship's monthly estimates of both the number of migrants entering Australia under the business skills categories and of the average funds transferred by these migrants. For all other migrants, overseas arrivals and departure estimates of the number of migrants are used in conjunction with an estimate of per capita transfers.

Acquisition/disposal of nonproduced, nonfinancial assets

The item includes identified purchases and sales of Australian embassy land. ABS compiles data on transactions in the ownership of copyright, patents, etc., from its quarterly SITS.

Financial Account

The ABS compiles data for the financial account from information reported in its quarterly Survey of International Investment, which surveys resident end-investors, resident enterprises with foreign financial liabilities, and custodians holding securities issued by residents on behalf of nonresident investors.

The survey measures the opening and closing position in all foreign financial assets and liabilities, the transactions and other changes in position (price, exchange rate, and other volume changes), and the investment income associated with claims on and liabilities to nonresidents.

Direct investment

Data are reported by resident direct investors and direct investment enterprises. For reasons of confidentiality, separate details are not available for equity capital claims on and liabilities to affiliated enterprises (for direct investment abroad) and equity capital claims on and liabilities to direct investors (for direct investment in Australia).

Portfolio investment

See *Financial Account* above for general information on the sources and methods. For securities domiciled in Australia, the methods of estimation are somewhat different, based largely on details reported by custodians rather than securities issuers. To derive transactions, compilers supplement custodians' holdings of securities on behalf of nonresidents, mostly reported at the individual security level, with details of quoted market-price changes in those securities. For securities domiciled abroad, compilers collect comprehensive data quarterly.

Other investment

See *Financial Account* above for general information on the sources and methods.

Reserve assets

The ABS obtains data on reserve assets from the Reserve Bank of Australia. For foreign exchange, details are not separately available on the counterparty (monetary authorities and banks) for currency and deposit claims, nor for the types of securities held.

III. Specific Items: International Investment Position

Descriptions of sources and methods for the financial account above generally apply to the IIP statement, with the main data source being the quarterly ABS Survey of International Investment.

Austria

The following text was confirmed as current in 2009.

I. General

The current balance of payments system, which was introduced in 2006, is a survey and direct reporting system that consists mostly of direct reporting by entities involved in cross-border business and does not depend on cross-border payment data from banks, even to update registers. Only portfolio investment involves some indirect reporting by custodians on behalf of their customers.

For the compilation of balance of payments and international investment position (IIP) statistics, the Oesterreichische Nationalbank—Austrian National Bank (OeNB) cooperates with other statistical authorities in Austria, but retains overall responsibility for their production.

At the beginning of 2006 (reporting period) the OeNB and Statistics Austria started very close cooperation on compiling data for the current account. The official foreign trade statistics collected by Statistics Austria have always been used in the balance of payments, as well as in the national accounts. From 2006 onward, services, transfers, and compensation of employees are also collected by Statistics Austria on behalf of the OeNB from nonfinancial entities. Services and current transfers for banks, other financial intermediaries, insurance companies, and pension funds are collected by the OeNB. The two institutions use the same reporting framework with identical breakdowns and definitions but different layouts and reporting channels for their respective reporting population.

The reporting frequency for flow data (real or derived from stocks) for the capital account, for the financial account, and for related investment income is monthly in the majority of cases. Only direct reports of noncustodians and reports on stocks of financial derivatives for portfolio investment have quarterly reporting frequencies. For services, compensation of employees, and transfers, the reporting frequency is quarterly.

Wherever possible, other statistics (i.e., balance sheet item (BSI) data from the Banking Statistics Division and foreign trade statistics collected by Statistics Austria) and existing administrative data sources (e.g., tax records, stocks, and transactions of government accounting statements) are used instead of collecting the data separately for balance of payments purposes, thereby reducing the burden on respondents.

Some of the reports are tailor-made for certain types of respondents (banks, nonbanks, government) and some are addressed to all entities.

A number of distinct principles have been applied in the design of the reports for the various areas of the financial account, as follows.

In the case of portfolio investment data, collection and compilation are based exclusively on security-by-security reporting and processing. A securities database covering primary data and prices is the core of this system. The input for this database comes from commercial data providers, bank reports, and the Centralized Securities Database of the European Central Bank (ECB). Stocks and flows of securities held are reported simultaneously in one report. The reports always cover all holdings and transactions of both issues by residents and by nonresidents. No data on income have to be reported.

Special reports exist for transactions and/or positions in connection with repurchase agreements (repos) and securities lending. Liabilities are not reported directly but calculated as a residual of total outstanding amounts and holdings by residents. Furthermore, the securities stock data are used in combination with the securities database to make accruals calculations for the flow statistics (portfolio investment income and offsetting entries in financial account).

Information from the securities database is also used to derive dividends and coupon payments in the context of portfolio investment. The geographical, instrumental, and sectoral allocation for the securities transactions and stocks is also derived from the securities database.

For portfolio investment reported by custodians, no reporting threshold exists. Noncustodians (nonbanks) have to report stocks and flows of securities held in custody abroad or held in self-custody:

- quarterly, if the stock (market values) at the end of the quarter exceeds EUR 30 million; and

- annually, if the stock (market values) at the end of the year exceeds EUR 5 million.

Annual surveys are conducted in the area of direct investment equity stocks (balance sheet and profit and loss account data). Apart from its incorporation into the IIP, the information is also used to check information on direct investment transactions that fall under the monthly direct reporting. For monthly reporting regarding direct investment (equity and dividends), the capital account, real estate, and income on real estate, a general reporting threshold of EUR 100,000 per transaction exists.

All reports in connection with direct investment (equity and other capital) are broken down by individual counterpart (company-by-company reporting). The annual survey data are also used to estimate reinvested earnings in combination with general economic indicators (such as nominal GDP) and expectations.

In the area of direct investment it is also common practice to use information from various news sources to anticipate and identify direct investment transactions. In addition, the OeNB has acquired access to a commercial database on mergers and acquisitions to check the completeness of the direct investment reports.

To reduce the reporting burden for respondents, direct investment cases below certain equity stock thresholds have to be reported only every two years. These cases are surveyed alternately, i.e., one-half of those enterprises whose direct investment relations fall below the above-mentioned thresholds fill in the reporting form in one year, while the other 50 percent of those enterprises report in the following year. For those enterprises that do not report direct investment stocks for a certain period, estimates are made on the basis of the report of the previous year.

In the case of other investment (including trade credits and direct investment loans) only stocks are reported broken down by nominal currency and country (or company in the case of direct investment affiliates). Flows are always notional flows derived from stocks.

For other investment reports made by monetary and financial institutions (MFIs), the reporting threshold follows the cutting-off-the-tail principle (i.e., 95 percent of balance sheet total) used by monetary statistics, both for stocks and for income on loans and deposits.

Other investment stocks (excluding trade credits) have to be reported monthly by non-MFIs if the sum of stocks of assets and liabilities exceeds EUR 3 million. For trade credits the same monthly reporting threshold exists; however, it has to be applied separately from the remaining other investment assets and liabilities.

All other investment income (interest) on a due-for-payment basis has to be reported monthly (no threshold) if a reporting obligation for other investment stocks exists.

Financial derivatives flows have to be reported monthly if the net total of all credit and debit payments exceeds EUR 1 million per month. Financial derivative stocks have to be reported quarterly if the sum of assets and liabilities exceeds EUR 1 million at the end of the quarter.

For the current account, commodity trade figures are based on the official foreign trade statistics including a c.i.f./f.o.b. correction on the import side. In addition, a full transition table from trade statistics to the goods account of the balance of payments has been implemented.

For the quarterly travel item in the services item of the current account, Statistics Austria is conducting a household survey on behalf of the OeNB to gather data on the travel expenditure of Austrians abroad. The results are not only used to derive the overall value and the geographical allocation of the debit side of the travel item but also to determine the amount of goods bought by travelers abroad and to determine the purposes of their visits. For the compilation of expenditures of foreign travelers in Austria, Statistics Austria, on behalf of the OeNB, has included balance of payments–related questions in regular surveys of tourists coming to Austria in order to determine the credit side of travel. In addition, cross-border credit and bank card transaction data collected from Austrian credit card institutions are also used as an indicator for estimating and grossing up the travel item.

For all other services, Statistics Austria is conducting a quarterly survey among nonfinancial institutions. A reporting obligation exists if the sum of all transactions in a year, for exports and imports, exceeds EUR 50,000 or EUR 200,000 depending on the section of economic activity (NACE) to which the respondent belongs.

In the case of banks, a reporting obligation exists vis-à-vis the OeNB if the annual sum of domestic and cross-border financial fees paid and received according to supervisory reports exceeds EUR 10 million or if total external assets and liabilities exceed EUR 250 million.

In the case of insurance companies, all insurance-related services and transfers have to be reported to the OeNB; there are no thresholds. Other (non-insurance) services have to be reported if annual insurance-related cross-border revenues and expenses exceed EUR 20 million.

The residency principle is fully applied. OeNB compiles the geographical allocation of transactions in (1) direct investment according to the directional principle, (2) portfolio investment credits according to the debtor/transactor principle, and (3) other investment and changes in reserve assets according to the creditor/debtor principle.

No geographical breakdown is available for portfolio investment debits/liabilities except for mirror statistics (i.e., Coordinated Portfolio Investment Survey of the IMF).

Since most current account items have been compiled on a quarterly basis since 2006, monthly current account data are available only as flash estimates, starting with the reference period January 2006. The exception is investment income, which is compiled monthly.

For estimating the monthly current account figures, time series estimation models based on the method of seasonal decomposition are employed. For each item, the regression model chosen is that which, over an estimation period of 24 single months, showed the least deviation from the actual value.

Monthly balance of payments figures are mainly compiled as an input for the euro area aggregates compiled by the ECB. The emphasis of the Austrian balance of payments compilation system lies on quarterly figures.

Regular revisions of quarterly data are made after three months and after nine months from the end of the reporting year, and a final revision for quarterly and annual data takes place with a lag of 21 months.

OeNB publishes figures and analysis of the Austrian balance of payments in its quarterly publication *Statistiken* (German only) and on the Internet in German and English (www.oenb.at). Another quarterly publication, *Geldpolitik und Wirtschaft,* and the annual report *Geschäftsbericht der Oesterreichischen Nationalbank* include analytical statements. Both are available in German and English.

The IIP is compiled mainly from stock figures derived from different surveys mentioned above. The structure of the IIP follows *BPM5*. The only important deviation is that the IIP does not record net equity of households in life insurance reserves and in pension funds.

IIP data are compiled on an annual basis and, in general, are valued at market prices. The net IIP and the net external debt position, as well as changes in the position reflecting transactions, price changes, and exchange rate changes, are calculated. OeNB publishes the IIP in its *Statistiken* and on the Internet.

II. Specific Items: Balance of Payments

Current Account

Goods

Goods data are based on the official foreign trade statistics, which are compiled monthly by Statistics Austria. These statistics were also the main source for goods data before 2006, but now a new, more detailed method for calculating the c.i.f./f.o.b. correction has been implemented, based on the results of an EU-sponsored project.

To calculate the c.i.f./f.o.b. correction, Austria uses the volume-freight rates methodology, which is based on the transaction volume, the freight rates for each mode of transport, and the distance covered by the transport (i.e., the distance from the partner country).

For each partner country and mode of transport, the volume of transported merchandise is multiplied by the corresponding freight rate to estimate the transportation costs. Additionally, the insurance costs are calculated as a fixed percentage of the difference between the statistical value of the merchandise and the costs of transportation. Together the transportation and insurance costs add up to the total c.i.f./f.o.b. correction. The main source of information for the c.i.f./f.o.b. correction is the foreign trade statistics, but the transport statistics are also used for adjustments in this methodology. The freight rates are either derived from explicit transport tariffs or estimated using a statistical model.

As a result the c.i.f./f.o.b. correction is around 0.8 percent of the c.i.f.-valued imports of goods.

The goods item not only includes the c.i.f./f.o.b. correction but a full transition table from foreign trade statistics to the balance of payments, comprising among other items, transactions in nonmonetary gold, goods for processing, and repairs on goods.

Services

Transportation

This item covers freight revenues and expenditures, as well as international passenger transport and auxiliary services.

Travel

Travel excludes international passenger transport. One of the most important sources for the credit side of travel is the official statistics on overnight stays and arrivals of nonresident visitors, which is the key indicator of the volume of overnight nonresident visitors to Austria.

Furthermore, studies and sources provided by other institutions are used, e.g., the new Austrian Guest Inquiry "T-Mona," which is an instrument that measures the average daily expenditure of foreign tourists in Austria.

The main source for measuring the expenditure of Austrians abroad is a quarterly household survey operated by Statistics Austria.

Credit card data are mainly used for plausibility checks on the data from the above-mentioned sources and for compiling the geographical breakdowns on a detailed country level.

Various supplementary data sources are used in the compilation process to provide the necessary data that cannot be obtained from the main sources. These sources are used to measure directly specific variables; for example, direct imports of cars by households are taken from the car registration statistics. The expenditure of "fuel tourists" contributing to the credit side of the travel item is relatively high; a model is therefore used to measure it.

Concerning the debit side of the travel item, expenditure on health services abroad—in particular related to "dental tourism"—is significant. As this kind of travel is not or only partly covered by the household survey, an estimation model is employed, which takes into account the supply structure of dentists near the Austrian border (in particular, the border with Hungary).

Supplementary data sources are also used to corroborate the reliability of outcomes of highly important variables that depend on weaker data sources. Examples of supplementary sources are data provided by other countries or institutions such as Eurostat or the World Tourism Organization (UNWTO), data from private institutions, or other macroeconomic indicators, such as GDP, the consumer price index, and statistics on wages studies on the mobility of students.

Other services

The main source for measuring the trade in services of nonfinancial corporations and nonfinancial unincorporated enterprises is a quarterly survey undertaken by Statistics Austria. Enterprises falling under Sections C to K and M to O of NACE 2003 (except Divisions 65 "Financial intermediation" and 66 "Insurance and pension funding") above the thresholds have to report their trade in services.

The estimation for enterprises below thresholds is based on a statistical model (LogNorm Model), which takes into account the information about the distribution of the reporting entities in the reference year and the reporting quarter for each activity. About 10 percent of the final result of imports and exports of other services is generated by grossing up.

A quarterly survey among nonprofit institutions serving households is carried out by Statistics Austria. This survey focuses on transfers (services are only a by-product).

The trade in services of the government sector is based on accrual-adjusted closed accounts of central government.

A quarterly survey among financial corporations is carried out by the OeNB, in which the corporations must report on the full matrix of exports and imports of services by partner country and type of services.

The OeNB also receives information about insurance services in particular. The Foreign Exchange Law gives the OeNB the right to access other statistical as well as administrative data. In Austria the Financial Market Authority (FMA) is in charge of supervising insurance corporations. In order to minimize the reporting burden, the FMA shares with the OeNB on a quarterly basis data on premiums and benefits concerning insurance service exports.

With the start of the new compilation system at the beginning of 2006, the OeNB introduced the methodology for compiling insurance services as defined by the *BPM5* as well as by the United Nations' *Manual on Statistics of International Trade in Services*. Only the estimated insurance service charge enters the balance of payments service account.

The estimation rests upon the net premium, i.e., reported premiums minus reported benefits for the respective reference period. In order to avoid economically nonrational results, a ratio calculated by Statistics Austria from national time series in the context of the input-output table is applied. For each counterpart country, therefore, the insurance service charge is calculated and the remainder of reported premiums is recorded under transfers, except for life insurance, where it enters the financial account.

Income

Compensation of employees

The calculation of compensation of nonresident employees is based mainly on an evaluation of a combined data set of income tax and social security statistics. This data set allows the most commuters and their income to be identified. In addition, the income of employees in Austrian embassies is derived from the federal closed account.

Administrative data are also used for the income of residents working abroad. Income tax statistics (and also the commuter statistics provided by the population census) are used for the wages of "ordinary" commuters and special secondary statistics for the salaries paid by international organizations and embassies to Austrian residents.

All these flows are recorded on a gross basis, including taxes and social security payments. The counter-entries for the taxes and social security transactions are recorded as transfers.

Investment income

Investment income concerning portfolio investment in debt securities, direct investment, and other investment is calculated on an accrual basis or at least using best possible proxies for accruals.

Portfolio investment income on debt securities is recorded according to the debtor approach. It is calculated on a security-by-security basis using the monthly security reports that include stock data and a securities database that includes all the relevant information, such as issuers, maturities, outstanding amounts, interest rates, issue and redemption prices, and the classification of the securities.

Data on dividends paid or received for portfolio investment shares are not collected from respondents but derived from the securities database in a way similar to the method used to derive accrued interest for debt instruments. The main source for dividends on shares is the Centralized Securities Database operated by the ECB.

Foreign direct investment income includes data on reinvested earnings. The compilers replace provisional estimates on reinvested earnings by the outcome of the annual FDI survey among approximately 3,500 Austrian enterprises with a time lag of 18 months. Data on foreign direct investment dividends are also collected monthly via direct reports. The reporting register is derived from the register of the annual FDI survey.

Current transfers

General government

Public transfer transactions include membership and administration fees (including the contribution to the EU budget), compensatory payments, penalties, donations, pensions, and other public transfers. The transfers of the government sector, including payments to and from the European institutions, are based on accrual-adjusted closed accounts of the central government.

Other sectors

Private transfer transactions include membership and administration fees, compensatory payments, penalties, donations, inheritance, financial support, gifts, workers' remittances, migrants' transfers, and other private transfers.

Transfers paid or received by corporations (banks and nonbanks) are reported quarterly. These reports are integrated in the reporting forms for services.

Transfers paid or received by households mainly consist of income tax payments, social security payments, and workers' remittances. Tax and social security payments are by-products of the calculation of compensation of employees.

The main source for the debit side of workers' remittances is a combined data set of income tax and social security statistics. This data set allows the number of foreign workers in Austria and their income to be identified. Workers remittances debits are estimated on the basis of an assumed transfer rate, which is based on an average ratio of saving.

The estimation of the credit side of workers' remittances is based on statistics on the number of Austrian citizens living abroad and on assumptions for their average income and a transfer rate.

Data on transfers are directly collected from nonprofit institutions serving households via a quarterly survey. Two hundred and fifty organizations are surveyed on cross-border transfers paid or received (e.g., for foreign aid, membership fees, bounties) and their trade in services. The survey thus provides information for the calculation of trade in services as well as for transfers.

Capital Account

Capital transfers

Public sector capital transfers consist mainly of EU reimbursements that are not attributable to *current transfers* (i.e., investment subsidies for infrastructure). Private sector capital transfers comprise, among other things, debt forgiveness, migrants' transfers, legacies, the setting up of foundations, and the like.

For public sector transfers, the coverage and distinction of capital and current transfers is based on administrative data available for national accounts purposes. In addition, information regularly received from the Federal Ministry of Finance is used to cross-check capital transfers vis-à-vis EU institutions.

Debt forgiveness regarding interest payments on arrears is reported quarterly by the *Oesterreichische Kontrollbank,* which manages loans guaranteed by the central government and granted to heavily indebted developing countries. A counter-entry is made under other investment income.

All other investment (loans and deposits) stock reports include a reporting field for debt forgiveness and write-offs. In the event of substantial amounts being reported under this item, an inquiry is started with the reporting agent to determine whether this qualifies as a transaction (debt forgiveness in relation to other investment) or as a write-off (other adjustment).

Acquisition/disposal of nonproduced, nonfinancial assets

This category reflects, for instance, the purchase of patents (as opposed to their use), the sale of customer bases, transfer fees for sportspeople, and so on. In the services and transfer survey, data on purchases and sales of patents and licenses (as distinct from pure license fees) are collected with a country breakdown and reallocated to the capital account.

Financial Account

Direct investment

Direct investment flows cover investment and disinvestment in equity capital, reinvested earnings, and credits between affiliated enterprises. The cross-border acquisition and disposal of premises and buildings also falls in the direct investment category. Compilers use the directional principle for allocating transactions, and they use the 10 percent criterion for classifying direct investment.

Equity transactions in the context of direct investment are collected monthly from all sectors through direct reports. The reporting form has to be submitted only when a transaction actually takes place (no nil reporting). A distinction is made between active and passive direct investment and between increases and decreases of equity capital. A breakdown of all transactions by nonresident counterpart is requested, ensuring both the correct geographical allocation and the correct application of the directional principle in the compilation process.

Portfolio investment

Portfolio investment encompasses equity securities, debt securities, and money market instruments. Compilers record purchases and sales security by security, using the international security identification number (ISIN) for identification. The sources of the data are surveys of banking activity where banks act as custodians and of Austrian end-investors for deposits abroad and for securities in self-custody. Special reports are collected to ensure correct recording of repurchase agreements and securities lending. (See entry under "IIP: portfolio investment.")

Financial derivatives

OeNB records the acquisition and disposal of financial derivatives at their respective transaction values. Differences between buying and reselling prices are not recorded as earnings but as valuation gains. There is no recording of financial derivatives in the income account.

Derivatives are collected on a monthly basis from all relevant sectors via direct reports. The reporting for financial derivatives includes a breakdown by country and a breakdown by the following types of derivative:

- options held (bought) by the respondent (assets);
- options issued (written) by the respondent (liabilities);
- futures; and
- other derivatives (swaps, forwards, etc.).

The respondents have the choice between reporting gross or net flows for each category and country.

The financial derivatives reports mostly cover OTC (over-the-counter) derivatives. In the case of derivatives that have an official ISIN code and that are usually traded on stock exchanges (e.g., warrants) a clear distinction between reporting for financial derivatives and reporting for portfolio investment is required. Custodians have the choice of including data on their holdings of derivatives with ISIN codes in the derivatives reporting form or in the portfolio investment reports.

The geographical breakdown for financial derivatives is based primarily on the country of the actual counterpart, as reported by the respondents. These counterparts are usually available for OTC-style derivatives.

In the case of trading on organized markets, especially in trading for negotiable financial derivatives with ISIN codes, the country of the first-known counterpart is available. The latter is usually identical to the market where the instrument has been traded.

Other investment

This item includes trade credits, loans, working balances, clearing accounts, financial leasing, and time deposits, as well as other assets and liabilities. Each of these components is also attributed by domestic sector. Breakdowns by original maturity (long- and short-term) are available for trade credits, loans, and for most types of deposits of banks. *Other assets* and *other liabilities* also cover arrears.

Other investment data are collected via a number of direct reports that have the common feature that only stocks and write-offs are collected and transactions are usually derived from stocks by the compiler. Only the central government also reports net flows. All reports contain a breakdown by currency to enable the exchange rate effects to be correctly calculated in the derivation of these notional flows.

Reports of stocks vis-à-vis third parties are broken down by country and currency and are made in the original currency of the asset/liability. Reports of stocks vis-à-vis affiliates are broken down by individual counterpart (company-by-company reporting) and by currency. The information on individual counterparts is used to determine whether a case has to be recorded under the functional category direct investment instead of under other investment.

Reserve assets

The accounting department of the OeNB is the source of these data. Reserve assets include monetary gold, special drawing rights, bank accounts, securities, reserve position in the IMF, financial derivatives, and other assets and liabilities. The transaction principle has also been applied to official reserves, including full accruals calculation for reserve assets securities.

III. Specific Items: International Investment Position

Direct investment

These data are based on an annual direct investment survey of approximately 3,500 domestic companies, reporting balance sheet information at book values and in euros. (There are thresholds of EUR 75,000 of nominal capital and of EUR 37 million referring to the balance sheet total.) The geographical allocation of inward direct investment follows the "ultimate beneficial owner" principle, but "first counterpart" information is available as well.

Stocks of real estate are exclusively compiled by using accumulated flows (approximately 4 percent on the assets side and 2 percent on the liabilities side of overall assets and liabilities of direct investment stocks, respectively).

Additionally, since the final results of direct investment surveys become available only after 18 months, accumulated flows are used for the provisional version of direct investment stocks available after six to nine months. This provisional version is compiled as the sum of the stock data of the previous reference year plus the accumulated flows (including reinvested earnings) of the reference year.

For the final version of direct investment stocks (published at t + 21 months), the pure stock data from the survey (also including reinvested earnings) are used.

In the framework of the direct investment survey, stocks are collected according to the "own funds at book value" valuation principle, which is largely the sum of equity items in the balance sheet of the direct investment company. In the case of listed companies, the OeNB has, since the reporting period 2004, also compiled market values. Estimates of outward and inward direct investment positions valued at market prices (earnings value method) are published in the annual report.

Portfolio investment

The domestic sector is divided into monetary authorities, banks, general government, and the nonbank private sector. Published stock data are valued at market prices. Banks acting as domestic primary custodians report (to the OeNB on a monthly basis) their own holdings and their holdings on behalf of their customers, residents, and nonresidents, with a breakdown into 19 groups/sectors of customers. The primary custodians are defined as the custodians who maintain the accounts on behalf of the end-investors ("nearest to the end-investor").

Austrian end-investors (noncustodians) must report their own holdings outside the banking-custodian system on a quarterly basis, if the value of the securities exceeds EUR 30 million at the end of the quarter.

Reports by custodians and noncustodians cover all securities (domestic and nondomestic issues) and all transactions, with no distinction according to the residency of the counterpart. Therefore the data are used not only for the compilation of IIP data but also for compiling Financial Accounts. Financial derivatives with ISIN codes are also included in these reports but are not classified as portfolio investment later in the compilation process.

All data are collected on a security-by-security basis (i.e., with a breakdown by individual security identified through the official ISIN code). These integrated stocks/flows reports with a breakdown by ISIN include the following data:

- nominal stocks at the end of the period;

- price at the end of the period (mandatory if no official ISIN code was available or in the case of nonquoted shares);

- increases and decreases in stocks in nominal terms (nominal value or number of shares) with or without payment (e.g., transferral of deposits without payment);

- value of credit and debit transactions (purchases and sales) in euros in the context of increases/decreases in stocks;

- accrued interest paid/received included in the transaction values of purchases and sales; and

- value of credit and debit transactions in euros without an increase/decrease in stocks (e.g., partly paid transactions or transactions related to mortgage-backed securities with pool factors).

If the securities code used in the reports is not an official ISIN code, the market price and other features of the security have to be reported separately for calculation purposes. For securities with ISIN codes all the relevant features for the compilation process, e.g., the geographical breakdown, are retrieved from the OeNB's securities database. Compilers then calculate the market value, using monthly back-office quotations, and convert it into euros, using the exchange rate of the reporting date.

Financial derivatives

Financial derivatives stocks are based on stocks of OTC derivatives directly reported by holders/debtors on a quarterly basis. These stocks comprise mainly options, swaps, and forwards. In the case of futures, it is assumed that no stocks arise due to the usual daily margining of these instruments.

Stocks of derivative securities with ISIN codes (mainly warrants) as collected via the reporting channels for portfolio investment are also recorded under financial derivatives. These sources for financial derivatives stocks include a distinction between negative and positive market values with very limited possibilities for net reports. Therefore, financial derivatives stocks are largely available on a gross basis.

Other investment

As described above, monthly stocks and write-offs as well as debt forgiveness are reported directly by banks and nonbanks with full currency and country breakdowns. Since most flows are derived from stocks in the first place, there is no need for quality checking in terms of reconciliation of flows and stocks, which is done in the field of portfolio investment.

Due to the availability of a full currency breakdown of stocks, it is possible to derive both exchange rate adjustments and flows with a high degree of accuracy. These calculations are done using average monthly exchange rates for transactions and for reported adjustments, and end-of-month exchange rates for stocks. Other investment assets and liabilities are based on nominal values. For the banking sector, the reporting for balance of payments and IIP purposes has been integrated in the data collection for monetary statistics (Balance Sheet Item Statistics of the European System of Central Banks).

Reserve assets

Reserve assets are directly reported by the Accounting Department of the OeNB in the form of special monthly reports. These reports comprise stocks, transactions, and all kinds of adjustments. The data are taken directly from the accounting database. All reserve asset instruments are covered by the reports.

The valuation is carried out according to market values using closing market prices for gold and closing mid-market exchange rates. Stocks also include accumulated accrued interest. The IIP data on reserve assets are fully consistent with the International Reserves Template of the OeNB.

Azerbaijan

The following text was confirmed as current in 2009.

I. General

The Central Bank of Azerbaijan (CBA) is responsible for compiling the balance of payments statistics of Azerbaijan. The CBA collects data for the balance of payments estimates from various sources, including the banking sector from the International Transactions Reporting System (ITRS), the State Statistics Committee (SSC), the Ministry of Finance (MOF), the State Customs Committee (SCC), other governmental agencies, international oil consortiums (IOCs), and other private and public enterprises.

The CBA compiles the data on a quarterly basis and publishes them in its *Monthly Bulletin* and *Annual Report* and in the periodical press. From 2003, the balance of payments data are also available on the CBA's website (http://www.nba.az). The balance of payments data are compiled in U.S. dollars. The methodology used to compile the balance of payments statistics of Azerbaijan follows the *BPM5* recommendations.

II. Specific Items: Balance of Payments

Current Account

Goods

Data on general merchandise are based on external trade statistics compiled by the SSC using customs returns. These data are adjusted for coverage, classification, and valuation to bring them into conformity with balance of payments concepts. The main adjustments are to exclude the cost of freight and insurance from imports valued on a c.i.f. basis and operational leasing of the mobile equipment (oil rigs); to include estimates of shuttle trade, repair of goods, bunker fuel provision, and other goods procured in ports; and to value crude oil and natural gas exports at market prices.

The estimates of goods procured in ports are derived from the statements of transport operators. The estimates of shuttle trade are based on data for the number of individuals crossing the customs frontier and the average value of goods imported per individual crossing. Timing adjustments are made to correct customs statistics that report, as a rule, the crude oil exports of the Azerbaijan International Operating Company (AIOC) registered two to three months after crossing the border of Azerbaijan. The CBA adjusts these data on the basis of the monthly reports submitted by the AIOC.

Services

Transportation

This category covers freight and passenger transportation and port services for all modes of transport. Data on passenger fares and port service charges are based mainly on information the SSC collects from marine shipping, airline, railway, and road transport companies. The credit entries for freight consist mostly of transit fees for the transit traffic from neighboring countries. Freight payments to nonresidents are estimated at approximately 80 percent of the amounts deducted for freight and insurance from imports valued on a c.i.f. basis. Data for other transportation services are derived from the ITRS.

Travel

Data for the travel component are estimated by combining the SCC data on the number of foreign visitors entering Azerbaijan and Azerbaijan residents traveling abroad with data collected from the commercial banks on the average per capita expenditures of travelers.

Other services

Data on other services are mainly derived from the ITRS, supplemented with information from direct reporting entities, including enterprises involved in IOC construction and other business services. Data for communication services are obtained from a survey conducted by the SSC. Data on construction services are collected from the SSC survey of construction companies and from IOCs' data obtained by the CBA. The source of the data on government services is the ITRS and administrative data of the Ministry of Foreign Affairs.

Income

Compensation of employees

Wages and salaries of nonresidents employed in Azerbaijan are estimated based on information reported by the IOCs and other relevant enterprises.

Investment income

Direct investment. This item covers mainly direct investment income transactions of Transoil Companies. The basis of calculating direct investment income is the information provided by the IOCs on their exports, operating expenditures, and capital expenditures. Dividends are recorded on the date of actual payment; reinvested earnings are reflected on the date they are earned. Interest is recorded on an accrual basis. The ITRS is the source of the data for direct investment income of enterprises in the non-oil sector.

Other investment. This item covers interest receipts and payments on long- and short-term loans, deposits, other financial claims and liabilities, loans from the IMF, and SDR holdings. This item also includes interest on loans from abroad for financing the oil-gas projects reported by the IOCs.

The data are obtained from the ITRS, quarterly reports of the CBA, the MOF, the State Oil Fund, and enterprises.

Current transfers

General government

The credit entries include humanitarian, technical, and other assistance received from abroad. The CBA bases its estimates on data from the ITRS, including cash remittances received by the humanitarian institutions through the banking system, and humanitarian aid data collected by the SCC. The debit entries cover contributions to the international organizations.

Other sectors

Data on workers' remittances are obtained from the ITRS.

Financial Account

Direct investment

Direct investment enterprises are defined as enterprises with a foreign equity participation of more than 10 percent. These enterprises include mainly the IOCs and joint ventures. Data on direct investment in Azerbaijan are derived from reports submitted by enterprises of the IOCs to the CBA on a quarterly basis, supplemented with the results of surveys of joint ventures conducted by the SSC. Reports of the IOCs include data on capital repatriation, which the CBA treats as disinvestment in the oil sector in the balance of payments statement. Estimates of direct investment abroad are based on the data received from the ITRS.

Portfolio investment

Data on portfolio investments are obtained from the ITRS and reports from the State Committee for Securities.

Other investment

Data on trade credits are estimated as the difference between the value of exports of goods shown in the trade statistics and the corresponding receipts of foreign exchange recorded in the ITRS.

Data on external debt include loans received by the government as well as government-guaranteed loans. These data are obtained from the MOF. Data on loans received by banks cover drawings and repayments reported in the ITRS. Data on other investment liabilities—loans for other sectors—are derived from the ITRS, reports of enterprises, and CBA reports. This item includes loans related to the Baku–Tbilisi-Ceyhan oil pipeline project. Also included are loans for financing the State Oil Company of Azerbaijan Republic's share in the BP Exploration (Shah Deniz) LTD and South Caucasus Pipeline Company projects. These data are collected from the above-mentioned companies.

Reserve assets

Reserve assets comprise the CBA holdings of international reserves. Data are calculated quarterly on the basis of information received from the CBA's Market Operations Department.

III. Specific Items: International Investment Position

Starting from data for 2002, the CBA compiles the international investment position (IIP) as a comprehensive statement, comprising data on international reserves, foreign direct investment, portfolio investment, and other investment assets and liabilities by sectors, including the foreign assets of the State Oil Fund and General Government's deposits. Data sources for the IIP are the same as those used for compiling the balance of payments statistics.

The Bahamas

The following text was confirmed as current in 2009.

I. General

The Central Bank of The Bahamas (CBOB) is responsible for compiling the balance of payments statistics. CBOB obtains primary data from several sources, including exchange control records on current payments, income and capital flows relating to direct investment, and budgetary accounts of central government and other public sector entities. In addition, CBOB conducts several quarterly surveys to compile information on services, imports, exports, income, unrequited transfers, and private nonbank financial flows.

CBOB compiles the data on a quarterly basis, publishes them in its *Quarterly Statistical Digest, Economic Review,* and *Annual Report,* and reports the data to the IMF. Balance of payments estimates are compiled in millions of Bahamian dollars, a unit of which is equivalent to the U.S. dollar.

The classification of accounts used in the national presentation of The Bahamas' balance of payments closely corresponds to the presentation of the IMF's *Balance of Payments Manual,* fourth edition (*BPM4*). A major deviation is in the treatment of the offshore banking sector as nonresident for compiling the balance of payments. The coverage includes only the local expenses of these entities.

CBOB has submitted quarterly and annual data in the IMF's *Balance of Payments Manual,* fifth edition (*BPM5*) format to the IMF beginning with data for 1995.

II. Specific Items: Balance of Payments

Current Account

Goods

CBOB currently estimates these data from various sources. It estimates transactions of offshore industrial companies on the basis of questionnaire responses it receives from these companies. It estimates nonoil imports based on exchange control records of total foreign currency sales and customs import records.

Trade data on the imports of oil are adjusted, concerning coverage, to exclude goods imported for processing or storage without a change in ownership. Since June 1985, oil processing activities have ceased in The Bahamas.

The entries for goods procured in ports by carriers capture receipts and payments for foreign bunkering, port and handling charges, landing fees, and other ancillary expenses (provisions and stores) relating to oil tankers, other ships, and aircraft. Credits cover earnings of Bahamian shipping companies and aircraft; debits relate to outlays of Bahamian shipping and airline companies in foreign ports. CBOB obtains data from surveys of oil companies, foreign airlines, and shipping companies on goods procured in Bahamian ports by foreign carriers.

Services

Transportation

The data on freight and passenger services cover all modes of transport and port services. CBOB obtains entries for transportation services from surveys of both foreign and resident shipping and airline companies. Freight and insurance expenses are estimated as 9.1 percent of imports c.i.f. Freight is further disaggregated into air and sea transportation, based on a survey conducted using customs declaration forms.

Travel

Regarding travel credit, CBOB compiles entries using the Ministry of Tourism's tourist expenditure estimates, which are in turn based on exit surveys of foreign visitors (cruise and stopovers) conducted by the Ministry of Tourism. Estimates are compiled by taking the product of the number of foreign visitors and an estimate of an average expenditure per visit.

Regarding travel debit, CBOB compiles entries using exchange control records.

Other services

Communications. Estimates are based on exchange control records.

Construction. CBOB obtains data mainly from surveys and exchange control records.

Insurance. CBOB obtains the data on nonmerchandise insurance remittances from exchange control records. Estimates for goods insurance are based on customs declaration forms.

Royalties and license fees. This item covers transactions with nonresidents involving fees for use of asset titles and rights, specifically franchise fees relating to hotels, restaurants, and other businesses. Debit data are obtained from exchange control records.

Other business. CBOB obtains the data from exchange control records and supplements them by private sector surveys.

Government, n.i.e. Credit entries represent the expenditures of consulates and officials of foreign territories in The Bahamas and are obtained from quarterly surveys. Debit entries are based on the central government's budgetary documents.

Income

Investment income

Debit entries cover transactions of the central bank, the public sector (including central government), domestic banks, and the private sector. CBOB obtains data from exchange control reports, quarterly reports from the banking sector, and other surveys. Currently, the component does not include interest earnings and payments by domestic commercial banks that have significant offshore activities.

Current transfers

General government

Estimates are based on quarterly government budgetary data and are supplemented by other public sector information.

Other sectors

For workers' remittances, the data source for debit items is mainly exchange control records.

Capital Account

Capital transfers

Migrants' transfers. Data are derived from exchange control records.

Financial Account

Direct investment

CBOB compiles data from exchange control records, supplementing them by quarterly surveys to capture property and equity capital investments.

Other investment

Other assets and liabilities cover data on the external debt transactions of the central government and public corporations. CBOB derives them from their respective budgetary information.

Entries for domestic banks cover changes in their net foreign assets/liabilities position. Long-term transactions cannot be segregated and are included in currency and deposits. CBOB derives data on other private sector assets/liabilities from enterprise surveys it conducts. It supplements the data with exchange control record information.

Reserve assets

Data reflect changes in the foreign exchange assets of CBOB.

Bahrain, Kingdom of

The following text was confirmed as current in 2008.

I. General

The Financial Stability Directorate (FSD) of the Bahrain Monetary Agency (BMA) is responsible for compiling Bahrain's balance of payments statistics. Data for balance of payments statistics are obtained from various sources, including the Ministry of Finance (MOF), Ministry of Oil, Central Informatics Organization (CIO), National Oil & Gas Authority (NOGA), public sector companies such as Aluminum Bahrain (Alba), Gulf Air, and balance sheet returns submitted to FSD by all licensed banks in Bahrain. The licensed banks comprise full commercial banks (FCBs), offshore banking units (OBUs), and investment banks (IBs).

FSD compiles the balance of payments statistics in millions of Bahrain dinars (BD) on an annual basis and publishes them in BMA's *Annual Report* and *Quarterly Statistical Bulletin*.

The compilation framework is in accordance with the fifth edition of the *Balance of Payments Manual* (*BPM5*). Data consistent with the *BPM5* extend from 1990-to-date in the published series. In contrast to previous practice, OBUs and IBs in Bahrain are now classified as resident entities.

A few of the banking system series used in the balance of payments are obtained from annual financial accounts filed with the supervisory directorates in BMA. A few others are from responses to monthly surveys for balance of payments purposes conducted with the FCBs and the moneychangers and exchange houses active in transferring funds for expatriate workers living in Bahrain.

II. Specific Items: Balance of Payments

Current Account

Goods

The FSD prepares the merchandise series on the basis of export and import tabulations submitted by the CIO.

The information provided by the CIO is organized according to the harmonized tariff nomenclature. FSD adjusts imports—which are reported c.i.f.—to an f.o.b. basis for the balance of payments compilation.

NOGA provides information on imports and exports of oil and oil products. Services provided by Asry (Arab Shipbuilding and Repair Yard Company) and Basrec (Bahrain Ship Repairing and Engineering Company) to nonresidents' ships are classified under *repair on goods*.

Services

Transportation

For freight, FSD estimates debits at 9 percent of the c.i.f. imports obtained from the CIO.

For transportation service credits, FSD derives entries from information provided by Gulf Air for tickets sold by its offices outside Bahrain and payments received by port and airport authorities against services provided to foreign ships and airlines.

Travel

Credits. Tourists and business travelers coming via air and sea and 10 percent of Saudi tourists coming to Bahrain via the causeway are assumed to stay in hotels and other apartments. FSD obtains data from MOF on gross output (revenue) of hotels (covering room rent and other revenue) and restaurants (sales). All rental revenue of hotels is assumed to be earned from nonresidents, while assumptions are made on the proportion of other revenue of hotels and sales of restaurants ascribable to nonresidents.

Using these estimates and data on the number of persons staying in hotels, obtained from the Tourism Directorate, FSD derives estimates of per capita expenditure. A lower estimate of per capita expenditure is applied to the number of tourists not staying in hotels. In addition, FSD makes an allowance for miscellaneous expenditures (e.g., taxi fares, purchases of souvenirs, etc.). Ninety percent of Saudis arriving via the causeway are considered day travelers and assumed to spend about BD 40 per person.

Debits. Bahrainis crossing the causeway are assumed to spend, on average, BD 30 per person. In addition, FSD makes an allowance for the overseas training costs of Bahraini officials. The directorate also uses survey reports on bank transactions, covering records on foreign currency notes and traveler's checks sold to residents (e.g., tourists, businessmen, students studying abroad).

Other services

Insurance. Insurance debits are estimated at about 1 percent of c.i.f. import values. The coverage of the Bahraini insurance sector is incomplete, and no credits are presently recorded.

Other business services. Credits are services rendered by FCBs to foreign governments (and reported on the monthly balance of payments surveys) and Gulf Air services. Debits are Alba's and Gulf Air's expenditures abroad.

Income

Compensation of employees

Most expatriates working in Bahrain are long-term and thus are residents. Therefore, debits for labor income are no longer entered for these workers.

Investment income

Direct investment. Credits are entered for the banking system and the Pension Fund Commission, based on direct investments abroad made by several locally incorporated banks and the Pension Fund in nonresident companies. The rate of return on direct investment and division of this income between dividends and reinvested earnings are estimated.

Debits are entered for the banking system based on equity of foreign entities in Bahraini banks (mainly OBUs) reported on FSD balance sheet returns. Rates of return and division of this income between dividends and retained earnings are estimated. Debits are also entered for the foreign share of Alba's and Asry's income, since they are 23 percent and 81 percent owned by nonresidents respectively.

Portfolio investment. Credits are attributed mainly to holdings of debt instruments by the banking system and the Pension Fund; FSD obtains the data from the banks' balance sheet returns and Pension Fund data that are submitted. Debits are attributed to the banks' issues of international securities; FSD derives the data from the banks' balance sheet returns.

Other investment. Both debits and credits are mainly in the banking system, arising from banks' cross-border positions related to deposits and loans, including nonequity positions with affiliates. FSD estimates amounts of income on the basis of prevailing international interest rates (dollar, LIBOR). Both credits and debits are estimated for all types of banks (FCBs, OBUs, and IBs), based on their balance sheet returns.

For the government, credit entries are interest received on official reserve assets. Debits reflect interest paid on external public debt by the central government; MOF reports these to BMA.

For the monetary authority, credit entries represent interest received by BMA for its own external assets. Given the absence of a breakdown of asset types, FSD classifies these as other investment. BMA has no foreign liabilities.

For other sectors, credit entries comprise Gulf Air investment income receipts, and debits comprise Gulf Air investment income payments, plus Alba and Asry's interest payments on foreign loans.

Current transfers

Other sectors

Workers' remittances. FSD derives data from surveys of FCBs, moneychangers, and other sources, covering remittances to home countries by foreign workers in Bahrain. As mentioned, most of these workers are long-term and are treated as residents.

Other transfers. This component shows credits derived from the FCB surveys about payments that may be regarded as inward transfers.

Capital Account

Capital transfers

The Bahrain government receives budgetary and extra-budgetary assistance in the form of annual grants from several other Gulf Cooperation Council countries. These grants meet the definition of capital transfers under *BPM5*. MOF provides the data. No other balance of payments transactions are classified in the capital account.

Financial Account

Direct investment

Regarding direct investment in Bahrain, FSD makes estimates from reports on equity positions in the banking sector and in Alba and Asry. Balance sheets and other tables are submitted to FSD. The breakdown between equity capital and retained earnings for the banks is estimated on an annual basis so that balance of payments flows are consistent with year-end levels reported by these entities.

Regarding direct investment abroad, FSD presently measures figures for the banking system, using details on annual returns submitted by locally incorporated banks to the BMA's Bank Supervision Directorate, about investment in foreign affiliates.

Portfolio investment

Asset entries principally reflect net purchases of debt and equity instruments by the banking system, the Pension Fund Commission, and the mutual funds. Data sources comprise balance sheet returns for the banking system, tables prepared by the FSD for the pension fund, the outstanding investment of the mutual funds as reported to the Financial Institution Supervision Directorate, and Gulf Air net portfolio capital.

Until 1998, portfolio liabilities were recorded as zero, but some banks recently have issued international debt instruments, which are captured in the balance of payments statistics.

Other investment

Both assets and liabilities are concentrated in loan and deposit activities of the banking system, compiled from the FSD balance sheet returns. Regarding assets, FSD records loan and deposit transactions separately. On the liabilities side, bank transactions are mostly in the form of deposits.

For government asset transactions under other investment, debits reflect funds paid by Bahrain to regional and international organizations (e.g., as additional capital) and are taken from MOF data. Liability transactions are changes in government loan obligations, mostly borrowing from regional development funds, where Bahrain's official external liabilities are concentrated. Changes in the government's liabilities are broken down into borrowing and repayment components.

Other sectors' liabilities are Alba's, Asry's, and Basrec's foreign loan drawings and repayments and Gulf Air's net borrowings. Asry's net outstanding suppliers' credits are included in the trade credit item.

Reserve assets

Other BMA sources provide the government's reserve assets total (without detail) and liabilities, except for Fund-related components, which come from the Fund record.

Other BMA sources also provide BMA's own external assets, without breakdown by type. These are assumed to be mainly placements with banks.

III. Specific Items: International Investment Position

International investment position (IIP) statistics for Bahrain were compiled for the first time in 1999. IIP data are available beginning with 1990 and are compiled on the same basis as the revised balance of payments statistics. While still in progress, the IIP already covers important sectors of the national economy and will be expanded in step with further work on the external accounts. IIP components are largely parallel to the balance of payments and, at present, are the following:

Banking system. The FSD balance sheet returns cover the banking system comprehensively, except for the Housing Bank and the Bahrain Development Bank, which are small and have no external positions. Institutional and geographic lines are drawn to be consistent with *BPM5* and other accepted criteria. These balance sheet returns are the basis for measuring banks' external positions, as well as for the balance of payments, with minor exceptions related to direct investment abroad, discussed earlier. Information gathered in the FSD returns is sufficient to distinguish clearly, in most cases, among types of cross-border assets and liabilities held by the banks.

Bahrain Monetary Agency. The BMA's international (reserve) assets are reported, without breakdown by type, at market values. These are classified as claims on foreign banks. BMA reports no cross-border liabilities.

Government. The MOF reports basic information on the central government's external liabilities, consisting almost entirely of concessional loans from regional development institutions.

Other sectors. The IIP includes the inward direct investment position of Alba, based on its balance sheet. Nonresidents (Saudi Arabia and Breton Investments) hold a combined 23 percent direct investment share in this enterprise. Other balance of payments-related Alba transactions are not yet included.

Gulf Air data are included in the balance of payments but not yet classified in the IIP.

Pension Fund investment data have been included recently in both the balance of payments and the IIP, starting with 1998 data for the IIP and 1999 data for the balance of payments.

Mutual fund data have also been included in both the balance of payments and the IIP, starting with 2000 data for the IIP and 2001 data for the balance of payments.

Asry and Basrec financial data have been included in the IIP and the balance of payments starting with 2000 and 2001 data respectively.

Further expansion of the IIP is planned, in conjunction with balance of payments work, with the objective of including economic sectors such as insurance and telecommunication.

Bangladesh

The following text was confirmed as current in 2009.

I. General

The Statistics Department of the Bangladesh Bank (BB) is responsible for compiling the balance of payments statistics, which are in accordance with the *BPM5* from the first quarter of 1996. The compilation and recording procedure of balance of payments data has been improved and refined as follows: BB has introduced a new coding list in accordance with the requirements of the *BPM5* and collects data accordingly. To minimize the coverage deficiencies inherent in a balance of payments compilation system relying on banking data, BB has broadened the existing survey system. A survey to collect data on compensation of employees in Bangladesh diplomatic missions abroad and foreign diplomatic missions and international organizations in Bangladesh is in place. The BB conducts a regular survey of direct investment enterprises.

BB's Statistics Department collects data on exports, imports, services, and income from the banks (authorized to deal in foreign exchange) through foreign exchange returns as per the international transactions reporting system (ITRS). Export data used in compiling the balance of payments are based on shipments collected from customs returns. The department also collects balance of payments statistics on reserve transactions, foreign aid, and government expenditures abroad from the internal records of BB, Ministry of Finance (MOF), and commercial banks.

Aid disbursement data are based mostly on donor reporting systems monitored by the MOF's Economic Relations Division (ERD). The BB collects data on short- and medium-term borrowing by the Bangladesh Petroleum Corporation, Bangladesh Biman, Shipping Corporation, and other enterprises directly from the respective organizations.

The BB compiles balance of payments data on a monthly, quarterly, and annual basis. Data are presented in millions of taka. Monthly and quarterly data contain debits and credits for all major accounts. The BB's annual publication of the data is accompanied by analytical reviews and detailed classifications that meet the requirements of a comprehensive framework. It also contains, besides the global balance of payments, separate balance of payments with selected countries/regions/groupings, viz., the United Kingdom, the United States, Canada, Japan, the European Union, other European countries, member countries of the Organization of Islamic Conference, member countries of the Association of Southeast Asian Nations, and other Asian countries.

II. Specific Items: Balance of Payments

Current Account

Goods

The BB bases data on merchandise exports on information provided by the Export Promotion Bureau from customs declarations. Data are on a monthly basis and are based on customs reports from six national customs centers. The BB simultaneously releases total exports and detailed breakdowns by commodity, classified according to the Harmonized System, and by destination of exports, which are collected through the ITRS. Data, valued on an f.o.b. basis, are presented in crores of taka (1 crore = 10 million) and are published in *Monthly Economic Trends,* a monthly publication of the Bangladesh Bank.

BB obtains data on imports primarily from exchange control records. These banking data are supplemented by information on imports of capital machinery collected from the Chief Controller of Imports & Exports. The Bangladesh Export Processing Zones Authority provides data on goods for processing, as well as other imports and exports of enterprises operating in the Export Processing Zones.

Merchandise import data are collected on a c.i.f. basis. Compilers adjust the data for transportation and insurance charges to derive an estimate for f.o.b. For balance of payments purposes, customs-based import data are now being used rather than exchange records.

Services

The Statistics Department obtains these data from exchange control records.

Transportation

Transportation covers those services performed by residents in one economy for those of another, by all modes of transportation that are involved with the carriage of passengers, movement of goods (freight), charter of carriers with crew, and other related supporting and auxiliary services. The category includes freight but excludes insurance, repairs of transport equipment, and goods procured in ports by nonresident carriers.

Travel

The Statistics Department collects data on travel transactions through the banks. It records as credits the receipts from foreign visitors, and as debits the expenditures abroad of residents.

Other services

Communications. Communication services cover receipts and payments on account of telephone, telegraph, facsimile, and telex, including broadcasting and electronic mail, postal, and courier services.

Construction. The item includes (1) receipts for work abroad on construction projects and on installation by resident enterprise personnel, and (2) payments on account of salary and allowances paid to nonresident enterprise personnel engaged in construction projects in Bangladesh.

Insurance. Credit entries cover net premiums on direct insurance and reinsurance assumed by resident insurance companies. Debit entries cover premiums on merchandise insurance on imports estimated at 10 percent of import freights. Data on other insurance transactions are not available separately but are included in other business services.

Financial. Entries include (1) receipts of banks operating in Bangladesh from their offices and their correspondents abroad on account of commissions, cable charges, differences in exchange rates, etc.; and (2) payments by banks to their branches and correspondents abroad on account of commissions, cable charges including fees associated with letters of credit, bankers' acceptances, lines of credit, financial leasing, other fees, etc.

Computer and information. Entries cover receipts and payments on account of computer data processing and news-related services, including data processing, hardware consultancy, software implementation, maintenance and repair of computers, and news agency services.

Royalties and license fees. The item includes receipts and payments associated with the authorized use of intangible, nonproduced, nonfinancial assets and proprietary rights (e.g., patents, copyrights, trademarks, industrial processes) and use through licensing agreement of produced originals of prototypes (e.g., manuscripts and films).

Other business. The item includes receipts and payments on account of merchanting and other trade-related services; operational leasing; and miscellaneous business, professional, and technical services.

Personal, cultural and recreational. The entries cover receipts and payments on account of audiovisual and related services and other cultural and recreational services.

Government, n.i.e. The credit entries are service expenditures of foreign diplomatic missions and international organizations in Bangladesh. Debit entries are expenditures relating to Bangladesh diplomatic personnel, diplomatic and trade missions, and military expenditures abroad.

Income

Compensation of employees

Data relate to wages, salaries, and other benefits received by short-term workers (less than one year) from nonresident employers and those of local staff of embassies, consulates, and international organizations.

Investment income

Direct investment. The Statistics Department derives data on direct investment income from enterprise surveys.

Portfolio investment. The department collects data on portfolio investment income from the foreign exchange record provided by authorized dealers.

Other investment. Other investment income covers receipts and payments of interest (including discounts) on all other resident claims (assets) on nonresidents and liabilities to nonresidents.

Current transfers

The component includes official grants in food and commodities, workers' remittances, other gifts and donations, etc.

General government

Credit entries include grants in the form of food and commodities received from donor countries and international organizations.

Other sectors

Credit entries cover mainly workers' remittances and donations provided by foreign private organizations.

Capital Account

Capital transfers

Capital transfers consist of the transfer of ownership of fixed assets or forgiveness of financial liabilities between residents and nonresidents without quid pro quo. It includes official project grants data, collected from the ERD.

Financial Account

The financial account covers all transactions associated with changes of ownership in an economy's foreign financial assets and liabilities. Transactions are based on exchange control records and data on debt servicing maintained by the ERD.

Direct investment

BB collects data on direct investment transactions, both abroad and in the reporting economy, through an enterprise survey. The data obtained from the survey are incorporated into the balance of payments.

Portfolio investment

BB collects information on portfolio investment through banks.

Other investment

This component includes all financial transactions that are not covered in the categories for *direct investment, portfolio investment,* or *reserve assets.* Under *other investment,* the instruments classified under assets and liabilities comprise trade credits, loans (including use of Fund credit and other loans from the Fund), currency and deposits, and other assets and liabilities.

Reserve assets

Data on international reserves comprise monetary gold, SDRs, reserve position in the IMF, and foreign exchange, which are collected from internal records of the BB and IMF.

III. Specific Items: International Investment Position

Prior to 2007, Bangladesh reported only a few components of international investment position (IIP) on an annual basis. From 2007 onward, Bangladesh has reported quarterly IIP, which captures most of the items of the IIP format. In the near future, Bangladesh plans to capture all possible components in the reporting system. Data are presented in millions of taka.

Direct investment

Both stock data on direct investment abroad and on direct investment in the reporting economy are collected on a semiannual basis through enterprise surveys by the BB. These data are available in three forms: equity capital, reinvested earnings, and other capital (intracompany loan).

Portfolio investment

Stock data on portfolio investment assets are reported mainly in the form of equity securities and debt securities. Equity securities data on banks are collected from the monetary and financial statistics (MFS) of Bangladesh. Equity securities data under portfolio investment assets and liabilities are collected from the banks on a quarterly basis.

Data on debt securities (banks) on the asset side, such as export and other foreign bills, are collected from the MFS of Bangladesh. Data on debt securities—other sectors (holdings of export bills by the exporters) are collected from the BB.

On the liabilities side, bonds and notes under debt securities are reported in three forms: general government, banks, and other sectors. Data on dollar investment bonds, dollar premium bonds, and wage earner's development bonds are reported under general government, and this information is collected from the BB. On the other hand, data on banks and other sectors are collected from the banks.

Other investment

Data on export overdue collected from the BB are reported in the short term in other sectors under trade credits.

Data on loans received from the IMF under the Poverty Reduction and Growth Facilities (PRGF) are collected from the MFS of Bangladesh and are reported under loans of monetary authorities.

Outstanding government long-term loans are reported under general government. This information is collected from the ERD of the MOF of Bangladesh.

Data on banks' liabilities in both long-term and short-term loans are collected from the MFS of Bangladesh.

Data on private sector external debt are reported in the long term under other sectors. This information is collected from the enterprise survey conducted by the BB. Data on outstanding short-term loans are collected from the respective agencies.

Data on banks and on monetary authorities under currency and deposits are collected from the MFS of Bangladesh.

Data on other foreign assets are collected from the MFS of Bangladesh and are reported as long term under monetary authorities.

Data on Asian Clearing Union Account are reported in the short term under other liabilities, monetary authorities. This information is collected from the MFS of Bangladesh.

Reserve assets

Data on reserve assets are collected from the BB.

Barbados

The following text was confirmed as current in 2009.

I. General

The Economics Section of the Research Department of the Central Bank of Barbados (CBB) is responsible for compiling balance of payments statistics. The CBB compiles these data in Barbados dollars on an annual basis and publishes them in the *Balance of Payments of Barbados* around September of each year. The classification of accounts follows, as closely as possible, the guidelines set out in the *BPM5*.

The Economics Section derives most of the data from surveys carried out by the Statistics Section of the CBB's Research Department. Other sources of data are the record of exchange transactions and the CBB's own accounts. The Section also obtains data from the Barbados Statistical Service (BSS), the Ministry of Finance, and other public entities. CBB's Research Department estimates some unavailable data. At present, there is little coordination with national accounts compilers at the BSS.

Offshore institutions are, in general, treated as nonresidents for balance of payments purposes. These are specially designated banks, insurance companies, foreign trade corporations, and companies involved in various other service activities such as data processing and publishing. However, because of the difficulty in obtaining data on their operations, only their transactions with residents for financial, computer, and information services are included in the balance of payments.

II. Specific Items: Balance of Payments

Current Account

Goods

BSS's *Overseas Trade Report* is the source of these data. Exports and imports are valued on an f.o.b. basis. Some adjustments for coverage, classification, valuation, and time of recording are made to convert trade data to a balance of payments basis.

For exports, coverage adjustments are made in particular to (1) include goods exported through parcel post; (2) include the sale of notes, coins, and stamps as collectors' items; and (3) exclude stocks of consignment goods held overseas by residents. Regarding the sales of stamps, the Post Office provides data, and regarding sales of notes and coins, the CBB provides data.

Also for exports, compilers make a valuation adjustment on account of the monetary compensation paid by the European Union to Barbadian sugar exporters.

For imports, coverage adjustments are made to (1) include unissued currency notes, coins, and stamps; (2) exclude outstanding balances on consignment imports; and (3) include other transactions, such as the purchase of ships and aircraft by residents.

Services

Transportation

For freight, CBB derives the credit entries from enterprise surveys. The debit entries for freight are estimated as 10 percent of imports c.i.f. and are assumed to represent services provided by nonresident carriers.

For passenger service debits, which represent sea and air fares paid by Barbadians to nonresident carriers, CBB estimates the entries from survey forms returned by nonresident carriers. The credit entries cover receipts of domestic carriers for similar services.

The port and airport authorities provide data on other transport services.

Travel

CBB obtains these estimates from BSS estimates. The BSS obtains values representing travelers' expenditures from information derived from surveys of travelers on the length of stay and type of accommodation. For the credit entries, the compilers apply estimated average daily expenditures to the number of visitors recorded. For the debit entries, CBB supplements the data with exchange record information.

In the case of business travel, the credit entries include expenditures by foreign seasonal workers in Barbados, and the debit entries include expenditures abroad by resident seasonal workers. The Ministry of Labor provides these data.

In the case of personal travel, compilers classify the data by purpose of travel into health, education, and other. Compilers base credit estimates for students and health-related travelers on a survey of colleges and hospitals; they base debit entries on exchange record data.

Other services

CBB obtains most of the data for the various services listed below from surveys carried out by the Statistics Section of its Research Department between March and May of each year.

Communications. These data, derived from CBB surveys, cover international settlements related to postal, telegraph, telephone, and satellite services.

Construction. These data, also derived from CBB surveys, include short-term services on construction performed abroad by resident enterprises or in Barbados by nonresident enterprises.

Insurance. This item includes the provision of life insurance and pension funds to nonresidents by resident insurance companies and to residents by nonresident insurance companies. It also covers freight insurance, nonlife insurance, and services provided for reinsurance. Other than freight insurance on imports, estimated as 1 percent of imports c.i.f., these data are derived from CBB surveys. Barbados still uses the premiums less claims approach.

Management fees. CBB derives these data from its surveys, the exchange record, and commercial bank quarterly returns on income and expenditure. The entries include the share of branches in their parent company's expenses, and services obtained under management contracts.

Financial. Also derived from CBB surveys, the entries include, besides the standard international financial services, the financial service transactions of offshore companies with residents.

Computer and information. These data, derived from CBB surveys, include transactions of offshore companies with residents.

Royalties and license fees. These data are derived from CBB surveys.

Other business. These data, derived from CBB surveys, comprise merchanting and other trade-related services, operational leasing, and miscellaneous business, professional, and technical services. The credit entries on other trade-related services cover the cost of services rendered by Barbadian agencies (including branches that are treated as agencies) to their overseas principals. The debit entries cover the cost of services rendered to Barbadian residents by foreign agencies. No information on merchanting is available.

Personal, cultural, and recreational. These data are derived from CBB surveys.

Government services, n.i.e. These entries are based on data supplied by embassies, other agencies of foreign governments, international organizations located in Barbados, and the Ministry of Finance. In line with *BPM5*, compensation received by local Barbados staff from embassies and consulates in Barbados and compensation paid by Barbados embassies and consulates to local staff abroad are reclassified in the income account (compensation of employees).

Income

Compensation of employees

These data include compensation of embassy and consulate staff (thus far included under *Government services, n.i.e.*); earnings of seasonal workers overseas are now included as a credit item.

Investment income

Direct investment. CBB compiles these data from its surveys. The credit entries include reinvested earnings on direct investment abroad and income received from overseas affiliated companies of Barbadian parent companies. The debit entries cover reinvested earnings on direct investment in Barbados and income accruing to head offices abroad from their affiliated companies in Barbados.

Portfolio investment. These data are compiled from CBB surveys.

Other investment. CBB derives these data from its surveys, the record of exchange transactions, and government records.

Current transfers

No distinction is made in the available data between current transfers and capital transfers.

General government

CBB derives these data from its surveys and from data supplied by the Ministry of Finance.

Other sectors

CBB obtains the data from the Ministry of Labor, Barbados Post Office, and the record of exchange transactions.

Capital Account

Capital transfers

As indicated above under current transfers, it is not yet possible to break down unrequited transfers into current transfers and capital transfers.

Financial Account

Direct investment

These data, derived from CBB surveys, include an offsetting equity investment entry corresponding to the undistributed earnings recorded under investment income in the current account.

Portfolio investment

These data are derived from CBB surveys.

Other investment

CBB derives government-transaction data under this category from its own records and the records of the Accountant General and the Ministry of Finance. Some data are adjusted to convert them to a calendar-year basis.

Regarding transactions of the monetary authorities, CBB obtains data from its own accounting records.

For transactions of the banking sector, CBB derives the data from the questionnaire "Statement of External Assets and Liabilities," submitted monthly by the commercial banks. For other sectors, CBB derives the data from its surveys.

Reserve assets

These data cover changes in the CBB's foreign exchange holdings, sinking-fund assets set aside by the government for future repayments on domestic liabilities, other foreign exchange holdings of the government, and commercial banks' foreign assets, excluding loans and deposits of nonresidents.

The commercial banks' foreign assets are deemed to be under the control of the monetary authorities and available for balance of payments purposes. The sinking-fund assets of the government comprise money market securities issued or guaranteed by foreign governments. The other foreign reserve assets of the government include balances in the Foreign Exchange General Account, foreign investments of the public sector, and miscellaneous funds.

Belarus, Republic of

The following text was confirmed as current in 2009.

I. General

The National Bank of Belarus (NBB) has the overall responsibility for collecting and compiling data on the balance of payments and international investment position (IIP). The data are compiled in accordance with the methodology set out in the IMF's fifth edition of the *Balance of Payments Manual (BPM5)*.

The NBB compiles the balance of payments and IIP statistics on a quarterly and annual basis. Data are compiled in U.S. dollars. The NBB converts data on stocks and transactions denominated in other currencies into U.S. dollars using the official exchange rates fixed by the NBB. The official exchange rates of the NBB at the end of the period are used to convert data on position of assets and liabilities. The NBB's official exchange rate on the date of the transaction (the NBB's weighted average exchange rate) is used to convert transactions data. The NBB's exchange rate is set on the interbank currency exchange and corresponds to the market rate in the country.

The NBB compiles the balance of payments in the following geographical classifications: by the Commonwealth of Independent States (CIS) and by non-CIS countries. Balance of payments statements are produced also for the main trade partner countries, such as the Russian Federation and Ukraine.

Balance of payments statistics are based on a comprehensive data collection system that includes (1) a set of surveys of enterprises obtained from the National Statistical Committee (Belstat), (2) customs and statistical declarations obtained from the State Customs Committee (SCC), (3) reports from the Ministry of Finance (MF) on external transactions of the general government, (4) balance sheets of banks (including the NBB), (5) the International Transactions Reporting System (ITRS), (6) reports from all domestic enterprises engaged in cross-border financial transactions, (7) information from international organizations, (8) partner country statistics (primarily the Russian Federation), and (9) a set of estimation models.

The Republic of Belarus compiles the balance of payments statistics in accordance with international standards starting with 1993.

The balance of payments is posted quarterly on the NBB's website (http://www.nbrb.by/statistics/BalPay/) and is published in the NBB print editions—the *Bulletin of Banking Statistics* and *Quarterly Bulletin on Balance of Payments and International Investment Position Statistics*—together with commentaries, supplementary tables, methodological notes, a description of the data sources, and a list of the latest revisions.

The NBB compiles the IIP of the Republic of Belarus for all sectors of the economy quarterly, and data are available since 1996. The IIP of the Republic of Belarus is compiled and published together with the balance of payments. The IIP is posted quarterly on the NBB's website (http://www.nbrb.by/statistics/InvestPos/).

II. Specific Items: Balance of Payments

Current Account

Goods

Belstat is responsible for compiling the statistics of the overall balance of merchandise trade.

There are two primary data sources used to collect monthly information on merchandise trade. The first source covers trade data with all partner countries apart from the Russian Federation. It is based on customs declaration of goods crossing the borders collected by the SCC. The second source covers trade data with the Russian Federation. Data on trade with the Russian Federation are collected from a statistical declaration. The statistical declaration form must be completed by all enterprises involved in trade with the Russian Federation, including individual entrepreneurs.

Belstat obtains certain data directly from some companies as it has concerns about the quality of information collected through customs and statistical declarations for some categories of goods imported/exported by domestic companies, which are the only companies operating in the respective fields. For instance, the extraction and export of potassium are conducted by a single enterprise (Belaruskaliy), which provides relevant information directly to Belstat.

Belstat estimates transactions in goods not recorded in customs statistics—in particular, exports and imports of goods by individuals (so-called shuttle traders). Belstat estimation on shuttle trade is based on a commodity flow model (CFM). The CFM used by Belstat compares, for selected categories of imported goods, data on imports, local production, changes in stocks, and consumption within the Republic of Belarus. If data show that the sum of imports and production exceeds the sum of consumption, exports, and changes in stocks, the difference is recorded as underrecorded export. If the sum is lower, it is adjusted and recorded as underrecorded import.

The data are adjusted for coverage, classification, and valuation for balance of payments purposes. The main adjustments are to exclude the cost of freight and insurance from imports valued on a c.i.f. basis to obtain an estimated f.o.b. basis. The c.i.f./f.o.b. factor for valuing imports is estimated on the basis of the customs and statistical declarations on the terms of delivery of the goods. The NBB also adjusts the merchandise trade data for repairs on goods, goods procured in ports by carriers, and goods for processing. In addition, it adjusts the Belstat data for the amounts of migrants' effects and goods sold without crossing the Belarus customs frontier. Transactions related to goods for processing and repairs on goods are classified in accordance with recommendations of the *BPM5*.

The NBB adjusted the balance of payments data for 1997–2000 for the valuation of exports and imports of goods and services at market exchange rates.

Services

The NBB obtains data on all services, except for travel, mainly from the enterprise surveys conducted by Belstat (the Report on Export and Import of Service), and partner country data (primarily the Russian Federation, Republic of Belarus's main partner). The ITRS is used as an alternative source for cross-checking purposes.

Transportation

This category covers freight and passenger services by all modes of transport and port services. The main source of information for the transportation services is the Belstat surveys of transport companies. The NBB supplements the data on import of freight services by the estimates made to convert imports from a c.i.f. to an f.o.b. basis.

Travel

Travel data are estimated by the NBB. The information is calculated by country of origin or destination, purpose of the travel, and average length of stay. The main sources of data for estimation are (1) the Belstat surveys of hotels and tourist companies, (2) information on the number of foreign visitors and residents of the Republic of Belarus who enter and leave the country, and (3) other official sources of information, such as reports from the MF and SCC.

Belstat provides data on the number of travelers, country of origin (for inward travelers), country of destination (for outward travelers), and types of travel (private, business, tourism, transit, etc.). In addition, the NBB uses partner country data (primarily the Russian Federation).

Other services

The NBB obtains data for other services transactions from the Belstat quarterly surveys, where all types of services are coded in accordance with the *BPM5* classification.

For government services, such as money transfers to Belarusian embassies abroad, the NBB obtains the information from the Ministry for Foreign Affairs.

Income

Compensation of employees

The NBB estimates wages and salaries of Belarusian residents working abroad and of nonresidents employed in the Republic of Belarus via a data model. Inflows and outflows are calculated based on data on individuals crossing the border for temporary jobs (data from Belstat and partner country data—primarily the Russian Federation). The NBB calculates the average remittance based on estimations on the average compensation in different branches of the economy and a coefficient of transfer.

Investment income

Interest income is recorded on an accrual basis. The main sources of data are banking reports (banking sector) and data obtained from the MF (monetary authorities and general government sectors). Data on investment income of other sectors come from a quarterly survey of enterprises conducted by Belstat.

Current transfers

The NBB obtains data on current transfers from the SCC, the ITRS, international organizations, and partner countries.

Other sectors

Workers' remittances. Data are derived from the ITRS.

Other current transfers. Debit and credit data on current transfers are obtained from the ITRS, which provides separate codes for other current transfers, including such items as financial gifts; fees; contributions to scientific, charitable, and religious organizations; and payments of taxes and penalties.

Capital Account

Capital transfers

General government. Data are obtained from the ITRS for capital transfers of the general government sector. The NBB obtains data on forgiveness of government debt from the MF.

Other sector. The NBB estimates data on migrants' transfers. The estimation is based on the number of migrants who have entered or left the Republic of Belarus, and the average value of the migrants' effects. Data on the number of migrants are provided by Belstat. In addition, the NBB uses partner country data (primarily the Russian Federation).

Acquisition/disposal of nonproduced, nonfinancial assets

The NBB obtains information for this item from the ITRS.

Financial Account

Direct investment

Data on investments abroad and investments in Belarus come from several sources: the Belstat quarterly survey of enterprises, banking supervision reports, and mirror statistics (partner country data, primarily the Russian Federation and Ukraine).

Portfolio investment

The NBB derives data on portfolio investment transactions from (1) Belstat's quarterly survey of enterprises, (2) the NBB's special reports on transactions involving securities issued by the NBB and general government, (3) MF reports, and (4) the ITRS. The ITRS is used as an alternative source for cross-checking purposes.

Financial derivatives

Data on financial derivatives are obtained from the special monthly NBB survey.

Other investment

Trade credits

Data on trade credits and arrear assets and liabilities (on exports/imports of goods and services) are provided by Belstat based on *Report on Claims and Liabilities of Enterprises.*

Loans

The MF provides data on government external borrowing. Balance sheet reports from the NBB and other banks provide information on the loans of the monetary authorities and banks. Data on the loans of other sectors are obtained from a quarterly Belastat survey of foreign investments.

Currency and deposits

This item consists of (1) changes in the stocks of banks' currency and deposits obtained from the banks' balance sheet reports and (2) changes in the stocks in the accounts of the Belarusian residents held with banks abroad.

Other assets and other liabilities

These items cover transactions in other assets and liabilities of residents and arrears. Data are collected from (1) the Belstat enterprise surveys, (2) the balance sheet reports from banks and the NBB, and (3) data on government external debt provided by the MF.

Reserve assets

The main source of information on changes in gross official reserves is the NBB balance sheet, adjusted for valuation changes. This item reflects changes in the monetary gold, convertible currencies, SDRs, the reserve position in the IMF, and other assets under the control of the monetary authorities.

III. Specific Items: International Investment Position

The NBB compiles the IIP statistics in accordance with the recommendations of the *BPM5, International Investment Position—Guide to Data Sources,* and *External Debt Statistics—Guide for Compilers and Users.*

The classification of external assets and liabilities included in the IIP is consistent with that used in the financial account of the balance of payments. Sources of information for the IIP data are the same as those used for compiling the financial account of the balance of payments.

Data cover the assets and liabilities of the monetary authorities; general government; the banking sector; and other sectors (including nonfinancial corporations and households), as well as enterprises and banks located in offshore zones on the territory of the Republic of Belarus, and representative offices of the country's residents abroad.

Most assets and liabilities are recorded at market prices. The exceptions are securities held by monetary authorities and the banking sector (only with regard to claims on nonresidents), which are recorded at the purchase price (book value). The accrual principle is used in the recording of investment.

Direct investment

A statistical reporting form provided by Belstat and developed following the balance of payments methodology is used to record enterprise direct investment. Banking supervision data are used for equity investment and reinvested earnings of Belarusian banks.

Portfolio investment

Data sources are the government of the Republic of Belarus (on government securities), banks' balance sheets (the monetary authorities sector and banks), enterprise surveys (other sectors), and the ITRS (for data not recorded by the other sources).

Financial derivatives

Data on financial derivatives are recorded on the basis of the balance sheet of the NBB (accounting of off-balance-sheet liabilities).

Other investment

Data from several types of enterprise surveys, government data, balance sheets of the NBB and banks of the Republic of Belarus, and the ITRS are used.

Reserve assets

Data sources are the balance sheet of the NBB and the MF.

Belgium

The following text was confirmed as current in 2009.

I. General

The Belgian-Luxembourg Economic Union (BLEU) was initiated in 1921 when the official agreement confirming the monetary association between the two countries was signed. Within the framework of the BLEU and the monetary association of both countries, which was integrated into the European Monetary Union on January 1, 1999, a complete balance of payments presentation was established only for the BLEU, considered as a single entity vis-à-vis the rest of the world. However, in accordance with the European Monetary Union established under the Maastricht Treaty, separate presentations of Belgium's and Luxembourg's current account transactions have been drawn up since 1995.

From January 1, 2002, Belgium and Luxembourg prepare separate balance of payments statements. The National Bank of Belgium (NBB) is responsible for compiling and publishing balance of payments data of Belgium from 2002 onward.

The collection of data from the respondents, as well as the publication of the results, are governed by a national law (February 28, 2002, amended by a law dated May 1, 2006), flanked by European and international provisions as well as by the IMF statutes endorsed by Belgium.

Beginning in January 1995, the methodology used to compile the balance of payments is essentially the methodology set forth in the *BPM5*.

The balance of payments is compiled and published on a quarterly basis, but with a monthly breakdown.

In January 2006, the NBB switched to a new system for collecting the data needed to draw up the balance of payments. This totally renewed collection system also required adjustments to the technical method of producing the output.

To avoid an abrupt transition, it was decided to allow the old and new collection systems to continue running largely in parallel in 2006. This provided the opportunity to fine-tune the new system and make some adjustments.

During this transition period, it was decided to give preference to the data from the earlier system in order to produce the 2006 figures. This had the disadvantage of reducing the certainty over some components of the balance of payments, because certain data sources no longer existed so estimates had to be made. Conversely, that was outweighed by the advantage of avoiding a significant methodological break: 2006 was the year in which the new collection system and the method of drawing up the balance of payments were optimized so that the methodological break, though unavoidable, could be kept to a minimum on transition to production based on the new system.

Since January 2007, the published balance of payments data have been based on the totally renewed collection and production system.

The basis of the *old system*, which therefore generated the data up to 2006, was an exhaustive international transactions reporting system (ITRS):

- Financial institutions had to submit daily reports on all foreign payments, both incoming and outgoing, for their own account and for their customers, stating the reason for the payment. Although there was a threshold of EUR 12,500, amounts below the threshold were estimated on the basis of data from a period preceding the introduction of the threshold.

- This system was supplemented by the "Direct Reporters": firms effecting transactions for which the payment was not handled by Belgian financial institutions were supposed to submit monthly declarations themselves to the NBB, without any threshold.

In contrast, the *new system* conforms to the administrative simplification requirement expressed by the government. It makes maximum use of existing sources and aims to limit the overall burden of reporting for financial institutions and other enterprises. In practice, this means that

- In the future, financial institutions will report only transactions for their own account.

- Specific surveys using scientifically based sampling are to supplement all components of the balance of payments. However, for some items the population is exhaustive.

This new collection system is based on a combination of monthly, quarterly, and annual surveys, depending on the importance of the firms in terms of their dealings with other countries.

The collection system is as follows:

(a) *Goods:* the data collection system is based on the foreign trade in goods data collection managed by the NBB. These data are completed with some ad hoc surveys on specific transactions in goods organized directly by the Balance of Payments Unit on the basis of a cutting-off approach or a sampling approach, depending on the topic covered.

(b) *Services*: for this balance of payments component and for international trade in services (ITS), the Balance of Payments Unit conducts different surveys. The system is a mixture of cut-off and sampling techniques for the nonfinancial sector. The system is made up of two main subsystems:

(i) a full survey of the major enterprises (monthly) and

(ii) a set of specific surveys for the other enterprises (monthly and/or quarterly).

For the financial sector, different surveys are defined, each covering a specific subsector (e.g., monetary and financial institutions (MFIs), insurance companies, collective investment institutions), and are mostly addressed to the full population of these subsectors.

(c) *Travel*: the NBB uses the results of two surveys organized by the National Statistical Institute regarding stays in Belgium and the expenditures of Belgian tourists abroad. These data are combined with data from two specific surveys organized by the NBB covering credit/payment card companies and tour operators.

(d) *Transfers*: administrative sources are used; these need to be supplemented with data from ad hoc external sources and estimates.

(e) *Investment income and financial account*: the collection system is subdivided according to

– the domain covered (functional classification), and

– the group of respondents concerned (mostly subsectors).

As a result, the surveys are broken down into three main categories:

– foreign direct investment,

– other investment (including derivatives), and

– portfolio investment and securities.

The first two categories of surveys use cutting-off techniques and cover both flows (gross transactions) and positions in financial assets and liabilities broken down by instrument, currency, and country. The related income is also covered by the respective surveys (dividends declared, dividends paid and received, interest accrued, interest paid and received, etc.) as well as profit and loss accounts.

The third category of survey gathers data related to securities. It covers the holdings, issues, and short positions of residents, as well as the custodian activities of residents. The data concern only positions and are reported on a security-by-security basis with ISIN codes (or some other agreed-on identification codes).

The Balance of Payments Unit derives the flows from the reported positions, as well as the valuation changes due to fluctuations in prices and exchange rates.

The three categories of surveys may differ according to the group of respondents, to take into account specific features and the level of integration with the statistics for supervisory purposes.

Concerning the MFI sector, the data related to other investment and direct investment are provided by the data collection system defined for supervision and money and banking statistics. The Balance of Payments Unit addresses only a yearly detailed survey directly to the MFIs for foreign direct investment, while the survey on securities is organized monthly by this Unit on its own behalf and on behalf of the supervisory authorities.

The frequency of the different surveys may vary according to the activities covered or the group of enterprises concerned, or both, and, as a result, may be monthly, quarterly, or yearly.

(f) *Trade credits (positions)*: a monthly survey is addressed to a sample of enterprises reporting transactions in goods.

(g) *Other sources*: besides organizing its own surveys, the NBB is authorized to require all necessary information from any public agency if the information available fulfills its needs, and the public agency is obliged to deliver the data. The NBB is also entitled to agree upon a similar process with any representative association so that the NBB does not have to implement a data collection procedure for data available elsewhere, preventing enterprises from reporting the same data twice. Administrative sources are also used; e.g., the social security agency provides data on labor income.

For all surveys, the most significant enterprises have to report flows or positions on a monthly basis.

Estimation methods are used for the sampled populations, and nonresponse techniques are applied if necessary.

II. Specific Items: Balance of Payments

Current Account

Goods

From September 2001 onward, trade statistics compiled by the National Accounts Institute (NAI), including estimates, have been incorporated into the balance of payments. To ensure that the data comply with the requirements of the balance of payments methodology, a number of adjustments have been made to the data on foreign trade, including data on returned goods, with a view to producing the components goods for processing, nonmonetary gold, and goods procured in ports by carriers.

The combination of foreign trade statistics (FTS) data and data collected directly within the framework of the balance of payments enables compliance with the balance of payments requirements regarding transactions in goods.

Services

The main features of the collection system for services can be described as follows:

(i) cross-border transactions are obtained directly from residents;

(ii) the system is based partly on exhaustiveness (for the financial sector) and partly on a sample survey method (for the nonfinancial sector);

(iii) the nonfinancial sector is divided into several populations in relation to the activities to be measured. Each population has its own questionnaire where the details (e.g., the economic nature) of the transactions are specific to each one (note that some transactions are aggregated); and

(iv) there is a combination of several reporting periodicities.

Purchases of services by individuals are not covered by the data collection system and estimates should be made.

The definition of services in the different surveys complies with the *BPM5*.

Income

Different administrative sources are used to compile data on compensation of employees.

Data on investment income are partly collected and partly estimated.

(i) *Direct investment income:* the necessary information is collected. The information related to dividends allocated is attributed to the income account. The dividends paid/received in addition to the profit and loss data collected are used to calculate reinvested earnings. Interest accrued is attributed to the income account, with an offset in the financial account. Interest paid and received is attributed to the financial account to adjust the previous offset. The production of a full geographical and sector breakdown is possible with the data collected.

(ii) *Other investment income:* the data collected on interest are used as trend indicators for the estimation of other investment income.

Regarding *portfolio income*, for both equity and bonds/notes, income is calculated on the basis of stock data. The estimate of dividends is based on the calculation of gross dividend yields for the major partner countries applied to existing stocks of equity capital. For debt instruments, interest rates by major currency are used. For money market instruments, in the estimation of the current year's data, an adjustment of the reference rates is made each quarter. Taking into account the calculation process, all instruments are treated in the same way, i.e., there is no specific treatment for different kinds of bonds (e.g., zero-coupon bonds or indexed bonds).

The calculation procedure results in the production of an overall estimate of portfolio income that can be considered as a first proxy of income.

Current transfers

The most significant government transfers, such as subsidies from and contributions to European Union institutions, are collected directly and on a monthly basis from the Ministry of Finance.

Pensions paid abroad are gathered from the social security agency. Other government transfers are based on the general government finances statistics and are collected on a quarterly basis through the National Accounts Unit of the NBB working on behalf of the NAI.

Data concerning private current transfers are gathered through the surveys on trade in services.

Capital Account

The necessary information concerning the acquisition/disposal of nonfinancial assets is gathered by the surveys related to trade in services, allowing a complete country breakdown. The other components of the capital account need to be covered by information gathered from administrative sources or by estimates.

The other capital transfers component is covered only partly, and the quality of the available information needs to be permanently checked.

Financial Account

Direct investment

Foreign direct investment (FDI) surveys are used to comply with several obligations, i.e., those of the balance of payments, international investment position (IIP), foreign affiliates trade statistics (FATS), and FDI statistics.

Data are collected using a set of integrated surveys. The main survey deals with direct investment entities. Based on the identification of individual entities and on the existing percentage of ownership between these entities, the direct investment entities are automatically selected following a predefined direct investment algorithm. The selected entities are all nonresident subsidiaries, associates, and branches owned directly or indirectly by the reporting enterprise, as well as the direct and indirect nonresident shareholders. The nonresident companies related to the respondent not having an equity participation or having an equity participation of less than 10 percent are also selected.

Additional data (e.g., sector of activity, quoted or unquoted) are also gathered in the main survey. This information is used to calculate equity capital at book value for quoted enterprises.

The other direct investment surveys are along the same lines as the main survey:

– *FDI flow survey*: for equity capital, other capital, and direct investment income;

– *FDI stock survey*: for equity capital and other capital;

– *FDI profit and loss survey*: for reinvested earnings; and

– *FATS survey*.

The direct investment algorithm used in the data collection system applies the 10 percent principle for direct or indirect voting rights in an enterprise. However, some exceptions to this principle have also been defined; e.g., as long as the intermediate relationship exceeds 50 percent, the entity is included even if the calculated indirect rate does not reach 10 percent. This process allows the application of the European alternative to the fully consolidated system (FCS).

The data collected allow the directional principle to be applied in the following cases:

– for equity capital and other capital: when the equity cross-participation is at least 10 percent in both directions;

– for other capital: when the equity participation is less than 10 percent or when there is no equity participation; or

– when a full assets/liabilities approach is adopted.

All components covered by the surveys comply with the international standards (*BPM5*, *BMD3*).

Portfolio investment

The data collection on portfolio transactions is based on a survey system where the respondents transmit monthly or quarterly information about their assets and liabilities on a security-by-security basis.

The data collection used for portfolio surveys covers the following reporting agents:

(a) MFIs,

(b) insurance and reinsurance companies,

(c) pension funds,

(d) NBB,

(e) collective investment institutions,

(f) brokerage firms,

(g) asset management companies, and

(h) nonfinancial enterprises.

The codification used for this information is based on a classification by instrument (debt securities, equities, and similar instruments) and by original maturity (short-term/up to one year or long-term/more than one year). Transactions are derived from the collected stock data with an adjustment for fluctuations in prices and exchange rates.

The instrument classification is based on the International Securities Identification Number (ISIN). If that is unavailable, alternative securities codes must be used.

The definition of the portfolio in the different surveys complies with the *BPM5* and the *ECB Guidelines*.

Financial derivatives

Financial derivatives are included as separate instruments in the surveys on other investments.

The derivative instruments included in the other investments are

_ options,

_ futures,

_ swaps and forward contracts, and

_ other derivatives.

A separate reporting is requested for transaction values (premiums, gains, and losses) to be included in the balance of payments and for market values to be included in the IIP.

The MFI sector reports on options, swaps, and forward contracts in its survey on transactions for own account.

The definitions used for the instruments are in line with the *BPM5*.

The NBB complies with the recommendations of the *BPM5* and the harmonization proposals made by the Working Group on Balance of Payment and External Reserves (the former Task Force on Financial Flows and Stocks). All types of margins are included in financial derivative transactions.

Other investment

Data are collected using two surveys, broken down by currency and country:

– other investment flow survey: monthly or yearly frequency; and

– other investment stock survey: quarterly or yearly frequency.

The instruments included in the surveys are

– loans (very short-term, short-term, long-term);

– financial leasing (classified as long-term);

– current accounts;

– factoring;

– deposits (very short-term, short-term, long-term); and

– interest (accrued, paid, received).

The instruments required are sector-dependent. Each survey item is also precisely formulated and defined as a claim or liability (credit/debit).

The following groups of enterprises are covered exhaustively by the other investment surveys:

– insurance and reinsurance companies,

– investment firms,

– pension funds, and

– collective investment institutions.

Concerning the nonfinancial sector, the reporting companies are selected on a cut-off basis.

Data for trade credits are collected via a monthly or quarterly sample survey.

For the MFI sector, the money and banking statistics contain all breakdowns necessary to fulfill the balance of payments/IIP requirements for other investment. For this reason, credit institutions do not have to reply to the surveys on other investment.

All data have to be reported in the original currency to allow the exchange rate variation and the stock variation to be calculated separately.

The definitions of all components of other investment are in line with the *BPM5*/ECB standards.

Reserve assets

The information is obtained from the Accounting Unit, where no problems relating to confidentiality are encountered in providing breakdowns.

Financial derivatives are recorded on a net basis. Embedded financial derivatives are recorded together with the underlying financial instruments and are not recorded and valued separately.

All transactions in reserve assets are registered at market price and converted into euros using the market exchange rates at the time of the transaction.

III. Specific Items: International Investment Position

At present, the IIP is still mostly produced in the same way as before, using the data provided by the previous data collection system. Progressively, data from the new surveys regarding positions in financial assets and liabilities will be integrated into the production process, shifting finally to full production on the basis of the new data collection system.

The production of an IIP within nine months implies that many data are of a very provisional nature. As long as items are produced by the accumulation of flows, the time available is not an obstacle. Nevertheless, with a view to including stock data from ad hoc surveys, the period of nine months is too short, considering that it takes almost this long to collect the data; for direct investment stocks, for instance, a minimum of 12 months is needed to produce a first set of reliable data.

At present, the following sources are used to compile the IIP data:

(i) *stocks:*

– banking sector: portfolio investment (equities, long-term debt instruments, and money market instruments) and other investment (short-term and long-term loans and deposits);

– general government: portfolio investment (government bonds) and other investment; and

– monetary authorities (reserve assets and other assets);

(ii) *flows:*

– banking sector: direct investment;

– other sectors: all items.

The breakdowns by sector and by instrument are based on the data sources.

Price changes are applied to equity capital and shares, using specific stock exchange indices for the main currencies. A reference to the country is not possible owing to the lack of reliable information at present. Different procedures are applied to quoted and unquoted shares. For real estate investment, a price adjustment is made by reference to a domestic index of real estate prices.

Exchange rate changes are calculated on the basis of the data available on foreign currencies. The conversion is calculated using the end-of-year rate by currency, so that the stocks for the previous year are estimated at current rates. The transactions are computed using the monthly average rate for the month of registration. The valuation is based on

– the book value: banking sector (portfolio investment, where—for the trading portfolio—the book value is mostly based on the marked-to-market value of liquid assets, and other investment);

– the nominal value: general government (portfolio investment); and

– a proxy of the market value: other sectors (portfolio investment).

For the banking sector, equities are adjusted to a proxy of the market value in a similar way to the other sectors by applying a stock market index valuation rate. For all other items, the valuation is applied to the registered accumulated flows.

There are no plans at present to produce quarterly data.

The results of the yearly FDI survey are not included in the IIP. Nevertheless, they may be used to make some adjustments. Furthermore, the information included in the survey should make it possible in the near future to compile a first proxy of the reinvested earnings component.

Fully updated methodology and processing are under development and will become fully operational in due course.

Belize

The following text was confirmed as current in 2009.

I. General

The Research Department of the Central Bank of Belize (CBB) compiles Belize's balance of payments on a quarterly basis. Annual balance of payments statistics are derived as the sum of the four quarters of a calendar year. Data for the estimates are collected from several public and private sector institutions. The most prominent among these are the Statistical Institute of Belize (SIB), the Ministry of Finance, the five commercial banks, Western Union, Money Gram, nongovernmental organizations, Belize Tourism Board, foreign embassies, and the central bank itself. Beginning in 1999, the compilation of Belize's balance of payments is based on the *BPM5*; the previous years' compilations were based on *BPM4*.

Each year, the CBB Research Department's Balance of Payments Unit conducts a survey of resident enterprises. The primary objective of this survey is to collect data on the international flows of funds to and from these organizations during the year. In addition, tourist expenditure surveys have been conducted annually since 2006 to update estimates of tourist expenditures in Belize; these transactions have become a significant component of the services section of the current account.

The CBB publishes Belize's balance of payments data in millions of Belize dollars in the CBB's *Annual Report and Accounts*, *Quarterly Review*, and *Statistical Digest*. The United States is Belize's largest trading partner, and the Belize dollar is pegged to the U.S. dollar at a rate of BZ$2.00 to US$1.00.

II. Specific Items: Balance of Payments

Current Account

Goods

For merchandise trade statistics, which include domestic exports, gross imports, transshipments, and reexports, the SIB obtains statistics on a monthly basis from the Customs Department. Exports consist of gross exports and reexports data.

The data compilers verify the data by cross-checking the information against export reports (volume/value) sent to the CBB by the major export industries. Several coverage adjustments are done: (1) exports from the post office are added; (2) sales of merchandise in the Corozal Commercial Free Zone (CCFZ) are added, using the monthly report of the Corozal Free Zone Management Agency; (3) garment exports are subtracted and placed as a credit under goods for processing; and (4) whenever goods are shipped from the Commercial Free Zone (CFZ) through the customs territory to the seaport for shipping abroad, the SIB will correctly record this movement as a reexport. However, because a value for all CFZ sales is already included, all reexports originating from the CFZ are deducted from the SIB reexport numbers to avoid double counting.

After reconciling SIB data with the industry information, the compilers make valuation adjustments on major export commodities. Most of the adjustments are aimed at avoiding double counting or omission of some export shipments. Timing adjustments are done to reflect the value of citrus products that go into inventory for sale at a later point.

The CBB compilers take gross imports (c.i.f.) from the international trade statistics provided by the SIB and include imports into the customs territory and the CFZ. Gross imports include all imports in bonded warehouses but exclude all imports for foreign embassies or foreign military units. Various coverage adjustments are done: (1) electricity purchased from Mexico is added; (2) imports through the post office are added; this is estimated by assuming that the duties/taxes collected on the parcel post (as reported on the annual balance of payments survey form) represent an average of 22.5 percent of the value of imports, based on prevailing taxes and duties; (3) precut fabric imports are subtracted and placed as a debit in goods for processing; and (4) values of banana and papaya boxes are also subtracted, since ownership of these boxes remains with the respective suppliers of the boxes. To arrive at an f.o.b. value of imports, the compilers deduct 8.0 percent and 1.0 percent of the value of merchandise imports c.i.f. to account for international freight and insurance costs, respectively.

Services

Transportation

Since Belize has no international shipping lines or international airline, credit entries contain only revenues collected from foreign carriers. The CBB collects these data from annual surveys of the International Airport and Port Authorities. It calculates the freight debit as 8 percent (derived from the survey of customs declaration forms) of the c.i.f. value of merchandise imports as reported by the SIB. It subtracts the value of banana and papaya boxes from the import numbers before the calculation of freight charges. No attempt is made to disaggregate freight services by air and land from sea shipping since the use of these types of air and land transportation for imports is minimal.

The credit information represents revenues from foreign shipping companies to the port for services and to domestic agents for commission payments and other services rendered. The CBB deducts from these inflows and outflows the money sent to the shipping agencies to pay the nonresident crew of foreign vessels.

The debit entry for air transport–passenger consists only of payments for air tickets sold by airline agents. The ticket sales from branch offices of foreign airlines in Belize are not recorded here, since the branch offices are treated as resident companies, so remittances abroad are recorded under profits in income.

Travel

For travel credits, the CBB derives information by estimating expenditures of five main categories of nonresidents—seasonal and border workers, business, students, cruise ship passengers, and stay-over tourists. It estimates expenditures by seasonal and border workers in the country at 69 percent of the income earned by border and seasonal workers. This percentage was derived from a 2004 survey of nonresident workers. No information is collected on residents working temporarily abroad.

Expenditure by business and official visitors is obtained by taking the number of business and official visitor arrivals from the Immigration Department numbers and multiplying this by the average length of stay and average daily expenditure per person for business visitors obtained from the 2008 Visitor Expenditure and Motivation Survey (VEMS). The debit reflects expenditure on business travel by the public service (as recorded in the Overseas Expenditure of the Public Service database) and the public (as recorded in the database of all outflows of foreign currency from the banking system).

For expenditures by foreign students, the CBB obtains the data from the annual balance of payments survey of educational establishments and the commercial banks' reported inflows to educational institutions not covered by the annual balance of payments survey. The total obtained is assumed to represent 90 percent of foreign student coverage, so the number is adjusted accordingly.

The CBB obtains its estimate of national tourism expenditures using stay-over tourist arrival numbers from the Immigration Department, cruise ship arrival numbers from the Belize Tourism Board, and estimates of average daily expenditure and average length of stay derived from the 2008 VEMS.

Owing to the large numbers of people who move daily between Belize and Guatemala and between Belize and Mexico, it is necessary to adjust downward the number of arrivals through these two land borders. Certain ratios, developed during the expenditure surveys, are used to estimate the actual numbers of stay-over visitors. These ratios removed people traveling in-transit, adjusted for tourists who traveled for a short day trip to a neighboring country and were recorded as entering the country twice (called multiple-entry tourists), and removed seasonal/border workers and students who are accounted for elsewhere. At the international airport, citizens who reside abroad but travel to Belize using their Belizean passports are added, while in-transit visitors are excluded.

Travel debits consist of the total number of residents traveling through the international airport and multiplying this number by an average expenditure of BZ$1,868.51 per person. This number is checked by comparing the outflows on vacation travel and outbound credit card payments recorded by the commercial banks. Only part of the credit card outflows is attributed to travel, since businesses use credit cards to pay for imports.

Other services

For flows to and from embassies in Belize, the CBB obtains data from their responses to the annual surveys, as well as the foreign exchange records of the commercial banks, Accountant General's contract notes, fiscal records, and other government revenue and expenditure estimates. The CBB takes inflows sustaining military units operating locally from exchange records submitted to the CBB by the commercial banks. Merchandise insurance is estimated as 1 percent of the c.i.f. value of imports. To estimate taxes collected by the government from transshipped goods, it takes SIB's gross imports, multiplies the number by a 1.5 percent Customs administration fee, and enters them as credit items from the in-transit trade.

For data on government professional services, scholarships and training, and other goods and services the CBB takes entries from the Accountant General's contract notes, which record international payments made on behalf of the government. For Belize's military expenditures abroad, the CBB takes entries from the Accountant General's contract notes.

Other services (credit) include inflows to international and regional organizations obtained from commercial banks' exchange records. The Belize Telecommunications Limited and the Post Office report data on communications in annual surveys. Other business services, including professional and management services and nonmerchandise insurance, are sourced from the CBB's exchange control records.

For commissions paid by foreign companies to residents, the CBB derives data from information furnished by shipping, airline, and insurance agencies in annual surveys. Data for the other services are derived from the CBB's exchange control records.

Income

Compensation of employees

Credit entries for compensation of employees are estimates of wages paid to residents who work for embassies and international and regional organizations located in Belize. The credit item also assumes that approximately 50 percent of wages earned by nonresidents working in Belize are spent in Belize—an estimate derived from a 2004 survey of nonresident workers. An estimate of earnings of seasonal and border workers is derived from a 2004 survey conducted on foreign labor in the citrus, banana, and sugarcane industries. This survey estimated the foreign labor input as an average cost per unit of output. This cost is multiplied by the production amount. The amount so derived is assumed to represent 90 percent of nonresident workers with the imputed 10 percent assumed to cover workers employed elsewhere.

Investment income

Data on private investment income (credit) represent income earned by the commercial banks operating in Belize on their foreign holdings, as reported by the commercial banks. The entry for public sector investment income (credit) represents earnings by the central government and the CBB on their investments abroad, as reported by these entities.

Debit items for private sector investment income include interest and dividend payments to nonresidents abroad, as shown in the exchange records. The branches of foreign airlines in Belize are treated as resident enterprises that transfer profits to headquarters. For the public sector's external interest payments, the CBB obtains information from the Commonwealth Secretariat's Debt Recording and Management System (CS-DRMS), housed in the CBB's Research Department.

Current transfers

General government

Credits consist of grants (data obtained from the government's fiscal accounts) and other in-kind contributions (data obtained from newspaper and TV news reports). Outflows are taken from the Accountant General's contract notes payments for pensions and capital subscriptions and commercial banks' foreign exchange records on outflows for pensions, taxes, and winnings.

Other sectors

For credits and debits on workers' remittances, the CBB derives entries from the commercial banks' foreign exchange returns and from reports submitted to the CBB by money-transfer service companies. Debit entries also include remittances made through the post office, as reported by the postal service in an annual survey.

For receipts for insurance claims, the CBB derives information from the commercial banks' exchange returns. Data on receipts of nonprofit organizations are obtained by surveying these enterprises. This source is supplemented with data contained in the commercial banks' foreign returns submitted to the CBB.

Capital Account

Capital transfers

Credits consist of grants (data obtained from the government's fiscal accounts) and other in-kind contributions (data obtained from newspaper and TV news reports). Information also comes from the external debt database and the database on domestic debt. For migrant transfers, the CBB collects data from the SIB and the CBB exchange records.

Financial Account

Other investment

The debt recording system provides data on the public sector's drawings on and repayments of external loans. For capital subscriptions and other debit and credit items, the CBB obtains data from the public sector outflows.

For private sector financial account transactions, the CBB compiles data from estimates based on several sources. These include the CBB's exchange records, containing information on foreign investment in local enterprises by foreigners; portfolio investment; loan drawings and repayments; repatriation of funds; investment in real estate; and mass media announcements. The CBB also obtains information on foreign investments in the country from the BTB, Ministry of Finance, and the Belize Trade and Investment Development Agency.

For portfolio investments, the CBB obtains data from the debt recording system, the report on overseas expenditure of the public service, and CBB exchange records. Commercial bank returns provide data on changes in the banks' foreign assets and liabilities.

Reserve assets

For Belize's official international reserves, the CBB takes data from its balance sheet and monetary aggregates.

Benin

I. General

The Central Bank of West African States (Banque Centrale des Etats de l'Afrique de l'Ouest–BCEAO), headquartered in Dakar, Senegal, is responsible for preparing the draft balance of payments. The draft is submitted to Benin's Balance of Payments Committee, chaired by a representative of the Minister of Finance, for approval. While the BCEAO headquarters determines the methodology and compilation procedures and collects certain primary data at a regional level, the National Agency (the branch of the BCEAO in Benin) collects the bulk of the statistical data and compiles the balance of payments.

The BCEAO compilers gather the data from several sources, primarily the BCEAO's own departments, the banks, the National Institute of Statistics and Economic Analysis (Institut National de la Statistique et de l'Analyse Economique–INSAE), ministries and other government agencies, embassies and international organizations, and surveys of industrial and commercial enterprises. Data are gathered annually mainly through questionnaires.

The annual balance of payments statistics approved by the Balance of Payments Committee are published in a brochure entitled *Balance des Paiements de la République du Bénin*, which BCEAO headquarters forwards to the Fund. The balance of payments figures are shown in millions of CFA francs and have until now followed the international principles adopted in the third edition of the *Balance of Payments Manual*.

II. Specific Items: Balance of Payments

Current Account

Goods

BCEAO bases the data on official foreign trade statistics published by the INSAE. To compile these data, the INSAE uses the customs statistics provided by the General Directorate of Customs and Indirect Duties, which are derived from customs export and import declarations.

Foreign currency amounts are converted into CFA francs at the exchange rates applicable on the Paris Stock Exchange, which the BCEAO forwards to Customs once a week. Imports are compiled on a c.i.f. basis; however, the official foreign trade statistics produced by the INSAE are adjusted for coverage, valuation, and time of recording.

Services

Transportation

This item covers freight and insurance relating to international shipping, other passenger transportation services (regardless of the mode of transport used), and port services. BCEAO estimates transportation services based on data gathered from the Joint Benin-Niger Railways and Transportation Organization, port authorities, shipowners and shipping agents, foreign airlines, and the Air Navigation Safety Agency.

The debit entries for freight and insurance on merchandise imports are estimated to represent 15 percent of the c.i.f. value of imports before adjustment. Since the change in parity of the CFA franc against the French franc in 1994, this rate has been increased to 17.6 percent. Apart from the freight and insurance on imported merchandise, other credit or debit entries are estimated based on data supplied by the various sources mentioned above.

Travel

BCEAO derives credit entries from surveys of hotels and travel agencies conducted by the Tourism and Hotel Business Directorate. Estimates are calculated based on the number of visitors, the number of overnight stays, and the estimated average expenditure by tourists.

Debit entries are drawn from data on pilgrimages provided by the Islamic Union of Benin, data on mission expenditures of government officials provided by the General Directorate of the Budget and Equipment, and an estimate of the holiday expenditures of technical assistants and other nonresidents.

These credit and debit entries are supplemented with the amounts obtained from the breakdown, by economic type, of exchanges of BCEAO banknotes between West African Economic and Monetary Union (WAEMU) member countries.

Other services

Insurance. The National Insurance and Reinsurance Company provides data on transactions with nonresidents. Credit entries cover direct insurance premiums, reinsurance premiums, and reinsurance claim payments received, and debit entries correspond to direct insurance claim payments, reinsurance premiums, and the various fees paid. No separate estimates for insurance on merchandise are available.

Other business. Amounts entered include commissions, management expenses and agents' fees, the rental of goods and equipment, communications services, and film rental costs.

Government, n.i.e. The data are derived from information provided by the various ministries and government departments concerned, diplomatic missions and international organizations located in Benin, the French Pay Office in Benin, and consulting firms. Credit entries include the expenditure in Benin of foreign diplomatic missions, international organizations, and aid program and technical assistance offices. Debit entries represent expenditure of Benin's diplomatic missions abroad.

Income

Investment income

Credit entries relate to statutory royalties paid, interest paid by the BCEAO on government deposits, dividends and interest on investments, and interest collected from abroad by enterprises and banks.

Debit entries include interest payable on the public and private external debt, financial costs, and interest paid abroad by enterprises and banks. Data are obtained from the agencies concerned and from reports by banks and enterprises.

Current transfers

No distinction is made in the available data between current transfers and capital transfers.

General government

Credit entries to this account correspond to taxes and fees paid by foreign sea and air shipping companies; local expenditure of the Agency for Air Traffic Safety (Agence pour la Sécurité de la Navigation Aérienne–ASECNA); intergovernmental grants, including debt forgiveness; grants from foreign private institutions to the government; and grants received under aid programs.

Debits represent mainly government contributions to the operating expenses of the international organizations to which Benin belongs. The Ministries of Finance and Planning provide the data.

Other sectors

The amounts credited to this account cover transfers from abroad of the savings of Beninese nationals; pensions of civilians and soldiers received from abroad, particularly from France by war veterans; the costs of foreign scholarships used in Benin; transfers from migrants; and grants for social projects. Data are obtained from the Post Office, commercial bank reports, and surveys of embassies.

Debit entries consist of transfers of the savings of foreign residents, estimated by the BCEAO; ASECNA revenue in Benin; and taxes and royalties paid with respect to pilgrimages to Mecca.

Capital Account

Capital transfers

As indicated above under current transfers, it is not yet possible to break down unrequited transfers into current transfers and capital transfers.

Financial Account

Other investment

For private sector foreign assets and liabilities, the Autonomous Amortization Fund (Caisse Autonome d'Amortissement–CAA) supplies data on drawings and repayments on loans owed by enterprises for government-guaranteed borrowing abroad. These data are supplemented with survey data from enterprises regarding changes in their long- and short-term foreign assets and liabilities.

The CAA provides the data on the public external debt, especially on drawings made and repayments outstanding. Other debit entries on this account relate to the payment of subscriptions to the capital of international organizations and community institutions.

Reserve assets

The data on reserve assets are obtained from the central bank's statement. They cover the reserve position in the Fund, SDR holdings, and other foreign exchange assets, particularly those in operations accounts.

Bermuda

The following text was confirmed as current in 2009.

I. General

The balance of payments statistics are compiled by the Bermuda Government Department of Statistics. The data are compiled and disseminated annually and quarterly according to the guidelines of the *BPM5*. The data are available from the first quarter of 2006. Data before 2006 are available but are considered unofficial. The Bermuda Monetary Authority prepared the statistics before 2006, and the data are currently being revised.

With the exception of specific items listed below, all data items are compiled directly from survey data and grossed up to derive population estimates. The data are grouped by questionnaire type and are grossed up based on the number of employees in the population.

The sample is chosen based on any business or organization reporting annual flows in excess of $100,000 on the Balance of Payments section of the Economic Activity Survey. Sampling error is minimal for two main reasons: because the Business Register is continually updated and because the sample selection is computerized.

II. Specific Items: Balance of Payments

Current Account

Goods

Data on trade in goods are calculated as the sum of recorded goods from the Dataflex and CAPS goods recording system. Freight insurance is estimated as 2 percent and freight as 10 percent of imports. Reexports and exports are aggregated and recorded simply as exports. Exports consist of rum and other alcoholic beverages, and reexports consist of pharmaceutical items.

Services

Transportation

Estimates are compiled directly from the quarterly survey data and grossed up to derive population estimates.

Travel

Business travel debit. This is calculated by multiplying the number of resident business trips abroad by the average spent per trip. The average spent per trip is calculated by taking the 2004 expenditure from the Household Expenditure Survey (HES), allocating it quarterly, and then advancing the number by the average increases in the quarterly All Items consumer price index (CPI) for the United States.

Medical travel debit. This is calculated by first taking the annual estimated expenditure of Bermuda residents on health expenditure overseas as obtained from the Bermuda Health Systems and Services Profile report for 2006. This expenditure is allocated quarterly, and then advanced by the average increases in the quarterly CPI for medical care for the United States.

Personal travel debit. This is calculated as the sum of:

(a) spending abroad by residents while on vacation. The value of this spending is obtained from the 2004 HES and allocated quarterly for that year. The number is advanced by first multiplying the change in the number of resident trips abroad and then by the average increases in the quarterly All Items CPI for the United States.

(b) resident purchases abroad as declared at the Bermuda Airport.

(c) unreported resident purchases abroad (estimated as 30 percent of resident purchases abroad as declared at the Bermuda Airport).

Education travel debit. Expenditure on education recorded in the 2004 HES is split into two groups: studies requiring travel overseas, and distance/correspondence (on-island) courses. The total on-island courses amount is divided by four and blown up by the year-on-year percentage change in the Canadian tuition CPI. This amount is then blown up by the year-on-year percentage change in the U.S./Canadian exchange rate. This produces the amount spent each quarter on distance/correspondence courses. The total amount for physical overseas education is multiplied by the percentage of students traveling overseas for study (based on the annual number) in the quarter. It is then multiplied by the year-on-year percentage change in the U.S./Canadian exchange rate. It is then multiplied by the year-on-year percentage change in the Canadian CPI for tuition fees and the year-on-year percentage change in the Canadian CPI for all items. These two price indices are weighted by the 59.9 percent students would spend (on average) for their tuition to be applied to the tuition fee CPI and 40.1 percent applied to the all-items CPI.

Other services

Data on spending on nonresident construction services are captured on a separate quarterly construction survey.

Income

Compensation of employees

Compensation of seasonal workers is calculated by multiplying the number of quarterly three-month work permits issued by a pro-rated average annual income for the hotel industry. The annual income value is pro-rated quarterly, and a quarterly inflation adjustment is applied.

Expenditure by seasonal workers in Bermuda is captured as business travel receipts. This value was originally captured from the 2004 HES. It was then adjusted by subtracting the following:

(a) expenditure on foreign travel

(b) expenditure on overseas education

(c) remittances

(d) half of the reported expenditure on medical services

(e) half of the reported expenditure on rent

The result was then pro-rated quarterly and multiplied by the quarterly number of three-month work permits issued.

Investment income

Estimates are compiled directly from the quarterly survey data and grossed up to derive population estimates.

Current transfers

Estimates are compiled directly from the quarterly survey data and grossed up to derive population estimates.

General government

Other sectors

Capital Account

Capital transfers

Financial Account

Estimates are compiled directly from the quarterly survey data and grossed up to derive population estimates.

Direct investment

Data on land sales is calculated indirectly by using the data on stamp tax collected by the Accountant General's department and dividing by 22 percent (the stamp tax rate).

Other estimates are compiled directly from the quarterly survey data and grossed up to derive population estimates.

Portfolio investment

Estimates are compiled directly from the quarterly survey data and grossed up to derive population estimates.

Other investment

Estimates are compiled directly from the quarterly survey data and grossed up to derive population estimates.

Reserve assets

The data are collected from the Bermuda Monetary Authority.

Bolivia

The following text was confirmed as current in 2009.

I. General

The Balance of Payments Department of the Central Bank of Bolivia (Banco Central de Bolivia—BCB) is responsible for compiling Bolivia's balance of payments. The department depends on the Office of the Deputy Manager for the External Sector Office of the Chief Economist, BCB.

The Balance of Payments Department obtains statistical data from various sources in addition to the BCB's own records, namely, the National Statistical Institute (INE); the Customs Office; the Ministry of Mining; the Ministry of Hydrocarbons; the Bolivian State-Owned Oil Company (Yacimientos Petrolíferos Fiscales Bolivianos); the Ministry of External Relations; the General Treasury of the Nation; the Superintendency of Telecommunications and Postal Services; the Vice Ministry of Tourism; the Superintendency of Pensions, Equity, and Insurance; the National Service of Migration; the Ministry of Labor; the banking sector; the nonbank financial sector; and the Vice Ministry of Public Investment and External Financing.

The Balance of Payments Department also surveys various private sector institutions and enterprises and international organizations to collect data on services income; unilateral transfers; direct investment, portfolio investment, and other direct investment; and other private, nonbank financial flows.

Data are compiled in U.S. dollars. Transactions denominated in other currencies are converted to U.S. dollar equivalents, using the exchange rate prevailing at the end of the reporting period for transactions derived from the balance sheets of data providers. For other transactions, BCB uses the average exchange rate for the period.

Since 1997, the classification of accounts used in the Bolivian balance of payments corresponds to the recommendations of the *BPM5*. Balance of payments statistics are compiled quarterly. Preliminary data are disseminated 45 days after the end of the reference period.

The BCB's Department of Information and Publications publishes these statistics in the following bulletins: *Statistical Bulletin* (monthly and quarterly), *External Sector* (semiannually), and *Annual Report of the BCB*, which are also available on the Internet (www.bcb.gov.bo). The monthly, quarterly, and semiannual bulletins are published one, three, and five months, respectively, after the end of the reference period. The *Quarterly Balance of Payments and IIP Report* is published 45 days after the end of the reference period.

II. Specific Items: Balance of Payments

Current Account

Goods

The BCB calculates foreign trade in goods on the basis of data obtained from the INE. Merchandise imports and exports are valued on c.i.f. and f.o.b. bases, respectively. Both amounts are expressed in U.S. dollars. The customs data record the physical movement of goods across Bolivia's borders, but these data are adjusted with respect to coverage, valuation, and timing to accord with *BPM5* concepts. The National Customs Office provides the information on freight, insurance, and other expenditures for imports.

Services

Transportation

This account covers freight and passenger services for all modes of transport. The BCB obtains transportation services data from surveys it conducts for this purpose.

Travel

Since 2000, this information is obtained through an annual survey conducted by the INE. This is in accordance with an agreement signed by the BCB, the Vice Ministry of Tourism, the National Service of Migration, and the INE. Travel transactions are broken down between business and personal travel.

Other services

The BCB obtains the data from its own records, surveys, and information collected from private institutions directly connected to the sector providing or receiving these services. Such institutions are the postal and telecommunications companies, the Superintendency of Telecommunications, the Superintendency of Pensions, Equity, and Insurance, private banks, the Ministry of Foreign Affairs, embassies, and television, radio, and cinema enterprises.

This item includes services in communications; insurance; finance (data come from the banks' quarterly reports of income and expenditure); computers, royalties, and license fees; other business and professional; personal, cultural, and recreational; and other government services. In 2007, there was particular emphasis on compiling data through surveys of communication enterprises such as TV, radio, and news agencies.

Income

Compensation of employees

This item includes the remuneration of seasonal and border workers. The BCB obtains data on the number of workers from its surveys and the Ministry of Labor.

Investment income

Since 2007, the BCB obtains these data from its own survey on external private capital flows and positions. The BCB obtains the profits of foreign direct investment by survey and assesses this information against an estimated rate of return. In the case of the capitalized enterprises, the *Bulletin of the Superintendency of Pensions, Equity, and Insurance* provides the data. The BCB obtains data on other investment income from its own official records, the banking system, and estimates. Credit entries are obtained from the BCB's quasi-fiscal report and estimates. A data ROSC mission in early 2007 mentioned that there have been some improvements in the coverage of private capital flows and positions since the foreign direct investment survey.

Current transfers

The BCB compilers derive the entries on official transfers from official reports of the Vice Ministry of Public Investment and External Financing (VIPFE) and from information from the foreign exchange balance produced in the BCB. The debits on official transfers are based on information provided by the Treasury on current contributions to international organizations. The credits and debits on private transfers are derived from information provided by companies (that carry out electronic money transfers), the banks (remittances), and other donors.

Capital Account

Capital transfers

The BCB obtains data from its records, various donor organizations, and governments.

Financial Account

Direct investment

Since 2007, this information has been obtained through quarterly external private capital surveys.

Portfolio investment

Since 1996, this item includes data on treasury bill holdings by nonresidents. Since 2003, the BCB has been conducting a quarterly survey of portfolio investment abroad by residents. In addition, since 1999, the item includes transactions of the Liquid Assets Requirement Fund of the commercial banks and other financial institutions. Since 2007, the portfolio investment data have been obtained through the external private capital survey.

Other investment

This item includes transactions on the public and private external debt, obtained from the BCB records and from quarterly reports of the private banking system, other financial institutions, and data published by creditor institutions like the Corporación Andina de Fomento. Other financial transactions are based on BCB records and estimates. Since 1999, the BCB has obtained data on the flows of residents' deposits in nonresident banks from the Bank for International Settlements. Since 2007, other investment data have been obtained through the external private capital survey.

Reserve assets

The BCB obtains this item from its official balance sheet, which includes holdings of monetary gold, foreign exchange, investments in securities, holdings of SDRs, etc.

III. Specific Items: International Investment Position

The institutional classification corresponds to the *BPM5* recommendations. Sources of information on international investment position data are the same as those used for the balance of payments.

In addition, the Gold and Foreign Exchange Position Statement from the BCB monetary accounts is used to determine asset price variations and foreign exchange variations of reserve assets. Foreign exchange variations in the medium- and long-term public external debt are those reported by the Management and Analysis External Debt System (SYGADE).

Bosnia and Herzegovina

The following text was confirmed as current in 2009.

I. General

The Central Bank of Bosnia and Herzegovina (CBBH) is responsible for compiling Bosnia and Herzegovina's

(BH's) balance of payments statistics. The balance of payments statistics are compiled in accordance with *BPM5*.

Data sources for compiling the balance of payments are the Ministry of Foreign Trade and Economic Relations, the Ministry of Finance and Treasury, the Ministry of Foreign Affairs, the Indirect Taxation Authority, the statistical agencies (the Agency for Statistics of BH [ASBH] and two entity-level agencies: the Federal Office of Statistics of the Federation of BH and the Republika Srpska Institute for Statistics), pension funds, residential commercial banks, financial and nonfinancial companies, as well as embassies and international organization located in BH. Statistics compiled within the CBBH are also used in the balance of payments, such as monetary and financial statistics, government finance statistics, treasury and accounting, as well as data given by the Economic Analyses Division and the Department for Financial Stability.

To obtain more accurate and reliable data, the CBBH conducts quarterly and annual statistical surveys in companies with foreign investment, insurance companies, telecommunication and post companies, transport companies, pension funds, embassies, and international organizations in BH.

The CBBH compilers supplement the data with information from publications of international organizations and institutions, as well as statistics received from institutions of other countries from the region. The compilers make estimates for balance of payments items for all missing data, in accordance with the recommendations of the IMF.

During 1998–2000, the balance of payments statistics were compiled annually. As of 2001, balance of payments statistics are also compiled quarterly, expressed in both the domestic currency (KM) and U.S. dollars. The deadlines for publishing data on the CBBH website as well as in the quarterly and annual CBBH bulletins are included in the CBBH's schedule for publishing statistical data and are also available on the CBBH website. Along with compilation of the balance of payments on a quarterly basis, data for the previous quarters of current year are revised. Also, along with compilation of the balance of payments on an annual basis, quarterly and annual data for the previous three years are revised as well.

Revisions of previously published balance of payments items are made for several reasons: source data are revised by the agencies compiling those data, some source data are published with a delay in relation to the reporting period (e.g., OECD data on official transfers), and results of surveys conducted by the CBBH provide new and improved data series.

II. Specific Items: Balance of Payments

Current Account

Goods

The CBBH produces monthly series of data on exports and imports of goods on a balance of payments basis and seasonally adjusted.

Since 2005, the source of data for foreign trade statistics has been the ASBH. Foreign trade statistics (the applied methodology description is available at http://www.bhas.ba) are compiled based on a broadened definition of the special trade system, which is in accordance with Eurostat recommendations (*Statistics on the Trading of Goods: User Guide*, EC, Eurostat, November 2002). To present data on exports and imports of goods on a balance of payments basis, the CBBH performs adjustments in respect of coverage, value, timing, and classification of transactions.

Adjustments to exports

Coverage adjustments. In addition to an undeclared exports estimate, coverage adjustments are also related to the value of exports in the special trade system to the value of exports in general trade. The general trade system provides a more accurate basis for estimating the change of ownership criterion used in the balance of payments statistics. Therefore, the value of export of goods from customs warehouses, free commercial zones, and other areas under customs control and supervision are added to the value of exports.

Valuation adjustments. These pertain to the value adjustments for undervalued and undeclared exports. Undeclared and undervalued exports are estimated to have had a downward tendency until 2006. Since the introduction of the value-added tax in the beginning of 2006, the value adjustments of exports are no longer performed.

Adjustments to imports

Coverage adjustments. In addition to the imports not recorded by customs, coverage adjustments also include adjustment of imports from the special to the general trade system (i.e., the value of goods coming from abroad into customs warehouses, free commercial zones, or other areas under customs control and supervision, as well as temporary imports without value change, are added). In addition, the imports value is decreased by the estimated value of goods imported by nonresident institutions and organizations in BH. Other necessary adjustments are also made. The CBBH, in addition to the above-mentioned adjustments, also makes valuation adjustments for undervalued imports.

Timing adjustment. A timing adjustment is made because customs statistics are based on the physical movement of goods across country borders, whereas balance of payments statistics use the change of ownership concept. Physical movement and change of ownership do not necessarily occur simultaneously, and therefore timing adjustments in foreign trade data are necessary.

Classification adjustments. These are made to deduct freight and insurance included in customs statistics on imports, since the balance of payments statistics concept is "free on board" (f.o.b.).

Seasonal adjustment

Seasonal adjustment of the foreign trade statistics data series removes oscillations in the value of data on imports and exports due to seasonal influences on foreign trade, such as weather, construction season, fiscal reasons, and holidays. Most pronounced are typically substantial increases in imports due to seasonal impacts in the last few months of each year followed by declines during the first few months of the next year. Exports also fall notably the first few months in most years. The seasonally adjusted series makes it easier for users to discern period-to-period changes, excluding the seasonal effects. For removing regular seasonal effects on the original series, the CBBH applies the X–12 method, the most commonly applied technique for seasonal adjustments of official statistics. More detailed information on this method is available on following website: *www.census.gov/pub/ts/x12a*.

In addition to applying the X–12 method for seasonal adjustment, by using the same method, time series on imports and exports are used to calculate and publish the movement trend of BH exports and imports values, i.e., the value of the trend cycle. The trend cycle shows the basic line or a general trend reflected in the data.

The original series on imports and exports are published along with the seasonally adjusted series and trend cycles.

Exports and imports by commodities

Data on exports and imports by commodities are compiled on a monthly basis and disseminated by means of the CBBH's publications and its website. Since 2005, the source of these data has been the ASBH. The data on exports and imports of goods are classified according to the combined nomenclature based on the Harmonized Commodity Description and Coding System (Harmonized System, HS) developed by the World Customs Organization (WCO).

For purposes of reporting on exports and imports by commodities, the CBBH foreign trade statistics use the classification of commodities in the two-digit nomenclature, meaning that exported/imported commodities are classified into 98 tariff chapters of the nomenclature.

Exports and imports by countries

The data on exports and imports by countries are compiled and disseminated by means of the CBBH's publications and its website. Since 2005, the source of these data has been the ASBH.

In compiling foreign trade statistics by countries, according to the international methodology used by the United Nations and the European Union, the country of origin is used as the country of import. In the case of incorrect codes or if the field of country of origin is not filled in in the customs database, the country of dispatch is used as the country of import.

The country of destination is used as the country of export, and in the case of incorrect codes or if the field of country of destination is not filled in in the customs database, the country of dispatch is also used as the country of export, because it represents the first country goods went to from BH. The partner country is marked according to the ISO code system set up by the UN (the codes consist of two alphabetic characters).

Services

The main sources of data for transaction values of services with nonresidents are statistical and government institutions, commercial banks (direct surveys of commercial banks on balance of payments transactions that banks perform for their clients), direct surveys of BH companies, and the CBBH. Data are supplemented with information from publications of local institutions and statistical institutes of other countries from the region, and estimates are made for missing and incomplete data.

Services are classified into three groups: transportation, travel, and other services.

Transportation

Transportation services comprise transport of goods and passengers and other income and costs linked to transportation services that residents provide to nonresidents, and vice versa. Source data are collected through a direct survey, conducted by the CBBH, on transport companies and commercial banks in BH.

In 2008, the CBBH initiated a survey on transportation services of BH residents to nonresidents for 2007. This survey consists of BH companies registered for providing services in international road transport, railroad transport, and air transport.

The value of services of transportation of goods is calculated on the basis of the estimated difference between the value of imported goods at c.i.f. and f.o.b. values. Out of this amount, a part related to the transport services of nonresident carriers is estimated.

Services of passenger transport include the data of Sarajevo airport statistics on air traffic of local and foreign carriers. In addition, the CBBH researches bus transport of nonresidents by resident carriers and residents in international traffic by nonresident carriers.

Travel

Travel services cover inflow/outflow of goods and services provided to nonresidents in BH and services to residents for their travel abroad for a duration of less than one year.

Tourist consumption is divided into business travel and private travel and consists of tourism, education, and medical care.

Business travel is estimated according to the CBBH research on the proportion of business in total (business and private) travel, which is conducted for neighboring countries.

For private travel, data used are provided by statistical institutes in BH on the stay of foreign tourists, and statistical data of other countries on BH tourists in these countries. The CBBH estimates the data for unregistered tourists, the staying expenses of foreign staff in BH, and cross-border daily shopping.

Other services

Other services consist of communication, construction, financial, insurance and reinsurance, and other business and government services.

Communication services. Data on telecommunications and mailing services provided to nonresidents or received from nonresidents are obtained on a quarterly basis by conducting direct surveys of telecommunications and post companies.

Construction services. These consist of construction work by resident companies abroad (data provided by the ASBH) and construction work of nonresidents in BH (with estimates based upon data collected from various official sources such as the Internet, publications, etc.).

Insurance services. These consist of insurance of goods (the value of which is incorporated into the value of imported and exported goods) and other types of direct insurance and reinsurance of goods, life insurance, and insurance against accidents of the resident at a foreign insurer or of a nonresident at a local insurer. Values of provided and obtained services of life insurance and insurance against accidents are collected quarterly through direct surveys of BH companies that are involved in insurance and reinsurance.

Financial services. These consist of the current balance of payments transactions, which refer to letters of credit provision, bank acceptance bills, credit lines, financial leasing, and foreign exchange transactions. The difference between the buying/selling rate and the middle rate is considered as the value of a foreign exchange transaction. Data are directly collected from commercial banks on a monthly basis.

Other business, professional, and technical services. Items such as housing rents from international organizations and embassies and rents from international military missions in BH are estimated based on data on transactions of international organizations in BH with residents.

Government services. Outflows consist of costs of BH embassies abroad, and the Ministry of Foreign Trade provides data quarterly. Inflows are estimated based on data collected from the expenses of foreign embassies and international civil and military units in BH (office stationary, electric energy, equipment, etc.).

Income

According to *BPM5*, in the balance of payments for BH, income is related to work performed (compensation of employees) and capital investment (investment income).

Compensation of employees

For compensations of employees, the inflows are estimated as the amount of wages and salaries paid to residents employed in embassies; international civil and military organizations; foreign staff treated as residents, since they reside in the country longer than one year; and earnings of seasonal, occasional, and temporary BH workers abroad. The outflows of compensation of employees are estimated as the amount of wages and salaries to nonresidents who are temporarily or seasonally employed in BH but not residing for longer than one year in BH. Compensation of employees of local and foreign staff by nonresident employers residing in BH are estimated based on a survey conducted by the CBBH.

Investment income

Investment income consists of credits and debits of direct, portfolio, and other investments.

Direct investment credits include reinvested earnings of BH companies that have foreign direct investments abroad. Direct investment debits include paid-off dividends to direct investors in BH, retained earnings of banks and companies that have foreign direct investments in BH, as well as interests on loans from foreign investors. Necessary information for the credit/debit direct investment income account is obtained from results of a direct survey on foreign investments conducted by the CBBH.

Other investments income. These data are presented by sectors.

Based on data collected from the CBBH and the Ministry of Finance and Treasury, other investment income is calculated for the monetary authorities sector, which includes interest based on the CBBH deposits at nonresidential banks, and for the general government sector, which includes interest repayments of BH external debt to nonresidential banks. Data about investment income of commercial banks, consisting of paid interest on deposits at nonresidential banks, are based on International Transactions Reporting System (ITRS) data and the CBBH estimates.

In other sectors, investments income includes interest on short-term loans of resident companies that carry out import/export of goods, and interest on deposits abroad. As the basis for these estimates, data collected through the trade credit survey conducted by the CBBH are used.

Current transfers

General government

Current transfers of the general government sector include grants from abroad, which are estimated according to the data on official development assistance to BH published by the OECD; data collected from the local institutions; and data collected directly from the donors.

Other sectors

Other sectors current transfers include workers' remittances from abroad and other transfers.

Data that the CBBH receives from Western Union systems are used as a source for credit and debit workers' remittances, as well as information gathered from the ITRS and CBBH estimates. The results of a panel poll on households, "Living in BH," conducted by the ASBH in 2000–2004, are the basis for estimating workers' remittances. In addition, data on the number of refugees and displaced persons and BH emigrants collected from the Ministry for Human Rights and Refugees are used.

Other current transfers. These consist of insurance and reinsurance transfers and data on pensions to/from abroad. Insurance and reinsurance data are collected by the CBBH direct surveys and completed with data already available at the CBBH. Data on pensions from abroad are collected from commercial banks through the ITRS system, while data on pensions paid to foreign countries are directly collected from pension funds in BH.

Capital Account

Capital transfers

General government

Capital transfers of the general government sector are subdivided into debt forgiveness and other transfers; they are estimated according to the data on official development assistance to BH published by the OECD and the World Bank. On the basis of these data, the part of donations of countries that are not members of the Development Assistance Committee is estimated, and that amount is allocated to capital and current transfers of BH.

Other sectors

Capital transfers from abroad to other sectors are further subdivided into migrant transfers, debt forgiveness, and other transfers, and they include estimated migrants' transfers in kind (cars, equipment, and home appliances) and estimated amount of remittances from abroad in the form of capital goods.

Financial Account

The BH balance of payments financial account includes investment flows and changes in reserve assets.

Direct investment

For foreign direct investment, in years up to and including 2003, the CBBH used administrative data of the Ministry for Foreign Trade and Economic Relations on registered investment in equity. Since 2004, the CBBH has regularly conducted quarterly and annual surveys on foreign investment in BH, covering companies and commercial banks that have, or are assumed to have, foreign investment from abroad, or that invest abroad or borrow funds from abroad. Investments in the form of equity/owner shares, reinvested earnings, and other capital (intercompany loans, bonds, money market instruments, trade loans, and other loans) represent components of total foreign direct investment. Data on reinvested earnings are collected on an annual basis. Quarterly and annual data on flows of foreign direct investment, as well as annual data on the stocks of foreign direct investment, are disseminated through the CBBH's publications and its website.

The data are classified by components of foreign direct investment (equity/owner shares, reinvested earnings, and other capital), by the country of the foreign direct investor, and by the industry of the recipient of foreign direct investment (NACE industry classification).

Portfolio investment

While the surveys of foreign investment in BH identify portfolio investment, portfolio investment has not yet been included in the balance of payments, as capital markets are still undeveloped and there are no significant inflows of portfolio investments from abroad.

Other investment

Other investment, assets. Data are collected based on monetary statistics data on foreign assets of commercial banks and other sectors. Estimates of remaining components of foreign assets for other sectors are made for loans to the private sector by commercial banks (the ITRS), flows of trade credits, holdings of foreign currencies outside the banking system, financing of unregistered exports and imports of goods, payment of rents and salaries to residents, and foreign cash inflows from the stay of nonresidents in BH.

Other investment, liabilities. These are presented as flows of trade credits for exported and imported goods, loan flows to the government sector (withdrawal of new government loans and repayment of the principal) and loans to other sectors (short-term and long-term loans to banks and companies and repayment of the principal), flows of other financial liabilities of residents to nonresidents (the change of commercial banks' foreign liabilities), and the collected life insurance premiums of nonresidents at resident insurance organizations. The data used are provided by the CBBH (monetary statistics, ITRS, surveys on credit loans, foreign direct investments, and surveys on the value of insurance services), by the Ministry of Finance and Treasury, as well as estimations made based on data collected from the Bank for International Settlements.

Reserve assets

Data on reserve assets are obtained from monetary statistics (foreign currency reserves, Special Drawing Rights, and other claims) and currency and deposits or securities that have not been included in the upper categories.

III. Specific Items: International Investment Position

International investment position (IIP) statistics of BH are compiled in line with the methodology recommended in *BPM5*, but due to the lack of source data, the IIP for BH is compiled only for the sectors of banks, monetary authorities, and general government. Main data soºurces for the BH IIP statistics are three sets of statistics compiled within the CBBH: foreign investment statistics, monetary and financial statistics, and general government external debt statistics.

IIP data are published annually.

IIP assets consist of foreign direct investments abroad, portfolio investments, financial derivatives, other investments, and reserve assets.

IIP liabilities consist of direct investments in a reporting economy, portfolio investments, financial derivatives, and other investments.

Direct investment

Data for direct investment in banks are derived from a survey on foreign direct investment counducted by the CBBH. The survey covers the equity investments both in BH and abroad. Compilation practice for the foreign direct investment statistics and detailed methodological notes are described above in the "Balance of Payments" section.

Portfolio investment

Surveys on direct investments in BH provide separate data on portfolio investments. However, only portfolio investments in commercial banks are classified in this IIP category. Assets of monetary authorities configured as debt securities are included in reserve assets.

Other investment

Data on stocks of foreign loans and deposits of nonresidents held at residential commercial banks are obtained from the CBBH's monetary and financial statistics.

Reserve assets

Reserve assets are gross foreign reserves of the CBBH, which consist of balance sheet positions of short-term foreign assets of the CBBH (gold, SDR holdings, foreign exchange in the CBBH vault, short-term foreign exchange deposits with nonresident banks, and other) and investment in long-term foreign securities.

Data are derived from monetary and financial statistics.

Botswana

The following text was confirmed as current in 2009.

I. General

The Bank of Botswana (BOB) is responsible for compiling the balance of payments statistics of Botswana. The BOB obtains primary data from various sources: the Trade Statistics Unit (TSU) of the Central Statistics Office (CSO) in the Ministry of Finance and Development Planning (MFDP), the Department of Mines in the Ministry of Mineral Energy and Water Resources, the South African Chamber of Mines, the Employment Bureau of Africa (TEBA), the Cash Flow Unit of the MFDP, and foreign exchange transfer forms. Major producers/manufacturers and exporters also regularly return information.

In addition, the BOB conducts annual balance of payments surveys (i.e., the BOP Enquiry) of most corporations. These surveys cover information about direct investment, income, portfolio investment, and other investment flows. The survey also collects data on positions from which the international investment position (IIP) is derived.

The BOB prepares the balance of payments data both quarterly and annually and publishes them in its *Annual Report* and the monthly *Botswana Financial Statistics* (*BFS*). The data are also available on the BOB website (www.bankofbotswana.bw). Data on exports are prepared monthly and published monthly in the *BFS*. The BOB reports these data to the IMF.

Balance of payments data are compiled on the basis of the *BPM5* methodology. The classification of accounts used in the national presentation of Botswana's balance of payments closely follows the presentation of the *BPM5*.

Balance of payments data are compiled in millions of pula; where necessary, transactions denominated in other currencies are converted to Botswana pula equivalents. The midpoint exchange rate prevailing at the end of the reporting period is used for these transactions.

II. Specific Items: Balance of Payments

Current Account

Goods

The main source of data on goods is the CSO's TSU. Much of the data on exports is, however, based on monthly returns from the major export producers in the mining and manufacturing sectors. The TSU provides data on other exports monthly. The TSU also provides all data on imports; it prepares these data on a monthly basis.

Data on exports and imports are valued on an f.o.b. and c.i.f. basis, respectively. The BOB's Research Department adjusts the imports data for coverage, valuation, and timing to conform to balance of payments concepts. Data from foreign transfer forms (Forms A and S on exports and imports) are used for cross-checking wherever possible. These data are also used to estimate goods for processing and repairs on goods.

Services

Transportation

Transportation services cover air, road, and rail transport for freight, passenger, and courier services. Annual surveys of transport companies (both private and parastatals) provide much of these data, but the surveys are supplemented by data captured from foreign exchange forms. Some of the freight data are estimated using data from customs.

Travel

In the past, travel estimates were based on amounts reported on Forms A and S in a bank's exchange reporting system. These estimates were considered likely to be understated, particularly on the credit side, because of the incidence of prepaid travel settled offshore and the likelihood that expenditure by nonresident visitors while in Botswana will not be classified to the travel item.

To improve the estimates on the credit side, a methodology was established using arrival statistics and the results of a Department of Tourism Visitor Survey. The TSU compiles arrival statistics from migration cards, which classify noncitizen visitors according to their reasons for entering Botswana, based on the Visitor Survey. The survey was first conducted for 1998 and is now being repeated approximately every two years. It also provides useful measures of lengths of stay and average expenditure in various categories of visitors. Estimates are made using information on the average length of stay and expenditure data for each category of visitor applied to the appropriate arrivals data.

The BOB derives data on travel by Botswana government officials from the MFDP's Cash Flow Unit.

On the debt side, the coverage of the item has been improved by the addition of a number of categories of expenditure that were not previously measured. These include:

- student expenditure abroad (derived from Ministry of Education disbursements);

- expenditure abroad by resident air travelers (estimated from air departures and assumptions about length of stay and average expenditure); and

- similar expenditure abroad by resident land travelers (estimated from purchases of foreign exchange for travel reported on Form A, less the amount estimated for air travelers).

Other services

To compile all other services, the BOB uses data from foreign exchange forms estimates based on those records. Other services include communication, construction, insurance, financial, computer and information services, and royalties and license fees.

Other business: These data cover transactions on legal, accounting, and management fees; merchanting and other trade-related fees; operational leasing services; professional fees; and others. These data are obtained from the foreign exchange forms.

Personal, cultural, and recreational: The BOB uses foreign exchange transfer forms and estimates based on these forms to compile these data.

Government, n.i.e.: The MFDP (Accountant General) provides data for the debit items relating to government expenditure, mainly by Botswana diplomatic missions. The credit entries include services under aid programs, technical assistance, foreign diplomatic missions, and international organizations based in Botswana. The main source of the credit entries is the MFDP and foreign exchange transfer forms.

Income

Compensation of employees

The compilers obtain data on credit items from the TEBA (the employment agency for Botswana migrant workers in South African mines), the South African Chamber of Mines, and the foreign exchange transfer forms. Transactions reflect mainly remittances by Botswana mine workers in South Africa. Compilers obtain data on debit items, covering mainly immigrants' transfers, from the foreign exchange transfer forms.

Investment income

Direct investment. The BOB compilers collect these data through an annual balance of payments survey of major enterprises. Through this survey, the compilers also collect data on reinvested earnings and undistributed branch profits.

Portfolio investment. The compilers obtain data on portfolio investment mainly from annual balance of payments surveys of companies and from the balance sheet/income statement of the monetary authority (BOB). The BOB has, for many years now, been able to source data from pension fund managers through their regulator, the Registrar of Pension and Provident Funds, in the MFDP.

Other investment. The compilers obtain data on interest from government external loans and commercial bank returns through annual balance of payments surveys of resident companies and the MFDP's Cash Flow Unit..

Current transfers

General government

The credit entry is mainly Southern African Customs Union (SACU) revenue that the BOB derives from information provided by the MFDP's Cash Flow Unit, as well as withholding taxes. The debit entry comprises subscriptions to international organizations and duties collected in Botswana and paid into the SACU Common Revenue Pool.

Other sectors

The compilers derive data of other sectors from foreign exchange forms. The entries cover mainly transfers of Botswana emigrants.

Financial Account

Direct investment

Compilers obtain data for direct investment both abroad and in Botswana from annual balance of payments surveys of resident enterprises.

Portfolio investment

The data are derived from annual balance of payments surveys of resident enterprises and the Registrar of Pension and Provident Funds.

Other investment

The BOB obtains data from the balance of payments survey of enterprises, foreign exchange forms, and annual reports of major corporations. The MFDP's Cash Flow Unit provides data on government liabilities (loans). The BOB also uses commercial bank currency and deposits (i.e., balance due to/from banks abroad and affiliated banks, as well as deposits of other nonresidents).

Reserve assets

The BOB derives the data from its records. These data reflect changes in the holdings of official foreign reserves.

III. Specific Items: International Investment Position

Direct investment

The BOB derives the information from annual balance of payments surveys of enterprises resident in Botswana. The stock figures are consistent with the balance of payments flows data.

Portfolio investment

Compilers derive data on the outstanding values of both portfolio assets and liabilities from annual surveys of resident companies, as well as from banks and insurance corporations. The BOB also sources data from the Registrar of Pension and Provident Funds and Pension Fund Managers. It also uses supplementary data from its own income statement.

Other investment

The BOB obtains data on government assets and liabilities from the MFDP's Cash Flow Unit. It also uses surveys, along with the commercial banks' income statements. All stock data are consistent with the relevant balance of payments flows data.

Reserve assets

The BOB's balance sheet is the main source of these data.

Brazil

The following text was confirmed as current in 2009.

I. General

The Banco Central do Brasil (BCB), through the Balance of Payments Division of the Department of Economics (DIBAP), is responsible for compiling and publishing Brazil's balance of payments and international investment position (IIP).

The Brazilian balance of payments data collection system is mostly based on an open International Transactions Registration System (ITRS) that comprises a closed exchange settlement system, insofar as it reconciles exchange transactions in the country with residents' (the majority of which are banks) deposits abroad, complemented by data from other sources. The ITRS is based on foreign exchange settlements automatically reported to the BCB by institutions authorized to operate in the foreign exchange market. For deposits and other short-term holdings, the BCB derives data from the change in positions of assets/liabilities collected from the Accounting Plan of the Institutions of the National Financial System (COSIF). For goods exports and imports, the BCB collects data from the Integrated Foreign Trade System (SISCOMEX), a computerized administrative tool that integrates—in a single format—the activities of recording and monitoring foreign trade. Compilers also collect long-term trade loan data from other domestic public agencies. The DIBAP conducts surveys for collecting data on transactions settled outside the ITRS. Data on transactions that are not subject to settlement are based on administrative records.

The IIP consists of (1) data collected from the Electronic Registry of Foreign Capital (RDE), a system managed by the BCB, which includes public and private external debt data (RDE-ROF subsystem) and foreign direct investment data (RDE-IED subsystem); (2) data from the Securities and Exchange Commission of Brazil (CVM), which provides information on the following foreign investments in the domestic market: debt securities, equity, and derivative instruments; (3) data compiled by the Census of Foreign Capital in Brazil (foreign) and from the Census on Brazilian Capital Abroad (domestic) on direct investment – equity capital; (4) other BCB departmental data, including data for international reserves; and (5) banks' foreign assets, short-term credit lines (liabilities), and other data from the COSIF.

The BCB Information System (SISBACEN) collects data on transactions of the currency exchange market directly from financial institutions and other agents authorized to deal foreign currencies. These transactions are formalized through an electronically generated exchange contract or through a simplified form showing the nature and terms of the operation.

The BCB compiles the balance of payments in U.S. dollars on a cash basis. Regarding data extracted from the ITRS, the precise exchange rate for each operation is available to compilers. For transactions in currencies other than the U.S. dollar, the values are converted at daily average market rates, published by the BCB. For conversion of stock data, end-of-period rates are used, whereas for flows used for the estimation of position data, average rates are used. The BCB publishes the balance of payments on a monthly basis.

In the *External Sector Press Release*, available on the Internet (at http://www.bcb.gov.br), the presentation is tailored to focus on transactions most relevant to the Brazilian economy. The standard *BPM5* presentation is published simultaneously and can be found at http://www.bcb.gov.br/?BALANCESPECIAL, along with time series tables of the press release presentations.

Time series for most items are also available at https://www3.bcb.gov.br/sgspub/localizarseries/localizarSeries.do?method=prepararTelaLocalizarSeries. Notwithstanding the format, the balance of payments statements follow the standardized classifications recommended in *BPM5*.

II. Specific Items: Balance of Payments

Current Account

Goods

The data refer to f.o.b. values. The data collection methodology is based on international recommendations by the UN, the Latin American Integration Association, and the South American Common Market (Mercado Común del Sur—MERCOSUR). Export and import data are provided by SISCOMEX. Global trade statistics are published by the Ministry of Development, Industry, and International Commerce, which is responsible for SISCOMEX and for collecting and publishing export and import data. The statistics are available on http://www.desenvolvimento.gov.br/sitio/interna/interna.php?area=5&menu=1161, with a lag of one working day after the end of the reference month, and the most detailed data are published on http://aliceweb.desenvolvimento.gov.br/, with a lag of no more than three weeks after the end of the reference month.

Services

Transportation

For transportation of goods, the BCB uses data provided directly by Brazilian seagoing shipping companies, the International Air Transportation Agency, and the National Waterways Transportation Agency, supplemented by ITRS data. The staff monitors separately the operations involving air, sea, and other (river/land) modes of transportation.

The source of data on passenger transport is the ITRS. For charters, the BCB uses data from the ITRS and data provided by the National Waterways Transportation Agency, which along with companies also supplies data on freight and cross-trade. Data on other transportation services are either reported by companies or based on the ITRS.

Travel

To compile the travel account, the BCB uses ITRS data. The data cover revenues and expenditures regarding sales and purchases by means such as international credit cards, currency transactions between travelers and authorized exchange operators, and receipts and payments between domestic and foreign travel operators.

Other services

The basic source is the ITRS.

Insurance. The entries mainly cover gross earnings and claims received and paid on insurance of exports and imports and on reinsurance.

Income

Compensation of employees

Because the data source is the ITRS, this item does not record the share of income spent in the country in which it is earned. See also "Current transfers."

Investment income

The source used for investment income transactions is the ITRS. The BCB compiles the data on a cash basis, except for revenues related to international reserves, compiled on an accrual basis for securities and on a cash basis for deposits and based on accounting records of the BCB.

Current transfers

Compilers derive data for transactions in cash, including workers' remittances, from the ITRS. Entries also cover grants in kind, for which data are obtained from SISCOMEX.

Capital Account

Capital transfers

The source is the ITRS.

Financial Account

Direct investment

The primary source is the ITRS. The BCB also takes into account investment in goods, as reported in export and import statistics. Also accounted for are conversions of loans, trade credits, interest, and other payments due to residents into foreign direct investment equity, derived from RDE-ROF. The entries include long- and short-term intercompany loans and long-term intercompany trade credits. Short-term intercompany trade credits are not included in FDI but are otherwise in trade credits.

Portfolio investment

The source is the ITRS.

Other investment

The sources on transactions in other investment assets and liabilities are the ITRS, COSIF for deposits and other holdings for which there is no exchange settlement, and trade loans data collected from other domestic public agencies. The BCB obtains short-term trade credit data from the difference between nonfinanced exports and imports (obtained from SISCOMEX) and entries related to their payments.

Reserve assets

These entries refer to transactions in the BCB's holdings of foreign assets, managed by the International Reserves Operations Department. The BCB adjusts the data obtained from its records to exclude changes caused by market price fluctuations of securities, revaluation/devaluation of other currencies vis-à-vis the dollar, and monetization/demonetization of holdings in gold.

III. Specific Items: International Investment Position

IIP data comprise external assets and liabilities of the reporting country, in accordance with the methodology set out in *BPM5*. The IIP statement is updated on a quarterly basis and published in the monthly *External Sector Press Release*. Since the beginning of 2009, monthly IIP estimates have also been published.

Assets

Direct investment abroad. The data source is the Survey on Brazilian Capital Abroad, compiled by the BCB.

Portfolio investment. The data source is the Survey on Brazilian Capital Abroad.

Financial derivatives. The data source is the Survey on Brazilian Capital Abroad.

Other investment. The data sources are the Survey on Brazilian Capital Abroad and Brazilian memberships in international organizations.

Reserve assets. The BCB's International Reserves Operations Department (Depin), the International Affairs Department (Derin), and the Department of Economics (Depec) provide data on reserve assets. The BCB's reserve assets comprise monetary gold; SDRs; foreign currency assets, represented by deposits (overnight, repurchase agreements in the Federal Reserve Board, and time deposits) and securities; Reciprocal Payment and Credit Agreement (CCR) credits; and reserve position in the IMF.

The BCB records securities and CCR credits at market value. Gold assets are valued by the London PM fixing, end-of-period price. SDR assets are recorded by using the SDR/USD end-of-period exchange rate published by the IMF.

The declaration on Brazilian Capital Abroad, containing end-of-period data, is sent annually to the BCB by all residents holding assets abroad valued at US$100,000 (one hundred thousand U.S. dollars) or higher. (The BCB can alter this value each year.)

The BCB uses the balance of payments flows to estimate the position until census data are available.

Liabilities

Direct investment in reporting country. The BCB's Census of Foreign Capital in Brazil collects the data on equity capital every five years. The last published census data refer to 1995, 2000, and 2005. BCB staff uses the exchange settlement system and RDE-IED data for estimates of equity stock until new census data become available. Data on intercompany loans are derived from the RDE-ROF system.

Portfolio investment. For foreign investment in depositary receipts traded in foreign markets as well as equity and debt securities traded in the domestic market, the BCB receives data from the CVM. For debt securities placed abroad, data are collected through the RDE-ROF system. The CVM records equities at market value. The BCB records debt securities traded in the foreign market at nominal value.

Financial derivatives. The BCB staff receives financial derivatives data from the CVM.

Other investment. The staff collects these data through the RDE-ROF system. The interbank short-term positions data (called "nonregistered external debt"), which are carried outside the RDE-ROF system, are collected from the COSIF system. Other liabilities comprise the negative balance of the CCR.

Bulgaria

The following text was confirmed as current in 2009.

I. General

The Bulgarian National Bank (BNB) is responsible for compiling the balance of payments of Bulgaria. The main sources of data are the commercial banks and other financial institutions, domestic corporations and individuals, the National Statistical Institute (NSI), the Ministry of Finance (MOF), other government agencies, and various BNB departments.

Since the beginning of 1996, the BNB has compiled data on a monthly basis. It publishes the data in accordance with its data release calendar on its website at http://www.bnb.bg and in its *Monthly Bulletin*, *Semi-Annual Report*, and *Annual Report*.

The balance of payments of Bulgaria is provided to the Board of the BNB and to certain official institutions, such as the Parliament, the President, the Council of Ministers, the MOF, and other government agencies. The data are also provided to various international organizations such as the IMF, Eurostat, and the European Central Bank.

The BNB released the first series based on *BPM5* with 1991 data. The BNB compiles the balance of payments estimates in millions of Bulgarian leva, euros, and U.S. dollars. Where possible, the compilers convert transactions using the exchange rate prevailing at the time at which the transaction takes place. Otherwise, they use the average exchange rate for the reporting period.

In general, the BNB compiles the balance of payments of Bulgaria in conformity with the methodological principles set out in the *BPM5*. The classification used corresponds with the standard components of the *BPM5*. The first international investment position statement was published for December 31, 1998.

II. Specific Items: Balance of Payments

Current Account

Goods

Until the end of 2006, merchandise exports and imports were based on customs declarations data. Since January 1, 2007, the enterprises trading with other EU member states report according to the INTRASTAT system. The imports and exports with third countries (non-EU member states), as well as the movement of goods within the EU, which is under customs control, are still reported through customs declarations. The BNB and NSI adjust the trade records for timing, coverage, and valuation to conform to balance of payments concepts. Exports and imports of goods are valued at market prices on an f.o.b. basis.

Starting from 2002, the compilers revised the data series according to a new methodology introduced jointly by the BNB and the NSI for compiling imports at f.o.b. prices and receipts and payments regarding the freight transportation. The methodology is based on the analysis of the c.i.f.-f.o.b. correlations for the imports of goods, depending on the different import delivery categories, as well as on the different modes of transportation and nationality of the carriers.

Services

Transportation

Passenger. Credit and debit entries are based on BNB estimates.

Freight. This category covers transportation of goods and port services. Starting from 2002, compilers revised the data series according to a new methodology introduced jointly by the BNB and the NSI for compiling receipts and payments regarding the freight transportation. The freight transportation receipts are set up on the basis of estimated receipts of resident carriers related to the country exports of goods, whereas the payments are calculated as an estimation of the payments made by residents on behalf of nonresident carriers related to the country imports of goods. Compilers estimate the receipts and payments according to mode of transportation and nationality of the carrier.

Other transportation. This item covers services connected with transport of natural gas via pipelines.

Travel

The BNB compiles estimates using a data model that combines data on numbers of travelers to and from Bulgaria with estimates of per capita expenditure to calculate the total credit and debit entries.

Other services

The main source of data is the international transactions reporting system (ITRS), which also reports on enterprises with accounts abroad.

Income

Compensation of employees

Compensation of employees covers wages, salaries and other benefits paid to nonresident workers in the country or received by resident workers abroad. The sources of information for this subitem are commercial banks and companies holding bank accounts with nonresident banks. The compensation of employees also includes income related to unofficial employment estimated in accordance with a data model that the BNB developed in 2006. The compilers revised data as of April 2001. The new methodology is available on the BNB website at http://www.bnb.bg.

Investment income

Data are available for commercial banks, other sectors, the monetary authority, and general government. For direct investment, the BNB records dividends and other earnings on a due-for-payment basis. For reinvested earnings (debit) in other sectors, the BNB derives data from the annual direct investment surveys of the NSI, as well as through surveys of the largest foreign-owned enterprises, used for preliminary estimates. Data on commercial banks' reinvested earnings are derived from their accounting records.

Portfolio investment income is reported by banks, investment funds, insurance companies, pension funds and other financial institutions, and nonbank investment intermediaries. Portfolio investment income is recorded on an accrual basis for the assets of the monetary and financial institution sector and for the liabilities of the general government sector.

Other investment income is recorded on an accrual basis.

Current transfers

General government

BNB derives data from information provided by commercial banks, the MOF, and other sources. The entries include grants in cash and in kind received from foreign governments, international organizations, private institutions, and other sources.

Other sectors

The ITRS is the main source of information on other current transfers. Data cover pensions, gifts, grants, inheritances, and social contributions.

Capital Account

Capital transfers

Information on capital transfers is available from the MOF and the BNB.

Financial Account

Direct investment

The BNB obtains data on foreign direct investment in Bulgaria from the Privatization Agency, the Central Depository, commercial bank reports, public notaries for data on nonresident purchase of real estate, annual surveys of resident direct investment enterprises conducted by the NSI, quarterly surveys of the largest foreign-owned enterprises conducted by the BNB, and quarterly reports of intercompany debt transactions, as well as changes in the capital of foreign-owned insurance and pension companies. Estimates for direct investment abroad are based on the ITRS information and reports from corporations.

Portfolio investment

For assets, the BNB receives reports from banks, investment funds, insurance companies, pension funds and other financial institutions, and nonbank investment intermediaries, which report their own and their clients' investment on a security-by-security basis.

The MOF, BNB, government securities subdepositories, and the Central Depository are the main sources of data for the liabilities side of this component. Reports are also on a security-by-security basis. The Privatization Agency and the Financial Supervision Commission are supplementary data sources.

Other investment

Loans

The main source of information for the commercial bank liabilities in the form of loans is their monthly reports to the BNB, and the data source for the loans of corporations is their quarterly reports. For government and government-guaranteed loans, the MOF provides data.

For the asset side, the compilers receive the data from the commercial bank reports and through the direct reporting from the domestic corporations on their loans to nonresidents. The MOF supplies the data on government loans to nonresidents. For trade credits for both assets and liabilities, corporations report the data quarterly.

Currency and deposits

Banks and enterprises that have transactions in their accounts abroad provide the data. The BNB complements the information with Bank for International Settlements (BIS) data. The data are adjusted to exclude valuation changes.

Reserve assets

Included are transactions in the BNB's external holdings administered by the Issue Department. The compilers obtain data from the BNB's records and adjust them to exclude changes caused by the revaluation/devaluation of other currencies vis-à-vis the Bulgarian lev.

III. Specific Items: International Investment Position

The data sources used to compile Bulgaria's international investment position statement are primarily the same as those used to compile the balance of payments statement, that is, the MOF, balance sheets of the BNB, the commercial banks, data on deposits of the nonbank sector held abroad, the BIS, the NSI, an annual survey of direct investment abroad, and other administrative sources.

Direct investment

For direct investment abroad, the BNB obtains data from the ITRS, as well as corporations' records.

For stock data on foreign direct investment in Bulgaria, BNB produces preliminary estimates as a sum of the stock data as of the end of the previous year plus the transactions reported in the balance of payments for the current year. Staff later revise these data to reflect the results of the NSI comprehensive annual survey among nonbank direct investment enterprises, stock data on intercompany loans, and data collected by the BNB on the stock of banks' assets and liabilities to foreign direct investors.

Portfolio investment

The BNB, banks, investment funds, insurance companies, pension funds and other financial institutions, and nonbank investment intermediaries are the primary sources for compiling portfolio investment assets. The BNB, MOF, government securities subdepositories, and Central Depository are the sources for the portfolio investment liabilities. Since 2005, banks report stocks data (both own and clients' accounts) directly to the BNB on a monthly basis. Government debt securities (liabilities) are valued at face value.

The BNB has estimated other sectors' data as the net sum of all transactions recorded in the balance of payments since 1991. Since 2005, the Central Depository reports stocks data on commercial banks' and other sectors' liabilities to the BNB on a monthly basis.

Other investment

This component is compiled primarily from data obtained from the MOF, the BNB, commercial banks, and enterprises. The BNB bases trade credit liabilities and assets of the real sector on the records of corporations.

For *loans* extended by resident entities to nonresidents, the BNB compiles stock data on the basis of information from the commercial banks, the MOF, and companies' reports. These data cover the monetary authorities, general government, commercial banks, and corporations. On the liabilities side, the BNB compiles data on loans received by the general government on the basis of information from the MOF. For loans of the nonfinancial sector, BNB collects data from the records of corporations; and for loans of the commercial banks, it compiles data from their reports.

For the banking sector, the compilers obtain data for deposits abroad from the commercial banks' balance sheets. For the other sectors, they obtain information from corporations with accounts abroad and from the BIS. On the liabilities side, for the deposits of nonresidents held with domestic banks in both national and foreign currency, the compilers record data on the basis of information from the commercial banks' balance sheets.

Reserve assets

The BNB obtains data from its balance sheet.

Burundi

The following text was confirmed as current in 2008.

I. General

The Research Department of the Bank of the Republic of Burundi (BRB) is responsible for compiling Burundi's balance of payments statistics. The department collects statistical data from several sources, in particular the Customs Department of the Ministry of Finance (import and export statistics); statements submitted to the BRB by the commercial banks and by resident companies transacting with nonresidents in the areas of insurance and transportation; international organizations such as the United Nations Development Program; certain embassies; and BRB internal departments.

BRB compiles the data on an annual basis and publishes them in its *Annual Report*. The account classification used in the national presentation of the balance of payments closely follows the methodology of the *BPM5*.

II. Specific Items: Balance of Payments

Current Account

Goods

The BRB compiles goods statistics on the basis of trade data provided by Customs, which compiles exports f.o.b. and imports c.i.f.

For exports, BRB includes coffee exports f.o.b. Dar-es-Salaam and f.o.t. (free on truck) Bujumbura and tea f.o.b. Mombasa and London.

For imports, the coverage adjustments involve deducting, from the trade data, the imports by embassies and international organizations, transportation and insurance costs, and other related charges, as well as personal effects. Nondeclared imports are estimated at 5 percent of declared imports. Conversely, data on imports of electricity are added to the imports recorded by Customs. BRB derives transportation and insurance costs, included in the c.i.f. value of imports, from annual surveys of transportation and insurance companies. Since 2004, this ratio has been estimated at 18 percent of the c.i.f. value.

Services

Transportation

For shipments, credit entries essentially represent transit receipts and other transportation receipts. With the help of an annual survey of transportation companies, BRB's Research Department estimates transportation costs on imported goods.

For passenger services, BRB compiles data on the basis of a survey of air carriers conducted by BRB's Financial Operations Department. The data are drawn exclusively from receipts from these companies and are recorded in the settlement statement.

Travel

BRB derives the entries for travel from a survey of hotels, foreign tourist spending in Burundi, and spending abroad by residents (BRB statement of exchange transactions).

Other services

Insurance. Insurance companies provide the data in an annual survey conducted by the BRB; data pertain to insurance costs for imports and exports.

Government, n.i.e. The entries under this classification mainly consist of transfers of funds to Burundian embassies abroad and to foreign embassies in Burundi.

Income

Compensation of employees

Debit entries encompass workers' savings and fees for research and work performed. The commercial banks provide this information, and the BRB publishes it monthly in the statement of receipts and payments.

Investment income

Credit entries pertain to interest earned on official reserves, whereas debit entries relate to interest paid by government entities and by public and private enterprises.

Current transfers

These transactions consist of private unrequited transfers and interofficial transfers (technical assistance in kind, emergency aid, and others). Data on transfers are recorded mainly in the settlement statement published by the BRB.

Another source is the data reported by donors and lenders to the Vice Ministry of Development and Reconstruction Planning. Debit entries under this item relate to Burundi's subscriptions to nonfinancial international organizations of which Burundi is a member.

Capital Account

Capital transfers

Migrants' transfers: This item is composed exclusively of final departures and appears in the statement of exchange transactions.

Capital grants: This item consists of bilateral, multilateral, and NGO transfers.

Financial Account

Direct investment

Equity participation and reinvested earnings are classified according to the direction of the transaction (to abroad and from abroad). Equity participation is recorded through commercial bank exchange records and appears in the statement of receipts and payments.

Other investment

BRB derives trade credit data (for imports and exports) by comparing movements of goods shown in customs statistics to the settlement records for exports and imports appearing in the statement of receipts and payments. The BRB derives commercial bank assets and liabilities from the asset/liability statements that the banks submit to the BRB. It obtains drawings on government loans received, and the repayment of these loans, from the Treasury Department of the Ministry of Finance. The BRB sources data on other short-term credits of the private sector from the statement of receipts and payments.

Reserve assets

BRB derives the relevant data from Burundi's monetary survey, as prepared by the BRB.

III. Specific Items: International Investment Position

The following data sources have been used to compile the international investment position (IIP):

For assets: For the banking sector, BRB derives assets data from its own records and from the commercial banks' sectoral balance sheet, whereas for the nonbanking sector, the BRB uses assets data from reporting banks' liabilities to Burundi (in Table 6B) published by the Bank of International Settlements (BIS: www.bis.org/publ/qtrpdf/r_qa0503.pdf), using the end-of-year exchange rate of the U.S. dollar/BIF on December 31. Currently, the BRB does not conduct surveys of the nonbanking sector.

For liabilities: For the banking sector, BRB obtains liabilities data from its own records, the commercial banks, and the other financial corporations' sectoral balance sheet. For the public sector (general government external debt), the Ministry of Finance–Direction of Treasury provides liabilities data. For the nonbanking sector, partial foreign direct investment data are provided by commercial banks.

The absence of enterprise surveys precludes detailed compilation of IIP components for the nonbank sector, including detailed changes in position data (i.e., transactions, price changes, exchange rate changes, and other adjustments). For government external debt liabilities, it is possible to identify changes arising from transactions and exchange rate movements.

Cambodia

The following text was confirmed as current in 2008.

I. General

The National Bank of Cambodia (NBC) is responsible for compiling and disseminating the official balance of payments, external debt, and IIP statistics for Cambodia and collects data directly on international transactions of the central bank and depository corporations and partial data on international transactions by other sectors from the banking sector via the International Transactions Reporting System (ITRS) collection, or obtains them directly from foreign sources. Source data for other sectors are also collected from a number of government institutions and agencies; shipping lines and airlines; insurance companies; foreign embassies in Cambodia and multilateral organizations; other private sector organizations, including commercial banks and other financial institutions; and nongovernmental organizations providing development aid. In addition, data on foreign reserves transactions, exchange rates, and interest rates compiled by the other NBC departments are used in compiling these statistics.

The NBC compiles the statistics on a quarterly and an annual basis and publishes quarterly and annual results in its quarterly *Cambodia: Balance of Payments Statistics Bulletin*, and biannual and annual reports of the NBC. Summary merchandise trade statistics are released in the monthly *Economic and Monetary Statistics Review*. It also reports annual and quarterly statistics to the IMF.

In principle, the statistics are compiled on the basis of the recommendations of the *BPM5*; however, because of the absence of suitable data, approximation is required for some items and classifications, such as the estimation of re-exports.

Because U.S. dollars are circulated freely in the economy since 1993 and used for almost all large transactions, statistics are compiled in both U.S. dollars and riels. The dual compilation also avoids the distorting effects of large variations in the value of the Cambodian riels in the mid–1990s. Where statistical information is not available in U.S. dollars, the data are converted to U.S. dollars at either the period average buying exchange rate or, for transactions derived from stock data, at the end-of-period buying exchange rate.

II. Specific Items: Balance of Payments

Current Account

Goods

Estimates for general merchandise are compiled from a number of data sources. From the Customs and Excise Direction (CED), the NBC obtains monthly statistics of imports and exports of goods, on which import duty or export taxes are imposed. To these it adds estimates for tax-free exports and duty-free imports, re-exports, and informal trade.

For exports, the most important tax-free components are informal exports of timber, tax-free and informal exports of rubber, exports (principally garments) under the Generalized System of Preferences (GSP), agricultural produce (principally fish and paddy rice), and informal re-exports to neighboring countries. Estimates of informal fish, paddy rice, and timber exports are based on annual inquiries and border observation studies, partner-country information, and data from the Ministry of Agriculture Forestry and Fishery. Tax-free rubber and other agricultural produce exports are estimated from data from the Ministry of Agriculture and annual NBC inquiries. GSP exports estimates until 2004 are based on Ministry of Commerce data and CED data from 2005 onward. NBC compilers calculate re-exports by applying estimates of the proportions of particular commodities known to be commonly re-exported to imports of these commodities based on annual discussions with CED officials and industry representatives.

For imports, estimates of commodity aid and imports financed by project aid are based on international-aid statistics compiled by the Council for the Development of Cambodia (CDC) and published in the Development Cooperation Report. Until 2001, details of government imports were collected from government accounts maintained by the Ministry of Economy and Finance. Since 2002, data on government imports are sourced from the CED. Estimates of imports by foreign investment enterprises and by export-oriented businesses are based on data derived from investment approvals granted by the CDC. Informal trade estimates based on annual inquiries and border observation studies are made for a range of imported goods, especially petroleum products, vehicles, construction materials, electronic and white goods, and food and beverages. Demand-side estimates, using data from the NIS household surveys and national accounts database, are also used in compiling these under-coverage estimates.

Customs export data are compiled on an f.o.b. basis, and imports on a c.i.f. basis in source data provided by CED. Freight and insurance on imports are respectively estimated to be 7.2 percent and 0.8 percent of the c.i.f. value of imports, and adjustments are made for these in the statistics.

The statistics do not separately identify goods for processing and goods for repair but include them with other commodities imported and exported. Estimates of goods procured in ports by carriers are based on information provided by the various airlines and KAMSAB (for data on the shipping lines).

Services

Transportation

Separate estimates are made for air and sea transportation services.

For *air* transportation services, freight on imports carried by nonresident airlines is estimated by applying an average freight rate per ton to the quantity of imports. The same methodology is used to estimate details of freight on exports carried by the resident airline.

Passenger fares paid by residents to nonresident airlines are estimated by combining information on the number of passengers collected from the Ministry of the Interior on the numbers of resident and nonresident arrivals and departures, an average weighted airfare, and passenger loadings by the different airlines serving Phnom Penh. Passenger fares paid by nonresidents to the resident airline are estimated in the same manner.

Other air transportation services are estimated from information provided by the resident airline for expenditure in foreign ports and from information provided by the Civil Aviation Authority for expenditure in Cambodia by nonresident airlines.

For *sea* transport, freight on imports carried by nonresident carriers is estimated by deducting freight on air imports from the estimate of freight on total imports and applying to the result the share of nonresident shipping. Freight on exports carried by resident carriers is by multiplying an average freight rate for exported goods by the proportion of the tonnage of exports estimated to be carried by residents. ITRS data are used to estimate passenger fares for sea transport.

Other sea transportation services are estimated from information provided by resident shipping agents and port authorities.

For 2003 onward, ITRS data are used to estimate other transport: freight, passenger fares, and other transportation services.

Travel

For travel credits, separate estimates are made for expenditures by gamblers, tourists, business travelers, and diplomats and official travelers. For example, for tourists and business travelers, data on the number of arrivals are combined with data on the length of stay and the average pattern of expenditure collected from the NBC International Visitors Survey conducted in 2005 and 2006, Ministry of Tourism, and travel agents. For short-term employees of international organizations in Cambodia and employees of aid agencies, estimates are based on the number of such staff and the pattern of expenditure.

Travel debits include estimates based on numbers of departures of residents obtained from Ministry of Interior and Ministry of Tourism data, and their estimated length of stay abroad, and their pattern of expenditure from the NBC Returned Cambodian Travelers' Survey conducted in 2005 and 2006. The distinction between business and personal travel is not disseminated.

Other services

The credit entries include receipts from nonresident telecommunication enterprises for telecommunication services provided in Cambodia (obtained from the Ministry of Post and Telecommunications). They also represent estimated expenditures in Cambodia by embassies of foreign governments on rent and purchases of services (estimates are based on an inquiry made to embassies in Cambodia in 1994; estimates of personal, cultural, and recreational services; estimates of facilitation fees and other miscellaneous services; and expenditure in Cambodia by diplomatic missions). For 2003 onward, ITRS data have been used to estimate credit entries for royalties and license fees, construction services, non-freight insurance services, financial services, other business services, and government services n.i.e.

The debit entries include the following:

(1) payments to nonresident telecommunication enterprises by the Ministry of Post and Telecommunications;

(2) estimates of royalties and license fees paid based on ITRS data;

(3) estimated payments to nonresident contractors providing construction services on projects funded by development assistance transfers (estimated with other aid-related transactions; see current transfers, and ITRS data);

(4) estimates of personal, cultural, and recreational services;

(5) estimates of net insurance paid to nonresident insurers on imports and other nonlife risks incurred in Cambodia (obtained from insurance enterprises and ITRS data);

(6) services charges on purchases of IMF resources and undrawn balances under stand-by or extended arrangements with the IMF;

(7) operational leasing charges paid to nonresidents by resident transport operators (information from resident operators and ITRS data);

(8) estimated lease payments on building by Cambodian embassies abroad;

(9) estimated financial and other business services based on ITRS data; and

(10) expenditures by the Cambodian government on maintaining its representation abroad and travel abroad by officials (information from government accounts and ITRS data).

Income

Compensation of employees

Credit entries include estimates, based on an inquiry made to foreign embassies in Phnom Penh in 1994, of payments that foreign embassies in Cambodia made to local employees.

Debit entries represent salaries paid to nonresidents providing short-term technical assistance to Cambodia. To make the estimates, the data compilers take a proportion of the total technical assistance identified in international-aid statistics compiled by the CDC. The proportion of the total that is assumed to be short-term is based on local inquiries among organizations providing technical assistance.

Investment income

Direct investment. Cambodian direct investment abroad is estimated based largely on a model using average rates of return, average direct investment abroad (mainly housing) by long-term expatriates residing in Cambodia and wealthy Cambodians, and the number of expatriates and wealthy Cambodians.

For inward foreign direct investment income in the financial sector, the NBC measures reinvested earnings and distributed equity income using data collected for monetary management and supervisory purposes. Interest paid on loans to the monetary sector from foreign direct investors is included indistinguishably with interest on other investment.

For foreign direct investment in other sectors, information on reinvested earnings is not available, but the NBC collects information on distributed equity income using data compiled by the CDC. Interest payable to foreign direct investors on borrowing by other sectors is also included in the direct investment income.

Portfolio investment. Income credit is estimated based on dividend and interest assumptions applied to estimates of portfolio investment abroad by expatriates and wealthy Cambodians residing in Cambodia.

Portfolio investment income debits are estimated as zero, because there are no security markets in Cambodia and no data are available.

Other investment. On the credit side, income comprises interest on reserve assets in the form of SDRs (information from the IMF) and foreign exchange (information from fund managers), as well as estimates of other investment income from abroad (mainly interest on bank accounts) received by expatriates and wealthy Cambodians residing in Cambodia.

On the debit side, the principal item is interest payable on official sector debt. The source is government accounting records. To the extent that some of this is not paid, it is also reflected in increases in other investment liabilities. The IMF interest charges are included. An estimate is also made for income paid on nonofficial sector liabilities.

Current transfers

Current transfer credits include current external assistance (budget support grants, commodity aid, project aid, training, and other technical assistance) and family support remittances received from nonresidents. For the current external assistance receipts, information is available from data collected by the CDC, data from multilateral organizations, foreign government embassies, and nongovernment organizations providing aid. This information is classified into current and capital aid transfers on the basis of the nature of the transaction and on an inquiry made to aid providers. For the family support, workers' remittances received from abroad, and other transfers (mainly donations to Cambodian pagodas and charities), compilers make a small estimate based on the ITRS and other ad hoc source data.

Current transfer debits consist of Cambodia's membership contributions to international organizations (information obtained from government financial accounts), and estimates of remittances by expatriates working in Cambodia abroad, based on the ITRS and other ad hoc source data.

Capital Account

Capital transfers

This category includes aid transfers of a capital nature (see description under current transfers) and debt forgiven by creditor countries (information on debt forgiveness is available from debt management records maintained by the Ministry of Economy and Finance). Estimates are also made for migrant transfers credits and debits based on an estimation model tracking the change in residency of Cambodians and foreign expatriates arriving or departing on a long-term basis and ITRS data. Acquisition/disposal of nonproduced, nonfinancial assets is assumed to be zero.

Financial Account

Direct investment

Outward direct investment is estimated based largely on an estimation model on the average direct investment abroad (mainly housing) by long-term expatriates residing in Cambodia and wealthy Cambodians, and the number of expatriates and wealthy Cambodians, supplemented by information from media and other sources on direct investment in enterprises abroad. Inward direct investment transactions are estimated in three parts.

First, data on investment in the monetary sector are available from monthly data collected by the NBC. Information is available on equity investment and reinvestment of earnings. Borrowing from direct investors is included with other borrowing and is not separately distinguished. Second, data on equity and other direct investment in the casino industry are sourced on an ad hoc basis from Ministry Economy and Finance.

Third, investment in other sectors is available from a quarterly monitoring process of foreign investment projects conducted by the CDC. Information is available for equity investment and distributed equity income but not for reinvestment of earnings. Foreign borrowing by direct investment enterprises is measured, and the simplifying assumption is made that this is all direct investment, although it is likely that some part of this borrowing is not from direct investors. Short-term direct investment transactions are not measured.

Portfolio investment

Portfolio investment by Cambodian residents abroad is estimated based on the model described in the direct investment section above, which is also used to estimate portfolio investment abroad by expatriates and wealthy Cambodians residing in Cambodia. Portfolio investment in Cambodia is estimated as zero as there are no security markets in Cambodia and no data are available.

Other investment

Other investment transactions are estimated as derived from several sources. Trade credits and debits estimates are based on export and import data. A source of information on banks' foreign assets and liabilities is the data collected by the NBC. Foreign assets include the share of salaries accumulated in their home countries by expatriates working on long-term technical assistance projects in Cambodia (these expatriates are treated as residents of Cambodia). Estimates of this component are generally made as part of the process of estimating aid transactions. Foreign liabilities include borrowing by the monetary authority from the IMF and by the government from multilateral and bilateral sources.

The lack of suitable sources prevents effective measuring of transactions in foreign financial assets and liabilities of other sectors, although the estimation model described in the direct investment section above is also used to estimate other investment abroad by expatriates and wealthy Cambodians residing in Cambodia and net changes in foreign exchange holdings of residents. Other investment borrowing by direct investment enterprises is included indistinguishably with direct investment borrowing by those enterprises.

Reserve assets

Transactions in Cambodia's reserve assets are estimated (from data provided by the IMF and fund managers) as the changes in the stocks of assets between the beginning and the end of a period. Adjustments are made for revaluations owing to exchange rate changes and reclassifications resulting from the unblocking of some accounts abroad. Estimates of exceptional financing are based on data collected from the Ministry of Economy and Finance.

Cameroon

The following text was confirmed as current in 2009.

I. General

Pursuant to Decree 2004/320 of December 8, 2004, modified by Decree 2007/268 of September 7, 2007, organizing the government, the Ministry of Finance is now the ministerial department responsible for preparing Cameroon's balance of payments, through the Balance of Payments Division of the Directorate of Economic Affairs.

The compilation of Cameroon's balance of payments is based on a direct quarterly survey of 250 enterprises; the weekly reports of commercial banks, other credit institutions, and exchange offices on transactions carried out for their customers; and statistics submitted by government agencies, the Caisse Autonome d'Amortissement (CAA, public external debt), and the monetary authorities.

To compile the balance of payments, Cameroon has used a statistical framework consistent with the IMF recommendation contained in the fifth edition of the IMF's *Balance of Payments Manual (BPM5)* since 1998. The analytical framework distributes transactions among six main accounts: goods and services, income, current transfers, capital and financial transactions account, reserve assets, and exceptional financing.

The items in the goods and services account include goods (general merchandise, goods procured in ports by carriers, goods for processing, repairs on goods, and nonmonetary gold), services (transportation, travel, communications, construction, insurance, financial, IT and information, royalties and license fees, other business, and personal and cultural services), and public expenditure (government services, n.i.e.).

Income includes compensation of employees and income on direct investment, portfolio investment, and other investment.

The current transfers account is divided into current transfers of general government and private current transfers (other sectors).

The capital and financial accounts record (1) *with regard to the capital account:* capital transfers of general government (debt forgiveness, other capital grants, and transfers) and of other sectors (migrants' transfers, etc.); and (2) *with regard to financial transactions* (other than those related to financing the overall balance): direct investment, portfolio investment, and other investment, broken down in accordance with *BPM5* recommendations.

Reserve assets include only the assets of the monetary authorities.

The exceptional financing account includes debt rescheduling and forgiveness and transactions related to arrears.

Transactions are classified using the *BPM5* classification.

Cameroon's balance of payments data theoretically cover all resident transactions with the rest of the world and concern the entire territory of Cameroon, including free trade areas.

Adjustments are made to take account of unrecorded activities.

The balance of payments staff of the Directorate compile and disseminate the data in millions of CFAF. They convert transactions recorded in other currencies (declarations of certain oil companies) into CFAF at the exchange rate on the date of the transaction. When flows are determined on the basis of the differences between the stocks recorded in other currencies at the end of two quarters, staff make the conversion at the average exchange rate for the quarter.

As for the time of recording, Cameroon observes all the principles set out in *BPM5* in recording transactions in goods, services, and financial assets.

Generally speaking, the compilers cross-check data from questionnaires with other information, in particular, bank reporting forms and the administrative declarations of enterprises filed with the International Settlements Unit and the National Statistics Institute.

The compilers reduce statistical discrepancies to be corrected for balancing the balance of payments by a process of iteration based on data reconciliation when the Errors and Omissions item exceeds 5 percent of the total volume of entries.

Cameroon's balance of payments is now compiled in calendar years or fiscal years (January 1–December 31).

Following validation by the Balance of Payments Technical Committee, the balance of payments is disseminated in a document entitled *Balance des Paiements du Cameroun*.

This document is not published but is made available upon request by the Directorate of Economic Affairs of the Ministry of Finance, responsible for preparing it. Consistent time series are available, and a version based on *BPM5* is available for 1988–2007.

II. Specific Items: Balance of Payments

Current Account

Goods

Most of the data on exports and imports of goods come from foreign trade statistics derived from customs statistics and validated by the National Balance of Trade Technical Committee.

Staff make adjustments for assessment, classification, and coverage, to take account not only of unrecorded activities but also of methodological requirements.

Merchandise exports are valued on an f.o.b. basis; merchandise imports are valued on an f.o.b. basis by applying adjustment rates, which vary according to the origin of the goods and are determined by sampling the data in import declarations. The following coefficients are used to adjust total volume: 0.6 percent for insurance and 10.4 percent for freight, for a total coefficient of 11 percent.

Unrecorded activities: Adjustments are made to take account of unrecorded activities. As in the national accounts, the volume of unrecorded trade and smuggling is estimated as 10 percent of official imports.

This overall volume includes the share of goods in flows of Bank of Central African States (BEAC) banknotes in the Central African Economic and Monetary Community Zone. Owing to the improvement of the statistical coverage of trade within the community (exports especially) by customs services and to restrictions on the free movement of persons, this share represents, on the debit side, 100 percent of the total volume of BEAC banknote flows and, on the credit side, 70 percent. (The remainder is spread over various items: personal travel, workers' remittances, deposits of other sectors.)

Services

The balance of payments staff prepare the data on the various types of services using the settlement balance obtained from bank forms—reports prepared by commercial banks concerning the transactions of their customers.

To supplement the information in the settlement balance, staff use the data obtained, on the one hand, from questionnaires sent to consignees and to airline and insurance companies and, on the other hand, from the annual reports of reporting entities.

Income

Compensation of employees

The data on the payment of wages concern the compensation of employees recruited locally by national or foreign diplomatic missions, as well as wages and benefits paid abroad by the private sector.

Investment income

The data on investment income (profits, dividends, interest) come from various respondents (banks, businesses) for the private sector and from the CAA, the Treasury, and the BEAC for the public sector.

Current transfers

Various government agencies provide the information on current transfers to government. For private current transfers, the information comes from questionnaires sent to businesses, from bank forms, and from customs statistics. Staff also use the annual report of the United Nations Development Program on official development assistance to cross-check the data collected.

Financial Account

This includes direct, portfolio, and other investment and reserve assets and covers the transactions of all sectors (monetary authorities, general government, banks, and other sectors).

Directorate staff take the private sector data from questionnaires sent to businesses, the external position of commercial banks prepared by the BEAC, and bank forms or reports, whereas the CAA and the Treasury Directorate provide the public sector data.

Reserves: BEAC headquarters provides the data.

Exceptional financing: The CAA provides the data.

Canada

The following text was confirmed as current in 2009.

I. General

The Balance of Payments Division (BOPD) of Statistics Canada is responsible for compiling Canada's balance of payments statistics, which are published on a quarterly basis. Commencing with the first quarter 2003, international investment position (IIP) statistics are also released quarterly.

As of the first quarter of 1997, BOPD modified these statistics back to 1926 according to the standards set out in the fifth edition of the IMF's *Balance of Payments Manual*, fifth edition *(BPM5)*. Canada's balance of payments statistics are an integral part of the Canadian System of National Accounts, which implemented the 1993 System of National Accounts in the fall of 1997.

In certain specific cases, the recommendations of *BPM5* were not adopted for the following reasons: limitations in data sources (such as for financial derivatives, compensation of employees, and merchanting); lack of analytical usefulness of results (such as the netting of premiums and claims arising from insurance and re-insurance); or complexities in implementing the recommended treatment (such as market valuation of direct investment positions). Apart from the latter, the overall impact in terms of value is not regarded as significant.

Statistics Canada publishes the balance of payments and IIP data bilaterally according to six geographic areas (United States, United Kingdom, other European Union (EU) countries, Japan, other OECD countries, and all other countries). It releases the balance of payments data within 60 days of the reference quarter and releases the IIP data within 80 days of the reference quarter. The usual revision cycle entails revising the data for the four previous years once a year (in the first quarter), except for major historical revisions (generally every 10 years) when all the series are subject to revision.

The BOPD derives the data from a combination of surveys and other sources—chiefly administrative records—and supplements them with benchmark and category-specific estimates. The average response rate for the annual surveys of the division, and on which much of its coverage rests, is 64 percent. For the quarterly surveys, it is 58 percent, and for the monthly surveys, over 90 percent.

The data are released in an electronic database (CANSIM) and through Internet publications at http://www.statcan.ca (click on "Publications"), as well as in the following publications: Statistics Canada catalogs Canada's International Balance of Payments, 67–001-X, and Canada's International Investment Position, 67–202-X (to order, telephone 1–800–700–1033 or send your request to infostats@statcan.ca). Research papers on various topics of the balance of payments and IIP are also available at the same Internet address or by phoning 613–951–1855. These electronic publications are free of charge.

More detailed statistics are also released on (1) international trade in goods (monthly, by commodity, and by country, including seasonally adjusted and constant dollar series); (2) international travel; (3) international transactions in services (annual, Statistics Canada catalog 67–203-X); and (4) international transactions in portfolio securities (monthly, Statistics Canada catalog 67–002-X). These data are also available on the Internet (see address above).

II. Specific Items: Balance of Payments

Current Account

Goods

Exports and imports of goods are valued at the border of the exporting economy; that is, the price of goods includes transportation costs to the border. The BOPD bases the data for the compilation of the goods trade largely on Canadian customs documents. However, it uses U.S. customs documents on imports from Canada to compile the data for Canadian exports to the United States.

The division makes various adjustments for the following: (1) coverage (where customs records are sometimes insufficient or overstate transactions for balance of payments recording); (2) timing (temporary adjustments, as for late documents, are shown until appropriate entries are made in the customs base); (3) valuation of inland freight (to add freight to the export frontier when Customs values goods at the place of last direct shipment, as in the case of imports); and (4) other valuation and residency (as adjustments to (a) remove discounts, increase software valuation on exports, or reduce custom software transactions already covered in service imports; and (b) reflect a change of ownership between Canadian residents and nonresidents when not indicated in origin-based customs records).

Overall, the adjustments on exports are more numerous and sizable than on imports. The adjustment for underestimation of non-U.S. exports is a substantial addition to the customs data. The largest adjustment for imports arises from ensuring that the data appropriately include inland freight to the border.

It should be noted that the adjustments are not always strictly balance of payments adjustments. Often, they are used to rectify what would ideally have been originally recorded as customs data. Another large adjustment is made in bilateral accounts, to convert customs imports on a country-of-origin basis to the last country of shipment, which is believed to better reflect ownership change of the goods.

Services

Transportation

For *passenger* transport, BOPD relies on monthly administrative data, combined with estimates of average passenger fares from a quarterly sample survey of expenditure characteristics by the Culture, Tourism, and Center for Education Statistics Division (CTCES) of Statistics Canada. Included with passenger transport is coverage of cruise fares, which international standards define as travel.

For *goods* transport, the BOPD records, as transportation receipts, the bilateral services that Canadian-domiciled truck operators provide beyond the Canada-U.S. border, whereas it treats as transportation payments the services that U.S.-domiciled truck operators provide within the Canadian border. Taking components for this calculation from the U.S. Bureau of Economic Analysis (BEA), BOPD follows the BEA basic methodology for this series.

For *water* and *air* transport, BOPD derives information from several specific surveys it conducts annually. It maintains survey frames from industry registers and media sources, along with information on shipping companies from the Transportation Division of Statistics Canada. Where regular follow-ups to surveys do not produce sufficient data, the division imputes amounts based on prior responses and available external information.

BOPD often combines the survey results with other sources. For example, for the 1997 historical series, the division adapted methodology to increase the coverage of global payments abroad for the transport by sea of imports. That is, the division closely re-edited the basic survey of freight on non-oil imports to calculate unit values. It then multiplied the unit values by international shipping tonnage unloaded at Canadian ports, as compiled by the Transportation Division of Statistics Canada. The tonnage activity is largely handled by nonresident carriers.

Since deregulation of air services in the late 1980s, reporting has been less than complete for airfreight receipts and for payments for supporting landside services, especially geographic breakouts. Certain payments data on bilateral airfreight and landside services benefit from U.S. estimates, reflecting incomplete information obtained from the Canadian sources.

Travel

The CTCES Division compiles the basic Canadian travel statistics. CTCES derives these statistics from a combination of census data and sample counts of travelers crossing the border, coupled with sample surveys used to collect specific information from travelers, including their expenditures and main purpose of visit. Beginning with the reference year 2000, a new air exit survey introduced on-site interviews for foreign travelers at eight key Canadian airports.

Travel is subdivided into travel for business reasons and travel for personal reasons: *Business* travel covers expenditures by cross-border workers, but insufficient data bar their identification as such in the Canadian statistics. Also, as a result of data limitations, cruise fares as noted above are recorded under transportation services rather than travel. As part of the business travel item, the CTCES calculates estimates of spending by crews (of airplanes, ships, boats, trains, and trucks).

For *personal* travel, data for health-related travel consist of foreign spending for hospital services in Canada. CTCES records these data from the annual hospital survey of the Canadian Institute for Health Information, projecting data for recent years where survey results are not yet available. With the 1995 reference year, CTCES introduced estimates for physician services linked to U.S. data on the payments side. Also starting in 1995, access to U.S. sources has enabled a fuller estimate covering payments, beyond provincial health plans, at major medical centers and university hospitals located in the United States.

On the receipt side of the education series, CTCES produces the estimates by combining the time series on the number of students with average tuition rates and adding estimates of other expenditure. For expenditures of Canadian students in the United States, the data have been supplied by the U.S. BEA from 1981 onward and were linked with balance of payments data for prior years. CTCES updates the data on student expenditures overseas to incorporate volume and expenditure estimates.

Other services

Coverage adjustments. Canada produces data for more than 25 categories of other services, based on norms initially set out in *BPM5* and subsequently extended by the OECD and Eurostat. Described overall in Canadian publications as "commercial services," these services cover categories other than transportation, travel, and government services.

The BOPD compiles the data, collecting much of it through a comprehensive annual survey of receipts and payments by type, country, and status of trade (as between related or unrelated parties). The division supplements these data by its other annual surveys (as for insurance) and by data from other divisions of Statistics Canada, in areas such as architectural services, technical services, communications, research and development, films, or environmental services. BOPD also obtains data from government administrative records and selected counterpart series from the U.S. Department of Commerce.

For the current year, the division estimates data from two quarterly sample surveys, based on results of the previous annual quasi-census survey. Quarterly breakouts of some 11 commercial service categories are produced.

Nonresponses to the surveys tend largely to comprise low- or nil-value transactions for the period. To allow for underreporting in the survey and operations too small to survey, the BOPD applies a provision based on analysis of taxation records. If follow-ups do not result in sufficient data, the division imputes amounts from past results, external information, and broader annual projections as a control indicator.

The division collects the data net of withholding taxes but publishes them inclusive of withholding taxes. A data user will find a range of individual improvements to coverage and detail in the annual publication *Canada's International Transactions in Services*.

For commercial services, a number of specific divergences occur from current international norms, for reasons indicated at the outset. These affect such categories as

(1) construction services (projects longer than a year are accepted as services when so reported);

(2) local supplies (appear with construction or engineering services);

(3) insurance (premiums and claims are recorded gross; freight insurance is not identifiable);

(4) financial services (foreign exchange fees and financial services rendered through correspondent banking remain to be measured);

(5) information services (exclude direct subscriptions, except through a postal adjustment to goods imports, and so far include little coverage of services that support the provision of Internet transactions);

(6) trade-related service (merchanting is excluded, because an apt measure has not been found; some commissions are valued in goods);

(7) equipment rentals (includes most rentals with operators rather than with their specific services);

(8) rough estimates for remuneration to commuters and seasonal workers (treated as units of own-account labor; appearing in Canadian statistics under miscellaneous services, while compensation of employees from the arts, entertainment, and sports sectors are included with the audio-visual services); and

(9) miscellaneous interaffiliate transactions (grouped with business management consulting and accounting services).

Government services n.i.e. These services cover international transactions arising from government activities (diplomatic, commercial relations, and military), not classified elsewhere in the balance of payments.

From 1995 onward, construction has been moved to the construction services account, while purchases of existing buildings continue to be treated as government services. In conformity with international standards, land transactions are classified as nonproduced, nonfinancial assets in the capital account. Also, outlays by the federal government for contributions to the operations of international organizations and programs are excluded from government services and shown in current transfers.

From 1997 onward, data on a range of immigration services paid by nonresidents have been added to this account. These data draw on administrative aggregations of revenues and entry of persons recorded by Citizenship and Immigration Canada.

BOPD collects almost all the government data from administrative sources, except for ad hoc surveys conducted to obtain estimates of spending by foreign embassies in Canada (the last such survey was conducted to collect 1995 data). The U.S. BEA provides most data on spending by U.S. government authorities in Canada. Canadian administrative records provide data on spending by countries other than the U.S.

Insofar as BOPD uses official government records, the source data are on a cash basis, and the division incorporates them as such in the balance of payments accounts (rather than on an accrual basis, as called for by international standards). Compensation paid to local staff working for nonresident embassies or institutions is included under Government services n.i.e.

Income

Investment income

The BOPD estimates investment income from both survey results and derivation procedures. Investment income is grouped under direct investment, portfolio investment, and other investment.

Direct investment. For both receipts and payments, BOPD uses preliminary data to initially estimate quarterly data on direct investment profits. The data are then superseded by more complete annual sources.

For profits on Canadian direct investment abroad by enterprises other than banks and insurance companies, BOPD compiles data on a quarterly basis by adding dividend receipts and reinvested earnings. The division obtains dividend receipts and reinvested earnings data from a quarterly survey. Annually, these estimates are superseded with data on dividends and reinvested earnings from annual BOPD surveys.

For profits abroad of banks and insurance companies, BOPD constructs the data directly from income statement data. From 2003 onward, dividends and reinvested earnings of Canadian banks have been separately identified; they were combined under dividends in the past. Data on reinvested earnings of insurance companies are still combined under dividends.

For profits relating to foreign direct investment in Canada, BOPD takes the data directly from the Industrial Organization and Finance Division of Statistics Canada (IOFD) quarterly survey, applying foreign ownership percentages (derived from the annual survey) to these series to prorate the foreign ownership portion of profits. BOPD obtains data residually on reinvested earnings by subtracting dividends from profits as obtained from the IOFD survey results. The division compiles the dividend series from a quarterly survey and from its own benchmark estimates. It then edits these quarterly foreign-derived profits against annual survey data.

Portfolio investment. The BOPD calculates data on portfolio interest payments on Canadian bonds from a detailed inventory of Canadian bonds (including deep discount bonds), resulting in reliable calculations based on security-by-security detail. The division obtains monthly and quarterly underlying amounts, rates, term, and currency from issuers and brokers. These amounts are further adjusted through an annual census survey of borrowers.

Since January 2003, BOPD derives interest on Canadian money market instruments from a detailed inventory of securities (such as treasury bills, commercial paper, and the like), using interest rate accruals on coupon and amortization of discount/premium. This procedure, which calculates investment income on a security-by-security basis, is similar to the system used to process Canadian bonds. Prior to January 2003, interest calculation on money market instruments was derived from average yields applied to the stocks outstanding for the various instrument categories. The division compiled the outstanding data by cumulating flows.

For payments of dividends on Canadian stocks, the division derives data from an annual survey. The difficulty of surveying all companies with established foreign portfolio ownership in turn affects the coverage of the associated dividend payments. On the asset side, receipts on portfolio dividends from holdings of foreign stocks and portfolio interest on holdings of foreign bonds are derived by applying yields to average quarter-end positions at market value. Quarterly holdings of foreign stocks and bonds at market value are derived using the annual benchmark from the Survey of Canadian Portfolio Investment, adjusted to take into account flows, currency, and price fluctuations. Annual yields are derived from a large and detailed inventory of foreign securities held by the major Canadian financial institutions.

This new methodology was implemented starting with reference year 1997 in the case of dividend receipts and with reference year 2003 in the case of interest receipts on holdings of foreign bonds. Prior to 2003, interest receipts from the United States were derived from the five-year benchmark survey on U.S. portfolio liabilities to Canada, compiled by the U.S. Treasury, while non-U.S. figures were calculated from benchmark positions updated with flows.

Starting with reference year 2002, interest receipts from holdings of foreign money market instruments are derived in a similar way as Canadian debt instruments.

Other investment. Among other investment series, interest from banking operations booked in Canada is derived from data supplied by Canadian banks on a quarterly questionnaire. To derive interest received and paid by the Canadian nonbank sector, BOPD uses positions and relevant market yields.

For foreign bank claims on and liabilities to Canadian residents other than banks, BOPD obtains data from the U.S. Treasury, the Bank of England, and the Bank for International Settlements (BIS). The division also obtains, from annual surveys, data on Canadian borrowing from foreign banks.

For earnings on international reserves, the division obtains data from official records. Similarly, it bases interest receipts on government-financed export credits on administrative records. It bases some further relatively minor components on administrative records and best estimates.

It is noted that income is limited to property income and excludes income from compensation of employees. This exclusion is a departure from international standards. As indicated, labor income is assigned in the Canadian data under various services components. The income could be deemed as representing units of own-account labor. The Canadian treatment has been adopted because of data limitations.

Current transfers

The BOPD of Statistics Canada compiles the current transfers data. The division updates the data annually or quarterly from source information, ranging from monthly compilations of official assistance to annual data running at least two years behind the reference year, such as for data on U.S. withholding taxes from the Internal Revenue Service. The division also adjusts the data to a calendar year basis from government sources that operate on fiscal years ending March 31, notably the series on Canadian withholding taxes.

For private remittances, the division takes information from various sources. For instance, it obtains data on social security payments to nonresidents from administrative data of the Canadian government. It takes information directly from Statistics Canada's Survey of Household Spending on remittances sent from abroad.

Beginning in 1991, BOPD has added estimates from U.S. sources for certain personal gifts and for study and health benefits that Canadian residents receive but do not pay for. Fuller bilateral data have improved the estimate of pension receipts.

For federal government expenditures in support of international organizations and programs, the division takes data largely from the Public Accounts. Last, it obtains data on official contributions, including administrative expenses, from the Canadian International Development Agency.

In 2003, the division used administrative data to estimate the remittances made by nongovernmental organizations from Canada. Results have been revised upward from the reference year 1999.

Capital Account

Capital transfers

Canadian statistics include migrants' assets and debt forgiveness by the government of Canada and its enterprises, as well as inheritances and acquisition or disposal of nonproduced, nonfinancial assets.

For immigrants' funds, the BOPD takes monthly data from official immigration records. Emigrants' funds, relatively small, are lacking information at source. Thus the Demography Division of Statistics Canada supplies estimates of the number of emigrants, to which BOPD applies an average value of funds transferred.

The data on debt forgiveness come from administrative data of the federal government. Private forgiveness of loans has not been observed and, as such, is not in Canadian data. Small estimates of inheritances represent carry forwards from earlier studies.

Acquisition/disposal of nonproduced, nonfinancial assets

The acquisition or disposal of nonproduced, nonfinancial assets covers intangible assets and selected transactions of government in tangible assets (land and subsoil assets). Data on intangible assets are derived from surveys and media information.

Financial Account

Direct investment

Direct investment covers all transactions in equity and debt, including reinvested earnings, between the Canadian enterprise and the foreign enterprise linked by a direct investment relationship. The data sources consist of nine surveys conducted by the BOPD and other sources, ranging from administrative data to information collected from public sources, especially the financial press.

Quarterly, the BOPD surveys the enterprises that typically exhibit significant direct investment flows; it supplements these data with transaction data associated with specific projects and takeovers, reported in the financial press and in other news services.

Given that the division bases the current quarterly flows of direct investment on a sample survey of the largest enterprises, supplemented by other sources mentioned above, BOPD executes additional procedures to improve the quality of quarterly flows. For the nonsurveyed portion, a system estimates for undercoverage of flows based on information from the previous annual surveys, replaced when annual results become available. Sources and methods applicable to Canadian direct investment abroad closely parallel those for foreign direct investment in Canada.

Portfolio investment

In the Canadian statistics, portfolio investment covers transactions between Canadian residents and foreign residents in stocks, bonds, and money market instruments. Starting in 2002, the Canadian practice conforms with international standards, with foreign money market instruments classified under portfolio investment.

The data sources are, in addition to administrative sources such as the Bank of Canada, the surveys conducted by the BOPD. The financial press is an important source of information, as is FPInfomart. In the surveys that BOPD conducts with financial intermediaries, which represent the bulk of the data, BOPD requests the intermediaries to submit trading information on behalf of their clients in electronic form, with details of each transaction. The remaining surveys request information from either the investors in foreign securities or the issuers of Canadian securities and are used to complement the data obtained monthly from financial intermediaries.

Statistics Canada uses an extensive and detailed system to process data on Canadian bonds, which has recently been extended to process Canadian and foreign money market instruments. This all-encompassing system, processing not only flows but also positions and investment income, has been extensively described in an agency research paper "Measurement of Foreign Portfolio Investment in Canadian Bonds" in http://www.statcan.ca (click on "Publications").

Other investment

Loans

Transactions in loan assets comprise the following: loans by the government of Canada and its enterprises, which cover direct loans to foreign countries and to international agencies; loans by Canadian banks; loans by corporations, including mortgage loans; and loans by the corporate and personal sectors through reverse repurchase agreements (reverse repos).

BOPD obtains the data on loans by the government of Canada and its enterprises from administrative data. The division obtains data on loans by Canadian banks from administrative data submitted by Canadian banks to the Bank of Canada. It derives data on loans by corporations, including mortgage loans, from the annual questionnaire and a quarterly sample survey. And it compiles data on loans under repurchase agreements from the monthly surveys of financial intermediaries.

Transactions in loan liabilities comprise the following: corporate, government, and government enterprises' borrowing from foreign banks, including syndicated bank facilities; mortgage loans and other loans; and loans by the corporate and personal sectors through repurchase agreements (repos).

For loan borrowing by Canadian corporations and government enterprises, BOPD obtains data from annual surveys. The division projects the first estimate from a quarterly sample. For borrowing under repurchase agreements, it compiles data from the monthly surveys of financial intermediaries. For foreign short-term bank borrowing, it takes data from a combination of survey data and the monitoring of foreign banking data to detect large movements. The U.S. Treasury, the Bank of England, and the BIS provide data on foreign banking claims on Canada.

Currency and deposits

Transactions in deposit assets comprise deposits abroad of Canadian banks—including gold and silver and short-term interbank asset transactions—and deposit assets of Canadian depositors other than banks. For Canadian banks' deposit assets, BOPD derives statistics from the administrative data submitted by Canadian banks to the Bank of Canada and from a survey on gold and silver transactions. BOPD compiles statistics on deposit assets by Canadian entities other than banks from foreign banking data it obtains from the U.S. Treasury, the Bank of England, and the BIS.

Deposit liabilities are primarily those liabilities lodged by nonresidents with Canadian banks (including gold and silver and short-term interbank liability transactions). Some small foreign deposits also exist at Canadian trust companies and the Bank of Canada. BOPD derives data on Canadian banks' deposit liabilities from the administrative data submitted by Canadian banks to the Bank of Canada and from a survey on gold and silver transactions. The division derives data on deposits from foreign central banks at the Bank of Canada from administrative data.

Other

Other assets and other liabilities are residual categories that include claims other than direct and portfolio investment and that are not in the form of loans or deposits.

Transactions in other assets comprise the following: corporations' trade credits and other short-term receivables; progress payments; transactions in foreign real estate by the Canadian household sector; assets held abroad by immigrants; government of Canada subscriptions to international agencies; and financial derivatives and other miscellaneous claims on nonresidents.

BOPD obtains the data on subscriptions to international agencies from administrative sources. For deferred assets of Canadian immigrants, it derives information from administrative data of Citizenship and Immigration Canada. Data on derivatives come from a monthly survey. For the series on progress payments, the division derives data from the financial press and several known respondents it surveys occasionally. It obtains data on other assets, including trade credit and short-term receivables, from a quarterly sample survey on a preliminary basis and from an annual census survey on a final basis.

Transactions in *other liabilities* include the following: Canadian government demand-note liabilities issued as part of government subscriptions to international agencies; corporations' trade credits and other short-term payables; progress payments; transactions in Canadian real estate by the foreign household sector; liabilities to prospective migrants; and other miscellaneous liabilities. Some provisions are also made for transactions in derivatives.

BOPD derives the data on Canadian government demand-note liabilities from administrative data. It obtains data on short-term payables, including trade credits, from a quarterly sample survey on a preliminary basis and from an annual census survey on a final basis. It derives the series on progress payments from the financial press and several known respondents it surveys occasionally. And it derives the series on prospective migrant liabilities from administrative data of Citizenship and Immigration Canada.

Reserve assets

Transactions in Canada's reserve assets cover official holdings of foreign exchange and other reserve assets of the Exchange Fund Account and the general resources account of the Minister of Finance. BOPD obtains the data on positions from administrative data of the Bank of Canada. It derives the transactions by compiling differences in monthly positions in original currencies.

III. Specific Items: International Investment Position

Canada's international investment position (IIP) is the statistical statement presenting the value and composition of the stock of Canadian financial claims on nonresidents and Canadian financial liabilities to nonresidents at the end of each quarter. Statistics Canada compiles the Canadian statement according to international standards and conventions described in *BPM5*.

For valuing foreign financial assets and liabilities in Canada's IIP, the division uses the valuation recorded in the books of the enterprise in which the investment is made (debtor principle). A market valuation is also provided except for direct investment, still recorded at book value. This is a departure from international standards, which call for market valuation of the IIP.

Direct investment

For operational purposes in Canada, if an enterprise owns at least 10 percent of the voting equity in a foreign enterprise, a direct investment relationship is deemed to exist between these two enterprises. In the Canadian statistics, the BOPD measures direct investment as the total value of equity, net long-term claims, and, from 1983 onward, the net short-term claims of nonbank enterprises held by the enterprise on a nonresident.

Canada values direct investment position series from the books of the enterprises in which the direct investment is made. This means that BOPD measures direct investment abroad from the books of the foreign enterprises and not from the books of the resident enterprises having a direct investment abroad. Similarly, the division measures foreign direct investment in Canada from the books of the resident enterprises receiving the direct investment.

To compile direct investment data, the division uses several questionnaires to target various aspects of claims. One is a quarterly sample survey, while the others are annual quasi-census surveys. These annual questionnaires request information on long- and short-term positions as well as the structure of Canadian companies in the reporting enterprises when they report the operations of their Canadian subsidiaries and other related Canadian entities.

For Canadian direct investment abroad, the division asks Canadian entities to report information on foreign subsidiaries, associates (including joint ventures), branches, and miscellaneous investment, as well as noncapitalized expenditures abroad (for the companies involved in mining and oil exploration) of the Canadian reporting entity.

In addition, the questionnaire asks for accounting information for each related foreign entity as recorded in the books of the foreign entity, as well as the value of the investment as recorded in the books of the Canadian reporting entity (referred to as carrying value).

For foreign direct investment in Canada, the compilers ask Canadian entities to provide long- and short-term liability, as well as equity, as part of foreign direct investment. The compilers also use a number of administrative sources to complement the survey results.

A system processes the survey results, ranging from capturing data through to validating data and deriving flows of capital and year-end positions. Once the system tabulates data for the year-end positions, it executes the two following major procedures:

The most elaborate one is *adjust enterprise*, a program to eliminate, once a year, duplicate reporting between Canadian holding companies and their Canadian-related parties, as reported in the different questionnaires on foreign direct investment. The program also allocates the ownership of assets and liabilities based on the foreign ownership of the Canadian holding companies. The system tracks the ownership structure of the corporations in the enterprise to eliminate duplication resulting from the consolidation of some reporting units by the Canadian holding company.

The other procedure is the *carry forward*, which uses flows to project the current quarterly positions, taking into account the foreign ownership portion, the current year's transactions, growth factors, and exchange rates of the current year.

Portfolio investment

In the Canadian statistics, portfolio investment consists of investment in stocks, bonds, and money market instruments. Starting in 2002, investment in foreign money market instruments is included under portfolio investment in conformity with international statistical guidelines.

To the extent possible, BOPD values the securities at the book value of the companies that issue the instruments. It values investment in stocks on the basis of the shareholder's equity of the company that issued the stocks. It defines the book value of bond and money market instruments as the price at which the security was originally issued plus interest accruals. A market valuation of these portfolio instruments is also provided.

BOPD compiles *asset* positions on foreign securities from an annual position survey on Canadian holdings of portfolio securities, beginning with the year-end 1997. Previously, it compiled positions from cumulating flows. For the first time, the 1998 edition of *Canada's International Investment Position* integrated the results of the new survey.

The division derives *liability* positions on Canadian securities largely from cumulating transactions adjusted by information on positions. For new issues of Canadian securities, the division uses the administrative data source from the Bank of Canada and a number of public sources, supplemented by survey results of major issuers.

BOPD obtains data on the investment in Canadian securities by Canadian banks from administrative data, which Canadian banks submit to the Bank of Canada. For Canadian bonds (Canada's liability) issued in foreign currencies, the division revalues the bonds at year-end to reflect the closing rate of exchange of the period. It updates Canadian equities data yearly, with financial flows that Canadian investment dealers and large Canadian investors report on monthly surveys.

Other investment

Loan assets and loan liabilities

Loan assets include government of Canada loans extended directly to foreign countries and to international organizations. The government makes these loans, in part, by issuing non-interest-bearing, nonnegotiable demand notes, which are recorded as other liabilities. This account also includes the following: export loans by agencies of the government of Canada, such as the Export Development Corporation and the Canadian Wheat Board; loans of banks and other businesses; and loans made under repurchase agreements involving securities as collateral.

The asset account excludes loans and subscriptions to the IMF (classified in official international reserves) and subscriptions to international agencies (classified as other assets).

From 2003 onward, loan assets are presented net of allowances related to concessional loans to developing countries and loan loss provisions of Canadian chartered banks on their foreign loans. Prior to 2003, the loan asset account recorded a separate offsetting entry to account for these allowances related to concessional loans to developing countries that are part of Canada's international development assistance program and some loan loss provisions set up by Canadian chartered banks on their foreign loans.

BOPD obtains the data, on the asset side, on loans by the government of Canada to foreign countries and to international agencies, from administrative data from the Canadian International Development Agency and from the Public Accounts of Canada (for loans by various departments). The division obtains data on loans by government enterprises from the Export Development Corporation and the Canadian Wheat Board and from the Public Accounts of Crown Corporations. It obtains data on loans by Canadian banks from administrative data submitted to the Bank of Canada. And it derives loans by corporations, including mortgage loans, from surveys.

Loan liabilities comprise data on corporate, government, and government enterprise borrowing from foreign banks, including syndicate bank facilities, mortgage loans, and other loans, such as loans made under repurchase agreements (repos) involving securities as collateral. BOPD obtains the data, on the liability side, from the annual surveys.

Deposit assets and deposit liabilities

Deposit assets comprise deposits abroad of Canadian banks, including gold and silver and short-term interbank claims, and deposit assets of Canadian depositors other than banks.

Deposit liabilities comprise foreign deposits at Canadian banks (including gold and silver and short-term interbank liabilities) and exclude bank debentures and the share capital of banks held by nonresidents. (Debentures are recorded under portfolio Canadian bonds, the share capital of Schedule I banks under portfolio Canadian stocks, and the share capital of Schedule II banks under foreign direct investment in Canada.) There are also liabilities of trust companies and of the Bank of Canada.

BOPD derives both deposit assets and deposit liabilities from administrative data that the Canadian banks submit to the Bank of Canada. The division compiles deposit assets of Canadian entities other than banks from foreign banking data obtained from the U.S. Treasury, the Bank of England, and the BIS. It derives foreign deposits, which are from foreign central banks, at the Bank of Canada from administrative data, and it derives foreign deposits of trust companies from a survey.

Other assets and other liabilities

Other assets include the following:

(1) trade receivables and other short-term receivables with unrelated companies and, up until 1983, with related companies of nonbank enterprises (from 1983 onward, short-term intercompany claims of nonbank enterprises are reclassified as direct investment);

(2) progress payments;

(3) real estate investment abroad of the household sector;

(4) assets held abroad by immigrants;

(5) government of Canada subscriptions to international agencies, excluding those to the IMF, which are classified as official international reserves;

(6) financial derivatives; and

(7) other miscellaneous claims on nonresidents.

On the asset side, compilers obtain data for subscriptions to international agencies from the Department of Finance, the Canadian International Development Agency, and Public Accounts. They derive data on the deferred assets of Canadian immigrants from administrative data of Citizenship and Immigration Canada. They derive series on progress payments from the financial press and several known respondents that they survey occasionally. They obtain financial derivatives data from a monthly survey, and they obtain other asset data from annual and quarterly surveys.

Other liabilities include the following:

(1) government of Canada demand note liabilities;

(2) trade payables and other borrowings from unrelated companies and, up until 1983, from related companies of nonbank enterprises (from 1983 onward, short-term intercompany liabilities of nonbank enterprises are reclassified under direct investment);

(3) foreign real estate investments in Canada;

(4) mortgage liabilities of the personal sector;

(5) dividends declared but not paid;

(6) SDRs;

(7) progress payments;

(8) liabilities to prospective immigrants;

(9) value of Canadian securities held in nominee accounts for nonresidents; and

(10) other miscellaneous liabilities.

On the liability side, compilers derive government of Canada demand note liabilities from administrative data. They obtain data on short-term payables, including trade credits, from a quarterly survey. They derive the series on progress payments from the financial press and from several known respondents they survey occasionally. And they derive the series on prospective migrant liabilities from administrative data of Citizenship and Immigration Canada.

Reserve assets

Official international reserves cover official holdings of foreign exchange and other reserve assets of the Exchange Fund Account and the general resources account of the Minister of Finance. Reserve assets comprise monetary gold, SDRs, reserve position in the IMF, foreign exchange assets (consisting of currency and deposits and securities), and other claims. The BOPD obtains these figures from administrative data of the Bank of Canada.

Cape Verde

The following text was confirmed as current in 2009.

I. General

The Department of Statistics and Economic Research (DEE) of the Bank of Cape Verde (BCV) is responsible for compiling Cape Verde's balance of payments statistics. The DEE obtains data from commercial banks, ministries, government agencies, and other administrative sources.

In addition, the department uses surveys to collect information on services, income, transfers, and private financial flows of the nonbanking sector.

The BCV publishes the balance of payments in its bulletin. It compiles data in millions of Cape Verde escudos. Whenever possible, data comply with the *BPM5*. Staff have adjusted time series retroactively up to 1986 to harmonize them with the *BPM5* methodology. Data are subject to revision and should be used with caution.

II. Specific Items: Balance of Payments

Current Account

Goods

The DEE compiles data on exports on an f.o.b. basis using data from pre-export registration bulletins issued by the Directorate General of Commerce, for goods subject to control. For exports of manufactured and free-trade-zone goods (not subject to previous registration), the department collects data from Customs.

The DEE compiles data on imports on an f.o.b. basis, using information from the BCV Exchange Control Division for imports subject to preregistration and customs data for the rest. The latter include goods imported by export-processing enterprises and investment enterprises and imports of heavy equipment (aircraft, ships, and agricultural desalinizing machinery). The department applies valuation adjustments to imports of duty-exempt items entering customs on a grant basis.

Services

The DEE obtains information on services primarily from the foreign exchange record (the structure of which is based on the *BPM5*). Staff supplement the information with data collected through surveys of major service enterprises (airlines, shipyards, port and airport authorities, communications, fuel suppliers for carriers), as well as export-processing enterprises.

Transportation

The DEE obtains information on freight from the exchange record and from customs data on goods entering the country on a c.i.f. basis. Staff derive the data on passenger and other transportation services from the exchange record and surveys of the national airline, fuel suppliers, and port and airport authorities.

Travel

Entries in the travel category include tourism, business travel, students, civil servants, and other travelers. Staff collect data from the exchange record.

Other services

Communications. The DEE supplements data from the exchange register with data collected through questionnaires sent to the telecommunications enterprise and the Post Office.

Insurance. Entries include reinsurance operations of resident insurance companies. No payments abroad are made for merchandise insurance, because all imports must be insured by domestic insurance companies.

Other business. This category includes several unseparated service categories, such as equipment rental, film rentals, advertising, magazine subscriptions, commissions and brokerage fees, computer services, and business and technical services.

Government, n.i.e. The main source of data is the foreign exchange record, supplemented with surveys to embassies.

Income

Compensation of employees

The DEE supplements data from the exchange record with information collected through surveys issued in export-processing industries on wages and salary payments to nonresidents.

Investment income

Direct investment. The DEE derives the data from the exchange record. Information on reinvested earnings is not available.

Other investment. Data on interest on government and government-guaranteed external debt come from the treasury records and cover scheduled payments. The DEE compares these data with the payment data available from the exchange records to calculate interest arrears. In the analytic presentation, the department classifies arrears of interest and principal as exceptional financing.

Staff collect data on other public and private enterprises directly from those enterprises through surveys. The credit entries include interest on foreign deposits of the BCV and commercial banks.

Current transfers

Government transfers include grants in cash and in kind received from foreign governments and international organizations. The Directorate General of International Cooperation, Customs, and resident offices of foreign donors provide the data. Other transfers include workers' remittances in cash (derived from the exchange record) and in kind (obtained from Customs).

Financial Account

Direct investment

This category includes transactions in equity, both abroad and in Cape Verde. It also includes loans between parent companies and branches or subsidiaries. The DEE derives the data from the exchange record.

Other investment

This category includes transactions on public and private external debt. For disbursements in cash, the exchange record is the primary source of information. For loan disbursements in technical assistance, equipment, and training, both the financing agency and the beneficiary are sources of information. The DEE reconciles the data with information provided by the Treasury.

The Treasury also provides data on scheduled repayments on government debt. The DEE compares these data with the payments made through the exchange record to determine the amount of arrears.

The department also obtains data on private external debt from the banking records and surveys to private enterprises (free zone and other).

Reserve assets

The DEE obtains data on international reserves directly from the monetary statistics.

Chile

The following text was confirmed as current in 2009.

I. General

The Central Bank of Chile (CBC) compiles the balance of payments statistics, using information from sources both inside and outside the institution. External sources include various public and private organizations. The CBC also obtains the information required for balance of payments purposes through the foreign exchange transactions system and through surveys and forms specially designed for statistical purposes.

The CBC compiles balance of payments statistics quarterly, with a maximum lag of two months for the first three quarters and of three months for the fourth quarter. It publishes a summary version in its monthly *Bulletin* and on its website. The detailed data are included in a special publication entitled *Balance of Payments of Chile Annual*, also posted on the CBC website.

The CBC adopted *BPM5* concepts and classifications in May 2002, when it released a new balance of payments series, covering data from 1996 onward, compiled according to those guidelines. Although the recommendations contained in the *BPM5* were not fully implemented, additional recommendations have since been adopted gradually. Valuation is in U.S. dollars, normally at prevailing market prices and transaction exchange rates.

In June 2002, the CBC first released an international investment position (IIP) statement, covering end-year stock data beginning in 1997. In February 2005, the CBC disseminated a complete IIP statement, covering not only positions but also transactions, price and exchange rate changes, and other adjustments, beginning with 2002 data. Starting in February 2005, the IIP was updated semiannually, and since March 2008, it has been compiled with quarterly periodicity and disseminated with the same lag as balance of payments data. Market valuation of positions has been partially implemented.

The CBC values the stocks in U.S. dollars. It posts the data on the CBC website and also includes them in the *Balance of Payments Chile Annual* and the monthly *Bulletin*. In addition to the standard *BPM5* components, stocks reported in the IIP are broken down by institutional sector, according to a sectoral classification more disaggregated than that of the standard components.

II. Specific Items: Balance of Payments

Current Account

Goods

Exports and imports are estimated mainly on the basis of customs declarations. Customs documents value both exports and imports on an f.o.b. basis. Data are reported in U.S. dollars, with transactions in other currencies converted into U.S. dollar equivalents at market exchange rates, which are adjusted on a monthly basis.

The data obtained from customs documents are adjusted to bring them closer to the recommendations of *BPM5* with respect to coverage, valuation, and timing. In particular, data on imports and exports are adjusted to record trade through free zones at the time the goods enter or leave the country.

Additions are made to account for certain imports not covered by customs data, and the customs value of some big-scale exports is adjusted to better reflect market prices. This occurs when the definite prices of sales are unknown at the time of the customs declarations, for example, because the goods are sold on consignment or because they are shipped before the quotation periods established in the sales contracts.

Services

Transportation

Passenger. Credit and debit entries for passenger services are estimated on the basis of information obtained from quarterly forms provided by resident carriers (i.e., shipping companies and airlines) and by representatives of nonresident transport companies. The CBC supplements the data with information from a benchmark survey of other carriers and data on vehicles crossing the border. Before complete information is obtained from the forms and surveys, preliminary estimates are made.

Freight. This category covers all modes of freight transport. The CBC obtains data on freight transactions from customs declarations, which are processed on a monthly basis, combined with information from quarterly forms provided by resident carriers (i.e., shipping companies and airlines).

Other transportation. The CBC derives the data from quarterly forms provided by resident carriers (i.e., shipping companies and airlines) and by representatives of nonresident transport companies. It supplements the data with information from a benchmark survey of representatives of other nonresident carriers and monthly data on number and type of vehicles crossing the border.

Travel

Both credit and debit entries are estimated by combining monthly data provided by immigration authorities on the number of foreign visitors and Chilean travelers who enter and exit the country, with data on average expenditures and length of stay obtained from surveys, which cover tourism by both incoming and outgoing travelers. The surveys are undertaken in accordance with an agreement between the CBC and the National Tourism Service, a government agency.

Other services

Communications. The CBC obtains data for both credit and debit entries from annual surveys.

Insurance. Until 2000, the data covered only reinsurance. Since 2001, direct insurance related to freight and other transactions has also been included. Data on insurance transactions related to goods are estimated from customs documents and quarterly forms provided to the CBC (since 2002) by resident insurance companies. Data on reinsurance transactions are estimated from these forms, supplemented by information from the balance sheets of insurance companies.

Financial. Credit and debit entries are estimated on the basis of balance of payments financial flows and rates for service charges provided to the CBC or derived from a benchmark study. They are supplemented by information provided to regulatory institutions by banks and pension funds.

Computer and information. Credit entries are estimated on the basis of a benchmark survey, data on exports of services provided to Customs, and information gathered by means of the foreign exchange transactions reporting system. Debit entries are estimated from the foreign exchange transactions reporting system and data on taxes that affect those transactions.

Royalties and license fees. Data for credit entries are estimated from two benchmark surveys and from the foreign exchange transactions system. Data for debits are estimated from the foreign exchange transactions reporting system and information on taxes that affect those transactions.

Other business. This category includes trade-related commissions, operational rental without crew, and other miscellaneous business, professional, and technical services. The main data sources for foreign trade commissions are benchmark surveys of import intermediaries and customs agents, plus data on commissions stated on export documents.

Sources for other services are quarterly forms provided to the CBC by resident transport companies, the foreign exchange transactions reporting system, customs declarations for some exports of services, and information on taxes that affect imports of those services.

Personal, cultural, and recreational. These data are estimated on the basis of exploratory surveys to audiovisual and sports entities, administrative sources, the foreign exchange transactions reporting system, customs declarations for some exports of services, and information on taxes that affect imports of those services.

Government, n.i.e. Credit entries are based on estimates supported by surveys to international organizations located in Chile, historical data obtained from foreign exchange controls, and information on prices and exchange rates. The CBC obtains the debit entries from official government data.

Income

Compensation of employees

Credit entries are estimated. Debit entries, which the CBC derives from official sources, cover payments to local staff who work for Chilean government offices located abroad.

Investment income

Direct investment. The CBC obtains data on direct investment income mainly from direct investors and direct investment companies either through special surveys and forms or their income and expenditure statements. The data are supplemented by the exchange transactions reporting system, which records exchange transactions channeled through the "formal" exchange market (banks and some exchange offices).

Beginning in 1990 for inward investment, and in 1992 for outward investment, these data include reinvested earnings. Data on dividends and distributed branch profits are generally available on a monthly basis. The CBC uses them in addition to annual and quarterly data to estimate monthly data on reinvested earnings on direct investment income abroad and on inward direct investment. Reinvested earnings are calculated as the difference between accrued and distributed earnings (including dividends). In the case of inward foreign direct investment (FDI) of the mining sector, a model is used to allocate within quarters the earnings reported in the annual surveys or income statements. Modeling is also used to estimate current earnings.

Portfolio investment. These entries are estimated on the basis of the foreign exchange transactions system data and on data supplied to the CBC by banks and other institutional investors.

Other investment. The CBC obtains data on this item from various sources, most of which are available on a monthly basis. The sources include data from special forms filled out by commercial banks and other debtors and investors, plus data from the CBC's accounting system, the foreign exchange transactions system, and financial statements of companies.

The data cover interest, which is basically recorded on an accrual basis.

Current transfers

General government

Credit entries correspond mainly to taxes collected from nonresidents. The CBC obtains the data from administrative records submitted by investors and from government sources. Debit entries represent contributions to international organizations.

Other sectors

No data are reported for workers' remittances. However, data on a concept similar to personal transfers as defined in *BPM6* was incorporated under other current transfers, beginning with data for 2006. These figures were obtained from an annual survey of money transfer companies, which was introduced in 2007, covering both credits and debits. Other credit entries include grants in kind and in foreign currencies, which are derived from customs statistics and from the foreign exchange transactions system.

Debit entries refer mainly to tax payments abroad by resident (air and shipping) transport companies, which provide quarterly forms to the CBC. The credit and debit entries for current transfers also cover premiums, minus service charges, and claims for insurance.

Capital Account

Exceptionally, information on certain capital transactions has been obtained from the foreign exchange reporting system.

Capital transfers

Most transfers are recorded as current because it is difficult to distinguish between current transfers and capital transfers. Some capital transfers are identified on the basis of the associated imports.

Financial Account

Financial account flows are estimated and disseminated monthly.

Direct investment

For direct investment flows to Chile, the CBC bases monthly figures on data provided by the foreign exchange transactions system, the Foreign Investment Committee, the forms provided to the CBC by recipients of these investments, and the estimates of reinvested earnings. This item includes intercompany debt liabilities in the form of loans.

The CBC bases monthly figures of direct investment abroad on data provided by the foreign exchange transactions system, information submitted directly to the CBC by investors, and estimates of reinvested earnings. This item also includes intercompany debt assets in the form of loans.

The CBC derives annual and quarterly data on reinvested earnings on direct investment in Chile and direct investment abroad mostly from special surveys, forms, or financial statements of direct investors and direct investment enterprises. From 1990 onward, the balance of payments includes data on reinvested earnings in the case of inward investment. In the case of outward investment, such data are included from 1992 onward. Reinvested earnings are calculated as the difference between accrued and distributed earnings (including dividends). In the case of inward FDI of the mining sector, a model is used to allocate within quarters the earnings reported in the annual surveys or income statements. Modeling is also used to estimate current earnings.

Portfolio investment

On the asset side, this item includes portfolio investments abroad of pension funds, mutual funds, international investment funds, banks, and insurance companies, as well as corporations and households. On the liability side, the item includes nonresident investments in domestic bonds, in short-term instruments, and in American depository receipts and investment funds of foreign capital.

The basic sources of data on portfolio investment are the foreign exchange transactions system, special forms sent to the CBC, and data disseminated or submitted by regulatory institutions. Most of these data are available on a monthly basis and are normally recorded in U.S. dollars.

Financial derivatives

The CBC obtains data from forms provided by the domestic transactors.

Other investment

This item covers all other financial flows, the largest items of which are medium- and long-term loans (disbursements and amortization), short-term loans, currency and deposits, trade credits, and other assets and liabilities.

The CBC obtains the data from various sources such as the CBC's and banks' balance sheets, special forms provided to the CBC, direct information from some companies, the foreign exchange transactions system, international banking data from the BIS, and estimations.

In general, the CBC calculates short-term flows as changes in stock positions and, therefore, includes revaluations. On the other hand, the entries for medium- and long-term flows do not include revaluations. The item also includes liabilities constituting foreign asset reserves for Latin American Integration Association reciprocal credit agreements.

Reserve assets

The CBC obtains data based on changes in stocks from its accounting records. It makes adjustments to consider changes in prices and exchange rates.

III. Specific Items: International Investment Position

With some exceptions, the concepts and definitions used are in accordance with *BPM5*. Sources of information on IIP data are generally the same as those used for the balance of payments. Most positions are derived from data from regulatory institutions, surveys, or special forms, and some are calculated through accumulation of flows and estimated adjustments to arrive at market values.

Market valuation of positions and the 10 percent rule for distinguishing direct and portfolio investment are partially implemented. The breakdown of price and exchange rate changes is estimated using abovementioned sources, plus data on market exchange rates and prices of certain instruments.

China, P.R.: Mainland

The following text was confirmed as current in 2009.

I. General

The State Administration of Foreign Exchange (the SAFE) is responsible for compiling Mainland China's balance of payments and international investment position (IIP). The SAFE compiles both statements in U. S. dollars.

Prior to 1996, the SAFE, in preparing the balance of payments statement, collected data from various sources, including government agencies, banks, and the SAFE's internal records. The balance of payments statement was compiled in conformity with the methodology set forth in the *BPM4*.

Beginning from 1996, Mainland China's balance of payments statistics have been compiled in accordance with the *BPM5* on the basis of an international transactions reporting system (ITRS) introduced by the SAFE in January 1996. The SAFE supplements that data collection system, which is based on information drawn from bank transaction records, with new surveys to collect data on travel, direct investment, and portfolio investment, as well as transactions of financial institutions.

Concerning the data, since 1997 the SAFE applied the *BPM5* methodology to the compilation of balance of payments statements. Because data of prior years were not adjusted accordingly, changes in the magnitude of the items in the balance of payments accounts for 1997–99, as compared with data of previous years, could be attributed in part to application of the *BPM5* methodology.

Since 1998, the cumulative data are compiled for the first three, six, and nine months of the year, as well as for the whole year.

China's IIP is the statistical statement presenting the value and composition of the stock of Mainland China's financial claims on nonresidents and Mainland China's financial liabilities to nonresidents at the end of each calendar year. The SAFE compiles China's IIP in conformity with the methodology set forth in the *BPM5*.

In May 2006, the SAFE released China's IIP statements at year-end 2004 and 2005 for the first time.

II. Specific Items: Balance of Payments

Current Account

Goods

The data are based on trade statistics compiled by the General Administration of Customs (Customs).

Prior to 1996, *goods for processing* were presented in accordance with the *BPM4* guidelines (i.e., processing fees were recorded under *business services*) rather than the *BPM5* treatment. This resulted in a substantial difference between the values of goods reported in the balance of payments and those reported in the trade data produced by Customs, because the latter included these transactions on a gross basis. *BPM5* recommends that such transactions be recorded as gross values of imports and subsequent exports, under goods; the latter treatment was adopted for the 1996 data.

Beginning from 1997, the ITRS has provided useful data for items such as *goods for repair* and *goods procured in ports*, etc.

Services

Transportation

Until 1995, the SAFE obtained credit entries for transportation (shipment) and port services from the Ministry of Communications and the Ministry of Railways, among other sources. Beginning in 1996, the SAFE derives credit entries from the ITRS. Debit entries are drawn from import statistics compiled by Customs and from information derived from the ITRS.

Travel

The compilers obtain data on travel credits from the National Tourism Administration (NTA). The NTA collects the data through sample surveys conducted by the National Bureau of Statistics. Travel debits are calculated using data from the Immigration Administration Department of the Ministry of Public Security and relevant receipts of main international travel destinations (countries or areas) outside China.

Other services

Prior to 1996, the SAFE obtained data for this item from various government agencies. Since 1996, it has derived data from the ITRS.

Income

Investment income

Prior to 1995, data on reinvested earnings were included indistinguishably in direct investment equity, but were not accounted for in investment income in the current account. As a result, reinvested earnings were implicitly included in net errors and omissions in those years. Beginning in 1996, such data have been collected separately and included in investment income. Data on other investment income are collected from banks and from SAFE's external debt statistics. Since 1996, such information has also been drawn from the ITRS and from estimates of relevant data compiled by the Ministry of Commerce (MOFCOM). Data on outflows of profits from direct investments are obtained mainly from the ITRS.

Current transfers

Prior to 1996, these data came from Customs. Since 1996, the Customs and the ITRS are the primary data sources for this component.

Financial Account

Direct investment

The data on inward direct investment flows into the nonfinancial sector are based on the MOFCOM's and the SAFE's collection of information on foreign-funded enterprises (i.e., resident enterprises with 10 percent or more of their equity funded by a nonresident direct investor or group of related nonresident investors). The data on inward direct investment flows into the financial sector are based on the SAFE's and the China Banking Regulatory Commission's (CBRC) statistics.

The entries for direct investment equity capital inflows for all years have included increases in direct investment equity capital arising from reinvested earnings. As concerns data from 1997 onwards, the SAFE has separately identified reinvested earnings from direct investment equity capital inflows, in accordance with *BPM5*.

Data on outward direct investment flows are derived from statistics of MOFCOM and SAFE.

Portfolio investment

The China Securities Regulatory Commission (CSRC) compiles data on issues of shares. Data on issues of bonds are derived from the SAFE's debt statistics. Data on issues of bonds and remittances of the qualified foreign institutional investors into China are derived from the SAFE. Data on securities investments are obtained from the People's Bank of China.

Other investment

Relevant data are obtained from the People's Bank of China, the ITRS, and other sources from the SAFE.

Reserve assets

Data on changes in reserve assets are obtained from the People's Bank of China.

III. Specific Items: International Investment Position

Direct investment

Prior to 2007, stock data for inward direct investment of the nonfinancial sector were based on cumulative net FDI flows from previous years. Since May 2007, stock data for the nonfinancial sector have been based on data collected through the "Joint Annual Review and Evaluation of Overall Performance of China's Inward FDI," a joint government department effort to collect data from foreign-funded enterprises in China. For the financial sector, the SAFE derives data mainly from the CBRC statistics.

For direct investment abroad, the SAFE derives data on the nonfinancial sector and on the financial sector from relevant position statistics of the MOFCOM and the SAFE.

Portfolio investment

Data on outstanding shares are obtained from the China Securities Regulatory Commission and the SAFE. Data on outstanding bonds and the qualified foreign institutional investors into China are derived from the SAFE. Data on securities investment abroad are obtained from the People's Bank of China and the SAFE.

Other investment

Relevant data are obtained from the People's Bank of China, surveys, and other sources from the SAFE.

Reserve assets

Data on reserve assets are obtained from the People's Bank of China.

China, P.R.: Hong Kong SAR

The following text was confirmed as current in 2009.

I. General

The Census and Statistics Department (C&SD) of the Hong Kong Special Administrative Region (HKSAR) of the People's Republic of China is responsible for compiling and disseminating balance of payments and international investment position (IIP) statistics for the HKSAR. The C&SD has released detailed balance of payments statistics since the reference period 1998. The disclosure lag of detailed quarterly balance of payments statistics fully meets the IMF's Special Data Dissemination Standard (SDDS) requirements. The methods of dissemination include a press release, the C&SD website, a quarterly report on balance of payments statistics, and the monthly digest of statistics.

The C&SD has released IIP statistics since the reference period 2000. The disclosure lag for IIP statistics fully meets the IMF's SDDS requirements. The methods of dissemination include a press release, the C&SD website, and several tables of the IIP statistics published in the quarterly report on the balance of payments statistics.

The C&SD compiles the balance of payments and IIP statistics of the HKSAR in accordance with the concepts and methodology set out in the *BPM5*.

The balance of payments statistics include (1) detailed current account data, including imports and exports of goods and services, the latter with breakdowns of 11 service items; inflows and outflows of investment income by component (i.e., direct investment income, portfolio investment income, and other investment income) and compensation of employees; and inflows and outflows of current transfers by sector (the sectors "Monetary authorities" and "Banks" are embedded in "Other sectors"); (2) detailed capital and financial account data, including inflows and outflows of capital transfers by sector (the sectors "Monetary authorities" and "Banks" are embedded in "Other sectors"); inward and outward direct investment by component; assets and liabilities of portfolio investment and other investment by instrument and by sector (the sectors "Monetary authorities" and "General government" are embedded in "Other sectors"); assets and liabilities of financial derivatives by sector (the sectors "Monetary authorities" and "General government" are embedded in "Other sectors"); and net change in reserve assets; and (3) net errors and omissions.

For IIP statistics, the primary distinction is between assets and liabilities; the difference between the two represents the net IIP. Fully consistent with the balance of payments financial account, the first IIP subclassification is by type of investment. It divides assets into direct investment, portfolio investment, financial derivatives, other investment, and reserve assets; liabilities are divided the same way (except for reserve assets). Also, a sectoral breakdown is available (the sectors "Monetary authorities" and "General government" are embedded in "Other sectors").

The data sources used for compiling balance of payments and IIP statistics include merchandise trade statistics, various surveys on business enterprises/establishments and households, and administrative data from government departments and other organizations, supplemented by data from other sources.

The C&SD compiles the balance of payments and IIP statistics of the HKSAR in Hong Kong dollars. It converts source data on transactions and positions reported in foreign currencies to local currency using market exchange rates. Data on transactions and positions with mainland China are treated as external transactions and positions and are included in the balance of payments and IIP statistics of the HKSAR.

II. Specific Items: Balance of Payments

Current Account

Goods

The C&SD derives data on general merchandise and nonmonetary gold primarily from merchandise trade statistics, which are compiled on the basis of trade declarations submitted by importers and exporters. The data source for statistics on goods for processing is the *Survey on Trade Involving Outward Processing in the Mainland of China*.

Import statistics are valued on a c.i.f. basis, and adjustments are made to convert the value of imports to an f.o.b. basis. The ratio for the adjustments from c.i.f. to f.o.b. is estimated from data obtained from the *Survey on Insurance and Freight Costs for Import Trade*.

Since inward processing trade, as well as outward processing trade in areas other than mainland China, is relatively insignificant for the HKSAR, the C&SD does not separately identify statistics on such processing trade but includes them under general merchandise. Owing to practical difficulties in separately identifying statistics for repairs on goods and goods procured in ports by carriers, the C&SD includes such statistics in the data on general merchandise. For statistics on nonmonetary gold, any unrecorded movement of gold will be estimated and included in Goods as appropriate.

Services

The C&SD collects data on trade in services primarily from the *Annual Survey of Imports and Exports of Services (ASIES)*, supplemented by results from other annual or quarterly surveys and administrative data sources. Data from administrative sources include those from the Hong Kong Tourism Board, the Immigration Department, and the Treasury. The value of financial intermediation services is indirectly measured using the reference rate method. Services data for 2008 presented in this *Yearbook* contain only the net balance and total credits and debits. A full breakdown of 11 service items will be compiled when the *ASIES* results for 2008 become available.

Income

The primary data source for statistics on investment income is the *Survey of External Claims, Liabilities, and Income (SECLI)*. The C&SD collects income data, with taxes being deducted at source. Interest income receivable/payable is net of the financial intermediation services. Estimates are made in respect of the flows of compensation of employees.

Current transfers

The C&SD uses data models and administrative records for estimating current transfers. It derives the input parameters for the data models mainly from information it collects from administrative returns and relevant organizations. As for transfers of the government sector, it obtains the data from government accounting records.

Capital Account

Capital transfers

The C&SD uses data models and official records for estimating capital transfers. It derives the input parameters for the data models mainly from information it collects from administrative returns and relevant organizations. As for transfers of the government sector, it obtains the data from government accounting records.

Acquisition/disposal of nonproduced, nonfinancial assets

Owing to the lack of information on transactions with nonresidents in nonproduced, nonfinancial assets and the relative insignificance of these assets for the HKSAR, the C&SD considers the balance of this component to be zero.

Financial Account

Direct investment

The C&SD obtains data on the components of direct investment from the *SECLI*, conducted on a quarterly and annual basis. The *SECLI* uses enterprise groups as units for data reporting. It takes a Hong Kong enterprise group (HKEG) as the unit for data reporting on direct investment. It designates the HKSAR parent company of an HKEG as the target company for reporting data for the enterprise group as a whole, and relevant data can normally be found in the consolidated account of the enterprise group.

The C&SD uses a data model to estimate the amount of direct investment in mainland China made by individuals without setting up companies in HKSAR. It classifies and presents financial derivative transactions and positions involving affiliated enterprises under the financial derivative category. Any transaction flows derived from changes in positions are adjusted to exclude any valuation and other changes.

Portfolio investment

The C&SD collects data on portfolio investment items from *SECLI*. The major data suppliers are local financial intermediaries or agents such as banks, securities houses, share registrars, nominees, custodians, trusts, and fund managers that often engage in external financial investment activities. *SECLI* is designed for collecting all quarterly and annual data required for compiling detailed statistics on portfolio investment. Any transaction flows derived from changes in positions are adjusted to exclude any valuation and other changes. Repurchase agreements are treated as loans.

Financial derivatives

The C&SD collects data on financial derivatives from *SECLI*. The major data suppliers are local financial intermediaries or agents such as banks, securities houses, nominees, custodians, trusts, and fund managers that often engage in external financial investment activities. The C&SD closely follows the recommendations specified in *Financial Derivatives: A Supplement to the BPM5*, published by the IMF, in compiling the statistics. They include net cash settlement payments in interest rate swaps and forward rate agreements as financial account transactions. The C&SD also classifies and presents financial derivative transactions and positions involving affiliated enterprises under this category.

Other investment

SECLI is designed for collecting all quarterly and annual data required for compiling detailed statistics on other investment. The main target respondents are local financial intermediaries or agents. Any transaction flows derived from changes in positions are adjusted to exclude any valuation and other changes. To make up for any omission of data on offshore deposits placed by HKSAR nonbank residents, the C&SD regularly conducts reconciliation work to compare survey estimates with relevant statistics published by the Bank for International Settlements.

Reserve assets

The C&SD obtains data on transactions and positions of foreign exchange reserves from the Hong Kong Monetary Authority. Net change in reserve assets excludes any price, exchange rate, and other changes.

III. Specific Items: International Investment Position

Descriptions of sources and methods for the financial account above generally apply to the IIP statement. *SECLI*, the main source for collecting data on transactions, also collects data on positions as appropriate. In principle, data on positions and transactions are valued at market prices. In case market values are not available, estimates for them are made with reference to reported book values.

China, P.R.: Macao SAR

The following text was confirmed as current in 2009.

I. General

The Monetary Authority of Macao (AMCM) and the Statistics and Census Service of Macao (DSEC) are the two government bodies responsible for compiling and disseminating the balance of payments for Macao SAR. The AMCM is responsible for collecting data for the financial sector, while the DSEC is responsible for collecting data for the nonfinancial sector. The AMCM merges the two sets of data and compiles the final balance of payments statistics. The methodology used is largely in accordance with the IMF's *Balance of Payments Manual,* fifth edition *(BPM5)*. Exceptions are noted below.

The main sources of data used to compile the balance of payments are enterprise surveys and annual economic activity surveys, plus administrative data from various government bodies, other small-scale surveys, and estimations from data models. Questionnaires and surveys are the major means to collect data for services, income, transfers, and financial accounts. National accounts statistics are also used for goods and as supplements to the services account. Owing to the Statistics Act in Macao SAR, confidential data are hidden or grouped into other similar items, which are noted in *BOPSY* Part II.

Macao SAR reports data in Macao SAR's currency, pataca, and compiles them on an annual basis. It releases the balance of payments within 12 months after the endof the calendar year and makes it available on the Internet Internet (http://www.dsec.gov.mo and http://www.amcm.gov.mo). Transactions denominated in other currencies are converted into pataca using, if possible, the exchange rates prevailing at the time of the transactions or otherwise the annual average exchange rates.

Macao SAR currently does not produce international investment position statistics.

II. Specific Items: Balance of Payments

Current Account

Goods

General merchandise trade statistics are obtained mainly from trade statistics published by the DSEC. These data value exports of goods on an f.o.b. basis and imports of goods on a c.i.f. basis. Adjustments are first made to imports of four categories of goods through the equilibrium analysis of supply and use in the national accounts. The analysis shows that some merchandise goods are undervalued. These include food and beverages, other consumer goods, raw materials, and construction materials. Moreover, to conform with the concepts of *BPM5*, adjustments are made for classification and valuation, in particular to change imports to an f.o.b. basis.

Users of the data should also note that the data do not include goods sent abroad and received from overseas for processing or assembling, which are subsequently reimported and re-exported, respectively. The value of this processing is recorded in other business services in the services account. The goods account also excludes other goods such as goods sent or received through parcel post, banknotes, and coins in circulation. For confidential reasons, *goods procured in ports by carriers (credit)* are included in *general merchandise, exports f.o.b.*

Services

Transportation

The data on passenger, freight, and other transportation are obtained from statistics of various activity surveys and national accounts. Because the current survey system does not differentiate the value of this service among different modes of transportation, no breakdown on the type of transportation is available.

Travel

Credit entries for travel are mainly derived from national account statistics that include travelers' expenditures on gaming, accommodation, and other expenses, utilizing data of the Visitor Expenditure Survey, Hotel Survey, and administrative records on hotel and gaming receipts. Gaming expenditures of nonresidents are estimated based on an appropriate method and proportion applied to the gross gaming receipts on administrative records.

Travelers' expenditures on accommodation are estimated from the number of room nights sold and the average room rates, whereas expenditures on other areas are estimated by using the number of visitor arrivals, per capita spending of visitors, and other tourism data. The split between business and personal travel is based on purpose of visit reported by interviewed visitors.

Entries for business travel (debit) are mainly derived from the enterprise surveys and activity surveys, whereas those for personal travel (debit) are principally extracted from national account statistics that are mainly estimated from the Household Budget Survey and other statistics.

Other services

Data are obtained from enterprise and activity surveys, except for government services n.i.e., which are collected from the Government Expenditures Abroad Survey. Users of the data should note that construction services (credit) are included in "Other business services" because of confidentiality reasons. Special treatment is given to insurance services, as required by the balance of payments; their calculations are explained in greater detail as follows:

Insurance. Entries are compiled from enterprise and activity surveys. Life, nonlife, and reinsurance transactions are treated the same way. Gross premiums and claims are collected separately. On the credit side, gross premiums after deduction of gross claims are recorded as insurance services; gross claims are debited and credited in current transfers as offsetting entries. On the debit side, since the insurance service charge per unit of premium is not known, gross premiums are booked as insurance services, whereas gross claims from abroad are recorded under current transfers.

Income

Compensation of employees

Compensation of employees (credit) is currently missing because local workers employed temporarily abroad do not need to report to the Macao SAR government. Also, income data are not available for resident employees who work for foreign embassies and international organizations located in Macao SAR. Such information will be reported as it becomes available. The debit entries are compiled based on enterprise surveys and the Government Expenditures Abroad Survey.

Investment income

The enterprise survey for the financial sector collects investment income data of all enterprises in this sector, whereas the enterprise survey for the nonfinancial sector collects investment income from only enterprises with inward and/or outward foreign direct investment (FDI).

Direct investment. The basic source of information is enterprise surveys. Reinvested earnings are attributed to the year in which they accrue. The *BPM5* and OECD definitions of direct investment are generally applied.

Portfolio investment. The main data source is the enterprise survey for the financial sector, which collects portfolio investment income data for both financial and nonfinancial sectors (as long as the nonfinancial sector makes portfolio investments abroad via local authorized financial institutions). The Coordinated Portfolio Investment Survey (CPIS) augments the portfolio investment income data by incorporating the data for those nonfinancial enterprises that directly make portfolio investments abroad by themselves.

Other investment. The basic source of information is enterprise surveys. Interest income for financial institutions, other than for the monetary authority, is compiled partly on a due-for-payment basis and partly on an accrual basis. The monetary authority reports income on reserve assets on an accrual basis.

Current transfers

General government

The Macao SAR government rarely receives current transfers from abroad. Debit entries include grants in cash and in kind to overseas governments or organizations. Data are obtained from the Government Expenditures Abroad Survey. However, the item does not cover technical assistance.

Other sectors

A special small-scale survey aimed at nonprofit and charitable organizations is used to collect this information. Workers' remittances are estimated on the basis of the number of foreign workers in Macao SAR (debit) and the number of Macao residents working abroad (credit), on which assumed rates of remittance out of their wages are applied.

Capital Account

Capital transfers

It is not always possible to break down unrequited transfers into current transfers and capital transfers. Thus, all transfers, unless the nature is known, are classified under current transfers. However, it is believed that capital transfers are extremely small out of the total transfers.

Migrants' transfers (inward) represent the value of real estate purchased under the Investment Residency Scheme. The data are sourced from the Macao Trade and Investment Promotion Institute. Although the scheme has been suspended since April 2007, previously submitted applications are still under process. Migrants' transfers (outward) are calculated on the basis of number of migrants moving to other countries and their estimated personal wealth.

Financial Account

The enterprise survey for the financial sector collects investment of all enterprises in this sector, whereas the enterprise survey for the nonfinancial sector collects only investment of enterprises with inward and/or outward FDI.

Direct investment

Data on direct investment are obtained from enterprise surveys and administrative records provided by the Financial Services Bureau.

Portfolio investment

The enterprise survey of the financial sector covers both portfolio investment assets and liabilities. The CPIS provides supplementary data.

Financial derivatives

Financial derivatives are recorded on a net basis.

Other investment

The flow data are derived from differences between beginning and ending stocks reported in enterprise surveys.

Reserve assets

Data include the net value of acquisition and disposal of assets in the official foreign exchange reserves for the year as a whole.

Colombia

The following text was confirmed as current in 2009.

I. General

The External Sector Section of the central bank (Bank of the Republic, BR) is responsible for compiling the balance of payments statistics. BR compiles data on a quarterly basis in U.S. dollars in accordance with the methodology described in the IMF's *Balance of Payments Manual*, fifth edition (*BPM5*).

The data sources for the balance of payments are administrative records, surveys, and estimates. Administrative records are the source for data on international trade statistics, freight (debit), transfers, investment income, private external debt, portfolio investment, and direct investment.

Surveys are the source for external public debt and international nonfactor services trade. Also using survey data, BR compiles the external debt of the financial system and other services.

Currently estimated are the data on external trade transactions of the free zones, debit entries of commercial credits with a maturity of less than six months and a threshold of less than US$10,000, private sector interest, investment income of the petroleum and mining sector, and trade credit asset flows.

Estimates of unrecorded trade are not included.

II. Specific Items: Balance of Payments

Current Account

Goods

With regard to international trade statistics, BR bases data on customs declaration forms processed monthly by the National Statistics Administration Department (DANE) and the National Customs and Taxation Directorate (DIAN), surveys (goods procured in ports by carriers), and estimates (external trade transactions of the free zones).

Available data include exports f.o.b. and imports f.o.b. and c.i.f. The data, as released by the compiling institutions, are already adjusted for timing, coverage, etc., to conform to the balance of payments methodology.

Regarding free-zone external trade transactions, BR derived data from figures reported by DANE, based on information gathered in the Annual Survey of Manufacturing between 1994 and 1997. Since 1998, flows have been estimated on the basis of the performance of nontraditional exports and total imports.

Goods for processing

For exports of goods for processing, BR bases data on customs records processed by DANE and on Ecopetrol statistics on offshore assembly. No data are available on imports of goods for processing.

Repairs on goods

The data, based on customs declaration forms processed by DANE and DIAN, refer to the value of the service provided by residents (nonresidents) on personal property owned by nonresidents (residents) in the country.

Goods procured in ports by carriers

The value recorded is based on quarterly surveys of carriers.

Nonmonetary gold

BR obtains statistics on its nonmonetary gold purchases and sales transactions with foreign banks from its Records and Payments Unit. Customs declaration forms processed by DANE and DIAN are the source of data on exports and imports of gold by private transactors.

Services

For services, the compilers utilize the data of the quarterly survey system that BR devised for the various transactors specializing in each of the services.

Transportation

Regarding passenger services and other transportation, BR compiles credit and debit entries on the basis of data supplied by national and foreign airlines. It bases freight credit entries on data supplied by national airlines and shipping companies. It bases freight debit entries on data supplied by DIAN for imports of goods.

Travel

The travel component measures nonborder travel (via airports) and cross-border travel (through land-border crossing points). The data for nonborder travel are estimated on the basis of information on international passenger movements provided by the Civil Aviation authorities, the Administrative Department of Security, and the travel expenses reported in the "Boleta de Viajeros" applied by DIAN and the BR. Regarding cross-border travel, BR derives data from quarterly surveys conducted at five land-border crossing points.

Other services

For international service transactions, BR bases the recording on the survey system it developed. Services include communications, computer and information, financial, insurance, construction, business, royalties, and others. In particular, it is worth pointing out that the recording of government service debits is performed by the Revolving Fund of the Ministry of Foreign Affairs, while government service credits are estimated on the basis of data supplied by some embassies and international organizations. As a complementary source of information, ITRS is also used.

Income

Compensation of employees

The entries are based on an estimate of the number of border workers and the average minimum wage in effect in neighboring countries and in Colombia. Regarding border workers, compilers obtain the data from BR's quarterly border survey.

Investment income

Direct investment. Regarding credits of earnings and dividends from investment by Colombians in enterprises abroad, BR obtains data from the administrative records kept by its International Exchange Department (DCIN).

For debits of earnings/dividends, BR uses the data in the financial statements reported to the Financial Superintendency and the Superintendency of Corporations by Colombian enterprises in which nonresidents hold equity interests, and an estimation is made in the case of the petroleum and mining sector. Users of the data should note, in particular, that the calculation of earnings debits does not include adjustments for inflation.

Portfolio investment. The compilers obtain data on portfolio investment credits from BR's Accounting Information System (SIC) in the case of returns on international reserves. Data also represent an estimate of the return on the average balance of asset holdings abroad by public and private enterprises.

On the other hand, the compilers calculate portfolio investment payments on the basis of data from surveys of enterprises under the Unified Foreign Debt Statistics System (SEUD) in the case of government bonds. Regarding the private sector, BR calculates payments on the basis of data in the administrative records of the DCIN and the Financial Superintendency. As a complementary source of information, ITRS is also used.

Other investment. Data on other investment income come from DCIN administrative records. Data on public sector payments abroad come from information provided by enterprises in the SEUD monthly surveys, by the Inter-American Development Bank (IDB), and by the World Bank. Data on private sector payments abroad come from DCIN administrative records.

Current transfers

Credit and debit data sources are the balance sheets of resident insurance companies, Financial Superintendency reports, Ministry of Finance and Public Credit, National Planning Department, DANE, DIAN, surveys of international organizations, and ITRS reports.

Capital Account

Capital transfers

This type of transaction is not very frequent in the Colombian economy. Data sources are not currently available to identify capital transfers.

Financial Account

Direct investment

For foreign direct investment in Colombia and Colombian investment abroad, until 2002 the BR based data mainly on its DCIN administrative records, arranged according to the year in which the investment was made. After 2002, administrative records correspond to the period of the transaction.

BR supplements these data with information obtained from investors' foreign exchange declaration forms, DIAN import records, and financial statements reported annually by enterprises and entities to the Superintendency of Corporations, Financial, and Public Services.

For foreign investment transactions in the petroleum sector, BR obtains data from DCIN foreign exchange records, BR's services imports survey, and information provided by enterprises in the sector.

Users of the data should note, in particular, that reimbursements are calculated on the basis of petroleum export statistics, domestic sales by multinationals to Ecopetrol, and other variables indicating their foreign exchange receipts (such as re-exports and income from the sale of services).

Portfolio investment

For asset data on portfolio investment by Colombians abroad, BR bases data on the administrative records of the Financial Superintendency, the Ministry of Finance and Public Credit, data provided to BR by public entities such as Ecopetrol and Telecom, and the DCIN. ITRS records are also used.

Liability data on portfolio investment in Colombia are taken from administrative records of the DCIN and the Superintendency of Securities.

For portfolio investment statistics on bond issues, placement, and redemption by Colombian enterprises and institutions on foreign capital markets, BR derives data mainly from two sources: (1) for public sector investment, from surveys of enterprises through SEUD, and World Bank and IDB data; and (2) for the private sector, from statistical records of the DCIN, Financial Superintendency, and data reported by the enterprises and entities issuing the bonds.

Other investment

Trade credits

For assets, BR bases its calculation on DANE reports of export data and on DCIN administrative records. For trade credit-related liabilities, it obtains data from information provided by the SEUD external debt surveys, the World Bank, the IDB, and DCIN administrative records. Users should note that for credits with a maturity of less than six months and with a threshold of less than US$10,000, BR provides estimates from customs' imports data.

Loans

Regarding long-term loans, BR compiles assets and liabilities from administrative records reported by the sector to the DCIN, monthly survey data reported by the public sector to SEUD, information provided by the World Bank and the IDB, and the BR's weekly financial sector survey.

For short-term external debt, BR derives figures from the financial reports of nonfinancial public entities, such as Ecopetrol, the National Coffee Fund, Carbocol, and the government; from the weekly foreign borrowing survey of the financial sector; and from private sector administrative records reported to the DCIN.

Currency and deposits

For currency and deposit assets of the nonfinancial sector, BR derives data from current clearing account transactions. For the external assets of the financial sector, it culls data from information reported in the financial statements of the institutions in the system.

Other assets and liabilities

Current clearing account transactions are used to record nonfinancial sector assets abroad. Data on external assets are taken from the foreign exchange-denominated financial statements of the institutions in the financial sector.

Reserve assets

Data on the country's reserve assets are based on the BR's balance sheet SIC. This component excludes changes owing to price or exchange rate adjustments.

III. Specific Items: International Investment Position

The data sources used to compile Colombia's international investment position (IIP) are basically the same as those used to compile balance of payments statistics. Thus, the data sources are the foreign exchange and customs records, the balance sheets of the nonbank and financial sectors, and BR's compilation of data on public and private foreign indebtedness. The main sources of information by IIP component are described below.

Direct investment

For direct investment in Colombia and Colombian investment abroad, BR bases stocks data on foreign exchange records' financial balances, external trade statistics, and surveys of petroleum service enterprises. Valuation changes are based on the sectoral indices in the Stock Exchange of Colombia and converted to U.S. dollars by using the peso-dollar exchange rate.

Portfolio investment

For the stock of portfolio investment abroad, BR takes measures using current clearing account stock reports, the balance sheets of financial institutions and public entities, and the Coordinated Portfolio Investment Survey (CPIS). The CPIS is a survey conducted under the auspices of the IMF, which BR first carried out in 2001 and then annually. The stock of Colombian investment assets is valued at market prices.

Estimation of the foreign portfolio investment in Colombia is based on the reports of the funds of foreign investment to the Financial Superintendency. The stock of bonds issued by public and private entities is based on BR's compilation of statistical records of external debt. In general terms, Colombia values its public and private external debt at historical cost. Equity investment is valued by using the index of the Stock Exchange of Colombia.

Reports of investment stocks sent to the Superintendency of Securities are expressed in national currency. BR converts them to U.S. dollars using the peso-dollar exchange rate prevailing at the end of the period.

Other investment

Data sources are stocks of assets and liabilities from commercial banks, loans and deposits held with foreign banks based on the foreign exchange records, statistics of external trade, BR's compilation of data on public and private foreign indebtedness, enterprises' financial reports, and reports from the Ministry of Finance. Liabilities are calculated at historical cost.

Reserve assets

Data are obtained from the BR balance sheet and valued at market prices.

Congo, Republic of

The following text was confirmed as current in 2009.

I. General

The Bank of Central African States (BEAC) is responsible for compiling the Republic of Congo's balance of payments. The balance of payments data are annual and are compiled in millions of CFA francs.

BEAC prepares these statistics in accordance with the recommendations of the *BPM5*, taking into account the specific context of the BEAC zone of issue. Regarding the compilation methods, BEAC has introduced new questionnaires to implement the balance of payments methodology as set forth in *BPM5*.

After the BEAC National Direction has compiled the balance of payments data, the data are then validated by the BEAC Headquarters and adopted by the Balance of Payments National Committee. The National Committee is presided over by the General Director of Economy (Ministry of Economy, Finance, and Budget), in accordance with presidential decree No. 2003–138 of July 31, 2003, on the attributions and organization of the General Direction of the Economy.

II. Specific Items: Balance of Payments

Current Account

Goods

Exports and imports are valued on an f.o.b. basis. BEAC derives transactions from three sources: direct reports by enterprises and the Congolese Public Treasury (for government operations) in response to questionnaires, postal and banking statements for those not surveyed by questionnaires, and an estimate derived from flows of BEAC currency notes.

Services

Transportation

BEAC values shipping costs either directly, based on the reports of enterprises, the postal administration, and banks, or, if this is not available, by assuming that shipping costs are 18 percent of the c.i.f. value of imports.

Other transportation entries include services rendered by carriers, mainly for the international transportation of passengers, and goods and services purchased by carriers and consumed in the course of their business.

Travel

Credit entries include expenditure in the Republic of Congo by foreign travelers, and debit entries include current expenditure by residents traveling abroad, regardless of the nature of the travel. The postal administration (SOPECO) and banks report the amounts for both types of entries; the banks report transactions in foreign banknotes, traveler's checks, transfers of travel agencies, tourists transiting the Republic of Congo, etc.

BEAC also collects the information by means of questionnaires sent to the United Nations and its affiliated agencies, the Congolese Public Treasury, and embassies (for scholarships paid directly abroad). It supplements these figures by an estimate of flows of BEAC and franc zone currency notes and an estimate of expenditure by technical assistants during their leave abroad.

Other services

Insurance. Data on insurance of goods are not classified separately and are included in freight. Data on other insurance transactions relate to premiums paid abroad by the national insurance company, ARC (debit entry), and the other insurance companies (e.g., AGC, Gras Savoye).

This item also relates to the amount of reinsurance claims settled with the national insurance company and the other insurance companies (e.g., AGC, Gras Savoye) (credit entry). BEAC supplements these figures by reports from banks and the postal administration, as well as from other enterprises in the case of insurance directly contracted abroad by residents.

Other business. These amounts include commissions, study and research costs (especially petroleum), management costs, etc. The figures are reported by enterprises, banks, the postal administration, and international organizations.

Government, n.i.e. Credit entries relate to expenses of all kinds (operating expenses in particular) of foreign diplomatic personnel and governments and of international organizations located in the Republic of Congo.

Debit entries cover all expenditure abroad by the Congolese government for its diplomatic representations (wages paid to staff and operating expenses of the Republic of Congo's embassies abroad) and expenditure on services financed by international aid and by the government budget. To these are added private transfers by the staff of the Republic of Congo's embassies abroad and the revenue of foreign diplomatic missions in the Republic of Congo.

BEAC takes the amounts recorded from reports by banks and the postal administration (embassy supplies, transfers), the Congolese Treasury (wages and other embassy expenses), transactions of the Paymaster-General of France, the French Development Fund (Agence Française de Développement), and foreign embassies.

Income

Investment income

This item covers actual transfers for dividends, coupons, interest on private and public loans (interest paid on the external public debt of the Republic of Congo), and reinvested earnings. It includes charges and interest paid to the Fund and the BEAC profits paid to the Congolese Treasury. Enterprises, banks, BEAC, and the Congolese Amortization Fund (Caisse Congolaise d'Amortissement) provide these amounts.

Current transfers

The data available distinguish current transfers from capital transfers. BEAC derives the transactions from many sources—direct reports by enterprises, United Nations and its affiliated agencies, embassies, and the Congolese Public Treasury (for government operations). It also bases the data on questionnaires to nonfinancial entities, on postal and banking statements for those not surveyed by questionnaires, and on estimates derived from flows of BEAC currency notes.

General government

Credit entries include grants, particularly technical assistance grants (Fonds d'Aide et de Coopération [French Fund for Aid and Cooperation—FAC], UN and affiliated agencies, other countries, etc.) and project grants. Credit entries also include aid and subsidies to the Congolese public sector from aid agencies (FAC, UN and affiliated agencies, European Development Fund [Fonds Européen de Développement], etc.) and from foreign governments for development purposes.

In addition, credits include other unrequited transfers that do not constitute development aid (e.g., unallocated budget subsidies, taxes, pensions, assistance in the form of technical and military equipment, signature bonuses paid by petroleum companies to the government, etc.).

The debit side includes development contributions and subsidies of all kinds from the Congolese public sector and other non-aid benefits provided free of charge. The Congolese Public Treasury, international organizations, and embassies (data on financial and technical cooperation) provide the data.

Other sectors

Workers' remittances. The primary entries cover workers' remittances (debits). These include transfers abroad of the remuneration of resident individuals (generally expatriates), payment abroad of the wages of residents by resident enterprises, and the wages of expatriates and technical assistants that are paid directly abroad.

Other. Entries also include transactions against BEAC currency notes repurchased from the Bank of France and the BCEAO. These figures are reported by enterprises, banks, the postal administration, and BEAC.

Capital Account

Capital transfers

See note on "Current transfers."

Financial Account

Direct investment

BEAC obtains data essentially from enterprises and banks.

Credit entries include foreign capital contributions, reported by enterprises as long-term investment in the Republic of Congo in the form of equity investment or standing loans or advances, and current account advances by parent companies. The item also records the counterpart of reinvested earnings.

On the debit side, BEAC classifies disinvestment operations and repayments of loans and advances.

Portfolio investment

Data do not permit distinguishing direct investment from portfolio investment.

Other investment

Loans

The Autonomous Amortization Fund provides data on public borrowing. Credit entries include drawings on foreign long-term (more than one year) loans and advances granted to the Congolese public sector. Debit entries cover service of the external public debt (principal).

Data recorded under other long-term loans and assets include the Republic of Congo's payments to the capital increases of international organizations. Amounts under other short-term loans correspond to liquidity loans and advances received by the Congolese government from abroad.

Currency and deposits

BEAC takes figures from its books. Data on liabilities of the monetary authorities relate to changes in the accounts of foreign official agencies (the Fund, French Treasury, and other banks). For foreign assets and liabilities of the banking sector, BEAC obtains data from reports of the commercial banks and the postal administration. Other short-term capital of other sectors includes data on trade credits. BEAC obtains these data from enterprises and reports on banks and postal administration settlements.

Reserve assets

BEAC obtains the data from its records. This item includes monetary gold, SDR holdings, reserve position in the Fund, and foreign exchange assets of the central bank, consisting especially of franc zone currency notes and the operations account position with the French Treasury. Figures on monetary gold correspond to the change in monetary gold held by the central bank, which is adjusted twice annually on the basis of the price of gold on the world market.

Costa Rica

The following text was confirmed as current in 2009.

I. General

The Central Bank of Costa Rica (CBCR) is responsible for compiling and disseminating Costa Rica's balance of payments and international investment position statistics. Within the CBCR, the External Sector Statistics Area of the Macroeconomic Statistics Department of the Economic Division prepares the data following the *BPM5* guidelines. The department obtains the data on international transactions in services, income, transfers, and financial items from annual and quarterly surveys of more than 725 enterprises and institutions.

Other providers of primary data are other areas of the CBCR, the National Institute of Statistics and Census (INEC), the National Banana Corporation, the Agricultural and Industrial Sugar Cane League, the Costa Rican Coffee Institute, the Directorate General of Customs (DGA), the Foreign Trade Promoter (PROCOMER), the External Trade Ministry (COMEX), the Coalition on Development Initiatives (CINDE), the Costa Rican Tourism Institute (ICT), the national banking system, and the Ministry of Finance (MOF).

II. Specific Items: Balance of Payments

Current Account

Goods

The INEC is mandated by law to compile and publish the official figures for exports and imports of goods on the basis of customs declarations. The CBCR compiles data for exports and imports on the basis of customs declarations received from the DGA and PROCOMER. Export data are valued on an f.o.b. basis, and import data are valued on an f.o.b. and c.i.f. basis.

The CBCR makes the following adjustments: (1) valuation, for those goods whose final price is not known at the time of shipping and preparation of the customs declaration; (2) time of recording, for goods shipped before the date on which the customs declaration is completed; (3) coverage for goods without customs records, such as goods procured in ports by carriers and reexports; and (4) classification, to allocate the freight and insurance import charges to the corresponding services items.

Services

Transportation

The CBCR obtains data on freight, passenger, and other transportation services, as well as on other international transactions by air, land, and sea transportation companies, from information reported in the questionnaires it sends to such companies.

Travel

The CBCR bases estimates on data the ICT reports on the number of foreigners visiting Costa Rica and residents traveling abroad. It also uses data from ICT sample surveys on per capita spending and average length of stay. The Directorate General of Migration and Foreign Travel provides the ICT with monthly data on the number of nonresident travelers entering Costa Rica and the number of residents leaving the country. The ICT undertakes surveys quarterly to derive the average amount spent and the average stay.

Other services

Insurance. The credit entries cover claims received. The debit entries record amounts deducted from c.i.f. imports. By law, no resident companies provide merchandise insurance services in Costa Rica.

Royalties and license fees. The CBCR derives the data from the survey.

Other business services. Credit and debit entries include transactions connected with communications, agents' fees, professional and technical services, operational leasing, and miscellaneous services.

Government, n.i.e. Data include government services connected with embassies, international organizations, etc. These institutions, as well as the Ministry of External Relations and Religion, provide the data.

Income

Investment income

This component includes income accruing from direct investment in Costa Rica and income from investment abroad by Costa Rican enterprises. Data on direct investment income concern distributed and undistributed earnings and corporate direct investment losses. Also included is interest on the assets of the CBCR, commercial banks, and the INS abroad, as well as interest received by private companies on trade credits extended and deposits abroad. The MOF and the CBCR itself provide the data on the interest on foreign public debt. The CBCR obtains interest of private debt through the survey.

Current transfers

The CBCR obtains data on private sector transfers from the survey and gathers data on general government transfers from consultations with the entities concerned. The CBCR reports duties, taxes, grants (in cash and in kind), workers' remittances, pension payments, and mailed gifts (parcel post) under this heading.

Capital Account

Capital transfers

The entries in this category include data on external debt forgiveness and, if available, data on other capital transfers.

Financial Account

Direct investment

Data on direct investment obtained from the survey include the provision of capital, reinvested earnings, and intercompany transactions. The CBCR has broadened the coverage of direct investment by including foreign direct investment in real estate in Costa Rica based on information from the National Registry.

Portfolio investment

The CBCR and the MOF are the data sources for official portfolio transactions (e.g., bonds issued by the public sector). For private sector portfolio transactions, the CBCR obtains the data from surveys, custodians, and the Coordinated Portfolio Investment Survey (CPIS).

Other investment

The sources of information for official financial transactions (capital subscriptions to international organizations and foreign public debt) are the CBCR and the MOF.

For the private sector, the CBCR uses the survey to compile data, which include, among other things, deposits by residents in banks abroad, trade credits (granted and received), export and import prepayments, and loans.

Reserve assets

The CBCR's assets include monetary gold, the reserve position in the IMF, credit balances in the Central American Clearinghouse, subscriptions to the Central American Stabilization Fund, bank deposits abroad, and foreign securities. Data are obtained from CBCR statements.

III. Specific Items: International Investment Position

Data sources for the international investment position are the same as those used in compiling the balance of payments.

Côte d'Ivoire

I. General

The Central Bank of West African States (BCEAO), headquartered in Dakar, Senegal, is responsible for compiling Côte d'Ivoire's balance of payments. The National Agency (the branch of the BCEAO in Côte d'Ivoire) collects the bulk of the statistical data and compiles the balance of payments, whereas the BCEAO headquarters determines the methodology and compilation procedures and collects certain primary data at a regional level.

Balance of payments statistics are published after approval by Côte d'Ivoire's Balance of Payments Committee, comprising representatives from several government departments under the chairmanship of the Minister of Economy and Finance. The data are compiled on an annual basis. Final data are published about two years after the reference year in the publication *Balance des Paiements*.

The main sources for the final data are customs statistics and reports of various organizations or government bodies—both national and foreign (United Nations Development Program [UNDP], European Development Fund [EDF], French cooperation mission, General Directorate of Government Accounting, the Treasury, etc.).

In addition, the BCEAO conducts various surveys to obtain data on services, income, public transfers, and private and public capital flows. The figures for some balance of payments items are estimated. Pending the results of the annual surveys, estimated data are recorded globally under an "other" item, wherever possible.

In harmony with the other West African Economic and Monetary Union (WAEMU) countries, balance of payments data and the corresponding international investment position have been prepared in accordance with *BPM5* since 1996. The enterprise survey has been revised to take into account the data requirements of the *BPM5*.

II. Specific Items: Balance of Payments

Current Account

Goods

The primary source of the goods data is customs statistics, adjusted for timing, valuation, and coverage. These adjustments are made by the National Statistics Institute (Institut National des Statistiques—INS), responsible for preparing the national accounts.

The INS sends the data to the BCEAO, which in turn makes further adjustments, the most important of which is the deduction of freight and insurance from imports c.i.f. to convert them to an f.o.b. basis. The BCEAO also reclassifies revenue and expenditure on bunkerage, goods for processing, and purchases of film, music tapes, and disks, etc.

Services

Transportation

For freight, credit entries consist primarily of the income of resident carriers. The figures for sea and rail freight are obtained from surveys of the companies concerned, whereas road freight figures are estimated. Beginning with the 1996 balance of payments, a new survey for road carriers has been introduced.

Debit entries for freight are obtained by applying a coefficient called the freight rate to imports c.i.f. This coefficient, now estimated at 16.99 percent, is obtained by comparing imports f.o.b. with imports c.i.f. on customs declarations. New questionnaires are expected to collect more accurate data on import freight.

For passenger services, the data are collected from the national airline, Air Ivoire, and the offices of nonresident airlines.

For port services, the figures are collected from ports and from transit and consignment companies.

Travel

Credit entries are obtained primarily from statistics on arrivals of foreign tourists and hotel occupancy, provided by the Ministry of Tourism and Crafts (formerly High Commission for Tourism). A direct survey of hotels is also conducted.

Debit entries are based on estimates and mainly cover expenditure of non-Ivoirien residents while out of the country. These figures are derived from the income of nonnationals working in the private sector, the wages of technical assistants and non-Ivoirien staff of international organizations with offices in Côte d'Ivoire, and the length of the leave of such persons.

Figures on government missions are obtained from the Payroll Directorate.

The expenditure of Ivoirien students abroad is primarily taken from surveys of donors for foreign scholarships and of the Ministry of Higher Education for scholarships granted by the Ivoirien government.

Other services

Insurance. Data are collected from a survey of insurance companies. Credit entries include reinsurance claims paid to Ivoirien insurance companies, and debit entries cover reinsurance premiums paid by these companies.

Financial. Data are obtained from the BCEAO survey of nonfinancial enterprises.

Other business. Data are obtained from the BCEAO survey of nonfinancial enterprises.

Government, n.i.e. The credit entries correspond to goods and services purchased in Côte d'Ivoire by foreign governments and embassies and international organizations with offices in the country. The data are obtained from surveys or are estimated on the basis of debit activity in the accounts of these entities with Ivoirien banks.

The debit entries cover expenditure by the Ivoirien government abroad. These data are obtained from the General Directorate of Government Accounting and the Treasury. The debit entries also include receipts in Côte d'Ivoire by foreign embassies and consulates.

Income

Compensation of employees

The credit entries consist of wages paid to residents by the multinational Air Afrique, which is treated as a nonresident entity, and an estimate of the wages paid to residents by other nonresident entities.

The debit entries correspond to the compensation paid to nonresidents by national shipping companies.

Investment income

Direct investment. Debit flows correspond to the transactions of subsidiaries and branches of foreign companies established in Côte d'Ivoire. The figures are obtained from an annual BCEAO survey of enterprises or from the data provided by the General Directorate of Taxes on industrial and commercial profits.

Portfolio investment. The flows correspond to the transactions of Ivoirien-owned companies. The figures are obtained in the annual BCEAO survey of enterprises and the data provided by the General Directorate of Taxes on industrial and commercial profits.

Other investment. Data comprise essentially external public debt service, valued on an accrual basis. The General Directorate of Government Accounting and the Treasury provide the data.

Current transfers

Current transfers are indistinguishable from capital transfers. Steps have been taken to introduce the distinction beginning with the 1996 final data.

General government

Credit entries are obtained from the reports of foreign governments and embassies established in Côte d'Ivoire and information found in UNDP and EDF reports.

Debit entries correspond to technical assistance expenses defrayed by Côte d'Ivoire and Côte d'Ivoire's contributions to international organizations.

These data are obtained from the Treasury accounts.

Other sectors

Workers' remittances. Data are based on the analysis of the payroll of non-Ivoirien residents and the "A" banknotes issued by Côte d'Ivoire and received by other WAEMU countries. Information is also received from bank reports.

Other. Other transfers consist of gifts received by Ivoirien residents. Also included are foreign scholarships to Ivoirien students, pensions paid by France to veterans, and transfers between private individuals. These data are obtained from embassies and banks.

Capital Account

Capital transfers

See note to current transfers.

Financial Account

Direct investment

The BCEAO collects the data in an annual survey of direct investment enterprises defined as companies in which at least 51 percent of the capital is held by nonresidents. Data cover equity investment, reinvestment of earnings, and intercompany loans, including commercial credit.

Portfolio investment

The annual survey of enterprises provides figures on portfolio investment.

Other investment

The data on general government assets are obtained essentially from the Treasury accounts. On the liability side, the figures on official debt restructuring and amortization are obtained from the CAA.

Data on assets and liabilities of the monetary authorities are taken from the BCEAO accounts.

Assets and liabilities of banks include the assets and liabilities of the commercial banks and the debts and claims relating to the postal activities of the Ivoirien Postal and Savings Institution.

Reserve assets

Reserve assets comprise SDRs, the reserve position in the Fund, and assets in the operation account with the French Treasury. The data are obtained from the accounting statements of the BCEAO.

Croatia

The following text was confirmed as current in 2009.

I. General

The Croatian National Bank (CNB) is responsible for compiling the balance of payments and international investment position for Croatia. Data sources include reports of the government institutions, such as the Central Bureau of Statistics (CBS) and Croatian Institute for Health Insurance; special reports of the CNB, namely the international transactions reporting system (ITRS), external debt data, monetary statistics, and data on reserve assets; and estimates based on the statistical research carried out by the CNB.

The CNB compiles the balance of payments on a quarterly basis in national currency (kuna), euros, and U.S. dollars. The presentation and compilation of the balance of payments follows the methodology recommended in *BPM5*.

Since the original data are reported in different currencies, the CNB converts transaction values into one unit of account by applying the exchange rate from the CNB exchange rate list in one of the following manners: (1) applying the midpoint exchange rate on the date of the transaction, (2) applying the average monthly or quarterly midpoint exchange rate if the transaction date is not available, or (3) applying the end-of-period exchange rate for the calculation of a change in the instrument value between the two periods. The end-of-period balances reported in the original currency serve as a basis for calculating the change in the original currency value—converted by applying the average midpoint exchange rate in the observed period into the value of change in the reporting currency.

II. Specific Items: Balance of Payments

Current Account

Goods

The main data source for exports and imports of goods is the CBS report on foreign merchandise trade of the Republic of Croatia. These data are adjusted for coverage and classification. Accordingly, goods exports and imports in the balance of payments are reported on an f.o.b. basis, where the value of imports f.o.b. is estimated on the basis of CNB research studies on the stratified sample of importers. The resulting value serves as a basis for estimating the share of transportation and insurance services by which the original value of imports c.i.f., stated in the CBS report, is reduced. From 1993 to 2001, this share stood at 7.10 percent (estimated only on the basis of the large importers), while from 2002 to 2006, it was 3.73 percent. New research, conducted among importers in 2005, showed a share of 3.03 percent. This share has been applied since 2007.

For 1993–96, the CNB revised the value of imports using estimates of imports in duty-free zones, which it has included in the merchandise trade statistics since 1997. Starting from 1996, the CNB introduced a new classification on repairs on goods and goods procured in ports by carriers.

In addition, since 1999, based on the survey on consumption of foreign travelers in Croatia and domestic travelers abroad, the CNB has modified the item of goods exports by the estimated value of goods sold to foreign travelers and tourists and taken out of the Republic of Croatia. The item of goods imports is adjusted for the estimated value of goods imported personally by Croatian citizens from the neighboring countries (shopping expenditures).

Services

Transportation

This category covers the international transportation of passengers, goods, and other transportation services.

From 1993 to 1998, the data sources were the ITRS and questionnaires that the CNB received from enterprises engaged in the international transportation of goods and passengers. Expenditures on transportation services also included (1) part of the differences between c.i.f. and f.o.b. imports, pertaining to services provided by nonresidents; and (2) estimates of the operating costs of Croatian transportation companies in international transportation.

As of the first quarter 1999, the CNB compiles revenues and expenditures from transportation services on the basis of data from the new CNB survey on international transportation services, with two exceptions: First, revenues and expenditures from road transport are still compiled from ITRS data, and second, data on c.i.f./f.o.b. adjustments for nonresident carriers are obtained from the questionnaires on transportation costs related to imports of goods, classified by modes of transportation and residency. From the first quarter of 1999, a breakdown by mode of transportation is available.

Travel

The travel component shows income from services rendered to foreign travelers and tourists, as well as expenditures incurred by domestic travelers and tourists abroad. Beginning with the second half of 1998, the CNB has conducted a survey of consumption by foreign travelers in Croatia and domestic travelers abroad. Since early 1999, the CNB data compilers have combined the results of this survey (stratified sample) with the Ministry of the Interior data on the total number of foreign and domestic travelers, along with the data on distribution of foreign travelers by countries contained in the CBS report on tourism for compiling the travel component.

Other services

To compile the other services position, the CNB uses various data sources. In addition to using data on insurance and communication services, which CNB determined through special statistical research in 2001, the CNB uses the ITRS to derive the values of all other services.

Income

The CNB classified transactions in the income account into four main groups: The compensation of employees item is compiled on the basis of the ITRS. Income from direct investment, portfolio investment, and other investment are reported separately.

Data on reinvested earnings are reported separately under *direct investment* income, calculated on the basis of CNB research on direct and other equity investment. In contrast to data on dividends, these data are not available for 1993–96, because at that time they were not reported separately. From the first quarter of 2009 on, international standards are applied in the statistical monitoring of reinvested earnings, meaning that reinvested earnings are reported on a quarterly basis, i.e., in the period in which the profit is actually earned. Previously, reinvested earnings were reported in the month in which the decision on the distribution of the previous year's profit was adopted, meaning that they were based on the profit earned in the preceding year. On the basis of statistical data on external debt relations, starting from 1997, income from direct investment includes data on interest arising from credit relations between residents and nonresidents directly related through ownership.

Income from equity *portfolio investment* is compiled on the basis of the same research. On the other hand, data on debt portfolio investment income have been compiled since 1999, based on income reported in statistics on foreign credit relations, which also encompass payments related to debt securities owned by nonresidents.

Income from *other investment* includes all payments and collections of interest in accordance with the foreign credit relations statistics. In 2007, a new method of calculating income on debt instruments was introduced. The new methodology is based on the accrual principle rather than on the cash principle (which was used until the end of 2006). Data from 1999 to 2006 were revised using the new methodology.

Current transfers

The CNB reports current transfers separately for the general government sector and other sectors. The main data source on current transfers for both sectors is the ITRS.

In addition to taxes and excise duties, pensions, monetary support, and donations, included in current transfers of both sectors, the *government sector* encompasses data on multilateral cooperation, whereas other sectors include data on workers' remittances. Current transfers of the general government sector also include data on exports and imports of goods without a payment obligation, provided by the CBS.

During 1993–98, current transfers of *other sectors* also encompassed an estimate of unregistered foreign currency remittances, accounting for 15 percent of the positive difference between unclassified inflows and outflows of the household sector. From 1993 to the second quarter of 1996, the CNB also assessed a portion of the outflow based on current transfers. Since 2002, inflows and outflows based on current transfers of other sectors are supplemented by the data of the CNB special statistical research on international transactions related to insurance services.

Capital Account

Capital transfers

This category is compiled from the ITRS data on migrants' transfers (revenues and expenditures). In addition, the capital account includes transfers that cannot be classified into current transfers, such as the allocation of gold of the former Socialist Federal Republic of Yugoslavia or investments in patents and rights.

Financial Account

Direct and portfolio investment

Foreign *direct investment* includes equity capital, reinvested earnings, and debt transactions between related residents and nonresidents. Direct investment is defined according to the 10 percent ownership criterion for both direct investment abroad and direct investment in Croatia.

The CNB research on foreign direct investments started in 1997, when corporations included in the survey also provided data on direct investments for 1993–96. For this period, no data are available on reinvested earnings and other capital under the direct investment component (excluding the banking sector). These data became available only in 1997, when the above-mentioned research was launched.

Since 1999, CNB compilers have collected data on debt transactions within the direct investment component on the basis of external debt statistics. In 2007, a survey of real estate transactions between residents and nonresidents was launched; the results are included in the direct investment equity data.

The CNB collects data on equity *portfolio investment* from the same data source as the data on direct investment. Debt portfolio investments include all investments in short- and long-term debt securities that cannot be classified under direct investments. From 1997 to 1998, the compilers collected these data through CNB research on direct and portfolio investments, and since 1999, have used data on external debt and monetary statistics data for the banking sector. Starting from 2002 and 2004, they have also compiled this position for investment funds and pension funds, respectively.

Other investment

The CNB classifies other investment according to the following institutional sectors: CNB, government, banks, and other. The government sector comprises central government, local government, and local funds. The banking sector comprises commercial banks.

Data on foreign assets include trade credits, loans, and currency and deposits of banks and other sectors.

During 1996–2002, *trade credits* included the CNB estimates of advance payment and deferred payments, made on the basis of the sample of the large importers and exporters. Data on advance payments have been estimated since 1996, while data on short-term delayed payments (first up to 90 days, then up to 150 days, and today from 8 days to 1 year) have been collected since 1999.

In 2003, this collection was replaced by a new one, where the selected companies, regardless of their size (stratified sample), are obliged to submit data. Data on delayed payments with the original maturity of more than one year are derived from the CNB foreign credit statistics.

Foreign *loans* received and extended, not attributed to the direct investment component, are classified by the institutional sector and maturity under the other investment. The CNB foreign credit statistics serve as a data source for these transactions.

The *currency and deposits* component shows residents' claims on foreign countries for foreign exchange and deposits with foreign banks, as well as obligations of the Croatian banks for deposits owned by nonresidents.

Monetary statistics represent a data source for the general government sector and banks sector. Monetary statistics data on the stocks and currency composition of foreign assets and liabilities are used to assess transactions, with the exchange rate changes eliminated from the differences in stocks.

For 1993 to 1998, the CNB compiled data on other sectors' claims under this component on the basis of the CNB estimate of a portion of net foreign currency inflows of the household sector, not classified under the current transfers. Since 1999, this component has included only the data based on the Bank for International Settlements' quarterly data, while data for the fourth quarter of 2001 and the first two quarters of 2002 relate to the effect of the EMU countries' currencies changeover to the euro.

Reserve assets

From 1993 to 1998, the CNB estimated transactions in reserve assets by converting the changes in stocks in the original currencies into U.S. dollars, applying the average monthly exchange rates for the relevant currencies. Since 1999, the CNB has calculated changes in reserve asset stocks on the basis of the CNB accounting data.

III. Specific Items: International Investment Position

The CNB compiles the international investment position in accordance with the recommendations set out in the *BPM5*. Data sources include reports from banks, enterprises, the CNB, and the Zagreb Stock Exchange (CROBEX).

The CNB records data on foreign investments abroad and foreign investments in Croatia in U.S. dollars. Depending on the available sources of data, the conversion of values from the original currencies to U.S. dollars is performed by applying (1) the current rate of exchange or the average monthly midpoint exchange rate of the

CNB to transactions, or (2) the midpoint exchange rate of the CNB on the reporting date to balances.

Direct investment

For direct investment, the CNB derives data from a survey it conducts on direct and portfolio investment. The survey covers equity investment both in Croatia and abroad. Data on other capital are derived from reports provided by the CNB. Equity investment data have been compiled since the beginning of 2001 and are adjusted for changes in the official index of the CROBEX. In 2007, the stock exchange market prices for listed companies have been applied. For nonlisted companies, the value of net worth capital (the difference between assets and liabilities) is used as a proxy for market values.

Portfolio investment

The CNB derives data on equity portfolio investment from the survey mentioned in the direct investment section, adjusting the data for changes in the official index of the CROBEX. In 2007, the stock exchange market prices for listed companies have been applied. For nonlisted companies, the value of net worth capital (the difference between assets and liabilities) is used as a proxy for market values.

The CNB derives data on debt portfolio investment from reports on foreign assets and liabilities reported by the CNB, the government, Croatian banks, and corporations. They include data on bonds, notes, and money market instruments grouped by institutional sectors: CNB, government, banks, and other.

Other investment

For foreign assets and liabilities, the CNB compiles data from reports provided by the CNB, the government, Croatian banks, and companies, regarding trade credits, loans, and currency and deposits.

Trade credits (assets and liabilities) comprise foreign claims and foreign liabilities of the relevant sectors arising from trade credits. The data source is the register of foreign credits kept by the CNB.

Loans (assets and liabilities) comprise data on loans extended and received between residents and nonresidents, classified according to the institutional sectors. The data source is the register of foreign credit kept by the CNB.

Currency and deposit assets comprise the total liquid foreign exchange of banks authorized to do business abroad, net of the amount of foreign exchange deposited by domestic banks with the CNB as a part of the reserve requirements. In addition to foreign claims of domestic banks, foreign claims of the government sector are also shown. The data sources are reports from the government and banks.

Currency and deposit liabilities comprise the total foreign exchange and kuna liabilities to nonresidents of the relevant sectors in the form of the current accounts balances and time and demand deposits. The data source for this item is reports from banks.

Reserve assets

The CNB compiles this item from its records, as described in the balance of payments methodology above.

Cyprus

The following text was confirmed as current in 2009.

I. General

The agency responsible for compiling the balance of payments statistics for Cyprus is the Central Bank of Cyprus (CBC). More specifically, statistical data for balance of payments and international investment position (IIP) are collected and compiled by the Balance of Payments Section of the Statistics Department. With Cyprus's accession to the European Union (EU) and the consequent loss of statistical information, the CBC developed and implemented the current collection and compilation system on January 1, 2002. The current statistical data collection and compilation system is based on the methodology recommended by the International Monetary Fund (IMF) in its fifth edition of the *Balance of Payments Manual (BPM5)*, which has also been adopted by the EU, and complies with the additional requirements and level of detail specified by the Statistical Office of the European Communities (Eurostat) and the European Central Bank (ECB). The current statistical data collection and compilation system is based on a transaction-by-transaction reporting by banks covering all transactions carried out between residents and nonresidents. As of January 1, 2008, an exemption threshold of 50,000 has been implemented. In addition, all transactions with nonresidents from other EU member states are not reported. The reported data for each transaction are compiled by type of transaction, geographical region, resident institutional sector, etc. The compilation of balance of payments and IIP statistics is supplemented by information collected from the press, the Cyprus Stock Exchange (CSE), the Department of Land and Surveys, the Ministry of Finance, the Statistical Service of Cyprus (CYSTAT), the audited financial statements of companies, and statistical information produced by other departments and sections of the CBC. The current system is also complemented by surveys and direct reporting by certain categories of residents. Balance of payments statistics are produced annually, quarterly, and monthly. Quarterly data are published on the website of the CBC within three months after the end of the reference quarter. The annual balance of payments figures are published by the end of September of the year following the reference year. The first provisional data are available during the second quarter of the year following the reference year. The IIP data are produced on an annual basis and are published on the CBC's website at the beginning of October of the year following the reference year. The CBC has designed a new system based on statistical data collection directly from enterprises and organizations, which was implemented gradually in the second half of 2008. The new system compiles the financial account from the balance of payments, the associated income, and the IIP of Cyprus, based on the reporting requirements of the ECB, Eurostat, and the IMF. The data are collected through four surveys (foreign direct investment, securities, financial derivatives, other investment), which form the basis of the new system. In effect, the required data are reported directly to the CBC by residents of Cyprus.

Definition of resident of Cyprus: for the period January 2002 to June 2008, data were compiled on the basis of the definition of residency, according to which natural persons were considered to be residents when they resided (or intended to reside) in Cyprus for more than a year, while legal entities were considered to be residents when they had a physical presence in Cyprus (e.g., operating through their own office). As of July 1, 2008, the definition of "resident of Cyprus" for statistical purposes has been changed for legal entities: every organization or enterprise of any legal form that has been incorporated or registered in Cyprus is considered a "resident of Cyprus" for statistical purposes, whether or not it maintains a physical presence in Cyprus. As a result of this changed definition, statistical data published by the CBC as of July 2008 are affected because some organizations and enterprises have been reclassified from the nonresident sector to the resident sector.

II. Specific Items: Balance of Payments

Current Account

Goods

The CBC compiles the balance of payments statistics on the basis of imports and exports statistics produced by CYSTAT in line with the "general trade system." The foreign trade statistics as of May 2004 are derived from the Intrastat system for intra-EU trade (previously from customs documents) and from customs documents for trade with third countries. The figures derived from customs documents record the physical movement of goods across the national frontier as declared by importers and exporters on completed documents.

Importers and exporters are usually required to present their documents before they can obtain customs clearance for the goods. Therefore, these import and export figures correspond fairly closely to goods actually imported and exported. Goods exported and imported are valued on an f.o.b. and c.i.f. basis, respectively. In compiling the balance of payments, the CBC makes the c.i.f./f.o.b. adjustment by applying a fixed ratio of 8 percent. The CBC also makes certain adjustments for coverage. In particular, the foreign trade data are supplemented with data on repairs of ships and aircraft, obtained from the settlements system.

Services

Transportation

This category covers freight and passenger services provided by sea and air transport operators. The CBC derives debit entries for freight services from the estimates made to convert imports from a c.i.f. to an f.o.b. basis (i.e., freight and insurance are assumed to equal 8 percent of imports c.i.f.).

Concerning passenger transport, banks report the data through the settlements system. With respect to credits, the CBC cross-checks the figures with data obtained from an annual survey of major resident passenger transport operators. The staff supplement settlement data for supporting, auxiliary, and other transport services with data from the financial statements or reports of international business companies engaged in such activities.

Travel

For travel credits for tourism, the CBC obtains data from CYSTAT, which conducts a monthly frontier survey on tourist expenditure in Cyprus. To obtain geographical allocation for travel credits, the CBC combines per person expenditure derived from the survey with the number of tourist arrivals, as given by the frontier survey of incoming travelers, which CYSTAT also conducts.

With regard to education-related revenue, the CBC conducts an annual survey among those colleges and universities that provide educational services to nonresidents and compares the survey results with data reported by banks under the settlements system.

In 2004, CYSTAT launched a new survey to measure the expenditures of nonresidents in their residential properties in Cyprus. The results of the survey are included in the "travel" item.

For travel debits, the CBC also obtains the value from the monthly frontier survey conducted by CYSTAT. Reported data are cross-checked with those reported under the settlements system as well as foreign exchange outflows through credit or debit cards.

Other services

Communications. The CBC checks settlements data for consistency with data from a survey of the companies or organizations in this field. The annual survey obtains quarterly data. It includes the major semigovernmental organizations in this area, that is, the Cyprus Telecommunications Authority, the Cyprus Postal Service, couriers, etc.

Insurance. Merchandise insurance is estimated on the basis of the total value of imports c.i.f. (i.e., at an assumed proportion of 1 percent). For nonmerchandise insurance, the data that the CBC obtains from banks through the reporting system include life insurance and pension funding, other direct insurance, reinsurance, and auxiliary services related to insurance.

Royalties and license fees. Again, the CBC obtains data for this item through settlements for both debit and credit entries.

Other business services. Settlements are the main source of data for this item and are complemented by data gathered from the annual audited accounts and the annual survey of major companies/transactors. Among the items included in this category are merchanting and other trade-related services, operational leasing and miscellaneous business, and professional and technical services, which include legal, accounting, business, marketing, advertising, architectural, and various other services.

Government services, n.i.e. Entries for this category include foreign military expenditures in Cyprus, foreign embassy expenditures in Cyprus, the Cyprus government's foreign service expenditures abroad, and other government expenditure abroad. The CBC obtains the data from the government accounts (budget abstracts), settlements, and bank returns.

Income

Compensation of employees

Data are mainly obtained from the settlements system for both inward and outward flows. Data are also obtained from direct reporting entities.

Investment income

Direct investment. Breakdowns by type of instrument, country, and economic activity are available. The CBC follows the definitions set out in the *BPM5*. It applies the 10 percent rule to separate foreign direct investment (FDI) from portfolio investment income. Also, it records income on intercompany loans as income on direct investment, identifying it separately from other investment income.

Since 2002, the CBC obtains data on dividends, interest on intercompany loans, and rent from the settlements system. It cross-checks the settlements data, complementing them with information contained in audited accounts of FDI companies. It records reinvested earnings annually on the basis of information contained in audited accounts of FDI companies. Also, it records an offsetting entry in the financial account item direct investment.

Since the audited accounts of FDI companies are not available in time, reinvested earnings for the current year are estimated on the basis of information in the accounts for previous years. The CBC replaces estimated figures by actual data when they become available about one year later.

Portfolio investment. In the case of interest receivable on portfolio investment assets, the accrual basis is applied. Data are obtained through the new monthly securities survey. As far as the debit side is concerned, the settlements system provides data on the portfolio income of banks and their resident customers on a payments basis. In the case of bonds issued abroad by domestic banks, the CBC estimates accrued interest. For interest payable on securities issued by the government (euro commercial paper and euro medium-term notes), compiling staff gather data from the CBC's Planning, Strategy and Management of Debt Section. For interest on reserves (securities), the staff obtain data from the Payment Systems and Accounting Services Department of the CBC.

Other investment. The settlements system provides data on other investment income (credits and debits) of banks and resident customers. For banks' own transactions with nonresidents, interest on both loans and deposits is reported on an accruals basis. For interest on reserves (deposits), data are obtained from the Payment Systems and Accounting Services Department of the CBC.

Current transfers

General government

The Ministry of Finance provides data on general government transfers, including transfers from the United Nations, the EU, the United States, etc. Data provided by Eurostat complement the recording of current transfers to and from the EU.

Other sectors

The CBC collects data on outward and inward transfers of other sectors, including workers' remittances, cash gifts, inheritances, lottery prizes, etc., from banks through the settlements system.

Capital Account

In general, the new balance of payments compilation system follows the definition of the capital account set out in the *BPM5*. The CBC records migrants' transfers and acquisitions or disposals of land by the government of Cyprus abroad or by foreign governments in Cyprus in the capital account.

The recording of capital transfers to and from the EU is achieved using the data provided by Eurostat.

Financial Account

Direct investment

Cyprus has established a regular FDI reporting system, whereby it obtains data on FDI flows from the settlements system, which it complements and cross-checks with the accounts and other returns of the companies and banks. The CBC obtains information on the initiation of an FDI relationship from the statistical declarations. These declarations were submitted by resident investors to the domestic banks or to lawyers or accountants of the FDI companies, who forward the information to the CBC. This FDI declaration is updated whenever a change occurs in the FDI company's issued capital or in the percentage participation of the direct investor(s) in the company.

Compilers supplement and cross-check these data with data from the CBC's Banking Supervision Department. They also collect data on inward investments in real estate (purchases and sales) from the Department of Land and Surveys. As a result of Cyprus's participation in Eurostat's FDI pilot project, Cyprus is producing all Y5 and Y6 questionnaires at the required geographical and economic activity levels of analysis and using the NACE classification of economic activity.

The CBC applies the 10 percent OECD benchmark definition of FDI. However, for the time being, FDI figures produced by the CBC are limited only to direct links of ownership. In accordance with the *BPM5* definition of residency, as of July 1, 2008, the CBC considers all legal persons registered in Cyprus, including the companies of the former international business sector, as residents for statistical purposes.

The quality of FDI data is expected to be improved by the inclusion of the figures reported under the new direct reporting questionnaires for resident direct investors and resident direct investment enterprises.

Portfolio investment

Concerning portfolio investment assets, data are collected under the new monthly security-by-security reporting system directly from institutional investors, including banks, complemented with indirect reporting from investment intermediaries that offer custodian and portfolio management services. Reference security data from the ECB's centralized securities database (CSDB) are used for a more accurate compilation and classification of portfolio investment data, including the provision of (intra) assets by issuer sector, as well as for the calculation of accrued income (dividends and interest).

Under the settlements system, banks also report outward portfolio investment flows, which are cross-checked with the figures obtained from the monthly security-by-security survey. For the banks' own portfolio transactions, resident banks report security-by-security data, including an ISIN code, while for customers' portfolio transactions, a breakdown by security is not required. Furthermore, the CBC derives data on banks' own portfolio flows from their monthly balance sheets for control purposes.

The balance of payments compilers collect data on debt securities issued abroad by the government, specifically euro commercial paper and euro medium-term notes (EMTN), from the Planning, Strategy and Management of Debt Section of the CBC. Concerning inward investment in securities listed on the CSE, the CSE transmits to the CBC, on a monthly basis, the security-by-security data on nonresident purchases and sales of securities listed on the CSE. Data are broken down by sector, instrument, and country. The 10 percent rule is applied to distinguish direct from portfolio investment.

Financial derivatives

Since 2002, the CBC has recorded transactions in financial derivatives as a separate category of the financial account; previously it included them under portfolio investment (debt securities). Under the settlements system, banks report transactions in financial derivatives broken down by country, currency, and institutional sector. In addition, raw data collected by the CBC's Banking Supervision Department include breakdowns by instrument, maturity, country, and currency for the investments made by the banking sector.

The implementation of direct reporting by other financial intermediaries and nonfinancial companies will improve coverage and provide more accurate data on financial derivatives.

Other investment

Trade credits

The entries for long-term trade credits on the assets side include prepayments made for imports of military equipment and for imports of aircraft by Cypriot airline companies. The CBC gathers data from the government and from the airline companies.

On the liabilities side, trade credits comprise estimates of suppliers' credits calculated using a formula based on the pattern of imports. Specifically, trade credits are estimated on the basis of the assumption that one-third of the imports of the previous four months are unpaid.

The CBC is planning to collect data on trade credits from the banks' documentary credit departments and to conduct a survey of importers and exporters.

Loans

The Balance of Payments Section of the CBC compiles drawings and principal repayments of government loans from data collected from the Planning, Strategy and Management of Debt Section of the CBC and from government accounts. It obtains data on the banking sector's loans from the settlements system and from monthly balance sheets. For the other sectors' loans, it obtains data from the settlements system and directly from those semigovernmental organizations that are treated as part of the private sector.

Currency and deposits

For the banking sector's deposits, the CBC obtains data from the settlements system and from monthly balance sheets. It obtains data on the private sector's deposits from the settlements system and directly from those semigovernmental organizations treated as part of the private sector. Concerning deposits maintained abroad by the nonbank private sector, the CBC gathers limited data through the settlements system.

The coverage of transactions in loans and deposits not channeled through the Cypriot banking system will be addressed through comprehensive direct reporting.

Reserve assets

For the transactions in reserve assets that are included in the monthly and the quarterly balance of payments statistics, data are obtained from the Management of Reserves Section of the CBC.

III. Specific Items: International Investment Position

The CBC compiled partial IIP statements on the basis of the previous (exchange control) residency definition for 1999–2001. In particular, FDI assets and liabilities, as well as portfolio investment liabilities in the form of equity securities, were not available, while loan liabilities of the private nonbank sector were only partly covered. As of reference year 2002, the CBC is producing a full IIP statement.

Direct investment

Concerning stock data, the CBC used a simple accumulation of flows to estimate FDI positions as of the end of 2002. It is also recording inward FDI stocks as shown in the annual accounts of FDI companies, particularly international business companies and banks. In addition, it also collected information on stocks of FDI assets through a combined CPIS/FDI survey conducted on an annual basis. The Balance of Payments Section of the CBC drew positions on FDI liabilities from the stocks recorded in the audited accounts of international business companies and banks and from data the CSE submitted on listed companies, for the reference year 2002. In the case of FDI companies for which accounts were not available, stocks were initially estimated from accumulated flows.

Portfolio investment

Compilers obtain stocks of portfolio investment assets from the annual portfolio investment survey, initiated within the framework of the IMF's CPIS in 2002. The mixed approach is used, and data are collected on a security-by-security basis. The end-investor survey covers all resident entities undertaking portfolio investment abroad, namely, domestic banks, international banking units, domestic and international insurance companies, financial services companies, investment companies, other collective investment schemes, and a sample of nonfinancial companies.

The indirect reporting survey collects data from all domestic banks, international banking units, and other financial intermediaries that offer custodian and portfolio management services, and it covers portfolio holdings of resident households, pension/provident funds, and nonfinancial corporations (also used for cross-checks).

Concerning portfolio investment liabilities, the CSE reports to the CBC stocks of liabilities of listed companies vis-à-vis nonresidents (i.e., equity capital held by nonresident shareholders).

Financial derivatives

Compilers obtain stocks of financial derivatives primarily from the balance sheets of banks, as well as from stock data reported by the CSE, on a monthly basis.

Other investment

Compilers draw complete data on other investment assets and liabilities of the banking sector from the monthly balance sheet that is submitted to the CBC by all resident monetary financial institutions. The staff obtain data on deposits held abroad by the nonbanking sector from the Bank for International Settlements (BIS) *Quarterly Review*. Detailed data on the loan liabilities of the government and public corporations are available, while the loan liabilities of other sectors are roughly estimated on the basis of historic data. Trade credit liabilities and assets are estimated on the basis of the pattern of imports and exports, respectively.

Reserve assets

The CBC compiles stocks of reserve assets on a monthly basis. The main source of data on reserve asset positions is the accounting system of the CBC. Stocks of reserve assets are compiled monthly and become available 10 days after the end of the reference month. Breakdowns by instrument and by currency are available. The CBC also participates in the two IMF annual surveys for collecting reserve data—namely, the Geographical Distribution of Securities Held as Foreign Exchange Reserves (SEFER) and the Instrument Composition of Transactions in Foreign Exchange Reserves (INFER)—and also in the quarterly survey that collects data on the Currency Composition of Official Foreign Exchange Reserves (COFER). In addition, as of April 2004, the CBC compiles on a monthly basis the International Reserves Template and transmits it to the ECB within the prescribed deadlines. The main sources of data are the Payment Systems and Accounting Services Department, the Planning, Strategy and Management of Debt Section, and the Management of Reserves Section of the CBC.

Czech Republic

The following text was confirmed as current in 2009.

I. General

The Czech National Bank (CNB) is responsible for compiling the balance of payments and international investment position statistics. The CNB collects the data necessary for compiling the balance of payments from various sources: the banking sector (that is, the commercial banks and various CNB departments), securities traders/brokers, the Czech Statistical Office (CZSO), various government ministries (such as the Ministry of Finance) and government agencies, and the corporate sector.

Many of these sources are also used for compiling the international investment position. For some balance of payments items, estimates complement the data collected from primary sources.

The CNB compiles the balance of payments quarterly (until 2000 in cumulative form and, starting from 2001, in individual quarters). Since January 2003, the CNB has also published monthly estimates (for key items in accordance with the European Central Bank requirements). The balance of payments and international investment position statistics are published in CNB publications and on the website www.cnb.cz; in addition, annual data are published in the CZSO yearbooks.

The CNB compiles the balance of payments and international investment position data in Czech koruny (CZK) and publishes them in euros and U.S. dollars as well as in koruny. It converts some transactions from other currencies to CZK using the exchange rate prevailing at the time of the transaction. Other transactions are converted using the average exchange rate for the reporting period. The stocks of assets and liabilities in the international investment position are converted from foreign currencies to CZK using the exchange rate prevailing at the end of the reporting period.

At present, not all the balance of payments items correspond fully to the standards required by the *BPM5*; the collection and compilation procedures are, however, gradually being adjusted to conform to the recommendations of the IMF's *Balance of Payments Manual*, fifth edition (*BPM5*).

II. Specific Items: Balance of Payments

Current Account

Goods

The CNB receives monthly data on exports and imports at f.o.b. and c.i.f. values from the CZSO, which is responsible for final data processing; customs authorities collect the data. Since accession to the European Union (EU) in May 2004, the Czech Republic has collected data for trade with EU member states (using the Intrastat system) separately from trade with third countries (which are based on customs statistics).

In the Intrastat system, goods are recorded in the month in which they were dispatched (exports) or received (imports) or alternatively in the following month when the obligation to pay VAT arises. Other goods are reported to customs generally within two or three days of the goods crossing the customs frontier for exports and at the time of crossing the customs frontier for imports.

The CNB records foreign trade data in the balance of payments under the items general merchandise, goods for processing, goods procured in ports by carriers (fuel purchases abroad), and nonmonetary gold. For 2001–04, repairs on goods were included in the trade balance and, starting from 2005, in the balance of services. The CZSO regularly (quarterly) updates monthly trade statistics. For the balance of payments compilation, the CNB uses preliminary trade data until the CZSO publishes a definitive trade balance.

Services

Transportation

Until 2003, the CNB collected data on air transport of goods and passengers directly from transportation companies. For other kinds of transport, the data were based on the commercial banks' records. Additional data were required from companies involved with transporting natural gas through the territory of the Czech Republic to Western Europe (credit) and transporting gas and oil through the Slovak Republic to the Czech Republic (debit).

For data on freight services connected with exports and included in the contractual export price, the CNB made estimates from customs declarations and reported them under *transportation–credits*. The cost of transportation for imports, when included in the import price, remained part of the trade balance with a debit entry.

A new CZSO system for collecting data on transport services has been used from the first quarter of 2007. Data from a CZSO pilot survey-based project have been used for a 2004–06 revision. The new data collection system is based on direct data reporting of the representative sample of respondents according to the EBOPS classification.

Travel

From 1999 to 2007, the main sources for compiling the travel item were banking statistics, information on credit card transactions from their bank and nonbank issuers, and information from nonbank exchange offices. These sources were complemented by partner country data and the CZSO survey of travelers at accommodation establishments (by country) and household surveys. The travel data were supplemented with data on personal expenditures on goods and services by seasonal and border workers (published by the CZSO). Information from the Ministry of Education, Youth and Sports, the Ministry of Health, and health insurance companies was important for compiling education and health items. Additional information was obtained from tourist providers and from a special agency (funded by the Ministry for Regional Development) engaged in travel studies.

Starting from 2008, the CNB has adopted a modified system for collecting travel data. Collection of data through banking statistics was abandoned, and quarterly information on credit card transactions from the Bank Card Association has become the dominant source for the travel item. All other information sources continue to be used.

From 2001 onward, the CNB produces data showing the split between business and personal travel.

Other services

Until 2003, the CNB derived information on other services from banking records of amounts received from abroad for services provided and of amounts paid for services received. Starting from the first quarter of 2007, the CNB uses data received from the new CZSO survey-based system for collecting data on services exports and imports. The data for 2004–06 have been revised on the basis of the data obtained from this system in the testing phase.

Insurance. Surveys of insurance companies and nonfinancial companies are collected by the CZSO and used as the data source for the compilation of insurance and reinsurance items. Because data on freight insurance are not available separately from freight services, they are included under transportation.

Merchanting. This item was recorded gross up to 2001 and is now recorded net.

Financial services. The CNB derives information for this item from the banking records. The data are completed with the CZSO data reported by its respondents.

Income

Compensation of employees

Under this item, the CNB records income from the short-term employment of Czech citizens abroad (credit) and similar employment of foreigners in the Czech Republic (debit). The item also includes seasonal and border workers, students who work, and other persons who stay in the host country for a limited period (usually for less than one year) to earn money.

The CNB receives the relevant data from the CZSO. The derivation is based on the estimated number of those workers and the assumed level of their wages and salaries; contributions paid by employers on behalf of employees to social security are included (with the contra-entry in current transfers).

Investment income

Concerning direct investment income, the CNB bases data on CNB enterprise surveys and banking records. Owing to the lack of information on reinvested earnings and undistributed branch profits, direct investment income for 1993–97 comprised only dividends and other distributed profits transferred abroad and received from abroad. Since 1998, the CNB has derived data on reinvested earnings from annual enterprise surveys.

For portfolio investment income, the CNB obtains information from bank records and the reports of security brokers and nonbank financial institutions. Banking records are the source of information on interest receipts and payments on government credits (interest income is based on actual payments).

For commercial banks' assets and liabilities and on trade credits and corporate sector loans, the CNB derives interest from bank records and enterprise surveys, supplemented by CNB estimates. Income on the CNB reserve assets is derived from its balance sheet and income statement and is recorded on an accrual basis.

Current transfers

Until 2007, the CNB derived data for current transfers (i.e., pension payments, inheritances, gifts, alimony, membership contributions, and other cash transfers) from banking records. In addition, it obtained information on taxes on income earned in the host country and contributions to social security schemes from the CZSO.

The CZSO has recently changed the methodology for compiling certain items of national accounts (workers' remittances and other private transfers and also compensation of employees as part of income balance). The CNB closely cooperates with the CZSO, and these changes consequently are being reflected in the revision of the respective balance of payments items.

Transfers of general government include subsidies from various European funds and contributions to the EU budget, membership fees to international organizations, pensions, etc.

Capital Account

Capital transfers

Government sector capital transfers include transactions vis-à-vis EU institutions (investment grants) and transfers abroad under development aid projects. Since 2004, the capital transfer item includes general government debt forgiveness with the corresponding contra-entry in the financial account. The data for general government transfers are obtained from administrative sources.

For transfers of funds connected with migration, the CNB obtained data from records of the banking sector until 2007. In 2008, estimates based on development in previous years were made.

Acquisition/disposal of nonproduced, nonfinancial assets

The CNB derives information for this component of capital account from the banking statistics, with additional information from the CZSO.

Financial Account

Direct investment

Direct investment is defined according to the *BPM5*, using the 10 percent ownership criterion. For 1993–97, the reported data on both inward and outward foreign direct investments consisted only of changes in equity capital. Since the reference year 1998, the direct investment flows cover investments in equity, reinvested earnings, and other investment capital, representing assets and liabilities related to suppliers' credits and other credits and loans between direct investors and direct investment enterprises.

Up to 1997, other investment capital was recorded under *other investment* in the balance of payments statistics. From the reference year 1998, this item has been reclassified under direct investment.

The main sources of data on equity capital and other capital are companies' reports submitted to the CNB under the reporting obligations pursuant to the Foreign Exchange Act and a quarterly report on foreign assets and liabilities of selected companies. Other sources include the Business Register, commercial courts (which provide information on newly established joint ventures), commercial databases, and public sources. The data on reinvested earnings for recent periods are based on estimates. The CNB draws the final data from the annual direct investment survey.

Portfolio investment

For nonresident transactions in securities denominated in domestic currency, the CNB collects information from securities traders' reports. For transactions in securities issued by residents in foreign markets, it collects information from resident issuers. For money market instruments, the CNB obtains transactions from the Registration Center of the short-term securities market at the CNB. It obtains data on resident transactions in foreign securities from banks and securities dealers and from other nonbank financial institutions' reports.

Financial derivatives

Until 2007, the CNB derived transactions in financial derivatives (recorded in the balance of payments since 2000) from the commercial banks' statements of external assets and liabilities. Starting from 2008, the data are derived from the statements of external assets and liabilities of the banking sector (commercial banks and the CNB), the quarterly survey on the cross-border positions and transactions in financial derivatives of the corporate sector, and from the CNB's internal sources. Additional information is obtained from the Ministry of Finance.

Other investment

For transactions in corporate sector assets and liabilities, the CNB derives data from quarterly enterprise surveys (trade credits, loans) and from reports submitted to the CNB under reporting obligations (loans). Because of the limited number of respondents, the data obtained from surveys have to be completed with estimates based on other sources.

For transactions of banks (currency and deposits, loans, other assets and liabilities), the CNB derives data from statements of the external assets and liabilities of the banking sector. For capital subscriptions to international nonmonetary organizations and for government credits, the CNB obtains information from administrative sources and from banks designated for the administration of government external assets and liabilities.

Reserve assets

The information from the CNB's Accounting Division is the main source for compiling reserve assets transactions.

III. Specific Items: International Investment Position

Direct investment

The direct investment position data include equity capital and reinvested earnings, and since 1997, other capital data. The relevant positions in indirectly owned foreign direct investment enterprises are recorded as well. From the reference year 1997, the main source of information on both Czech direct investment abroad and foreign direct investment in the Czech Republic is an annual enterprise survey conducted by the CNB. The CNB derives preliminary stock data from the transactions data.

The position data are recorded at book values, using the own funds at book value (OFBV) basis. OFBV is defined as paid-up capital (net of own shares), all types of reserves, and net value of nondistributed profits and losses (including results for the current year). From the reference year 2005, the CNB compiles the equity stocks in unlisted companies at book value, while it compiles the equity stocks in listed companies at both book and market values.

Portfolio investment

For liabilities reflecting the ownership of domestic bonds and shares by nonresidents, the CNB collects information from security brokers and from resident issuers. For domestic short-term financial instruments held by nonresidents, it obtains data from the Registration Center of the short-term securities market at the CNB.

For the stocks of assets reflecting ownership of foreign securities by residents, the CNB receives reports from banks, licensed security traders, and nonbank financial institutions. Portfolio investment assets and liabilities are valued at market prices.

Financial derivatives

The receivables and payables from financial derivatives are monitored and recorded when a resident commercial bank, resident company, government, or the CNB participates in the transaction. Various types of data sources are used, e.g., statements of external assets and liabilities of the banking sector, direct reporting for the corporate sector, and the CNB's internal data system.

Other investment

For banks' assets and liabilities, the CNB derives data from balance sheets and statements of the external assets and liabilities of the banking sector.

For assets and liabilities of the corporate sector (trade credits, loans, and funds on accounts with banks abroad), the CNB acquires data through a survey covering a representative sample of enterprises and from reports submitted under the reporting obligation (loans). The data collected from these sources are completed with estimates.

Information on stock data of the government sector is obtained from reports of banks designated for the administration of government external assets and liabilities.

Other investment assets and liabilities are recorded at nominal value.

Reserve assets

The source of data on reserve assets (official reserves) is the CNB balance sheet. Monetary gold is valued at US$42.22 per troy ounce (until the end of 1999) and at market price (since 2000).

Denmark

The following text was confirmed as current in 2009.

I. General

Statistics Denmark is the official compiler of the Danish balance of payments statistics. However, responsibility for the compilation of balance of payments statistics is shared between Statistics Denmark and Danmarks Nationalbank in much the same way as responsibility is shared between Eurostat and the ECB.

Statistics Denmark has drawn up the balance of payments statement since 1934, mainly based on surveys. At the same time, Danmarks Nationalbank has collected settlement data in order to verify that cross-border payments were in accordance with foreign exchange restrictions. During the 1970s, settlement data became one of the most important sources for the balance of payments statement, alongside statistics on foreign trade in goods. However, at the end of 2004, the reporting of settlements was abandoned.

Since the beginning of 2005, the balance of payments reporting system has been based on statistics on foreign trade in goods, surveys, and supplementary sources.

Since 1991, Danmarks Nationalbank has been responsible for statistics on the international investment position (IIP) and direct investment.

The legal basis for compiling the balance of payments and IIP statistics is formed by the following legal texts:

(i) Law No 599 of June 22, 2000, on Statistics Denmark. The detailed reporting requirements concerning the services item are based on Statistics Denmark's October 2005 Guideline on foreign trade in services.

(ii) Law No 372 of December 23, 1964, on Foreign Exchange Regulations and the Executive Order No 658 of

July 11, 1994, on Foreign Exchange Regulations, issued by the Ministry of Economic Affairs. The detailed reporting requirements for the balance of payments financial account and investment income item and for the IIP are based on Danmarks Nationalbank's "New Balance of Payments—Reporting Guidelines and Forms" (June 2004; monthly reporting) and "New Balance of Payments—Reporting Guidelines and Forms" (June 2005; yearly reporting). There is a shorter version of the yearly reporting guidelines/forms for enterprises that report monthly and a full version for enterprises that only report yearly.

The collection system for the current account, except investment income, and the capital account is based on statistics on foreign trade in goods, surveys on foreign trade in services, and data from administrative sources.

The collection system for financial transactions, positions, and investment income follows a matrix approach using supplementary indirect sources whenever it is more cost-efficient, e.g., for portfolio investment. Overall, the system can be divided into three main blocks: (i) monetary and financial institution (MFI) statistics, (ii) reports from custodians and VP Securities Services (the Danish central securities depository), and (iii) a survey of large non-MFI enterprises (hereafter referred to simply as enterprises). Each of these accounts for roughly one-third of the balance of payments and IIP output.

The MFI statistics fully cover the MFI population. The coverage for portfolio investment is close to 100 percent. A cut-off survey for enterprises implies coverage of about 90 percent calculated on the basis of settlement data for 2004. The reported data are grossed up using different grossing-up factors for different instruments and sectors.

The reporting setup for all three blocks requires stock data at market prices at the beginning and end of the reporting period. For MFIs and enterprises, transactions and valuation changes also have to be reported (including for securities without International Securities Identification Number (ISIN) codes). This implies that the identity *beginning-of-period position + financial transactions + valuation changes = end-of-period position* is fulfilled at the micro level. For securities with ISIN codes, Danmarks Nationalbank calculates the valuation changes due to the observed changes in prices and exchange rates and accrued interest. Net transactions are derived residually. Interest on other instruments and dividends are reported to Danmarks Nationalbank.

On the website www.statistikbanken.dk, *National Accounts, Balance of Payments, and international investment position* users have access to all data related to the balance of payments statement, which is compiled on a monthly basis, approximately 30 working days after the end of the reporting period.

The balance of payments is published in *Nyt*, which is available at http://www.dst.dk. *Statistiske Efterretninger*, published quarterly, contains more details. The financial account items are published in a *Tabeltillaeg (Tables Supplements)*. They are available as PDF files and can be found on the website of Danmarks Nationalbank at http://www.nationalbanken.dk, Statistics, under "Statistics–Publications and predefined downloads."

Prior to the publication of the financial account a *Nyt* and *Tables Supplements* on foreign portfolio investments are published on the twentieth working day following the end of the reporting period. The *Nyt* is published as a web document and the Tables Supplement only as PDF.

Two other publications of Danmarks Nationalbank—the *Monetary Review* and the *Annual Report*—that also contain balance of payments data are available at http://www.nationalbanken.dk.

II. Specific Items: Balance of Payments

Current Account

Goods

The merchandise trade data are compiled in two systems: Intrastat (for trade with EU countries) and Extrastat (for trade with non-EU countries). These data comply with the international requirements for timeliness.

Extrastat data are collected continuously by the Customs as the goods cross the Danish border and provide complete coverage of the trade with non-EU countries. Intrastat data are collected on a monthly basis by Statistics Denmark from approximately 10,000 enterprises. The coverage for the Intrastat data is between 65 percent of EU trade (first release month) and 90 percent (final data). Nonreported merchandise trade is estimated at the most detailed level, obtaining a full correspondence between the detailed trade figures and the totals.

Under Extrastat, imports are classified according to the country of origin, whereas exports are classified according to the country of final destination. Under Intrastat, imports are classified according to the country of consignment, and exports are classified according to the country of final destination.

In compliance with international recommendations, the valuation of merchandise imports is converted from a c.i.f. to an f.o.b. basis, the difference being considered as services (transportation items and freight insurance).

Data on procurements (debits) are collected through Statistics Denmark's survey on trade in services.

Services

Statistics Denmark conducts a combined monthly (covering approximately 400 enterprises) and quarterly (covering approximately 1,200 enterprises) sample survey on trade in services and transfers. The sample has been drawn on the basis of the settlement system, partly using a cut-off method (for monthly reporters) and partly a stratified sample method (for quarterly reporters).

The sample is considered fixed, but will be summarily updated each year to ensure representativeness by excluding certain enterprises and including others. A new major initiative in updating the sample is being prepared.

The survey allows a full breakdown by country.

The import of travel is primarily based on a separate survey on holiday and business journeys. The export of travel is partly based on accommodation statistics combined with a survey on overnight travelers' spending in Denmark and partly on different border surveys covering travelers on same-day visits. The rest of the travel item is based on the general survey of trade in services.

Monthly data on services are estimated by grossing up figures from the monthly reporters using monthly extrapolations for the quarterly reporters to the survey of trade in services and adding estimates for the travel item.

Income

Compensation of employees

Different sources are used to compile data on compensation of employees. For debits, the data are compiled monthly. These data are derived from the Salary Information Register (COR) and the Central Population Register (CPR). For credits, income tax returns are compared with the COR register. The previous year's data are extrapolated to give monthly figures for the current year. For both credits and debits, statistics on seasonal and border workers in Sweden, Norway, and Denmark are used to validate and enhance the geographical distribution.

Investment income

Data on investment income are partly calculated and partly reported. Investment income (net profits) from direct investment/equity capital is reported yearly and dividends and interest from intercompany loans are reported monthly. Danmarks Nationalbank applies the debtor approach to calculate monthly accrued income on portfolio investments for all sectors—except the MFI sector's accrued interests payable/receivable, which are reported monthly. Investment income on other investments is reported monthly.

Current transfers

Current transfers, such as subsidies, taxes, social benefits, public transfers, and aid, are based on general government finances statistics and detailed information gathered from, among others, the Ministry of Foreign Affairs and the Ministry of Defense.

Data on taxes on compensation of employees, both into and out of Denmark, and similarly on social contributions from nonresidents working in Denmark and social benefits received from abroad, are primarily compiled using information from registers held by the Danish tax authorities.

Data concerning nonlife insurance claims and premiums and private current transfers, such as aid and gifts, are gathered through Statistics Denmark's survey on trade in services.

Other current transfers, such as social contributions from residents working abroad and workers' remittances, are estimated.

Geographical breakdowns are available for most of the data, except for social contributions from residents working abroad and workers' remittances where estimates are used.

Information on transfers (current and capital) is essentially available on a monthly or a quarterly basis.

Capital Account

Capital transfers

The information concerning the acquisition or disposal of nonproduced, nonfinancial assets is gathered through Statistics Denmark's survey on trade in services, which allows for a complete geographical breakdown.

Capital transfers, such as debt forgiveness, investment grants, and other capital transfers, are primarily compiled from the general government finances statistics. Estimations are made in other cases, such as legacies and migrants' transfers of deposits/loans.

Financial Account

Direct investment

The components of direct investment are equity, reinvested earnings, and other capital. Data on each component are collected using separate forms.

Monthly outward flow data for equity are reported on two different forms: A1 and A2 covering transactions in equity issued by foreign enterprises with and without ISIN codes, respectively. More information is required in A2 because the lack of an ISIN code makes it impossible for Danmarks Nationalbank to get information on the country and sector of the foreign enterprise.

Monthly inward flow data for equity are reported in form P1 covering transactions in equity issued by the reporting enterprise without ISIN codes. If the reporting enterprise has equity/shares with an ISIN code, the equity/shares are registered with VP Securities Services, and information on nonresident holdings is available from that source.

For both outward and inward flows, the reporting requirements are limited to equity not deposited with a custodian in Denmark, because custodians in Denmark report these equities security-by-security.

Danmarks Nationalbank identifies direct investment equity via a register established on the basis of annual surveys. Enterprises are requested to identify and report direct investments in accordance with the business accounting rules established in the Danish Financial Statements Act, where the threshold is 20 percent (associated enterprises). On the monthly forms A1, A2, and P1, the threshold for when an investment is classified as a direct investment in equity capital is also 20 percent. For both outward and inward flows, these reporting requirements are limited to equity not deposited with a custodian in Denmark. Data on direct investment in listed Danish companies or in equity deposited with a custodian in Denmark are received security-by-security, and the 10 percent criterion is applied. Investment yielding voting rights between 10 and 20 percent where an investment is not deposited with a custodian in Denmark is not counted as direct investments. However, investigation has shown that this gap is negligible.

Reinvested earnings are included in the monthly data as a contra-entry to the investment income item.

Other capital consists of trade credits between affiliated enterprises, intercompany loans, and other accounts.

The geographical breakdown is based on the residence of the issuer of equity, i.e., the debtor/creditor principle is used. Furthermore, a change in ownership of a resident enterprise from a nonresident in one country to a nonresident in another country is revealed by the reporting.

Portfolio investment

When the settlement-based reporting system was abandoned, an existing source of data, i.e., VP Securities Services for foreign holdings of domestic securities on a security-by-security basis, was incorporated into the new balance of payments compilation system. In addition, security-by-security reporting for custodians concerning residents' holdings of foreign securities was introduced.

Basically, the reports contain information on the individual holders of the securities with ISIN codes. Danmarks Nationalbank then calculates transactions and accrued investment income for each security. By combining the results with supplementary information on the specific characteristics of the securities (reference data) from a commercial data provider, Danmarks Nationalbank can compile the balance of payments/IIP items broken down by type of security, sector (holders and issuers), and country.

This indirect reporting is supplemented by direct reporting, i.e., the balance of payments survey on resident holdings of foreign securities with custodians abroad (assets) and reporting by a limited number of residents issuing securities abroad held by nonresidents (liabilities). Adjustments on a security-by-security basis are made for repo transactions as well as Danish securities registered in VP and deposited abroad.

Financial derivatives

The collection of financial derivatives data is based partly on MFI statistics and partly on monthly and yearly surveys of non-MFI enterprises. The monthly survey of enterprises covers transactions in derivatives issued on a foreign stock exchange, transactions in derivatives traded directly with a nonresident counterpart, and stock data for the majority of contracts. There are three reporting forms—one for options, one for futures, and one for OTC derivatives.

Other investment

Data on other investments are collected via the general survey system and the MFI statistics. The survey comprises reporting forms for trade credits, loans and deposits, and other investment–other. Each form is broken down by maturity (into short-term and long-term). Financial leasing is reported separately and classified as long-term. For both assets and liabilities, the foreign counterparts are broken down by credit institutions (a proxy for MFIs) and noncredit institutions.

All forms, except for trade credits, use the general reporting model (stocks at the beginning and end of the month, transactions, and valuation changes during the month broken down by currency and country).

For trade credits, respondents are only required to report stocks at the beginning and end of the month, broken down by currency. Transactions in trade credits are calculated as the changes in stocks adjusted for exchange rates changes. Consequently, the calculated transactions in trade credits comprise other valuation changes (price changes are regarded as insignificant) and losses.

Reserve assets

Data collection for reserve assets is part of the general MFI reporting system because Danmarks Nationalbank reports as an MFI. This implies that transactions are reported (as well as valuation changes and stocks). The definition of reserve assets used by the IMF and ECB is applied. This means, in practice, that reserve assets are compiled on a gross basis, and liabilities are registered under other investment. Holdings of foreign shares that are not tradable are registered under portfolio investment/equity securities.

However, in the national statistics, "reserves" are defined as Danmarks Nationalbank's net position in all external assets and liabilities. The transactions/positions of Danmarks Nationalbank are also specified in a separate table showing the split between liquid assets (i.e., reserve assets according to *BPM5*), illiquid assets, and liabilities.

III. Specific Items: International Investment Position

The concepts and definitions used are in accordance with the *BPM5/ECB* guidelines with minor exceptions. Danmarks Nationalbank endeavors to produce IIP data within nine months of year-end, which are published in *Nyt* on Danmarks Nationalbank's website (www.nationalbanken.dk) under "Statistics–Publications and predefined downloads."

End–2003 IIP data and data for earlier years are based on pure stock data. Quarterly IIP data are based partly on stock data and partly on accumulated flow data from the settlement system, which was abolished at the end of 2004.

The new collection system provides monthly stock data for all items, except direct investment equity and some derivatives. Consequently, it is possible, in principle, to produce for most items a monthly IIP, which can even be reconciled with flows and valuation changes. Stock data for direct investment equity and some derivatives are reported yearly.

Monthly stock data for direct investment equity are estimated by accumulating reported flows. Stocks can be broken down by the same criteria as flows, e.g., instrument/maturity, sector, country, and currency.

Stock data from enterprises that report only yearly are added.

The yearly reporting forms for direct investment equity gather supplementary information, such as percentage ownership, economic activity of affiliates abroad, and the country of ultimate beneficial ownership.

Direct investment

Direct investment data are recorded according to the directional principle, but published as assets and liabilities. They include reinvested earnings. Direct investment is valued at market prices if the enterprise is listed on a stock exchange. Unlisted enterprises have to report the valuation principle that they apply. Those enterprises using the equity method have to specify the reserves generated from using that method. Against this background, it is possible to adjust the value of the enterprises using cost prices.

Portfolio investment

Portfolio investment is valued at market prices. Mortgages are classified as debt securities because Danish mortgages are traded in an organized market. Small enterprises' and households' holdings of securities in custody abroad, as well as their loans and deposits with foreign-owned banks abroad, are not covered by the sample survey. Nonresidents' holdings of equity securities issued by Danish enterprises that are held in custody abroad and not redeposited in Danish banks are not covered either.

Financial derivatives

Data on financial derivatives are recorded on a gross basis but published on a net basis. Financial derivatives are valued at market prices in accordance with the recommendations of the IMF and the ECB. Data exclude futures with daily margining.

Other investment

Trade credits, loans, and deposits are recorded at book values, which normally are equal to their nominal values.

Reserve assets

See section above on reserve assets under financial account.

Dominica

See Eastern Caribbean Currency Union.

Dominican Republic

The following text was confirmed as current in 2009.

I. General

The International Department of the Central Bank of the Dominican Republic (Banco Central de la República Dominicana—BCRD) is responsible for compiling balance of payments statistics. It compiles these statistics using data collected by the General Directorate of Customs (Dirección General de Aduanas—DGA), the Dominican Republic Center for Exports and Investment (CEI-RD), the National Statistical Office, the Secretariat of State for Foreign Relations, the Secretariat of Finance, the National Free Zone Council, the Superintendency of Insurance, other Dominican government agencies, and other departments of the BCRD. International organizations and agencies, embassies, and national private institutions, such as the Foreign Investors Association and the Free Zones Association, also provide data.

With few exceptions, the BCRD derives data for each balance of payments item from a variety of sources. Questionnaires and surveys are the main sources of data for services, income, transfers, and direct investment transactions. The record of exchange transactions, prepared by the BCRD's International Department, is used as a source only for some minor items; the coverage of the exchange record has become limited as a result of the liberalization of foreign exchange controls.

The International Department prepares the balance of payments data annually and, since 1997, quarterly. The department compiles data on a monthly, quarterly, or semiannual basis and in U.S. dollar equivalents. It converts transactions denominated in other currencies into U.S. dollars at the exchange rate applicable at the time of the transaction or at the average exchange rate for the period. It converts stock data at the end-of-period exchange rate.

With the IMF's technical assistance, the BCRD revised the methodology in 1996 for compiling the balance of payments statistics from 1993 onward to conform to the guidelines of the *BPM5*. Consequently, the treatment of external transactions related to the free zones and foreign direct investment has been adjusted. Likewise, transportation and communication services are now recorded on a gross basis, and external debt transactions are recorded on an accrual basis. Data for some service transactions, however, still need to be improved.

The BCRD publishes the balance of payments statistics in its *Quarterly Bulletin (Boletín Trimestral)*, *Report of the Dominican Economy (Informe de la Economía Dominicana)*, *Balance of Payments Annual Bulletin (Boletín Annual de Balanza de Pagos)*, and *Annual Report (Memoria Anual del Banco Central)*.

II. Specific Items: Balance of Payments

Current Account

Goods

The DGA compiles imports data based on customs documents, which it provides to the BCRD's International Department on a monthly basis. The International Department compiles exports data from the export companies, public agencies that regulate certain export activities, and the CEI-RD. Both export and import data are compiled on an f.o.b. basis. The transactions of the free zones are identified separately. The department makes several adjustments to improve coverage, classification, valuation, and time of recording to convert these data to a balance of payments basis.

Goods for processing are recorded on an f.o.b. basis and are based on data collected by the DGA and on monthly surveys provided by 535 enterprises located in more than 58 free zones. The surveys also collect data on local expenditures incurred by these enterprises. Although Dominican legislation assigns a nonresident status to free-zone enterprises, the International Department treats them as residents for balance of payments compilation purposes. Nonmonetary gold transactions are identified separately. No data are available for repairs on goods, and only credit entries are available for goods procured in ports.

Services

Transportation

The BCRD's International Department compiles and classifies credit and debit entries by mode of transportation (sea, air, and land) and category of transportation (freight, passenger, and other transportation services). For freight services obtained by importers, compiling staff base entries on data recorded in customs declarations. For freight obtained from nonresidents, they derive the value from estimates for freight services provided by residents. For passenger transportation, they base data on the quarterly surveys of resident shipping and airline companies. They also collect data on port services from the port authorities.

Travel

The International Department staff derive estimates by combining data on the number of travelers with estimates of the average stay and expenditure of nonresident and resident travelers. The department obtains the number of travelers from the BCRD's daily records of arrivals and departures of travelers at national airports. Staff cross-check the data with data from the National Statistics Office and the Secretariat of State for Tourism. Data from the National Migration Office are not used because of the delay in their availability. Staff obtain average stay and expenditure estimates from quarterly surveys undertaken by the BCRD's National Accounts Department.

Other services

Communications. These data cover gross income from, and expenditure on, international telecommunications services and postal services. The staff base the data on quarterly surveys.

Insurance and reinsurance. This item includes the charges for insurance services derived from premiums paid and claims received from nonresident insurance companies.

Royalties and license fees. This category includes transactions reported by enterprises whose contracts on transfers of technology are registered at the BCRD. Because of the limited coverage and the considerable delay in recording these data, the staff supplement data with estimates.

Other business. This category includes an aggregate estimate for the following services: financial services (external public debt commissions, in particular), computer and information services, cultural services, and other business services. The department bases the estimate on exchange record data, surveys to public and private enterprises, and reports obtained from the financial system.

Government, n.i.e. The International Department obtains credit entries for this item from surveys that cover expenditures incurred by embassies, accredited consulates, and offices of international agencies located in the Dominican Republic. Debit entries cover expenditures of Dominican embassies and consulates abroad; the Secretariat of Foreign Relations reports these data. In both cases, the department adjusts for coverage and classification.

Income

Compensation of employees

This item covers compensation paid to residents hired by embassies, consulates, and international agencies located in the Dominican Republic. The International Department derives data from a survey of these institutions; the survey was designed by the department's Service Division.

Investment income

Direct investment. For direct investment income transactions, the department bases data on quarterly surveys it conducts of direct investment enterprises. In 1996, it significantly increased the number of enterprises surveyed. The aim is to achieve total coverage.

Portfolio investment. Data include the outstanding Brady bonds and sovereign bonds, based on information provided by the Secretariat of Finance and the External Debt Subdirectorate of the BCRD's International Department. Starting in 2005, data also include income on monetary instruments based on monthly reports using BCRD's Treasury Department data. A portfolio investor is defined as one who directly or indirectly holds less than 10 percent of the enterprise's equity capital.

Other investment. The International Department records interest on short-, medium-, and long-term foreign loans and credits to the public and private sector, on an accrual basis from 1993 onward. It records contra-entries to unpaid interest in the corresponding item of the financial account (rescheduling or arrears) or the capital account (debt forgiveness). External public debt includes loans to the private sector guaranteed by the government. For public sector transactions, the External Debt Subdirectorate of the department collects the data. For private sector transactions, departmental staff base the data on surveys. Credit entries include estimates of interest received from resident nonbank deposits; these are based on international banking statistics published by the Bank for International Settlements (BIS).

Current transfers

General government

The International Department bases the data on the surveys periodically sent to the various embassies and international agencies located in the Dominican Republic and on reports sent by some recipient institutions. These surveys also provide information on grants to the private sector. Adjustments are made on the basis of other indicators, such as data on bilateral and multilateral cooperation reported by the United Nations Development Program with a considerable delay, and data obtained from the World Bank.

Other sectors

The entries for this item include workers' remittances, covering money sent by Dominicans residing abroad to their families in the Dominican Republic. The BCRD's International Department estimates these transactions based on quarterly and monthly surveys of resident households conducted by the BCRD's National Accounts Department, data collected in studies on this subject, and data reported by remittance companies. This category also includes pensions and retirement benefits paid by the U.S. government to residents of the Dominican Republic who were formerly employed by U.S. government institutions; the U.S. embassy provides these data. The item also includes the service charges derived from premiums paid and claims received from nonresident insurance companies.

Capital Account

Capital transfers

The entries include recently incorporated data on migrants' transfers and the values of short-, medium-, and long-term debt forgiven since 1993. The information is based on data collected by the DGA, quarterly surveys undertaken by the BCRD's National Accounts Department, and data collected by the External Debt Subdirectorate of the BCRD's International Department.

Financial Account

Direct investment

Data through 1994 included only reinvested earnings of the direct investment enterprises registered with the BCRD. Starting in 1995, the department bases the data for direct investment transactions on quarterly surveys of direct investment enterprises. The BCRD first included data on free-zone enterprises with foreign participation or ownership in the 1995 balance of payments statement; such enterprises must register with the National Free Zone Council.

Portfolio investment

Until 2004, coverage was limited to issues of Brady bonds and sovereign bonds, based on information provided by the Secretariat of Finance and the External Debt Subdirectorate of the BCRD's International Department. Starting in 2005, data also include income on monetary instruments based on monthly reports using

BCRD's Treasury Department data, as well as private sector bonds issuances, based on the quarterly survey conducted on private sector enterprises.

Other investment

The staff base the data on the records on short-, medium-, and long-term public and private external debt kept by the department's External Debt Subdirectorate. The department separates the data into disbursements and repayments; it records unpaid amortization payments due with a corresponding contra-entry in the relevant financial account. Starting in 2002, it obtains data on foreign deposits of the resident nonbank sector from BIS statistics. Another data source is the financial statements of resident banks collected by the BCRD's Accounting Department.

Reserve assets

The BCRD's Accounting Department provides the data.

III. Specific Items: International Investment Position

In 2004, the BCRD prepared for the first time international investment position (IIP) statistics. With the Fund's technical assistance, the BCRD compiled preliminary IIP data for 2002–03, according to the recommendations of *BPM5*. Data are denominated in U.S. dollars.

Direct investment

The BCRD obtains direct investment data from the Quarterly Foreign Investment Company Statistics Form, sent to private companies by the BCRD's International Department. The department supplements the data by information on new investments, mainly in the tourist-related sector. The data come from the Secretariat of Tourism, the Hotel and Restaurant Association (ASONAHORES), and the CEI-RD. Staff obtain information on industrial free zones from the Monthly Free Zone Statistics Form, sent by the BCRD's International Department.

Portfolio investment

Staff obtain the data from holders of Investment Certificates issued by the BCRD, commercial bank information, BCRD balance sheets, and public external debt information prepared by the Secretariat of Finance and the BCRD's External Debt Directorate. Sovereign bonds are valued at market prices, but Brady Bonds are valued at face value because market prices are not available at present. The staff take financial sector data from balance sheet information derived from a form sent by the BCRD's International Department to financial institutions on a quarterly basis.

Other investment

For foreign deposits of the resident nonbank sector, staff obtain the data from BIS statistics. For the financial sector, they gather data on assets and liabilities from (1) commercial bank balance sheets; and (2) the quarterly banking survey of foreign funds inflows and outflows (disbursements and amortizations) and commissions, separately from interest on foreign placements. The data source for external debt statistics is the BCRD's External Debt Directorate. It should be noted that, since October 2004, the Directorate of Public Credit of the Secretariat of Finance has undertaken the management and recording of public external debt. This information is recorded on an accrual basis for the interest calculation on the external debt for balance of payments and IIP data.

Reserve assets

The BCRD's Accounting Department provides the data. Information on international reserves is obtained from the financial position and balance sheet of the BCRD.

Eastern Caribbean Currency Union

The following text was confirmed as current in 2009.

I. General

The Eastern Caribbean Central Bank (ECCB), in collaboration with the central statistical offices (CSOs) of member countries, is responsible for compiling balance of payments estimates for all of the member countries. Data are obtained from the annual balance of payments survey of private and public sector establishments, conducted by the CSOs and the ECCB. Other data include official statistics on trade and tourism from the CSOs and statistics on commercial banking, external debt, and official reserves from the ECCB. In addition, some ad hoc surveys are conducted to collect data on direct investment financial flows.

The ECCB compiles balance of payments estimates on an annual basis and publishes them in the *Balance of Payments Report*, which contains statistics for each individual member country as well as for the ECCB region as a whole.

The estimates are compiled using the guidelines outlined in the *BPM5*, with some minor adjustments made, owing to the peculiarities of the region. The ECCB introduced the *BPM5* presentation in 1996 and, for consistency, revised the series from 1986 to 1995 to reflect the *BPM5* methodology. The estimates are published in Eastern Caribbean (EC) dollars.

II. Specific Items: Balance of Payments

Current Account

Goods

Merchandise trade statistics compiled by the CSOs are the source of information on imports and exports. The imports data are adjusted to convert from c.i.f. to f.o.b. by deducting 12 percent of the total c.i.f. value. This percentage—an estimate of 2 percent for insurance and 10 percent for freight charges—was obtained from a sample survey of customs data. Further adjustments may be made, in some circumstances, to take into account smuggling and underreporting by the informal sector.

Services

Transportation

The debit entry for air and sea freight services records freight charges paid to nonresident shipping and airline companies for the transportation of imports.

On the credit side, the ECCB obtains the value of air and sea freight services on outgoing cargo from the annual survey of domestic shipping companies. The estimates for passenger services cover receipts and payments for the transportation of passengers. The ECCB obtains the data from an annual balance of payments survey of airline companies and agencies.

Travel

On the credit side, this item covers total expenditures by visitors to the member countries. The ECCB derives the figures by combining data on the number of visitors and their average length of stay (obtained from the immigration departments of member countries), with an estimate of the average daily expenditure per category of visitor. The latter component is obtained through benchmark surveys of visitor expenditures, conducted periodically and adjusted annually for inflation.

Estimates of travel debits are obtained from commercial banking statistics on sales of foreign exchange for travel purposes, as well as official sources providing data on student maintenance overseas and on travel to attend international conferences.

Other services

Insurance. The debit entry for freight insurance is estimated as 2 percent of the c.i.f. value of imports. The data for other insurance services are derived from the annual survey of insurance agencies of nonresident insurance companies and domestic insurance companies.

Other business. This item covers receipts and payments for miscellaneous business services. Data are obtained from the annual balance of payments survey.

Government services, n.i.e. The credit entry for this item covers receipts from services rendered to offshore companies, proceeds from the Economic Citizenship Program, and expenditures by embassies and consulates of foreign governments stationed in the domestic economy. The data are obtained from the Offshore Financial Authorities, the Ministry of Finance, and the survey of embassies and consulates.

The debit entry represents government expenditure on embassies and consulates abroad. Data are obtained from the official expenditure records of the central government. Other debit entries include the off-setting entries for technical assistance received by the resident public and private sector entities, obtained through a survey of international agencies operating in the country.

Income

Compensation of employees

The credit entry is an estimate of the gross earnings of seasonal workers employed in the United States and Canada Farm Labor Program. The estimate is obtained from the government labor departments of member countries, which are responsible for recruiting persons for the program.

The debit entry represents the earnings of seasonal farm workers from the region working in member countries.

Investment income

Direct investment. The debit entries for income represent profits and interest earned by direct investment enterprises operating in the domestic economy and include estimates of reinvested earnings. The ECCB obtains the data from the annual survey of direct investment enterprises. For the commercial banks, the ECCB obtains the data from the statutory statistical returns of the commercial banks to the ECCB.

Other investment. The data on interest payments are obtained from the official records of external public and publicly guaranteed debt, as reported by the ministries of finance and the ECCB. These institutions use the Commonwealth Secretariat's Debt Recording and Monitoring System (CS-DRMS) to monitor and record their debt liabilities.

Current transfers

General government

The data on general government current transfers are obtained from the official records of revenue and expenditure of the central governments and government agencies and from an annual regional survey of international aid agencies.

Other sectors

Data on workers' remittances are based on the foreign exchange records of commercial banks.

Capital Account

Capital transfers

General government

Data on capital grants to member-country governments are obtained from the records of the member countries' central governments, as well as through an annual regional survey of international aid agencies.

Other sectors

Migrants' transfers are derived from long-term work permits issued. The data are obtained from the labor departments of member countries.

Financial Account

Direct investment

Data on new direct investment are obtained from the government planning departments, the ministries of trade and industry, and the ad hoc surveys of new direct investors. Data on land sales are obtained from the land registry departments and also the inland revenue departments of member countries, which collect taxes on land sales to nonresidents.

Portfolio investment

This item covers bonds floated outside the Currency Union by member governments and overseas investments of other public and private sector establishments. Transactions in government bonds within the Currency Union are insignificant. The data are obtained from the ministries of finance, the Eastern Caribbean Securities Exchange, and annual surveys of public and private sector establishments.

Other investment

Loans

Data on loan disbursements and principal repayments are obtained from the official records of external public and publicly guaranteed debt, as reported by the ministries of finance of member countries and the ECCB. These institutions use the CS-DRMS to monitor and record their debt liabilities.

Currency and deposits

This item represents the transactions in net foreign assets of commercial banks, which are not included as part of official reserves, given that banks are not obliged to surrender these reserves to the ECCB. The ECCB obtains the data from statutory statistical returns of the commercial banks to the ECCB.

Reserve assets

Under the terms of the agreement for members of the ECCB, the ECCB holds collectively the foreign exchange assets. Although these assets are not formally allocated among members, a share of the assets is imputed for each member territory where the stock of foreign exchange assets of each country is approximated as the sum of the ECCB's liabilities to commercial banks and other financial institutions in each country, plus the currency in circulation in each country, less ECCB net credit to the member governments in each country.

Ecuador

The following text was confirmed as current in 2009.

I. General

The Central Bank of Ecuador (CBE) is responsible for compiling Ecuador's balance of payments statistics, published on a quarterly and annual basis. The classification of the current, capital, and financial accounts, in general, complies with *BPM5*. For balance of payments purposes, the coverage of the data comprises all the territory of Ecuador.

The main sources for compiling the balance of payments are the Customs Office, the public corporation Petroecuador, the National Defense Authority (Junta de Defensa Nacional), the Corporations Supervision Authority (Superintendencia de Compañías, SDC), the Bank Supervision Authority (Superintendencia de Bancos y Seguros, SBS), administrative records, and surveys.

The CBE releases data to all users on a quarterly basis, 14 weeks after the end of the reference period, through its monthly publication *Información Estadística Mensual*. The publication is posted at http://www.bce.fin.ec and published in hard copy three business days later. The same publication and timing are used for annual reporting.

The CBE compiles the balance of payments in millions of U.S. dollars. Most foreign transactions are originally recorded in dollars, as is the case for foreign trade, external debt, and international reserves. Until March 2000 (when Ecuador adopted the dollar as its currency), transactions in sucres were converted into U.S. dollars at the average of the buying and selling rates on the free or official market, depending on the type of transaction.

II. Specific Items: Balance of Payments

Current Account

Goods

The CBE obtains merchandise exports and imports from customs declaration forms it processes. The customs declarations include merchandise codes based on the Nandina tariff headings, data on physical volume, amount in the currency of origin, freight, insurance, means of transportation, and port of embarkation or entry. In addition, Petroecuador and foreign oil companies are required to report export data to the National Petroleum and Natural Gas Office, which then forwards data to the CBE for processing. Both exports and imports of commodities are recorded at f.o.b. values.

The CBE makes adjustments for coverage and time of recording to the data provided by customs. It adds direct imports by foreign oil companies, Petroecuador, and the National Defense Authority to imports of goods. In addition, it makes an adjustment calculated by the National Accounts Unit for exports and imports of goods under the heading of unrecorded trade.

Adjustments are made for over- and under-recording of exports and imports, owing to the following: different processing of trade statistics of countries with which Ecuador has trade relations; under-recording of exports and imports owing to price or volume issues; late filing of export and import forms; false declarations on exports and imports; and arms trade and undeclared trade (smuggling) in the exporter or importer country.

Finally, following the recommendations of *BPM5*, the CBE adjusts data to include repairs on goods and goods procured in ports by ships and aircraft, as declared by air and sea carriers. Ecuafuel likewise reports data on fuel procured by foreign companies at local ports and airports, which the CBE adds to the core data.

Services

Transportation

For credits and debits on sea transport, the CBE uses its quarterly and annual surveys of shipping companies operating in Ecuador. To supplement that data, it uses information on passengers and cargo from the Merchant Marine and Coastal Administration (Dirección de la Marina Mercante y del Litoral, DIMERC)—the government regulatory authority for maritime traffic in Ecuador.

For air transport, the CBE uses information supplied by the Civil Aviation Administration (Dirección General de Aviación Civil, DAC). The CBE also obtains data from its merchandise trade database, containing information about f.o.b. and c.i.f. goods imports.

Travel

The National Migration and Aliens Office (Dirección Nacional de Migración y Extranjería) supplies data on inbound and outbound tourism, obtained through nationwide surveys based on type of visa and place of entry/exit (ports and airports). Only nonimmigrant visas are considered for balance of payments purposes. These sources are supplemented by surveys of hotels, travel agencies, etc., to be carried out by the Ministry of Tourism.

For travel expenditures, the CBE estimates data from information derived from surveys on travelers and hotels on the length of stay and type of accommodation. The CBE applies the estimated average daily expenditure to the number of visitors recorded.

Other services

Communications. The principal sources of information for this category are Andinatel and Pacifictel—the companies administering and providing communications services in Ecuador.

Insurance. The SBS, which oversees the nation's financial system, supplies the data, which are supplemented by data gathered through surveys and direct interviews of domestic and foreign insurance companies.

Financial. The CBE obtains the information from its own external debt data. Starting in 1999, this item includes external debt commissions paid by Ecuador to the rest of the world.

Other business services. The CBE estimates this item based on historical data from surveys that used to be sent to companies and entities providing or receiving such services.

Personal, cultural, and recreational. The CBE estimates this item based on historical data from surveys that used to be sent to television and radio stations, motion picture distributors, broadcasters, sports federations and associations, promoters of public performances, newspapers, and magazines.

Government, n.i.e. The CBE obtains, from its foreign exchange balance, the data on expenditures relating to salaries, commissions, per diem, and moving expenses for resident diplomatic, military, and consular personnel accredited abroad. Data on receipts are estimated based on historical data.

Income

Compensation of employees

The CBE estimates these data based on information that it used to obtain indirectly through the Ministry of Foreign Relations (Ministerio de Relaciones Exteriores, MRE) and prior surveys sent to embassies, consulates, and international organizations accredited in Ecuador. For compensation paid to nondiplomatic personnel working in Ecuador's embassies and consulates abroad, the CBE obtains data from the foreign exchange balance.

Investment income

The CBE derives data on direct investment income, including reinvested earnings, from direct inquiries and from the database of financial statements of companies reporting to the SDC. Data on direct investment income derived from debt transactions are provided by the CBE's External Debt Unit.

For the financial system, the CBE uses the balance sheets of foreign bank branches and financial institutions with foreign investors to estimate income on the basis of after-tax earnings for the year. Distributed dividends and reinvested earnings are distinguished through further, itemized analysis of the financial statements (balance sheets and income statements) of foreign bank branches. The CBE also estimates data on nonresident portfolio investment in the national financial system entities from the banks' financial statements.

This item has included interest on Brady bonds since 1995, on Eurobonds since 1997, and on Global bonds since September 2000. For interest paid on securities issued by the government, the CBE obtains data from its External Debt Unit.

The credit side shows income from the international reserves (unrestricted since March 2000), as recorded by the CBE's Investment Office (Dirección de Inversiones). Such data are consistent with the CBE's financial statements. This item also includes interest receipts of residents on investments and monetary deposits abroad, as derived from data on private bank financial statements filed with the SBS, and income received from nonreserve trust funds (Oil Savings Funds) held abroad.

The debit side includes interest payable on foreign loans obtained by resident agents. The statistics that CBE compiles on external debt include a breakdown of interest received and paid, forgiven interest, refinanced interest, interest in arrears for the period, and default interest, thereby making it possible to record the counterpart entries.

Given the magnitude of loans from the IMF and, in recent years, the Latin American Reserve Fund (LARF), which were used exclusively to fund external imbalances, interest data for each of these entities are presented separately. External debt commissions were classified in this item until 1998, although they should be included in the services component under financial services. The CBE's External Debt Unit has provided the amount of commissions since 1997. Data for previous years are estimated.

Current transfers

General government

The main data sources on general government current transfers are the United Nations Development Program (UNDP) and, since 2001, the Ecuadorian International Cooperation Institute (Instituto Ecuatoriano de Cooperación Internacional, INECI) of the MRE, which compiles information on nonreimbursable cooperation and grants.

Other sectors

The CBE collects information on workers' remittances from a quarterly survey to couriers, banks, the SDC, the SBS, and other relevant institutions related to the remittance activity.

It obtains data on other current transfers from the UNDP, Civil Defense, Red Cross, MRE, and surveys of public and private institutions (embassies and international organizations).

Capital Account

The CBE derives data on capital transfers from its External Debt Unit, the banks' balance sheets collected by the SBS, surveys, interviews, and reports in the national press.

Financial Account

Direct investment

Data on equity capital come from the SDC and the SBS, as well as information obtained directly from enterprises. The SDC periodically reports data on the establishment of, and increases in, the equity capital of nonfinancial direct investment enterprises. The report includes the period, company, type of activity, country, investor, and capital invested. To ensure confidentiality, data are aggregated into flows by type of activity and country of origin.

For direct investment in the financial system (private banks, financial houses, insurance companies, etc.), the CBE obtains data from the reports provided by these institutions to the SBS and from reports by foreign bank branches operating in Ecuador.

The sources of information for reinvested earnings are the same as those for direct investment. Data on the subitem "other capital" include the allocations by parent oil companies to their subsidiaries operating within Ecuador, which therefore appear as financial assets of the parent companies (accounts receivable) and liabilities of the subsidiaries (accounts payable). These figures are obtained from the CBE's External Debt Unit.

Portfolio investment

The CBE derives data on equity securities from the reports submitted by the SDC, which record the establishment of, and increases in, the equity capital of foreign capital companies. Only those amounts of capital invested that represent less than 10 percent of the company's subscribed capital are included under portfolio investment. Also included in this item are the amounts of foreign investments representing less than 10 percent of the total value of the stock of entities reporting to the SBS (private banks, financial houses, insurance companies, credit cards, etc.).

Data on debt securities include transactions in Brady bonds (IE, Discount, Par, and PDI), Eurobonds, and Global bonds (2012, 2015, and 2030), as reported by the CBE's External Debt Unit. Such liabilities are recorded as of their year of issue, together with the subsequent amortizations. For portfolio investment assets, the figures are obtained from the financial system's balance sheets. Portfolio investment assets are distinguished between shares and debt securities.

Other investment

Financial flows recorded in other investment are broken down following *BPM5*. The principal data source for trade credits is the suppliers item of the external debt flow, as provided by the CBE's External Debt Unit. The CBE classifies the data according to the institutional sector of the debtor in monetary authorities, general government, banks, and other sectors. Other sectors are further broken down into private and public, which include public corporations.

Trade credits are also broken down into actual loan disbursements, refinanced loan disbursements, and capitalization of interest; and actual repayments (for the period and prior periods), forgiven repayments (for the period and prior periods), refinanced repayments (for the period and prior periods), and repayments in arrears for the period.

Data on foreign loans include public and private loans and use of IMF credit. The main data sources are the report on foreign debt statistics compiled by the CBE and information on the International Monetary Reserve, also compiled, until 1999, by the CBE. Data on foreign loans are broken down by sectors into monetary authorities, general government, banks, and other sectors, including the private sector and public enterprises. Data on currency and deposits record the counterpart entries in currency and deposits (except changes in reserve assets) due to transactions with nonresidents.

Consistent with *BPM5*, the other liabilities item records external debt entries, which are the counterpart entries to principal and interest refinanced and forgiven for prior periods, principal and interest in arrears for the period, and repayment of principal and interest in arrears. The principal source of information is the external debt record kept by the CBE's External Debt Unit.

Reserve assets

The principal data source is the CBE's balance sheet. Until 1999, the CBE obtained the data from its report on the International Monetary Reserve. Reserve asset components are monetary and nonmonetary gold (as of March 2000), SDRs, reserve position in the IMF, foreign exchange assets (consisting of currency and deposits and securities), and position with the LARF.

Until 1999, foreign assets in the International Monetary Reserve included, in addition to those described above, equity participations in international financial organizations and collateral for Brady bonds, but did not include nonmonetary gold. Monetary gold was not valued at market prices, whereas the International Readily Available Reserve (Reserva Internacional de Libre Disponibilidad, RILD) values both monetary gold and nonmonetary gold at market prices.

III. Specific Items: International Investment Position

Data on the international investment position (IIP) are disseminated in millions of U.S. dollars, showing the following components: (1) net international investment position; and (2) assets and liabilities for (a) direct investment abroad, (b) portfolio investment, (c) other investment, and (d) reserve assets. Other investment liabilities are further broken down into trade credits, loans, currency and deposits, and other.

The main data sources are balance of payments, monetary, and external debt statistics.

The CBE compiles data according to the methodology of *BPM5*. The CBE is in the process of improving its methodology for compiling IIP data. Therefore, IIP data included in the BOPSY 2008 are provisional, and revised IIP data with further breakdown by sector, instrument, and maturity should be available in the future.

Assets

Portfolio investment

The CBE derives data on equity and debt securities from the financial statements of the domestic financial sector available in the CBE's database, based on data obtained from the SBS. However, no breakdown between equity and debt securities is currently available.

Other investment

The CBE derives data for currency and deposits from financial statements of the domestic financial sector available in the CBE's database, based on data obtained from the SBS and supplementary sources. Trade credits are derived from the Customs Office data. No breakdown by type of instrument is currently available.

Reserve assets

The CBE obtains data from its balance sheet and the exchange balance. The exchange balance contains detailed information on monetary gold, SDRs, reserve position in the IMF, foreign exchange, and other claims.

Liabilities

Direct investment in the reporting economy

The CBE obtains the data from the same data sources used to compile direct investment for the balance of payments: the SDC and the SBS, as well as data obtained directly from enterprises. No breakdown between equity capital and reinvested earnings, and other capital is currently available.

Portfolio investment

The CBE derives data on equity securities from the reports submitted by the SDC. Data on debt securities include stocks; disbursements; repayments; and exchange rate adjustments in Brady bonds (IE, Discount, Par, and PDI), Eurobonds, and Global bonds, as reported by the CBE's External Debt Unit. These liabilities are recorded as of their year of issue, together with the subsequent amortizations. Portfolio investment liabilities are broken down between equity and debt securities.

Other investment

This account is broken down into trade credits, loans, currency and deposits, and other liabilities. No breakdown by sector and/or maturity is currently available. The main data source for trade credits is the suppliers item of the external debt report, provided by the CBE's External Debt Unit, with a breakdown in initial stock, disbursements, repayments, and exchange rate adjustments. Data on foreign loans include public and private loans and use of IMF credit.

Consistent with *BPM5*, the other liabilities item includes external debt entries, which are the contra-entries to principal and interest refinanced and forgiven for prior periods, principal and interest in arrears for the period, and repayment of principal and interest in arrears. The main data source is the external debt record kept by the CBE's External Debt Unit.

Egypt

The following text was confirmed as current in 2009.

I. General

The compilation of Egypt's balance of payments statistics is based on the fifth edition of the IMF's *Balance of Payments Manual (BPM5)*. The Central Bank of Egypt (CBE) derives the data for most items in the current account and for direct investment mainly from the exchange records.

It bases data on other investment and reserve assets on figures received from its own Loans and External Debt Department (LEDD) and Banking Supervision Department. Since 1997, Egypt's balance of payments data include transactions of the enterprises operating in the free zones with the rest of the world.

II. Specific Items: Balance of Payments

Current Account

Goods

The entries for general merchandise exports f.o.b. cover the proceeds of exported goods reported by banks. They are adjusted to include petroleum exports reported by the Ministry of Petroleum. The entries for general merchandise imports f.o.b. cover the payments for imported goods reported by banks. They are adjusted to include imports obtained through grants, which banks do not cover.

Because import data reported by banks are valued c.i.f., they are adjusted to f.o.b. by deducting freight and insurance at an estimated rate of 12.5 percent of the c.i.f. value (i.e., 2.5 percent for insurance and 10 percent for freight).

The credit entries for goods procured in ports by carriers cover sales of bunker fuel to foreign ships and aircraft, whereas the debit entries cover purchases of bunker fuel by Egyptian ships and aircraft abroad.

Services

Transportation

The credit entries for transportation cover amounts received by Egyptian shipping and airline companies for freight and passenger services. Other transportation covers receipts of Suez Canal dues and receipts of the Suez Mediterranean oil pipeline for transporting foreign companies' oil through pipeline services.

The debit entries for transportation cover amounts transferred to foreign shipping and airline companies for freight and passenger services, as well as payments for freight on imports estimated from the c.i.f. value of imports (10 percent). The entries also include payments made for maintenance and repair of Egyptian ships and aircraft at foreign ports and airports.

Travel

For travel credit, compilers base the entries on the number of nights spent by tourists in Egypt (data from the Ministry of Tourism) and the average expenditure per night (CBE estimates based on a survey conducted by the Ministry of Tourism). Separate details are not available for business and personal travel.

The debit entries for travel cover expenditures of government officials and private employees traveling abroad, pilgrimage, expenditures of students studying abroad, training, technical and educational missions, and expenditures abroad for medical care.

Other services

Insurance. The debit entries include an estimated value for insurance on imports (i.e., 2.5 percent of imports c.i.f.).

Other business services. The credit and debit entries cover receipts and payments on account of miscellaneous services, as shown in the exchange records.

Government, n.i.e. The credit entries cover mainly expenditures of foreign embassies and international organizations located in Egypt. The debit entries cover mainly expenditures of Egyptian embassies abroad, and salaries and expenditures of government employees abroad. The data source is the exchange records.

Income

Investment income

Direct investment. The credit entries cover profits received from abroad and income from real estate abroad, whereas the debit entries cover profits transferred abroad by foreign direct investors in Egypt and income on real estate in Egypt remitted abroad. The data source is the exchange records.

Starting in 2006, the CBE derives data on reinvested earnings for direct investment in Egypt from information provided by the General Authority for Investment & Free Zones (GAFI).

Portfolio investment. The credit entries cover interest and dividends earned on bonds and securities invested abroad. The debit entries cover transfers of dividends on securities and interest paid on bonds.

Other investment. The credit entries include interest on deposits held abroad by the banking system and also interest on cross-border deposits of Egyptian nonbank residents. The debit entries cover mainly interest paid to nonresidents on bank deposits, foreign loans and credits, and rescheduled interest. The LEDD provides the information. CBE records contra-entries to rescheduled interest in *other investment liabilities*.

Current transfers

General government

The credit entries cover grants and donations received in cash and in kind by the government of Egypt. The entries also include receipts for social security contributions. The debit entries cover contributions to international organizations for administrative and budgetary expenditures, and grants and donations paid by the Egyptian government. Data sources for these entries include the exchange records and data from the Ministry of International Cooperation.

Other sectors

Workers' remittances. The credit entries cover remittances received from Egyptian nationals working abroad. The debit entries cover remittances abroad by foreign workers in Egypt. Compilers derive the data from exchange records.

Other. The credit entries cover grants and donations received, in addition to the signature bonus received from foreign oil companies. The debit entries cover pensions paid to nonresidents by Egyptian insurance companies, as well as grants, donations, and gifts given by Egyptian residents to charitable and religious organizations abroad.

Capital Account

For the capital account, CBE compiles and retrieves data from exchange records. The entries for capital account cover capital transfers, including purchases of real estate abroad by the Egyptian government (from the second half of 2005).

Financial Account

Direct investment

The entries for direct investment abroad cover amounts remitted abroad for investment and purchases of real estate. The data are drawn from the exchange records.

The entries for direct investment in Egypt cover cash inflows net of outflows as recorded in the exchange records, nonresidents' share in 10 percent or more of the capital in Egyptian enterprises as recorded by the Capital Market Authorities, receipts for the purchase of real estate in Egypt by nonresidents, and direct investment in the petroleum sector (covered since the third quarter of 2004). For reinvested earnings for direct investment in Egypt and investment in kind, CBE derives data from information provided by the GAFI.

Portfolio investment

The entries for portfolio investment abroad cover net amounts transferred abroad for the purchase of foreign securities by residents, drawn from exchange records.

Portfolio investment in Egypt covers net transactions (sales and purchases) of Egyptian securities by nonresidents as recorded by the Capital Market Authorities, nonresidents' investments in the dollar sovereign bonds issued abroad by the Egyptian government in July 2001, and other Egyptian bonds and notes issued abroad. Starting from the first quarter of FY2007/08, net transactions of nonresidents in treasury bills and certificates of deposit are included.

Other investment

Trade credits

The amounts shown for liabilities of other sectors comprise drawings on and repayments of credits extended to the "other sector" by suppliers and buyers; they are derived from the LEDD. Short-term suppliers' and buyers' credits are registered on a net basis and are derived from exchange records.

Loans

The compilers derive from the LEDD the amounts of drawings and repayments on loans received by the general government.

Currency and deposits

The entries for liabilities of banks represent changes in deposits (liabilities) held by nonresidents in commercial banks, investment and business banks, and specialized banks. Compilers derive the entries from the balance sheets of the banking system.

The entries for assets of banks cover changes in the foreign assets of commercial banks, investment and business banks, and specialized banks. Compilers derive them from the balance sheets of the banking system.

Other assets and liabilities

The entries for the other assets of monetary authorities represent changes in payment agreement balances and subscriptions to international organizations. The entries for other liabilities of monetary authorities represent changes in payment agreement balances and other short-term obligations, as shown in the CBE balance sheet.

The entries for other assets of other sectors cover (1) net purchases and sales of foreign banknotes by banks from individuals and foreign exchange dealer companies; (2) the difference between travel receipts reported by banks and travel receipts estimated by the Ministry of Tourism, based on the number of nights and the average spending per night of tourists; (3) the counterpart to interest received on cross-border deposits of Egyptian nonbank residents, which were not recorded by banks; and (4) deposits transferred abroad by residents (individuals and companies).

Reserve assets

The entries for foreign exchange cover changes in the CBE's foreign exchange balances held with correspondents abroad, including changes in earmarked balances, and changes in the holdings of foreign securities and bonds as shown in the CBE balance sheet.

III. Specific Items: International Invcestment Position

The compilation of Egypt's international investment position (IIP) is based on the *BPM5,* and the sources of data are mainly the same as those used to compile the balance of payments financial account. The IIP is reported annually at end-December. Changes in positions during the period are largely due to transactions, without taking into account exchange rate changes, price changes, and other adjustments.

Direct investment

Data on direct investment abroad are based on exchange records and estimated by summing flows as of base year 1977.

Regarding direct investment in Egypt, CBE mainly derives data from exchange records collected from resident banks and from the Capital Market Authority—for investment inflows that meet the 10 percent criteria in the context of implementing the privatization program—estimated by summing flows as of base year 1970.

In general, only cash transactions are measured. For non-cash transactions, such as reinvested earnings and equity provided in the form of machinery, CBE derives data from the GAFI.

Portfolio investment

For portfolio investment assets, CBE mainly derives data from the annual Coordinated Portfolio Investment Survey, conducted under the guidance of the IMF. The data are collected from end investors, covering banks and insurance sectors.

Portfolio investment liabilities in debt securities are obtained from the stock of bonds and notes issued abroad. Nonresidents' stock in treasury bills and certificates of deposit is also included. Resident financial institution holdings (CBE, banks, and insurance and reinsurance companies) are excluded from the CBE figures. For liabilities in equity securities, CBE obtains data by summing flows from exchange records.

Other foreign assets and liabilities

Regarding external debt, CBE derives data from its LEDD. For external financial assets and liabilities of banks and the CBE, data come from their balance sheets. Data on deposits held abroad by the resident nonbank sector are obtained from the *BIS Quarterly Review*.

Assets include the foreign assets of banks with nonresident banks, and nonreserve assets of the central bank, which comprise the stock of subscriptions in international organizations and the stock of payment agreements. Estimates for foreign currencies held by households are not included in other investment assets.

Liabilities include short- and long-term borrowing from foreign banks and nonbanks according to data furnished by banks and submitted to LEDD. The data on deposit liabilities include all Egyptian pound and foreign currency deposits held by nonresidents with Egyptian banks and the CBE.

Reserve assets

Official reserve assets consist of assets held by the CBE. Data on monetary gold, SDRs, reserve position in the IMF, and foreign exchange holdings come from the central bank's balance sheet. The data are reported in terms of outstanding amounts, and gold is valued at the end-June market rate. SDRs and convertible currencies are valued at month-end exchange rates. Assets that are not readily available for balance of payments purposes are excluded and classified as the CBE's nonreserve assets.

El Salvador

The following text was confirmed as current in 2009.

I. General

The Banco Central de Reserva (Central Reserve Bank of El Salvador—CRB) is responsible for compiling the country's balance of payments. The main sources are foreign trade statistics; the balance of international transactions; private debt records; CRB and banks' balances; monetary and external government debt statistics; and surveys of the private sector, embassies, international organizations, and public sector institutions.

Since 1998, El Salvador has adopted the methodology of *BPM5*.

CRB obtains and publishes the data in U.S. dollars. It compiles the detailed balance of payments on a quarterly basis.

II. Specific Items: Balance of Payments

Current Account

Goods

With regard to general merchandise and goods for processing, CRB records exports f.o.b. and imports f.o.b. data on the basis of customs clearance documents and forms. Electricity exports and imports are also included in data provided by the CRB's Unit of Transactions. To derive the f.o.b. value of imports, CRB obtains data on expenditure on freight and insurance and other expenditures from the foreign trade system.

Repair on goods covers work that residents perform on movable goods owned or not owned by residents (or vice versa). CRB obtains the data from surveys of enterprises operating in this field.

Regarding goods procured in ports by carriers, for credits, CRB uses information from resident enterprises that sell to nonresident carriers. For debits, it uses data from business surveys.

Services

Transportation

The item includes freight and all modes of passenger transportation, including rental of transportation equipment with crew.

For freight transportation, CRB derives the credit data from surveys of enterprises operating in this field. It obtains debit data from customs forms, after deducting freight transportation carried out by resident enterprises.

For other forms of transportation, the credit data correspond to expenditure in the country by nonresident carriers. CRB obtains these data by means of surveys of these enterprises, supplemented with information from the Autonomous Executive Port Commission (CEPA). The debit data record expenditure abroad by resident enterprises.

For land and air transportation, CRB obtains the data from various resident and nonresident enterprises surveyed.

Travel

Credit and debt entries are based on travel surveys, conducted by a private enterprise. In turn, the data are based on the average stay and expenditure obtained from the travel survey by number of visitors with information from the Ministry of Tourism and the General Directorate of Migration.

Other services

CRB obtains the data from surveys of private enterprises, embassies, international organizations, and public sector institutions. It supplements these sources with the records of the international transactions balance, administrative reports of CRB, and banks' balances.

Communications. The item comprises data from business surveys.

Construction. The item contains data from the international transactions balance.

Insurance. Debit entries include insurance paid for the import of goods. The source for preliminary figures is the survey of insurance companies. For the final data the source is the Financial System Superintendency. On the insurance of goods, CRB obtains data directly from customs forms. Compilation of insurance services accords with *BPM5* guidelines.

Financial. The item covers financial intermediary and auxiliary services conducted between residents and nonresidents, including commissions and other fees associated with letters of credit, lines of credit, financial leasing, foreign exchange transactions, and consumer credit. The data sources are business surveys; banks' balances, including CRB; and public external debt records.

Other business. The main sources are surveys of the private sector, domestic enterprises, and foreign direct investment enterprises in the country, along with data from the exchange records.

Government, n.i.e. The data sources used are the survey of accredited embassies in the country, data from offices of international and regional institutions, and information requested from government institutions.

Income

Compensation of employees

On the credit side, figures are from surveys and cover the earnings of Salvadoran personnel working in embassies, foreign transport companies, and international organizations.

On the debit side, data are from the National Budget and from enterprise surveys, in particular of enterprises dedicated to goods for processing.

Investment income

Income from direct foreign investment is from business surveys.

For the public sector, CRB provides figures based on external debt statistics compiled by CRB itself.

For the monetary authorities, figures are based on income statements.

For the private sector (including other sectors and banks), CRB compiles figures from data obtained by imputations.

Current transfers

Other sectors

Workers' remittances. Data for workers' remittances are based on the balance of international transactions records and an estimation of remittances in cash from results of a survey in the United States (principal country of origin of remittances to El Salvador). Migrants' transfers are based on the trade balance.

Other. Data for other transfers are based on data provided by embassies, consulates, and official organizations (AID) through surveys.

Capital Account

Capital transfers

CRB obtains data from surveys addressed to government institutions, embassies, consulates, nongovernmental organizations, and international and regional organizations and from the trade balance.

Financial Account

Direct investment

Data come from surveys of direct investment enterprises included in the CRB database. CRB regularly updates the list of enterprises with records from the Ministry of Economy and *Promoviendo Inversión en el Salvador* (PROESA), the investment promotion agency.

Portfolio investment

Data sources are business surveys and CRB administrative reports.

Other investment

Trade credits

CRB obtains trade credit data from business surveys.

Loans

For loans received and amortizations, CRB obtains data from foreign debt information in CRB records and from the public sector, banks, financial institutions, and surveys of the private sector.

Currency and deposits

CRB takes data on currency and deposits directly from its monetary statistics. Those data are sourced from the financial statements of banks and financial institutions located in the country and also include an estimate of U.S. dollars (notes and coins) in circulation.

Reserve assets

The figures represent the change in CRB foreign assets. The figures come from the CRB's analytical balance sheet.

III. Specific Items: International Investment Position

Sources of information on international investment position data are the same as those used for the balance of payments (surveys, public external debt records, monetary authority's balance, commercial bank balances, and administrative records of private external debt).

Estonia

The following text was confirmed as current in 2009.

I. General

The Eesti Pank (Bank of Estonia) is responsible for compiling Estonia's balance of payments and international investment position statistics. The Balance of Payments and Economic Statistics Department (BOPD) of the Eesti Pank collects most of the data directly from data providers, using mixed (dual) balance of payments compilation systems, namely, surveys and the international transactions reporting system (ITRS).

Other main interagency data sources, besides the two statistical systems mentioned above, are the internal databases maintained by the Financial Stability Department and the Financial Department, which provide initial data relating to external sector statistics on banking and the monetary authority sector. Data are supplemented with information from various sources and with estimates.

Other important data sources outside the Eesti Pank are as follows: (1) Statistics Estonia (SE), which provides monthly external trade statistics and travel statistics; (2) the Ministry of Justice Center of Registers, which provides monthly updates on the register of legal entities, their owners, and main audited annual economic indicators; (3) the Central Register of Securities, which provides access to the official securities register, comprised of relevant information on portfolio investments and market prices of listed companies; (4) the Estonian Land Board, which provides data on sales and purchases of real estate in Estonia by nonresidents; (5) special sample surveys; (6) other institutions—the State Tourist Board, the Ministry of Finance, the Ministry of Foreign Affairs, Authors' Society, etc.; and (7) the media—press, Internet, etc.

Balance of payments statistics are compiled monthly, quarterly, and annually. International investment position statistics are compiled quarterly and annually. These statistics are published according to the Special Data Dissemination Standard requirements at http://www.bankofestonia.info and in the media. They are also published in the Eesti Pank's bulletin *Estonian Preliminary Balance of Payments* (quarterly). Beginning with the first quarter of 1993, the balance of payments data are reported to the IMF. International investment position statistics are available from the end of the first quarter of 1996. The balance of payments accounts are compiled to the extent feasible according to the principles of *BPM5*. Data are compiled in Estonian kroon and are converted into U.S. dollar and euro equivalents at average rates for the appropriate balance of payments periods (quarter) and at end-of-period rates for the international investment position.

II. Specific Items: Balance of Payments

Current Account

Goods

Eesti Pank uses two main sources for data on trade in goods: (1) for trading of goods between EU member states, the data are based on the Intrastat declarations collected by the SE; and (2) for trading with nonmember states, the data are based on the customs statistics collected by the customs authorities, processed by the SE, and passed on to Eesti Pank on a monthly basis. The special trade method (which excludes trade through customs warehouses) is used for trade with non-EU member countries. The Intrastat system (for trade between EU member countries) provides no way of excluding goods moving through intermediate warehouses, so the general trade method is followed.

Exports and imports are valued on an f.o.b. basis. Until 2004, imports were adjusted to an f.o.b. basis, using an average adjustment factor of 5 percent of the c.i.f. value. The information for this adjustment was derived from questionnaires drawn up by the BOPD. Since 2004, special transportation and insurance cost rates have been used for imports from each country. These rates are based on a special investigation of customs data.

To adjust for the balance of payments concepts, Eesti Pank adjusts the foreign trade data issued by the SE. Information on these transactions is obtained from the questionnaires sent to transportation companies. Adjustments are made for goods purchased abroad (e.g., fuel, lubricants, etc., for transportation vehicles) and for repairs of capital goods. Information on these items is also obtained from the transportation company surveys, and the relevant amounts are added to the SE import total.

In addition, an estimate is made for unidentified imports, which are increasingly less significant. This adjustment is based on information provided by the customs authorities, by SE's estimations of illegal imports, and by other sources. Monthly data are modeled using (1) extrapolation of seasonally adjusted time series and seasonal (calendar) coefficients and (2) comparison with existing available data (ITRS, data on exports into and imports from extra-EU countries, and preliminary data from Intrastat declarations).

Services

Transportation

The transportation services item is compiled mainly on the basis of the transportation companies' survey and data from the ITRS. Information on resident passenger services rendered by nonresident companies is obtained mainly from the SE. The BOPD conducts the transportation survey each quarter with nearly 400 local transport companies that provide international freight and passenger services. Most of these companies are involved in road transport, followed in importance by sea transport, air transport, and rail transport.

Travel

The main sources of information for travel services are the travel border survey conducted by the SE, in cooperation with the Eesti Pank, and border statistics, provided by the Board of Border Guard. These sources provide data on sales and purchases of travel packages, as well as on the number of foreign tourists visiting Estonia and the length of their stay. The same sources provide information on the number of Estonian residents visiting foreign countries and the length of their stay.

Relying on results of sample surveys, the BOPD compiles expenditures-per-trip estimates of such visits. Using statistical models, the BOPD also models the number of citizens of EU countries and other Schengen Treaty participants who visit Estonia. Results of statistical models are revised after reports of sample surveys of border crossings are available. As a result, the total amount of travel receipts and payments can be calculated. Different models are used for same-day visitors and overnight tourists.

The credit and debit entry for travel also includes approximately 50 percent of the net wages and salaries earned by nonresidents who have worked in Estonia and residents who have worked abroad for less than one year. Health-related and educational expenditures made by medical patients and students are treated as travel services.

Regular bilateral comparison is carried out every year and corrected if needed.

Other services

Other services comprise those services important for Estonia, such as construction, insurance, communications, leasing, and various others. The item also includes services obtained as a part of foreign assistance. The BOPD obtains information on insurance, construction, communications, and other services from the surveys of enterprises and of insurance companies.

Information on the income and expenses of Estonian foreign representations is based on data from the Ministry of Foreign Affairs. For foreign representations located in Estonia, the BOPD estimates the income and expenditures. The Ministry of Finance provides data on services associated with technical assistance. Supplementary information on all services is obtained from the ITRS. Selected supplementary items of the *BPM5* are not available for reasons of confidentiality.

Income

Compensation of employees

Data on compensation of employees come from the enterprise surveys, the Estonian Tax and Customs Board, and the ITRS. Estimations based on press information and on available foreign administrative sources are used.

Investment income

The BOPD's quarterly enterprise survey provides most of the information on the income receipts and payments for direct investment, portfolio investment, and other investment. From 2003 onward, inward reinvested earnings are fully consistent with international guidelines, which recommend the use of the Current Operating Performance Concept (COPC).

The survey covers selected Estonian legal entities carrying out large foreign economic transactions. In addition, other departments of the Eesti Pank provide data on the income of the Eesti Pank and the commercial banks. Data on interest paid on foreign official loans are obtained from the Ministry of Finance. Interest and other investment income are recorded on an accrual basis.

Current transfers

General government

This item consists primarily of foreign assistance received by Estonia in the form of cash, goods, and services. Information on goods is obtained from trade statistics. The data on aid in the form of cash payments and services are based on Ministry of Finance data.

The item also includes membership fees paid by the government to various international organizations and several taxes paid to and by the Tax and Customs Board; this information is obtained from the administrative sources and the ITRS.

Other sectors

This item includes mostly cash flows related to insurance contracts and workers' remittances, indicating remittances to the home country of outside workers (also migrants—persons who have lived and worked in a foreign country more than a year) in case they have been hired by a company in a foreign country. Data on private transfers are based mainly from the ITRS.

Capital Account

This item consists mainly of government payments and capital transfers to the Estonian private sector. Capital transfers include various grants from international funds to finance building infrastructure objects; acquisition of nonproduced, nonfinancial intangible assets (intellectual property) and disposal thereof (franchises, patents, trademarks, industrial processes, etc.); and waivers or write-offs of debt.

Financial Account

Direct investment

The definition of direct investment in Estonia's balance of payments corresponds with that of the *BPM5,* and Estonia follows the directional principle for direct investment. Stock positions and transactions are recorded at market prices and on an accrual basis.

Until 2006, Eesti Pank used the information from the Estonian Central Register of Securities for evaluating the liabilities of Estonian residents in the case of unquoted shares. Since the first quarter of 2007, only the own funds at book value (own capital divided by the ownership) in the case of unquoted shares are used for evaluating equity stock data.

Information on direct investment by nonresidents in Estonia is derived from three main sources: (1) The Ministry of Justice Center of Registers provides data on the registered owners' equity in established companies as well as changes in registered ownership; (2) a BOPD enterprise survey provides data on direct investment stocks and flows to operating enterprises (this survey is the basis for data on reinvested earnings, on long- and short-term credits [including trade credits] drawn, and associated repayments by Estonian and foreign direct investment enterprises); and (3) the database of the Financial Stability Department of the Eesti Pank provides data on foreign direct investment for commercial banks.

The database of the Central Register of Securities provides data on transactions and stocks of listed or registered companies. These sources are supplemented by data from the ITRS.

Portfolio investment

The major part of data on transactions and stocks of portfolio investments is obtained from surveys of investment funds, other financial intermediaries, other enterprises, and the Central Register of Securities. The Eesti Pank's Financial Stability Department provides information on portfolio investment related to Estonian commercial banks. Transactions are recorded at market prices. The market value is used for the stocks in case the instrument is listed. For the stocks of unlisted shares, the principle of the own funds at book value is used. In case of debt securities, accrual interests have also been taken into account. The aforementioned sources are supplemented by data from the ITRS.

Financial derivatives

Definitions for financial derivative transactions are in line with the *BPM5*. Financial derivatives are recorded as a separate category in the financial account. The collection of data on financial derivatives is part of the general reporting system. Information on banking sector transactions is obtained from banking statistics data. In general, data are available on a gross basis. Futures, swaps, and options are identified separately in the banking statistics data about forwards. In the enterprise surveys, the data are highly aggregated, and the types of instruments are not identified.

Other investment

The BOPD treats the Eesti Pank as the monetary authority. Transactions in other investment assets and liabilities of the monetary authorities include the changes in the Eesti Pank's foreign liabilities and nonconvertible assets, which are not included in reserve assets. Loans from the IMF for balance of payments purposes are included under the general government sector. The Eesti Pank's Financial Department provides the relevant information.

Transactions in other investment assets and liabilities of the government sector comprise transactions of the central government, local government loans taken directly, and repayments of such loans. Data are obtained from the Ministry of Finance and the ITRS. Trade credits are not available; they are negligible.

Banking sector statistics are derived from the data collected from banks by the Financial Stability Department of the Eesti Pank. The other investment asset and liability transactions of other sectors reflect mainly drawdowns and repayments of the short- and long-term loans that are transacted between resident and nonresident enterprises that do not have a direct investment relationship. Trade credits and deposits are included. The main sources of data are the enterprise survey and the ITRS. Loans guaranteed by the central government are reported under other sectors.

Reserve assets

The entries reflect changes in the Eesti Pank gold and foreign exchange holdings and transactions in SDRs during the reporting period. Data are based on the balance sheet and the income statement of the Eesti Pank.

III. Specific Items: International Investment Position

The Estonian international investment position is a statistical statement summarizing the stocks of Estonia's external assets and liabilities at the end of each quarter. Data are compiled according to the IMF guidelines set out in the *BPM5*.

The data include (1) direct investment: equity capital, reinvested earnings, other capital; (2) portfolio investment: equity securities, bonds and notes, money market instruments; (3) financial derivatives; (4) other investments: trade credits, loans, foreign exchange and deposits, other items; and (5) reserve assets.

Data collection is a part of the general reporting system, based mostly on surveys. Real stocks are used for its compilation. Reconciliation exercises between international investment position stocks and balance of payments flows are carried out regularly. Adjustments relating to changes in exchange rates, prices, and other factors are generally taken into account. There has been no intention to harmonize historical data on the basis of a reconciliation of balance of payments flows and international investment position stocks because it is impossible to update stock data retroactively if flow data are revised.

Ethiopia

The following text was confirmed as current in 2009.

I. General

The Balance of Payments Division of the National Bank of Ethiopia (NBE) compiles Ethiopia's balance of payments statistics. Sources of information include the Ethiopian Revenue and Customs Authority (ERCA), Ministry of Finance and Economic Development (MOFED), commercial banks, the NBE's Foreign Exchange Statistics and Monitoring Department (FESMD), the NBE's Accounts Department (NAD), the Ethiopian Telecommunication Corporation, and a survey of transportation companies. In general, the accounts are reported in accordance with *BPM5* classifications.

II. Specific Items: Balance of Payments

Current Account

Goods

The ERCA provides data on exports f.o.b. and imports c.i.f. Goods for processing, repairs, goods procured in ports by carriers, and nonmonetary gold are not included in the goods account. A 10.33 percent adjustment, based on a survey and analysis of customs import declaration forms, is deducted from the value of imports c.i.f. This allows for insurance, freight, and transit fees on imports in order to derive imports on an f.o.b. basis.

Services

Transportation

The NBE obtains data from transportation companies. A survey form prepared by the NBE's Balance of Payments Division is sent to these companies and compiled quarterly by the staff of the division. Data on freight debits are estimated as 9.24 percent of imports c.i.f., which is 8.95 percent for freight and 0.29 percent for transit fees on imports.

Travel

The FESMD provides data on travel receipts, while travel payment data reflecting payments made by residents to nonresident transport companies are obtained both from FESMD and Ethiopian Airlines (EAL).

Other services

The NBE obtains communication service data from the FESMD, the Ethiopian Telecommunication Corporation, and EAL. Merchandise insurance debits are estimated at 1.09 percent of imports c.i.f. Certain categories of other business services, such as commissions, advertising, operational, leasing, etc., are collected from transport companies. NBE obtains the remaining data from FESMD reports.

Income

Compensation of employees

The source of this item is FESMD reports.

Investment income

For payments of general government and other sectors, the MOFED reports the data. For interest receipts and payments data relating to the external assets and liabilities of the monetary authorities and commercial banks, respectively, the NBE and commercial banks report the data.

Current transfers

The MOFED provides data on cash transfers to the government, while the FESMD reports cash transfer data of other sectors and franco-valuta imports. The NBE obtains data on food and other aid-in-kind from the Disaster Prevention and Preparedness Commission.

Financial Account

Other investment

Trade credits

Short-term trade credits comprise the advance payment by nonresidents for future exports (on the liability side) and expected postpayments from nonresidents for exports (on the asset side). These data are obtained from the FESMD.

Currency and deposits

Currency and deposits of monetary authorities constitute all NBE liabilities to foreign banks. NBE liabilities to international institutions are reported by the NAD.

Currency and deposits of banks, on the asset side, constitute foreign currency holdings, deposits in foreign banks, and foreign uncleared balances of commercial banks. The liabilities side consists of deposits of nonresidents in the commercial banks denominated in birr, plus deposits of nonresident banks in the commercial banks denominated in foreign currency. The NBE obtains these data from the commercial banks' balance sheets.

Currency and deposits of other sectors, on the asset side, include deposits of parastatals in nonresident banks, reported from the respective organizations. The liability side includes deposits of nonresidents in the commercial banks, denominated in foreign currency. The NBE obtains these data from the commercial banks' balance sheets.

Reserve assets

Data on reserve assets of the NBE are reported by the NAD.

Euro Area

The following text was confirmed as current in 2008.

I. General

The concepts and definition of the euro area balance of payments statistics, statistics on international reserves, and international investment position statistics conform to the methodology established in European Central Bank (ECB) Guidelines No. ECB/2004/15 and ECB/2007/3 and to the international statistical standards set out in the fifth edition of the IMF's *Balance of Payments Manual*, released in October 1993 (the *BPM5*).

To compile the balance of payments and related statistics for the euro area as a whole—aggregating the transactions/positions of euro area residents with non-euro area residents—the ECB essentially relies on the national central banks (NCBs) and other national balance of payments compilers, who collect the statistical data as defined in specific requirements in the field of balance of payments and related statistics in the ECB Guidelines.

Statistical series relating to the euro area cover the current 15 member states comprising the euro area, i.e., Belgium, Cyprus, Germany, Ireland, Greece, Spain, France, Italy, Luxembourg, Malta, the Netherlands, Austria, Portugal, Slovenia, and Finland. The series are available from 1999 onward.

Information on the nature of these basic data, such as the compilation systems and the methodological particularities in individual member states, can be found in the summary methodology section of their Special Data Dissemination Standards country page on the IMF's Dissemination Standards Bulletin Board (DSBB) at http://dsbb.imf.org/ and under the individual country pages in this publication.

Furthermore, a methodological note on euro area balance of payments and international investment position statistics, as well as the publication entitled *European Union Balance of Payments/International Investment Position Statistical Methods*, are available on the ECB's website (http://www.ecb.europa.eu). Users may also find pages on the euro area on the DSBB.

II. Specific Items: Balance of Payments

In accordance with the ECB Guidelines, the ECB publishes balance of payments statistics at two different intervals in respect of the corresponding reference period: monthly and quarterly. The scope, the underlying concepts, and the breakdown for the monthly balance of payments items differ from those for the quarterly data. Monthly data referring to the euro area's external transactions were published for the first time in the May 1999 issue of the ECB *Monthly Bulletin*; quarterly data have been published since the September 1999 issue.

The ECB publishes the monthly balance of payments approximately seven weeks after the end of the month, and the quarterly balance of payments three and a half months after the end of the quarter.

The monthly balance of payments statistics are confined to broad categories of transactions, showing the main items affecting monetary conditions and exchange markets. For these statistics, some deviations from the international guidelines set out in the *BPM5* are permitted. These include the recording of income on a cash basis, instead of on an accruals basis, and the provision of estimates, owing to the short deadline for compiling the data (six weeks after the reporting period) set for the participating member states of the euro area.

The quarterly balance of payments breakdown required by the ECB conforms, to the greatest extent possible, to the standards set out in the *BPM5*. Exceptions from the application of *BPM5* standards are explained below.

From 1999 onward, each broad category of transaction is broken down into credits and debits for the Current and Capital Accounts, and into assets and liabilities for direct investment, portfolio investment, and other investment. The ECB compiles the figures for the euro area by aggregating the euro area member states' transactions vis-à-vis nonresidents of the euro area for the Current and Capital Accounts and for the Financial Account, except for the portfolio investment category and related income and the financial derivatives category. The compilation methods for portfolio investment and related income and financial derivatives are based on a different approach, owing to the difficulties in identifying the holders of securities issued by domestic residents is below.

Current Account

The ECB compiles the Current Account data for the euro area by aggregating the euro area member states' transactions vis-à-vis nonresidents of the euro area, except for portfolio investment income transactions is below.

Income

Compensation of employees

This category covers transactions involving compensation paid to nonresident workers or received from nonresident employers.

Investment income

This item covers transactions involving investment income accrued on external financial assets and liabilities of the euro area. Investment income includes income generated by direct investment, portfolio investment, and other financial instruments, and by the Eurosystem's reserve assets. Interest on derivatives is recorded under the financial derivatives category in the Financial Account.

Portfolio investment. For portfolio investment income, euro area residents' income received on securities issued by non-euro area residents ("extra-euro area" credits) can be correctly identified. However, it is not possible to compile the corresponding payments to non-euro area residents ("extra-euro area" debits), as a direct result of the difficulties in identifying the residency of the holder of securities. Therefore, the amount of the euro area payments to non-euro area residents is calculated by subtracting the amount of receipts of euro area residents from residents of other euro area countries ("intra-euro area" credits), from the total amount of payments made by euro area residents to recipients outside their home country (to residents of other euro area countries and to nonresidents of the euro area).

Capital Account

The ECB compiles the Capital Account data for the euro area by aggregating the euro area member states' transactions vis-à-vis nonresidents of the euro area. Only a lump-sum capital account is compiled, without any breakdown.

Financial Account

The ECB compiles the Financial Account data for the euro area by aggregating the euro area member states' transactions vis-à-vis nonresidents of the euro area, except for portfolio investment and financial derivatives.

Direct investment

In line with the international standards set out in *BPM5* and the third edition of the *OECD Benchmark Definition of Foreign Direct Investment*, the 10 percent ownership criterion is used for defining the euro area data on direct investment in both the balance of payments statistics and the international investment position.

Moreover, the direct investment relationships of the euro area are recorded using the directional principle, meaning that the financial transactions between the euro area resident direct investor and the non-euro area direct investment enterprises are classified in the euro area balance of payments statistics as direct investment abroad, or as a disinvestment of direct investment abroad.

Symmetrically, the financial transactions between resident direct investment enterprises and non-euro area direct investors are classified in the euro area balance of payments statistics as direct investment in the reporting economy.

The components of direct investment are equity capital, reinvested earnings, and other capital associated with various intercompany debt operations.

Equity capital comprises equity in branches as well as all shares in subsidiaries and associates.

Reinvested earnings consist of the offsetting entry to (1) the direct investor's share of earnings not distributed as dividends by subsidiaries or associates and (2) earnings of branches not remitted to the direct investor and recorded under investment income.

Other capital covers all financial operations between affiliated companies (borrowing and lending of funds, including debt securities and suppliers' credits, i.e., trade credits).

Portfolio investment

The euro area portfolio investment account includes (1) equity securities and (2) debt securities in the form of bonds and notes and money market instruments, unless they are categories either as direct investment or as reserve assets.

Financial derivatives are excluded from portfolio investment and are shown in a separate category of the balance of payments Financial Account and the international investment position, in line with the IMF recommendations. Transactions based on repurchase agreements involving debt securities are recorded in the other investment category.

In compiling the data on portfolio investment for the euro area, the aim is to record the net acquisitions by euro area residents of securities issued by nonresidents of the euro area ("assets"), and the net acquisitions by nonresidents of the euro area of securities issued by euro area residents ("liabilities"). The assets side can be measured directly, with a quarterly sectoral breakdown of the euro area residents undertaking the transactions.

The liabilities side cannot be measured directly, because reporting agents in the euro area often cannot identify the holder of securities issued within the Monetary Union. Instead, the liabilities side is estimated as net issues of paper by euro area residents minus the net recorded acquisitions of such paper by residents of the euro area.

Financial derivatives

Net flows associated with interest rate derivatives are recorded as financial derivatives, not as interest flows. Owing to practical problems involved in separating the asset and liability flows for some derivative instruments, all financial derivative transactions are recorded net by the participating member states and are aggregated to compile the euro area aggregate figures. A sectoral breakdown of this account at the euro area level is not available.

Other investment

Other investment is defined as a residual category that includes all financial transactions not covered under direct investment, portfolio investment, financial derivatives, or reserve assets. Other investment covers (1) trade credits, (2) loans/currency and deposits, and (3) other assets/other liabilities.

The presentation used in the other investment category is somewhat simplified by (1) not requiring any distinction between loans and deposits on each side of the balance of payments and (2) not requiring any maturity breakdown for the quarterly balance of payments. There is also a change in the presentation of the breakdown (i.e., the sector as first priority). This breakdown is compatible, but not identical, with the *BPM5*, in which instruments have priority.

As a peculiarity of the euro area balance of payments, the other investment category includes the temporary net positions of the Eurosystem with the national central banks (NCBs) of member states not participating in the euro area. This relates to the operation of the TARGET (Trans-European Automated Real-Time Gross Settlement Express Transfer) clearance system. These intra-ESCB (European System of Central Banks) balances/accounts, denominated in euros, are similar to movements of the nostro/vostro accounts of monetary financial institutions, and, therefore, a similar treatment is adopted.

All repo-type operations (i.e., repurchase agreements, sell/buyback operations, and bond lending) are treated in the euro area balance of payments as collateralized loans, not as outright purchases/sales of securities. They are recorded under other investment, under the sector of the euro area resident that carried out the operation.

Reserve assets

The Eurosystem's reserve assets relate to (1) the "pooled reserves" held by the ECB in accordance with Article 30 of the Statute of the ESCB and (2) the international reserves of the NCBs of the countries participating in the euro area at the time to which the statistics relate (i.e., including Greece since January 2001, Slovenia since January 2007, Cyprus and Malta since January 2008). Before the accession dates, the assets of the NCBs of those countries are included in portfolio investment (securities) or other investment (other assets).

Since the agreed definition of reserves assets is applied consistently across the Eurosystem and at the national level, the Eurosystem's reserve assets are compiled by summing the reserve asset holdings of the participating NCBs and the ECB.

The Eurosystem's reserve assets must (1) be under the effective control of the relevant monetary authority—either the ECB or the NCBs of the euro area member states—and (2) refer to highly liquid, marketable, and creditworthy foreign (non-euro area) currency-denominated claims on nonresidents of the euro area, plus gold, SDRs, and the reserve positions in the IMF of the participating NCBs. Therefore, foreign currency deposits with banks located in the euro area are not considered part of the official reserves.

Data are compiled on a gross basis without any netting of reserve-related liabilities (with the exception of those reserve assets included in the sub-item of financial derivatives, which are recorded on a net basis).

Gold is treated in the Eurosystem's international reserves statistics as collateral in all reversible transactions (such as gold repos, gold swaps, gold loans, and gold deposits), implying that holdings of monetary gold remain unchanged during the life of such operations. This treatment corresponds to current European banking accounting directives and practices.

Reserve positions in the IMF, including the part denominated in SDRs, are classified under Reserve Position in the IMF, rather than under SDRs.

Claims on the IMF arising from IMF financing under the New Arrangements to Borrow and General Arrangements to Borrow are classified under Reserve Position in the IMF. At the same time, claims arising from the Poverty Reduction and Growth Facility (previously the Enhanced Structural Adjustment Facility) commitments are shown under foreign exchange, in accordance with the IMF recommendations.

More information on the statistical treatment of the Eurosystem's international reserves can be found in the ECB publication titled "Statistical Treatment of the Eurosystem's International Reserves" (October 2000), which can be downloaded from the ECB's website.

III. Specific Items: International Investment Position

Since the December 1999 issue of the *Monthly Bulletin*, the ECB has published aggregated annual data on the euro area's international investment position (IIP). Quarterly data have been published since the May 2005 edition of the *Monthly Bulletin*.

The ECB publishes the quarterly IIP three and a half months after the end of the quarter.

This statement of the external assets and liabilities of the euro area reveals the structure of the euro area's external financial position and complements the balance of payments data for economic analysis. The changes in the IIP are partly explained by the balance of payments flows during the quarter. In addition, the stock data reflect valuation effects arising from changes in asset prices and exchange rates and other changes (e.g., write-offs, reclassifications) not related to flows.

The breakdown is based on the standard components of the IIP, as adopted by the IMF, and on the structure of the quarterly euro area balance of payments. Concepts and definitions are consistent with those applied for the quarterly balance of payments statistics.

Faroe Islands

The following text was confirmed as current in 2005.

I. General

The Faroese National Statistical Agency—Hagstova Føroya—annually compiles the balance of payments, in millions of Danish kroner. The main data sources are various surveys, as well as different administrative sources within the public sector (Treasury, Tax Office, etc.).

Mainland Denmark and Greenland are not part of the Faroese balance of payments, even though both the Faroe Islands and Greenland are institutionally part of the Kingdom of Denmark. Similarly, the Faroese economy is not included in the balance of payments statistics of Denmark.

In late 2002, after completing a review of the existing methodology, Hagstova Føroya decided to follow more closely international statistical standards. For such a purpose, it decided to implement the conceptual framework of the balance of payments as stated in the fifth edition of the IMF's *Balance of Payments Manual (BPM5)*. The *BPM5* methodology will be implemented gradually, and because of a shortage of human resources, only the current account will be produced at the first instance, but there are plans to develop capital and financial account data in the near future. Hagstova Føroya will produce the latter in close cooperation with the Governmental Bank—Landsbanki Føroya—which is developing a new system for reporting its own and other Faroese monetary institutions' transactions.

The first attempt to compile the Faroese current account according to *BPM5* definitions and guidelines involved identifying data sources. Where data were available, they were entered directly in the appropriate accounts. However, it was also necessary to supplement data using auxiliary statistics to build and consequently test various economic models. At this stage of current account compilation, usage of economic models was found to be appropriate and irreplaceable in its operational speed, but the intention is to rely less on such modeling in the future.

II. Specific Items: Balance of Payments

Current Account

Goods

Hagstova Føroya bases the compilation of merchandise trade on customs declarations delivered directly from the Toll- og Skattstova Føroya—the Faroese tax and customs authority. It observes, however, that some unrecorded exports (non-fish items) take place, which undervalue exports of goods. No estimates are made to compensate for such a shortcoming, as values are believed to be relatively small. At the moment, a review of the existing recording system is taking place with the aim of improving data on trade in goods.

Services

Transportation

For air, sea, and other transportation services, Hagstova Føroya records separate values, and because a very small number of nonresidents provide these services, the data are easy to collect. However, the agency makes appropriate adjustments when it calculates payments of passenger fares, because it needs to determine the resident status of travelers.

The agency receives information on the numbers of passengers, their origin and destination, and average ticket prices either directly from airline companies or from local travel agencies. Other transportation services records mainly the charges for disloading fish in ports abroad, and estimates were created based on annual accounts and interviews.

Travel

The agency separates estimates for travel services into health, educational, and other. Both health and educational travel are very well documented by the Treasury (Fíggjarmálast_ri_) and the Faroese Student Grant Fund (Stu_ulsstovnurin), following the fact that Faroese residents undertake higher education abroad and also go for more advanced medical treatment abroad (mainly Denmark).

For tourist and business travelers' expenditures, both in the Faroe Islands and abroad, information on number of arrivals, number of nights per nationality, and average accommodation prices is readily available and used to calculate estimates.

Other services

With regard to other services, both financial and insurance services are very well documented, owing to the small number of providers. Hagstova Føroya bases construction estimates on surveys of construction companies, including fishing vessels and shipyards. Also, it bases information on other services—communication, computer and information, and government services—on surveys and administrative sources.

Income

Compensation of employees

The Faroese Tax Office is the main administrative source of data for recording compensation of employees. Data are very well recorded as far as wages and salaries are concerned, since different allowance schemes (fisherman on foreign-owned fishing vessels) make a differentiation between residents from nonresidents possible. However, owing to changes in the registration system from 2001, it was necessary to estimate fishermen income from abroad, and such estimates were based on figures from previous years.

Investment income

Owing to the lack of reliable and comprehensive data sources, it was necessary to estimate income on both the Faroese investment abroad and foreign investment in the Faroe Islands. The Faroese Tax Office recently commenced such recording, but because of a double taxation agreement with Denmark, such recording will not be sufficient for statistical purposes. The most useful point of reference is the annual accounts, which record investment income, as well as data from the central banks of Iceland and Denmark regarding the stock of foreign direct investment in the Faroe Islands.

The figures for other investment income are survey-based information that covers interest receipts from abroad and payments to abroad on Faroese external claims and liabilities, respectively.

Current transfers

The recording of current transfers is an administrative based system and, as such, data were readily available from the Treasury. Data were available for all transfers classified under *general government* as well as *other sectors*. Some transfers abroad were in kind (clothes), and it was necessary to impute a monetary value, while others were easily identified, such as various pension funds and lotteries. No entries for gifts, inheritances, alimonies, and other support remittances were recorded.

Capital and Financial Accounts

There is no capital and financial account recording because of a shortage of human resources. There are plans to record such data. Close cooperation with the Faroese Governmental Bank, as well as other Faroese monetary institutions, is developing, which will further improve the balance of payments statement.

Fiji

The following text was confirmed as current in 2009.

I. General

The Fiji Islands Bureau of Statistics (FIBOS) is responsible for compiling and disseminating balance of payments statistics for Fiji. The conceptual framework of the Fijian balance of payments is consistent with the fifth edition of the *Balance of Payments Manual (BPM5)*, although some minor variations have been introduced to meet conditions of the Fijian economy. The Fiji balance of payments estimates are compiled in millions of Fiji dollars.

The FIBOS disseminates the balance of payments statistics in its quarterly balance of payments news releases, and its quarterly *Key Statistics* contains balance of payments data on an annual basis. FIBOS also provides quarterly data to the Reserve Bank of Fiji (RBF) to be published in the RBF's quarterly review.

Sources of the data are the Fiji Islands Revenue and Customs Authority, overseas exchange transactions records (OET) from the RBF, administrative records of the Ministry of Finance (MOF), Ministry of Tourism (MOT), Ministry of Foreign Affairs (MOFA), and FIBOS surveys of direct/nondirect investment enterprises, ports and airports, foreign airlines, etc.

II. Specific Items: Balance of Payments

Current Account

Goods

Merchandise data are derived from the records of the Fiji Islands Revenue and Customs Authority's imports and exports warrants.

Exports are recorded on a shipping date basis and valued on an f.o.b. basis. Adjustments are made to exports to exclude ship and aircraft fuel and stores, which are classified under Goods procured in ports by carriers, and to record sugar exports at market value. Under the agreement with the European Union (EU), Fiji is paid up to three times the current market price of its sugar exports to the EU. The difference between the market value and the value paid by EU is removed from exports and included in *official current transfers*.

Imports are recorded in c.i.f. value and converted to f.o.b. value by excluding the estimated freight and insurance earned by nonresidents on Fiji's imports. The freight and insurance are estimated at 11 percent and 2 percent of imports c.i.f., respectively. The freight data are then recorded under transportation and the insurance data under insurance services.

Services

Transportation

The FIBOS derives the data largely from its balance of payments survey covering resident and nonresident airlines, ports, and airports. Fiji's resident airlines, Air Pacific and Air Fiji, operating on international routes, report their passenger fare earnings from nonresidents. Ports and airport agencies provide aviation fees and charges, port dues, pilotage, and stevedoring. Foreign airlines provide figures on passenger fares earned from residents.

Travel

The FIBOS derives travel credit entries from estimates of tourist expenditures and the per diem information, obtained from the International Visitor Survey (IVS), conducted by the MOT. Until the IVS results become available, the FIBOS derives estimates of tourist expenditure per diem for the current reference period by inflating the per diem derived from the last IVS results by an index (referred to as the tourism expenditure index [TEI]). This index is calculated from the results of a FIBOS quarterly survey of hotels (TEI survey).

Travel debits are sourced entirely from the OET system.

Other services

Communication. The credit and debit entries for postal and telecommunication services are derived from the FIBOS International Trade in Services (ITS) Survey.

Insurance. The credit entries for nonmerchandise insurance recorded here are commissions received for selling insurance abroad. The debit entries for insurance services are approximately 45 percent of the total insurance premiums paid abroad. Total insurance claims (receipts from abroad) are reported under current transfer credit, and the net premiums (premiums less service charge) are reported under current transfer debit.

Financial services, computer and information, royalties and license fees. These are all sourced from the FIBOS ITS survey.

Other business. This comprises merchanting and other trade-related services and operational leasing services, which are all sourced from the ITS survey.

Miscellaneous business and professional services. These cover such services as legal, accounting and management, advertising and market research, research and development, architectural, engineering, agricultural, mining, and on-site processing. All are sourced from the ITS survey.

Personal, cultural, and recreational activities. These include audiovisual and related services, sourced from OET, and other personal cultural services, sourced from the ITS survey.

Government, n.i.e. Estimates of the credit entries for government services comprise payments to the government of Fiji's peacekeeping forces by the United Nations and its expenditures, foreign government remittances to the embassies and consulates, etc., and operating expenses of international organizations in Fiji. The two latter items are sourced from the OET system, whereas data for the first item are supplied by the MOF.

Income

Investment income

Compensation of employees data are sourced from FIBOS surveys of foreign embassies in Fiji and Fiji embassies abroad, nonprofit organizations in Fiji, OET from the RBF, and other surveys of long or short term construction projects in Fiji.

For income receivable and payable by the nonofficial sector, the FIBOS compiles estimates from the balance of payments survey on international investment. For income receivable and payable by the official sector, the FIBOS obtains information from the RBF. Data on portfolio income are collected from the international investment survey.

Current transfers

General government

Data, obtained from MOF, cover aid in cash and in kind and the difference between the market price and the price paid by the EU on sugar exports.

Other sectors

Data are sourced entirely from the Commissioner of Insurance and OET. A remittance model has also been introduced by the FIBOS to capture gifts to households in cash and in kind that are carried by travelers.

Financial Account

Direct investment

For purposes of the Fiji balance of payments compilation, a nonresident investor who owns 10 percent or more of the equity capital of an enterprise is regarded as a direct investor. The types of direct investment transactions included are additional capital or withdrawal of investments, reinvestments of earnings, and changes in long- and short-term capital. FIBOS derives real estate and other data from OET.

Portfolio investment

A nonresident investor who owns 10 percent or less of the equity capital of an enterprise is regarded as a portfolio investor. Data on portfolio investment includes equity and debt securities. Purchase of bonds are recorded here, and income earned or paid in respect of the bonds are recorded under the income account credit or debit.

Other investment

This section covers transactions on trade credits, loans, currency and deposits, and other assets or liabilities. Most of the data are sourced from the international investment survey, MOF, and RBF.

Reserve assets

Information on official reserves comes from the RBF and, on government cash balances maintained abroad, from MOF. The RBF provides separate information on the stock of monetary gold, SDRs, the reserve position in the Fund, and foreign exchange assets. The nonbank financial institutions' investments offshore are also recorded as reserves. However, the change in position owing to revaluation (reported in aggregate under foreign exchange) is excluded from the balance of payments transactions.

Finland

The following text was confirmed as current in 2009.

I. General

The Bank of Finland (BOF) is responsible for compiling the balance of payments. The BOF obtains data from various surveys. For current account transactions, it derives data mostly from customs statistics on commodity trade and from Statistics Finland, which from 1999 has provided data on services, current transfers, and the capital account, based on various surveys and administrative sources. Until 1998, these accounts were compiled using foreign settlement records.

For the financial account and investment income, the primary source of information is the surveys of financial institutions, nonfinancial enterprises, general government, and custodians, conducted by the BOF.

The BOF prepares the data on a monthly basis, publishing the data in the monthly statistical bulletins and in its *Financial Markets, Statistical Review*.

The BOF compiles the data in euros. To convert transactions denominated in foreign currencies into euros, it uses the average exchange rate for the period. Trade data are converted at the exchange rate prevailing at the end of the preceding month. In the case of surveys, transactions denominated in other currencies are converted into euros.

The concepts and classifications of the current, capital, and financial accounts generally correspond with those recommended as the international standard in the *BPM5*.

II. Specific Items: Balance of Payments

Current Account

Goods

Extra-European Union (EU) trade data are derived from trade statistics, and data on trade with EU countries are collected according to the Intrastat system. The Board of Customs compiles the data and, for balance of payments purposes, adjusts them for coverage, valuation, and time of recording. Classification adjustments to deduct freight and insurance are made to bring import c.i.f. values to an f.o.b. basis; freight and insurance were estimated at 5.1 percent of the value of imports in 2003. The BOF obtains these estimates from a survey (see *Transportation* below).

Data on goods for processing and nonmonetary gold are derived from the foreign trade statistics; they are deducted from exports and imports and classified separately under goods. Data on repairs on goods are not collected.

Services

Transportation

This category covers freight and passenger services by all modes of transport and port services. For sea transport, the BOF derives data from a quarterly survey of shipping companies; the survey seeks information on freight earnings from foreign traffic, passenger transport, and port expenditures abroad. For the estimates of freight that are deducted from imports in the trade statistics on the debit side (the c.i.f./f.o.b. adjustment), the BOF derives the data from a survey conducted by the Board of Customs.

For air transport, the BOF obtains data from Finnair and the National Board of Aviation; for railway transport, from the state railways.

Travel

From 1999 onward, the data are based on border interviews and other tourism statistics conducted and compiled by Statistics Finland. Until 1998, data were derived from settlements reported by domestic banks; they included purchases of foreign currency by residents at home and abroad and sales of Finnish markkas to nonresidents in Finland and abroad. In addition, an estimate of foreign exchange transactions by Finnish residents abroad was added to travel income and expenditure. Other sources of information on travel included the use of travelers' checks and credit cards.

Other services

Beginning in 1999, the data are based on the enterprise statistics and on surveys conducted by Statistics Finland. A sample survey conducted by Statistics Finland collects data on the following items of services: (1) communications; (2) construction (includes project planning, technical expertise, consulting payments, and know-how contracts); (3) insurance (covers reinsurance and primary insurance business); (4) computer and information (includes technical and management planning and installation services); (5) royalties and license fees (covers transactions with nonresidents involving intangible assets, proprietary rights, and manufacturing rights); (6) merchanting and other trade-related services; (7) operational leasing services; (8) other business services; and (9) personal, cultural, and recreational services. Between 1999 and 2005, this survey was conducted annually, but Statistics Finland launched a quarterly survey at the beginning of 2006.

Government, n.i.e. The entries, on a due-for-payment basis, cover transactions of Finnish and foreign diplomatic missions, trade missions, and agencies for cultural exchange and promotion of tourism. Data compilers derive the receipts and expenditures of peacekeeping troops from records of the Ministry of Foreign Affairs.

Income

Compensation of employees

Statistics Finland collects the data on wages, salaries, and remuneration of a non-recurrent nature, which are based on the records of the tax administration.

Investment income

Direct investment. Dividends and other earnings on direct investment are recorded on a due-for-payment basis. Interest is recorded on an accrual basis. Data on reinvested earnings are derived from the annual direct investment surveys; estimates are used before the results of the annual surveys are available.

Portfolio and other investment. Data are derived from monthly and annual surveys of financial institutions, nonfinancial enterprises, general government, securities traders, and custodians on foreign assets, liabilities, and related investment income. Interest is recorded on an accrual basis.

Current transfers

From 1999 onward, the State Treasury and Statistics Finland collect the data, based on various sources.

General government

The entries cover central and local government assistance, subscriptions to international organizations, international cooperation and development assistance, and EU payments (subsidies, membership fees, contributions to funds, customs duties, and taxes).

Other sectors

The entries include non-life insurance premiums and claims. Workers' remittances data are not available separately but are included in other current transfers.

Capital Account

Capital transfers

Debt forgiveness. Beginning in 1999, Statistics Finland has collected the data, using various sources.

Financial Account

Direct investment

Direct investment enterprises are defined, in accordance with *BPM5*, as those enterprises in which residents or nonresidents have a 10 percent direct or indirect ownership of the equity capital. For direct investment flows, distributed earnings, stocks, and valuation items, the data compilers obtain the data from the monthly survey of Finnish nonfinancial enterprises, banks, and other financial institutions on their foreign assets and liabilities.

For stocks of equities and loans, reinvested earnings, and dividends, the compilers derive data from the annual direct investment surveys. From 2003 onward, the annual direct investment surveys have been of the so-called cut-off type with a coverage of about 90 percent of direct investment asset and liability stocks. The data on small enterprises exempted from reporting are estimated on the basis of balance sheet information.

Portfolio investment

For stocks of portfolio investment securities, compilers mainly obtain the data from monthly and annual surveys of end-investors and issuers. The respondents provide data for each security in their portfolio in nominal values and in market values. The BOF calculates the flows and the exchange rates and other changes. The data collection is completed with a monthly indirect census survey of securities held in custody in Finland.

Other investment

Data are obtained from monthly and annual surveys of nonfinancial enterprises, financial institutions, and general government. The respondents provide a reconciliation of changes between the opening and closing positions on their other foreign assets and liabilities (trade credits, loans, currency and deposits, and other assets/liabilities).

Reserve assets

Data are derived from BOF records.

III. Specific Items: International Investment Position

Data are obtained from the same surveys as the flow data. Grossing-up procedures to estimate the population level are only applied for trade credits, where the coverage is clearly lower than for other items collected in the surveys.

Survey respondents report valuation items; the items are divided into effects from foreign exchange rate changes and other changes. As from 2005, direct investment equity is valued at market value when listed enterprises are concerned, otherwise at book value. Portfolio investments are valued at market value.

France

The following text was confirmed as current in 2009.

I. General

A comprehensive balance of payments was compiled for the first time in 1945. First delegated to the Currency

Control Board, this task was transferred to the Banque de France (BdF) in December 1959 when the Currency Control Board was abolished. Until 2007, the Balance of Payments Directorate was responsible for compiling France's balance of payments and international investment position on behalf of the government.

The Act 2007–212 of February 20, 2007, modified the Monetary and Financial Code in order to include the compilation of balance of payments and international investment position statistics in the primary missions (*missions fondamentales*) of the BdF. The legal basis for this compilation is provided in the new article L.141–6 (on the statute of the BdF). As of 2007, the BdF holds the full responsibility for compiling the statistics on France's balance of payments and international investment position.

For balance of payments purposes, the economic territory of France comprises the departments of metropolitan France, the Principality of Monaco, the overseas departments (French Guyana, Martinique, Guadeloupe, Reunion), and the local governments of Mayotte, Saint-Pierre-et-Miquelon, Saint-Barthélemy, and Saint-Martin. The overseas territories (French Polynesia, New Caledonia and its dependencies, and Wallis-and-Futuna) are not part of the French territory for statistical purposes.

The BdF compiles France's balance of payments primarily on the basis of surveys and an international transactions reporting system (ITRS). The ITRS collects monthly settlement reports from the banking sector, monetary authorities, and general government sector and the reports on transactions from the direct reporting enterprises.

An exemption threshold of EUR 12,500 was implemented in January 2002 for all transactions passing through the banking system. Transactions below this threshold are no longer reported and are estimated by statistical means. This threshold was increased to EUR 50,000 from January 2008 for cross-border payments in euro currency within the European Union.

Major enterprises with total international transactions in at least one item of services or income exceeding EUR 30 million a year are to report directly to the BdF, whether or not they use the resident banking system.

Concerning the reporting for the international investment position, a threshold of EUR 10 million has been set for the total outstanding amount of external assets or liabilities of residents on an individual basis.

The other main sources for compiling the balance of payments are (1) data from the General Directorate of Customs and Indirect Duties for foreign trade statistics, (2) a quarterly survey of 800 enterprises on trade credits, and (3) three surveys on inward and outward travel.

The Balance of Payments Directorate of the BdF compiles the balance of payments in euros. It converts into euros the foreign transactions that are reported in the respective currencies.

However, it calculates flows of long-term capital (lending to and from foreign countries) and short-term capital of the monetary and financial institutions (MFI) sector, and of the general government sector, by reconciling the stocks reported at the beginning and at the end of the period, expressed in the respective foreign currencies. The flows are then valued at the average monthly rate for these currencies against the euro.

The monthly balance of payments statistics are compiled in accordance with the methodology set forth in the *BPM5*.

The BdF produces the data under its own responsibility and then publishes the data in a monthly press release. Moreover, the BdF publishes comments in its *Bulletin Mensuel (Monthly Bulletin)* and also on the Internet (SDDS).

Yearly results are analyzed in detail in an annual report entitled *La balance des paiements et la position extérieure de la France (Balance of Payments and International Investment Position of France)*.

II. Specific Items: Balance of Payments

Current Account

Goods

The BdF derives the data for general merchandise from the foreign trade statistics published by the General Directorate of Customs and Indirect Duties. A c.i.f./f.o.b. adjustment is applied on imports. Goods for processing are estimated using both customs data and firms' data.

Repairs on goods and goods procured in ports stem from direct reporting from firms.

Services

The data on services are derived from records reported by the banks and by the direct reporting enterprises.

Transportation

The data are broken down by sea, air, and other transport and, when significant, passenger and merchandise transportation services. The latter comprise an estimate of the portion of costs of transportation included in merchandise payments (c.i.f./f.o.b. correction).

Travel

Data on travel are based mainly on three surveys on inward and outward travel. Since 2003, a distinction is made between business and other travel.

Other services

Insurance. This category refers to general insurance transactions and to the portion of insurance costs relating to shipments and included in merchandise payments. The

BdF identifies separately the "service" component of premiums for merchandise insurance, and it records net premiums and claims in current transfers.

Merchanting and other business. Recorded under merchanting are payments relating to (1) merchandise purchases abroad, not followed by import, and their resale abroad; and (2) purchases and sales to foreigners of French merchandise not leaving the French customs territory. In accordance with the recommendations of *BPM5*, merchanting is shown net in the balance of payments.

Income

Compensation of employees

The BdF computes these data mainly from national data concerning both the number of workers and average wages.

Investment income

These transactions distinguish between direct investment, portfolio, and other investment income. This item shows, on the credit side, income from capital invested or lent abroad by residents and, on the debit side, income from foreign capital invested in France or lent to residents by nonresidents.

Estimates of reinvested earnings are included in the balance of payments. Portfolio investment income is estimated on an accrual basis, except for dividends on equities, which are recorded as of the date they are paid. The accrual principle is applied on all debt instruments.

Current transfers

General government

General government transfer payments are reported directly by the government departments involved, on the one hand, and by the banking sector, on the other, when transfers are made on behalf of customers.

General government transfers refer to technical assistance expenditure, France's contributions to the operations of international institutions, and transactions with institutions of the European Union (e.g., contributions to Community budgets and the European Development Fund, and subsidies from various European funds).

Other sectors

These transfers include workers' remittances and the entry offsetting private transactions involving transfer of ownership but without payment, recorded by customs.

Capital Account

Capital transfers

The government departments making the payments report the data on capital transfers directly. For the banking sector, data come from settlement reports.

Private sector debt relief (essentially banks) is offset by credit entries in "banking sector lending abroad." Losses on private sector claims correspond to the difference between the nominal value of claims and their sale value.

General government debt relief (formerly the official sector) is offset by credit entries in "general government sector lending abroad." Investment grants from one specific European structural fund are recorded in the capital account.

Financial Account

Direct investment

In accordance with *BPM5* recommendations, the French balance of payments uses the criterion of 10 percent or more ownership to define a direct investment. Two sources supply data on direct investment transactions: the direct reporting enterprises and the banks, which report their own direct investment with nonresidents and the direct investment of their customers (when they are not direct reporting enterprises).

The BdF records equity capital flows in gross terms, thus facilitating a clear distinction between investments and disinvestments. Since 2003, it has also classified flows on a directional basis; the main exceptions are equity capital flows of less than EUR 1 billion, which are classified on an asset/liabilities basis.

Beginning with 1996 data, direct investment has included short-term lending and cash flows between affiliated enterprises recorded on net terms. It also includes reinvested earnings (reinvested earnings in the current year are estimated; all other data for this account are collected).

Trade credits between affiliates are not recorded separately and, therefore, continue to be included in *other investment*.

Portfolio investment

This item includes the transactions of all sectors (monetary authorities, general government, MFIs, and others), distinguishing between resident transactions in foreign securities and nonresident transactions in French securities.

Nearly all these data are derived from the banks' reports, which record the portfolio investment transactions made on their own behalf and on behalf of their clients. Moreover, the direct reporting enterprises report the portfolio investment in foreign securities they make directly abroad.

Securities transactions are reported monthly on a security-by-security basis using the ISIN code.

Beginning with 1996 data, money market securities are classified in portfolio investment. Until 1995, they had been recorded in short-term other investment flows of the banking sector and other sectors.

The monthly statements on French and foreign securities are broken down by issues, secondary market transactions, and repayments. Since mid–2006, a breakdown of foreign securities by issuing sector (general government, MFI, and other sectors) is available.

Financial derivatives

Transactions recorded net under derivatives include premiums on conditional instruments related to shares, stock market indices, interest rates, and exchange rates, but the entries do not distinguish between option-style and future-style derivatives. Recorded transactions also include variation margins on futures and interest on interest rate swaps, but the compilation system does not allow any sectoral distinctions.

Other investment

Financial flows recorded in other investment are broken down following the *BPM5*. Trade credit data are derived from an enterprise survey and are not split between affiliates and nonaffiliates. In the absence of a distinction between long- and short-term credits, the data are classified as short-term capital flows.

The BdF or the relevant government entities directly report loans relating to monetary authorities and the general government sector. The BdF records the flows of advances or loans granted by the monetary authorities and general government to nonresidents (in particular within the framework of bilateral Paris Club consolidation agreements).

Under general government, items are recorded for government contributions to multilateral development institutions (International Development Association, African Development Fund, European Investment Bank, and World Bank, in particular) or for changes in liabilities of government entities to central banks and foreign institutions other than the IMF.

Since 1999, under monetary authorities, items are recorded for changes in BdF assets or liabilities with the rest of the European System of Central Banks (ESCB), in particular those relating to the settlement of cross-border transactions through the TARGET system.

The BdF also records, under monetary authorities, flows on nonresident institutional customers' deposits (in euros and in foreign currencies) and on the investments they are used to back.

MFI sector flows, including export credits, are derived from monthly and quarterly statements of stocks reported by banks and money market funds. Their statements relate to their claims and liabilities, by currency, on the accounts of foreign correspondent banks. The same applies to their claims and liabilities on nonresident customer accounts. For each quarter, a breakdown is made by country for the major currencies.

Other sector transactions include mainly deposits abroad and drawings and repayments of loans, whatever their initial maturities. The BdF obtains data from payment records reported by banks or by direct reporting enterprises. Other sectors also include the flows derived from loans and deposits of nondepository financial intermediaries (called *enterprises d'investissement*).

Reserve assets

Reserve assets are recorded in gross claims. These flows correspond to the changes in the reserve assets, including the accrued interest and the value at average monthly exchange rates, published each month by the Treasury and the BdF.

Reserve assets in the French balance of payments are consistent with the harmonized definition endorsed at the Eurosystem level. They include only non-euro-denominated claims on nonresidents of the euro area.

The deposits with residents of the euro area are being recorded under the *other investment–monetary authorities* item. They represent only the part of the French reserve assets not transferred to the ECB and managed by the BdF.

III. Specific Items: International Investment Position

Direct investment

The definition of direct investment accords with that adopted for the balance of payments; it covers equity investment exceeding 10 percent of capital of the invested corporation, affiliated loans, and reinvested earnings. Since 2003, the stock of direct investment has been recorded according to the directional principle. The stock of direct investment for equity capital is calculated at book value. A market valuation is also available but so far only on a global basis with no geographical or sectoral breakdown.

For data on direct investment abroad, the BdF uses a survey prepared on the basis of an accounting concept of direct investment. Equity investment abroad is limited to that recorded in the balance sheets of nonresident corporations directly held by resident direct investors.

Also, the stock, by value, is equal to the share of the capital and reserves held in the nonresident corporation, plus the loans and advances granted by the resident direct investor (parent company) to the corporation in which the investment is made.

As a result, in accordance with international standards, only "direct" equity investment abroad is taken into account, and the geographical breakdown of investment abroad on a book value basis is based solely on the locations of such direct equity investment.

For data on foreign direct investment (equity capital) in France, the BdF uses the accounting data of the resident enterprises in which the investment is made. In accordance with international standards, indirect (secondary) equity investment is not recorded (for example, the investment of a resident corporation, itself the subsidiary of a foreign enterprise, in another resident corporation).

As far as other operations are concerned, stocks are collected directly from enterprises via an annual survey.

Portfolio investment

The BdF bases data on portfolio investment of residents in foreign securities on the stocks held by banks for their own account and on behalf of their clients. This includes all foreign securities, whether in euros or in foreign currencies, issued by nonresidents and held by residents, except for (1) securities that can be sold only with the agreement of the issuer, such as *bons de caisse* (savings bonds) issued by resident banks, and (2) foreign securities held directly abroad by nonbank residents.

The category of holders of foreign securities is broken down into (1) financial institutions for their own account and (2) resident customers, further broken down by category of depositor, namely, industrial and commercial corporations, households, monetary and nonmonetary mutual funds, insurance companies and pension funds, private administrations, and general government.

For data on nonresidents' portfolio investment in French securities, the BdF computes data from securities accounts administered by resident banks. The entries include securities in euros or in foreign currencies issued by residents (French securities), no matter where they were issued (France or abroad), and held by nonresidents. However, the entries exclude securities that can be sold only with the agreement of the issuer (in particular, *bons de caisse*). In addition, they exclude French securities issued in France and held directly abroad by nonresidents. Then the BdF calculates, except for government bonds, the liabilities vis-à-vis nonresidents by subtracting the amount held by residents (data reported by the resident banks) from the total amount issued (data available in the bond database managed by the BdF).

The reports are made quarterly on a security-by-security basis with the indication of the ISIN code. The portfolio investment assets and liabilities are valued at market prices.

Financial derivatives

The item covers the banking sector assets and liabilities on derivatives.

Other investment

The data source for trade credits is the same as for the balance of payments. Outstanding amounts in foreign exchange are valued at the exchange rates prevailing at the end of the month, and the survey results are grossed up, using a sectoral stratification procedure based on customs transactions.

The BdF derives the deposit/loan position of enterprises from a sample survey of enterprises it carries out each year. The data come from the balance sheets (or accounts) of the sampled enterprises.

Amounts of claims and liabilities are reported in the respective currencies in which they were constituted. They are subsequently converted into euros at the exchange rates prevailing at the setting up of the balance.

The data cover loans, borrowings, and investments, except for assets and liabilities included in direct investment and trade credits.

The BdF also derives the deposit/loan position of monetary and nonmonetary mutual funds, as well as depository financial intermediaries from a survey. The data include loans, borrowings, and deposits abroad, but exclude other securities.

The deposit/loan position of the MFI sector vis-à-vis the rest of the world is analyzed through short- and long-term claims and liabilities in euros and in foreign currencies of resident banks vis-à-vis nonresidents.

Data sources on stocks are the same as those used for compiling the quarterly balance of payments. Repos and reverse repos are treated as financing operations and classified in monetary claims or liabilities.

Regarding the investment of the monetary authorities and general government not recorded elsewhere, sources on stocks are the same as those used for compiling the balance of payments.

Reserve assets

Sources on stocks are the same as those used for compiling the balance of payments.

Gabon

The following text was confirmed as current in 2009.

I. General

The Bank of Central African States (BEAC) prepares the balance of payments in accordance with the methodology recommended by the Fund.

This methodological note is based on the recommendations of the fourth edition of the *Balance of Payments Manual* and rearranged according to the presentation of the fifth edition of the *Balance of Payments Manual*

(*BPM5*). The reforms introduced by the *BPM5* have been applied in Gabon since January 1, 1995, and this note is being prepared accordingly.

It should be noted that the general balance of payments is prepared in collaboration with the government departments responsible for economic and financial issues.

II. Specific Items: Balance of Payments

Current Account

Goods

Like the majority of balance of payments transactions, goods transactions are derived from three main sources: (1) surveys of enterprises by the central bank (these constitute the main source of data); (2) reports from banks and the postal administration on foreign exchange transactions of other enterprises, retailers, and private individuals not covered by the enterprise surveys, which represent less than 1 percent of exports and about 20 percent of imports; and (3) the amounts of BEAC banknotes issued by Gabon and returned by other BEAC countries and of other franc zone banknotes.

The data compilers obtain the f.o.b. value of goods by subtracting declared shipment costs for exports and a standard amount of 18 percent of the c.i.f. value for imports (excluding BEAC banknotes). This percentage was determined by a BEAC survey of large importing enterprises in Gabon.

Services

Transportation

For freight, credit entries refer to receipts from nonresidents by the resident carrier, Société Nationale de Transports Maritimes (Sonatram). Debit entries for freight represent shipment costs, which compilers estimate on the basis of a central bank survey of large importers.

For passenger services, the entries cover earnings of air, sea, and land carriers.

Travel

Entries cover expenditures in Gabon by foreign travelers (credit) and expenditures of Gabonese residents traveling abroad (debit) for all purposes (tourism, business, study, holiday, medical care, official missions, etc.) and by any means of payment (banknotes, checks, credit transfers, money orders, etc.).

Other services

Insurance. This item includes payments of premiums and claims on insurance and reinsurance, other than on merchandise, based on statistics provided by local insurance companies.

Other business. This item includes transactions relating to the provision of services, namely, commissions, particularly mining and oil study and research costs; patents; royalties; services included in major projects; technical assistance provided and received by enterprises; overheads; etc.

Government, n.i.e. The credit entries mainly cover expenditures in Gabon by foreign diplomatic representations, international organizations, and their staff. The sources for this information are bank reports on current transfers of embassies and international organizations and questionnaires sent to the French Development Agency (AFD), the Agency for Air Traffic Security (ASECNA), and the Paymaster-General of France (Payeur de France).

The debit entries refer to expenditures of Gabonese diplomatic representations abroad.

Income

Investment income

This item covers, in addition to interest, profits deemed to be reinvested, because they are kept in companies' accounts or are waiting to be definitively allocated. It also records distributed profits and dividends.

Current transfers

General government

Entries record technical assistance grants and contributions and grants in kind. The data compilers obtain the information from the survey of the organizations concerned, namely, the UN, the AFD, the French Government Paymaster's Office (*Paierie de France*), the French Aid and Cooperation Mission (Mission d'Aide et de Coopération), ASECNA, etc., and from banks and postal payment records.

Other sectors

Workers' remittances. The entries cover savings kept abroad by technical assistance personnel who are residents of Gabon (for salaries paid in France) and transfers abroad through the banks (for salaries paid in Gabon).

Other current transfers. This item covers grants, aid, taxes, and various contributions received or made by the private sector (private individuals, charity missions, philanthropic works, etc.).

Financial Account

Direct investment

This item covers foreign capital contributions for investment in the country (creation or extension of subsidiaries, capital endowments, acquisitions of equity holdings, and loans and standing advances from parent companies to subsidiaries or branches).

Since 1979, data compilers have considered as direct investment the changes in all current accounts between subsidiaries in Gabon and their parent companies or other subsidiaries abroad, except where trade credits are concerned. Furthermore, they have included undistributed profits that are deemed to be reinvested, that is, corresponding to the share of the capital held by nonresidents.

Other investment

For trade credits, the compilers derive data from changes in companies' customer accounts, accounts receivable, supplier and companies' accounts payable, and foreign drafts.

As for loans, the General Directorate of Government Accounting, which manages government debt, provides information on drawings and repayments on loans by general government.

Reserve assets

The entries for foreign exchange assets mainly cover changes in the Operations Account with the French Treasury.

The Gambia

The following text was confirmed as current in 2009.

I. General

The Central Bank of The Gambia (CBG) is responsible for compiling balance of payments statistics. The sources used are data collected by the Central Statistics Department (CSD), Customs and Excise, deposit money banks, parastatals, certain departments within the CBG, government budget estimates, and government departments.

In addition to the above, the CBG conducts balance of payments surveys of embassies, corporations, private sector businesses, and international organizations. The surveys cover data about income, foreign direct investment, and capital flows (transactions with nonresidents).

Balance of payments statements are prepared on an annual basis and published in the CBG's *Annual Report* and *Quarterly Bulletin* and on its website. Data are compiled in millions of dalasi. Transactions denominated in other currencies are converted into dalasi equivalents using the exchange rate that prevailed at the time of the transaction. The data are compiled and classified in accordance with *BPM5*.

II. Specific Items: Balance of Payments

Current Account

Goods

The CSD compiles the data on the basis of import and export declaration forms provided by Customs and Excise. Data on imports valued on a c.i.f. basis are adjusted to an f.o.b. valuation by reclassifying freight and insurance costs assumed to be 12.4 percent and 1.9 percent, respectively, of the value of imports c.i.f.; these ratios are based on a survey carried out by the CBG's Economic Research Department.

Data for re-exports are estimated by the CBG's Economic Research Department and are assumed to be 35 percent of total import value (c.i.f.). To improve on estimation of re-exports, CBG has conducted a survey of re-exports at Customs border posts, and the data are being analyzed for use in balance of payments. The f.o.b. value of re-exports is estimated by adding all costs incurred, including freight-related charges of 7 percent, an average combined duty and sales tax of 19 percent, and a profit margin equivalent to 13 percent of the c.i.f. value. Data on goods procured in ports by carriers are obtained from oil companies and the Atlantic Hotel.

Services

Transportation

Data for transportation services are derived from returns provided by the Gambia ports authority and Civil Aviation Authority. Credit entries comprise services provided to nonresidents through the Trans-Gambia and the Banjul-Barra ferries, airport fees, landing and parking fees, and port services. Debit entries cover freight services acquired by importers estimated to be 12.4 percent of the value of imports c.i.f., remittances for airline tickets and port services, and foreign expenditure of the above-mentioned enterprises.

Travel

In calculating travel credit, a model-based approach is used. The CBG's Economic Research Department uses data provided by the Gambia Tourism Authority (GTA). The estimated average out-of-pocket expenditure is multiplied by tourist arrivals to obtain total tourist expenditure. This is added to income from hotel beds and arrival and departure fees. Travel debits are derived from data supplied by parastatals and government departments on staff travel and education-related expenditures.

Other services

Insurance. Debit entries cover the estimated cost of insurance based on the fixed ratio of 1.9 percent of imports c.i.f. and payments for reinsurance. Credit entries cover receipts for reinsurance, all derived from the survey.

Communications and computer services. These cover telecommunication, postal, and computer services. Credit entries are receipts for communication services rendered to nonresidents. Debit entries, on the other hand, are payments for computer and telecommunication services provided by nonresidents.

Income

Investment income

Direct investment. Data on foreign direct investment flows to The Gambia are obtained from the Gambia Investment Promotion and Free Zones Agency (GIPFZA). Stock data on foreign direct investment are obtained through a periodic census of companies with international transactions by the Balance of Payments Technical Committee (BOPTC). Through this census, the compilers also collect data on reinvested earnings and undistributed branch profits.

Portfolio investment. Credit entries cover interest receipts on foreign assets held by the CBG. Debit entries cover interest payments on public external debt, and interest payments made by the CBG. Data are obtained from the Department of State for Finance and Economic Affairs (DOSFEA) and the CBG accounting records.

Other investment. The item covers the Social Security and Housing Finance Corporation (SSHFC) sale of real estate to nonresidents.

Current transfers

General government

Credit entries are grants received from nonresidents. Debit entries cover contributions to regional and international organizations.

Other sectors

This category of transfers includes workers' remittances, nongovernmental organizations (NGOs), and other private transfers based on commercial bank records. Credit entries cover inward workers' remittances, NGOs, and private transfers. Debit entries include private transfers and CBG contributions to regional and international organizations.

Capital Account

This represents debt relief under the Heavily Indebted Poor Countries Initiative (HIPC) and the Multilateral Debt Relief Initiative (MDRI).

Financial Account

Direct investment

Direct investment in the reporting economy and reinvested earnings are derived from records of GIPFZA and the balance of payments census on private capital flows to The Gambia.

Other investment

Data on transactions of the general government on long-term loan drawings, repayments, and CBG's repayments to the IMF are obtained from the CBG's accounting records. Data on transactions on foreign assets and liabilities of the commercial banks are derived from their returns. Data for trade credit are obtained from the CBG's Foreign Department.

Reserve assets

Data on reserve assets are derived from the CBG. The entries show the changes in the CBG's foreign exchange holdings, SDR holdings, reserve position in the IMF, and other claims.

Georgia

The following text was confirmed as current in 2009.

I. General

The Balance of Payments Section (BOPS) of the Macroeconomic Statistics Division of the Department for Statistics (DS) of the Ministry of Economic Development of Georgia had been compiling the balance of payments statistics quarterly and annually since 1993. The balance of payments compilation was transferred to the National Bank of Georgia (NBG), Macroeconomics and Statistics Department, Balance of Payments Division (BPD), in 2007. The compiled balance of payments data do not cover the Abkhazia and Tskhinvali regions. The compilation is in accordance with the *BPM5*.

The main data sources are (1) the databases of the Customs Department (CD) on export and import transactions; (2) financial and monetary statistics data from the NBG's other departments and the commercial bank reports; and (3) data from ministries, departments, and other governmental institutions. The latter includes information from the Ministry of Finance (MOF) on foreign debt and interest payments; information from governmental institutions on business travel, grants, and aid received; and information from the Georgian Railways Limited, the Georgian Post Limited, and the Georgian Telecom Limited on their cross-border transactions. The BPD also uses indirect estimation for those items where no direct information is available.

The BPD compiles the balance of payments statistics in U.S. dollars. Some transactions are converted from the national currency into U.S. dollars using the exchange rate prevailing at the time of the transaction, while others are converted using the average exchange rate for the reference period.

The balance of payments statistics are disseminated to all users simultaneously through a press release; the statistics are also available on the NBG's website (www.nbg.gov.ge). The quarterly data are also regularly published in the NBG's *Quarterly Bulletin*. Starting from 2007 (data covered from 2006), BOPS publishes an annual analytical report that includes detailed tables on balance of payments, external debt, and international investment position (IIP) statistics.

II. Specific Items: Balance of Payments

Current Account

Goods

The main information source for goods is the Database of Customs Declarations (DBCD) received monthly from the CD. The DS obtains additional information from the relevant sources on (1) natural gas imports and in transit; (2) electricity imports, exports, and in transit; and (3) external trade data with principal partner countries (the European Union, Turkey, Armenia, Azerbaijan, and Ukraine). Estimates are also made of nondeclared imports and exports of goods (shuttle trade) on the basis of surveys conducted by the DS. The data on trade in goods are provided to BPD.

In its balance of payments data, the NBG publishes exports and imports in f.o.b. prices, as recommended by the *BPM5* methodology. The difference between c.i.f. and f.o.b. prices is 8 percent of the value of total imports for international freight, recorded by type of transport under transportation services–debit, and 2 percent of the value of total imports for insurance, recorded under freight insurance–debit.

Services

Transportation

In addition to the estimates of freight mentioned above, the main data sources are information from the Georgian Railways Limited and from the Georgian ports and airports. The BPD estimates additional data based on information from the Department of Border Defense regarding the means of transport and number of individuals entering and leaving the country. The pipeline transportation services are estimated based on information received from British Petroleum. The data are recalculated to market prices according to the IMF methodology.

Travel

The BPD compiles travel data on the basis of information from the regular household survey. It collects information on business travel from governmental institutions (ministries, departments, the NBG, etc.), as well as from the banking sector.

The BPD also uses, as data sources, the indirect estimates based on (1) information from the Department of Border Defense regarding the number of individuals entering and leaving the country, (2) expenses abroad of those individuals engaged in export-import operations in goods, and (3) expenses of those working abroad for less than one year.

Other services

The BPD obtains data on other services, including consulting, construction, and other, directly from the enterprises. The data for foreign embassies, diplomatic missions, and international organizations are estimated using indirect methods.

Regarding Georgian diplomatic missions abroad, the BPD obtains data from the Ministry of Foreign Affairs of Georgia (MFAG). For financial services, the information is collected from commercial banks, and for insurance services, the information is collected from the Insurance Supervision Service.

Income

Compensation of employees

The data are primarily estimates based on the household survey data, which includes information on remittances of household members working abroad for less than one year. A correction coefficient is applied, calculated based on two main components: (1) the information on cash remittances through money transfer operators, and (2) the difference between revenues and expenditures of households. Data on income of residents employed by international organizations are also estimates, based on the number of employees and their average remuneration.

Investment income

The main data sources are (1) the MOF report on interest payments on intergovernmental and state-guaranteed debt; (2) commercial bank reports on interest payments made by the banking sector; and (3) estimates of payments and receipts of other investment income, based on information obtained from regular enterprise surveys.

Current transfers

The data mainly comprise technical assistance provided to Georgia by foreign governments and international organizations. The information is obtained from MOF reports and from those international organizations and foundations that implement the technical and humanitarian assistance and have offices located in Georgia.

For other data on current transfers, the BPD uses the following sources: (1) the MFAG for data on membership fees of various international organizations, (2) the Ministry of Education for estimates of the value of grants for education of foreign students in Georgia, and (3) the household survey for estimates of the value of grants for education of Georgian students abroad (the survey is conducted by DS).

Current transfers also include remittances of workers who are working abroad for more than one year. The household survey is the main source of information for this component; data are further adjusted based on information from money transfer operators.

Capital Account

Capital transfers

Regarding this item, the MOF's Department of Grants and Technical Assistance provides the primary information. For migrants' transfers, the BPD obtains information from a sample survey conducted by the DS.

Financial Account

Direct investment

The data on direct investment in Georgia cover authorized capital stock or authorized funds of joint or foreign enterprises, reinvested profits, and other investments of nonresident direct investors. The BPD gathers the data on enterprises from an enterprise survey conducted by DS. It gathers the data on the banking sector from the commercial banks, and also the data for the insurance companies from the Insurance Supervision Service.

The coverage of the data on direct investment abroad is considered to be incomplete.

Portfolio investment

The BPD obtains data from NBG departments on the portfolio investments of the banking sector. Since 2000, brokerage firms registered at the Georgian Stock Exchange provide data on the nonfinancial sector as well. However, such investments are very small.

Other investment

The data cover all short- and long-term financial transactions, except direct investment, portfolio investment, and reserve assets. The main data sources are information provided by the MOF, commercial bank reports, and the DS's enterprise survey. Starting from 2008 (data covered from 2005), data on external transactions of microfinance organizations are included.

Trade credits

Trade credits related to trade in goods are estimated based on information obtained from the CD. Trade credits related to goods for processing are calculated separately. For trade credits related to trade in services, the DS provides information obtained from the enterprise survey.

Loans

For the monetary authorities, general government, and banking sector, the BPD collects data from the relevant divisions of the MOF, the NBG, and commercial bank reports. The data on loans for the other sectors are estimated based on the information obtained from the DS enterprise survey, supplemented by additional information obtained from the relevant MOF division.

Currency and deposits

The data cover transactions of banks on their own account, except those involving direct or portfolio investment. The data are obtained from the commercial bank reports.

Reserve assets

The data source for this item is the NBG balance sheet.

III. Specific Items: International Investment Position

The IIP is compiled and published in U.S. dollars. The stocks of external assets and liabilities denominated in other currencies are converted into U.S. dollars at the official exchange rate fixed by the NBG at the end of the reference period. Sources of information for IIP data are generally the same as those used for the balance of payments.

Direct investment

The data on direct investment in Georgia cover equity capital of joint ventures and other foreign direct investment enterprises, reinvested earnings, and other investments of nonresident direct investors. The main sources of information on foreign investment are the quarterly and annual reports submitted by the enterprises to the DS and monthly and quarterly reports submitted by the commercial banks to the NBG.

The coverage of the data on direct investment abroad is considered incomplete.

Portfolio investment The data on portfolio investment of the banking sector are obtained from the NBG departments. Since 2000, brokerage firms registered at the Georgian Stock Exchange provide data on the nonfinancial sector as well. However, such investments are very limited.

Other investment

The main data sources are the MOF, commercial banks, and the enterprise survey conducted by the DS.

Reserve assets

The data source is the NBG balance sheet.

Germany

The following text was confirmed as current in 2009.

I. General

The central bank (Deutsche Bundesbank) is responsible for compiling the balance of payments and international investment position (IIP) for Germany. The methodology used to compile Germany's balance of payments complies with the fifth edition of the *Balance of Payments Manual (BPM5)*. Exceptions are noted below. Balance of payments data have been recompiled in accordance with the *BPM5* methodology back to 1971. Exceptions are noted below. Data for earlier periods dating back to 1949 have been revised for main aggregates only.

The German data collection system can be classified as a direct reporting system with some International Transactions Reporting System (ITRS) characteristics because banks are used as post offices in the case of outgoing payments. Primarily, the compilation of Germany's balance of payments is based on direct reporting by the resident financial and nonfinancial enterprises, individuals, and public authorities. The resident transactor is responsible for the statistical reporting, including when payments are made through resident banks. For some items, such as securities and travel-related items, banks report on behalf of their customers. The term "transaction" is defined according to the *BPM5*.

In addition to the mainly monthly information from the ITRS, data are complemented by other principal sources: (1) monthly foreign trade statistics compiled by the Federal Statistical Office (FSO) for merchandise data; (2) monthly reports to the Deutsche Bundesbank on the external positions of banks and nonbanks for deriving short-term items of the other investment account; (3) Deutsche Bundesbank accounts for the reserve assets; (4) survey data on travelers for the travel item debit side; (5) annual balance sheet data of direct investment enterprises for direct investment stock data and the corresponding reinvested earnings; (6) a quarterly custodian survey on portfolio investment; (7) administrative data; and (8) partner country data (BIS statistics, CPIS, bilateral data exchange).

The German balance of payments is compiled on a monthly basis. It is published monthly as an electronic press release at http://www.bundesbank.de/statistik/statistik_aussenwirtschaft_tabellen.en.php, in the *Monthly Report*, and in the *Statistical Supplement 3* to the *Monthly Report, Balance of Payments Statistics*.

The Deutsche Bundesbank also publishes quarterly and annual balance of payments data in the *Statistical Supplement 3* with a limited geographical breakdown. Furthermore, annual data are published in the Special Statistical Publication 11, *Balance of Payments by Region*, available each year in July (the English version in August), as well as in the *Annual Report* of the Deutsche Bundesbank.

Data can also be accessed through a free-of-charge time series database on the Internet. The time series are updated on the same day as the balance of payments press release. An advance release calendar that gives the approximate ("no-later-than") monthly release dates for the coming year, and for January of the following year, is disseminated at the end of each September on the website of the Deutsche Bundesbank at http://www.bundesbank.de/statistik/statistik_aussenwirtschaft_terminkalender.en.php. The precise release dates are announced on the Bundesbank's website by 11 a.m. CET on the last business day of the week prior to the release of the data. Data are also made available on magnetic tape cassettes and on CD-ROM.

As a member of the European System of Central Banks (ESCB), the Deutsche Bundesbank provides to the European Central Bank (ECB) the required German contribution to the balance of payments aggregate of the euro area. It also provides balance of payments data to the IMF, to Eurostat, to the Organization for Economic Cooperation and Development (OECD), to the United Nations Conference on Trade and Development, and to the Bank for International Settlements (BIS), with the periodicity and level of detail requested.

Regarding IIP data, the Deutsche Bundesbank publishes the data for the end of each quarter on its home page and in the *Statistical Supplement 3* to the *Monthly Report*. Each September, revised IIP data, which are based on more detailed data sources and compilation procedures, are published for the preceding four years (end-year and the respective end-quarter positions). These annual IIP data are accompanied by a press release. The Deutsche Bundesbank provides the IIP data to the ECB as well as to the IMF with the periodicity and level of detail requested.

External debt data are published quarterly at http://www.bundesbank.de/statistik/statistik_aussenwirtschaft_tabellen.en.php#tab4. External debt data are also sent to the World Bank for redissemination in the Quarterly External Debt Database (QEDS) (http://go.worldbank.org/6V603CE490).

II. Specific Items: Balance of Payments

Current Account

Goods

The data on trade in goods come from foreign trade statistics compiled by the FSO on a monthly basis. The method of data collection differs for trade among EU countries (Intrastat) and trade with non-EU countries (Extrastat). For intra-Community trade, where no customs borders exist since 1993, the exporting and importing enterprises are obliged by law to send monthly declarations directly to the FSO. The monthly FSO data on foreign trade statistics include coverage adjustments for the loss of information associated with the Intrastat threshold and for missing or late reports. Monthly data on value-added tax (VAT) declarations are the main basis for these adjustments. Extrastat data are based on customs declarations. Data obtained from foreign trade statistics are adjusted to change imports from a c.i.f. to an f.o.b. basis. For conformity with the concepts of *BPM5*, further adjustments are made by the Deutsche Bundesbank for coverage and valuation. These adjustments are based on additional information available from trade statistics, special ITRS reports, and other sources.

The foreign trade statistics include goods for processing, goods procured in domestic ports by carriers, repairs on goods, and transactions in nonmonetary gold. The ITRS provides data on repairs on mobile equipment and on other goods, as well as on expenditures in foreign ports.

Services

Transportation

The reporting system provides data on passenger services and some basic information on freight services, broken down by modes of transport. For freight, data reported are not in all cases sufficiently detailed and need to be supplemented by estimates. The freight costs are estimated on the basis of the weight of the freight, the mode of transport, the distance of the transport, and the nationality of the transporter broken down by country. Also included in transportation services are receipts and expenditures for transport of liquid or gaseous goods (e.g., crude oil or natural gas) through pipelines.

Travel

For travel expenditures, a household sample survey was introduced in 2001 to cover for the loss of information on banknote transactions resulting from the introduction of the euro. This sample survey is conducted by a private institute on behalf of the Deutsche Bundesbank on a continuous basis. Since the data from this survey are only available with a time lag of five to six months after the reference quarter, preliminary figures are estimated (ARIMA model). The credit side of the travel account is compiled on the basis of ITRS reports (special reporting requirements of MFIs), supplemented by partner country data and additional, secondary data sources, like the accommodation statistics that are available at the FSO. The purchase and sale of goods by border workers are included under travel. A breakdown between business travel and personal travel is available for the debit side.

Other services

Communications. The data cover postal and telecommunication services, as well as courier services.

Construction. When there is clear evidence of a direct investment relationship (in most cases this would involve an incorporated enterprise), the *BPM5* guidelines are followed.

Insurance. Gross premiums paid and gross claims received are collected separately from the ITRS. Service charges are estimated on the basis of information from the insurance companies.

Financial. Financial services cover fees paid or received in connection with financial transactions. Fees related to the purchase or sale of securities are partly included in portfolio investment because they are reported as a lump sum together with the purchase price of the securities. Some entities report fees related to the purchase or sale of the securities separately. These figures are used as a basis for estimations to separate fees and commissions from the transaction value.

Royalties and license fees. This item includes transactions related to royalties, trademarks, registered designs, franchise fees, and the supply of technological know-how. Generally, the data also cover transactions representing the acquisition or sale of patents, copyrights, etc., which should be classified in the capital account. If such transactions can be identified, they are allocated to the capital account.

Other business. A further services item is identified to record transactions in services between affiliated enterprises, like payments by subsidiaries and branches for current administrative costs, and expenses of the parent company or subsidies by parent companies to subsidiaries and branches to finance current business operations.

Merchanting. Trade of crude oil and mineral oil form a considerable part of the overall merchanting data. In addition to the monthly merchanting services data, annual data on gross purchases and sales by major product groups are published, separately identifying the product group "petroleum and mineral oil."

Personal, cultural, and recreational. This item covers mainly the production costs of movies, radio and television programs, etc., fees for actors, and distribution rights. Other personal, cultural, and recreational services are mostly included under the travel item.

Government, n.i.e. Transfers of funds to German embassies abroad, reported by the Department of Foreign Affairs, are used as a proxy for their purchases from nonresidents. Salaries paid to local staff are deducted and classified under compensation of employees.

Income

Compensation of employees

Compensation of employees consists of the gross income before tax and other deductions, mainly of border workers, commuters, and seasonal workers. For commuters, the data are either derived from partner-country data or calculated with a model based on the number of employees, the average salary of the economic sector involved, and rates for taxation and social security contributions based on information from the Federal Employment

Agency. The data also include income of resident employees of foreign military agencies, embassies, and international organizations.

Investment income

Direct investment. For distributed earnings and interest on loans between affiliated enterprises, the basic data source of information is the ITRS. Reinvested earnings are calculated as the residual of current operating profits of direct investment enterprises and dividends distributed. Current operating profits are approximated using balance sheet information on total and extraordinary earnings of direct investment enterprises that are available with a time lag of 15 to 18 months. Direct investment, including reinvested earnings, is attributed to the year in which the earnings arose. Interest on other capital is recorded on an accrual basis. Dividends are recorded when paid.

Portfolio investment. Estimations of accrued interest are based on aggregated stocks and corresponding yields. Monthly stocks are calculated from the latest available IIP and cumulated balance of payments transactions. Currently, no offset is recorded in the underlying instrument in the financial account.

Other investment. Estimates of interest income on an accrual basis are based on aggregated stocks and corresponding yields. The data on income from (short-term) trade credits are incomplete, and no estimates are made.

Current transfers

General government

The bulk of the government transfers received and paid are transfers to and from the EU. Most of the payments to the EU are contributions to the EU budget and are, in line with the recommendations of Eurostat and the ECB, classified as current transfers. Payments received from the EU are classified as either current or capital transfers, depending on their nature.

Other sectors

Data on workers' remittances are based primarily on reports on cash transfers by banks and post offices. This information is supplemented with estimates based on statistics from the Federal Employment Agency on the number of employed and unemployed foreign nationals who are subject to social insurance contributions. Using this information, annual transfers by foreign workers to their countries of origin are estimated and allocated pro rata temporis.

Capital Account

Capital transfers

General government

Capital transfers received from the EU are recorded consistently with the methodology set out in the *BPM5*. Of transfers related to development aid, 70 percent are classified as capital transfers and 30 percent as current transfers, based on annual reports of the Kreditanstalt fur Wiederaufbau (KfW) group.

Debt forgiveness. Debt forgiveness by the government (and by the private sector) is recorded in line with the methodology of *BPM5*.

Other sectors

Migrants' transfers. Migrants' transfer debits and credits are not adequately covered. The available information includes data on inheritances, legacies, and donations.

Acquisition/disposal of nonproduced, nonfinancial assets

Transactions involving the acquisition/disposal of nonproduced, nonfinancial assets are, in principle, not recorded separately. They are recorded along with patents and license fees and are classified under services. Major individual transactions involving the purchase or sale of nonproduced, nonfinancial assets are usually identified and classified as capital account transactions.

Financial Account

Direct investment

Direct investment transactions for equity capital are obtained from the ITRS. Included in equity abroad are exploration expenses for crude oil and natural gas. Since 1996, direct investment transactions are presented according to the directional principle. Also since 1996, short-term intercompany loans are derived from monthly stocks data on assets and liabilities of affiliated companies.

Portfolio investment

Data on portfolio investment are obtained from the ITRS and, from March 2002 onward, based on a security-by-security data collection. In principle, banks report portfolio investment transactions for their own account and on behalf of their customers. For cross-checking purposes, quarterly data from German custodians are used. Some estimations are made to cover the reporting gap regarding portfolio transactions of resident households via nonresident banks or custodians. From 1999 onward, securities sold for cash collateral, to be repurchased on a subsequent agreed date, are classified as loans.

Financial derivatives

Transactions in financial derivatives are obtained from the ITRS.

Other investment

Loans

Long-term loans and deposits are derived from the ITRS with the exception of long-term loans of the banking sector, which are derived from banks' monthly stock statistics. Short-term loans and deposits, as well as trade credits, are obtained from monthly stock statistics of banks and nonbanks on their external assets and liabilities. Quarterly statistics of the BIS on the liabilities of foreign banks vis-à-vis German nonbanks are used to complete missing reports of residents' private accounts held abroad.

Reserve assets

Data on reserve assets are derived from the internal accounting of the Deutsche Bundesbank. From 1999 onward, the reserve data are compiled in the framework of the ESCB requirements and include only claims denominated in non-euro currencies on non-euro-area residents.

III. Specific Items: International Investment Position

Data are available on a quarterly basis with a time lag of three months after the end of the reference quarter. Every year in September, an IIP for the preceding year-end is compiled on the basis of more detailed data sources and published as a press release at http://www.bundesbank.de/statistik/statistik_aussenwirtschaft_avs.en.php. At the same time, end-of-quarter data of the preceding year are recalculated using the more detailed compilation procedures.

Direct investment

The main data source for compiling the direct investment positions data is an annual survey on foreign direct investment positions (excluding real estate) for banks and nonbanks with direct investment positions, provided that their balance sheet in FDI stocks exceeds EUR 3 million. However, since the results of this survey are available only with a time lag of 15–18 months after the reference period, preliminary direct investment positions are obtained (1) from accumulated flows for equity capital (excluding real estate); and (2) for other capital from monthly stock data on external assets and liabilities of domestic enterprises, which include a breakdown of loans between affiliated and nonaffiliated enterprises. Both equity capital and other capital are revised when the annual survey on foreign direct investment positions becomes available, in view of the greater detail and accuracy of the latter data source. The revisions of other capital data affect the stock not only of intercompany loans, but also of loans in other investment. This is because only the distribution of loans between affiliated and nonaffiliated enterprises should change, not the overall amount of loans. The reconciliation of the two data sources for intercompany loans after the annual survey data become available implies, in other words, that certain assets and liabilities are reclassified from direct investment/other capital to other investment/loans.

Positions data on real estate are obtained via the accumulation of flows, taking into account price changes and exchange rate changes. Owing to the aggregation method and gaps in the available price data, the figures are subject to certain margins of error. Both private and commercial real estate are shown under direct investment.

Portfolio investment

For reporting dates from 2006 onward, portfolio investment assets are compiled as real stock data from the German Securities Deposits Statistics. The market values are calculated on the basis of price information from the ECB Centralized Securities Database. However, portfolio investment liabilities and portfolio investment assets prior to 2006 are compiled on the basis of modified accumulated flows, except for (1) assets relating to money market instruments, and (2) all portfolio investment assets of the MFI sector. Portfolio investment liabilities are not yet compiled from stock data, but on the basis of modified accumulated flows. It is planned to use stock data for the future in line with further enhancements of the ECB Centralized Securities Database.

Financial derivatives

Currently, no stock data for financial derivatives are available.

Other investment

Data for the other investment category are obtained from three main sources: (1) the monthly stock statistics on the external assets and liabilities of domestic MFIs, domestic enterprises, households, and general government; (2) BIS "counterpart" statistics for assets held with foreign banks and not collected from residents; and (3) the reclassification from direct investment/other capital to other investment/loans after the annual survey on foreign direct investment positions becomes available (see above under "Direct investment").

Reserve assets

Data are obtained from the accounts of the Deutsche Bundesbank. The reserve assets are valued at market prices on a monthly basis.

Ghana

The following text is confirmed as current in 2009.

I. General

In Ghana, the Balance of Payments Office of the Research Department of the Bank of Ghana (BOG) has the primary responsibility for compiling balance of payments statistics.

The BOG obtains data for the balance of payments estimates from various sources, including international trade statistics, managed by the country's Customs Authorities, the international transactions reporting system (including BOG's own records) based on monthly reports submitted by banks, official sources (government agencies, in particular the Ministry of Finance), and international sources.

These sources are sometimes complemented with periodic surveys of enterprises. The BOG also incorporates in the statistics the data obtained from surveys of individuals and households reported by the country's tourism authorities. The Balance of Payments statistics (BOP) are prepared on a quarterly basis.

The BOG compiles balance of payments data for Ghana in millions of U.S. dollars. It converts transactions denominated in other currencies into U.S. dollars at the transaction rates where available, or it estimates the data using period average exchange rates. The BOG publishes data mainly in its official *Annual Report, Quarterly Bulletin,* and *Monthly Statistical Bulletin,* as well as in reports to the IMF and other international financial institutions. The data are available on BOG's website (www.bog.gov.gh).

Starting from January 2007, the BOG initiated work on compiling balance of payments statistics in accordance with the conceptual framework recommended in the IMF's *Balance of Payments Manual,* fifth edition *(BPM5).*

II. Specific Items: Balance of Payments

Current Account

Goods

The primary source of international merchandise trade is customs declarations. Ghana has since 2005 introduced a new data capturing system, the GCMS/TRADENET system, to capture customs data. BOG is connected to the GCMS/TRADENET network and has electronic access to the trade database on demand.

BOG also undertakes monthly surveys of the main exporting and importing enterprises to collect additional trade data, which are used as a check on the data obtained from the GCMS/TRADENET system.

On exports, the Ghana Cocoa Board reports data on exports of cocoa beans and products, while the mining companies report data on mineral exports directly to BOG. BOG also obtains data on diamonds, manganese, bauxite, and timber directly from companies, agencies and organizations responsible for monitoring the exports of those commodities.

Imports are generated from two main sources: first, BOG obtains non-oil data based on customs declarations from the GCMS/TRADENET system on a c.i.f. basis. Second, BOG sources the data on crude and refined oil imports directly from Tema Oil Refinery (TOR), Volta River Authority (VRA); the bulk oil importing companies, the Bulk Oil Storage and Transportation (BOST); and the National Petroleum Authority (NPA).

Services

Transportation

This category covers freight and passenger services by air, land, and sea transport, as well as services rendered and acquired at the ports. BOG's Balance of Payments Office therefore estimates entries for transportation services from information provided by the port authorities, airlines, and shipping companies, both local and foreign.

Entries for freight debits are estimated based on merchandise imported into the country within a given period. Freight for non-oil imports are estimated using 9 percent (covering both freight and insurance) of f.o.b. value of the imports. In the future, the BOG plans to source estimates for freight directly from information gathered from its trade reporting system. For oil imports, the office collects information on freight on imported oil by TOR, VRA, and AOMC, using 2.4 percent of the f.o.b. value of imports. Estimation of freight credits are based on information provided by both resident and nonresident transportation companies.

Travel

The Ghana Tourist Board (the regulatory and monitoring governmental agency for tourism) has since 2005 been reporting data on estimates of expenditures incurred abroad by returning Ghanaian residents and anticipated expenditures of nonresidents in Ghana.

Other services

In 2007, an international transactions reporting system (ITRS) was introduced by the BOG as a statistical reporting requirement under the new Foreign Exchange Act, 2006. The ITRS aims to capture data on transactions involving all the foreign operations of the deposit money banks operating in the country. Information captured by the ITRS includes data on foreign exchange receipts and payments on commissions, management and agency fees, contract and professional charges, leasing of equipment, communications, film rentals, and government services (n.i.e.).

Income

Investment income

Data on reinvested earnings and undistributed branch profits are not separately identified but are included in the aggregated category profits and dividends. Credit entries cover mainly interest from gross assets of the banking system, mainly through the ITRS, while debit entries are largely estimates of interest payments on foreign loans received by both the public and private sectors.

Current transfers

General government

The BOG derives information on current official transfer credits from various government agencies and international organizations, regarding disbursements of official program grants either in cash or in kind to the government of Ghana.

Information is often not available on the general government transfer debits, and the BOG makes entries based on historical numbers reported in the balance of payments.

Other sectors

The BOG derives entries for current transfer credits from information from the ITRS, based on settlements by banks on transfers by nonresidents individuals and non-overnmental organizations to individual residents of Ghana.

Capital Account

Capital transfers

Prior to 2007, when the balance of payments compilation was based on the methodologies of *BPM4*, transfers of all types were classified under current transfers. However, a substantial portion of the current transfers was in the form of capital transfers, particularly official project grants. These transfers have now been taken out of the current transfers and re-classified and placed in the capital transfers subaccount of the capital account.

Financial Account

Direct investment

The BOG draws data on direct equity investment from reports of the Ghana Investment Promotion Council (GIPC)—the official organization established to promote and monitor inflows of foreign direct investment. This information is supplemented with data on foreign participation in enterprises that have been divested by the government, and the main source of data is the Ministry of Finance.

Portfolio investment

The main source of data is the ITRS, which was introduced in 2007 to capture data on foreign exchange receipts and payments on transactions that include those related to portfolio investments.

Other investment

The BOG usually estimates the entries from its records on lending and borrowing, and on currency and deposits. It derives trade credits mainly from the operations of the Ghana Cocoa Board and all the oil importing companies, including TOR, VRA, the bulk oil suppliers, and BOST. While the Ghana Cocoa Board utilizes export pre-financing facilities from nonresidents, the oil importing companies have an agreement for a 60-day revolving credit on the purchase of crude oil and oil products.

Reserve assets

The BOG compiles the estimates from stocks, reported on its books, of the monetary authorities' foreign assets and liabilities. The entries in monetary gold reflect mainly the BOG's new acquisitions. However, since 1989, the BOG has not acquired gold as reserve assets. Entries for foreign exchange are foreign currency holdings with correspondence banks. The item also covers entries for the BOG's holdings of foreign securities. The entries are changes estimated as differences in amounts outstanding and therefore include valuation changes.

Greece

The following text was confirmed as current in 2009.

I. General

The Bank of Greece (BoG) has been responsible for compiling Greek balance of payments statistics since 1929 and international investment position (IIP) data since 1999. The balance of payments data collection system—in place since end–1998—is based on the *BPM5* conceptual framework and the European Central Bank (ECB) requirements (applicable to monetary union member states). Since 1999, the BoG has compiled and disseminated monthly balance of payments data. Beginning in 2004, the BoG has produced quarterly IIP data.

The legal basis for collecting and compiling balance of payments transactions is contained in the Statute of the BoG. This legal base has been reinforced by provisions included in the new Statutes of the BoG (Law 2609/1998, as amended by Law 2832/2000).

The Greek data collection system is an international transactions reporting system (ITRS), based on the reporting of settlements by banks. Greece requires resident commercial banks and other credit institutions to report all their external transactions on behalf of residents and nonresidents and on their own account, irrespective of whether they are acting as an intermediary or carrying out interbank operations affecting their external position.

The system is supplemented by a frontier travel survey and also by direct reporting by either certain resident transactors (e.g., oil refineries, investment companies, mutual funds, stock exchange firms) or by residents for their cross-border transactions settled without the intermediation of resident banks. The BoG also collects additional information from its various departments and from the Ministry of Economy and Finance for certain transactions, such as current and capital transfers and financial account transactions.

The ITRS has been in place for all reporting banks since end–1998. Transactions are mostly reported on a transaction-by-transaction basis, with the exception of some items that are reported in aggregate, such as emigrant remittances. Respondents (reporting banks and direct transactors) code the transactions before submitting them to the BoG. Since July 1, 2002, in accordance with Regulation (EC) No 2560/2001, the BoG has applied the threshold of EUR 12,500, meaning that banks are not obliged to report transactions below this threshold or can report them in aggregated form if they wish. Transactions above the threshold are reported on a transaction-by-transaction basis.

The BoG does not have a strict revision policy. In principle, it revises data continually, whenever new statistical information becomes available and is validated. In some cases, new information from special annual questionnaires or a break in series arising from a change in methodology can give rise to revisions.

Greece makes balance of payments data available through the following publications: *Provisional Balance of Payments Data and Summary Report* (monthly press release), *Monthly Statistical Bulletin* (currently available for historical data), *Bulletin of Conjunctural Indicators* (monthly), *Economic Bulletin* (biannual), *Monetary Policy* (biannual report submitted to the Greek Parliament), *Governor's Annual Report*, and *Budget Statement* (annual).

The *Provisional Balance of Payments Data and Summary Report*, the *Monthly Statistical Bulletin*, the *Bulletin of Conjunctural Indicators*, and the summary data for the Special Data Dissemination Standard (SDDS) are available on the BoG website at www.bankofgreece.gr/en/statistics.

The BoG disseminates balance of payments statistics, international investment position data, international reserves template data, and external debt statistics on its website soon after the data are released to the ECB. An advance release calendar for these data categories is also available on the BoG website.

II. Specific Items: Balance of Payments

Current Account

Goods

The BoG compiles the goods item on the basis of settlements, as recorded by the ITRS. The geographical allocation of transactions is based on the country of origin, although reporting agents are also requested to report the country of consignment. The BoG uses supplementary information derived from oil refineries to compile data for the oil account. The ITRS calculates the c.i.f./f.o.b. rate, using the data from the respondent banks.

Services

Transportation

BoG compiles the transportation items on the basis of settlements, supplemented with estimates derived from the conversion of imports from c.i.f. to f.o.b. Data are broken down by means of transport (sea, air, rail, and other means) as well as by transportation category (freight and passengers). The main category is sea transport–cross-trading activity.

Travel

Prior to 2002, BoG compiled travel data on the basis of settlements. The introduction of the euro called for methodological changes in the compilation of travel data for balance of payments purposes. On a pilot basis in May 2002, BoG started a monthly frontier travel survey aimed at estimating travel expenditure and, since January 2003, has conducted the survey on a permanent basis.

Other services

BoG obtains a full breakdown of other services items through the ITRS. The breakdown is largely consistent with *BPM5* classification and EUROSTAT/OECD trade in services classification.

Income

Investment income

Direct investment. The BoG obtains income on equity through the ITRS. For reinvested earnings, BoG collects annual data from the annual foreign direct investment questionnaire. It then derives monthly estimates for monthly balance of payments. Income on intercompany loans is not currently recorded. Dividends are recorded as of the date they are paid.

Portfolio investment. As of April 2005, BoG records portfolio investment income for bonds and money market instruments on an accrual basis. The estimation method uses monthly stock data reported by domestic custodians and end-investors on a security-by-security basis. The estimation method follows the debtor approach.

Other investment. For income on other investment, BoG bases data on the ITRS. The BoG does not record income on trade credits nor the interest component of leasing payments. It records income on reserve assets on an accrual basis.

Current transfers

The BoG obtains data for general government transfers from the ITRS. It uses data from the Ministry of National Economy and Eurostat to cross-check the split between current and capital transfers. It records emigrants' remittances under current transfers.

Capital Account

The reporting of capital account transactions is based on *BPM5* and ECB/EUROSTAT harmonization proposals. The main component is the entry for general government, which includes data on capital transfers under the EU budget (obtained from BoG departments), the Ministry of National Economy, and EUROSTAT for quarterly data.

Financial Account

Direct investment

The BoG derives data on foreign direct investment flows, both inward and outward, from the ITRS. In addition, it uses press reports and Athens Stock Exchange information to identify transactions and classify them appropriately on the basis of the 10 percent rule. Cross-border transactions in real estate are reported as a subitem under foreign direct investment (FDI).

After compiling a register of FDI companies, the BoG started collecting FDI stocks data for the first time for 1995–98 using an annual questionnaire for both inward and outward FDI. Data are reported on the basis of the 10 percent rule and an additional 50 percent for foreign affiliates' trade statistics (FATS).

Portfolio investment

Data on portfolio investment assets and liabilities, both in terms of flows and stocks, comply with *BPM5* and ECB recommendations. Flows are reported monthly as part of the ITRS, and the BoG cross-checks them with other supplementary data sources, such as balance sheets of the monetary and financial institutions (MFI) sector and stock portfolio investment data collected from custodians. A detailed country breakdown is available on quarterly and annual bases. Limited information is available for historical data prior to the introduction of the new data collection system. The geographical breakdown is based on the residency of the actual issuer (i.e., debtor/creditor principle) for assets and the first-known counterpart for liabilities.

Financial derivatives

The BoG bases the recording of financial derivatives on ITRS data, but valuation is a problem not yet fully resolved for over-the-counter transactions. Codes for financial derivatives are included in the general reporting system, as well as in the annual surveys.

Other investment

Data are harmonized with *BPM5* and ECB requirements. Data sources are the ITRS, banks' monthly balance sheets, the BoG's Financial Operations Department, and administrative sources for general government debt. In addition, since 1998, BoG has used an annual survey to estimate the nonbank sector debt obligations to nonresident banks, where the loans have been granted without the intermediation of resident banks. BoG also collects trade credit data—assets and liabilities—through this survey.

In line with ECB requirements, the sectoral breakdown and maturity breakdown for the MFI sector are available on a monthly basis. The breakdown by instrument is available quarterly. BoG uses quarterly data from the Bank of International Settlements (BIS) to compile assets of the nonbank sector items.

Reserve assets

Data comply with the recommendations set out in *BPM5* and ECB rules regarding Eurosystem reserve assets. The BoG obtains information from its Financial Operations Department. A breakdown by instrument is available on a monthly basis.

III. Specific Items: International Investment Position

The BoG's collection system is based on pure stock data from annual surveys for FDI and other investment, as well as on quarterly and monthly reports by custodians (banks, etc.) and end-investors for portfolio investment stocks assets and liabilities.

Direct investment

The BoG obtains the stock data from an annual enterprise survey on both Greek direct investment abroad and foreign direct investment in Greece. It follows the directional principle and includes reinvested earnings. For inward FDI, BoG applies the valuation principle of both book and market value for listed companies, while for unlisted companies and outward FDI stocks, it applies the book value.

Portfolio investment

The BoG collects monthly data from resident custodians and other direct respondents. Data are reported security-by-security using ISIN codes. The BoG conducts an annual survey among a sample of large nonbank enterprises, with the objective of estimating their external portfolio investment assets and liabilities, including debt equity issued abroad. The geographical allocation criterion for assets is based on the country of residence of the issuer, and for liabilities, on the first known counterpart principle. Portfolio investment stock data are valued at market prices.

Other investment

The BoG compiles stock data for monetary authorities' assets and liabilities using data from the BoG accounts; it estimates the general government's loan liabilities from the annual data provided by the BoG, Ministry of Economy and Finance, and Debt Management Office. It compiles the MFIs' external assets and liabilities quarterly using the monthly balance sheet statistics provided by the BoG's Monetary and Financial Statistics Division. It compiles the household sector's assets based on BIS data, and it estimates nonfinancial corporations' assets and liabilities using data from the assets/liabilities annual survey.

Reserve assets

The BoG compiles monthly data according to the Eurosystem definition of reserve assets, using information from the BoG's Foreign Exchange Department.

Grenada

See Eastern Caribbean Currency Union.

Guatemala

The following text was confirmed as current in 2009.

I. General

The agency responsible for compiling Guatemala's balance of payments statistics is the Balance of Payments Section of the Bank of Guatemala's (BOG's) Economic Studies Department. The balance of payments is compiled in accordance with the fifth edition of the *Balance of Payments Manual (BPM5)* methodology.

The Balance of Payments Section obtains the data used to prepare the balance of payments from four main sources: (1) the economic and financial areas within the BOG, (2) the Ministry of Public Finance, (3) the Superintendence of Banks, and (4) entrepreneurial surveys.

The BOG publishes the balance of payments data annually in the annual report of the Central Bank of Guatemala (since 2002 the annual report is called *Estudio de la Economía Nacional*). The data, released about four months after the reference year, are also available on the Internet (http://www.banguat.gob.gt). The Monetary Board releases quarterly data informally to the media, usually within 90 days of the reference quarter.

The BOG's Economic Statistics Department compiles information on international trade transactions from customs declarations and conducts direct and personal interviews with Guatemala's producers' associations, business chambers, and port authorities. The same department compiles the information on foreign exchange inflows and outflows and summarizes it in the foreign exchange statistics.

The International Department produces information through its Foreign Operations Section on movements in the Monetary Stabilization Fund (MSF), providing statistics on income from investments, on receipts and payments of the nonfinancial public sector, and on the BOG.

The Economic Studies Department provides information on changes in international monetary reserves, external debt of the nonfinancial public sector, exchange rate, arrears, and other information relevant to compiling the balance of payments. Estimates are recorded in U.S. dollar terms.

II. Specific Items: Balance of Payments

Current Account

Goods

The BOG bases the general merchandise statistics on the trade data recorded in customs declarations in f.o.b. terms for exports and imports. Compilers obtain information from the export and import list drawn up by the Foreign Exchange Statistics Section of the Economic Statistics Department. Additionally, compilers use information from entrepreneurial surveys and governmental administrative registers to calculate goods procured in ports by carriers.

Services

Transportation

For freight debits, the BOG sources are customs declarations. For passenger services and other transportation services, the data are collected from port authorities and entrepreneurial surveys.

Travel

For credits and debits, the BOG compiles the entries by combining the data on tourists arrivals and departures (provided by the Migration Directorate) with the estimates of their average daily expenditures and their average length of stay (provided by the Guatemalan Institute of Tourism, for credits) and the estimation on the amounts carried by Guatemalan travelers outside the country (from the foreign exchange statistics, and the Guatemalan Institute of Tourism, for debits). These estimations are based on the most recent survey of tourism carried out by the Guatemalan Tourism Institute.

Other services

Insurance. This item includes insurance and reinsurance related to trade, ships and aircraft, life, etc. For nonmerchandise insurance, the BOG collects data from balance sheets of insurance companies.

Other business. This information comes mainly from surveys. The item's main components are services acquired by public and private enterprises from foreign firms, nonbanking commissions, etc.

Government, n.i.e. This item includes consular and diplomatic expenditures. Data and estimates are obtained from the annual government expenditure program.

Income

Compensation of employees

The information is obtained from entrepreneurial surveys, international organizations, and other estimations.

Investment income

Regarding investment income, data come from external debt statistics compiled by the BOG and the Ministry of Public Finance, banking sector balance sheets provided by the Superintendence of Banks, entrepreneurial surveys, and own estimations performed with data from the Bank for International Settlements.

Also included are dividends and distributed branch profits; reinvested earnings; and interest on loans, securities, debt, and deposits abroad, both public and private.

Current transfers

Transfers in cash are obtained from entrepreneurial surveys to nongovernmental organizations (NGOs), the Foreign Exchange Statistics Section, and other central government administrative offices. Current transfers include donations, family remittances, pensions, and other concepts.

Capital Account

Capital transfers

The main source comes from external public debt statistics related to debt forgiveness produced by the BOG's Fiscal Section.

Financial Account

Direct investment

Compilers obtain data from surveys to foreign direct investment enterprises and the national agency of investment promotion (Invest in Guatemala).

Portfolio investment

The BOG derives data from Securities Regulation Fund statistics, the Ministry of Public Finance, banking sector balance sheets, the Bank for International Settlements, and entrepreneurial surveys.

Other investment

For nonbanking private sector transactions, information is obtained from entrepreneurial surveys and Bank for International Settlements statistics. For banking sector transactions, data are obtained from local banking institutions' balance sheets provided by the Superintendence of Banks. For public sector information, compilers obtain the data from the Ministry of Public Finance and other government agencies.

Reserve assets

Compilers obtain transaction data from the BOG's International Department and from the balance sheet of the BOG.

III. Specific Items: International Investment Position

The IIP is presented according to the sectoral coverage and instrument classification of the financial account of the balance of payments. The methodologies are based—in the majority of cases—on the determination of transactions through balance sheets of financial assets and liabilities and the distinction of variations from exchange fluctuations, prices, and reclassifications. The data sources used to compile Guatemala's IIP are the same as those used to compile the financial account.

Guinea, Republic of

The following text was confirmed as current in 2009.

I. General

The Department of Statistics and Balance of Payments of the Central Bank of the Republic of Guinea is responsible for compiling the balance of payments statistics for Guinea.

In addition, because the Ministry of Planning customarily prepares a summary balance of payments, a Balance of Payments Technical Committee is responsible for harmonizing the collection of statistics and supervising the preparation of Guinea's balance of payments. Established on July 15, 1999, the committee comprises a representative of the central bank (who chairs the committee), as well as representatives from the Ministry of Economy and Finance and the Ministry of Planning.

The data compilers derive balance of payments statistics essentially from central bank surveys, as well as from questionnaires sent to various ministries, primary banks, mining companies, and semipublic corporations. Attempts to collect data by sending questionnaires to enterprises in which the government is not a shareholder have been comparatively unsuccessful. Further, most accredited embassies in Guinea have not cooperated fully in this effort.

The Department of Statistics and Balance of Payments checks the incoming data for consistency and ensures that the coding is in conformity with the standard components of the IMF's *Balance of Payments Manual*, fifth edition (*BPM5*).

Since 1996, informal sector general merchandise transactions that bypass banks and customs have been estimated.

The department compiles the balance of payments on an annual basis, publishing the data in the central bank's annual report. Since 2000, balance of payments data have been collected quarterly but are not published on that basis.

Agencies report data to the central bank in Guinean francs and U.S. dollars.

II. Specific Items: Balance of Payments

Current Account

Goods

For general merchandise, the primary source of information is customs data. The National Directorate of Statistics at the Ministry of Planning, which obtains data on general and special trade, processes customs data in accordance with the nomenclature of the Standard International Trade Classification Rev. 3.

The central bank processes the special trade data, treating the customs frontier as a statistical boundary, and makes further adjustments for the balance of payments (coverage, classification, valuation, or time of recording).

The customs declarations report exports on an f.o.b. basis, whereas they generally report imports on a c.i.f. basis. The central bank makes the adjustment to exclude freight and insurance on imports by applying percentages estimated on the basis of reported data (c.i.f. and f.o.b.).

Regarding grants in kind and drawings on loans related to projects, the central bank derives data from the government flow of funds table (TOFE) provided by the Ministry of Economy and Finance. The bank also uses statistics compiled by the UNDP from donor countries. In 1999, the central bank allocated 60 percent of TOFE grants to *goods* and 40 percent to *government services* (credits). With respect to drawings on project-related loans, the central bank breaks down the amount in question into goods (55 percent) and services (45 percent).

For data on gold exports, the central bank collects data from exporter firms and its own records. The bank's own gold sales are classified as *gold held as a store of value,* whereas gold sales by companies and private individuals are reported under the heading *gold held for other purposes.* The National Directorate of Planning estimates exports of artisanal gold by private individuals outside official channels.

Services

For the items in the *services* category, banks, mining companies, and hotels (town mansions) are the main data sources.

Transportation

The central bank asks banks and mining companies to perform their own surveys to estimate freight and insurance for imports they have reported on a c.i.f. or cost and freight basis. Otherwise, the central bank makes the estimates.

With respect to other imports (chiefly grants and loans related to projects), compilers proceed in the manner described in *Goods* above.

Travel

The central bank's sources for data are from over-the-counter exchange transactions conducted through the banking system and via travel agencies, as well as mission expenses of civil servants and staff of the semipublic mining companies. When the travel purpose is not clear, compilers list the amounts under *personal travel.*

Other services

Insurance. This category records the cost of insurance on imports (obtained in the manner indicated in *Goods* above), as well as other transactions reported by local insurance companies.

Other business. In this item the central bank records amounts reported by banks and semipublic mining companies. Also in this item the central bank classifies the transactions without clear designation.

Government, n.i.e. Efforts to collect data directly from embassies regarding their local expenditures have been unsuccessful. Credit entries therefore reflect purchases of Guinean francs from banks by international organizations and embassies accredited in Guinea.

Government n.i.e. debit entries are based on (1) foreign exchange payments made by the central bank to fund the expenditures of Guinea's embassies, (2) unspecified government expenditures, (3) 40 percent of grants included in the flow of funds table, and (4) 45 percent of drawings on government loans related to projects.

Income

Investment income

The central bank derives the amounts from questionnaires sent to banks, semipublic mining companies, and the telecommunications company, as well as from the public external debt statements presented in the flow of funds table of the Ministry of Economy and Finance.

Current transfers

General government

Compilers record all grants (whether or not project related) included in the flow of funds table, less debt relief on Guinea's public external debt, as a current transfer to the government. This item also includes fishing royalties paid to the government.

Other sectors

Data on private current transfers—provided by banks, money transfer companies, and semipublic mining companies—comprise the following: French pensions to Guinean veterans, savings from the wages of the expatriate personnel of banks and mining companies, and remittances of funds by Guineans residing abroad to provide financial support for their families.

Remittances of funds by the Guinean diaspora in 1999 were substantial, however, and appear to constitute a broader category than financial support for families. For this reason, the amount in question was allocated as follows: 10 percent to workers' remittances and 90 percent to liabilities to direct investors.

The central bank generally records as current transfers the transfers of very small amounts received or carried out with insufficient identifying information by banks on behalf of private individuals.

Capital Account

Capital transfers

Data correspond to the public external debt relief reported by the Ministry of Economy and Finance in the flow of funds table.

Financial Account

Direct investment

Semipublic mining companies, the telecommunications company, and banks provide the data. Direct investment in other enterprises (in which no government shareholding is involved) is not currently identified. Payment orders processed through banks frequently bear such vague descriptors as "transfers received/made"; thus, the central bank generally records them under *other business services*.

In 1999, 90 percent of remittances of funds by Guineans abroad were imputed as direct investment in small- and medium-scale enterprises and industries, housing, etc. In previous years, the balance of payments did not include these investments (financed through the informal sector).

Portfolio investment

Since 1998, the central bank has been investing in foreign securities administered by Merrill Lynch. Changes in the central bank's securities holdings are recorded under debt.

Other investment

The central bank derives data on commercial credits, loans, and deposits from reports submitted by banks and semipublic mining companies, as well as from the banks' balance sheets. The central bank reports the financial transactions between itself and the government.

Reserve assets

The central bank obtains data on reserve assets from its balance sheet.

III. Specific Items: International Investment Position

The Department of Statistics and Balance of Payments of the Central Bank of the Republic of Guinea is responsible for compiling Guinea's international investment position (IIP). Data compiled in the IIP are collected based on a questionnaire designed for that purpose. The questionnaire has two parts and provides a mechanism for centralizing the financial transactions that occur between Guinea and nonresidents during a given period.

Mining companies, the telecommunications company, banks, and the TOFE are the main sources of data (investment statistics) now used by the central bank. However, by end–2009 the Subdirectorate of Statistics and the Balance of Payments is planning to incorporate other industrial enterprises that receive direct investment into the database.

Direct investment

For direct investment, the total amount of equity (share capital, reserves, carryover) of companies that is owned by nonresidents as direct investment is collected quarterly by means of a questionnaire designed for that purpose. Positions are calculated at the end of each quarter in accordance with the rules on the IIP contained in the *BPM5*. A direct investment exists when the investor individually holds at least 10 percent of the capital or voting power in the company receiving the direct investment.

Portfolio investment

The total amount of investment in securities (mining and telecommunications companies and banks) owned by nonresidents is collected at the end of each quarter by means of a questionnaire designed for that purpose. Closing stocks are calculated at the end of each quarter and reclassified into the various IIP categories as defined in the *BPM5*.

Other investment

For other investment, the total amount of private sector trade credits and loans (mining companies, banks) and of general government vis-à-vis nonresidents is collected each quarter, and closing stocks are calculated using the method defined in the *BPM5*. Closing stocks are calculated taking into account any changes in the exchange rate and in repayments made during the period.

Reserve assets

Flows and positions of reserve assets are taken from the balance sheet of the central bank.

Guinea-Bissau

The following text was confirmed as current in 2004.

I. General

The Central Bank of Guinea-Bissau (CBGB) is responsible for compiling and preparing the balance of payments. To the extent possible, the CBGB uses the methodology of the *BPM5* in the compilation.

Data for preparing balance of payments statistics are obtained mainly from five primary sources, namely, the CBGB, the Ministry of Finance, the Directorate-General of Customs, the Ministry of Planning and International Cooperation, and the Port of Guinea-Bissau (Guiport).

Beginning in 1996, the data sources were expanded to include surveys of transactions by embassies, international aid agencies, hotels, the telecommunications company, airlines, shipping companies, and the Investment Support Office (Gabinete d'Ajuda d'Investimento—GAI) in accordance with the *BPM5*.

Balance of payments statistics are compiled in millions of U.S. dollars; all amounts denominated in other currencies are converted to dollars at the average exchange rate prevailing on the day of the transaction.

II. Specific Items: Balance of Payments

Current Account

Goods

The Directorate-General of Customs in Bissau City provides import statistics on a c.i.f. basis to the CBGB Directorate of Economic Research and Statistics for use in balance of payments and in trade statistics. Estimates of freight and insurance costs are made to obtain f.o.b. values.

Regarding trade data, compilers reconcile the data with export/import value and volume figures collected by the Guiport merchandise loading and off-loading facilities and make adjustments when discrepancies arise. Further, they cross-check trade data with data from surveys of a limited number of exporters of the major products marketed internationally and from importers of goods.

Services

Transportation

This category covers freight and passenger services on all modes of transport, as well as port services. Debit entries are estimated on the basis of freight and insurance data obtained from the pre-import registration slip. Transportation costs are not usually declared on this slip. When necessary, expenditure on freight and insurance is estimated at 17.5 percent of c.i.f. imports.

Travel

For credit, compilers derive entries from surveys of commercial banks and hotels concerning the expenditure of foreign visitors. For debit, they derive entries from the records of banks and ministries.

Other services

Estimates are derived primarily from CBGB exchange records. However, beginning in 1996, CBGB implemented new surveys to obtain improved primary data on services, such as commissions, communications, equipment rental, contractual and professional fees, etc.

Government, n.i.e. Government services data are derived from information provided by ministries and international organizations located in Guinea-Bissau. Credit entries are derived from surveys of expenditure by embassies and international agencies. Debit entries refer to expenditure abroad by Guinea-Bissau embassies and their diplomatic personnel, and are obtained from the CBGB.

Income

Investment income

Direct investment. These data are obtained through the GAI of the Ministry of Planning and International Cooperation.

Other investment. The Ministry of Finance provides figures on a due-for-payment basis for scheduled medium- and long-term interest. The central bank provides figures for short-term interest.

Current transfers

General government

The source of information is the survey of bilateral and multilateral donors and nongovernmental organizations (NGOs) conducted by the Ministry of Planning and International Cooperation. The value of goods and services donated by these agencies to Guinea-Bissau is reported in U.S. dollars.

Other sectors

NGO grants are classified as private transfer credits to other sectors, even if the NGOs are closely tied to government aid.

Capital Account

Capital transfers

Project grants from international agencies and NGOs, received in cash, capital goods, or equipment, are posted to this item. The data are furnished by the Ministry of International Cooperation, through monthly surveys of embassies and international organizations located in Guinea-Bissau.

Data on debt forgiveness are collected from the Ministry of Finance and refer to bilateral debt.

Financial Account

Direct investment

Regarding direct investment, the GAI compiles the data, using its own records and surveys of a number of enterprises.

Other investment

Liability entries cover changes in trade credits and long-term loans obtained abroad by the central government and the monetary authorities of Guinea-Bissau. The data are entered from the records submitted by the Ministry of Finance and the central bank.

Since 1997, CBGB uses commercial banks' balance sheets to obtain changes in foreign deposits and loans of public enterprises and the private sector.

Reserve assets

Data come from the CBGB balance sheet.

III. Specific Items: International Investment Position

Sources of information on international investment position data are the same as those used for the balance of payments.

Guyana

The following text was confirmed as current in 2009.

I. General

The Research Department of the Bank of Guyana (BOG) is responsible for compiling the balance of payments of Guyana. The main data sources are the Guyana Revenue Authority (GRA), Ministry of Finance, Bureau of Statistics, and commercial banks. Information on flows of foreign currency is sourced from a monthly survey of nonbank cambios and money transfer companies. Annual surveys of resident and nonresident enterprises are conducted to collect data on international transactions.

The conceptual framework and classification structure of Guyana's balance of payments are consistent with the *BPM5* format. The BOG publishes balance of payments data in millions of U.S. dollars in the quarterly *Statistical Bulletin* and in the *Annual Report* on the performance of the economy. Balance of payments data are also available on the Internet at www.bankofguyana.org.gy/.

II. Specific Items: Balance of Payments

Current Account

Goods

This category covers imports and exports of goods. Data are based on customs documentation from the GRA. Imports and exports are valued on an f.o.b basis.

Services

Transportation

This category covers freight and passenger services for sea and air transport. Surveys are conducted to obtain these data.

Travel

Credit entries include all receipts from transactions in foreign currency at bank and nonbank cambios and traveler's checks encashed. Debit entries comprise purchases of traveler's checks and foreign currency sold at cambios.

Other services

This category includes royalties, postal and telecommunication charges, computer and information services, insurance services, and other financial services. Information for this category is obtained from commercial bank surveys and estimates.

Income

Compensation of employees

Included are wages, salaries, and other benefits for work performed by nonresident workers in Guyana during a maximum period of one year. Data for this category are based on estimates.

Investment income

This category includes investment income for all transactions associated with foreign assets and liabilities. The main data sources are the BOG balance sheet and the Ministry of Finance.

Current transfers

Included are workers' remittances and other current transfers, including grants to finance current expenditures in Guyana, and gifts of food, clothing, or other consumer goods consigned to individuals and organizations. The BOG obtains these data from commercial banks, nonbank cambios, money transfer companies, and the GRA.

Capital Account

Capital transfers

This category includes debt relief under the Paris Club agreement, the original Heavily Indebted Poor Country Initiative, and the extended Heavily Indebted Poor Country Initiative. Effective 2006, debt relief delivered under the Multilateral Debt Relief Initiative (MDRI) is included. Entries recorded for 1996 reflect Guyana's debt-stock reduction on Naples terms by Paris Club creditors. Program and project grants delivered to the government of Guyana are also included in this category. This information is obtained from the Offices of the Budget and the Debt Management Units, within the Ministry of Finance.

Financial Account

Direct investment

Included are the transactions in equity, purchase and sale of real estate, and other flows among enterprises in direct investment relationships. The data are collected through an annual balance of payments survey of major enterprises, along with direct contact with the enterprises.

Portfolio investment

This covers transactions in securities, such as equity and long- and short-term debt securities, including money market instruments. This information is obtained from commercial banks' statements of assets and liabilities.

Other investment

This category includes all investments other than direct investment and portfolio investment. Program and project loans from bilateral and multilateral agencies are among the main items recorded as assets. Liabilities include debt service payments and debt relief delivered to the government of Guyana. Effective 2006, MDRI debt relief is included.

Reserve assets

The entries reflect changes in official reserves held by the BOG, which includes the reserve position in the Fund, monetary gold and foreign exchange holdings, investment in securities, and SDR holdings. This information is obtained from the BOG balance sheet.

Haiti

The following text was confirmed as current in 2009.

I. General

The International Economy Division (IED) of the International Affairs Department at the Bank of the Republic of Haiti (BRH) compiles Haiti's balance of payments statistics. The IED obtains the data that it uses for its estimates from several sources, in particular, the General Customs Administration (Administration Générale des Douanes); OECD; visits of its representatives to airlines, shipping agencies, the port and airport authorities; government departments and agencies; international institutions and embassies; the Bureau of the Census of the U.S. Department of Commerce; and Statistique Canada.

Certain data come from internal BRH sources, such as the Supervision of Banks and Financial Institutions Department, the Currency and Economic Analysis Department, the Financial Department, and the Credit Control Department.

Balance of payments data are compiled quarterly and annually and are published in the central bank's *Statistic Bulletin,* on its website, and in its *Annual Report (Rapport Annuel)*. The balance of payments is compiled in U.S. dollars; data on domestic currency transactions obtained from certain sources are converted into U.S. dollars at the average reference exchange rate calculated by the BRH. Data on positions are estimated at the end-of-period reference exchange rate.

The national presentation of the balance of payments is in accordance with the *BPM5*. However, the statistical coverage is inadequate, because some essential data are often unavailable or become available only after a considerable lag and must be estimated or extrapolated in order to meet the statistical compilation deadline.

II. Specific Items: Balance of Payments

Current Account

Goods

The compilation of foreign trade statistics is based primarily on customs documents and supplemented by data from Haiti's major trading partners. Data on exports of primary products, such as coffee, lobsters, cocoa, essential oils, and mangos, are derived from customs records, exporters' associations, U.S. Agency for International Development (USAID), and the Ministry of Commerce. Data on exports of goods manufactured by assembly industries are obtained from the Bureau of the Census of the U.S. Department of Commerce, because the coverage of customs records is not complete.

Import data are derived from information provided by the General Customs Administration, generally covering Port-au-Prince. However, because the data are often late, and data from the provincial ports are systematically late, data from Haiti's main trading partner, the U.S., are used as a basis for estimates. Imports data are adjusted to an f.o.b. basis by deducting an estimated 7 percent from imports.

For balance of payments compilation purposes, foreign trade statistics are subject to adjustments relating to coverage and valuation, to account specifically for smuggling and underinvoicing, and to exclude certain transactions not involving transfers of ownership.

Services

Transportation

Data on transportation services are estimated on the basis of information provided by the port and airport authorities and on the basis of annual surveys carried out at Haitian and foreign airlines and at shipping agencies. The debit entry for freight on imports includes insurance and is estimated at 7 percent of imports, c.i.f.

Travel

The Secretariat of State for Tourism gathers monthly statistics on the number of tourists in Haiti. Estimated income from travel is distributed under separate headings for tourists arriving by air, ship, and road, respectively. For those arriving by air, the number of tourists recorded during the period in question is multiplied by the average duration of their stay and by their estimated daily expenditures. Data coming from the airport authority related to the number of travelers are also used by the IED.

For those arriving by ship and spending a maximum of 24 hours in Haiti (excursionists), the number is multiplied by an estimate of the sum spent on the day in question. The number of tourists crossing the border is obtained from data of the central bank's Tax Operations Division on tolls paid at counters.

Travel debits are estimated based on the number of Haitians leaving the country.

Other services

Communications. The entries mainly cover receipts and payments on telephone settlements, use of satellite, and expenditure for calling cards printed abroad.

Government, n.i.e. The data are based on information supplied by the Ministry of Foreign Affairs, the BRH's International Operations Division, international organizations, and foreign embassies in Haiti. Credit entries correspond to estimates of the operating expenditure of foreign embassies and international institutions with offices in Haiti. Debit entries cover the operating expenses of Haitian embassies and consulates abroad and expenditures made by the government.

Financial Services: The data for this section refer to commissions and fees paid to international financial institutions on general government external debt.

Income

Investment income

Direct investment. Data on investment income are derived from financial surveys of certain enterprises of direct investment and from data provided by the General Tax Directorate (Direction Générale des Impôts) and the Bank Supervision Department for branches of foreign banks.

Other investment. Debit entries are related to reinvestment earnings, interest on the foreign public debt paid by the central government, and public enterprises and to certain exceptional financing operations. Credit entries are related to the interest earned on foreign assets by the central bank and the banking sector. Data are obtained from the BRH External Debt Division and the Financial Department.

Current transfers

General government

Credit entries cover grants in cash and in kind, grants in the form of technical assistance, and grants for budgetary support. They are derived from information provided by USAID, the Canadian International Development Agency (ACDI), the United Nations Development Program (UNDP), the Ministry of Planning and Foreign Cooperation, and embassies.

Other sectors

Workers' remittances. The main entries under this heading consist of remittances by Haitian workers living abroad and bank transfers in favor of individuals in Haiti. The debit entries take into consideration remittances from Haitians who live in Haiti to their family abroad. These data are forwarded to the IED by the Supervision of Banks and Financial Institutions Department and are based on a sample survey of eight big transfer establishments.

Capital Account

Capital transfers

General government

Debt forgiveness. The entries cover cancellation of interest and principal arrears. The BRH External Debt Division provides these data.

Financial Account

Direct investment

Data on direct investment are obtained primarily from the report prepared by the BRH Supervision and Financial Institutions Department, the General Tax Directorate, certain surveys of oil companies, and the Haitian Industries Association. Direct investment data are recorded at book value.

Other investment

Loans

General government. Data on drawings and repayments relating to the central government's external debt are gathered every month by the External Debt Division of the International Affairs Department.

Other sectors. The entries include drawings and repayments of the foreign debt of certain public enterprises. The data, which are compiled by the External Debt Division, used to be recorded under "general government" in the balance of payments.

Currency and deposits

The data relate primarily to changes in the commercial banks and the nonbank sector foreign assets and liabilities. The Currency Division provides data for the banking sector. Data on assets and liabilities positions for the nonbank sector come from Bank of International Settlement publications.

Other liabilities

The entries for the general government and the monetary authorities refer to changes in arrears and other exceptional financing transactions.

Reserve assets

Data on the reserve position in the Fund and SDR holdings are obtained from the Fund's records. Changes in monetary gold include revaluations, because the gold holdings are valued each month on the basis of the market rate. The foreign exchange deposit accounts show the historical value. The BRH Currency and Economic Analysis Department is the source for these data.

III. Specific Items: International Investment Position

IED compiles the international investment position (IIP) as a partial statement. Data on foreign direct investment abroad as well as those on portfolio investments (assets and liabilities) are not available. Sources of information for other IIP components are the same as those used for compiling the financial account of the balance of payments. IED converts data on positions obtained in national currency to U.S. dollars using the end-period reference exchange rate.

Honduras

The following text was confirmed as current in 2009.

I. General

The Economic Studies Department of the Central Bank of Honduras (BCH) is responsible for compiling balance of payments and international investment position (IIP) statistics for Honduras. Data are compiled in accordance with the recommendations of the *BPM5* and are disseminated in U.S. dollars.

For the compilation of balance of payments (quarterly and annual) and IIP statistics (annual), the BCH receives data (monthly, quarterly, semiannual, and annual) from private institutions, international agencies, embassies and consulates, and public sector institutions, including the Executive Directorate of Revenue (DEI), Honduran Coffee Institute, National Service of Agricultural Health (SENASA), Honduran Institute of Tourism (IHT), General Directorate of Migration Policy (DGPM), Petroleum Commission (CAP), Directorate of Civil Air Affairs, Directorate of Mining Promotion (DEFOMIN), National Post Office, National Commission of Banks and Insurance (CNBS), Secretariat of Finance (SEFIN), Foreign Affairs Secretariat, Technical Cooperation Secretariat (SETCO), Ministry of Industry and Commerce, Honduran Telecommunication Enterprise (HONDUTEL), National Enterprise of Electricity (ENEE), National Ports Enterprise (ENP), National Institute of Statistics (INE), and BCH departments.

The legal basis on which the BCH compiles balance of payments and IIP statistics is contained in its charter, as amended on August 17, 2004, by Decree 111–2004. In particular, Article 25 gives responsibility to the BCH for obtaining data and undertaking research as appropriate for the conduct of monetary and exchange policy. Article 25 also establishes that all natural and juridical entities shall submit information to BCH as required, subject to penalties for noncompliance as stated in the INE regulation.

The BCH publishes balance of payments data in its publications *Statistical Bulletin, Monetary Program, Annual Report,* and *Honduras in Figures*. In addition, balance of payments and IIP statistics are available on the BCH website (http://www.bch.hn/balanza_pagoshon.php).

II. Specific Items: Balance of Payments

Current Account

Goods

Exports and imports data are obtained from databases in the automated system of customs data (SIDUNEA/SARAH/DEI) and from the database cotaining nonautomated customs data (EUROTRACE/INE). The data contained in these databases are compared with the relevant information available at the foreign trade system (COMEX) of the BCH's International Department and supplemented with data received directly from export companies and entities that record exports of the main products (coffee, minerals, shrimp, lobster, tilapia fillet, among others). Data on fuel imports are received from import companies and cross-checked with data obtained from the CAP. The ENEE provides data on trade in electric power.

Data on exports and imports of goods for processing are obtained from customs documents for enterprises subject to the Free Trade Regime (ZOLI). Once collected, these data are recorded in the Foreign Trade Integrated System (SICE). Exports and imports that are not recorded by customs are estimated on the basis of reports from associated bodies and parameters utilized by the Balance of Payments Section of the BCH.

Services

Transportation

Freight data are derived from information available at the SIDUNEA/SARAH and ZOLI databases. Data on passenger transportation are obtained by periodic surveys and administrative records provided by the ENP, the Airports Commission, and other institutions.

Travel

Credit and debit entries for travel are based on information provided by the IHT and the DGPM.

Other services

Insurance. The BCH obtains the data from Honduran insurance companies and the CNBS.

Other business. The main source is the survey of services.

Government, n.i.e. The main sources are the Foreign Affairs Secretariat and banks' data.

Income

Compensation of employees

Data are obtained from surveys and studies conducted by the BCH.

Investment income

Data are obtained from surveys, administrative records, and reports from several public sector institutions.

Current transfers

General government

Data are obtained from the SETCO database and from quarterly and annual surveys on grants and technical assistance to the government, diplomatic institutions, private entities, embassies, and nongovernmental organizations. Administrative records from some government institutions are also used.

Other sectors

The source of data on private transfers (primarily workers' remittances) is the Survey of Family Remittances, carried out semiannually by the BCH to Honduran nonresident travelers at the two major airports. Other data sources are the SIDUNEA/DEI database and data reported by the banking system.

Capital Account

Capital transfers

Data on debt forgiveness are obtained from external debt records maintained by SEFIN and from the BCH's External Debt Section. Other data are based on surveys and the database of SETCO.

Financial Account

Direct investment

The main data source is the quarterly and annual survey on enterprises with foreign equity capital. These data are supplemented with information obtained from the "Boleta Estadística" (Statistical Note) that companies attach to their official declarations of income to the SEFIN for national accounts purposes. The directory of companies is updated with information based on the media and investment registration forms presented to the Ministry of Tourism and the Ministry of Industry and Commerce.

Portfolio investment

Data are mainly obtained from surveys to private sector enterprises, as well as information available at the BCH and other financial institutions.

Other investment

Public debt data are obtained from the External Debt Section of the BCH. Private debt data are derived from banks' balance sheets processed by the Monetary Section of the BCH, debt reports received by the International Department of the BCH, and enterprise surveys. Data on currency and deposits are obtained from information provided by the financial system, enterprise surveys, and administrative records.

Reserve assets

Data are obtained from the BCH balance sheet.

III. Specific Items: International Investment Position

Data sources for the international investment position are the same as those used in compiling the financial account of the balance of payments.

Hungary

The following text was confirmed as current for 2009.

I. General

In Hungary the central bank, Magyar Nemzeti Bank (MNB), is responsible for compiling balance of payments statistics and the international investment position (IIP).

The increase in the MNB's statistical needs to meet international data provision requirements, the growing complexity of financial relationships, and changes in the regulatory environment have made it necessary to implement changes to the balance of payments statistical data collection system. In 2008, the MNB launched a new data collection system based on direct reporting. With the launch of the new data collection system, the former indirect, cash-based data provision (the international transactions reporting system or ITRS) was terminated. While under the ITRS, the compilation of the balance of payments data mainly relied on the use of transaction codes for payments reported by credit institutions. Under the new regime, the MNB obtains the necessary information directly from reporting agents via monthly, quarterly, and annual reports covering mostly the financial account items and the IIP statistics. Monthly reports, including the full set of balance of payments and IIP statistics, are provided by the "big players" (711 at the end of 2008). Quarterly reports are provided by a cut-off sample (based on a reporting threshold) of small and medium-size enterprises (SMEs; 831 entities in 2008Q4). Annual reports are collected only for direct investment (3,050 reporting entities in 2008, with reference to data for 2007).

In developing the new system, attention was paid to avoiding parallel activities with the Hungarian Central Statistical Office (HCSO) and reducing the social costs associated with the compilation of statistics—for data providers and for the compilation process itself. To this end, the MNB and the HCSO cooperated in designing and developing the new system. Institutional cooperation (maintenance of the data reporting registers, data exchange, joint solutions for methodological problems) between the central bank and the statistical office has also been growing in importance, consistent with the general approach within the European Union. The cooperation with the HCSO in data production has also been enhanced with regard to the data collection for the current account of the balance of payments. After having become the main compiler of data on goods (since 2003), business services and travel (2004), and other services (2005), the HCSO from 2008 onward also is the main compiler of data on compensation of employees and government and household transfers. The compilation of financial and capital account data and investment income still directly rests with the MNB. The collection of investment income data is integrated into the closed and consolidated reporting scheme for financial assets and liabilities (opening position, all type of flows separately, and closing position).

The new data reporting obligations for 2008 were ordered by Decree 3/2007 (II.21.) MNB. The general legal background of balance of payments and IIP compilation consists of the Central Bank Act (Act LVIII of 2001) and the Act on Statistics (Act XLIV of 1993).

Before 2008, the primary source of the balance of payments were the monthly reports by the monetary institutions (credit institutions and the MNB). In addition, separate reports were provided monthly by exchange offices (other than credit institutions), by enterprises directly borrowing/extending loans from/to nonresidents, by enterprises holding accounts at nonresident banks or having offsetting arrangements with nonresidents, and by foreign direct investment (FDI) companies and resident direct investors.

Compilers also used as a supplementary source the reports by security custodians, Central Clearinghouse and Depository (Budapest) Ltd. (KELER), GIRO Zrt (an interbank clearing and settlement services body), the Government Debt Management Agency (ÁKK), and Hungarian State Treasury (MÁK).

The reporting obligation of other monetary institutions, exchange offices, and security custodians was specified in orders by the MNB president. The reporting obligation for accounts held with nonresident banks, for direct loans, for FDI of residents abroad, and for FDI of nonresidents in Hungary was prescribed in the annually revised Government Decree on the National Statistical Data Collection Program.

The MNB publishes statistics in Hungarian forint (HUF) and in euros, as scheduled in the advance-release calendar, through the media, and on the MNB's website, http://english.mnb.hu/Engine.aspx. The MNB updates the advance-release calendar twice annually, in June and December.

Hungary has subscribed to the IMF's Special Data Dissemination Standard. The country posts a metadata page, summary methodology, and advance-release calendar for the balance of payments, IIP, external debt, and international reserves and foreign currency liquidity. All these pages are also available at the IMF's website, http://www.imf.org/.

The MNB recalculates and aggregates monthly flow data, reported in aggregated form by currencies, to national levels in forint, at the workday weighted monthly average of the daily official MNB exchange rates. Cumulative flow data are the sum of monthly figures. The MNB also recalculates and aggregates end-quarter stock data, also reported by currencies, to national levels in forint, at the end-quarter official MNB exchange rates.

The balance of payments and IIP statistics distinguish four sectors: central bank, general government, other monetary institutions, and other sectors. The general government sector consists of the central and local governments, extrabudgetary funds, and social security funds. This sector also includes the State Holding and Privatization Company (ÁPV Rt.). The sector of other monetary institutions consists of credit institutions (commercial banks), special credit institutions, cooperative credit institutions, and building societies.

Other sectors include nonfinancial corporations (corporations subject to the Act on Corporate Tax, except those with financial intermediation as their principal economic activity), other financial corporations (GIRO, KELER, insurance corporations and pension funds, other financial intermediaries, and auxiliaries), households, and nonprofit institutions serving households.

Since 1995, classification according to *BPM5* is applied. Net errors and omissions (NEO) result from the use of different sources (e.g., consolidation of reports by enterprises and credit institutions, incorporation of external trade statistics) and data aggregated during the compilation process.

II. Specific Items: Balance of Payments

Since January 2006, the MNB compiles the balance of payments and IIP statistics, including data on special purpose entities (SPEs; previously mainly offshore companies), on a gross basis, consistent with international methodological standards. However, based on economic considerations and to ensure comparability with data published earlier, the MNB continues to also publish Hungary's balance of payments and external balance sheet excluding data on SPEs. In classifying companies as SPEs, the MNB cooperates with the HCSO.

Up to 2005, two types of offshore companies were distinguished for the balance of payments statistics. One group comprised companies functioning as passive financial intermediaries or pass-through companies, which generally promptly allocated obtained equity investment as loans to nonresidents. The net cash flow of these companies was recorded as direct investment. The other group comprised companies engaged in actual real economic activity. In their case, transactions were recorded in the services or capital account (related to the purchase or sale of nonproduced, nonfinancial assets).

As a result of changes in the legal environment after December 31, 2002, no new offshore companies were registered, and the category of offshore companies was discontinued on December 31, 2005.

Prior to 2008, primary information sources were reports by other monetary institutions and enterprises holding bank accounts abroad. Some exceptions were data on goods, sourced from external trade statistics that register the physical movement of the goods across the frontier; services transactions, reported directly by enterprises; travel data, based on border surveys; and the reinvested earnings, drawn on the reports of FDI companies and resident direct investors as the main sources.

From 1998 to 2008, other monetary institutions had to report all transactions separately above a simplification threshold. The threshold was set at US$100,000 in 1998 and lowered to US$50,000 in 1999. In 2000, the threshold was set at EUR 50,000. Below the threshold, other monetary institutions reported all their own and their clients' transactions affecting their claims and liabilities vis-à-vis nonresidents in aggregated form, broken down by currencies and balance of payments transaction types.

Following Hungary's accession to the European Union in May 2004, the MNB and the other monetary institutions reported their clients' payments below EUR 12,500 only, broken down by currencies, because the European single-payment-area rules exclude applying the legal code requirements needed for compiling balance of payments statistics. The MNB estimated the breakdown by transactions for the aggregated flows reported under the EUR 12,500 threshold.

Enterprises holding accounts at nonresident banks completed a balance of payments structured questionnaire, which was used for the compilation of the monthly statistics. They submitted the data in aggregated format, broken down by currencies. Below a threshold of HUF 500 million of total annual current account transactions (either credit or debit), only total credits and debits were reported for the current account. The MNB distributed these totals among the current account items by using the ratios of enterprises submitting a detailed current account report. (Before 2005, the threshold was HUF 200 million).

The MNB compiled monthly statistics from the reports of all other monetary institutions licensed to conduct foreign exchange transactions and from approximately 600 enterprises holding accounts abroad.

Current Account

Goods

There was no change with the introduction of the new data collection system in 2008. Starting with the publication of the 2002 data, the MNB incorporates external trade statistics into the balance of payments, with revisions of time series going back to 1995. (Before 2002, data on goods were compiled at contractual value because they were reported by other monetary institutions and enterprises under this transaction code. There was no adjustment for f.o.b. parity.)

The use of external trade statistics involves replacement of settlement data on goods with data derived from the HCSO because this procedure is more consistent with the accrual principle. In addition, the MNB makes certain adjustments to meet international methodological standards:

- Exports and imports of goods are valued f.o.b./f.o.b. (i.e., the value at the customs frontier of the exporting economy); therefore, the c.i.f. value of imports recorded in the external trade statistics is replaced by the f.o.b. value in the balance of payments.

- Certain items of goods (those not crossing the frontiers) are not included in the external trade statistics and continue to be covered by the transaction codes of credit institutions.

- Financial leasing is recorded according to the imputed market value of the leased goods (and the f.o.b./f.o.b. terms of delivery stated in the external trade statistics). The differences between paid leasing fees and the financial leasing shown in the external trade statistics of the HCSO are recorded among other investment in the financial account as a financing item related to financial leasing. No (implicit) interest payment is recorded in connection with financial leasing.

- Gross transactions in goods for processing and net repairs are recorded under goods.

Services

There was no change with the introduction of the new data collection system in 2008.

The primary sources are the reports of monetary institutions (credit institutions, the MNB), nonfinancial enterprises, and border surveys of the HCSO. In addition, data derived from the external trade statistics are used to revise transportation services (related to the change in the terms of delivery of goods).

Transportation

Up to 2004, the data were compiled by the MNB. The primary ITRS data source (reports of monetary institutions) provided a breakdown by transportation category (passenger, freight, and other) but did not distinguish the means of transportation (sea, air, or other).

Since 2005, data have been compiled by the HCSO. The main source is the direct reporting of companies. Additionally, administrative data are used.

In addition to the primary information source, which records transportation services on separate accounts, an adjustment (related to the change in the terms of delivery of goods) relies on the data derived from the external trade statistics. Transportation services are adjusted with a value equal to the adjustment in the terms of delivery of goods, but with the opposite sign. The estimation of the terms of delivery correction and its allocation between debits and credits for transportation services are based on bills of clearance. The estimation and allocation are carried out by the HCSO, and the data obtained are used by the MNB.

Travel

Since 2004, the travel item (both inbound and outbound) of balance of payments is compiled from results of border surveys. In the course of these surveys, Hungarians returning from abroad and foreigners leaving Hungary are asked about their travel-related expenses. Data include part of international transport fares and some other package tour elements (commission). Based on the survey results, the ITRS-based time series on travel have been revised going back to 2000.

Up to 2003, settlement data (reports by the MNB, commercial banks, exchange offices, and companies holding accounts abroad) were used for compiling travel services. Up to 2003, travel-related flows reported by banks and exchange offices were corrected with the following:

- The balance of cash transactions affecting households' foreign exchange accounts held at resident banks, as well as the balance of forint/foreign currency exchange transactions carried out at banks, were recorded under travel. As of 2003, relying on a direct survey of account holders (2000) and natural indicators, the MNB estimated separately the breakdown by various components (travel, income, current transfers, real estate investment) of the credit and debit entries for these cash transactions. It recorded the transaction values obtained under the appropriate items in the balance of payments. Simultaneously with the methodological switch, it had revised the time series going back to 1995.

- The MNB primarily classified as travel the foreign exchange bought by exchange offices from residents. Therefore, as of 1998, travel receipts included the excess of foreign currency purchased by exchange offices from residents over a benchmark value (of a similar item in 1997 for the period between 1998 and 2000, and from 2001, an amount equaling 5 percent of travel expenditures in the previous month). Before 1998, the MNB treated these transactions as reexchange of foreign exchange previously bought for travel purposes by residents. It recorded them as correction entries to travel debit.

Other services

Since 2004, the data reported by banks are replaced by those deriving from the enterprise surveys (conducted by the HCSO) for the following service items: communication; construction; computer and information services; royalties and license fees; other business services; and personal, cultural, and recreational services. For the remaining items (insurance, financial, and government services), the data collection switch occurred in 2005.

From 2004 onward, the MNB records merchanting on a net basis, in accordance with international statistical standards. To ensure comparability of the time series, the MNB has built into the balance of payments going back to 1998 the adjusted data on merchanting, accounted for on a net basis.

Since 2005, insurance services have been recorded according to the international standards. Before 2005, total premiums (service charge plus net premiums) were recorded under this heading.

Income

The subcategories are compensation of employees (labor income) and investment income. Labor income covers compensation of resident employees for work carried out abroad and nonresident employees for work in Hungary, as estimated from households' foreign currency cash transactions. The MNB further classifies the category of investment income according to the functional structure in the financial account. Since the introduction of the new data collection system in 2008, data on gross compensation of employees, including income taxes and social contributions, paid abroad and received from abroad have been estimated and provided by the HCSO. The estimation is based on administrative sources and has resulted in significantly higher flows compared with the previous years when data were derived from settlement information.

From 2004 onward, investment income is recorded on an accrual basis in the balance of payments statistics. Accordingly, the MNB records income on debt progressively, replacing the disclosure of actual payments in the current account. Income on equity includes reinvested earnings, and the MNB has made data comparable back to 1995. Since 2008, information on investment income data is collected via the closed and consolidated reporting scheme for financial assets and liabilities (opening position, all type of flows separately, and closing position).

Investment income

Since 1999, in line with the 1997 change in *BPM5* methodology, the MNB has recorded interest payments related to interest rate swaps and currency swaps in the financial account instead of under income in the current account.

The MNB records as direct investment income the rental fees paid by resident tenants to the nonresident owners of real estate in Hungary and the rental fees paid by nonresident tenants to the resident owners of real estate abroad.

Current transfers

The MNB publishes separately the current transfers for the government sector and other sectors. Since 2008, the HCSO compiles data on current transfers of the general government (taxes and contributions paid by nonresidents, pensions paid to nonresidents). The HCSO data are also used for households' transfers, which consist of taxes and contributions paid on the basis of labor income, pensions, and workers' remittances.

As far as the other sectors are concerned, data from the direct reports are included in the balance of payments, except for households, whose data are estimated.

Other sectors

Since 1999, the MNB has recorded under current transfers the claims payable by resident insurance companies to nonresidents and claims paid by nonresident issuers to residents. The HCSO's external trade in services data constitute the data source. Before 1999, insurance claims were recorded as business services. From 2005 onward, the net insurance premiums are recorded under current transfers. Before 2005, total premiums were recorded in other services.

From 1995 to 2008, the other sectors' current transfers included the value of transfers (gifts) received by residents and paid to nonresidents, as estimated from households' foreign currency cash transactions.

Capital Account

Capital transfers

As part of the harmonization with the methodology set out in the *1993 SNA*, the MNB has published the capital account in its present form since 1995 as one of the standard components. Capital transfers are published for the government sector and other sectors separately.

Acquisition/disposal of nonproduced, nonfinancial assets

The MNB publishes this item without a sectoral breakdown.

Financial Account

Since 2008, the compilation of Hungary's balance of payments statistics has been based on a direct reporting data collection system replacing the former ITRS data collection. Under the ITRS, the compilation of the balance of payments mainly relied on payments data provided by credit institutions; in the new regime, the MNB obtains the necessary information directly from reporting agents via monthly, quarterly, and annual reports for the financial account and IIP statistics.

Up to 2008, in addition to the primary information sources, the MNB used the following supplementary sources: reports by enterprises directly borrowing/extending loans from/to nonresidents (other investment), reports by FDI companies and resident direct investors (direct investment), and reports by security custodians and KELER (equity capital, equity securities, forint-denominated government bonds).

In addition, from 1999 to 2008, the MNB used the monthly report by the MÁK on the general government sector's foreign exchange-denominated liabilities vis-à-vis nonresidents, which are managed by institutions other than the MNB. Nonresident transactions and stocks relating to forint-denominated government bonds issued by the general government were recorded in the balance of payments on the basis of the securities statistics report of the KELER Rt.

Direct investment

In line with the *BPM5*, MNB classifies any investment in equity capital, 10 percent or more, as direct investment. As of 2008, there is a separate special survey form for collecting registry information on nonresident partners of reporting resident institutions involved in FDI. In the frame of the new direct reporting system, large companies report the full set of balance of payments and IIP statistics (including FDI) on a monthly basis. The monthly information is supplemented by further information derived from quarterly and annual reports (see above under "General").

Companies meeting any of the following thresholds must complete the quarterly FDI survey:

(1) At the beginning or at the end of the reference quarter, having equity capital investment of foreign investors in the reporting institution valued at not less than HUF 1 billion (or not less than minus HUF 1 billion in case of losses) (inward FDI equity)

(2) Having a direct equity link of at least 10 percent in terms of the subscribed capital in one or more foreign enterprises, and the total value of equity capital or the value of assets transferred to a foreign branch is not less than HUF 100 million (outward FDI equity)

(3) At the beginning or at the end of the reference quarter, having nonequity claims or liabilities vis-à-vis foreign direct investor, foreign direct investment enterprises, foreign branch, or other fellow-company valued at not less than HUF 250 million (other FDI capital)

(4) Acquiring or selling at least 10 percent (vis-à-vis nonresidents) of the equity in another resident entity for a transaction value of not less than HUF 250 million during the reference period (third-party transactions)

Companies meeting either of the following reporting thresholds must complete the yearly FDI survey:

(1) Having foreign investors and on the last day of the reference financial year or that of the previous period the value of total equity capital of foreign investors in the reporting entity is not less than HUF 250 million (or not less than minus HUF 250 million in case of losses), or the value of dividends declared payable to foreign investors is not less than HUF 250 million (inward FDI)

(2) On the last day of the reference financial year or that of the previous period, having a direct equity investment of at least 10 percent in terms of the subscribed capital in one or more foreign enterprises, or having a foreign branch and the total value of equity capital or the value of assets transferred to the foreign branch is not less than HUF 10 million (outward FDI)

In 1999, the MNB, together with the HCSO, launched a set of four questionnaires aimed at statistical monitoring of enterprises' direct investment transactions and positions. The MNB and the HCSO used the quarterly questionnaires for transactions mainly to control the settlement data coming from the banking sector, to obtain more detailed figures for transactions (geographic breakdown, economic activity), and to supplement settlement data with noncash transactions. They used the annual questionnaires to obtain information on reinvested earnings and stock data. This system was replaced in 2008 by the new data collection.

Since 1996, direct investment includes not only equity investment but also other nonequity capital transactions (other capital) between the parent company and affiliates. Before 1996, direct investment included the equity capital exclusively; compilers recorded other capital as long- and short-term capital transactions.

With the methodological changeover to accrual accounting in 2004, the balance of payments statistics (beginning with 1995 data) include reinvested earnings. With the inclusion of external trade statistics, the MNB records contributions in kind. It classifies private nonbusiness real estate investments under this heading, which (beginning with 1995 data) includes values of real estate purchased by both Hungarian residents abroad and by nonresidents in Hungary, estimated from households' foreign currency cash transactions.

From January 2002 onward, the MNB records financial transactions between nonfinancial corporations and affiliated financial SPEs as other capital, in line with the international standards. (Before 2002, these transactions were treated as other investment.)

As opposed to other types of investments recorded in the financial account, direct investment is primarily recorded on a directional basis instead of an asset/liability arrangement. Thus, direct investment in Hungary and direct investment abroad are the two major subitems.

In the case of equity capital, if there is no cross-participation (reverse investment), it can be made a general direct relationship between the direction of the investment and the asset/liability classification. Nevertheless, as far as other capital is concerned—regardless of the direction of equity investment—both the direct investor and the direct investment company may acquire claims on each other.

Since 1999, subordinated loans of other monetary institutions, received from their own direct investor, are classified as other capital. Before 1999, this item was recorded under equity capital.

Dividend distributed yet unpaid represents a short-term liability vis-à-vis the investor; therefore, in the financial account of the balance of payments, it is accounted for under other capital within direct investment. This liability is ceased when the dividend is paid.

Portfolio investment

Under this item, the MNB records transactions in financial assets traded or tradable in organized or other financial markets (equity and debt securities).

The MNB separately publishes the following subitems as portfolio investment: (1) equity securities (less than 10 percent); (2) bonds and notes; and (3) money market instruments, according to the asset/liability principle.

As of 2008, the principal source for portfolio investment data is the securities statistics, containing security-by-security information relating to Hungarian securities held by nonresident investors and foreign securities held by resident entities. This information is obtained from the reports by Hungarian custodians and corporate questionnaires. Transactions are computed from changes in stocks, adjusted for price and exchange rate changes. The monitoring of bills and participations below 10 percent not embodied in securities is accomplished through corporate questionnaires.

The MNB records a debit on the liability side of debt securities for transactions by residents on the secondary markets involving the purchase of foreign exchange-denominated bonds issued by residents abroad.

Financial derivatives

Since 2008, financial derivatives are covered by the direct reporting data collection system.

Since 1999, in compliance with the revised *BPM5*, interest payments related to interest rate swaps and currency swaps are recorded as transactions in financial derivatives in the financial account instead of income in the current account.

The MNB records a transaction as a change in assets under financial derivatives in the following cases: (1) premium paid on purchased option (put or call), (2) trading in derivative positions, (3) transactions related to derivative positions having positive net present value at the time of transaction, and (4) closing derivative positions with net gains.

It records a transaction as a change in liabilities under financial derivatives in the following cases: (1) premium received on written option (put or call), (2) transactions related to derivative positions having negative net present value at the time of transaction, and (3) closing derivative positions with net loss.

Other investment

Since 2008, other investment is covered by the direct reporting data collection system.

Under this heading the MNB records transactions in financial instruments other than direct investment, portfolio investment, and financial derivatives (e.g., syndicated loans, bank-to-bank loans, trade credits, etc.), broken down by instruments, sectors, and original maturity—short term (≤1 year) and long term (>1 year).

Loans

Since 2008, loans (including trade credits) are covered by the direct reporting data collection system. Prior to 2008, for compiling transactions in assets and liabilities of the other sectors, the compilers used as supplementary sources the reports by enterprises directly borrowing/extending loans from/to nonresidents, along with the primary information sources (approximately 450 reports per month).

Corporate data reporting on foreign loans had been carried out on request since 2004. (Before 2004, data provision on direct borrowing/lending from/to nonresidents was compulsory for every enterprise involved.) Data providers, however, had to continue sending their monthly reports on loans guaranteed by the government regardless of the amount of the loan.

In the pre–2000 statistics, the MNB published data from direct reports by enterprises, checked against the settlement data. The MNB recorded the difference between directly reported and settlement data computed by currencies as NEO.

Unlike in the pre–2000 years, starting from 2000, the publishing of the statistics included settlement data checked with direct reports and supplemented by noncash transactions from these reports.

Within the framework of incorporating external trade statistics, from 2002 to 2008 (going back to 1995), the MNB offset the difference between transactions in goods as recorded in external trade statistics and net settlements data by means of corresponding entries under other investment short-term claims/liabilities of the financial account. (To have comparable data, contributions in kind were excluded from the external trade statistics. Adjustments were also made for goods for processing, net repairs on goods, and goods procured in ports by carriers.)

This meant that economic agents financed by a trade credit the difference that occurred between payments and transactions (physical movements) of goods. This difference was recorded on the corresponding side (assets/liabilities), with the appropriate sign. Any additional difference was recorded as a statistical error (NEO).

These assets and liabilities were not monitored directly, but it was assumed that economically the magnitude of these "leads and lags" did not differ significantly from the level of the trade in goods over the long term.

In contrast to this, the experience of four quarters showed that mainly since the EU-accession (i.e., 2004Q2), trade credit assets had been growing significantly and permanently, but this increase could not be explained by economic reasons. Therefore, based on available information, the MNB had decided to revise the financing side unilaterally and, between 2004Q2 and 2007Q4, recorded asset growth exceeding the amount assumed on the basis of estimates under errors and omissions as a statistical error in the balance of payments statistics.

When incorporating the data from the questionnaire on trade in services, the MNB used the same method: the difference from the payment transactions was shown as trade credit.

Up to the end of 1999, statistical treatment of loan transactions reported late by enterprises depended on whether the transaction took place in the same calendar year or even before. In the former case, the transaction reported late was recorded in the financial account of the month of the report. In the latter case, only other volume change in the IIP and no financial account transaction was recorded for this item.

At the end of 1999, the time series for these late-reported transactions, according to the original (or failing such, the estimated) timing, were revised retrospectively, back to 1996. From 2000 onward, this correction became regular, revising the flow and stock data at year-end, retrospectively.

Up to the end of 1999, compilers recorded repurchase agreements (repos) as transactions in underlying securities under portfolio investment (or change in international reserves). From 2000 onward, they treat repos as collateralized loans under other investment (or change in international reserves).

Currency and deposits

Since 2008, currency and deposits are covered by the direct reporting data collection system. Until 2008, the MNB derived transactions affecting cash in foreign exchange, sight deposits, and current accounts of banks as changes in stocks, net of valuation and other volume changes. The same applied for transactions by the enterprise sector in the form of cash in foreign exchange.

Reserve assets

Gross international reserves are external assets readily available to the MNB for (1) direct financing of payments imbalances, (2) indirect regulation of the magnitude of payment imbalances through intervention in foreign exchange markets to affect the forint exchange rate, and/or (3) other purposes. The MNB computes change in international reserves as change in stock of comprising instruments, net of valuation and other volume changes.

III. Specific Items: International Investment Position

The compilation of Hungary's IIP statistics is based on a direct reporting data collection system replacing the former ITRS data collection since January 2008 (see above under "General").

From January 2006, the MNB compiles the IIP statistics, including data on SPEs (see above under "Specific Items: Balance of Payments").

The MNB's website publishes time series data on external positions, consisting of the stock of external assets and liabilities of residents vis-à-vis nonresidents starting from 1990. Since 1992, stock data have been published by sectors as well.

Direct investment

As of 2008, there is a separate special survey form aiming at collecting registry information on nonresident partners of reporting resident institutions involved in FDI. In the frame of the new direct reporting system, large companies report the full set of balance of payments and IIP statistics (including FDI) on a monthly basis (see above under "Balance of Payments: Direct investment").

In 1999, the MNB, together with the HCSO, launched a joint set of four questionnaires aimed at statistical monitoring of the enterprise sector's direct investment transactions and positions. The MNB and the HCSO used the quarterly questionnaires for transactions mainly to control the settlement data coming from the banking sector, to obtain more detailed figures for transactions (geographic breakdown, economic activity), and to supplement settlement data with noncash transactions. They used the annual questionnaires to obtain information on reinvested earnings and stock data. This system was replaced in 2008 by the new data collection.

As for the pre–2008 period, for direct investment abroad, up to 2004, the MNB sourced data from the aggregated flows by currencies and aggregated the data at the end-month exchange rates into forint. From 2004 to 2008, the MNB computed direct investment stocks from data derived from the yearly FDI questionnaires. These data included reinvested earnings as well as reverse investments. (Revision of the time series according to the then new methodology was done back as early as 1995.) The MNB derived stocks of assets in other capital from cumulated flows.

For foreign direct investment in Hungary, from 1998 until 2008, the MNB had computed data as cumulated flows calculated and aggregated in forint and adjusted monthly to the rate of crawl. (Before 1998, data were derived from the aggregated flows broken down by currencies and recalculated at the end-month exchange rates into forint, similar to assets.)

From 2004 to 2008, the MNB computed direct investment stocks from data derived from the yearly FDI questionnaires. These data included reinvested earnings as well as reverse investments. (Revision of the time series according to the then new methodology was done back as early as 1995.) Since 1996, the enterprises directly report the stock of liabilities under other capital.

Annual questionnaires launched in 1999 and filled out in 2000 provided information on the stock of owners' capital and reinvested earnings for the first time. In determining the end-of-year stock of direct investment, the MNB separated direct investment in listed and unlisted enterprises for all observed sectors. In the former case, the MNB took account of the value of direct investment on the basis of market value, while in the latter, it used book values.

Compilers derived stocks of contributions in kind from cumulated flows.

Since 1999, the MNB has classified subordinated loans of other monetary institutions, extended to/received from their own affiliates/direct investor, as other capital. Before 1999, this item was recorded under equity capital.

Starting from January 2002, the compilers record stocks of claims/liabilities of nonfinancial corporations on/to enterprise group treasury/financial centers (fellow enterprise within an enterprise group) under other capital in line with the international standards. (Before 2002, these stocks were recorded under other investment.)

Portfolio investment

As of 2008, the principal source for portfolio investment data is the securities statistics—containing security-by-security information relating to Hungarian securities held by nonresident investors and foreign securities held by resident entities—from the reports by Hungarian custodians and the results of corporate questionnaires (see above under "Balance of Payments: Portfolio investment").

Until the new data collection system replaced the former ITRS in 2008, for portfolio assets, the MNB and other monetary institutions submitted reports on transactions and on their portfolio stocks. For other sectors, since stock data were not reported, compilers derived positions from aggregated flows. These reports linked the currency in which the transaction was reported more to the denomination of the settlement than to the actual denomination of the securities. (Stocks computed from flows in national currencies of EMU member states have been recorded in euros since January 1999.)

Before June 2001, the assets of the MNB and other monetary institutions in debt securities were valued at historic cost. From June 2001 to 2008, they were valued at historic cost net of valuation changes. From 2004, the published stock data were valued at market price. For the other sectors, compilers recorded stocks as cumulated flows at actual market price.

For portfolio liabilities the MNB, the other monetary institutions, and the ÁKK submitted reports on stocks of their bonds issued abroad in addition to a report on flows. For the other sectors, because of a lack of reports on portfolio equity stock data (except the KELER's report), compilers derived the positions from cumulated flows, aggregated and recorded in Hungarian forint.

Up to 2003, debt securities of the MNB, other monetary institutions, and the general government sector were valued at face value. From 2004 to 2008 these securities were recorded at adjusted face value: accrued interest was included. For the other sectors, compilers recorded these stocks as cumulated flows at actual market price. The compilers decreased the outstanding stock of foreign exchange-denominated bonds issued by residents abroad by the stock held by residents.

Financial derivatives

Since 2008, financial derivatives are covered by the direct reporting data collection system. Similarly to other financial instruments, data are reported in a closed and consolidated framework (opening position, all type of flows separately, and closing position).

From 1999 until the new data collection system replaced the former ITRS in 2008, the MNB and other monetary institutions reported the stock of financial derivative positions at market (replacement) value. In contrast to the transactions, no information was available on the derivative positions of other sectors.

From 1996 to 1998, compilers recorded an asset/liability under financial derivatives if the total of nominal claims/liabilities of futures and swaps in forint—calculated from currencies at end-month forint exchange rates—exceeded the total of nominal liabilities/claims. The value of recorded assets/liabilities in forint was equal to the difference between the two totals.

Other investment

This item breaks down stock data by instruments, sectors, and original maturity. Since 2008 other investment is covered by the direct reporting data collection system (see above under "Balance of Payments: Other investment"). Until 2008 the stock of trade credit was derived from cumulated transactions as a difference between comparable external trade vs. settlements data and trade-in-services statistics vs. settlements data.

Reserve assets

The MNB derives data from its balance sheet. It classifies its external claims deriving from financial derivative positions under the heading of financial derivatives rather than reserve assets. Since 1992, gold has been valued at London fixing. Before that it was valued at a price of US$320 per ounce. Up to 1999, securities were valued at historic cost. From 2000 on, securities were valued at market price net of accrued interest. Since 2004, the data include accrued interest.

Iceland

The following text is confirmed as current in 2009.

I. General

The Central Bank of Iceland (CBI) is responsible for compiling Iceland's balance of payments and international investment position statistics. The CBI's Statistics and IT Department collects data from a variety of sources, including foreign trade statistics from the Statistical Bureau of Iceland (SBI), foreign exchange transaction reports from commercial banks, and mandatory surveys and questionnaires for services, income, capital flows, and the international investment position..

Data are prepared on a quarterly basis and published on the CBI's website (http://www.sedlabanki.is). Data are compiled in millions of Icelandic kronur and published with reference to the prevailing exchange rate of the U.S. dollar.

Beginning in May 1996, the balance of payments has been reported in accordance with the *BPM5* format, covering the period from the first quarter of 1990 to the present. Currently, the main methodological deviation from the *BPM5* format occurs in the income component of the balance of payments: investment income is still compiled on a due-for-payment basis instead of an accrual basis.

II. Specific Items: Balance of Payments

Current Account

Goods

Merchandise exports and imports are compiled on an f.o.b. basis according to the foreign trade statistics reported monthly by the SBI. The data are derived from the Customs Authority, which records all physical movements of goods across Icelandic boundaries. The values of imports are adjusted for the estimated margin between buying and selling exchange rates, and corrections have sometimes been made for timing discrepancies that affect the purchase and repair of ships and aircraft.

Services

Transportation

The entries for transportation, freight, passenger, and port services are based on surveys of the main Icelandic airlines and shipping companies and estimates of other companies' data, based on bank reports on foreign exchange transactions.

Travel

Hospital, educational, and other travel services are estimated from the foreign exchange transactions reported by banks and payment card companies. Iceland is not able to distinguish between business and personal travel services from prevailing data sources.

Other services

These entries are mainly estimated from bank reports on foreign exchange transactions, supplemented with information from direct reporting entities. Disaggregated service items are not published in CBI statistical bulletins but are available in the data bank maintained for the IMF and other users of balance of payments statistics.

Income

Compensation of employees

Information for this component is derived from bank reports on foreign transactions and direct reporting of entities.

Investment income

Data are either collected from banks and other direct reporting entities or estimated from the international investment position. The borrowers of foreign loans are surveyed at the end of each year for position data and actual interest payments.

Current transfers

General government

The Treasury provides data on general government current transfers.

Other sectors

Data are estimated from bank reports on foreign exchange transactions.

Capital Account

Capital transfers

Migrants' transfers. Data are estimated from bank reports on foreign exchange transactions.

Financial Account

Direct investment

Direct investment flows are estimated during the year from various sources. At the end of the year the foreign direct investment companies and foreign affiliates are surveyed, and data from those surveys on flows and positions are used to revise previous estimations.

Portfolio investment

Data on purchases and sales of foreign securities are collected monthly from financial intermediaries and large investors. Foreign investment in domestic securities is collected from the local custodians and estimated from bank reports on foreign exchange transactions.

Other investment

Other financial flows are either derived from data collected from banks and other direct reporting entities or estimated from the bank reports on foreign exchange transactions. New borrowings and repayments of long-term debt are calculated at monthly average exchange rates, but other capital flows are estimated from changes in the position of foreign assets and short-term liabilities.

Reserve assets

Data are derived from the CBI's monthly balance sheet. Changes in foreign reserve positions, calculated at a fixed exchange rate, are used as a proxy for reserve flows.

III. Specific Items: International Investment Position

Direct investment

Data on direct investment position are collected by surveying the direct investment enterprises and investors and foreign affiliates in Iceland. Data on equity capital and loans are compiled by using the accounting value with detailed sectoral and geographical breakdown in accordance with the OECD benchmark for direct investment statistics.

Portfolio investment

The outstanding values of portfolio investment assets and liabilities have been estimated by correlating the flow figures, and at least once a year data are collected from domestic custodians and main investors.

Other investment

The values of other investment assets and liabilities are derived from data collected from banks and other reporting entities.

Reserve assets

Data on monetary gold, SDRs, IMF reserve position, and foreign exchange holdings are derived from the CBI's monthly balance sheet.

India

The following text was confirmed as current in 2006.

I. General

The Reserve Bank of India (RBI) is responsible for compiling the balance of payments for India. The RBI obtains data on the balance of payments primarily through the institutional arrangement of the international transaction reporting system (ITRS) prescribed for the authorized dealers in foreign exchange. In accordance with the Foreign Exchange Management Act (FEMA) of 1999, all foreign exchange transactions must be channeled through the banking system, and the banks that undertake foreign exchange transactions must submit various periodical returns and supporting documents prescribed under the FEMA.

In respect of the transactions not routed through banking channels, the RBI obtains information directly from the relevant government agencies, other concerned agencies, and other departments within the RBI. The information is also supplemented by data collected through various surveys conducted by the RBI.

The RBI prepares data on a quarterly basis, releasing the data on its website www.rbi.org.in and also publishing them in the *Reserve Bank of India Bulletin*. The data are compiled in crores of rupees (one crore is equal to 10 million) and are broadly in conformity with the recommendations of the *BPM5*. The data are also expressed in millions of U.S. dollars.

II. Specific Items: Balance of Payments

Current Account

Goods

RBI compiles data on merchandise transactions reported mainly under the ITRS. For exports, it bases data on export transactions and the collection of export proceeds as reported by the banks.

In the case of imports, foreign exchange transactions cover only those imports for which payments have been effected through banking channels in India. For payments for imports not passing through the banking channels, the RBI obtains the information from other sources, primarily government records and borrowing entities in respect of their external commercial borrowing. Since 1992–93, the value of gold and silver brought to India by returning travelers has been added to the imports data with a contra-entry under *current transfers, other sectors*.

Exports are recorded on an f.o.b. basis, whereas imports are recorded c.i.f. The IMF adjusts imports, for publication in this yearbook, to an f.o.b. basis by assuming freight and insurance to be 10 percent of the c.i.f. value.

Services

Under the ITRS, authorized dealers (i.e., banks and other entities authorized to deal in foreign exchange) are required to report details in respect of transactions, other than exports, when the individual remittances exceed a stipulated amount. For receipts below this amount, the banks report only aggregate amounts without indicating the purpose of the incoming remittance. For these receipts, the RBI makes the balance of payments classification on the basis of the *Survey of Unclassified Receipts*—a sample survey the RBI conducts fortnightly.

Transportation

This category covers all modes of transport and port services; RBI bases the data mainly on the receipts and payments reported by the banks in respect of transportation items. In addition to the foreign exchange transactions records, a source is the survey of unclassified receipts.

These sources are supplemented by information collected from major airline and shipping companies in respect of payments from foreign accounts. The RBI also uses a benchmark *Survey of Freight and Insurance on Exports* to estimate freight receipts on account of exports.

Travel

For travel, the RBI obtains data from foreign exchange transactions records, supplemented by information from the surveys of unclassified receipts. The estimates of travel receipts also use the information on foreign tourist arrivals and expenditure, received from the Ministry of Tourism, as a cross-check of the foreign exchange transactions and survey data.

Other services

The insurance category covers all types of insurance (i.e., life, nonlife, and reinsurance transactions). Thus the entries include all receipts and payments that the banks report in respect of insurance transactions. In addition to information available from foreign exchange transactions records, a source is information from the survey of unclassified receipts. The RBI uses the benchmark survey of freight and insurance to estimate insurance receipts on account of exports.

Other services also cover various service transactions like software IT-enabled services, technical know-how, communication services, construction services, management services, professional services, royalties, and financial services. Since 1997–98, the RBI has also included in *software services* the value of software exports for on-site development, expenditure on employees, and office maintenance expenses.

The RBI captures transactions in other services through foreign exchange transactions records and the survey of unclassified receipts, supplemented by data from other sources. For example, for issue expenses in connection with the issue of American depository receipts, global depository receipts, and foreign currency convertible bonds abroad, the RBI obtains information from the details filed by the concerned companies with the RBI's Foreign Exchange Department.

Income

Investment income

Information on investment income transactions is obtained from foreign exchange transactions records and foreign investment surveys, supplemented by information available from various RBI departments. Interest payments on foreign commercial loans are also reported under the RBI Foreign Currency Loan reporting system.

For reinvested earnings of foreign direct investment companies, RBI bases the data on its annually conducted *Survey of Foreign Liabilities and Assets*. For investment income receipts on account of official reserves, it obtains details from its internal records. This category also includes interest accrued during the year and credited to nonresident Indian deposits. For interest on external loans, the RBI obtains data from the government of India records.

Current transfers

General government

RBI obtains the data from the Controller of Aid Accounts and Audit, government of India, whereas for PL–480 grants, it obtains data from the U.S. Embassy in India.

Other sectors

For transactions relating to workers' remittances, the RBI uses the information furnished by authorized dealers regarding remittances received under this category. To supplement data, the RBI collects information in its regularly conducted survey of unclassified receipts. The workers' remittances item also includes in India the redemption of nonresident dollar account schemes and withdrawals from nonresident rupee account schemes.

Financial Account

Direct investment

The RBI obtains basic data from its Foreign Exchange Department records, but it takes information on reinvested earnings from the *Survey of Foreign Liabilities and Assets*, supplemented by other information on direct investment flows.

Up to 1999/2000, direct investment in India and direct investment abroad comprised mainly equity flows. From 2000/2001 onward, the RBI expanded the coverage to include (in addition to equity) reinvested earnings and debt transactions between related entities. The data on equity capital include equity in both unincorporated business (mainly branches of foreign banks in India and branches of Indian banks abroad) and incorporated entities.

Because a lag of one year exists for reinvested earnings, data for the most recent year are estimated as the average of the previous two years. Because of this change in methodology, data before 2000/2001 are not comparable with data since then. However, because intercompany debt transactions were previously measured as part of *other investment*, the change in methodology does not make any impact on India's net errors and omissions.

Portfolio investment

The RBI obtains basic data from its Foreign Exchange Department records, supplemented with information from the *Survey of Foreign Liabilities and Assets*. In addition, RBI receives from the Foreign Exchange Department the details of the issue of American depository receipts, global depository receipts, and stock market operations by foreign institutional investors.

Other investment

Most information on transactions in other investment assets and liabilities is obtained from the Foreign Exchange Department records, supplemented by information received from other RBI departments and various government agencies.

For transactions in external assets and liabilities of commercial banks, RBI obtains entries from their periodic returns on foreign currency assets and rupee liabilities.

For nonresident deposits with resident banks, RBI obtains data from the Foreign Exchange Department records, the survey of unclassified receipts, and information submitted by the relevant banks to the RBI.

Reserve assets

Under reserve assets, the RBI obtains transactions from its records. Transactions comprise changes in the RBI's foreign currency assets and gold, net of estimated valuation changes, arising from exchange rate movement, and revaluations, owing to changes in international prices of bonds/securities/gold. The assets also comprise changes in SDR balances held by the government and reserve tranche position at the IMF, also net of revaluations owing to exchange rate movement.

Indonesia

The following text was confirmed as current in 2009.

I. General

The agency responsible for compiling Indonesia's balance of payments is Bank Indonesia (BI). The BI obtains primary data from various sources, including customs data, the International Transactions Reporting System (ITRS), administrative data from the ministries and other government agencies, and surveys of banks and private sector enterprises.

BI prepares the data on a quarterly basis, publishing them in its monthly bulletin *Indonesia Financial Statistics*, the *Quarterly Review*, and the *Annual Report*. The balance of payments is compiled in millions of U.S. dollars. Transactions denominated in other currencies are converted to U.S. dollar equivalents at the exchange rate prevailing on the transaction dates or the average exchange rate for the period. The balance of payments compilation is in accordance with the concepts set out in the IMF's *Balance of Payments Manual*, fifth edition (*BPM5*).

II. Specific Items: Balance of Payments

Current Account

Goods

Data on goods consist of general merchandise, goods for processing, repairs on goods, goods procured in ports by carriers, and nonmonetary gold. For exports and imports, the BI compiles data on the basis of customs documents and other sources. Goods exported and imported are valued in the customs documents on an f.o.b. and c.i.f. basis, respectively. Imports are converted to an f.o.b. basis by subtracting freight and insurance on imports.

Services

Transportation

This category covers freight, passenger, and other by all modes of transport. Entries for the value of freight debits are mainly estimated on the basis of information on freight furnished in customs declaration forms.

For passenger and freight credits, the BI collects data from the ITRS. Data on passenger transportation debits are estimated based on a survey of travelers and average air fares derived from a survey of travel agencies.

Other transportation includes foreign exchange receipts for use of seaport and airport facilities. The seaport and airport authorities report these data.

Travel

For travel credits and debits, the BI derives entries from censuses and surveys conducted by the Ministry of Tourism and the Central Bureau of Statistics. Estimates are made by combining the number of foreign visitors and the number of Indonesian travelers abroad with estimation of their average expenditures. It should be noted that part of the travel debit item is accounted for by *hajj* pilgrimages.

Other services

Communications. Data cover telecommunications, postal, and courier services, which are obtained from the ITRS.

Construction. Data cover construction and installation projects that have been implemented either abroad or in the compiling economy. The data are obtained from the ITRS.

Insurance. This category covers freight insurance and reinsurance. The BI compiles the data on the basis of information from the customs documents and from the annual reports of insurance companies and the ITRS.

Financial. Data include commissions and fees of financial intermediation. The data are obtained from the ITRS.

Computer and information. Data cover hardware consultancy, software implementation, maintenance and repair of computers, and information services, including data processing and news agency services. The data are obtained from the ITRS.

Royalties and license fees. Data cover receipts and payments for the use of trademarks, copyrights, patents, processes, franchises, etc. The data are obtained from the ITRS.

Other business services. Data cover miscellaneous business, professional, and technical services, etc. The data are mainly obtained from the ITRS.

Personal, cultural, and recreational. Data include services associated with the production of motion pictures on film or videotape, radio and television programs, musical recordings, etc. The data are obtained from the ITRS.

Government, n.i.e. The BI derives data on these transactions from information provided by relevant ministries, as well as by international organizations. The credit entries include expenditures of foreign embassies, foreign diplomatic missions, international organizations in Indonesia, nontax revenue of Indonesia's embassies, and visas on arrival. The debit entries cover the expenditures abroad of Indonesian embassies.

Income

Compensation of employees

Estimates are compiled by combining information on the number of Indonesian workers abroad/foreign workers in Indonesia with a length of stay less than one year with estimates of average income.

Investment income

Direct investment. Data on direct investment interest payments on intercompany debt are estimated on the basis of reports on external debt submitted by foreign direct investment enterprises. Data on direct investment payments on equity investment in Indonesia consist of net contractor sharing of oil and gas company revenues, estimates of other profit transfers of foreign direct investment enterprises, and reinvested earnings obtained from a direct investment survey. For direct investment income credits, the BI derives data from the ITRS.

Portfolio investment. For portfolio investment income, the BI derives data from its accounting records, Ministry of Finance administrative data, the Indonesian stock exchange, and custodian bank reports, supplemented with data from the ITRS.

Other investment. For other investment income, the BI derives data on government external debt from the Ministry of Finance. For income on other sectors' external debt, the BI derives data from its external debt statistics, and data on the banking sector's external debt are obtained from the monetary statistics. Additional data are derived from the ITRS.

Current transfers

General government

The BI derives data from information provided by the United Nations and a government agency. The entries include grants in cash and in kind received by the government for development, including technical assistance.

Other sectors

The entries consist of data on workers' remittances and other transfers, such as premiums (minus service charges), claims for non-life insurance and reinsurance, and nongovernment grants. For workers' remittances credits, the BI estimates data based on information from the Ministry of Manpower and Transmigration's reports on the number of Indonesian workers abroad and their average wages and salaries and on the percentage of wages and salaries being remitted, obtained from Indonesia's migrant workers survey.

For workers' remittances debits, the BI estimates data based on information from the Ministry of Manpower and Transmigration's reports on the number of foreign workers in Indonesia and their average wages and salaries and on the percentage of the wages and salaries being remitted, obtained from the foreign worker survey. For nongovernment grants, the BI derives data from information provided by the United Nations and a government agency.

Capital Account

Capital transfers

The entries include investment grants. The data are derived from information provided by the United Nations and a government agency.

Financial Account

Direct investment

Data on direct investment in Indonesia consist of equity capital and other capital. For equity, the BI derives data from the survey results and administrative records of the Executive Agency for Upstream Oil and Gas Activity (BP Migas). For other capital, it obtains data from foreign debt reports of enterprises. The ITRS is the data source for direct investment abroad.

Portfolio investment

For portfolio investment, the BI derives data from its records, the Jakarta Stock Exchange, the ITRS, and custodian banks' reports.

Other investment

Other investment entries consist of trade credits, loans, deposits, and other claims and liabilities. The BI obtains these data from its external debt statistics, the ITRS, and from the Ministry of Finance administrative data.

Reserve assets

The BI derives the data from its accounting records and includes changes in its foreign exchange holdings. Before 2004, these changes were estimated as differences in amounts outstanding and therefore included valuation changes. Starting from the first quarter 2004, the reserve asset component covers only transactions data and excludes valuation changes.

III. Specific Items: International Investment Position

Indonesia's international investment position is the balance sheet of the stock of Indonesia's external financial assets and liabilities at a point in time. The end-of-period positions for assets and liabilities are presented under the major categories by institutional sector (i.e., monetary authorities, general government, banks, and other sectors) and functional category (i.e., direct investment, portfolio investment, financial derivatives, other investment, and reserve assets).

Data are disseminated in millions of U.S. dollars. The exchange rate used to convert data into the unit of account is the midpoint between the buying and selling of the BI's transaction rate at the end of the period. An attempt was made to value the data at market prices. However, the valuation used for direct investment positions is that recorded in the books of the enterprises.

The data sources in general are similar to those applied in compiling the financial account of the balance of payments.

Direct investment

Data are derived from direct investment survey, external debt statistics, administrative records of BP Migas, and the ITRS.

Portfolio investment

Data on equity and debt securities (asset side) are based on portfolio investment survey results and the banks' monthly reports. Equity securities (liability side) are estimated through accumulation of flows based on the Indonesian Stock Exchange report. Debt securities (liability side) are largely derived from custodian bank reports.

Financial derivatives

Data are obtained from the banks' monthly report.

Other investment

Other investment data (asset side) are based on the banks' monthly report and the ITRS, and they are supplemented by Bank for International Settlements data. For the liability side, data are mostly derived from external debt statistics.

Reserve assets

Data are obtained from the Directorate of Reserve Management of the BI.

Iraq

The following text was confirmed as current in 2009.

I. General

The Central Bank of Iraq (CBI) is responsible for compiling Iraq's balance of payments statistics. The Balance of Payments Statistics Division (BOPSD) of the Statistics and Research Department (SARD) at the CBI has set the methodology for estimating the various components of the balance of payments consistent with the methodology of the International Monetary Fund's (IMF's) *Balance of Payments Manual,* fifth edition (*BPM5*). The CBI obtains primary data from various sources, including internal sources, the Central Organization for Statistics and Information Technology (COSIT), the Ministry of Finance (MOF), other ministries and governmental agencies, commercial banks, and enterprises. The CBI prepares the data on an annual and quarterly basis in U.S. dollars and publishes the data in its *Quarterly Statistical Bulletin* and in its *Annual Bulletin*. Data are also available on the Internet at *http://www.cb-iraq.org/*.

Transactions carried out in other currencies are converted to U.S. dollars using the valid exchange rate at the time the transaction took place. Given the difficulty of obtaining accurate and timely information, estimates for certain components and items might not be comprehensive and will be subject to revisions as more data become available and new estimate models are developed. The errors and omissions item reflects the deficit in coverage, and also reflects classifications, timing, and valuation errors. The direct investment and other investment components in the financial account are strongly affected. However, the existing data reflect the current trends in the economy and are therefore publishable.

II. Specific Items: Balance of Payments

Current Account

Goods

Crude oil exports data are received from the Oil Division of the Investment Department of the CBI, and crude oil barter trade and export data of oil derivatives are received from the Ministry of Oil. Other exports are based on information from the Ministry of Planning and Development Cooperation (MOPDC) and COSIT. But the data from the Ministry of Trade and Customs are used for comparison with data from COSIT. Government imports data are based on (1) information derived from withdrawals from the Development Fund for Iraq (DFI) accounts, which are under the control of the MOF; as the DFI account is managed by the CBI, the BOPSD receives the DFI data from the Investment Department; (2) imports based under the Memorandum of Understanding (MOU) signed with the United Nations (for 2005 only); (3) estimates of imports based on grants receipts; and (4) bartered imports from the Ministry of Oil. Private imports are currently based on data from reporting forms of commercial banks. But foreign currency auction sales of the CBI are currently received for comparison. The main adjustments in the trade data are to exclude the cost of freight (11 percent) and insurance (4 percent) from imports valued on a c.i.f. basis.

Services

Transportation

This category covers various modes of transport and port services. Data on passenger fares for travel by official travelers are based on estimates from the grants received, and on information provided by the MOPDC and other governmental agencies. Port charges are based mainly on reports collected by the CBI from Iraqi Airline, maritime transportation services, and road transport companies. Freight (debit) includes the c.i.f. value of imports and data reported by cargo enterprises and estimates.

Travel

Data on travel are estimated on the basis of average expenditures, number of residents traveling abroad and nonresidents traveling in Iraq, and the duration of their stay. The major data sources are (1) statistics provided by the Residency and Nationality Department of the government, (2) statistics from different ministries and banks of persons sent abroad on official missions, (3) data on numbers of Iraqi pilgrims from the Nationality and Passport Affairs Department, (4) data from the Ministry of Higher Education for Iraqis on study leave, and (5) estimates of grants used for foreign missions and training purposes.

Other services

Communication services. Data are derived from payments through the DFI accounts for services provided to Iraq. Furthermore, data are derived from the grants account that is administered by the MOPDC, the Iraqi weekly Status Report, and information received from the commercial banks and from the Project Contract Office (PCO).

Data on *other business services* are derived from the DFI account, information provided by the PCO, and from the grants account of the MOPDC. Data on *construction services* include payments to nonresident construction companies for services provided by their branches operating in Iraq and are obtained from the PCO account, the grants account, and estimates from the reporting forms of the commercial banks. Data on *financial services* are obtained from reports of commercial banks, the CBI, and the DFI account. Data sources for *computer and information services* include the DFI account, PCO, the grants account of the MOPDC, and the reporting forms of the banking system. For *insurance services,* data are collected from the National Insurance Company and estimated as a fraction of imports at c.i.f. value. Data are also derived from the DFI account (transfers to the Public Ports Company).

Government, n.i.e. Data are derived from the MOF's balance sheet, and from the DFI and PCO accounts.

Income

Compensation of employees

Data on compensation of employees are obtained from the reporting forms of the banking system.

Investment income

Direct investment. Direct investment income covers basically dividends and distributed branch profits. Data, including profits of equity holdings of resident companies, are derived from the reporting forms of the commercial banks and from reporting companies.

Portfolio investment. Interest received on nonresident debt securities held by the monetary authorities and the general government. Data are obtained from reports of the MOF according to DFI data and from the CBI's General Investment Department.

Other investment. Other investment income covers interest receipts and payments on deposits, other commercial and financial claims and liabilities, and interest paid to the IMF on the Fund's SDR holdings in the General Resources Account. Other investment data are obtained from the Accounting Department of the CBI, the MOF (DFI data), commercial banks' reporting forms, and enterprises.

Current transfers

General government

The credit entries include grants from bilateral donors, estimated by the CBI on the basis of data from the MOPDC in the Iraqi Weekly Status Report. They also include taxes received from nonresidents. The debit entries cover transfers considered gulf war reparation payments.

Other sectors

Credit data are estimates for workers' remittances and assistance received from NGOs. Debit data are other support remittances. Data are obtained from commercial banks.

Capital Account

Capital transfers

The entries cover transfers in cash and in kind for development projects from bilateral donors. These data are based on the Iraqi Weekly Status Report. Debt forgiveness data are derived from the agreements with official creditor agencies.

Financial Account

Direct investment

Direct investment enterprises are defined as enterprises with a foreign equity participation of more than 10 percent. Data on direct investment in Iraq are based largely on the reporting forms of commercial banks.

Portfolio investment

Data on portfolio investment are transactions in foreign government treasury bills by the MOF. Data are derived from the DFI account.

Other investment

The Ministry of Oil provides data on trade credits (the difference between oil exports and imports in barter), and currency and deposits for the general government are derived from the DFI account. Data on other assets and liabilities are derived from other depositary corporation (ODC) survey reports, as compiled by the Internal Statistics Division of the SARD at the CBI. Estimates on external debt are derived from the debt table of the MOF and information from the Paris Club on Iraq's debt rescheduling.

Reserve assets

All data on reserve assets are received from the CBI's Accounting Department. Flows are calculated on a monthly basis. Non-U.S. dollar transactions are valued at market exchange rates on the day of the transaction. U.S. dollar transactions are valued according to the auction exchange rate of the last day of the month. Valuation changes are excluded.

Ireland

The following text was confirmed as current in 2009.

I. General

The Central Statistics Office (CSO) is the national office responsible for compiling and publishing official balance of payments, international investment position (IIP), and external debt statistics for Ireland.

Quarterly balance of payments statistics data compilation in Ireland is primarily based on statutory statistical surveys, supplemented with administrative data and data from miscellaneous sources. Up to 2007, CSO undertook all the necessary survey compilation required. Recently, the CSO and the Central Bank and Financial Services Authority of Ireland (CBFSAI) have been involved in a joint initiative to rationalize statistical data collection and compilation for the financial sector and also reduce the burden on data providers. As a consequence, beginning in 2008, the data required from licensed banks (credit institutions) and from investment funds (including money market funds) to meet balance of payments, IIP, external debt, and other statistical requirements have been collected quarterly by the CBFSAI under national CBFSAI legislation as well as the European Union legislation and supplied to the CSO. The CSO continues to collect the required data from its ongoing quarterly statutory surveys of other financial enterprises as well as nonfinancial enterprises. However, the CSO-CBFSAI initiative will be extended over time to other financial enterprises where feasible. The compilation of balance of payments, IIP, and external debt statistics is closely integrated in the CSO with the compilation of national accounts. The statutory quarterly data collection systems operated by both the CSO and the CBFSAI for financial enterprises require transaction data on services, income, and transfers, as well as transactions and position data (together with the reconciliation items) for assets and liabilities. Manufacturing and nonfinancial services companies are required to supply to the CSO current, capital, and financial account data on a transactions basis each quarter, together with quarterly stock data on assets and liabilities.

The data collected largely distinguish resident and nonresident activity—the resident-to-resident element being required for national accounts purposes. The CSO and the CBFSAI also collect geographic details for the nonresident counterparts, as well as (resident) sectoral information. To reduce reporting burden, smaller companies report the information on an annual basis.

Quarterly surveys of enterprises providing internationally traded financial services are designed to collect complete information relevant for compiling the balance of payments and IIP statistics and for wider national accounts purposes. Many of these operate in the International Financial Services Center (IFSC) in Dublin, but, following significant deregulation in 2000, a number of foreign-owned financial enterprises have been established in Ireland outside the IFSC environment.

These quarterly surveys are customized on the basis of the main types of financial activity, namely: (1) collective investment funds (including money market funds, which are separately identified and categorized as *monetary financial institutions* for balance of payments statistical purposes); (2) banking (i.e., the activities of licensed credit institutions that are categorized as *monetary financial institutions* for European Union statistical purposes (3) insurance (distinguishing between life and non-life enterprises) and reinsurance; (4) stand-alone treasury activity; and (5) asset financing, securities trading, and agency and captive treasury activities.

The enterprises that are covered also include administration and management companies, as well as custodians and trustee companies; the main interest in these latter "service provider" companies concerns transactions in financial service fees, although full details are required. As indicated, surveying of collective investment funds and banks is undertaken by the CBFSAI, while the CSO surveys other types of financial enterprise. The system is designed to ensure complete coverage of all the economic activity of these enterprises over the entire year.

The data collection requirements for indigenous financial entities are, in terms of substance, identical as to content and analytical detail to those required from enterprises engaged in internationally traded financial services activities. As such, they are also designed to meet the needs of both balance of payments and national accounts statistics. As a result, Irish resident investment managers report on both assets and liabilities, with a breakdown between resident and nonresident investments. In the balance of payments/IIP context, the objective is to achieve complete coverage of nonresident activity.

From 2004 onward, the CSO quarterly statutory survey of nonfinancial enterprises having nonresident activity was expanded to include their resident transactions and stocks. This addition, as in the case of collection of data from relevant financial enterprises, was designed to meet certain requirements for the national accounts compilation.

The survey information required from all types of financial and nonfinancial enterprises is essentially the same for all. It covers services, transfers, income flows, assets and liabilities, and the reconciliation of positions and flows, along with the necessary counterpart geographic detail.

Besides collecting information from surveys, the CSO's Balance of Payments Division obtains information on merchandise trade and travel statistics from its own relevant compiling divisions. It also uses administrative data from government departments (or their agencies) and from the CBFSAI (in addition to the banking and investment funds survey data that the CBFSAI supplies each quarter to the CSO). The CBFSAI monetary accounts data cover not only reserve assets but also all its monetary activities. In addition, the CBFSAI supplies the CSO with supplementary statistical data related to banking and investment fund activities for data quality purposes.

Apart from data obtained through direct collection, internal CSO sources, or external administrative sources, the CSO also uses ancillary support information to assist with compiling results. This largely consists of Irish Stock Exchange listings; Reuters market information concerning equities and bonds, currency exchange, and interest rates; CBFSAI published statistics; and data from industry associations, embassies, charitable organizations, or other relevant statistical information.

The CSO obtains qualitative information useful for statistical register purposes from its Central Business Register and other sources. In addition, it uses information from the Department of Finance, CBFSAI, and Companies Registration Office sources for statistical register maintenance purposes. It also uses individual company data from the internal CSO trade statistics database, along with any useful information from newspapers, periodicals, etc., as inputs into the statistical register system.

In compiling portfolio investment statistics, beginning in 2008, the CSO uses security-by-security information collected from credit institutions and investment funds by the CBFSAI in its quarterly surveys (referred to above). This information is supplemented by the CBFSAI with relevant attribute data for the individual securities reported from the data held on the Centralized Securities Database (CSDB) of the European System of Central Banks (ESCB). This initiative was taken to meet the European Central Bank's requirements on euro area member states to compile portfolio investment statistics using security-by-security collection and compilation. Portfolio investment data for other reporters are collected on an end-investor, aggregate basis, but it is planned to introduce security-by-security reporting for particular financial sectors over time and where feasible.

Following the overhaul of the survey collection system in the late 1990s, an integrated computer processing system using relational database technology was introduced in late 2001. As a result, a standard processing approach applies to all surveys and administrative data. The system was designed to streamline the entire operation and to facilitate more in-depth analysis tools than were formerly available. Further enhancements of the system are required from time to time to address the changing and very detailed requirements of users.

For reasons of confidentiality, some data are suppressed, in particular in the services account. The subcomponents therefore do not necessarily add to the total for some components.

II. Specific Items: Balance of Payments

Current Account

Goods

Trade in goods is based on customs declarations and, since January 1, 1993, on the Intrastat system for intra-EU trade. Merchandise exports and imports are valued on an f.o.b. basis for balance of payments purposes. Imports are valued on a c.i.f. basis in the official external trade statistics, and this valuation was used in the balance of payments statistics until 1998. Since then, for balance of payments purposes, the necessary adjustments have been made to estimate the f.o.b. valuation of goods imported (the insurance and freight elements of the adjustment being recorded under the appropriate *services* headings).

Some further adjustments are made to the official merchandise trade statistics to conform to the balance of payments principles, particularly those relating to change of ownership and market valuation. In addition, certain export sales of software licenses, formerly included in merchandise exports, are now recorded as service exports.

Services

Transportation

Because merchandise imports have been valued on an f.o.b. basis since 1998, the freight element of the c.i.f. to f.o.b. adjustment on merchandise imports is now split and included under the transportation and insurance service headings. Apart from this, the CSO collects data primarily by means of quarterly inquiries to resident airline and shipping companies.

Passenger fares paid by residents of Ireland to foreign transport companies generally cannot be distinguished and are instead included in the travel (debit) item. Disbursements in Irish ports and airports by foreign carriers, time charters, and other receipts from abroad by Irish carriers are included in the air and sea transport items. These data are collected from administrative sources.

Travel

Data are based on estimates of the number of travelers and their per capita expenditures, provided internally by the CSO's Tourism and Travel Section. These estimates of the number of travelers cover those traveling by public carriers (based on information supplied by sea, air, and land transport companies operating in international traffic) and those traveling privately by road across the Northern Ireland border.

Expenditures by Irish residents abroad and by foreign visitors to Ireland are estimated from information from the large sample survey of travelers (i.e., the *Passenger Card Inquiry*) conducted by the CSO, as well as information from CSO's *Household Travel Survey*. See also information under "Transportation" above.

Other services

Other services largely relate to business services but also include government services and personal, cultural, and recreational services. The CSO compiles information on business and financial services primarily by means of the enterprise surveys referred to above, while for the remaining services, it compiles data on the basis of administrative information supplied by government departments and other agencies.

Communications. The data are compiled from survey information supplied by companies on receivables and payables for international postal, courier, and telecommunications services.

Insurance. Data are based on direct surveys of companies. In the case of resident insurance providers, the insurance service credits are estimated on the basis of premiums and claims data supplied, together with supplementary data on investment income generated from insurance technical reserves. The estimated insurance service charge also includes adjustments for changes in technical reserves as appropriate. Reinsurance activity is included and recorded on a gross basis. The freight insurance element of the c.i.f. to f.o.b. adjustment on merchandise imports is also recorded under insurance as a debit item.

Financial services. Based on direct surveys of companies, data include credits and debits relating to all types of financial service fee charges and receipts (fund administration, investment management and advice, securities trustee and custodial fees, brokerage, foreign exchange dealing charges, commissions, bank charges, etc.).

Computer and information services. These data are based on direct surveys of companies. The computer services item does not include exports and imports of computer software that is embedded in hardware or carried on other physical media; these are included under the *goods* component. Sales and purchases of software transmitted electronically, as well as exports of certain software licenses, are now recorded under computer services (formerly, the value of such licenses was included under the goods component—see also "Royalties and license fees" below). The item also includes payables and receivables relating to computer hardware and software and consultancy. The survey system picks up relatively small exports and imports of information services.

Royalties and license fees. The CSO takes the information from a direct survey of companies; the information covers payables and receivables for the use of patents, copyrights, and other intangibles. The data under this item do not include amounts recorded as exports of computer software licenses and referred to above (see "Computer and information services"). These amounts are not license fees as such, because the relevant software patents or copyrights are not held in Ireland.

Other business services. This component covers receivables and payables for (1) merchanting and other trade-related services, (2) operational leasing, and (3) miscellaneous business services.

Merchanting consists of the sales net of purchases by Irish merchants of foreign goods bought from and sold to nonresidents without entering or leaving Ireland. It also includes the net profit/loss arising from services delivered on a contract basis by nonresidents to foreign customers. Such outsourced services are in many, but not all, cases associated with the supply of goods.

Other trade-related services consist of commissions earned by resident agents or paid to nonresident agents in connection with imports or exports.

Operational leasing covers rental receivables and payables in respect of leasing (other than financial leasing) and charter, without operators, of aircraft, ships, and other transport or other equipment and plants.

Miscellaneous business services cover legal, accounting, management consulting, public relations, advertising and marketing, research and development, and other professional and technical services. It also covers interaffiliate management fees. The data in these components are based on direct surveys of companies.

Personal, cultural, and recreational. This component includes educational services as well as fees and royalties for film, television, and musical recordings and performances. The data are derived from administrative and official sources.

Government, n.i.e. Data include nonlabor expenditures incurred in the host country in the provision of embassy and consular services and receipts in respect of collection of Ireland's budgetary contributions to the European Union. The data are derived from official sources.

Income

Compensation of employees

The information for this component is based on official and administrative sources, survey data, and other internal CSO sources.

Investment income

Direct investment. The CSO compiles data quarterly and annually from the CSO and the CBFSAI direct surveys of companies to facilitate compilation on a *BPM5* (IMF's *Balance of Payments Manual*, fifth edition) basis. Both the inward and outward income flows include reinvested earnings. The component excludes income arising from realized or unrealized capital and exchange gains/losses, as well as any profit (or loss) arising from abnormal circumstances. Geographic detail is allocated on the basis of the debtor/creditor principle, that is, the immediate country of residence of the debtor/creditor.

Portfolio investment. The CSO compiles data quarterly and annually from the CSO and the CBFSAI direct surveys of companies and from official sources. On the credit side, the bulk of the income recorded relates to investments made by financial enterprises (predominantly collective investment institutions, but also including banks and pension funds, as well as institutional investors). On the debit side, collective investment institutions account for most of the outflow, but earnings by nonresident investors in Irish government-issued securities are also significant.

Other investment. The CSO compiles quarterly and annual data from the CSO and the CBFSAI direct surveys of companies and from official sources. Interest flows are requested on an accruals basis on loans, deposits, financial leases, trade credits, etc. The resulting information principally relates to bank interest credit and debit flows.

Current transfers

General government

The entries, compiled from information received from government departments, include EU transfers to the official sector and official overseas aid.

Other sectors

The main components of these entries are the EU transfers to the private sector, pensions and allowances, taxes, and overseas aid donated by nongovernment organizations. The CSO compiles this information from data received from administrative and survey sources. The components also include non-life insurance transfers compiled from the quarterly and annual surveys.

Capital Account

Capital transfers

The entries include the EU and International Fund for Ireland transfers, estimated migrants' transfers, and the outright acquisition or disposal of nonproduced, nonfinancial assets. Debt forgiveness is insignificant for Ireland. The information is obtained from official sources and from survey information.

Financial Account

Direct investment

The information comes primarily from the quarterly and annual surveys of financial and nonfinancial companies referred to above. The information provided to the CSO identifies equity investment and interaffiliate transactions/positions with regard to loans, trade credits, bonds/notes, and money market instruments. Interaffiliate transactions and positions in financial derivatives are recorded under the functional category *financial derivatives*. Reinvested earnings abroad and in Ireland are shown separately.

In the case of transactions between financial intermediary affiliates (including credit institutions), direct investment is limited to those transactions associated with permanent debt and equity investment. The figures also include indicative estimates of the value of investment by households and private individuals in residential and commercial property abroad. The directional principle for recording direct investment has been adopted (but the data are collected in a way that also permits classification according to assets and liabilities if required).

Portfolio investment

Quarterly and annual information comes from the direct surveys of financial and nonfinancial companies referred to above and from official and administrative sources (including the CBFSAI and the National Treasury Management Agency (NTMA)). The administrative data obtained relate to (1) nonresident investment in Irish government securities, (2) investment in foreign securities by the government-established National Pension Reserve Fund, and (3) investment in foreign securities (nonreserve assets) by the CBFSAI.

Collective investment institutions (such as mutual funds and unit trusts) account for the major part of both the inward and outward investment recorded. Other financial enterprises, including banks, insurance companies and pension funds, and institutional investors, are also significant outward portfolio investors.

Financial derivatives

The CSO compiles this information from data received from the quarterly and annual direct surveys of companies and from official and administrative sources. Financial derivative transactions and positions between direct investment-related enterprises are not recorded under *direct investment* but under the separate *financial derivatives* category.

Other investment

The CSO collects other investment data from a combination of the quarterly and annual surveys of enterprises referred to above and from administrative data. Banks and other monetary financial institutions (i.e., money market funds) account for most of the transaction values recorded, although trade receivables and payables for nonbanks are significant. Also included is Irish government borrowing from foreign lenders, as well as the assets and liabilities of the CBFSAI.

Reserve assets

This component covers transactions in non-euro-denominated foreign currency assets of the CBFSAI, where the instruments are issued by residents outside the euro area. The CBFSAI provides quarterly information, compiled on a *BPM5* basis, to the CSO.

III. Specific Items: International Investment Position

As described above, the information required to compile IIP is primarily obtained from the CSO's quarterly survey system. The survey data are supplemented by data from administrative sources (CBFSAI and the NTMA). As such, the integrated collection/compilation system—which also collects details of movements in the reference period due to exchange rate changes and to market price and other changes—facilitates the reconciliation of the balance of payments' financial account with IIP. The CSO has supplied the annual IIP data to the IMF for a number of years, having first published them nationally in 2002.

Direct investment

The information comes primarily from the quarterly and annual surveys of financial and nonfinancial companies referred to above. The information provided to the CSO identifies equity investment and interaffiliate transactions/positions with regard to loans, trade credits, bonds/notes, and money market instruments. Interaffiliate transactions and positions in financial derivatives are recorded under the functional category *financial derivatives*. Reinvested earnings abroad and in Ireland are shown separately.

In the case of transactions between financial intermediary affiliates (including credit institutions), direct investment is limited to those transactions associated with permanent debt and equity investment. The figures also include indicative estimates of the value of investment by households and private individuals in residential and commercial property abroad. The directional principle for recording direct investment has been adopted (but the data are collected in a way that also permits classification according to assets and liabilities if required).

Portfolio investment

Quarterly and annual information comes from the direct surveys of financial and nonfinancial companies referred to above and from official and administrative sources (including the CBFSAI and the NTMA). The administrative data obtained relate to (1) nonresident investment in Irish government securities, (2) investment in foreign securities by the government-established National Pension Reserve Fund, and (3) investment in foreign securities (nonreserve assets) by the CBFSAI.

Collective investment institutions (such as mutual funds and unit trusts) account for the major part of both the inward and outward investment recorded. Other financial enterprises, including banks, insurance companies and pension funds, and institutional investors, are also significant outward portfolio investors.

Financial derivatives

The CSO compiles this information from data received from the quarterly and annual direct surveys of companies and from official and administrative sources. Financial derivative transactions and positions between direct-investment-related enterprises are not recorded under *direct investment* but under the separate *financial derivatives* category.

Other investment

The CSO collects other investment data from a combination of the quarterly and annual surveys of enterprises referred to above and from administrative data. Banks and other monetary financial institutions (i.e., money market funds) account for most of the transaction values recorded, although trade receivables and payables for nonbanks are significant. Also included is Irish government borrowing from foreign lenders, as well as the assets and liabilities of the CBFSAI.

Reserve assets

This component covers transactions in non-euro-denominated foreign currency assets of the CBFSAI, where the instruments are issued by residents outside the euro area. The CBFSAI provides quarterly information, compiled on a *BPM5* basis, to the CSO.

Israel

The following text was confirmed as current in 2007.

I. General

Israel's balance of payments is compiled following the concepts outlined in the fifth edition of the IMF's *Balance of Payments Manual* (*BPM5*). National compilers convert data reported in foreign currencies to U.S. dollars at the period average exchange rate. Transactions are valued at market prices. Transactions with residents of the West Bank and the Gaza Strip are included in the balance of payments.

II. Specific Items: Balance of Payments

Current Account

Goods

The four major sources needed to complete the goods category are (1) the Excise and Customs Department (for import and export entries), (2) the Ministry of Defense, (3) shipping and aviation companies (for purchases and sales of seacraft and aircraft), and (4) the V.A.T. authorities (for transactions with residents of the West Bank and Gaza).

Export trade data are based on records of the movement of goods passing through Customs. The data are based on the definitions and the administrative rules of Customs, which have been adapted to conform as closely as possible to the definition of the balance of payments (i.e., change in ownership). Imported goods are recorded upon their release from customs points, whereas exported goods are recorded according to the date they were loaded for transport. Imports and exports of goods do not include transactions that do not involve a change of ownership, such as imports for exhibitions.

The Ministry of Defense estimates direct defense imports of military equipment, by multiplying the price per item by the number of items for large items (such as planes) and on the basis of payments made for small items. Estimated defense imports are calculated at quarterly intervals during the year and are included only in the balance of payments (i.e., they are not included in the current statistics for foreign trade).

Expenditures on pier and porterage fees, included in the customs data, have been deducted from the imports c.i.f. since 1960. Since 1967, the data include goods transactions with residents of the West Bank and Gaza. The source of these data are special V.A.T. invoices, used only for transactions with residents of these areas. In addition, data are included on the value of electricity exported, the value of sales of old vehicles (obtained from licensing data from the Licensing Department), and data on the value of bunker oil to those areas.

According to the foreign trade compilation rules, goods entering bonded warehouses are not recorded in foreign trade statistics, except for a small number of bonded warehouses. Sales to foreign ships and aircraft from these latter warehouses are recorded as exports, and imported goods that arrive at these warehouses are listed in the balance of payments as imports, contrary to the current statistical records of foreign trade.

Equipment imported to be leased for a period of more than one year is listed as imports. These imports are offset as financial flows, as part of foreign investment in Israel. Charter hires are recorded as transportation services. Bunker oil and food supplied to ships and aircraft are recorded as goods. Exports of software are listed in the balance of payments as exports of services.

Although national compilers attempt to adjust the current merchandise data to suit balance of payments definitions, the problem of timing remains unsolved: the flow of imports is recorded when the goods are released from Customs, and the financial flow is recorded when the payment occurs in the banking system. Any timing discrepancy is reflected in the item *net errors and omissions*, with no possibility of locating the direction and size of the error.

Services

Transportation

The major sources for freight and transportation are Israeli companies that operate ships and aircraft on international routes, foreign shipping and aviation companies that operate in Israel, the Ports Authority in Israel, ship and aircraft repair companies, companies that supply food and bunker oil to ships and aircraft, and the Civil Aviation Service of the Ministry of Transport.

Transactions include receipts resulting from the transport of cargo by foreign carriers temporarily leased by Israeli companies. The data also include receipts and payments by ships owned by Israeli subsidiaries under a foreign flag (convenience flag), operated by Israeli agents only.

Some reports of Israeli shipping and aviation companies include a detailed breakdown of expenditures according to type of currency and not according to the location of the expenditures—in Israel or abroad. Compilers correct or adjust the item *other expenditures* in these reports (which includes information from other sources), such as the purchase of tickets for travel abroad by Israelis in foreign currency or the purchase in Israel of bunker oil in foreign currency.

Beginning in 1971, repairs of Israeli ships and aircraft performed abroad by foreign insurance agents have been included in expenditures of Israeli shipping and aviation companies. At the same time, these expenditures have been recorded as income from insurance claims in the insurance item. Until 1971, this listing, as well as that included in the insurance item, was a net figure.

Travel

For estimation of credit entries, compilers use a semiannual survey of foreign tourists, conducted by the Ministry of Tourism and under the supervision of the Central Bureau of Statistics (CBS). The survey provides the average expenditure per tourist during each half year, while the total expenditure of foreign tourists is estimated according to the average expenditure and the total number of tourists leaving Israel each quarter. (This latter figure is obtained from the statistics of the CBS Demography Department.)

Debits are estimated on the basis of a quarterly updated survey conducted by the CBS for 1997, regarding the average expenditure per tourist, and on current data on departures abroad of Israel residents, published by the CBS.

Other services

Sources include (1) data reported by the Foreign Exchange Activity Department of the Bank of Israel; (2) reports of shipping, aviation, and insurance companies that operate in Israel and of companies engaged in leasing imported equipment; (3) V.A.T. reports on transactions with the West Bank and Gaza Area provided by the CBS; (4) the Employment Service; (5) the Ministry of Communications; (6) the national telecommunications provider (Bezek); and (7) the Post Authority.

Insurance. Insurance transactions are derived from premiums less claims paid. The data also include estimates of payments by residents of the West Bank and Gaza to social funds in Israel. (The data were estimated according to reports provided by the Employment Service.)

The principal sources for insurance transactions are reports from (1) the insurance companies operating in Israel (provided by the Superintendent of Insurance); (2) Israeli shipping and aviation companies; and (3) the Employment Service. The Superintendent of Insurance collects the data annually; no quarterly information is available on transactions made during the year. Calculations of income and expenditure on premiums (other than life insurance) are made prior to the allocation for the insurance fund.

The item also includes insurance performed directly abroad, mainly by Israeli shipping and aviation companies. Claims include the change in pending claims. This charge was also recorded as a counterpart in the financial accounts. The component of savings in the capital movement (premiums and claims) is listed under life insurance.

Also included are imputations for the repair of ships on account of insurance companies when these repairs are carried out directly by the insurance companies and not through the Israeli shipping and aviation companies. The imputations are made to protect the rule of recording premiums, less claims. Compilers include under *investment income* and *other services* the payments and receipts of interest, commission, advertising, and administration by insurance companies.

Income

Compensation of employees

The two main components of this item are wages paid to foreign workers and to residents of the West Bank and Gaza.

Statistics on *foreign workers* are based mainly on data from the National Security Institute on average wages and on estimations of total foreign workers, provided by the CBS. The Israeli balance of payments statistics treat all foreign workers as foreign residents, despite the considerable growth in their number during recent years. This treatment is not in line with *BPM5* recommendations regarding residence. (According to those recommendations, foreign workers living in the host economy for more than one year are considered residents of the economy.) The CBS Demography Department makes efforts to compile more precise statistics on these workers, according to the length of their stay in Israel.

As of 1967, compensation of employees includes estimates of wages received in Israel by *residents of the West Bank and Gaza*. Data on this item are based on CBS estimations of total employees from this area working in Israel and on average wages paid to them, according to the Employment Service. The data on wages received by residents of the West Bank and Gaza are calculated before various deductions have been made. Tax payments on these wages are classified as transfer payments.

Incomes earned by Israelis in overseas countries are recorded on a net basis, after taxes have been deducted.

Investment income

Since 1995, the Israeli balance of payments statistics have presented this item according to the full breakdown of financial instruments, types of investment, and institutional sectors, as required by *BPM5*. In 1995, a change in methodology was also implemented.

The principal sources for investment income are the Ministry of Finance, the Bank of Israel, Israeli shipping and aviation companies, insurance companies, and CBS estimates based on balances and relevant interest rates related to certain types of investments.

Transactions in this item include estimates of undistributed earnings and simultaneous recording of these earnings under the financial account, as direct investment.

All entries for interest include accrued interests, with simultaneous recording of new financial assets or liabilities of the same type as the original asset.

Some data included in this item are net of income tax paid to Israel.

Current transfers

General government

This item includes receipts of the Israeli government from grants of foreign governments. The principal sources for this item are the Ministry of Defense and the Ministry of Finance.

Other sectors

The principal sources are data from the Foreign Exchange Activity Department in the Bank of Israel, national institutions, and nonprofit organizations. The data include receipts of Israeli residents in the framework of the German Personal Restitution Law, that were transferred to Israel. Receipts deposited abroad are not recorded.

Capital Account

Capital transfers

This category consists mostly of migrants' transfers. For the purpose of the balance of payments statistics for Israel, the national compilers regard as immigrants the persons who have received an immigrant visa, as well as people who are immigrants. This category also includes residents who have been out of the country for a long period.

Until 2000, all deposits from abroad into immigrants' accounts were classified as immigrant transfers. Since 2001 only data provided by the Bank of Israel on transfers to accounts of immigrants who have been in Israel for a maximum period of three years are classified as capital transfers. Transfers to accounts of immigrants who have been in Israel for more than three years are considered to be withdrawals from deposits abroad. Data series for the period prior to 2000 have also been revised in line with this methodology. Financial transfers abroad by emigrants are not included.

Financial Account

Some financial flows are estimated as changes between the balance at the beginning and the balance at the end of the reporting period. Because these changes include revaluations resulting from fluctuations in the exchange rate, the balances, which are broken down by the currency, are used to estimate the revaluation amounts.

The principal sources include (1) the Foreign Exchange Activity Department and the Supervisor of Banks at the Bank of Israel; (2) the Ministry of Finance; (3) the Ministry of Defense; (4) shipping, aviation, and insurance companies that operate in Israel; (5) companies that import equipment for rental or leasing; and (6) CBS estimates.

Direct investment

According to the international standards, the basic criterion for defining direct investment enterprises/direct investors is a 10 percent ownership, regardless of whether the investor has an effective voice in management. However, all nontraded enterprises having a cumulative percentage of foreign investors greater than 10 percent are treated as direct investment enterprises, regardless of the percentage of ownership of each nonresident investor. Unincorporated enterprises are excluded from the direct investment data.

For direct investment in Israel, the data are compiled primarily from an international transactions reporting system (ITRS). Secondary sources are information from a direct reporting system (DRS) and data from the Israeli Securities Authority. Press reports are used for cross-checking the data.

For direct investment abroad, the data are compiled from the ITRS and the DRS. Press reports are used for cross-checking the data.

The data include ownership of land and buildings abroad/in Israel by residents/nonresident enterprises and individuals.

Geographic and industrial breakdowns of direct investment are available, based on data obtained from the DRS and the Israeli Securities Authority. The geographic allocation of the data is based on the debtor/creditor principle.

The "Fully Consolidated System" (FCS) regarding the treatment of indirectly owned direct investment enterprises is not fully applied. Also, the "Current Operating Performance Concept" (COPC) regarding earnings calculations is not fully applied.

Portfolio investment

Regarding portfolio investments of residents abroad, the ITRS reports purchases of foreign securities through local banks. The DRS reports securities purchases through residents' foreign accounts.

Information on portfolio investments of nonresidents in Israeli shares traded abroad comes from the Israeli Securities Authority on direct investors and from the banking system on holdings of foreign securities by residents. The compilers calculate the difference between the total market value of Israeli shares traded abroad and these two items as being the estimate of portfolio investments of nonresidents in shares traded abroad.

Data on foreign securities held abroad by residents are not available and are not deducted from the estimate.

New securities issuances abroad are considered to be purchased only by nonresidents.

The main sources for the data on portfolio investments of nonresidents in Israel are the ITRS and data from the Israeli Securities Authority.

Other investment

Currency and deposits

The compilers base the data on currency and deposits on banks' reports to the Supervisor of Banks. Additional information sources are the ITRS and DRS. The source data do not include information on receipts and payments, and, therefore, the estimation of differences resulting from fluctuation in exchange rates is calculated according to the monthly balances rather than daily balances.

Reserve assets

The definition of Israel's reserve assets conforms to the concept outlined in the *BPM5*, and the data include only those foreign assets readily available to and controlled by the monetary authorities. Reserve assets are valued at current market prices, with the exception of gold. The foreign exchange component includes accrued interest on securities. The data are obtained from the balance sheets and records of the Bank of Israel.

III. Specific Items: International Investment Position

End-of-period stocks of external financial assets and liabilities are presented under the following data categories: direct investment, portfolio investment, financial derivatives, other investment, and reserve assets. Standard components consist of beginning and end-period positions of external assets and liabilities, as well as changes in positions during the period associated with transactions, exchange rate changes, price changes, and other adjustments.

The data are compiled in accordance with the methodology set out in *BPM5* and the *External Debt Statistics: Guide for Compilers and Users*, 2003 (*Debt Guide*). Concepts, definitions, and classifications are in general accordance with those outlined in the *BPM5* and the *Debt Guide*.

Equity capital and reinvested earnings data include real estate transactions. Positions do not include real estate figures.

Financial negotiable assets and non-debt instrument liabilities are valued at current market prices, whereas debt instrument liabilities are valued nominally. The accrual principle is used for recording position data.

Direct investment

Direct investment data are based on enterprise surveys, as well as on administrative sources and balance of payments transactions data. Compilers employ estimations to calculate reinvested earnings. Reconciliation of stocks and transactions data (each emanating from a different reporting system) verifies the data.

Portfolio investment

Portfolio investment data are based on custodian surveys as well as on administrative sources. Portfolio investment data include holdings of foreign securities held through domestic custodians. Reconciliation of stocks and transactions data (each emanating from a different reporting source) verifies the data.

Financial derivatives

The source is the banking system.

Other investment

Other investment data are based on enterprise surveys, loan-by-loan reporting, and domestic banking statistics. Estimations for trade credits are made on the basis of import and export data and company surveys.

Reserve assets

Reserve assets data are from the Bank of Israel's Controller's Office.

Italy

The following text was confirmed as current in 2008.

I. General

The balance of payments is compiled and published on a monthly basis by the central bank, (Banca d'Italia—BI). Compilation is performed on the basis of statistical data collected by the BI and the Italian National Statistical Institute (Istituto Nazionale di Statistica—ISTAT) and on the basis of other minor sources. The main data sources are the foreign exchange reports collected by the BI from banks, monetary authorities, enterprises, and households.

On a monthly basis, banks and monetary authorities report all their claims and liabilities vis-à-vis residents and nonresidents. Information is broken down by type of assets/liabilities, currency of denomination, maturity, and debtor/creditor country. Reporters declare assets in securities on a security-by-security basis, using the ISIN (International Securities Identification Number) code.

Banks also report on a monthly basis their own and their clients' external transactions with a breakdown by type of transaction, currency, and country. They transmit the flow reports in the frame of the Matrice Valutaria (MV) system. From January 2002, an exemption threshold applies for data reported within the MV system (EUR 12,500 until December 2007; EUR 50,000 from January 2008 for transactions settled with the EU, Iceland, Liechtenstein, Norway, and Switzerland).

Nonbanks (enterprises, households, and other financial intermediaries) are required monthly to report their own cross-border transactions exceeding the threshold value, either directly to the BI or through a resident bank, if settlement takes place in this way. They transmit the data in the frame of the Comunicazione Valutaria Statistica (CVS) system. Information is broken down by type of transaction, country, currency, and variables used to classify the operators (type of operator, type of enterprise, branch of economical activity, last financial year's turnover, number of employees). Nonbank reporters state the transactions in securities on a security-by-security basis with the ISIN code. The system also collects the gross value of those transactions that are settled net, provided that the net amount, or at least the gross amount, exceeds the threshold value. Also for data reported within the CVS system, an exemption threshold is applied (threshold: EUR 12,500 until December 2007; EUR 50,000 from January 2008 for transactions settled with the EU, Iceland, Liechtenstein, Norway, and Switzerland).

For some items, the BI conducts sample surveys: (1) Since 1996, a sample survey of travelers has been in place to compile the travel service account; (2) since 1998, an enterprises survey has been used to measure the international transportation services; and (3) since 1998, an annual survey of portfolio investment and direct investment position has been carried out; some questions regard data on reinvested earnings.

Data for trade in goods, government services, insurance services, and intergovernmental transfers are supplemented and/or adjusted, using information from additional sources, mainly from ISTAT.

The data collection system for the Italian international investment position (IIP) is based on a contribution of pure stock data and on the accumulation of flows. For portfolio investment assets, annual stock data are based on the survey of portfolio investment position, performed in the framework of IMF's Coordinated Portfolio Investment Survey.

Italy's IIP is currently compiled semiannually and published in the BI's *Statistiche Analitiche dei Rapporti con l'estero* issued monthly (http://www.bancaditalia.it). Annual data on the IIP are also published in the BI's *Annual Report*.

Italy's balance of payments and IIP methodology is described in country pages of the *European Union Balance of Payments/International Investment Position Statistical Methods*, published by the European Central Bank (ECB) (http://www.ecb.int), and in the BI-UIC publication "Manuale della bilancia dei pagamenti e della posizione patrimoniale sull'estero dell'Italia" (only in Italian).

II. Specific Items: Balance of Payments

Current Account

Goods

General merchandise data are based mainly on foreign trade statistics compiled and published by the ISTAT. Merchandise exports and imports are compiled on an f.o.b. basis. Adjustments for valuation, coverage, and time of recording are made based on additional information provided by the ISTAT and the BI.

Transactions related to goods for processing are classified in accordance with the recommendations of the *BPM5*. Transactions related to repairs on goods are recorded gross. Data for nonmonetary gold are based on trade statistics. Data on goods procured in ports by carriers are based on trade statistics in the case of credit entries and on banks' records in the case of debit entries.

Services

Data on international service transactions are classified in accordance with the recommendations of *BPM5*. Data on these services are mainly compiled from information provided in the foreign exchange reports of banks, enterprises, and households. Data on transportation and travel services are derived from the BI's sample surveys. Data on government services and on insurance services are supplemented with information provided by ISTAT.

Transportation

Merchandise transport items are estimated on the basis of a BI sample survey of transport enterprises. The survey is conducted with the aim of establishing the average unit costs of merchandise transport and the market shares of the Italian carriers. The estimates are also based on corresponding data about volumes of imports and exports (from the foreign trade statistics). The survey has been conducted yearly since 1998. For 1989–97, time series data have been revised in accordance with the new methodology.

Passenger transport items were estimated on the basis of the sample survey of transport enterprises and the sample survey of international tourism (for data on the number of passengers). Starting from 2002, both passengers' transport costs and number of passengers are derived from the BI's survey on international tourism.

Travel

Up to 1989, the data were compiled from transfers related to international trips for tourism, business, health, and education purposes and from credit card transactions. A monthly sample survey of travelers, introduced in 1996 and covering about 60 border points, has now become the main source of data for travel services. The survey provides a detailed breakdown by purpose of the travel, according to the supplementary items indicated in *BPM5*. Historical data for 1990–95 have been revised and adjusted in a linear manner with the results of the survey.

Other services

Communications. This category is divided into postal services, telecommunications, and other communications services since 1990.

Construction. This item includes settlements (advances, intermediate installments, balances on acceptance, etc.) related to building activities (public works, industrial buildings, private sector construction, etc.). Until the 1998 data, it also included settlements related to research (geological, oil prospecting, etc.). Goods exported from Italy to the building site are excluded from construction abroad (credits) and are recorded as exports of goods. Goods imported into Italy from contractors or from third countries are excluded from construction in Italy (debits) and are recorded as imports of goods.

Insurance. Until the 1998 data, information was collected on (1) gross premiums received by resident enterprises from nonresident policyholders, or paid by resident policyholders to foreign insurers (separately available for freight, life, and other types of insurance and reinsurance) and (2) gross claims and other forms of insurance payments disbursed by resident insurers to foreign policyholders, or received by resident policyholders from foreign insurers (also separately available for life and other types of insurance and reinsurance). The distinction between life and other insurance has been possible only since 1990.

From the 1999 data onward, service charge coefficients for life and other insurance services are estimated only on the credit side, using information on the Italian insurance companies obtained from an annual ISTAT survey. The estimated coefficients are applied to the debit side also. For life and other insurance, except freight insurance, the estimated service charge coefficients are applied to premiums collected through the settlement system.

For freight insurance, the service charge coefficients are applied to the premium estimated, in line with the c.i.f.–f.o.b. conversion method. For all types of insurance services, an estimation of the premium supplements is undertaken, and an offsetting entry in the income account is made. All claims received/paid and the residual part of the premiums are also entered under the category of private current transfers or of other investment (for non-life and life insurance, respectively).

Income

Compensation of employees

This category of *income* covers gross earnings of employees for work performed for residents of other economies, including employers' contributions to social security schemes. The data are based on receipts and payments related to wages and salaries (including also those paid by foreign embassies in Italy or by Italian embassies abroad); data are obtained mainly from the foreign exchange reports. The item does not currently cover salaries of Italian employees working for international institutions located in Italy.

These data are supplemented with estimates based on information from the Organization for Economic Cooperation and Development (OECD) on the tax and social security systems in member countries. Further adjustments are made on the credit side only, since an estimated proportion of remittances from abroad is attributed to wages and salaries earned by Italian employees.

Investment income

This item covers receipts and payments associated with foreign financial assets and liabilities respectively. Portfolio investment income on bonds and notes and on money market instruments is compiled on the basis of the accrual principle. Reinvested earnings are recorded under direct investment income.

Direct investment income does not include income on trade credits between affiliated enterprises and income from intercompany loans. Other investment income does not include income on trade credits or interest on financial leases.

Current transfers

General government

These data are classified according to the nonresident counterparts (i.e., the European Union, other international organizations, national entities and institutions, and other nonresidents). Information on intergovernmental transfers is derived from quarterly ISTAT statistics based on data from the Ministry of Economy and Finance.

Debit entries for transfers from/to other nonresidents include (1) pensions paid by Italian pension schemes to private nonresidents, based on foreign exchange reports, and (2) transfers (estimated) made by the Italian government to nonresidents employed in Italy by resident enterprises.

Credit entries, partly estimated based on data provided by the Ministry of Labor, include (1) voluntary or compulsory contributions paid by foreign workers in Italy and by their employers to Italian welfare institutions and (2) all duties and taxes paid by private nonresidents to Italian tax authorities.

Other sectors

These data are partly estimated based on the foreign exchange reports and, for workers' remittances, on money transfer operators' reports. The entries comprise (1) workers' remittances; (2) pensions paid by foreign pension schemes to private Italian residents; (3) cash transfers, such as subsidies, alimony, donations, inheritances, annuities, bequests, and gifts in general; (4) indemnities or fines received or paid by private residents to nonresidents; (5) contributions (voluntary or compulsory) paid by Italian employees and their employers to foreign social security entities; (6) duties and taxes paid by private Italian residents to foreign tax authorities; (7) amounts (estimated) of transfers received abroad by Italian workers from nonresident government agencies; and (8) receipts and expenditures related to insurance claims (see note on insurance services).

Capital Account

Capital transfers

General government

These data, derived from quarterly ISTAT statistics based on data from the Ministry of Economy and Finance, are classified according to the nonresident counterparts (i.e., the European Union, other international organizations, and national entities and institutions).

Other sectors

These data include migrants' transfers, as measured by cash transfers recorded in the foreign exchange reports. Data also include transfers in kind that determine a change in ownership of fixed assets (machinery and equipment).

Acquisition/disposal of nonproduced, nonfinancial assets

These data, compiled from the foreign exchange reports, cover patents, know-how (inventions, processes, and other techniques of economic importance to production that are not legally protected and therefore constitute industrial secrets), and trademarks.

Financial Account

The banks and nonbanks report the foreign exchange data from which these items are derived. Until 1997, data compilers derived the net financial transactions in assets and liabilities of banks and monetary authorities by adjusting the change in stocks for exchange rate and valuation changes in the reference month. Since 1998, banks and nonbanks are required to report data on their foreign transactions (pure flow data), with a breakdown by type of operations, currency, and country.

Direct investment

Italy complies with the recommendations of the *BPM5*. Until 1998, the compilers classified a cross-border investment as "direct" if the investor owned 20 percent or more of the equity capital or if the reporter declared that it was a lasting relationship. Starting from 1999, an investment is classified as direct if the shares owned represent 10 percent or more of the equity capital.

Furthermore, direct investments are calculated according to the directional principle. Reinvested earnings are included and are calculated using information collected through the BI survey on direct investment assets and liabilities.

Portfolio investment

This category includes all foreign transactions related to negotiable financial instruments. The data are collected on a security-by-security basis. Adjustments for accrued interest on debt securities are made monthly.

Financial derivatives

This item includes (1) daily margins for derivatives, (2) premiums earned/paid for derivatives, and (3) net payments at the close of the derivatives operations. The general reporting system collects all these data. Securities traded in the context of financial derivatives contracts ending with the actual delivery of the underlying instruments are recorded under portfolio investment for the full amount finally settled (strike price). The notional difference between strike and market price cannot be allocated to the item for financial derivatives.

Other investment

Trade credits

It is frequently impossible to match each settlement related to merchandise trade (recorded by the BI) with the corresponding border-crossing of goods (recorded by ISTAT). When settlements take place more than two months before, or after, the date on which the goods cross the border, data compilers derive the connection from foreign exchange reports. Presently, these data are used only to estimate medium- and long-term trade credits (more than 12 months). Short-term trade credits are also estimated.

Loans

The item *loans (general government)* under *other investment* also includes some foreign transactions that initially constituted trade credits but that have subsequently been reclassified as financial loans. An example is when foreign purchasers default, and Italian exporters receive compensation from the Italian Export Credit Insurance agency, which becomes the new creditor.

Currency and deposits

This item records all banks' financial transactions, except direct and portfolio investment (see above). Data on currency and deposits held by residents in nonresident banks are obtained either from the domestic bank reports or from enterprise and household reports, when settlements do not take place through domestic banks.

Other assets and liabilities

This item includes initial margins on financial derivatives, Italy's capital subscriptions to nonmonetary international organizations, and other nonallocable financial assets and liabilities.

Reserve assets

These data are derived from the balance sheet of the BI. Italy complies with the recommendations of *BPM5* and with the national definition of reserve assets approved by the ECB Governing Council in March 1999.

III. Specific Items: International Investment Position

Direct investment

Adjustments for direct investment are based on Italian and foreign stock exchange indices and on exchange rates. For real estate, the adjustments refer only to the exchange rates.

Portfolio investment

Adjustments are based on Italian and foreign stock exchange indices, on market price indices of various financial instruments, and on exchange rates.

Other investment

Exchange rate and valuation adjustments for trade credits are assumed to be nil. Valuation adjustments for loans and for Italy's capital subscription to nonmonetary international organizations (included in other assets) are assumed to be nil.

Jamaica

The following text was confirmed as current in 2009.

I. General

The Economic Information and Publications Department of the Bank of Jamaica (BOJ) is responsible for compiling the balance of payments of Jamaica. The department obtains primary data from various sources, including the Statistical Institute of Jamaica, the Jamaica Tourist Board, government ministries and agencies, remittance companies, and authorized foreign exchange dealers. In addition, the BOJ conducts annual surveys of businesses to collect information on services, income, transfers, and private capital flows. It also obtains information on foreign exchange reserves from its own records.

The department's statisticians compile data in U.S. dollars and convert the transactions denominated in other currencies to U.S. dollar equivalents at the rate prevailing at the time of the transaction or at the average exchange rate for the period. The department prepares detailed balance of payments data on an annual basis and publishes them in the BOJ's *Balance of Payments Annual Report*. These data are reported to the Fund annually in the *BPM5* format. The department publishes preliminary monthly data in summarized format in the BOJ's *Monthly Statistical Digest* and *Economic Statistics*.

Beginning with 1994 data, the presentation of accounts used in Jamaica's balance of payments is consistent with the international standards recommended in the *BPM5*.

II. Specific Items: Balance of Payments

Current Account

Goods

The main source of data is the trade statistics compiled from customs documents by the Statistical Institute of Jamaica. The trade statistics cover general merchandise, goods for processing and for repairs, and nonmonetary gold. In conformity with the requirements of the *BPM5*, adjustments have been made to include the exports and imports of the free zones and to show separately goods procured in ports by international carriers. The BOJ obtains data on goods procured in ports by carriers from a survey of the oil companies, the national airlines and agents of foreign airlines, and shipping companies. Imports are valued on a c.i.f. basis and adjusted to an f.o.b. basis (see note to "Transportation"). Exports are valued f.o.b.

Services

Transportation

This category covers freight and passenger services by all types of transportation. The Port and Airport Authorities of Jamaica provide data for port services. The BOJ also derives data from annual surveys of the national airlines, foreign airlines, and shipping companies. It obtains information on passenger services from surveys of national airlines and foreign airlines. Data for freight are estimated at 15 percent of non-oil imports (c.i.f.) and 4 percent of oil imports (c.i.f.).

Travel

Compilers derive travel credits from expenditure surveys carried out by the Jamaica Tourist Board. Credit data also come from immigration statistics on the number of visitors and their average length of stay. Travel debits are compiled from banking records and from data supplied by the Ministry of Labor.

Other services

Insurance. Compilers obtain the data from annual surveys of insurance companies and foreign exchange authorized dealers. Freight insurance is estimated at 1 percent of total imports (c.i.f.).

Financial. The data cover commissions and other financial services provided or received by the financial sector. Estimates are obtained from annual surveys of the financial sector.

Computer and information. The BOJ obtains data for these items from the annual survey of the relevant enterprises.

Royalties and license fees. This item covers transactions involving intangible nonfinancial assets and property rights. Data are obtained from the annual survey of business enterprises and from banking records.

Other business services. The entries for this item include commissions, management and agent fees, and advertising. The BOJ gathers information from the annual survey of business enterprises and from banking records.

Government, n.i.e. Data for government services receipts come from the annual survey of embassies, consulates, and international organizations located in Jamaica. The BOJ compilers obtain debit entries from the relevant government ministries and the Jamaica Defense Force.

Income

Compensation of employees

The BOJ acquires data from relevant government institutions, bank records, and the annual survey of embassies, consulates, international organizations, and the national and foreign airlines.

Investment income

The entries cover income receipts and payments associated with direct investment, portfolio investment, and other investment, as well as income receipts for reserve assets. Data are derived from the annual survey of business enterprises, bank records, Ministry of Finance, the BOJ, and the Accountant General's Department. The estimates include an allowance for the reinvestment of earnings of direct investment companies.

Current transfers

General government

The Ministry of Finance and bank records supply the data. Data include grants in cash and in kind, payments of pension, and contributions to administrative budgets of international organizations.

Other sectors

The entries include gifts in cash and in kind, workers' remittances, pensions, premiums, and claims relating to non-life insurance. The BOJ derives the information from bank records, remittance companies, post offices, building societies, the annual survey of nonprofit voluntary organizations, and insurance companies.

Capital Account

Capital transfers

General government

Data for this item come from the Ministry of Finance and annual surveys.

Other sectors

Data come from the customs department and the annual survey of nonprofit organizations.

Financial Account

Direct investment

Compilers collect the data through the annual survey of companies, the Jamaica Investment Promotion Company (JAMPRO), and commercial bank records. The definition of direct investment enterprises conforms to that in the *BPM5*.

Portfolio investment

The Jamaica Stock Exchange, stockbrokers, commercial banks, and money market brokers provide the data.

Other investment

This item includes loans to the government and to the private sector, trade credits, premiums on life insurance, and other assets and liabilities. The BOJ obtains data from its records, the Ministry of Finance, the Export/Import (EXIM) Bank, commercial bank records, building societies, and the annual survey of business enterprises.

Reserve assets

The BOJ takes data on SDR holdings and reserve position in the Fund from the Fund's records. It obtains data on changes in foreign holdings from its own records, the EXIM Bank, and various government agencies.

III. Specific Items: International Investment Position

Direct investment

The BOJ collects the data through the annual survey of companies. These data are supplemented by information obtained from published financial statements of companies.

Portfolio investment

The BOJ collects the data from the Jamaica Stock Exchange, commercial banks, money market brokers, and other enterprises through annual surveys.

Other investment

The BOJ obtains data from its records, the Ministry of Finance, commercial bank records, and the annual survey of business enterprises.

Reserve assets

The BOJ obtains data from its records.

Japan

The following text was confirmed as current in 2009.

I. General

The Finance Minister is responsible for compiling the balance of payments and the international investment position (IIP) and reporting these statistics to the IMF. The Foreign Exchange and Foreign Trade Law (the FXL), a law that regulates cross-border transactions, empowers the Minister to collect data needed for compiling balance of payments and IIP statistics by receiving reports on various types of cross-border transactions from the relevant entities. Most underlying data are collected based on such reporting requirements, while other data are collected by implementing supplemental surveys (e.g., the survey on trade credits) and using data from other statistics (e.g., trade statistics, statistics on tourists).

The FXL directs the Minister to prepare the balance of payments and IIP statistics and to report these statistics to the Cabinet by the end of May each year. The FXL also allows the Minister to entrust part of its operations regarding enforcement of this law to the Bank of Japan (BOJ). Based on the FXL, the Minister entrusts major aspects of balance of payments and IIP compilation to the BOJ, such as collecting reports, aggregating and processing data, and estimating figures.

Therefore, in fact, the Ministry of Finance (MOF) and the BOJ jointly release the balance of payments and IIP. The MOF undertakes a monthly press release on the balance of payments with the BOJ, a quarterly release of the regional breakdown of the balance of payments, a yearly release of the IIP, and publication of these statistics on its website. The BOJ publishes these statistics in the *Balance of Payments Quarterly* and posts long-term time series data and detailed breakdowns of data on its website.

Both the balance of payments and the IIP are compiled in yen, whereas the underlying data are reported in yen, U.S. dollars, and other foreign currencies. Data on transactions reported in foreign currencies are converted to yen by applying average foreign exchange market rates during the period when such transactions were conducted. In compiling the IIP, compilers convert the data denominated in foreign currencies into yen by applying end-of-period foreign exchange market rates.

The classification of cross-border transactions generally corresponds to the methodology recommended in the IMF's *Balance of Payments Manual,* fifth edition *(BPM5).* Some modifications, however, are made to accommodate Japan's own practices. Variations from the *BPM5* include the following:

(1) Transactions in nonmonetary gold associated with gold investment accounts/savings accounts are included in other investment in the financial account, instead of goods; these transactions are regarded as financial transactions because gold held in these accounts is considered a financial asset, and transactions in these accounts do not involve the import or export (moving cross-border) of the gold.

(2) Two *BPM5* sectors—monetary authorities and general government—are merged into a public sector classification.

II. Specific Items: Balance of Payments

Current Account

Goods

General merchandise

The data are mainly obtained from the trade statistics, released by the MOF. To convert these statistics to a balance of payments basis, some adjustments are undertaken. The main adjustment involves deducting insurance and freight costs from the import figures, while the other adjustments are made in respect of coverage and time of recording (from the customs clearance basis to a change of ownership basis).

The information necessary for these adjustments is obtained from several reports, including the reports on revenue and expenditure of air/marine transportation enterprises, the report on insurance of exported/imported merchandise, and the report on payments or receipts (the Payments Reports). Basically, any resident who made a payment of more than 30 million yen to a nonresident or received such a payment from a nonresident has to submit the Payments Reports to the Finance Minister via the BOJ. Reported data are categorized and compiled into the balance of payments.

Goods for processing

The data are obtained from the trade statistics and the Payments Reports. With adjustments aforementioned, data in the trade statistics are quoted.

Repairs on goods

The data are obtained from the Payments Reports and the reports on revenue and expenditure of air/marine transportation enterprises.

Goods procured in ports by carriers

The data are obtained from the reports on revenue and expenditure of air/marine transportation enterprises and the Payments Reports.

Nonmonetary gold

Besides the Payments Reports, with the adjustment for deducting insurance and freight costs, data on transactions of nonmonetary gold in the trade statistics are utilized. Transactions of nonmonetary gold associated with the gold investment/savings accounts are recorded in *other investment* of the financial account.

On the other hand, transactions of gold as intermediary trade are recorded under *merchanting and other trade-related services* in services.

Services

Transportation

The data are obtained from the reports on revenue and expenditure of air/marine transportation enterprises and the Payments Reports. This item includes the value of freight, deducted from the value of imports in the trade statistics. Distinctions between subitems, such as *sea transportation* and *air transportation,* depend on types of transportation methods.

Travel

The main source data to estimate the amount of the goods and services acquired from an economy by travelers are survey results on expenditures of foreign travelers in Japan and Japanese overseas travelers. The data on per capita expenditure of these travelers are estimated by utilizing the number of such travelers (the statistics on tourists).

Other expenditures, not covered by this survey, are estimated by utilizing data from other sources. For example, data on the expenditures of long-term international students are estimated by using data published by government agencies. In addition, data on large amounts of medical expenses are obtained from the Payments Reports. The distinction between business and personal travel is made by detailed information of the survey results and other sources.

Other services

Communications. The data are obtained from the Payments Reports.

Construction. The data are obtained from the Payments Reports.

Insurance. The figures on the provision of insurance services are mainly estimated by utilizing data on the Payments Reports and the reports on revenue and expenditure of air/marine transportation enterprises. This item also includes commissions paid to insurance agents.

Financial. The data are obtained from the Payments Reports and the report on business income submitted by financial institutions and the reports on securities issuance.

Computer and information. The data are obtained from the Payments Reports.

Royalties and license fees. The data are obtained from the Payments Reports.

Other business. The data are obtained from the Payments Reports and the reports on revenue and expenditure of air/marine transport enterprises. Payments and receipts for trade in goods and nonmonetary gold without clearing the Japan Customs are classified as *merchanting*.

Personal, cultural, and recreational. The data are obtained from the Payments Reports.

Government, n.i.e. The data are obtained from the Payments Reports and other information from relevant government agencies.

Income

Compensation of employees

The data related to the compensation of employees are obtained from the Payments Reports. The data on wages, salaries, and other benefits received by Japanese crews on foreign ships and aircraft, as well as those paid to nonresident crews on Japanese ships and aircraft, are obtained from the reports on revenue and expenditure of air/marine transportation enterprises.

The definition of residence applied to the balance of payments follows the rule set by the FXL. This law classifies all foreigners working in offices located in Japan or hired in Japan as residents irrespective of length of stay. Therefore, the compensation of seasonal foreign workers is not recorded in this category. When such funds are transferred to these foreign workers' home countries, these payments are recorded as *workers' remittances* in current transfers.

Investment income

Direct investment. The data on interests and dividends between direct investment enterprises and direct investors are obtained from the Payments Reports and the report on business income submitted by financial institutions. The data on reinvested earnings are obtained from the annual reports on retained earnings submitted by the residents concerned.

Portfolio investment. The data are obtained from the Payments Reports and the report on business income submitted by financial institutions. Stock dividends are additionally obtained from the reports on securities transactions.

Concretely, income from holding zero-coupon bonds is estimated based on the data in the report on the value and yield on zero-coupon bonds. Income from interest rate swaps, currency swaps, and forward rate agreements is also recorded in this category.

Other investment. The data are obtained from the Payments Report and the report on business income submitted by financial institutions. A survey on trade credits is also undertaken to estimate interest income from trade credits.

Current transfers

General government

The data on current transfers of the public sector are obtained from government agencies. The Payments Reports are also utilized supplementarily.

Other sectors

The data on non-life insurance claims are mainly obtained from the Payments Reports and the report on insurance of exported/imported merchandise. Data on other current transfers are mainly obtained from the Payments Reports. Information on foreign aid and reports on workers' remittance are also utilized supplementarily.

Capital Account

Capital transfers

The data on capital transfers of the public sector, including debt forgiveness, are mainly obtained from government agencies. With respect to capital transfers in banks and other sectors, main data are obtained from the Payments Reports, whereas the data on debt forgiveness are obtained from reports submitted by the residents concerned.

Acquisition/disposal of nonproduced, nonfinancial assets

The data are obtained from the Payments Reports.

Financial Account

Direct investment

The data on transactions are obtained from the Payments Reports. Data on reinvested earnings are obtained from the annual reports on retained earnings submitted by the residents concerned.

Portfolio investment

The data are mainly obtained from the reports on securities transactions submitted by securities companies, banks, major institutional investors, and government agencies. The data compilers also use the report on redemption of securities and securities lending to compile the data for this item.

Financial derivatives

The data are obtained from the report on derivatives transactions submitted by securities companies, banks, and major institutional investors and the Payments Reports.

Other investment

Trade credits

The data are obtained from the survey on trade credits, covering such credits from/to nonresidents to/from major trading and manufacturing companies in Japan.

Loans

The data are mainly obtained from the reports on loans submitted by financial institutions and the Payments Reports. Offset entries for securities-lending transactions are made in this item.

Currency and deposits

The data are mainly obtained from the reports on assets and liabilities submitted by banks and the Payments Reports.

Other assets and liabilities

The data are mainly obtained from the reports on assets and liabilities submitted by banks and the Payments Reports. This item also includes transactions in nonmonetary gold associated with gold investment/savings accounts.

Reserve assets

The MOF data are utilized.

III. Specific Items: International Investment Position

Direct investment

The data are obtained from the annual reports on retained earnings submitted by the residents concerned, which include the position data related to direct investment. The Payments Reports supply additional information.

Portfolio investment

The data are mainly obtained from the annual position reports on securities holdings submitted by securities companies, banks, and major institutional investors.

Other investment

The data on trade credits are obtained from the survey on trade credits. The data on loans and on currency and deposits are mainly obtained from reports on assets and liabilities submitted by banks.

Reserve assets

The MOF data are utilized.

Jordan

The following text was confirmed as current in 2008.

I. General

The Central Bank of Jordan (CBJ) is responsible for compiling Jordan's balance of payments and international investment position (IIP) statistics. The CBJ obtains primary data from various sources, including the Department of Statistics (DOS), Ministry of Finance (MOF), Ministry of Industry and Trade, Amman Stock Exchange (ASE), Department of Lands and Surveys, other government agencies, and financial and nonfinancial enterprises.

It also obtains information internally from its various departments and from banking sector institutions using the International Transactions Reporting System (ITRS) forms.

The CBJ compiles the data in millions of Jordanian dinars. It compiles balance of payments data on both a quarterly and annual basis and publishes them in its *Monthly Statistical Bulletin* and *Annual Report* and on its website.

Beginning with the June 2004 issue of the *Monthly Statistical Bulletin*, CBJ published balance of payments data according to the methodology of the IMF's *Balance of Payments Manual,* fifth edition (*BPM5*). Beginning with the August 2007 issue of the *Monthly Statistical*

Bulletin, CBJ began publishing the annual IIP according to the methodology of the *BPM5* and the *IIP Guide to the Data Sources,* published by the IMF.

II. Specific Items: Balance of Payments

Current Account

Goods

DOS derives and compiles trade statistics principally from the customs declarations. Exported and imported goods are valued on an f.o.b. and c.i.f. basis, respectively. For balance of payments purposes, CBJ adjusts for coverage, such as for the exclusion of imports by nonresidents, and for reclassification, such as for freight and insurance costs.

The central bank converts imports data, compiled on a c.i.f. basis, into an f.o.b. basis by excluding the freight and insurance costs. The data compilers record the amounts deducted for freight and insurance services provided by nonresidents under *transportation: freight* and *other services: insurance,* respectively.

Services

Transportation

For credit and debit entries for transportation services (freight and passenger), CBJ derives data from information provided by Aqaba Port Authority and by airline shipping and land companies, respectively. CBJ records entries for freight credits on the basis of data on freight and other transportation extracted from ITRS forms.

The breakdown between "passengers" and "other transportation" is estimated based on available information and indicators from the main transportation companies. Entries for freight debits are estimated at 9 percent of c.i.f. imports.

Travel

For travel, CBJ bases entries on the number of departures and arrivals, provided by the Ministry of Tourism and Antiquities in cooperation with the Ministry of Interior, and on the results of tourism surveys, conducted by DOS. These surveys provide information on the average expenditure of foreign tourists coming into Jordan and resident tourists traveling abroad, and on the average duration of stay.

Compilers use data on the number of Jordanians studying abroad—sourced from the Ministry of Higher Education—to estimate education expenditures abroad; these estimates are included in the travel debits.

Other services (net)

The item includes all services not classified in the abovementioned items. The most important items are insurance, communication and computers, construction, trade, finance, and trademarks and licensing fees. The debit entries for insurance are estimated at 2 percent of imports c.i.f. The other items in the category cover the receipts and payments as shown in the ITRS forms.

Government services, n.i.e. The credit entries cover mostly income derived from services rendered by Jordanian embassies and Jordanian diplomatic and political missions abroad, as well as services provided by public sector institutions. The debit entries cover expenditures of the Jordanian military, government, and public institutions for settlement of commercial payments and for the purchase of services. The central bank obtains the data from ITRS forms.

Income

Compensation of employees

Receipts represent income and benefits obtained by resident workers, including seasonal and cross-border workers, as a compensation for being employed abroad by nonresidents.

Payments represent income and benefits obtained by nonresident workers, including seasonal and cross-border workers, as a compensation for working in the Kingdom. CBJ obtains the data from both the ITRS forms and the Ministry of Labor.

Investment income

Receipts represent the returns and accrued interest acquired by resident investors from their equity and financial assets (such as bank deposits, loans, securities, and stocks) issued by nonresident institutions. Coverage includes general government, CBJ, and commercial banks. The main sources for these data are the CBJ and the MOF.

Payments represent the returns obtained by nonresident investors from their equity and financial assets in the Kingdom. Coverage includes general government, CBJ, and commercial banks. The main sources for these data are CBJ and the MOF.

Current transfers

These refer to the contra-entries of real flows of goods and services, as well as financial and nonfinancial assets that do not result in transfer of ownership of fixed assets or forgiveness of a liability by a creditor. These transfers include the following:

General government

Comprises grants and funds received or paid by the government from and to nonresidents.

The CBJ obtains data from the MOF on general government transfers and from other sources.

Other sectors

Workers' remittances. The receipts side represents inward transfers from nonresident Jordanians working abroad, for the purpose of current expenditures in Jordan. These remittances are estimated on the basis of the ITRS forms every month.

The payments side represents outward transfers made by non-Jordanians residing and working in Jordan. These remittances are estimated on the basis of data from the Ministry of Labor on foreign workers and the average monthly transfer per single worker in Jordanian dinars.

Other transfers. This item consists of grants and funds given to residents, except for public sector transfers and workers' remittances from nonresidents or grants, and funds given from residents, except for public sector transfers and workers' remittances to nonresidents. It also includes United Nations compensations.

Capital Account

This account consists of both capital transfers and acquisition or disposal of nonfinancial, nonproduced assets, where capital transfers represent the offsetting entries of forgiven debt and other capital transfers, including the value of capital grants. The CBJ compiles debt forgiveness in this account, obtaining data from the MOF.

Financial Account

Direct investment

Abroad: This item represents residents' investment abroad, broken down by equities, reinvested earnings, and net other claims on nonresident subsidiaries. The data are available only for 2004–06. The sources are the foreign investment survey conducted by DOS in 2006, in addition to commercial bank data received from the CBJ Banking Supervision Department and annual reports of public shareholding enterprises.

In Jordan: This item represents nonresidents' investment in Jordan, broken down by equities, reinvested earnings, and net other claims on resident enterprises. In this item the CBJ compiles the cash inflows net of outflows as recorded by the Ministry of Industry and Trade for registered enterprises, receipts for the purchase of real estate in Jordan by nonresidents, and 10 percent or more of nonresidents' equity shares in Jordanian enterprises as recorded by the ASE.

Portfolio investment

On the asset side, data cover residents' ownership of foreign equity, foreign debt securities, and foreign financial instruments, other than those included in foreign direct investment and reserve assets. The coverage includes commercial banks, and the main sources are data received from the CBJ Banking Supervision Department.

Portfolio investment liabilities cover nonresidents' ownership of domestic equity, debt securities, and financial instruments, other than those included in foreign direct investment and reserve assets. Portfolio investment in Jordan covers net transactions (sales and purchases) of Jordanian securities by nonresidents as recorded by the ASE.

The 10 percent rule is applied to distinguish direct investment from portfolio investment. The item also includes purchases of bonds issued by big enterprises by nonresidents.

Other investment

On the asset side, data cover all financial transactions related to residents' assets abroad and not included in direct investment, portfolio investment, or reserve assets. The instrument classification of this investment comprises trade credits, loans, currency, and deposits.

Other investment liabilities include all financial transactions related to nonresidents' assets in Jordan and not included in direct investment, portfolio investment, or reserve assets. The instrument classification of this investment comprises trade credits, loans, currency, and deposits, as follows:

Trade credits

Entries for trade credits on the liability side are registered net and are obtained from the consolidated balance sheets of the banking system.

Loans

For drawings and principal repayments of government loans, CBJ compiles data from the MOF. For the banking sector's loans, CBJ obtains data from the monthly consolidated balance sheets. For other sector loans, CBJ obtains data from the ITRS forms and directly from semi-governmental enterprises, in addition to data from the International Financing Corporation (IFC).

Currency and deposits

For the banking sector deposits, the CBJ obtains data from monthly consolidated balance sheets. On the liabilities side, deposits at the CBJ represent changes in deposits held by nonresidents, and these data are obtained from the CBJ monthly balance sheets.

Reserve assets

Consists of external assets available and controlled by the CBJ for use in financing balance of payments statistics imbalances. It includes monetary gold, SDRs, reserve position in the IMF, and foreign exchange assets (currency and deposits and securities). Data include changes in market balances and in the holdings of foreign securities, as shown in the CBJ monthly balance sheet.

III. Specific Items: International Investment Position

Partial IIP data from 1996 to 2005 were compiled by the CBJ on an annual basis and sent to the IMF for publication. (Position data for direct investment abroad [assets], direct investment in Jordan [liabilities], portfolio investment/equity securities/other sectors [liabilities], and loan liabilities of the private nonbanking sector are not available.)

In addition, since the August 2007 issue of the *Monthly Statistical Bulletin*, the CBJ began to publish annual IIP data. Beginning with 2004 data, the IIP coverage expanded to include foreign direct (outward and inward) and portfolio (assets and liabilities) investment, and loans of other sectors.

As a statistical statement, Jordan's IIP shows the stocks of external financial assets and liabilities at the end of each year. This stock is the result of balance of payments transactions and other factors (such as revaluations, reclassifications, or write-offs), valued at market prices.

Direct investment

For the most recent years, the estimates for outward investment are made depending on commercial bank investment and other nonbank enterprises shown on foreign investment survey reports, in addition to the annual reports of public shareholding enterprises. The estimates for inward investment are derived from balance of payments transactions, in addition to other changes.

For years prior to 2004, the outward investment data are not available. The estimates for inward investment are based on balance sheets of enterprises and investments in land and real estate. For 2004 and 2005, both assets and liabilities are derived from the foreign investment survey conducted by DOS in 2006. Estimates for 2006 and 2007 are derived from balance of payments transactions, supplementary information from the ASE (used for estimating other changes in position), enterprise reports, and data on investments in land and real estate.

Portfolio investment

For the most recent years, estimates of portfolio investment assets and liabilities are based on a combination of commercial bank statistics, collected by the CBJ Bank Supervision Department, and annual reports of public shareholding enterprises and ASE data.

The estimates for 2004 and 2005 are derived from the foreign investment survey conducted by DOS in 2006, while the source for years prior to 2004 was an internal project depending on ASE data, enterprise reports, and monthly balance sheets of commercial banks. These sources—in addition to balance of payments transactions—are used in deriving estimates for 2006 and 2007.

Other investment

The sources are the same as for balance of payments transactions, namely, CBJ balance sheets, consolidated balance sheet of licensed banks, MOF data, and IFC data.

Reserve assets

The main source of reserve assets is the CBJ balance sheet.

Kazakhstan

The following text was confirmed as current in 2009.

I. General

The National Bank of Kazakhstan (NBK) is responsible for compiling Kazakhstan's balance of payments and international investment position statistics. Data are compiled in U.S. dollars. For stocks and transactions denominated in other currencies, the NBK converts data into U.S. dollars at the official exchange rate that closely approximates the market rate on the reference or transaction date.

The NBK obtains primary data from various sources, including internal sources, the Committee for Customs Control (CCC), the Agency of the Republic of Kazakhstan for Statistics (ARKS), the Ministry of Finance, other governmental agencies, commercial banks, nonfinancial enterprises, households, and nonprofit institutions serving households (NPISHs).

The NBK compiles the balance of payments of Kazakhstan in accordance with the international standards recommended in the IMF's *Balance of Payments Manual*, fifth edition (*BPM5*). The data are broken down by regions into the Commonwealth of Independent States (CIS) and non-CIS countries.

The NBK prepares the data on a quarterly and annual basis and publishes the data quarterly in its *Statistical Bulletin* and *Balance of Payment and External Debt*, as well as annually in its *Annual Report*. Data are also available at its Internet address: www.nationalbank.kz.

The international investment position of Kazakhstan is compiled with the same timeliness and periodicity as the balance of payments, and both data sets are published together.

II. Specific Items: Balance of Payments

Current Account

Goods

The NBK bases general merchandise data on external trade statistics compiled by the CCC from customs declarations. The data are adjusted for coverage, classification, and valuation for balance of payments purposes. The main adjustments are to exclude the cost of freight and insurance from imports valued on a c.i.f. basis, include "shuttle" trade, and adjust for barter operations.

Exports and imports of goods registered by customs are adjusted to include transactions in goods that, owing to several reasons, the customs statistics did not capture—in particular, exports and imports of goods by individuals (so-called shuttle traders). The NBK bases shuttle trade adjustment on data for the number of individuals crossing frontiers and their average expenses abroad on goods.

Customs statistics report, as a rule, that barter exports to the rest of the world do not coincide with barter imports. The NBK reconciles entries on barter operations by an adjustment for nonequivalent barter.

Services

Transportation

This category covers all modes of transport and port services. The NBK bases the data for passenger fares and port charges mainly on reports it collects from marine shipping, airline, railway, and road companies.

Freight includes the data reported by cargo enterprises and estimated transportation of goods carried from/to the frontier countries and the rest of the countries. Freight estimates for frontier countries and for the rest of the countries are based on the yearly survey and are used for the data beginning in 2000.

Travel

The NBK estimates data on travel on the basis of estimated average expenditures, number of residents traveling abroad and nonresidents traveling in Kazakhstan, and the estimated duration of their stay. Information on travelers by country of origin or destination and type of travel is also available.

Other services

Other business services. The NBK derives data on other business services, except for government services, from quarterly enterprise surveys. These services consist mainly of construction and geophysical services. Data on construction services on the debit side also include payments to nonresident construction companies for services provided by their branches operating in Kazakhstan. The NBK also obtains data on financial services from reports of commercial banks and financial intermediaries.

Government, n.i.e. The NBK derives data from quarterly surveys of public authorities and the banking system. Credit entries include the expenditures (operating expenses in particular) of foreign embassies and consulates located in Kazakhstan. Debit entries cover all expenditures abroad by Kazakhstan's embassies and consulates.

Income

Compensation of employees

From 2000 onward, the NBK obtains data on compensation of foreign employees working on a legal basis from quarterly reports submitted by enterprises. From 2005 onward, the NBK estimates compensation of labor migrants from CIS countries working in Kazakhstan on an unofficial basis. These estimates are based on data of the Ministry of Internal Affairs on numbers of migrants and data of ARKS on average wages and salaries broken down into different industries. An additional source of information is the data provided by the Ministry of Labor and Social Safety on the number of the imported labor force and the average salary.

Investment income

Direct investment. Direct investment income covers dividends/distributed branch profits, reinvested earnings on equity capital, and interest on other capital. The NBK records dividends on the date they are accrued, reflects reinvested earnings on the date they are earned, and records interest on an accrual basis. It collects data from quarterly surveys of foreign direct investment enterprises. Additional sources of information are the data on registration of (or notification about) capital movement operations.

Portfolio investment. Portfolio investment income covers payments of interest on Kazakh debt securities held by nonresidents and receipts of interest on foreign assets (including National Oil Fund assets) held by the NBK, commercial banks, enterprises, and households. Other investment income covers interest receipts and payments on long- and short-term loans, deposits, other commercial and financial claims and liabilities, loans from the International Monetary Fund (IMF), and holdings of SDRs. The NBK obtains data from internal sources, reports of the Ministry of Finance, commercial banks, financial intermediaries, enterprises, households, and NPISHs. Additional sources of information are the data on registration of (or notification about) capital movement operations.

Current transfers

General government

The credit entries include technical assistance from multilateral and bilateral donors, estimated by the NBK on the basis of data from the Ministry of Economy and Budgetary Planning. The entries also include humanitarian aid data, collected by the CCC from customs statistics, and taxes received from nonresidents.

The debit entries cover data on current contributions to international organizations.

Other sectors

With respect to private remittances, the NBK obtains the data from commercial banks.

Capital Account

Capital transfers

The entries cover migrants' transfers and grants in the form of capital goods received under programs of humanitarian aid, technical assistance, and debt forgiveness. The NBK bases the estimates of migrants' transfers on the number of different categories of migrants and average transfers. The estimates of debt forgiveness are based on registration of (or notification about) capital movement operations.

Financial Account

Direct investment

Direct investment enterprises are defined as enterprises with a foreign equity participation of more than 10 percent, except the branches of foreign construction and drilling companies considered as nonresidents. The NBK bases data for direct investment in Kazakhstan and abroad largely on quarterly reports of commercial banks, enterprises, households, and NPISHs.

The Ministry of Finance provides information on sales of shares and property of privatized enterprises that were in public ownership. Additional sources of information are the data on registration of capital movement operations.

Portfolio investment

The NBK derives the data on portfolio investment from internal sources and surveys of financial intermediaries, commercial banks, the Central Depository, nonfinancial enterprises, and households. The Ministry of Finance provides data on the bonds issued by the government sector abroad. For secondary market transactions, data come from reports of the Central Depository and financial intermediaries. Additional sources of information are the data on registration of (or notification about) capital movement operations.

Other investment

The Ministry of Finance provides data on the external public debt. The NBK derives the data on other assets and liabilities from banking reports, reports of enterprises, NPISHs, and NBK records. Additional sources of information are the data on registration of (or notification about) capital movement operations.

Reserve assets

The NBK derives all data on reserve assets from its records and the IMF data. The detailed information allows the NBK to distinguish transactions from valuation and other changes and to record them in the balance of payments and international investment position (IIP) statistics.

III. Specific Items: International Investment Position

In 2001 the NBK began compiling and publishing quarterly IIP statistics according to the *BPM5* recommendations for all sectors of the economy. Sources of information on IIP data are the same as those used for the balance of payments.

Kenya

I. General

The agency responsible for compiling the balance of payments for Kenya is the Central Bureau of Statistics (CBS). The CBS collects data from various sources, including the Customs Department, the Central Bank of Kenya (CBK), quasi-government corporations, and the Ministry of Finance and Planning (MOFP).

The CBS conducts annual balance of payments surveys of various institutions and enterprises in the private sector and international organizations to collect data on services, income, and transfers. The CBS is also responsible for analyzing, publishing, and disseminating this information.

From 1999 onward, the classification of the accounts used in the balance of payments in Kenya generally complies with the format recommended in *BPM5*. Balance of payments estimates are compiled in Kenya shillings on an annual basis and published in the yearly *Economic Survey* and *Statistical Abstract*.

Transactions denominated in other currencies are converted to Kenya shillings using the exchange rate prevailing at the time. Prior to 2001, CBS publication data were compiled in Kenya pounds (K£). A Kenya pound is equal to 20 Kenya shillings.

II. Specific Items: Balance of Payments

Current Account

Goods

CBS derives merchandise data from international trade statistics compiled by the Customs Department of the Kenya Revenue Authority. Data on imports are valued on a c.i.f. basis, which are adjusted to an f.o.b. basis by deducting freight and insurance. The adjusted imports on a c.i.f. basis are obtained after including military and electricity imports and excluding transactions in monetary imports, cinematographic films, and newspapers and periodicals. Exports are valued on an f.o.b. basis. Data on goods procured in ports and on repairs on goods are sourced from a shipping survey, an airlines survey, and customs data.

Services

Transportation

This category covers passenger fares, freight services by all modes of transport, and port services. The credit entries are derived from information obtained from Kenya Railways, sea transport, air road, inland waterway (Lake Victoria), and pipeline transport firms. Data on passenger fares, port services, and leases are obtained from Kenya Airways (KA), the Kenya Airport Authority (KAA), Nairobi Airport Services, bus companies, and Kenya Ports Authority. Port services include services to shipping lines.

Travel

Data are obtained from CBK returns on invisible transactions. Plans are underway to conduct a sample survey of departing visitors, to which regular monthly data on travel receipts from the CBK's foreign exchange record can be benchmarked.

Other services

Communications. This item covers postal and telecommunications services. Data are provided by the Kenya Postal Corporation, TelKom Kenya, and mobile phone service providers (Safaricom and Kencell).

Insurance. This item covers nonmerchandise insurance. Data are obtained from the Commissioner of Insurance and KA.

Financial. This item includes brokerage, service fees, and commissions. Data are mainly obtained from KA and foreign shipping agents. This item covers foreign airlines office expenses, brokerage and commissions (including bank charges), management, consultancy, and director's fees, professional and technical services, newspapers and periodicals. The sources of data are KA, CBK, and the Treasury.

Royalties and license fees. This item covers royalties and the joint venture arrangements between KA and other airlines.

Other business services. This item covers mainly operational leasing services. Data are obtained from KA on flight equipment leases.

Government, n.i.e. This item includes receipts by foreign embassies and international organizations in Kenya and funding of Kenya's embassies abroad; expenditures for printing and minting of notes and currency; payments to preshipment inspection companies; and purchases of technical assistance. Information is obtained from CBK, the Ministry of Foreign Affairs, and the MOFP. It also includes aircraft landing fees and seaport taxes. The former is obtained from the KAA and KA, while the latter, from a shipping survey.

Income

Investment income

Direct investment. Includes reinvested earnings, undistributed branch profits, dividends, distributed branch profits, and interest due for payment. Data on dividends and profits are obtained from the foreign exchange record of CBK. Data on interest payments are obtained from quasi-government corporations. Data on interest paid by the government are obtained from the Treasury.

Current transfers

General government

This item includes program grants. Data are derived from the Treasury budget out-turn.

Other sectors

This item includes workers' remittances and transfers to nongovernmental organizations. The information is obtained from the foreign exchange record of CBK and is supplemented with data from an annual nongovernmental organizations survey.

Capital Account

Capital transfers

This item includes project grants, debt forgiveness, investment grants, and migrants' transfers. Data are obtained from the MOFP.

Financial Account

Direct investment

The source of the data is the CBK and the Nairobi Stock Exchange. Plans are underway to carry out a Foreign Direct Investment Baseline Survey.

Portfolio investment

The sources of the data are the CBK and the Nairobi Stock Exchange.

Other investment

This category includes disbursements and repayments on long-term loans received by the central government from foreign governments and international organizations. It also includes repayments on long-term loans received by local government. Sources of the data are the budget of the government and the External Resources Department. Disbursements and repayments on long-term loans received by other sectors include loans received by quasi-government corporations but borrowed through the government. Sources of the data are the CBK, quasi-government corporations, and the Treasury.

Reserve assets

The source of the data is the CBK.

Republic of Korea

The following text was confirmed as current in 2009.

I. General

The Bank of Korea (BOK) is responsible for compiling the balance of payments and international investment position (IIP) for the Republic of Korea. The BOK obtains data for the balance of payments and IIP from various sources, such as (1) the BOK's own surveys, (2) the Korean foreign exchange receipts and payments statistics (KFX) compiled by the BOK, (3) import-export statistics from the Korea Customs Service (KCS), and (4) other administrative sources.

The data are compiled in U.S. dollars. As far as possible, transactions denominated in other currencies are translated into U.S. dollar equivalents at the rates prevailing at the time of the transaction.

The BOK has compiled balance of payments statistics in accordance with the methodology recommended in the *BPM5* since January 1998 and has revised previous data for 1980–97. In March 2002, the BOK released its first annual IIP statistics for 2001. The balance of payments data are prepared on a monthly basis, while IIP statistics are compiled and released on a quarterly basis. The BOK publishes the balance of payments data in its *Monthly Balance of Payments*; both the balance of payments and IIP statistics are available on the BOK's website, http://ecos.bok.or.kr.

The definitions and classifications used in Korea's balance of payments and IIP statistics generally correspond with those recommended in the *BPM5*. Slight differences exist, however. The criterion for defining residents and nonresidents is based on the definition in the Foreign Exchange Transactions Act, which defines residents as (1) any private person who has a domicile or residence in the Republic of Korea; (2) organizations, agencies, or other equivalent entities located in the Republic of Korea, including branch offices or other offices of nonresidents; and (3) any foreigner who has stayed in the Republic of Korea more than six months.

Nonresidents are defined as (1) any private person and any juristic person other than residents; (2) organizations, agencies, or other equivalent entities located in foreign countries, including foreign branch offices or other offices of residents; (3) nationals of the Republic of Korea who have worked in business offices or other offices abroad; and (4) nationals of the Republic of Korea who have stayed abroad for more than two years.

II. Specific Items: Balance of Payments

Current Account

Goods

Exports and imports of goods are based on import-export statistics compiled by the KCS. The trade data record the physical movement of goods across Korea's customs boundaries. For balance of payments purposes, the data are adjusted to correct for timing discrepancies arising when exports or imports of goods are reported to the Customs Service in one period but are actually shipped or received in another; this adjustment is based on surveys of shipbuilders, airlines, etc. Also, structural adjustments are made for coverage and valuation to bring the trade data into conformity with balance of payments concepts.

Services

Transportation

For transportation services, the BOK derives entries from the KFX and surveys of resident airlines and shipping companies. The KFX data provide a breakdown by transportation category (i.e., passenger transportation, freight, or other transportation).

Travel

The KFX data include both nonresidents' sales of foreign currency in Korea and residents' purchases of foreign currency in Korea. The KFX also covers the use of traveler's checks and credit cards. Business and personal travel has been distinguished since 2006.

Other services

Communications. For this item, compilers use the KFX and a survey of communications companies.

Construction. Since 1999, the BOK has made a distinction between construction contracts of less than one year (recorded as services) and contracts with a duration of one year or more (recorded as direct investment). It obtains the data from the KFX. Previously all foreign construction activities were recorded under direct investment, even when the duration of the project did not exceed one year.

Insurance. Credit entries comprise the net of premiums received and claims paid. Debit entries comprise the net of premiums paid and claims received. The BOK obtains the data from the Financial Supervisory Service and the Korean Insurance Development Institute.

Financial. The data cover (1) transfer charges, commissions, and other financial fees provided or received by banks in Korea; and (2) commissions and other financial fees associated with the purchase and sale of Korean securities paid by nonresidents to Korean securities brokers. These data are obtained from the KFX and the Financial Supervisory Service.

Royalties and license fees. The data include transactions with nonresidents involving the use of intangible assets and proprietary rights. The KFX supplies the data.

Government, n.i.e. Data are obtained from the KFX. This item includes money transfers to Korean embassies abroad and to foreign embassies in Korea, which are taken as a proxy for expenditure by these institutions and their staff.

Income

Compensation of employees

The KFX is the data source for receipts and payments associated with compensation of employees.

Investment income

For receipts and payments of investment income, the BOK obtains the data mainly from the KFX, recording them on a payment basis. For financial lease payments, it also obtains information from a monthly survey of several airlines and shipping companies.

Current transfers

For general government transfers, the BOK derives data from information provided by the KFX and a relevant government agency—Korea International Cooperation Agency (KOICA). The main sources of data on other current transfers are the KFX and import-export statistics.

Capital Account

Capital transfers

Migrants' transfers. The entries cover transfers of migrants' property (data from the KFX) and the value of freight on migrants' shipments, (data from the trade statistics).

Financial Account

Direct investment

The data on inward and outward direct investment are based on the KFX. A direct investment enterprise is defined by applying the 10 percent rule recommended in the *BPM5*. Prior to April 1999, however, a 20 percent ownership criterion was used to define outward direct investment. The direct investment data do not include trade credits or short-term loans with affiliated entities, which are recorded as part of other investment.

Portfolio investment

The data cover net purchases of foreign securities and net foreign purchases of Korean securities on the basis of data obtained from the KFX and the BOK's own survey.

Financial derivatives

The data on financial derivatives are recorded on a payments basis.

Other investment

The main sources of data are the KFX and balance sheet data provided by foreign exchange banks. For the banking sector (and merchant banks and development institutions), the BOK derives data on transactions relating to currency and deposits, loans (partly), and other assets/liabilities, from changes in balance sheet positions between two months, excluding valuation changes.

Reserve assets

For reserve assets, the BOK obtains data from its records. For transactions in the BOK's foreign exchange assets, it derives data from changes in the outstanding amount of foreign currencies during the period, excluding any valuation gains or losses.

III. Specific Items: International Investment Position

Direct investment

Information is collected by means of a survey of selected direct investment enterprises in Korea and abroad.

Portfolio investment

Data are obtained from the IMF's Coordinated Portfolio Investment Survey and the BOK's external debt statistics.

Financial derivatives

Data are obtained from the BOK.

Other investment

Other investment is the residual category including all financial transactions not covered in direct investment, portfolio investment, financial derivatives, or reserve assets; it is subdivided into loans, trade credits, currency and deposits, and other assets or liabilities. The data on other investment are obtained from the BOK.

Reserve assets

The data on reserve assets are obtained from the BOK records.

Kuwait

The following text was confirmed as current in 2009.

I. General

The Central Bank of Kuwait (CBK) is responsible for compiling the balance of payments and the international investment position (IIP) for the state of Kuwait. The CBK obtains data from various sources, including its own records, government ministries and agencies, local banks, other sectors (including companies dealing with investment, insurance, and exchange), investment funds (domestic and foreign funds marketed in Kuwait), and some nonfinancial private sector units, as well as international and regional institutions located in Kuwait.

Through 1996, the CBK prepared the data on an annual basis and compiled estimates in millions of Kuwaiti dinars in accordance with the fourth edition of the *Balance of Payments Manual* (*BPM4*). Beginning from 1997, the CBK uses the methodology set forth in the *BPM5* to the largest extent possible and has revised annual data in millions of Kuwaiti dinars back to 1993. It publishes balance of payments data in its *Quarterly Statistical Bulletin*, which is also displayed on its website at http://www.cbk.gov.kw.

The CBK has also been preparing quarterly balance of payments data beginning from 1997 (these data have not yet been published) and IIP data from 1996 (data have been published from 2001 onwards) using *BPM5* methodology and the same sources.

II. Specific Items: Balance of Payments

Current Account

Goods

The Ministry of Energy provides data on oil exports (as well as exports of related products). The Statistical and Information Sector of the Ministry of Planning extracts relevant information from customs forms to provide data on non-oil exports (f.o.b.) and imports (c.i.f.), including nonmonetary gold. Imports data are adjusted by the CBK to add some unrecorded imports not reported to customs and to deduct the cost of freight and insurance. Freight and insurance are allocated to the corresponding service items: 15 percent of the c.i.f. value of imports is deducted (14 percent is allocated to freight services and 1 percent to insurance services).

The CBK compiles data on goods procured in ports from questionnaires and reports provided by the Kuwait Aviation Services Company (KASCO), the Kuwait Petroleum Corporation (KPC), the Kuwait Airways Corporation (KAC), the Kuwaiti shipping companies, and the Kuwait Oil Tankers Company (KOTC). The CBK has adjusted the non-oil exports data from 2003 onward to include goods exported to Iraq and not reported to customs.

Services

Transportation

Since 2007, the International Air Transport Association (IATA) has been providing information on passenger ticket sales to residents by foreign airlines. The CBK estimates the freight component as a percentage of imports (14 percent of c.i.f. imports). The CBK allocates 95 percent of the estimated freight services to shipping services for imports and 80 percent of the estimated insurance services to foreign carriers and providers. For credit entries, KAC provides information on passenger ticket sales abroad. The CBK compiles estimates for transportation services provided to nonresidents from reports provided by the KOTC and other shipping companies.

For the *other transportation* item, the CBK compiles estimates of expenses abroad on the basis of data provided by the KAC and Kuwaiti shipping companies. On the credit side, the CBK compiles estimates from questionnaires and reports provided by the KAC, Kuwaiti shipping companies, the Kuwait Ports Authority (for port dues), and the General Directorate of Civil Aviation (for airport dues). These estimates include transport and storage services provided to the international coalition forces stationed in Kuwait and Iraq from 2003 onward.

Travel

The CBK compiles estimates of travel debits on the basis of questionnaires answered by travel agencies, surveys implemented by the CBK, and reports submitted by government agencies on expenses paid for education, conferences, training, medical treatment, and official missions abroad. For credit entries, the CBK estimates are based on the number of nonresident visitors to Kuwait and their average expenditures. The Immigration Department provides data on the number of nonresident visitors.

Other services

Receipts and payments in this item reflect various components, that is, financial services, fees, commissions, and other banking services, obtained from data reported to the CBK, and estimates of the expenses paid by the private business sector for foreign contractors' services, to the extent possible.

Communications. The CBK obtains data from the Ministry of Communication, and local telecom companies—the national mobile communication company (Wataniya Telecom), and the mobile telecommunication company (Zain).

Construction. The CBK obtains the data from government ministries and agencies on payments to contracting firms operating in Kuwait: under services, it reports only short-term contracts; under direct investment in Kuwait, it reports data on long-term contracts.

Insurance. The CBK obtains the data on receipts from a survey of all insurance companies operating in Kuwait (local companies and foreign company branches and agencies). Data on payments are estimated as 1 percent of the c.i.f. value of imports.

Government, n.i.e. The CBK derives data on government services from information provided by relevant ministries. It derives expenses of Kuwaiti diplomatic missions abroad from reports provided by the Ministry of Finance and the Ministry of Foreign Affairs. Using various sources, the CBK prepares estimates of the local expenditure by international coalition forces during their stay in Kuwait from 2003 onward.

Income

Investment income

The CBK derives receipts and payments data from its records on investment income of reserve assets and from reports provided by agencies of the general government (including the Kuwait Investment Authority [KIA], KPC, the Kuwait Fund for Arab Economic Development [KFAED], and the Public Institution for Social Security), local banks, and other sectors. Investment income of the nonfinancial private sector (the nonfinancial business sector and the household sector) is estimated indirectly by applying certain ratios during the period to estimated foreign assets and liabilities.

Current transfers

General government

The CBK derives the value of general government transfer payments from information provided by the Ministry of Finance and the Zakat House. For credits, data are derived from information provided by the Ministry of Finance on taxes collected from foreign companies on their operations in Kuwait. Official current transfers consist of Kuwaiti current grants and contributions to other countries and international and regional organizations.

Other sectors

The CBK calculates estimates of workers' remittances on the basis of the number of expatriate residents working in Kuwait. Obtaining the number from relevant ministries and government agencies, the CBK multiplies it by an average remittance value that it estimates on the basis of questionnaires answered by a sample of expatriate residents working for the government and the private sector. Also, it considers transfer payments of nongovernmental charitable agencies as part of other sectors' current transfers abroad.

Capital Account

The CBK has compiled capital account data from 1997 onward and recalculated the data for the previous four years (1993–96); the data cover capital transfers.

Capital transfers

General government

On the debit side, the CBK obtains data for grants provided by the KFAED. These grants are for feasibility studies of projects in other countries to be financed by loans from the KFAED. This item also includes end-of-service gratuity paid by ministries and government agencies to expatriates when leaving Kuwait for good. For several years following the Iraqi invasion, it included compensation paid by the Kuwaiti government to other countries as recorded by the Ministry of Finance.

On the credit side, data cover transfers received by governmental bodies from the UN committee in compensation for damages and losses incurred during the Iraqi invasion in 1990.

Other sectors

On the credit side, data cover transfers received by Kuwaiti nationals from the UN committee in compensation for damages and losses incurred during the Iraqi invasion in 1990.

Financial Account

Direct investment

The CBK derives data on direct investment abroad from reports provided by the general government (KIA, KFAED, KPC, KAC, and the Public Institution for Social Security [PIFSS]), local banks, other financial institutions (including companies dealing with investment, insurance, and exchange), and some nonfinancial companies.

Kuwait's direct investment entities reflect institutional holdings of equities abroad. A direct investment enterprise is defined mainly by applying the 10 percent rule recommended in *BPM5*. The CBK includes outward reinvested earnings to the extent possible.

The CBK derives data on direct investment in Kuwait from reports provided by foreign bank branches located in Kuwait and some other nonfinancial business sector companies, also applying the 10 percent rule.

Portfolio investment

Until 2002, the data reported under *other sectors* covered only transactions by investment companies. Beginning in 2003, the CBK expanded the data coverage of institutions recorded under this item to reflect residents' investments in nonresident companies listed in the Kuwait Stock Exchange (KSE) and nonresidents' investments in KSE-listed Kuwaiti shareholding companies. These data are obtained from the KSE. The CBK derives data on reported portfolio investment transactions from the sources used to obtain information on direct investment transactions, including the general government sector. With the implementation of the IMF's Coordinated Portfolio Investment Survey (CPIS), the scope and coverage of portfolio investment data have been expanded. From 2005, data on portfolio investment assets for *other sectors* include the nonfinancial private sector to the extent possible. These data are derived from the CPIS "Funds under management," which are also reflected in the IIP data.

Other investment

For trade credits related to oil exports (oil shipments that have not been settled by the end of a reporting period), the CBK derives data from information provided by the Ministry of Energy.

Regarding long-term loans, the CBK obtains data for both disbursements and repayments from information provided by the general government, local banks, and other sectors (including the nonfinancial private sector, to the extent possible). It also obtains data from the above-mentioned sources on currency and deposits and other foreign assets and liabilities. It excludes valuation changes to the extent possible.

Also from 2003, data on other investment assets—currency and deposit balances—for *other sectors* include data derived from BIS statistics, while data on other investment liabilities—loans—for *other sectors* include data derived from BIS statistics.

Net capital flows for the rest of the nonfinancial private sector that are not included elsewhere are implicitly included in the "other (net)" item, also called "net errors and omissions."

Reserve assets

The CBK derives data from its records. Excluded are transactions in accounts of the KIA, KPC, and other various foreign assets that constitute official positions reported elsewhere. The data cover transactions in foreign exchange and monetary gold assets of the CBK and the transactions in SDRs and Kuwait's reserve position in the IMF, as administered by the CBK on behalf of the government.

III. Specific Items: International Investment Position:

The CBK applies the concepts and definitions in accordance with *BPM5*. Sources of information on international investment position data and compilation procedures are the same as those used for the balance of payments.

The CBK has compiled the IIP data from 1996. The data provided to the IMF to be published in the *BOPSY* cover the years from 2001.

On the asset side, data cover all domestic sectors except general government external assets, owing to dissemination restrictions. Nevertheless, outstanding stocks of loans extended by KFAED to other countries, and general government asset stocks of trade credits, are included in the IIP data.

On the liability side, data cover all domestic sectors, to the extent possible.

Kyrgyz Republic

The following text was confirmed as current in 2009.

I. General

The National Bank of the Kyrgyz Republic (NBKR) compiles the balance of payments for the Kyrgyz Republic on a *BPM5* basis. The NBKR bases the compilation on data received from the following: internal sources of the national bank, commercial banks, the National Statistics Committee (NSC), the Ministry of Finance (MoF), the State Customs Inspectorate under the Government of the Kyrgyz Republic (SCI), the Ministry of Transport and Communications, the Ministry of Foreign Affairs, the State Agency for Financial Surveillance and Reporting under the Government of the Kyrgyz Republic (SAFR), and other organizations and enterprises. The NBKR compiles the data on a quarterly basis in terms of millions of U.S. dollars.

In 1997, the NBKR introduced an international transactions reporting system (ITRS) at commercial banks and uses the data derived from the ITRS to compile some items of balance of payments, including services; income; and direct, portfolio, and other investments.

Three months following the reference period, the NBKR publishes the balance of payments data, external debt data, and international investment position (IIP) data, together with commentary, supplementary tables, and charts, in its quarterly publication *Balance of Payments of the Kyrgyz Republic*. It also publishes balance of payments data in its monthly *Bulletin* and *Annual Report*. Further, balance of payments and IIP statistics are placed on the NBKR's website every quarter.

II. Specific Items: Balance of Payments

Current Account

Goods

The NSC compiles data on exports f.o.b. and imports c.i.f. from customs documents; it supplements these data with information it collects from enterprises through questionnaires. It compiles trade statistics in U.S. dollars and in the national currency by type of product, volume, and country of origin.

The NSC also collects, separately from the trade statistics, data for goods acquired in the Kyrgyz Republic by foreign airlines and for goods acquired at foreign airports by domestic airlines. In addition, the NSC uses customs data on the number of people crossing the border to estimate data on the "shuttle trade" (goods transported by individual travelers), not covered by customs in trade statistics. The SCI has introduced the customs receipt order for shuttle traders that simplifies and improves recording of imports of goods by shuttle traders.

Starting from 2006, the NSC has added unaccounted-for exports of agricultural products (meat, potatoes, onions, milk) to the total export of goods. The NSC estimates these unaccounted-for exports once a year in June at the end of the reporting period with the application of the following method: volume of production minus consumption minus exports minus losses (spoiled agricultural products). Since 2008, the NSC has included the data on exports by shuttle traders in official trade statistics.

Up to 2007, in order to convert the import data from c.i.f. to f.o.b., the NBKR estimated the freight and insurance components, separately and by country and type of product. On average, the adjustments were 9.59 percent for freight and 0.155 percent for insurance. Since 2007, the NSC has introduced its own methodology to estimate imports at f.o.b. prices. On average, the adjustments are 7.1 percent for freight and 0.013 percent for insurance.

Services

Transportation

The NSC collects data from domestic airlines, railway, and road transportation companies. The NBKR supplements these data with information it collects from enterprises and the ITRS. Up to 2007, the NBKR derived freight on imports provided by nonresidents from the estimated freight included in the c.i.f. value of imports and adjusted to exclude transportation provided by resident carriers. Since 2007, the NSC has introduced its own methodology to calculate freight services.

Travel

The NSC assesses travel services on the basis of the estimated average per diem expenditures, number of residents traveling abroad and nonresidents traveling in the Kyrgyz Republic, and the estimated duration of their stay. The SCI provides data on the number of travelers, country of origin (for foreign travelers), country of destination (for domestic travelers), and types of travel (private, business, etc.).

Other services

Communications. The NBKR collects data on communication services from the Ministry of Transport and Communications.

Construction. The NSC collects data on construction services from enterprises contracting with nonresident construction companies and from resident construction organizations doing work abroad. The compilers also collect data from the ITRS.

Insurance. Up to 2007, the NBKR derived insurance on imports provided by nonresidents from the estimated insurance included in the c.i.f. value of imports and from the ITRS. The compilers also collected data from the ITRS on insurance provided by residents. Since 2007, the NSC has introduced its own methodology to calculate freight and insurance services.

Financial. The NBKR collects data from the ITRS and from internal sources of the NBKR.

Other business services. The NSC collects data from enterprises. The NBKR collects data through the ITRS and uses estimates of the IMF on technical assistance.

Government, n.i.e. The NBKR derives data on expenditures of the Kyrgyz Republic's embassies abroad from its own records and information from the Ministry of Foreign Affairs. It derives data on expenditures of foreign embassies from the ITRS.

Income

Compensation of employees

The NBKR compilers obtain information on compensation of employees from joint ventures and foreign-owned enterprises and the NSC.

Investment income

The NBKR derives data on (1) direct investment income, from the survey of joint ventures and foreign-owned enterprises conducted by the NSC; (2) direct investment income in the banking sector, from commercial bank reports to the NBKR; and (3) portfolio investment income, from internal sources and commercial banks. Other investment income credits cover mainly interest received by the private sector and the NBKR. Other investment income debits mainly represent interest paid by the government and the private sector on their external debt, including the use of IMF credit.

Current transfers

General government

Credit entries mainly cover grants in the form of imports of humanitarian aid and grants for balance of payments support. Data sources are trade statistics, IMF estimates, and nonprofit organizations. The debit entries cover contributions to budgets of international organizations, as reported by the MoF.

Other sectors

These entries cover workers' remittances received from and remitted abroad, as reported by the Ministry of Transport and Communications and the ITRS. Since 2000, the NBKR has made its own estimates on undercoverage of remittances.

Capital Account

Capital transfers

The credit entries mainly cover offsets to imports of capital goods under aid programs and technical assistance. The NBKR calculates respective amounts by identifying capital goods within the total volume of grants in the form of goods registered by the NSC in the trade statistics. The NSC estimates migrants' transfers on the basis of the number of migrants and the average value of assets exported by migrants.

Financial Account

Direct investment

The NBKR derives data from the survey of joint ventures and foreign-owned enterprises conducted by the NSC. For direct investment in the banking sector, the NBKR derives data from reports sent by the commercial banks. For data on stocks of Kyrgyz enterprises purchased by nonresidents, it collects data from the NSC.

Portfolio investment

The NBKR draws these data from its own records, commercial banks, the SAFR, and joint-venture enterprises.

Financial derivatives

The NBKR gathers these data from the financial statements of joint-venture enterprises.

Other investment

The MoF provides data on drawings and repayments on loans received by the government and enterprises with government guarantee. The NBKR obtains information from its internal records on its own foreign borrowing. It derives data on foreign assets and liabilities of commercial banks from commercial bank reports. The NSC collects (through enterprise surveys) data on other investment transactions of the private nonbank sector (trade credits). The NBKR collects data on nonguaranteed private debt and other assets and liabilities.

Reserve assets

The NBKR derives the data from its balance sheets.

III. Specific Items: International Investment Position

Sources of information on international investment position data are the same as those used for the balance of payments. Data are estimated at market value.

Lao People's Democratic Republic

The following text was confirmed as current in 2007.

I. General

The Bank of the Lao P.D.R. (BOL), Monetary Policy Department, is responsible for collecting, compiling, analyzing, and disseminating the Lao P.D.R.'s balance of payments statistics. The analytical framework, concepts, and definitions used are in broad conformity with guidelines recommended in the IMF's *Balance of Payments Manual*, fifth edition (*BPM5*).

Quarterly and annual balance of payments data are compiled and published in the BOL's quarterly and annual reports. The published data are expressed in millions of U.S. dollars and contain five main categories—the current account; capital and financial account; errors and omissions; overall balance; and changes in reserve assets. Current account aggregates include data on goods, services (transportation, travel, and other services), income (compensation of employees and other investment income), and current transfers. Data on the capital account are not separately compiled; capital transfers and migrants' transfers are included in current transfers. Financial account aggregates comprise direct investment and other investment. Data on portfolio investment are not applicable.

The BOL obtains data from various sources including the banking system (i.e., the commercial banks and various departments of the BOL itself), the Ministry of Finance, National Tourism Authority, other government agencies concerned, state and private enterprises such as Enterprise d'Electricite du Laos (EDL), hydropower companies, Assurances Generales du Laos (AGL), Lao Postal Company, and Lao Communication Company.

II. Specific Items: Balance of Payments

Current Account

Goods

The BOL compiles data on exports and imports on the basis of customs documents. The customs documents value goods exported on an f.o.b. basis, and goods imported, on a c.i.f. basis. Imports are converted to an f.o.b. basis using an 8 percent adjustment factor.

Services

Transportation

This item covers freight, passenger transportation by overflights, and other types of transportation. The BOL's Operation Department provides data on overflights, and the remaining elements are based on BOL staff estimates.

Travel

Credit entries are derived from information in surveys conducted by the National Tourism Authority of Lao P.D.R., including the number of visitors arriving in the country, the number of overnight stays, and the estimated average expenditure.

Debit entries are derived from data from the Receipts and Payments reporting system provided by the commercial banks, and some data are estimated by BOP staff.

Other services

Communications. Data in this item are primarily collected from various agencies such as the Lao Postal Company, and the Lao Communication Company on communication transactions with nonresidents. Credit entries cover international telephone charges and other fees related to communication and postal transactions. Debit entries cover charges for satellite connections and other fees paid.

Insurance. Data in this item are primarily derived from information provided by the AGL on insurance transactions with nonresidents. Credit entries cover direct insurance premiums and reinsurance claim payments received. Debit entries cover direct insurance claim payments and reinsurance premiums.

Income

Investment income

Credit entries related to interest received on the BOL's reserve assets and the Nostro accounts of commercial banks are derived from the BOL and commercial bank reports. Debit entries cover interest payable on the public external debt and interest paid abroad; they are derived from the BOL and commercial bank reports.

Current transfers

This item covers both private and public transfers, and the data are obtained from the banks and the Ministry of Finance.

Capital Account

At present, no distinction is made between current and capital transfers, and all transfers are recorded under the item for current transfers.

Financial Account

Direct investment

Data cover only foreign capital inflows and are derived from the information provided by the BOL. In accordance with the regulation of foreign direct investment in Lao P.D.R., foreign enterprises must declare to the BOL the amounts of capital inflows during the year. Additional data are collected also from commercial banks.

Other investment

Data on general government sector such as government's external debt, loans' amortization, are obtained from the Ministry of Finance. Data on the monetary authorities sector such as foreign liabilities, in particular the use of Fund credit, are obtained from the BOL. Data on the banking sector, foreign assets and liabilities, are obtained from the consolidated balance sheets of commercial banks.

Reserve assets

Data on reserve assets are obtained from the BOL's balance sheets and include monetary gold, holdings of SDRs, the reserve position in the Fund, and foreign exchanges.

Latvia

The following text was confirmed as current in 2009.

I. General

Latvia's balance of payments has been compiled and published quarterly since 1992. From 1992 to 2000, this was done by the Central Statistical Bureau of Latvia (CSB). Starting with the data for 2000, the Bank of Latvia (BOL) has compiled and published Latvia's balance of payments.

Latvia's balance of payments collection system is a mixed system, with surveys supplemented by the International Transaction Reporting System (ITRS) and administrative sources. For the quarterly balance of payments compilation, surveys are the main source of information for other sectors.

The three quarterly surveys are the (1) survey on foreign investment, covering data on positions at the beginning and the end of a period and changes in positions (transactions, price changes, exchange rate changes, and other adjustments) for foreign direct investment in Latvia and abroad, portfolio investment (assets and liabilities), other investment (assets and liabilities), and related income flows broken down by country; (2) survey on transportation and intermediary services covering data on transportation services rendered/received by mode of transport; and (3) survey on services covering data on services rendered/received for balance of payments other services items.

The survey on foreign investment uses a sampling method. Enterprises are sorted in descending order by the total amount of their cross-border settlements and are subdivided into three size groups. All enterprises in the first (largest) size group are included in the sample. Stratified simple random sampling is applied to select enterprises from the second and third size groups. The list of enterprises for the quarterly survey on foreign investment is drawn up using the data from the State Enterprise Register, the register of enterprises maintained by the ITRS, and the annual survey on foreign investment.

The list of enterprises for the survey on transportation and intermediary services and the list of enterprises for the survey on services are drawn up using the register of enterprises involved in foreign settlements maintained by the ITRS. The Road Transport Directorate provides data on enterprises that receive permits for road international transportation, and Customs provides data on enterprises that supply fuel and other goods to ships and aircrafts in ports.

The BOL supplements data from surveys with monthly information from the ITRS—the data source for the compilation of the monthly balance of payments' other sectors items. The ITRS is an open settlement-based system comprising indirect reporting from banks registered in Latvia and direct reporting from enterprises. The indirect reporting collects information from all banks registered in Latvia on nonbank residents' debit and credit settlements with nonresidents via domestic banks.

The BOL reconciles information received from domestic banks with the information from nonbank residents who report directly to the BOL on credit settlements via their accounts in domestic banks. Nonbank residents also report debit and credit settlements with nonresidents through their foreign bank accounts.

When submitting information, reporters must specify the code of the external settlement in accordance with the List of External Payment Codes, as well as the country and currency codes. When consolidating the data received from domestic banks and nonbank residents, the BOL compiles the statistics on nonbank external payments. The compilers apply to the ITRS data collection an exemption threshold of EUR 12,500 for payments made with the European Union (EU) member states in euros and Swedish kronor (euro equivalent).

The BOL also uses data collected by the Ministry of Foreign Affairs, Ministry of Finance, State Treasury, Financial and Capital Market Commission, etc. Foreign trade statistics and labor statistics (wages and salaries paid to nonresidents) are received from the CSB.

The BOL provides information on the monetary authorities and reserve assets. These data are broken down by country and currency. It derives information on the banking sector (monetary financial institutions [MFIs], excluding the central bank) from its compilation of MFI statistics, which provides the residency split and the country and currency breakdowns for the main items of the MFIs' balance sheet.

The household sector is covered by (1) aggregated data from the CSB on persons entering and leaving the country, (2) data from the State Social Security Agency on the pensions received/paid in accordance with intergovernmental agreements, (3) data from the State Revenue Service on social taxes paid by foreign embassies in Latvia for their local staff, and (4) the monthly BOL survey on the enterprises rendering intermediation services related to job contracts for working abroad. The ITRS includes data on private persons' debit and credit settlements with nonresidents via domestic banks.

Monthly data are subject to revision when quarterly data are published. Quarterly data may be revised, if necessary, when the data for the following quarter are published, together with the data for the related months. Time series up to one year long may be revised in March, and time series up to three years long (mainly to reflect methodological changes) may be revised in September.

A quarterly bulletin entitled *Latvia's Balance of Payments* publishes quarterly and annual balance of payments statistics, international investment position data, foreign direct investment statistics, external debt data, and monthly effective exchange rates of the Latvian lats.

This publication is available on the BOL's website at http://www.bank.lv/eng/main/all/pubrun/maksbil/. The BOL also disseminates balance of payments, international investment position, and external debt data on its website at http://www.bank.lv/eng/main/all/statistics/imf/sdds/imf, in accordance with the IMF's Special Data Dissemination Standard. Data time series are available at http://www.bank.lv/eng/main/all/statistics/bop_stat/database.

II. Specific Items: Balance of Payments

Current Account

Goods

Goods cover exports and imports of general merchandise, goods for processing, repairs on goods, goods procured in ports by carriers, and nonmonetary gold. The data source for general merchandise is foreign trade statistics compiled by the CSB. Those statistics include monthly data from Intrastat reports for intra-EU transactions and data from customs cargo declarations for extra-EU transactions.

Foreign trade data are compiled in accordance with the Special Trade System. This means that where goods produced abroad are imported to and exported from customs warehouses, such imports and exports are excluded from the total. Exports include goods for export and re-export (i.e., exports of goods previously imported for domestic consumption) and humanitarian and similar aid. Imports include goods declared for domestic consumption, goods entering Latvia from customs warehouses, and humanitarian and similar aid. Foreign trade statistics also include CSB data on exports and imports of electricity and natural gas.

In addition to foreign trade statistics, the following data sources are used: reports on extraterritorial trade by shipping vessels (compiled by the CSB), CSB information (valuation adjustment) on goods produced in Latvia and exported from customs warehouses (such goods are stated at the prices they have upon entering customs warehouses), information on banknote production and coinage costs from the BOL's profit and loss statement, and statistics on nonbanks' external payments (ITRS).

The source of data on goods for processing is the foreign trade statistics (data are adjusted for companies that have reported only the value of the processing service). The CSB derives data for repairs on goods from Intrastat monthly reports and custom cargo declarations. In addition, the BOL uses the quarterly survey on transportation and intermediary services and the statistics on nonbanks' external payments (ITRS). The data source for goods procured in ports by carriers is the quarterly survey on transportation and intermediary services. The data source for exports and imports of nonmonetary gold is the statistics on nonbanks' external payments (ITRS).

In foreign trade statistics compiled by the CSB, exported goods are stated in f.o.b. value, while imported goods are stated in c.i.f. value. To ensure compliance with international standards, which require that exports and imports be presented on an f.o.b. basis in the balance of payments, data for imports of goods are adjusted using ratios compiled by the CSB, showing the average relationship between f.o.b. and c.i.f. values in 1998 and 1999 (until 2000, imported goods in customs cargo declarations were in both f.o.b. and c.i.f. values).

To ensure that imports of goods can be broken down by country and to obtain correct information on freight, the compiling staff adjust the data from customs cargo declarations (extra-EU transactions) for each mode of transport and for each country of origin of the goods, separately stating resident and nonresident carriers. For Intrastat (intra-EU transactions), staff adjust data for each country of consignment.

Where the price of goods in a customs cargo declaration is stated in a foreign currency, compilers convert it into Latvian lats, applying the BOL's exchange rate on the day that the customs cargo declaration was filled out.

Services

Transportation

Compilers obtain data from the quarterly survey of transportation and intermediary services and the statistics on nonbanks' external payments (ITRS). Data cover transportation services rendered/received by mode of transport. In addition, staff use foreign trade statistics to obtain, in accordance with the calculation methodology described in the section *Goods*, the difference between c.i.f. and f.o.b. values of imported goods. The share of transportation services carried out by nonresidents is set apart from the obtained figure and included under transportation in the balance of payments.

For credit entries for passenger transportation by air, reporting agents declare total amounts received for the international carriage of passengers in the quarterly survey on transportation and intermediary services. The compilers use the data on the monthly number of residents and nonresidents crossing the state border, broken down by mode of transportation, for calculating the proportion of nonresidents in total border crossings. They use this ratio to determine the nonresident part of the international carriage of passengers broken down by mode of transportation.

Debit entries are obtained by calculation, using (1) data on the number of departing passengers by airlines, submitted by the Riga international airport; (2) CSB data on the monthly number of residents and nonresidents crossing the state border by air; and (3) information on the average prices of airline tickets.

Travel

Compilers derive the data on travel from the CSB aggregated data on persons entering and leaving the country. Travelers are polled at border control points four times a year to obtain information about nonresident spending in Latvia and resident spending abroad. Using mathematical methods, the compilers calculate the average spending of a traveler and, thereafter, obtain travelers' total spending. The number of travelers is available from the State Border Guard of the Republic of Latvia, which registers persons entering and leaving the country.

For personal travel credit entries, compilers estimate expenditures of students, using the number of foreign students in Latvia, submitted by the Ministry of Education and universities. For debit entries, compilers use the information submitted by foreign embassies in Latvia on the number of Latvian students and average expenditures by country.

Other services

The BOL obtains data from the quarterly survey of services and the statistics on nonbanks' external payments (ITRS). It also uses a number of other sources: MFI statistics; aggregated data on revenue and expenditure of the Republic of Latvia's embassies, representative offices, and consulates abroad, submitted by the Ministry of Foreign Affairs; data on reinsurance premiums and claims paid, submitted by the Financial and Capital Market Commission; data from the BOL's profit and loss statement; foreign trade statistics submitted by the CSB; and data on payments to the EU budget submitted by the Ministry of Finance.

The BOL derives data on expenditures by foreign embassies, representative offices, and consulates in Latvia from the State Revenue Service's information on the value-added tax (VAT) repaid to foreign embassies, representative offices, and consulates.

Income

Compensation of employees

The compilers base credit entries on data from the State Revenue Service on social taxes paid by foreign embassies in Latvia for their local staff; information from foreign embassies in Latvia on work permits issued to Latvia's residents; and monthly surveys on job contracts concluded by natural persons for working abroad (sailors' contracts are surveyed).

Debit entries are based on labor statistics (wages and salaries paid to nonresidents), submitted by the CSB, and data on revenue and expenditure of the Republic of Latvia's embassies, representative offices, and consulates abroad, submitted by the Ministry of Foreign Affairs.

Investment income

Direct investment. Data sources are the quarterly survey on foreign investment, nonbanks' external payments (ITRS) statistics, and MFI statistics. Data are broken down by country and instrument, distinguishing between income from debt and income from equity. Reinvested earnings are recorded when retained profit/loss is recorded. The Current Operating Performance Concept is used to measure reinvested earnings. Nonbanks thus provide data on the retained profit or loss for the reporting quarter, which allows the calculation of the balance of payments reinvested earnings item for each enterprise separately.

For MFIs, the BOL makes separate calculations for each MFI on a monthly basis, using the MFIs' statistics (the retained profit or loss for the reporting month is given in the *Monthly Financial Position Report*) and information from the Financial and Capital Market Commission on the distribution of equity capital among shareholders. In addition, the BOL uses data on the distribution of the bank's audited profits for the preceding year when estimating dividends. It makes adjustments to reinvested earnings upon receiving information on the audited profit. Dividends are recorded when payable.

Portfolio investment. Data sources are the quarterly survey on foreign investment, statistics on nonbanks' external payments (ITRS), MFI statistics, the BOL's profit and loss statement, and data on government external debt provided by the State Treasury. Data are broken down by income on equity, bonds and notes, and money market instruments. Interest on debt securities is recorded on an accrual basis.

Other investment. Data sources are the quarterly survey on foreign investment, statistics on nonbanks' external payments (ITRS), MFI statistics, the BOL's profit and loss statement, and data on government external debt provided by the State Treasury. Income is recorded on an accrual basis.

Current transfers

The State Treasury provides data on funds received from the EU (the European Agricultural Guarantee Fund, the European Social Fund, the Financial Instrument for Fisheries Guidance, PHARE, SAPARD, etc.). In addition, the Ministry of Finance provides data (funds committed under registered technical assistance projects financed by foreign countries and international organizations).

The BOL records as debit entries the contributions of governmental institutions to international organizations and the EU budget (customs duties, agricultural and sugar levies, VAT own resources, the U.K. correction, and GNI own resources). Current transfers include the full amount of traditional own resources. However, because the EU member states have to pay to the EU budget only 75 percent of the traditional own resources collected, the BOL includes 25 percent of the total as a credit under government services not included elsewhere as an EU compensation.

Other data sources are statistics on nonbanks' external payments (ITRS includes data on external payments made by private individuals through banks), aggregated international cash transfers and foreign trade statistics (compiled by the CSB), MFI statistics, the BOL's profit and loss statement, information on pensions paid by foreign governments to Latvian residents and on pensions paid to nonresidents (compiled by the State Social Security Agency), and data on reinsurance premiums and claims paid (submitted by the Financial and Capital Market Commission).

Capital Account

The State Treasury provides data on funds received from the EU (the Cohesion Fund, the European Regional Development Fund, the European Agricultural Guarantee Fund, the Financial Instrument for Fisheries Guidance, PHARE, etc.). In addition, the Ministry of Finance provides data on funds committed under registered technical assistance projects financed by foreign countries and international organizations. These data are supplemented with statistics on nonbanks' external payments (ITRS).

Financial Account

Direct investment

Data sources for direct investment are the quarterly survey on foreign investment, MFI statistics, data from the State Enterprise Register on recently established enterprises with nonresident capital participations, and statistics on nonbank external payments (ITRS). Direct investment data comprise equity capital, reinvested earnings, and other capital, including intercompany long- and short-term loans, trade credits, and debt securities between affiliates. The 10 percent ownership criterion and the directional principle are followed.

Data on transactions are available and refer to the actual time of the operation. The geographical allocation is based on the debtor principle. FDI in Latvia in equity capital is assessed at market value for the balance of payments flows and international investment positions (stocks) to the extent possible. The market value of investment in unlisted companies and listed companies is assessed differently:

The first—for unlisted companies—is obtained using the equity capital approach (own funds at book value) recommended by the ECB. Equity capital includes the following items: shares and equity holdings (share capital), share premium, long-term investment revaluation reserve, reserves, retained earnings of previous years, and retained earnings of the reporting year. With this approach, compilers obtain the value of equity capital as the difference between assets and liabilities for each respondent, using the quarterly survey on foreign investment and MFIs' statistics. They obtain value per share/unit from the total book value of the equity capital. Changes in equity capital in the reporting period for each foreign investor are reported broken down into changes arising from transactions, changes in prices for historical investment, and other changes.

The second—for listed companies—is obtained in a similar way, except that the price per share at the end and the beginning of the reporting period is based on data from the Riga Stock Exchange.

For reconciling data with direct investment stocks, compilers exclude price changes (for equity capital), exchange rate changes, and other adjustments.

Portfolio investment

Data sources for portfolio investment are the quarterly survey on foreign investment, MFI statistics, data on nonbanks' external payments (ITRS), State Treasury data, and the BOL's balance sheet. The BOL derives data on transactions for the monetary authorities, the general government, and the banking sector (MFIs, excluding the central bank) from stocks data on an aggregated basis.

Data on portfolio investment are broken down by sector and instrument in accordance with the IMF's *Balance of Payments Manual*, fifth edition (*BPM5*). For reconciling data with portfolio stocks, the compilers exclude price changes, exchange rate changes, and other adjustments.

To record the data on portfolio investment equity securities (liabilities) as close as possible to their market value, the BOL uses the information from the Latvian stock market for listed enterprises and the equity capital approach (own funds at book value), recommended by the ECB for unlisted enterprises (see the methodology described in the section "Direct investment").

Financial derivatives

Financial derivatives are excluded from portfolio investment. The data sources are the BOL's balance sheet, MFI statistics, monthly survey on securities traded in the secondary market conducted by the Financial and Capital Market Commission, and statistics on nonbanks' external payments (ITRS). Transactions are recorded on a gross basis.

Other investment

Data sources for other investment are the quarterly survey on foreign investment, MFI statistics, data on nonbanks' external payments (ITRS), State Treasury data, and the BOL's balance sheet. The BOL derives data on transactions from stocks data for the monetary authorities, the general government, and the banking sector (MFIs, excluding central bank). Data include participation in international financial institutions. Data on other investment are broken down by sector, instrument, and maturity, in accordance with the *BPM5*.

For reconciling data with other investment stocks, compilers exclude exchange rate changes and other adjustments.

Reserve assets

The data source for reserve assets is the BOL's balance sheet submitted by its Accounting Department. Data are broken down by instrument, maturity, country, and currency. The BOL compiles data on a monthly basis on reserve assets, broken down by instrument. The staff derive transactions data from stocks data. They exclude exchange rate and price changes on the basis of the data available on foreign currencies when transactions are compiled.

Reserve assets refer only to highly liquid, marketable, and creditworthy foreign-currency-denominated claims on nonresidents; gold; SDRs; and the reserve position in the IMF. The BOL controls reserve assets. Positions of the central government and/or the State Treasury are not included. The staff compile reserve assets in accordance with the gross concept. Reversible gold transactions are not excluded from loans and deposits. A separate category for financial derivatives has been introduced.

III. Specific Items: International Investment Position

Direct investment

Data sources for direct investment are the quarterly survey on foreign investment, MFI statistics, data from the State Enterprise Register on recently established enterprises with nonresident capital participation, and statistics on nonbanks' external payments (ITRS). Direct investment data comprise equity capital, reinvested earnings, and other capital, which includes intercompany long- and short-term loans, trade credits, and debt securities between affiliates. The 10 percent ownership criterion and the directional principle are followed.

Data on direct investment are collected as stocks. To record the data on FDI equity capital in Latvia as close as possible to the market value, compilers use the information from the Latvian stock market for listed enterprises and the equity capital approach (own funds at book value) recommended by the ECB for unlisted enterprises (see the methodology described in the section "Direct investment" under "Balance of Payments").

The compilers reconcile international investment positions (stocks) and balance of payments flows on the basis of price changes (for equity capital), exchange rate changes, and other adjustments. The geographical allocation is based on the debtor principle.

Portfolio investment

Data sources for portfolio investment are the quarterly survey on foreign investment, MFI statistics, data on nonbanks' external payments (ITRS), government external debt data from the State Treasury, and the BOL's balance sheet. Data on portfolio investment are collected as stocks.

To record the data on portfolio investment equity securities (liabilities) as close as possible to the market value, the BOL uses the information from the Latvian stock market for listed enterprises and the equity capital approach (own funds at book value) recommended by the ECB for unlisted enterprises (see the methodology described in the section "Direct investment" under "Balance of Payments").

Compilers reconcile international investment positions (stocks) and balance of payments flows on the basis of price changes, exchange rate changes, and other adjustments.

Financial derivatives

The data sources are the BOL's balance sheet, MFI statistics, the monthly survey on securities traded in the secondary market conducted by the Financial and Capital Market Commission, and statistics on nonbanks' external payments (ITRS). Financial derivative stocks on other sectors are accumulated flows.

Other investment

Data sources for other investment are the quarterly survey on foreign investment, MFI statistics, statistics on nonbanks' external payments (ITRS), data from the State Treasury, and the BOL's balance sheet. Data on other investment are collected as stocks. Compilers reconcile international investment positions (stocks) and balance of payments flows on the basis of exchange rate changes and other adjustments.

Reserve assets

The data source for reserve assets is the BOL's balance sheet submitted by its Accounting Department. Reserve assets refer only to highly liquid, marketable, and creditworthy foreign-currency-denominated claims on nonresidents; gold; SDRs; and the reserve position in the IMF. The BOL controls reserve assets. Positions of the central government and/or the State Treasury are not included.

The BOL compiles data on reserve assets on a monthly basis in accordance with the gross concept. Gold and debt securities denominated in convertible foreign currencies are valued at the prevailing market prices. Gold is valued at market prices on a daily basis. Debt securities denominated in convertible foreign currencies are revalued on a daily basis. A separate category for financial derivatives has been introduced.

Compilers reconcile international investment positions (stocks) and balance of payments flows on the basis of exchange rate changes and price changes.

Lebanon

The following text was confirmed as current in 2009.

I. General

The Central Bank of Lebanon (Banque du Liban–BDL) is responsible for compiling the balance of payments statistics for Lebanon. The External Sector Section (ESS) of BDL's Statistics and Economic Research Department (SERD) has set the methodology for estimating the components of the balance of payments statistics consistent with the methodology of the International Monetary Fund's (IMF's) fifth edition of the *Balance of Payments Manual (BPM5)*. The ESS has shifted from the *BPM4* structure to the *BPM5* presentation and has applied the new methodology back to 2002 statistics and onward.

The ESS uses various data sources to establish balance of payments statistics:

(1) The High Council of Customs

(2) The ministries and public sector's administrative records, such as the General Directorate of General Security and Ministry of Labor

(3) The BDL departments

(a) Foreign Exchange and International Operations Department

(b) Accounting Department

(c) Banks Department

(d) Current Operations Department

(e) Financial Markets Department

(f) Financial Operations Department

(g) Treasury Department

(h) Statistics and Economic Research Department (Monetary Section)

(4) Banking and financial sector reporting data through:

(a) International Transactions Reporting System (ITRS) (circular #90, issued on February 4, 2002)

(b) Coordinated Portfolio Investment Survey (CPIS) (circular #91, issued on February 13, 2002)

The Central Administration of Statistics (CAS) is responsible for conducting surveys under Article 3 of Decree #1793, dated January 22, 1979. The surveys cover (1) some current account items, such as transportation services, tourism, insurance services, and workers' remittances; and (2) some items in the capital and financial accounts, such as direct investment. However, the ESS currently uses other estimation methods to produce preliminary data for these components, and the survey results, when available, will be included in the revised estimates.

Given that statistics on certain economic sectors are lacking and the estimations and scenarios are not comprehensive, the errors and omissions item comprises part of the flows in the following transfers: time and other adjustments for external trade payments, insurance services, migrant transfers, travel services, transportation services, foreign exchange cash operations, direct investment, and portfolio investment (mainly the liabilities part).

The ESS has compiled balance of payments data monthly and reported data in millions of U.S. dollars (USD) since 1998. For transactions carried out in other currencies, the ESS converts them to USD, using the valid exchange rate at the time the transaction took place. The balance of payments report is disseminated quarterly and annually on the BDL's website and in its publications. Data are reported electronically to the IMF and the Arab Monetary Fund once a year.

Data on net foreign assets and liabilities of the BDL and commercial banks and financial institutions are transmitted on a monthly basis to the IMF's Statistics Department for publication in the *International Financial Statistics*.

II. Specific Items: Balance of Payments

Current Account

Goods

This item comprises (1) general merchandise exported and imported by Lebanon, resulting in property change; (2) goods that are to be processed in Lebanon or abroad and that cross the borders for this purpose on condition that they are reexported or reimported; (3) repairs on goods; (4) goods procured in ports by carriers; and (5) nonmonetary gold. Goods for processing are computed in gross value, before and after processing. They are, within the recording of goods, the only exception to the change-of-ownership principle.

Estimated values of goods are prepared according to data compiled by the Lebanese Customs Administration, the agency responsible for external trade statistics. Customs transmits the statistics to the BDL on a monthly basis. They cover (1) special and general imports, c.i.f.; (2) special and general exports, f.o.b.; (3) reexports and transit trade; (4) imported and exported goods to be processed in Lebanon and abroad; (5) goods procured in ports by carriers; and (6) nonmonetary gold.

The data are broken down according to customs tariff sections and Lebanon's trading partners. The trade balance is computed in USD on a monthly basis, according to the projected exchange rate released by the BDL's Foreign Exchange and International Operations Department. Customs uses the rate by virtue of the Ministry of Finance's Decision No. 883, dated March 28, 1973.

For balance of payments purposes, the ESS adjusts the c.i.f. value of imports through a 7.5 percent deduction to obtain the f.o.b. value. Public sector imports recorded by the Foreign Exchange and International Operations Department at the BDL and not recorded in the customs data are added to the imports figure. So are grants in kind to adjust for coverage.

Services

Transportation

Only public sector operations were recorded before 2003. Using the information obtained from the ITRS, as of 2003, the ESS also includes data on private sector transactions (banks; the nonbank financial sector; and the private sector, comprising households and private companies). This section also comprises freight transactions, estimated by applying a 7.5 percent average rate on the value of imports c.i.f. The obtained figure is subdivided among the sea, air, and other transport sections according to the weights obtained from the records of goods by the different ports of entry.

Travel

The ESS bases estimates on the General Directorate of General Security data on arriving and departing travelers through all borders and on an evaluation of the average spending per individual. It also derives statistics from basic circular #1564, dated October 3, 1997, decision #6754. (This circular was replaced by circular #63, dated June 10, 1999; decision #7299, amended for the last time with intermediary circular #24, dated August 26, 2002; and decision #8216, related to automated teller machines [ATMs] and credit cards.) The ESS adds these statistics to the data with the aim of improving the estimate of tourist expenditures and revenues. This circular covers all transactions done via ATMs, as well as debit and credit cards, to keep track of nonresident expenditures in Lebanon and resident expenditures abroad.

As of 2003, data from the ITRS have been added, giving this item a wider statistical coverage.

Other services

Insurance. Until 2002, only public sector data was included in this item; private sector statistics were estimated. As of 2003, the ITRS provides private sector statistics.

The BDL has provided the Ministry of Economy and Trade (MOET), under which authority over the insurance sector resides, with the information required for compiling data consistent with *BPM5*. Consequently, the MOET provides the BDL, on an annual basis, with the consolidated profit and loss statements for all resident insurance companies, from which BDL extracts premiums paid by resident insurance companies to nonresident reinsurance companies, as well as claims paid by nonresident reinsurance companies to resident insurance companies.

Other. For statistics on the remaining services—such as communication; construction; financial services; computer and information; royalties and license fees; other business services; personal, cultural, and recreational services; and government services paid for or received by public sector entities—the ESS obtains data from the *BPM5*-based coded records of the related transactions as they pass through the BDL. Communication services, insurance services, and other business services data for the private sector are obtained from the ITRS since 2003.

Income

Compensation of employees

Before 2003, only public sector data on compensation of employees were recorded. From 2003 onward, this item also includes data derived from the ITRS.

Investment income

Direct investment. Data on dividends from direct investment are recorded as of 2003. They are obtained from the ITRS. Data are recorded when they are paid or received.

Portfolio investment. This section covers interest payments made to nonresident holders of Lebanese treasury bills in both the primary and secondary markets. The bills have been subdivided by maturities: short-term bills, with maturities below or equal to one year, and long-term bills, with maturities exceeding one year. The section also includes interest payments made to nonresidents who have purchased Eurobonds (Lebanese treasury bills traded abroad and denominated in foreign currencies). Data derived from the ITRS circular provide the remaining data on credit and debit portfolio investment income.

Other investment. This section comprises income received on the BDL's deposits abroad, as well as the payments made on deposits of nonresidents at the BDL.

It also includes interest payments on debtor and creditor accounts of nonresidents (banks and nonbanks) at commercial banks, in Lebanese pounds and in USD calculated on the basis of the consolidated balance sheet of commercial banks and of resident commercial banks abroad. The ESS estimates these debit and credit interest payments monthly, basing them on a weighted average debtor and creditor interest rate set by the banking sector in Lebanon, as well as on the average one-month LIBOR for deposits abroad. The ESS updates this estimate annually when the BDL publishes the consolidated profit and loss statement of the banking and financial sector.

Moreover, in the estimation of claims and liabilities of resident vis-à-vis nonresident banks, the ESS uses the Bank for International Settlements (BIS) statistics on extraterritorial deposits of the nonbank sector, classified by country of residency of the depositor.

Current transfers

General government

This category includes all monetary transfers, such as payments by foreign governments or international organizations, to Lebanon for settling wages and expenses of technical assistance staff, as well as regular contributions paid by the Lebanese government to international organizations. It also covers grants extended in the form of consumer goods. Statistics are extracted from coded transactions at the BDL Department of Foreign Exchange and International Operations. Donations in kind received by the Lebanese government are compiled on a monthly basis, by using customs declarations.

Other sectors

Workers' remittances. The ESS bases foreign workers' remittances transactions on monthly demographic records provided by the General Directorate of General Security combined with the monthly Ministry of Labor database on work permits according to nationality and profession. Regarding the number of Lebanese workers abroad, the ESS derives the net figure for inbound and outbound Lebanese travelers from the same statistics delivered by the General Directorate of General Security. Workers' remittances debit and credit are then estimated via the adoption of an average monthly salary and a savings percentage by type of profession (blue- or white-collar workers).

Given the critical nature of these statistics and in an effort to avoid any exaggeration in the estimated transactions or flows, the ESS has adopted a conservative scenario based on the ability of remitting to the home country according to the length of emigration. The scenario assumes that only half the net stock of foreign workers in Lebanon and half the stock of Lebanese workers abroad work full-time and transfer their savings to their home country. For newly incoming workers, the scenario is applied on their full number.

As of 2003, ITRS data are also added to the estimate. To avoid double counting, the ESS applies ITRS data for banking transactions equal to or above US$10,000, whereas the estimation technique described above applies to remittances below the threshold.

Other transfers. These are donations and grants received or offered by other sectors, as well as the other current transfers received or offered by nongovernmental organizations or bodies in the form of supplies or contributions. The ESS obtains the data from the ITRS.

Capital Account

This account records two main items: (1) cash grants of the general government, received for investment purposes (the data of which are obtained from the Foreign Exchange and International Operations Department and from the *Official Gazette* at the time of publication owing to the difficulty of keeping track of the corresponding entries in various accounting periods); and (2) acquisition/disposal of nonproduced, nonfinancial assets, computed from public sector operations only.

Financial Account

Direct investment

For direct investment abroad, the ESS obtains data monthly from the Foreign Exchange and International Operations Department, as well as from the ITRS since 2003. As for direct investment in Lebanon, three sources are explored: (1) public sector data; (2) a scenario based on the estimation of nonresident real estate investment in Lebanon, using an annual average of various indicators such as the number of licensed construction permits, cement deliveries, the change in the value of construction credits given to nonresidents by resident commercial banks, and the volume of resident investments (resident-owned capital stocks); and (3) banking sector statistics obtained via the ITRS.

Portfolio investment

Equity securities

The ESS obtains statistics pertaining to portfolio investment in equity securities abroad from the statistics of circular #91, issued on February 13, 2002, and pertaining to portfolio investments of residents in securities issued by nonresidents. Both the banking and financial sectors, as well as the insurance sector, have provided the BDL with these statistics starting December 31, 2001, and subsequently at the end of each quarter. From these statistics (stock statistics obtained as of the end of each quarter), the ESS derives the quarterly flows and records them as financial flows from and into the Lebanese economy. The ESS also uses ITRS-derived data from the year 2003.

As to the liabilities side, the ESS compiles statistics from the ITRS circular since 2003.

Debt securities

Nonresident transactions in Lebanese Treasury bills are subdivided into primary market and secondary market transactions. The ESS compiles nonresident subscriptions on a monthly basis as inflows of capital, whereas it records maturing bills as outflows of capital. This item also comprises disbursements and repayments of Eurobonds. As of 2002, the methodology for calculating these flows has been modified to account for changes in the stock of nonresident subscriptions. Changes in special long-term liabilities incurred by the BDL are also recorded.

As for the investments of the banking, financial, and insurance sectors in debt securities issued by nonresidents, the ESS obtains them from circular #91 as of the beginning of 2002. This section also comprises data compiled from the ITRS, especially on the liabilities side.

Other investment

This section includes the assets and liabilities of the resident economy vis-à-vis the rest of the world with respect to both loans and currency and deposits. The ESS compiles the data from a number of sources: public sector operations statistics, external debt statistics pertaining to loans contracted by the Lebanese government, ITRS data, and the BIS statistical reports related to resident deposits at nonresident banks and loans extended to them by these banks.

Other investment also includes assets and liabilities (in the form of currency and deposits) of the banking and financial sectors that are extracted from the monetary statistics of commercial and specialized banks and financial institutions, as well as the currency and deposits liabilities of the BDL.

Reserve assets

Following the adoption of the *BPM5* structure, the ESS is compiling the reserve assets section related to the BDL in a detailed manner that reveals changes in holdings of gold and SDRs, in the reserve position at the IMF, and in foreign exchange assets. The data are sourced from the BDL's monetary statistics, the Treasury Department, and the IMF statistics.

Lesotho

The following text was confirmed as current in 2009.

I. General

The Research Department of the Central Bank of Lesotho (CBL) is responsible for the compilation and analysis of Lesotho's balance of payments statistics. CBL obtains primary data from various sources, including the Ministry of Finance and Development Planning, Lesotho Revenue Authority (LRA), Lesotho Highlands Development Authority (LHDA), parastatal enterprises, international organizations, commercial banks, and the private sector. Where necessary, periodic surveys are conducted to supplement the data.

The CBL prepares the data on a quarterly basis and publishes them in its *Quarterly Review*. The classification of accounts closely follows the presentation of the fifth edition of the IMF's *Balance of Payments Manual (BPM5)*. Conversion of the accounts, including all the historical data from the fourth edition (*BPM4*), was carried out during the first quarter of 1999.

Data are compiled in maloti. Transactions denominated in foreign currencies are converted to maloti using period-average exchange rates.

II. Specific Items: Balance of Payments

Current Account

Goods

Estimates of goods transactions are based on data compiled by the Research Department of the CBL. The data record the physical movement of goods across Lesotho's customs boundaries and are adjusted for coverage, valuation, and timing for balance of payments purposes. Goods exports and imports are valued on an f.o.b. and a c.i.f. basis, respectively. Data on imports by the Lesotho Highlands Water Project (LHWP) are obtained from the LHDA. The Customs and Excise Department records all imports from the Southern African Customs Union (SACU) countries and from non-SACU countries, including imports by enterprises, cross-border shoppers (traders and private shoppers), and migrant workers. The Customs and Excise Department records exports to the SACU and to other countries. The goods account currently covers only general merchandise exports and imports. Ways of capturing other classes of goods, such as for processing, repairs on goods, goods procured at ports, and nonmonetary gold, are still to be investigated.

Services

Transportation

Data on passenger services/air travel are obtained through a continuous quarterly survey covering travel agencies in Lesotho.

Data on port services are obtained from the Department of Civil Aviation.

Travel

Data on expenditure by foreign visitors to Lesotho are obtained from the Lesotho Tourism Development Corporation, which phased out the old Lesotho Tourist Board. Data on expenditure by Lesotho residents on official trips abroad are obtained from the Ministry of Finance and Development Planning.

Data on expenditure by government-funded Basotho students studying abroad are obtained from the National Manpower Development Secretariat. Data on expenditure by privately funded Basotho students studying abroad are obtained from the CBL's Policy and Exchange Control Division (PECD). The National University of Lesotho, Center for Accounting Studies, Lesotho Agricultural College, and Lesotho College of Education (formerly known as the National Teachers Training College) provide information on fees and living expenditures by foreign students studying in Lesotho, although the figures are small.

Other services

Communications. In Lesotho, information relating to telecommunications is collected from three companies, and information relating to postal and courier services is collected from four companies. Questionnaires are delivered and collected on a quarterly basis. Among the information required, enterprises are asked about the value of payments they make abroad and about the value of the receipts they get from abroad, hence covering both debit entries (outflows to the country) and credit entries (inflows from the country).

Insurance Services. Data for net insurance service with countries not in the Common Monetary Area (CMA) are obtained from the PECD.

Royalties and license fees. Data for the major component, water royalties, are obtained from the LHDA. These represent the fixed component of royalties paid to the Lesotho government by the South African government. The amount is paid regardless of whether the water has been delivered or not. Data for the other components, which mainly cover non-rand transactions, are obtained from the CBL's PECD.

Miscellaneous business, professional, and technical services. The item includes management fees, advertising, and brokerage. Data on these components, which mainly cover non-rand transactions, are obtained from the CBL's Exchange Control Department.

Government services, n.i.e. The CBL's Financial Market Department provides data on Lesotho government expenditure abroad. This is mainly expenditure by Lesotho embassies abroad.

Income

Compensation of employees

Compensation of employees is estimated based on data from recruiting agencies and the Chamber of Mines and the findings of a survey—the Survey of Basotho Migrant Mineworkers—conducted in 1992–93. The most recent survey of Basotho migrant mineworkers was conducted in 1999.

Compensation of employees (labor income) measures the value of goods and services that are remitted to Lesotho by Basotho workers abroad. This is measured in two components: miners' remittances and other remittances from the Republic of South Africa (RSA). This is made under the assumption that said workers are nonresidents in RSA and that what they remit is part of the compensation they receive from their services there.

Investment income

Data on interest receipts are obtained from both CBL and the commercial banks. Data on payments are obtained from the commercial banks, the LHDA, and the Income Tax Department within the LRA.

Current transfers

General government

Estimates are based on data submitted quarterly by the Lesotho government operating agencies. Where necessary, the reported data are adjusted for timing; the adjustments are based on supplementary information and the financial and operating records of government agencies. General government transfers are composed of SACU nonduty receipts, rand compensation, financing of expatriates, fellowship of Basotho students, grants of food and clothing, and subscriptions to international organizations.

Other sectors

The data source for the other sectors component under current transfers is CBL's PECD. Other sectors include remittances from non-CMA countries, gifts, charitable transfers, and maintenance.

Capital Account

Capital transfers

Data on grants to the government are obtained from the government budgetary operations at the Ministry of Finance and Development Planning.

Financial Account

Direct investment

Direct investment in Lesotho is estimated using data on pipeline projects as reported by the Lesotho National Development Corporation. The Research Department of the CBL is currently undertaking a private capital flows survey to capture the capital flows between Lesotho and the rest of the world.

Other investment

The "Other investment" category comprises changes in assets and liabilities. Assets comprise commercial banks' foreign assets. These are made up of commercial banks' holdings of foreign currency and deposits. Liabilities comprise those of commercial banks and the central bank, and these are also obtained from the balance sheet of the CBL. The figures are obtained from the consolidated balance sheet of the banking system. Private loans comprise those not from the CMA and repayments to non-CMA countries. Official loans comprise disbursements and repayments of government. These are obtained from the government budgetary operations from the Ministry of Finance and Development Planning.

The LHWP is a joint undertaking between the governments of Lesotho and the RSA. The project involves building reservoir dams and water transfer tunnels to transfer water from Lesotho highland areas to the industrial heartland of the RSA. This project is financed through a special agreement between the two governments. As such, capital flows destined for the implementation of the project do not fall under the standard balance of payments items. It has been found necessary to create a special line item under which all such financial flows are recorded.

Reserve assets

The entries reflect changes in foreign assets of CBL. These changes include valuation changes. Reserve assets consist of external assets that are readily available to and are controlled by CBL for direct financing of external sector imbalances and for regulating such imbalances through exchange market interventions. Five categories of CBL's foreign assets are recorded in Lesotho's balance of payments: IMF reserve position, SDR holdings, cash and bank balances, investments, and rand notes and coins.

II. Specific Items: International Investment Position

The Research Department of the CBL is also responsible for compiling the international investment position (IIP). The data are compiled in accordance with the methodology specified by *BMP5*. Sources of data for IIP are the same as those used for compiling the balance of payments.

Liberia

The following text was confirmed as current in 2009.

I. General

Liberia's balance of payments statistics are compiled and disseminated by the Research, Policy and Planning Department (RP&PD) of the Central Bank of Liberia (CBL), employing a variety of data sources, including its own records, foreign trade statistics, specialized small-scale surveys and direct data collections, administrative records of government ministries and agencies, and model-based estimations.

In 1988, the compilation of balance of payments data in Liberia came to a halt, with the last balance of payments reported and published for 1987. It was reestablished only in 2008 with the full set of balance of payments statements for 2004–2007. Prior to that, in 2007, the CBL produced and disseminated partial balance of payments data for 2006.

For some balance of payments items, the data collected from primary sources are supplemented by estimates, and some entries are model-based estimates. Balance of payments data are compiled and presented in millions of U.S. dollars. Stock data in Liberian dollars (L$) are converted into U.S. dollar equivalents using the exchange rate prevailing at the end of the reporting period. Some transactions are reported in original currencies and converted into U.S. dollars at the average period exchange rates—monthly, quarterly, or annual, as appropriate.

Liberia's annual balance of payments is compiled in accordance with the recommendations of the IMF's *Balance of Payments Manual*, fifth edition *(BPM5)*. However, treatment of technical assistance is consistent with the draft *BPM6*. The United Nations Mission in Liberia (UNMIL), operating in Liberia in accordance with UN Security Council Resolution 1497 of August 1, 2003, is treated as an international organization—nonresident in Liberia. The international staff of UNMIL and other donor projects, such as foreign governments, the European Union (EU), United Nations organizations (UNOs), and other international organizations, are treated as nonresidents of Liberia—for simplicity and due to the lack of information on duration of their contracts.

A complete international investment position statement is not yet available.

II. Specific Items: Balance of Payments

Current Account

Goods

The data for the goods component of the balance of payments are derived from foreign trade statistics for trade on general merchandise; from the Ministry of Lands, Mines and Energy (LME) for trade on nonmonetary gold and diamonds; from major exporter enterprises for rubber; and from the National Port Authority (NPA) and the National Airport Authority (NAA) for *goods procured in ports by carriers* by nonresident transport operators.

The CBL collects monthly foreign trade statistics from two main sources: the Ministry of Commerce and Industry (MCI), beginning with data for 2000; and the Bureau Veritas Liberia (BIVAC), a wholly owned subsidiary of BIVAC International, appointed by the government of Liberia as a preshipment inspection agent, starting with data for 2004. The primary source of data is customs trade declarations, including Imports Permit Declaration (IPD) and Exports Permit Declaration (EPD), both from MCI, and Clean Report of Findings (CRF) and Non-Negotiable Report of Findings (NNRF) from BIVAC.

Starting with data for January 2007, the estimates on exports and imports of goods for the balance of payments are based on the data reported by BIVAC; the estimates for 2004–2006 are based on the data reported by MCI. The CBL verifies monthly trade data derived from the BIVAC and the MCI with the information obtained directly from enterprises, and adjusts the data as necessary. The foreign trade data are then adjusted to reflect data on trade in nonmonetary gold and diamonds. In addition, an adjustment is made for imports undeclared and/or underreported to authorities.

The data on imports reported by BIVAC are available at both c.i.f. and f.o.b. values, while the data reported by MCI are at c.i.f. value and are converted into f.o.b. using the relevant ratios derived from BIVAC.

Services

Transportation

The data on freight and insurance are derived from foreign trade statistics as a difference between the c.i.f. and f.o.b. values of imports (debit). The freight is estimated using an average rate of 95 percent of the total of freight and insurance. It is then split into sea transport and air transport at the proportion of 95 percent and 5 percent, respectively.

The *transportation* component also covers *supporting and auxiliary services* provided to nonresident transport operators (credit) in ports and airports, collected from NPA and NAA.

Passenger travel represents fares paid by residents to nonresident airlines (debit), and is derived from a data model that uses interview-based information from foreign airlines in Liberia.

Travel

The credit entry of business travel covers purchases by nonresidents of goods and services in Liberia, including diplomatic staff and expatriates treated as nonresidents, the military contingent of UNMIL, and other visitors, mainly business travelers. The category of expatriates covers international staff of UNMIL and other donor projects, such as foreign governments, the European Union, UNOs, and other international organizations.

The expenditures on local purchases by expatriates are derived from a comprehensive *Compilation Framework on Foreign Assistance (FACF)*, which uses (1) actual detailed data on UNMIL expenditure; and (2) the data on donor projects, disbursements, and commitments, as available. The latter are collected from the Liberia Reconstruction and Development Committee (LRDC) by donor projects, such as expenditures by donors broken down by four Poverty Reduction Strategy (PRS) Development Pillars. In addition, the model also incorporates the results of the Pilot Survey of Hotels in Monrovia.

The debit entry of business travel covers state budget expenditure on official travel derived from the Ministry of Finance of Liberia (MOF).

Expenditures on medical travel and *expenditures of residents traveling abroad* are both model-based data estimates employing ad hoc information on the number of travelers abroad obtained from airline carriers and the assumption of the average expenditure abroad by resident travelers.

Insurance

The insurance is estimated using an average rate of 5 percent of the total of freight and insurance. The latter is extracted from foreign trade statistics as a difference between the c.i.f. and f.o.b. values of imports.

Other business services

Credit entries are rental and operational leasing services rendered to nonresident transport operators and other nonresidents in the seaports and airports of Liberia, as reported by the NPA and NAA.

The debit entries represent the receipt of relevant services under donor-sponsored projects, as identified in the *FACF*. Included here are *legal, accounting, management consulting, and public relations* and *agricultural, mining, and on-site processing* services.

Personal, cultural, and recreational services. Included here are *education* and *health* services provided to Liberia within the framework of official donor-sponsored projects, as identified in the *FACF*.

Government services, n.i.e. The credit entries for this category cover (1) purchase in Liberia of goods and services by UNMIL and donor projects, such as foreign governments, the European Union, UNOs, and other international organizations—derived from the data model on the *FACF*; (2) maritime revenues collected from the MOF; and (3) the transportation fees and service payments, such as airport landing fees and stevedoring charges, which are collected from the NPA and NAA.

The main debits include (1) the full amount of the UNMIL budget; and (2) the total amount of disbursements under other donor projects, minus technical assistance already classified in a specific service category (other business services, education, and health). The primary data are obtained from the budget performance reports of the UNMIL and the LRDC, respectively. Also included here is government expenditure on embassies abroad.

Income

Compensation of employees

Credits represent wages and salaries paid by UNMIL and other donor projects to national staff, as reported by UNMIL and estimated in *FACF* for other donor projects.

Debit entries cover wages paid to nonresidents employed by Liberian embassies and diplomatic representations abroad, estimated as a percentage of government expenditure on embassies.

Investment income

Direct investment. Outflows (debits) represent income on foreign investment in hotel and real estate businesses. The estimates are derived from *FACF* as a percentage of the receipts received by nonresident expatriates and other visitors for hotel and accommodation services. The data are equally split into *dividends and distributed branch profits*, and *reinvested earnings and undistributed branch profits*. The later is offset by *direct investment in reporting economy*.

Other investment. Income outflows (debits) cover (1) interest payments actually made, derived from the Debt Management Unit of the MOF; and (2) interest payments due on loans of the government sector (for the latter an offsetting entry is made under other investment, other liabilities, general government, short-term); and (3) other official investment income.

Current transfers

General government

Official current transfers include (1) the UNMIL budget—the full amount performed; and (2) the total disbursements to other donor projects, including foreign governments, the European Union, UNOs, and other international organizations. The data are derived from the budget performance reports of the UNMIL and the LRDC, respectively, and are compared with other sources, including data on foreign assistance in kind by donors, extracted from foreign trade statistics.

Other sectors

Other transfers cover data on net transfers passing through banks and financial auxiliaries (money transfer services). These data are available to the CBL on a monthly basis. Also included here is the amount of the imports by expatriates that are included in the total imports in foreign trade statistics.

Capital Account

Capital transfers

The data on the debt forgiveness item of general government are derived from the Debt Management Unit of the MOF.

Financial Account

Direct investment

Data on direct investment projects in Liberia approved by the government are available from the National Investment Commission (NIC). *Reinvested earnings* are derived from the *FACF* (as explained under *investment income*), and the estimate of *other capital* is based on ad hoc information available.

Other investment

Assets

Other investment, *currency and deposits, monetary authorities* cover the change in the net foreign exchange position of the CBL. These data are derived from the monetary survey compiled by the RP&PD of the CBL.

Liabilities

Loans–general government cover debit entries for amortization arrears with credit contra-entries made under *other investment–other liabilities* (*short-term*) for the accrual of arrears. The latter also includes offsetting entry for arrears of interest recorded under *investment income*.

Reserve assets

Reserve assets cover changes in gross official reserves of the central bank derived from the Monetary Survey of the CBL.

Libya

The following text was confirmed as current in 2008.

I. General

The Central Bank of Libya (CBL) is responsible for compiling Libya's balance of payments statistics, published annually.

The CBL converts transactions denominated in Libyan dinars or other foreign currencies into U.S. dollars using the average exchange rate for the period. Some transactions are converted using the end-of-period exchange rate; these include the changes in reserve assets, which CBL obtains from the monetary survey monthly.

The main data sources are the General Information Authority (GIA), commercial banks, Libyan Foreign Bank (LFB), Libyan Foreign Investment Company (LAFICO), Secretariat of Finance, National Oil Corporation (NOC), Libya Africa Investment Portfolio (LAIP), insurance companies, and other related government institutions. Since 2000, CBL classifies the current, capital, and financial accounts according to the IMF's *Balance of Payments Manual*, fifth edition (*BPM5*).

II. Specific Items: Balance of Payments

Current Account

Goods

Data on imports and exports are mainly sourced from customs declarations and other specific estimates for nonofficial private trade.

Goods exported and imported are valued f.o.b. and c.i.f., respectively. The values for freight and insurance are reported separately and are recorded as credit entries under *other transport*.

Services

Transportation

The item includes passenger and freight services. CBL derives the data mainly from commercial bank records and reporting by transportation companies.

Travel

CBL obtains data on travel (for tourism, education, and medical expense) credits and debits from its records and commercial banks.

Other services

Insurance. CBL obtains data from domestic insurance companies.

Government n.i.e. Data cover government transfers to Libyan embassies abroad to finance transactions with nonresidents, as well transfers to international organizations. CBL obtains data from its records.

Income

Investment income

Direct investment. Data are available from the NOC and other investment institutions.

Other investment. CBL obtains data, including all income returns on investments abroad, from its own records, commercial banks, LFB, LAFICO, and LAIP.

Current transfers

General government

The debit entries cover payments by the government to international organizations. CBL obtains data from its own departments.

Other sectors

CBL obtains the debit entries for the remittances of foreign workers in Libya mainly from monthly data provided by commercial bank records. Data on Libyan citizens residing abroad (credit) are derived from information provided by the Secretariat of Labor and the Tax Department. Estimates are made on average income.

Capital Account

Capital transfers

For migrants' transfers, CBL derives data from banking records.

Financial Account

Direct investment

For direct investment abroad, CBL derives data from reports provided by the NOC and other financial institutions (LFB and LAFICO), dealing with investment entities. The data reflect institutional holdings of equities abroad.

Portfolio investment

The securities market in Libya is still under development. CBL obtains data on portfolio investment from its own records, commercial banks, LFB, LAFICO, LAIP, and other financial institutions.

Other investment

This item includes all short- and long-term financial account transactions other than direct investment, portfolio investment, and reserve assets.

Reserve assets

Libya's reserve assets comprise monetary gold, SDR holdings, reserve position in the IMF, foreign currency, and securities held by the CBL and commercial banks. Non-U.S. dollar reserves are converted at end-of-period exchange rates.

Lithuania

The following text was confirmed as current in 2009.

I. General

Since the beginning of 1995, the Bank of Lithuania (BoL) has prepared the national balance of payments statistics, coordinated all work related to collecting the information necessary for compiling these statistics, and systematically monitored this work. The balance of payments is compiled according to the fifth edition of the IMF's *Balance of Payments Manual (BPM5)*; methodological requirements of Eurostat (Balance of Payments Vademecum, December 2007); the reporting guidelines of the European Central Bank (ECB) on balance of payments and international investment position (IIP) statistics (ECB/2004/15, partially amended on May 31, 2007); and the regulations of the international reserves template (Regulation EC/184/2005) of the European Parliament and of the Council on community statistics concerning the balance of payments, international trade in services, and foreign direct investment (January 12, 2005).

The legal responsibility is set out in the BoL's Law No. IX–569, as amended on April 25, 2006, which lists the functions of the BoL. Specifically, Article 8, paragraph 9, states that the BoL shall collect monetary, banking, and balance of payments statistics, as well as data on Lithuanian financial and related statistics; implement standards on the collection, reporting, and dissemination of said statistics; and compile the balance of payments of the Republic of Lithuania. Furthermore, Article 54 states that bodies of state authority and administration, enterprises, institutions, and organizations of the Republic of Lithuania must present to the BoL all information required for the performance of its functions.

The Republic of Lithuania's Law No. VIII–1511 of December 23, 1999, on the amendment of the Law on Statistics, in particular the chapter titled "Management of Statistics" (Article 6, which deals with the agencies managing official statistics), stipulates that official statistics in the Republic of Lithuania are to be managed by the following agencies: government ministries; other state and local government institutions; agencies; and the BoL, if this is provided for in the work program for official statistics.

The other legislative provisions relevant for compiling the balance of payments and IIP include: the BoL's Board Resolution No. 106 of October 23, 2003, on the approval of the procedure for submitting to the BoL the statistical data necessary to compile the balance of payments and IIP; Board Resolution No. 125 of December 11, 2003, on the approval of the statistical statements used for the compilation of the balance of payments and IIP, which are collected by the BoL directly from commercial banks and other entities; the BoL's Chairman of the Board Order No. 02–265 of December 30, 2003, on the approval of terms for submitting to the BoL the data needed to compile the balance of payments, IIP, and official international reserves; Board Resolution No. 75 of April 29, 2008, on the approval of statistical reporting forms and repealing items 1.1 and 1.2 of Board Resolution No. 125 of December 11, 2003; Board Resolution No. 123 of August 7, 2008, on the procedure for the registration with the BoL of foreign loans received without state guarantee by legal entities of the Republic of Lithuania and of loans granted to foreign economic operators; and the Government of the Republic of Lithuania's Resolution No. 537 of June 2, 1997, on the application of the Special Data Dissemination Standard (SDDS) in Lithuania. According to this resolution, the BoL is appointed as coordinator of the application of the SDDS in Lithuania and is responsible for its application to the data categories of the banking sector's analytical accounts, the balance of payments, and the IIP.

The balance of payments is compiled by the External Statistics Division of the Statistics Department. The compilation of balance of payments covers (1) analysis of methodology and data source; (2) preparation of methodological instructions for projects of statistical reporting forms and their completion; (3) statistical data sampling process (determination of the number of national economic entities providing statistical information); and (4) collection of statistical data, their processing, and preparation of the final data. All components of the balance of payments are checked in terms of internal consistency and consistency within a respective period. Data are also compared with respective data of other statistical sources. The balance of payments is compiled on the basis of statistical reports. Some statistical reporting forms are collected by the BoL directly from national economic entities, and others are gathered by Statistics Lithuania. Work related to the compilation of balance of payments is included in the Work Program of Official Statistics approved by the Director General of Statistics Lithuania. Monthly, quarterly, and annual balance of payments are compiled and preannounced at the present time. Since 2004, new monthly and quarterly surveys were designed according to the statistical reporting requirements of the ECB and Eurostat. These surveys enable the collection and compilation of data with the required geographical breakdown.

Quarterly and monthly balances of payments data differ by the number of reporting indicators and the number of respondents to the surveys. The monthly surveys involve fewer respondents and fewer indicators than the quarterly surveys. The scope of the quarterly balance of payments indicators complies with the scope and composition of standard components of the IMF balance of payments report form.

All public institutions and commercial banks furnish the BoL with quarterly and monthly data. Monthly data from other sectors are collected by way of a sampling survey of economic entities. These economic entities are selected according either to their level of representation in a specific activity or to their scope of operations with nonresidents. Out of almost 5,000 sector entities that report quarterly figures, about 260 entities submit monthly reports. Because individual monthly balance of payments indicators are calculated with the aid of extrapolation coefficients and appropriate evaluations, aggregated data of a three-month period may not coincide with the figures of the corresponding quarter. The BoL checks individual reports and the quality of time series. It also cross-checks with other statistical sources.

Balance of payments compilation by the BoL is based on the statistical data collected by Statistics Lithuania; the commercial banks; the Ministry of Finance (MF); the Ministry of Foreign Affairs (MFA); the State Border Guard Service at the Ministry of the Interior; the State

Social Insurance Fund; the Central Securities Depository (CSD); the Lithuanian Securities Commission; the OMX Nordic Exchange; pension, collective investment, and money market funds; state tax authorities; local and regional authorities; the insurance supervisory authorities; etc.

After the compilation of quarterly balance of payments data, the information of the individual months of the quarter are revised. After the compilation of annual data, quarterly data are revised accordingly. The BoL revises the quarterly data for the second time nine months after the end of the reference year.

The data are released in the press release *Balance of Payments of the Republic of Lithuania,* which is available to the media and all interested parties at the BoL Public Relations Division and on the BoL website.

Detailed time series on balance of payments are posted on the BoL website (http://www.lb.lt/eng/statistic/index.html). Quarterly balance of payments data are released 86–88 days after the end of a reporting quarter. The quarterly publication *External Statistics* is published two or three weeks after the quarterly data release. Comprehensive data (balance of payments and IIP) are disseminated in Lithuanian litas, euros, and U.S. dollars for each standard component of the *BPM5* and published, along with short comments, in a special quarterly balance of payments bulletin titled *External Statistics.* (The previous publication, *Balance of Payments of the Republic of Lithuania,* was replaced in July 2008.) This publication is available on the BoL website (http://www.lb.lt/eng/publications/index.htm). The data are also published in the BoL *Monthly Bulletin.* An advance-release calendar for the monthly and quarterly balance of payments and IIP data is published to meet SDDS requirements in the quarterly bulletin *External Statistics* and in the BoL *Monthly Bulletin.*

II. Specific Items: Balance of Payments

Current Account

Goods

The primary data source is the foreign trade statistics prepared by Statistics Lithuania. Since May 1, 2004, foreign trade data of the Republic of Lithuania have been divided into two parts: Extrastat and Intrastat. The Extrastat system includes data on trade between Lithuania and nonmember countries of the EU, and the source of these data is the customs declarations. Intrastat is a data collection system based on information from the enterprises trading with the EU countries. Instead of declaring the volumes of goods each time when crossing the customs border, carriers of goods produce information about the arrivals and dispatches of goods volumes to the customs territorial office monthly. To ease the burden of reporting, the carriers whose goods (both arrivals and dispatches) over a year do not exceed the value that had been estimated by Statistics Lithuania and published in the Official Gazette (*Valstybes zinios*) are exempt from filing Intrastat reports. Moreover, the Intrastat report is substantially simpler and contains fewer indicators than the customs declaration; in addition, the Intrastat data are based on somewhat different methodological requirements.

Data on trade in goods comply with *BPM5* standards.

Except for transit goods, all goods that enter the country, including goods procured in ports by resident carriers, and leave the country, including goods procured in ports by nonresident carriers, are recorded as trade in goods, as imports and exports, respectively.

The following items are considered imports: imports declared for use within the country, temporary imports for inward processing, imported goods after processing, and goods procured in ports.

The following items are considered exports: goods of Lithuanian origin, reexports of goods after processing, and goods procured in ports.

Temporary exports and imports, leasing goods, and goods related to humanitarian aid are also included in the accounting item. Furthermore, besides customs data, trade in electricity and natural gas is also included in this item. The data on goods delivered to transport agencies at the ports are based on transport company reports.

Exports and imports of goods are valued on an f.o.b. basis. In this respect, the BoL makes some adjustments for freight (about 7 percent of total imports).

Services

On the basis of quarterly surveys by Statistics Lithuania, the BoL receives data on the services provided by resident nonfinancial enterprises to nonresidents and the services provided by nonresidents. All categories of services are divided up in the survey questionnaire, which enables the data to be aggregated according to the standard groups of services as defined in the *BPM5* and the extended classification of services by Eurostat and the OECD. More than 5,000 enterprises complete the quarterly questionnaire. The BoL collects monthly data on services from approximately 260 enterprises.

Transportation

This category includes all transportation services (sea, air, land, etc.) that are performed by residents for nonresidents (and vice versa) that involve the carriage of passengers, the movements of goods (freight), rentals (charters) of carriers with crew, and other transportation services. The primary data source is the quarterly survey of the cross-border transactions of nonbank entities with nonresidents conducted by Statistics Lithuania.

Travel

Travel services cover primarily the goods and services acquired from an economy by travelers during visits of less than one year to that economy. The goods and services are purchased by, or on behalf of, the travelers or provided, without a quid pro quo, for the travelers to use or give away. Excluded are transportation of travelers within the economies that they are visiting, where such transportation is provided by carriers not resident in the particular economy being visited, as well as the international carriage of travelers, both of which are covered in passenger services under transportation. Also excluded are goods purchased by travelers for resale in the travelers' own economy or in any other economy. Travel is divided into two subcomponents: business travel and personal travel. Data on travel services are calculated on the basis of (1) the monthly data on the number of incoming foreigners from non-EU countries and departing residents from Lithuania, provided by the State Border Guard Service at the Ministry of the Interior; (2) the Statistics Lithuania's selective research on resident travelers and their average expenditure and length of stay; and (3) the data of quarterly surveys of enterprises providing accommodation services (hotels, health spas, etc.) and of enterprises involved in sales of touring packages.

Other services

The main source of information on other types of services is the quarterly survey on cross-border transactions of nonbank enterprises with nonresidents conducted by Statistics Lithuania. In this survey, the economic entities submit data on receipts from, and expenditure on, such categories of services and payments abroad as construction; communications; finance; computers and information technology; royalties; insurance; government services; the acquisition of licenses; leasing and business leases; other personal, cultural, and entertainment services; other business services; and other services. The BoL conducts a quarterly survey of commercial banks' cross-border transactions on their own behalf.

The largest amount of information on government services is received from the MFA and the MF. Information is based on (1) the data on the expenditure of Lithuania's embassies abroad and on salaries paid to Lithuanian employees working abroad, (2) technical assistance provided by nonresidents, and (3) quarterly data provided by the Lithuanian tax authorities on value-added tax refunds to embassies and international organizations. Additional information on various services is collected from other official sources.

Income

Data on income are obtained from the monthly sample surveys and quarterly reports of nonbanking enterprises. Data are also obtained from the reports submitted by commercial banks, ministries, and departments, as well as the BoL. Income covers two types of transactions between residents and nonresidents: (1) compensation of employees, which is paid to nonresident workers (e.g., border, seasonal, and other short-term workers); and (2) investment income receipts and payments on external financial assets and liabilities.

Compensation of employees

Information on compensation of employees is obtained from (1) quarterly data on social insurance contributions paid by nonexempt foreign embassies for resident employees in Lithuania; (2) reports of nonbank enterprises; (3) the MFA (for data on the expenditure of Lithuania's embassies abroad); and (4) data on cross-border transactions by individuals, obtained from a monthly survey of commercial banks.

Investment income

Direct investment. The main data sources on direct investment income (expenditure) are quarterly surveys of enterprises involved in direct investment, conducted by Statistics Lithuania, and quarterly reports of commercial banks. This income comprises dividends, distributed profits of foreign branches, reinvested earnings, and income (interest) on debt instruments. Dividends may be paid in cash or in shares (capitalization of current income). Dividends on liquidation are excluded, since they reflect the return on invested capital and not a transfer of income. These dividends are shown as capital withdrawals. Where declared dividends have not been paid, the data presented as direct investments under other assets/other liabilities are increased by the respective sum. Dividends are recorded when declared payable. Reinvested earnings are recorded in full for both inward and outward investment. Reinvested earnings are recorded in the period in which they are earned.

Portfolio investment. This item comprises income transactions between residents and nonresidents and is derived from holdings of shares, bonds, notes, and money market instruments. This category is subdivided into income on equity securities (dividends) and income on debt securities (interest). The main sources of data on portfolio investment income are quarterly reports of nonbanks, quarterly reports of banks, and information from the MF on interest paid on government debt securities. Interest on debt securities is recorded on an accrual basis.

Other investment. This item comprises interest receipts and payments on all other resident claims (assets) on and liabilities to nonresidents. This category also includes, in principle, imputed income to households from net equity in life insurance reserves and in pension funds. Interest comprises interest on long- and short-term loans, deposits, and other claims/liabilities.

The main sources of data on other investment income are quarterly reports of nonfinancial enterprises, quarterly reports of banks, and the information from the MF on interest paid on the loans received on behalf of the state and guaranteed by the government. Interest is recorded on an accrual basis.

Current transfers

Data are received from various government agencies and the banking sector. The primary sources of data are (1) monthly data on financial assistance from EU and membership fees to EU provided by the MF; (2) monthly data on humanitarian aid, provided by Statistics Lithuania; (3) MFA data on entry and membership fees paid by the government to international organizations; (4) monthly data on cross-border pension receipts and payments, provided by the State Social Insurance Fund and by the commercial banks; and (5) data on cross-border transactions by individuals, sports organizations, etc., obtained from a monthly survey of commercial banks. Current transfers are classified according to the sector of the compiling economy into general government and other sectors (which include workers' remittances and other transfers).

Capital Account

The main sources of data are (1) monthly data on capital transfers to government and other sectors, provided by the MF; (2) data on debt-forgiveness transactions of other sectors, obtained from the quarterly survey of cross-border transactions of nonbank enterprises conducted by Statistics Lithuania; and (3) data on debt-forgiveness transactions of banks, obtained from the quarterly survey of cross-border transactions of commercial banks. There is no coverage for migrants' transfers or the acquisition/disposal of nonproduced, nonfinancial assets.

Financial Account

Direct investment

The main data sources are the quarterly surveys of enterprises involved in direct investment, conducted by Statistics Lithuania, and the quarterly surveys of commercial banks. Other data sources include data on FDI provided by the MF, the local authorities, the CSD daily data on prices of equity and debt securities issued in the Baltic states provided by the OMX Nordic Exchange, monthly data on listed companies provided by the CSD, and monthly and quarterly surveys of cross-border transactions of commercial banks.

Statistics Lithuania has devised a questionnaire on FDI in line with the OECD Benchmark Definition of FDI. The questionnaire, circulated to more than 3,000 respondents four times a year, covers all components of FDI by direction of investment. The data are available fully broken down by country and activity. Since 2009, quarterly data collected on inward and outward FDI also cover transactions and positions between resident and nonresident fellow enterprises.

The MF provides monthly data broken down by country and activity, on revenues received from nonresidents for privatized entities, and on other subsidies and funds received from abroad (related to FDI).

Furthermore, the CSD provides data reported quarterly and annually on how securities are distributed among Lithuanian economic entities and nonresidents (in total and broken down by country and type of investor's sector), as reflected in the accounting of intermediaries in public securities trading. Statistics Lithuania provides quarterly data (transactions and stocks) on real estate acquired by nonresidents in Lithuania (broken down by country).

The commercial banks provide quarterly data on FDI stocks, flows, other changes broken down by country and activity, and monthly data on flows.

According to the OECD Benchmark Definition of FDI, a holding of 10 percent of the voting rights is recognized as the lowest limit under which a foreign direct investor is able to participate in the management of a direct investment company. Direct investment comprises the initial transaction between the two entities, that is, the transaction that establishes the direct investment relationship, and all subsequent transactions between them and among affiliated enterprises, both incorporated and unincorporated.

The data on equity capital for listed companies are recorded at market value and at book value. The data on equity capital for unlisted companies are recorded at book value.

Portfolio investment

The primary sources of data are (1) the quarterly survey of cross-border transactions of nonbank enterprises conducted by Statistics Lithuania, (2) the monthly and quarterly surveys of cross-border transactions of commercial banks, and (3) data obtained from the CSD on a security-by-security basis. These data are obtained from the accounts of intermediaries on transactions in securities between residents and nonresidents. Fund management companies (such as pension funds, collective investment funds, money market funds) provide monthly data on portfolio investment abroad (flow, stocks, investment income). The OMX Nordic Exchange provides data on prices of equity and debt securities issued in the Baltic states. Portfolio investment stocks are further broken down by instrument, sector, country (since the first quarter of 2004), and maturity.

Data provided by the CSD are posted in the BoL securities database (separately for issuers and holders). The Centralized Securities Database (CSDB) of ECB has become an important source for portfolio investment data. This database sufficiently covers relevant portfolio investment securities, issued worldwide. The availability of a functioning CSDB is essential for the new portfolio investment collection systems (security by security), which are also applied in Lithuania.

Financial derivatives

The sources of data are (1) the quarterly survey of cross-border transactions of nonbanks, and (2) the monthly and quarterly surveys of cross-border transactions of banks. Financial derivatives are accounted for when they are created or sold, or when other actions provided thereunder are effected. Purchase (sale) transactions are accounted for at the market value. Transactions are recorded on a gross basis; transactions in assets are recorded separately from those in liabilities. Included are foreign exchange purchases (sales), interest rates, precious metals, and liability-related financial derivatives transactions (forwards, swaps, futures, and options).

Other investment

Other investment is defined as a residual category that includes all financial transactions not covered in the direct investment, portfolio investment, financial derivatives, or reserve assets categories. The sources of data are as follows: (1) the quarterly survey of cross-border transactions of nonbank enterprises conducted by Statistics Lithuania; (2) monthly and quarterly surveys of cross-border transactions of banks conducted by the BoL; (3) information from the MF on government loans received (and repaid) on behalf of the state and guaranteed by the government, and information on loans received from nonresidents directly by local governments; (4) the monthly survey of nonbank enterprises conducted by the BoL; and (5) information from *BIS Quarterly Review* about stocks of currency and deposits with foreign banks.

Other investment covers trade credits, loans, currency and deposits, and other assets/liabilities. It also encompasses the offsetting entries for accrued income on instruments classified under other investment. Breakdowns are available by sector, instrument, country (since the first quarter of 2004), and maturity. Liabilities for goods and services are understood as financial claims and liabilities arising when goods and service flows differ from the time of actual settlement.

Loans cover all loans granted to nonresidents as well as loans received from nonresidents, financial leases, repos, and overdrafts. Currency and deposits comprise notes and coins issued by foreign governments and held by residents, traveler's checks in banks (shown only in the financial assets part of commercial banks' monthly statements), demand deposits, and correspondent account balances with foreign banks. Time deposits are attributed to loans.

Other assets and other liabilities cover operations not included in the aforementioned items. Other assets include nonresident loans that have not been repaid or extended, as well as outstanding dividends and interest, whereas other liabilities comprise outstanding loans to nonresidents, outstanding dividends, etc.

Reserve assets

The data source for reserve assets is the BoL's balance sheet.

Reserve assets are highly liquid, marketable, and creditworthy foreign assets under effective control of the monetary authorities for direct financing of the payments imbalances and other similar purposes. Official reserve assets consist of monetary gold, holdings of SDRs, the reserve position in the IMF, central bank assets in foreign currency (in convertible currency in banknotes and coins as well as funds in the accounts of foreign banks), liquid securities of foreign governments (including repurchase agreements), and other liquid assets. The official reserve assets data are compiled in accordance with the methodology set out in both *BPM5* and the *Operational Guidelines for the Data Template on International Reserves and Foreign Currency Liquidity*.

Data on reserve assets are compiled on a monthly basis and are broken down by instruments and maturity. Reserve assets are compiled in accordance with the gross concept, without any netting with monetary authorities' liabilities.

Since December 2001, gold holdings have been revalued once a month on the last working day at the value of the London gold price fixing. Holdings of foreign exchange (cash) are revalued on a daily basis. Securities are revalued once a month on the last working day using the mid-market prices prevailing on the secondary markets. The value of the securities at the reference date includes accrued interest.

III. Specific Items: International Investment Position

Lithuania's IIP is compiled on the basis of real stock data and separately for assets and liabilities. Quarterly IIP data are disseminated in Lithuanian litas, euros, and U.S. dollars for each standard component according to the *BPM5*. The net IIP (the stock of external financial assets minus the stock of external liabilities) often is used to analyze developments and trends in the performance of an economy vis-à-vis the rest of the world as of a specific date. The position at the end of a specific period reflects financial transactions, valuation changes, and other adjustments, all of which affect the level of assets or liabilities, that occurred during the period.

The data on the assets and liabilities positions are broken down further by sector (monetary authorities, banks, government, and other sectors) and show the position at the end of the reference period. A country breakdown is also available.

IIP data cover financial and commercial operations of banks and nonbank entities, irrespective of the form of ownership, with nonresidents included. Currently, data are collected from more than 8,000 entities. Since the first quarter of 2004, a data breakdown by country has been available.

All IIP components are analyzed both for internal consistency and for consistency over time. In addition, data are reconciled with those obtained through other sources and statistical frameworks.

Direct investment

Direct investment position data are derived from the quarterly reports of enterprises involved in a direct investment relationship and the quarterly reports of commercial banks.

Statistics Lithuania also provides quarterly stock data on real estate acquired by nonresidents in Lithuania (broken down by country). The data on equity capital for listed companies are recorded at market value and at book value. The data on equity capital for unlisted companies are recorded at book value.

Lithuania uses the directional principle for the calculation of FDI, in line with the *BPM5*.

Direct investment is broken down by country and activity. The BoL carries out adjustments for changes in exchange rates, as well as other adjustments.

Portfolio investment

The primary sources of portfolio investment stock data are the quarterly reports of enterprises and commercial banks, as well as CSD data on the distribution of securities (including government securities). These data are obtained from the accounts of intermediaries on transactions in securities between residents and nonresidents. Portfolio investment stocks are broken down further by instrument, sector, maturity, and country.

Financial derivatives

Stocks for financial derivatives (assets and liabilities) are compiled separately.

Other investment

The primary sources of data are the quarterly reports from enterprises and commercial banks, as well as data from the BoL and the MF.

Reserve assets

The data source for reserve assets is the BoL's balance sheet. Reserve assets data are compiled in accordance with *BPM5* and the *Operational Guidelines for the Data Template on International Reserves and Foreign Currency Liquidity*. Positions vis-à-vis residents and positions in nonconvertible and local currencies vis-à-vis nonresidents are excluded. Data on reserve assets are compiled on a monthly basis and are broken down by instruments and maturity.

Reserve assets are valued at current market prices. Since December 2001, gold holdings have been revalued once a month on the last working day at the value of the London gold price fixing. Holdings of foreign exchange (cash) are revalued on a daily basis. Securities are revalued once a month on the last working day, using the mid-market prices prevailing on the secondary markets. The value of the securities at the reference date includes accrued interest.

Luxembourg

The following text was confirmed as current in 2009.

I. General

Until December 31, 2001, the Institut belgo-luxembourgeois du change (IBLC) collected the information on the external payments in Luxembourg. The data, compiled mainly from credit institutions, served to prepare the balance of payments statistics for the Belgian-Luxembourg Economic Union.

From January 1, 2002, onward, with the beginning of Stage Three of the Economic and Monetary Union, the governments of Luxembourg and Belgium decided to terminate the activities of the IBLC and to establish separate balance of payments statements.

The legislation applicable to compiling data on international payments is, however, maintained and is based on three main regulations: the amended Grand-Ducal Decree of November 10, 1944, on exchange controls; the Grand-Ducal Execution Regulation of July 19, 1997, on foreign payments and balance of payments; and the Ministerial Decree of November 13, 1998, pertaining to IBLC publications.

Under the law dated June 28, 2000, modifying the Grand-Ducal Decree of November 10, 1944, the Banque centrale du Luxembourg (BCL) and the National Statistical Agency—the Service Central de la Statistique et des

Etudes Économiques (STATEC)—are jointly responsible for compiling and disseminating the balance of payments statistics.

Therefore, both institutions elaborated a common data collection system and devised a shared set of concepts, definitions, and compilation methods through a joint agreement.

The agreement provides that the BCL is responsible for establishing Luxembourg's financial account in the balance of payments and the international investment position, as well as for the estimates of the investment income.

For its part, STATEC is responsible for establishing the current and the capital accounts (except for the investment income item) and for conducting the survey on foreign direct investment positions. The BCL is in charge of managing the common database.

Balance of payments data are compiled using an international transactions reporting system (ITRS) of the open type. It is largely based on the collection of monthly settlement reports from banks and other financial institutions on payments to and from nonresidents on behalf of their customers and for their own account. Residents who make external payments that are not settled through resident banking institutions are mandated to report these transactions either to the BCL (reporting agents belonging to the financial sector) or to STATEC (other sectors).

To complement the ITRS for current account transactions, STATEC uses administrative sources. These include data from the social security institutions for compensation of employees, official transfers to and from the European institutions, and insurance data from the supervisory authority for insurance companies.

II. Specific Items: Balance of Payments

Current Account

Goods

Trade statistics are adjusted and completed to meet the IMF's *Balance of Payments Manual*, fifth edition (*BPM5*) recommendations. STATEC estimates missing data and adjusts import data to an f.o.b. basis.

Services

Travel

The main sources are surveys, other statistics, and administrative data. Compilers record under business travel the personal expenditures on goods and services by nonresident cross-border workers.

Other services

Insurance. These are valued by applying a ratio to gross premiums. Remaining premiums and claims are recorded under current transfers/other sectors, except for life insurance (financial account).

Financial. These are based on bank settlement data. The data are supplemented with monthly estimates for commissions and administration fees imputed on transactions with nonresident investors in relation with their holdings in resident collective investment institutions.

Following the Regulation (EC) No. 184/2005 of the European Parliament and the Council of January 12, 2005, on Community statistics concerning balance of payments, international trade in services, and foreign direct investment, the detailed breakdown of international trade in services is only requested (and compiled) on an annual basis. However, in the IMF database, annual data are always consolidated from quarterly data; thus the full annual breakdown for services is not published in the IMF's *Balance of Payments Statistics Yearbook*.

Income

Compensation of employees

Social security data are the main source to compile this item on a gross basis.

Investment income

Direct investment. To estimate reinvested earnings, compilers use the annual survey of foreign direct investment.

Portfolio investment. Monthly benchmark yields, broken down by country and instrument, are applied to detailed stock positions. In addition, the transactions of resident collective investment institutions undergo the following treatment: On the liability side, all income on foreign as well as domestic instruments is assigned to the investors regardless of whether it is distributed.

Current transfers

General government data are mainly based on administrative sources.

Capital Account

Data are collected as part of the data collection system. For public transfers, compilers make extensive use of administrative sources.

Financial Account

Direct investment

Direct investment flows are collected through the data collection system. Transactions on equity capital made without any settlement are registered directly using data from official publications, specialized media information, and stock exchange data.

Portfolio investment

For portfolio transactions, compilers collect the data through the data collection system. For the bank sector, they derive flows from the assets and liabilities statements, while for the general government sector, they obtain data from the Treasury Administration of the Ministry of Finance.

Financial derivatives

The data are sourced from the data collection system, where ad hoc transaction codes are identified to isolate those components.

Other investment

Trade credits

Estimates for trade credits are based on a specific survey of a representative sample of enterprises. Trade credits between related enterprises are also identified.

Loans

The data collection system provides data to the different institutional sectors. Loans to the IMF are estimated on the basis of the BCL balance sheet statistics as reported by the Accounting Department.

Currency and deposits

The data collection system provides data to the different institutional sectors. Currency and deposits for the IMF sector are estimated on the basis of the balance sheet statistics.

Reserve assets

Transactions are obtained from the BCL Accounting Department and are cross-checked with data reported in the template on international reserves and foreign currency liquidity.

III. Specific Items: International Investment Position

Annual IIP data are available from 2002 onward.

Direct investment

For this component, compilers obtain stock data from an annual survey of resident enterprises. However, for direct investments of Special Purposes Entities not covered by the survey, stock data are derived from simple accumulation of the balance of payments relevant flows. Adjustments are made for changes in exchange rates and in prices. Data include real estate investments.

A secondary data source for the other capital item is trade credit stocks between related enterprises (obtained from a quarterly enterprise survey of resident enterprises).

Portfolio investment

Regarding foreign securities held by residents, BCL bases its data mainly on banks' balance sheet statistics that report stocks held by banks for their own account and on behalf of their clients. However, for the monetary authorities and for the general government, data are obtained from the BCL Accounting Department and from the Treasury Administration, which provide reports on a security-by-security basis.

For securities held by monetary and nonmonetary mutual funds, compilers use detailed stock data, based on a monthly and quarterly reporting system as well as on a detailed quarterly custodian survey.

For nonresident investments in Luxembourg securities, compilers subtract the amount of securities held by residents (as reported by the resident bank statistics) from the total amount issued on the Luxembourg stock exchanges.

Portfolio investment assets and portfolio investment liabilities are valued at market prices, except bonds and notes issued by residents, which are valued at nominal value.

Financial derivatives

Financial derivatives are computed on the basis of real stocks for options and by accumulating past flows for other kinds of derivatives; therefore, no valuation of market prices is carried out for the resulting total stocks.

Other investment

Trade credits

Trade credits are based on a specific survey of a representative sample of enterprises.

Loans; currency and deposits

Loans and currency and deposits of the resident banks are collected from the balance sheets' statistics. For the monetary authorities and the general government sectors, compilers collect data from the reports made by the BCL Accounting Department and by the Treasury Administration. Loans, currency, and deposit positions of enterprises and households are derived from the Bank for International Settlements statistics.

Reserve assets

Stock data are obtained from the BCL Accounting Department. The reserve assets are valued at market prices on a monthly basis.

Macedonia, FYR

The following text was confirmed as current in 2009.

I. General

According to the Law on the National Bank of the Republic of Macedonia and the regulations related to foreign exchange operations, the National Bank of the Republic of Macedonia (NBRM) is responsible for the compilation and dissemination of the balance of payments. The balance of payments of the Republic of Macedonia is prepared largely in accordance with the methodology of the fifth edition of the *Balance of Payments Manual* (*BPM5*) of the International Monetary Fund. The balance of payments data are disseminated on a monthly basis, in millions of euros and U.S. dollars. Transactions that are denominated in other currencies are converted to euros and U.S. dollars equivalents at the exchange rate prevailing on the day of the transaction.

The main sources of data for compiling the balance of payments are (1) the single administrative document (SAD) for foreign trade; (2) the international transactions reporting system (ITRS); (3) the external debt reporting system (credit indebtedness); (4) the banks' reports on the stock of assets and liabilities; (5) the monthly reports on stocks and flows on the accounts abroad of the residents other than banks and the monthly stock and flow data on settlement accounts; (6) additional NBRM reports on the realized turnover in foreign exchange offices and on the official foreign exchange reserves stock of the Republic of Macedonia; and (7) data from the annual direct investment survey (DI 22).

II. Specific Items: Balance of Payments

Current Account

Goods

The source of data on the foreign trade statistics of the Republic of Macedonia is the SAD, which is prepared by the Customs Administration of the Republic of Macedonia (CARM) and processed and published by the State Statistical Office of the Republic of Macedonia (SSORM) and the NBRM. In accordance with the methodology for recording foreign trade in the trade statistics, the SSORM publishes the export data on an f.o.b. basis and the import data on a c.i.f. basis. The following adjustments for the coverage and classification of goods are made in line with the *BPM5*'s recommendations:

– Coverage: regarding the return of goods and the invoiced value of the performed service for the repair of goods; and

– Classification: regarding the c.i.f./f.o.b. coefficient. From 1993 to 1997, the c.i.f./f.o.b. coefficient was determined on the basis of the average internationally set rates for the calculation of these expenses. Since 1998, the c.i.f./f.o.b. coefficient is calculated on the basis of an established methodology based on the SAD data on transport and insurance of goods with a destination in the Republic of Macedonia, adjusted to the overall imports.

The item procurement of goods in ports by carriers (imports) is based on data from the monthly reports.

Services

Transportation

Data on transportation are sourced from the ITRS and monthly reports. Data can be broken down by type of transport (air, sea, railway, and road) and on the basis of the category of services (freight, passengers, and other). An adjustment is made for the outflow of transportation services (transport of goods) regarding the c.i.f./f.o.b. coefficient for the costs of transport of goods provided by nonresidents.

Travel

Data originate from the ITRS and monthly reports.

Other services

Data are sourced from the ITRS for the receipts from and payments to nonresidents on the basis of type of services: telecommunication, construction, insurance, business, government, and other services. An adjustment is made for the insurance outflow regarding the c.i.f./f.o.b. coefficient for the costs of insurance of the transport of goods provided by nonresidents. Additional data sources for certain types of services are the monthly reports.

Income

The income as a balance of payments component originates from compensation of employees (residents employed with nonresidents and vice versa) and investment income. The main data source for the compensation of employees item is the ITRS.

Direct investment income

Data include dividends and distributed branch profits, as well as reinvested earnings and undistributed branch profits. The major data source for the receipts and payments of dividends is the ITRS. For previous years, a basic data source for reinvested earnings was the annual direct investment survey, while for the current year estimates are based on the trend of the previous years.

Portfolio investment income

Data on inflow include interest receipts on foreign debt securities and accrued interest on foreign debt securities as part of the gross official reserves. Data on outflows include dividends paid on equity securities and interest paid on debt securities. The data sources are the ITRS, the NBRM's reports on the official foreign exchange reserves stock, and the annual direct investment survey.

Other investment income

Data include received and paid interest on deposits; short-term, medium-term, and long-term loans; and credits. The received interest consists of the inflows of interest on foreign currency deposits in foreign accounts (interest on the foreign exchange reserves and on the foreign exchange assets of the banks). The data sources are the ITRS and the NBRM's reports on the official foreign exchange reserves stock. The paid interest refers to the due current liabilities on disbursed medium-term and long-term foreign loans and credits. The data are sourced from the external debt reports of the NBRM.

Current transfers

The official transfers mainly refer to the assistance in financial assets and goods received from foreign governments and international organizations. The source of the data for the transfers in financial assets is the ITRS, while for the transfers in goods it is the Customs Administration documents.

Private transfers consist of remittances, cash exchanged, and other transfers, most of which are rents and pensions. The source of data is the ITRS. Cash exchanged on the exchange market should be classified in the capital and financial account of the balance of payments, in accordance with the *BPM5*. However, because the largest part of these assets originates from residents' receipts from nonresidents on the basis of goods and services provided (unrecorded transactions) and transfers received in cash in foreign currency, these transactions are recorded as a part of the balance of payments current account (private transfers).

Capital Account

This account encompasses the capital transfers, and the source of data is the ITRS.

Financial Account

Direct investment

Direct investment includes equity, reinvested earnings, and other capital. Trade credits and long- and short-term loans between affiliates are recorded under other capital. The basic data source for the previous years was the annual direct investment survey. The source of data for the investment in financial assets was the ITRS, while for investment in goods the data source was the Customs Administration documents. For the current year, data on reinvested earnings and other capital are estimates based on data from the previous years.

Portfolio investment

The source of data for the portfolio investment is the ITRS.

Other investment

Trade credits

The trade credits (extended to and received from foreign countries) represent the difference between the exports/imports of goods and the corresponding settlements. The estimated data for the trade credits are derived from the foreign trade data in the Customs Administration documents, and the corresponding settlements are sourced from the ITRS. If the value of the exported goods is higher than the value of receipts on exports, the difference is recorded as an extended trade credit (with a negative sign). If the value of imported goods is higher than the payments on the imports, the difference is recorded as a received trade credit (with a positive sign). Additional sources of data are the monthly reports.

Loans

The loans category records disbursements and amortization on loans and credits. Principal and interest arrears are also recorded as a counter-entry in the category other investment – other. The data are based on the reports on public and private external debt prepared by the NBRM.

Currency and deposits

Data primarily refer to the changes in the foreign exchange assets and foreign exchange liabilities of the banks. The sources of data are the monthly bank reports and the ITRS. The changes in foreign exchange assets and foreign exchange liabilities of the banks are presented with a partial exclusion of valuation changes. The changes in foreign exchange assets of individuals include net cash deposited on foreign exchange accounts with the banks, reduced for the imports of goods by the individuals. The source of data for net cash deposited on foreign exchange accounts with the banks is the ITRS, and for imports of goods it is the SAD. Additional sources of data on currency and deposits for other sectors are the monthly reports.

Gross official reserve assets

Data refer to the changes in the stock of the official foreign exchange reserves. The source of data is the report of the NBRM regarding the foreign exchange reserves stock calculated according to the exchange rate on the date of the reporting period.

III. Specific Items: International Investment Position

Direct investment

The sources of data on direct investments for compiling the Republic of Macedonia's international investment position (IIP) are the questionnaires and reports on the condition and the turnover of the connected entities, which all resident legal entities submit to the NBRM on an annual basis and are related to the investments to and from other countries.

Portfolio investment

The sources of data for the investments in equity instruments for compiling the Republic of Macedonia's IIP are the annual questionnaires and reports on the condition and the turnover of the connected entities. For the investments in debt securities, the data come from the international payment operations of commercial banks (in line with the ITRS), the reports on operations with securities from the authorized participants in the Macedonian Stock Exchange, as well as the database of the Central Securities Depository. For calculation of the market value of the securities, data on the market prices from the Macedonian Stock Exchange are used.

Other investment

The source of data on trade credits for compiling the Republic of Macedonia's IIP is the quarterly reports on the claims and liabilities of international commercial operations of residents (KIPO Form). For financial credits and loans, the source of data is the registered foreign credits (KZ and KO Forms). Currency and deposits include the deposits that resident banks keep abroad, i.e., claims of resident banks on nonresidents. Sources of data for this item are the monthly balance sheet of banks and international payment operations of banks.

Malawi

The following text was confirmed as current in 2007.

I. General

The Statistics Act (December 1967) assigns to the National Statistical Office (NSO) the primary responsibility for collecting, processing, and disseminating balance of payments statistics.

Since the primary data sources (surveys and/or ITRS reports) are not sufficient and not fully dependable to compile balance of payments statistics, they are complemented with information from secondary data sources, such as foreign trade statistics obtained from the Malawi Revenue Authority (MRA), monetary movements relating to government transactions from the Reserve Bank of Malawi (RBM), and transactions on external debt and grants in cash and kind from the Ministry of Finance (MOF), among others. A new Private Capital Survey (PCF Survey) was launched in 2003 to fill the gap for balance of payments statistics compilation purposes.

Balance of payments data are prepared on an annual basis. The NSO publishes balance of payments statistics in its Statistical Yearbook through one official summary table, accompanied by tables with data on foreign trade. The RBM and the Ministry of Economic Planning and Development (MEPD) also publish annual balance of payments statistics data. The publications of the RBM and the MEPD include a summary table of the balance of payments and an analytical segment in the main text. A succinct quarterly balance of payments presentation (excluding current account balance) is encompassed in the last quarterly bulletin of the RBM.

The classification of accounts in the national presentation of the balance of payments is based on the framework of the *Balance of Payments Manual* (fourth edition). Progress has been made in the transition to the methodology of *BPM5*. The NSO has prepared a preliminary balance of payments statement in broad compliance with the classification/sectorization recommended by *BPM5* for the period 1994–2002 and plans to release these data in its annual publication at end-October 2003.

Balance of payments statistics are compiled in millions of Malawi kwacha. When the actual date of the transaction is not available, the annual average exchange rate is used. The exchange rate prevailing on the day of the transaction is used for exports and imports, and daily exchange rates are used for the transactions obtained through the ITRS reports. Disbursements and debt service payments are converted into local currency using the currency exchange rate at the time of the transaction.

Transactions are valued at market prices when they are available. Services are valued at the price paid for the services provided. Goods are valued on an f.o.b. basis. Goods for processing may not always be at market prices, as recommended by *BPM5*, but based on intercompany use of transfer prices.

II. Specific Items: Balance of Payments

Current Account

Goods

The primary data source is the foreign trade statistics prepared by the NSO's Foreign Trade Section on the basis of data on import and export declarations for goods received from the MRA.

In the case of tobacco, which represents about 60 percent of total exports, the data are adjusted to include information on unrecorded exports (smuggling to neighboring countries) obtained by comparing the customs data with two other sources: (1) the tobacco production level provided by the Tobacco Control Commission, a government agency that regulates the market and conducts planter surveys; and (2) tobacco sales in Malawi provided by the Auction Holdings Limited, the sole auction company.

Volume adjustments for other main exports, such as tea, coffee, and sugar, are made when major differences are detected by obtaining data from large exporters of these products.

Exports are captured on an f.o.b. basis, whereas imports are captured on a c.i.f. basis. A study of Malawi's imports was carried out in 1999 to determine an adjustment factor to use for converting imports from a c.i.f. basis to an f.o.b. basis; it established a ratio at 15 percent, which is currently being used in the adjustment process.

Services

Transportation

The main subcomponents of transport are passenger, freight, and landing fees. Credits on passenger and freight transportation relate mostly to air transport, collected from the sole domestic airline operator, Air Malawi.

Debits are derived from the adjustment of imports c.i.f. to f.o.b. by applying a 15 percent fixed factor for freight and insurance, which is fully attributed to air freight. In the medium term, the 15 percent will be split between freight and insurance so that the latter can be classified under insurance services in accordance with *BPM5*.

Statistics on landing fees are obtained from the Civil Aviation Department for the credit side, and from Air Malawi for the debit side.

Travel

Data on travel debits are obtained from the exchange control records through forms that are completed for purchases and sales of foreign currency from authorized dealers. Credits are compiled on the basis of exit cards completed by tourists returning abroad to their original economies. The data tend to underestimate credits on travel.

Other services

The debit data on other services are compiled from exchange control records. The data cover insurance (non-merchandise), royalties and licence fees, operational leasing services, miscellaneous business, professional and technical services, and personal, cultural, and recreational services.

Income

Compensation of employees

Plans are under way to obtain data on compensation of employees from the Ministry of External Affairs, foreign embassies, and international organizations in Malawi.

Investment income

Debit entries for income on debt comprise interest paid on external debt by the private sector, statutory bodies, central government, and the central bank, while credit entries relate to interest receipts for the central bank, private sector, selected institutions, and statutory bodies. Debit entries for income on equity represent dividends and profits remitted to foreign shareholders.

In the medium term, estimates will be compiled using a revised exchange control methodology, consistent with *BPM5* classifications, and will distinguish between income from direct investment, portfolio investment, and other investment. In addition, the new PCF survey will provide a good source of information on reinvested earnings for 2000 and 2001.

Current transfers

Credit entries for current transfers comprise mostly aid in cash and kind received by the central government. Transfers to general government have not yet been split into current and capital, and all transfers are classified under current transfers. Debit entries comprise contributions to international agencies, gratuities, director's fees, and other transfers, captured through the exchange control records.

Capital Account

Data on capital account items are not yet compiled. Plans are to compile data on debt forgiveness using data on the HIPC debt relief.

Financial Account

Direct investment

The main source of data on direct investment is the RBM, based on approvals of investment in Malawi. The 2003 PCF survey is intended to fill a significant gap in information available for compiling these data, such as transactions from direct investment enterprises, including profits reinvested and distributed.

Other investment

The data cover external loan disbursements to the central government and other public enterprises for government-guaranteed external debt. The data are compiled

Reserve assets

The DoSM derives the data from BNM records. The entries for foreign exchange reflect changes in the BNM's monetary gold and foreign exchange holdings. These changes are estimated as differences in amounts outstanding and, therefore, include valuation changes.

III. Specific Items: International Investment Position

The stock positions of external assets and liabilities compiled in the international investment position estimates are consistent with the standard components recommended in the *BPM5*. The description of data sources and methodology is similar to that applied in compiling the financial account of the balance of payments, where the main data source is the Joint Survey.

Maldives

The following text was confirmed as current in 2009.

I. General

The agency responsible for compiling the balance of payments statistics is the Monetary Policy and Research Division (MPRD) of the Maldives Monetary Authority (MMA). The MPRD obtains primary data from various sources, including the Ministry of Finance and Treasury (MOFT), the Ministry of Tourism, the Ministry of Arts and Culture (MOTAC), the Maldives Customs Service (MCS), other government agencies, commercial banks operating in the country, and other administrative sources. In addition, the MPRD conducts its own surveys for services and for income and financial flows relating to direct investment.

Data on international trade, overall balance (as denoted by monetary movements), and reserve assets are reported on a monthly basis. All other data are compiled on an annual basis.

The MPRD compiles the data in U.S. dollars; transactions denominated in other currencies are converted to U.S. dollar equivalents. The exchange rate prevailing at the end of the reporting period is used for converting stock values, and the average for the period exchange rate is used for flows.

The classification of the balance of payments accounts used in the Maldives follows the presentation format of the IMF's *Balance of Payments Manual*, fifth edition (*BPM5*); however, more work is being undertaken to improve the coverage and classification of data to fully fit into this format. Where major gaps exist in the statistics, estimates are made at an aggregate level, using available reliable information.

II. Specific Items: Balance of Payments

Current Account

Goods

General merchandise. The MPRD compiles the data on the basis of export and import declarations submitted by the MCS. Goods exported and imported are valued on an f.o.b. and c.i.f. basis, respectively. Imports f.o.b. are estimated by applying a 12 percent reduction to imports c.i.f. This 12 percent estimate is the result of a random survey of customs invoices. Adjustments for coverage are made to the MCS data, where applicable.

Goods procured in ports by carriers. For goods procured in Maldivian ports (aviation fuel) by foreign carriers, the MPRD obtains the data from the Maldives Airports Company Ltd. (MACL).

Services

Transportation

This category covers transportation of passengers, freight, and other items. The MPRD obtains data on passenger services and port services from MACL, Maldives Ports Limited, and Maldives National Shipping Limited (MNSL).

For freight related to imports, the MPRD derives the information from customs declarations, assuming (based on a survey of customs records) that 10.8 percent of imports c.i.f. is freight. At present, freight is reported on an aggregate basis, because data on air and sea freight are not available separately.

Travel

Travel credits (receipts) are the MMA estimates based on data obtained from the MOTAC regarding tourist arrivals, tourist bed nights, and room rates in resorts and hotels. Estimates are adjusted for seasonality.

The MMA calculates travel receipts from three items: receipts by tour operators, purchases at resorts, and expenditure outside of resorts. The first item, receipts by tour operators, is calculated by multiplying bed nights by an estimated average daily expenditure. The other two items are aimed at covering the cost of incidentals, souvenirs, and similar—that is, any expenditure other than what is spent on the tour package. The MMA calculates purchases at resorts on the basis of a per diem estimate, while it bases estimates of expenditure outside of resorts on numbers of arrivals.

For travel debits, the MMA obtains estimates from various sources. Business travel covers expenditures relating to government travel and travel for tourism fairs, data for which are obtained from the foreign exchange records maintained by the MMA and the MOTAC, respectively. For personal travel, the health-related expenditure component is also obtained from the foreign exchange records of the MMA and includes social security releases made for medical treatment.

For expenditure on education-related travel, the MMA used to obtain estimates from the Ministry of Human Resources, Youth, and Sports (MHRYS), which provided information on expenses associated with scholarships under the Education and Training project. However, as these estimates have not been reported in the past few years, the earlier estimates have been used as a base for the recent estimates.

For other travel, estimates are derived as the sum of total expenditure on hajj travel (obtained from hajj tour organizers and relevant government authorities) and the residual between the estimate of total expenditures by Maldivian travelers and travel under the other categories.

Other services

Insurance. Insurance on imports is estimated as 1.2 percent of total imports c.i.f.

Royalties and license fees. For royalties and license fees, the MPRD obtains information from the fiscal statements on nontax revenues.

Other business services. Other business services include commissions, management and agency fees, consultancy fees, etc. The MPRD currently obtains data on these services from the MOFT, the MHRYS, and the MMA's foreign exchange records.

Government, n.i.e. Credit entries for government services n.i.e. cover data obtained from foreign embassies and international institutions on their spending in the Maldives. The MPRD obtained these data from a past survey of foreign embassies and institutions and has made estimates since then on the basis of the original results of the survey.

Debit entries for government services n.i.e. cover remittances to Maldives diplomatic missions abroad and contributions made to international organizations, derived from the MMA's foreign exchange records.

Income

Compensation of employees

This category covers the compensation received by the Maldivian workers on foreign vessels, and vice versa. The MPRD currently obtains the data from the Ministry of Transport and Communication and the MNSL.

Investment income

Coverage of the data on investment income is incomplete because accurate data on private sector activities are not available at present. Estimates are made for private sector transactions. For income from and on account of government investments and debt, the MPRD obtains information from the MOFT and the MMA's foreign exchange statement.

Current transfers

At present, all transfers are recorded as current transfers.

General government

This component includes cash grants, project aid, grants in kind, and other grants. The MPRD obtains the data from the MOFT's External Resources Management Section (ERMS). Also included are data on transfers made to nongovernmental organizations.

Other sectors

Estimates of workers' remittances are prepared on the basis of the number of workers in various categories of employment and the average salaries for each category. Data come from the MHRYS.

Financial Account

Direct investment

Data on foreign direct investment equity capital inflows are inadequate. Current estimates of investment are based on information obtained from various government agencies, including the Invest Maldives (the government agency entrusted with promoting, regulating, and licensing foreign investment in the country) and the banking system.

Other investment

For general government external debt, the MPRD obtains data from the MOFT's ERMS. The data reflect medium- and long-term borrowings and repayments. For commercial bank transactions, the MPRD obtains data from these banks. To estimate the net flows of private capital, the MPRD uses banking records and industry information.

Reserve assets

These comprise changes in the MMA's foreign assets; the MPRD obtains the data from the MMA balance sheet.

III. Specific Items: International Investment Position

Data on the international investment position are incomplete, with data available only on public sector external debt stock and the assets and liabilities of the monetary authority and commercial banks. The MPRD obtains these data from the ERMS and the balance sheets of the MMA and commercial banks. Data on the external investment position of the private sector are not available.

Mali

The following text was confirmed as current in 2009.

I. General

The Central Bank of West African States (BCEAO) is responsible for compiling Mali's balance of payments statistics. Under the provisions governing financial relations with the rest of the world, the central bank is authorized to request any individual or legal entity to provide any information necessary for compiling the balance of payments. For validation, compiled data must be approved by Mali's Balance of Payments Committee, chaired by the minister responsible for finance. On Mali's behalf, the BCEAO serves as the secretariat of the Balance of Payments Committee.

The central bank currently bases its data collection on surveys of economic agents. It is testing a method of compiling data from settlements by banks, financial institutions, and the Office National des Postes (postal service) with the rest of the world.

II. Specific Items: Balance of Payments

Current Account

Goods

In the goods account, exports are posted as credits and imports as debits. The central bank prepares estimates on the basis of the *Statistiques Douanières du Commerce Extérieur (Customs Statistics on Foreign Trade)*, published annually by Mali's National Directorate of Statistics and Data Processing.

Exports are valued f.o.b. The central bank converts imports, valued c.i.f., to their f.o.b. value (see section on transportation services).

Customs statistics cover the physical movement of goods crossing the Malian custom borders. For balance of payments purposes, exports are adjusted in terms of their coverage, valuation basis, and time of recording. These adjustments of special trade statistics make it possible to include, in the balance of payments, re-export and consumption operations arising from flows of goods in bond. They also make it possible to incorporate statistics on informal trade in the balance of payments.

Furthermore, valuation adjustments are made to the exports or imports data to correct the differences between official prices (posted value) and local market prices. Information obtained from economic operators provides the basis for these adjustments.

Valuation adjustments, like time-of-recording, are made to the official data on certain major products, not on all goods traded.

By reclassifying trade operations using the balance of payments approach, it is possible to separate some specific transactions from the goods account, such as supplies for ships, purchases by travelers for their own use, and direct subscriptions to journals and periodicals. These transactions, initially entered as official foreign trade statistics, are posted to the various headings of the balance of payments.

Services

Transportation

Credit entries for freight largely comprise the receipts of resident transportation companies. The compilers obtain the data on railway freight from surveys of the railway authority—the Régie des Chemins de Fer du Mali. Road freight, however, is estimated.

For debit entries for freight, compilers obtain the data on import freight by sea and road by applying a freight rate coefficient to imports c.i.f. determined through a survey carried out by the BCEAO. Data on railway freight are obtained from the company operating the Dakar-Niger line. Data on air freight are obtained from companies operating in the country. The rate of freight on imports has been 22–26 percent for the last eight years.

Data on passenger services are collected from national and foreign airlines.

Travel

The amounts posted as credits to this account are determined from the results of surveys of the Tourism Commissioner's Office and of hotels concerning arrivals of foreign tourists and hotel occupancy.

The debits posted are mainly expenditures by non-Malian residents on leave. This expenditure is estimated on the basis of the income of expatriates working in the private sector, compensation of technical assistance personnel and non-Malian permanent staff in international organizations, as well as the length of leave of these groups of persons.

However, the figures pertaining to government missions are sourced from the National Directorate of the Treasury and Public Accounting.

Expenditure by Malian students abroad is estimated from scholarships. Data on these scholarships, whether foreign or granted by the Malian government, are basically collected from the Ministry of Higher Secondary Education and Scientific Research.

Other services

Insurance. Credits under this heading include reinsurance claims paid to national insurance companies. Amounts posted as debits correspond to reinsurance premiums paid by these companies. The insurance companies provide information on this item. Insurance on imports is calculated as a ratio of 1 percent applied on the c.i.f. value of imports.

Financial. Compilers take the data from annual surveys of nonfinancial enterprises by the BCEAO.

Other business. Compilers take the data from surveys of nonfinancial enterprises and financial institutions carried out by the BCEAO.

Government, n.i.e. Credit entries refer to the value of goods and services acquired in Mali by foreign embassies and governments and by international organizations based in Mali. BCEAO compiles the data mainly through the annual surveys it conducts in Mali on these institutions.

Amounts posted as debits refer to expenditure by the Malian government abroad. The National Directorate of the Treasury and Public Accounting reports these data. Debits also include income earned in Mali by foreign embassies and governments.

Income

Compensation of employees

Credits are estimates of the wages paid by nonresident entities to residents. Conversely, debits pertain to compensation of nonresidents by residents. Compilers obtain the data from a survey carried out by the BCEAO.

Investment income

Direct investment. Data on direct investment income come from annual surveys of enterprises by the BCEAO regarding their industrial and commercial profits. Debits refer to the transactions of subsidiaries and branches of foreign companies established in Mali.

Portfolio investment. Investment flows posted to this item pertain to transactions of national companies. BCEAO also compiles the data from its annual survey of enterprises.

Other investment. This investment comprises mainly interest due on the external public debt. The data come from the government flow-of-funds table. For other sector income, data come from the BCEAO survey.

Current transfers

General government

BCEAO draws the data on financial public foreign aid from the government flow-of-funds table, while it draws data on nonfinancial aid from the Direction Nationale du Commerce et de la Concurrence (DNCC), the declarations of relevant foreign embassies, the UNDP, and the FED.

Debit flows pertain to technical assistance costs defrayed by Mali and Mali's contributions to international organizations. These categories of data are drawn from the government flow-of-funds table.

Other sectors

Credits are remittances by Malian expatriates and other gifts received by Malian residents. Workers' remittances are estimated from inflows of foreign banknotes and other information collected from the banking sector. The gifts include mainly foreign scholarships to Malian students, veterans' pensions paid by France, and transfers between private individuals. BCEAO compiles these figures mainly from embassies, international organizations, and nongovernmental organizations.

Debits are estimates of remittances by non-Malian resident workers.

Capital Account

Capital transfers

For capital transfers, data come from the relevant government administrations (general government) and from a BCEAO survey (other sectors).

Financial Account

Direct investment

The BCEAO collects data through an annual enterprise survey. For this survey, foreign-controlled enterprises are taken to be those in which at least 50 percent of the capital is held by nonresidents.

This item also contains the amount of undistributed profits of direct investment companies, recorded as investment income.

Portfolio investment

Data on portfolio investment come from the annual enterprise survey.

Other investment

Assets and liabilities

General government. The government flow-of-funds table is the main source of data on general government assets. Figures for public debt repayment and rescheduling come from the Directorate General of Public Debt.

Monetary authorities. These data pertain to changes in BCEAO assets and liabilities.

Banks. Data pertain to changes in the foreign assets and liabilities of commercial banks and postal debts and claims of the Office National des Postes.

Reserve assets

BCEAO derives data from its accounting statements.

Malta

The following text was confirmed as current in 2009.

I. General

The National Statistics Office (NSO) is responsible for compiling the balance of payments statistics in close co-operation with the Central Bank of Malta (CBM).

Beginning in January 2004, a direct reporting (DR) monthly survey was introduced covering almost all sectors of the economy. The DR survey is the main data source for compiling balance of payments—apart from trade statistics, travel earnings (both compiled by the NSO), and administrative sources.

The DR survey covers general companies; domestic airlines; shipping lines; shipping agencies; airline agencies; insurance principals; insurance agencies; ship repairers/builders; the central bank; banks; collective investment schemes; exchange bureaus and other financial institutions; and the government.

Following the introduction of the DR system certain items are not strictly comparable to those reported before 2004, owing to changes in the classification of transactions.

Balance of payments statistics are published in detail in Malta's annual *Balance of Payments*. The detailed quarterly statement is also published on the NSO website at www.nso.gov.mt, while summary statistics are also published in the NSO quarterly news release, *Malta's Economic Indicators,* the *Economic Survey,* and CBM's *Quarterly Review*.

The detailed annual international investment position is also published on the NSO website at http://www.nso.gov.mt as well as in an NSO news release.

Beginning with March 1995, the NSO started disseminating an analytical presentation of the balance of payments statistics fully in line with the recommendations of *BPM5*. Therefore, figures are not fully comparable to those of previous years.

As from January 1, 2008, following Malta's entry into the euro area, a reclassification of the external reserves of the country has been carried out. This meant that, as from this date, all cross-border claims that Malta has within the euro area as well as all claims that the country has in euro denomination are no longer considered as being part of Malta's reserve assets. In addition, as happened in other euro area member states, Malta has transferred a fraction of its external reserves to the European Central Bank (ECB) in exchange for a claim on the ECB, which, being an intra-Eurosystem asset, is also not considered as being part of the country's external reserves. Consequently, some transactions previously being shown under reserves are now being shown under the portfolio investment account, the financial derivatives account, and the other investment account accordingly.

II. Specific Items: Balance of Payments

Current Account

Goods

General merchandise. The main source of data is the trade statistics, which the NSO compiles through the INTRASTAT survey (for trade within the EU) as well as from data received from the Customs department (for trade with non-EU countries). NSO makes adjustments for coverage from the detailed breakdown of the compiled list and from ad hoc letters requesting data not captured by Customs.

Prior to 2004, ship repair and shipbuilding in progress by local shipyards were included in exports of goods (and then adjusted when the actual export was made). From 2004 onward, ship repair is being classified under the Goods account–repairs of goods.

Repairs on goods. These data are derived from the monthly questionnaire.

Goods procured in ports by carriers. Exports are extracted from trade statistics, whereas the expenses made abroad are obtained from the monthly questionnaire to resident shipping and airline companies.

Nonmonetary gold. Data are extracted from trade statistics. A further breakdown is not available.

Services

Transportation

The source for passenger transportation, separated by mode of transport, is the monthly survey of airline and shipping companies.

For freight, data on revenue from freight are derived from the same survey. From January 2004 onward, freight payments are being extracted directly from Intrastat and Extrastat returns. Prior to this date, where shipment data (insurance and freight) were not available separately, an estimate of 10 percent of the value of imports (c.i.f.) was made. Of this figure, 90 percent is allocated to freight and the remainder to the insurance payments item (which is included in the current transfers account). A statistical adjustment is then made for freight on imports carried by domestic carriers.

For other transportation services, NSO obtains the data from the balance of payments monthly enterprise survey, together with specific data requests sent to entities such as the Malta International Airport, Malta Air Traffic Services, and the Malta Maritime Authority.

Travel

Regarding travel, NSO derives gross earnings from tourism from its frontier surveys—TOURSTAT and CRUISTAT. Data have been revised back to 1995 for comparability.

Gross expenditure by residents traveling abroad is derived from information provided by the Tourism unit within the NSO. These data are replacing the previous source, emanating from foreign currency transactions that banking institutions and other authorized dealers reported to the CBM on a monthly basis.

Other services

Communications. This information is obtained through monthly questionnaires.

Insurance. For premiums received and claims paid out, NSO obtains separate data through a monthly questionnaire to all insurance principals and agencies. The insurance service charge is worked out based on the information provided.

Other business services. Beginning with 1995 data, NSO requests further breakdowns of these services through the annual surveys, so as to cover, as much as possible, the details requested in *BPM5*. Beginning in 2004, the major players have been requested to submit details in the monthly DR questionnaire.

Government, n.i.e. For diplomatic and other government expenditure abroad and official receipts from abroad, CBM supplies the information.

Income

Compensation of employees

For receipts of compensation of employees by households, NSO retrieves data from information provided annually by the Commissioner of Inland Revenue (CIR).

Information on payments is retrieved from information provided by the CBM, while the rest is obtained through the monthly questionnaires.

Investment income

Regarding dividends and interest of the corporate and banking sectors, NSO obtains data from the monthly DR surveys.

The Treasury Department supplies information on interest paid on foreign loans taken by the government.

The CBM provides information on interest receipts and payments by the monetary authorities.

Regarding interest and dividends received by the household sector, NSO retrieves data annually from CIR records. Interest paid by the household sector is retrieved from information provided by the CBM.

For reinvested earnings, the quarterly figure is mostly collated annually, starting from 2004; previously it was retrieved from quarterly returns. Where actual figures are not available, an average of the reinvested earnings quoted for the previous four years is taken and apportioned on a quarterly basis. Once the annual questionnaires are received from the surveyed entities, the figure is revised accordingly.

Current transfers

General government

Data on official transfers are obtained from the CBM and from the Treasury Department.

Other sectors

Personal remittances, pensions sent abroad, and other transfers are retrieved from information provided by the CBM. Regarding pension receipts, NSO obtains data annually from the CIR. Other sources are the monthly surveys, mainly for nonlife insurance premiums and claims.

Capital Account

This item records emigrants' capital transfers, debt forgiveness, and grants received by the government.

Financial Account

Direct investment

The monthly questionnaire furnishes information on equity capital and other capital for all sectors of the economy. Direct investment also includes acquisition of immovable property in Malta, with data obtained from the Treasury Department. For reinvested earnings, see note under Investment Income, above.

Portfolio investment

The monthly questionnaire furnishes information on equity securities, as well as on long- and short-term debt securities.

Financial derivatives

Beginning in the last quarter of 2003, NSO compiles data on financial derivatives separately. This is sourced from the DR monthly survey.

Other investment

For trade credits, loans, currency and deposits, and other assets and liabilities, NSO obtains information through the monthly DR survey.

Reserve assets

The CBM is the source of total official external reserves, which are then netted of valuation changes (see comment on Reserve assets above in Section I. General).

From 2008, official reserve assets correspond to the part of the reserve assets of the Eurosystem held by the Central Bank of Malta, and are confined to gold, claims on the IMF, and liquid claims held by the Central Bank of Malta on entities resident outside the euro area and denominated in currencies other than the euro.

III. Specific Items: International Investment Position

The international investment position (IIP) is compiled annually to show positions at the end of the calendar year. The following is a breakdown by sector of the financial account items that are compiled:

(1) the bank and nonbank sector data are compiled for all financial account items;

(2) household data are restricted to the amount of borrowing/lending with nonresidents, apart from items retrieved under the Investment Registration Schemes launched by the government beginning in 2002;

(3) general government data are compiled from central government data (compiled for all financial account items from 2004 onwards) and extrabudgetary units (EBUs), which are now being shown under government, in line with the *European System of Accounts 1995* (*ESA95*) methodology; and

(4) complete reserve assets data are available.

A direct reporting data collection system—introduced in 2004—requires that reporters provide more comprehensive IIP data, including separate information on financial derivatives, as well as price and exchange rate changes.

Direct investment

Data on direct investment are compiled for all sectors of the economy using information collected from the monthly and annual DR survey (as from 2004), which includes both flows and positions. Data are collected by instrument, and there are no significant deviations from *BPM5*.

The valuation criteria used for equity securities are market values, but book values are used for equities not listed on the Malta Stock Exchange (MSE). All other direct investment instruments such as intercompany loans are recorded at book value (using end-of-period exchange rates). Compilers also collect revaluations owing to exchange rate movements for all financial instruments.

The government sector has no direct investment abroad, and the only data available for the household sector are sourced from the IRS launched by the government beginning in 2002.

Portfolio investment

Data on portfolio investment are compiled for all sectors of the economy using information collected from the monthly and annual DR survey (beginning in 2004). The information includes both flows and positions. Collective investment schemes are also being included in the DR survey as from 2004. Data are collected by instrument, and there are no significant deviations from *BPM5*.

Trading securities are valued at the lower book value or market value, but investment securities are based on book value. Revaluations owing to exchange rate movements for all financial instruments are also collected.

Data on the government sector are available by instrument, but there are no maturity breakdowns. Real stock positions are collected from the government's *Annual Financial Report* and from monthly data requests to the Malta Stock Exchange on government securities held by nonresidents.

Since 1999, collective investment schemes are covered. The initial stock position is being taken as other adjustments to the 1999 end-position, since the exact transaction periods are not available.

Since 2002, stock data covering the household sector are obtained from the IRS.

Financial derivatives

Data on financial derivatives are only available from the last quarter of 2003 onward for banks and from January 2004 for the sectors obtained through the DR system.

Other investment

Other investment stock data are compiled by instrument for all sectors of the economy using information collected from the monthly and annual DR survey (beginning with 2004). Market valuation criteria are used.

The general government sector data are also compiled by instrument, with the exception of trade credits and debits, which are not available for the central government. Data for loans are available, but there are no maturity classifications. The Ministry of Finance provides the data. Market valuation criteria are used, and a reconciliation exercise is carried out, taking exchange rate movements into consideration.

Household sector loans from nonresidents are compiled on a monthly basis and are based on external transactions act (ETA) forms submitted to the CBM. Another source for household sector information is data obtained through the investment registration scheme launched by the government, initialized in 2002.

Reserve assets

Reserve assets are derived from the DR system, provided by the CBM (see comment on Reserve assets above in Section I. General).

Mauritius

The following text was confirmed as current in 2009.

I. General

The Bank of Mauritius (BOM) is responsible for compiling the balance of payments statistics for Mauritius. Sections 51 (1) and 51 (2) of the Bank of Mauritius Act 2004 give the authority to collect data and information for balance of payments purposes.

The Banking Act 2004 removed the distinction between Category 1 banks and Category 2 banks and has provided for banking business to be conducted under a single banking license regime. Therefore, effective third quarter 2005, returns are submitted by all banks.

The main sources of data are the trade statistics published by the Central Statistics Office (CSO), surveys of enterprises relating to transportation services, and the returns submitted by banks. Until July 1994, when the Exchange Control Act was suspended, the BOM's exchange control records were a major data source.

The BOM compiles the statistics on a quarterly basis in millions of Mauritian rupees in accordance with the *BPM5*, and publishes them in its *Monthly Statistical Bulletin* and *Annual Report*. The CSO also publishes the official balance of payments statistics in its *Bi-Annual Digest of Statistics*.

Where imports are reported in foreign currencies, Customs converts these to Mauritian rupees at the prevailing exchange rates supplied by BOM each week. Other transactions that are measured in foreign currencies are converted to Mauritian rupees at the prevailing market rates.

Transactions with the rest of the world of the domestic financial institutions holding a global business license are only partly covered in the balance of payments statistics.

II. Specific Items: Balance of Payments

Current Account

Goods

General merchandise. The main source of data is the trade returns, published by the CSO's External Trade Unit. Goods exported are valued on an f.o.b. basis and goods imported, on a c.i.f. basis. The BOM adjusts imports to an f.o.b. basis by excluding the freight and insurance components, which are then entered in the items *transportation, freight*, and *insurance services*. Effective January 2002, international trade statistics compiled by the CSO include imports and exports of the freeport zone.

Goods procured in ports by carriers. In accordance with *BPM5*, these goods are included as part of merchandise trade. For goods procured in Mauritian ports, the BOM obtains the data from the trade statistics published by the CSO. For goods procured abroad by Mauritian residents, data are obtained from a survey of airline and shipping companies (a quarterly survey since 1999, a half-yearly survey prior to that date).

Services

Transportation

The main data sources are the survey of airline and shipping companies (quarterly since 1999, half-yearly prior to then) and the CSO. Transportation credits measure receipts by domestic carriers from passenger fares, freight on exports and shipments between other countries, and other port disbursements. Transportation debits measure payments made to nonresident carriers for passenger fares, freight on imports, and other port disbursements.

Travel

Travel credits are estimated from purchases by banks of foreign exchange from tourists, business travelers, hotels, cash dealers, and traders. Travel debit estimates are derived from the records of banks.

Other services

For other services, the BOM derives data from the returns of banks and from the quarterly survey of airline and shipping companies.

Income

Investment income

Direct investment. Until July 1994, data were obtained from the exchange control records at BOM. After this date, compilers have based data on the returns submitted by banks, supplemented by information provided by BOM's Banking Supervision Department. Information on reinvested earnings is not available.

Other investment. Debits cover interest payments and other charges on foreign loans of the government, financial and nonfinancial public corporations, and the private sector. Credits measure the interest receipts on foreign investments of banks and the BOM. Data are derived from the records of these institutions. Effective third quarter 2005, coverage has been extended to include interest income of banks.

Current transfers

For private current transfers, the BOM derives data from banking records and Post Office information. For government current transfers, data are derived from the records of the Accountant General's Office of the Ministry of Finance and Economic Development (MOFED).

Capital Account

Capital transfers

Migrants' transfers. Estimates are derived from banking records.

Financial Account

Direct investment

Data are derived from the returns of banks, supplemented by information provided by the BOM's Banking Supervision Department for direct investment in the banking sector.

Portfolio investment

Data are obtained from the Stock Exchange of Mauritius, the Development Enterprise Market, banks, the BOM's own records, and other financial institutions.

Other investment

For drawings and repayments of loans on account of the government and financial and nonfinancial public corporations, BOM obtains data from MOFED's Debt Management Unit. For investment activities, in both assets and liabilities of banks, the data are derived from banking records. Transactions are estimated as the differences in amounts outstanding at the end and the beginning of each reporting period. Effective third quarter 2006, valuation changes are excluded from foreign assets and liabilities of banks. Effective 2007, banks' foreign assets and liabilities are derived from the Depository Corporations Survey, a switch from the Monetary Survey.

Data on the BOM's investment activities are derived from its records. Data for all other enterprises' other investment transactions are derived from banking records, supplemented by estimates and information provided by nonbank financial institutions.

Reserve assets

Data are derived from the BOM's records. Effective from the first quarter of 2001, valuation changes are excluded from reserve asset transactions.

III. Specific Items: International Investment Position

Owing to the limited data sources, only partial coverage of the international investment position (IIP) exists for Mauritius.

On the assets side, the IIP shows data for currency and deposits of banks as well as for reserve assets.

On the liabilities side, it shows position data for the (1) equity and money market instrument components of portfolio investment; (2) external loan liabilities of the general government and other sectors—that is, public corporations and the private sector; and (3) external liabilities of banks, classified under currency and deposits.

Stock data on foreign direct investment are not available.

Portfolio investment

Portfolio investment assets position data include only data culled from the Coordinated Portfolio Investment Survey (CPIS) for banks and nonbanks.

For portfolio investment equity liabilities, the BOM computes position data from the official market transaction data of nonresident investors reported in the Stock Exchange of Mauritius Ltd.'s weekly publication of its official bulletin. BOM staff use, as the starting point, the stock data computed in August 1994, following the suspension of exchange control in June 1994. To obtain the current stock data, net investments made by nonresidents on the official market since that date are added to the initial stock data. No adjustments are made for valuation changes.

For portfolio investment liabilities in money market instruments, the BOM staff obtain position data from the BOM records for its own instruments and from the register it maintains on behalf of the Treasury for government debt instruments.

Other investment

For banks' external assets and liabilities, balance sheet data reported to BOM on a monthly basis are used. Prior to July 2005, the data on banks' external assets and liabilities referred to onshore banks only.

For long-term loans of general government and public corporations, position data from the MOFED, reported on a quarterly basis, are used.

For long-term loans of the private sector—that is, private enterprises and individuals—the BOM staff derive stock data from banking returns. Staff compile the stock data using the perpetual inventory system. That is, they use as the starting point the stock data that were obtained before the suspension of exchange control in June 1994. Then, to obtain stock data for the current period, net transactions passing through onshore banks since that date are added to the 1994 stock data. No adjustments are made for valuation changes.

Long-term loans of the public corporations and the private sector are aggregated in Other Sectors.

Reserve assets

For reserve assets, staff obtain data from the BOM's monthly balance sheet the IMF's records on the country's reserve position in the Fund, and the Treasury accounts.

Mexico

The following text was confirmed as current in 2008.

I. General

The Bank of Mexico (BM) is responsible for compiling the balance of payments statistics. BM prepares the data on a quarterly basis, in U.S. dollars, and publishes the data on its website: www.banxico.org.mx.

Where methodological guidelines are concerned, Mexico is in transition between the *BPM4* and the *BPM5*. Some recommendations from the *BPM5* have been implemented. These include incorporating goods for processing into the goods account, grouping income items in a single section, and including the BM's liabilities with the IMF under other investment. Major recommendations yet to be implemented include breaking down the services account into more detail and identifying and subdividing capital transfers.

The main sources of information for compiling the balance of payments statistics are the customs documents for goods trade; surveys for travel, other services, compensation of employees, direct investment income, and nonbank private debt; administrative records for transfers (workers remittances); official records for direct investment capital; and statistics concerning the public debt, provided by the Secretariat of Finance and Public Credit, and concerning the banking sector, compiled by the Bank of Mexico.

II. Specific Items: Balance of Payments

Current Account

Goods

Bank of Mexico bases the data on customs declarations, subject to the appropriate adjustments. For example it replaces customs data on crude oil with data obtained directly from the exporting company, to meet the time-of-recording criteria. Customs records exports of some agricultural and fishery products at arbitrarily determined prices, because exporters do not know the future sale prices for their products when they clear customs. Accordingly, an adjustment is made to these items by applying international market prices to the known volumes. Finally, the customs data are adjusted to exclude merchandise for trade fairs, or expositions, and samples with no commercial value.

The BM computes foreign trade statistics on an f.o.b. basis in terms of U.S. dollars. As recommended by the *BPM5*, the goods include exports and imports of goods for processing into Mexico and their subsequent re-export.

Services

Transportation

For passenger fares, BM estimates the entries from information provided by the resident airlines on their total earnings on international transportation. It supplements these estimates with information from migration statistics on the number of residents and nonresidents traveling by air and from travel surveys on expenditures on ticket purchases by travelers.

For other transportation services credits, BM obtains data directly from national transport companies (shipping lines, airlines, and railroads), as well as from Mexico's port and airport authorities, who charge foreign carriers for the services provided them. For other transportation services debits, BM derives the entries from the survey of resident transportation companies.

For freight, the debit entries cover freight on imports. The information comes from customs documents.

Travel

BM bases credit entries on the immigration authorities' reports on the number of nonresidents visiting Mexico and on its own sample surveys on travelers' average expenditure. It obtains the debit entries using a similar procedure.

Travel is broken down into tourists and excursionists (one-day visitors). Tourists are defined as those who have spent at least one night in the host country and as those who, having not spent at least one night in the host country, have visited it beyond the border area; excursionists are defined as those who have not spent the night in the host country. No distinction is made between business and personal travel.

Other services

Communications. This item includes revenue and expenditure for services provided abroad and obtained from providers outside Mexico. BM obtains the data from the telephone companies, satellite company, and Ministry of Communications and Transportation.

Insurance. The entries include receipts and payments on account of reinsurance transactions. BM obtains the data from the National Commission on Insurance and Securities, which monitors these accounts monthly. The debit entries also include insurance premiums on imports. The data are derived from customs documents.

Other business. BM derives this item from the annual foreign direct investment survey. Part of this item is the residual information of all other revenues and payments received and paid abroad by the firms. PEMEX, the national oil company, provides information on its external revenues and expenditures related to the company's foreign trade.

Personal, cultural, and recreational. This item includes transactions related to exports and imports of movies, television series, and other kinds of television programming. BM obtains the data from the main film distributors in the country and from the two largest television networks.

Government, n.i.e. The credit entries are estimated as follows: the U.S. Embassy data on expenditure in Mexico are adjusted to account for the personal expenditures of the U.S. diplomatic staff. Expenditure by the other embassies is derived from the proportion of staff working at the U.S. Embassy to total embassy staff in Mexico (the latter data are obtained from the Ministry of Foreign Relations).

The debit entries cover expenditures by Mexican diplomatic missions abroad, provided by the Ministry of Foreign Relations. The entries also include data on operating and advertising expenditure by Mexico's tourism offices abroad, provided by the Ministry of Tourism.

Income

Compensation of employees

BM conducts a survey in six cities bordering the United States. The survey is conducted on a continuous basis, but its design only allows for reliable results on a quarterly frequency. The individuals are interviewed when they enter Mexico and only if they state they are residents of Mexico and that the main purpose of their visit to the United States is to perform a working activity.

The number of incoming border crossings is obtained from an annual one-week exercise, where they are counted during 16 hours every day, to obtain an estimate for the whole week, which can then be inferred for a year. The share of workers in the total number of border crossings is estimated through a sample of individuals that identify if they are Mexican residents working in the U.S.

The total figure for *compensation of employees* is the result of the number of border crossings of workers residing in Mexico and the average income they earn in the U.S. Since the survey is conducted in six border cities, an extrapolation is needed to estimate the flows of the remaining cities—done by assuming that the weight of the six surveyed cities corresponds to the one that results from the border module of the survey of international travelers.

Investment income

Direct investment. BM obtains data through a survey of enterprises with foreign direct investment and includes reinvested earnings.

Other investment. BM records interest income on an accrual basis, with the exception of public sector interest, which it records on a payments basis.

The credit entries cover interest earned by BM on its reserve assets, interest received by commercial banks, and interest received by the nonfinancial sector.

The debit entries cover interest paid on loans and securities issued by the government and other public entities, the commercial banks, and the private nonfinancial sector.

The Secretariat of Finance and Public Credit provides data for the public sector. For commercial banks, BM estimates interest by applying appropriate market rates to the stocks of foreign liabilities shown in the banking statistics it compiles.

For the private nonfinancial sector, BM uses the same procedure, obtaining the relevant outstanding stocks, in the case of assets, from the external liabilities reported to the Bank for International Settlements (BIS) by foreign banks vis-à-vis Mexico and, in the case of liabilities, from the sources listed in the corresponding sections of portfolio investment and other investment.

Current transfers

General government

The Ministry of Foreign Relations provides the data.

Other sectors

The credit entries cover mainly workers' remittances by Mexican nationals resident in the United States to their families resident in Mexico. BM obtains the data from the enterprises that directly provide the fund transfer service. These enterprises are obliged by a decree to provide such information. However, reporting enterprises do not know the actual and/or intended length of stay abroad of the remitters of funds. Consequently, the reported data include money flows sent to Mexico by temporary workers in the U.S. This means that an undistinguishable part of the data includes transactions that should be classified as compensation of employees, according to the *BPM5*'s one-year residency rule.

Other credit entries, such as pensions and donations, are covered using information provided by the U.S. Embassy in Mexico.

Financial Account

Direct investment

Jointly, the BM and the Ministry of Economy (ME) compile separately identifiable quarterly data (which are the most timely) within the balance of payments framework on the components of inward direct investment financial flows: (1) equity capital and (2) other capital.

These data are disseminated with a timeliness of eight weeks after the end of the reference period and are in the *Statistical Report on the Behavior of Foreign Direct Investment in Mexico,* published by the ME, and available on the ME website http://www.economia.gob.mx and are also disseminated on the BM website http://www.banxico@org.mx.

The data for all components of the quarterly data (the most timely) are compiled from a quarterly enterprise survey of resident enterprises. This survey covers enterprises with transactions of over US$10,000.

The BM and ME also jointly compile more comprehensive annual (based on the calendar year) data within the balance of payments framework on the components of direct investment financial flows: (1) equity capital and (2) other capital. These data are disseminated with a timeliness of 12 months after the end of the reference period in the ME publication *Statistical Report on the Behavior of Foreign Direct Investment in Mexico,* available on the ME website cited above, and also on the BM website cited above.

The data for all components of the more comprehensive annual data are compiled from an annual enterprise survey of resident enterprises, which covers all firms regardless of the size of their transactions. The compilers also use information from the Registro Nacional de Inversiones Extranjeras (R.N.I.E.), based on investments actually made, as a secondary data source for the data on equity capital.

There are no differences in the data sources between the data disseminated in the national publications and those reported to the IMF and the OECD for publication.

To compile the inward direct investment transactions data, compilers use a business registry of enterprises involved in direct investment. ME maintains and updates the registry on an ongoing basis, using information from compulsory direct investment surveys. The same business registry is used to compile the inward direct investment transactions and position data.

As for Mexican direct investment abroad, BM conducts a quarterly survey with Mexican firms identified as having a direct share in nonresident companies.

Portfolio investment

This item can be broken down into three categories:

The first comprises Mexican equity capital acquired by nonresidents, for which the BM obtains data from the National Commission on Banking and Securities. The data cover American depositary receipts (ADRs) and investments in Mexico by foreign investment funds. Shares are valued at their average price on the day of the transaction.

The second category comprises securities issued by residents and placed in foreign markets. For public sector securities the source of information is the Ministry of Finance and Public Credit. For commercial bank securities, another BM department reports the amounts outstanding for securities held by nonresidents. The BM obtains data for nonbanking private sector securities through specialized news services that provide a continuous follow-up of Mexican securities placed in international markets.

The third category refers to securities, in Mexican pesos, issued and placed locally and purchased by nonresidents. The breakdown between residents and nonresidents is estimated from a survey of financial intermediaries that BM conducts and is based on the nationality of the holder of the security.

Data on Mexican investment in foreign securities are captured through information provided by the National Banking and Securities Commission in the case of holdings of foreign securities by Mexican Mutual Funds and through the BM's Financial Statistics Department in the case of pension funds of the Retirement Savings System.

Other investment

The entries for assets cover loans and deposits abroad by resident banks and the nonbanking sector. For the banks, BM calculates entries as the changes in the stocks outstanding, as shown in the banking statistics it compiles. For the nonbanking sector, the entries include export financing provided by a special fund.

For the private nonbanking sector, BM derives estimates of deposits abroad from the table "External Positions of Reporting Banks vis-à-vis Individual Countries: Liabilities" published by the BIS in its *International Banking and Financial Market Developments*.

The entries for liabilities cover loans received by the government, the rest of the public sector, BM, commercial banks, and the private nonfinancial sector. They also include nonresident deposits in the banking sector. The Secretariat of Finance and Public Credit provides data for the public sector. For the banking sector the source is the BM banking statistics.

For the private nonfinancial sector, the two sources of data are (1) a survey that BM conducted of foreign creditor banks on direct financing provided to Mexican enterprises and (2) the financial statements of direct investment enterprises, which provide information on suppliers' credits received by such enterprises (information is not available on trade credits received by other resident enterprises).

Reserve assets

The coverage of reserve assets corresponds to the item in the official BM balance of payments presentation denominated "net international reserves." This item is defined as the total amount of BM foreign assets, minus its foreign currency-denominated liabilities to residents with a maturity of less than six months. (These are mainly foreign exchange deposits of the federal government and Petróleos Mexicanos.)

Because changes in such liabilities do not represent balance of payments transactions, BM makes contra-entries to these changes in the financial account under other investment, to avoid the creation of net errors and omissions. It derives the entries as changes in stocks outstanding and, therefore, includes changes resulting from currency revaluations.

III. Specific Items: International Investment Position

Sources of information on international investment position data are the same as those used for the balance of payments.

Moldova

The following text was confirmed as current in 2009.

I. General

The Balance of Payments Department (BPD) of the National Bank of Moldova (NBM) is responsible for compiling the balance of payments and international investment position statistics. These statistics do not cover the territory of the left-bank side of the Dnister River, which is not under the control of the administrative authorities of Moldova.

The main data sources are the National Bureau for Statistics (NBS) (for data on merchandise trade, services, and direct investment); the banking sector (i.e., commercial banks, foreign exchange offices, and various departments of the NBM); government ministries (e.g., the Ministry of Finance, the Ministry of Economy and Trade, the Ministry of Education and Youth, the Ministry of Foreign Affairs and European Integration); other public and private institutions; and representatives of international organizations in Moldova.

These data are supplemented by data from the International Transactions Reporting System (ITRS). Under this system, two categories of respondents provide data: (1) commercial banks and NBM departments that undertake international transactions both for on their own accounts and on behalf of their clients, and (2) resident economic agents that have opened foreign accounts outside the domestic banking system. For some balance of payments items, data collected from primary sources are complemented by estimates.

The accrual basis of recording is employed in the balance of payments and international investment position, except for loans, which are recorded on a due-for-payment basis.

The balance of payments and international investment position are compiled in U.S. dollars. Some transactions denominated in other currencies are converted into U.S. dollar equivalents using the exchange rates prevailing at the time of the transaction. For other transactions, the average quarterly exchange rates for the reporting period are used. The stock of assets and liabilities in the international investment position is converted from original currencies to U.S. dollars using the exchange rates prevailing at the end of the reporting period.

The NBM compiles the balance of payments and international investment position statements quarterly and annually in accordance with the IMF's *Balance of Payments Manual*, fifth edition (*BPM5*). These statements, together with commentaries, analytical tables, and methodological notes, have been published regularly since 1994 in the NBM *Quarterly Bulletin* and *Annual Report*. The annual balance of payments and international investment position of Moldova are issued as a separate NBM publication once a year. The data are also released according to the Special Data Dissemination Standard requirements on a quarterly basis at the NBM's website (*http://www.bnm.orgmd*) and in the media. Beginning with 1994, the balance of payments and international investment position data are reported to the IMF.

Regional balances of payments of Moldova are produced for the Commonwealth of Independent States (CIS) and the rest of the world. Balance of payments statements are also produced for the main trade partner countries, such as Belarus, Germany, Romania, Russia, and Ukraine.

II. Specific Items: Balance of Payments

Current Account

Goods

The NBM receives quarterly trade data from the NBS, which maintains a database of the customs trade declarations for exports and imports. Initially, the Customs Service tabulates the declarations and transmits the data to the NBS. The NBS adjusts the data for transactions not recorded by the Customs Service. Such transactions are related mainly to imports of electricity, coal, gas, and other forms of energy, where the data are obtained directly from the enterprises that are the main importers of energy resources.

The NBM further adjusts the trade data in accordance with balance of payments methodology: (1) The c.i.f.-based imports data are converted to an f.o.b. basis. For imported goods, an estimate for freight is made in the range of 10 percent of the c.i.f. value of the imports for the CIS countries and of 6 percent for the other countries. This adjustment is not made for imports from neighbor countries. (2) Customs' official data on imports/exports of goods by individuals are supplemented with estimations of undeclared trade.

The data on repairs of goods and goods procured in ports by carriers are obtained from the ITRS.

Services

Transportation

Besides the estimates made for transportation payments related to imported goods, referred to above, additional data are obtained from other sources. The main sources are the ITRS and the NBS' data on transportation services, which are collected from companies that provide transport services, as well as the data on fees resulting from the pipeline transportation through Moldova. Disaggregating is done by type of transportation (air, sea, rail, road, and pipeline) and by category of services (freight, passenger, and other).

Travel

Data on travel are compiled using information provided by the NBS, the banking system, institutions that provide travel, and accommodation services. Estimates of expenditures made abroad by persons engaged in the export/import of goods, by business travelers, and by workers residing abroad for less than one year are also calculated. Estimates of students' travel expenditures are made from data provided by the Ministry of Education and Youth.

Other services

Communications. This comprises international telecommunication services and postal services. The NBS supplies the figures.

Insurance. Data are estimated on the basis of information provided by the NBS, and estimates are also made on the basis of customs trade declarations for imports of goods.

Government, n.i.e. Credit entries are obtained from the ITRS for foreign diplomatic staff and for representatives of international organizations located in Moldova. Debit entries include data on expenditures of Moldovan diplomatic missions abroad, which are provided by the Ministry of Finance and the Ministry of Foreign Affairs and European Integration. Estimations are made of services imported by the government under technical assistance programs.

For other services, such as *informational, financial, consulting, construction, other business services*, etc., data are obtained from the ITRS.

Income

Compensation of employees

Estimates for compensation of Moldovan employees working in foreign economies are derived from ITRS data on transfers made by individuals from abroad. The latter are adjusted by taking into account domestic activities relating to real estate and consumer goods where unobserved foreign cash flows are revealed.

Estimates of compensation of foreign employees working in Moldova are based on the information from questionnaires completed by representatives of international organizations operating in Moldova and data on the number of foreign workers in Moldova under short-term contracts, provided by the Bureau of Migration and Asylum of the Ministry of Internal Affairs.

Investment income

Direct investment. Data on dividends are derived from the ITRS and banks' quarterly surveys. Estimates of reinvested earnings are based on the semiannual and annual inquiries to companies on their financial results carried out by the NBS and on the bank surveys operated by the NBM. Data on interest on loans and credits to subsidiaries from foreign direct investors are obtained from the Debt Management and Financial Analysis System (DMFAS) and from the ITRS.

Portfolio investment. Estimates of dividends are based on semiannual and annual inquiries carried out by the NBS and on the banks' quarterly reports conducted by the NBM. Income payments related to bonds and notes and money market instruments come from the DMFAS and are supplemented with data from the ITRS.

Other investment. Data sources are the ITRS (interest income on bank deposits), the Ministry of Finance's reports on the public external debt service, and the DMFAS (data on the private external debt service, except for direct investment intercompany lending). Data on income on reserve assets come from the Department of Foreign Exchange Operations and External Relations within the NBM.

Current transfers

This item consists chiefly of technical assistance provided by foreign governments and international organizations. These data are obtained from the Ministry of

Economy and Trade, the Ministry of Finance, and the records of international organizations and foundations maintaining offices in Moldova.

Data on humanitarian aid are obtained from the database of customs trade declarations. The Ministry of Finance provides data on membership dues paid to different international organizations. Additional information on fees paid to international organizations by nongovernmental organizations is obtained from the ITRS.

Estimates on the value of scholarships granted to Moldovan students by foreign governments are made on the basis of data from the Ministry of Education and Youth. Additional information is obtained from the ITRS.

Workers' remittances are estimated using the same methodology as for the compensation of employees, taking into account the remittances of persons who work abroad for one year or more.

Capital Account

Capital transfers

Migrants' transfers. Estimates of migrants' transfers are made using data from the Ministry of Informational Development on the number of emigrants from Moldova, and data from the Bureau of Migration and Asylum of the Ministry of Internal Affairs on the number of immigrants to Moldova. The NBM also uses data from the ITRS on transfers by emigrants and immigrants and other capital transfers.

Capital transfers also include various grants from international funds to finance infrastructure objects. Data are obtained from the Ministry of Economy and Trade.

Data on debt forgiveness are derived from the Ministry of Finance reports on public debt management.

Financial Account

Direct investment

Data on direct investment in Moldova include the original equity capital or statutory funds of joint ventures and foreign enterprises, reinvested earnings, and other capital. Data on transactions with securities involving nonresidents (on primary and secondary markets) are obtained from the reports of the National Commission of Financial Market. These data are cross-checked and supplemented with reports of the NBS, which collects the available data on equity capital from enterprises with foreign capital and from insurance companies.

Data on equity capital of banks are received from the appropriate NBM department. Additional information on equity capital is obtained from the ITRS.

Data on reinvested earnings are based on the results of semiannual and annual inquiries to companies, except banks, carried out by the NBS, and on the banks' quarterly surveys operated by the NBM.

Balance of payments records that include data on loans received or granted by the parent enterprises to the direct investment enterprises in Moldova are obtained from the ITRS and the DMFAS.

Some data on Moldovan direct investments abroad are available from the ITRS, but they are not comprehensive.

Portfolio investment

Data on portfolio investment liabilities of the general government are obtained from the Ministry of Finance reports, the DMFAS, and appropriate departments of the NBM.

Because the securities market in Moldova is still in a developmental stage, portfolio investment is relatively small. Data on portfolio investment of other sectors are available from the National Commission of Financial Market and the NBS.

Data on banks' portfolio investment in foreign securities are obtained from the ITRS.

Financial derivatives

Data on financial derivatives are derived from ITRS and have been available since 2003.

Other investment

This item includes all short- and long-term financial account transactions other than direct investment, portfolio investment, and reserve assets.

Trade credits

Data on trade credits consist of several different transactions. The most significant are data on accounts payable and receivable to/from nonresidents on exports and imports of goods and services. Annual data are collected from the consolidated balance sheets of enterprises submitted by the NBS. Since 2008, quarterly data on advance payments received from/made to nonresidents in the external trade in goods are estimated on the basis of the ITRS and customs data. Information on assets and arrears on external trade in services is collected from companies that provide transportation and communication services.

Loans

Almost complete data on external loans granted to all sectors are obtained from the records submitted by the Ministry of Finance and the appropriate NBM department. The data are processed using the DMFAS computerized system. Additional information is obtained from the ITRS and enterprises with foreign loan liabilities.

Currency and deposits

This item reflects all banks' financial transactions on their own account, except for direct and portfolio investments. Data are obtained from the NBM departments and authorized banks. This item also includes information from exchange offices on the volume of foreign exchange bought and sold.

Other assets and liabilities

These items cover all transactions other than trade credits, loans, and currency and deposits. The main components are arrears for debt-service payments and arrears for imports of energy resources. The latter are obtained from the reports of energy resources importers.

Reserve assets

The data source is the NBM balance sheet.

III. Specific Items: International Investment Position

The international investment position (IIP) is compiled and published in millions of U.S. dollars. The stocks of external assets and liabilities denominated in other currencies are converted to U.S. dollars at the official exchange rate fixed by the NBM at the end of the reference period. The impact of foreign exchange rate fluctuations of original currencies against the U.S. dollar, assets and liabilities price changes, and other adjustments are calculated according to the IMF methodology.

Stocks of IIP instruments are valued at market prices at the end of the period. The book value is used for the valuation of assets and liabilities when the market value is not appropriate or not available.

Direct investment

The data on the stock of direct investment include equity capital, reinvested earnings, and other capital. The main sources of information on inward foreign direct investment in equity capital are the quarterly reports submitted by enterprises to the NBS and the monthly reports submitted by commercial banks to the NBM. Stocks on reinvested earnings are derived from flows. Data on other capital are obtained from DMFAS records.

Portfolio investment

Data on liabilities reflecting the ownership of domestic bonds and shares by nonresidents are collected from the appropriate departments of the NBM, commercial banks, the Ministry of Finance, and the National Commission of Financial Market. Data on banks' portfolio investment in foreign securities are obtained from the ITRS.

Other investment

Data on the foreign assets and liabilities of banks and other sectors are derived from the balance sheets of the NBM and commercial banks, DMFAS records, statements on the external position of the banking sector, enterprise surveys, statements on government assets and liabilities, and other sources.

Reserve assets

The data source is the balance sheet of the NBM.

Mongolia

The following text was confirmed as current in 2009.

I. General

The Balance of Payments and Research Division in the International Economics Department (IED) of the Bank of Mongolia (BOM) compiles and disseminates Mongolia's balance of payments statistics. The IED employs a variety of data sources, such as foreign trade statistics, international transactions records, specialized surveys, administrative records of government agencies, and the BOM's own records.

The IED also obtains data from various institutions, including Customs General Administration, commercial banks, and government ministries and agencies (e.g., the Ministry of Finance (MOF), Ministry of External Relations, Ministry of Mineral Resources and Energy, Foreign Investment and Foreign Trade Agency (FIFTA), state and private sector enterprises, and international organizations in Mongolia.

For some balance of payments items, the data collected from primary sources are complemented by estimates.

The IED compiles and presents balance of payments data in U.S. dollars. It converts stock data into U.S. dollar equivalents using the exchange rate prevailing at the end of the reporting period. Some transactions are reported in original currencies and converted to U.S. dollars at the average quarterly exchange rates.

The IED compiles Mongolia's balance of payments quarterly and annually in accordance with the recommendations of the fifth edition of the IMF's *Balance of Payments Manual (BPM5)*. The BOM publishes annual data in its *Annual Report*. The IED has compiled quarterly balance of payments data regularly since the beginning of 1997.

II. Specific Items: Balance of Payments

Current Account

Goods

The primary source of data is the foreign trade statistics compiled by the Customs General Administration on a monthly basis from customs trade declarations for export and import. The customs data record the physical movement of goods across Mongolia's boundaries; they include aid in kind and goods shipped between Mongolia and foreign countries. Customs declarations for goods accompanying passengers are not processed.

Data on imports include an adjustment for imports by individuals. Imports c.i.f. are converted to an f.o.b. basis by excluding freight and insurance, estimated at 11 percent of the c.i.f. value of imports based on a customs declaration survey.

Services

The primary sources of data in the services account are banking reports (International Transactions Reporting System—ITRS), reports submitted by resident and nonresident service enterprises and other institutions, and surveys.

Transportation

The Mongolian Railways and Mongolian Airlines (MIAT) report information for the credit and debit entries for passenger fares and other distributive and auxiliary services. Freight transport debits are estimated as 10 percent of the value of imports c.i.f.

Regarding port services credits, the IED derives entries from ITRS data, as well as from the report of Mongolia's Civil Aviation Authority. It derives the debit entries from MIAT. The credit entries for port services represent payments by foreign airlines for the use of facilities at the airport in Ulaanbaatar.

Travel

Up to 1996, the IED derived credit and debit entries for travel from the foreign exchange record. From 1997 onward, travel is estimated on the basis of information on the number of travelers combined with an estimate of the average duration of stay and an estimate of the per capita expenditures. The General Authority for Border Protection of Mongolia compiles the data on the number of travelers, while the National Tourism Agency of the Ministry of Roads, Transportation, and Tourism estimates and provides the average number of nights per visit and the average daily expenditure.

Other services

Communications. Major telecommunications companies provide primary data. In addition, the IED uses international transactions records.

Insurance. For insurance services, the IED collects data mainly from the local insurance companies and from international transactions records. From imports c.i.f. to an f.o.b. conversion, 1 percent of the total import data are estimated to add to the debit side of insurance services.

Other business. For other business services, the IED derives data from international transactions records. Data cover financial services, computer and information services, royalties and license fees, operational leasing, and other services not included elsewhere.

Government, n.i.e. The MOF provides data on embassy expenses/receipts abroad, which cover the expenditures of Mongolian diplomatic missions abroad and the proceeds from visas issued by Mongolian embassies. Expenditures of foreign embassies and international organizations in Mongolia are estimated on the basis of information obtained through a survey and from the international transactions records.

Income

Investment income

Direct investment. For direct investment income outflows, the IED derives data from the direct reporting of the major joint-venture enterprises.

Other investment. For other investment income, the IED derives data from the foreign exchange record and reports provided by commercial banks, the BOM, and the MOF. The debit entries for other investment income cover actual interest payments on debts of government and the BOM, including guaranteed debts. For investment income payments of commercial banks, the IED derives data from the foreign exchange record. The credit entries for interest on bank deposits cover interest receipts of the BOM and commercial banks.

Current transfers

General government

The IED obtains data from the MOF for grants in cash and the Customs General Administration for grants in kind. Other sources are the records of international organizations and foundations with offices in Mongolia. For the membership fees paid to international organizations, the IED derives data from the state budget report provided by the MOF.

Other sectors

Workers' remittances. Data cover inflows of Mongolians working abroad and outflows from foreign employees in Mongolia. The IED collects data from the international transactions records of the commercial banks and the nonbanking financial institutions and from the BOM on banknote shipments.

Other transfers. For transfers provided directly to nongovernment organizations, the IED estimates data as the difference between the customs figure on transfers in kind and the official grants received in kind recorded on the budget. The IED records, as a credit entry, the foreign hunters' license fee payments provided by the Ministry of Environment.

Financial Account

Direct investment

The foreign direct investment (FDI) consists of FDI in cash from the international transactions records and in kind that include imported equipment through foreign investment. The data provided by FIFTA on the FDI commitments give more details on FDI in sectors and countries breakdown.

Portfolio investment

For outward portfolio investment, commercial banks provide data. Regarding inward portfolio investment, the Mongolian Stock Exchange has started to provide data on stocks purchased by nonresidents.

Other investment

Trade credits

Data on short-term capital flows cover (1) import credits (advance payments associated with the oil imports), (2) prepayments for imports under the grants, (3) inflows and outflows associated with copper and cashmere exports, and (4) nonreceived payments for exports of copper concentrate. The IED obtains data directly from the major joint-venture enterprises.

Loans

For medium- and long-term loan disbursements, the IED derives data from the MOF records. Data include disbursements made directly by donors to foreign suppliers. Data also cover loans received by the government and by state enterprises, guaranteed by the Mongolian government. Data on amortization payments on medium- and long-term loans received cover amounts scheduled for repayments. The IED derives the data on private loans from the commercial banks and major joint-venture enterprises.

Currency and deposits

This item covers the changes in net foreign assets of the commercial banks, derived from the balance sheet of the commercial banks. The item also records results from an annual border cash survey.

Reserve assets

For reserve assets, the IED derives the data pertaining to changes in stocks from the BOM records. Data on reserve assets are adjusted to exclude changes in exchange rates of currencies in which various assets are denominated.

Montenegro, Republic of

The following text was confirmed as current in 2009.

I. General

The Central Bank of Montenegro (CBM) is responsible for compiling the balance of payments statistics. Balance of payments statistics are compiled in line with the fifth edition of the IMF's *Balance of Payments Manual (BPM5)* methodology. The CBM obtains data from several sources, such as the International Transaction Reporting System (ITRS) that includes transactions between residents and nonresidents through the banking system. The Statistical Office of Montenegro (Monstat) provides data on trade statistics. Data are supplemented with information from other sources as well as with estimates.

The balance of payments data, which are compiled based on the *BPM5* standard presentation, are disseminated to the public in a national presentation, which is derived from the standard presentation. The data are published on quarterly and annual bases, in thousands of euro, on the CBM website.

II. Specific Items: Balance of Payments

Current Account

Goods

General merchandise data are obtained from the foreign trade statistics compiled by Monstat. The primary data source is the single administrative document (SAD). As regards foreign trade figures, data disseminated by Monstat are on a "general trade basis." Exports are valued on an f.o.b. basis and imports are valued on a c.i.f. basis. The CBM makes coverage adjustments to the trade statistics and records goods exported/imported without customs declarations, for which data are available from the ITRS. Adjustments are also made for repairs of goods.

Services

Transportation

The transportation services item is classified according to the type of transport (sea, air, railway, and other) and on the basis of the category of services (freight, passengers, and other). Passenger services cover all services provided in the international transport of nonresidents by resident carriers (credit) and that of residents by nonresident carriers (debit). Freight services refer to transportation regarding merchandise trade and can be provided to or acquired from abroad either by resident or nonresident carriers. The main source for recording transportation services is the ITRS.

Travel

Travel revenues are calculated on a basis of estimations and the ITRS. The estimation is based on the results of the survey conducted by the CBM to determine the average daily expenditure by foreign visitors in Montenegro as well as Monstat data on overnight stays. The data on travel revenues, besides estimates, includes data derived from the ITRS on expenditures by those traveling for health and educational purposes. The travel expenditures abroad by Montenegrin residents are estimated based on the data compiled from the ITRS.

Other services

Other services comprise those services such as construction, insurance, communications, other busines services including merchanting and other trade-related services, financial, and various other services. These data are mainly derived from the ITRS.

Income

Compensation of employees

Data on wages, salaries, and other benefits earned by residents for work performed abroad and nonresidents for work performed in Montenegro are recorded under this item. The data are compiled from the ITRS. Employees, in this context, include seasonal or other short-term workers and border workers who have centers of economic interest in their own economies. The data are mainly obtained from the ITRS.

Investment income

Direct investment. The CBM derives most of the data on direct investment income from the ITRS. The data include dividends and distributed branch profits. For the time being, direct investment income does not include data on reinvested earnings.

Portfolio investment income. Portfolio investment income comprises income transactions between residents and nonresidents and is derived from holdings of shares, bonds, notes, and money market instruments. These data are obtained from the ITRS.

Other investment. The other investment income comprises interest on loans extended or received and interest on bank accounts deposits. The data are based on detailed records of the CBM (Accounting Department and Banking and Financial Operation Department) and the ITRS.

Current transfers

Data on current transfers are mainly compiled on the basis of the ITRS. The classification of current transfers is made by using transaction codes of banking settlements. Current transfers are broken down in the balance of payments into government and other sectors, in which workers' remittances and other transfers are recorded separately.

Capital Account

Capital transfers

The data are obtained from the ITRS.

Financial Account

Direct investment

The CBM records foreign direct investment on the basis of reported payments through domestic banks. The definition of direct investment in Montenegro's balance of payments corresponds to that of *BPM5*. Montenegro follows the directional principle for direct investment. Direct investment comprises not only the initial transaction establishing the relationship between the investor and the enterprise, but also all subsequent transactions between them and among affiliated enterprises. Intercompany debt transactions between affiliated enterprises (10 percent or more of capital share) are recorded as a direct investment–other capital. For the time being, this item does not include data on reinvested earnings. The main source of data is the ITRS. These data are supplemented by data from the database of the Central Depository Agency (the central registry of securities), the media, and other sources.

Portfolio investment

Portfolio investment covers investments on equity and debt securities not covered by direct investment and reserve assets. The main source of the data is the ITRS.

Other investment

Data are obtained from the CBM and the ITRS. Banking sector statistics are derived from the data collected from banks by the Monetary Policy and Research Division of the CBM. The other investment asset and liability transactions of other sectors reflect mainly withdrawals and repayments of short- and long-term loans between resident and nonresident enterprises that do not have a direct investment relationship, derived from the ITRS. The data on currency and deposits are estimated using data on travel revenues.

Reserve assets

The entries reflect changes in the reserve assets during the reporting period. Data are based on the CBM balance sheet.

Montserrat

See Eastern Caribbean Currency Union.

Morocco

The following text was confirmed as current in 2009.

I. General

In Morocco, the Foreign Exchange Office (FEO), a public entity under the Ministry of Economy and Finance Supervision, is responsible for compiling foreign trade, balance of payments, and international investment position (IIP) statistics. The FEO derives the data primarily from three different sources: (1) customs declarations submitted at the time of import and export, for trade statistics; (2) bank reports drawn up for each foreign exchange transaction, for statistics on payments between Morocco and other countries; and (3) information on foreign financial operations gathered directly from various public and private organizations.

The FEO derives foreign trade data from declarations submitted by the concerned operators to the various customs offices in the kingdom. Receiving copies of all these declarations, the FEO processes them to establish the statistics in accordance with current international standards.

The FEO requires banks to report on each foreign exchange transaction between Morocco and other countries. Information on these transactions includes the beneficiary or originating country, transaction type, currency, the foreign currency amount and its dirham equivalent, the beneficiary or the originator, etc. Centralizing these reports at the end of each 10-day period, the FEO uses the data to prepare statistics on payments between Morocco and the rest of the world for the various balance of payments components. These statistics include payments made through banks and those made by giro transfer or using foreign banknotes.

Since 2007, the balance of payments also includes operations realized between operators installed in the Tangier free and offshore zones and the rest of the world.

With the resulting data, the FEO compiles a monthly Statement of Exchange Transactions (SET) and a statement of operations involving foreign banknotes. These two documents show credits and debits classified by transaction type.

To complete this information derived from customs declarations and bank reports, the FEO gathers other data directly from economic agents, public organizations, and various participants involved in foreign transactions.

Since 1995, as part of the efforts to harmonize external sector statistics with the prevailing international standards, Morocco has presented the balance of payments in accordance with the recommendations of the fifth edition of the IMF's *Balance of Payments Manual*, fifth edition (*BPM5*).

The FEO publishes the balance of payments on a quarterly basis within 90 days after the end of the reference quarter. It publishes the balance of payments data for the entire year initially in preliminary form and subsequently in final form in a detailed annual report. The data are expressed in millions of dirhams.

Information on Moroccan balance of payments data and on foreign trade in general is available on the FEO's website at www.oc.gov.ma.

II. Specific Items: Balance of Payments

The presentation of the balance of payments, in accordance with the recommendations of *BPM5*, comprises the current, capital, and financial accounts.

Current Account

This account is divided into four headings: goods, services, income, and current transfers.

Goods

This item includes all merchandise transactions between Morocco and other countries, whether or not the transactions involve a change of ownership. The FEO derives data for these transactions from customs declarations. For each import or export transaction, customs requires economic agents to submit a declaration that includes complete information: type of product and Harmonized System (HS) code, value, volume, country of origin or destination of the goods, etc.

The FEO receives a copy of all declarations from the various Moroccan customs offices. The Office records commercial transactions when the goods pass through customs, regardless of the corresponding method of payment. The transactions include operations involving immediate payment, as well as those involving credit facilities or goods imported without payment and then re-exported after processing. The FEO compiles foreign trade statistics on a c.i.f. basis for imports and an f.o.b. basis for exports. In the balance of payments, it reports both exports and imports on an f.o.b. basis.

In compliance with the *BPM5* methodology and the methodology on external trade as described in the United Nations' *International Merchandise Trade Statistics: Concepts and Definitions*, imports also include goods on lease for more than a year.

Services

The FEO derives trade in services from the reports prepared by banks on the payments pertaining to these operations. For the transactions recorded between Morocco and other countries, the published balance of payments includes seven services items: transportation, travel, communications, insurance, royalties and license fees, other business services, and government services not included elsewhere (n.i.e.). When reporting data to the IMF for BOPSY purposes, the FEO adopts a more detailed classification for trade in services, providing greater detail on various items as recommended in *BPM5*, even if some of those items are less significant.

Transportation

This item records, on both the credit and debit sides, payments relating to the transportation of goods and passengers, broken down by means of transportation: sea, air, and other.

Travel

Travel credits correspond to receipts from abroad received by tourism sector operators (travel agencies, hotels, clubs, tourist transportation, etc.). Receipts include encashment of traveler's checks and international credit card payments, as well as foreign currency banknotes exchanged via the banking system or exchange bureaus by tourists during their stay in Morocco. These credits also include part of the foreign currency banknotes exchanged by Moroccans residing abroad that are used to cover their board and lodging in Morocco.

Debit entries cover the various allocations of foreign banknotes to residents when they travel for purposes of tourism, business, education, medical care, training and missions, or pilgrimages. Debits also cover bank or postal transfers made to cover expenses incurred during this travel.

Other services

On both the credit and debit sides, the FEO derives data for other services items from the SET, prepared on a monthly basis using the bank reports.

From 2002 onward, the FEO records private technical assistance operations in the *other business services* item rather than in the *royalties and license fees* item. This change was also made for 2000 and 2001 data.

Income

Income includes, for both credit and debit entries, private investment income, including reinvested earnings and income from private loans, external public debt service (interest), and income from bank deposits abroad. The FEO derives the data on external public debt service from the SET. It supplements the data with information collected from the Ministry of Economy and Finance and relevant government organizations.

Current transfers

This item primarily records remittances of funds by Moroccan nationals living abroad and unrequited transfers received by the public sector, including grants. Repatriations by Moroccans living abroad include bank transfers, giro transfers, and foreign banknotes exchanged through the banking system during their stay in Morocco (the portion not covered under travel credits).

Capital Account

The capital account mainly records transfers by migrants who leave Morocco permanently. It also occasionally records debt forgiveness granted to the public sector.

Financial Account

This account records direct investment operations, including reinvested earnings, portfolio investments (equity securities, debt securities, and money market instruments), and other investments (trade credits and medium- and long-term loans).

Direct investment

For operations financed by the sale of foreign currency, the FEO derives data from movements of funds between Morocco and other countries. For operations financed by means other than foreign currency inflows (debt/private equity swaps, incorporation of reserves or profits, etc.), the FEO derives data from declarations that entities submit to it for recording purposes. A distinctive feature of direct investment operations is the lasting interest the foreign investor shows in the resident enterprise. Such operations also include lending between affiliated enterprises (intercompany lending and current account advances).

Portfolio investment

The FEO derives data on portfolio investment in the same manner as for direct investment and supplements these data with information on operations carried out by nonresidents on the Casablanca Stock Exchange.

Other investment

This item records external public and private debt operations and private sector trade credits, which the FEO calculates as the difference between physical flows of goods (customs statistics) and payments related to them (banking statistics). The FEO supplements the statistics on the debt of government agencies, monetary authorities, banks, and other sectors with data that the involved agencies provide. Loans between affiliated enterprises are considered to be direct investments and are not included in this item.

Reserve assets

The FEO derives data on this item from the statement of external assets prepared by the central bank (Bank Al-Maghrib). The FEO includes also the banks' external assets that are considered under the control of the central bank. However, to harmonize this component with the template on reserve assets, investigations are under way with the central bank with the objective of reclassifying the banks' external assets after determining their corresponding functional categories.

The calculation of this item takes into account the effects of exchange rate fluctuations of currencies that make up the reserve assets.

III. Specific Items: International Investment Position

The FEO prepares the IIP of Morocco in accordance with the principles of *BPM5*. The IIP has four parts: direct investment, portfolio investment, other investment, and reserve assets.

Direct investment

In accordance with international standards, the stock of direct investment, on the asset side, relates to assets held by residents (Moroccan investments abroad), and on the liability side, to assets held by nonresidents (foreign investments in Morocco). Since 2007, the IIP does not include Moroccan investments realized in the Tangier free and offshore zones, since the operators installed in these zones are considered as residents. On the other side, the FEO takes into account the investment operations made between these operators and the rest of the world.

A direct investment is found to exist when the investor holds at least 10 percent of the capital of the investment enterprise.

The FEO derives data on Moroccan direct investments abroad from the declarations it obtains from the entities involved. The FEO records stocks at book value and prepares the list of the considered entities from the authorizations issued to conduct investment operations abroad, according to the exchange control rules.

The FEO derives data on the stock of foreign direct investment in Morocco from flows of credits (including reinvested earnings) and debits recorded in the balance of payments since 1960. The series was limited to 1960 because until 1959, Morocco was part of the franc zone. Accordingly, the flows recorded in the balance of payments do not cover all transactions between residents and the rest of the world for the years prior to 1960 (exclusion of the North zone and the Tangier international zone).

Regarding valuation of the initial stock, for the years prior to 1960, authorities deemed it necessary to value the stock of foreign direct investment in Morocco as at December 31, 1959. The valuation was based on the average capital income transferred for the years 1960 to 1963, at an average rate of return of 10 percent. Balance of payments flows were brought up to date on the basis of the GDP deflator (the relationship between GDP measured in current prices and GDP measured in constant prices). This index measures changes in the general price level, including the prices of durable goods purchased by resident producer units.

Foreign investments in Morocco are classified into two subheadings: *equity capital,* which includes direct investment per se, and *other capital,* which covers intercompany lending and current account advances. The FEO records data on equity investments by direct investors in quoted companies at their prices on the Casablanca Stock Exchange at the end of the current year, after deducting the relevant amounts recorded in the balance of payments flows.

The FEO draws data on these equity investments from the arrangement implemented jointly by the FEO and the Securities Ethics Council (CDVM—Conseil Déontologique des Valeurs Mobilières, the agency responsible for regulating the financial market). This arrangement permits a follow-up of the portfolios of quoted securities held by nonresidents. The data on stocks derived from the balance of payments flows include liabilities resulting from unquoted securities.

Portfolio investment

Portfolio investment covers equity securities and debt securities purchased by investors for purposes of realizing a return. Investments are deemed portfolio investment when the investor's participation represents less than 10 percent of the capital of the company in question. On the asset side, these investments consist of foreign securities held by Moroccan residents and, on the liability side, Moroccan securities held by nonresidents. Like direct investment, data on assets are derived from declarations by entities authorized by the FEO to carry out investments abroad. The FEO records assets at book value. In contrast, it derives data on liabilities as follows:

(1) for quoted securities, the FEO collects data from the financial institutions providing security custodian services, through the arrangements implemented jointly with the CDVM. It records these securities at their stock exchange prices as at end-December and breaks them down into shares, on the one hand, and bonds and other debt instruments (negotiable securities), on the other hand; and

(2) for unquoted securities, the FEO uses flows of credits and debits in the balance of payments—excluding transactions involving quoted securities. It also discounts these flows by applying the GDP deflator.

Other investment

This item covers all financial assets and liabilities not considered direct investment, portfolio investment, or reserve assets. It includes trade credits, loans between nonaffiliated enterprises, stocks of external public and private sector debt, and deposits. The FEO derives the data on stocks of trade credits, in assets and liabilities, using an average rate that is deducted on the one hand from a multiyear comparison of the values of physical flows of goods, as reported on customs declarations, and on the other hand, from payments related to them, according to bank report data, with various adjustments to physical flows (gifts, customs procedures not involving payments), as well as payments (deduction of freight charges, etc.).

Stocks of central government loans (Treasury) and public sector loans (secured debt) correspond to the stock of external public debt as established by the Ministry of Economy and Finance. For the private sector, the FEO determines the stock of loans recorded in the IIP via its arrangements to track private external debt. That arrangement records all loans with maturities greater than six months. The FEO records trade credits and intercompany loans and current account advances elsewhere under the appropriate items.

The *currency and deposits* item records only assets and liabilities relating to deposits in the banking system. The asset side comprises the credit balances of foreign currency accounts opened in the name of residents (exporters of goods and services). The FEO records currency assets (foreign banknotes) held by the banking system under reserve assets.

The liability side records the gross liabilities of the central bank and the credit balances of convertible dirham accounts held by nonresidents and foreign correspondents at Moroccan banks. The FEO does not take account of currency liabilities (dirham banknotes held by nonresidents abroad), because current legislation prohibits the export of dirham banknotes. The FEO values the components of the *other investment* item at market prices and records foreign exchange assets and liabilities at the year-end exchange rate.

Reserve assets

Reserve assets comprise external assets available to finance transactions with other countries. In the IIP, the FEO derives data on stocks of reserve assets from central bank data. The data comprise the gross external assets of the monetary authorities and the deposit banks. But current investigations with the central bank aim to reclassify the deposit banks' external assets under the appropriate functional categories rather than reserve assets in order to harmonize this item with the template on reserve assets.

These assets are valued at market prices.

Mozambique

The following text was confirmed as current in 2009.

I. General

The central bank, the Banco de Mozambique (BM), is responsible for compiling the balance of payments statistics for Mozambique. The main data sources are monthly reports presented by the authorized foreign exchange banks on external transactions of the bank itself and its customers, exchange bureaus, other financial institutions, the central bank, government institutions, and other economic entities (public and private), under a strict guarantee of confidentiality of data for individual businesses, organizations, and government ministries.

Data may be supplied monthly or quarterly, according to the source. The BM prepares these data on a quarterly basis and publishes them in its *Quarterly Report, Annual Report, Balance of Payments Annual Bulletin,* and on its website.

The BM compiles data on the basis of the IMF's *Balance of Payments Manual,* fifth edition (*BPM5*) and has published the balance of payments statistics according to the *BPM5* methodology since the first quarter of 2002. Conversion to *BPM5* of the historical database was completed.

The BM compiles all data in U.S. dollars. Where transactions are reported in currencies other than U.S. dollars, the BM converts the data, using monthly or quarterly average exchange rates, as appropriate.

Compilation of international investment position (IIP) statistics is under way, and the main data sources are the specific surveys aimed at large enterprises, information from the Mozambican government (Ministry of Finance), and authorized foreign exchange banks.

II. Specific Items: Balance of Payments

Current Account

Goods

The Directorate General of Customs produces monthly data on imports and exports of goods, forwarding it to the National Statistics Institute (INE). The INE compiles and validates those statistics, supplemented by direct contact with the major exporters. It then sends to the BM the summary tables broken down by major commodity and by country of origin and destination.

Imports and exports are reported on an f.o.b. basis. The BM has used the INE data since 1996 for exports and imports. To improve the collection and timely basis of acceptable quality data, the authorities have established a panel on foreign trade statistics, comprising representatives from the Directorate General of Customs, the INE, and the BM.

Services

Transportation

The BM compiles data on transportation services from reports presented by the authorized foreign exchange banks and from balance of payments surveys. Since 1995, it has introduced specific surveys of selected transportation companies (railways, national airlines, and shipping). Very recently, owing to the process of improving the collection of transportation data by the Balance of Payments Service of the BM, the response rate of the surveys has improved substantively.

Travel

Data on travel credits and debits are based on reports presented by the authorized foreign exchange banks, exchange bureaus, central bank, and the country's main tourism authorities. A specific survey has been introduced in various hotels in the country.

Other services

The BM compiles data on other services from the reports of authorized foreign exchange banks, exchange bureaus, and the central bank. It also compiles data from balance of payments surveys. Other services comprise international service transactions not covered under transportation and travel. These include administrative, professional, construction, communication, insurance, financial, computer and information, royalties and licenses, government services, etc.

Income

Income covers mainly compensation of employees, direct investment income, portfolio investment income, and other investment, including interest payments on external debt (public and private debt).

Compensation of employees

Compensation of employees' credits includes wages of national miners working in South Africa for one year or less (data collected by the BM). Compensation of employees' debits include the wages paid to nonresident workers by resident entities (compiled from data supplied by the authorized foreign exchange banks and balance of payments surveys).

Investment income

Investment income, compiled from data supplied by the BM, the Ministry of Finance (MOF), foreign exchange banks, and balance of payments surveys, comprises interest paid on external debt. It also includes interest on bank accounts held abroad by the BM, commercial banks and other private enterprises, interest paid on external private debt, and dividends distributed.

Current transfers

General government

Current transfer credits comprise grants for public sector import support, in-kind grants, special programs, and private current transfers received from abroad.

Data on grants from international organizations and foreign governments are obtained from various public agencies, mainly from the Ministry of Cooperation and Home Affairs, Ministry of Industry and Commerce, MOF, Ministry of Planning and Development, and the BM.

Other sectors

Other sector data include basically immigrants/emigrants' remittances and merchandise insurance on imports. The BM compiles these data from data collected by authorized foreign exchange banks and from balance of payments surveys.

Capital Account

Capital transfers

The capital transfer item includes government capital operations, particularly debt forgiveness and grants for investment programs. It also includes private sector operations and other private transfers (grants in cash received from nonresidents).

Financial Account

Direct investment

Direct investment in Mozambique is compiled from data obtained from investment projects registered with the BM. Because of the exchange control, by law, investment projects must be registered at the BM. However, the BM is improving the collection of these data. Annual and quarterly surveys of direct investment enterprises operating in Mozambique have introduced a collection of data on the international payments and receipts of these enterprises.

Portfolio investment

The BM compiles data on portfolio investment from data supplied by the authorized foreign exchange banks, BM's own records, and company surveys.

Other investment

Data on official loan disbursements and repayments come from the BM, MOF, and direct contact with companies (private and public). Transactions of the monetary authorities cover currency and deposit liabilities and short- and long-term loans received. The source of the data is the BM and MOF. Transactions of banks include currency and deposits and are obtained from bank reports to the BM.

Other external asset and liability statistics in Mozambique are compiled from data obtained from authorized foreign exchange banks and enterprise surveys.

Reserve assets

Transactions in reserve assets are derived from the BM accounts.

The largest component of reserve assets represents holdings of other foreign exchanges. Other items under this component include SDRs, monetary gold, reserve position in the IMF, and other claims.

III. Specific Items: International Investment Position

The classification and sectorization systems, used to compile the IIP statistics, are in line with the main standard components of the *BPM5*. The IIP is compiled using a combination of sources that include administrative records, account balances, surveys, and information from other private and government institutions. Position data on direct investment in Mozambique are compiled annually within the IIP framework since 2004, and the main sources of information are the exchange control records and the quarterly enterprise survey of direct investment enterprises (the same sources as for transaction data). The estimated position is based on cumulative foreign direct investment inflows since 1986, and no adjustments are made for price changes or other changes, as the data sources do not provide sufficient information to do that. Position data on direct investment abroad are compiled by the BM within the IIP framework, but the coverage is very low. The stock estimates are based on cumulative flows since 2003, and no other adjustments are made for price changes or other variations. The sources of information and most of the compiling practices are the same as for the transactions data.

The BM compiles the IIP in U.S. dollars. Where the stock data are supplied in a different currency, the BM converts the values to U.S. dollar amounts using the end-of-period market exchange rate. The stock data are recorded at market prices and on an accrual basis (*especialização*).

Direct investment

The data are compiled primarily from exchange control records. A quarterly enterprise survey of direct investment enterprises in Mozambique is also used as a primary data source for large projects and as a secondary source for other enterprises. There are no differences in the data sources between the data disseminated in the national publications and those reported to the IMF for publication.

Portfolio investment

The main sources of information are the trial balances of the commercial banks and the BM, as well as company surveys.

Other investment

Regarding assets, the BM takes the data from the trial balances of the BM and the commercial banks and from surveys of companies. Regarding liabilities, the BM takes the data from its Foreign Department, the trial balances of the BM and the commercial banks, company surveys, and the MOF Public Debt Department. Data on the stock of private sector loans have been estimated, based on the previous information about disbursement and capital reimbursements.

Reserve assets

Information for reserve assets is taken from the BM trial balance.

Myanmar

The following text was confirmed as current in 2007.

I. General

The Central Bank of Myanmar (CBM) is responsible for compiling the balance of payments statistics. The CBM obtains the balance of payments data from the banks authorized to deal in foreign exchange transactions through foreign exchange returns from the international transactions reporting system (ITRS) and various government agencies, such as the Budget Department; the Foreign Economic Relations Department; the Central Statistical Organization (CSO), Ministry of National Planning and Economic Development; the Customs Department; the Border Trade Department; the Myanmar Oil and Gas Enterprise Department; the Directorate of Investment and Company Administration (DICA); and the CBM itself. For some balance of payments items, estimates complement the data collected from primary sources.

The balance of payments statistics are prepared annually, both on a financial-year and calendar-year basis. The CSO publishes the data on a financial-year basis in the *Statistical Yearbook*. The CBM reports the calendar-year data to the Fund with a breakdown on a quarterly basis.

Balance of payments data are compiled in millions of kyats, generally in accordance with the standards recommended in the *BPM5*. Transactions in foreign currencies are converted to kyats using the period-average exchange rates.

II. Specific Items: Balance of Payments

Current Account

Goods

The main sources of these data are foreign exchange reports by banks and foreign trade statistics tabulated by the Customs Department and the CSO. Exports and imports data are valued on an f.o.b. basis.

Services

Transportation

This item includes freight and passenger services for all modes of transport and port services. The source is the ITRS.

Travel

In compiling the travel item, the CBM uses the ITRS source, supplemented with estimates derived from data from the Immigration and Population Department for the number of tourists and from the Ministry of Hotels and Tourism for total travel expenditure.

Other services

Communications. The CBM obtains the data from the ITRS, and the entries reflect receipts and payments for postal settlements, including radio, telephone, and telegraphic settlements.

Insurance. The CBM obtains the data from the ITRS. Entries for insurance cover insurance on exports and imports.

Other business. Entries for other business services include royalties and license fees, management fees, and professional and technical services fees for lawyers, architects, engineering surveys, etc. The DICA provides these data. For merchanting and other trade-related services, the CBM obtains data from the Customs Department.

Personal, cultural, and recreational. The entries reflect fees for correspondence courses, training and examination fees, and film rentals. Data come from the ITRS.

Government, n.i.e. The source of the data is a monthly bank report. Credit entries comprise expenditures of diplomatic missions in Myanmar, and debit entries are the expenditure abroad of Myanmar embassies and consulates.

Income

Investment income

Investment income covers interest receipts and payments on long- and short-term loans, deposits, other commercial and financial claims and liabilities, and the Fund's SDR holdings. The CBM collects these data from the Budget Department and other official sources.

Current transfers

General government

The entries include grants in cash and in kind received for financing current expenditure, training of personnel, investment, and payment of membership fees to international organizations. The CBM derives the data from information provided by the Budget Department and the ITRS. It also derives data on pension payments from the ITRS.

Other sectors

Both debit and credit entries for workers' remittances are derived from the ITRS.

Capital Account

Capital transfers

Capital transfers are included in current transfers, because the ITRS does not distinguish between the two.

Financial Account

Direct investment

For direct investment by all foreign-controlled resident enterprises, registered under the Foreign Investment Law, the CBM obtains the data from the DICA. This includes resident enterprises in which 35 percent or more of the equity is held by nonresidents.

Other investment

For loans received by the general government, the CBM derives the data from records of the Budget Department, while for transactions of the monetary authorities, it derives data from CBM records.

Reserve assets

Reserves cover monetary gold, SDRs, reserve position in the Fund, and the foreign exchange assets held by the CBM and domestic banks. The CBM obtains the data from its records and from domestic banks dealing in foreign exchange operations.

III. Specific Items: International Investment Position

The stock position of external assets and liabilities included in the international investment position (IIP) is consistent with the financial account of the balance of payments. The data sources for the IIP are the same as those used in compiling the balance of payments.

Namibia

The following text was confirmed as current in 2007.

I. General

The Bank of Namibia (BON) is responsible for compiling the balance of payments for Namibia. Since 1990, the BON has been developing surveys to collect information under a strict guarantee of confidentiality of data on individual businesses, organizations, and government entities. The concepts, principles, and classifications used in these surveys are largely in accordance with the methodology set out in the fifth edition of the *Balance of Payments Manual (BPM5)*.

The various surveys conducted by the BON constitute the basic source of information for compiling data on both the balance of payments and the related international investment position (IIP). The collection of both transactions and stock data allows a reconciliation that enhances both the editing process and the quality of the data.

The BON prepares these data on a quarterly and an annual basis and publishes them in its *Quarterly Bulletin* and *Annual Report*. All data are compiled in Namibia dollars (N$). The exchange rate prevailing at the end of the reporting period is used for compiling data on the IIP items, whereas average exchange rates for the period are used for the balance of payments items.

II. Specific Items: Balance of Payments

Current Account

Goods

Data for this component are based on trade statistics and balance of payments surveys conducted by the BON's Research Department (RD).

For major exports, the main source of data is the various balance of payments surveys, supplemented by direct contact with the major exporters and marketing organizations. Adjustments are made for undercoverage and nonresponse to the surveys and for smuggled items such as diamonds and other commodities.

For imports, the most important source of data, used since 1993, is the international trade statistics compiled by the Central Bureau of Statistics (CBS). Imports are reported on both a c.i.f. and f.o.b. basis. Customs and Excise initially compiles the trade data, using the ASYCUDA system. Subsequently, CBS validates the data and corrects errors using EUROTRACE software. Various adjustments are made to place the trade data on a balance of payments basis.

Services

Transportation

This component is estimated from the external trade data and data from a survey of airlines. In 1995, a specific survey was instituted, but the response rate was very low, owing to a lack of cooperation from the reporting units (i.e., the national airlines, railways, and road transport operators) and the lack of awareness of the importance of balance of payments statistics among the respondents. However, RD is now able to obtain a reasonable response rate from the main airlines.

Travel

Data on travel credits and debits are estimated on the basis of the Exit Survey 2002 contracted by the Ministry of Environment and Tourism because of the absence of comprehensive data. Estimates of data on travelers arriving in and departing from Namibia are made on the basis of information from a variety of sources, including the Ministry of Home Affairs, national airlines, and various hotels in the country.

Other services

Other services comprise those international service transactions not covered under transportation and travel. These include commissions; operational leasing; professional, administrative, construction, and technical services; etc. These data are derived from surveys, with adjustments made for undercoverage and nonresponse.

Government, n.i.e. This item covers all transactions in services associated with the government sector or international and regional organizations that are not classified under other items (e.g., expenditures of embassies). BON compiles these data from information gathered from government ministries and estimates based on data provided by embassies and international organizations in Namibia in 1999.

Income

Compensation of employees

Data on the credit side for short-term employees, other than those of embassies and international organizations, are based on survey estimates of the number of Namibian residents temporarily working abroad, mainly in South Africa. Details of the compensation of local employees of embassies and international organizations are also estimated.

On the debit side, the entries include estimates of payments to employees who are residents of the host country and work for Namibian embassies abroad; BON checks the estimates against government information. Data on short-term employees, other than those of Namibian embassies abroad, are estimated using survey data from embassies in 1999.

Investment income

Direct investment. Data on Namibia's receipts of direct investment income are from balance of payments surveys. The entries covering Namibia's payments of direct investment income include both distributed and reinvested earnings. These data are derived from various sources, including surveys of direct investment enterprises. Dividends are also derived from surveys.

Branch profits received by South African life insurance companies with direct holdings of real property in Namibia are compiled from data provided directly by their offices in Namibia. Other branch profits are derived from surveys. The debit entries for reinvested earnings, disaggregated by sectors (that is, for banks, mining, and other sectors), are derived from surveys, with adjustments for nonresponse and undercoverage.

Portfolio and other investment. Data on portfolio investment income and other investment income are estimated based on the survey of asset management companies and enterprises respectively. The response rates on both surveys are reasonable, reaching 100 percent every quarter for the asset management companies and above 85 percent for the enterprises.

Current transfers

General government

Data on grants from international organizations and foreign governments are obtained mainly from the National Planning Commission Secretariat, the United Nations Development Program, and the BON survey of nongovernmental organizations (NGOs). Data on receipts from the South African Customs Union (SACU) are based on data on import tariffs provided by the Ministry of Finance, while data on actual receipts from the Customs pool are obtained from the BON's Finance Division.

Other sectors

Worker's remittances for workers located outside the Common Monetary Area are estimated from exchange control statistics. Information on transfers within the Common Monetary Area is obtained from surveys.

Capital Account

Capital transfers

General government

Data are estimated from information from local newspapers and from direct contact with the National Planning Commission Secretariat—the main recipient of such transfers.

Other sectors

This component consists mainly of foreign aid receipts linked to capital projects or fixed assets. BON collects the data through surveys covering NGOs and international organizations.

Financial Account

Direct investment

BON collects the data on direct investment on both a market-value and a book-value basis. The major source of data for this component is surveys of both inward and outward investments.

Portfolio investment

This item covers investment in equity and debt securities that are traded or tradable in organized or other financial markets. The main source of information is the survey of asset management companies, and the response rate has improved to 100 percent each quarter.

Other investment

Government transactions mainly cover foreign debt; the data are sourced from the Ministry of Finance and BON. Transactions of the monetary authorities cover currency and deposit liabilities and short- and long-term loans received. Transactions of banks include currency and deposits and are obtained from bank reports to the BON. For other sectors, the BON sources data from the surveys of enterprises and asset management companies.

Reserve assets

The Namibia dollar was introduced in September 1993.

Before that date, the South African rand was used in Namibia. The rand has gradually been withdrawn from circulation (although it remains legal tender in Namibia) and replaced by the Namibian dollar. Therefore, the largest component of reserve assets represents holdings of rand, although holdings of other foreign exchange, especially the pound sterling, euros, and U.S. dollars, have become more prominent recently.

Other items under this component include SDRs, reserve position in the Fund, and certain other claims. The data source is the BON.

III. Specific Items: International Investment Position

The classification of external assets and liabilities included in the IIP is largely consistent with that used in the financial account of the balance of payments. The data sources are surveys, the Namibian government, and the BON.

The BON made the revision in direct investment assets data in 1994 and subsequent years because Walvis Bay became part of Namibia in 1994, and therefore direct investment assets in Walvis Bay became domestic investments.

Nepal

The following text was confirmed as current in 2009.

I. General

The Research Department of Nepal Rastra Bank (NRB) is responsible for compiling Nepal's balance of payments statistics. Data on exports and imports are collected from customs declaration forms submitted to the customs authorities and proceed with ASYCUDA. For services, income, and foreign grants, the data are collected from commercial banks and the NRB, using an international transactions reporting system (ITRS).

Information on disbursements and amortization of foreign loans is based on reports prepared by the Financial Controller General's Office (FCGO) of the Ministry of Finance. Data on direct investment are obtained from commercial banks and other enterprises having foreign investment.

The NRB compiles the balance of payments data in millions of Nepalese rupees, prepares the data on a monthly basis, and publishes them in the *Monthly Economic Indicators*. In addition, it publishes quarterly figures in the *Quarterly Economic Bulletin* and annual figures in the *Economic Report*. The data are compiled consistent with *BPM5*.

Nepal does not compile international investment position statistics.

II. Specific Items: Balance of Payments

Current Account

Goods

The primary data sources of goods transactions are the customs points, which compile merchandise trade statistics on the basis of declaration forms and invoiced documents received from the exporters and importers. In the customs records, the exported goods are valued partially on an f.o.b. basis and the imported goods on a c.i.f. basis for countries other than India.

The NRB converts merchandise export and import data to an f.o.b. basis and makes coverage adjustments for border trade, exports and imports of electricity with India, and sales and purchase of aviation fuel and spare parts. The balance of payments excludes freight payments to India on exports transported by land through India to third countries, because they reflect nonresident-to-nonresident transactions.

Services

Transportation

The data are collected from commercial banks, the NRB, Indian airlines having offices in Nepal, and domestic airlines for three main categories—freight, passenger services, and other transportation. The main credit items are the foreign exchange earnings of local airlines on passenger services and enterprises engaged in land transport. Debits reflect mainly freight charges, passenger services, and payments made to the foreign transport companies.

Travel

Data on travel are collected from the ITRS and the NRB's Foreign Exchange Management Department. This item includes, as credits, the receipts from foreign visitors in the form of cash, traveler's checks, drafts, etc., and the foreign exchange earnings from nonresidents of local hotels, travel agencies, and certain service agencies.

The item includes, as debits, the residents' expenditures abroad for business and personal travel, education expenses, medical treatment, and passport facilities (foreign exchange facilities provided to Nepalese passport holders going abroad).

Other services

This category covers receipts and payments relating to premiums and claims of life and non-life insurance companies, communications services, construction services, professional and technical services, advertising services, purchases of newspapers and newspaper printing services, royalties, commissions, discount fees (income and expenditure in foreign currency transactions), and other fees.

The category also includes foreign exchange earnings and expenditures of Nepalese diplomatic missions abroad, such as fees for visas, fees and other charges for mountaineering, and other purposes. The data on government n.i.e. (not included elsewhere) are obtained from the ITRS and different NRB departments. The primary credit entries are the expenditures of foreign diplomatic missions and international organizations in Nepal. Likewise, the debit entries comprise expenditures of Nepal's diplomatic missions abroad.

Income

Compensation of employees

Data are obtained from the ITRS. Debits cover payments of the salaries and wages to nonresidents. Credits cover the foreign exchange earnings in the form of salaries and wages by residents from nonresidents.

Investment income

Data on investment income are collected from the ITRS and the NRB's Foreign Exchange Management Department. Debits cover income on direct investment paid to foreigners, interest payments, and other charges on foreign loans of the government and the private sector. Currently, the debits also include payments for electricity purchased from foreign-owned hydropower companies that transfer these amounts abroad as dividends. Credits include the interest receipts on foreign investment of the NRB and the commercial banks.

Current transfers

Data include the total grant aid received from abroad, comprising grants in cash and in kind. The data for these components are obtained from the NRB, customs records, and the FCGO. The data for workers' remittances cover all amounts of private remittances; the NRB obtains the data partly from the exchange record and partly from estimates based on data provided by the Department of Labor. Data on pensions are obtained from the ITRS. This item also includes receipts and payments of insurance claims. Another item under this heading is the Indian Excise Refund, data for which are obtained from the NRB.

Capital Account

The capital account covers capital grants to the government and the private sector and migrants' transfers.

Financial Account

Direct investment

The NRB collects data on direct investment from commercial banks and other enterprises with foreign investments.

Other investment

Trade credits

To derive estimates of trade credit assets, the NRB's Research Department uses information from customs records and foreign exchange settlements. If the value of exports based on customs records is greater than the value of export receipts registered in the exchange record, the department records an asset. The department calculates prepayments on imports in a similar manner, using data on imports. It obtains data on the foreign assets and liabilities of commercial banks and the NRB from regular reports filed by these institutions.

Loans

For loans to the central government, the NRB derives data from FCGO records. Data for other investment assets are the counterpart of estimated workers' remittances.

Reserve assets

For reserve assets, the NRB obtains data from its records. Reserve assets comprise monetary gold, SDRs, reserve position in the Fund, and the NRB's foreign exchange.

The Netherlands

The following text was confirmed as current in 2009.

I. General

In April 2003, de Nederlandsche Bank (DNB) adopted a direct reporting system for compiling balance of payments statistics. DNB and Statistics Netherlands (Centraal Bureau voor de Statistiek) have agreed on a division of tasks, whereby Statistics Netherlands is responsible for both trade statistics and international trade in services. DNB, which has final responsibility for compiling the balance of payments, is responsible for the financial account and investment income. DNB collects financial transactions using the direct reporting system. In the Dutch direct reporting system, DNB uses an integrated model with both flows and stocks, including a full reconciliation between them. Increases and decreases are reported separately, that is, the model collects gross flows. The remaining changes needed for the reconciliation concern fluctuations in the exchange rate, the market price, and other changes, e.g., write-offs. The direct reports for the financial account are all denominated in (thousands of) euros.

Besides collecting the financial assets and liabilities, the Dutch direct reporting system similarly reconciles investment income for each instrument separately. The full reconciliation included in the reporting model allows for two simple checks of the consistency of the data. First, for each item, the sum total of all reported changes must equal the difference between the opening and closing positions. Second, each opening position must equal its closing position in the previous reporting period. For data transmission, DNB developed an Internet application (e-Line BoP) that carries out both checks online. If the results of the test are negative, transmission is not possible. Reporting agents can enter the data manually or electronically through import files. The transmitted data are encrypted, thus ensuring a high level of security. Because e-Line BoP filters most errors on a micro level, DNB mainly conducts plausibility checks on the macro data.

DNB distinguishes 16 separate reporting profiles, each of which comprises the requirements for a specific economic (sub)sector. All profiles are simple variations of the reconciliation model. In general, the reporting agents have to report on a monthly basis (within 15 working days). If the agents cannot process certain data monthly because data are simply not available, the agents report these data annually. This mainly concerns some direct investment items, that is, reinvested earnings and the value of equity capital and foreign real estate. As of January 2006, the direct reporting system is extended with monthly, quarterly, and annual data on transactions and positions in domestic assets and liabilities and the overall profit and loss account. These data are used to provide Statistics Netherlands with information to compile the domestic financial and sector accounts.

For pragmatic reasons, DNB collects part of the data for portfolio investment and for financial derivatives through intermediary reports from specialized institutions. Institutions may report portfolio investment security by security, based on International Security Identification Number (ISIN) codes. In the compilation process, DNB enriches the ISIN reports on the basis of a security database—DNB Effectendatabase voor Betalings Balans op ISIN-code (DEBBI)—that contains specific information about securities issued worldwide. DEBBI is regularly updated with information from the Centralised Securities Data Base (CSDB) maintained by the European Central Bank (ECB). Alternatively, institutions may report portfolio investment on an aggregated level, that is, sum totals broken down by type of security, the country of residence, and the sector of the issuer. For deriving the main financial positions and transactions of the banking sector, from 1999 onward, DNB uses money and banking statistics.

In general, DNB compiles the Dutch balance of payments in conformity with the *BPM5*-based methodology and has adjusted the time series back to 1967. Similar to the conceptual framework, concepts and definitions used to compile the balance of payments statement for the Netherlands are in conformity with *BPM5* guidelines. This means that resident institutional units are defined as units that have a center of economic interest in the Netherlands. For construction enterprises that operate as unincorporated establishments outside the Netherlands, the one-year guideline is applied flexibly together with other considerations (e.g., maintain a complete set of accounts, pay income taxes to the host country, etc.). The same applies to construction in the Netherlands. The residence of enterprises operating in free trade zones is not recorded following the residency criteria of *BPM5*. Special Financial Institutions (SFIs) are considered residents of the Netherlands. These entities play a significant role in the Dutch balance of payments. However, the size of their transactions also leads to distortions of individual balance of payments items. For this reason, DNB publishes two balance of payments statements: one including and one excluding SFIs. The Dutch balance of payments reported to the IMF consists of only national figures, i.e., SFIs are excluded.

The compilers fully apply the residence principle and the rules with respect to the valuation of transactions and their time of recording.

The sampling process for the financial account is straightforward, employing the cutting-of-the-tail principle: for each of the major items of the financial account, DNB selects those reporting agents that account for about 95 percent of the total transactions and positions of the population. Although this coverage comes close to full coverage, DNB considers some procedures necessary for grossing up the reported data. The sampling process requires a comprehensive register of the overall population. Attuning the balance of payments registers, in cooperation with Statistics Netherlands, is of vital importance also within the framework of national accounts.

DNB has an effective legal instrument to keep nonresponse limited through its authority to impose administrative fines and fees and/or cease-and-desist orders under penalty. Furthermore, each month for each missing report, DNB makes imputations on a micro level, basing the imputations on historical data of the reporting agent involved.

With a few exceptions, a variety of sources provide information on individual balance of payments items. For example, although trade statistics from Statistics Netherlands are the main source for exports and imports of general merchandise, DNB derives additional information from other sources to adjust these data, thus complying with methodological rules established in succeeding editions of the *BPM*.

DNB provides the Dutch balance of payments, compiled on a monthly basis, to official institutions (ministries, Netherlands Bureau for Economic Policy Analysis (CPB), Statistics Netherlands) and (key items only) to the ECB. Moreover, it reports quarterly data to a number of international institutions, including the IMF, Eurostat, OECD, and BIS.

DNB publishes a quarterly balance of payments statement and international investment position (IIP) in its *Statistical Bulletin* (*Statistisch Bulletin*) and on its website (http://www.statistics.dnb.nl). The *Statistical Bulletin* contains a summary statement of the balance of payments and detailed tables in conformity with the list of standard components in *BPM5*. The tables on direct investment and portfolio investment also include a detailed geographical breakdown.

II. Specific Items: Balance of Payments

Current Account

Goods

The main source of general merchandise data are the trade statistics compiled by Statistics Netherlands. The monthly data comprise intra- and extra-EU trade. For trade with countries outside the European Union, Statistics Netherlands collects data from customs sources. For trade with EU countries, Statistics Netherlands uses a survey system (Intrastat). Both intra- and extra-EU trade statistics are compiled to the country-of-consignment principle. The data are available within six weeks. DNB adjusts the data for coverage, valuation (of which c.i.f./f.o.b. margin), and time of recording, using additional information from Statistics Netherlands. Regarding nonmonetary gold, Statistics Netherlands identifies transactions separately, derived from the detailed product breakdown in trade statistics. For goods for processing and goods procured in Dutch ports, the data source is trade statistics. For goods procured in foreign ports by carriers, Statistics Netherlands estimates the value.

Services

As of the second quarter of 2003, Statistics Netherlands also provides quarterly data on international trade in services. To that end, it adopted a new quarterly survey. In 2007, the reporting population for this survey comprised a sample of about 6,000 reporting agents. A small number of large entities reports extensive services data. In addition, Statistics Netherlands surveys a larger number of small and medium enterprises with less detail. The results are grossed up to a national level.

Income

According to the reconciliation model, interest generally is collected on an accrual basis.

Reinvested earnings are calculated as the residual of profits (or losses) minus dividends declared. As data on profits and losses are available only on an annual basis, for recent periods DNB makes estimates about the average profit over the previous years. It does this on the level of individual reporting agents. It revises the estimates once the actual data have been collected through the annual reports.

For data on compensation of employees, DNB uses estimates from Statistics Netherlands, based on labor statistics.

Current transfers

The main players are direct reporters (government). DNB supplements the data with estimates of national accounts (Statistics Netherlands) for social security and other (nongovernment) current transfers.

Capital Account

Capital transfers

The main players are direct reporters (government). This item also covers changes in the residency status of portfolio accounts held with resident banks. DNB supplements the data with estimates of national accounts (Statistics Netherlands) and with data from a quarterly EU report on capital transfers coming from the European Union.

Acquisition/disposal of nonproduced, nonfinancial assets

Statistics Netherlands records these transactions as part of the surveys on international trade in services.

Financial Account

Direct investment

DNB classifies transactions in conformity with the directional principle as recommended in *BPM5*. Data include reinvested earnings, for recent periods based on estimates.

The 10 percent rule for identifying direct investment relationships is not strictly adhered to. In the Netherlands, direct investment is assessed according to the concept of effective control as indicated by the reporting entity. This treatment does not lead to significant deviations. If a large investment is found to bear the features of a direct investment, the investor will be consulted.

Portfolio investment

Regarding portfolio investment, DNB collects data through monthly reports of end-investors and custodian banks. The data are supplemented with information on Dutch securities deposited or registered with foreign (centralized) depositories (for bonds issued abroad and for certificates of shares such as American Depository Receipts). Most of the data are collected security-by-security, based on ISIN codes.

Financial derivatives

DNB records transactions in options, futures, swaps, forward rate agreements, etc., generally on a gross basis. A distinction is made by instrument and resident sector.

Other investment

Trade credits (short-term). The survey system does not collect data on short-term trade credits. All data for this item are estimated by means of a model based on international trade statistics. This econometric model relates the supply of short-term trade credit (on the asset side) to exports and the demand for short-term trade credit (on the liabilities side) to imports.

Loans, currency, and deposits. DNB collects data for the banking sector from monthly reports on the banks' balance sheets (money and banking statistics) and on direct reporting from DNB's Accounting Department.

III. Specific Items: International Investment Position

Direct investment, portfolio investment, financial derivatives, and other investment

The reconciliation model enables DNB to compile the international investment position not only on an annual basis but, in principle, at any time. Generally, agents report each position on a monthly basis as a part of the reconciliation model. However, some data are not available on a monthly basis. This concerns certain positions of direct investment, that is, equity capital and foreign real estate. The stock data are consistent with the corresponding balance of payments flows.

Reserve assets

The source of these data is DNB's balance sheet.

Netherlands Antilles

The following text was confirmed as current in 2009.

I. General

The Central Bank of the Netherlands Antilles (BNA) is responsible for compiling the balance of payments statistics. The BNA obtains data from several sources such as an international transactions reporting system (ITRS) that includes transactions between residents and non-residents through banks either in the Netherlands Antilles or abroad.

Surveys are conducted to compile data on intercompany transactions, trade credit extended and received, and tourist expenditures, among others.

The Customs Office directly provides the trade statistics data to the BNA.

BNA compiles the balance of payments data in Antillean guilders on a quarterly basis, publishing them on its website, www.centralbank.an. Since 2000, the classification and compilation of the balance of payments is in accordance with *BPM5*.

A major deviation is the treatment of the international financial services sector. This sector is treated as a non-resident, and therefore only operational expenses and revenues of this sector obtained from residents are recorded in the balance of payments. The BNA has adjusted the existing time series back to 1995 in accordance with *BPM5*.

II. Specific Items: Balance of Payments

Current Account

Goods

The main data source of general merchandise and of goods for processing is the trade statistics compiled by the Customs Office. ITRS data and trade credit surveys complement this information. Imports in the trade statistics are recorded on a c.i.f. basis. The adjustment to an f.o.b. basis is made on an estimate of the insurance and freight costs, calculated as 3 percent of the import value.

Regarding oil imports, repairs of goods (exports), and goods procured in ports (exports), BNA derives data from surveys and supplements the data with ITRS information.

Services

Transportation

BNA derives transportation entries from the ITRS and from the estimated freight costs (calculated as 2.5 percent of the amount of cost, insurance, and freight).

Travel

For average expenditures of foreign tourists, BNA derives data from exit surveys of foreign visitors (cruise and stayover), conducted by the tourism organizations of the islands forming the Netherlands Antilles. Thereafter, compilers calculate credit entries by multiplying the average expenditures with the average length of stay and the number of foreign tourists.

The debit entries are derived from the ITRS.

Other services

BNA derives all but insurance and other business services from the ITRS and surveys regarding intercompany transactions and trade credit extended and received.

Insurance. BNA estimates insurance services as 0.5 percent of the amount of cost, insurance, and freight.

Other business. Credit entries contain, among other things, the local expenses of companies operating in the international financial services sector.

Income

Direct investment. BNA compiles these data from the ITRS and the survey regarding intercompany transactions.

Portfolio investment. Staff obtain this information from the ITRS and the survey regarding intercompany transactions.

Other investment. Staff derive these data from the ITRS, the survey on intercompany transactions, and information from the government. The government interest payments are recorded on an accrual basis.

Current transfers

BNA compiles these data from the ITRS, the survey regarding intercompany transactions, and money remitters.

Capital Account

Capital transfers

The ITRS and the Ministry of Finance provide these figures.

Financial Account

Direct investment

BNA classifies transactions according to the principles outlined in *BPM5*. It also classifies the difference between the recorded credit and the debit amounts of the intercompany account surveys as a direct investment transaction.

Portfolio investment

Staff compile these data from the ITRS and the survey regarding intercompany transactions.

Other investment

The Ministry of Finance provides the government transaction data, and the trade credit surveys provide trade credit data. These data sources are supplemented with the ITRS and the intercompany transactions survey.

Reserve assets

These data comprise the change in foreign exchange at the BNA, minus the short-term foreign liabilities of the BNA, plus the change in the net foreign assets of the commercial banks, deemed to be under the control of the monetary authorities.

New Zealand

The following text was confirmed as current in 2009.

I. General

Statistics New Zealand (Statistics NZ) compiles New Zealand's balance of payments statistics and international investment position statistics. From the June 2000 quarter, following the recommendations of *BPM5*, Statistics NZ began compiling and publishing a full set of balance of payments (current, capital, and financial accounts) and international investment position statistics on a quarterly basis. Before this, full financial account and international investment position statistics are only available annually.

Quarterly balance of payments and international investment position data are published within 12–13 weeks of the end of each quarter. March year-end annual balance of payments and international investment position statistics are also published within six months of the end of the reference year. The focus of the annual series is to provide additional information such as country, sector, and industry breakdowns of foreign investment in New Zealand and New Zealand investment abroad.

Statistics NZ uses a wide variety of data sources to compile balance of payments and international investment position statistics. These include government's administrative data sources, surveys of New Zealand resident enterprises conducted by Statistics NZ, surveys conducted by other organizations, and data models and financial market information.

New Zealand's balance of payments and international investment position statistics are compiled in New Zealand dollars. Respondents to surveys are requested to convert amounts originally denominated in foreign currencies into New Zealand dollars at the rate of exchange applying at the time of the transaction or at the reference date for positions (stocks) data. In practice, data providers use a range of conversion practices in reporting their data to Statistics NZ. Some individual data cells may be suppressed in the publication of the data to protect the confidentiality of individual responses to surveys.

Further information on New Zealand's balance of payments and international investment position statistics, including more detailed data than that shown in *BOPSY*, is available on the Statistics NZ website (www.stats.govt.nz). In 2004, Statistics NZ produced a comprehensive document describing the concepts, methods, and data sources used in compiling New Zealand's balance of payments and international investment position statistics. An electronic copy of this document is available on the Statistics NZ website.

II. Specific Items: Balance of Payments

Current Account

Goods

Exports and imports of goods in the balance of payments are based on the overseas merchandise trade statistics compiled monthly by Statistics New Zealand. These data, derived from the records of New Zealand's Customs Service, record exports on an f.o.b. basis and imports on a c.i.f. basis. For balance of payments purposes, imports are valued on a v.f.d. (value for duty) basis. This is considered to be a reasonable approximation for imports on an f.o.b. basis.

The following adjustments are made to exports: timing and valuation adjustments for goods sold on consignment, timing adjustments for goods that leave New Zealand in one period but are known to have changed ownership in a previous period or will do so in a subsequent period, and coverage adjustments for goods that are operationally leased.

Adjustments made to imports of goods include coverage adjustment for goods that are operationally leased, adjustments for reclassification of nonresident freight and insurance to transportation and insurance (these are removed from imports by deducting imports v.f.d. from imports c.i.f.), and timing adjustments for high-value capital goods that enter New Zealand in one period but are known to have changed ownership in a previous period or will do so in a subsequent period.

Services

Transportation

The main types of transportation services data collected are for the carriage of goods (freight) and passengers. Also included under transportation services are charters of carriers, tugboat services, airport and harbor fees, and goods consumed by carriers in the course of their operations, including bunkering and provisioning. These data are provided from quarterly and annual surveys of resident airlines and shipping companies, nonresident airlines (through their New Zealand offices), and New Zealand agents acting for nonresident ship operators.

Travel

Data on the expenditure of overseas tourists in New Zealand are derived from the International Visitors' Survey (IVS), conducted by a marketing company for the New Zealand Ministry of Tourism. In January 2003, the sampling in the IVS was changed to a "flight-based" basis. Flight-based sampling is a nonrandom method of sampling, allowing the specific targeting of passengers with certain characteristics that are to be represented in the sample of international visitors. Data on the characteristics of passengers are generated from the departure cards of passengers. The sample is selected from departing visitors at New Zealand's three largest international airports—Auckland, Wellington, and Christchurch.

Estimates are also made for expenditure on education- and health-related travel by nonresidents. The estimates for education-related travel are derived from a Survey of English Language Providers and New Zealand Ministry of Education data. Health expenditure is derived from Crown Health Entity data.

Information on the expenditure of New Zealand residents traveling overseas is derived from a model that uses information obtained from a benchmark survey of returned New Zealand travelers.

Other services

Insurance. Data are obtained from quarterly surveys of resident insurers, agents, and brokers and from surveys of resident enterprises that place insurance directly with nonresident insurers. Life insurance is calculated by multiplying the total amount of insurance premiums exported or imported by the five-year average domestic service charge ratio. The average domestic service charge ratio is the ratio of the domestic insurance service charge to total domestic premiums (premiums paid to resident insurers), where the service charge is calculated as premiums minus claims. The domestic service charge is the service charge applied to all domestic resident insurers regardless of whom their clients are and where the clients are located.

Freight insurance is derived directly from the overseas merchandise trade statistics for imports from the total value of imports, and the imports service ratio is applied to the overseas merchandise trade exports statistics to calculate the freight insurance on exports of goods.

Other business services. This item covers all services transactions not included elsewhere. Types of services covered include engineering, banking and financial, management accountancy, legal, consultancy, communication, advertising, and periodicals on individual subscription. Estimates are sourced from Statistics NZ's quarterly sample survey of resident enterprises engaging in international services and royalty transactions. The quarterly survey has a sample size of approximately 1,100 enterprises. The results of this survey are supplemented by an estimate of nonsampled enterprises derived from a periodic benchmark survey.

Government, n.i.e. This item covers defense and diplomatic transactions where at least one party to the transaction is either the New Zealand government or a foreign government. The credit entries include estimates of sales of capital assets excluding land, estimated expenditure of foreign embassies in New Zealand, and the government's receipts from immigration fees. Debit entries comprise the operational expenses of New Zealand's embassies overseas and the costs of New Zealand's defense forces stationed overseas. Government current transactions data are sourced from government departments.

Income

Investment income

Beginning from the June quarter 2000, the data for investment income are sourced from surveys introduced to collect financial account and international investment position data. The data collected in these surveys are based on the *BPM5* guidelines and enable the classification of investment income into direct, portfolio, and other investment income.

Direct investment. The direct investment threshold applied is 10 percent or more of the equity ownership in an enterprise at the individual investor level for both direct investment in New Zealand and New Zealand direct investment overseas. The income arising from direct investment includes dividends, retained earnings (and losses), earnings of branches, and net interest arising from lending and borrowing arrangements between the direct investor and the direct investment enterprise. Interest income is recorded on a mixture of debtor- and creditor-based accrual bases.

Portfolio investment. Portfolio investment income includes dividends and interest. Interest payments on New Zealand government bonds (debits) are estimated on a creditor-based accrual basis. Interest income receipts and payments for other sectors are recorded on a mixture of debtor- and creditor-based accrual bases.

Other investment. Other investment income includes interest receipts and payments that do not fall within direct and portfolio investment income. It comprises interest on loans, deposits, trade credits, and other assets and liabilities between unrelated parties. Interest income is recorded on a mixture of creditor- and debtor-based accrual bases.

Current transfers

General government

These data are obtained from the records of government departments. The transactions include pension and benefit payments from the New Zealand government to other governments, in respect of New Zealand citizens living overseas, receipt of benefits and pensions from foreign governments for nonresidents living in New Zealand, government foreign aid, and receipts of withholding tax from nonresidents.

Other sectors

Transactions classified under this item include private sector foreign aid as well as gifts of cash. Private sector aid is derived from information collected by the New Zealand Ministry of Foreign Affairs and Trade and is supplemented by information provided by international aid organizations domiciled in New Zealand.

The estimate for workers' remittances to abroad is derived from a data model.

The estimate for other sectors' transfers received is derived from a model that incorporates income data from the Household Economic Survey (HES). The HES is conducted every three years, and data on certain income items received by New Zealand households from overseas are used as a benchmark for other sectors' current transfers.

Capital Account

Capital transfers

Capital transfers include migrants' transfers—funds that immigrants bring with them to New Zealand and that emigrants take to other countries. The migrants' transfers data are derived from a data model. Migration data and information obtained from the New Zealand Immigration Service are used in the data model to estimate migrants' transfers.

Acquisition/disposal of nonproduced, nonfinancial assets

Data on transactions in the ownership of copyright, patents, etc., are compiled from Statistics NZ's quarterly Survey of International Trade in Services and Royalties.

Financial Account

Beginning from the June quarter 2000, Statistics NZ moved its main financial account and international investment position data collection to a quarterly basis. At the same time, Statistics NZ introduced changes recommended in *BPM5* to these collections.

The new collection, known as the Quarterly International Investment Survey (QIIS), collects data on the international financial assets and liabilities of resident end-investors. The survey collects data on the opening and closing position in all international financial assets and liabilities, the transactions and other changes in position (price and exchange rate changes), and the investment income associated with claims and liabilities to nonresidents.

Direct investment

The direct investment threshold applied is 10 percent or more of the equity ownership in an enterprise at the individual investor level for both direct investment in New Zealand and New Zealand direct investment overseas. The types of direct investment transactions included under this classification are changes in equity capital, unremitted earnings, and changes in long- and short-term capital. From the June 2000 quarter onward, New Zealand has been compiling financial account data on a *BPM5* basis. The 10 percent or more equity ownership criterion is applied for both inward and outward direct investment activity.

Portfolio investment

Portfolio investment comprises transactions in debt securities (bonds and notes, and money market instruments) and equities that are not classified as either direct investment or reserves. In New Zealand, the data on the stock and flow of portfolio investment are collected from a number of quarterly surveys. Data on the stock and flow of portfolio investment (assets and liabilities) are available by instrument and by sector.

Data on portfolio assets held abroad by New Zealanders are collected from the QIIS and the Quarterly Managed Funds Survey. Both surveys collect stock and transactions data (however, prior to March 2005 some transactions data from QIIS were estimated).

Liabilities data are sourced from the QIIS (equity and debt securities), the Quarterly Nominees Survey (for equity data), and a Monthly Nominee Company Survey run by the Reserve Bank of New Zealand (RBNZ) (for debt securities data).

The Quarterly Nominees Survey provides data on the stock of New Zealand shares held by nonresidents in the custody of a resident nominee. From this Nominees Survey, transactions data are derived from the stock data using external information obtained from the stock exchange and nominee companies. Adjustments are made for price and exchange rate changes and are included in the IIP statement.

The RBNZ's Monthly Nominee Company Survey collects information on the nonresident holdings of debt securities issued by New Zealand residents.

Other investment

The main sources used to collect data on other investment are the QIIS and the Quarterly Managed Funds Survey. The QIIS collects data on both assets and liabilities, while the Managed Funds Survey collects only assets data. The stock and flow of other investment assets and liabilities data are available by sector. Information on the term to maturity profile is available for a significant portion of the stock of other investment assets and liabilities.

Other investment includes all financial transactions that are not included in direct investment, portfolio investment, or reserve assets. Included are other assets and liabilities, loans, currency and deposits, and trade credits between unrelated parties.

Reserve assets

Reserve assets comprise the financial claims on nonresidents that are available to the RBNZ and the New Zealand Treasury. The principal holder of New Zealand's reserves is the RBNZ. The data, which relate to transactions in reserve assets as opposed to changes in holdings, are obtained from RBNZ records.

III. Specific Items: International Investment Position

Descriptions of data sources and methods used to compile the financial account generally apply to the international investment position statement. There are instances, however, where the quality of the data differs between the balance of payments and the international investment position statements. The stock data in almost all cases are reported directly by respondents, whereas in some instances, prior to March 2005, corresponding financial account transactions data were imputed. The market value of the stock of direct investment equity is often derived using the net asset value method for unlisted securities, where the assets and liabilities of these unlisted entities are likely to be valued at historical cost rather than at current cost.

Nicaragua

The following text was confirmed as current in 2009.

I. General

The External Programming Division of the Economic Studies Department of the Central Bank of Nicaragua (Banco Central de Nicaragua, BCN) is responsible for compiling balance of payments and international investment position statistics. The primary sources of data are customs documents, annual surveys, and direct reports by government ministries and various BCN departments, as detailed below.

BCN prepares the balance of payments statements, denominated in U.S. dollars, on a quarterly basis. Transactions denominated in other currencies are converted into U.S. dollar equivalents at the exchange rate applicable at the time of the transaction.

BCN publishes the balance of payments statistics annually in summary form in its *Annual Report* and on the Internet (http://www.bcn.gob.ni). Balance of payments reports with historical data starting from 1994 are also available on the Internet. The IIP is compiled partially on an annual basis. Data starting from 2001 are also available on the Internet. Since 2007, BCN publishes balance of payments and IIP statistics following the general guidelines of the *BPM5*.

II. Specific Items: Balance of Payments

Current Account

Goods

The Directorate General of Customs Services (DGA) compiles the international trade statistics based on customs documents and provides these statistics monthly to the BCN's International Trade Section of the External Programming Department. The International Trade Section adjusts the data for coverage, valuation, and time of recording to convert these data to a balance of payments basis. Customs data on imports are compiled on a c.i.f. basis. Freight, insurance, and other charges declared by the importer to Customs are deducted to derive the f.o.b. value.

Regarding exports, BCN replaces the customs data of some products (currently shrimp and lobster) with data provided by the Center for Exports Permits (CETREX) for those cases in which Customs data are substimated.

For imports, BCN replaces the customs data of crude oil and by-products with data provided by the Ministry of Energy and Mining (MEM).

Data on goods for processing collected from the free zones are fully available and are included in the trade data. MEM provides data on goods procured in ports.

Services

Transportation

Credit entries for freight are estimated on the basis of information provided by Customs. For freight services obtained by importers, BCN uses data recorded in the customs declarations. For air passenger services, it bases the data on an annual enterprise survey. Data on other transport include services reported by the National Ports Enterprise.

Travel

To estimate credit and debit entries, BCN combines information provided by the Directorate General of Migration and Aliens (on the number of nonresident and resident travelers) with information derived from the monthly survey elaborated by the Central Bank of Nicaragua (on the travelers' expenditures and average stay) plus the External Programming Department's estimates.

Other services

Communications. The Nicaraguan Telecommunications Enterprise reports these data, covering gross revenue and expenditure from the provision and acquisition of international communication services.

Insurance. The coverage of this item includes the insurance of goods involved in international trade and reinsurance. For credit, BCN estimates entries on the basis of the f.o.b. export value. For debit, it bases entries on data recorded on import declaration forms. Reinsurance data are provided by the Superintendence of Banks and Other Financial Institutions (SIBOIF).

Government, n.i.e. The credit entries are estimated by the Central Bank of Nicaragua based on historical data. Regarding debit, BCN derives entries from information from the Ministry of External Relations on the expenditure of Nicaraguan embassies and consulates abroad.

Income

Investment income

Direct investment. BCN estimates this component on the basis of the annual survey of foreign investment enterprises. The debit entries include dividends of nonresident direct investors.

Other investment. Credit entries include information from the BCN's Administration of Reserves Department on interest received from BCN's deposits and investments abroad. Credit also includes information from BCN's Monetary Programming Department on the interest received from the commercial banks' deposits and investments abroad. Debit entries cover information provided by BCN's Foreign Debt Section on interest on external debt.

Current transfers

Other sectors

For other sectors, BCN obtains data on workers' remittances, received from Nicaraguans residing abroad, from monthly reports of enterprises providing this service and estimates from BCN's Department of External Programming. The item also includes information on grants from abroad given to local NGOs.

Capital Account

Capital transfers

Regarding debt forgiveness, BCN's External Debt Department provides information. As for grants in kind received, BCN obtains data from the Ministry of External Relations and the Ministry of Finance because the grants are then used for public investment. Regarding cash grants, BCN takes data from its own records because the grants are used to strengthen the foreign reserves.

Financial Account

Direct investment

BCN collects these data through annual surveys of direct investment enterprises. In addition, the Ministry of Economy has available data on new investments.

Portfolio investment

Since 1996, BCN has collected some data on portfolio investment from commercial bank reports and from its Department of Monetary Programming.

Other investment

The External Debt Department compiles data on external debt transactions of the general government, central bank, and public enterprises. Data include current and expired arrears and debt renegotiations. BCN's Department of Monetary Programming collects data on banks. Other investment also includes limited information on private sector transactions.

Reserve assets

BCN's Department of Monetary Programming provides the data.

III. Specific Items: International Investment Position

Data sources used for compiling the international investment position are the same as those used for balance of payments.

Nigeria

The following text was confirmed as current in 2009.

I. General

The External Sector Statistics Office (ESSO) in the Statistics Department (SD) of the Central Bank of Nigeria (CBN) compiles the nation's balance of payments statistics. The major sources for the compilation of Nigeria's balance of payments statistics are administrative sources, the International Transactions Reporting System (ITRS), and enterprise surveys. Data required for balance of payments estimation are sourced mainly from administrative sources and the returns of the deposit money banks' (DMBs) to the CBN through the Electronic Financial Analysis and Surveillance System (e-FASS), a software deployed by the CBN that interfaces with the DMBs' application. This software, which has been deployed since August 2006, provides a detailed breakdown on each individual transaction and foreign exchange flows.

The CBN's Foreign Operations Department (FOD) provides external reserves statements as well as a cash flow statement, which shows all official foreign exchange flows. The ESSO obtains other administrative data from the Debt Management Office (DMO), which provides statistics on external debts, while the Nigerian National Petroleum Corporation (NNPC), the Nigerian Investment Promotion Commission, and the Federal Ministry of Finance (FMF) provide information on petroleum and gas, foreign investment, and external financing statistics.

By statute, the banks are required to render returns to the CBN on financial and foreign exchange flow statistics, whereas the Customs and Destination inspection agents provide information on non-oil exports and imports. ESSO captures unrecorded trade by comparing Nigeria's trade data with those of the trading partners. The Nigerian Stock Exchange (NSE) provides data on portfolio investment in the nation's emerging capital market, while other sectors' data are procured through collaborative surveys with the National Bureau of Statistics (NBS).

The Nigerian economy depends heavily on petroleum. As a result, the data compilers attempt to break down as much as possible the presentation of the goods account components into oil and non-oil sectors.

The CBN compiles the balance of payments statements, reported to the Fund, on a quarterly basis. It publishes them in its *Quarterly Report* (from 2006), the *Half-Year Report*, the *Annual Report and Statement of Account*, and the *Statistical Bulletin* and posts them on the website (www.cenbank.org). Nigeria's balance of payments compilation accords with the international standards recommended in the *BPM5*.

The CBN reports balance of payments statistics to the Fund in naira and also provides the exchange rate for conversion into U.S. dollars. Nigeria operates a flexible exchange rate under the wholesale Dutch Auction System. The central rate is applied in the conversion to the national currency external transactions in the balance of payments statistics, while the end-period exchange rate is applied to the stock of external reserves.

II. Specific Items: Balance of Payments

Current Account

Goods

For merchandise trade, the ESSO bases data currently on Customs data obtained from the NBS, with some estimates for unrecorded trade as well as military and concessional imports not recorded in the Customs data. For oil exports, the NNPC provides statistics, which are also published on its website (www.nnpc-group.com). However, the non-oil export numbers are sourced from the report of the shipment inspection agents, Cobalt International, forwarded through the Trade and Exchange Department (TED). Both exports and imports are valued on an f.o.b. basis. Oil-sector imports are estimated on the basis of crude oil production volume. Total oil export value and average realized price are provided by the NNPC. Gas production and export are sourced from the Nigerian Liquefied Natural Gas Company (NLNG) and NNPC.

Services

In respect of payments and receipts for all categories of services, the ESSO explores data available in the cash flow statement that the FOD compiles for the public sector components, while the private sector counterparts are obtained from specialized returns of the DMBs to the CBN, such as utilization of foreign exchange (valid and not valid), domiciliary and external accounts inflows, etc. As of January 2008, the TED has incorporated the World Trade Organization (WTO) format for reporting data on invisible transactions in the e-FASS. This has ensured the availability of more details on trade in services. As a result of this effort, the ESSO is now able to produce data on all the eleven major categories of trade in services as stipulated by the IMF's *BPM5*.

Income

Investment income

For the non-oil sector, the credit entry covers returns on direct investments abroad reported by DMBs, as well as interest on external reserves. For the debit entry, which reflects the non-oil companies' repatriated profits and dividends, the ESSO obtains the data from bank returns to the TED.

In the oil sector, the debit entry represents oil companies' repatriated earnings, as derived from petroleum statistics and a formula supplied by the NNPC. The ESSO obtains the entry, covering estimated interest payments due on debt, from the DMO.

Current transfers

General government

In the non-oil sector, credit entries refer to grants received in cash and in kind by the federal government of Nigeria from international organizations. The ESSO conducts an annual survey on grants through a questionnaire administered to the embassies and high commissions in Nigeria, international organizations, and research institutes. The debit entries cover payments by the government to international organizations. The figures for payments to international organizations and embassies are obtained from the cash flow statement supplied by the FOD.

Other sectors

The e-FASS provides data on workers' remittances, in cash and in kind, by Nigerians residing abroad (credit) and by foreign residents in Nigeria (debit).

Capital Account

Capital transfers

Debt forgiveness. The DMO provides data on debt forgiveness, whenever it occurs. The ESSO records the acquisition and disposal of assets by international organizations resident in the country, as well as real resources provided by international organizations and foreign governments.

Migrants' transfers. Data on migrants' transfers are supposed to be supplied by the banks to the CBN when there is evidence of such transactions.

Financial Account

Direct investment

For direct investment inflows into the non-oil sector, the ESSO obtains data from financial statements of foreign direct investment enterprises, while it sources data from the e-FASS on capital importation and the repatriation of direct investment capital by foreign residents in Nigeria. Information on reinvested earnings of foreign direct investment (FDI) companies comes from the audited annual reports of the FDI enterprises. For a company to qualify as an FDI, the 10 percent equity requirement is strictly applied. For new investments in the oil sector, the NNPC and the Department of Petroleum Resources provide data. For outward investments, the ESSO obtains data from trading partners. Data on suppliers' (trade) credits are estimated to move in tandem with the level of crude oil production during the period, while new funds are reported in the oil companies' periodic returns to the CBN or their respective annual reports.

Portfolio investment

For portfolio investment transactions, the ESSO obtains data from the NSE, Securities and Exchange Commission (SEC), FOD, FMF, DMO, and DMBs. The NSE and SEC provide data on portfolio investment in the nation's emerging capital market. The DMO provides data on external debt converted to equity, while the FMF provides information on government investments.

Other investments

For the monetary authorities' transactions in other investments (other than reserve assets), figures come from the monthly CBN balance sheet. For banking sector assets and liabilities, the data come from returns submitted by DMBs. For other sector assets and liabilities, trade credits, and net claims on foreigners in respect of oil exports, data come from surveys of oil prospecting companies.

Reserve assets

The CBN balance sheet supplies data on movement in monetary gold and official foreign exchange. The entries reflect changes in the CBN holdings, as measured by the difference in the amount of foreign currencies outstanding at the beginning and end of the period, net of attached or blocked assets. In an analytic presentation, the exceptional financing is made up of deferred debt payments and promissory notes obtained from the DMO.

Norway

The following text was confirmed as current in 2009.

I. General

Statistics Norway (SN) has the responsibility for compiling and publishing the Norwegian balance of payments and the international investment (IIP) statistics. Both the balance of payments and IIP follow the recommendations of the IMF's *Balance of Payments Manual*, fifth edition (*BPM5*) and the 1993 revised *System of National Accounts* (*SNA 1993*). The statistics cover all institutional sectors, the Norges Bank (Norwegian Central Bank—NCB), general government, financial institutions, nonfinancial institutions, households, and nonprofit institutions serving households.

The balance of payments contains transactions-based data, obtained from statistics on external trade of goods, a sample survey of the Norwegian nonfinancial enterprise sector, oil and gas investment activity statistics, maritime transport statistics, and other statistics produced by SN, as the primary source of current account figures.

The data on trade in services are required to be classified in accordance with the EU's product standard, "Classification of Products by Activity" (CPA). Hence, some adjustments are made. A few items in merchandise trade are redefined as services based on a link between the Harmonized System and the CPA. Data on imports of transportation services are not collected but are estimated from merchandise trade statistics.

The main data sources for deriving transactions in the income and financial accounts are government accounts, accounting statistics of the Norwegian financial enterprise sector, and the sample survey of the Norwegian nonfinancial enterprise sector. In addition, SN uses figures from the Norwegian Central Securities Depository to complement data on securities in both the income and the financial accounts.

Norwegian balance of payments statistics are prepared on a quarterly and annual basis. Data are compiled in Norwegian kroner (NOK); transactions denominated in other currencies are converted to NOK. The conversion rates used in the accounting statistics (the data source for most of the income and financial account) for transactions are the average of buying and selling rates during a quarter and for positions at the end of the quarter. The exchange rates used in external trade statistics are the rates prevailing at the time the transactions occur.

Balance of payments and IIP data sources for nonfinancial enterprises changed completely from 2004 onward. The reason for this is that SN replaced a former census of foreign assets and liabilities and the NCB's International Transactions Reporting System (ITRS) by new quarterly and annual surveys. SN made other changes also in data sources for securities, and it introduced separate data for households.

II. Specific Items: Balance of Payments

Current Account

Goods

Statistics on external trade in goods are based on information collected by the customs authorities. SN compiles the statistics according to the general trade principle and includes transactions relating to the change of ownership of ships and drilling rigs when the equipment does not necessarily cross Norway's borders.

These data are supplemented with information on exports and imports outside the customs area, in particular transactions related to the oil activities on the Norwegian continental shelf. No adjustment is presently made to the external trade statistics to account for goods that cross the border without a change of ownership.

For international reporting purposes, imports c.i.f. is adjusted to f.o.b. valuation. This estimation is based partly on data from SN's annual ocean transport survey and partly on data from external trade in goods statistics.

Services

Transportation

The estimation of receipts from the provision of maritime freight and passenger services of nonresidents is based on the ocean transport survey compiled by SN. Compiled on both an annual and quarterly basis, the ocean transport survey is based on reports from shipping companies on both operating income and expenditures broken down by type of transportation.

A large part of Norwegian oil and natural gas is exported by pipeline. This transportation service comprises the operation of pipelines from petroleum fields on the Norwegian continental shelf to installations onshore in foreign countries. SN compiles comprehensive and detailed statistics on the activities on the Norwegian continental shelf, including statistics on pipeline transport; these are based on reports from the Norwegian pipeline companies.

Travel

Through 2004, entries for travel were based almost entirely upon data supplied by NCB on the sale of local currency in exchange for foreign currency, supplemented with data from credit card companies. From 2005 onward, the sources have been changed toward tourist statistics (i.e., accommodation statistics, passenger transport statistics) and travel surveys.

Other services

Other services include communication, financial and business services, and other services. The sources are the accounting statistics of the Norwegian financial enterprise sector and the sample survey of the Norwegian nonfinancial enterprise sector.

Income

Compensation of employees

Compensation of employees to nonresidents is estimated using two separate sets of sources. One set of estimations is based on tax return statistics in combination with information from the Central Register of Wages and Salaries. The other set of estimations uses observations from register-based employment statistics, combined with data from wage statistics, to arrive at estimated values for wages and salaries to nonresidents.

Compensation of employees to residents from abroad is estimated based on the tax return register.

Investment income

The major sources for the investment income entries are the government accounts, accounting statistics of the Norwegian financial enterprise sector, and the sample survey of the Norwegian nonfinancial enterprise sector. Accounting statistics data are supplemented by data from the Norwegian Central Securities Depository.

No split between direct investment income and portfolio investment income is presently published. However, data on reinvested earnings on direct investment are included. The data for reinvested earnings are obtained from the annual FDI survey for outward FDI and from the general enterprise survey for inward FDI, both conducted by the SN.

Current transfers

General government

The aggregate governmental transfers are obtained from the accounts of the central government. The data include transfers in kind, for which the contra-entry is included in exports of merchandise and in exports of government services.

Other sectors

Data on private transfers are obtained from the accounting statistics of the Norwegian financial enterprise sector and the sample survey of the Norwegian nonfinancial enterprise sector.

Capital Account

Capital transfers

This item consists of data from the central government accounts on governmental transfers, data from the accounting statistics of the Norwegian financial enterprise sector, and the sample survey of the Norwegian nonfinancial enterprise sector. Data on transfers that are related to debt forgiveness are included when those are available.

Financial Account

Direct investment

The definition of direct investment in the Norwegian balance of payments statistics is in accordance with the recommendations of the IMF and the OECD. However, for practical reasons direct investment transactions are limited to the ownership of 20 percent or more of a foreign unit, but the deviation from the 10 percent IMF/OECD rule is regarded to be of minor importance. Reinvested earnings are based on operating profits collected through annual surveys with estimates for the current periods.

Direct investment assets are mainly valued at book value, but for some enterprises market value is available. Direct investment debt for listed enterprises is valued at stock exchange prices; otherwise, book value is the only available source.

The main data source is the quarterly and annual accounting statistics for enterprises in the financial and nonfinancial sectors. The accounting statistics in the financial sector are from a census. Data on enterprises in the nonfinancial sector are based on surveys with high coverage of the populations. Data from the survey will in time be grossed up to cover 100 percent of the population. This work is not yet complete.

Portfolio investment

For portfolio investment transactions, the data source is a combination of financial and nonfinancial accounting statistics and data from the Norwegian Central Securities Depository. Securities investments of the Government Pension Fund–Global are included in portfolio investment and not in reserve assets.

The annual accounting statistics for financial enterprises include data from banks and other credit institutions, financial holding corporations, mutual funds, insurance companies, pension funds, and NCB (in particular investments of the Government Pension Fund–Global).

Other investment

Other investment includes trade credits, loans, currency and deposits, and other assets and liabilities. The main data sources are the quarterly and annual accounting statistics for enterprises in the financial and nonfinancial sectors, and the accounting data from the government sector.

The distinction between long- and short-term investments, particularly loans, has been removed, because the distinction is no longer made in some data sources. Trade credits are fully included from 2005 onward.

Reserve assets

Transactions in reserve assets are derived from the banking statistics as changes in the NCB's foreign claims and liabilities. The banking statistics should in principle be in accordance with the NCB's balance sheet, but some minor deviations may occur for technical reasons. All valuation is at market prices.

Reserve assets do not include the foreign investment of the Government Pension Fund–Global, which is owned by the government and administered by the NCB; these are included in portfolio investment or other investment, depending on the financial instrument.

III. Specific Items: International Investment Position

The IIP data are based on definitions and standards in *BPM5* and fulfill the minimum requirements of the IMF's Special Data Dissemination Standard. Annual end-of-period stocks of external financial assets and liabilities are presented under the following data categories: direct investment, portfolio investment, other investment, and reserve assets.

The IIP covers the stock of external financial assets and liabilities of all resident institutional sectors, that is, the NCB, general government, financial institutions, nonfinancial enterprises, nonprofit institutions serving households, and households. Norway has data back to 1998. Data sources and compilation practices are much the same as for balance of payments statistics.

Oman

The following text was confirmed as current in 2009.

I. General

The agency responsible for compiling the balance of payments for the Sultanate of Oman is the Central Bank of Oman (CBO). In preparing the balance of payments statistics, the CBO obtains data from a few surveys as well as other administrative sources, such as government ministries, other government agencies, banks, and its own internal records.

The CBO prepares the balance of payments statistics on an annual basis and publishes them regularly in its *Annual Report* as well as in its *Quarterly Statistical Bulletin*. The data are presented in millions of rials Omani.

From 2000 onward, the CBO has compiled the balance of payments in accordance with the principles of the IMF's *Balance of Payments Manual*, fifth edition (*BPM5*). Data for the period 1996–2000 are also presented on the basis of *BPM5*.

II. Specific Items: Balance of Payments

Current Account

Goods

CBO bases the goods data on trade statistics compiled by the Directorate General of Customs, with two exceptions—hydrocarbon exports, including liquefied natural gas (LNG), and unrecorded imports, for which the primary sources of data are the Ministry of Petroleum and the Ministry of Defense, respectively. The Oman Refinery supplies data on other oil-related products (residues and light products).

Services

Transportation

Data on transportation credits reflect the value of services provided to nonresidents at Omani ports. The CBO takes these data, representing payments of port dues, stevedoring, and demurrage charges, from the annual statements of the Port Services Corporation Ltd. Debit entries include estimated freight values on imports.

Travel

Travel credit estimates are based on the number of foreign tourist arrivals as provided by the immigration authorities, multiplied by the average expenditure per tourist as estimated through a comprehensive survey.

Travel debits represent the estimated expenditure of students studying abroad, Omani pilgrims abroad, and health treatment received by Omani nationals abroad. Debits include estimates of expenditure by Omani residents abroad.

In 2003, a change in the methodology to compile statistics on travel data took into account the findings of a new tourism survey.

Other services

Communications. Communication transactions (credit and debit) are recorded on a gross basis, representing receipts and payments, respectively, of telephone, Internet, telex, telegraph, fax, and postal services. The Ministry of Communications provides the data.

Insurance. Insurance credits denote premiums, claims, and reinsurance received on account of life insurance and other insurance services. Debits under the insurance account reflect payments under the same items. The CBO obtains details of insurance receipts and payments from insurance companies, including agents operating in Oman.

Other business services. Other services data include royalties and license fees, operational leasing, computer and software services, construction services, defense services, financial services, and other business services. These data are collected through a survey of corporate firms that started in 2007. Before that, some partial data were compiled based on administrative records of different organizations with transactions in other services.

Income

Compensation of employees

Earnings of Omanis residing in border areas and working in neighboring countries are estimated and recorded under credits. Estimates are based on a past benchmark survey on the number of residents crossing the border, their average wage earnings, and an assumption about the share of their earnings that is remitted home. The same figure has been repeated for the last few years, and this practice will continue until a new survey is conducted.

Investment income

For nonfinancial corporations, the annual survey is the key source for information on all investment income, on both the credit and debit sides. These data are used along with specific information on income collected by the CBO for the financial sector, which includes both banks and all nonbank financial entities.

Other investment income debits also include interest payments on government development bonds issued to nonresidents; these are based on records available to the CBO. Other investment income credits reflect income earned on CBO's foreign exchange reserves, and on foreign assets of the government, banks, corporations, etc.

Current transfers

Data on remittances are collected on a quarterly basis from all money exchange houses and commercial banks in Oman.

Capital Account

Capital transfers

The credit entry represents grants received by the government, while debit entries include the grants extended by various ministries. The source of these data is the budgetary statistics provided by the Ministry of Finance (MOF).

Financial Account

Direct investment

The annual survey of nonfinancial corporations and the information collected by the CBO on foreign assets and liabilities of the financial sector (i.e., banks and non-banks) represent the two key sources of data for compilation of direct investment and other investment data in Oman, on both the credit and debit sides.

Portfolio investment

The debit entries reflect three types of transactions:

(1) net inflow of funds into the Muscat Securities Market (MSM), estimated on the basis of change in the nonresident holdings of equities of individual companies at the end of the year over the end of the previous year at average market price. This information is obtained from the MSM authorities. Data on nonlisted companies are collected through the annual survey of nonfinancial corporations. MSM data are adjusted for portfolio investment data collected directly through the survey to avoid double-counting;

(2) capital brought in by the branches of foreign banks, including nonresident shares in stock dividends, as reported by the commercial banks; and

(3) transactions under Development Bonds issued by the government, culled from the central bank records.

Other investment

In addition to the data on other investment collected through the annual survey of nonfinancial corporations and CBO's returns for the commercial banks and nonbank financial entities, other assets include the subscription to IMF quota increase; contribution to regional funds, if any; and contributions to various funds by the government from the surplus oil revenues. The CBO obtains the data from government sources.

On the liabilities side, the data include loans and currency and deposits, which are collected from government liabilities, from the annual survey of nonfinancial corporations for the corporate sector liabilities, and from the CBO returns for banks and nonbanks for the liabilities of the financial sector.

In recent years, debt financing by several FDI firms has been better captured through the annual survey, and as a result other investment flows are more prominent than FDI or portfolio flows. These other investment flows reflect the external financing needs of upcoming large-scale projects in the private sector.

Reserve assets

The entries reflect changes in monetary gold, SDR holdings, reserve position in the IMF, and foreign-exchange holdings of the CBO, including placements of the State General Reserve Fund (SGRF) with the CBO. The CBO derives the data from its own internal records.

The entries under government's SGRF reserves include holdings of the SGRF assets with foreign banks and institutions; the CBO receives this information from the MOF.

Even though balances under SGRF may not strictly conform with the definition of foreign exchange reserves as presented in *BPM5*, as a matter of convention, and on the grounds of analytical relevance, SGRF assets of the government are shown as part of the country's foreign exchange reserves in Oman's balance of payments statistics.

Pakistan

The following text was confirmed as current in 2009.

I. General

The Statistics and Data Warehouse Department of the State Bank of Pakistan (SBP) compiles Pakistan's balance of payments statistics on monthly, quarterly, and annual bases, as per the IMF's *Balance of Payments Manual*, fifth edition (*BPM5*), from July 2003 onward. The data are compiled in millions of U.S. dollars and rupees.

The SBP acquires data for balance of payments statistics from various sources, including (1) exchange records (the International Transactions Reporting System or ITRS), (2) the transactions of the central bank, (3) foreign shipping and airline companies, (4) Pakistani shipping and airline companies, (5) Pakistan's diplomatic missions abroad, (6) duty-free shops, (7) the customs authority, (8) export processing zones (EPZs), (9) exchange companies, (10) the Economic Affairs Division and the Finance Division of the Ministry of Finance, (11) the annual survey of foreign liabilities and assets and foreign investment in Pakistan, and (12) the enterprise survey for private loans.

II. Specific Items: Balance of Payments

Current Account

Goods

Goods in balance of payments are presented on an f.o.b. basis. The freight collected by foreign and Pakistani shipping companies and airlines is deducted from the reported c.i.f. value of exports to arrive at the f.o.b. value of exports. Certain estimates for this item are, however, based mainly on proceeds of exports recorded through the ITRS from banks. Adjustments for freight, coverage, valuation, and timing are made for balance of payments purposes. For imports, exchange records cover only cash imports of banking channels. Freight is estimated at a flat rate of 8 percent of total import payments and is deducted from the exchange record value of imports to arrive at an f.o.b. basis. Other adjustments made to the exchange record data for imports are imports financed by loans/grants and imports of capital goods by branches or subsidiaries operating in Pakistan by their parent companies abroad. The data for such imports are collected from the annual survey of foreign liabilities and assets and foreign investment in Pakistan.

Services

Transportation

This component covers all modes of transport and port services. Surveys of foreign shipping companies and airlines and the reporting of Pakistani shipping companies and airlines provide data for the freight, passenger, and other services components.

For the purpose of allocating freight (i.e., the 8 percent on imports), a 10-year average of data on imports by mode of transport, compiled by the Federal Bureau of Statistics, is used for distribution into sea, air, and other.

Travel

Data for both business and personal travel are collected through receipts and payments of the banking sector, plus the inward and outward remittances on travel through exchange companies operating in Pakistan.

Further, the travel expenses of crews of foreign shipping companies and airlines while staying in Pakistan and the travel expenses of crews of local shipping companies and airlines while staying abroad are collected through surveys of the respective companies/airlines.

Other services

The data on communication, construction, insurance, financial, computer and information, royalties and license fees, other business, cultural, and recreational services are collected through the ITRS from banks.

Government, n.i.e. The credit entries cover remittances received by foreign diplomatic missions and earnings of Pakistani embassies. The debit entries include expenditures incurred by Pakistani diplomatic missions abroad and an estimate of technical assistance financed by grants and loans. The data are collected through a survey of Pakistani diplomatic missions abroad, through the ITRS from banks, transactions through the SBP, and data from the Ministry of Finance on logistical support, etc.

Income

Investment income

Data on income on equity (direct and portfolio investment) pertaining to dividends and distributed branch profits to nonresidents are collected through the ITRS from banks. The data on reinvested earnings (and capital equity) are collected through the survey of foreign liabilities and assets and foreign investment in Pakistan.

Information regarding income on debt (interest) is collected through the ITRS from banks and payments or receipts through the central bank. Rescheduled and capitalized interest is captured through the reporting of the Ministry of Finance and the enterprise survey of the private sector. For cash payments and receipts, separate codes are allocated to report transactions on income on debt for bonds and notes and money market instruments.

Other investment income, consisting of interest to the IMF, interest on deposits of the monetary authority, interest on loans, and other interest on foreign currency accounts, is collected through banks and the records of the SBP.

Current transfers

General government

The entries for this component comprise the receipts of taxes and duties, as well as receipts and payments for contributions from or to international organizations, etc. The data are collected through the ITRS from banks and the records of the SBP.

Other sectors

The entries cover workers' remittances; residents' foreign currency accounts; philanthropic donations, pensions, etc.; and contra-entries for imports under personal baggage, gift scheme, and sale proceeds of duty-free shops. The data are collected through the ITRS from banks, customs authorities, and duty-free shops.

Capital Account

Capital transfers

This item comprises data on debt forgiveness, project grants, etc., and is collected from the Ministry of Finance. Data on cash grants to the private sector, military assistance, etc., are collected through the banking system.

Migrants' transfers in kind are collected from customs records. Data for acquisition of nonproduced, nonfinancial assets are collected through a survey of Pakistani diplomatic missions abroad.

Financial Account

Direct investment

Direct investment abroad covers investment abroad by Pakistani firms/companies and the repatriation of such investment. Direct investment in Pakistan covers the investment by foreign enterprises of both cash and capital equipment brought in, as well as reinvested earnings.

Basic data are obtained from exchange records. In addition, noncash flow data (i.e., data on capital equipment and reinvested earnings) are derived from the annual survey of foreign liabilities and assets and foreign investment in Pakistan; the survey is administered to foreign companies/branches operating in Pakistan, Pakistani joint stock companies, and partnership companies.

Portfolio investment

The entries cover remittances related to securities—bonds, national savings investments, Foreign Exchange Bearer Certificates (FEBC), Foreign Currency Bearer Certificates (FCBC), special U.S. dollar bonds, corporate equities, shares, debentures, etc.—sold to foreigners by resident enterprises. Entries also cover outward remittances related to the purchase of foreign bonds and corporate equities.

Other investment

Most of the data on other investment (i.e., assets and liabilities) are obtained from the exchange records, supplemented by information received from various government agencies. Data on drawings of foreign loans are obtained from the Economic Affairs Division of the Ministry of Finance and the government of Pakistan, while data on repayments of foreign loans are obtained from exchange records.

Covered under assets are the outstanding export bills of Pakistani exporters from the monthly reporting of banks, assets of Pakistani embassies abroad, and public and private enterprises having offices abroad through their respective surveys. In addition, currency and deposits and nostro balances of authorized dealers are recorded through the ITRS.

Liabilities are nonresidents' rupee accounts and balances of foreign currency deposits of nonresidents in Pakistan. Information on official guaranteed and nonguaranteed long-term and short-term loans is collected through the Ministry of Finance. Data on loans of the private sector are collected through the SBP's Exchange Policy Department.

Reserve assets

Data are obtained from the records of the SBP. The data on monetary gold, SDRs, and other nostro balances, including placements, are compiled from monthly balance sheets. These data are reconciled with the daily reporting of the Domestic Markets and Monetary Management Department of the SBP and the Reserve Position prepared by the Finance Department of the SBP, to take the actual flows in the balance of payments statement.

III. Specific Items: International Investment Position

The Statistics and Data Warehouse Department compiles the international investment position (IIP) statistics on an annual basis. Compilation of these data began in 2005 with dissemination of data for 2003 and 2004. The IIP is compiled in accordance with the *BPM5* and in millions of U.S dollars.

In addition to official sources, the major sources of information for the IIP are an annual survey of foreign liabilities and assets and foreign investment in Pakistan, the Coordinated Portfolio Investment Survey, the SBP's records, ITRS, and financial statements of enterprises, which provide data on direct investment, portfolio investment, other investment, and reserve assets.

Direct investment

The data on direct investment in Pakistan represent the investment made by foreign enterprises in the form of both cash and equipment brought in, as well as reinvested earnings. Direct investment abroad, on the other hand, represents investment made abroad by Pakistani banks and enterprises.

Portfolio investment

For portfolio investment assets, the Statistics and Data Warehouse Department takes data from the survey of foreign liabilities and assets and foreign investment in Pakistan and the Coordinated Portfolio Investment Survey. For portfolio investment liabilities, it takes data from the survey of foreign liabilities and assets and foreign investment in Pakistan, together with information from institutions issuing securities, such as the government.

Other investment

For other investment, the department takes data from enterprise surveys, banks, SBP, and government agencies.

The data on trade credit assets represent outstanding export bills (Pakistani exporters—other sectors), taken from monthly reporting by banks. Loans currently comprise long-term export credits. Currency and deposit assets include balances of Pakistani diplomatic missions abroad, foreign currency and deposits of scheduled banks, balances of Pakistani airline and shipping companies, enterprise deposits, and balances of exchange companies. Other assets reflect scheduled banks' foreign bills.

For short- and long-term loans received by government, the Statistics and Data Warehouse Department gathers information from official sources, including the Finance Division and the Economic Affairs Division of the Ministry of Finance. For loans of the private sector, the department collects information through the SBP's Exchange Policy Department. The data on currency and deposit liabilities include nonresidents' rupee accounts and balances of foreign currency deposits of nonresidents in Pakistan.

Reserve assets

For reserve assets, the data are compiled from SBP records.

Panama

The following text was confirmed as current in 2009.

I. General

The agency responsible for compiling the balance of payments statistics of Panama is the Instituto Nacional de Estadística y Censo (INEC) of the Office of the Comptroller General of the Republic (CGR). The main sources of data are the National Bank of Panama, Superintendency of Banks (SB), Directorate of Public Credit (DPC) of the Ministry of Economy and Finance (MEF), Superintendency of Insurance, Panama Canal Authority, and the U.S. Embassy.

The directorate (INEC) also obtains information from its other departments (which compile statistics on foreign trade and migration) and other CGR directorates. In addition, it conducts surveys and special research on services, income, current transfers, and private nonbank financial flows.

The INEC compiles data on a quarterly basis and publishes them in the bulletin *Estadística Panameña–Situación Económica, Sección 341: Balanza de Pagos* and *Estadística Panameña–Avance de Cifras: Balanza de Pagos*. The data presented in this *Yearbook* include revisions to some transactions in all sectors of the balance of payments for 2006–08.

The directorate compiles the data in balboas, equivalent to U.S. dollars. It converts transactions denominated in other currencies to balboas at the rates prevailing at the time of the transaction. Except for coins, all currency circulating in Panama is U.S. currency, but information on the amounts in circulation is not available. Consequently, any changes in the value of U.S. currency in circulation are implicitly reflected in net errors and omissions.

The classification of accounts used in the national presentation of Panama's balance of payments closely follows the presentation of the fifth edition of the *Balance of Payments Manual (BPM5)*. Revised balance of payments data for 2004–08 are published in INEC's *Panamá en Cifras* and on the INEC website (http:www.contraloria.gob.pa/dec).

II. Specific Items: Balance of Payments

Current Account

Goods

INEC bases the data on the trade statistics it compiles from customs documents. Adjustments are made to exclude trade between the Colón Free Zone and the rest of Panama to/from the rest of the world, which the trade statistics include.

For goods procured in Panamanian ports by foreign carriers, INEC obtains data from the trade statistics and direct sales by private enterprises (bunker oil), from the oil companies (aviation fuel), and from surveys of agents of foreign airlines and shipping companies (other supplies).

Data on imports from the rest of Panama and the Colón Free Zone are available on both an f.o.b. and a c.i.f. basis. Adjustments in coverage register electricity trade between Panama and Central America, as well as goods for processing derived from export returns. These estimates are generated from trade declarations.

Services

Transportation

INEC derives information on freight on imports from customs declarations. It obtains data on passenger services from surveys of national airlines and agents of foreign airlines. For port services, it obtains data from agents of foreign air and shipping lines, national airlines, container terminals ports, and the Panama Canal Authority (for tolls and other services to Canal users).

Travel

INEC bases data on sample surveys it conducts in conjunction with the Panamanian Tourism Institute, on the expenditures of foreign visitors in Panama and of Panamanian residents on their trips abroad, and on information derived from migration statistics on the number of travelers.

Other services

Communications. From 2003 onward, data for both credit and debit entries include data of the new telecommunications agencies.

Construction. Since 2007, data for credit entries include estimates of revenues derived from construction projects in Costa Rica and in other Central American countries.

Insurance. The credit entries cover net premiums on direct insurance and reinsurance assumed by Panamanian insurance companies. The Superintendency of Insurance of the Ministry of Commerce and Industry provides the information. The debit entries cover premiums on merchandise insurance on imports, derived from the trade statistics and adjusted to exclude insurance collected by resident insurers, and net reinsurance premiums ceded to foreign companies.

Financial. The data mostly cover commissions and other financial services provided or received by general license and international license banks, as reported to the SB.

Computer and information. From 2004 onward, the credit entries cover receipts on new related services, including data processing, hardware consultancy, software implementation, maintenance, and repair of computers. Data are based on quarterly surveys.

Other business services. INEC obtains the data through its surveys of nonfinancial enterprises, including those operating in the Colón Free Zone. From 2003, this category includes some credits and debits that are not separately identified, such as equipment rental, advertising and marketing, research and marketing, and other services in the technical field.

Government, n.i.e. INEC takes the data on Panamanian government expenditures abroad from the CGR Directorate of Accounting.

Income

Compensation of employees

Beginning in 2003, this item covers data estimates of wages received by border and seasonal workers obtained from the INEC survey to households. Salaries and other benefits received by local staff working at embassies, consulates, and international organizations are also included.

Investment income

Direct investment. The entries cover transactions of nonfinancial corporations (including those operating in the Colón Free Zone), general license banks (which do business with both residents and nonresidents), and international license banks (which do business with nonresidents only). The data sources are the INEC quarterly surveys and the general license and international license banks' consolidated balance sheet and income statement data, which the SB provides.

Portfolio investment. INEC obtains the data on general government from the MEF's DPC. It derives the data for the banking sector bank by bank from the consolidated income and loss statements of the general license and international license banks, provided by the SB. Other sectors cover income such as dividends and interest on foreign assets held by other financial intermediaries. These data are obtained from the balance of payments annual survey.

Other investment. The main source of data on general government is the External Debt Report prepared by the MEF's DPC. For the banking sector, INEC derives the data, bank by bank, from the consolidated profit and loss statements of the general license and international license banks provided by the SB. For other sectors, INEC obtains the data concerning the decentralized institutions from the DPC and from the survey of foreign investment enterprises.

Current transfers

General government

Credit entries correspond to taxes and fees paid by marine vessels to the Panamanian Merchant Marine. It also includes local expenditures from the U.S. Agency for International Development, Inter-American Development Bank, United Nations Development Program, and other organizations.

Other sectors

Since 2001, INEC has derived data on workers' remittances (for both credit and debit entries) from quarterly surveys of money changers. Other transfers (credits) cover mainly pensions paid by the U.S. government to residents of Panama who worked for U.S. government agencies in the former Panama Canal Zone.

Capital Account

Capital transfers

When this information is available, it includes grants by foreign governments and grants of furniture and equipment from international organizations.

Financial Account

Direct investment

No data are available on direct investment abroad by Panamanian residents.

The data sources are as described for direct investment income. From mid-2006, the other sector covers some estimates of investment in real estate by nonresidents.

Portfolio investment

For assets for bonds and notes of the banking sector, INEC derives the entries from the consolidated balance sheets of the general license and international license banks (provided by the SB). For assets for bonds and notes of other sectors, the directorate obtains the entries from the annual enterprise survey it conducts.

In the 2007 edition of *Panamá en Cifras*, INEC integrated data revisions of the Coordinated Portfolio Investment Survey from 2003 onward.

For portfolio investment liabilities, INEC obtains data on general government bonds and notes from the DPC of the MEF. These data comprise new bond issues designed to reschedule debt in arrears, as well as those used for repurchases and exchanges of the new bonds. They also include repayments on previous issues as well as repurchases and swaps of new bonds.

Other investment

INEC derives data for the monetary authorities from the balance sheet of the National Bank of Panama. It obtains data on the external debt transactions of general government and the decentralized institutions from the DPC of the MEF.

The entries for banks' short-term loans, other assets, and other liabilities may include long-term transactions, but separate information is not available. INEC draws data on the liabilities of other sectors from the surveys it conducts.

Reserve assets

The entries refer to the Panamanian government's Trust Fund and foreign exchange assets of the National Bank of Panama—a government-owned deposit money bank that performs some of the functions of a central bank. There is no central bank in Panama. The reserve asset entries are defined as the changes in stock at the end of each year as a result of the transactions carried out.

III. Specific Items: International Investment Position

In 1996, INEC started compiling and publishing annual international investment position statistics in the bulletin *Estadística Panameña–Situación Ecónomica, Sección 341: Balanza de Pagos* and *Estadística Panameña*. The data sources are the same as those used in compiling the balance of payments.

Papua New Guinea

The following text was confirmed as current in 2008.

I. General

The National Statistics Office (NSO) is officially responsible for compiling balance of payment statistics for Papua New Guinea. However, the Bank of Papua New Guinea (BPNG) has been collecting and publishing Papua New Guinea's balance of payments statistics, using an international transactions reporting system (ITRS), given that the NSO is unable to produce these statistics with an acceptable timeliness.

The ITRS system of Papua New Guinea relies on data collected from three sources:

(1) reports on transactions settled by the domestic banks, used for recording merchandise exports and imports, services, transfers, and capital and financial account transactions (the daily exchange rates are used to convert foreign currency values to Papua New Guinea kina);

(2) reports on transactions of resident companies settled through offshore accounts held with nonresident banks, as permitted under the Foreign Exchange and Gold Regulations of Papua New Guinea (the reports on nonresident bank accounts are denominated in the original currency and converted to Papua New Guinea kina, using the average exchange rate of the month as a proxy for the exchange rate at the time of the transaction); and

(3) data on changes in official financial assets and liabilities obtained from the BPNG's International Department.

Together, these three sources are expected to provide full coverage of transactions undertaken between Papua New Guinea and the rest of the world. The BPNG also estimates the reinvested earnings and migrant transfers. The BPNG is currently designing a survey of enterprises to better measure reinvested earnings of Papua New Guinea's direct investment enterprises.

In general, the balance of payments estimates are compiled in accordance with the international standards recommended in *BPM5*. BPNG compiles the data monthly, publishes them with a quarterly periodicity, and provides them to official and foreign institutions, private organizations, and individuals.

II. Specific Items: Balance of Payments

Current Account

Goods

Regarding merchandise exports and imports, BPNG compiles the statistics using daily submissions from commercial banks and monthly submissions from holders of nonresident bank accounts. Exports are valued on an f.o.b. basis, while imports are valued c.i.f.. A classification adjustment is made to c.i.f. imports to exclude the cost of freight and insurance.

Services

Transportation

Transportation services include receipts and payments from freight, port handling, or other transportation-related services on traded goods.

Travel

Travel data cover passenger services by all modes of transport and port services related to the transportation of passengers. The data include tickets, hotel rooms, airport taxes, and other travel expenses and receipts. A separate component of travel shows education-related expenditures, including all tutorial fees and remittances or receipts associated with education at all levels.

Other services

This category covers receipts and payments for insurance and other business services, which include leasing, consultancy, and management services. Leasing services cover receipts or payments relating to financial or operating leases.

Income

Investment income

Direct investment. The item includes dividends on shares and other forms of ownership, paid offshore to nonresident shareholders or received by Papua New Guinea companies or individuals as a result of shareholding in nonresident companies.

Other investment. The data include all receipts or payments in the form of interest earned or related fees associated with lending or advances between a resident entity and a nonresident entity.

Current transfers

General government

Data include tax payments or receipts on income or wealth and other transfers such as Australian budget support to the government of Papua New Guinea.

Other sectors

Data include superannuation fund receipts or payments made for bona fide superannuation funds, transfers made in respect of family support, and receipts and payments in the form of gifts.

Financial Account

Other investment

Other investment includes the government of Papua New Guinea's loan drawdowns and repayments. The source of the data is the BPNG's Financial Markets Department. BPNG measures private loan drawdowns and repayments using information from the domestic commercial banks and monthly reports of resident companies holding offshore bank accounts.

Other investment transactions also include changes in assets held with nonresident bank accounts by resident companies. In addition, other investment includes nonofficial monetary sector transactions related to changes in the net foreign assets of the commercial banks.

Reserve assets

Regarding changes in the official international reserves of Papua New Guinea held by BPNG, the BPNG obtains the data from its Financial Markets Department.

Paraguay

The following text was confirmed as current in 2009.

I. General

The Central Bank of Paraguay (CBP) is responsible for compiling the balance of payments statistics. Within the CBP, the International Economics Department (Balance of Payments Division) of the Office of the Manager of Economic Research collects data from various public and private agencies, such as other CBP offices, the Directorate General of Customs, ministries, and binational companies (Itaipú and Yacyretá). It also prepares its own surveys for data collection on services and direct investment income and capital. It publishes the data annually in the *Balance of Payments Bulletin*, following the *BPM5* guidelines. It also prepares quarterly estimates. In addition, for certain items, monthly information is available.

II. Specific Items: Balance of Payments

Current Account

Goods

The data are based on foreign trade statistics processed from customs documents (export and import clearance documents). Beginning in 1990, data recorded as total exports include (1) exports recorded on an f.o.b. basis from customs documents; (2) unrecorded f.o.b. exports obtained by subtracting recorded exports from partner country data shown in the Fund's *Direction of Trade Statistics (DOTS)*; (3) reexports, which are estimated on the basis of *DOTS* data; and (4) adjustments for coverage to include goods sold to binational companies and electricity sold to Argentina by ANDE (the national electricity company).

Data on imports include (1) imports recorded on an f.o.b. basis from customs documents, (2) unrecorded imports obtained by subtracting *DOTS* data on partner country exports to Paraguay from customs data on imports f.o.b., and (3) an adjustment for electricity purchases by ANDE from the Itaipú Binational Company.

Services

Transportation

The main sources for freight data are shipment documents and surveys of land, air, and inland waterway transportation companies. Other sources to compile this item include the report on soya exports of the Paraguayan Chamber of Cereals and Oleaginous Products Exporters, regional reports prepared by the Ministry of Public Works, and the report on goods exported via inland waterways from the State Merchant Marine. The CBP obtains data to compile passenger services from the Capital Police, which reports the number of passengers entering and leaving the country using different carriers (air or land), multiplied by the ticket prices collected in surveys of local tourism operators.

Travel

Concerning inward tourism, the CBP obtains data monthly from the Directorate General of Tourism on the number of excursionists (mainly related to cross-border shopping) and tourists (who stay in the country for more than 24 hours). The central bank multiplies these data by an estimated daily expenditure based on UN estimates.

For outward tourism, the Capital Police provide data on the number of Paraguayan nationals leaving the country and, for air travel, their points of departure and destination. To calculate expenditure, the CBP uses a UN schedule of expenditure together with estimates based on interviews with tourism agents on cross-border shopping.

Other services

Insurance. The data cover receipts and payments by Paraguayan insurance companies on account of reinsurance abroad. The CBP's Superintendency of Insurance supplies the data.

Other business services. CBP derives the data from enterprise surveys.

Government, n.i.e. Credit entries are estimated using an average expenditure figure per person for members of the foreign diplomatic corps in Paraguay. The Ministry of Foreign Relations is the source of data.

Income

Compensation of employees

The credit entries cover income paid to employees of the binational companies (Itaipú and Yacyretá). These companies provide the information on an annual basis.

Investment income

CBP uses surveys for information on reinvested and distributed earnings of direct investment enterprises in Paraguay.

Current transfers

General government

Through an annual survey, government agencies provide the data. Adjustments are made on the basis of information from the UN and from the survey of various nonresident organizations cooperating with the government.

Financial Account

Direct investment

For direct investment, CBP's Balance of Payments Division obtains data from its annual survey of enterprises established in Paraguay. It updates the directory of enterprises with the list of beneficiaries of Law 60/90 on the Investment Incentive Regime.

Other investment

Various units of the CBP provide data concerning the monetary authorities. The External Debt Division provides data on a monthly basis related to public sector liabilities. The Superintendency of Banks provides information about bank transactions from the consolidated balance sheets of Paraguayan financial institutions.

CBP obtains nonfinancial private sector data from surveys to key enterprises and from data published by the Bank for International Settlements.

Reserve assets

CBP derives data on monetary gold and foreign exchange reserves from its general foreign exchange position report. It uses the International Monetary Fund's data to compile the entries for SDR holdings and the reserve position in the Fund.

III. Specific Items: International Investment Position

Data sources used for compiling the international investment position are the same as those used for the balance of payments.

Peru

The following text was confirmed as current in 2009.

I. General

The Balance of Payments Department of the Banco Central de Reserva del Perú (Central Reserve Bank of Peru—CRBP) is responsible for compiling balance of payments and international investment position statistics. It obtains data from the Office of the National Superintendent of Tributary Administration (SUNAT), the Peruvian Promotion Commission (PROMPERU), financial institutions, various government ministries, nonfinancial institutions, and enterprises, as detailed below. The CRBP conducts surveys of resident travelers abroad and quarterly and annual surveys of a sizable sample of representative enterprises.

The CRBP prepares the balance of payments statements in U.S. dollars on a quarterly basis in accordance with the recommendations of the *BPM5*. It publishes these data in the *Weekly Report* (*Nota Semanal*), in the *Annual Report* (*Memoria*), and on the Internet (http://www.bcrp.gob.pe).

The CRBP compiles the international investment position based on survey data, official records, and international sources.

II. Specific Items: Balance of Payments

Current Account

Goods

Merchandise exports and imports are valued on an f.o.b. basis. SUNAT compiles the data on the basis of customs declaration forms.

Export data are recorded on the date of shipment. These data are supplemented by the value of goods (mainly fuel and food) sold to nonresident transport enterprises and nonresident ship and aircraft repairs in Peru (CRBP surveys).

Import data are recorded on the date on which the customs documents are numbered, which is close to the date of clearance. These data are supplemented by data on imports into the Free Trade Zone of Tacna (ZOFRATACNA), purchases of goods (primarily fuel and food) abroad by resident transport companies (CRBP surveys), and ship repairs by nonresidents.

Services

Transportation

The CRBP bases the credit and debit entries on its quarterly survey of international transport companies and agents. It surveys all national companies and foreign airlines. Transactions of foreign shipping companies are reported by their agents or representatives in Peru.

The survey provides data on freight charges, sale of passenger fares, and supporting and auxiliary services by mode of transport (air, sea, and other transport). Compilers also use the import freight charges recorded in customs declaration forms after they adjust the data to subtract freight services provided by resident enterprises.

Travel

Data are estimated on the basis of tourism surveys (inward and outward) that the CRBP and PROMPERU conduct at the Jorge Chavez International Airport, the Santa Rosa post on the Chilean border, and the Yunguyo post on the Bolivian border. These surveys provide estimates on the average expenditure of nonresident travelers in Peru and resident travelers abroad.

The number of international travelers is provided by the Directorate General of Migration and Naturalization, an agency of the Ministry of the Interior. Data include travelers that cross the border and spend more than a night abroad and same-day visitors abroad (outward tourism) or in Peru (inward tourism). Debit entries also include the contra-entry of scholarships recorded as current transfers.

Other services

Communications. This account covers Peru's gross revenue from and payments for international communication services (primarily telephone, telegraph, telex, and satellite usage). The CRBP obtains data directly from the providers of these services.

Insurance. The Superintendence of Banks and Insurance Companies (SBS) provides the data of insurance companies operating in Peru to the CRBP. Credits and debits are entered when the transaction occurs (not on a cash basis) and include reinsurance premiums paid, commissions, and claims collected. The CRBP's annual Services, Foreign Investment, and External Debt (SFIED) survey captures insurance services that large Peruvian enterprises obtain directly from foreign insurance companies.

Other business. This account mainly records royalties and license fees, computer services, financial services, administrative services, commissions and representation fees, and engineering services. Data are based on the results of the annual SFIED survey.

Government, n.i.e. The CRBP bases the credit entries, to the extent possible, on data that foreign embassies provide of their expenses. It bases the debit entries on data provided by the Ministry of External Relations of Peru and on data on nonreimbursable services sourced from the Ministry of the Presidency.

Income

Investment income

Direct investment. Preliminary quarterly data are based on the accounting records of enterprises as reported in the quarterly Foreign Investment and External Debt (QFIED) survey, conducted among a representative sample of enterprises. Final data are based on the accounting records of enterprises as reported in the annual SFIED survey. Distributed income is recorded on the date it is paid, and reinvested earnings (with a contra-entry in direct investment capital) are recorded in the period in which they are earned.

Portfolio investment. The CRBP obtains data on bonds and equity securities held by nonresidents, from the QFIED and SFIED surveys.

Other investment. The Ministry of Economy and Finance (MEF) provides information on interest payments on external public debt. Compilers derive data on interest payments on external private debt by applying an average rate to the stock of debt. They estimate data on interest receipts by applying an average rate to deposits of nonbank residents held abroad. The SFIED survey supplies the average interest rates.

Current transfers

Other sectors

Workers' remittances. The CRBP bases the data on the information of money transfer enterprises provided by the SBS and banks and credit unions. Remittances made through less formal mechanisms are estimated at about 10 percent of total workers' remittances.

Capital Account

Capital transfers

General government

Debt forgiveness. This item covers external public debt forgiven. The MEF provides the data.

Other. SUNAT provides data on donated goods (c.i.f. value). Based on this information, it is possible to identify the beneficiary sector (public or private). The Ministry of the Presidency provides data on nonreimbursable international technical cooperation received in cash and services.

Other sectors

Migrants' transfers. The CRBP obtains the average transfer per migrant from the survey it conducts in 21 foreign cities with a high concentration of Peruvian residents. For the flow of migrants in a given period, the CRBP uses statistics prepared by the Directorate General of Migrations and Naturalization of the Ministry of the Interior.

Other. Information on donations of capital goods is provided by SUNAT and recorded on an f.o.b. basis.

Financial Account

Direct investment

Enterprises are considered direct investment enterprises if nonresidents hold 10 percent or more of the ordinary shares. The data sources are the CRBP, the QFIED survey, the annual SFIED survey, the records of the National Agency for Investment Promotion (PROINVERSION), and the reports on external income and expenditure submitted to the CRBP by foreign oil companies.

The CRBP compiles preliminary quarterly data from QFIED surveys, PROINVERSION, and specialized media (journals, reviews, etc.). It supplements annual data with information provided by the SFIED survey, which includes information on equity, foreign participation, distribution and reinvestment of earnings, and long-term debt with the head office and/or affiliates. Data are recorded at book value.

Portfolio investment

The CRBP bases data on portfolio investment assets on its annual SFIED survey. Data on portfolio investment liabilities primarily include purchases and sales of securities by nonresident investors through the Lima Stock Exchange Market. The compilers also record the placement of equity securities, bonds, and similar instruments placed abroad or locally acquired by nonresidents, based on data in the QFIED surveys, the annual SFIED surveys, and information provided by financial institutions.

Other investment

Monetary authorities. The CRBP obtains these data from its records, which exclude the effect of price fluctuations on liabilities.

General government. The records of the Directorate General of Public Credit of the MEF provide final data on disbursements and repayments of medium- and long-term loans. The preliminary data also include information obtained from multilateral agencies (the IDB and the World Bank), other ministries, and public enterprises.

Banks. These data are calculated as the difference between balances; consequently, they include valuation changes.

Other sectors. Quarterly surveys to enterprises supply preliminary quarterly data on disbursements and repayments of medium- and long-term loans. The annual SFIED survey supplies data on disbursements and repayments of medium- and long-term loans to the private sector. Financial institutions complying with a CRBP resolution provide data on short-term loans (working capital, exports, and imports).

Reserve assets

The CRBP obtains these data from its records, which exclude the effect of price fluctuations on assets.

III. Specific Items: International Investment Position

Direct investment

PROINVERSION is responsible for recording direct investment in Peru and reports the balances shown. Data correspond to nominal and historic values.

Portfolio investment

The balances represent (1) the market value of the holdings of nonresident investors in the Lima Stock Exchange Market, published by the clearinghouse Cavali ICLV S.A.; and (2) the balance of equity securities, bonds, and similar instruments placed abroad or locally and acquired by nonresidents.

Other investment

Assets include the deposits of nonbank residents abroad; the data are obtained from the international banking statistics of the Bank for International Settlements and the QFIED and SFIED surveys.

The public sector debt comprises debt of the general government and financial and nonfinancial public enterprises and the financial costs of unpaid due debt. These data are based on information provided by the Directorate General of Public Credit of the MEF. CRBP debt data are derived from the CRBP records.

The CRBP takes data on medium- and long-term external debt of the private sector from the QFIED and the SFIED surveys it conducts.

Balances on short-term debt are based on reports sent by financial institutions. These data include debt contracted directly by the resident financial institutions, debt guaranteed by them, and debt intermediated by them without incurring any liability.

Philippines

The following text was confirmed as current in 2009.

I. General

The Department of Economic Statistics (DES) of the Bangko Sentral ng Pilipinas (BSP) is responsible for compiling the balance of payments report of the Philippines.

Data on trade in goods are obtained from the National Statistics Office (NSO). Other items are estimated based on data generated internally by the BSP from various administrative reports and surveys. These include (1) the international transactions reporting system (ITRS), also locally referred to as the FX Form I, for most of the services account, income, current transfers, direct investment, portfolio investment, and other investment components; (2) the International Department's (ID's) external debt statistics, as well as data on registration of loans and investments; (3) the Other Depository Corporations Survey (ODCS) for commercial banks' transactions; (4) the Cross Border Transactions Survey (CBTS) for transactions settled through intercompany accounts and accounts abroad; (5) the accounting records on reserves maintained by the BSP's Treasury Department (TD); (6) data on trading of bonds in the secondary market from the ID; (7) data on foreign stockholdings of banks from the Central Point of Contact Department (CPC); (8) data on reinvested earnings from the quarterly Foreign Direct Investment (FDI) Survey; and (9) data on investments in securities issued by unrelated nonresidents from the Coordinated Portfolio Investment Survey (CPIS). Supplementary data are also provided by other government entities such as the National Economic and Development Authority (NEDA), Securities and Exchange Commission (SEC), Philippine Overseas Employment Administration (POEA), Department of Tourism (DOT), Department of Foreign Affairs (DFA), Civil Aeronautics Board (CAB), Commission on Filipinos Overseas (CFO), Insurance Commission (IC), and Philippine Stock Exchange (PSE)); international and multilateral organizations (Asian Development Bank (ADB) and Organization for Economic Cooperation and Development (OECD)); and foreign government agencies, such as the U.S. Veterans Administration (USVA) and the U.S. Agency for International Development (USAID).

Beginning with the report of the third quarter of 2003, released in December 2003, the balance of payments statistics (expressed in U.S. dollars) are compiled on a quarterly basis. The quarterly report contains monthly aggregates, together with data for the comparable quarter of the previous year.

The BSP disseminates the data with an 11–12 week lag through a press release and announcement on the BSP website, and subsequently through publication in the *Selected Philippine Economic Indicators*.

From January 2000 onward, the DES has compiled the data in accordance with the methodology set out in the *BPM5*. Full compliance with the *BPM5* definition of residence, particularly with respect to overseas Filipino workers (OFWs), was initially achieved with the release of the 2004 balance of payments. In March 2006, the DES completed and released the revisions of the historical database on the *BPM5*-based series from 1999 to 2005. The historical series is being revised; however, the data may not be as comprehensive as the current series since some data are not available.

II. Specific Items: Balance of Payments

Current Account

Goods

Data on goods are based on customs data, which the NSO processes and consolidates. The NSO compiles the foreign trade statistics using the general trade system, in which the national boundary serves as the statistical frontier.

For balance of payments purposes, the DES adjusts the foreign trade statistics for conceptual reasons to exclude goods not involving a change of ownership (i.e., returned goods, temporary exports and imports, and equipment procured under operational lease arrangements). The other major adjustment is the inclusion of goods not captured by foreign trade statistics, such as remittances in kind of OFWs, imports for military use, fish sold and purchased on the high seas, and exports and imports of goods by resident airline companies. In the balance of payments, both imports and exports are valued on an f.o.b. basis.

Services

Transportation

Transportation refers largely to data on merchandise freight, sourced from the foreign trade statistics. For other components of transportation services, the ITRS and the CAB company reports, obtained from the CBTS, provide the data.

Travel

For travel receipts, DES bases estimates on the Visitors Sample Survey (VSS), conducted by DOT. The VSS provides information on the average expenditure of foreign tourists and the average length of stay in the Philippines. For tourist-related travel expenditure abroad by residents, DES bases data on the ITRS and CBTS.

Beginning with the 1999 report, travel credits include expenditure in the Philippines of nonresident OFWs during home visits. Travel debits include expenditures of resident OFWs in the host countries.

Other services

Except for data on merchandise insurance, obtained from the NSO, the data on other services components are mostly based on information from the ITRS. With the refinements made to the ITRS in April 1999, the balance of payments now reflects a finer breakdown of services transactions, in conformity with the *BPM5* classification. CBTS data supplement the ITRS.

For government services, DES obtains data from the DFA. From 2007, data on exports of computer and information and miscellaneous, business, professional, and technical services include estimates based on the Survey of Information Technology (IT) and IT-Enabled Services.

Income

Compensation of employees

Starting with the 1999 balance of payments, this account complies with the *BPM5* definition and thus covers gross compensation of resident OFWs. This is a derived estimate using data on the stock of OFWs and average salary information provided by the CFO and POEA, respectively.

Credit entries refer to the gross earnings of land-based OFWs (such as performing artists) with short-term contracts (less than one year) and sea-based workers regardless of the duration of the employment contract.

Investment income

For income receipts of residents for direct investment, portfolio investment, and other investment, DES sources the data from the ITRS, CBTS, TD, ID, PSE, and SEC. For income payments, the ITRS provides the data, complemented by external debt statistics, specifically for income payments on loans and bonds and PSE data for declared dividends.

The release of quarterly data on reinvested earnings from the CPC and FDI Survey, and undistributed branch profits sourced from the ODCS, covers data of banks only; data of nonbanks, sourced from the SEC, are added after a one-year lag. For income receipts and payments of the monetary authorities, the DES obtains data from the accounting records of the BSP's TD.

Current transfers

General government

Credits cover the receipt of grants from foreign governments and multilateral agencies. For grants, the ADB and USAID provide the information—supplemented by country data of the OECD and by the ITRS.

Debits represent the government's contributions to international organizations.

Other sectors

Beginning with the 1999 balance of payments, the estimates of workers' remittances represent those inwardly remitted earnings, in cash and in kind, of nonresident OFWs (i.e., Filipinos who reside in other countries for periods of one year or more). Basic data are provided by the ITRS, CFO, and POEA, while estimation parameters are based on the results of the NSO's Survey on Overseas Filipinos.

For other transfers, the ITRS supplies the data, supplemented by information from the foreign trade statistics, IC, CBTS, NSO, and USVA.

Capital Account

Capital transfers

The general government account, using the same data source as that used for current transfers and a report from NEDA, includes mostly the equipment component of grants. The other sectors' account represents migrants' transfers, based on information from the ITRS.

Acquisition/disposal of nonproduced, nonfinancial assets

Data for this account are obtained from the ITRS.

Financial Account

Direct investment

Regarding direct investment abroad, the DES obtains data from the ITRS, supplemented by data from the ODCS and CBTS. For foreign direct equity investment in the Philippines, the data come from the ITRS. This information is also supplemented by data from the ODCS, CBTS, PSE, CPC, SEC, and the BSP's registration records for investment that does not involve foreign exchange flows, such as equipment imports.

The coverage and database of undistributed branch profits are discussed above under the Income category. Data on other direct investment pertain to intercompany borrowing/lending, based on information from the external debt statistics and ODCS.

Beginning with the 2001 balance of payments, data on other direct investment include trade credit with foreign affiliates, based on information from the CBTS.

Portfolio investment

For portfolio investment assets, DES obtains data from the ITRS, CBTS, and CPIS; from the ODCS, in the case of the commercial banks; from a TD report, in the case of BSP portfolio investment assets; and from an SDC report, in the case of offshore banking units (OBUs).

For portfolio investment liabilities, data come from the ITRS, ODCS, external debt statistics, and custodian banks' and TD reports. Portfolio investment liability data also include net resale (purchase) of Philippine debt papers by commercial banks, banks' trust departments, insurance companies, pension funds, and nonbanks, sourced from the external debt statistics.

Nonresident investment in equity securities in local banks is estimated based on the report on foreign stockholdings in banks as reported by SDC and PSE.

Financial derivatives

Data are obtained from the ITRS and cover transactions of banks. Starting October 2008, data are also sourced from the CBTS.

Other investment

For other investments, DES obtains data from the ITRS, ODCS, CBTS, external debt statistics, and reports of SDC and TD. For placements of currency and deposits by resident banks and nonbanks abroad, data are adjusted to be consistent with balances recorded by the Bank for International Settlements (BIS), based on data from reporting banks.

Data on trade credits (nonaffiliates) come from the results of the CBTS (beginning in 2001), while data on the other components of the trade credits are based on the external debt statistics (beginning in 1999). Data coverage is limited to transactions with nonaffiliates (trade credits with affiliates are lodged under direct investments).

Reserve assets

Gross international reserves are foreign assets readily available to, and controlled by, the BSP for direct financing of payments imbalances and for managing the magnitude of such imbalances. These assets are valued at mark-to-market. The data are provided by the BSP's TD.

The overall balance of payments position is equal to the change in the BSP's net international reserves (NIR) that is due purely to economic transactions, that is, excluding the effects of revaluation of reserve assets and reserve-related liabilities, gold monetization, and Special Drawing Rights (SDR) allocation.

DES derives NIR by deducting reserve-related liabilities (Use of Fund Credit and BSP short-term liabilities) from reserve assets. The BSP's TD provides the data.

III. Specific Items: International Investment Position

DES is responsible for compiling the international investment position (IIP) of the Philippines. It compiles the data in accordance with the methodology specified in *BPM5* to the extent permitted by the current data monitoring system.

Data on the stock of external assets and external liabilities as at the end of the reference period are disseminated with a nine-month lag for direct investment, portfolio investment, other investment, and reserves.

The data are compiled from the financial reports of banks, corporate nonbanks, and government instrumentalities, including the BSP. Positions of the public sector (general government, government-owned and -controlled corporations, and the BSP) are fully reported in the IIP. Coverage of nonbank corporations is based on the Top 5000 corporations (ranking based on revenue) as reported by SEC. Banks cover commercial banks and thrift banks. OBUs are classified under other sectors instead of banks, because they are treated as nondepository financial institutions not licensed to collect deposits from residents.

Valuation of accounts by reporting firms conforms with Philippine Accounting Standards (PAS) and International Accounting Standards (IAS). Banking, corporate, and public sector positions are generally based on accrual accounting. In most cases, liabilities are recorded on a gross basis, that is, no offsetting of assets against liabilities. Positions recorded originally in pesos are converted to U.S. dollars using the reference rate of the last banking day of the year.

Direct investment

Included are equity capital, reinvested earnings, and other capital transactions; these data are largely derived from the balance sheet of corporations and initial results of the foreign direct investment survey, ODCS and other banking statistics, external debt statistics, partner country data, and company websites.

Portfolio investment

Both equity and debt securities are included. Equity and debt securities (asset side) are based on the report of TD and on the results of the CPIS. Equity securities (liability side) are estimated through the accumulation of flows based on custodian banks' reports, while the estimation of foreign stockholdings in local banks is based on PSE and CPC data. Debt securities (liability side) are largely based on external debt statistics.

Other investment

Primary sources of data are nonbank corporations' balance sheets, ODCS and other banking statistics, and external debt statistics. The estimate of currency and deposits (asset side) is based on the BIS report.

Reserve assets

Data are provided by the BSP's TD.

Poland

The following text was confirmed as current in 2008.

I. General

Under the Act on the National Bank of Poland (NBP) of August 29, 1997, published in the *Dziennik Ustaw* (Journal of Laws) of 1997, No. 140, Item 938, the NBP is obligated to compile the balance of payments and the international investment position statement and report thereon to Parliament.

The Act on the National Bank of Poland and the *Prawo dewizowe* (Foreign Exchange Act), published in the *Journal of Law* of 2002, No.141, Item 938, specify the reporting requirements. Under these acts and other legal regulations, the NBP is authorized to request data for compiling balance of payments statistics. Other legal regulations are (1) the Government's Decree dated December 10, 2002, published in the *Journal of Law* of 2002, No. 218, Item 1835, and (2) the Resolution of NBP's Management Board dated November 14, 2003, published in the *Dziennik Urzedowy NBP* (Official Journal of the NBP) of 2003, No. 21, with further amendments.

The Polish balance of payments compilation system is mixed. Settlement data are supplemented by data from surveys of enterprises and public statistics (Central Statistical Office and Institute of Tourism).

One of the most important sources of information for balance of payments data collection purposes is payments recorded by Polish banks. These settlements include transactions made by the banks on their own account and on behalf of their clients. The system is closed, that is, all changes on the level of external accounts are explained. The balance on the external accounts at the beginning of the period *plus* transactions during the period *equals* the balance at the end of the period. The settlements system provides data for compiling the balance of payments with detailed instrument/category and sector breakdowns. Reports include the reporting of all credit and debit transactions and country breakdowns.

The system for the quarterly balance of payments incorporates data from the banks, as well as data derived from surveys of enterprises and other entities for goods, services, income, foreign direct investment (FDI), trade credits, and loans. It also includes transactions on accounts held by Polish residents with banks abroad. In general, it is a full-coverage system with a limited application of exemption and simplification thresholds. The system provides for compiling the balance of payments with a detailed item-by-item breakdown. Credit and debit entries are available for all items. Data on trade credit flows are derived from pure stock data. For portfolio investment, settlement data are used.

Geographical breakdown is available for data since 2004.

NBP reconciles flows data with stocks. It uses other sources, such as securities databases, the Internet, and the press, for cross-checking.

In the case of the monthly balance of payments, estimates of key items are made. These estimates are based on the interpolation of the quarterly balance of payments data using monthly settlement statistics and additional available sources.

The NBP releases the data simultaneously to all interested parties on its website (http://www.nbp.pl). Publishing timetables are available on the website in advance. An advance release calendar, providing the precise release dates one quarter ahead, is available on the website. Information posted on the website covers limited breakdowns.

II. Specific Items: Balance of Payments

Current Account

Goods

The main source of data on goods for the balance of payments is the foreign trade statistics (FTS) compiled by the Central Statistical Office (CSO) on the basis of Intrastat declarations (for intra-European Union trade), as well as of customs statistics (for extra-EU trade).

The NBP compilers adjust and convert the data from the FTS in line with the definitions and methodology of the *BPM5*, including a c.i.f./f.o.b. adjustment and reclassification of services registered in the FTS as goods. Additional estimates are made for foreign trade flows not recorded by the FTS. Estimates of shuttle trade are derived in consultation with the CSO.

Services

Data on services are based on settlements made via the banking system. These data are supplemented with information derived from surveys of enterprises' transactions in services with nonresidents. The travel item is compiled using the Institute of Tourism data. The detailed breakdown of services is consistent with *BPM5* recommendations.

Transportation

Data provided by the banking system on payments and by the surveys on enterprises for transportation services include services broken down by type (sea, air, railway, and other). These data are broken down by passenger transportation, freight, and other forms. Data received from the c.i.f./f.o.b. adjustment of the goods item are also included in freight transportation services. The value of these services is compiled as a fixed rate of the value of goods imports in the foreign trade statistics.

Travel

The travel item is compiled using data of the Institute of Tourism, which come from border surveys. The NBP receives data on travelers' expenditures: foreigners in Poland and Poles abroad.

Other services

The data source is information provided monthly by the banking system records. This information is supplemented with quarterly data from surveys of enterprises.

Income

Compensation of employees

Compensation of resident employees comprises wages, salaries, and other benefits in cash, earned by individuals, paid by nonresident employers, and transferred to Poland. Compensation of nonresident employees comprises wages, salaries, and other benefits in cash, earned by individuals, paid by resident employers, and transferred abroad.

The new estimation method has been used for calculation of compensation of employees. This method relies to a great extent on determining the number of Poles working abroad and the period of their employment as well as the level of their compensation and their inclinations to transfer the money to Poland. Major data sources for estimating the number of Poles working abroad were the CSO data on migration, data derived from LFS (a household survey made by the Polish Central Statistics Office), and data from those countries in which Poles have found employment. Remaining elements of the new estimation method have been derived, to a great extent, from the 2007 NBP survey carried out in the United Kingdom and Ireland. That comprehensive survey covered in detail social and economic profiles of migrants, their activity on foreign labor markets, and their money transfers to Poland.

The estimation process has been divided into two parts. In part one, the three states of greatest significance—i.e., the three most popular labor migration destinations—were selected: United Kingdom, Ireland, and Germany. A separate estimation method was then developed for each of these countries. Part two included estimations for all other states in which Poles find employment.

Prior to the first quarter of 2000, data for compensation of employees were based on banking statistics.

Investment income

Direct investment. In the monthly and quarterly balance of payments, income on direct investment, for both inward and outward investment, includes income on equity (e.g., dividends and remittances of branch profits) and on debt (interest).

The data on intercompany loans are collected from direct investors (for outward investment) and direct investment enterprises (for inward investment) in quarterly surveys. The data on dividends and interest on bonds and money market instruments are recorded on a cash basis. Interest on intercompany loans is recorded for both directly and indirectly owned enterprises at the date of payment. Capitalized interest is offset on a directional basis under "other capital." Data on interest on trade credits are not calculated because they are negligible. Information on income on equity is supplemented via the annual survey.

Dividends and distributed branch earnings are recorded when payable, and reinvested earnings as well as undistributed profits are recorded in the period in which they are earned.

Reinvested earnings are calculated as profits earned (collected on an all-inclusive basis) during the period, less dividends payable. The Fully Consolidated System is not applied: reinvested earnings are counted for directly owned enterprises only. Since 1996, direct investors' shares of losses have been introduced as negative reinvested earnings. Flows equal to reinvested earnings are recorded as additional equity capital in the financial account.

Data are broken down by country, region, economic zone, and economic activity. Income is allocated to the countries as a result of the debtor/creditor principle of foreign assets and liabilities.

Portfolio investment. Data on portfolio investment income are derived from banking statistics. Relevant information is available with a breakdown by instrument (equity, bonds and notes, and money market instruments). The breakdown by domestic sector is also available (monetary authorities, general government, banks, and other).

For income on equity securities, only dividends are registered as income on portfolio investment; other gains on equity securities are classified as portfolio investment in the financial account.

No accrued interest (e.g., on zero-coupon bonds) is registered in the current account.

Other investment. Income on other investment includes interest on credits extended and received and interest on bank account deposits and repos. Interest flows on loans, deposits, etc. are provided by banks engaged in foreign exchange operations abroad. The settlement data are supplemented by interest on loans unrecorded by the banks and by interest received on deposits of nonbanking institutions held with banks abroad. Interest is recorded on a due-for-payment basis for loans and on a settlement basis for other instruments.

Current transfers

Data on current transfers are mainly compiled on the basis of settlements. The classifications of current transfers on items, required by the *BPM5*, are made using transaction codes of banking settlements.

Current transfers are broken down in the balance of payments into government and other sectors, in which workers' remittances and other transfers are recorded separately.

A new estimation method is used to calculate workers' remittances. This method relies to a great extent on determining the number of Poles working abroad, the period of their employment, the level of their compensation, and their inclination to transfer the money to Poland. Major data sources for estimating the number of Poles working abroad were the CSO data on migration, data derived from LFS (a household survey made by the Polish Central Statistics Office), and data from those countries in which Poles have found employment. Remaining elements of the new estimation method have been derived, to a great extent, from the 2007 NBP survey carried out in the United Kingdom and Ireland. That comprehensive survey covered in detail social and economic profiles of migrants, their activity on foreign labor markets, and their money transfers to Poland.

The estimation process has been divided into two parts. In part one, the three states of greatest significance (i.e., the three most popular labor migration destinations) were selected: United Kingdom, Ireland and Germany. A separate estimation method was developed for each of these countries. Part two included estimations for all other states in which Poles find employment.

Prior to the first quarter of 2000, data for workers' remittances were based on banking statistics.

Primary sources of data on other transfers are payments registered by the Polish banking sector and data on imports and exports of goods under free aid registered in trade statistics. Additionally, the category includes transfers executed via Polish entities' bank accounts held in banks abroad.

Capital Account

Capital transfers

Capital transfers include donations and grants to finance fixed assets and debt forgiveness. The data are derived from banking statistics and are supplemented with information on debt forgiveness and grants in kind.

Acquisition/disposal of nonproduced nonfinancial assets

The acquisition/disposal of nonproduced nonfinancial assets refers to patents, copyrights, trademarks, etc., purchased by residents or sold to nonresidents, and land sold to foreign embassies in Poland or purchased by Polish embassies abroad. Data are derived from the banking statistics.

Financial Account

Direct investment

The monthly data on foreign direct investment are derived from the flows of international payments reported by the domestic banking sector and supplemented through estimation of other capital. Data are broken down by equity and intercompany loans. The item does not cover equity contributions without payment.

On a quarterly basis, the survey on external loans of more than EUR 10,000 to enterprises provides further details on intercompany loans in accordance with the directional principle.

For equity capital and reinvested earnings, annual data originate from surveys on direct investment enterprises in Poland and from Polish direct investors. The item also covers noncash equity contributions. Enterprise reports are a unique source for compiling the data. Information from other sources (e.g., press reports, published company accounts, bilateral sources, and exchange control authorities) is used to cross-check and update the business register.

The criterion of 10 percent ownership of directly owned enterprises is used to identify a direct investment relationship. The flows of direct investment are recorded on a directional basis. Reverse capital investments are observed but are negligible for the moment.

Until now, special-purpose entities (SPEs) have not been established in the Polish economy, although resident enterprises establish enterprises abroad that have the sole purpose of serving as financial intermediaries. The direct investment item includes only equity investments of these SPEs.

On a quarterly basis, the survey on external loans to enterprises provides further details on intercompany loans in accordance with the directional principle. Intercompany loans are broken down by maturity. The survey also includes financial leasing. Trade credits between affiliated enterprises are derived from stock data.

The portfolio investment item includes transactions in securities between affiliates.

The fully consolidated system is not applied.

Portfolio investment

The source of data is settlements made by Polish banks.

Data on flows and stocks of inward and outward portfolio investment are generally collected on an aggregated basis. However, exceptions are for stocks of Polish securities issued abroad and Polish equity securities registered with custodian accounts with Polish banks. These data are collected on a security-by-security basis, using the International Securities Identification Number (ISIN) codes for Polish equity securities registered with custodian accounts with Polish banks.

Equity securities include all types of tradable shares. As regards data on stocks for the IIP statement, they also include other types of nontradable equity securities that bear ISIN codes. Shares in investment funds are also regarded as equity.

Debt securities include all kinds of long- and short-term securities. The one-year original maturity criterion is applied to classify securities as long- or short-term. Included are treasury bonds and notes, corporate bonds, treasury bills, commercial paper, and negotiable certificates of deposit. Also included are debt securities with embedded financial derivatives (e.g., convertible bonds or bonds with a put option).

Financial derivatives

Financial derivatives constitute a separate category of financial account in the balance of payments statement. Banking records are the source of data on financial derivatives for the balance of payments.

The financial derivatives category includes all symmetric risk instruments, such as futures and forwards and swaps, and asymmetric risk instruments, such as options. Income on transactions in derivatives is classified as financial derivatives.

Other investment

Trade credits

Data for trade credits are collected through quarterly surveys of major exporters and importers. The surveys provide end-of-quarter information on assets (prepayments on imports and trade credit extended to exports separately) and liabilities (prepayments on exports and trade credits received on imports). Data on trade credits are largely in regard to "other sectors," although the low amount of credit received by local governments is covered. The breakdown of long- and short-term trade credits by maturity is available as from 2003.

Loans

The NBP and *Bank Gospodarstwa Krajowego* (both acting as agents of the government) provide data on external loans and borrowings of the general government.

For the banking sector (including the monetary authority), the data published in the quarterly balance of payments are derived from a survey conducted on a quarterly basis. A breakdown by maturity is available. These flows are checked and reconciled with stock data.

Data on enterprises' loans in the monthly balance of payments are estimated on the basis of bank reports and are broken down by maturity.

The data published in the quarterly balance of payments are derived from a survey conducted on a quarterly basis. This information covers loans extended and repaid in cash, goods, or services, as well as a cancellation of the loan amount or a reorganization of debt through rescheduling, debt forgiveness, refinancing, or prepayments.

The item records data on financial leasing and also includes information reported by private individuals. Breakdown by maturity is available.

Currency and deposits

Currency and deposits comprise transactions of Polish banks' assets and liabilities arising from current accounts and deposits, as well as foreign currency banknotes and coins held in banks' vaults. These data are supplemented with information on changes of stocks in the accounts of Polish nonbanking institutions held with banks abroad. Currency and deposits also include repurchase agreements.

Other assets and liabilities

Other assets and liabilities cover data on assets and liabilities other than loans, debt securities, trade credits, currency, and deposits, mainly arrears.

Reserve assets

The NBP is the holder of the official Polish international reserves. The reserve assets comprise monetary gold, SDRs, the reserve position in the IMF, foreign exchange (currency and deposits, securities, and financial derivatives), and other claims (repurchase agreements). Data on transactions in reserve assets are obtained from the NBP's records on a monthly basis. The accruals principle is not applied.

III. Specific Items: International Investment Position

The NBP compiles the IIP for all financial account items (i.e., direct investment, portfolio investment, other investment, and reserve assets), except derivatives. The IIP is compiled annually and published nine months following the end of the reference year. Components constituting external debt items are compiled quarterly. The information on external debt is published three months after the end of a reference quarter.

Direct investment

Data for direct investment stocks are derived from an annual survey of direct investors and direct investment enterprises resident in Poland. Data from the surveys cover information on investment in equity, contributions in kind, reinvested earnings, and intercompany loans. Data on equity refer to the balance sheet value based on an interim but not current revaluation. Data on stocks of loans are based on the face value.

Portfolio investment

Data for portfolio investment are generally supplied by intermediaries, that is, custodian banks, brokerage houses, and clearing houses (for treasury bills). Regarding treasury securities issued on either domestic or foreign markets, the Ministry of Finance supplies the data on nonresident holdings.

Data on securities issued on foreign markets by banks and enterprises are reported individually to the NBP. The residual approach is applied. Data on nonresident holdings of Polish securities issued in foreign markets are adjusted with resident end-investor data on holdings of such securities.

Data on government portfolio investment assets in the form of securities are obtained from a bank serving as settlement agent. For nongovernment portfolio investment assets, Polish end-investors supply the data directly.

For liabilities, information on equity securities is based, in general, on the market value, and information on debt securities is based, in general, on the face value. For assets, information on both equity securities and debt securities is based on the market value.

For data on portfolio investment assets, a geographical breakdown (by country of issuer) and a currency breakdown are available.

Financial derivatives

No data on stocks of financial derivatives for the IIP are available. Data collected from Polish banks are insufficient for properly valuing positions in financial derivatives.

Other investment
Trade credits

Trade credit data are based on the responses to a quarterly survey of exporters and importers. The information is based on the nominal value. The data refer mainly to "other sectors."

Loans

Information on loans is broken down by sector. Data on loans are obtained from quarterly surveys and are compiled on a loan-by-loan basis and in the original currency. Information is compiled on any changes to individual loans, such as a cancellation of the loan amount or a reorganization of debt through rescheduling, debt forgiveness, refinancing, or repayments. The information is based on the face value.

Currency and deposits

For the NBP's currency and deposits, the information is derived from its balance sheet (excluding reserve assets). For other banks, data are derived from their balance sheets. The item also includes data on assets of nongovernment and nonbank entities in the form of accounts with banks abroad. The position data cover repurchase agreement transactions. These data are based on the face value.

Other assets and liabilities

Other assets and liabilities cover mainly data on arrears.

Reserve assets

The stocks of official reserve assets are derived from the NBP's balance sheet, available on a monthly basis. Reserve assets are at market or approximate-to-market value, covering only actually existing assets denominated in foreign currencies. The item excludes claims on residents.

Portugal

The following text was confirmed as current in 2009.

I. General

The Banco de Portugal (BdP) has been responsible for compiling and producing the Portuguese balance of payments statistics since 1963. Between 1948 and 1962, the Inspecção do Comércio Bancário para as Instituições Bancárias (Banking Supervisory Authority) was responsible for their collection. To further the full liberalization of foreign exchange regulations and the commitment by Portugal regarding statistical harmonization at the European level, a new collection and statistical production system was introduced in 1993, in close cooperation with the banking community.

The reporting of balance of payments transactions is compulsory for both banks and nonbanks (direct reporters and official sector). The legal basis for compiling balance of payments and international investment position (IIP) statistics is the Organic Law of the BdP (Law No. 5/98, of January 31, 1998). This law allows the BdP to request information from any public or private body for statistical purposes. Decree Law No. 295/2003 of November 21, 2003, imposes a general obligation on banks and nonbanks to report balance of payments transactions according to the instructions and requirements elaborated by the BdP. Additionally, the Council Regulation (EC) No. 184/2005 of January 12, 2005 (published in the *Official Journal of the European Union* dated February 8, 2005), and No. 601/2006 and No. 602/2006 of April 18, 2006 (published in the *Official Journal of the European Union* dated April 19, 2006), establish a common framework for the production of community statistics of balance of payments. The Guideline ECB/2007/3 (published in the *Official Journal of the European Union* dated June 20, 2007) defines the statistical reporting requirements of the European Central Bank in the field of balance of payments and international investment position statistics and the international reserves template.

The Portuguese data collection system implemented in 1993 was mainly based on settlements, with transaction-by-transaction reporting by banks and direct reporters, covering both the credit and debit flows that affect the country's external position. This system has been further developed since 1999, with the introduction of specific reporting for the following sets of information: (1) *trade statistics*, obtained from the Instituto Nacional de Estatistica (INE—National Statistical Institute); (2) *data from credit/debit card issuers* to estimate the travel item (both credit and debit sides); *physical indicators of tourism*, provided by the INE; and *periodic border surveys* for both incoming and outgoing travelers; (3) *security-by-security databases*, both on domestic and on foreign securities, to ensure compliance with the accruals principle regarding portfolio investment income; (4) *reinvested earnings* between foreign direct investment (FDI) enterprises, obtained from surveys on direct investment stocks; (5) *a security-by-security reporting system* on portfolio transactions, used for compiling the portfolio investment item; (6) *a monthly survey of banks*, used for compiling the financial derivatives item; (7) *monthly trade credits* estimates based on annual data from the Simplified Corporate Information (the Simplified Corporate Information, or SCI, is a protocol established between the BdP, INE, Ministry of Justice, and Ministry of Finance that allows these entities to access annual accounting data for the whole population of enterprises _ both financial and nonfinancial) and on quarterly surveys among key Portuguese exporters/importers; (8) *banking statistics* on the banks' external positions, used for compiling data for the other monetary financial institutions (OMFI) sector within the other investment components; and (9) *the accounting registers* of the BdP, used to derive data on reserve assets and on the monetary authority sector within the portfolio investment and the other investment items of the financial account.

The principal types of reporting agents comprise the following:

(1) *banks:* Banks are required to report all external transactions carried out on behalf of their customers or on their own account. Banks engaged in trading in financial derivatives with nonresidents are also requested to report both transactions and positions on their own account or on behalf of their clients through a monthly survey.

(2) *Direct reporters:* General direct reporters must report all transactions with nonresidents, whether settled by a resident bank or not. Residents holding accounts abroad must report settlements via nonresident banks. Residents holding current accounts with nonresidents must report all settlements cleared through those accounts. Additional data are also collected for enterprises/households on inward and outward direct investment.

(3) *enterprises involved in FDI relationships*: Resident FDI enterprises, from either the financial or the nonfinancial sector, must provide data on stock surveys for direct investment, both abroad and in Portugal.

(4) *resident securities custodians:* These entities must provide information about portfolio investment transactions/positions on domestic securities on behalf of their nonresident clients and on foreign securities on behalf of their resident clients. Resident banks are also compelled to report portfolio investment transactions/positions on their own account. Investors operating through nonresident custodians have to report directly their transactions and stock data.

(5) *other sources*: The INE reports overall statistical data on international trade (goods) and also the information collected through a specific survey among the most important exporters/importers that allows the BdP to produce monthly estimates on trade credits. The Direcção-Geral do Tesouro (Treasury) and the Instituto de Gestão do Crédito Público (IGCP—Public Debt Management Office) report data on the external transactions of the general government. The BdP supplies data on its external operations (by both the Control and Accounting and the Markets and Reserve Management Departments) and on monetary financial institutions' external positions (Statistics Department—Monetary and Financial Statistics and Central Credit Register Division).

Under the general reporting system, banks may be exempted from reporting transactions below EUR 12,500 carried out on behalf of their customers. Missing data for transactions below EUR 12,500 are then estimated according to historical information about these types of transactions. The portfolio investment collection system has a simplification threshold of EUR 500 million. All reporting institutions whose monthly transactions do not reach EUR 500 million and, at the same time, have less than EUR 500 million in outstanding amounts may report only once a year, using a simplified form.

The BdP compiles and produces a monthly Portuguese balance of payments on a transactions basis and a quarterly IIP, both with detailed sectoral and geographical breakdowns for some items, which are first released on the website of the BdP (BPStat – Online Statistics, available at www.bportugal.pt). Less detailed sectoral and geographical data are subsequently published in the *Boletim Estatístico*. A more aggregated balance of payments on a monthly basis is also available and published in the *Monthly Economic Indicators*, with a two-month delay. On a yearly basis, the BdP also publishes data on the balance of payments and international investment position in its *Annual Report*.

The BdP (Balance of Payments and International Investment Position Statistics Division) also has a commitment to the IMF's Special Data Dissemination Standard (SDDS) regarding the dissemination of balance of payments and the international investment position statistics, external debt statistics, and the data template on international reserves and foreign currency liquidity.

BdP revises monthly data at the end of each semester. In practice, data from January to May are revised with the first publication of June, and in December, BdP revises data for all months of the year (as well as data for the previous year). Quarterly IIP data are revised in accordance with revisions on the financial account.

II. Specific Items: Balance of Payments

Current Account

Goods

General merchandise. The main data source for general merchandise in the balance of payments is the foreign trade statistics provided by the INE. For imports and exports related to intra-EU trade, INE derives the figures from the Intrastat system (the statistical data collection system established to compile statistics on merchandise trade between European Union member states); for extra-EU trade, it derives data from customs declarations. The reference time underlying these statistics is the time of the physical transaction in the goods.

The BdP adjusts data provided by the INE for the following items: government trade, c.i.f./f.o.b. margin, f.o.b. goods not included in foreign trade statistics, goods procured in ports by carriers–imports, and repairs on goods (since 2006).

Services

Transportation

Transportation data are based on settlement data, supplemented with the estimates (see above) used to convert c.i.f. to f.o.b.-valued goods. Data distinguish the means of transportation (sea, air, rail, or other transport) and provide a breakdown by transportation category (passenger, freight, or other transportation).

Travel

Travel data are based on settlements (e.g., bank transfers, cash, traveler's checks, debit and credit cards, and other means of settlement), on information provided by travel agencies, and, on the credit side, on estimates produced by the BdP based on real indicators and prices of tourist activity (tourism statistics provided by the INE). Periodic border surveys are used to check the monthly figures and to estimate the split between business and personal travel.

Other services

Insurance. Applying the recommendation of the *BPM5*, a split is made between the service and the transfer components of non-life insurance premiums. Data on life premiums and pensions funds are also subject to a split into services and other investment. As a result of the procedure undertaken to value imports on an f.o.b. basis, estimates are included in the service component of insurance.

All information on other services is based on the settlements system.

Income

Compensation of employees

BdP takes data on this item from the settlements system and from some administrative sources. Compensation of employees includes an estimate of social contributions and taxes on income and wealth.

Investment income

Under direct investment income, only reinvested earnings are accrued. The main source for data on reinvested earnings is the annual stock survey on international investment. With the aim of obtaining more timely statistics, the BdP estimates provisional reinvested earnings for the period not yet surveyed, using information from the balance of payments collection system (for the estimation of end-of-period positions) and from the last conducted survey (global profitability rate for the equity capital). In the case of inward flows, the latter is adjusted using more recent information available from the Central Balance Sheet Database (Banco de Portugal–Statistics Department) in the case of nonfinancial companies, and from the Supervision Department in the case of banks and other financial companies supervised by the BdP. For balance of payments purposes, monthly estimates of reinvested earnings are obtained as the difference between a monthly net result (annual net result is divided evenly) and the monthly paid dividends (observed via the balance of payments collection system).

For compiling income on debt transactions between direct investment companies, settlements data are used.

For the income credits on portfolio investment, the accruals principle is applied, with monthly estimates being derived from monthly stock data using market yields following the creditor approach. In the case of portfolio investment liabilities, income is calculated on a security-by-security basis, using the debtor approach (accrued income for debt securities) and the paid dividends (equity stocks).

Income on other investment, for all resident sectors, is derived monthly on an accrual basis, taking into account stock data and market interest rates.

Current transfers

General government

Within the transfers data received from the EU institutions, a split is made between capital and current transfers. Additional details reported by the Treasury are useful in this field. The criterion applied respects, above all, the Eurostat recommendation, which was adjusted in accordance with the final destination of the EU funds transferred to Portugal. The breakdown applied is based on the purposes of the EU funds transferred to Portugal. Administrative sources are used to estimate public social contributions and taxes on income and wealth.

Other sectors

Workers' remittances. This information is collected mainly by the banking system, complemented with data collected via some international money transfers operators.

Other transfers of other sectors. With respect to the recording of non-life insurance premiums and claims, see insurance services. Administrative sources are used to estimate social contributions and taxes on income and wealth with other sectors.

Capital Account

The BdP has implemented the recommendations of the IMF's *BPM5*, in accordance with the harmonization proposals made by the ECB and the Eurostat. In this context, only transfers that reflect a change in the stocks of assets of one or both parties involved in the transaction are included as capital transfers. The classification of transfers as public or private primarily takes into account the criterion of the institutional sector of the resident. Thus, transfers involving the Portuguese state are registered as public transfers, and those that involve other resident sectors are classified as private transfers.

Those EU transfers used to finance infrastructure projects are recorded as capital transfers, namely, the Cohesion Fund (100 percent), Specific Program for the Development of Portuguese Industry (100 percent), European Regional Development Fund (85 percent), European Agricultural Guidance and Guarantee Fund-Guidance (80 percent), and Financial Instruments and Guidance for Fishing (55 percent). All the other funds are recorded under current transfers.

Data relating to certain capital transfers, such as migrants' transfers (excluding workers' remittances), investment grants in kind, and debt forgiveness by companies, are difficult to obtain, because the balance of payments statistical collection system relies mainly on settlements data reported by resident banks, which might not cover these subjects properly.

Financial Account

Direct investment

The BdP collects data on a transaction-by-transaction basis for inward and outward direct investment flows via the settlements registers submitted by the resident banking community. The BdP also receives detailed data on direct investment transactions above EUR 250,000 via the Direct Investment Statistical Declaration, that is, data regarding the resident and nonresident parties to the transaction, a description of the transaction, and supplementary information on the equity participation.

Whenever transactions are performed via a nonresident bank, the resident must report directly to the BdP the transaction settlement that takes place abroad. Definitive direct investment statistics are also based on the results of annual stocks surveys on both Portuguese direct investment abroad and foreign direct investment in Portugal. These surveys are the source used for recording reinvested earnings.

For foreign direct investment in Portugal, the survey was first launched to gather data for end–1995. For Portuguese direct investment abroad, data based on a stocks survey began to be available from 1996 onward.

The Nomenclature of External Operations has complied with the 10 percent rule since the introduction of Decree Law No. 321/95 of November 28, 1995, which took into account the international recommendations regarding foreign direct investment. The direct investment item in the Portuguese balance of payments includes cross participations, reverse loans, and short-term transactions between direct investors and direct investment companies. Loans between direct investment enterprises pertaining to the financial sector are excluded. Furthermore, the item covers all cross-border transactions in real estate.

Portfolio investment

The portfolio investment collection system introduced in 2000 is based on a single report used to collect information for purposes of the balance of payments, monetary and financial, and the financial accounts statistics. In this fully automated system, domestic securities custodians provide information about portfolio investment transactions in domestic securities on behalf of their nonresident clients and in foreign securities on behalf of their resident clients. Banks must also report transactions on their own account. Investors operating through nonresident custodians must report their transactions and stock data directly.

This is a security-by-security and an investor-by-investor system. Resident investors are identified by their fiscal number or by their institution number in the case of pension or investment funds. Nonresident investors must have been previously identified in the system (using a specific type of record within the reporting file), with the exception of households that must be identified by the ISO code for their country of origin (PRT if they are residents, other country codes if they are nonresidents). Identification includes the country of residence and the institutional sector of the nonresident investor.

The investor or custodian must report monthly statistical information on transactions and end-of-period positions. A simplified regime of annual data reporting also exists for those entities whose transactions and balance sheet assets fall below the simplification threshold, as previously described.

The ISIN codes are used for identifying the securities reported to the BdP. Moreover, the future existence of a European centralized securities database may contribute to a further harmonization of international statistics in this domain.

The geographical allocation criteria are based, on the assets side and for both flows and stocks, on the country of residence of the issuer of the security (debtor); on the liabilities side, for flows, they are based on that of the first known counterpart, and for stocks on the geographical breakdown derived from CPIS, adjusted with data related to countries that do not participate in that survey. The geographical breakdown is possible for monthly flows and quarterly stocks. Settlement registers, monetary financial institutions' balance sheets, issues statistics, mutual funds' balance sheets, and data from the insurance companies' supervision authority are used for checking and quality control purposes.

Financial derivatives

BdP bases its system for collecting data for financial derivatives, implemented in 1999, on a monthly survey among resident banks with operations in this domain, on both flows and positions for assets and liabilities. This survey takes into account the recommendations of the ECB and the IMF on this domain. Banks are required to report both their own positions and positions opened by their clients (mainly enterprises and individuals).

Financial derivative transactions are also captured through the settlements system, which has a specific code for this type of transaction.

The BdP (Markets and Reserve Management Department) reports data for the monetary authority sector. Data for the general government sector are compiled from other sources, namely from the Treasury. The instrument breakdown available is based on the type of instrument and the market risk, in accordance with the structure defined in the *BPM5* for "Selected Supplementary Information."

The instrument category comprises futures, options, swaps, forward transactions, and others (a residual figure that might include, for example, credit derivatives). The market risk category includes foreign exchange, single currency interest rate, equities, commodities, and others (a residual figure). A breakdown of data by inflows and outflows is available. This breakdown is consistent with the recommendations of the IMF: all cash settlement receipts are recorded as a reduction in financial assets, and all cash settlement payments are recorded as a decrease in liabilities.

Other investment

Flow data for the other monetary financial institutions and monetary authority sectors are derived from balance sheet data at the beginning and end of the month. The BdP calculates differences in the original foreign currencies and converts them into euros, using the respective period-average exchange rates. Other adjustments, such as write-offs, are also excluded from transactions. The collection system for other investment of other sectors (excluding the monetary authority, other monetary financial institutions, and general government) relies mainly on the information reported via settlement registers. In addition to the settlements data, BIS locational banking statistics are also used when estimating nonbank sector deposits abroad. The Treasury provides data on the external loans and borrowings of the general government. An increase/decrease of the other investment–other assets for the other sectors is registered as a counter-entry for the estimate of the import/export of euro banknotes related to the travel item. Actual flows of other investment, and not the change in stocks, are collected for balance of payments purposes, except for transactions concerning the other monetary financial institutions and monetary authority sectors, as previously described.

Trade credits

Monthly trade credits are estimated combining information on imports and exports of goods and services (excluding travel) with information on the average number of days for payment or receipt obtained through a quarterly survey of major exporters and importers. The time of recording of trade credits is the time of the change of ownership of the items, based on the time of registration in the accounting books of the companies involved in these operations. Quarterly estimates are further revised based on annual data obtained from the SCI.

Reserve assets

BdP obtains the data on reserve assets from its records. It follows the recommendations of the *BPM5* and those of the ECB regarding the definition of reserves for the Eurosystem, i.e., reserve assets cover gold, SDRs, reserve position in the IMF, external assets denominated in non-euro area currencies and issued by nonresidents in the euro area, and other claims.

BdP identifies all instruments separately within the monthly reserve assets figure. It calculates daily transactions through the change in stocks, valued at market prices, and converts them to euros using daily market exchange rates, except regarding monetary gold for which monthly external transactions are reported.

III. Specific Items: International Investment Position

Once the figures on direct investment, trade credits, and financial derivatives stocks were made available, a complete IIP was produced for the first time in Portugal in September 1999. A consistent time series exists, starting with 1996 stock data. When they become definitive, statistics for the IIP components are mostly compiled using pure stocks data.

The BdP publishes in the *Boletim Estatístico,* on a monthly basis, the last complete annual IIP available and detailed end-of-quarter figures, based on pure stocks and accumulated flows, for the main components of the Portuguese IIP (assets and liabilities), namely for direct investment, portfolio investment, financial derivatives (on a net basis), other investment, and reserve assets. The complete annual IIP for previous years and a detailed sector and geographical breakdown on annual data for some items are available on the website of the BdP (www.bportugal.pt).

Direct investment

Final data on stocks, both for inward and outward investment, are available through the Questionnaire on International Investment, which is conducted annually and aggregates the former Questionnaire on Foreign Direct Investment in Portugal and the Questionnaire on Portuguese Direct Investment Abroad. Data supplied to the BdP are based on book values.

Quarterly estimates are produced via the accumulation of flows over the last surveyed stock data, also taking into account an estimate for exchange rate and price changes and other adjustments such as reclassifications. Data on equity capital are available both at market price and at book value, in accordance with the own-funds at book value (OFBV) definition. For the valuation at market prices, additional information is collected from the Portuguese Stock Exchange (for inward investment) and from commercial data providers (for outward investment). No adjustment to market values is made concerning investment in equity capital of unquoted companies. In this case, the OFBV criteria apply.

A full geographical and activity allocation can be provided on an annual basis, after compiling the results of the direct investment surveys.

Portfolio investment

Until the end of 1999, pure stock statistics on resident holdings of foreign securities were produced on the basis of information reported through a specific form. Detailed annual information was provided on the identity of the investor, the custodian, the denomination of the security (on a security-by-security basis), the codification of the security (e.g., ISIN), the type of security, the identity of the issuer, and the valuation of stocks (physical quantity, currency, and quotation of securities).

Additional items, such as the currency of denomination of the securities and the sector of both the investor and the issuer, which were not included in the IMF 1997 Coordinated Portfolio Investment Survey, were requested. A complete geographical allocation was available according to the country of residence of the security issuer.

Data on stocks of domestic securities held by nonresidents were produced on a monthly basis, until the end of 1999, through the reports collected from custodians (concerning physical quantities and nominal values of securities deposited in nonresident dossiers) and from the Portuguese stock exchange (concerning prices). A complete geographical allocation was available, based on the country of residence of the first known counterpart.

From 2000 onward, the BdP collects stock data for both assets and liabilities quarterly, on a security-by-security basis, using the ISIN code as the security identifier. A complete geographical breakdown is available, based on the country of residence of the security issuer (assets) or on information derived from CPIS complemented with data available in the BdP on countries that do not participated on that exercise (liabilities). The BdP uses information reported under this security-by-security system to produce quarterly estimates on stock statistics, which are being published.

Financial derivatives

Options, futures, swaps, and forwards are valued at market prices. In the case of futures, the market practice usually involves a daily settlement of gains and losses (variation margin), implying that their market value is zero.

Other investment

The BdP derives data on the monetary authority's assets and liabilities from its balance sheet, collects data on general government's assets and liabilities directly from the Treasury, and collects data on banks' assets and liabilities through external positions of the banks' balance sheets.

Until 1997, the BdP used a mix of BIS figures and an accumulation of flows to compile deposits of resident nonbanks with nonresident banks; since then, it uses accumulation of flows. It derives stock figures on loans from the accumulation of flows based on pure stocks of end–1994, and it uses a quarterly survey of major exporters/importers to produce stocks data on trade credits. Annual data on trade credits are further derived from the SCI. For other investment, other assets, and other sectors, position data related to the estimate of the import/export of euro banknotes (in relation to the travel item) are derived by accumulating the flows of the past twelve months.

Reserve assets

The balance sheet of the BdP is the source of these data. It is available, for this purpose, on a monthly basis.

Romania

The following text was confirmed as current in 2009.

I. General

The agency responsible for compiling the Romanian balance of payments and international investment position (IIP) statistics is the National Bank of Romania (NBR) through the Statistics Department (SD). The SD obtains data for the balance of payments estimates from a variety of sources, including the National Institute of Statistics (NIS), commercial banks, the Ministry of Public Finance (MPF), and the Ministry of Foreign Affairs.

Data are prepared on a monthly basis and published in the *Monthly Bulletin* by the NBR. From 1992 onward, the available data are also published in the *Balance of Payments Assets and Liabilities Annual Report* by the SD. The 1992 annual report included revised data for the five previous years, published according to the recommendations contained in the IMF's *Balance of Payments Manual*, fifth edition (*BPM5*).

From 1994 onward, the SD has compiled IIP data on an annual basis, showing changes due to transactions, exchange rate influences, and other reasons, and the annual report has been renamed the *Balance of Payments and International Investment Position Annual Report*. Starting in 1995, quarterly IIP data have also been compiled and published.

From 1990, data were compiled in U.S. dollars, and starting in June 2003 they have been expressed in euros; transactions denominated in other currencies are converted into euros at the rates prevailing at the time the transactions take place. Balance sheet data are used for checking the accuracy of data.

The classification of accounts used in Romania's balance of payments statement generally accords with the international standards recommended in *BPM5*. The balance of payments data collection system is an international transaction reporting system (ITRS), which covers transactions made through the domestic banking system, transactions via accounts opened by resident legal persons with banks abroad, and noncash transactions.

II. Specific Items: Balance of Payments

Current Account

Goods

General merchandise data are provided by the NIS, which is in charge of official trade statistics in goods, based on a bilateral agreement between the NBR and the NIS.

Starting on January 1, 2007, when Romania joined the European Union (EU), the Intrastat system has been implemented for collection of data with EU trade partners. To obtain total external trade, Intrastat data are cumulated with Extrastat data.

Official data on trade statistics are published by NIS in the monthly *Statistical Bulletin*. Both exports and imports are recorded on an f.o.b. basis. Imports f.o.b. are estimated by applying an adjustment coefficient estimated by NIS.

Services

Transportation

Banking records are the main source for compilation of export freight services. The credit side of the transportation balance is recorded on the basis of banks' customers' declarations.

In the case of import freight services, an estimation method is used to determine the value of the freight services provided by nonresident carriers to residents. Assuming that the difference in c.i.f./f.o.b. of imported goods refers to transportation and insurance expenses, it is important to assess the weight of transportation services provided by nonresidents in total transportation payments.

Insurance costs are calculated by applying an average insurance rate to imports calculated on a c.i.f. basis, and finally deducted from the c.i.f./f.o.b. difference. A breakdown of imports by carrier and by mode of transportation is available from the National Authority for Customs (NAC). Therefore, it is possible to assess, from the remaining part of the c.i.f./f.o.b. difference, the freight services performed by nonresident operators only.

Travel

Data are based on information obtained from the banks, on an individual basis (transaction-by-transaction data collected from bank customers), supplemented by additional data based on the transactions of the exchange offices, compiled by the SD.

Estimates are made of the amounts of foreign exchange used by residents traveling abroad. The foreign exchange transactions of nonresidents made through bureaus of exchange (credits) are derived as the difference between the amounts of foreign exchange sold and purchased by nonresidents in the reporting period.

Other services

Communications. Data are obtained on a monthly basis from ITRS—domestic banks being the main reporters of transactions associated with communication services. Banks report transactions made in their own name and accounts, as well as transactions performed in the name of the clients.

Construction. Data on construction services are obtained also from bank customers' declarations. The item refers to (1) amounts received by Romania's construction companies operating abroad for less than one year that provide construction services to nonresidents (on the credit side) and (2) payments to nonresident construction companies for providing similar services to Romanian residents (on the debit side).

Insurance. Data are based on customers' reports of transactions related to various kinds of insurance (e.g., freight insurance, insurance against fire and accidents, and life insurance). However, for statistical purposes, Romania's balance of payments classifies insurance services in three categories—life, goods, and other direct insurance.

Other business. Entries for other business services cover financial services, computer and information services, royalties and license fees, operational leasing, and other services not included elsewhere.

Government, n.i.e. Data on government services n.i.e. are obtained from ITRS and cover the expenditure of foreign diplomatic missions located in Romania and, to a lesser extent, amounts paid for goods and services bought abroad by the Romanian government's diplomatic personnel. Monthly, the SD receives, from the Ministry of Foreign Affairs and Ministry of National Defense, additional information related to the expenses of Romania's diplomatic and military missions abroad.

Income

Investment income

Direct investment. Monthly data on direct investment income received from nonresidents are derived from the ITRS and include only dividends paid in cash.

As regards investment income on inward direct investments, after the implementation in 2003 of a survey of the major foreign direct investment companies in Romania, data on dividends payable (both cash and in kind), investment income paid in kind, and reinvested earnings in Romania are available starting with 2004. Monthly data include estimates of dividends payable and reinvested earnings of nonresident direct investors, based on historical data, to ensure the consistency between annual and monthly figures.

A pilot survey on outward FDI was launched in 2006 for 2005 data, allowing recording of dividends cash and in kind distributed to resident direct investors abroad, and reinvested profits under direct investment income.

Portfolio investment. Income associated with the holding of portfolio investment securities is provided by ITRS. Additional information on income on securities issued by general government is collected monthly from the MFP.

Other investment. For banking institutions, information on income receipts and payments is derived from bank records. Short-term investment income credits consist mainly of interest received by residents from their deposits abroad, whereas the debits consist of the earnings of nonresidents (including individuals) from their deposits held in Romanian commercial banks.

Income of other sectors is collected from banks' customers. Every month the SD receives information from the Market Operation Department of the NBR on interest received on holdings of official reserves. On the other hand, the DMFAS (external debt database) provides data on interest paid on contracted medium- and long-term debt that are used for checking information from the ITRS.

Current transfers

General government

Data are obtained from a monthly report sent by MFP and cover mainly (1) subsidies granted/received from nonresidents for current budget support, and (2) the Romanian government's contributions to the administrative budgets of international organizations. Technical assistance under financial programs is also recorded under this item.

Other sectors

Additional information concerning aid, donations, and contributions is recorded under private transfers. Information on aid in kind received by the private sector is collected from the NAC. Workers' remittances are captured via the ITRS and are included in current transfers of the private sector.

Capital Account

Capital transfers

Estimates for the debt forgiveness item of general government are obtained from Romania's government budgetary documents. The forgiveness of debt of private companies is taken into account whenever it occurs. The acquisition of equipment under governmental technical assistance programs is included in general government capital transfers.

Financial Account

Direct investment

The principal source of monthly data concerning inward direct investment transactions is the ITRS. To obtain better coverage of direct investments, the NBR and the NIS are conducting together an annual survey on inward direct investments. Noncash participation and reinvested earnings are compiled within the annual survey framework.

The reverse investment principles are applied in all instances, for both transactions and stock data. Monthly balance of payments includes estimates of reinvested earnings, based on historical data.

Data on Romanian investment abroad are derived mainly from the ITRS, and therefore these data measure only cash transactions by parent resident companies with the nonresident direct investment enterprises. A pilot enterprise survey on outward direct investments was carried out in 2006.

Portfolio investment

Data on portfolio investment are derived from the ITRS, especially for transactions in equity shares, on the assets side. For liabilities, the main data source is the National Securities Commission, which collects data from the domestic financial market on transactions by nonresidents in domestic securities.

Only a small proportion of transactions in domestic securities issued by residents (mainly the MFP) in foreign currency and transacted through banks is reported by banks, together with transactions made on their own account.

For balance of payments purposes, the portfolio investment is classified by instrument—the main distinction being between equity securities and debt securities—and by institutional sectors.

Other investment

The main source for compilation of this component is the ITRS. Data regarding other investment are available by sectors, by maturity, and by instruments.

General government assets cover the medium- and long-term credits extended. These data are obtained from the MFP, which reports directly to the SD.

Within the SD, Romania's external debt is monitored using the DMFAS software package, which provides data on the government's medium- and long-term liabilities. The MFP is the primary source of these data.

Transactions in assets and liabilities of the banks cover medium- and long-term credits (extended or received by the banking system), as well as short-term credits, currency and deposits, and other assets and liabilities not included elsewhere, derived from stock data reported by the banks by currency and by countries, when applicable. A reconciliation of the monetary balance sheets with stocks reported for balance of payments compilation is carried out on a monthly basis.

Financial transactions of other sectors are collected via ITRS. Information is checked, where possible, with records from DMFAS.

The category covering "other assets and liabilities" comprises mainly medium- and long-term deposits of commercial banks and other transactions not included under loans or short-term deposits.

Reserve assets

Transactions in reserve assets are provided by the Market Operations Department. Data are recorded in balance of payments on a net basis, without exchange rate valuation changes. The exchange rate changes are obtained from the currency structure of assets. Reserves assets flows are broken down by instrument and by currency, and securities are divided into money market instruments and capital market instruments.

III. Specific Items: International Investment Position

In 1995, the NBR started compiling and publishing quarterly IIP statistics according to the recommendations of the *BPM5*. On the asset side, the most important components are medium- and long-term claims, together with international reserves. On the liabilities side, they comprise medium- and long-term external debt and foreign direct investment.

The data are supplied mostly by the NBR, the domestic banks, the MFP, and the Ministry of Foreign Affairs. The external debt data are compiled using DMFAS, which was implemented in the NBR and the MFP in 1994. To improve the quality of direct investments data, in 2004, the NBR in cooperation with NIS launched an annual survey on inward direct investments. This survey will be conducted on a regular basis.

As regards outward FDI, in 2006 a pilot enterprise survey on outward direct investments was carried out.

The IIP data represent a mixture of methods encompassing direct measurement of stocks and an accumulation of flow data in the case of certain items under other investment. The NBR fully reconciles IIP stocks and payments flows, based on information on stocks, flows, changes in price (for monetary gold only), exchange rates, and other changes.

The valuation principle underlying the measurement of the stocks of direct investment, portfolio investment, and the securities component of reserve assets is the acquisition cost or book value. The stock of monetary gold is valued in terms of the market price prevailing at the end of each quarter.

The NBR publishes selected IIP indicators in the *Monthly Bulletin*. Annually, it publishes comprehensive analysis of the balance of payments and IIP.

Russian Federation

The following text was confirmed as current in 2009.

I. General

The Bank of Russia (BR) is in charge of compiling and disseminating balance of payments and international investment position (IIP) statistics of the Russian Federation. Data are compiled in U.S. dollars. For stocks and transactions denominated in other currencies, the BR staff convert data into U.S. dollars at the official exchange rate, fixed by the BR, that closely approximates the market rate on the reference or transaction date.

The balance of payments and the IIP are compiled in the following geographical breakdown: by the Commonwealth of Independent States (CIS) and by non-CIS (far abroad) countries.

The principal sources of information are the Federal Service for State Statistics (Rosstat), the Ministry of Finance of the Russian Federation (Minfin of Russia), the Federal Customs Service of the Russian Federation (Customs), the Federal Migration Service of the Ministry of Internal Affairs, international organizations, partner country statistics, data collected directly by the BR from financial institutions and nonfinancial corporations (surveys, the International Transactions Reporting System [ITRS]), and the BR staff estimates.

The classification employed, the methods of valuation, and the coverage of recorded transactions largely correspond to the fifth edition of the *Balance of Payments Manual (BPM5)* and *Financial Derivatives: A Supplement to the Fifth Edition of the Balance of Payments Manual*.

The BR compiles the balance of payments data quarterly and annually, preparing them with a lag of three months following the reference period. The data are published on the BR website and in the BR publications—namely, the *Bulletin of Banking Statistics* and the *Vestnik Banka Rossii*, where data are available with commentary, supplementary tables, methodological notes, description of the data sources, and list of the latest revisions.

The IIP of the Russian Federation for all sectors of the economy is compiled annually; data are available since 2001. The IIP for the banking sector and the IIP on the international reserves have the same periodicity, timeliness, and availability as those of the balance of payments.

II. Specific Items: Balance of Payments

Current Account

Goods

The primary source of data on transactions in goods is the Customs's statistical system. When compiling the goods account, the BR makes several kinds of adjustments to customs data, for coverage, classification, valuation, and timing, using data from Rosstat and partner countries as well as internal estimates.

Coverage adjustments include transactions in goods not recorded in customs statistics. These transactions include goods sold without crossing the Russian Federation's customs frontier: mainly fish and sea products and goods procured by foreign carriers in Russian ports and by the Russian carriers in foreign ports; goods brought in and taken out by migrants; and goods not registered by Customs (goods undeclared and/or inadequately declared when imported by legal entities; goods exported/imported by individuals for subsequent selling, including imports of vehicles).

The estimates of goods not registered by Customs are based on a model, considering the absolute volumes of retail turnover on the domestic market, volumes of supply of goods by official sources, price structure of final consumption of imports, and price changes within the reporting period (for the purpose of deriving ratios for converting consumer prices to f.o.b. import prices).

Based on a statistical analysis of the differences between preliminary and final customs-based trade data, the balance of payments compilers adjust goods data for missing observations in the customs statistics. This serves to reduce the magnitude of revisions to the balance of payments that arise from changes in customs-based trade statistics and contributes to the stability of the series.

Compilers adjust customs data on imports, measured on a c.i.f. basis, to obtain an estimated f.o.b. basis. They compile this adjustment for countries having no common borders with the Russian Federation with the conversion ratio based on the data of a customs declarations survey. The BR has conducted sample surveys of oil and gas companies to determine whether their recording of exports on customs declarations complies with the f.o.b. principle. The ITRS data are also used.

Transactions related to goods for processing and repairs on goods are classified in accordance with the recommendations of the *BPM5*.

Services

The BR derives the data on transportation, royalties and license fees, and operational leases from enterprise surveys conducted by Rosstat.

Compilers estimate travel services via a model, using data on the number of border crossings classified by purpose of travel, average time of stay, and average expenditure per trip. The model uses data obtained from Rosstat surveys, the Federal Frontier Service of Russia, the Minfin of Russia, the Federal Migration Service of the Ministry of Internal Affairs, and specialized databases on services related to travel. Also used are partner country and mass media data. In addition, the BR estimates the number of cars imported for personal use—the costs of such cars being recorded under the travel debit item.

The BR obtains the data on all other services mainly from the ITRS. BR also uses, supplementary to ITRS, the information from the Minfin of Russia, local governments, and international organizations for calculating financial services. It also uses data from the Minfin of Russia and other ministries for compiling government services.

Income

Compensation of employees

The model for estimating compensation of employees is based on data on the number of residents temporarily employed abroad and nonresidents officially employed in the Russian Federation. The number of illegal employees is estimated by the BR, which obtains information for calculating and estimating the number of workers from the Federal Migration Service of the Ministry of Internal Affairs and the Federal Frontier Service of Russia. For calculating the average wages of nonresidents employed in the Russian Federation, the BR uses data from Rosstat, and the BR uses data from the International Labor Organization for estimating wages of the Russian residents working abroad. The BR also uses the official data on average salaries and number of employees in foreign diplomatic representatives in the Russian Federation.

Investment income

The BR mainly uses the ITRS and bank surveys as primary data sources on the income of banks and nonbanking corporations. When determining dividends and reinvested earnings, the BR uses specialized databases on securities. In certain cases, the BR may use estimates. The estimates of reinvested earnings include adjustments to primary data obtained from reports of particular nonbanking corporations (compiled in accordance with the International Financial Reporting Standards [IFRS] and U.S. GAAP) and from operators of product-sharing agreements, using the Current Operating Performance Concept (COPC). The BR estimates reinvested earnings for each company separately on the basis of their business forecasts; it verifies estimates with reporting data when they arrive. The dividends are shown on an accrual basis.

For calculating investment income of general government, the BR uses a special database that applies accrual accounting to the data on government loans and securities, taking into account secondary market transactions between residents and nonresidents.

For other investment, the BR obtains data from the Minfin of Russia, Vnesheconombank, and local governments. Income is recorded on a gross basis, before taxation.

Current transfers

The BR derives the data from bank reports, the Minfin of Russia, Customs, international financial organizations, ITRS, and partner countries. It completes the reporting data by estimates of income tax received from nonresidents and insurance payments.

Capital Account

Capital transfers

The BR obtains data on forgiveness of government debt from Vnesheconombank, the debt servicing agent of the federal government of the Russian Federation, and also from the local government.

Migrants' transfers are an offsetting entry balancing the following items: exports/imports of goods by migrants and exports/imports of cash and bank transfers of foreign currency and rubles by migrants. Compilers estimate each item via a model based on the data on the number of migrants, provided by Rosstat, and an average amount transferred by migrants, broken down by groups of countries.

Financial Account

Direct investment

Credit institutions' data are derived from their reports to the BR. For the nonbanking sector, the BR obtains data from (1) custodian institutions or from the ITRS; (2) reports of certain companies, compiled in accordance with the IFRS and U.S. GAAP; and (3) enterprise and household surveys, conducted by Rosstat. These are supplemented with data provided by operators of product-sharing agreements, security databanks, and partner countries. In the earlier periods, compilers used the Russian Fund for Federal Property information about investments during privatization. Some items such as real estate purchases are estimated by the BR. For verification of certain transactions and stocks, the BR also includes direct investment indicators in the Coordinated Portfolio Investment Survey (CPIS).

Portfolio investment

Portfolio investment liabilities of the general government cover transactions in federal and local government securities. Compilers derive the data from issuers' and custodian reports to the BR as well as the ITRS. For portfolio investment in resident enterprises, the BR uses mainly the ITRS and custodian reports. For portfolio investment of resident banks, the BR obtains data from their reports. For the secondary market transactions, the BR obtains data from the ITRS and custodian reports. The BR verifies portfolio investment assets with the CPIS results.

Financial derivatives

Data on financial derivatives are available since 2002. The sources of information are the reports of banks and of the BR.

Other investment

Trade credits

Trade credits include accounts receivable from and payable to nonresidents on exports and imports of goods and services. For estimating trade credits, the BR adjusts customs data on the volume of goods exported/imported by nonfinancial corporations by goods transactions that are not settled in cash and financed by other means—namely, repayments of government credits in kind, barter transactions, movement of goods for processing, and humanitarian aid in the form of consumer goods. The BR verifies the estimated volume of exports/imports with the ITRS data; final balances are recorded under trade credits.

Loans

Generally, the Minfin of Russia and Vnesheconombank—the government's agent for these transactions—provide data on government external borrowing and government credits extended.

Information about enterprises' loans comes from the banks' reports. For data on goods imported/exported on terms of financial lease, the BR compiles estimates using the Customs information on imports/exports of such goods.

For transactions in loans carried out by banks, the BR derives data from the bank reports.

Currency and deposits

Apart from the transactions in deposits placed with nonresident banks, the item currency and deposits, assets, other sectors shows net purchases of foreign exchange by individuals and nonfinancial enterprises. The BR estimates, as the balance between inflows and outflows of cash, the volumes of cash foreign currency in the Russian Federation on the reporting date.

For each category of economic agent involved in such transactions (such as banks and other legal entities; individuals, including migrants and travelers; individuals engaged in unregistered exports/imports of goods; residents employed abroad; nonresidents employed in the Russian Federation, etc.), the BR estimates the share of cash transactions in the total volume of settlements.

The BR reconciles the estimates with credit institutions' reports on their net purchases of foreign banknotes from abroad, information on credit card settlements, and bank deposits of individuals in foreign currency.

Assets and liabilities of the general government under this item comprise changes in balances on clearing accounts of nonresident monetary authorities with Vnesheconombank and clearing accounts of Vnesheconombank with nonresident monetary authorities, opened according to intergovernmental agreements.

Other assets and liabilities

These items cover transactions in other assets and liabilities of residents and arrears. Most transactions in arrears refer to the indebtedness of the former USSR. Vnesheconombank provides the data on these transactions.

Other assets also include transactions in assets by resident nonbanking enterprises, arising from nonrepatriation of export proceeds, nonsupply of import of goods and services against import contracts, and remittances against fictitious transactions in securities.

Reserve assets

The BR calculates transactions in reserve assets on the basis of its records and those of the Minfin of Russia—both institutions hold gold and foreign exchange reserve assets. IMF data are also used. The information provided is sufficiently detailed, enabling the BR to distinguish flows from exchange rate and price changes and other changes and record them in the balance of payments.

III. Specific Items: International Investment Position

Previously, the BR compiled the IIP statistics for the Russian Federation's banking sector for 1994–2000. That sector comprised the BR and credit institutions, including Vnesheconombank (net of the assets and liabilities managed by Vnesheconombank as the foreign debt manager of the federal government of the Russian Federation).

IIP data for all sectors are available since 2001. Sectoral classification is fully consistent with the international standards. In the earlier periods, compilers recorded positions and transactions of monetary authorities partly under the banking sector and included, under general government, the IMF credit received by the Russian government.

Data sources used for the IIP compilation are similar to those used for the balance of payments statistics.

For other investment, corresponding entries under other adjustments net out the transactions in assets by resident nonbanking enterprises, arising from nonrepatriation of export proceeds, nonsupply of import of goods and services against import contracts, and remittances against fictitious transactions in securities. Thus those transactions have no impact on the outstanding position.

The BR measures stocks of external assets and liabilities at market values, with two exceptions—monetary gold, valued at a price of US$300 per troy ounce up to January 2006, and outstanding amounts under the items Loans and Arrears of the general government on the asset side. Compilers include the latter in the statistics at book value but, following the negotiations within the Paris Club, will reduce the claims amount.

Rwanda

The following text was confirmed as current in 2008.

I. General

The National Bank of Rwanda (NBR) is responsible for compiling Rwanda's balance of payments. Since January 2003, the task has been assigned specifically to the Balance of Payments Service within the Foreign Exchange Inspection and Balance of Payments Department.

To compile the balance of payments estimates, the NBR uses several sources: the *balance des réglements en devises* (the exchange records), data provided by public agencies, and the annual survey of enterprises, embassies, and international organizations. Since 2003, NBR has conducted annual surveys on foreign direct investment enterprises, services, and transfers through the Section of BOP Statistics Survey, established by NBR to compile data from other sources.

The NBR publishes the data on an annual basis on its website; the data are expressed first in millions of U.S. dollars and then in millions of Rwanda francs (RF) after conversion at an annual average exchange rate. From September 1998 onward, the data are published to be consistent with *BPM5,* and every effort is being made to further improve the reliability of the data. However, all the information required to compile the whole balance of payments based on *BPM5* is not yet available, because of a lack of more detailed data.

II. Specific Items: Balance of Payments

Current Account

Goods

NBR compilers prepare estimates of Rwanda's two main export products (coffee and tea) on the basis of sale contracts collected from their exporters. They value exports of other products on the basis of customs documents, including customs declarations of exports and certificates of cash receipts from exports (certificates of receipt), and on the basis of survey data. They value exports on an f.o.b. Kigali basis.

However, a portion of Rwanda's coffee and tea is exported after consignment at the port of Mombasa and Dar-Es-Salaam. Consequently the NBR adjusts the value of such exports to express them f.o.b. Kigali, by subtracting the cost of the transportation from Kigali to Mombasa, insurance, and other fees from the value of those products to get the f.o.b. value. In addition, the compilers add to the export data the sales of electric power and exports through postal packages.

For merchandise imports, NBR prepares estimates on the basis of data prepared by customs officers. The data also cover imports below RF 200,000 (carnets 126 BIS) passing through frontier customs offices, which are recorded in the Automated System of Customs Data (ASYCUDA) by the customs statistics service. For the remaining part of such imports, NBR gathers information separately from the Customs' Office, which compiles it manually. In 2007, NBR compiled its own data of nonconnected customs offices to complement online customs data.

Imports of fuels are declared at customs based on a reference price. The price is adjusted to show the real value based on information provided by the Ministry of Commerce, Industry and Tourism. Identified nonresident imports are currently excluded from total imports through adjustments. Re-exported products not integrated in imports are included as adjustments. Nonetheless, customs import statistics do not cover electricity imports and imports of postal packages. NBR is collecting them through surveys to the Water, Energy, and Electricity Company, the National Post Office, and courier companies working in Rwanda.

Services

Transportation

Passenger. Transportation services include the (1) transportation of nonresident passengers by the national airlines and road-transport companies and (2) transportation of resident passengers by foreign airlines.

Freight. The data are collected after classification of imports by port of entry (airport and physical borders). For freight relating to imports by air, 100 percent is allocated to foreign operators, as Rwanda does not own a cargo plane. For freight relating to imports via physical borders, residents bear 29 percent while nonresidents are allocated 71 percent. This allocative ratio is used only on *imports*. The annual surveys of 2003 confirmed that the NBR would continue to use this allocative ratio to estimate the amount of freight earnings by residents.

Transportation data on exports come from the main exporters of products such as coffee, tea, coltan, and cassiterite. Rwanda's export products, such as tea and coffee, are transported to the port of embarkation (Mombasa, Kenya) by both resident and nonresident carriers. The exact amount is calculated using information provided by transportation companies. They specify if the transport is ensured made by residents or by nonresidents and indicate the amount paid by ton. The freight costs on exports are finally paid by foreign importers.

Other transportation. This account includes services provided to foreign airlines by the Rwanda Airports Authority (for landings, takeoffs, and navigation) and those provided by foreign airlines to national airline companies. NBR draws the data from the exchange records and supplements them with annual survey questionnaires to the national airlines, the Rwanda Airports Authority, and foreign airlines.

Travel

The NBR derives credit entries from surveys conducted at hotels, guesthouses, and the Rwanda Office of Tourism and National Parks and from the exchange records. The amounts entered as debits are also drawn from the exchange records, supplemented with information from the ministries of National Education and Foreign Affairs and Cooperation, the Interior's Immigration and Emigration Service, and the Students Financing Agency for Rwanda.

These data were not gathered for 1994–2000, and the balance of payments for those years was compiled on the basis of estimates. Since 2001 survey data have been used to compile this item.

Other services

Insurance. The data are collected through surveys. The amounts entered as credits relate to the insurance of exports and other premiums received from nonresidents. Data on the insurance of goods to be posted on the debit side are not classified separately; they are included in freight. Data on other insurance transactions are collected through surveys.

Other business services. The amounts recorded under this heading include charges, management costs and agents' commissions, professional fees, the rental of equipment, communication services, and the rental of films. All these data are derived from the exchange records.

Government, n.i.e. The relevant data were formerly compiled on the basis of the exchange records. Currently, this information is collected primarily through surveys. Amounts entered as credits cover the services relating to spending by technical assistance personnel and the expenditure of foreign diplomatic missions and international organizations in Rwanda. Amounts entered as debits relate to the expenditure abroad of Rwandese diplomatic personnel and missions.

Income

Compensation of employees

The compensation of nonresident workers (e.g., local personnel working in Rwandese embassies abroad) is estimated on the basis of the exchange records and the results of surveys of the Rwanda Social Fund (*Caisse Sociale du Rwanda - CSR*). NBR also draws data on compensation paid to Rwandese residents employed by foreign embassies, international organizations, and other international assistance agencies from the exchange records and the survey results of CSR and other agencies.

Investment income

Direct investment. NBR derives the data on income from direct investment from the survey and exchange records.

Amounts entered as direct investment debits relate to data on Rwandese investments abroad and the distributed dividends and profits of branch offices of foreign investors. The information on Rwandese investments abroad is still incomplete and hard to get.

Sometimes information on related income is obtained through exchange records.

Portfolio investment. NBR compiles data on income from portfolio investment on the basis of the exchange records.

Other investment. NBR also compiles the data on income from other investment on the basis of the exchange records (for the investment of the banking sector and other sectors) and information from the NBR's Finance and Public Debt Service (in particular, for the monetary authorities and the general government).

Current transfers

General government

Through its International Department, NBR follows regular budgetary transfers. The amount provided is used as a budgetary grant. Other external aid is obtained as a residual after excluding capital grants and budgetary grants. Credit entries cover grants received in cash and in kind relating to budget support, humanitarian assistance, and the training of central government personnel. Debit entries cover contributions by Rwanda to the administrative budgets of international organizations. Other current transfers are derived from exchange records and surveys.

Other sectors

The data are derived from the exchange records.

Capital Account

Capital transfers

General government

The data on capital transfers cover debt forgiveness and project-related grants in cash and in kind (e.g., grants for Public Investment Program financing). NBR compiles these data on the basis of information supplied by the External Debt section, which works closely with the Ministry of Finance to ensure data harmonization, as well as from the exchange records. Concerning project financing, the amount shown in the budget law is retained as realization.

Other sectors

The data on the capital transfers of the other sectors cover transfers in cash and in kind for home construction, water supply, and other projects implemented by nongovernmental organizations on the economic territory of Rwanda. NBR compiles these data on the basis of information supplied by international organizations, the External Finance Bureau, and other public agencies, as well as from the exchange records.

Financial Account

Direct investment

NBR derives the data from the survey on direct investment enterprises. NBR compares these data with the data collected from the Secretariat of National Privatization and from the Rwanda Investment and Export Promotion Agency (RIEPA), operating, respectively, within the MINECOFIN and the Ministry of Commerce, Industry, Investment Promotion, Tourism and Cooperatives. Other information is collected from exchange records and media communication.

Portfolio investment

The only existing source, for the time being, is the exchange records.

Other investment

Monetary authorities. NBR derives the data from its books. The data concern especially deposits with foreign institutions.

General government. NBR obtains the data from its External Debt Service and from the Public Debt Division of the External Finance Bureau. This item currently covers loans in support of projects, loans to support the balance of payments, and subscriptions to the capital of nonmonetary international organizations.

Banks. The data relate to changes in the foreign assets and liabilities of the commercial banks. Compilers draw the data from the monetary survey tables prepared by the Monetary Statistics and Credit Section within the NBR's Research Department.

Other sectors. Entries under this heading cover data relating to the private sector. They are derived from the exchange records and surveys.

Reserve assets

NBR uses the data from its International and Accounting departments to compile the data on Rwanda's reserve assets. Changes in stocks between the beginning and the end of the period are used to compile transactions. Flows are valued using the average exchange rate.

III. Specific Items: International Investment Position

The NBR's Balance of Payments Service compiles the international investment position (IIP). The IIP reflects Rwanda's financial assets and liabilities vis-à-vis the rest of the world, making it possible to determine the net financial position vis-à-vis abroad.

The IIP is compiled in accordance with the *BPM5*. It is prepared in millions of U.S. dollars and reported annually to the IMF using accounting values. The IIP statistics are compiled annually. The IIP is not currently published nationally. The statistics are nonetheless submitted annually to the IMF.

Direct investment

For direct investment, only the liabilities side is completed (direct investment of nonresidents in Rwanda), owing to the lack of information on the asset side. NBR derives the data from the survey on direct investment enterprises.

NBR also consults the data collected from the Secretariat of National Privatization and from the RIEPA, operating, respectively, within the Ministry of Finance and Economic Planning and the Ministry of Commerce, Industry, Investment Promotion, Tourism and Cooperatives.

Portfolio investment

The only existing source, for the time being, is the NBR accounting books prepared by the Accounting and Budget Department and the monetary statistics prepared by NBR's Research Department.

Other investment

With regard to other investment, data exist for the monetary authorities, general government, and the banking sector on the asset and liability sides. For private operators, NBR gathers information through surveys or via commercial bank information but only on the liability side. The asset side is still hard to collect.

Monetary authorities. NBR derives the data from its financial books. The data concern especially deposits with foreign institutions.

General government. NBR obtains the data from its External Debt Service. This item currently covers loans in support of projects, loans to support the balance of payments, and subscriptions to the capital of nonmonetary international organizations.

Banks. The data on the foreign assets and liabilities of the commercial banks are drawn from the monetary statistics prepared by the NBR's Research Department.

Other sectors. Entries under this heading cover data on trade credits and foreign exchange deposits with the banks, and private sector loans derived from the exchange records and surveys.

Reserve assets.

Reserve assets are compiled using NBR accounting books.

St. Kitts and Nevis

See Eastern Caribbean Currency Union.

St. Lucia

See Eastern Caribbean Currency Union.

St. Vincent and the Grenadines

See Eastern Caribbean Currency Union.

Samoa

I. General

The Central Bank of Samoa (CBS) has been compiling balance of payments statistics for Samoa regularly since its inception in 1984. Before that, balance of payments statistics for the country were compiled on an ad hoc basis by various government departments. The balance of payments is compiled largely in accordance with the fourth edition of the *Balance of Payments Manual (BPM4)*, using data from various sources. Samoa is moving towards a *BPM5* framework for the statistics; in particular services are now classified according to *BPM5*.

To compile balance of payments statistics, the CBS uses, in conjunction with other data collection surveys, a system for recording and classifying foreign exchange transactions through the commercial banks, known as the "ticket system," which provides codes. The codes are described in a way that is familiar to commercial bank tellers who handle international transactions. The coding system was designed to enable the CBS to convert the data thus classified into balance of payments transactions.

The CBS compiles balance of payments statistics on a quarterly basis and publishes the data in its quarterly bulletins and annual reports. The statistics are compiled in the national currency, the tala. Where transactions are reported to the CBS in other currencies, these are converted to tala at the market rates prevailing on the transaction dates.

Because detailed information on trade cannot be derived from the ticket system, CBS replaces trade data captured by this system with those that CBS compiles separately. Similarly, details on some components of transportation and other services transactions cannot be derived from the ticket system and are therefore collected through monthly surveys of foreign airlines, foreign diplomatic missions, and international and regional organizations located in Samoa. To avoid double counting, CBS replaces the data reported by the ticket system with those collected from the surveys or provided through other sources and means.

The ticket system captures private sector capital data, but the level of detail is insufficient to enable CBS to show it as a separate item in the financial account. As a result, private sector capital is reflected in errors and omissions.

The item "private capital" shown in the balance of payments table in recent CBS bulletins represents aircraft lease payments arrears by Polynesian Airlines—the national flag carrier—which the government guaranteed. This item is a part of government-guaranteed debt. However, it has been shown separately because it was very large. It has also been classified as private capital because of its political sensitivity.

II. Specific Items: Balance of Payments

Current Account

Goods

Since June 1991, CBS has compiled statistics on the export of goods. Prior to that, the statistics were compiled by the Department of Statistics and the Customs Department. Exports of goods are valued f.o.b.

The item excludes exports by one, large, fully owned, foreign subsidiary company because of inconsistencies in their valuation. Instead, the company's expenditures in Samoa (mainly on salaries and wages, electricity, and other ancillary services) are included in the services account of the balance of payments, classified as export processing. These figures are derived from the ticket system.

Beginning in 1991, CBS has compiled statistics on imports of goods, using primary documents (import entries) made available by the Customs Department. Before 1991, import statistics were compiled by the Department of Statistics and the Customs Department. Imports of goods are valued c.i.f. The Customs Department converts foreign currency values to tala at the exchange rates provided by CBS at the end of each month.

Imports are recorded at the time they physically cross the Samoa customs boundary. For balance of payments purposes, CBS adjusts the imports data for coverage so that imports by nonresidents (mainly diplomatic missions and international and regional organizations) are excluded. Also excluded are the imports of the company whose exports were excluded as described above.

Services

For international transactions in services, CBS derives entries from the ticket system, supplemented by information collected from monthly surveys of all foreign airlines, foreign diplomatic missions, and international and regional organizations located in Samoa.

Transportation

For transportation services, CBS derives entries from the ticket system (mainly for data on services transactions of foreign shipping companies, the local shipping company, and the local airline) and from a monthly survey of all foreign airlines.

Because imports are valued c.i.f., the services account does not include freight and insurance debits, to avoid double counting. This figure is shown as a memorandum item in the services and income account table of the CBS's *Quarterly Bulletin*.

Travel

Monthly entries for travel credits are estimated on the basis of tourist arrivals and the average tourist expenditure derived from the Western Samoa Visitor Survey conducted in 1990. The estimates are subsequently adjusted for price changes using the consumer price index. (Travel credits captured in the ticket system are replaced by the above entries.)

Other services

For other services, CBS derives entries from the ticket system and from monthly surveys of foreign diplomatic missions and international and regional organizations located in Samoa. The component includes the value added from the operations of a foreign-owned enterprise in Samoa, classified as export processing in the services and income account table of the CBS *Quarterly Bulletin*.

Income

Investment income

Credit entries consist of the actual interest earnings by the CBS from its foreign exchange holdings, plus the estimated interest earnings on foreign exchange holdings of the commercial banks and the Treasury Department. Credits also include inward remittances of dividends from profits earned abroad; these are derived from the ticket system.

Debit entries for the government sector consist of interest payments and charges on government and government-guaranteed debt. The Treasury Department provides these figures on an annual basis. Debit entries for the private sector mainly cover interest payments on private sector debt and amounts repatriated as dividends from profits. These are derived from the ticket system.

Current transfers

Entries for current transfers comprise only cash transfers by the private sector, which are derived from the ticket system, and transfers in kind, which are taken from the imports database. All government transfers are recorded as capital transfers in the capital account.

Capital Account

Capital transfers

Entries on capital transfers comprise only government transfers. The Treasury provides these data on an annual basis. Monthly or quarterly estimates are derived by apportioning the annual figures on a pro rata basis.

Financial Account

No information is readily available on direct investment, portfolio investment, and other investment. A system for collecting this information has recently been established; it was expected to begin generating regular information in 1997. Initial response to the questionnaire has been poor and fragmented.

Reserve assets

Reserve assets comprise those held by the CBS, the Treasury Department, and the three commercial banks. Entries for reserve assets are derived from monthly statements of assets and liabilities of the CBS and the commercial banks, statements provided at the end of each month by the Treasury Department on its foreign asset position, and information provided by the Fund on Samoa's end-of-month SDR holdings, reserve position in the Fund, and use of Fund credit and loans. The entries reflect changes, rather than transactions, in these reserve assets (i.e., they include the effects of valuation changes).

São Tomé and Príncipe

The following text was confirmed as current in 2009.

I. General

Following recommendations made by International Monetary Fund technical assistance missions, a decision was made to revise balance of payments data starting with reference year 2001, when a break in series occurred and adjustments were made to some items after receipt of additional information. It is intended to implement additional specific surveys in order to improve the statistics on workers' remittances and compensation of employees.

II. Specific Items: Balance of Payments

Current Account

Goods

Exports

Beginning with reference year 2001, adjustments to data concerning cocoa exports were corrected. The data collected from the Centro de Investigaçao Agronómica e Tecnológica (agricultural research center) and the Agriculture Directorate (DGA) are recorded as a coverage adjustment to merchandise trade data.

Data made available by the National Statistics Institute concerning reexports have been introduced. The national fuel importing company (ENCO) does not provide its actual data on supplies to nonresident shipping companies.

Imports

Beginning with reference year 2001, the adjustments to the data gathered from ENCO and the DGA concerning fuel imports, which previously had been recorded as a valuation adjustment, were corrected and recorded as coverage adjustments.

Imports c.i.f. are adjusted to an f.o.b. basis, with an adjustment ratio of 20 percent, revised from 22 percent.

Services

Exports

Travel and tourism. Based on the information provided by the immigration and customs services, and taking the years 2001–03 as a baseline, it was inferred, by evaluating rates of change, that the proportions of business travel and personal travel were 40 percent and 60 percent, respectively.

Imports

Freight. Freight and insurance services related to merchandise imports represent 20 percent of c.i.f. imports. Of this 20 percent, the breakdown is 80 percent is for freight and 20 percent is for insurance. Within freight services, maritime freight constitutes 98 percent, and 2 percent is attributed to air transport services.

Insurance. The service charge of freight insurance payments, previously estimated at 20 percent of these payments, now represents one-third of this total. This is the portion of the gross premium value representing payment for the provision of services.

Technical assistance. Technical assistance services continue to be estimated at 35 percent of the public investment project (grants and loans).

Government. All government expenditures related to embassy operations are recorded under government services, since the salaries paid to the officials of São Tomé are deemed equivalent to their expenditures in the country where they are posted.

Other services. Government expenditures related to payments of contributions to international organizations were reclassified from other services to government transfers. The amounts recorded as government expenditures (maintenance and salary payments to embassies) come from the TOFE (fiscal reporting table).

Income

Income received on foreign portfolio investments and deposits made by the monetary authorities is reflected under other investments, along with interest payable. Previous estimates of interest have been retained, because the data available up to 2007 do not include total bilateral interests.

Current transfers

Current transfers of the government include, in particular, payments of contributions to international organizations. The 70 percent deductions from freight insurance services are recorded under private transfers.

Capital Account

Project grants, debt forgiveness (Heavily Indebted Poor Countries Initiative), and the petroleum bonus (2005 and 2007) are recorded under this heading.

Financial Account

Payment agreements are excluded from reserve assets and recorded under the Financial Account – Other investments – Other assets of the government.

Reserve assets

See above (Financial Account).

Saudi Arabia

The following text was confirmed as current in 2009.

I. General

The Saudi Arabian Monetary Agency (SAMA), the country's central bank, compiles the balance of payments of Saudi Arabia. The sources of data include SAMA, the Central Department of Statistics and Information (CDSI), the Ministry of Finance, Saudi Arabian General Investment Authority (SAGIA), the General Ports Authority, airports, and Saudi Aramco, as well as private sector sources such as commercial banks and oil companies.

Starting in 2009, SAMA published balance of payments data for 2005–2008 in the *BPM5* format. As a result, the classification of published data for prior periods may differ, resulting in a break in time series data.

II. Specific Items: Balance of Payments

Current Account

Goods

Data on exports and imports are obtained from the *Foreign Trade Statistics Bulletin* produced by the CDSI, which is responsible for collecting, processing, and publishing foreign trade data. The CDSI obtains the basic data from the General Customs Authority. Goods exported and imported are valued on an f.o.b. and c.i.f. basis, respectively. Merchandise data do not include goods in transit, fuel and other items used on board domestic aircraft and ships, passengers' personal effects, fish caught by Saudi Arabian fishermen, and goods returned after repair under a guarantee.

The estimated cost of freight and insurance is excluded from the c.i.f. value of imports to derive the f.o.b. value. It is estimated by using information from the Customs Department and from the table on the c.i.f./f.o.b. factor published in the IMF's *International Financial Statistics Yearbook*. Data related to the sales of fuel to foreign ships and aircraft are obtained from various sources, including the oil companies and the General Authority of Civil Aviation. No data are available on fuel sales to foreign cars and trucks.

Services

Transportation

This item covers all air, marine, and land transport services and includes passenger, freight, and other services. Data on air, marine, and land transport are obtained from the Saudi Arabian Airlines, the General Authority of Civil Aviation, the General Ports Authority, and the Saudi Land Transportation Company. Data on freight are estimated.

Travel

Foreign visitors are mainly pilgrims and Umrah performers year-round—especially those who visit Saudi Arabia around the months of Dhul-Hijjah and Ramadan each year. Expenditures are estimated on the basis of data received from the Ministry of Interior on actual numbers of pilgrims and other visitors. Data on travel by residents of Saudi Arabia abroad are obtained from the commercial banks, which record the purpose for sales of foreign exchange.

Other services

Data on freight insurance services are estimated as part of freight and insurance on imports. Also included are all services extended to the oil companies by the rest of the world, such as consulting, legal, and other services.

Government, n.i.e. The entries under this classification consist of all services purchased by the government of Saudi Arabia from nonresidents, including construction services, telecommunication services, financial services, etc.

Income

Compensation of employees

Data on this item are not available separately and may be included in workers' remittances. This item, however, is not significant for Saudi Arabia.

Investment income

The data sources on investment income are SAMA, SAGIA, the commercial banks for private sector income, and oil companies for the oil sector income. Data on SAMA's investment income are obtained from SAMA's Investment Department. If necessary, these data can also be estimated on the basis of the amount of SAMA's foreign assets and the prevailing international interest rates. Data on investment income of the commercial banks are obtained from SAMA's Banking Supervision Department, but if necessary, they can also be estimated on the basis of the amount of foreign assets and liabilities of the commercial banks and the prevailing international interest rates published in the IMF's *International Financial Statistics*. The Statistics Department uses the annual profit and loss statements from Aramco to derive the enterprise's investment income.

Current transfers

Workers' remittances represent the main item under current transfers. Data are obtained on a monthly basis from statements on purchases and sales of foreign exchange provided by the commercial banks and licensed money exchange houses. Data on current transfers and capital transfers of the general government (debit) are indistinguishably included in current transfers–general government.

Capital Account

Capital transfers

See note under "Current transfers."

Financial Account

Data on direct investment are provided by SAGIA. Data on portfolio investment and other financial transactions for the oil sector are provided by the oil companies, while those for the rest of the private sector are channeled through commercial banks and money exchange houses. Sources of data for these transactions are the monthly statements of purchases and sales of foreign exchange, provided by commercial banks and licensed money exchange houses. Data are not available by category. All the entries are recorded under assets and currency and deposits of other sectors.

This item also covers valuation adjustments for changes in exchange rates and net errors and omissions. Data on changes in foreign assets and liabilities of the commercial banks are obtained from the consolidated balance sheet of the commercial banks, prepared monthly by SAMA's Banking Control Department.

Reserve assets

This item reflects changes in the overall official reserves, namely, gold, foreign exchange, SDRs, reserve position in the Fund, deposits with banks abroad, and investment in foreign securities. These data are obtained from SAMA's balance sheet.

Positions in official reserve assets reported in *International Financial Statistics* include gold, foreign exchange, SDRs, and reserve position in the Fund. Deposits with banks abroad and investment in foreign securities, which are reported as transactions in reserve assets in the balance of payments, are not included.

Senegal

The following text was confirmed as current in 2009.

I. General

The Central Bank of West African States (BCEAO), headquartered in Dakar, is responsible for preparing the balance of payments. The National Agency (the BCEAO branch for Senegal) collects the bulk of the statistical data and compiles the balance of payments, whereas the headquarters determines the methodology and compilation procedures and collects certain primary data at a regional level.

The compilation of balance of payments conforms to the standards set forth in the *Balance of Payments Manual*, fifth edition (*BPM5*) published by the IMF in 1993. The BCEAO collects data from government agencies, public and private enterprises, commercial banks, and international organizations located in Senegal.

The data are recorded on an annual basis. After they have been approved by Senegal's National Balance of Payments Committee, they are published in the BCEAO's *Information and Statistics Notes* and transmitted to the IMF for inclusion in the *Balance of Payments Statistics Yearbook*.

II. Specific Items: Balance of Payments

Current Account

Goods

Data are collected from trade declarations filed with the customs administration. Exports are valued on an f.o.b. basis, and imports on a c.i.f. basis. For balance of payments purposes, imports are adjusted to f.o.b. values by assuming freight and insurance amounts to 12 percent of the c.i.f. value.

Customs statistics record the physical movement of goods crossing Senegalese customs boundaries but, for purposes of preparing the balance of payments, are subject to adjustments concerning coverage, valuation, and time of recording.

Statistics on goods purchased by foreign carriers are obtained from surveys of the consignees of shipping companies (bunker fuel, provisions, and other supplies) and from oil companies (airplane fuel).

Services

Transportation

This item covers freight, passenger services, and port services. Freight costs are estimated at 10 percent of c.i.f. imports, after adjustments. Passenger transportation information is obtained from airline companies. Port services data are obtained from surveys of port and airport authorities and from the consignees of shipping companies.

Transportation receipts consist essentially of National Railroad Company receipts (Société Nationale des Chemins de Fer du Sénégal) from merchandise in transit to neighboring countries.

Travel

Credit entries are taken from surveys of hotels, tourist sites, etc., by the Ministry of Tourism. Estimates are based on the number of foreign visitors, their estimated average expenditure, and their average length of stay.

Debit entries are obtained from statements of tourist allocations (including pilgrimage operations) granted by banks, plus data collected from airport authorities and travel agencies.

Other services

Insurance. The costs of insuring merchandise are calculated at 2 percent of c.i.f. imports, after adjustment. Data on the reinsurance of local companies (premiums paid and indemnities received from foreign companies) come from the Insurance Department of the Ministry of Finance.

Other business. These data are taken from enterprise surveys and cover commissions and other charges in connection with trade, management costs, communication services, insurance services, and leasing costs.

Government, n.i.e. The amounts recorded include the service transactions of general government units, international organizations, embassies and consulates, and military troops. Data come from surveys of the ministries concerned (particularly the Ministry of Finance and the Ministry of Foreign Affairs), international organizations in Senegal, and local water and electricity companies.

With respect to embassies and military troops stationed in the country, most of their other expenditure on goods and services is estimated when there is no answer to surveys sent to them.

Income

Compensation of employees

The category includes wages and social contributions paid to and for residents by embassies, military bases, and international organizations established in the country. Data on international organizations are obtained by direct survey, whereas the data on embassies and military bases are estimated.

Investment income

Direct investment. Data on direct investment income are taken from surveys of direct investment enterprises (subsidiaries and branches). Distributed and undistributed earnings are classified separately. The counterpart entries for the reinvestment of undistributed earnings and for disinvestment resulting from losses are credited and debited, respectively, to direct investment in Senegal.

Portfolio investment. Data on portfolio investment income are also obtained through surveys of public and private enterprises, banks, and government.

Given that portfolio investment income is expected to increase with the establishment of a West African Economic and Monetary Union (WAEMU) financial market (in progress), other data sources will be tapped very shortly.

Current transfers

General government

Amounts credited to general government current transfers include grants in kind received, technical assistance, financial aid to the government, taxes, fees and penalties, and contributions to social security schemes. Data are collected from the Ministry of Finance.

Amounts debited relate to Senegal's contributions to the operating expenses of international organizations, the administrative costs of technical assistance, social pensions paid, and taxes for WAEMU and ECOWAS commissions budget.

Other sectors

Data on other current transfers come through surveys of banks, post offices, nongovernmental organizations (NGOs), and religious missions. They cover workers' remittances and grants to NGOs and religious missions.

Capital Account

Capital transfers

See note concerning current transfers.

Debt forgiveness. Data are collected from the Directorate of Debt and Investment of the Ministry of Finance.

Financial Account

Direct investment

Data are collected through surveys of direct investment enterprises. These are enterprises in which the capital held by nonresidents is at least 10 percent, as defined by *BPM5*.

The reinvestment of undistributed earnings and disinvestment resulting from losses are recorded under direct investment—the former as a credit, and the latter as a debit.

Portfolio investment

Data on portfolio investment are also obtained through surveys of public and private enterprises, banks, and government agencies. They refer to holdings of less than 10 percent of securities and government securities subscribed by nonresidents.

Other investment

Data on trade credits, loans, and repayments are taken from foreign debt statements prepared by the Directorate of Debt and Investment of the Ministry of Finance. General government units are not authorized to hold international liquidity in the form of fiat money or deposits with nonresidents.

Information on changes in assets and liabilities of monetary authorities is obtained from the BCEAO books. Data on the liabilities of the monetary authorities refer to changes in the debit balance of the operations account with the French Treasury, use of IMF credit, and changes in accounts held by nonresident organizations.

Data for banks include changes in the external assets and liabilities of commercial banks.

Data on transactions of the other sectors are taken from annual surveys of enterprises and cover changes in their external assets and liabilities.

Reserve assets

Data are obtained from the BCEAO books. They comprise changes in SDR holdings, reserve position in the IMF, foreign currencies, and other claims. Assets in foreign currencies include cash holdings in foreign currency and credit balances in the operations account with the French Treasury. Other claims comprise transfers received from abroad and not yet recorded in the operations account.

Serbia, Republic of

The following text was confirmed as current in 2009.

I. General

In accordance with the Foreign Exchange Law, the National Bank of Serbia (NBS) has the mandate to compile the balance of payments, international investment position, and external debt statistics for Serbia. Data sources are the following:

- external trade statistics compiled by the Statistical Office of the Republic of Serbia (SORS);

- International Transactions Reporting System (ITRS);

- external debt data;

- monetary statistics;

- data on reserve assets;

- estimates based on the NBS, the SORS, and statistics of other state institutions; and

- additional reports:

- report on foreign direct investments by nonresidents in the country, the source for reinvested earnings of direct investments;

- report on foreign direct investments by residents abroad;

- reports on transactions between residents and nonresidents in respect of performance of investment (construction) works abroad;

- monthly reports on investment in debt securities—investment by residents in debt securities issued by nonresidents and investment by nonresidents in debt securities issued by residents; and

- report on balance and transactions on resident accounts abroad and current accounts abroad.

The presentation and compilation of the balance of payments follows the methodology recommended in the IMF's *Balance of Payments Manual*, fifth edition (*BPM5*).

The NBS compiles balance of payments statistics on a monthly basis in euros and U.S. dollars. Data in the national currency (dinar), are obtained for goods, while other data are recalculated applying the average monthly midpoint exchange rate. Since the original data are reported in different currencies, the NBS converts transaction values into one unit of account by applying the midpoint exchange rate from the NBS exchange rate list on the date of the transaction.

II. Specific Items: Balance of Payments

Current Account

Goods

Data on trade in goods are based on customs source data and compiled by the SORS. Customs data have improved since 2004, when a new, simplified customs form was introduced that meets the standards set by the European Union (EU). Improvements include the separate identification of re-exports and imports related to financial leases as well as the inclusion of duty-exempted goods in import data (such as humanitarian aid). In 2005, a new tariff schedule was introduced that met the standards set by the World Customs Organization (WCO) in 2002 and the EU in 2005—namely, the Harmonized System of the WCO (HS 2002) and the Combined Nomenclature of the EU (CN 2005). This tariff schedule was replaced in January 2008 with a new one that meets the new standards set by both the WCO and the EU (HS 2007 and CN 2008).

Goods that are imported or exported are valued on an f.o.b. basis and the costs of transportation and insurance are separately captured. According to data analyzed by the SORS, transportation accounts for approximately 3.1 percent of import values. According to the NBS estimates, nonresident companies provide about 60 percent of the transportation services related to imports.

Services

Data on services are mostly obtained from the ITRS, and reporting codes are based on the classifications recommended by the *BPM5*. The estimates of travel and construction services are based on additional data sources.

Transportation

This category covers the international transportation of passengers, goods, and other transportation services in detail. Expenditures on transportation services also include part of the differences between c.i.f. and f.o.b. import values, pertaining to services provided by nonresidents.

Travel

Travel services are estimated on the basis of data obtained from various reporting codes of the ITRS. The ITRS provides data on international account-to-account transactions coded as travel, receipts by Serbian hotels, and transactions of foreign-issued credit and debit cards in Serbia as well as Serbian-issued cards abroad. The estimate for business travel receipts is based on data obtained from payments to hotels and payments using credit cards and bank transactions, while cash transactions are included in estimates of tourist (personal) travel receipts. The cash component of tourists' travel expenditure is estimated to account for approximately EUR 50 per tourist per day, based on reference data obtained from the tourism office of the city of Belgrade. The number of travelers visiting Serbia is obtained from the SORS, based on immigration records. Travel debits are entirely based on ITRS records, including an estimate of foreign currency purchased by individuals for spending abroad.

Income

The NBS classifies transactions in the income account into four main groups: compensation of employees, income from portfolio investment, other investment, and income from direct investment are compiled on the basis of the ITRS. Dividends, profits, and interest are recorded according to the form of investment, sector of transactor, and partner country. Data on reinvested earnings are reported separately. Resident entities with foreign direct investment assets or liabilities are obligated to submit a report form (form DI1) to the NBS. Data in this form include reinvested earnings and the shareholder structure, so that the relevant information for balance of payments statistics can be obtained.

Current transfers

The NBS reports current transfers separately for the general government sector and other sectors. The main data source on current transfers for both sectors is the ITRS.

In addition to taxes and excise duties, pensions, monetary support, and donations, included in current transfers of both sectors, the *government sector* encompasses data on multilateral cooperation, whereas other sectors include data on workers' remittances. Current transfers of the general government sector also include data on exports and imports of goods without a payment obligation, provided by the SORS.

Published data on transfers include an item known as "inflow under the law on payment operations on the territory of the Former Republic of Yugoslavia, net." This item relates mostly to the net inflow of foreign currency arising from transactions with Kosovo (mainly the sale of goods to Kosovo). The underlying transactions are not all transfers. The NBS has the ITRS coding for most of the transactions, so that the transactions can be classified according to their purpose. The largest item under current transfers is workers' remittances, which are estimated from ITRS records and the data of the NBS special statistics. The estimation method has recently changed, and due to their impact on the current account, workers' remittances are of critical importance.

Capital Account

Capital transfers

The capital account is compiled entirely from ITRS records. The two main entries are the trade in nonproduced, nonfinancial assets and migrants' transfers. The trade in nonproduced, nonfinancial assets includes the purchase and sale of nonproduced, intangible assets. Migrants' transfers are also compiled from ITRS records; banks use a specific transaction code for recording transactions that their clients report as being related to immigration and emigration.

Financial Account

Direct and portfolio investment

Foreign *direct investment* includes equity capital, reinvested earnings, and debt transactions between related residents and nonresidents. Direct investment is defined according to the 10 percent ownership criterion for both direct investment abroad and direct investment in Serbia. Separate ITRS codes are specified for transactions in direct investment by residents abroad and by nonresidents in Serbia. Reporting on foreign direct investment is also enforced by the applicable foreign exchange rules that require that resident entities register investment activities abroad with the Ministry of Economy and Regional Development. Direct reporting forms were introduced in 2007 as one of the main data sources. Enterprises with foreign equity investment (asset or liability) are required to submit them to the NBS quarterly.

The NBS collects data on equity *portfolio investment* from the same data source as the data on direct investment. Data on portfolio investment are obtained from ITRS records and direct reporting forms.

International investment in securities is subject to special regulations that specify which securities may be traded and who may participate in the market, for both inward and outward flows. The ITRS codes for portfolio investment are consistent with both the legal provisions and foreign exchange regulations in Serbia and the principles of *BPM5*. These codes cover all legally permitted investment flows. The ITRS codes further identify securities transactions by type of security and permit a sectoral breakdown. All accounts from which securities transactions are performed must be reporting accounts; this means that, regardless of the residence of the owner and the location of the account, all transactions have to be reported to the NBS.

Both outward investment in securities by resident entities as well as inward investment by nonresidents have to be conducted through licensed banks or brokers that act as custodians. These custodians report all transactions on behalf of their clients by submitting a direct report form (form HOV) on a monthly basis.

Other investment

Data on other investment are obtained from the ITRS, the Monetary Department, and the Debt Division. The Monetary Department provides data on assets and liabilities of the resident banking sector, including deposits and currency holdings. Data on debt liabilities of all resident entities are obtained from the Debt Division but these data are supplemented by information obtained by the ITRS (because the ITRS provides more timely data). All other data are based on ITRS reports.

All resident entities are required to record any loan transaction with nonresidents (borrowing and lending) with the Debt Division. Proof of recording is required before disbursements, interest payments, and other transactions related to loans may be conducted by banks. Therefore, the Debt Division compiles detailed data on loans with full coverage. These data include loan amounts, interest rates, repayment schedules, outstanding debt, and arrears.

Trade credits are not always recorded with the Debt Division. If deferred payments are part of a trade transaction, and no explicit interest is payable, the payments for imports (or exports) can be processed through banks without documentation relating to loans. The NBS estimates such deferred payment credits by comparing the import values reported by customs data with those obtained from the ITRS (adjustments are made to exclude customs transactions that do not require payment, such as goods for processing).

Reserve assets

Data on foreign exchange reserves are obtained from the Foreign Exchange Reserves Division, whose staff monitors the reserves on a daily basis and provide detailed stock data classified by instrument. The Balance of Payments Division obtains stock data from the Foreign Exchange Reserves Division and calculates the transactions in foreign reserves from stock data. The NBS excludes exchange rate effects from transactions, and the effects of other valuation changes, such as changes in the prices of reserve assets. The stock reported in the IIP reflects historical values as well as transactions, exchange rate, valuation, and classification changes during the reporting period.

III. Specific Items: International Investment Position

The NBS has started developing the necessary data sources and compiled unpublished annual IIP estimates starting with 2005. Data for these estimates are obtained from the Monetary Statistics Division, the Debt Division, and the Foreign Exchange Reserves Division of the NBS as well as from direct report forms (DI1, DI2, and HOV). Data on private nonbank debt assets are obtained from direct reporting by companies. For previous periods, when coverage of direct reporting by companies was insufficient, the NBS uses estimates.

Seychelles

The following text was confirmed as current in 2009.

I. General

The Central Bank of Seychelles compiles the Seychelles balance of payments. The principal sources of balance of payments statistics are the central bank, commercial banks, the Ministry of Finance (MOF), the National Statistics Bureau (NSB), other ministries and government agencies, and private companies.

The central bank compiles the balance of payments on a quarterly and annual basis, publishing them in its *Quarterly Review* and *Annual Report*, respectively. In addition, the balance of payments are published in the NSB's *Statistical Abstract*, produced annually, and also are posted on the National Summary Data Page.

The data are compiled in millions of Seychelles rupees. To the maximum extent possible, classification of individual items for the balance of payments is in accordance with recommendations of the IMF's *Balance of Payments Manual*, fifth edition (*BPM5*).

II. Specific Items: Balance of Payments

Current Account

Goods

The source of data on imports and exports of goods is the Seychelles customs. These data, normally first published by the NSB, are the basis for the trade section of the balance of payments.

For 1995, trade data are central bank estimates only; imports are based on provisional data from the MOF, whereas exports are estimates based on information from individual exporters and government agencies involved in exports. From 2002 forward, estimates are made for items such as shuttle trade.

Services

Transportation

This item consists mainly of revenue from passenger services, port services, and freight. Passenger services mainly represent air transportation; data are obtained from Air Seychelles and agents of foreign airlines based in Seychelles. Port revenue includes data on general marine and port charges and agency service income, obtained from shipping agents. Air Seychelles provides data on airport handling fees. Aircraft landing fees in Seychelles are obtained from the MOF, and Air Seychelles provides data on landing fees abroad. Payments in respect of freight are estimated at 12.5 percent of c.i.f. imports. Receipts for carriage of foreign cargo by Air Seychelles are obtained directly from the airline.

Travel

Until 1991, revenue from travel was based on commercial bank records and a tourism expenditure survey carried out by the NSB. Since 1992, however, the emergence of a parallel market for foreign exchange has reduced the coverage of commercial bank records, and total revenues from 1992 to 1995 are based on the NSB survey, although commercial bank receipts are also shown as part of overall revenue. From 1996 onward, revenue includes commercial bank receipts and an estimate of inflows outside the official banking system.

For foreign travel, bank records remain the source of data. In June 2001, with an increased emphasis on exchange control regulations, these records have increased in importance.

Other services

Insurance. The central bank obtains data from two insurance companies operating in Seychelles—the State Assurance Company Limited and Harry Savy Insurance. Until 1995, the State Assurance Company Limited (under the name State Assurance Corporation of Seychelles) was the only insurance company.

In addition, the data include 2.5 percent of overall c.i.f. imports for insurance on cargo and payments for insurance services from resident companies to overseas insurance companies.

Royalties and license fees. Information on these items is obtained through surveys of individual companies.

Other business. This item represents (1) payments-for-lease data provided by Air Seychelles and (2) telecommunications data obtained directly from the two main telecommunications companies in Seychelles.

Government, n.i.e. For this item, the central bank derives data from different sources. The U.S. Air Force tracking station was the source of data on rent and expenditure on domestic goods and services by U.S. staff, who are treated as nonresidents. The station was closed in 1997.

Expenditure of foreign embassies in Seychelles is estimated based on commercial bank data. For the level of expenditure by Seychelles on its embassies abroad (excluding salaries and wages paid to non-Seychellois staff), the Ministry of Foreign Affairs provides information.

The item also includes, as government services payments, the spending on tourism promotion abroad by the government-established Seychelles Tourism Board; the MOF provides these data.

Income

Compensation of employees

This item consists of wages/salaries paid to Seychellois staff by foreign embassies (credits) and to non-Seychellois personnel working at Seychelles embassies abroad (debits). The Ministry of Foreign Affairs is the source of these data. Other data are obtained directly from the returns of local companies with foreign affiliations.

Investment income

Direct investment. Data, obtained from surveys of companies, consist of distributed profits of direct investors and reinvested earnings.

Other investment. This item consists primarily of interest received and paid by the government, the central bank, commercial banks, and private sector investors. The data come from the appropriate government agencies, commercial banks, and the private companies.

Current transfers

Data on transfers originate from a number of sources. Under general government, fishing license receipts are provided by the Seychelles Fishing Authority. For grants, data are derived from records of the MOF and the Ministry of Foreign Affairs (for mostly noncash grants such as education).

For other sectors, the current transfers originate from commercial bank statistics and consist principally of private remittances by Seychellois working abroad for more than one year.

Financial Account

Direct investment

Data on direct investment abroad reflect estimates of reinvested earnings outside Seychelles by residents.

Direct investment in Seychelles comprises (1) purchases of government assets (including land) by nonresidents, for which data are obtained from the MOF; (2) data on inflows of both equity and fixed assets of new investors, which are provided by the Seychelles Investment Bureau and private companies; and (3) investment in new plants and equipment by existing direct investors.

Portfolio investment

This item consists of investment in foreign securities, mainly of the banking sector, for which data are obtained from commercial banks. In 2006 and 2007, this includes a sovereign bond placed on the international capital market.

Other investment

An important component of this item is government loans (credits and debits), for which data are obtained from the MOF. The central bank provides information on its own borrowing. Data on commercial bank lending/borrowing from head offices are derived from bank returns.

Other investment also includes data provided by the Development Bank of Seychelles (DBS) on loans to the DBS from foreign lenders. In addition, this item includes borrowings and repayments by private companies and individuals—the latter being derived from commercial bank records. Air Seychelles provides data on their financial leases and annual repayments.

Reserve assets

Data on reserve assets are derived from the central bank accounts.

Sierra Leone

The following text was confirmed as current in 2009.

I. General

The Research Department of the Bank of Sierra Leone (BSL) is responsible for compiling Sierra Leone's balance of payments statistics. BSL obtains the data for the balance of payments estimates from various sources, including its own records, government ministries, Customs and Excise Department (Customs), and Financial Survey of Major Limited Companies. BSL conducts this survey annually to obtain estimates for services and for income and capital flows relating to direct investment, portfolio, and other investments.

In addition to compiling the balance of payments, BSL has been compiling the international investment position

(IIP) statement since 2002. The data sources for the IIP are the same as those for the balance of payments.

BSL prepares the data on an annual basis and publishes them in the *Sierra Leone Balance of Payments* pamphlet, in the half yearly *BSL Bulletin,* and on the BSL website. It compiles balance of payments estimates in millions of leones. The balance of payments data accord, as far as possible, with the international methodology recommended in the fifth edition of the *Balance of Payments Manual (BPM5).*

II. Specific Items: Balance of Payments

Current Account

Goods

BSL bases the estimates on the import and export data compiled by Customs. Also the oil companies provide data on imports of petroleum. The data compiled by Customs for exported goods are valued on an f.o.b. basis, whereas imported goods are valued on a c.i.f. basis. BSL converts foreign currency values of imports into leones at the official exchange rates.

Trade data record the physical movement of goods across the Sierra Leonean customs boundary, but they are adjusted in respect of coverage, valuation, and timing for balance of payments purposes. These adjustments include deducting estimates of freight and insurance from the value of imports to derive the f.o.b. value. BSL adds these deductions to the services sector.

For coverage adjustments, BSL adds nondutiable imports to the dutiable import figures provided by Customs. It also adds other import items, such as payments for the printing of currency, that are not captured by Customs.

In addition, it adds unrecorded diamond exports from Sierra Leone to the Customs-based data. These are estimated by deducting official export figures for diamonds from trading partners' official import figures of diamonds from Sierra Leone. BSL also adds other exports that are not captured by Customs such as goods procured in ports by carriers, official diamond exports, etc.

Services

Following the adoption of *BPM5,* BSL expanded and reclassified the services sector in 2002 to include services relating to computer and information, business and management consultancy, financial other than insurance, other business, etc. In this regard it developed a new survey to capture the additional information as required by *BPM5.*

Transportation

This category covers freight and passenger services for all modes of transport and port services. BSL derives data for transport services from an annual survey of airline and shipping companies that operate in Sierra Leone. It draws data on seaport charges and airport fees from information provided by the seaports and airport authorities.

It bases estimates of freight and insurance on information furnished in customs declaration forms. Where such information is not available, the central bank estimates these expenses at 10 percent and 2 percent, respectively, of the c.i.f. value of imports.

Travel

BSL compiles estimates of travel credits by combining data on tourist arrivals with estimates of their average expenditures—both of which are provided by the Sierra Leone Tourist Board.

Regarding government travel, banking records provide information.

Other services

Insurance. BSL obtains data from its annual survey of all insurance companies resident in Sierra Leone. Credit entries include the net premiums received on direct insurance of exports and reinsurance by companies operating locally. Premiums are net of claims, cancellations, and commissions. Debit entries cover premiums on merchandise insurance on imports derived from Customs statistics.

Other business. Other services comprise those international service transactions not covered under the transportation and travel items. They include communications, construction, financial services, computer and information, royalties and license fees, and other business services.

BSL records credit entries for all services provided by residents to nonresidents, while it records debit entries for all services provided by nonresidents to resident enterprises. For information on other services, it designs and administers separate questionnaires to both providers and consumers of such services in the country.

Government services, n.i.e. BSL uses cash flow statements from its International Finance Department for government services not included elsewhere. Credit entries represent expenditures of foreign governments, diplomatic missions, and international organizations in Sierra Leone. Debit entries comprise the expenditures abroad of Sierra Leone's diplomatic and trade missions, as well as military expenditures on the Sierra Leone military contingent in foreign countries.

Income

Income covers two types of transactions between residents and nonresidents: those involving compensation of employees, paid to nonresident workers (e.g., border, seasonal, and other short-term workers), and those involving investment income receipts and payments on external financial assets and liabilities. Included in the latter are receipts and payments on direct investment, portfolio investments, other investments, external debt, and receipts on reserve assets.

Compensation of employees

This item comprises wages, salaries, and other benefits in cash or in kind, earned by individuals in economies other than those in which they are residents—for work performed for (and paid for by) residents of those economies.

BSL records income earned by residents of Sierra Leone as a credit and records payments made to nonresidents as a debit. It obtains data from completed questionnaires sent to enterprises as well as from official sources like its own records.

In 2002, BSL introduced for the first time a new item under *compensation of employees* to capture official foreign exchange inflows by United Nations organizations and other diplomatic missions in Sierra Leone. The estimate (credit) represents 30 percent of all official foreign exchange inflows by UN organizations and other diplomatic missions in Sierra Leone. This credit—in compilers' fair judgment—accounts for the wages and salaries paid to local employees of these organizations, as well as contributions paid by these employers on behalf of the resident employees to schemes such as private insurance and/or pension funds.

Investment income

For *direct investment, portfolio investment,* and *other investment,* BSL derives data from its annual financial surveys of registered companies, banks, and other financial institutions, as well as from its own records. It obtains details of government transactions from the Department of Finance.

The credit entries relate mainly to interest on investments held by official institutions. The debit entries relate to remittances of profits, interest, and dividends accruing to nonresidents, as well as interest on official loans.

Current transfers

General government

BSL derives data from information that various government agencies provide. The entries cover grants in cash and in kind from other governments for development and training, and contributions to the administrative budget of international organizations.

Other sectors

BSL gathers data from records of its International Finance Department, information provided by the banks, and duty-free information pertaining to NGOs. The credit entries include grants and gifts received, transfers of savings by nonresidents, and transfers of funds by missionary organizations.

Capital Account

Capital transfers

Debt forgiveness. Debt forgiveness data come from BSL's International Finance Department records.

Financial Account

Direct investment

To derive data on direct investment, BSL administers an annual financial survey of all registered companies. Estimates mainly cover direct investment in branches and subsidiaries by foreign companies, which, for the purposes of this survey, covers companies in which nonresidents hold more than 10 percent of share capital. The item includes reinvested earnings.

Portfolio and other investment

Regarding other investment, BSL obtains data on general government transactions from its Banking, International Finance, and Accounts and Budgeting departments. Assets include holdings of foreign long-term securities (which comprise mainly sinking-fund contributions, savings banks' investments, and other funds) and other foreign assets.

It derives similar data for the monetary authorities from its records. The entries cover changes in foreign assets (other than reserve assets) and liabilities of the monetary authorities.

For banks' other investment transactions, BSL obtains data directly from commercial bank records. Entries are estimated as differences in amounts of outstanding foreign assets and liabilities of commercial banks; thus, they include valuation changes.

Reserve assets

BSL's records supply these data. The data on BSL's foreign exchange holdings are estimated as differences in amounts outstanding and, therefore, include valuation changes.

BSL has reclassified some line items in the financial account to include reserve assets and exceptional financing items, which were formally not included in the financial account under the fourth edition of the *BPM*.

III. Specific Items: International Investment Position

The IIP is the balance sheet of the stock of external assets and liabilities. The position at the end of a specific period reflects financial transactions, valuation changes, and other adjustments, all of which affect the level of assets and/or liabilities, that occurred during the year.

Singapore

The following text was confirmed as current in 2009.

I. General

The Singapore Department of Statistics (DOS) is responsible for compiling Singapore's balance of payments and international investment position (IIP). The DOS collects data for compiling balance of payments and IIP estimates mainly from establishment surveys. Major surveys conducted by DOS include the Survey of International Trade in Services (TIS), Survey of Foreign Debt Transactions, Survey of Singapore's Investments Abroad, and Survey of Financial Structure and Operations of Companies.

DOS also relies on other external data sources from International Enterprise Singapore (IE Singapore), Monetary Authority of Singapore (MAS), official government records, and other government ministries and agencies.

Data on balance of payments are prepared on a quarterly basis; they are published in the *Economic Survey of Singapore* and other statistical publications such as the *Monthly Digest of Statistics* and the *Yearbook of Statistics*. They are also available from DOS's SingStat Time Series (STS) Online System.

Data on IIP are prepared on an annual basis; they are released on DOS's National Summary Data Page (NSDP) and STS Online System.

DOS compiles data in Singapore dollars; transactions denominated in other currencies are converted to Singapore dollars based on the market exchange rate prevailing at the time of the transaction or on the average rate for the shortest period applicable. Singapore's balance of payments and IIP are compiled in accordance with the IMF's *Balance of Payments Manual*, fifth edition (*BPM5*) framework based on the best currently available information.

II. Specific Items: Balance of Payments

Current Account

Goods

General merchandise data are based on external trade statistics compiled by the IE Singapore from customs documents. The data are adjusted in respect of coverage and classification for balance of payments purposes. The main adjustments are to exclude the cost of freight and insurance from imports, returned goods and samples, and aircraft parts imported by foreign airlines, and to include exports and imports of water.

Services

Transportation

Transportation covers freight, passenger, and port services. The credit entries for freight cover freight earnings of local shipping lines and airlines. Data are obtained from the TIS. The debit entries cover payments to non-residents for freight services provided. The total cost of freight on imports is estimated by applying freight factors to the value of imports (c.i.f.). These factors come from a survey of importers. Data on passenger and port services are obtained from the TIS and accounts of harbor and airport authorities.

Travel

The main source of information on expenditure by visitors who come in by air and sea is the Survey of Overseas Visitors to Singapore conducted by the Singapore Tourism Board. Estimates are also made for the expenditure of visitors coming to Singapore by road and rail. Entries for travel debits are derived from the number of returning Singapore residents and the estimated average expenditure per person.

Other services

Communications. Communications services consist of postal, courier, and telecommunications services. Data are obtained from the TIS.

Construction. Estimates cover earnings and payments by residents for construction-related services. Data are from the TIS.

Insurance. Insurance credits cover insurance earned by resident insurers on exports and goods in transit and other general insurance. Data are obtained from the TIS and surveys conducted by the MAS. Insurance debits cover mainly freight insurance payment on imports. The estimation methodology is similar to that used in estimating freight on imports.

Financial. Financial services include charges for bank services, fees for investment and other financial consultancy services, commissions, stock brokerage, and implicit service charges on foreign exchange trading. Data are obtained from the TIS and surveys conducted by the MAS.

Computer and information. Computer and information services include data processing, software development and programming, computer consultancy, and other technical support. Data are from the TIS.

Royalties. Royalties include patents, industrial design, manufacturing rights, trademark and franchising fees, publication copyrights, and royalties on computer software. Data are from the TIS.

Other business services. Other business services cover all miscellaneous services, such as engineering, business management, research and development, legal, accounting, architectural, advertising, and trade-related services. Data are mostly obtained from the TIS.

Personal, cultural, and recreational. Social services include cultural, sports, educational, and recreational services. Data are from the TIS.

Government, n.i.e. The credit entries refer to the expenditure of foreign diplomatic and consular missions and foreign armed forces in Singapore. The debit entries refer to the expenditure of Singapore's overseas diplomatic, trade, and tourist missions and the purchase of goods and services by the government from abroad. Data are from various government agencies and official records of the Accountant-General.

Income

The credit entries cover the net investment income of banks and financial institutions, as well as profits, interest, and dividends earned from foreign assets of private companies, statutory boards, the government, and MAS. The debit entries cover earnings attributed to foreign investors and payments of interest on foreign loans by local companies, statutory boards, and the government.

The data are obtained mainly from administrative records, the Survey of Financial Institutions, Survey of Singapore's Investments Abroad, and Survey of Financial Structure and Operations of Companies.

Current transfers

General government

This item covers government grants, technical assistance rendered overseas, government's contributions and subscriptions to international organizations, and its payment of pensions abroad. Data are mainly from official records of the Accountant-General.

Other sectors

This item covers workers' remittances, remittances through postal orders, and other private remittances. Workers' remittances are estimated on the basis of data from official records.

Capital Account

The capital account includes deposits of foreigners intending to reside in Singapore and withdrawals of Central Provident Fund savings by Singapore residents migrating overseas. Data are obtained from official records.

Financial Account

Direct investment

Direct investment abroad. This item covers direct equity holdings in and intercompany loans extended to overseas subsidiaries and branches, investment in properties abroad, and overseas retained earnings of Singapore companies, statutory boards, and the government. Data are from the Survey of Singapore's Investments Abroad, the Survey of Statutory Boards, and other administrative records.

Direct investment in reporting country. This item refers to equity holdings of foreign investors in their subsidiaries and branches in Singapore. Also included are the intercompany loans received from foreign holding companies, net purchase of properties by foreigners, and a contra-entry to reinvested earnings by foreign investors. Data are from the Survey of Financial Structure and Operations of Companies, the Survey of Foreign Debt Transactions, and the Inland Revenue Authority of Singapore.

Portfolio investment

Portfolio investment covers investments in equity and bonds other than those included in direct investment. Data on the credit side are mainly from the Survey of Financial Structure and Operations of Companies, Survey of Foreign Debt Transactions, and transaction records of the Singapore Exchange. The sources of data for the debit side are similar to those for direct investment abroad.

Other investment

General government. This item covers drawings and payments of foreign loans by the government and changes in other foreign assets and liabilities. Data are obtained from the official records of the Accountant-General.

Banks. The item covers changes in foreign assets and liabilities of the domestic banking units of commercial banks and finance companies. Data are from the monthly financial statements submitted by commercial banks and finance companies to the MAS.

Other sectors. The item covers all other capital transactions of the private sector. Included are foreign loans and overseas deposits of local companies and statutory boards, changes in foreign assets and liabilities of merchant banks, and nonbank residents' transactions with Asian Currency Units. The major sources of data are the monthly financial sta0tements of merchant banks and Asian Currency Units submitted to MAS, the Survey of Financial Structure and Operations of Companies, the Survey of Foreign Debt Transactions, and the Survey of Singapore's Investments Abroad.

Reserve assets

Reserve assets consist of monetary gold, SDRs, reserve position in the IMF, and holdings of foreign assets of the

MAS and Board of Commissioners of Currency, Singapore. By convention, valuation gains and losses are excluded from the balance of payments data on changes in the official reserves. Data are obtained from the MAS.

III. Specific Items: International Investment Position

The data sources and compilation methodology of the IIP are similar to and consistent with those of the balance of payments financial account, as described above.

Slovak Republic

The following text was confirmed as current in 2009.

I. General

The agency responsible for compiling the balance of payments is the National Bank of Slovakia (NBS), which began collecting balance of payments data for the Slovak Republic in 1993.

NBS obtains balance of payments data from a variety of sources, including data derived from customs returns on goods; data on transactions in goods, services, income, current transfers, and foreign assets and liabilities settled through the commercial banks (the foreign exchange record); and data on changes in foreign assets and liabilities, derived from a survey of Slovak enterprises.

The NBS compiles the data in accordance with the recommendations set forth in *BPM5*.

II. Specific Items: Balance of Payments

Current Account

Goods

NBS bases the data on goods on trade statistics compiled by the Statistical Office of Slovakia (SOSR). The trade data record the physical movement of goods, which are valued at market prices and recorded at the time of crossing the frontier of the Slovak Republic. NBS compiles the trade data on a monthly basis, which for balance of payments purposes, are converted into U.S. dollars at the average rate of exchange.

Since accession to the European Union (EU) in May 2004, the Slovak Republic monitors exports and imports of goods among EU member states on the basis of monthly reports of enterprises via Intrastat. The SOSR updates the register of enterprises yearly on the basis of a threshold value for exports and imports.

A geographical breakdown of merchandise trade is available, as is a commodity breakdown according to the standard international trade classification.

Services

Generally, the NBS derives data on trade in services from the monthly report on foreign exchange income and payments and the monthly report on receipts and payments for the account of nonresidents. The first report contains transactions in foreign exchange, while the latter covers transactions in domestic currency.

These reports are prepared by all commercial banks on the basis of the methodology prepared by the NBS's BOP section. The commercial banks provide the data electronically to the NBS's Statistics Department. The reporting forms are designed on the basis of *BPM5* and contain the information needed by the compilers.

Transportation

This category covers all modes of transportation, including transit and passenger services. NBS generally obtains the transportation data from the monthly report on foreign exchange income and payments and the monthly report on receipts and payments for the account of nonresidents. Individual respondents (such as pipeline operators) also directly report several items, including pipeline transit.

Travel

Data for travel are obtained from the monthly report on foreign exchange income and payments and the monthly report on receipts and payments for the account of nonresidents. The collection system covers purchases and sales of foreign exchange and cashless payments (i.e., transfers from one account to another), credit card data for travel credits and debits from commercial banks, border surveys produced by the Institute of Tourism and statistical information on travel from the SOSR, surveys of tourist intermediaries (e.g., travel agencies), and surveys of travelers at accommodation establishments.

Other services

This category covers communications, installation services, processing and repair, insurance, royalties and license fees, government services, n.i.e., and other business services, following the *BPM5* classification.

Income

Compensation of employees

For compensation of employees, NBS derives the data from the monthly report on foreign exchange incomes and payments and the monthly report on receipts and payments for the account of nonresidents. Also for this item, NBS obtains transactions estimates, both debits and credits, from the SOSR. These cover both legal and illegal workers, Slovak resident employees of foreign embassies, and nonresidents working in Slovakia.

Investment income

The category covers income from direct investment (broken down into income on equity and income on debt; reinvested earnings are also available), portfolio investment (including income on equity and income on debt), and other investment (for which a sector breakdown is available). The entries are derived from reports submitted by commercial banks, enterprises, and NBS.

Current transfers

For current transfers, NBS derives data from the monthly report on foreign exchange incomes and payments and the monthly report on receipts and payments for the account of nonresidents.

The credit entries for general government cover amounts received under foreign technical assistance projects and humanitarian aid.

Debit entries cover contributions to the administrative budgets of international organizations. The entries for other sectors include workers' remittances, inheritances, alimony payments, gifts, and pensions.

Capital Account

Capital transfers

NBS compiles capital transfer data following *BPM5*. Data are derived from the same sources as current transfers and primarily include migrants' transfers and investment grants received and extended. Transfers are broken down into government and other sectors according to the institutional sector of the resident party to the transaction. The item includes transactions under the Poland/Hungary Aid for Reconstruction of Economies (PHARE) technical assistance program.

Financial Account

Direct investment

Regarding direct investment, the NBS derives the entries from monthly reports sent by enterprises. In identifying a direct investment relationship, compilers apply the criterion of shareholders owning more than 10 percent of equity capital. Data on reinvestment of earnings and other capital are also available. Enterprises value direct investment at market prices and report them to NBS in Slovak crowns (from 2009 in EUR), which for balance of payments purposes are converted into U.S. dollars at the average rate of exchange.

Portfolio investment

In identifying portfolio investment, compilers apply the criterion of shareholders owning less than 10 percent of equity capital. In addition, portfolio investment includes bonds, notes, and money market instruments. NBS derives the entries from reports submitted by commercial banks, enterprises, brokers, and its own offices.

Financial derivatives

For financial derivatives, NBS compiles data using existing commercial bank statements and the enterprise survey. Transactions are reported on a net basis. Regarding the instrument breakdown, only options can be separately identified.

Other investment

Other investment data are collected following the definitions of *BPM5*; the primary breakdown is according to assets and liabilities. Breakdowns by resident sector (monetary authorities, general government, banks, and other sectors) and by maturity (short- and long-term investment) are available. For each sector, NBS produces a breakdown by instrument into trade credits, loans, currency and deposits, and other assets/liabilities. NBS derives the entries from reports submitted by the commercial banks, enterprises, brokers, and its own offices.

Reserve assets

The entries cover the changes arising out of transactions and other changes in the NBS reserve assets. The source of data is the NBS Treasury Department (Operations), which compiles and provides data daily. However, the data are disseminated to international institutions and the public on a weekly basis, and daily data are used only for internal analysis. The Treasury Department also provides breakdowns of reserve assets by type of instrument and by currency.

III. Specific Items: International Investment Position

NBS prepares data on a quarterly basis, in accordance with the recommendations of *BPM5,* and publishes them on its website. It obtains the data from the same sources as the transactions data.

Slovenia

The following text was confirmed as current in 2009.

I. General

In accordance with the national statistical program and the Law on Foreign Exchange Business, the Bank of Slovenia is responsible for compiling the balance of payments. In fulfillment of this responsibility, the Bank of Slovenia issued the Decree on the Obligation of

Domestic Persons to Report Transactions with Nonresidents. The decree provides that the central bank cannot publish or otherwise make available to any individual (or organization) statistics that would enable the identification of data for any individual person or entity.

Data sources are the following:

- The external trade statistics (Statistical Office of the Republic of Slovenia) is the main source of data regarding trade in goods. Since May 1, 2004, the source of data for trade in goods between Slovenia and EU member states is Intrastat reporting. The source of data for trade in goods with other countries is the single administrative document (SAD).

- Reports on account balances and transactions between residents and nonresidents (C, PPT, PPV):

- report on account balances at domestic banks—PPV (until December 31, 2004),

- report on account balances abroad—C (until December 31, 2006),

- report on transactions through accounts at domestic banks—PPT (until December 31, 2008), and

- report on transactions through accounts abroad—C. All banks that conduct international payment transactions and all residents with open accounts abroad are responsible for reporting. The resident issuer/beneficiary of the payment is responsible for forwarding data regarding the type of transaction (until December 31, 2008).

- Reports on trade in services, part of trade in goods, and on current/capital transfers with nonresidents (BST) are the sources of data on services (excluding travel), data on coverage adjustments of goods item, and data on current and capital transfers (excluding transfers with EU budget) from 2008 onward.

- Reports on transactions with securities (VRP) and data from the Securities Clearing Corporation (KDD) are the sources for portfolio investments (debt and equity securities) and financial instruments since 2004.

- Reports on purchased/sold foreign debt securities without domestic brokers (DVP) are the sources of portfolio investments in foreign debt securities, carried out without domestic brokers, from 2007 onward.

- Reports regarding drawn/undrawn credit transactions from foreign credit registration forms (KR) are the source of data on loans of all sectors until 2004; in 2005 and 2006 they were the source only for the nonbanking sector. A registration was obligatory for all financial credits and long-term commercial credits. Since 1997, also obtained from the registration forms are the data on the purpose of direct payments of foreign lenders, used to settle the obligations of domestic borrowers to other nonresidents.

- Reports on monetary financial institutions (PORFI) have been the source for data regarding loans and cash and banking sector deposits since 2005.

- Reports on credits received and granted and deposits with nonresidents (KRD) are the source for data regarding loans and deposit of all sectors, except banks, since 2007.

- Reports on short-term receivables and liabilities from operations with nonresidents (SKV) have been the source for short-term commercial credits since 2002.

- Reports on investments (SN) were until 2007 the source for reinvested earnings of direct investments. From 2008 onward, these reports are also the source for all other direct investment transactions in equity and related income as well as for portfolio equity transactions without involvement of domestic dealers.

- Accounting data of the Bank of Slovenia.

- Accounting data of banks (KNB).

- Estimates and other sources:

- estimate of purchases of foreign currency and checks from foreigners in exchange offices (part of the travel category)—until 2004,

- estimate of expenditures for travel abroad, including excessive purchases of goods—until 2004,

- estimate of receipts from abroad of Slovene migrant workers,

- estimate of Italian pensions until the end of 1998,

- estimate of transactions with foreign currencies and the deposits of Slovene households—until 2006,

- estimate of labor income (SURS),

- data regarding pensions paid to nonresidents—until 2007,

- survey regarding the write-downs of debt from trade in goods and services abroad,

- estimates for exports and imports of travel—from 2005 onward (detailed explanation under travel item),

- estimate of cash transactions on tourism and labor income—from 2007 onward, and

- budget data regarding the transfers of the government sector between the Republic of Slovenia and the EU—from 2004 onward.

Slovenia's International Transactions Reporting System (ITRS) was the main source of data for the balance of payments until 2007. Since 2008, the balance of payments is compiled with data gathered through a direct reporting system.

The reports on transactions/stocks are mainly denominated in the original currency. Transactions are converted into the appropriate currency by using the average monthly exchange rate, while stocks are converted into the appropriate currency by using the exchange rate on the last day of month. The Slovene balance of payments is compiled in Slovene tolars (up to 2006), euros, and U.S. dollars.

All reporting forms used in Slovenia for the balance of payments compilation are available on request at the Bank of Slovenia.

The Slovene balance of payments conforms in most respects to the methodology of *BPM5*. Historical data have been adjusted back to 1994 using *BPM5* methodology.

The Bank of Slovenia compiles the Slovene balance of payments monthly and disseminates the data within six weeks after the reference month. The Bank of Slovenia first releases the data on its website at

http://www.bsi.si/iskalniki/pregled-financnih-podatkov-en.asp?PodrocjeId=324&PodPodrocjeId=325&hSubmitedPodPodrocja=1&MapaId=64 (in English) and http://www.bsi.si/iskalniki/pregled-financnih-podatkov.asp?PodrocjeId=275&PodPodrocjeId=292&hSubmitedPodPodrocja=1&MapaId=138 (in Slovene). The Bank of Slovenia publishes the monthly balance of payments in its *Monthly Bulletin*. Contained in the bulletin are a summary statement of the balance of payments, detailed tables in conformity with the list of standard components in *BPM5*, and notes on methodology.

II. Specific Items: Balance of Payments

Current Account

Goods

Data regarding general goods can be obtained from the Statistical Office of the Republic of Slovenia. Prior to Slovenia's accession to the EU, data were available from standard customs documents. Since May 1, 2004, data are available from SAD for trade in goods with non-EU countries and from Intrastat reporting for trade with EU member states.

Regarding c.i.f./f.o.b. adjustment, data for imports by c.i.f. value are adjusted to f.o.b. value with the help of a coefficient equal to the weighted average of coefficients between c.i.f. and f.o.b. values of the goods imported (for an available sample), separated with regard to type of goods, type of transport, and partner's country. For 2004, a new c.i.f./ f.o.b. coefficient was calculated (1.0306); prior to that the coefficient was 1.0393.

The Bank of Slovenia makes coverage adjustments for goods exported and imported without customs declarations (the ITRS source until 2007, the reports of duty free shops and consignment warehouses until 2005, BST reports as source from 2008 onward). Since May 1, 2004, coverage adjustments also include estimated data on imports of motor vehicles from EU by natural persons not covered by Intrastat.

Services

Transportation

Transportation services are broken down by categories of transport (sea, air, road, rail, other transport) and services (passenger, freight, other). The main source for recording transportation services was the ITRS until 2007 and BST reports from 2008 onward.

Travel

Methodology until 2004: The ITRS sources used in compiling the incoming travel category included (1) health- and education-related services, (2) payments made by non-residents to Slovenian tourist agencies, (3) net withdrawals in tolars from nonresident accounts, (4) money spent in casinos by nonresidents, (5) data on sales of goods to nonresidents in duty-free shops and consignment warehouses, (6) payments with credit cards, and (7) sales of tolars to nonresidents abroad.

Regarding sales of tolars to nonresidents in Slovenia, the Bank of Slovenia estimates the data based on the number of border crossings of foreign travelers and on the number of nights spent in the country by foreign tourists.

Data for expenditure on travel came from the ITRS and estimations.

Methodology from 2005 onward: Main data sources to estimate the export of travel are the following surveys and researches conducted by Statistical Office of the Republic of Slovenia (SURS): (1) triennial survey (last conducted in 2006) on foreign tourists in summer season, used to define the structure of foreign tourists according to their primary aim of travel (business travel, health care, education, other) and expenditures of each type of foreign tourists; (2) survey on foreign travelers (to define the structure of travelers broken down by same-day travelers and transit travelers and their respective expenditures); (3) monthly survey of arrivals and overnight stays of foreign tourists, broken down by countries of their residency; and (4) number of border crossings (to define the population of foreigners entering Slovenia).

The main data source to estimate the import of travel is SURS's survey TU_ČAP (quarterly survey on travel of domestic citizens). The survey provides the value of expenditures of domestic population traveling abroad (same-day trips and longer trips) and the amount spent for transportation to and from the foreign destination, which is then subtracted from total expenditures to avoid double counting (since it is already included in transport services).

Other services

Construction. The source of data was the ITRS until 2007; all construction undertakings were recorded under construction services on a net basis. (The revenues earned on works performed abroad were recorded net of the corresponding expenditures.) From 2008 onward, the sources of data on construction services are BST reports.

Insurance. Premiums on life and non-life insurance are split into two components: (1) the service charge included in insurance services; and (2) the premium in a narrow sense, recorded as a current transfer. The calculation of the service charge is based on a fixed percentage of premium payments. The source of data on insurance services was ITRS until 2007; this source was replaced by BST reports for 2008 data onward. Insurance services include commissions of insurance companies and 45 percent of premium payments. Insurance claims and other part of non-life insurance premiums are included in current transfers; claims and part of life insurance premiums represent assets/liabilities of the financial account.

Government, n.i.e. All transactions settled through the accounts of Slovenian embassies abroad, as well as transactions coded as government services settled through the accounts of Slovenian banks with foreign correspondents, were included in this item until 2007, with the ITRS as the source of data. From 2008 onward, the source of data is BST reports. Government services include all services of Slovenian representative bodies abroad.

For all other types of services, the ITRS was the source for data until it was discontinued. As of 2008, the new source for data on trade in services (excluding travel) is the BST reports.

Income

Compensation of employees

Labor income – receipts. Since 2002, data from the Labor Force Survey (SURS) and Eurostat data have replaced the ITRS and estimates as sources of labor income for the work of Slovene residents abroad.

Labor income – expenditures. The ITRS was the source for labor income – expenditures until 2004. Data relating to 2005 onward are provided by SURS on the basis of the Labor Office register for the number of nonresidents who, at the end of each quarter, possess valid work permits and who actually worked in Slovenia less than one year.

Since 2002, labor income (receipts and expenditures) is included using the gross principle (including taxes and social contributions).

Investment income

Since 2004, VRP reports have replaced the ITRS as a source for capital income from equity securities. Annual reports on capital investments are the source for data regarding reinvested earnings. Data on reinvested earnings in the current year are estimated. A three-year monthly average of actual data on total earnings, less extraordinary income (the source being annual reports on investments), is decreased by dividends and other income paid in the current month (the source being monthly reports on investments from January 1, 2008, onward; previously the source was ITRS). The estimate is replaced by actual data only when these data are available. Until 2003, the source of income from debt securities was the ITRS; since 2004, the sources are reports on securities transactions (VRP reports) and KDD data. Until 2004, the source on income from other investments was the ITRS for the banking sector; the source was later changed to reports on monetary financial institutions (PORFI). Until 2006, the source on income from other investments for the nonbanking sector was the ITRS; since 2007, the source is KRD reports. Income from loans (including long-term commercial credits) and foreign currency reserves has been managed using the accrual principle since 2002; since 2007, total income from other investments is managed using the same principle. Since 2004, the accrual principle is used for income from bonds and notes.

Current transfers

Current transfers of other sectors are subdivided into workers' remittances, insurance, and other transfers. Current transfers of the government sector and other transfers of other sectors are, from 2002 onward, subdivided into taxes, subsidies, social contributions, social benefits, and other transfers. The main data sources were the ITRS and estimates until 2007; from 2008 onward, the sources are BST reports and (from 2004 onward) data on EU transfers of the government sector, obtained directly from the Ministry of Finance (budget data).

Capital Account

Capital transfers

The ITRS is the source of data until 2007. Migrants' transfers cover not only payments recorded by domestic banks, but also the changes in residency of accounts held with these banks. From 2008 onward, data are obtained from BST reports, but data on capital transfers between the Republic of Slovenia and the EU are (from 2004 onward) obtained directly from the Ministry of Finance (budget data). Since 2002, the Bank of Slovenia also estimates the value of write-downs of debt from trade in goods and services abroad.

Financial Account

Direct investment

Until 2007, direct investment was recorded on the basis of reported payments through domestic banks and data from customs declarations. Since 2008, the source is a direct monthly report (SN). Data on reinvested earnings are based on yearly surveys on balance and transactions with affiliated enterprises (SN) and are included monthly as one-twelfth of the yearly figure. Data regarding reinvested earnings for the current year are estimated. Until 1997, the purchase and sale of all shares and equity were included in this item.

From the beginning of 1997, purchase and sale of shares that assure more than 50 percent of a company's equity (a controlling interest of shares) and shares issued by domestic companies on the primary markets with the purpose of increasing the nominal capital of the company are included in this item, due to capital control measures. With the new Foreign Exchange Act in 1999, the 10 percent rule is applied to direct investment.

Since 2001, there is a break in the data series in the category direct investments – other capital. Since that time, loans and long-term commercial credits between affiliated companies (10 percent or more of capital share) are included in this category. Until 2000, these types of transactions were included in the category other investments. Since 2002, the category direct investments – other capital also includes short-term commercial credits between affiliated companies.

Since 2005 other capital claims/liabilities does not include banking sector's claims/liabilities with a direct investment relationship. These data are included in the item for other investment/loans.

Portfolio investment

Transactions are divided into assets and liabilities, with further breakdown into equity and debt portfolio investment. Until 1997, data only on sales and purchases of debt securities through banks were included in this item. Since February 1997, the equity securities, with the exception of direct investment, are included in this item, too. With the Foreign Exchange Act in 1999, portfolio investment transactions include all transactions below the 10 percent rule. Equity portfolio investment to individual sectors is subdivided into mutual funds and other investment. VRP and KDD data are the main sources from 2004 onward. Since 2007, this item also includes assets of debt portfolio instruments held by the Bank of Slovenia, which are no longer considered international reserves, but claims to EMU member states and claims in EUR currency to all other nonresidents. From 2007 onward data on transactions in assets of foreign debt instruments that occur without involvement of domestic dealers are collected on a report DVP, and from 2008 onward assets and liabilities in portfolio equity investments deriving from transactions without involvement of domestic dealers are collected on the SN report.

Financial derivatives

From 2004 to 2007 these types of transactions were included in VRP and KDD sources. From 2007 onward transactions are included in financial accounts statistics. From 2009 onward financial derivatives of the Bank of Slovenia are included in the other investment/financial derivatives item or international monetary reserves item (depending on the residence of the counterpart).

Other investment

Short-term trade credits

Until 2002, short-term trade credits were estimated based on the following calculation:

- [export of goods f.o.b. + coverage adjustments - (export payments + free export of goods + direct investments in goods + drawings of granted long-term trade credits)] - [import of goods f.o.b. + coverage adjustments - (import payments + free import of goods + direct investments in goods + drawings of received long-term trade credits)].

Since 2002, short-term commercial credits are included based on SKV reports. Short-term trade credits between affiliated companies are included in direct investment.

Loans and long-term trade credits

From 2001 onward, intercompany debt transactions between affiliated enterprises (10 percent or more capital share) are not recorded as loans, but are recorded as direct investment – other capital transactions. Loans (including long-term trade credits) and related income have been calculated using the accrual principle from 2002 onward, and using the cash principle prior to 2002. From 2005 onward, claims/liabilities of the banking sector, regardless of capital affiliation to nonresidents, are included in this item. (The direct investment relationships are not distinguished in the data source.)

Currency and deposits

Until the adoption of the euro currency (January 1, 2007), the foreign currency of residents was estimated based on the following formula: deposited currency and checks on foreign currency accounts of individuals - withdrawals of cash and checks from foreign currency accounts of individuals + the estimated net purchase of foreign currency by residents + estimated expenditures for tourist travel abroad + estimated expenditures of tourist travel to the former Yugoslavia + the estimated purchase of goods abroad - estimated labor expenditures abroad - estimated Italian pensions (until the end of

1998) + net withdrawals from nonresident accounts in local currency + the change of deposit balances of residents on accounts at BIS member state banks (before 2002). From the adoption of the euro onward, foreign currency of households is estimated by using data on net inflows of foreign currency from tourism, data on net income on compensation of employees (decreased by consumption abroad/in the economy) and Bank for International Settlements (BIS) data on deposits held by residents with the banks abroad.

Since 2002, the category of accounts abroad of other sectors also includes BIS data regarding deposits of residents on accounts at BIS member state banks.

With the adoption of the euro in 2007 as a national currency, Slovenia became a member of the EMU, which affects the following changes in the currency and deposits item:

- Currency and deposits/claims also includes the estimated counterpart of the transactions in cash in the current account of the balance of payments (tourism and labor income).

- Claims of the Bank of Slovenia to EMU member states and all claims in euro currency to all other states are included in currency and deposits/claims.

- The net position of the Bank of Slovenia to the Eurosystem (net result of incoming and outgoing payments conducted in euros through TARGET and the STEP2 system) is included in the item currency and deposits/other liabilities.

Reserve assets

Reserve assets and related income have been calculated using the accrual principle from 2002 onward. (The cash principle was used prior to 2002.) Following Slovenia's entry to the EMU in 2007, claims on other residents of the euro area (denominated in euros and in other currencies) and claims in euros on EMU nonresidents are not included in reserve holdings. From 2007 onward, these transactions are shown in the appropriate categories of the capital and financial account sector of the Bank of Slovenia (investments in securities and other investments). The international monetary reserves item also includes financial derivatives (from 2009 onward).

III. Specific Items: International Investment Position

Sources of data for the international investment position of Slovenia are mainly the same as those used to compile the financial account of the balance of payments.

The data do not include claims under negotiation with the former Yugoslavia, as well as expropriated assets in these territories (except the part reported by "The Succession Fund of the Republic of Slovenia" from 2001 onward).

Direct investment

The data comprise all forms of investment (equity and other capital) where a direct investor holds equity ownership in enterprises of 10 percent or more. Since 1996, direct investment may include data on indirectly affiliated enterprises, covering other claims/liabilities. From 2007 onward, equity capital of listed joint-stock enterprises is recorded at market value.

Regarding other investment capital, the item limits the recordings of intercompany claims or liabilities between affiliated banks and affiliated financial intermediaries to those associated with permanent debt (loan capital representing a permanent interest). Until 2000, this item included all long-term intercompany claims and liabilities between affiliated banks and affiliated financial intermediaries (not just permanent debt). Also included are all other sectors' claims and liabilities between affiliated enterprises, using the directional principle.

Also included are investments in real estate abroad (except those of Slovene households, especially in neighboring Croatia).

Portfolio investment

This item includes equity investments involving ownership of less than 10 percent of the shares of incorporated enterprises, as well as data on mutual funds. The item also includes data on debt investment (bonds, notes, and money market instruments).

Until 2002, data on equity securities and other equity shares were available from enterprise surveys (form SN). From 2003 onward, the item includes data from VRP reports (operations in securities reported by brokerage houses, banks, and investment companies) and KDD (Central Securities Clearing Corporation). Also since 2003, data are available on investments in mutual funds and investments of households in other equity securities.

From 2007 data on assets of foreign debt securities that are traded without involvement of domestic dealers are collected (report DVP).

Financial derivatives

From 2003 to 2007, data are derived from VRP and KDD sources. From 2007 onward, data are included from financial accounts statistics. From 2009 onward, financial derivatives of the Bank of Slovenia are included in the other investment/financial derivatives item or the international monetary reserves item (depending on the residency of the counterpart).

Other investment

The source for short-term trade credits are enterprises' reports on the short-term claims and liabilities to nonresidents (form SKV). Sources for long-term trade credits and loans are reports on loans and deposits between residents and nonresidents (KR/KRD). From 2005 onward, monetary statistics (PORFI) is the source for banking sector data. (Claims and liabilities between financial intermediaries are included regardless of direct investment affiliation.)

The international investment position includes mature unpaid loans and long-term commercial credits in other holdings and liabilities as short-term items. The balance of payments does not include these transactions.

The international investment position includes BIS data regarding deposits of local residents at BIS member state banks. Since 2001, the item also includes an estimate of the balance of foreign currency held by households. However, any further investments of foreign currencies (primarily investments in real estate abroad and foreign securities, without domestic brokers) are not included in this estimate, since data of this type are not available.

Main sources for currency and deposits and other claims/liabilities are reports on loans and deposits between residents and nonresidents (KRD), and monetary statistics for the banking sector data (PORFI).

Solomon Islands

The following text was confirmed as current in 2005.

I. General

The Economics Department of the Central Bank of Solomon Islands (CBSI) is responsible for compiling and disseminating Solomon Islands balance of payments statistics. The primary sources of data are the Statistics Division (SD) of the Department of Finance and the record of foreign exchange transactions (FET) through the banking system.

These data are supplemented with information from monthly reports of the CBSI's debt report management system (DRMS) and from the CBSI's annual foreign aid, transportation and travel services, trade in services, foreign direct investment, and external debt records.

The FET coding system was reviewed in early 1997, and changes were effected from January 1, 1998.

In June 1999, the CBSI introduced semiannual surveys as part of its program to improve the compilation of BOP statistics. However, the response rate was very low.

Balance of payments statistics are produced on an annual basis and published in the CBSI's *Annual Report*. Quarterly estimates, based on FET data only, are also produced and published in the CBSI's *Quarterly Review*.

Data are compiled in Solomon Islands dollars and conform as closely as possible to *BPM4* standards. CBSI plans to compile data in accordance with *BPM5* for 2005. Exceptional financing transactions are not reported.

II. Specific Items: Balance of Payments

Current Account

Goods

Goods trade data are derived from the international trade statistics that SD produces and publishes. These statistics are based on customs data. When data are not available from SD, provisional estimates are made from the FET; these are revised when actual data become available. Both exports and imports are valued at f.o.b.

At present, the various components of goods trade (that is, general merchandise, goods for processing, goods for repairs, goods procured in ports, and nonmonetary gold) are not separately available. Adjustments are made for coverage but not for valuation or timing.

Services

Transportation

Included here are passenger and freight services. Data are derived mainly from FET records.

Travel

Data on travel credits and debits are compiled from FET records. The disaggregation into business and personal travel is available from 1998.

Other services

Data are obtained from both FET records and CBSI's annual surveys. Included are all services transactions not covered under transportation or travel. Insurance services, government services, and royalties and licence fees data are provided separately. Data on other types of services (i.e., communications, construction, financial, computer, other business, and personal, cultural, and recreational services) are available from 1998.

Current transfers

General government

For official transfers, CBSI compiles data from two main sources: FET records provide the cash component of external assistance. CBSI's annual foreign aid survey provides data on external assistance in the form of goods and services, including technical assistance. The survey is sent to the high commissions, consulates, embassies, and international organizations resident in the Solomon Islands. CBSI introduced a half-yearly survey in 1999, but the response rate was very low.

Other sectors

The FET records supply data for both credit and debit entries. These comprise gifts and donations and transfers by temporary residents. CBSI plans to conduct a survey of nongovernmental organizations in 2000.

Capital Account

Central government capital transfers comprise foreign aid capital transfers derived from CBSI's foreign aid survey. Private sector capital transfers comprise migrants' transfers; the data source is FET records.

Financial Account

Direct investment

CBSI obtains the data from FET records, reports from the Foreign Investment Board, and the CBSI survey of foreign direct investment that was introduced in 1998.

Other investment

For official transactions, CBSI derives data from the DRMS, which records all government loan disbursements, repayments, and arrears. For private capital transactions, such as loan disbursements and amortization, CBSI derives data from the FET records and the CBSI annual debt survey.

Reserve assets

CBSI derives the data from its own records. It estimates transactions as differences in the amounts outstanding at the beginning and end of each period, and therefore they include valuation changes.

South Africa

The following text was confirmed as current in 2009.

I. General

The South African Reserve Bank (SARB) is officially responsible for compiling South Africa's balance of payments. The SARB obtains data from various sources, including the South African Revenue Service (SARS), government departments, public corporations, and the private banking sector.

Besides gaining information from foreign exchange transaction records, the SARB conducts several surveys to collect data on service payments and receipts, investment income, transfers, and nonbank private sector financial flows.

The SARB compiles South Africa's balance of payments quarterly in South African rand and publishes this statement in its *Quarterly Bulletin* and on its website, http://www.reservebank.co.za.

The analytical presentation of the balance of payments is largely in accordance with the methodology recommended in the IMF's *Balance of Payments Manual*, fifth edition (*BPM5*).

II. Specific Items: Balance of Payments

Current Account

Goods

The main source of information for merchandise trade (imports and exports) is the monthly data on trade flows collected at custom posts by the SARS. Since the beginning of 1998, customs export figures are divided between exports of the other SACU members (Botswana, Lesotho, Swaziland, and Namibia) to the rest of the world and South African exports to countries other than the "other" SACU members. South African exports are therefore adjusted to include South African exports to other SACU members. Similar adjustments are made to include South African imports from these countries.

Besides the above-mentioned adjustments for territorial coverage, valuation, and timing, adjustments are also made to customs figures in accordance with the *BPM5* methodology.

The value of South Africa's net gold exports (as classified in the current account of the balance of payments) reflects only transactions in nonmonetary or commodity gold. Statistics are obtained from the SARB, the Rand Refinery, and various mining houses responsible for marketing their production. Monetary gold forms part of the SARB's international reserve assets.

Services

Transportation

This category covers freight and passenger services; information is obtained from the SARS, transport operators, and other organizations involved in these transactions.

Travel

Estimates are based on statistics compiled by Statistics South Africa regarding the number of foreign tourists visiting South Africa and the number of South African tourists traveling abroad. Data (per capita spending) are taken from periodic surveys conducted by South African Tourism and from questionnaires completed during buying and selling of foreign exchange.

Other services

Insurance. Information regarding freight insurance is obtained from transport operators. Data related to other insurance services are collected from questionnaires completed by the insurance industry. Data are also obtained from exchange records of authorized dealers in foreign exchange.

Royalties and license fees. Data are obtained from sample surveys and exchange records of authorized dealers in foreign exchange.

Other business. Entries for other services include, among other things, management fees, advertising, communication, and professional services. In addition to quarterly surveys conducted by the SARB's Research Department, use is made of information obtained from exchange records of foreign exchange dealers.

Government, n.i.e. Credit entries are estimates based on information from foreign exchange transactions records. Debit entries are derived from data from the Department of Foreign Affairs.

Income

Compensation of employees

The remuneration of migrant workers is based on estimates of the number of foreign workers and their average earnings, classified by industrial sector. Information is obtained from the Chamber of Mines, the Employment Bureau of Africa, and official publications of foreign countries. Estimates of compensation received by South Africans abroad are based on foreign exchange transactions records.

Investment income

Investment income is calculated from information collected through quarterly and annual sample surveys of organizations in the nonbank private sector. It is also calculated from accounting information of the Department of Finance, public corporations, and the private banking sector in South Africa. Using the results of the various quarterly/annual sample surveys, the SARB calculates direct and other investment income.

Current transfers

General government

Estimates are based on information provided by government departments.

Other sectors

Estimates cover payments made and received for missionary societies, legacies, alimony, and contributions to international organizations.

Capital Account

Capital transfers

Capital transfers consist largely of migrants' transfers to and from South Africa.

Financial Account

Direct investment

The main sources of data on inward and outward direct investment are quarterly and annual sample surveys. Information on reinvested earnings will in the future be shown separately.

Portfolio investment

Data are obtained primarily from the Johannesburg Securities Exchange (JSE) South Africa, the Bond Exchange of South Africa, nominee companies, and the private banking sector. Transactions in share placements are obtained directly from banking institutions and/or the private nonbanking sector.

Other investment

Data are obtained through quarterly/annual sample surveys of organizations in the private banking and nonbanking sectors, the Department of Finance, and public corporations.

Reserve assets

Reserve assets refer to the gross foreign reserves of the SARB.

III. International Investment Position

The IIP covers the foreign liabilities and assets of South Africa. Data are disseminated for direct investment, portfolio investment, and other investment for both foreign liabilities and foreign assets annually, valued as of December 31 of each calendar year. The data further distinguish between resident sector and instrument. A sample survey is used to obtain the data from South African entities. Stock data are measured by sample surveys; flow data are not aggregated to obtain data for the IIP. The sample survey is compiled from information obtained during the 2001 Census of Foreign Transactions, Liabilities and Assets, which was conducted by the SARB. The sample survey is regularly updated as new entities are identified.

Spain

The following text was confirmed as current in 2009.

I. General

Since 1991, the agency entrusted with preparing the balance of payments has been the Banco de España (Bank of Spain—BOS). Until 1990, the Ministry of Economy and Finance compiled the data.

The basic sources of information for estimating balance of payments figures are the following:

(1) Foreign trade statistics (Customs Department of the State Tax Revenue Service)

(2) International transactions reporting system (BOS)

(3) Balance sheets of all financial institutions that extend credit (BOS)

(4) The security-by-security data collection system on tradable securities (BOS)

(5) The Foreign Investment Register (Ministry of Industry, Tourism, and Trade).

For estimating transactions in goods, the BOS uses the foreign trade data prepared in the Customs Department of the State Tax Revenue Service (Customs). The data on trade in goods between Spain and non-European Union (non-EU) countries are based on customs declarations. Those on trade with EU members draw on the information gathered through the Intrastat system. The EU designed this system to gather trade data from member states following the abolition of their customs borders. These data are complemented with different estimations, some of them directly provided by the National Statistics Institute (NSI) and some of them obtained by BOS from the international transactions reporting system (ITRS). In all cases adjustments to Customs data are consistent with those introduced by NSI in national accounts.

Spain's ITRS is based on reporting by resident banks and by households and enterprises holding bank and intercompany accounts abroad. Operated by the BOS, the ITRS records all transactions between residents and nonresidents, whether they are settled through an account held in a resident financial institution or in a nonresident financial institution. The ITRS also records transactions settled through intercompany accounts—a common practice among companies of a single group (parent companies, subsidiaries, and branches). The ITRS likewise records clearing transactions not giving rise to cash receipts or payments, including long-term trade credits. Short-term trade credit transactions are not captured and therefore are reflected in net errors and omissions. Transactions amounting to less than EUR 12,500 before January 2008 and to less than EUR 50,000 after this date are reported but without specifying the nature of the transaction. The BOS assigns them to the various balance of payments categories, using the distribution of transactions for amounts immediately above that threshold as an indicator and historical information.

The BOS uses supervisory reports of other monetary financial institutions (MFIs) for checking purposes and for obtaining the geographical breakdown of other MFIs' other investment. It also uses the reports to transform the reported net figures of the correspondent accounts of other MFIs into gross figures.

Regarding tradable securities, since December 2001, information is collected using a system based on indirect, but also direct, security-by-security reporting through custodians and financial intermediaries. This information was incorporated in the international investment position (IIP) in 2003. Since 2008 it has been incorporated into the estimation of balance of payments flows – assets.

In 2003, the BOS started to directly incorporate the information from the Register of Foreign Direct Investment of the Ministry of Industry, Tourism, and Trade into disseminated figures. Initially, information from this source was used to identify direct investment in Spain in the form of listed shares and to capture certain direct investment transactions related to restructurings by nonresident multinational groups through foreign-equity holding companies set up in Spain. In addition, in 2008, the Register of Foreign Direct Investment of the Ministry has been incorporated as the main source of information for the estimation of other sectors – direct investment – equity stocks. The Register provides data on book values and market values of direct investment enterprises (resident and nonresident enterprises). In consequence, since 2008, balance of payments reinvested earnings estimates (credits and debits) rely on the results provided by the Register.

The core information system abovementioned is enriched with complementary sources:

(1) Estimates provided by the NSI. The NSI provides information on (a) freight and related services; (b) transactions on intra-EU merchandise trade exempt from reporting under the Intrastat system; (c) taxes, consumption, and payments in kind related to the compensation of employees item; and (d) accommodation and prices indicators related to the travel item.

(2) Estimates provided by the Tourism Research Institute (TRI). For travel credits, from 2002 onward, owing to the introduction of euro banknotes, ITRS data are complemented with tourism indicators, some of them provided by the NSI and some of them provided by TRI. In 2006, EGATUR, a border spending survey, was the only information source for estimating travel credits (already used as supplementary information until then). Since 2007, the estimation of travel credits is based on a statistical factor model, which combines the historical information on travel credits and a set of relevant credit tourist indicators, including EGATUR.

(3) Information on money transfer operators. The Financial Reporting Division of the BOS provides detailed data on transfers sent abroad from Spain and channeled through money transfer operators, which constitutes the basis of the estimation of workers' remittances debits.

(4) Detailed accountancy data of nonfinancial resident enterprises, provided by the Central Balance Sheet Data Office of the BOS. This information is used as a complementary source for the financial account whenever it is necessary to obtain very detailed and updated data about resident nonfinancial enterprises.

In recent years, three main changes regarding balance of payments information sources and estimation procedures have been the following:

(1) The implementation of a statistical factor model for the estimation of the travel credits (in 2007)

(2) The integration of the security-by-security data collection system on tradable securities for the estimation of balance of payments portfolio investment abroad (in 2008)

(3) The full incorporation of the Foreign Investment Register as the main source of information for the estimation of balance of payments reinvested earnings (in 2008)

Future enhancements to the data collection system will include the following:

(1) The implementation of a survey on international trade in services. The design of the new survey, carried out in cooperation with the NSI (the institution responsible for running the survey), is already finished. The BOS is currently analyzing the results and using these, to some extent, to check the quality of the services component of the ITRS.

(2) A more intensive use of the information provided by the European Central Bank's Centralized Securities Database (CSDB).

In general, the data are prepared following the methodological guidelines of the *BPM5*. This is the case for both the content of the standardized categories and the criteria of residence, valuation, and time of recording.

After collecting information from the ITRS on transactions in the original currency, the BOS converts the data into euros: For transactions settled through resident financial institutions, it uses the prevailing average 10-day exchange rate. For all other transactions, it uses the monthly exchange rate. For goods, the valuation in euros is that of the foreign trade statistics. In transactions with other EU countries, this is based on the exchange rate reported by the enterprises, whereas in extra-EU transactions, it is the rate applied by the customs authorities.

The BOS first applied the methodology of the *BPM5* in preparing the 1993 figures. Moreover, the BOS has estimated time series for 1990, 1991, and 1992 according to the *BPM5* methodology, using the original data from the exchange control records and supplementary information from other sources. This has enabled the BOS to obtain series for these years that may be considered reasonably comparable with those for subsequent years. No such statistical work has so far been performed for the years before 1990. Therefore, users should exercise extreme caution when comparing those data with the data for later years.

The BOS prepares the Spanish balance of payments monthly and quarterly and publishes the data in its *Statistical Bulletin* on the Internet site http://www.bde.es. Each year the BOS publishes a volume devoted to the balance of payments and to the IIP, with more details than in the monthly publications. One chapter of this volume describes the methodology for preparing the data, while several others offer an economic analysis of the results.

Since 2003, the *Annual Report* incorporates significant changes from previous years' editions. It includes a specific chapter on the IIP, an overview chapter, and a specific section in the chapter dedicated to the methodology, with the aim of highlighting key developments and methodological changes. The BOS's *Economic Bulletin* also includes a quarterly analysis of the figures.

Balance of payments monthly data are disseminated with a maximum delay of two months after the end of the reference period. Quarterly data are disseminated at the end of the next quarter. Coinciding with Q data publication, Q–1 data (and corresponding monthly data) are revised. With the dissemination of the fourth quarter data (Q4) for year Y, previous data for year Y and data for Y–1 are revised (quarterly and monthly figures).

The data are sent to Eurostat (the EU's statistical office), the European Central Bank, the OECD, and the IMF.

Since 1992, the BOS has prepared data on the IIP in accordance with the *BPM5* and consistent with the balance of payments statistics. Data for prior years are tentative estimates of the IIP concept based on existing data. Users must bear in mind that an important methodological break exists.

The main sources for compiling the IIP are the following:

(1) BOS information on reserve assets, along with that on the rest of its foreign assets and liabilities included in the IIP.

(2) Financial statements that credit institutions must periodically submit to the BOS .

(3) The Foreign Loans Register for loans between residents other than banks and nonresidents, including those between companies with direct investment relationships (BOS).

(4) The security-by-security data collection system on tradable securities (BOS). This information system follows a "mixed approach." Information is obtained from (a) resident custodians and/or clearing entities (plus resident collective investment institutions in the case of liabilities), (b) resident end-investors whenever they deposit their securities with nonresident entities, and (c) resident centralized securities depositories. This information is supplemented with data on issues abroad obtained from the following sources: the official gazette of

the Mercantile Registry and the annual accounts of companies filed there; information obtained directly from the Treasury and the regional governments; official gazettes of the regional governments, in the case of local government; and financial statements reported to the BOS in the case of securities issued by MFIs.

(5) The Foreign Investment Register (Ministry of Industry, Tourism, and Trade). The Foreign Investment Register provides detailed information on listed and unlisted participations and enables the valuation according to market values and to ownfunds at book value (OFBV) criteria.

(6) The Spanish balance of payments. This has been used to construct the stocks, by accumulation of transactions, when there are no reliable census statistics for a specific financial instrument (such as the general government and other resident sectors deposits abroad and the real state component of the direct investment heading). Concerning the direct investment heading, due to the delay in the availability of the Foreign Investment Register results (18 months approximately), for the last two years, other resident sectors – equity – direct investment stocks are estimated by accumulating balance of payments flows to the last stock data available.

The information obtained from the security-by-security system on tradable securities was used for the first time in 2003 to compile IIP, incorporating data from December 2002. This new system enables the compilers to collect pure stock data at market prices. Historical data (1992–2002) were revised in the case of equity securities – other Sectors, taking into account the evolution of prices.

In September 2008 (for data from December 2004 onward) the Foreign Investment Register of the Ministry of Industry, Tourism, and Trade has been incorporated as the main source of information for the estimation of other resident sectors – direct investment – equity stocks. In the case of the assets, historical data have been revised since December 1992. Stock data have been valued at market prices, using the exchange rates prevailing at the end of the reference period. When stock data were not available, the BOS compiled the figures by aggregating balance of payments flows. In these cases, the BOS has always corrected for the exchange rate effect. Corrections to reflect changes in the value of the assets have been made only when appropriate information was available.

Since September 2003, the BOS has published quarterly figures from December 2002 on external debt broken down by institutional sector, by maturity, and by type of investment. These data are compiled in accordance with the methodology set out in *BPM5* and the *Guide* and are consistent with data in the IIP. Data are disseminated (after 10 quarters of the reference period) in "Economic Indicators" (BOS website).

In 2007, two main changes were related to the dissemination of the data. First, financial derivatives stock data (from December 2006 onward) were included in IIP statistics for the first time. Second, other services data were published with a double breakdown by type of service and country.

II. Specific Items: Balance of Payments

Current Account

Goods

The basic source of data is the foreign trade statistics, complemented with NSI estimates and ITRS data.

Main adjustment to foreign trade statistics consist of the c.i.f./f.o.b. imports adjustment. Data for imports in the trade statistics are recorded on a c.i.f. basis. The c.i.f. value of imports is adjusted to f.o.b. values using conversion factors to exclude the freight and insurance components of imports c.i.f. Up to 2004 data, these conversion factors were fixed and estimated taking into account the information provided by foreign trade statistics, main transportation companies, and insurance companies. Since 2005, these percentages are revised annually to better reflect changes in Spanish import and export patterns and in freight and insurance markets.

In addition to the c.i.f./f.o.b. adjustment, other changes incorporated to better fulfill *BPM5* requirements concern (1) merchandise not crossing borders, (2) goods procured in ports by carriers, (3) transactions exempt from reporting under the Intrastat system, (4) transactions related to operational leasing, and (5) transactions related to repairs.

Services

Travel

In 2006, the border spending survey, EGATUR, was implemented as the only information source for the estimation of the credits. Since 2007, and for data from January 2005 onward, a statistical factor model has been implemented for the estimation of the credits side. The model combines the historical information on travel credits and a set of relevant credit tourist indicators, including the border spending survey and nonresident visitors, among others. The weights of the indicators in the estimation method take into account the dynamic correlation between the indicators and the travel credits. For the time being, only evolution rates have been incorporated. The geographical breakdown, in the case of the credits, is based on EGATUR results. In the case of the debits, the geographical distribution relies on ITRS data.

Other services

Construction. The data for construction services reflect the application of a precise definition of the concept of residence for the firms involved. However, in practice, problems arise in applying residency for the establishment. Therefore, the dividing line between construction services and direct investment by construction firms is somewhat blurred.

Moreover, this item possibly includes receipts and payments that are not construction services in the strict sense (material, machinery, manpower, etc.). This is owing to the difficulties in distinguishing between the many components of transactions that are often billed together. Each case is decided separately.

Insurance. Insurance services include the national accounts estimates on the value of the service in the strict sense. For reinsurance, receipts reflect the net amount of the reinsurance policy accepted, and payments reflect that of the reinsurance policy ceded.

Income

Compensation of employees

In 2006, the ITRS, used until then as the only source of information, was complemented with data on taxes, consumption, and payments in kind, provided by the NSI, to register gross figures. Data have been revised since 1995.

Investment income

Since 2006 (for data from 2005 onward), investment income is recorded according to the accruals principle (until then only applied for reinvested earnings and general government bonds and notes that are registered at the central securities depository [Iberclear]).

The method for estimating direct investment income is as follows. Dividends are estimated on the basis of ITRS. (Complementary information enables the distinction, in some cases, of extraordinary payments, which are excluded from income items and included in the financial account.) Reinvested earnings are estimated on the basis of ITRS distributed profits + total profits/losses of direct investment enterprises provided by the Foreign Investment Register. Data on direct investment enterprises profits are only available with 18 months of delay; for this reason the last year's reference data combine book values on total profits + indicators on profitability evolution. More specifically, the estimation combines (1) total profits of direct investment enterprises (from the books of direct investment enterprises), (2) distributed profits of direct investment enterprises (from the ITRS), (3) distinction, in the more relevant cases, between ordinary and extraordinary distributed profits (from ad hoc investigation of relevant ITRS figures), and (4) ratios of (total profits/OFBV) and (current operating profits/OFBV) of some Spanish direct investment enterprises. (This information is provided by the Central Balance Sheet Data Office of the BOS and only covers a sample of the direct investment enterprises population.) This source provides information until year Y–1 when closing year Y data.

Income on debt is calculated on the basis of information on stock from IIP (aggregated for assets and security-by-security for liabilities), combined with data on accrued interests (on a security-by-security basis or accountancy data from the issuers for liabilities and the average of the most representative interest rates for assets).

The BOS is planning to improve the application of the accrual principle in the future with the information obtained from the security-by-security information system on tradable securities and from the CSDB.

According to the reporting instructions, interest rate swaps and forward rate agreements (FRAs) associated with a transaction (a loan, for instance) should be reported as independent transactions. Nevertheless, owing to the difficulty in differentiating between these payments, these transactions could have been included net in the investment income of the category corresponding to the underlying instrument.

This account does not include as income the profits arising from participation in mutual funds.

Current transfers

General government

The most important part of this item is transfers whose counterpart is the European Union. The Spanish government provides details on payments between Spanish institutions and the European Union. In the case of the European Agricultural Guarantee Fund (EAGF), the compilers use data provided directly by the FEGA (the Spanish entity in charge of coordination and financing in advance to final beneficiaries) in order to follow the accruals principle.

Other sectors

Workers' remittances. In 2006, the BOS incorporated an estimation method that combines settlements data with information from different sources (administrative registers, econometric models, counterpart country data, information on money transfer operators) for the production of workers' remittances debits.

Since that year, the geographical breakdown of the debits is based on the structure shown by transfers sent abroad from Spain through money transfers operators. Because of the integration of this information source, data were revised since 2001.

Capital Account

Capital transfers

General government

For funds granted for insurance on exports credits, the BOS obtains data directly from accounting statements provided by Compañía Española de Crédito a la Exportación (CESCE).

Acquisition/disposal of nonproduced, nonfinancial assets

This item reflects mostly transactions on nonproduced intangible assets. Transactions involving land and subsoil assets are of lesser significance.

Financial Account

Direct investment

Generally, direct investment enterprises are defined as those in which the investor's equity participation is equal to or greater than 10 percent. This includes all forms of financing, whatever their maturity, between related companies—not only those between direct investment enterprises and direct investors.

In most of the cases, financing obtained through entities established abroad, with the only purpose of routing funds from nonresident banks to related enterprises, is not classified under direct investment but under other investment.

Direct investment also includes real estate investment. The Ministry of Industry, Tourism, and Trade provides foreign direct investment in Spain in the form of listed equities. (In the ITRS, all investments in listed securities are reported as a lump sum.)

For data from 1995 onward, the financial account includes the counterpart of reinvested earnings registered in the income account, as an addition to the investor's capital contribution to the direct investment enterprise.

Portfolio investment

In liabilities, transactions in negotiable securities are assigned to the related institutional sector on the basis of the resident issuer. In assets, they are assigned to the resident sector underwriting or buying the securities. In addition, since 2006, the BOS has already incorporated CSDB data for the production of the sectoral breakdown (according to the issuer) of intra-euro assets.

Financial derivatives

Included under this item are options issued over the counter or on organized markets, financial futures issued on organized markets, warrants on both shares and debt securities, over-the-counter futures contracts, FRAs, currency or interest-rate swaps, and other swaps.

Other investment

The defining criterion for distinguishing between this category and portfolio investment is as follows: any asset or liability incurred through a private contract, or through the issue of nonnegotiable debt securities, is assigned to other investment. Some of these issues, such as private issues of notes, commercial paper, euro notes, etc., are recorded as portfolio investment because of their negotiable nature, even if they do not trade on organized markets.

Specifically included under other investment are the following: loans (excluding, in most cases, those between related companies; see "Direct investment"), trade credits of over one year, financial leasing, sight and time deposits, assets arising from the execution of guarantees, purchases of nonnegotiable financial instruments, repo sales and purchases, and changes in holdings of foreign banknotes by residents. The long-term assets in the general government sector encompass membership contributions to international organizations.

Reserve assets

Transactions in reserve assets are compiled from the accounts of the BOS, as reported through the ITRS.

III. Specific Items: International Investment Position

Direct investment

Equity capital data of the nonfinancial sector is estimated on the basis of the information provided by the Foreign Investment Register. The Foreign Investment Register enables (1) the split of direct investment stocks into listed and nonlisted shares, and (2) the obtainment of both book values (according to the definition of OFBV) and market values (for listed shares). This new source of information does not cover the real estate component of direct investment. This type of investment is estimated by the accumulation of balance of payments–related transactions. The accumulation of transactions is also used for the estimation of the last two years figures disseminated. Because the Foreign Investment Register results are only available with a delay of approximately 18 months, for the last two years, other resident sectors – equity – direct investment stocks are estimated by accumulating balance of payments flows to the last stock data.

The Foreign Investment Register results have been incorporated into IIP figures for data from 2004 onward. Historical series have been revised in the case of the outward investment (from 1992 data onward).

Equity capital data of the financial sector have been obtained from their balance sheets (data provided by the Financial Reporting Division of the BOS).

Other capital data are taken from the BOS Foreign Loans Register as stock data. Included are all kinds of loans between related companies—not only those between direct investors and their subsidiaries and affiliates (and vice versa).

Portfolio investment

Since December 2002, all portfolio investment items are calculated on the basis of the security-by-security information system on tradable securities. This system enables the production of pure stock data valued at market prices.

For data before December 2002, nonresidents' investments in shares issued by nonfinancial resident companies were compiled by the accumulation of flows; flows were corrected for valuation changes arising from both exchange rates and market prices. For the financial sector, data were obtained from their balance sheets and valued at market prices. Stock data on foreign investments in Spanish mutual funds were obtained from reports to the Spanish Stock Exchange Commission.

The BOS obtained the stock of nonresident investment in domestic bonds and notes issued by the general government, valued at market price, from Iberclear. Data on banks' foreign investments (assets) came from the banks' balance sheets. The remaining items were calculated by the accumulation of balance of payments flows, corrected for the exchange rate valuation.

Financial derivatives

In 2007, for the first time, the IIP statistics included data on financial derivatives (for data from December 2006 onward). Unlike balance of payments data, financial derivatives assets and liabilities are disseminated separately in IIP statistics. For the time being, financial derivatives stock data cover only MFIs and general government sectors.

Other investment

Banks' stock data come from their balance sheets. For general government and other sectors, data on loan stocks are available from the BOS Foreign Loans Register.

The account excludes loans between related companies (see "Direct investment" above). The account includes data on the stock of the insurance companies' technical reserves.

For other instruments of the general government and other sectors, data have been compiled by the accumulation of flows, corrected for the exchange rate effect.

Reserve assets

Data are obtained from the BOS balance sheets.

Sri Lanka

The following text was confirmed as current in 2009.

I. General

The Central Bank of Sri Lanka (CBSL) is responsible for compiling the nation's balance of payments statistics.

The major sources of data are the Sri Lanka Customs, commercial banks and other financial institutions, the Ministry of Finance (MOF), public corporations, private enterprises, the Board of Investment of Sri Lanka (BOI), the Public Enterprise Reform Commission (PERC), the Sri Lanka Tourism Development Authority (SLTDA), the Colombo Stock Exchange (CSE), Sri Lanka Bureau of Foreign Employment, Sri Lanka Telecom Ltd., and the CBSL records.

The CBSL compiles balance of payments data monthly and publishes quarterly data in its *Monthly Bulletin* and annual data in its *Annual Report*. It publishes the data in millions of Sri Lanka rupees and in millions of U.S. dollars. Transactions recorded in other foreign currencies are converted into Sri Lanka rupees and U.S. dollars, using period average exchange rates. Stock data in other currencies are converted using end-of-period exchange rates.

The CBSL compiles the balance of payments data in accordance with the international standards recommended in the IMF's *Balance of Payments Manual*, fifth edition (*BPM5*).

II. Specific Items: Balance of Payments

Current Account

Goods

General merchandise

The main source of data is the monthly trade statistics schedule prepared by the Sri Lanka Customs on the basis of export and import declarations. These data record the physical movement of goods across the Sri Lankan customs boundary. Values of goods exported and imported are recorded on an f.o.b. and a c.i.f. basis, respectively.

For balance of payments purposes, the CBSL converts the imports to an f.o.b. basis by deducting 10 percent for freight and insurance. In addition, it adjusts these data for coverage, valuation, and timing, by obtaining additional data from relevant institutions where available. Petroleum products, wheat grain, fertilizer, crude oil, and ships and aircraft, including spare parts, are some of the items subject to these adjustments. Transactions in nonmonetary gold are included in the merchandise account.

Services

Transportation

This category covers all modes of transport and port services, divided into subcategories of passenger fares, freight, other (port and other) earnings and expenditure, and other related transactions.

The main source of data is the International Transactions Reporting System (ITRS) of commercial banks, which records values of transactions by purpose and currency of each transaction. In addition, for port-related services and passenger fares, CBSL obtains data from relevant institutions, using a sample survey to check the consistency of data recorded by the ITRS.

The cost of freight is assumed to be 90 percent of the difference between the c.i.f. and f.o.b. values of imports.

Travel

This category includes receipts and payments on official, business, medical, and educational travel. The ITRS is the main source of data. The CBSL makes necessary adjustments to receipts on travel, based on SLTDA data on the number of tourist arrivals, their average duration of stay, and their average daily expenditure.

Other services

Telecommunications. For receipts and payments related to telecommunications services, CBSL obtains data from Sri Lanka Telecom Ltd. and other fixed line and mobile telecommunication service providers.

Construction. For receipts in relation to construction services, the CBSL obtains information from various institutions providing such services.

Insurance. The category includes receipts and expenditure for all types of direct insurance. The ITRS is the main data source. In addition, for a consistency check, the CBSL conducts a sample survey of insurance companies. It assumes the cost of insurance to be 10 percent of the difference between the c.i.f. and f.o.b. values of imports.

Computer and information. The BOI provides most of the computer and information service receipt data, since most of these transactions affect enterprises that come under the BOI. Also supplementing the information is a survey of information technology exporters.

Other services. For other services, entries include receipts or expenditures related to financial services, royalty payments, expenses on education, rent and lease payments, consultancy fees, and receipts or payments on various other services. The main data source is the ITRS.

Government, n.i.e. The ITRS is the main data source. For expenditure related to government services, the CBSL obtains data from other relevant sources (e.g., the Ministry of Foreign Affairs) to check the consistency with the ITRS data.

Income

Compensation of employees

The item includes receipts and payments on account of salaries and consultancy fees. The ITRS is the main data source.

Investment income

Direct and portfolio investment. The item includes inflows and outflows on earnings from direct and portfolio investment. The main data source is the ITRS, which records all Securities Investment External Rupee Account (SIERA), Treasury Bond Investment External Rupee Account (TIERA I), and Treasury Bill Investment External Rupee Account (TIERA II) transactions.

Other investment. Receipts, mainly on the external assets of the banking system, include earnings of both the CBSL and commercial banks. For income from the CBSL external reserves, the CBSL obtains data directly from its records. For income from commercial bank assets, the CBSL derives data using annual LIBOR for U.S. dollar deposits and the total assets of the commercial banks at the end of the relevant period.

Regarding payments, the ITRS supplies the data on interest payments on nonresident foreign currency accounts and resident foreign currency accounts.

For interest payments on long-term foreign loans of public corporations and private sector institutions, the CBSL obtains data from the half-yearly survey it conducts. For interest payments on government loans, data are provided on a monthly basis by the External Debt Monitoring Unit (EDMU) of the MOF's External Resources Department (ERD).

For interest payments on short-term borrowings by the Ceylon Petroleum Corporation and trade credit, relevant institutions provide the data.

Current transfers

General government

The category covers grants in the form of program and commodity aid and technical assistance given by international organizations and foreign governments and agencies to the government of Sri Lanka. The ERD provides the data quarterly.

Other sectors

Transfer receipts consist mainly of private voluntary worker remittances (for maintenance of dependents) and migrant current transfers. The CBSL obtains these data from the ITRS and also from a sample survey of commercial banks it conducts for a consistency check.

For payments on transfers of assets, savings accounts, and bank balances, the CBSL obtains data from the ITRS.

Capital Account

Capital transfers

General government

This category includes receipts on project grants given by international organizations and foreign governments and agencies to the government of Sri Lanka. The ERD provides the data on a quarterly basis.

Other sectors

This category includes data on migrants' capital transfers. The main data source is the ITRS. For a consistency check, the CBSL conducts a sample survey of commercial banks.

Financial Account

Direct investment

For direct investment receipts, the BOI provides the data. Most of these investments are in respect of enterprises that come under the BOI.

For direct investment outflows, the CBSL's Exchange Control Department provides the data, supplemented by the ITRS data.

Portfolio investment

For sales and purchases of shares, bonds, debentures, etc., in quoted companies, the CSE reports data.

Data on the purchases and sales of government securities by foreign investors are obtained from the Public Debt Department of the CBSL.

For foreign investment in the shares of privatized public enterprises, the CBSL obtains data from PERC, which handles all activities related to the privatization of state enterprises.

Other investment

For loan disbursements and repayments of public corporations and private sector enterprises, CBSL obtains details from the semiannual survey it conducts. For loan disbursements and repayments of the general government sector, the EDMU mainly provides the information.

Commercial bank assets and liabilities reflect the changes in foreign assets and liabilities of the commercial banks. The CBSL obtains these data from the balance sheets provided by the commercial banks at the end of each month.

Reserve assets

Reserve assets reflect changes in foreign assets of the government and the CBSL. The CBSL compiles the reserve assets data.

Sudan

The following text was confirmed as current in 2009.

I. General

The Balance of Payments Division, Statistics Directorate, Central Bank of Sudan (CBOS) is responsible for compiling Sudan's balance of payments statistics. The main data sources are the Sudan Customs Authority, the Ministry of Energy and Mining, the Ministry of Finance, commercial banks, foreign exchange bureaus, and hotels.

The division prepares the data on a quarterly basis and publishes them in the CBOS's *Economic and Financial Statistics Review*. It also prepares the data on an annual basis and publishes these in the CBOS's *Annual Report*.

Staff compile data in millions of U.S. dollars. The division converts transactions denominated in Sudanese gineh or other foreign currencies to U.S. dollars, using the average exchange rate of the period under review. Since January 1996, the CBOS has compiled and classified Sudan's balance of payments statistics according to the guidelines of the *BPM5*.

II. Specific Items: Balance of Payments

Current Account

Goods

The CBOS bases data on goods on the foreign trade statistics compiled by Sudan Customs; they include all exports and imports registered in Sudan's main ports and airports, through which most of Sudan's foreign trade passes. The data record the physical movement of goods through Sudanese customs and from abroad. Since 1997, imports and exports are valued on an f.o.b. basis.

Services

Transportation

Freight and passenger services. This category covers all modes of transport and port services. The CBOS, the Ministry of Energy and Mining, commercial banks, and Sudan Customs are the main sources of data for freight and passenger services.

Travel

Sources are the reports of the commercial banks, hotels, and the foreign exchange bureaus; the reports include purchases of foreign currencies by residents at home and abroad and sales of Sudanese gineh to nonresidents in Sudan and abroad. The use of traveler's checks and credit cards is another source of information on travel.

Other services

Communications. This item measures gross Sudanese receipts and payments for international telecommunication services. Estimates are based on transactions of communications companies as reported by commercial banks.

Construction. This item records the majority of foreign construction activity; the primary data source is the commercial banks, which record movements in the accounts of these construction companies.

Insurance. Entries cover receipts of and payments by Sudanese insurance companies, arising from (1) reinsurance assumed to be from insurance companies resident abroad, and (2) primary insurance sold to nonresidents.

Financial. The data, reported by commercial banks, primarily cover commissions and other payments for financial services provided, or received, by Sudanese general license and international license banks.

Government, n.i.e. The CBOS sources the data from commercial banks and its own records. This item includes money transfers to Sudanese embassies abroad and to foreign embassies in Sudan; the CBOS treats these transfers as a proxy for expenditures by these embassies and their staffs.

Income

Investment income

This item includes all distributed earnings, profits, and returns on capital on residents' investments abroad and those on nonresidents' investments in Sudan. The commercial banks and the Ministry of Energy and Mining provide source data for debit entries. Other investment income comprises mainly interest: debit entries are derived from the Debt Management Unit's database, and credit entries covering the CBOS investment income are sourced from the CBOS's Foreign Operations Department.

Current transfers

General government

Estimates are based on data submitted monthly by the commercial banks and the CBOS Foreign Exchange Department. On receipts, the data reflect transfers from Sudanese nationals working abroad. The Ministry of Finance and National Economy reports cash grants. Beginning in 2002, Sudan Customs reports commodity grants.

Other sectors

This item includes all private transfers, whether received by individuals or firms. Commercial banks and foreign exchange bureaus record these transfers when residents deposit or withdraw them from their accounts.

Capital Account

Capital transfers

Debt forgiveness. The Ministry of Finance collects the information quarterly on Sudanese debt forgiveness. No information is collected on debt forgiveness from other sectors.

Financial Account

Direct investment

The main data sources are the commercial bank reports and Sudan Customs' data on goods imported under concessions for investment purposes. Since January 1996, the Balance of Payments Division has sought to collect data on this item through surveys of companies listed on the general registry of companies.

Other investment

This item covers entries on banks' assets and liabilities. In addition, it encompasses changes in general government assets and liabilities. The CBOS derives the data from bank reports and government records, respectively.

Reserve assets

The main source of these data is the CBOS balance sheet. The end-of-period exchange rate is used.

II. Specific Items: International Investment Position

Sudan reports partial IIP data for publication in *BOPSY*. The data sources are the balance sheets of the CBOS and the commercial banks. The end-of-year exchange rate is used.

Suriname

The following text was confirmed as current in 2009.

I. General

The Central Bank of Suriname (CBS) is responsible for compiling Suriname's balance of payments statements. CBS collects the data mainly from the commercial banks and its own records through an international transactions reporting system (ITRS).

Additional sources are the bauxite companies operating in Suriname, some other domestic companies that are allowed to keep foreign exchange accounts abroad, and other documents, especially for transactions taking place outside the banking system. Suriname requires by law that payments take place through the banking system in case nonresidents are involved. The residency principle is fully applied.

CBS compiles the balance of payments in conformity with the guidelines of the fifth edition of the *Balance of Payments Manual (BPM5)*. It compiles the data on a quarterly basis, distributing them to official institutions, commercial banks, and the IMF.

Until the first half of 1993, the balance of payments statements were compiled in Suriname guilders. Then, until December 2005, CBS compiled the balance of payments statistics in U.S. dollars, to avoid considerable valuation complications as a consequence of substantial depreciation of the currency. Starting from January 2006, CBS has resumed compiling balance of payments statistics in local currency.

II. Specific Items: Balance of Payments

Current Account

Goods

CBS derives data on export and import of goods from the ITRS. Compilers adjust the data to cover import and export figures from the bauxite companies and other domestic companies. Exports and imports are valued on an f.o.b. basis.

Services

Transportation

For the transportation component, CBS derives information from the ITRS, which provides a breakdown (i.e., sea transport, air transport, and other transportation). Adjustments are made with data received from the national airline company.

Travel

For the travel component, CBS derives data from the ITRS. Adjustments are made to include data provided by the national carrier.

Other services

Insurance. Information on this item comes from the ITRS, supplemented with information provided by the domestic insurance companies.

Government, n.i.e. The debit entries for this item refer to money transfers to Suriname embassies abroad, as well as to international organizations. CBS takes the information from its foreign exchange records.

Income

Investment income

Other investment. Compilers derive the data from the ITRS; they collect additional data from the monthly reports of the direct investment enterprises, including the bauxite sector.

Current transfers

Other sectors

Workers' remittances. The ITRS supplies data on transfers abroad by foreign workers in Suriname.

Other transfers. The category includes private grants, religious and charitable gifts, private grants to the government, etc. The compilers obtain the data on current transfers largely from the ITRS. They supplement the ITRS data with additional information derived from the reporting forms submitted by Western Union agents, MoneyGram agents, and other local money transfer houses.

Capital Account

Capital transfers

General government

CBS derives the data, including grants in cash, from the ITRS.

Other sectors

Migrants' transfers. Commercial banks supply the information. The item covers payments recorded by domestic banks and changes in the residency status of accounts held with these banks.

Financial Account

Direct investment

For this item, CBS collects entries from the monthly surveys of the direct investment enterprises.

Other investment

The CBS International Relations Department provides data for drawings and repayments on loans. Additional data come from the commercial banks and domestic enterprises.

Reserve assets

CBS collects data from its foreign exchange records. The entries cover changes in the CBS deposits with banks abroad. The Accounting Department provides supplementary information.

Swaziland

The following text was confirmed as current in 2009.

I. General

The agency responsible for collecting and compiling balance of payments statistics in Swaziland is the Balance of Payments Unit (BOP Unit) in the Economic Policy Research and Statistics (EPRS) Department of the Central Bank of Swaziland (CBS). The BOP Unit obtains its primary data from a variety of sources, which include a broad survey of enterprises with foreign transactions, assets, and liabilities; official records within the CBS; international organizations; and some government departments and agencies. Among government departments involved in collecting balance of payments data are the Treasury Department, the Central Statistics Office (CSO)–Customs Department, and the Ministry of Economic Planning and Development (MEPD). The United Nations Development Program (UNDP) and the World Food Program (WFP) provide a fair amount of statistics on international organizations. As a secondary source, the BOP Unit also uses the Domestic Economy Office (DEO), the Money and Banking Office (MBO), and the Public Finance and External Debt Office (PF-EDO) within the EPRS Department. To supplement the data, the BOP Unit obtains information on cross-border transactions from the CBS's Exchange Control Division of the Financial Regulations Department through an international transactions reporting system (ITRS). This system links authorized dealers (commercial banks) with the CBS for direct reporting.

The balance of payments statement is prepared on a semiannual basis and published in the CBS quarterly and annual reports; it presents annual and half-year positions. A partial international investment position (IIP) is compiled once a year. Collection of data is by way of questionnaires, which are dispatched via the post office and electronic mail, physical visits, and telephone interviews. To allow for constant contact with respondents as well as maintain a good response rate, the BOP Unit makes regular telephone calls and visits to the respondents throughout the year. Typically, the survey questionnaires are disseminated during January and August of every year, but they can be forwarded any other time during the year, if required.

For purposes of compilation and publication, data are recorded on an accrual basis and reported in emalangeni. Foreign currency transactions are converted at the prevailing exchange rate at the time of the transaction. To derive financial account flows, previous-period stocks are deducted from present-period stocks and then converted at an annual average exchange rate; a rate based on monthly average rates. As yet, no reconciliation is done but plans to start reporting reconciled positions are now advanced as the CBS is moving into quarterly balance of payments next year. Since 1986, Swaziland's balance of payments data are disseminated according to the *BPM5* standard presentation, and already plans to align the compilation to *BPM6* are in place.

II. Specific Items: Balance of Payments

Current Account

Goods

Swaziland's trade data are primarily compiled by the CSO–Customs Department. However, due to timeliness realities, the CBS also collects some trade data through enterprise surveys. To ensure consistency, reconciliation exercises between the two institutions are carried out at regular intervals, and the final trade statistics in the balance of payments normally represent a reconciled position.

Data on exports f.o.b. are obtained from individual exporters through the enterprise surveys and reconciled with information from the CSO–Customs Department. While the CSO is able to provide reexports, the enterprise surveys also capture goods crossing the frontier for repairs and processing, as well as goods procured at ports. Since the data are not always reported on a calendar year basis, timing adjustments are effected on the export estimates to synchronize the different accounting periods of reporting entities. The major timing adjustment is for sugar exports, where shipments are effected only at dispatch after temporary stockpiling at Maputo harbor in Mozambique. Sugar exports are recorded when the sale has been concluded and the good is being shipped from the harbor to an importer elsewhere in the world.

Imports data, on the other hand, are estimated by the BOP Unit based on CSO data that are obtained at c.i.f. value. To arrive at the f.o.b. value, imports on a c.i.f. basis are adjusted mainly for valuation and classification. Valuation adjustments are based on an all-duty rate, calculated on total customs duties collected under the Southern African Customs Union arrangement, while adjustment for classification relocates imports by personal shoppers to the travel account.

Services

Transportation

Data for transportation services are derived from the surveys of transport companies and their agencies, and are supplemented by the ITRS.

Travel

These data are compiled from surveys of hotels, curio/gift shops, car hire services, travel agents, and educational institutions, which the BOP Unit collects in conjunction with the DEO. The ITRS provides a substantial supplement to this set of statistics.

Other services

Insurance. Data are obtained through the ITRS and the enterprise survey of selected insurance companies in Swaziland, which report on reinsurance with companies abroad and primary insurance sold to nonresidents. The insurance industry in the country has been demonopolized, and an influx of foreign-owned financial services companies is occurring.

Royalties and license fees. This item consists mainly of debit entries, including payments by leading multinational enterprises, and the data are obtained from the ITRS and the survey of enterprises having transactions with nonresidents.

Government, n.i.e. These data are collected from relevant government departments, the ITRS, and the CBS official records. The CBS has put in place specific survey questionnaires to capture expenditure of foreign embassies, consulates, and international organizations.

Income

Compensation of employees

This category consists of labor income generated mostly by Swazi workers in South African mines and, to a lesser extent, by those employed in other sectors of South Africa for periods of less than a year. Data on income generated in the mining sector are obtained from the Employment Bureau of Africa, an enterprise that recruits solely for the mining sector in South Africa. Based on spontaneous media reports and informal sources, the CBS estimates the income earned from the other sectors.

Investment income

Direct investment. Data on direct investment income (equity, debt, and reinvested earnings) are primarily derived from the survey of enterprises with foreign transactions, assets, and liabilities, as well as the ITRS.

Portfolio investment. Data on earnings and payments related to portfolio investment assets and liabilities are obtained from a combination of sources, including the survey of companies with foreign transactions, banking statistics, and government agencies.

Other investment. The same sources of data as for portfolio transactions are utilized for other investment transactions.

Current transfers

The ITRS provides current data that are used as a base for estimating both the credit and debit sides of the current transfers account. The MEPD (Aid Coordinating Unit) and CBS official records further contribute as sources.

Workers' remittances are also included under this category, and the data are collected mainly through the ITRS and are supplemented by estimates of partnering economies (i.e., total remittance outflows by South Africa to Swaziland will be used as a proxy for remittances receivable from South Africa).

Capital Account

Capital transfers

Data on donor aid and investment grants to fund capital projects are derived from official government records at the MEPD. Other data involving cash are obtainable from the ITRS, and survey data from international institutions are used as primary checks on official data (e.g., World Food Programme, World Vision, and nongovernmental organizations).

Financial Account

Direct investment

The main source for data on foreign direct investment is the survey of enterprises with foreign transactions, assets, and liabilities. For wider coverage, though, the CBS, in conjunction with the Swaziland Investment Promotion Authority and CSO, is working on a broader foreign direct investment survey to be launched in 2010.

Portfolio investment

Data on portfolio investment are generated through the enterprise surveys combined with banking statistics.

Other investment

Data on transactions in other investment assets and liabilities are also derived from the survey of organizations and from banking statistics. Government assets and liabilities are obtained from government agencies, in particular the Treasury Department. Monetary authority data are obtained from the CBS balance sheet. Data on transactions in the external assets and liabilities of banks are provided by the MBO in the Research Department of the CBS.

Reserve assets

Data on reserve assets are derived from the MBO, the CBS Accounts Department, and from the Treasury Department. Gold holdings are valued at cost in the CBS balance sheet. The holdings are not revalued at prevailing market rates, and there are no transactions affecting the changes in gold stocks. Foreign exchange entries represent changes in stocks of foreign currency holdings after conversion to emalangeni equivalents using end-of-period exchange rates. The government also manages some foreign assets, which are not considered as reserve assets.

III Specific Items: International Investment Position

Swaziland produces a partial IIP. Data are derived from a survey of selected companies in the country that have foreign transactions, including assets and liabilities.

Sweden

The following text was confirmed as current in 2009.

I. General

The Sveriges Riksbank, the central bank of Sweden, is the agency responsible for compiling Sweden's balance of payments and international investment position (IIP) statistics. However, Statistics Sweden is responsible for the data collection. The data collection is mainly based on quarterly surveys of services and transfers and on monthly surveys of financial transactions and positions. These data are supplemented by merchandise trade data and estimations on some items, for example income.

The balance of payments data are published quarterly. IIP data are published twice a year.

Data are compiled in Swedish kronor. Items recorded in other currencies are converted into Swedish kronor, using market or monthly average exchange rates for transactions and exchange rates at the end of the period for stock data.

The classification of accounts corresponds to the international standard recommended in *BPM5*. Sweden's balance of payments and IIP were adapted to the *BPM5* standards in October 1997. A break exists in the time series for most subitems as the paucity of the data has limited the possibility of adjusting historical data.

For the current account, the main items have been revised back to 1992, while a break in the series has been necessary for more detailed data. The new capital account has been reconstructed back to 1992.

For the financial account (previously the capital account), the lack of material for a reconstruction of subitems has necessitated a break in the series between September and October 1997.

II. Specific Items: Balance of Payments

Current Account

Goods

General merchandise data are based on trade statistics compiled by Statistics Sweden. The agency also makes some adjustments to the data for the national accounts, which are subsequently included in the balance of payments. Trade within the European Union (EU) is compiled according to the Intrastat system. Nonmonetary gold is compiled within the trade statistics.

Services

Transportation

Transportation data are based on a survey compiled by Statistics Sweden and supplemented by estimations for some sectors, such as sea transport.

Travel

For the travel component, Statistics Sweden uses three sources: (1) reports from banks and currency dealers on sales and purchases to/from the public of banknotes and travelers' checks, as well as banks' sales and purchases of Swedish banknotes vis-à-vis foreign banks; (2) reports on transactions made with credit cards, estimated on gross flows of Swedish banknotes exchanged abroad by travelers from Sweden and resold to the public by foreign banks; and (3) quarterly surveys covering, for example, travel agencies and other travel-related services such as health and educational services.

A recurrent supplementary household survey serves as a basis for estimation of a split between tourism and business travel; it also supplies information for geographical breakdown estimates.

Other services

The main source for other services is quarterly surveys.

Construction. All payments and receipts for construction services are treated as services, unless subsidiaries are formed.

Insurance. Data are based on surveys of insurance companies under Swedish supervision. The service element of insurance transactions is calculated for this item, whereas the rest is recorded as transfers or in the financial account.

Financial. For financial services, Statistics Sweden collects data from quarterly surveys. In addition, an estimate is made for commissions on mediation of equity shares.

Government, n.i.e. Data are based on quarterly surveys and administrative sources.

Income

Investment income

Direct investment. The main sources are monthly surveys of larger enterprises/investors and an annual sample survey of profits in direct investment enterprises. Reinvested earnings are calculated as the difference between total profit after tax (following the Current Operating Performance Concept) and dividends paid. Dividends are reported when payable, while profits are assigned to the year in which they were earned and distributed over the months. As of October 1997, interest income is reported on an accrual basis.

Portfolio investment. For dividends and interest, a partly new system for portfolio investment income was introduced at the beginning of 2003. For the major part of the component, for both equity and debt securities, estimations are used. However, income on Swedish debt securities denominated in foreign currency is collected by monthly surveys from the Swedish issuers. Up to 2003, dividends were reported on a cash basis.

Other investment. As of October 1997, interest on financial assets and liabilities is reported mainly on an accrual basis. Information for earlier periods is reported on a payment basis. The sources are monthly and quarterly surveys on income from foreign assets and liabilities combined with estimations within the banking sector.

Current transfers

General government

The source is surveys of government authorities.

Other sectors

The main source is quarterly surveys. Concerning data on non-life insurance, see above under insurance services.

Capital Account

The item is reported separately in accordance with *BPM5*, beginning in October 1997. Sources are the same as for current transfers.

Financial Account

Direct investment

As of October 1997, the *BPM5* definition of direct investment is applied, and data from monthly surveys on transactions are compiled. The calculation of reinvested earnings is described under investment income above.

Portfolio investment

Sources for the statistics are monthly surveys of brokers and banks acting as intermediaries of security transactions, and from other entities that trade directly with other countries. Statistics Sweden also uses surveys of Swedish issuers on issues to, and repurchases of, their securities from the rest of the world.

Financial derivatives

Financial derivatives data are based on monthly and quarterly surveys sent to major banks and enterprises.

Other investment

Statistics Sweden compiles this item from monthly surveys to the government sector and financial institutions and from quarterly surveys to other sectors. Transactions for the banking sector are estimated on the basis of money and banking statistics. Statistics Sweden compiles data on trade credits on the basis of a quarterly survey. For data on life insurance, see above under insurance services.

Reserve assets

Data are based on Sveriges Riksbank's balance sheet and show changes in stock data adjusted for valuation changes.

III. Specific Items: International Investment Position

Direct investment

Data are based on an annual sample survey. Direct investment is reported at book value according to the own funds at book value concept, but data at market value are calculated and published. Private nonbusiness real estate investment, which was calculated on the basis of settlement data, is now estimated.

Portfolio investment

Equity securities

Annual surveys are conducted by Statistics Sweden on Swedish holdings of foreign equities and on foreign holdings of Swedish equities. Equities are valued at market prices. When survey results are not available, estimates are based on transactions data, adjusted for movements in share prices and exchange rates.

Debt securities

Statistics Sweden conducts an annual survey of Swedish holdings of foreign securities. Information about Swedish holdings of interest-bearing securities issued by nonresidents is also collected monthly from Swedish custodians and from entities that hold securities deposited abroad.

Data on foreign holdings of debt securities in foreign currency issued by Swedish residents are based on monthly reports from players who have issued securities abroad. To adjust stocks for repurchases of securities denominated in foreign currency, transaction data are used.

Information on foreign holdings of SEK-denominated securities is based on monthly reports from custodians. Adjustment is made for securities that constitute collateral in repo transactions. Custodians report in nominal amounts; other data are at market values. With regard to SEK-denominated securities, Statistics Sweden uses a method for market valuation of deposited stocks.

Financial derivatives

Stock data on financial derivatives are based on monthly and quarterly surveys of the largest entities.

Other investment

For this component, Statistics Sweden compiles statistics on customer and supplier credits to the rest of the world on the basis of a quarterly survey. Intragroup credits are reported under direct investment. Data on loans (including deposits, financial leasing, repos) are based on monthly surveys to the government sector and financial institutions and on quarterly surveys to other sectors. Data for the banking sector are compiled from money and banking statistics. Savings in the form of life and pension insurance are estimated from accumulated transactions, adjusted for movements in exchange rates, interest rates, and stock market prices.

Reserve assets

Data are based on Sveriges Riksbank's balance sheet and reflect market values.

Switzerland

The following text was confirmed as current in 2009.

I. General

According to the Federal Act on the Swiss National Bank (National Bank Act) of October 3, 2003, and the Implementing Ordinance on the National Bank Act of March 18, 2004, the Swiss National Bank (SNB) is authorized to collect the required statistical data for compiling the balance of payments statistics and the statistics on the international investment position.

Pursuant to the Appendix to the Implementing Ordinance of the National Bank Act, legal entities and companies are obliged to supply information if (1) the transaction value of a reporting item exceeds Confederation Helvetica francs (CHF) 100,000 per quarter (CHF 1 million for a reporting item in the financial account of the balance of payments); (2) their financial claims or liabilities vis-à-vis other countries exceed CHF 10 million at the time of the survey; or (3) their direct investment abroad or direct investment received from abroad exceeds CHF 10 million at the time of the survey.

II. Specific Items: Balance of Payments

Current Account

Goods

Special trade: The data cover exports (f.o.b.) and imports (c.i.f.) according to the foreign trade statistics of the General Directorate of Customs, which exclude precious metals, precious stones, and gems, as well as antiques and articles of some artistic value. As from 1995, the special trade data have included aviation fuel. As from 2002, the special trade data have also included electrical energy, the processing of goods for foreign account, the processing of goods for domestic account, and exports and imports of returned goods.

Other goods: The data cover exports and imports of precious metals, precious stones, and gems, as well as antiques and articles of some artistic value, the purchase and sale of Rhine vessels, unchecked goods trade, small consignments, imports of industrial gold and silver, imports and exports of precious metals (gold and silver as raw materials and as coins), goods procured in ports, and repaired goods. The data also include adjustments for transportation costs and insurance premiums on imports. The data sources are the Customs Authority (for the special trade data and the data for precious metals) and the SNB (for data on other merchandise).

Services

Transportation

The data cover passenger transportation and transport services for goods exported and imported, for goods traffic through Switzerland on behalf of nonresidents, and for supporting services provided in connection with air and rail travel. The modes of transport include rail, air, sea, and transport by the Rhine fleet. The data sources are the annual and quarterly surveys carried out by the SNB.

Travel

The data cover business and personal travel, stays at health resorts and hospitals, travel related to studies, same-day travel, and transit travel, as well as adjustments for small volumes in cross-border traffic, duty-free shops, and consumption expenditure by cross-border commuters and holders of short-term residence permits. The data sources are surveys carried out by the Federal Statistical Office (FSO) and the SNB.

Other services

The data cover private insurance; merchanting; postal and courier services; telecommunications; financial services (bank commissions and financial intermediation services indirectly measured (FISIM)); technological services (construction services, commercial and technical counselling, royalties, and license fees including management fees); purchases of goods and services by foreign representatives in Switzerland, by Swiss representatives abroad, and by international organizations in Switzerland; management of domiciliary companies, law offices, and fiduciary companies; cultural services; state revenue from stamp duty, etc. The data sources are surveys carried out by the SNB and government reports.

Income

Compensation of employees

The data cover the (1) gross wages and salaries of Swiss cross-border commuters and of residents with foreign employers (international organizations and consular representatives in Switzerland) and (2) gross wages and salaries of foreign cross-border commuters, including employer and employee contributions to social security schemes (i.e., Old Age and Survivors' Insurance, disability insurance, governmental military compensation, and unemployment insurance). The data estimates are based on the number of cross-border commuters and on average income earned.

Investment income

Direct investment. The data cover the remitted and reinvested earnings arising from direct investment. The data sources are surveys carried out by the SNB.

Portfolio investment. The data cover income on equity securities and income on debt securities.

The estimates of income are based on surveys of holdings of securities and their yields.

Other investment. The data cover income on the loans and deposits of banking institutions, excluding FISIM, which is included under financial services; earnings from fiduciary investment; income and payments on claims and liabilities of enterprises vis-à-vis the nonbank sector; income on investments of the SNB and the Confederation; other investment income (financial leasing fees, etc.); and claims by private households abroad on pension fund reserves. The item does not include interest earnings on loans by nonbanks.

The data sources are surveys of banking institutions carried out by the SNB and government reports in the case of data on claims by private households abroad on pension fund reserves.

Current transfers

General government

The data cover contributions of Swiss nationals abroad and foreign cross-border commuters to social security schemes in Switzerland; withholding tax of cross-border commuters and other taxes and fees, including transportation tax; EU system of tax retention; social security transfers abroad; Swiss contributions to international organizations and other remittances abroad; tax refunds to cross-border commuters' countries of residence; and government aid to foreign countries. The source of the data is a government report.

Other sectors

The data cover transfers by Swiss emigrants, transfers by foreign insurance schemes, remittances of immigrant workers, total premiums minus the estimated service charge and claims payable by private insurance companies, annuities and indemnity payments, pension payments, financial support, foreign aid of private aid agencies, etc. The estimates are based on data from the SNB and the FSO.

Capital Account

Capital transfers

The data cover debt forgiveness and financial assistance grants by the Confederation, as well as private capital transfers and the acquisition/disposal of nonproduced, nonfinancial assets. The sources are a government report and surveys carried out by the SNB.

Financial Account

Direct investment

The data on direct investment abroad cover direct investment by domestic enterprises in enterprises in other countries (subsidiaries, branch offices, participations). The data on direct investment in Switzerland cover direct investment by foreign enterprises in enterprises in Switzerland.

The data shown relate to equity capital (paid-up capital; the establishment, acquisition, or liquidation and sale of subsidiaries and affiliated companies; the provision of capital stock and operating capital to branch offices), reinvested earnings, inflows and outflows of credits, and the sale of real estate in Switzerland to persons abroad (less the sale of real estate in Switzerland by nonresidents to residents). For equity capital, etc., the data sources are the quarterly and annual surveys carried out by the SNB. For real estate, the data are based on actual changes in ownership of real estate according to the statistics of the Federal Department of Justice on the sale of real estate to nonresidents.

Portfolio investment

The data on portfolio investment assets (i.e., portfolio investment abroad) cover investment by residents in debt instruments and equity securities of foreign issuers (money market instruments, bonds, shares, participation certificates, collective investment schemes).

The data are net, i.e., new investments, minus liquidation of investments and redemptions. The source is data reported by the banks on the acquisitions of securities by domestic customers. The data on acquisitions by banks and enterprises are derived from information on their foreign borrowing and lending. The data on portfolio investment liabilities (i.e., portfolio investment in Switzerland) cover foreign investment in debt instruments and equity securities of domestic issuers (money market instruments, bonds, medium-term rates, shares, participation, certificates, and collective investment schemes). The data are net, i.e., new investment, minus liquidation of investments and redemptions. The data sources are reports by the banks on the acquisition of securities by foreign customers. The data on bonds issued abroad by domestic enterprises are derived from the statistics on the foreign borrowing and lending of enterprises.

Financial derivatives (and structured products)

The data include the turnover in financial derivatives and structured products.

Capital outflows: payments to counterparties abroad in connection with derivatives and investment by Swiss residents in structured products of foreign issuers. *Capital inflows*: receipts from counterparties abroad in connection with derivatives transactions and investment by nonresidents in structured products of domestic issuers. The statistics for derivatives are based on data submitted by companies to the SNB. The statistics for structured products are based on data submitted by banks on the net purchases by Swiss resident and foreign bank customers.

Other investment

General government. The data cover cross-border financial flows of the Confederation, the cantons and communes, and the social security organizations. Assets cover the short- and long-term lending abroad by the public sector. Liabilities cover the short-term liabilities of general government vis-à-vis other countries; the data source is a government report.

Banks. The data cover assets and liabilities of the banking sector. Assets cover claims abroad arising from interbank lending operations, i.e., the net change in long- and short-term credits to banks including precious metals claims; the net change in lending to customers and mortgage loans; and precious metals claims. Liabilities cover liabilities abroad arising from interbank deposit operations, i.e., long- and short-term deposits of banks including precious metals liabilities; long-term customer deposits; deposits in the form of savings and investment; and short-term customer deposits, including precious metals liabilities.

The transaction figures recorded in the balance of payments represent the net change in the individual positions, i.e., the inflow of new funds, minus repayment of outstanding liabilities. The data sources are reports by domestic banks on foreign borrowing and lending.

Swiss National Bank. The data cover cross-border financial transactions of the SNB that are not part of international reserves. They cover changes on monetary assistance loans, changes in claims and liabilities arising from repo transactions with banks abroad, and changes in other claims on and liabilities to other countries.

Other sectors. The data cover information on the corporate sector and other nonfinancial sectors. The data for the corporate sector cover (1) claims abroad: the net change in short- and long-term lending by domestic private and government enterprises to natural persons, banks, and enterprises abroad, excluding intragroup lending, i.e., without credits granted to subsidiaries, branch offices, and affiliated companies abroad; and (2) liabilities abroad: the net change in short- and long-term lending by natural persons, banks, and enterprises abroad to domestic private and government enterprises, excluding intragroup lending, i.e., without credits granted to domestic subsidiaries, branch offices, and affiliated companies. The data sources are reports submitted by the enterprises to the SNB. The data for the other nonfinancial sectors comprise (1) fiduciary claims and liabilities—claims include the outflow of residents' fiduciary funds invested abroad; liabilities include the inflow of nonresidents' fiduciary funds invested in Switzerland; (2) changes in claims on and liabilities to other countries arising from collective investments; (3) the Confederation's participation in capital increases of international organizations; (4) financial flows between nonbanks and banks abroad; (5) changes in SNB's participation in the Bank for International Settlements (BIS); and (6) changes in the stock of Swiss banknotes abroad.

Domestic fiduciary funds, which according to the SNB's estimates are accounted for by nonresidents and financial flows between banks and international organizations domiciled in Switzerland, are entered as adjustment items under the other nonfinancial sectors. The data sources for fiduciary claims and liabilities are reports by domestic banks on their foreign liabilities.

Reserve assets

The data cover changes in gold holdings, foreign exchange holdings, the reserve position in the IMF (as from 1992), SDRs, and other reserves. The data source is the SNB records.

III. Specific Items: International Investment Position

Direct investment

The data on direct investment cover direct investment of Swiss investors in enterprises abroad and of foreign investors in domestic enterprises. The data also include real estate property in Switzerland of nonresident investors. The data show the equity capital and other capital.

The data sources are yearly reports on the direct investment position of domestic enterprises abroad and of foreign enterprises in Switzerland submitted to the SNB. The SNB estimates quarterly data. It estimates real estate data based on changes in ownership according to the statistics of the Federal Department of Justice.

Portfolio investment

The data sources are (1) bank reports on cross-border security holdings of resident and nonresident customers, and (2) bank and nonbank company reports on their holdings. The SNB carries out the surveys monthly and quarterly (nonbank company reports).

Financial derivatives and structured products

The data cover the replacement values for outstanding derivatives held by banks and insurance companies as well as structured products held by foreign bank customers.

The statistics for derivatives are based on data submitted by companies to the SNB. The statistics for structured products are based on data submitted by banks on the net purchases by Swiss resident and foreign bank customers.

Other investment

General government. The data source is a quarterly government report.

Banks. The data sources are monthly reports by domestic banks on foreign borrowings and lendings.

Swiss National Bank. The data cover SNB assets and liabilities that are not part of reserve assets. They cover monetary assistance loans, claims and liabilities arising from repo transactions with foreign banks, and other liabilities abroad. The data source is the SNB records.

Other sectors. The data sources are (1) quarterly reports submitted by the enterprises to the SNB; (2) fiduciary claims and liability claims held by nonbanks but invested abroad by resident banks on a fiduciary basis; liabilities of nonresidents invested in Switzerland through resident banks on a fiduciary basis; the data sources are monthly reports of banks; (3) the Confederation's participation in the capital of international organizations; the data sources are quarterly reports of the Confederation; (4) liabilities of life insurance companies and pension funds in Switzerland towards persons abroad; the data source is a government report; and (5) the liabilities of the SNB reported by the SNB.

Reserve assets

The data source is the SNB records.

Syrian Arab Republic

The following text was confirmed as current in 2007.

I. General

The Research Department of the Central Bank of Syria (CBS) is responsible for compiling Syria's balance of payments. To the extent possible, the compilation of the balance of payments is consistent with the methodology recommended in the fifth edition of the *Balance of Payments Manual (BPM5)*. Exceptions are noted below. The most important exception is that balance of payments transactions are recorded on a payments basis rather than on a transactions basis. The main reason for this recording practice is that the compilation system is based on the reporting of transactions of nonresidents by the commercial banks and other related government institutions.

The principal sources of data are the (1) customs trade statistics, (2) foreign exchange records of the CBS, the Commercial Bank of Syria (CB), and the private banks, and (3) information obtained from Syrian and foreign airlines, the Ministry of Finance, the Planning Commission of the State, and various institutions and government departments. The CBS obtains more information, for instance on direct investment, by direct surveys of important enterprises.

CBS currently compiles the balance of payments on an annual basis. The Research Department has started compiling the balance of payments on a semiannual basis, and in the near future, it will compile the balance of payments quarterly.

II. Specific Items: Balance of Payments

Current Account

Goods

The basic sources of data for exports and imports of general merchandise are the international trade statistics published by the General Directorate of Customs. Customs statistics value exports on an f.o.b. basis and imports on a c.i.f. basis. For compiling the balance of payments data, the CBS adjusts the customs statistics for coverage, deducting the value of freight and insurance and adding the value of exports and imports of electricity and of commodities not included in the customs statistics. The CBS also deducts goods purchased by travelers, included in the customs data, and reclassifies them under travel.

Customs values all imports and exports in Syrian pounds at the state and public sector exchange rate. The CBS compiles the balance of payments in U.S. dollars, using the appropriate exchange rates for each transaction.

Services

Transportation

CBS calculates data for freight and insurance debits at about 13 percent of c.i.f. imports from nonneighboring countries; this is based on a sample survey of imports. For trade with neighboring countries, Syrian shippers report the actual freight costs.

For passenger services, CBS derives the data from information provided by the Syrian airline company (for credits) and foreign airlines (for debits). It cross-checks these data with information obtained from the foreign exchange records.

Travel

For travel, CBS estimates credits using the information on the number of arriving foreign travelers, their nationality, the class of hotel, and standard expenditure samples obtained from an annual survey conducted by the Ministry of Tourism.

For travel debits, CBS uses a similar survey, determining typical expenditures of Syrian residents traveling abroad. The travel debits also include goods purchased abroad by Syrian travelers and recorded by Customs.

Other services

CBS obtains data on communications, insurance, construction, and commercial commissions from direct surveys of the major enterprises in these fields of activity and from the foreign exchange records. Estimations are done for information services, license and fees, cultural services.

Income

Compensation of employees

The item covers mainly the compensation of Syrian seasonal workers in Lebanon. The debit side covers the compensation of Jordanian and Lebanese workers in Syria; the estimate is based on the number of these workers and a sample survey of their remuneration.

Investment income

Direct investment. The foreign oil companies operating in Syria are direct investment enterprises in joint ventures with the government. After deducting production costs, CBS apportions the profits of the oil exports between the government and the direct investment enterprises. The latter is shown as income on direct investment, debit.

Other investment. Other investment income credit covers interest earned from foreign assets held abroad, whereas other investment debit covers interest payments on liabilities to nonresidents. CBS obtains data for both credits and debits from the foreign exchange records and records of the Ministry of Finance. Investment income is recorded on a payments basis.

Current transfers

General government

CBS obtains credit data from the Planning Commission of the State for various governmental departments that receive foreign aid and from the UN High Commission for Refugees (UNHCR) on its expenses in Syria supporting Palestinian refugees.

Debit data cover (1) contributions to the administrative budgets of international and regional organizations (data come from the foreign exchange records) and (2) government human assistance abroad.

Other sectors

Workers' remittances are the primary data in this category. CBS derives data from the foreign exchange records and from an estimation of remittances made by nonresident Syrian workers and remittances transferred abroad by foreign workers in Syria.

Capital Account

Capital transfers

The capital transfers recorded under this category cover transfers in kind (mainly equipment) received by the UNHCR in its operations in Syria for Palestinian refugees (data are from the UNHCR). Data on capital transfers of migrants are not available.

Financial Account

Direct investment

Data on direct investment transactions cover investment inflows, where a nonresident or an affiliated group of nonresidents holds at least 10 percent of the equity. The source of this information is the required reports furnished by all enterprises with any foreign participation. Direct investment is mainly concentrated in the following sectors: oil, tourism, banking, insurance, and other investments, as defined under the Investment Law.

Other investment

Loans

CBS obtains data from the foreign exchange records, the CBS Loan Department, the Ministry of Finance, and the Planning Commission.

Currency and deposits

CBS compiles data on bank deposits from the asset and liability statements reported monthly by the banks.

Other assets and liabilities

The credit entries include short-term facilities acquired abroad, whereas the debit entries include repayments of these liabilities. They also include net deposits, with the commercial banks, of foreign companies operating in Syria. Data are obtained from the commercial banks and foreign exchange records.

Reserve assets

CBS obtains transactions in reserve assets from the accounts of the CBS and CB, covering the foreign exchange reserves managed by CBS at both institutions.

Tanzania

The following text was confirmed as current in 2009.

I. General

The Bank of Tanzania (BoT) is responsible for compiling the Tanzanian balance of payments. Within the BoT, the International Economics Department (IED), under the Directorate of Economic Policy, compiles the balance of payments. The sources of balance of payments statistics comprise many institutions and agencies, including commercial banks, Customs, the Treasury, and other Tanzanian government agencies.

IED prepares a monthly report on the current account of the balance of payments for publication in *the Monthly Economic Review*. It also prepares quarterly and annual reports for the *Quarterly Economic Bulletin* and *Operations Reports*. The quarterly and annual reports contain the complete balance of payments statement. Balance of payments statistics are presented in accordance with the IMF's *Balance of Payments Manual*, fifth edition (*BPM5*) format, from 1997 onward.

The balance of payments statement is reported in both U.S. dollars and Tanzanian shillings. Transactions that are reported in other currencies are converted to U.S. dollars using the period-average exchange rate.

II. Specific Items: Balance of Payments

Current Account

Goods

The trade data for both exports and imports are compiled on the basis of customs documents/reports. However, imports data from the Customs Department, which are on a c.i.f. basis, are adjusted to f.o.b. using a factor based on information obtained from the Pre-Shipment Inspection agency. Currently, the c.i.f. value is adjusted by 9 percent of the total value of imports.

The statistics on merchandise goods include data on goods for processing, repairs on goods, and goods procured in port by carriers. Efforts are under way to obtain disaggregated information from the Customs Department in accordance with the *BPM5* methodology.

Services

Transportation

The main entry under transportation relates to freight transactions. Statistics on freight and insurance imports are computed using the ratios of total imports. The ratios are derived from detailed data on imports obtained from the Pre-Inspection Company. Currently, the ratio of 9 percent of total imports covers payments of both freight and insurance services: freight accounts for about 97 percent of the ratio and insurance for the remaining 3 percent.

Travel

For travel debits, compilers obtain data from commercial banks' exchange records and from bureaus of exchange.

For travel credits, the Ministry of Tourism and Natural Resources, in collaboration with the BoT, the National Bureau of Statistics (NBS), the Immigration Department, and the Zanzibar Commission for Tourism, conducts a Tourism Visitors' Exit Survey to obtain data on tourism earnings.

Other services

For *insurance services*, credit entries originate from the Insurance Supervisory Board. Debit entries cover premiums on merchandise insurance on imports derived from trade statistics (estimated to be 3 percent of the c.i.f. adjustment applied to imports transactions).

For *other business services* and *government n.i.e.*, data are obtained from the exchange records.

Income

Investment income

Data on portfolio investment income payments are estimated based on the survey on private capital flows.

For direct investment income credits, data are estimated based on information from the exchange records.

Information on direct investment income debits—and other investment income debits and credits (i.e., loans) is obtained from the BoT's Debt Management Department (DMD) and commercial banks. To supplement information on income credit from commercial banks, IED uses data on credit entries for income on investment by the Monetary Authority, which are obtained from the BoT's Foreign Market Department.

Current transfers

Data on current transfers are obtained from the exchange records and information on donors obtained through the Ministry of Finance.

Capital Account

Capital transfers

Debt forgiveness. For official (Government) debt forgiveness, IED obtains information from the BoT's External Debt Department. Data on private sector debt forgiveness are not available.

Migrants' transfers. Data for migrants' transfers are currently obtained from the banking system. However, no information is available on migrants' noncash transfers.

Financial Account

Direct investment

Data on direct investment are obtained from the Private Capital Flows Survey, and in the case where surveys have not been conducted, estimates are made on the basis of projects approved by the Tanzania Investment Centre (TIC).

The BoT, in collaboration with TIC and NBS, has been conducting a census and surveys on foreign direct investment entities. The obtained results are used to update information on foreign direct investment.

Portfolio investment

Data on portfolio investment are estimated using past trends.

Other investment

For transactions in other government assets and liabilities, IED obtains data from the BoT's DMD, supplemented by information from Treasury. Data on changes in the external assets and liabilities of commercial banks are available from the monetary surveys, which are compiled monthly by the BoT's Department of Monetary and Financial Affairs.

Reserve assets

Information on monetary gold is obtained from the monetary surveys compiled by the BoT's Monetary and Financial Affairs Department. This information is limited to transactions in refined gold held by the BoT.

Transactions in foreign exchange reflect changes in BoT holdings of foreign currencies during the reporting period. Beginning in January 2006, this information is based on the BoT Trial Balance, reported in different foreign currencies. To derive transaction data in U.S. dollar terms, IED calculates the monthly change in stocks, by currency, and uses the average period exchange rate to convert the changes in the respective currencies to U.S. dollars.

III. Specific Items: International Investment Position

Direct investment

There is no information on direct investment abroad because the capital account is not yet fully liberalized. Estimates for direct investment in Tanzania are based on enterprise surveys conducted by the BoT in collaboration with the TIC and the NBS. The most recent survey results are for 2006. In cases where survey data are not available, estimates are made based on the last survey figures, taking into account estimated flows of direct investment.

Portfolio investment

Information is not available for outward portfolio investment. Information on inward investment for other sectors is compiled based on enterprise surveys. For the periods when no survey is made, estimates are made taking into account estimated flows of portfolio investment.

Other investment

Other investment assets comprise loans and currency and deposits of banks derived from the BoT monetary surveys.

Other investment liabilities include loans to general government and other sectors that are derived from reports prepared by DMD, while the IMF credit to the BoT is derived from the monetary surveys. Currency and deposits and other liabilities of banks are compiled from BoT monetary surveys and records from DMD.

Reserve assets

Information on official reserves is recorded in the BoT's monetary surveys compiled by the Department of Monetary and Fiscal Affairs and is converted to U.S. dollars using end-period exchange rates.

Thailand

The following text was confirmed as current in 2009.

I. General

The Bank of Thailand (BOT) is responsible for compiling Thailand's balance of payments and international investment position (IIP) statistics. Thailand's balance of payments compilation system combines data from two main sources: international trade statistics obtained from the Customs Department, and an international transactions reporting system (ITRS) maintained by the BOT (for services, investment income, transfers, and the financial account). To supplement the two main sources, when appropriate the BOT uses data from other sources, including surveys of other government agencies, state enterprises, and private enterprises.

The BOT compiles and publishes Thailand's balance of payments statistics on a quarterly basis on the BOT's website (www.bot.or.th), available in both HTML and downloadable formats.

Balance of payments data are compiled in millions of baht; transactions denominated in other currencies are converted to baht equivalents at the average exchange rate for the appropriate period. The BOT bases the exchange rate conversion for exports and imports on a single market rate—the midpoint between buying and selling rates of the commercial banks—in order for the international trade statistics to be in accordance with the *BPM5*.

Additionally, the classification of accounts used in Thailand's balance of payments generally corresponds with that recommended in the *BPM5*.

The BOT also compiles IIP statistics in accordance with the methodology set out in the *BPM5*. The *Bank of Thailand News* publishes preliminary annual data in millions of U.S. dollars, showing the standard detailed breakdown of the balance of payments as well as the net position. Data are also disseminated on the BOT's website on an annual basis with a timeliness of 9 months.

II. Specific Items: Balance of Payments

Current Account

Goods

The main source of data is the external trade data obtained from the Customs Department. Export and import data are valued on an f.o.b. basis. F.o.b. values of imports are estimated by excluding the insurance and freight from the c.i.f. values (1 and 9 percent of imports, respectively).

In the past, the exchange rate conversion from foreign currency into local currency used for the international trade statistics was based on the commercial banks' buying rate for exports and selling rate for imports. The practice was appropriate because the gap between the two rates was small.

Since the change to the managed float system on July 2, 1997, the exchange rate conversion for exports and imports has been based on a single market rate—the midpoint between buying and selling rates of commercial banks. This is so the international trade statistics will better reflect the international trade activities, as well as to be in accordance with the *BPM5*.

Customs data record the physical movement of goods across the Thai customs boundary. Therefore, to bring these statistics into conformity with the balance of payments concepts, the BOT makes some adjustments in respect of coverage, valuation, and time of recording.

Adjustments are made to include items such as imports and exports of aircraft and aircraft components sent abroad for repairs, Thai military imports, electricity imports from and exports to neighboring countries, and satellites. Adjustments are also made to exclude from the goods category diplomatic shipments, personal effects, and temporary imports and exports.

Services

Transportation

Freight covers all modes of transport. To compile the freight data, the BOT takes the 9 percent from the c.i.f. value of the imports adjusted as necessary with relevant transactions derived from the ITRS. For passenger services, the BOT derives estimates from the ITRS and reports from airline companies. For other transportation, entries are derived from the ITRS.

Travel

For travel credits, the BOT compiles entries by combining the number of foreign visitors and their average length of stay, obtained from the Tourism Authority of Thailand (TAT), with adjusted estimates of average expenditures per person per day. The estimates were adjusted annually before 1999, and quarterly since, and the average expenditures per capita are based on expenditure surveys of foreign visitors carried out by the TAT.

Since 1992, travel receipts have been adjusted upward by approximately 5 percent from the TAT baseline figures. This is to reflect the difference in the coverage and concepts used by the two institutions (i.e., the TAT defines the length of stay as between one and ninety days, whereas the BOT's definition is up to one year to conform with *BPM5*).

Travel debit entries are derived from foreign exchange records and quarterly surveys of Thai travelers carried out by the TAT.

Other services

Communications. These estimates are derived from the ITRS.

Construction. These estimates are derived from the ITRS.

Insurance. Insurance on goods is estimated as 1 percent of the c.i.f. value of imports. The BOT compiles the data on insurance on nongoods from exchange records. The credit entries comprise non-life premiums received, net of claims paid, and the debit entries comprise non-life premiums paid, net of claims received.

Royalties and license fees. These estimates are derived from the ITRS transactions representing receipts/payments for the authorized use of patents, copyrights, and other such assets.

Other business services. Entries for other services include commissions, management and agency fees, contract and professional charges, financial services, etc.

The BOT compiles the data from the ITRS. However, during 1992–2001, reports from other agencies on brokerage and financial fees supplemented financial services data (i.e., brokerage fees were estimated at 0.5 percent of the total value of foreign turnover in the stock market). Entries for foreign exchange fees are estimated from the amount of cross-border transactions in nonresident baht accounts and equity securities and the average spread between the exchange rates for buying and selling baht and U.S. dollars.

Government, n.i.e. The entries are derived from the ITRS.

Income

Compensation of employees

For credits, the BOT derives entries mainly from the ITRS, supplemented by bank reports on transactions in nonresident baht accounts. Owing to data limits, the estimates also include remittances by workers with a length of stay of more than one year.

Comparable debit entries are included indistinguishably as a part of other services.

Investment income

The principal data sources used in compiling investment income transactions are the ITRS, the BOT records of its interest earnings on international reserves, indirect payments, and the Ministry of Finance (MOF) for interest payments on public sector debt. This item reports investment income on debt and equity separately but does not separately identify the estimates for direct, portfolio, or other investment.

Current transfers

The BOT bases the data primarily on the ITRS but supplements them by data from relevant government agencies. The estimates include migrants' transfers.

Financial Account

Direct investment

For direct investment, the BOT compiles data from the ITRS, bank reports, direct reports, and external debt surveys (for loans from affiliates) of private nonbank enterprises. Starting with November 2006, the BOT has included reinvested earnings in direct investment statistics and has revised the time series back to 2001. However, direct investment data still exclude transactions in debt securities and suppliers' credits between direct investors and subsidiaries, branches, and affiliates, which are instead classified under portfolio investment and other investment, respectively.

Portfolio investment

For portfolio investment, the BOT derives data mainly from the ITRS, supplemented by reports from banks, the MOF, state enterprises, institutional investors, and a nonbank external debt survey.

Other investment

Other investment includes loans, trade credits, deposits, and other claims and liabilities. For loans and trade credits of the BOT, general government, and state enterprises, the BOT obtains data from the BOT's balance sheet, the MOF's reports, and reports from the individual state enterprises, respectively. For financial transactions of the private sector, data are obtained from the ITRS.

Data on loans and debt securities are also adjusted, based on data from the quarterly nonbank external debt survey. Reports from oil companies also supplement trade credit data from the data model.

Reserve assets

Primary data sources are the BOT's balance sheet and data supplied by the Fund on SDR holdings and the reserve position in the Fund. Reserve assets are classified into monetary gold, SDRs, reserve position in the Fund, and foreign exchange assets. Data on gold and securities are marked-to-market daily. All foreign currency-denominated assets are converted to the U.S. dollar equivalent using the midrate at the end of the reference period.

III. Specific Items: International Investment Position

Thailand's IIP statistics cover all sectors (monetary authorities, general government, banks, and other sectors) and all standard investment items. Data on the IIP are disseminated in millions of U.S. dollars, showing the components of external assets and liabilities positions—(1) direct investment (abroad/in Thailand), (2) portfolio investment (equity and debt securities), (3) financial derivatives, (4) other investment (trade credits, loans, currency and deposits, and other claims/liabilities), and (5) reserve assets.

Transactions are recorded when a change of ownership is evidenced and are, consequently, reflected in the position at the end of the reference period. The exchange rate used is the midrate between the buying and selling rates quoted by commercial banks on the last day of the reference month. This midrate is applied to all data on stocks of external assets and liabilities reported in foreign currencies.

Data on the external assets and nondebt liabilities of the general government and state enterprises are obtained from direct reports. The BOT obtains position data on debt items from reports submitted regularly by the MOF and the individual state enterprises (including both government-guaranteed and nonguaranteed contracts).

For external assets and liabilities pertaining to the banking sector, the BOT compiles data from the ITRS, supplemented by (1) the report on financial statement data relating to IIP (the Sor Bor Chor 3/1 Form) to capture direct investments position data (equity capital and reinvested earnings) and portfolio investments (equity securities), and (2) the survey on financial derivatives.

Data on external assets and nondebt liabilities of nonbank corporations are obtained through direct report forms. For the direct report on financial statement data relating to IIP (the Sor Bor Chor 3/1 Form), the BOT receives cooperation from the Department of Business Development (Ministry of Commerce) upon issuance of official notice for certified corporate account compilers to submit financial statement information. The forms capture information, on an annual basis, from registered companies with foreign equity participation of 1 percent and above, including Thai firms with equity interests in foreign companies. The BOT also receives data from a direct report on portfolio investment abroad pertaining to seven authorized institutional investors, and a direct report on nonresident holdings of Thai securities and Thai investment in foreign securities by local custodians.

In addition, the data are supplemented by results from the Survey on External Debt and Offshore Lending (Form 42) and information on investment in properties from foreign exchange reports.

Position data on debt-related assets and liabilities are obtained from the nonbank external debt and lending survey. From 2009 onward, the BOT uses a tail cut-off sampling technique for this survey. Survey questionnaires are distributed quarterly to approximately 500 companies with outstanding external debt exceeding US$20 million. The sample covers the population adequately—approximately 82 percent of the total private nonbank external debt outstanding. As for the remaining 4,500 enterprises not included in the sample, the external debt outstanding amount is estimated based on the ITRS.

Togo

The following text was confirmed as current in 2009.

I. General

The National Office of the Central Bank of West African States (BCEAO) is authorized by Regulation No. R09/98/CM/UEMOA of December 20, 1998, to collect, from economic agents established on Togolese territory, any information needed for compiling balance of payments statistics.

In this context, the BCEAO, acting as Secretary of the National Balance of Payments Committee (the official agency responsible for preparing and approving balance of payments statistics) compiles the balance of payments each year on behalf of the government. This committee is chaired by the Secretary-General of the Ministry of Economy and Finance. Until 1995, the balance of payments was drawn up in terms of transactions in accordance with the methodology prescribed by the fourth edition of the IMF's *Balance of Payments Manual (BPM4)*. As of 1996, Togo's balance of payments is prepared in accordance with the fifth edition of the *Balance of Payments Manual (BPM5)*.

The compilers collect data from various information sources, namely, industrial and commercial enterprises, customs statistics, local representative offices of international donors and lenders, embassies, international organizations, nongovernmental organizations, groups of exporters or importers, etc.

A representative sample of the enterprises established in Togo is defined and updated each year. A standard questionnaire is sent to each enterprise of the sample, which records the outstanding financial liabilities to nonresidents at the beginning and end of the period, as well as transactions leading to changes in these liabilities during the period.

II. Specific Items: Balance of Payments

Current Account

Goods

The official source of trade statistics is the Directorate of Statistics, which compiles data on imports and exports under various customs regimes. Imports are declared c.i.f., and exports f.o.b. The information gathered relates to the statistics on special trade and data in the supplementary statements recording warehouse movements, temporary admissions, etc.

To broaden the coverage of these statistics, the compilers carry out an additional survey of the major exporters and importers, for instance, the exports and imports of electricity and precious metals.

Compiling staff adjust the c.i.f. value of imports to arrive at their f.o.b. value by deducting the costs of the freight and insurance, representing 16 percent of the declared value. This ratio was established on the basis of empirical observations of the import certificates issued to importers.

Services

Transportation

Freight. Credit entries largely comprise the receipts of resident transportation companies. Debit entries cover the estimated amounts of freight on imports paid to nonresidents.

Other transportation services. Data relate to port services and passenger services, excluding freight. Staff make entries on the basis of questionnaires sent to the port, airlines and shipping companies, domestic carriers, transit and consignment companies, etc. The data also include ticket issues, leased transportation, fueling, etc.

Travel

This component covers tourism transactions and expenditure on business travel and pilgrimages. It also covers the expenditure of Togolese students abroad. The sources of these data are the hotels, Ministry of Tourism, Directorates of Finance and of Scholarships and Training Courses, organizations dealing with pilgrimages to the holy places, university and regional schools, etc.

Other services

The item covers the following:

(1) transactions of insurance companies, banks, real estate firms, and all sorts of services generating remuneration in the form of commission (the data sources are questionnaires sent to these specific providers of services) and

(2) government transactions not elsewhere classified. These government transactions essentially record, as credits, the expenditure of diplomatic missions and

international organizations and of comparable institutions established in Togo, and as debits, the expenditure of Togolese embassies abroad. Data come from a survey of embassies and from the Ministry of Economy and Finance.

Income

Investment income

For this item, compilers enter as debits or credits the dividends distributed or received, reinvested earnings, interest payable on the external debt, and earnings from investment abroad. The figures are based on questionnaires sent to enterprises and data provided by the Directorate of Public Debt of the Ministry of Economy and Finance.

Very little information is available on portfolio investments, except regarding government securities operations, which has become available only very recently.

Current transfers

General government

The item records all official international assistance. Credit entries cover mainly data from surveys of foreign diplomatic missions and the nongovernmental organizations.

Debit entries concern the various government payments and contributions to nonresident entities and are drawn from reports of the Directorate of Finance in the Ministry of Economy and Finance. Compilers also use the United Nations Development Program (UNDP) annual report as a source for grants received.

Other sectors

Compilers base these data on postal statistics of the issuance and receipt of money orders and transfers considered to represent workers' remittances. The data are adjusted afterward on the basis of bank reports on the dispatch and receipt of funds that are higher than the threshold of CFAF 100,000.

For transfers of foreign residents' savings, compilers derive data from the questionnaires sent to the employers. The same applies to assistance from the nongovernmental organizations.

Financial Account

Direct investment

Data refer to direct investment made through majority shareholding in the equity capital of subsidiaries and branches of nonresident companies. Information comes from questionnaires sent to the enterprises.

Other investment

The entries for the general government, covering mainly public external debt operations, include drawings for the year, amortization payable, and accruals and reductions of arrears, where applicable. External debt data come from the Directorate of Public Debt, Ministry of Economy and Finance. For additional external debt data, compilers use the UNDP report, which records sources of financing and the characteristics of each operation.

The entries for other sectors reflect mainly trade credits and accounts receivable. These data come from the enterprise surveys.

Reserve assets

Regarding reserve assets, compilers obtain data from the central bank's statement. The data cover the reserve position in the IMF, SDR holdings, and foreign exchange assets, mainly those in the Operations Account with the French Treasury.

Tonga

The following text was confirmed as current in 2009.

I. General

The Statistics Department (SD) is responsible for compiling and disseminating the balance of payments statistics for Tonga, which are produced on a quarterly basis. The Tonga National Reserve Bank also produces monthly balance of payments estimates based solely on overseas exchange transactions records. The classification of accounts used in Tonga's international transactions accounts generally corresponds with that recommended in the *Balance of Payments Manual*, fifth edition (*BPM5*).

The SD publishes the balance of payments statistics on a quarterly basis, then produces the annual report for the financial year, which starts on July 1.

Data are obtained from the Foreign Trade Statistics, overseas exchange transactions (OET) reported by the commercial banks (there are three commercials banks in Tonga), the Ministry of Civil Aviation, the Port Authority, the Ministry of Finance (MOF), the National Reserve Bank of Tonga, and nongovernmental organizations.

II. Specific Items: Balance of Payments

Current Account

Goods

General merchandise data are derived from foreign trade statistics (FTS). The FTS are compiled on a special trade basis—that is, transactions are recorded when goods are cleared through customs, and imports are valued c.i.f. while exports are valued f.o.b. To adjust imports to an f.o.b. basis, the SD reduces the value of imports c.i.f. by 10 percent for freight and 1 percent for insurance.

Services

Transportation

The SD derives transportation data from OET statistics, with adjustments made for freight and insurance on imports. Ports and airports provide additional data on wharfage, aviation fees, and other charges.

Travel

The SD derives travel credit estimates from civil aviation data and OET. Travel debit estimates are derived from OET and the MOF. The MOF provides data on expenditure abroad for medical expenses and scholarships financed by the Tongan government. These data are used to adjust OET expenditures to provide estimates of medical travel and educational travel.

Other Services

Other services data on the credit side are mostly derived from OET, and other services data on the debit side are obtained from the MOF and OET (payment for communication and insurance—both non-life and life insurance). The 0.5 percent insurance on imports is included in insurance services debit. The data for other business services credit and debit are derived entirely from OET. The SD obtains data on government services from the MOF, the Tonga National Reserve Bank, and OET.

Income

Compensation of employees

Data on the employment of Tonga residents are estimated based on information from the foreign diplomatic missions in Tonga. In recent years, the response rate has dropped, but data obtained in earlier years are estimated forward. Data on compensation of employees (debit) are obtained from the MOF, which provides information on wages and salaries to non-Tongan staff who are employed by Tongan consulates and embassies overseas. The credit item is estimated.

Investment income

Data on investment income (credit) are obtained from the Tonga National Reserve Bank. These data cover the interest earned on foreign reserve assets and direct and other investment income based on OET data. Debit entries consist of interest payments by the Tonga National Reserve Bank and the MOF, plus direct and other investment income based on OET data.

Current transfers

Data are derived from OET, which identifies transfers to households, nonprofit institutions (such as churches and nongovernmental organizations), and official entities. Additional data are obtained from the MOF on foreign aid transactions that are not recorded in OET. Transfers in kind are estimated from imports data and included.

Capital Account

Capital transfers

The Tonga National Reserve Bank provides data on official capital transactions, and the MOF provides data on aid from overseas donors.

Financial Account

Data on credit entries are primarily obtained from OET. The Tonga National Reserve Bank, the MOF, and OET provide data for the estimation of debit entries. A survey on direct investment, portfolio investment, and other investment will be implemented in the near future. Note: in the financial account, credit and debit entries are combined so that only the net items are shown.

Reserve assets

The Tonga National Reserve Bank provides data on reserve assets.

Trinidad and Tobago

The following text was confirmed as current in 2009.

I. General

The Central Statistical Office of Trinidad and Tobago is officially responsible for compiling Trinidad and Tobago's balance of payments statistics. Since 1989, however, the statistics have been produced in collaboration with the Central Bank of Trinidad and Tobago. Data used in the compilation are obtained from a variety of sources, including the Central Statistical Office, the central bank, government departments and agencies, commercial banks, and enterprises (through quarterly enterprise surveys).

Data are prepared on a quarterly basis; they are published in the *Annual Balance of Payments Report* and in the economic and statistical bulletins of the Central Bank of Trinidad and Tobago. The statistics are reported in U.S. dollars. The classification and compilation of the national balance of payments accounts conform as closely as possible to the standards recommended in the *BPM5*.

II. Specific Items: Balance of Payments

Current Account

Goods

Data are based on trade statistics compiled by the Central Statistical Office from customs documents. Goods exported and imported are valued on an f.o.b. and a c.i.f.

basis, respectively. The data undergo several adjustments related to timing, coverage, and valuation. Compiling staff exclude returned goods and the personal and household effects of travelers. Staff add to exports the goods procured in local ports by foreign carriers.

Services

Transportation

Subsumed under this category are passenger services, port services, and the provision of freight services by the national airline. Passenger fares (credit) relate to the passenger fares and excess baggage receipts accruing from nonresidents. Passenger fares (debit) pertain to similar payments by residents to foreign-owned carriers, as reported in the airline surveys. The national airline also supplies information on the value of freight services it provides to nonresidents (credit).

Travel

Compilers derive the estimates of travel credits from expenditure surveys conducted by the Central Statistical Office and from tourist arrival and departure information from the same source. Also included are estimates of expenditures by foreign students enrolled at the University of the West Indies. For travel debits, the compilers source the data from banking records.

Other

Compilers derive credit and debit estimates of most other services from a combination of banking records and surveys.

Communications. Data include Trinidad and Tobago's receipts and payments for international communications services. Compiling staff base the estimates on surveys of the main providers and on banking records.

Insurance. The staff obtain credits for merchandise insurance from company surveys. Nonmerchandise insurance credits represent foreign premium income and foreign receipts in settlement of reinsurance claims. For nonmerchandise debits, staff source the data from banking records.

Other business. Credit and debit entries here include management and technical fees, royalties and patents, commissions, rentals, and advertising fees. Staff base the entries on banking records. Also included here are oil processing fees, for which staff obtain the data directly from the company involved.

Income

Investment income

On the credit side, data on investment income include interest earned by the central bank, commercial banks, and the central government on their investments abroad, as recorded by these entities. For interest earned by direct investment enterprises and other key private sector enterprises, compilers obtain the information from returns the enterprises submit to the central bank.

On the debit side, this category records interest outflows on behalf of the central government, public sector enterprises, and direct investment companies, as recorded by these entities. The staff obtain retained profits, distributed profits, and dividends, which also are recorded here, from the survey of direct investment enterprises.

Current transfers

General government

Credit entries include grants in cash and in kind received for development, training, or technical assistance. Debit entries cover subscriptions to international organizations and payments of pensions to citizens of Trinidad and Tobago residing abroad. Withholding taxes are also taken into account here; the data come from a survey of direct investment enterprises.

Other sectors

Credit entries cover remittances to individuals and private nonprofit institutions. Data are derived from bank records.

Capital Account

Capital transfers

Debt forgiveness. The central bank's Debt Monitoring Unit provides the credit entries.

Migrants' transfers. Compilers derive the credit entries from the trade records of the Central Statistical Office.

Financial Account

Direct investment

Direct investment in Trinidad and Tobago covers financial transactions between direct investment enterprises and their head offices abroad. The transactions include reinvested profits, increases in share capital, and changes in head office balances. Compilers source the relevant information from quarterly surveys of direct investment enterprises. A direct investment enterprise is one in which foreigners hold at least 10 percent of total equity. In addition, direct investment includes direct expenditure in the local petrochemical sector by foreign enterprises. Compilers also derive data for this item from enterprise surveys.

Portfolio investment

Portfolio investment (assets and liabilities) reflects primarily net investment flows with other Caribbean countries, as reported by the stock exchange in Trinidad and Tobago.

Other investment

Staff classify other investment (assets and liabilities) according to sectors, specifically the public and private sectors.

Public sector entries under this section pertain mainly to the external debt transactions of the central government, the central bank, and state enterprises. The central bank's Debt Monitoring Unit provides the information.

Private sector entries include net capital flows arising from commercial banks' net changes in external assets and liabilities. Compilers obtain the data from the banks' returns to the central bank. Private sector entries also include trade financing, representing the net change in foreign trade receivables and foreign trade payables. From various sources, compilers derive these data, together with other financial flows related to the nonfinancial private sector, including loans and changes in balances in currency and deposits.

Reserve assets

Reserve assets represent those of the monetary authorities, comprising the central government and the central bank.

For the central government's external assets, compilers derive data from returns the Treasury Department submits to the central bank.

The central bank component includes its external assets readily available for balance of payments support. The component also covers the country's holdings of SDRs and its reserve tranche position with the Fund, as adjusted for reserve liabilities, including use of Fund credit. The central bank provides the information.

Tunisia

The following text was confirmed as current in 2009.

I. General

The Central Bank of Tunisia (CBT) compiles the statistics for Tunisia's balance of payments and international investment position. The methodology follows the recommendations of the *BPM5*. Within the CBT, the Balance of Payments and Exchange Policy Studies Department (Direction de la balance des paiements et des études de politique de change—DBPEPC) collects the required data from several sources.

Authorized intermediaries resident in Tunisia report bank transfers daily for the purchase and sale of foreign exchange and travelers' checks. These data come in the form of statistical statements and reflect, for the previous day's value date, all financial flows recorded between resident and nonresident economic transactors in respect of goods and services, unrequited transfers, and capital flows. Also, financial operations carried out by the CBT, in particular on behalf of the government, are reported daily.

Supplementing these statements, and using the same coding system, are monthly data on activity in foreign accounts in convertible dinars and purchases and sales of foreign banknotes.

All these statements are coded by type of operation, country, and currency, based on specially designed standard tables.

DBPEPC uses these data for preparing the overall statement of financial settlements—a fundamental component of the balance of payments.

All these data are subject to systematic plausibility checks. DBPEPC often requests the economic transactors involved to provide supplementary data in this connection, to ensure that the balance of payments is as accurate as possible.

DBPEPC also collects data from outside the financial system in respect of operations that do not generate settlements. These primarily involve commercial transactions carried out on trade credit, contributions in kind by Tunisians residing abroad, equipment used by foreign enterprises operating in Tunisia, grants, and other unrequited transfers.

The most important of these sources is the highly detailed customs records, which the CBT receives monthly. The National Institute of Statistics (NIS) has reviewed and, if necessary, adjusted these data for the publication of Tunisia's balance of trade (c.i.f. imports and f.o.b. exports).

Several surveys of pertinent economic transactors are conducted to complete the balance of payments datasets and to cross-check with banking and customs data. The same procedure is used annually with (1) embassies and other foreign diplomatic missions located in Tunisia; and (2) Tunisian embassies abroad, for the purpose, among other things, of obtaining comprehensive data on technical assistance, grants, and other unrequited transfers.

The accounts are denominated in Tunisian dinars. Compilers convert foreign currencies in external payments to Tunisian dinars, using average monthly exchange rates.

II. Specific Items: Balance of Payments

Current Account

Goods

For general merchandise, DBPEPC makes estimates on the basis of the settlement statements and foreign trade statistics compiled by the NIS from customs records. The following adjustments are often required after cross-checking these two data series:

(1) *Coverage adjustment.* This consists of adding to transactions included in the statement on a settlements basis all merchandise operations that have not been recorded by the banking system. This applies especially to exports and imports of goods to be processed or financed with purchaser or supplier credits, transactions carried out on the basis of bilateral payments agreements, grants in kind, etc.

(2) *Classification adjustment.* Imports are expressed in c.i.f. values and are adjusted to an f.o.b. basis.

(3) *Timing adjustment.* The differences between customs and settlements data for trade are used to determine the amount of trade credits. The merchandise data are compiled on a transaction basis.

With regard to other goods categories, (1) the only data source for goods imported or exported for processing is customs statistics; (2) for goods procured in ports by carriers, financial settlement records are used, supplemented with transactions recorded by customs; (3) repairs on goods include only purchases of spare parts, the value of services rendered being included under "other business services"; and (4) transactions involving nonmonetary gold are included under general merchandise.

Services

Transportation

In collecting the data, DBPEPC uses periodic surveys of airlines and shipping lines operating in Tunisia, in addition to the bank settlement statements.

Travel

For operations not subject to a settlement in connection with studies and internships, DBPEPC obtains data from surveys of the pertinent government agencies and organizations.

Income

Compensation of employees

Some data are classified as factor income. Related operations also include monetary transfers, repatriations of goods, and miscellaneous personal effects.

Investment income

The source of data is bank reports and surveys of oil companies and other direct investment enterprises. The data are classified as income from equities, debt investments, and reinvested earnings.

Financial Account

Direct investment

The dichotomy between equities classified as direct and portfolio investments is based on the concept of control of the project under consideration. Direct investment enterprises are defined as foreign equity participations of more than 10 percent. All imports of construction equipment for projects lasting more than one year are considered direct investment.

Other investment

This category comprises all flows relating to loan transactions between residents and nonresidents. DBPEPC derives the private sector's financial loan data from commercial bank exchange records. The central bank provides information on drawings and repayments on public debt.

In addition, to survey all medium- and long-term credit received by Tunisia, the External Debt Subdirectorate conducts an annual survey of banks, economic transactors, and government agencies to determine imports and exports of merchandise carried out with medium- and long-term credit. Along with improving the accuracy of the balance of payments, these data make it possible to determine the outstanding external debt and to adjust its repayment schedule.

Reserve assets

International reserves comprise monetary gold, SDR holdings, reserve position in the Fund, and foreign exchange. Flows are calculated monthly, based on changes in outstanding amounts valued at end-of-period exchange rates.

III. Specific Items: International Investment Position

Direct investment

The CBT started compiling the international investment position statistics using the net direct investment flows of 1960 to approximate the stock of direct investment liabilities for that year.

For each following year, the estimation method was to first calculate the additional stock for the year concerned using the rate of return for investment (assumed to be higher than the interest rate prevailing during the preceding three years) and the amounts of available direct investment income recorded during the year. The result was then added to the stock of the preceding year after actualizing it by the gross formation of fixed capital (GFFC) deflator for the year concerned. The year 1990 was chosen as base year.

Portfolio investment

Regarding Tunisian portfolio investment stocks owned by nonresidents, the Financial Market Council records them at end-period market values.

Other investment

Medium- and long-term liabilities. This refers to medium- and long-term outstanding debt by source of funds (public or private) and by category of borrower (government or business). Data on outstanding debt are available in the external debt database managed by the CBT and are consistent with those published by the Ministry of Economic Development.

Short-term liabilities. These are broken down into financial and commercial liabilities. For the first category, data are from the CBT's monetary statistics derived from banks' reports comprising, in particular, various types of nonresident deposits with Tunisia's financial system.

For the second category, commercial liabilities are deducted from the balance of payments statement: net flows recorded for one year can be, in fact, considered equal to outstanding amounts insofar as these commercial credits mature in one year or less.

Assets. Short-term credits were estimated by similar methods to those used to estimate liabilities.

Medium- and long-term claims. DBPEPC obtained the stock of medium- and long-term assets held abroad by Tunisian residents by surveying the entities, including some of CBT's own departments, in charge of monitoring these claims. The claims refer to payment facilities granted by Tunisia to certain partner countries, often as a result of intergovernmental agreements.

Reserve assets

Reserve assets are derived from the central bank's monetary statistics and include foreign exchange assets, monetary gold, SDR holdings, and the reserve position in the IMF.

Turkey

The following text was confirmed as current in 2009.

I. General

The Balance of Payments Division, Statistics Department, Central Bank of the Republic of Turkey (CBRT) is responsible for compiling and disseminating the balance of payments statistics of Turkey.

The methodology used in the compilation is essentially the methodology set forth in the IMF's *Balance of Payments Manual*, fifth edition (*BPM5*). However, with the exception of the Monetary Authority's transactions, transactions are recorded on a cash basis rather than on the accrual-based accounting principles of the *BPM5*.

The CBRT obtains data for compiling the balance of payments statistics from a variety of sources, including

(1) the international transactions reporting system (ITRS), which records the foreign exchange transactions of the CBRT and the banks (every transaction of the foreign exchange transactions of the banks is identified according to a coding system);

(2) the Turkish Statistical Institute (TURKSTAT), which provides data on merchandise trade, freight and freight insurance, tourism receipts and expenditures, and shuttle trade;

(3) the surveys conducted by CBRT to measure goods procured in ports by carriers, operational leasing, telecommunication services, other transportation, insurance services, news agency services, and compensation of employees;

(4) the Central Registry Agency of Turkey and custodian banks, which provide the stock data for portfolio investment liabilities, equity, and debt securities, from which flows are derived; and

(5) administrative records to estimate data on embassies and consulates.

Regarding ITRS, banks compile the data in original currencies and convert them to U.S. dollars using the exchange rate prevailing at the transaction date. After compiling the data in this manner, the banks aggregate the data monthly and report them to the CBRT's Balance of Payments Division.

Dissemination formats for balance of payments data include press releases, electronic dissemination on the CBRT's website (http://www.tcmb.gov.tr), and the IMF's DSBB.

II. Specific Items: Balance of Payments

Current Account

Goods

CBRT bases the data for general merchandise on the trade statistics compiled by TURKSTAT from the declaration forms of exporters and importers.

The data for general merchandise trade disseminated by TURKSTAT on a "special trade" basis are converted to the "general trade" basis through an adjustment item, using the data on free trade zones provided by TURKSTAT.

The Balance of Payments Division adjusts the exports data to account for goods purchased in Turkey by shuttle traders, mainly from Russia. For shuttle trade, data sources are surveys conducted by TURKSTAT, estimating average per capita expenditures and using the related number of foreign visitors engaged in this activity as multipliers.

The division also converts import data, compiled on a c.i.f. basis, to an f.o.b. basis by excluding the payments for freight and insurance. The amounts deducted for freight and insurance services provided by nonresidents are entered in *transportation (freight)* and in *insurance,* respectively. Also, data on imports in the form of financial leasing, which are not included in the foreign trade statistics, are added to imports through the *adjustments: coverage* item.

The source for goods procured in ports by carriers is a survey conducted by the CBRT.

Services

Transportation

TURKSTAT provides freight and insurance expenses, decomposed by the residency of operations and modes of transportation. Since freight and insurance income data become available with a one-year lag, these data are estimated based on the previous years' ratios.

Regarding air transportation, CBRT obtains data from the domestic airline operators and agencies of foreign airline operators.

Travel

For travel, CBRT bases data on sample surveys conducted by TURKSTAT in cooperation with the Ministry of Culture and Tourism and the CBRT. These surveys cover the expenditure per capita of foreign visitors and citizens living abroad and of residents on their trips abroad.

Estimates are then computed by multiplying the number of foreign visitors, citizens living abroad, and residents traveling abroad by the related average expenditure, obtained from surveys. In the surveys, business and personal travel are identified separately.

Other services

The surveys conducted by the CBRT are the source for operational leasing services, insurance services, and news agency services. The data for operational leasing have been obtained from surveys of domestic and foreign airline operators since 2005. Beginning in 2006, the data on insurance and reinsurance transactions other than freight insurance with nonresidents have been collected from the resident insurance companies. Additionally, payments to and receipts from nonresidents regarding news agency services, including provision of news, photographs, and articles to the media, have been provided by the relevant companies since 2006. Administrative records have been used to estimate the data on embassies and consulates beginning in 2007. For the remaining other services' items, the banks' records are the data source. The central bank compiles service data for construction, finance, license fees, other business, including merchanting and other trade-related services; other personal, cultural, and recreation; miscellaneous business; and government.

Income

Compensation of employees

Data on wages earned by nonresidents working in Turkey—not previously included in the balance of payments statistics—have been recorded under the new item "Compensation of Employees" under Income starting from 2005.

Investment income

CBRT derives most data on direct investment, portfolio investment, and other investment income from the banks' foreign exchange records. Reinvested earnings are estimated from the results of an annual foreign direct investment survey. While income items are recorded on a cash basis, since 2009 the income of the securities held in reserve assets and the expenditures of Foreign Exchange Deposit Accounts held within CBRT are recorded on an accrual basis.

Current transfers

Based on the reports of the CBRT and the banks, the *general government* item includes grants between countries and payments of Turkish citizens, who legally have been working abroad for more than three years, to the Turkish government in order to be exempted from the compulsory military service. *Workers' remittances* cover the foreign exchange remittances of Turkish citizens residing abroad, sent through the resident banks and converted to domestic currency. *Other sectors* of the current transfer item includes the net value of earned premiums and claims received vis-à-vis paid premiums and claims incurred for non-life insurance.

Financial Account

Direct investment

For the direct investment component, CBRT compiles data on a directional basis, with a breakdown for equity capital and reinvested earnings. Data on equity capital are obtained from bank records, and reinvested earnings are compiled through the foreign direct investment survey.

Since January 2003, direct investment includes real estate investment. The data sources are the records of the General Directorate of Land Registry and Cadastre, showing the figures on traded real estate with a country breakdown, and the estimations computed from the Visitors Revenue Survey, conducted by TURKSTAT.

Portfolio investment

For assets of equity securities and bonds and notes, CBRT derives data from the foreign exchange records of the banks.

For the liability figures on equities and government domestic debt securities, CBRT derives the data from stocks provided by the Central Registry Agency Inc. of Turkey (CRA) and custodian banks, respectively, on a security basis, and adjusted for foreign exchange and market price changes.

Other investment

For loans, currency and deposits, and other assets and liabilities, CBRT obtains the data from bank records and the Undersecretariat of the Treasury.

For both the asset and the liability side, TURKSTAT provides data on the disbursements of trade credits that commercial banks are not obliged to follow up, as per related regulations. For data on repayments of these credits, CBRT uses an estimation based on related enterprise surveys. On the asset side, CBRT has included data on trade credits provided by TURKSTAT in the balance of payments statistics since May 2003, with adjustments made for previous years' data to 1999. Data are available by sector and by maturity.

Reserve assets

For changes in reserve assets, CBRT derives data from its internal records. Tradable securities are recorded on an accrual basis.

III. Specific Items: International Investment Position

Regarding Turkey's IIP, CBRT disseminates data on (1) assets and liabilities for (a) direct investment, (b) portfolio investment (broken down into equities and securities), and (c) other investment; and (2) reserve assets. The data are compiled largely in accordance with the methodology specified in the *BPM5*.

Direct investment

Regarding direct investment in Turkey, CBRT collects data through an annual survey of foreign direct investment enterprises.

For direct investment abroad, CBRT bases data on the banks' accounting records for the banking sector and the Treasury's records for the nonbanking sector.

Portfolio investment

Regarding portfolio investment assets, CBRT obtains data from an annual survey (also used for the Coordinated Portfolio Investment Survey conducted by the IMF), based on the data obtained from end-investors, covering banks, intermediary institutions, and resident enterprises. For portfolio investment liabilities, the Treasury provides the stock of the bond issues abroad, while for nonresidents' portfolio investments in Turkey, CBRT obtains data from the custodians and the Istanbul Stock Exchange.

Starting from 2005, data on nonresidents' equity security investments in Turkey are obtained from the CRA.

Starting from 2001 and 2003, respectively, the resident banks' and the resident nonfinancial sector's holdings of bonds issued abroad by the Treasury are not included in the data.

Other investment

For stocks of other investment assets, CBRT bases data on stock data derived from its foreign exchange records and those of banks, TURKSTAT's foreign trade statistics for trade credits, and the Bank for International Settlements (BIS) statistics. Since BIS statistics cover only deposit accounts of the nonbank sector abroad, the other investment assets heading does not include foreign currencies held by households as a store value.

For other investment liabilities, the CBRT uses stock data on public and private medium- and long-term external debt, compiled by the Undersecretariat of the Treasury and the CBRT, and stock data derived from the banks' foreign exchange records. The stock of Foreign Exchange Deposit Accounts held within CBRT is compiled on an accrual basis starting from 2008.

Reserve assets

CBRT derives reserve assets from its foreign exchange records.

Uganda

The following text was confirmed as current in 2009.

I. General

The Uganda Bureau of Statistics (UBOS) has delegated to the Bank of Uganda (BOU) the responsibility to collect, compile, and disseminate monetary and external sector statistics.

Uganda's balance of payments statistics are published quarterly in economic quarterly reports by the BOU and annually in the BOU annual report and the statistical abstract published by the UBOS.

Since 1997, Uganda has been gradually implementing the conceptual framework and classification structure recommended in the fifth edition of the IMF's *Balance of Payments Manual,* fifth edition *(BPM5)*.

II. Specific Items: Balance of Payments

Current Account

Goods

Institutionally, it has been agreed that all trade statistics should be derived mainly from the international trade statistics, which are based on data from the Customs Department of the Uganda Revenue Authority. The UBOS and the BOU compile these data. For consistency checks of data from the Customs Department, several other data sources are used.

In case of differences in the export figures, compilers use the data from development authorities and associations for the major export crops, major industrial producers and miners, line ministries, and civil aviation authority, which are considered to be superior to those obtained from the Customs Department. In principle, exports are valued f.o.b., but in practice a mix of valuations of ex-factory, free on rail and truck, as well as f.o.b., is used. Efforts are being made to value exports on an f.o.b. basis. Import data are based on customs data and records from the BOU. In addition, oil import data are collected by the Research Department of the Uganda Revenue Authority from the oil companies and passed on to the BOU. Imports of goods are valued c.i.f. and therefore include service payments for insurance and freight. These are converted to an f.o.b. basis using ratios of insurance and freight rates. These ratios are based on a study undertaken in 2001 on import figures from the Intertek Testing Services (a preshipment inspection company).

The results of the study indicated that on average, 15 percent of the c.i.f. import value is freight, 1.5 percent insurance, and 83.5 percent cost. To take account of unidentified informal trade, adjustments are made for both imports and exports data based on informal cross-border trade surveys conducted jointly by the BOU and the UBOS.

Services

Transportation

This category is intended to cover all modes of transport. Passenger transportation is reported for air and road. Air passenger debits are reported with effect from January 2006 and are derived as the product of the monthly number of resident travelers departing from Entebbe Airport by destination (provided by the UBOS) and the average return airfare for respective destinations. The average airfare is computed as the average for all airlines that fly out of Entebbe to the respective destinations. No credits are reported since there is no operational resident-owned airline. Road passenger credits and debits have been revised back based on a similar methodology. In the past, growth has been estimated by a survey estimate obtained in 1995 using GDP growth. However, these data have been revised backward for credits by multiplying the number of nonresident travelers (both arrivals and departures) through Malaba, Busia, and other border posts by the average transport fare quoted by different bus companies and the share of resident buses to the total number of buses that ply the respective routes. In the case of debits for transportation by road, passenger debits have been obtained by multiplying the number of resident travelers (both arrivals and departures) through Malaba, Busia, and other border posts by the average transport fare quoted by different bus companies and the share of nonresident-owned buses to the total number of buses that ply the respective routes. The average route fare is computed as the average for all buses plying the respective destinations. Debit entries are also compiled for freight and auxiliary service amounts obtained after adjusting imports from c.i.f. values to f.o.b. values.

Travel

Travel (credit) estimates are projected forward from results of a survey conducted in 1993–94 for the years up to 1999. These travel estimates were derived from data on the number of travelers (recorded in immigration forms) with estimates for the average length of stay and the daily expenditures of foreign travelers. Figures for 1999, 2000, 2001, and 2002 are based on results from a survey conducted by the Ministry of Trade, Tourism, and Industry (MTTI) in 2001, while figures for 2003 are based on results from another survey conducted by the MTTI in 2003 and data on travel (arrivals of nonresidents) provided by the UBOS compiled from data provided by the Immigration Department. From 2004 onward, travel credits are based on surveys conducted by the BOU for weighted average expenditures of nonresidents in Uganda and the UBOS for nonresident arrivals data. Total travel credits are then computed as a product of the weighted average expenditure by the inward travelers. The total expenditure figures are grossed up to account for expenditures by travelers who arrive through other border posts not considered by the UBOS. There are currently no travel debits up to 2003, but estimates for 2004 onward are obtained from the product of average expenditure of Ugandan residents returning from abroad obtained through surveys conducted by the BOU and data from the UBOS on the number of travelers. In addition, a distinction is made between official and personal travel, based on the immigration statistics provided by the UBOS. In the case of travel credits, a further breakdown of personal travel into education and other personal reasons is estimated from 2003 onward based on surveys of nonresident students in Ugandan education institutions. The survey, however, covers a sample of secondary and tertiary institutions and omits primary education institutions, many of which provide free education under the government's policy of universal primary education for residents.

Other services

Communication services data are based on a survey of communication providers. Initiated in 2001, the survey is conducted on a quarterly basis and covers both credits and debits. The communication services are broken down into postal and courier services and telecommunication services.

Estimates of government services n.i.e. (credits) are based on a survey conducted in 1993–94. A questionnaire to collect data on these was designed, and a survey was implemented in 2003. However, owing to the high nonresponse rate, the results have not been used in the balance of payments statement. Debit entries on government services not included elsewhere, starting from July 2002, are compiled from the BOU External Operations Department and the Ministry of Finance.

Both insurance and reinsurance debits (except for freight insurance) and credits are based on surveys of the insurance companies. Freight insurance debits are obtained by adjusting imports from c.i.f. values to f.o.b. (see section on imports). Financial services debits and credits are obtained from quarterly commercial banks' profit and loss statements. Selected items in the noninterest expenses and receipts sections are compiled and divided into resident-resident transactions and resident-nonresident transactions. The division between resident-resident and nonresident-resident transactions is done using ratios obtained from each bank through a telephone survey on their estimate of the share of resident-resident transactions relative to total transactions resulting in noninterest payments and receipts.

Other services (debits) and credits are obtained from the commercial banks and foreign exchange bureau returns.

Income

Compensation of employees

Compensation of employees (debits) captures technical assistance attributed to government projects financed by inflows of project aid. The estimates on project aid inflows are obtained from the Ministry of Finance, Planning, and Economic Development (MFPED). It is assumed that about 90 percent of the budgeted amount for technical assistance in the Public Investment Plan in any fiscal year is spent, and of that amount, 90 percent is spent on expatriates on short-term assignments. Expatriates on long-term assignments are considered residents. There are no credit entries of compensation of employees; however, earnings of local staff employed by foreign missions are to be compiled using data from the survey of foreign embassies, consulates, and international organizations.

Investment income

Direct investment. There are no estimates for income credits on direct investment income. Debits (outflows) on account of dividends, distributed branch profits, and reinvested earnings are based on the results of the annual enterprise surveys conducted by the BOU, the Uganda Investment Authority (UIA), and the UBOS.

Portfolio investment. There are no credit estimates for portfolio investment income. Debit estimates for portfolio investment income are obtained from the Central Depository System of the BOU for interest earned on money market instruments and government bonds.

Other investment. For the monetary authorities, credit entries are obtained from a monthly return on receipts and payments, while debits are from a monthly report on debt service from the BOU.

There are no credit entries made for general government. Debit entries are obtained from a monthly report on public debt payments also prepared by the BOU.

Commercial bank interest claims (credits) and liabilities (debits) are obtained from the profit and loss statements of the commercial banks submitted to the BOU quarterly.

There are no credit entries made for other sectors. Interest debits for the other sectors are obtained from the monthly reports on foreign exchange transactions submitted to the BOU by the authorized foreign exchange dealers for the period prior to 2001 and thereafter based on the annual enterprise surveys by the BOU, UBOS, and UIA.

Current transfers

General government

The data cover grants received for the general government budget, government development projects, and HIPC grants. Data are derived from reports received from the MFPED and information available at the BOU.

Other sectors

The data cover donations from nongovernmental and intergovernmental organizations abroad and remittances from Ugandans living abroad. Transfers to nongovernmental organizations (NGOs) were estimated by applying ratios derived from the monthly foreign currency reports of all authorized dealers to the total estimate for private transfers. The total estimate for private transfers was a residual number arrived at by taking total inflows as reported by the foreign exchange authorized dealers, less identified inflows, for the period up to 2004. Starting from 2005, NGO transfers are estimated using the returns from commercial banks submitted on a monthly basis. The returns provide for reporting on foreign currency deposits made on accounts held by NGOs with commercial banks.

Workers remittances are estimated using the data obtained from the BOU and UBOS survey on remittances conducted in 2006 as the benchmark estimate. The product of the average remittances received per household and the number of households that received remittances obtained from the survey responses provided the estimate for remittances in 2006. Going forward, the remittances for 2007 were estimated by applying to the 2006 estimate a growth rate equivalent to the 2007 U.S. dollar nominal GDP growth rates of developed economies where the bulk of Ugandans who send remittances reside.

Capital Account

Capital transfers

Data are provided by the External Debt Management Office section in the Trade and External Debt Department of the BOU and the Public Debt Unit of the Ministry of Finance, covering official grants for debt relief. There are no data for migrant transfers, debt forgiveness attributable to the other sectors, or acquisition/disposal of nonproduced, nonfinancial assets; this information is not available.

Financial Account

Direct investment

The current information in the balance of payments statistics is based on results of enterprise surveys carried out since 1997.

In the past, the main source of data for inward investment was the UIA, which is responsible for issuing licenses to foreign investors, supplemented with information on privatization, obtained from the Privatization Unit of MFPED. In 2001, the BOU conducted an enterprise survey of capital flows, the results of which indicated that much of foreign direct investment into the country is in the form of loans from interrelated companies. Therefore, this change in size and composition of the estimates of direct investment in Uganda in the balance of payments statistics was reflected in the revised data, based on the ratios obtained from the survey. Beginning in 2001/02, all foreign direct investment in Uganda is based on the results of the enterprise surveys through 2006. However, due to limitations with the sampling procedure, which selects a large share of already-established enterprises, survey estimates provide reinvestment in previously existing enterprises, thereby omitting new enterprises. Subsequently, the results have been augmented by data on enterprises newly registered by the UIA. The data on planned investment by nonresidents have been multiplied by a factor of 43 percent to estimate actual investment. The factor of 43 percent was established from the PSI 2003 survey as the conversion factor of planned investment to actual investment. In addition, data from the UIA on joint ventures are split between resident and nonresident investors using a ratio of 35:65 established from the PSI 2003 survey data on joint ventures. The nonresident investment component in joint ventures is also included in the estimate of new enterprises. Starting from 2007, investment in oil exploration activities has been included in the foreign direct investment estimates. These data are obtained from the Ministry of Energy and MFPED.

There are no estimates for direct investment abroad. However, the enterprise surveys have revealed that there are investments abroad, although the amounts are not significant.

Portfolio investment

Effective from the second half of FY 2007/08, offshore purchase of shares by residents has been incorporated in the estimates for portfolio investment assets. This information is obtained from brokerage firms. Estimates for portfolio investment liabilities are derived for equity securities from registrars of companies listed on the Uganda Securities Exchange, effective from 2000. Estimates for debt securities are obtained from the Central Depository System (CDS) at the BOU, effective from 2002 for treasury bills and 2004 for treasury bonds purchased by nonresidents. Effective from 2008, estimates for debt securities include data on secondary market trades, which are obtained from daily money market reports from the BOU.

Financial derivatives

Financial derivatives are estimated from commercial bank reports on foreign exchange transactions indicating exchange rates agreed on, currencies traded, parties involved, and settlement dates, as well as information from the BOU on exchange rate movements.

Other investment

Other investment is a residual category that includes all financial transactions not covered under direct and portfolio. Other investments comprise loans, trade credits, and holdings of financial institutions. These are further divided into sectors of domestic creditor (i.e., general government, monetary authority, and other sectors).

Trade credits

Trade credit inflows of buyers credit and repayments are estimated to grow in line with exports, while inflows of suppliers credit and repayments are based on the private sector investment survey of 2001 and increase in line with imports thereafter. These are estimated for the other sectors of the economy (excluding general government, banks, and the monetary authority). There are no data on trade credit assets yet, but plans are under way to obtain these from the private sector investment surveys.

Loans

Information on loans contracted by general government is obtained from MFPED and TEDD (BOU). This includes disbursements of new loans, both budget and project support, and repayments of principal. Information on loans to the monetary authority (other investment) is available at the BOU. This comprises the use of IMF credit and loans from the IMF. Inflows (credits) of loans to the other sectors are estimates based on earlier information from the commercial banks, while outflows (debits) are derived from the information available from the monthly returns from authorized foreign exchange dealers prior to 2001. From 2001 onward, both disbursements and repayments are derived from the enterprise surveys through 2006 and then are increased thereafter in line with Uganda's U.S. dollar nominal GDP growth rate.

Currency and deposits. These are obtained from the Bank for International Settlements (BIS) quarterly figures on deposits of the nonbank sector held by nonresident banks. For the banking sector, both assets and liabilities are obtained from the monetary survey. Only assets are recorded for the other sectors.

Reserve assets

Data on the change in reserve assets are obtained from the BOU cash flow, which records all inflows and outflows of foreign exchange transactions through the BOU.

III. Specific Items: International Investment Position

Direct investment

Currently, no estimates are made for direct investment abroad. Estimates for direct investment in Uganda are based on enterprise surveys conducted by the BOU. The most recent survey results are for 2006. These surveys collect data in U.S. dollars converted from Uganda shillings using end-period exchange rates. Thereafter, projections are made based on 2006 figures, taking into account estimated flows of direct investment. The information used for the balance of payments is based on book values of direct investment and is likely to be less than the market values.

Portfolio investment

Currently, no estimates are made for outward portfolio investment. For inward investment, information is compiled for general government liabilities. This constitutes treasury bills starting in 2003 and treasury bonds in 2004 and is compiled from the CDS at the BOU. End-period exchange rates are used to convert the treasury bills stocks to U.S. dollars. Equity securities are based on information obtained from the registrar of securities.

Other investment

Other investment assets consist of loans and currency and deposits of banks derived from the official records of the BOU. Other investment liabilities include loans to general government and IMF credit to the BOU, also derived from official records of the BOU. Also included are loans to other sectors derived from annual enterprise surveys conducted by the BOU for the period up to 2006. Thereafter, estimates are made for the other sectors stock of debt, taking into account estimates for new disbursements and repayments of previous loans. Currency and deposits and other liabilities of banks are compiled from the BOU's official records, while other sectors are obtained from the BIS quarterly statistics.

Reserve assets

Information on official reserves is recorded in the BOU's balance sheet compiled by the Accounts Department and is converted to U.S. dollars using end-period exchange rates. This includes other revaluation gains and losses.

Ukraine

The following text was confirmed as current in 2009.

I. General

The National Bank of Ukraine (NBU) has the overall responsibility for compiling the balance of payments. Balance of payments compilation is based on an international transactions reporting system (ITRS), which is under the responsibility of the NBU, supplemented by a survey-based system, which is under the responsibility of the State Statistics Committee (SSC).

The ITRS compilation system was introduced in January 1993. Under this system, two categories of respondents are obliged to report to the NBU: (1) domestic banks that undertake international transactions both for their own accounts and on behalf of their customers and (2) resident enterprises that have opened foreign accounts outside the domestic banking system. Both categories of respondents are required to report directly to the NBU on a monthly basis. The ITRS is a closed reporting system, in which respondents report opening balances of the nonresident accounts, gross movements (credits and debits) in the required details, and closing balances of the accounts.

Transactions are reported in the original currency, in aggregated and coded form in accordance with the IMF's *Balance of Payments Manual*, fifth edition (*BPM5*) standard classification. The NBU converts the data to U.S. dollar equivalents using monthly average exchange rates.

The SSC has initiated quarterly surveys on services and foreign direct investment. SSC regional offices collect data from enterprises and submit this information to the SSC's Accounting Center. The NBU uses these data to supplement the ITRS. The NBU also uses other official sources of information, such as the State Customs Service (SCSU), Ministry of Finance (MOF), Ministry of Economy, and other institutions.

The NBU compiles the balance of payments statistics on a quarterly basis in accordance with the guidelines recommended in the *BPM5*. The data are published in the quarterly publication *Balance of Payments and External Debt of Ukraine*, available on the NBU website (www.bank.gov.ua).

II. Specific Items: Balance of Payments

Current Account

Goods

The primary source of data is the foreign trade statistics, compiled by the SSC from declarations on imports and exports of goods collected by the SCSU and from enterprise surveys on goods not covered by the SCSU. These include goods procured in ports by carriers.

These data are adjusted for coverage (informal trade) and classification (revaluation of imports from c.i.f. into an f.o.b. basis, repairs on goods). Starting from 2003, adjustments of imports to f.o.b. values are made based on the SCSU survey on the value of freight and insurance included in imports of goods.

For informal trade, not included in the customs trade statistics, the NBU estimates the data. These estimates are based on (1) customs information on the number of privately imported cars; (2) taxes and duties paid by individuals for cars and goods imported into Ukraine; (3) SSC data on retail trade turnover, including data on sales of goods in markets and by individuals; and (4) bilateral trade data of major partner countries.

For repairs on goods and goods procured in ports by carriers, the NBU obtains the data from SSC report forms on exports and imports of goods and services. Data on goods for processing are obtained from customs declarations.

Services

Transportation

For freight and passenger services, the main sources of data are banking reports and the SSC survey of transportation companies. However, coverage is incomplete, and it is necessary to estimate missing information, especially for the debit entries. These estimates for freight are used in the conversion of data on c.i.f. imports from Customs to an f.o.b. basis.

Travel

Up to 2004, entries for this item were obtained by combining information derived from an SCSU quarterly survey on the basis of reports supplied by hotels and tour companies, and banks' reports on the purchase/sale of foreign currency and travelers' checks. Starting from 2004, the estimation of exports/imports of travel services is based on quarterly data on the number of non-residents and Ukrainians crossing the border (classified by country and purpose of travel), average length of stay, and average expenditure per trip.

Data on the number of travelers are obtained from Ukraine's State Border Administration. Sources of data for estimating average length of stay and average expenditure per trip are the Cabinet of Ministers' regulations on the reimbursement of expenditures on business trips, SCSU survey data, data from the State Service on Tourism and Resorts of Ukraine's Ministry of Culture and Tourism, the Internet, and the mass media.

Other services

For these transactions, the NBU obtains data from monthly banking surveys that provide information on receipts and payments, coded in accordance with the *BPM5* classifications, and from an SSC quarterly survey that distinguishes between different categories of services. For government services n.i.e., money transfers to Ukrainian embassies abroad are taken from supplementary information provided by the MOF. Data of the State Commission for Regulation of Financial Services Markets of Ukraine are used for calculation of export and import of insurance services.

Income

Compensation of employees

ITRS data on money transfers made by individuals from abroad are adjusted for the amount of money delivered in cash and expenditure of workers abroad.

Investment income

Income transactions are largely derived from the ITRS. For reinvested earnings, the NBU obtains data from the quarterly SSC survey of direct investment enterprises.

Interest income is recorded on a due-for-payment basis. The source of these data is information obtained from the MOF on government-guaranteed debt and bank reports on nonguaranteed loans.

Current transfers

General government

The credit entries for current general government transfers are derived from information on technical assistance provided by the Ministry of Economy.

Receipts and payments related to general government transfers in cash are recorded in the ITRS.

Other sectors

The debit and credit entries for other current transfers of other sectors and workers' remittances are derived from the ITRS. ITRS data on remittances are adjusted for the amount of money delivered in cash.

Capital Account

Capital transfers

Regarding debt forgiveness, the NBU derives data from bank reports and the MOF on public external debt.

Migrants' transfers and data on the acquisition/disposal of nonproduced, nonfinancial assets are recorded through the ITRS.

Financial Account

Direct investment

The data sources for direct investment are quarterly enterprise surveys conducted by the SSC, bank reports on private loans, and ITRS data. This information is supplemented by administrative data on revenue from privatization received from nonresidents.

From 2003 onward, data on intercompany lending between entities in a direct investment relationship have been reclassified from the *other investment* component to the *other capital* component of FDI.

Portfolio investment

For portfolio investment transactions, the NBU derives data from bank reports on cross-border flows of capital in the form of portfolio investment ITRS data, as well as the NBU and MOF information on government debt securities. Data on debt securities (liabilities) received from the MOF are adjusted to reflect purchases of these securities by Ukrainian residents on foreign markets.

Other investment

The data sources are MOF data on public loans, bank reports on private loans, balance sheets of the banks, ITRS data, and SSC data on accounts receivable and payable. Since 2006, the data on trade credits have been provided in the context of short and long term.

Starting from the first quarter of 2004, the balance of payments statistics include estimates on nonrepatriated export earnings and payments for nonsupplied import, as well as payments associated with the fictitious transactions with equity securities of resident enterprises designed for capital flight purposes.

The data on foreign cash outside the banking system covered under "Other investment assets, other assets, other sectors, short-term" were reclassified into "Other investment assets, currency and deposits, other sectors." The data series were adjusted for the period 1995–2007.

Reserve assets

The NBU's balance sheet is the source of these data. The entries reflect changes in the NBU's holdings of monetary gold, SDRs, and foreign exchange. These changes are initially obtained as differences in amounts outstanding; then valuation changes are eliminated. The reserve assets of the NBU do not include its holdings of foreign exchange with resident banks.

III. Specific Items: International Investment Position

The international investment position (IIP) of Ukraine uses classification and standard components of the *BPM5*.

The IIP and the financial account of the balance of payments are compiled using the same sources, namely, the survey and administrative data from banks, the NBU, SSC, MOF, and other ministries and agencies, as well as estimates.

The IIP data are compiled in millions of U.S. dollars. Stock data denominated in other currencies are converted into the U.S. dollar equivalent at the NBU official exchange rate at the end of the reference period.

Basically, external financial assets and liabilities are valued at market prices.

Data on tradable equity securities are estimated at market values and include price and exchange rate movements. However, in the case when equity securities (direct and portfolio investment) have no quoted prices, they are recorded at book value.

Direct investment

For direct investment, the NBU compiles data from the ITRS data, bank data on cross-border direct investment flows, and quarterly enterprise surveys carried out by the SSC. The information on revenue from privatization is also added.

From 2003 onward, data on intercompany lending between entities in a direct investment relationship have been reclassified from the *other investment* component to the *other capital* component of FDI.

Portfolio investment

For portfolio investment, the NBU compiles data based on the ITRS, bank data on cross-border portfolio investment flows, and the MOF and NBU data on government debt securities. In addition, the NBU uses the Coordinated Portfolio Investment Survey results (including partner country data).

Other investment

For foreign assets and liabilities in the form of other investment, the NBU compiles data from the public debt data provided by the MOF, bank reports on private loans, balance sheets of banks, and enterprise surveys on accounts receivable and payable carried out by the SSC. Since 2006, the data on trade credits have been provided in the context of short and long term. In 2007, a retrospective review of the "Currency and deposits, assets" item was realized. This item was supplemented with Bank of International Settlements data on resident deposits in foreign banks. Moreover, there were estimates for the stocks of foreign cash outside the banking system.

Reserve assets

The main source of information for this component is the NBU balance sheet. Data include the NBU liquid foreign exchange assets, SDRs, NBU monetary gold holdings, and reserve position in the IMF.

United Kingdom

The following text was confirmed as current in 2009.

I. General

The compilation of the United Kingdom's (U.K.'s) balance of payments is carried out on the basis of data submitted to both the Office for National Statistics (ONS) and the Bank of England, with the ONS responsible for compiling the overall aggregates.

The ONS, which collects data from nonbank financial institutions and nonfinancial corporations, is the government agency responsible for compiling, analyzing, and disseminating most of the United Kingdom's economic, social, and demographic statistics. These include the national accounts, retail price index, trade figures, and labor market data, as well as a periodic census of the population and health statistics. The Bank of England collects data from U.K. banks and is responsible for compiling banking and money supply data.

The U.K.'s economic data collection system can be broadly described as an "enterprise survey system" (as defined in paragraphs 131 and 132 of the IMF's *Balance of Payments Compilation Guide*). Surveys are geared to the different sectors of the economy. Some surveys cover all units in the population. Others are sample surveys, where the results are grossed to the population totals, using either population counts or an independent variable, such as historical turnover held on the register.

In the U.K., the balance of payments surveys are completely integrated into the statistical system for the economic accounts (national accounts). The surveys are largely based on paper forms, which are sent, depending on the survey, to either the enterprise or the head of the enterprise group within the U.K., in which case consolidated information for the group as a whole is requested.

Surveys are geared to different sectors of the economy, and the responding agents are selected on the basis of registers. The main groups of respondents are summarized as follows:

Banks: all financial institutions recognized by the Bank of England as U.K. banks for statistical purposes. Resident banks are required to report balance sheet information and a range of other information, including income flows and earnings and payments for services. Data on banks' deposit liabilities and lending vis-à-vis nonresidents are taken from the core balance sheet return, primarily used for compiling the domestic monetary and credit aggregates.

Government sector: various government departments. Most of the government services and transfers are obtained as a by-product of the compilation of government accounts and from official records.

Securities dealers: all firms principally dealing in securities and regulated by the Financial Services Authority (FSA) for that activity. The FSA (the regulator) supplies the target population to the ONS.

Insurance companies: all authorized insurers in the U.K. and all companies authorized in other European Union (EU) countries that have places of business in the U.K.

Pension funds: all self-administered pension funds located in the U.K.

Investment trusts: those companies in the U.K. that are published in the Directory of Trusts by the Association of Investment Trust Companies.

Unit/property trusts: those authorized under the Financial Services Act 1986. This list is published in the Financial Times Unit Trusts Yearbook.

Private nonfinancial corporations: surveyed on trade in services and direct investment. For both quarterly and annual data, sample surveys are based on stratified designs and include samples of smaller enterprise groups. The service surveys are primarily focused on consultancy and business services, insurance brokers, fund management, education services, merchanting, and film and television services. Royalties are reported as a separate product in the services survey. For direct investment, enterprise groups receive surveys on direct investment capital and earnings.

Households: household sector, at which some surveys are specifically aimed, such as the ONS's International Passenger Survey (IPS)—a frontier survey collecting information on travel and tourism.

Customs and Intrastat data: international merchandise trade data outside the EU are collected via customs returns. Intra-EU trade is collected via the Intrastat Survey.

Transport sector: the transportation account covers sea, air, and other transport. It includes the movement of passengers and freight and other related transport services.

- Sea transport: statistics relating to U.K. operators are provided by the Chamber of Shipping (COS), which conducts surveys into its members' participation in foreign trade;

- Air transport: the transactions of U.K. airlines are derived from returns supplied by the airlines to the Civil Aviation Authority. Fares paid by U.K. passengers to nonresident airlines are derived from the IPS; and

- Other transport: this covers the movement of passengers and freight, and other related transport services, by rail, road, and pipeline. Information is provided by Le Shuttle and Eurostar and by the International Road Haulage Survey.

The ONS produces balance of payments accounts for the U.K. broadly consistent with the fifth edition of the IMF's *Balance of Payments Manual (BPM5)*. The full implementation took place in September 1998 and included production of extensive detailed historic quarterly data on a consistent basis back to 1987. For the key balance of payments aggregates, data are available back to 1946.

II. Specific Items: Balance of Payments

Current Account

Goods

Trade in goods statistics are derived from Intrastat returns (Supplementary Declarations) for trade within the EU and from Customs declarations (SADs, i.e., Single Administrative Documents) for trade with countries outside the EU—both collected by H. M. Revenue and Customs (HMRC).

The statistics are compiled in accordance with the "general trade" system, as described in the United Nations' (UN's) *International Merchandise Trade Statistics: Concepts and Definitions*. Imports are classified according to the country from which goods are consigned, and exports are classified according to the country of consignment, as identified at the time of export.

For statistical purposes, the customs data use the valuation bases recommended in the UN's *International Merchandise Trade Statistics: Concepts and Definitions*, namely, (1) exports valued on an f.o.b. basis, that is, costs up to the boundary of the U.K., and (2) imports valued on a c.i.f. basis, that is, costs up to the point of entry into the U.K.

However, to comply with the IMF's *BPM5,* the ONS makes a number of adjustments to these basic source data. One of the adjustments is the conversion of the valuation of imports from c.i.f. to f.o.b., using estimated data for freight and insurance. Other adjustments are to include certain transactions not reported to HMRC and to exclude others that do not involve a change of ownership.

Services

Transportation

Sea transport. The COS, a trade association that conducts inquiries into its members' trade with nonresidents, provides sea transport statistics relating to U.K. operators' receipts. Inquiries covering all COS members are made annually and supplemented by a quarterly sample survey. Because U.K. operators are not able to distinguish between fares received from U.K. residents and nonresidents, fares collected abroad are taken as an estimate of fares received from nonresidents.

Estimates of disbursements in the U.K. by nonresident operators come from various sources, such as the Immigration Service, Trinity House, HMRC, and the Department for Business, Enterprise and Regulatory Reform. For passenger fares paid to nonresident operators, ONS derives estimates from its IPS.

Air transport. The airline companies supply returns to the Civil Aviation Authority from which the transactions of U.K. airlines are derived. The credits and debits of nonresident airlines are derived from the ONS's IPS, other ONS surveys, and U.K. airports. Other transport exports and imports include road freight, rail transport, and pipeline transport.

Travel

This item covers goods and services provided to U.K. residents during trips of less than one year in foreign countries (and provided to nonresidents during similar trips to the U.K.), net of any purchases made with money earned or provided locally.

ONS bases the estimates primarily on the IPS, which seeks information on expenditure from samples of foreign visitors leaving the U.K. and of U.K. residents returning from abroad. The survey distinguishes several purposes of visits, which are then aggregated as either business or personal.

For package tourists, ONS deducts estimates of the transport elements from the reported total package costs. For expenditure by U.K. residents on personal imports of cars, ONS derives estimates from the data received by HMRC.

Other services

Communications. This comprises international telephone and surface mail services. Information is obtained through the ONS International Trade in Services Surveys and directly from the Royal Mail Group.

Insurance. Estimates are based on information from Lloyd's of London and ONS inquiries to insurance companies and brokers.

Financial. These include estimates for underwriting, brokerage, foreign exchange dealing, commissions, and banking charges. The estimates are based on returns made to the Bank of England and ONS, plus data from other sources such as the Baltic Exchange.

From the 2008 edition of the *Pink Book*, financial services also include financial intermediation services indirectly measured (FISIM). FISIM is exported by monetary financial institutions and imported by U.K. insurance companies and pension funds, private nonfinancial corporations, and households.

Other business. Included here are estimates for the legal profession, market research agencies, chartered surveyors, architects, management consultants, process engineers, North Sea oil and gas companies, and Lloyd's Register of Shipping. Estimates come from various sources, including the ONS inquiry into international trade in services, Bank of England, Lloyd's Register of Shipping, and the Commercial Bar Association.

Income

Compensation of employees

Estimates are produced in line with *BPM5*. Data are collected via the IPS and government administrative sources.

Investment income

Direct investment. Both credits and debits are estimated from the results of quarterly and annual inquiries carried out by the ONS and the Bank of England. The inquiries cover a sample of the U.K. companies that either have foreign affiliates or are affiliated to a foreign parent. Returns are imputed for businesses that are not approached in the inquiries but are known to have direct investment links.

The Bank of England collects information on earnings by the U.K. registered banks, from their foreign branches, affiliates, and associates, and on foreign-registered companies from their U.K. banking affiliates. The Bank collects these estimates quarterly from a selection of banks and annually from all banks that are, or have, a direct investment enterprise and supplements them with estimates from banks that report only annually.

Portfolio investment. Income estimates are predominately derived from quarterly and annual inquiries carried out by the ONS and the Bank of England.

For outward investment, the largest proportion of these earnings comes from investment carried out by the U.K. financial institutions, principally U.K. banks, securities dealers, insurance companies, and pension funds. Lloyd's of London annually supplies figures on earnings by its members.

For inward investment, estimates of earnings on British government stocks, U.K. company securities, and sterling treasury bills are derived by applying the appropriate rate of interest/yield to the outstanding levels. The Bank of England supplies estimates for interest payments on medium-term notes and money market instruments issued by U.K. banks.

Other investment. For banking institutions' lending and deposits, income estimates are derived from returns made by U.K. banks to the Bank of England. Estimates for the remaining nonbanks' income come from inquiries carried out by the ONS and the Bank of England; from direct reports to the ONS by other government departments; and from international bodies, such as the European Investment Bank (EIB) or the Bank for International Settlements (BIS).

Current transfers

General government

Current transfer credits mainly reflect receipts from EU institutions. Debits include contributions and subscriptions to EU institutions, North Atlantic Treaty Organization, the European Development Fund, UN agencies, and the Department for International Development. They also include bilateral aid, military grants, and payments of social security benefits.

Other sectors

Current transfer credits reflect receipts from the EU institutions. Included within private transfers are estimates of cash gifts to dependents, legacies, the value of gifts sent by post, pensions, and workers' remittances. Debits reflect payments to the EU institutions and private transfers.

Capital Account

Estimates are produced in line with *BPM5*. Estimates of migrants' assets are derived from the IPS. EU capital transfers to the U.K. are collected from administrative sources. The Bank of England and the Export Credit

Guarantee Department (ECGD) provide estimates for debt forgiveness. Sales and purchases of nonproduced, nonfinancial assets are identified from the quarterly inquiry into trade in services.

Financial Account

Direct investment

The estimates of direct investment include the investor's share of the unremitted profits of the subsidiary or associated company, the net acquisition of share and loan capital, changes in intercompany accounts, and changes in branch/head office indebtedness. They are derived from annual and quarterly inquiries carried out by the ONS and the Bank of England. Estimates for property are derived from the Survey of English Housing, which collects information from English households on the number of properties owned outside the U.K.

Portfolio investment

Information on investment abroad is obtained from inquiries to U.K. banks and nonbank financial institutions (e.g., securities dealers, insurance companies, pension funds, and unit and investment trusts). Estimates of portfolio investment transactions on private nonfinancial corporations are derived from asset levels.

Estimates of investment in U.K. company ordinary shares are derived from quarterly inquiries run by the ONS and the Bank of England. These are adjusted to take account of total levels of foreign investment in shares indicated by the results of the ONS biennial share ownership survey. Information on investment in British government securities is derived from banking statistics and information on the holders of British government stocks.

Estimates of total foreign investment in U.K. company bonds have been obtained by assuming that any net transactions in U.K. securities not attributed to the domestic sectors of the U.K. (using all available data sources) are attributable to residents of the rest of the world. Estimates for both U.K. and nonresident investment money market instruments either are reported directly to the Bank of England on monthly/quarterly surveys or come from quarterly/annual surveys carried out by the ONS.

Financial derivatives

Estimates for financial derivatives are currently unavailable except for settlement payments and receipts on U.K. banks' derivative contracts, which are supplied by the Bank of England.

Other investment

Government transactions include intergovernmental loans to and from the U.K., subscriptions to international bodies such as the EIB, and government liabilities on nonresidents' holdings of sterling coinage. Loans also include those extended by U.K. banks under the ECGD's guarantee and loans acquired by the ECGD from U.K. banks under those refinancing agreements.

Estimates for foreign currency borrowing and lending of the banking sector are calculated from the end-quarter balances of claims and liabilities, as reported by all U.K. banks and similar institutions to the Bank of England. The estimates for sterling borrowing and lending abroad are also derived from changes in the external balances, as well as from Bank of England banking statistics.

Transactions for other sectors include estimates for borrowing and lending by securities dealers, private nonfinancial corporations, and any other U.K. residents. These data are derived from annual and quarterly inquiries carried out by the ONS and the Bank of England, and from information supplied by the EIB and the BIS.

Reserve assets

This item consists of drawings on, and additions to, gold, convertible currencies, and SDRs held in the Exchange Equalization Account, and of changes in the U.K. reserve position in the Fund. The Bank of England records changes to the Exchange Equalization Account.

III. Specific Items: International Investment Position

Direct investment

For U.K. companies, except banks, the ONS derives estimates from its survey data. A quarterly sample survey supplements an annual survey with a larger sample of the direct investment population. The Bank of England carries out similar inquiries on a quarterly and an annual basis. The surveys relate to total net assets attributable to investing companies, that is, book values of fixed assets, less accumulated depreciation provisions, plus current assets, less current liabilities. The book values of direct investment are likely to be less than the values at recorded replacement cost and less than the market values.

Portfolio investment

For outward portfolio investment, ONS bases estimates on a combination of banking statistics collected by the Bank of England and information from ONS surveys to other financial institutions (securities dealers, insurance companies, etc.). Assets held by private nonfinancial corporations are derived from the quarterly Financial Assets and Liabilities Survey.

For inward investment, most of the information on public sector liabilities is based on official records and banking statistics. The market value of inward investment in listed ordinary shares from 1989 onward is based on the results of the share register survey now held biennially. An estimate is also made for the market value of inward investment in unquoted shares.

Inward investment in U.K. company bonds is estimated from information derived from Bank of England and London Stock Exchange records of U.K. company bonds issues, nonresident financial transactions, and exchange rate and price movements. Estimates for money market instruments either are reported directly to the Bank of England on monthly/quarterly surveys or come from quarterly/annual surveys carried out by the ONS.

Financial derivatives

Estimates for financial derivatives are currently not included in the U.K. international investment position.

Other investment

For the assets and liabilities of general government, the ONS derives information from the official records of government departments.

Figures for U.K. banks' claims and liabilities in sterling and foreign currencies are derived mainly from banking statistics (which are completed by all U.K. banking institutions). Foreign currency figures are translated to sterling at end-year middle-market closing exchange rates.

For the assets and liabilities of other U.K. residents, estimates come from various sources, including the ONS, Bank of England, EIB, and BIS.

Reserve assets

Regarding the official reserves, the Bank of England records information within the Exchange Equalization Account. Gold is valued at end-year market rates, while SDRs and convertible currencies are valued at closing middle-market rates of exchange.

United States

The following text was confirmed as current in 2009.

I. General

The Bureau of Economic Analysis (BEA), U.S. Department of Commerce, is responsible for compiling the U.S. international transactions accounts and the U.S. international investment position accounts. BEA obtains primary data from various sources, including the Commerce Department's Bureau of the Census, the Department of the Treasury, the Federal Reserve Board, other U.S. government agencies, international organizations, foreign statistical agencies, and industry and trade associations. In addition, it conducts its own surveys for most services and for income and financial flows data relating to direct investment.

BEA prepares international transactions estimates on a quarterly basis and publishes them on the Internet (www.bea.gov) and in the *Survey of Current Business*. BEA compiles the data in U.S. dollars. To convert transactions denominated in other currencies to U.S. dollars, BEA uses the exchange rate prevailing at the end of the reporting period for most transactions, such as those derived from balance sheets of data providers. For other transactions, it uses the average exchange rate for the period. The classification of accounts used in the U.S. international transactions accounts generally corresponds with that recommended as an international guideline in the *BPM5*.

A short description of the sources, compilation, and coverage of the major groups of standard components follows. For further details, see the following publication of the U.S. Department of Commerce: *The Balance of Payments of the United States, Concepts, Data Sources, and Estimating Procedures*, May 1990. See also the "Catalog of Major Revisions to the International Accounts, 1976–2008" at www.bea.gov/methodologies/revcat/index.cfm.

BEA also compiles and publishes an annual statement of the U.S. international investment position. The statement shows the value of outstanding U.S. assets abroad and foreign assets in the United States. The statement records most assets at market value. For certain types of assets, such as short-term instruments, it uses face value.

For direct investment, the current-cost method is used. The current-cost method values the U.S. and foreign parents' share of their affiliates' investment in plant and equipment using the current cost of capital equipment, in land using general price indices, and in inventories using estimates of their replacement cost. Supplemental estimates for direct investment positions at market value are also available. The market-value method values the owners' equity component of the direct investment position using indices of stock market prices.

II. Specific Items: Balance of Payments

Current Account

Goods

BEA bases estimates of general merchandise transactions on data compiled by the Census Bureau, U.S. Department of Commerce. These data record the physical movement of goods across U.S. customs boundaries, including goods shipped between affiliated firms in the United States and abroad and goods shipped under lease of one year or more.

Data are adjusted to correct for timing discrepancies, which arise when exports or imports of goods are reported to the Census Bureau in one period but are actually shipped or received in another. This adjustment is based on information provided by the Census Bureau.

BEA also prepares adjustments to the census-based merchandise trade data to improve coverage and valuation and to bring them into conformity with balance of payments concepts. BEA includes the major adjustments separately in a table on U.S. trade in goods, which is published in the *Survey of Current Business* and on BEA's website.

Services

Transportation

Freight, port services, and passenger services. This category covers all modes of transport and port services.

For freight, the main sources of data are mandatory BEA surveys of airline and ship operators; Census Bureau compilations of U.S. exports and imports by method of transportation, type of service (liner, tramp, and tanker), shipping weight of cargo, freight and insurance charges on imports, and flag of vessel; and U.S. Army Corps of Engineers information on the nationality of ocean vessel operators. BEA uses data from the U.S. Department of Transportation to estimate transborder trucking.

For port services, the main sources of data are BEA surveys, the Census Bureau, and the U.S. Army Corps of Engineers.

For passenger services, BEA bases estimates on data on numbers of travelers (provided by the Department of Homeland Security) and estimates of average passenger fares (developed from a travel survey administered by the U.S. Department of Commerce).

Travel

BEA prepares travel estimates (except for transactions with Canada and Mexico) by combining data on numbers of travelers, provided by the Department of Homeland Security, with estimates of average expenditures, obtained from a travel survey administered by the U.S. Department of Commerce. BEA derives estimates of travel transactions between the U.S. and Canada and between the U.S. and Mexico from data prepared by Statistics Canada and the Bank of Mexico.

Other services

Communications. Estimates cover gross U.S. receipts and payments for international telecommunication services. BEA obtains the data from its *Quarterly Survey of Transactions in Selected Services and Intangible Assets with Foreign Persons*.

Construction. Estimates cover construction receipts and payments. BEA obtains data from its *Quarterly Survey of Transactions in Selected Services and Intangible Assets with Foreign Persons*. BEA derives net receipts by deducting foreign expenses and exports of goods related to the provision of these services from gross receipts. BEA estimates payments on a gross basis.

Insurance. Estimates cover receipts and payments for direct (primary) insurance and for reinsurance. BEA bases its estimates of insurance services on data from its *Quarterly Survey of Insurance Transactions by U.S. Insurance Companies with Foreign Persons*. BEA measures insurance services as premiums less "normal" losses, where normal losses are inferred from the relationship between actual losses and premiums averaged over several years. BEA's measure of insurance services includes two other components: the expected investment income of insurance companies on their reserve funds held to settle future claims; and auxiliary insurance services such as agents' commissions, insurance brokering services, and actuarial services.

Financial. Estimates cover (1) commissions and other transaction fees received by U.S. securities dealers from nonresidents (credit) or paid by U.S. securities dealers to nonresidents (debit) and (2) other services receipts and payments of U.S. banks and other financial institutions. BEA bases its estimates of financial services on its *Quarterly Survey of Financial Services Transactions Between U.S. Financial Services Providers and Foreign Persons*, the U.S. Department of the Treasury's International Capital (TIC) reporting system, and information from various sources in the financial services industry.

Computer and information. Estimates cover receipts and payments of computer and information services. BEA obtains data from its *Quarterly Survey of Transactions in Selected Services and Intangible Assets with Foreign Persons*.

Royalties and license fees. Estimates cover transactions with nonresidents involving intangible assets and proprietary rights. BEA obtains the data from its *Quarterly Survey of Transactions in Selected Services and Intangible Assets with Foreign Persons*.

Other business services. Estimates cover transactions in services not listed above and include items such as business, professional, and technical services.

Government, n.i.e. BEA estimates credit entries for transactions with foreign governments and international organizations by applying an average dollar-per-person figure (excluding compensation of employees) to the number of each foreign government's diplomatic personnel in the United States. Data sources are the U.S. State Department's *Diplomatic List* and *Foreign Consular Offices in the United States* and the United Nations' *Permanent Missions to the United Nations*. BEA derives credit entries for international organizations located in the United States largely from data voluntarily provided by the respective organizations. BEA bases U.S. government credit and debit entries on its reviews of U.S. government budgetary documents and reports of U.S. government agencies.

Income

Compensation of employees

Receipts (credits) include compensation received by U.S. residents employed by international organizations and foreign embassies located in the United States. The credits also include estimates of compensation received by U.S. residents working abroad.

Payments (debits) include compensation paid to (1) Canadian and Mexican residents who commute to work in the United States in the border area, (2) foreign students who work while studying at colleges and universities in the United States, (3) foreign professionals temporarily employed in the United States, and (4) temporary agricultural and nonagricultural workers in the United States.

Investment income

Direct investment. BEA bases interest and distributed earnings (credit) data on the U.S. parent companies' books. BEA includes the funds whether they are paid in cash, through debt creation, or in kind. When funds are not actually transferred to U.S. parents, BEA makes an offsetting entry under direct investment in the financial account. Data are from BEA surveys.

BEA bases debit entries for interest and distributed earnings on the U.S. affiliates' books. BEA includes the funds whether paid in cash, through debt creation, or in kind. When funds are not actually transferred to foreign parents, BEA makes an offsetting entry under direct investment in the financial account. Data are from BEA surveys.

BEA takes figures on reinvested earnings (credit) from the books of the foreign affiliates, and it takes debit entries from the books of the U.S. affiliates. Data are from BEA surveys.

Portfolio investment. For income receipts on foreign long-term debt securities and payments on U.S. long-term debt securities, BEA derives income estimates by applying current yields, which reflect only coupon interest flows, to average quarterly outstanding claims on, or liabilities to, nonresidents. Annual U.S. Treasury Department surveys establish holdings of debt securities and interest income that enable BEA to estimate current yields and income; BEA bases subsequent changes in income on transactions data and movements in current yields.

For income receipts on foreign stocks and payments on U.S. stocks, BEA derives income estimates by applying representative market dividend yields to average quarterly outstanding claims on, or liabilities to, nonresidents. Annual U.S. Treasury Department surveys establish holdings of securities; BEA bases subsequent changes in income on transactions data and market dividend yield indices.

For income receipts on foreign money market instruments and payments on U.S. money market instruments, BEA derives estimates by applying representative yields to average quarterly outstanding claims on, or liabilities to, nonresidents. Monthly and quarterly data on claims and liabilities are from mandatory surveys by the U.S. Treasury Department of banks, broker/dealers, and nonbanking concerns.

Other investment. For loans, deposits, and other claims and liabilities classified as other investment, BEA uses a combination of estimated and reported income. BEA derives estimates for income receipts and payments by applying representative yields to average quarterly outstanding claims on, or liabilities to, nonresidents. Data on financial claims and financial liabilities and from trade-related claims and trade-related liabilities are from mandatory quarterly surveys by the U.S. Treasury Department of banks, broker/dealers, and nonbanking concerns.

BEA supplements these data with data from foreign statistical authorities. Income of nonbanks also includes income payments and receipts reported to BEA by financial intermediaries on surveys of direct investment; this income is reclassified to income on other investment.

Current transfers

General government

BEA bases estimates on data that U.S. government operating agencies submit quarterly under an Office of Management and Budget directive. Where necessary, BEA adjusts the reported data for timing; it bases the adjustments on supplementary information, including published statements, congressional submissions, and financial and operating records of government agencies.

Other sectors

Data sources for workers' remittances and other current transfers include a BEA survey of philanthropic institutions, the exchange of balance of payments data with a few major countries, BEA's estimates of immigrants' and emigrants' remittances, and BEA's estimates of most transfers related to the provision of insurance services. Transfers resulting from the recovery of certain disaster-related losses are included in the capital account.

Capital Account

The capital account includes estimates of debt forgiveness by the U.S. government, transfers of assets of immigrants to the United States and of emigrants' transfers abroad, losses recovered from foreign insurers following certain natural or man-made disasters, and sales and acquisitions of some nonproduced, nonfinancial assets. The estimates of sales and acquisitions of nonproduced, nonfinancial assets include only a few large transactions.

Financial Account

Direct investment

BEA collects data on direct investment through a number of mandatory surveys. It conducts separate surveys for outward and inward investment. It conducts comprehensive benchmark surveys periodically and conducts quarterly sample surveys that provide country estimates and details by type of activity.

Portfolio investment

BEA estimates net U.S. purchases of foreign securities and net foreign purchases of U.S. securities on the basis of data it obtains from the TIC reporting system. Data are reported on a transactions basis—that is, on the total amount of money debited or credited on the payment or settlement date. The reported amounts represent the cost of purchases, plus commissions and other charges, or the proceeds of sales, less commissions, taxes, and other charges incurred in the transactions.

BEA adjusts purchases to exclude commissions, which are part of financial services in the current account. BEA makes other adjustments to the TIC data to include transactions not covered in the TIC data, such as exchanges of stock, prepayments of principal, and early liquidation of asset-backed debt.

BEA estimates transactions in money market instruments, denominated in U.S. dollars and foreign currencies, which cover negotiable certificates of deposit, commercial and financial paper, and other negotiable instruments. BEA makes quarterly estimates of these transactions on the basis of data on outstanding claims and liabilities at the end of a period from the TIC reporting system and on outstanding claims in foreign commercial paper from the Depository Trust Corporation.

Financial derivatives

BEA estimates net transactions in financial derivatives,from data it obtains from the TIC reporting system. Transactions in financial derivatives consist of U.S. cash receipts and payments arising from the sale, purchase, or periodic settlement of derivatives contracts.

Transactions in financial derivatives are reported on a net basis, which means that the value of U.S. cash receipts less U.S. cash payments on contracts with positive fair value and negative fair value is reported as a single amount. As a result of how the data are collected, derivatives transactions are not separated into transactions in U.S. assets and liabilities.

Other investment

BEA makes quarterly estimates of transactions in non-monetary government assets and liabilities from data that U.S. government operating agencies submit. BEA supplements these data with information from quarterly statements of receipts, expenditures, and balances of foreign currency holdings provided by the U.S. Treasury Department; published financial statements, annual reports, and other submissions to the U.S. Congress; and financial and operating records of U.S. government agencies.

BEA estimates transactions reported by banks and securities brokers in other assets and liabilities, denominated in dollars and foreign currencies, which cover loans, advances, and overdrafts; placements of funds; deposits; interbank transfers; and borrowing through repurchase agreements. BEA makes quarterly estimates of these transactions on the basis of data on outstanding claims and liabilities at the end of a period that are reported on the TIC banking forms.

BEA also makes quarterly estimates of transactions in other assets and liabilities of nonbank sectors on the basis of (1) data on outstanding assets and liabilities reported on the TIC nonbanking forms, (2) data on financial intermediaries' accounts reported to BEA on surveys of direct investment and reclassified to other investment, (3) data supplied by foreign statistical authorities, and (4) data from the Depository Trust Corporation on asset-backed commercial paper programs of U.S. financial intermediaries, not included in BEA surveys of direct investment.

Reserve assets

Monetary gold. BEA estimates quarterly U.S. government gold transactions on the basis of U.S. treasury data on changes in amounts outstanding at the beginning and end of the period. BEA adjusts the data to exclude revaluations of the gold stock owing to changes in the par value of gold, U.S. treasury public sales of gold, and the consumption and replacement of the gold stock used for medallions and commemorative and bullion coins.

Foreign exchange. Data represent net transactions that affect the U.S. Treasury Department and Federal Reserve System holdings of the foreign currencies constituting U.S. official international reserves. Changes in these holdings are caused by a number of transactions, including those associated with U.S. exchange market intervention through the Exchange Stabilization Fund and the Federal Reserve System, and foreign currency transactions with the International Monetary Fund.

BEA estimates quarterly transactions on the basis of (1) U.S. Treasury Department and Federal Reserve Bank of New York data on transactions, (2) the amount of foreign currencies outstanding at the beginning and end of the period, and (3) the realized gains or losses from transactions undertaken. This item does not include unrealized gains and losses.

III. Specific Items: International Investment Position

Direct investment

BEA bases the international investment position estimates of U.S. direct investment abroad and of foreign direct investment in the United States on the benchmark surveys it conducts. It carries forward the accumulated stock of direct investment from the latest benchmark survey by adding net capital flows (equity capital flows, intercompany debt flows, and reinvested earnings) and valuation adjustments to the previous year's position.

Valuation adjustments consist of currency conversion adjustments, adjustments for capital gains and losses, and other adjustments. The other adjustments partly reflect differences between transaction values (used to estimate flows) and book values (used to record positions).

The direct investment position is equal to the parent companies' contributions to the total assets of their affiliates in the form of debt and equity. Thus, the position measures the parents' share of the affiliates' assets, not the total value of the affiliates.

BEA's primary estimate of direct investment positions includes adjustments to historical-cost data for current costs (beginning with estimates for 1976). The current-cost method values the U.S. and foreign parents' share of their affiliates' investment in plant and equipment using the current cost of capital equipment, in land using general price indices, and in inventories using estimates of their replacement cost. Supplemental estimates of direct investment using the market-value method (beginning with estimates for 1982) are also available. The market-value method values the owners' equity component of the direct investment position using indices of stock market prices.

Portfolio investment

BEA bases data on U.S. holdings of foreign long-term securities on U.S. Treasury benchmark surveys, annual surveys, and accumulated transactions reported in the TIC reporting system. BEA adjusts positions periodically, based on research it conducts. When survey data are not available, it adjusts the positions for price and exchange rate changes to derive outstanding holdings at market value. It bases the price adjustment for foreign bonds on market indices. It develops the price adjustment for foreign stocks from indices of stock prices in the relevant foreign countries. It applies exchange rate adjustments to foreign stocks and foreign-currency-denominated bonds.

BEA bases foreign holdings of U.S. long-term securities on U.S. Treasury benchmark surveys, annual surveys, and accumulated transactions reported in the TIC reporting system. When survey data are not available, BEA adjusts U.S.-dollar-denominated positions for price changes and foreign-currency-denominated positions for price and exchange rate changes, to reflect market values. All price and exchange rate changes are made using appropriate market indices.

BEA estimates U.S. residents' assets and liabilities in money market instruments, denominated in dollars and foreign currencies, based on (1) amounts outstanding at face value from the TIC reporting system, (2) U.S. claims in foreign commercial paper reported at face value by the Depository Trust Corporation, and (3) U.S. claims and liabilities in short-term negotiable instruments reported at market value in U.S. Treasury benchmark and annual surveys.

Most claims and liabilities are denominated in U.S. dollars, although claims and liabilities denominated in foreign currencies have grown in importance in recent years. BEA converts values of foreign-currency-denominated assets and liabilities to U.S. dollar equivalents at end-of-period exchange rates.

Financial derivatives

BEA estimates U.S. residents' assets and liabilities in financial derivatives, beginning in 2005, from data it obtains from the TIC reporting system. Positions are reported as the gross positive fair value of outstanding derivatives contracts, which is recorded as part of U.S. assets, and the gross negative fair value of outstanding derivatives contracts, which is recorded as part of U.S. liabilities.

The fair (or market) value of a derivatives contract is the amount for which the contract could be exchanged between willing parties. A contract's fair value is computed using the quoted market price of the contract, or if a quoted market price is unavailable, by use of either a quoted market price of a similar contract or a valuation technique. Fair values are reported as of the close of business on the last business day of the quarter.

The gross positive fair value of derivatives contracts is the total combined value of all contracts with a positive fair value, and the gross negative fair value is the total combined value of all contracts with a negative fair value.

Other investment

BEA estimates U.S. government assets and liabilities, excluding reserve assets, based on data reported to BEA by other U.S. government agencies.

BEA estimates other assets and liabilities of U.S. banks, denominated in dollars and foreign currencies, based on amounts outstanding at face value reported in the TIC banking forms.

BEA estimates other assets and liabilities of U.S. nonbanks, denominated in dollars and foreign currency, based on (1) amounts outstanding at face value reported on the TIC nonbanking forms; (2) amounts outstanding at book value reported by financial intermediaries on BEA surveys of direct investment and reclassified to other investment; (3) amounts outstanding at face value reported by some foreign institutions, including the Bank for International Settlements; and (4) amounts outstanding at face value from the Depository Trust Corporation on asset-backed commercial paper programs of U.S. financial intermediaries, not included in BEA surveys of direct investment.

Most claims and liabilities are denominated in U.S. dollars, although claims and liabilities denominated in foreign currencies have grown in importance in recent years. BEA converts values of foreign-currency-denominated assets and liabilities to U.S. dollar equivalents at end-of-period exchange rates. Liabilities also include U.S. currency held by nonresidents.

Reserve assets

U.S. official reserve assets consist of assets held by the U.S. Treasury Department and the Federal Reserve System. BEA reports the assets in terms of outstanding amounts at market value. BEA adjusts the value of official U.S. gold holdings for changes in the market price. It converts the values of all other reserve assets to U.S. dollar equivalents at end-of-period exchange rates.

Uruguay

The following text was confirmed as current in 2009.

I. General

The agency responsible for compiling Uruguay's balance of payments and international investment position statistics is the External Sector Department (Departamento del Sector Externo—DSE) of the Economic Statistics Area of the Central Bank of Uruguay (Banco Central del Uruguay—BCU).

The DSE obtains primary data from a variety of sources, including the National Customs Directorate (Customs), the government-owned Bank of the Republic, the Ministry of Tourism, and other BCU departments and divisions. The DSE, in addition, conducts its own surveys to obtain data on transactions with nonresidents related to various services and income and financial flows arising from direct investment in Uruguay.

Data are compiled in U.S. dollars. To the extent possible, the DSE converts transactions that take place in other currencies into U.S. dollars using the exchange rates prevailing at the time of the transaction. The DSE prepares the balance of payments statements on a monthly basis, which is the basic frequency of the primary data obtained from the various sources (except for foreign direct investment (FDI) surveys that are conducted annually).

Uruguay's balance of payments is published on an annual basis in the National Statistics Institute's *Statistical Yearbook* (*Anuario Estadístico*) and disseminated quarterly on the BCU website. The classification of accounts used in the presentation of Uruguay's balance of payments statement generally corresponds with that recommended as an international standard in the *BPM5*.

II. Specific Items: Balance of Payments

Current Account

Goods

General merchandise. The data sources are the documents known as the single custom document (documento único aduanero). Customs delivers these documents to the BCU, which, after verifying them for consistency, processes them in its Computer Services Department. The customs documents contain information for both exports and imports on an f.o.b. basis, according to the nomenclature of the Customs Cooperation Council Harmonized System.

The BCU's Economic Statistics Area, which publishes Uruguay's foreign trade statistics, makes coverage adjustments (for electricity imports and exports, natural gas imports, industrial exports, and imports manufactured in free zones) and timing adjustments for imports to correct the delays in the submission of documents for processing by Customs.

The DSE compiles information on goods acquired in ports by carriers from the quarterly survey of domestic transportation enterprises, from agents of foreign transportation enterprises, from monthly data provided by the Public Petroleum Enterprise (bunkers exports), and from some infrastructural investment in free zones.

Services

Transportation

The DSE derives information on freight on imports from the customs documents. It obtains data for freight on exports and for freight between foreign ports from annual surveys of resident producers of such services. It conducts a survey of the main carriers on a quarterly basis. It compiles port and airport services from information provided by the National Ports Administration and the Directorate General of Aeronautical Infrastructure. The agents of foreign transportation companies provide data with respect to pilotage, stevedoring, and tugboat services provided by private companies.

The DSE derives data for passenger fares from the annual survey of resident land, sea, and air transport companies and agents of foreign companies. It also conducts a survey of the main carriers on a quarterly basis.

Travel

For both travel credits and debits, the Ministry of Tourism compiles estimates on the basis of sample surveys of both inward and outward tourism, supplemented with data the National Migration Directorate provides on the number of travelers.

Other services

Communications. The National Telecommunications Administration and the private mobile telephone companies provide information on which estimates are based.

Insurance. The DSE estimates insurance services as the difference between receipts for premiums and the related payments for claims on a quarterly basis. Since 1995, the Superintendency of Insurance and Reinsurance (a central bank agency) has been responsible for collecting information from insurance companies operating in Uruguay. Before the passage of the new insurance law, the DSE undertook an annual survey of domestic insurance companies and agents of foreign companies.

Financial. The DSE derives the data from the monthly financial reports submitted to the BCU by the financial institutions authorized to operate in Uruguay.

Royalties and license fees. The DSE derives the data from the annual survey of foreign direct investment enterprises and others with franchising arrangements.

Government, n.i.e. The credit entries cover the amounts reported annually by the Latin American Integration Association (LAIA) and the Administrative Secretariat of MERCOSUR, headquartered in Montevideo, and an estimate of the expenditure of foreign government representations located in Uruguay. The debit entries cover Uruguayan government expenditure on its representations abroad, as reported annually by the Ministry of External Relations.

Income

Investment income

Direct investment. The DSE uses an annual survey conducted by the BCU to compile data on direct investment (interest and distributed and/or reinvested profits) and monthly data from foreign bank branches in Uruguay.

Portfolio investment. The credit entries cover income receipts on financial sector assets. The debit entries cover interest paid on treasury bills and treasury bonds issued by the Uruguayan government. The DSE calculates the holdings of these securities by nonresidents as the difference between the amounts in circulation and the holdings reported by the national financial system and social security institutions.

Other investment. The DSE takes data on interest received and paid by the national financial system and the monetary authorities from their financial statements and annexes prepared for balance of payments purposes. For the general government and the rest of the nonfinancial public sector, the BCU Indebtedness Unit and debtor institutions provide the data. The DSE bases estimates for interest receipts and payments of the nonfinancial private sector on Bank for International Settlements (BIS) data and FDI surveys, respectively. Since 2006, interest costs on public sector external loans are estimated on an accrual basis.

Current transfers

General government

The DSE bases these estimates on government data.

Other sectors

The credit entries cover amounts received by resident individuals from foreign governments on account of pensions and war reparations, as reported by their consulates, and workers' remittances reported by private agencies.

Financial Account

Direct investment

To obtain data on direct investment flows to Uruguay, the DSE uses the annual survey of enterprises with foreign capital participation. For investment in real estate (mainly in the ocean resort areas), the DSE bases estimates on the total square meters of construction permits issued and the share of nonresident purchasers in total sales, as reported by the local governments and real estate companies, respectively. Since 2003, entries include estimates of FDI in land, based on data provided by the *Instituto Nacional de Colonización*.

Portfolio investment

To compile these estimates, The DSE uses the same methodology and sources as are described for this type of instrument under investment income. The department records placements (issues) of treasury bills at their effective (issue) value. It records the difference between that value and the nominal value as interest under the portfolio investment income heading. It records treasury bonds at their market value.

Other investment

The DSE takes the data for transactions on other investment assets and liabilities of the national financial system (including the monetary authorities) from their respective financial statements. The department derives the entries as changes in stocks outstanding and, therefore, includes changes resulting from currency realignments.

Data for the general government and the rest of the nonfinancial public sector come from the BCU Indebtedness Unit, the information provided by the debtor institutions, and the statements of accounts of the creditor institutions.

For the nonfinancial private sector, the entries cover commercial credits provided directly by foreign creditors. The DSE derives the data from the annual survey of private foreign direct investment enterprises and public enterprises. It derives estimates of currency and deposits abroad from BIS data.

Reserve assets

The DSE derives the entries, covering the reserve assets of the BCU, from the BCU's balance sheets. The entries for other claims cover changes in net balances held under the LAIA Reciprocal Credit Agreements, which are settled every four months. The entries exclude changes not attributable to transactions.

III. Specific Items: International Investment Position

Sources of information on international investment position data are the same as those used for the balance of payments. Data on portfolio investment assets also include information from the IMF's Coordinated Portfolio Investment Survey.

Vanuatu

The following text was confirmed as current in 2009.

I. General

The Reserve Bank of Vanuatu (RBV) is responsible for compiling the balance of payments statistics of Vanuatu. The RBV obtains data for the balance of payments from various sources, including an enterprise survey of companies covering the domestic and offshore banks, the National Statistics Office, other government ministries and departments, international organizations in Vanuatu, and the RBV.

The RBV prepares the data on both a quarterly and an annual basis, publishing the data in its *Quarterly Economic Review* and reporting the data to the Fund. Balance of payments estimates are compiled in millions of vatu and are consistent with the recommendations of the *BPM5*.

II. Specific Items: Balance of Payments

Current Account

Goods

The main source of data is the trade statistics compiled by the National Statistics Office in collaboration with the Customs Department. The statistics include both exports and imports of Vanuatu to/from the rest of the world.

Goods exported and imported are valued on an f.o.b. and c.i.f. basis, respectively; adjustments are made to conform to a *BPM5* basis. An adjustment of 16.5 percent is made to convert import data on a c.i.f. basis to an f.o.b. basis for the balance of payments statistics. This adjustment factor for the insurance/freight element in the imports data—the c.i.f. basis—is estimated from a sample of import declarations processed by the Customs Department.

The RBV also collects data for goods purchased abroad by airlines. Compilers then make appropriate adjustments for coverage and classification according to *BPM5* guidelines.

Services

Transportation

The category covers freight and passenger services by all modes of transport (i.e., sea and air) and port services. For transportation services, RBV derives entries from information provided by airport and seaport authorities, Air Vanuatu, and stevedoring companies.

For freight, RBV estimates the entries on the basis of past surveys of information on freight and insurance in the customs declaration forms. These are allocated to sea and air transportation according to fixed ratios.

Travel

For travel credits, RBV derives the entries from information on the number of foreign visitors, their average daily expenditures, and their average length of stay. The expenditure estimates are based on the 2005 Visitor's Survey conducted by the National Statistics Office in collaboration with the RBV, the National Tourism Office, and the Tourism Council of the South Pacific and are rated forward, using CPI movements. On the number of visitors, the RBV obtains data quarterly from migration statistics published by the National Statistics Office.

For travel debits, RBV derives entries from an average expenditure figure provided by the Department of Finance and the residents' departure numbers from the National Statistics Office. Also included is 70 percent of the value of training scholarships. (The contra-entry is included in current transfers, general government.)

Other services

The primary data source for all other services components is the survey of enterprises, with the ITRS as a secondary source. Where appropriate, RBV compares these data with data derived from other sources.

Insurance. Data are derived from adjustments (as indicated above) of import statistics for freight and insurance.

Other business. For other business services RBV derives the data from various sources, including enterprise surveys and financial institutions' reports. These data exclude post and telecommunications services, financial services, construction services, advertising, marketing and research, and royalties.

Government, n.i.e. RBV derives the data from information provided by relevant ministries, international organizations based in Vanuatu, and the ITRS. The credit entries include expenditures of foreign embassies and international organizations in Vanuatu. The debit entries cover expenditures abroad of Vanuatu's diplomatic missions.

Income

Compensation of employees

RBV derives the data through its survey of donors. The entry is a contra-entry to 80 percent of short-term foreign technical assistance.

Investment income

Direct investment. Data on direct investment income are estimated from quarterly enterprise surveys of foreign companies operating in Vanuatu. Data cover reinvested earnings of foreign direct investment companies, dividends and distributed profits, and net rent receipts of nonresident landlords from leases of structures in Vanuatu.

Portfolio investment. With regard to portfolio investment assets and liabilities, RBV obtains complete data through the survey of enterprises.

Other investment. For other investment income, RBV derives data mainly from its own records, the Department of Finance, commercial banks, and other sectors. The credit entries cover the interest receipts of the RBV and the commercial banks, whereas the debit entries include interest payments on public external debt and interest payments by commercial banks and other sectors.

Current transfers

General government

Various government agencies, foreign embassies, and international organizations provide the information from which RBV derives the data. The entries include foreign technical assistance and shipping and company fees. For other intergovernmental grants, RBV derives the data from information provided by the Department of Finance and various donor countries through the RBV donors survey. Debit entries include government transfers abroad.

Other sectors

Credit entries include transfers from nonresidents, which have been derived from a model. The debit entry covers the outward transfers of resident expatriate workers. Data are derived from a model.

Capital Account

Capital transfers

General government

Various government agencies, foreign embassies, and international organizations provide the information from which RBV derives the data. The entries include grants in cash and in kind (foreign aid grants) received for developmental purposes, and migrants' transfers.

Financial Account

Direct investment

For direct investment in Vanuatu, RBV collects the data from quarterly enterprise surveys. Foreign direct investment enterprises are defined to include enterprises in which 10 percent or more of paid-up capital is held by nonresident investors.

Portfolio investment

Data are collected through the survey of enterprises.

Other investment

Regarding drawings and repayments of external public debt, RBV derives the data from the Department of Finance records, while for foreign private loans RBV obtains information from the BOP Enterprise Survey. Included are the changes in holdings of foreign exchange by commercial banks.

Reserve assets

The entries for foreign exchange reflect changes in the RBV's holdings, which are collected from the RBV's records.

República Bolivariana de Venezuela

The following text was confirmed as current in 2009.

I. General

The Central Bank of Venezuela (CBV), through the External Sector Statistics Department, attached to the office of economic statistics, compiles, processes, and disseminates balance of payments statistics and the international investment position (IIP). The CBV disseminates the balance of payments and IIP data every quarter on the Internet website (http://www.bcv.org.ve) and publishes the data annually in the *Economic Report* and *Yearbook of Balance of Payments*. These publications use the analytic presentation.

The data are compiled according to international standards and conventions described in the fifth edition of the IMF's *Balance of Payments Manual (BPM5)* and are disseminated to the IMF and other international agencies.

The CBV uses information from sources internal and external to the institution. The principal external sources include public agencies in charge of customs registries, movement of merchandise and passengers, and the rendering of related services; ministries and agencies responsible for administering resources and services in different activities; superintendent offices of banks, insurance, and foreign investment; public companies producing goods and services; public and private financial institutions; and a representative sample of enterprises in the nonfinancial private sector generating goods and services, among others.

In some cases, the CBV obtains data through information systems and, in others, through surveys and administrative registries. Some sources of primary information do not meet the methodological specifications of the balance of payments, and consequently on some occasions adjustments are made to modify or complement the data from administrative registries, with a justification of the reasons for the changes.

The balance of payments and IIP are recorded in U.S. dollars, with the value at market prices normally prevailing.

II. Specific Items: Balance of Payments

Current Account

Goods

Exports and imports are estimated on the basis of monthly information supplied by the National Institute of Statistics (INE), previously OCEI, referring to f.o.b values recorded in customs documents, expressed in U.S. dollars.

Coverage and time of recording adjustments are made. The adjustments of coverage of exports refer to those of the oil sector, supplied by Petróleos de Venezuela (PDVSA), including orimulsion and bunker and aircraft fuel. The adjustments also add exports of iron ore and electricity reported by the enterprises; nonmonetary gold registered by the CBV; deep-sea fishing; and an estimate of contraband of gold, diamonds, and gasoline.

The adjustments to the time of recording add data supplied by exporting public enterprises through their financial statements, substituting those of the INE, to preserve the base concept received and to harmonize with the System of National Accounts (SNA). The item also includes estimated data on repairs and on goods acquired in ports by ships and aircraft.

For imports, the compilers use all the data from the customs documents except for petroleum import data, which PDVSA supplies. Coverage adjustments are made to take account of (1) military procurement not recorded by customs, (2) contraband seized by the National Guard, (3) repairs and goods acquired in ports by ships and aircraft, and (4) other adjustments for omissions in customs data, such as those derived from the process of harmonization with the SNA, in the context of the calculation of the supply and use account balance.

Services

Transportation

This item includes the national oil industry's income and the private air companies' freight services and sale of tickets for international flights. The CBV uses surveys to gather both sets of data. The item also includes income from ports, airports, and navigation routes received by the national oil industry, the National Institute of Canals, and the principal ports and airports of the country. The CBV obtains these data through questionnaires and administrative registries.

Debit entries are registered for freight, estimated through a coefficient applied to total imports of goods f.o.b., according to the nandina (Andean Community customs tariff), modality of transportation, region, etc. The item also includes payments for passenger transport on nonresident airlines and payments for port and airport services that the public oil industry and private airline companies make, estimated through surveys and indicators of volume of aircraft that the principal airport of the country reports.

Travel

For travel, the CBV measures credits and debits through a sample survey the INE and CBV carry out every quarter in the principal airport of the country. Compilers obtain data on average daily spending in U.S. dollars by category of traveler and reason for visit, average number of nights spent, and other indicators that allow an evaluation of the general profile of the traveler. These sample data are extrapolated by the total number of foreign visitors reported by the airports.

In addition, the category includes expenses for scholarships and missions that the public petroleum sector and nonpetroleum public sector incur abroad. The CBV validates the estimate through indicators of the activity, interviews for opinions in the principal hotels and travel agencies of the country, and reports and specialized journals.

Other services

Communications. The category includes income and expenditure of the principal companies of the sector, especially for basic telephone services by international correspondents, obtained through their financial statements and indicators of volume and rates of international traffic. Also included are income and expenses of the other communications services and added value, reported by the private enterprises through questionnaires.

In addition, the category comprises income and expenses of the Instituto Postal Telegráfico (IPOSTEL) and private courier companies for postal and telegraph services; the CBV obtains these data through financial statements and administrative reports.

Insurance. This category includes income from reinsurance companies for premiums accepted and commissions received. In expenditures, it includes expenses for premiums assigned and commissions paid. The CBV obtains all the information from the balance sheets of reinsurance companies. In addition, insurance is included on merchandise paid by national companies, estimated through a coefficient applied to total imports of merchandise f.o.b., according to the type of nandina, modality, region, etc.

Financial. The debit entries cover fees paid abroad for the public debt and letters of credit on imports by the government and public enterprises. The CBV obtains the data from the Ministry of Popular Power for Economy and Finances (MEF) on commissions paid.

Other business services. Data include the different entrepreneurial, personal, and technical services of the public and private petroleum industry and private nonpetroleum companies. Also included are the commissions paid to airline agents. The CBV obtains the information through questionnaires.

Government, n.i.e. Credits include the local expenditure of diplomatic missions accredited to Republica Bolivariana de Venezuela. The debit entries relate to expenditure abroad by Republica Bolivariana de Venezuela's embassies, consulates, and other official agencies. The CBV obtains the data from its own records, the Ministry of Popular Power for External Relations (MER), and the MEF.

Income

Compensation of employees

Credits include compensation received by local staff working at foreign diplomatic missions in Republica Bolivariana de Venezuela. The CBV obtains this information from an annual survey applied to a sample of foreign embassies in the country. The debit entries cover payments to local staff working at Venezuelan embassies and consulates abroad. The CBV obtains the data quarterly from an MER survey.

Also included is quarterly information gathered through surveys of public companies on remunerations paid to foreign personnel working in the country less than one year.

Investment income

Direct investment. Credits include dividends, distributed earning of branches, and reinvested earning of public and private enterprises, including the national oil industry and commercial and universal banks. The CBV obtains these data from quarterly surveys and financial statements.

Debits include dividends; profits sent from branches; reinvested earnings; and interest on debt with related parties, the private oil and nonpetroleum companies, and financial institutions. This information is sourced from financial statements, quarterly and annual surveys, and reports of the Caracas Stock Exchange. Interest on debt is derived from average yields applied to the stocks.

Portfolio investment. Credits refer to interest and dividends generated by the holdings of portfolio instruments kept by the monetary authority, the government (including capitalized interest of zero coupon bonds constituted as collateral of the Brady Bonds), banks, and other financial institutions, as well as the yields obtained by the nonfinancial private sector. The CBV obtains this information primarily from the quarterly coordinated portfolio investment survey and the balance sheets of the financial sector.

Debits include income paid by bonds and other debt securities issued in international financial markets by the government, the public oil company, and private nonpetroleum companies. Further, they include dividends paid by banks and private enterprises, as well as interest paid by the monetary authority to nonresident investors who acquire securities in the stock market of the country. For these measurements, the CBV uses diverse sources, such as its own reports, registries of foreign debt of the MEF, reports of the Caracas Stock Exchange, and quarterly surveys sent to the public and private enterprises and to the financial institutions that are custodians of securities.

Other investment. Credits are registered as interest accrued from long-term commercial advances, loans, deposits, and other accounts receivable by public and private entities of the country. Included are the monetary authority, government, public and private financial institutions, public companies, and the nonfinancial private sector. The CBV gathers the information from monthly and annual financial statements and quarterly surveys. The interest of the nonfinancial private sector is derived from average international yields applied to the outstanding stocks of deposits calculated in each period.

Debits refer to the interest of the public external debt in loans and trade credits registered by the MEF and the quarterly surveys sent to public companies. In addition, debits include interest from loans and deposits declared in the financial statements of the monetary authority and banks. The CBV derives the income paid by the private sector from average international yields applied to the outstanding stocks of loans.

Current transfers

Income from transfers includes donations, technical assistance, insurance indemnities, pensions, and worker remittances. The information on credits for donations and technical assistance is compiled in the annual survey of a sample of embassies and agencies accredited in the country. The registries for insurance indemnities have been declared in the quarterly surveys of public companies.

The CBV obtains data on pensions received by residents of the country from the annual survey applied to the embassies accredited in the country. It compares the data with the registries of exchange operators. Remittances of workers are estimated on the basis of the system of exchange information of the commercial banks and exchange houses. Premiums for exported reinsurance are obtained from the annual surveys applied to the companies.

Expenses reflect the contributions of general government to international agencies and remittances of workers, declared in the exchange registries of the central bank, the commercial banks, and the exchange houses. In addition, this item includes the component of transfers of insurance premiums paid abroad by public and private companies.

Capital Account

No important transactions have been detected for inclusion in this account.

Financial Account

Direct investment

In the country. This category records transactions derived from the participation of foreign investors in share capital (greater than or equal to 10 percent) and in reinvested earnings in financial institutions and public and private nonfinancial companies. For companies other than banks, insurance companies, and reinsurance companies, debts are incorporated among related companies, including trade credits.

The CBV obtains data on financial institutions (banks and insurance and reinsurance companies) and mixed oil companies (public enterprises with private participation) through quarterly surveys. It complements this data with information from registries of the Ministry of Popular Power for Energy and Petroleum (MENPET), the Venezuelan Petroleum Corporation, bank supervisors, insurance supervisors, and the Caracas Stock Exchange, as well as from financial statements available for these sectors.

In the case of nonpetroleum private companies, the CBV obtains the data on shares from the administrative registries of the Superintendency of Foreign Investment and the MENPET. These data are complemented with information from the National Securities Commission and survey results. In respect of reinvested earnings and other capital, data are estimated on the basis of annual surveys and surveys through quarterly sampling.

Abroad. This refers to investments in subsidiaries and branches abroad (in shares, reinvested earnings, and other transactions that represent assets or liabilities between affiliated enterprises). It also refers to investments in noncommercial real estate made by bank institutions, a public oil company, and public and private and nonpetroleum companies. The CBV gathers the information from monthly financial statements and quarterly and annual surveys.

Portfolio investment

Assets. This involves operations in equity securities (less than 10 percent of capital stock) and debt securities issued by nonresidents and owned by the monetary authority, the general government, financial institutions, and a sample of private companies.

The CBV acquires this information from its own accounting registries and those of the Banco de Desarrollo Económico y Social de Venezuela (BANDES) and Fondo de garantía de depósitos y protección bancaria (Fogade).

The CBV also acquires the information through quarterly surveys by instrument on own investments and trusts in favor of third parties directed to commercial, universal, mortgage, and investment banks; savings and loan associations; money market funds; financial leasing companies; exchange houses; mutual funds; insurance and reinsurance companies; and private companies regulated by the National Securities Commission.

Using the information in the surveys, compilers calculate the transactions starting from the balances, after eliminating the effects of price variations, exchange rates, and others. Holdings in zero coupon bonds are registered at present value.

Liabilities. This item includes nonresident investments in domestic equity securities that represent less than 10 percent of the capital of the banks and nonfinancial private enterprises. The source of the data is a quarterly survey (security-by-security) of domestic custodian banks. The transactions are calculated by variations of quantities and market price.

In addition, the item includes debt securities issued by the CBV, the government, the oil company, and nonfinancial nonpetroleum private enterprises (those regulated by the National Securities Commission), held by foreign investors.

Liabilities of the monetary authority are determined starting from account registries and domestic custodian banks.

The MEF provides data on the general government's bonds and notes. These data are adjusted to exclude bonds acquired by residents in the secondary market.

For the rest of the sectors, the CBV carries out quarterly and annual surveys on the primary issue of securities of public and private petroleum and nonpetroleum companies. Market prices are used to value flows.

Other investment

Assets and liabilities of the general government. Assets include external deposits (including collateral of the Brady Bonds and Special Funds of financing) and the participation of Venezuela in international agencies. Liabilities refer to suppliers' credits, loans, and other obligations of the Republic.

The CBV procures the information from the MEF and through financial institutions that administer the trust funds of the government.

Assets and liabilities of the monetary authority. Assets are registered for long- and short-term loans, currency and deposits, and other CBV assets not considered as international reserves. Liabilities include the use of IMF credit and loans, bilateral agreements, letters of credit, short-term loans, and currency and deposits of central banks and international agencies. The balance sheet of the CBV is the source of these data.

Assets and liabilities of the banking sector. These principally involve transactions of long- and short-term loans and different modalities of deposits of the banks and loan associations, gathered through the quarterly survey of portfolio investment and the monthly and annual financial statements.

Assets and liabilities of other sectors. Assets and liabilities refer to trade credits, short- and long-term loans, deposits, and other accounts receivable and payable of financial institutions other than banks (insurance, reinsurance, public funds, mutual funds, money market funds, exchange houses, and other financial auxiliaries and intermediaries) and of nonfinancial private and public enterprises.

The CBV compiles the information from registries of foreign debt of public companies processed by the MEF, monthly and annual financial statements for the sectors (where available), and quarterly surveys applied to the census of financial institutions and public companies. Nonfinancial private companies are estimated starting from the results of a quarterly sample survey.

In the estimation of assets in deposits, the CBV considers a set of indicators on the evolution of exchange, monetary, and financial markets and transactional demand of the sectors of the economy, as well as international bank statistics referring to the country.

Reserve assets

Central Bank of Venezuela. The CBV calculates the international reserves position classified by securities such as monetary gold, SDRs, reserve position in the Fund, and foreign exchange. These classifications are broken down into instruments such as currency and deposits, banks, bonds and notes, money market instruments, and other assets (capital participation and account "A"—bilateral agreements). Revaluations of foreign exchange and prices are excluded. All assets are valued at market prices.

Until 2001, data from the former Venezuelan Investment Fund (VIF) were included in reserves. When the VIF became a development bank (BANDES), its foreign currency assets were included in other investment in the financial account.

The Macroeconomic Stabilization Fund is included in reserve assets. The CBV obtains the data from its own reports; data are broken down into instruments such as deposits and securities.

III. Specific Items: International Investment Position

The IIP is presented according to the sectoral coverage and instrument classification of the financial account of the balance of payments. The methodologies are based—in the majority of cases—on the determination of transactions through balance sheets of financial assets and liabilities and the distinction of variations from exchange fluctuations, prices, and reclassifications. The data sources used to compile Venezuela's IIP are the same as those used to compile the financial account.

West Bank and Gaza

The following text was confirmed as current in 2007.

I. General

The Finance and Government Statistics Department of the Palestinian Central Bureau of Statistics (PCBS) and the Research and Monetary Policies Department of the Palestine Monetary Authority (PMA) are jointly responsible for compiling the balance of payments statistics, which are published on an annual basis according to the standards set out in the fifth edition of the *Balance of Payments Manual (BPM5)*. The PMA obtains primary data from banks, while the PCBS collects data from various sources including surveys and administrative records. The data are collected in Jordanian dinars, new Israeli sheqalim, and U.S. dollars and compiled in U.S. dollars.

Data are presented showing transactions between residents and nonresidents, including Jerusalem. However, because of the paucity of data for Jerusalem, three additional tables are disseminated showing the balance of payments statistics for (1) the Palestinian Territories, (2) the Remaining West Bank and Gaza, and (3) Jerusalem alone.

II. Specific Items: Balance of Payments

Current Account

Goods

The data, comprising general merchandise and goods for processing, are based on the trade statistics compiled by the PCBS in its foreign trade statistics and on economic surveys. Most of these transactions are with the Israeli economy. Goods exported and imported are valued on an f.o.b. and c.i.f. basis, respectively. Imports are converted from a c.i.f. basis to an f.o.b. basis using an adjustment factor of 10 percent of the c.i.f. value of imports.

Services

Transportation

This item consists of the transportation costs of passengers and goods, as well as auxiliary services, such as storage, cargo handling, etc. The data are obtained from economic surveys conducted by the PCBS. The data also include an estimate for the freight element of the c.i.f./f.o.b. adjustment to the foreign trade statistics, namely, 8 percent of the c.i.f. value of imports.

Travel

The main sources used to compile the data on travel credits and debits are economic surveys, a hotel survey, the Balance of Payments Annex with a labor force survey (LFS), and data from the Ministry of Islamic Affairs, the Ministry of Health, and the Ministry of High Education.

These surveys and administrative records cover (for the debit data) all travel transactions of residents abroad, such as students abroad, medication costs abroad, part of the wages of Palestinian border workers in Israel, and the expenditure of pilgrims.

The credit data cover nonresidents coming to the Palestinian Territories, such as tourists, foreign employees of consulates, representatives, international organizations, and those visiting relatives, etc.

Other services

Communications. The data come from the annual administrative records of the major telecommunications companies (Paltel and Jawwal), which import these services from the Israeli Communication Company (Bezek).

Insurance. In principle, output is estimated, as being premiums earned, plus premium supplements, minus claims. The sources for this estimation are data obtained from the financial and insurance survey, and the insurance element of the c.i.f./f.o.b. adjustment to the foreign trade statistics, namely, 2 percent of the c.i.f. value of imports.

Other business services. This component covers receivables and payables for (1) merchanting and other trade-related services, (2) operational leasing, and (3) miscellaneous business services. The data on merchanting and other trade-related services consist of the sales, net of purchases, of goods bought from, and sold to, nonresidents. The main sources for these data are the foreign trade statistics and economic surveys.

The data on miscellaneous business services cover legal, accounting, management consulting, public relations, administration and marketing, research and development, and other professional and technical services.

Personal, cultural, and recreational. The data come from the annual administrative records of the Ministry of High Education and the Ministry of Health and from economic surveys.

Government, n.i.e. The data for government services receipts (credits) are obtained from the administrative records of embassies, consulates, representatives, and international organizations located in the Palestinian Territories. The data for the debit entries are obtained from the relevant government ministries and include information on aid missions and government tourist, information, and promotion offices, located in economies abroad. In addition, this item includes the contra-entry to official transfers for technical assistance.

Income

Compensation of employees

This item includes data on wages, salaries, and social contributions received by border workers in Israel and settlements located in Palestinian Territories, obtained from a labor force survey. The item also includes data on salaries received by Palestinian employees of foreign diplomatic embassies, consulates, and representatives, and international organizations, especially United Nations Relief and Works Agency (UNRWA), obtained from annual administrative records, as well as data on expenditure abroad obtained from the Palestinian National Fund Budget.

Investment income

Direct investment. The data on interest and dividends payments and receipts between direct investment enterprises and direct investors are obtained from economic surveys, the Balance of Payments Annex with LFS, and the PMA records obtained from banks.

Portfolio investment. The data on payments and receipts for portfolio investment income are obtained from economic surveys, the Balance of Payments Annex with LFS, and the PMA records obtained from banks.

Other investment. Other investment income covers interest payments and receipts on loans, deposits, and other commercial and financial claims and liabilities. These data are derived from economic surveys, the Balance of Payments Annex with LFS, the PMA records obtained from banks, and UNRWA records.

Current transfers

General government

This item, covering the government inflows (in cash and in kind) of grants in aid from foreign governments, donor's matrix, and international organizations, includes technical assistance and the remittances of border workers in Israel. The principal sources are data from the Ministry of Planning and International Cooperation (MOPIC), administrative records from embassies, consulates and representatives, and the labor force survey of the Ministry of Labor.

Other sectors

This item covers inflows (in cash and in kind), from sectors other than government, of gifts, donations, grants in aid from foreign governments, relatives abroad, and international organizations, including private technical assistance, foreign social security, remittances of border workers in Israel, duties, and taxes. The data also cover inflows and outflows related to insurance (supplements and claims). The principal sources are data from the MOPIC, the labor force survey of the Ministry of Labor, economic surveys, the Balance of Payments Annex with LFS, and UNRWA records.

Capital Account

Capital transfers

General government

The data cover investment grants of foreign governments, donor's matrix, and international organizations (including cash transfers for purchases of investment goods) and debt forgiveness. The principal sources are data from MOPIC and administrative records from embassies, consulates, and representatives.

Other sectors

The data include migrants' transfers and relatives' grants in cash, mainly to finance buildings, and are derived from the Balance of Payments Annex with LFS and economic surveys.

Financial Account

Direct investment

In practice, the criterion used is ownership of at least 10 percent of the ordinary shares in the company. In Palestine, direct investment is mainly in the form of equity capital (i.e., shares). However, this item may also take the form of reinvested earnings. The data sources are economic surveys, the Balance of Payments Annex with LFS, and the PMA records obtained from banks.

Portfolio investment

Portfolio investment includes transactions involving shares, bonds, bills, notes, and money market instruments not classified under either direct investment or reserve assets. The principal sources are the Balance of Payments Annex with LFS, data from the Palestinian National Fund Budget on the expenditure of governmental institutions abroad, and the PMA records obtained from banks.

Other investment

This category is residual, including all transactions in financial assets and liabilities not classified under direct investment, portfolio investment, financial derivatives, or reserve assets. The most important of these are currency, deposits, loans, and trade credits. The sources for the data are the MOPIC, the PMA records obtained from banks, reports from donor's matrix, UNRWA records, and the Balance of Payments Annex with LFS.

Reserve assets

The data include financial assets that are (1) under the control of the PMA, (2) accessible to the PMA at relatively short notice for balance of payments purposes, and (3) denominated in a convertible currency. Because "under control" is a wider criterion than ownership, reserve assets can, in addition to assets owned by the PMA, include assets owned by commercial banks if the PMA can readily mobilize them. The only source of the data on reserve assets is the PMA records.

Yemen, Republic of

The following text was confirmed as current in 2009.

I. General

In accordance with the Central Bank of Yemen Law No.14 of 2000, the Central Bank of Yemen (CBY) is responsible for compiling balance of payments statistics. The Balance of Payments Department (BOPD) of the CBY's Research and Statistics General Directorate collects data from various sources, including government ministries and agencies, and conducts surveys of commercial banks. It also uses balance sheets of commercial banks submitted to the CBY and information from the CBY's internal records.

The CBY compiles balance of payments statistics on a quarterly basis, which are published yearly in its *Annual Report* and *Monthly Monetary and Banking Review Bulletin*, and on its website, www.centralbank.gov.ye. Balance of payments data are compiled in millions of Yemeni rial and in millions of U.S. dollars. Since 1999, the compilation of balance of payments statistics in Yemen follows the fifth edition of the *Balance of Payments Manual* (*BPM5*). Historical data since 1990 have been converted to be compatible with the *BPM5*.

II. Specific Items: Balance of Payments

Current Account

Goods

Exports and imports of goods are based on trade statistics compiled by the Central Statistics Organization (CSO). The BOPD adjusts import data upward by 20 percent for coverage of unrecorded goods, and downward by 12 percent of the c.i.f. value for classification to derive imports on an f.o.b. basis. Owing to the decline of unrecorded goods, the upward adjustment since 2003 is 10 percent, but no adjustments have been made since 2006.

Data on exports are adjusted for crude oil exports from CBY records of crude oil exports (government's share) and from the Ministry of Oil's data on crude oil exports (oil companies' share). BOPD adds bunkering of foreign airplanes and vessels, as reported by authorities, to the export data obtained from the CSO.

Services

Transportation

Data on debit entries for freight are estimated at 10 percent of the c.i.f. value of imports. BOPD records the data it collects from airport authorities as credit entries under other air transportation, while it records data it collects from seaport authorities as credit entries under other sea transportation.

Travel

The Ministry of Tourism collects data from the immigration authorities on the number of foreign tourist arrivals. Number of tourist nights is estimated through a comprehensive survey to estimate the travel receipts. The BOPD reflects the data obtained from the Ministry of Tourism in the balance of payments statistics.

Travel debits are estimated from the CBY records and the monthly international transactions reporting survey (ITRS) of commercial banks for students studying abroad, Yemeni pilgrims, and health treatments of Yemeni nationals abroad.

Other services

Communications. The BOPD conducts surveys to collect communications transactions (credit and debit), which represent receipts and payments for telephone, Internet, telex, fax, and mail services by communications companies.

Construction. Debits are estimated at 20 percent of the grant and loan drawings.

Insurance. Debits are estimated at 2 percent of the c.i.f. import values.

Other business services. Owing to the lack of a breakdown of service expenditures from oil companies, the debit entries before 2004 covered 38 percent (average for previous periods) of oil companies' expenditures on services. In 2004, actual figures from oil companies were used to benchmark this percentage.

Government n.i.e. The CBY collects data from its internal records for the Yemeni government's expenditure for its embassies, consulates, and trade/military attachés abroad and revenues from these embassies. For receipts and payments of foreign embassies, consulates, and international and regional institutions operating in Yemen, the CBY collects data from a monthly survey of commercial banks.

Income

Investment income

Direct investment. Debit entries for direct investment income are estimated as follows: (1) exports of oil companies minus cost recovery as reported by the Ministry of Oil, and (2) profits of branches of foreign banks and communications companies.

Other investment. For general government, debit entries cover interest obligations on the general government loans as reported by the CBY's Debt Management and Financial Analyses (DMFAS) unit.

For monetary authorities' other investment, the credit entries represent the interest receipts on the CBY reserves, while the debit entries represent interest obligations of the CBY's liabilities on IMF loans, Arab Monetary Fund (AMF) loans, and other liabilities. Information is obtained from CBY's internal records.

In the banking sector, the credit entries represent interest receipts as reflected in the reports of the commercial banks.

Current transfers

General government

Credit entries represent grant receipts of the general government, while debit entries represent the government contributions to the international and regional institutions. Information comes from the CBY's records.

Other sectors

Workers' remittances. Debit entries are derived from monthly surveys of commercial banks and CBY's records, which cover remittances by nonresident workers in Yemen. Credit entries represent remittances from Yemenis working abroad.

In 1996, the estimate was based on the number of workers abroad obtained from the immigration authorities, their average salaries, and assumptions about the proportion of their salary remitted to Yemen. Since then, a growth of 1 or 2 percent is assumed on the basis of economic situations in the region.

Other current transfers. Credit entries represent compensation received by Yemeni workers who previously worked abroad and have returned home. Information is obtained from the CBY's internal records.

Capital Account

Capital transfers

The credit entries represent debt forgiveness of general government loans. The source of these data is the CBY's DMFAS unit.

Financial Account

Direct investment

For oil companies, direct investment in Yemen refers to their expenditures (inflow) minus their cost recovery (outflow), as reported by the Ministry of Oil and Mineral Resources. For direct investment in Yemen in commercial banks, the CBY's Banking Control Sector collects data from the balance sheets of commercial banks. For direct investment in Yemen in oil companies, BOPD conducts a survey to collect the information from the Ministry of Oil and Mineral Resources.

Portfolio investment

The portfolio investment claims reflect Yemeni commercial banks' shares in foreign banks abroad. BOPD collects the information from the consolidated balance sheet of commercial banks, as reported by the CBY's Banking Control Sector.

Other investment

Trade credits

Trade credits represent short-term credits given to crude oil importers and repayments collected from them. Information is obtained from the CBY's records.

Loans, currency and deposits, and other assets/liabilities

The assets of banks in the form of currency and deposits reflect changes in commercial banks' foreign assets as identified in the consolidated balance sheet of commercial banks. The liabilities of monetary authorities consist of (1) drawings and repayments of IMF loans, (2) drawings and repayments of AMF loans, and (3) other liabilities as reflected in the CBY balance sheet.

The CBY obtains these data from its DMFAS unit and from its internal records. It derives the liability of general government from drawings, repayments, and reschedulings of foreign loans of the general government as reported by the DMFAS unit. The banks' liability represents changes in foreign liabilities of commercial banks as reflected in the consolidated balance sheet of commercial banks.

Reserve assets

The financial account transactions reflect changes in SDR holdings, currency and deposits, and securities representing CBY's foreign assets as reflected in the CBY balance sheet, net of valuation changes.

III. Specific Items: International Investment Position

The BOPD compiled international investment position (IIP) statistics for the first time in 1999 using the same basis as the revised balance of payments statistics. While still in progress, the IIP covers important sectors of the national economy and will be expanded further. The IIP components for Yemen at present are as follows.

Assets

Portfolio investment and *currency and deposits* are the stocks of foreign assets of commercial banks as reflected in their consolidated balance sheet.

Reserve assets cover CBY's holdings of SDRs, currency and deposits, and securities constituting CBY's foreign assets position as reflected in the CBY balance sheet.

Liabilities

Direct investment. In 1999, the BOPD obtained stocks of direct investment in Yemen in oil companies. Since then and due to the unavailability of the stock data, the data on stocks in the subsequent years are estimated by adding net flows from the balance of payments.

Other investment. For monetary authorities, the data on IIP cover IMF loans, AMF loans, and other liabilities as reflected in its balance sheets. For general government, the data show foreign loans of the general government as reported by the CBY's DMFAS unit. For banks, the data include foreign liabilities of commercial banks as reflected in the consolidated balance sheet of commercial banks reported by the CBY's Banking Control Sector.

Zambia

The following text was confirmed as current in 2009.

I. General

The Bank of Zambia (BoZ) is the designated official compiler of balance of payments statistics in Zambia. Before the BoZ assumed this responsibility, the Central Statistics Office (CSO) had the primary responsibility of compiling balance of payments statistics. The BoZ's Economics Department is in charge of all matters relating to balance of payments statistics, and the Balance of Payments Unit (BOPU), created within the Balance of Payments and Debt Division of the Economics Department, is responsible for compiling balance of payments statistics.

Since 1998, balance of payments statistics in Zambia have been compiled and presented in accordance with the methods and procedures recommended in the fifth edition of the IMF's *Balance of Payments Manual*, fifth edition *(BPM5)*. The BoZ produces balance of payments statistical tables in both the standard and analytic presentations in line with *BPM5*. The balance of payments statistics are presented in millions of U.S. dollars.

The BoZ compiles balance of payments statistics on a quarterly and annual basis. It disseminates the quarterly tables within two months after the end of the reference quarter and the annual tables with a time lag of six months.

The BoZ publishes balance of payments statistics in its *Annual Report,* while the Ministry of Finance and National Planning (MoFNP) publishes them in its *Economic Report*. Annual balance of payments statistics are also reported to the Southern Africa Development Committee (SADC) for publication in *Recent Economic Developments and Statistics for SADC*. Data are also available to interested users through the BoZ's Public Relations Office on demand and when available.

Data sources include the Zambia Revenue Authority (ZRA); the MoFNP; the CSO; the Zambia Development Agency (ZDA); the Ministry of Foreign Affairs (MFA); the Ministry of Mines and Mineral Development (MMMD); the Ministry of Tourism, Environment, and Natural Resources (MTENR); the Zambia Exporters and Growers Association; petroleum importing companies; the Lusaka Stock Exchange (LuSE); mining companies; and the Zambia Electricity and Supply Corporation (ZESCO).

II. Specific Items: Balance of Payments

Current Account

Goods

The CSO officially compiles monthly trade statistics. However, owing to problems of timeliness, the BoZ compiles preliminary trade statistics to include in the quarterly balance of payments statistics, which are later reconciled with trade statistics from the CSO.

Exports are compiled from three sources:

(1) Data on metal exports (copper and cobalt), accounting for an average of 65 percent of total exports, are based on reports submitted by the mining companies and data obtained from the CSO, which it collects from the ZRA. The privatization in March 2000 of the Zambia Consolidated Copper Mines Company, a government-owned company that was responsible for metal mining, resulted in five private mining companies. These private companies report production and sales volumes, the values of sales (f.o.b. basis), and realized unit prices on special forms designed by the BoZ. The value of freight and insurance is computed and reported separately and is recorded as credit entries under "other transport in services." Therefore, the BoZ does not adjust the classification of this source data. The mining statistics are available with a time lag of four weeks.

(2) BoZ compiles nontraditional exports, excluding electricity exports, based on the ZRA's electronic data files compiled from Customs Export Declaration forms. The ZRA collects these data mostly electronically from the major customs ports, and the BoZ staff process them. The BoZ compares and reconciles its data on nontraditional exports with those compiled by the CSO, also collected from the ZRA. A coverage adjustment is made to the preliminary data on the basis of information from an audit survey undertaken by the ZDA. This organization is responsible for promoting nontraditional exports. Data on nontraditional exports are reported on a c.i.f. basis. Of the total value, 5.5 percent is reclassified as freight and recorded as a credit under "other transport, freight in services." Export data files are usually available with a time lag of two weeks.

(3) Electricity exports are part of nontraditional exports. The data are compiled from reports submitted by the ZESCO and are provided on a quarterly basis with a time lag of two months.

Data on imports are collected from the CSO, which in turn processes raw data it collects from the ZRA in electronic form. Imports are valued at c.i.f., and the BoZ reclassifies 10 percent of the total value of imports as freight, which is recorded as a debit entry under "other transport, freight in services."

The imports component also shows a breakdown of analytically important categories of imports. Data on these categories are obtained directly from the importing agencies or enterprises. Metal sector imports are compiled from data reported by the mining companies. Fertilizer imports are compiled from data reported by the CSO, the Ministry of Agriculture and Cooperatives, the Food Reserve Agency, and private fertilizer companies, including Sasol and Omnia.

Petroleum imports are compiled from data reported by the CSO and from a survey of private enterprises involved in importing petroleum products. Maize imports are compiled from data reported by the CSO, the Ministry of Agriculture and Cooperatives, and the Food Reserve Agency. Other imports are derived as a residual.

Goods procured in ports by carriers comprise bunker fuel sales to carriers and are based on data provided by the oil companies (BP Zambia Limited and Mobil Zambia Limited), which sell aviation fuel to foreign airlines in the major airports.

Services

Transportation

Credit data comprise freight services only, estimated as 5.5 percent of the c.i.f. value of nontraditional exports, plus data on inland freight reported by the mining companies on their metal exports, calculated as average cost per ton of copper multiplied by total volume of copper exported.

Debits comprise estimates for freight, passenger, and other transport services. Freight debits are estimated as 10 percent of the c.i.f. value of imports. Data on passenger transport and other transport services are estimated based on historical data. The BoZ plans to launch two enterprise surveys that would form the basis of compiling estimates of passenger and other transport services. These would consist of a quarterly survey of resident transportation companies and a survey of agents of nonresident airlines, primarily designed to capture data on passenger transportation.

Travel

Prior to June 1999, the BoZ compiled data on travel credits from reports the Zambia National Tourist Board (ZNTB) submitted. In June 1999 the MTENR took over from ZNTB the task of conducting surveys of enterprises involved in providing travel services. The BoZ, collaborating with the MTENR, has designed quarterly survey forms to capture, primarily, tourism revenues from hotels and companies involved in tours, car hires, and air charters. The first survey was launched in October of 2000 but has not been undertaken consistently, owing to a lack of funding and staff shortages.

Travel debits are estimated based on data on government employees' travel allowances and on government and quasi-government employees studying abroad. However, the BoZ is establishing reporting arrangements with the Ministry of Finance, the Ministry of Education, and the Cabinet Office for data on official expenditure on travel for purposes of education, medicine, and training.

In the past, this information was captured from the banks and the exchange bureau reporting system on purchases and sale of foreign exchange. However, the liberalization of the foreign exchange market in Zambia resulted in incomplete coverage. That is, banks are no longer obliged to report all their foreign exchange transactions, and ordinary customers are not legally required to declare the purpose of the foreign currency that they purchase from banks and bureaus of exchange.

Other services

Communications. Data are obtained from a monthly survey of major enterprises that provide communication services. The survey supplies information on transactions in communication services involving nonresidents.

Construction. Credit data are not available. Debit data are estimated based on the 1998 enterprise survey of construction companies. The BoZ plans to launch a general balance of payments survey of all major construction companies in the future.

Insurance. The data are based on information from a monthly survey of major insurance enterprises, reporting foreign revenues and expenditures for net insurance services provided to nonresidents.

Other business services. Data on debits, covering only miscellaneous business services, are based on historical data.

No data are presently available for the rest of the services categories. The BoZ has recently made efforts to improve this situation. To obtain information for compiling credit data primarily on government services, it launched in October 2000 a survey of foreign embassies and international organizations located in Zambia. However, the response rate to this survey was low. To obtain information from which to compile debit data, the BoZ has also established reporting arrangements with the MFA for data on Zambian embassies' expenditure abroad.

Income

Compensation of employees

The debit data comprise wages and salaries of expatriate workers employed by the mining sector. The data are estimated from the foreign exchange receipts and disbursements reports submitted by the copper mining companies, which show expatriate emoluments.

Investment income

Direct investment. Investment income debits are entries based on estimates of reinvested earnings and dividend liabilities to foreign shareholders on equity investments in direct investment enterprises. In nonsurvey years, the data are estimated on the basis of data that were collected in surveys on foreign private capital flows for 2001 and 2007.

Portfolio investment. Portfolio investment income credits cover only interest income, estimated as a 5 percent annual return on the amount of commercial banks' gross foreign assets. The amount is obtained from the monetary survey. To revise the adequacy of the assumption about the 5 percent annual return on gross foreign assets of commercial banks, the BoZ is conducting a general balance of payments enterprise survey (Monitoring of Private Capital Flows Survey). The survey would help to ascertain data on expatriate emoluments, income on equity, and debt on direct, portfolio, and other investments.

Other investment. Other investment income are BoZ estimates of earnings accrued on loans, and currency and deposits. The item shows estimates separately for the monetary authorities (BoZ), general government, banks, and other nonfinancial private sector.

The credit data for monetary authorities' other investment income are estimates of BoZ's earnings on its foreign currency and deposits abroad. The debit data for monetary authorities' other investment income comprise interest payments on IMF loans. The source of the data is the BoZ's Finance Department, which records income received and payments made abroad.

The debit data for general government's other investment income comprise interest payments on loans obtained by the Zambian government from multilateral and bilateral institutions and creditors. The data are recorded on a due-for-payment basis, showing categories of interest forgiven, rescheduled, paid, and in arrears. The data are obtained from the administrative records of the MoFNP's Investments and Debt Management Department (IDM), which maintains a complete database on official debt, showing debt service due, written-off, in arrears, rescheduled, and paid.

For the banking sector, only credit data are recorded for other investment income. The data are estimates, based on an assumed 5 percent annual return on commercial banks' currency and deposits held in nonresident banks. The source of the data is the monetary survey.

The credit data for the private sector's other investment income comprise the interest earnings of the nonfinancial, nonmetal private sector on their currency and deposits abroad. It is assumed that 70 percent of the proceeds of nontraditional exports in any given period are held abroad. A 5 percent annual interest rate is applied to this average stock holding to calculate the return. No corresponding estimates are made for the metal sector. However, with the privatization of the mining sector, the BoZ is determining the percentage of earnings on metal sales that should form the basis of estimating interest earnings by the metal sector.

The debit data for the private sector are estimates covering both the metal and nonmetal sectors and comprise interest payments on loans. The source for the interest payments for the metal sector is the receipts and disbursements of foreign exchange reports obtained from the mining companies. Debit data for the nonmetal sector are obtained from the private sector debt database of the Debt Unit within the BoZ's Economics Department. This includes data on the BoZ's short-term debt, debt of public enterprises, and nonfinancial enterprises' debt stock and flows.

Current transfers

The BoZ records data on current transfers for the general government and the private sector (other sectors). Current transfers for general government correspond, primarily, to grants disbursed by donors in the form of commodities to the Zambian government. The data are available annually from the administrative records of the MoFNP's IDM.

Capital Account

Capital transfers

The credit data on capital transfers cover only estimates of project assistance grants. They are based on quarterly and annual data from the administrative records of the MoFNP's IDM. The BoZ has also made requests to the IDM to report data on debt forgiveness.

Financial Account

Direct investment

Data on foreign direct investment are obtained from two administrative sources: the ZDA and the MMMD.

To report on new capital investments, the ZDA obtains information from investment pledges made with foreign capital. It also conducts surveys to determine implementation rates on the initial pledges. The implementation rate is applied on the initial figure for pledges to derive an estimate that is recorded as direct investment under *equity capital, liabilities to direct investors*. In the current balance of payments table format for Zambia, all debt transactions between the direct investment company and its subsidiaries are recorded separately in "Other Investments–Private Foreign Borrowing." However, in the latest report on Foreign Private Investment and Investor Perceptions in Zambia 2007/2008, *BPM5* classifications have been properly followed, and all debt transactions between the direct investors and their direct investment enterprises were included as part of direct investment.

The ZDA reports the amount of the total receipts obtained from the sale of public enterprises to foreigners during the period, which is also recorded as direct investment under equity capital, liabilities to direct investors.

The MMMD reports data on estimated large expenditures on mining exploration by foreign enterprises.

Portfolio investment

Data on transactions in portfolio investments are currently obtained from the LuSE's monthly reports. In the past, this data was obtained from the international transactions reporting system, whose coverage became incomplete following the economic liberalization program.

Other investment

Only loans and currency and deposits are recorded under other investment. Data for other investment assets correspond to commercial bank loans issued and currency and deposits held with nonresidents. Data on loan liabilities cover disbursements and amortization of the monetary authorities (BoZ), general government, and other sectors. Loan disbursements and repayments are divided between IMF loans and short-term loans. The data are obtained from the Debt Unit within the BoZ's Economics Department.

Loan disbursements of the general government are divided into balance of payments support (program) loans and project loans. Debt relief and amortization flows are also recorded under the general government loans category. The source of the data is the MoFNP's IDM.

Loan disbursements of the private sector are classified into metal sector and other nonmetal sector. The metal sector data, covering the loans and amortization flows of the mining companies, are obtained from the receipts and disbursement reports of the mining companies. Loan disbursements of the nonmetal sector are also compiled from the BoZ's private sector external debt (PSED) database. These are some of the debt transactions between the direct investor and their direct investment enterprises that are shown under "Other investment."

Reserve assets

The reserve assets data cover only data on the foreign currency and deposits of the BoZ with foreign banks. The data are obtained from the statement of receipts and payments on gross international reserves of the BoZ reported by the Finance Department.

III. Specific Items: International Investment Position

The BOPU of BoZ does not currently compile information on the international investment position (IIP). However, the BoZ, collaborating with other agencies, is contemplating conducting follow-up surveys on foreign private capital flows and stocks, and it is hoped that the results will enable the bank to compile IIP data series consistently in the future.

Notes

Notes

Notes